MW00777956

Η
ΚΑΙΝΗ
ΔΙΑΘΗΚΗ

Η
ΚΑΙΝΗ
ΔΙΑΘΗΚΗ

THE NEW TESTAMENT

The Textus Receptus 1881 Edition
Edited by Frederick H. A. Scrivener

Newly formatted by Dr. Steve Combs
For Global Bible Translators
Global Edition

The Greek Text Underlying the King James Version of 1611

Δόξα τῷ Θεῷ πατρὶ ἡμῶν καὶ
τῷ Κυρίῳ Ἰησοῦ Χριστῷ
εἰς τοὺς αἰῶνας τῶν αἰώνων

Glory to God our Father and
To the Lord Jesus Christ
Forever and ever

ISBN: 978-1-7341927-8-0

Published in the USA by
Global Bible Translators
and
The Old Paths Publications

Published by
The Old Paths Publications
http://theoldpathspublications.com
and
Global Bible Translators
www.bpsglobal.org
2020

The Scrivener edition of the Received Text was originally published In 1881, by the Cambridge University Press Warehouse.

This edition differs from the original published text in one word. In Ephesians 6:24 , this text adds the word ἀμήν. See the preface for an explaination of the reason for this. The word was included in the Beza 1598 text and other TR editions and in the KJV, but was not in the Scrivener 1881 edition.

ISBN: 978-1-7341927-7-3

ΟΙ ΒΙΒΛΟΙ ΤΗΣ ΚΑΙΝΗΣ ΔΙΑΘΗΚΗΣ
The Books of the New Testament

Preface/ Πρόλογος:
Understanding the Development of the
Textus Receptus

The Textus Receptus (TR), also called the Received Text, is a printed Greek New Testament that is based on the vast majority of ancient hand-written New Testament manuscripts. This massive quantity of manuscripts is called the Traditional or Byzantine Text. Our purpose is to summarize the history of the Received Text and its use by the King James translators. According to Edward Hills the origin and development of the Received Text was guided by the common faith at the time. He described the common faith this way:

> This common view remained a faith rather than a well articulated theory. No one at that time drew the logical but unpalatable conclusion that the Greek Church rather than the Roman Church had been the providentially appointed guardian of the New Testament text. But this view, though vaguely apprehended, was widely held, so much so that it may justly be called the common view. Before the Council of Trent (1546) it was favored by some of the highest officials of the Roman Church, notably, it seems, by Leo X, who was pope from 1513 to 1521 and to whom Erasmus dedicated his New Testament. Erasmus' close friends also, John Colet, for example, and Thomas More and Jacques Lefevre, all of whom like Erasmus sought to reform the Roman Catholic Church from within, likewise adhered to this common view. Even the scholastic theologian Martin Dorp was finally persuaded by Thomas More to adopt it. (Edward F. Hills, The King James Version Defended. Des Moines, Iowa: Christian research Press. 1973. Print. p. 197.)

There were textual errors and printing errors in the Received Text when it was first printed. These and other readings were corrected in subsequent editions of the printed text. The history of the text from 1516 through 1894 is a history of purification and each edition of the Received text brought it closer to perfection. These editions represented steps in the process of God's preservation of His pure words.

Some may object to the previous statement regarding the process to perfection on the grounds that if God preserves His words He did not need to purify or perfect them. His words in Greek are pure and perfect. However, it was not the words He was perfecting, but rather a printed Greek text that brought all the words of God in the New Testament together into one printed book. This is something that had never before existed. Moveable type printing was a new thing. Hand-written copies of the New Testament were often incomplete and sometimes had errors. All of this had to be looked at carefully and decisions made as to what was the correct reading. This is not the same as the process of textual criticism going on today that is based on the idea that God did not preserve His words. The development of the Received Text took place in a context of faith in God's preservation of His words.

Disiderius Erasmus (1466-1536) was one of the most famous scholars of the early Renaissance. He traveled widely in Europe during his lifetime and collected a number of New Testament manuscripts and many variant readings from other sources. Among these manuscripts were the following with their current designations on the Gregory-Aland list:

1)   1-an 11th century manuscript of the Gospels, Acts, and the Epistles. (Still designated 1)

2)   2e-an 11th or 12th century manuscript of the Gosples. (Now designated 2)

3)   2ap-a 12th century manuscript of Acts and the Epistles. (Now designated 2815)

4)   4ap-a 15th century manuscript of Acts and the Epistles. (Now designated 2816)

5)   1rk-a 12th century manuscript of Revelation. (Now designated 2814)

6)   7-a 12th century manuscript of the Gospels. (Still designated

7)   817-a 15th century manuscript of the gospels. (Still designated 817)

8)   3-a 12th century manuscript of the entire New Testament except Revelation. (Still designated 3) This was used in Erasmus' second edition.

9)   The Complutensian Polyglot in his later editions.

Preface/ Πρόλογος

Erasmus had access to many more manuscripts than this. He traveled Europe and devoured libraries. He had frends who sent him various readings. The Papal Librarian, Paulus Bombasius, gave him many variant readings and offered the entire Vaticanus manuscript to him to use. Erasmus rejected it.

Erasmus issued five editions of the Greek text: 1516, 1519, 1522, 1527, and 1535.

The Complutensian Polyglot: While Erasmus was laboring in Central Europe, a group of scholars was working on an edition of the whole Bible in Spain. The effort was led by Cardinal Francisco Jiménez de Cisneros (1436–1517), called Cardinal Ximenes. The Complutensian Polyglot was a Bible in Greek, Latin, Aramaic, and Hebrew. Cardinal Jiménez collected a number of Greek manuscripts. The work went on from 1502 to 1517. The Greek New Testament was printed in 1514, but not issued. However, Erasmus' Greek New Testament was published and issued first. The Complutensian Polyglott was not in circulation until 1522.

It is clear that many of the Greek copies Jiménez gathered were of the Traditional Greek type, which was the same type of manuscripts that produced the Received Text. So, this group had some very good source material. They also had some corrupt sources as well, seeing they used Jerome's Latin Vulgate (c. 400 AD). However, according to F.F. Bruce, it does not appear that the manuscript *Vaticanus* was a source for the Polyglot. Regardless, it was good enough to become a resource for the coming editions of the Received Text and, as we will see, for the King James translation.

If we believe that God is the God of History, then we should take a close look at what God was doing at this time. God wasn't just sitting in Heaven watching the foolish antics of some men who styled themselves as scholars. No, He was making preparation for a major change in history. Some have said that Erasmus was in competition with Jiménez to get his New Testament published first. I see it differently. It was God who wanted Erasmus' text published first so that it would be available to be used in the upcoming Reformation, when Europe rebelled against the Catholic Church. Erasmus' first edition was published in 1516. The Reformation began the following year, 1517, when Martin Luther posted his ninety-five theses to the door of the church in Wittenberg, Germany. Erasmus' second edition in 1519 became the basis of Martin Luther's German translation. Later, the Received Text became the basis for many translations, including the King James Version. God made a deliberate choice of the Received Text over the Complutensian Polyglot. Nevertheless, the Polyglot became an important source for the further purification of the Received Text.

The Complutensian Greek text became the basis for the Greek New Testament of the polyglot printed in Antwerp in 1568-72 by **Christopher Plantin**.

A minor edition of the TR and the Old Testament was printed by **Aldus Manutius' press** in 1518 (Manutius himself died in 1515). The Old Testament was based on the Complutensian Polyglot, and the New Testament was almost entirely a reprint of the Erasmus 1516 edition. One source said even the printing errors were reproduced. Another source said the KJV translators consulted it.

Robert Stephanus (1503-1559) and his step-father, Simon Colinaeus, were the next editors of the Received Text. They were French printers in Paris. Colinaeus issued an edition of the TR in 1534. The editions of Robert Estienne (called Stephanus or Stephens) were issued in 1546, 1549, 1550, and 1551. His editions of the Received Text aroused the opposition of the Catholic Church so much that he had to flee Paris in 1550 and settle in Geneva, Switzerland. His last edition was from Geneva and was the first to be divided into chapters and verses. The third edition was known as the "royal edition" or "editio regia," and it was the first to use a critical apparatus, referring to manuscript sources. Stephanus used the Complutensian Polyglot and used manuscript evidence beyond that listed above as used by Erasmus. This included:

1) Codex Bezae-a 5th century manuscript including most of the four Gospels and Acts and a small fragment of 3 John. (Now designated Dea or 05)

2) Codex Regius-an 8th century manuscript containing most of the four Gospels. (Now designated Le or 019)

3) 4-a 13th century manuscript with an almost complete copy of the four gospels.

4) 5-a 13th century manuscript of the entire New Testament except Revelation.

5) 6-a 13th century manuscript of most of the New Testament except Revelation.

6) 7pk-a 12th century manuscript of nearly all of Paul's epistles (now designated 2817).

7) 8-an 11th century manuscript of the entire four Gospels.

8)   9-a 12th century manuscript of the entire four Gospels.

Theodore Beza (1519–1605), of Geneva, started with the third edition of Stephanus (1550) and published four major folio editions (1565, 1582, 1588, 1598) and five more minor octavio editions (1565, 1567, 1580, 1590, and 1604). In his 1582 edition, Beza listed some additional materials he used. Some of these were not Greek New Testaments. They included a Syriac version, an Arabic version translated into Latin, D (Codex Bezae), and D2 (Codex Claromontanus). However, he rarely changed anything from the fourth edition of Stephanus. God was always in control.

None of these editions differed with one another more than about 250 times or less and many of these were spelling, accent marks, breathing marks, word order, and other minor differences.

The Authorized Version (KJV): The King James Version translators used several sources for their translation. In 1603, the Received text was still developing, so the translators were open to the possibility that the text may still need to be edited. According to Frederick Scrivener (1813-1891), it is reasonable to determine that their *primary* source text was Beza 1598, because (among other reasons) the KJV is almost an exact match for it.

In considering what text had the best right to be regarded as "the text presumed to underlie the 'Authorized Version," was necessary to take into account the composite nature of the Authorized Version, as due to successive revisions of Tyndale's translation. Tyndale himself followed the second and third editions of Erasmus' Greek text (1519, 1522). In the revisions of his translation previous to 1611 a partial use was made of other texts; of which ultimately the most influential were the various editions of Beza from 1560 to 1598 ... Between 1598 and 1611 no important edition appeared; so that Beza's fifth and last text was more likely than any other to be in the hands of King James's revisers, and to be accepted by them as the best standard within their reach. It is moreover found on comparison to agree more closely with the Authorized Version than any other Greek text ...

Preface/ Πρόλογος

(Frederick H. A. Scrivener, *Scrivener's Annotated Greek New Testament.* 1881. [Dean Burgon Society Press: Collingswood, New Jersey. 1999]. Print. pp. vii-viii. Also available from www.theoldpathspublications. Com.)

Dr. Scrivener compared every verse of the KJV New Testament with Beza's 1598 text. He said that he found about 190 differences (variances). He listed all these variances in *The New Testament in Greek,* 1881, reprinted in the above referenced book. The differences between the Beza 1598 Greek text and the KJV represent the pinnacle of the edits made to the TR text and laid the foundation for Scrivener's 1881 Greek TR edition. No Greek text has ever been produced that is better than that of 1881. However, the edits of the KJV translators to the Received Text were made in English, not Greek. The KJV translation and its changes in Beza's 1598 text was an especially important step toward a completely pure printed Greek text.

How did the KJV translators decide what edits to make? Was it some inspired guess work given to them by God? Not at all. They started with Beza 1598, but they also used other editions of the TR and the Complutensian Polyglot and foreign translations. I have included herein an example from the approximately 190 differences given to us by Scrivener. In that example, the correct Greek reading was found in the Complutensian polyglot.

The Elzevir Editions were published after the publication of the King James Version. The Elzevirs were a Dutch family of printers. They published three editions in 1624, 1633, and 1641. There was a statement in the preface of the 1633 edition that declared this text was now the Greek text received by all. Hence, the name Received Text or, in Latin, Textus Receptus, is applied to the entire Greek text tradition starting in 1516 with Erasmus' first edition up to the 1881 edition of Frederick Scrivener.

The 1689 Baptist Confession of Faith confirmed the general attitude toward the Received Text. The Westminster Confession of Faith 1646 agreed with it.

> The Old Testament in Hebrew (which was the native language of the people of God of old), and the New Testament in Greek (which at the time of the writing of it was most generally known to the nations), **being**

12

immediately inspired by God, and by his singular care and providence kept pure in all ages, are therefore authentic; so as in all controversies of religion, the church is finally to appeal to them. But because these original tongues are not known to all the people of God, who have a right unto, and interest in the Scriptures, and are commanded in the fear of God to read and search them, therefore they are to be translated into the vulgar language of every nation unto which they come, that the Word of God dwelling plentifully in all, they may worship him in an acceptable manner, and through patience and comfort of the Scriptures may have hope. (1689 Baptist Confession of Faith, Chapter 1, section 8. http://www.arbca.com/1689-chapter1. Author's emphasis.)

Frederick H. A. Scrivener: The Scrivener edition of the Received Text (1881) is usually ignored by liberal and liberal leaning scholars. However, it is a valid edition of the TR and a further purification of the Greek text. It is entirely based on the Beza 1598 edition with the edits made by the King James translators. When it was published in 1881, it was said to be "According to the text followed in the Authorized Version." Scrivener used a process to find and adjust the differences between Beza's text and the KJV.

1) First , Scrivener compared each verse of the KJV with Beza 1598 to see if they matched.
2) He found about 190 places where they were different, according to his statement.
3) For each difference, he looked for the Greek manuscript evidence or Greek text that had the reading matching the KJV. He would not make a change in Beza without Greek authority.
4) He made changes in the 190 places based on what he found in the Greek evidence.
5) He corrected printer errors in the Beza text.
6) He corrected Beza for inconsistent and incorrect Greek spelling.
7) He adjusted the paragraphs and punctuation.

Scrivener's labors were comparable to those of any other TR editor. Erasmus may have labored more because he put the text together in the first place. Stephanus may have labored more because he divided the text into verses and chapters in his fourth edition. However, the labors of Scrivener rise to their level of scholarship and intensity.

Scrivener's List of Edits made to the Beza 1598 Text is in the appendix of the above book. The list is quite impressive. It covers variances in 166 verses and 13 New Testament book titles. All of them represent actual changes Scrivener made to the Beza text.

The second list is of variances Scrivener did not change, according to his statements. The reason for this is that he could not find Greek evidence for the reading chosen by the KJV translators. It appeared to him that the KJV readings came from the Latin Vulgate. However, Global Bible Translators has researched this and has compared each of these KJV readings with Scrivener's TR. 58 items were found in Scrivener's list. . The interesting thing he found is that 57 are not variances at all. Eight of these are *apparent differences*, but in this evaluation these differences between the Greek text and the KJV were determined not to be ***textual*** differences. They are not because of a faulty Greek text. Rather, they are apparent differences because of *translation choices* made by the KJV translators. This in no way indicates there are errors in the KJV. It indicates there are differences between Greek, as a language, and English. For example, several times the KJV did not translate a conjunction, no doubt, because they believed the verse was more correct in English without it. Sometimes this is necessary in translating. It is the nature of languages. There are three times the KJV added words, but they are not in italics. However, Scrivener pointed out that the KJV was inconsistent in its use of italics.

There is an issue among these 58 items that merits mention in this preface. This issue in Scrivener's second list comes from Ephesians 6:24. This issue involves a single word. In the KJV, the verse ends with the word *amen*. Scrivener included *amen* in the list of words the KJV got from the Latin Vulgate. How he came to this conclusion is a mystery. The word *amen* is in several Greek texts. It is found in Beza 1598 (which means there was never a difference between Beza 1598 and the KJV at that place), Stephanus 1550, Erasmus 1522, and Elzevir 1633. So, the word *amen* is a legitimate part of the New Testament and should be in Scrivener's text, but it is not. This single omission is the only variance

14

between the KJV and Scrivener of which we are aware. *The Scrivener TR text in this printing has been amended to include this word at the end of Ephesians 6:24.*

A Specific Example of the Scrivener Edits

All of the foregoing can give background for a study of specific textual issues between the TR and the KJV. The first thing to realize is that a comparison of the 1550 Stephanus edition and the KJV is an erroneous comparison. The KJV was not primarily based on any of Stephanus' editions. Any difference between them is irrelevant. The KJV was based primarily on Beza's 1598 edition. This was corrected by Scrivener based on the work of the KJV translators. Therefore, any comparison should be made between the KJV and the Scrivener edition. The Scrivener edition is where the TR is NOW. One example of the Scrivener edits is Revelation 7:14.

Revelation 7:14- (KJV) And I said unto him, Sir, thou knowest. And he said to me, These are they which came out of great tribulation, and have washed their robes, and made **them** white in the blood of the Lamb.

(Beza) And I said unto him, Sir, you know. And he said to me, These are they which came out of great tribulation, and have washed their robes, and made **their robes** white in the blood of the Lamb.

(Scrivener) And I said unto him, Sir, you know. And he said to me, These are they which came out of great tribulation, and have washed their robes, and made **them** white in the blood of the Lamb.

Revelation 7:14 is one of the 190 variances between Beza and the KJV. Scrivener found the correct reading in the Greek text of the Complutensian Polyglot. Therefore, the Scrivener Edition of the TR has the right reading that was chosen by the King James translators.

Conclusion

The KJV translators helped to make an already excellent text better, by choosing alternative readings that already existed in the historic Traditional Greek Text that the Biblical church had used since the first century. God has preserved all His inspired Greek words. They were already pure (Prov. 30:5) and are available.

So, on the one hand, the men of the KJV translated God's Words that had been in existence since the days of the Apostles. On the other hand, the King James translators were also editors of the Received Text. Their edits were made in English, rather than Greek. It was Dr. Scrivener, who placed those edits into the Greek Received Text after searching for and finding the Greek source of the edits. He did this by correcting the Beza 1598 edition of the Textus Receptus. Therefore, he produced the Greek text that underlay the KJV. It should be noted that the edits in the Received Text made by the translators of the King James Bible *were the final edits made to the Received Text.* Elzevir's edits did not flow into the Scrivener text. The KJV translators' edits did. God, who is sovereign in history, did not make a mistake here. The God of history led the work to be done on the edition of the TR by Dr. Scrivener, which was the last edition of the TR.

We at Bearing Precious Seed Global believe that God's preserved Greek text is the Received Text as represented in Scrivener's 1881 text, printed also in 1894 by TBS, and now published by Bearing Precious Seed Global. Therefore, we have embraced the 1881 Scrivener edition of the TR, with the added word 'amen' in Ephesians 6:24 as the Greek text to be used in translation work.

Global Bible Translators
2019

ΕΥΑΓΓΕΛΙΟΝ ΤΟ ΚΑΤΑ ΜΑΤΘΑΙΟΝ

MAT CHAPTER 1

Βίβλος γενέσεως Ἰησοῦ Χριστοῦ, υἱοῦ Δαβὶδ, υἱοῦ Ἀβραάμ.

2 Ἀβραὰμ ἐγέννησε τὸν Ἰσαάκ· Ἰσαὰκ δὲ ἐγέννησε τὸν Ἰακώβ· Ἰακὼβ δὲ ἐγέννησε τὸν Ἰούδαν καὶ τοὺς ἀδελφοὺς αὐτοῦ·

3 Ἰούδας δὲ ἐγέννησε τὸν Φάρες καὶ τὸν Ζαρὰ ἐκ τῆς Θάμαρ· Φάρες δὲ ἐγέννησε τὸν Ἐσρώμ· Ἐσρὼμ δὲ ἐγέννησε τὸν Ἀράμ·

4 Ἀρὰμ δὲ ἐγέννησε τὸν Ἀμιναδάβ· Ἀμιναδὰβ δὲ ἐγέννησε τὸν Ναασσών· Ναασσὼν δὲ ἐγέννησε τὸν Σαλμών·

5 Σαλμὼν δὲ ἐγέννησε τὸν Βοὸζ ἐκ τῆς Ῥαχάβ· Βοὸζ δὲ ἐγέννησε τὸν Ὠβὴδ ἐκ τῆς Ῥούθ· Ὠβὴδ δὲ ἐγέννησε τὸν Ἰεσσαί·

6 Ἰεσσαὶ δὲ ἐγέννησε τὸν Δαβὶδ τὸν βασιλέα. Δαβὶδ δὲ ὁ βασιλεὺς ἐγέννησε τὸν Σολομῶντα ἐκ τῆς τοῦ Οὐρίου·

7 Σολομὼν δὲ ἐγέννησε τὸν Ῥοβοάμ· Ῥοβοὰμ δὲ ἐγέννησε τὸν Ἀβιά· Ἀβιὰ δὲ ἐγέννησε τὸν Ἀσά·

8 Ἀσὰ δὲ ἐγέννησε τὸν Ἰωσαφάτ· Ἰωσαφὰτ δὲ ἐγέννησε τὸν Ἰωράμ· Ἰωρὰμ δὲ ἐγέννησε τὸν Ὀζίαν·

9 Ὀζίας δὲ ἐγέννησε τὸν Ἰωαθάμ· Ἰωάθαμ δὲ ἐγέννησε τὸν Ἄχαζ· Ἄχαζ δὲ ἐγέννησε τὸν Ἐζεκίαν·

10 Ἐζεκίας δὲ ἐγέννησε τὸν Μανασσῆ· Μανασσῆς δὲ ἐγέννησε τὸν Ἀμών· Ἀμὼν δὲ ἐγέννησε τὸν Ἰωσίαν·

11 Ἰωσίας δὲ ἐγέννησε τὸν Ἰεχονίαν καὶ τοὺς ἀδελφοὺς αὐτοῦ ἐπὶ τῆς μετοικεσίας Βαβυλῶνος.

12 Μετὰ δὲ τὴν μετοικεσίαν Βαβυλῶνος Ἰεχονίας ἐγέννησε τὸν Σαλαθιήλ· Σαλαθιὴλ δὲ ἐγέννησε τὸν Ζοροβάβελ·

13 Ζοροβάβελ δὲ ἐγέννησε τὸν Ἀβιούδ· Ἀβιοὺδ δὲ ἐγέννησε τὸν Ἐλιακείμ· Ἐλιακεὶμ δὲ ἐγέννησε τὸν Ἀζώρ·

14 Ἀζὼρ δὲ ἐγέννησε τὸν Σαδώκ· Σαδὼκ δὲ ἐγέννησε τὸν Ἀχείμ· Ἀχεὶμ δὲ ἐγέννησε τὸν Ἐλιούδ·

15 Ἐλιοὺδ δὲ ἐγέννησε τὸν Ἐλεάζαρ· Ἐλεάζαρ δὲ ἐγέννησε τὸν Ματθάν· Ματθὰν δὲ ἐγέννησε τὸν Ἰακώβ·

16 Ἰακὼβ δὲ ἐγέννησε τὸν Ἰωσὴφ τὸν ἄνδρα Μαρίας, ἐξ ἧς ἐγεννήθη Ἰησοῦς ὁ λεγόμενος Χριστός.

17 Πᾶσαι οὖν αἱ γενεαὶ ἀπὸ Ἀβραὰμ ἕως Δαβὶδ γενεαὶ δεκατέσσαρες· καὶ ἀπὸ Δαβὶδ, ἕως τῆς μετοικεσίας Βαβυλῶνος γενεαὶ δεκατέσσαρες· καὶ ἀπὸ τῆς μετοικεσίας Βαβυλῶνος ἕως τοῦ Χριστοῦ γενεαὶ δεκατέσσαρες.

18 Τοῦ δὲ Ἰησοῦ Χριστοῦ ἡ γέννησις οὕτως ἦν. μνηστευθείσης γὰρ τῆς μητρὸς αὐτοῦ Μαρίας τῷ Ἰωσήφ, πρὶν ἢ συνελθεῖν αὐτούς, εὑρέθη ἐν γαστρὶ ἔχουσα ἐκ Πνεύματος Ἁγίου.

19 Ἰωσὴφ δὲ ὁ ἀνὴρ αὐτῆς δίκαιος ὤν, καὶ μὴ θέλων αὐτὴν παραδειγματίσαι, ἐβουλήθη λάθρα ἀπολῦσαι αὐτήν.

20 ταῦτα δὲ αὐτοῦ ἐνθυμηθέντος, ἰδού, ἄγγελος Κυρίου κατ' ὄναρ ἐφάνη αὐτῷ, λέγων, Ἰωσήφ, υἱὸς Δαβίδ, μὴ φοβηθῇς παραλαβεῖν Μαριὰμ τὴν γυναῖκά σου. τὸ γὰρ ἐν αὐτῇ γεννηθὲν ἐκ Πνεύματός ἐστιν Ἁγίου·

21 τέξεται δὲ υἱὸν καὶ καλέσεις τὸ ὄνομα αὐτοῦ Ἰησοῦν· αὐτὸς γὰρ σώσει τὸν λαὸν αὐτοῦ ἀπὸ τῶν ἁμαρτιῶν αὐτῶν.

22 τοῦτο δὲ ὅλον γέγονεν, ἵνα πληρωθῇ τὸ ῥηθὲν ὑπὸ τοῦ Κυρίου διὰ τοῦ προφήτου λέγοντος,

23 Ἰδού, ἡ παρθένος ἐν γαστρὶ ἕξει καὶ τέξεται υἱόν, καὶ καλέσουσι τὸ ὄνομα αὐτοῦ Ἐμμανουήλ, ὅ ἐστι μεθερμηνευόμενον, Μεθ' ἡμῶν ὁ Θεός.

24 διεγερθεὶς δὲ ὁ Ἰωσὴφ ἀπὸ τοῦ ὕπνου ἐποίησεν ὡς προσέταξεν αὐτῷ ὁ ἄγγελος Κυρίου· καὶ παρέλαβε τὴν γυναῖκα αὐτοῦ,

25 καὶ οὐκ ἐγίνωσκεν αὐτὴν ἕως οὗ ἔτεκε τὸν υἱόν αὐτῆς τὸν πρωτότοκον· καὶ ἐκάλεσε τὸ ὄνομα αὐτοῦ ΙΗΣΟΥΝ.

CHAPTER 2

1 Τοῦ δὲ Ἰησοῦ γεννηθέντος ἐν Βηθλεὲμ τῆς Ἰουδαίας, ἐν ἡμέραις Ἡρώδου τοῦ βασιλέως, ἰδού, μάγοι ἀπὸ ἀνατολῶν παρεγένοντο εἰς Ἰεροσόλυμα,

2 λέγοντες, Ποῦ ἐστιν ὁ τεχθεὶς βασιλεὺς τῶν Ἰουδαίων; εἴδομεν γὰρ αὐτοῦ τὸν ἀστέρα ἐν τῇ ἀνατολῇ, καὶ ἤλθομεν προσκυνῆσαι αὐτῷ.

3 ἀκούσας δὲ Ἡρώδης ὁ βασιλεὺς ἐταράχθη, καὶ πᾶσα Ἰεροσόλυμα μετ' αὐτοῦ.

4 καὶ συναγαγὼν πάντας τοὺς ἀρχιερεῖς καὶ γραμματεῖς τοῦ λαοῦ, ἐπυνθάνετο παρ' αὐτῶν ποῦ ὁ Χριστὸς γεννᾶται.

5 οἱ δὲ εἶπον αὐτῷ, Ἐν Βηθλεὲμ τῆς Ἰουδαίας· οὕτω γὰρ γέγραπται διὰ τοῦ προφήτου,

6 Καὶ σύ, Βηθλεὲμ γῆ Ἰούδα, οὐδαμῶς ἐλαχίστη εἶ ἐν τοῖς ἡγεμόσιν Ἰούδα· ἐκ σοῦ γὰρ ἐξελεύσεται ἡγούμενος, ὅστις ποιμανεῖ τὸν λαόν μου τὸν Ἰσραήλ.

7 τότε Ἡρώδης, λάθρᾳ καλέσας τοὺς μάγους, ἠκρίβωσε παρ' αὐτῶν τὸν χρόνον τοῦ φαινομένου ἀστέρος.

8 καὶ πέμψας αὐτοὺς εἰς Βηθλεὲμ εἶπε, Πορευθέντες ἀκριβῶς ἐξετάσατε περὶ τοῦ παιδίου· ἐπὰν δὲ εὕρητε, ἀπαγγείλατέ μοι, ὅπως κἀγὼ ἐλθὼν προσκυνήσω αὐτῷ.

9 οἱ δὲ ἀκούσαντες τοῦ βασιλέως ἐπορεύθησαν· καὶ ἰδού, ὁ ἀστήρ, ὃν εἶδον ἐν τῇ ἀνατολῇ, προῆγεν αὐτούς, ἕως ἐλθὼν ἔστη ἐπάνω οὗ ἦν τὸ παιδίον.

10 ἰδόντες δὲ τὸν ἀστέρα ἐχάρησαν χαρὰν μεγάλην σφόδρα.

11 καὶ ἐλθόντες εἰς τὴν οἰκίαν, εἶδον τὸ παιδίον μετὰ Μαρίας τῆς μητρὸς αὐτοῦ, καὶ πεσόντες προσεκύνησαν αὐτῷ, καὶ ἀνοίξαντες τοὺς θησαυροὺς αὐτῶν

προσήνεγκαν αὐτῷ δῶρα, χρυσὸν καὶ λίβανον καὶ σμύρναν.

12 καὶ χρηματισθέντες κατ' ὄναρ μὴ ἀνακάμψαι πρὸς Ἡρώδην, δι' ἄλλης ὁδοῦ ἀνεχώρησαν εἰς τὴν χώραν αὐτῶν.

13 Ἀναχωρησάντων δὲ αὐτῶν, ἰδοὺ, ἄγγελος Κυρίου φαίνεται κατ' ὄναρ τῷ Ἰωσήφ, λέγων, Ἐγερθεὶς παράλαβε τὸ παιδίον καὶ τὴν μητέρα αὐτοῦ, καὶ φεῦγε εἰς Αἴγυπτον, καὶ ἴσθι ἐκεῖ ἕως ἂν εἴπω σοι· μέλλει γὰρ Ἡρώδης ζητεῖν τὸ παιδίον, τοῦ ἀπολέσαι αὐτό.

14 ὁ δὲ ἐγερθεὶς παρέλαβε τὸ παιδίον καὶ τὴν μητέρα αὐτοῦ νυκτός καὶ ἀνεχώρησεν εἰς Αἴγυπτον,

15 καὶ ἦν ἐκεῖ ἕως τῆς τελευτῆς Ἡρώδου· ἵνα πληρωθῇ τὸ ῥηθὲν ὑπὸ τοῦ Κυρίου διὰ τοῦ προφήτου, λέγοντος, Ἐξ Αἰγύπτου ἐκάλεσα τὸν υἱόν μου.

16 τότε Ἡρώδης, ἰδὼν ὅτι ἐνεπαίχθη ὑπὸ τῶν μάγων, ἐθυμώθη λίαν, καὶ ἀποστείλας ἀνεῖλε πάντας τοὺς παῖδας τοὺς ἐν Βηθλεὲμ καὶ ἐν πᾶσι τοῖς ὁρίοις αὐτῆς, ἀπὸ διετοῦς καὶ κατωτέρω, κατὰ τὸν χρόνον ὃν ἠκρίβωσε παρὰ τῶν μάγων.

17 τότε ἐπληρώθη τὸ ῥηθὲν ὑπὸ Ἰερεμίου τοῦ προφήτου, λέγοντος,

18 Φωνὴ ἐν Ῥαμᾶ ἠκούσθη, θρῆνος καὶ κλαυθμὸς καὶ ὀδυρμὸς πολύς, Ῥαχὴλ κλαίουσα τὰ τέκνα αὐτῆς, καὶ οὐκ ἤθελε παρακληθῆναι, ὅτι οὐκ εἰσί.

19 τελευτήσαντος δὲ τοῦ Ἡρώδου, ἰδοὺ ἄγγελος Κυρίου κατ' ὄναρ φαίνεται τῷ Ἰωσὴφ ἐν Αἰγύπτῳ,

20 λέγων, Ἐγερθεὶς παράλαβε τὸ παιδίον καὶ τὴν μητέρα αὐτοῦ, καὶ πορεύου εἰς γῆν Ἰσραήλ· τεθνήκασι γὰρ οἱ ζητοῦντες τὴν ψυχὴν τοῦ παιδίου.

21 ὁ δὲ ἐγερθεὶς παρέλαβε τὸ παιδίον καὶ τὴν μητέρα αὐτοῦ καὶ ἦλθεν εἰς γῆν Ἰσραήλ.

22 ἀκούσας δὲ ὅτι Ἀρχέλαος βασιλεύει ἐπὶ τῆς Ἰουδαίας ἀντὶ Ἡρώδου τοῦ πατρὸς αὐτοῦ, ἐφοβήθη ἐκεῖ ἀπελθεῖν· χρηματισθεὶς δὲ κατ' ὄναρ, ἀνεχώρησεν εἰς τὰ μέρη τῆς Γαλιλαίας,

23 καὶ ἐλθὼν κατῴκησεν εἰς πόλιν λεγομένην Ναζαρέθ· ὅπως πληρωθῇ τὸ ῥηθὲν διὰ τῶν προφητῶν ὅτι Ναζωραῖος κληθήσεται.

CHAPTER 3

1 Ἐν δὲ ταῖς ἡμέραις ἐκείναις παραγίνεται Ἰωάννης ὁ βαπτιστής, κηρύσσων ἐν τῇ ἐρήμῳ τῆς Ἰουδαίας

2 καὶ λέγων, Μετανοεῖτε· ἤγγικε γὰρ ἡ βασιλεία τῶν οὐρανῶν.

3 οὗτος γάρ ἐστιν ὁ ῥηθεὶς ὑπὸ Ἡσαΐου τοῦ προφήτου, λέγοντος, Φωνὴ βοῶντος ἐν τῇ ἐρήμῳ, Ἑτοιμάσατε τὴν ὁδὸν Κυρίου· εὐθείας ποιεῖτε τὰς τρίβους αὐτοῦ.

4 αὐτὸς δὲ ὁ Ἰωάννης εἶχε τὸ ἔνδυμα αὐτοῦ ἀπὸ τριχῶν

καμήλου, καὶ ζώνην δερματίνην περὶ τὴν ὀσφὺν αὐτοῦ· ἡ δὲ τροφὴ αὐτοῦ ἦν ἀκρίδες καὶ μέλι ἄγριον.

5 τότε ἐξεπορεύετο πρὸς αὐτὸν Ἱεροσόλυμα καὶ πᾶσα ἡ Ἰουδαία καὶ πᾶσα ἡ περίχωρος τοῦ Ἰορδάνου·

6 καὶ ἐβαπτίζοντο ἐν τῷ Ἰορδάνῃ ὑπ᾽ αὐτοῦ ἐξομολογούμενοι τὰς ἁμαρτίας αὐτῶν.

7 ἰδὼν δὲ πολλοὺς τῶν Φαρισαίων καὶ Σαδδουκαίων ἐρχομένους ἐπὶ τὸ βάπτισμα αὐτοῦ, εἶπεν αὐτοῖς, Γεννήματα ἐχιδνῶν, τίς ὑπέδειξεν ὑμῖν φυγεῖν ἀπὸ τῆς μελλούσης ὀργῆς;

8 ποιήσατε οὖν καρποὺς ἀξίους τῆς μετανοίας·

9 καὶ μὴ δόξητε λέγειν ἐν ἑαυτοῖς, Πατέρα ἔχομεν τὸν Ἀβραάμ· λέγω γὰρ ὑμῖν ὅτι δύναται ὁ Θεὸς ἐκ τῶν λίθων τούτων ἐγεῖραι τέκνα τῷ Ἀβραάμ.

10 ἤδη δὲ καὶ ἡ ἀξίνη πρὸς τὴν ῥίζαν τῶν δένδρων κεῖται· πᾶν οὖν δένδρον μὴ ποιοῦν καρπὸν καλὸν ἐκκόπτεται καὶ εἰς πῦρ βάλλεται.

11 ἐγὼ μὲν βαπτίζω ὑμᾶς ἐν ὕδατι εἰς μετάνοιαν· ὁ δὲ ὀπίσω μου ἐρχόμενος ἰσχυρότερός μού ἐστιν, οὗ οὐκ εἰμὶ ἱκανὸς τὰ ὑποδήματα βαστάσαι· αὐτὸς ὑμᾶς βαπτίσει ἐν Πνεύματι Ἁγίῳ καὶ πυρί·

12 οὗ τὸ πτύον ἐν τῇ χειρὶ αὐτοῦ, καὶ διακαθαριεῖ τὴν ἅλωνα αὐτοῦ, καὶ συνάξει τὸν σῖτον αὐτοῦ εἰς τὴν ἀποθήκην, τὸ δὲ ἄχυρον κατακαύσει πυρὶ ἀσβέστῳ.

13 Τότε παραγίνεται ὁ Ἰησοῦς ἀπὸ τῆς Γαλιλαίας ἐπὶ τὸν Ἰορδάνην πρὸς τὸν Ἰωάννην, τοῦ βαπτισθῆναι ὑπ᾽ αὐτοῦ.

14 ὁ δὲ Ἰωάννης διεκώλυεν αὐτὸν λέγων, Ἐγὼ χρείαν ἔχω ὑπὸ σοῦ βαπτισθῆναι, καὶ σὺ ἔρχῃ πρός με;

15 ἀποκριθεὶς δὲ ὁ Ἰησοῦς εἶπε πρὸς αὐτόν, Ἄφες ἄρτι· οὕτω γὰρ πρέπον ἐστὶν ἡμῖν πληρῶσαι πᾶσαν δικαιοσύνην. τότε ἀφίησιν αὐτόν.

16 καὶ βαπτισθεὶς ὁ Ἰησοῦς ἀνέβη εὐθὺς ἀπὸ τοῦ ὕδατος· καὶ ἰδού, ἀνεῴχθησαν αὐτῷ οἱ οὐρανοί, καὶ εἶδε τὸ Πνεῦμα τοῦ θεοῦ καταβαῖνον ὡσεὶ περιστερὰν καὶ ἐρχόμενον ἐπ᾽ αὐτόν.

17 καὶ ἰδού, φωνὴ ἐκ τῶν οὐρανῶν, λέγουσα, Οὗτός ἐστιν ὁ υἱός μου ὁ ἀγαπητός, ἐν ᾧ εὐδόκησα.

CHAPTER 4

1 Τότε ὁ Ἰησοῦς ἀνήχθη εἰς τὴν ἔρημον ὑπὸ τοῦ Πνεύματος, πειρασθῆναι ὑπὸ τοῦ διαβόλου.

2 καὶ νηστεύσας ἡμέρας τεσσαράκοντα καὶ νύκτας τεσσαράκοντα, ὕστερον ἐπείνασε.

3 καὶ προσελθὼν αὐτῷ ὁ πειράζων εἶπεν, Εἰ υἱὸς εἶ τοῦ θεοῦ, εἰπὲ ἵνα οἱ λίθοι οὗτοι ἄρτοι γένωνται.

4 ὁ δὲ ἀποκριθεὶς εἶπε, Γέγραπται, Οὐκ ἐπ᾽ ἄρτῳ μόνῳ ζήσεται ἄνθρωπος, ἀλλ᾽ ἐπὶ παντὶ ῥήματι ἐκπορευομένῳ διὰ στόματος Θεοῦ.

5 Τότε παραλαμβάνει αὐτὸν ὁ διάβολος εἰς τὴν ἁγίαν πόλιν, καὶ

ΕΥΑΓΓΕΛΙΟΝ ΤΟ ΚΑΤΑ ΜΑΤΘΑΙΟΝ

ἵστησιν αὐτὸν ἐπὶ τὸ πτερύγιον τοῦ ἱεροῦ,

6 καὶ λέγει αὐτῷ, Εἰ υἱὸς εἶ τοῦ Θεοῦ, βάλε σεαυτὸν κάτω· γέγραπται γὰρ ὅτι Τοῖς ἀγγέλοις αὐτοῦ ἐντελεῖται περὶ σοῦ καὶ ἐπὶ χειρῶν ἀροῦσί σε, μήποτε προσκόψῃς πρὸς λίθον τὸν πόδα σοῦ.

7 ἔφη αὐτῷ ὁ Ἰησοῦς, Πάλιν γέγραπται, Οὐκ ἐκπειράσεις Κύριον τὸν Θεόν σου.

8 πάλιν παραλαμβάνει αὐτὸν ὁ διάβολος εἰς ὄρος ὑψηλὸν λίαν, καὶ δείκνυσιν αὐτῷ πάσας τὰς βασιλείας τοῦ κόσμου καὶ τὴν δόξαν αὐτῶν,

9 καὶ λέγει αὐτῷ, Ταῦτά πάντα σοι δώσω, ἐὰν πεσὼν προσκυνήσῃς μοι.

10 τότε λέγει αὐτῷ ὁ Ἰησοῦς, Ὕπαγε, Σατανᾶ. γέγραπται γάρ, Κύριον τὸν Θεόν σου προσκυνήσεις, καὶ αὐτῷ μόνῳ λατρεύσεις.

11 τότε ἀφίησιν αὐτὸν ὁ διάβολος· καὶ ἰδού, ἄγγελοι προσῆλθον καὶ διηκόνουν αὐτῷ.

12 Ἀκούσας δὲ ὁ Ἰησοῦς ὅτι Ἰωάννης παρεδόθη, ἀνεχώρησεν εἰς τὴν Γαλιλαίαν·

13 καὶ καταλιπὼν τὴν Ναζαρέθ, ἐλθὼν κατῴκησεν εἰς Καπερναοὺμ τὴν παραθαλασσίαν, ἐν ὁρίοις Ζαβουλὼν καὶ Νεφθαλείμ·

14 ἵνα πληρωθῇ τὸ ῥηθὲν διὰ Ἡσαΐου τοῦ προφήτου, λέγοντος,

15 Γῆ Ζαβουλὼν καὶ γῆ Νεφθαλείμ, ὁδὸν θαλάσσης, πέραν τοῦ Ἰορδάνου, Γαλιλαία τῶν ἐθνῶν,

16 ὁ λαὸς ὁ καθήμενος ἐν σκότει εἶδε φῶς μέγα, καὶ τοῖς καθημένοις ἐν χώρᾳ καὶ σκιᾷ θανάτου φῶς ἀνέτειλεν αὐτοῖς.

17 Ἀπὸ τότε ἤρξατο ὁ Ἰησοῦς κηρύσσειν καὶ λέγειν, Μετανοεῖτε· ἤγγικε γὰρ ἡ βασιλεία τῶν οὐρανῶν.

18 Περιπατῶν δὲ ὁ Ἰησοῦς παρὰ τὴν θάλασσαν τῆς Γαλιλαίας εἶδε δύο ἀδελφούς, Σίμωνα τὸν λεγόμενον Πέτρον, καὶ Ἀνδρέαν τὸν ἀδελφὸν αὐτοῦ, βάλλοντας ἀμφίβληστρον εἰς τὴν θάλασσαν· ἦσαν γὰρ ἁλιεῖς.

19 καὶ λέγει αὐτοῖς, Δεῦτε ὀπίσω μου, καὶ ποιήσω ὑμᾶς ἁλιεῖς ἀνθρώπων.

20 οἱ δὲ εὐθέως ἀφέντες τὰ δίκτυα ἠκολούθησαν αὐτῷ.

21 καὶ προβὰς ἐκεῖθεν, εἶδεν ἄλλους δύο ἀδελφούς, Ἰάκωβον τὸν τοῦ Ζεβεδαίου καὶ Ἰωάννην τὸν ἀδελφὸν αὐτοῦ, ἐν τῷ πλοίῳ μετὰ Ζεβεδαίου τοῦ πατρὸς αὐτῶν, καταρτίζοντας τὰ δίκτυα αὐτῶν· καὶ ἐκάλεσεν αὐτούς.

22 οἱ δὲ εὐθέως ἀφέντες τὸ πλοῖον καὶ τὸν πατέρα αὐτῶν ἠκολούθησαν αὐτῷ.

23 Καὶ περιῆγεν ὅλην τὴν Γαλιλαίαν ὁ Ἰησοῦς, διδάσκων ἐν ταῖς συναγωγαῖς αὐτῶν, καὶ κηρύσσων τὸ εὐαγγέλιον τῆς βασιλείας, καὶ θεραπεύων πᾶσαν

νόσον καὶ πᾶσαν μαλακίαν ἐν τῷ λαῷ.

24 καὶ ἀπῆλθεν ἡ ἀκοὴ αὐτοῦ εἰς ὅλην τὴν Συρίαν· καὶ προσήνεγκαν αὐτῷ πάντας τοὺς κακῶς ἔχοντας, ποικίλαις νόσοις καὶ βασάνοις συνεχομένους, καὶ δαιμονιζομένους, καὶ σεληνιαζομένους, καὶ παραλυτικούς· καὶ ἐθεράπευσεν αὐτούς.

25 καὶ ἠκολούθησαν αὐτῷ ὄχλοι πολλοὶ ἀπὸ τῆς Γαλιλαίας καὶ Δεκαπόλεως καὶ Ἱεροσολύμων καὶ Ἰουδαίας καὶ πέραν τοῦ Ἰορδάνου.

CHAPTER 5

1 Ἰδὼν δὲ τοὺς ὄχλους ἀνέβη εἰς τὸ ὄρος. καὶ καθίσαντος αὐτοῦ, προσῆλθον αὐτῷ οἱ μαθηταὶ αὐτοῦ·

2 καὶ ἀνοίξας τὸ στόμα αὐτοῦ, ἐδίδασκεν αὐτούς, λέγων,

3 Μακάριοι οἱ πτωχοὶ τῷ πνεύματι· ὅτι αὐτῶν ἐστιν ἡ βασιλεία τῶν οὐρανῶν.

4 Μακάριοι οἱ πενθοῦντες· ὅτι αὐτοὶ παρακληθήσονται.

5 Μακάριοι οἱ πραεῖς, ὅτι αὐτοὶ κληρονομήσουσι τὴν γῆν.

6 Μακάριοι οἱ πεινῶντες καὶ διψῶντες τὴν δικαιοσύνην· ὅτι αὐτοὶ χορτασθήσονται.

7 Μακάριοι οἱ ἐλεήμονες· ὅτι αὐτοὶ ἐλεηθήσονται.

8 Μακάριοι οἱ καθαροὶ τῇ καρδίᾳ· ὅτι αὐτοὶ τὸν Θεὸν ὄψονται.

9 Μακάριοι οἱ εἰρηνοποιοί· ὅτι αὐτοὶ υἱοὶ Θεοῦ κληθήσονται.

10 Μακάριοι οἱ δεδιωγμένοι ἕνεκεν δικαιοσύνης· ὅτι αὐτῶν ἐστιν ἡ βασιλεία τῶν οὐρανῶν.

11 Μακάριοί ἐστε, ὅταν ὀνειδίσωσιν ὑμᾶς καὶ διώξωσι, καὶ εἴπωσι πᾶν πονηρὸν ῥῆμα καθ᾽ ὑμῶν ψευδόμενοι, ἕνεκεν ἐμοῦ·

12 χαίρετε καὶ ἀγαλλιᾶσθε, ὅτι ὁ μισθὸς ὑμῶν πολὺς ἐν τοῖς οὐρανοῖς· οὕτω γὰρ ἐδίωξαν τοὺς προφήτας τοὺς πρὸ ὑμῶν.

13 Ὑμεῖς ἐστε τὸ ἅλας τῆς γῆς· ἐὰν δὲ τὸ ἅλας μωρανθῇ, ἐν τίνι ἁλισθήσεται; εἰς οὐδὲν ἰσχύει ἔτι, εἰ μὴ βληθῆναι ἔξω καὶ καταπατεῖσθαι ὑπὸ τῶν ἀνθρώπων.

14 ὑμεῖς ἐστε τὸ φῶς τοῦ κόσμου· οὐ δύναται πόλις κρυβῆναι ἐπάνω ὄρους κειμένη·

15 οὐδὲ καίουσι λύχνον καὶ τιθέασιν αὐτὸν ὑπὸ τὸν μόδιον, ἀλλ᾽ ἐπὶ τὴν λυχνίαν, καὶ λάμπει πᾶσι τοῖς ἐν τῇ οἰκίᾳ.

16 οὕτω λαμψάτω τὸ φῶς ὑμῶν ἔμπροσθεν τῶν ἀνθρώπων, ὅπως ἴδωσιν ὑμῶν τὰ καλὰ ἔργα, καὶ δοξάσωσι τὸν πατέρα ὑμῶν τὸν ἐν τοῖς οὐρανοῖς.

17 Μὴ νομίσητε ὅτι ἦλθον καταλῦσαι τὸν νόμον ἢ τοὺς προφήτας· οὐκ ἦλθον καταλῦσαι ἀλλὰ πληρῶσαι.

18 ἀμὴν γὰρ λέγω ὑμῖν, ἕως ἂν παρέλθῃ ὁ οὐρανὸς καὶ ἡ γῆ, ἰῶτα ἓν ἢ μία κεραία οὐ μὴ παρέλθῃ

ἀπὸ τοῦ νόμου ἕως ἂν πάντα γένηται.

19 ὃς ἐὰν οὖν λύσῃ μίαν τῶν ἐντολῶν τούτων τῶν ἐλαχίστων, καὶ διδάξῃ οὕτω τοὺς ἀνθρώπους, ἐλάχιστος κληθήσεται ἐν τῇ βασιλείᾳ τῶν οὐρανῶν· ὃς δ' ἂν ποιήσῃ καὶ διδάξῃ, οὗτος μέγας κληθήσεται ἐν τῇ βασιλείᾳ τῶν οὐρανῶν.

20 λέγω γὰρ ὑμῖν ὅτι ἐὰν μὴ περισσεύσῃ ἡ δικαιοσύνη ὑμῶν πλεῖον τῶν γραμματέων καὶ Φαρισαίων, οὐ μὴ εἰσέλθητε εἰς τὴν βασιλείαν τῶν οὐρανῶν.

21 Ἠκούσατε ὅτι ἐρρέθη τοῖς ἀρχαίοις, Οὐ φονεύσεις· ὃς δ' ἂν φονεύσῃ, ἔνοχος ἔσται τῇ κρίσει·

22 ἐγὼ δὲ λέγω ὑμῖν ὅτι πᾶς ὁ ὀργιζόμενος τῷ ἀδελφῷ αὐτοῦ εἰκῆ ἔνοχος ἔσται τῇ κρίσει· ὃς δ' ἂν εἴπῃ τῷ ἀδελφῷ αὐτοῦ, ῥακά, ἔνοχος ἔσται τῷ συνεδρίῳ· ὃς δ' ἂν εἴπῃ, Μωρέ, ἔνοχος ἔσται εἰς τὴν γέενναν τοῦ πυρός.

23 ἐὰν οὖν προσφέρῃς τὸ δῶρόν σου ἐπὶ τὸ θυσιαστήριον, κἀκεῖ μνησθῇς ὅτι ὁ ἀδελφός σου ἔχει τι κατὰ σοῦ,

24 ἄφες ἐκεῖ τὸ δῶρόν σου ἔμπροσθεν τοῦ θυσιαστηρίου, καὶ ὕπαγε, πρῶτον διαλλάγηθι τῷ ἀδελφῷ σου, καὶ τότε ἐλθὼν πρόσφερε τὸ δῶρόν σου.

25 ἴσθι εὐνοῶν τῷ ἀντιδίκῳ σου ταχύ, ἕως ὅτου εἶ ἐν τῇ ὁδῷ μετ' αὐτοῦ, μήποτέ σε παραδῷ ὁ ἀντίδικος τῷ κριτῇ, καὶ ὁ κριτὴς σε παραδῷ τῷ ὑπηρέτῃ, καὶ εἰς φυλακὴν βληθήσῃ.

26 ἀμὴν λέγω σοι, οὐ μὴ ἐξέλθῃς ἐκεῖθεν, ἕως ἂν ἀποδῷς τὸν ἔσχατον κοδράντην.

27 Ἠκούσατε ὅτι ἐρρέθη τοῖς ἀρχαίοις, Οὐ μοιχεύσεις.

28 ἐγὼ δὲ λέγω ὑμῖν, ὅτι πᾶς ὁ βλέπων γυναῖκα πρὸς τὸ ἐπιθυμῆσαι αὐτῆς ἤδη ἐμοίχευσεν αὐτὴν ἐν τῇ καρδίᾳ αὐτοῦ.

29 εἰ δὲ ὁ ὀφθαλμός σου ὁ δεξιὸς σκανδαλίζει σε, ἔξελε αὐτὸν καὶ βάλε ἀπὸ σοῦ· συμφέρει γάρ σοι ἵνα ἀπόληται ἓν τῶν μελῶν σου, καὶ μὴ ὅλον τὸ σῶμά σου βληθῇ εἰς γέενναν.

30 καὶ εἰ ἡ δεξιά σου χεὶρ σκανδαλίζει σε, ἔκκοψον αὐτὴν καὶ βάλε ἀπὸ σοῦ· συμφέρει γάρ σοι ἵνα ἀπόληται ἓν τῶν μελῶν σου, καὶ μὴ ὅλον τὸ σῶμά σου βληθῇ εἰς γέενναν.

31 ἐρρέθη δὲ ὅτι Ὃς ἂν ἀπολύσῃ τὴν γυναῖκα αὐτοῦ, δότω αὐτῇ ἀποστάσιον·

32 ἐγὼ δὲ λέγω ὑμῖν, ὅτι ὃς ἂν ἀπολύσῃ τὴν γυναῖκα αὐτοῦ, παρεκτὸς λόγου πορνείας, ποιεῖ αὐτὴν μοιχᾶσθαι, καὶ ὃς ἐὰν ἀπολελυμένην γαμήσῃ μοιχᾶται·

33 Πάλιν ἠκούσατε ὅτι ἐρρέθη τοῖς ἀρχαίοις, Οὐκ ἐπιορκήσεις, ἀποδώσεις δὲ τῷ κυρίῳ τοὺς ὅρκους σου.

34 ἐγὼ δὲ λέγω ὑμῖν μὴ ὀμόσαι ὅλως· μήτε ἐν τῷ οὐρανῷ, ὅτι θρόνος ἐστὶ τοῦ Θεοῦ·

35 μήτε ἐν τῇ γῇ, ὅτι ὑποπόδιόν ἐστι τῶν ποδῶν αὐτοῦ· μήτε εἰς Ἱεροσόλυμα, ὅτι πόλις ἐστὶ τοῦ μεγάλου βασιλέως·

36 μήτε ἐν τῇ κεφαλῇ σου ὀμόσῃς, ὅτι οὐ δύνασαι μίαν τρίχα λευκὴν ἢ μέλαιναν ποιῆσαι.

37 ἔστω δὲ ὁ λόγος ὑμῶν, ναὶ ναί, οὒ οὔ· τὸ δὲ περισσὸν τούτων ἐκ τοῦ πονηροῦ ἐστιν.

38 Ἠκούσατε ὅτι ἐρρέθη, Ὀφθαλμὸν ἀντὶ ὀφθαλμοῦ, καὶ ὀδόντα ἀντὶ ὀδόντος·

39 ἐγὼ δὲ λέγω ὑμῖν μὴ ἀντιστῆναι τῷ πονηρῷ· ἀλλ' ὅστις σε ῥαπίσει ἐπὶ τὴν δεξιάν σου σιαγόνα, στρέψον αὐτῷ καὶ τὴν ἄλλην·

40 καὶ τῷ θέλοντί σοι κριθῆναι καὶ τὸν χιτῶνά σου λαβεῖν, ἄφες αὐτῷ καὶ τὸ ἱμάτιον·

41 καὶ ὅστις σε ἀγγαρεύσει μίλιον ἕν, ὕπαγε μετ' αὐτοῦ δύο.

42 τῷ αἰτοῦντί σε δίδου· καὶ τὸν θέλοντα ἀπὸ σοῦ δανείσασθαι μὴ ἀποστραφῇς.

43 Ἠκούσατε ὅτι ἐρρέθη, Ἀγαπήσεις τὸν πλησίον σου, καὶ μισήσεις τὸν ἐχθρόν σου·

44 ἐγὼ δὲ λέγω ὑμῖν, ἀγαπᾶτε τοὺς ἐχθροὺς ὑμῶν, εὐλογεῖτε τοὺς καταρωμένους ὑμᾶς, καλῶς ποιεῖτε τοὺς μισοῦντας ὑμᾶς, καὶ προσεύχεσθε ὑπὲρ τῶν ἐπηρεαζόντων ὑμᾶς, καὶ διωκόντων ὑμᾶς·

45 ὅπως γένησθε υἱοὶ τοῦ πατρὸς ὑμῶν τοῦ ἐν οὐρανοῖς, ὅτι τὸν ἥλιον αὐτοῦ ἀνατέλλει ἐπὶ πονηροὺς καὶ ἀγαθούς, καὶ βρέχει ἐπὶ δικαίους καὶ ἀδίκους.

46 ἐὰν γὰρ ἀγαπήσητε τοὺς ἀγαπῶντας ὑμᾶς, τίνα μισθὸν ἔχετε; οὐχὶ καὶ οἱ τελῶναι τὸ αὐτὸ ποιοῦσι;

47 καὶ ἐὰν ἀσπάσησθε τοὺς ἀδελφοὺς ὑμῶν μόνον, τί περισσὸν ποιεῖτε; οὐχὶ καὶ οἱ τελῶναι οὕτω ποιοῦσιν;

48 ἔσεσθε οὖν ὑμεῖς τέλειοι, ὥσπερ ὁ πατὴρ ὑμῶν ὁ ἐν τοῖς οὐρανοῖς τέλειός ἐστι.

CHAPTER 6

1 Προσέχετε τὴν ἐλεημοσύνην ὑμῶν μὴ ποιεῖν ἔμπροσθεν τῶν ἀνθρώπων πρὸς τὸ θεαθῆναι αὐτοῖς· εἰ δὲ μήγε, μισθὸν οὐκ ἔχετε παρὰ τῷ πατρὶ ὑμῶν τῷ ἐν τοῖς οὐρανοῖς.

2 Ὅταν οὖν ποιῇς ἐλεημοσύνην, μὴ σαλπίσῃς ἔμπροσθέν σου, ὥσπερ οἱ ὑποκριταὶ ποιοῦσιν ἐν ταῖς συναγωγαῖς καὶ ἐν ταῖς ῥύμαις, ὅπως δοξασθῶσιν ὑπὸ τῶν ἀνθρώπων· ἀμὴν λέγω ὑμῖν, ἀπέχουσι τὸν μισθὸν αὐτῶν.

3 σοῦ δὲ ποιοῦντος ἐλεημοσύνην μὴ γνώτω ἡ ἀριστερά σου τί ποιεῖ ἡ δεξιά σου,

4 ὅπως ᾖ σου ἡ ἐλεημοσύνη ἐν τῷ κρυπτῷ· καὶ ὁ πατήρ σου ὁ βλέπων ἐν τῷ κρυπτῷ αὐτός, ἀποδώσει σοι ἐν τῷ φανερῷ.

5 Καὶ ὅταν προσεύχῃ, οὐκ ἔσῃ ὥσπερ οἱ ὑποκριταί, ὅτι φιλοῦσιν ἐν ταῖς συναγωγαῖς καὶ ἐν ταῖς

24

γωνίαις τῶν πλατειῶν ἑστῶτες προσεύχεσθαι, ὅπως ἂν φανῶσι τοῖς ἀνθρώποις· ἀμὴν λέγω ὑμῖν ὅτι ἀπέχουσι τὸν μισθὸν αὐτῶν.

6 σὺ δὲ ὅταν προσεύχῃ, εἴσελθε εἰς τὸ ταμιεῖόν σου, καὶ κλείσας τὴν θύραν σου, Πρόσευξαι τῷ πατρί σου τῷ ἐν τῷ κρυπτῷ· καὶ ὁ πατήρ σου ὁ βλέπων ἐν τῷ κρυπτῷ ἀποδώσει σοι ἐν τῷ φανερῷ.

7 Προσευχόμενοι δὲ μὴ βαττολογήσητε, ὥσπερ οἱ ἐθνικοί· δοκοῦσι γὰρ ὅτι ἐν τῇ πολυλογίᾳ αὐτῶν εἰσακουσθήσονται.

8 μὴ οὖν ὁμοιωθῆτε αὐτοῖς· οἶδε γὰρ ὁ πατὴρ ὑμῶν ὧν χρείαν ἔχετε, πρὸ τοῦ ὑμᾶς αἰτῆσαι αὐτόν.

9 οὕτως οὖν προσεύχεσθε ὑμεῖς· Πάτερ ἡμῶν ὁ ἐν τοῖς οὐρανοῖς, ἁγιασθήτω τὸ ὄνομά σου·

10 ἐλθέτω ἡ βασιλεία σου· γενηθήτω τὸ θέλημά σου, ὡς ἐν οὐρανῷ καὶ ἐπὶ τῆς γῆς·

11 τὸν ἄρτον ἡμῶν τὸν ἐπιούσιον δὸς ἡμῖν σήμερον·

12 καὶ ἄφες ἡμῖν τὰ ὀφειλήματα ἡμῶν, ὡς καὶ ἡμεῖς ἀφίεμεν τοῖς ὀφειλέταις ἡμῶν·

13 καὶ μὴ εἰσενέγκῃς ἡμᾶς εἰς πειρασμόν, ἀλλὰ ῥῦσαι ἡμᾶς ἀπὸ τοῦ πονηροῦ. ὅτι σοῦ ἐστιν ἡ βασιλεία καὶ ἡ δύναμις καὶ ἡ δόξα εἰς τοὺς αἰῶνας. ἀμήν.

14 ἐὰν γὰρ ἀφῆτε τοῖς ἀνθρώποις τὰ παραπτώματα αὐτῶν, ἀφήσει καὶ ὑμῖν ὁ πατὴρ ὑμῶν ὁ οὐράνιος·

15 ἐὰν δὲ μὴ ἀφῆτε τοῖς ἀνθρώποις τὰ παραπτώματα αὐτῶν, οὐδὲ ὁ πατὴρ ὑμῶν ἀφήσει τὰ παραπτώματα ὑμῶν.

16 Ὅταν δὲ νηστεύητε, μὴ γίνεσθε ὥσπερ οἱ ὑποκριταὶ σκυθρωποί· ἀφανίζουσι γὰρ τὰ πρόσωπα αὐτῶν, ὅπως φανῶσι τοῖς ἀνθρώποις νηστεύοντες· ἀμὴν λέγω ὑμῖν ὅτι ἀπέχουσι τὸν μισθὸν αὐτῶν

17 σὺ δὲ νηστεύων ἄλειψαί σου τὴν κεφαλὴν, καὶ τὸ πρόσωπόν σου νίψαι,

18 ὅπως μὴ φανῇς τοῖς ἀνθρώποις νηστεύων, ἀλλὰ τῷ πατρί σου τῷ ἐν τῷ κρυπτῷ· καὶ ὁ πατήρ σου ὁ βλέπων ἐν τῷ κρυπτῷ ἀποδώσει σοι ἐν τῷ φανερῷ.

19 Μὴ θησαυρίζετε ὑμῖν θησαυροὺς ἐπὶ τῆς γῆς, ὅπου σὴς καὶ βρῶσις ἀφανίζει, καὶ ὅπου κλέπται διορύσσουσι καὶ κλέπτουσι·

20 θησαυρίζετε δὲ ὑμῖν θησαυροὺς ἐν οὐρανῷ, ὅπου οὔτε σὴς οὔτε βρῶσις ἀφανίζει, καὶ ὅπου κλέπται οὐ διορύσσουσιν οὐδὲ κλέπτουσιν.

21 ὅπου γάρ ἐστιν ὁ θησαυρὸς ὑμῶν, ἐκεῖ ἔσται καὶ ἡ καρδία ὑμων.

22 ὁ λύχνος τοῦ σώματός ἐστιν ὁ ὀφθαλμός· ἐὰν οὖν ὁ ὀφθαλμός σου ἁπλοῦς ᾖ, ὅλον τὸ σῶμά σου φωτεινὸν ἔσται·

23 ἐὰν δὲ ὁ ὀφθαλμός σου πονηρὸς ᾖ, ὅλον τὸ σῶμά σου σκοτεινὸν ἔσται. εἰ οὖν τὸ φῶς τὸ ἐν σοὶ σκότος ἐστί, τὸ σκότος πόσον;

ΕΥΑΓΓΕΛΙΟΝ ΤΟ ΚΑΤΑ ΜΑΤΘΑΙΟΝ

24 οὐδεὶς δύναται δυσὶ κυρίοις δουλεύειν· ἢ γὰρ τὸν ἕνα μισήσει, καὶ τὸν ἕτερον ἀγαπήσει· ἢ ἑνὸς ἀνθέξεται, καὶ τοῦ ἑτέρου καταφρονήσει οὐ δύνασθε Θεῷ δουλεύειν καὶ μαμμωνᾷ.
25 διὰ τοῦτο λέγω ὑμῖν, μὴ μεριμνᾶτε τῇ ψυχῇ ὑμῶν, τί φάγητε καὶ τί πίητε· μηδὲ τῷ σώματι ὑμῶν, τί ἐνδύσησθε. οὐχὶ ἡ ψυχὴ πλεῖόν ἐστι τῆς τροφῆς, καὶ τὸ σῶμα τοῦ ἐνδύματος;
26 ἐμβλέψατε εἰς τὰ πετεινὰ τοῦ οὐρανοῦ, ὅτι οὐ σπείρουσιν οὐδὲ θερίζουσιν, οὐδὲ συνάγουσιν εἰς ἀποθήκας, καὶ ὁ πατὴρ ὑμῶν ὁ οὐράνιος τρέφει αὐτά· οὐχ ὑμεῖς μᾶλλον διαφέρετε αὐτῶν;
27 τίς δὲ ἐξ ὑμῶν μεριμνῶν δύναται προσθεῖναι ἐπὶ τὴν ἡλικίαν αὐτοῦ πῆχυν ἕνα;
28 καὶ περὶ ἐνδύματος τί μεριμνᾶτε; καταμάθετε τὰ κρίνα τοῦ ἀγροῦ, πῶς αὐξάνει· οὐ κοπιᾷ, οὐδὲ νήθει·
29 λέγω δὲ ὑμῖν ὅτι οὐδὲ Σολομὼν ἐν πάσῃ τῇ δόξῃ αὐτοῦ περιεβάλετο ὡς ἓν τούτων.
30 εἰ δὲ τὸν χόρτον τοῦ ἀγροῦ, σήμερον ὄντα, καὶ αὔριον εἰς κλίβανον βαλλόμενον, ὁ Θεὸς οὕτως ἀμφιέννυσιν, οὐ πολλῷ μᾶλλον ὑμᾶς, ὀλιγόπιστοι;
31 μὴ οὖν μεριμνήσητε, λέγοντες, Τί φάγωμεν, ἢ τί πίωμεν, ἢ τί περιβαλώμεθα;
32 πάντα γὰρ ταῦτα τὰ ἔθνη ἐπιζητεῖ· οἶδε γὰρ ὁ πατὴρ ὑμῶν ὁ οὐράνιος ὅτι χρῄζετε τούτων ἁπάντων.
33 ζητεῖτε δὲ πρῶτον τὴν βασιλείαν τοῦ Θεοῦ καὶ τὴν δικαιοσύνην αὐτοῦ, καὶ ταῦτα πάντα προστεθήσεται ὑμῖν.
34 μὴ οὖν μεριμνήσητε εἰς τὴν αὔριον· ἡ γὰρ αὔριον μεριμνήσει τὰ ἑαυτῆς ἀρκετὸν τῇ ἡμέρᾳ ἡ κακία αὐτῆς.

CHAPTER 7

1 Μὴ κρίνετε, ἵνα μὴ κριθῆτε,
2 ἐν ᾧ γὰρ κρίματι κρίνετε κριθήσεσθε· καὶ ἐν ᾧ μέτρῳ μετρεῖτε, ἀντιμετρηθήσεται ὑμῖν.
3 τί δὲ βλέπεις τὸ κάρφος τὸ ἐν τῷ ὀφθαλμῷ τοῦ ἀδελφοῦ σου, τὴν δὲ ἐν τῷ σῷ ὀφθαλμῷ δοκὸν οὐ κατανοεῖς;
4 ἢ πῶς ἐρεῖς τῷ ἀδελφῷ σου, Ἄφες ἐκβάλω τὸ κάρφος ἀπὸ τοῦ ὀφθαλμοῦ σου, καὶ ἰδοὺ ἡ δοκὸς ἐν τῷ ὀφθαλμῷ σοῦ;
5 ὑποκριτά, ἔκβαλε πρῶτον τὴν δοκὸν ἐκ τοῦ ὀφθαλμοῦ σοῦ, καὶ τότε διαβλέψεις ἐκβαλεῖν τὸ κάρφος ἐκ τοῦ ὀφθαλμοῦ τοῦ ἀδελφοῦ σου.
6 Μὴ δῶτε τὸ ἅγιον τοῖς κυσί· μηδὲ βάλητε τοὺς μαργαρίτας ὑμῶν ἔμπροσθεν τῶν χοίρων, μήποτε καταπατήσωσιν αὐτοὺς ἐν τοῖς ποσὶν αὐτῶν, καὶ στραφέντες ῥήξωσιν ὑμᾶς.
7 Αἰτεῖτε, καὶ δοθήσεται ὑμῖν· ζητεῖτε, καὶ εὑρήσετε· κρούετε, καὶ ἀνοιγήσεται ὑμῖν.

8 πᾶς γὰρ ὁ αἰτῶν λαμβάνει, καὶ ὁ ζητῶν εὑρίσκει, καὶ τῷ κρούοντι ἀνοιγήσεται.

9 ἢ τίς ἐστιν ἐξ ὑμῶν ἄνθρωπος, ὃν ἐὰν αἰτήσῃ ὁ υἱὸς αὐτοῦ ἄρτον, μὴ λίθον ἐπιδώσει αὐτῷ;

10 καὶ ἐὰν ἰχθὺν αἰτήσῃ, μὴ ὄφιν ἐπιδώσει αὐτῷ;

11 εἰ οὖν ὑμεῖς, πονηροὶ ὄντες, οἴδατε δόματα ἀγαθὰ διδόναι τοῖς τέκνοις ὑμῶν, πόσῳ μᾶλλον ὁ πατὴρ ὑμῶν ὁ ἐν τοῖς οὐρανοῖς δώσει ἀγαθὰ τοῖς αἰτοῦσιν αὐτόν;

12 πάντα οὖν ὅσα ἂν θέλητε ἵνα ποιῶσιν ὑμῖν οἱ ἄνθρωποι, οὕτω καὶ ὑμεῖς ποιεῖτε αὐτοῖς· οὗτος γάρ ἐστιν ὁ νόμος καὶ οἱ προφῆται.

13 Εἰσέλθετε διὰ τῆς στενῆς πύλης· ὅτι πλατεῖα ἡ πύλη, καὶ εὐρύχωρος ἡ ὁδὸς ἡ ἀπάγουσα εἰς τὴν ἀπώλειαν, καὶ πολλοί εἰσιν οἱ εἰσερχόμενοι δι' αὐτῆς·

14 ὅτι στενὴ ἡ πύλη, καὶ τεθλιμμένη ἡ ὁδὸς ἡ ἀπάγουσα εἰς τὴν ζωήν, καὶ ὀλίγοι εἰσὶν οἱ εὑρίσκοντες αὐτήν.

15 Προσέχετε δὲ ἀπὸ τῶν ψευδοπροφητῶν, οἵτινες ἔρχονται πρὸς ὑμᾶς ἐν ἐνδύμασι προβάτων, ἔσωθεν δέ εἰσι λύκοι ἅρπαγες.

16 ἀπὸ τῶν καρπῶν αὐτῶν ἐπιγνώσεσθε αὐτούς· μήτι συλλέγουσιν ἀπὸ ἀκανθῶν σταφυλήν, ἢ ἀπὸ τριβόλων σῦκα;

17 οὕτω πᾶν δένδρον ἀγαθὸν καρποὺς καλοὺς ποιεῖ· τὸ δὲ σαπρὸν δένδρον καρποὺς πονηροὺς ποιεῖ·

18 οὐ δύναται δένδρον ἀγαθὸν καρποὺς πονηροὺς ποιεῖν, οὐδὲ δένδρον σαπρὸν καρποὺς καλοὺς ποιεῖν.

19 πᾶν δένδρον μὴ ποιοῦν καρπὸν καλὸν ἐκκόπτεται καὶ εἰς πῦρ βάλλεται.

20 ἄραγε ἀπὸ τῶν καρπῶν αὐτῶν ἐπιγνώσεσθε αὐτούς.

21 οὐ πᾶς ὁ λέγων μοι, Κύριε, Κύριε, εἰσελεύσεται εἰς τὴν βασιλείαν τῶν οὐρανῶν· ἀλλ' ὁ ποιῶν τὸ θέλημα τοῦ πατρός μου τοῦ ἐν οὐρανοῖς.

22 πολλοὶ ἐροῦσί μοι ἐν ἐκείνῃ τῇ ἡμέρᾳ, Κύριε Κύριε, οὐ τῷ σῷ ὀνόματι προεφητεύσαμεν, καὶ τῷ σῷ ὀνόματι δαιμόνια ἐξεβάλομεν, καὶ τῷ σῷ ὀνόματι δυνάμεις πολλὰς ἐποιήσαμεν;

23 καὶ τότε ὁμολογήσω αὐτοῖς, ὅτι οὐδέποτε ἔγνων ὑμᾶς· ἀποχωρεῖτε ἀπ' ἐμοῦ οἱ ἐργαζόμενοι τὴν ἀνομίαν.

24 πᾶς οὖν ὅστις ἀκούει μου τοὺς λόγους τούτους καὶ ποιεῖ αὐτούς, ὁμοιώσω αὐτὸν ἀνδρὶ φρονίμῳ, ὅστις ᾠκοδόμησε τὴν οἰκίαν αὐτοῦ ἐπὶ τὴν πέτραν·

25 καὶ κατέβη ἡ βροχὴ καὶ ἦλθον οἱ ποταμοὶ καὶ ἔπνευσαν οἱ ἄνεμοι, καὶ προσέπεσον τῇ οἰκίᾳ ἐκείνῃ, καὶ οὐκ ἔπεσε· τεθεμελίωτο γὰρ ἐπὶ τὴν πέτραν.

26 καὶ πᾶς ὁ ἀκούων μου τοὺς λόγους τούτους καὶ μὴ ποιῶν αὐτούς, ὁμοιωθήσεται ἀνδρὶ μωρῷ, ὅστις ᾠκοδόμησε τὴν οἰκίαν αὐτοῦ ἐπὶ τὴν ἄμμον·

27 καὶ κατέβη ἡ βροχὴ καὶ ἦλθον οἱ ποταμοὶ καὶ ἔπνευσαν οἱ ἄνεμοι, καὶ προσέκοψαν τῇ οἰκίᾳ ἐκείνῃ, καὶ ἔπεσε· καὶ ἦν ἡ πτῶσις αὐτῆς μεγάλη.

28 Καὶ ἐγένετο ὅτε συνετέλεσεν ὁ Ἰησοῦς τοὺς λόγους τούτους ἐξεπλήσσοντο οἱ ὄχλοι ἐπὶ τῇ διδαχῇ αὐτοῦ·

29 ἦν γὰρ διδάσκων αὐτοὺς ὡς ἐξουσίαν ἔχων, καὶ οὐχ ὡς οἱ γραμματεῖς.

CHAPTER 8

1 Καταβάντι δὲ αὐτῷ ἀπὸ τοῦ ὄρους, ἠκολούθησαν αὐτῷ ὄχλοι πολλοί·

2 καὶ ἰδού, λεπρὸς ἐλθὼν προσεκύνει αὐτῷ λέγων, Κύριε, ἐὰν θέλῃς δύνασαί με καθαρίσαι.

3 καὶ ἐκτείνας τὴν χεῖρα, ἥψατο αὐτοῦ ὁ Ἰησοῦς, λέγων, Θέλω, καθαρίσθητι. καὶ εὐθέως ἐκαθαρίσθη αὐτοῦ ἡ λέπρα.

4 καὶ λέγει αὐτῷ ὁ Ἰησοῦς, Ὅρα μηδενὶ εἴπῃς· ἀλλ᾽ ὕπαγε, σεαυτὸν δεῖξον τῷ ἱερεῖ, καὶ προσένεγκε τὸ δῶρον ὃ προσέταξε Μωσῆς, εἰς μαρτύριον αὐτοῖς.

5 Εἰσελθόντι δὲ τῷ Ἰησοῦ εἰς Καπερναούμ, προσῆλθεν αὐτῷ ἑκατόνταρχος παρακαλῶν αὐτὸν,

6 καὶ λέγων, Κύριε, ὁ παῖς μου βέβληται ἐν τῇ οἰκίᾳ παραλυτικός, δεινῶς βασανιζόμενος.

7 καὶ λέγει αὐτῷ ὁ Ἰησοῦς, Ἐγὼ ἐλθὼν θεραπεύσω αὐτόν.

8 καὶ ἀποκριθεὶς ὁ ἑκατόνταρχος ἔφη, Κύριε, οὐκ εἰμὶ ἱκανὸς ἵνα μου ὑπὸ τὴν στέγην εἰσέλθῃς· ἀλλὰ μόνον εἰπὲ λόγον, καὶ ἰαθήσεται ὁ παῖς μου.

9 καὶ γὰρ ἐγὼ ἄνθρωπός εἰμι ὑπὸ ἐξουσίαν, ἔχων ὑπ᾽ ἐμαυτὸν στρατιώτας· καὶ λέγω τούτῳ, Πορεύθητι, καὶ πορεύεται· καὶ ἄλλῳ, Ἔρχου, καὶ ἔρχεται· καὶ τῷ δούλῳ μου, Ποίησον τοῦτο, καὶ ποιεῖ.

10 ἀκούσας δὲ ὁ Ἰησοῦς ἐθαύμασε, καὶ εἶπε τοῖς ἀκολουθοῦσιν, Ἀμὴν λέγω ὑμῖν, οὐδὲ ἐν τῷ Ἰσραὴλ τοσαύτην πίστιν εὗρον.

11 λέγω δὲ ὑμῖν, ὅτι πολλοὶ ἀπὸ ἀνατολῶν καὶ δυσμῶν ἥξουσι, καὶ ἀνακλιθήσονται μετὰ Ἀβραὰμ καὶ Ἰσαὰκ καὶ Ἰακώβ, ἐν τῇ βασιλείᾳ τῶν οὐρανῶν·

12 οἱ δὲ υἱοὶ τῆς βασιλείας ἐκβληθήσονται εἰς τὸ σκότος τὸ ἐξώτερον· ἐκεῖ ἔσται ὁ κλαυθμὸς καὶ ὁ βρυγμὸς τῶν ὀδόντων.

13 καὶ εἶπεν ὁ Ἰησοῦς τῷ ἑκατοντάρχῳ, Ὕπαγε, καὶ ὡς ἐπίστευσας γενηθήτω σοι. καὶ ἰάθη ὁ παῖς αὐτοῦ ἐν τῇ ὥρᾳ ἐκείνῃ.

14 Καὶ ἐλθὼν ὁ Ἰησοῦς εἰς τὴν οἰκίαν Πέτρου, εἶδε τὴν πενθερὰν αὐτοῦ βεβλημένην καὶ πυρέσσουσαν,

15 καὶ ἥψατο τῆς χειρὸς αὐτῆς, καὶ ἀφῆκεν αὐτὴν ὁ πυρετός· καὶ ἠγέρθη, καὶ διηκόνει αὐτοῖς.

16 ὀψίας δὲ γενομένης προσήνεγκαν αὐτῷ δαιμονιζομένους πολλούς· καὶ

ἐξέβαλε τὰ πνεύματα λόγῳ, καὶ πάντας τοὺς κακῶς ἔχοντας ἐθεράπευσεν·

17 ὅπως πληρωθῇ τὸ ῥηθὲν διὰ Ἡσαΐου τοῦ προφήτου, λέγοντος, Αὐτὸς τὰς ἀσθενείας ἡμῶν ἔλαβε, καὶ τὰς νόσους ἐβάστασεν.

18 Ἰδὼν δὲ ὁ Ἰησοῦς πολλοὺς ὄχλους περὶ αὐτόν, ἐκέλευσεν ἀπελθεῖν εἰς τὸ πέραν.

19 καὶ προσελθὼν εἷς γραμματεὺς εἶπεν αὐτῷ, Διδάσκαλε, ἀκολουθήσω σοι ὅπου ἐὰν ἀπέρχῃ.

20 καὶ λέγει αὐτῷ ὁ Ἰησοῦς, Αἱ ἀλώπεκες φωλεοὺς ἔχουσι, καὶ τὰ πετεινὰ τοῦ οὐρανοῦ κατασκηνώσεις· ὁ δὲ υἱὸς τοῦ ἀνθρώπου οὐκ ἔχει ποῦ τὴν κεφαλὴν κλίνῃ.

21 ἕτερος δὲ τῶν μαθητῶν αὐτοῦ εἶπεν αὐτῷ, Κύριε, ἐπίτρεψόν μοι πρῶτον ἀπελθεῖν καὶ θάψαι τὸν πατέρα μου.

22 ὁ δὲ Ἰησοῦς εἶπεν αὐτῷ, Ἀκολούθει μοι, καὶ ἄφες τοὺς νεκροὺς θάψαι τοὺς ἑαυτῶν νεκρούς.

23 Καὶ ἐμβάντι αὐτῷ εἰς τὸ πλοῖον, ἠκολούθησαν αὐτῷ οἱ μαθηταὶ αὐτοῦ.

24 καὶ ἰδού, σεισμὸς μέγας ἐγένετο ἐν τῇ θαλάσσῃ, ὥστε τὸ πλοῖον καλύπτεσθαι ὑπὸ τῶν κυμάτων· αὐτὸς δὲ ἐκάθευδε.

25 καὶ προσελθόντες οἱ μαθηταὶ αὐτοῦ ἤγειραν αὐτόν, λέγοντες, Κύριε, σῶσον ἡμᾶς, ἀπολλύμεθα.

26 καὶ λέγει αὐτοῖς, Τί δειλοί ἐστε, ὀλιγόπιστοι; τότε ἐγερθεὶς ἐπετίμησε τοῖς ἀνέμοις καὶ τῇ θαλάσσῃ, καὶ ἐγένετο γαλήνη μεγάλη.

27 οἱ δὲ ἄνθρωποι ἐθαύμασαν, λέγοντες, Ποταπός ἐστιν οὗτος, ὅτι καὶ οἱ ἄνεμοι καὶ ἡ θάλασσα ὑπακούουσιν αὐτῷ;

28 Καὶ ἐλθόντι αὐτῷ εἰς τὸ πέραν εἰς τὴν χώραν τῶν Γεργεσηνῶν, ὑπήντησαν αὐτῷ δύο δαιμονιζόμενοι ἐκ τῶν μνημείων ἐξερχόμενοι, χαλεποὶ λίαν, ὥστε μὴ ἰσχύειν τινὰ παρελθεῖν διὰ τῆς ὁδοῦ ἐκείνης·

29 καὶ ἰδού, ἔκραξαν λέγοντες, Τί ἡμῖν καὶ σοί, Ἰησοῦ υἱὲ τοῦ Θεοῦ; ἦλθες ὧδε πρὸ καιροῦ βασανίσαι ἡμᾶς;

30 ἦν δὲ μακρὰν ἀπ᾽ αὐτῶν ἀγέλη χοίρων πολλῶν βοσκομένη.

31 οἱ δὲ δαίμονες παρεκάλουν αὐτόν, λέγοντες, Εἰ ἐκβάλλεις ἡμᾶς, ἐπίτρεψον ἡμῖν ἀπελθεῖν εἰς τὴν ἀγέλην τῶν χοίρων.

32 καὶ εἶπεν αὐτοῖς, Ὑπάγετε. οἱ δὲ ἐξελθόντες ἀπῆλθον εἰς τὴν ἀγέλην τῶν χοίρων· καὶ ἰδού, ὥρμησε πᾶσα ἡ ἀγέλη τῶν χοίρων κατὰ τοῦ κρημνοῦ εἰς τὴν θάλασσαν, καὶ ἀπέθανον ἐν τοῖς ὕδασιν.

33 οἱ δὲ βόσκοντες ἔφυγον, καὶ ἀπελθόντες εἰς τὴν πόλιν ἀπήγγειλαν πάντα, καὶ τὰ τῶν δαιμονιζομένων.

34 καὶ ἰδού, πᾶσα ἡ πόλις ἐξῆλθεν εἰς συνάντησιν τῷ Ἰησοῦ· καὶ ἰδόντες αὐτόν, παρεκάλεσαν ὅπως μεταβῇ ἀπὸ τῶν ὁρίων αὐτῶν.

CHAPTER 9

1 Καὶ ἐμβὰς εἰς τὸ πλοῖον διεπέρασε καὶ ἦλθεν εἰς τὴν ἰδίαν πόλιν.

2 καὶ ἰδού, προσέφερον αὐτῷ παραλυτικὸν ἐπὶ κλίνης βεβλημένον· καὶ ἰδὼν ὁ Ἰησοῦς τὴν πίστιν αὐτῶν εἶπε τῷ παραλυτικῷ, Θάρσει, τέκνον· ἀφέωνταί σοί αἱ ἁμαρτίαι σου.

3 καὶ ἰδού, τινὲς τῶν γραμματέων εἶπον ἐν ἑαυτοῖς, Οὗτος βλασφημεῖ.

4 καὶ ἰδὼν ὁ Ἰησοῦς τὰς ἐνθυμήσεις αὐτῶν εἶπεν, Ἱνατί ὑμεῖς ἐνθυμεῖσθε πονηρὰ ἐν ταῖς καρδίαις ὑμῶν;

5 τί γάρ ἐστιν εὐκοπώτερον, εἰπεῖν, Ἀφέωνταί σοι αἱ ἁμαρτίαι· ἢ εἰπεῖν, Ἔγειραι καὶ περιπάτει;

6 ἵνα δὲ εἰδῆτε, ὅτι ἐξουσίαν ἔχει ὁ υἱὸς τοῦ ἀνθρώπου ἐπὶ τῆς γῆς ἀφιέναι ἁμαρτίας (τότε λέγει τῷ παραλυτικῷ), Ἐγερθεὶς ἆρόν σου τὴν κλίνην, καὶ ὕπαγε εἰς τὸν οἶκόν σου.

7 καὶ ἐγερθεὶς ἀπῆλθεν εἰς τὸν οἶκον αὐτοῦ.

8 ἰδόντες δὲ οἱ ὄχλοι ἐθαύμασαν, καὶ ἐδόξασαν τὸν Θεόν, τὸν δόντα ἐξουσίαν τοιαύτην τοῖς ἀνθρώποις.

9 Καὶ παράγων ὁ Ἰησοῦς ἐκεῖθεν εἶδεν ἄνθρωπον καθήμενον ἐπὶ τὸ τελώνιον, Ματθαῖον λεγόμενον, καὶ λέγει αὐτῷ, Ἀκολούθει μοι. καὶ ἀναστὰς ἠκολούθησεν αὐτῷ.

10 Καὶ ἐγένετο αὐτοῦ ἀνακειμένου ἐν τῇ οἰκίᾳ, καὶ ἰδού, πολλοὶ τελῶναι καὶ ἁμαρτωλοὶ ἐλθόντες συνανέκειντο τῷ Ἰησοῦ καὶ τοῖς μαθηταῖς αὐτοῦ.

11 καὶ ἰδόντες οἱ Φαρισαῖοι εἶπον τοῖς μαθηταῖς αὐτοῦ, Διατί μετὰ τῶν τελωνῶν καὶ ἁμαρτωλῶν ἐσθίει ὁ διδάσκαλος ὑμῶν;

12 ὁ δὲ Ἰησοῦς ἀκούσας εἶπεν αὐτοῖς, Οὐ χρείαν ἔχουσιν οἱ ἰσχύοντες ἰατροῦ, ἀλλ' οἱ κακῶς ἔχοντες.

13 πορευθέντες δὲ μάθετε τί ἐστιν, Ἔλεον θέλω, καὶ οὐ θυσίαν· οὐ γὰρ ἦλθον καλέσαι δικαίους, ἀλλ' ἁμαρτωλοὺς εἰς μετάνοιαν.

14 Τότε προσέρχονται αὐτῷ οἱ μαθηταὶ Ἰωάννου, λέγοντες, Διατί ἡμεῖς καὶ οἱ Φαρισαῖοι νηστεύομεν πολλά, οἱ δὲ μαθηταί σου οὐ νηστεύουσι;

15 καὶ εἶπεν αὐτοῖς ὁ Ἰησοῦς, Μὴ δύνανται οἱ υἱοὶ τοῦ νυμφῶνος πενθεῖν, ἐφ' ὅσον μετ' αὐτῶν ἐστιν ὁ νυμφίος; ἐλεύσονται δὲ ἡμέραι ὅταν ἀπαρθῇ ἀπ' αὐτῶν ὁ νυμφίος, καὶ τότε νηστεύσουσιν.

16 Οὐδεὶς δὲ ἐπιβάλλει ἐπίβλημα ῥάκους ἀγνάφου ἐπὶ ἱματίῳ παλαιῷ· αἴρει γὰρ τὸ πλήρωμα αὐτοῦ ἀπὸ τοῦ ἱματίου, καὶ χεῖρον σχίσμα γίνεται.

17 οὐδὲ βάλλουσιν οἶνον νέον εἰς ἀσκοὺς παλαιούς· εἰ δὲ μήγε, ῥήγνυνται οἱ ἀσκοί, καὶ ὁ οἶνος ἐκχεῖται, καὶ οἱ ἀσκοὶ ἀπολοῦνται· ἀλλὰ βάλλουσιν οἶνον νέον εἰς ἀσκοὺς καινούς, καὶ ἀμφότερα συντηροῦνται.

18 Ταῦτα αὐτοῦ λαλοῦντος αὐτοῖς, ἰδού, ἄρχων εἷς ἐλθὼν προσεκύνει αὐτῷ, λέγων ὅτι Ἡ θυγάτηρ μου ἄρτι ἐτελεύτησεν· ἀλλὰ ἐλθὼν ἐπίθες τὴν χεῖρά σου ἐπ' αὐτήν, καὶ ζήσεται.

19 καὶ ἐγερθεὶς ὁ Ἰησοῦς ἠκολούθησεν αὐτῷ καὶ οἱ μαθηταὶ αὐτοῦ.

20 καὶ ἰδού, γυνὴ αἱμορροοῦσα δώδεκα ἔτη, προσελθοῦσα ὄπισθεν, ἥψατο τοῦ κρασπέδου τοῦ ἱματίου αὐτοῦ.

21 ἔλεγε γὰρ ἐν ἑαυτῇ, Ἐὰν μόνον ἅψωμαι τοῦ ἱματίου αὐτοῦ, σωθήσομαι.

22 ὁ δὲ Ἰησοῦς ἐπιστραφεὶς καὶ ἰδὼν αὐτήν, εἶπε, Θάρσει, θύγατερ· ἡ πίστις σου σέσωκέ σε. καὶ ἐσώθη ἡ γυνὴ ἀπὸ τῆς ὥρας ἐκείνης.

23 καὶ ἐλθὼν ὁ Ἰησοῦς εἰς τὴν οἰκίαν τοῦ ἄρχοντος, καὶ ἰδὼν τοὺς αὐλητὰς καὶ τὸν ὄχλον θορυβούμενον,

24 λέγει αὐτοῖς, Ἀναχωρεῖτε· οὐ γὰρ ἀπέθανε τὸ κοράσιον, ἀλλὰ καθεύδει. καὶ κατεγέλων αὐτοῦ.

25 ὅτε δὲ ἐξεβλήθη ὁ ὄχλος, εἰσελθὼν ἐκράτησε τῆς χειρὸς αὐτῆς, καὶ ἠγέρθη τὸ κοράσιον.

26 καὶ ἐξῆλθεν ἡ φήμη αὕτη εἰς ὅλην τὴν γῆν ἐκείνην.

27 Καὶ παράγοντι ἐκεῖθεν τῷ Ἰησοῦ, ἠκολούθησαν αὐτῷ δύο τυφλοί, κράζοντες καὶ λέγοντες, Ἐλέησον ἡμᾶς, υἱὲ Δαβίδ.

28 ἐλθόντι δὲ εἰς τὴν οἰκίαν, προσῆλθον αὐτῷ οἱ τυφλοί, καὶ λέγει αὐτοῖς ὁ Ἰησοῦς, Πιστεύετε ὅτι δύναμαι τοῦτο ποιῆσαι; λέγουσιν αὐτῷ, Ναί, Κύριε.

29 τότε ἥψατο τῶν ὀφθαλμῶν αὐτῶν, λέγων, Κατὰ τὴν πίστιν ὑμῶν γενηθήτω ὑμῖν.

30 καὶ ἀνεῴχθησαν αὐτῶν οἱ ὀφθαλμοί· καὶ ἐνεβριμήσατο αὐτοῖς ὁ Ἰησοῦς λέγων, Ὁρᾶτε μηδεὶς γινωσκέτω.

31 οἱ δὲ ἐξελθόντες διεφήμισαν αὐτὸν ἐν ὅλῃ τῇ γῇ ἐκείνῃ.

32 Αὐτῶν δὲ ἐξερχομένων, ἰδού, προσήνεγκαν αὐτῷ ἄνθρωπον κωφὸν δαιμονιζόμενον·

33 καὶ ἐκβληθέντος τοῦ δαιμονίου, ἐλάλησεν ὁ κωφός· καὶ ἐθαύμασαν οἱ ὄχλοι, λέγοντες, Οὐδέποτε ἐφάνη οὕτως ἐν τῷ Ἰσραήλ.

34 οἱ δὲ Φαρισαῖοι ἔλεγον, Ἐν τῷ ἄρχοντι τῶν δαιμονίων ἐκβάλλει τὰ δαιμόνια.

35 Καὶ περιῆγεν ὁ Ἰησοῦς τὰς πόλεις πάσας καὶ τὰς κώμας, διδάσκων ἐν ταῖς συναγωγαῖς αὐτῶν, καὶ κηρύσσων τὸ εὐαγγέλιον τῆς βασιλείας, καὶ θεραπεύων πᾶσαν νόσον καὶ πᾶσαν μαλακίαν ἐν τῷ λαῷ.

36 ἰδὼν δὲ τοὺς ὄχλους, ἐσπλαγχνίσθη περὶ αὐτῶν, ὅτι ἦσαν ἐκλελυμένοι καὶ ἐρριμμένοι ὡσεὶ πρόβατα μὴ ἔχοντα ποιμένα.

37 τότε λέγει τοῖς μαθηταῖς αὐτοῦ, Ὁ μὲν θερισμὸς πολύς, οἱ δὲ ἐργάται ὀλίγοι·

38 δεήθητε οὖν τοῦ Κυρίου τοῦ θερισμοῦ, ὅπως ἐκβάλῃ ἐργάτας εἰς τὸν θερισμὸν αὐτοῦ.

31

CHAPTER 10

1 καὶ προσκαλεσάμενος τοὺς δώδεκα μαθητὰς αὐτοῦ, ἔδωκεν αὐτοῖς ἐξουσίαν πνευμάτων ἀκαθάρτων, ὥστε ἐκβάλλειν αὐτά, καὶ θεραπεύειν πᾶσαν νόσον καὶ πᾶσαν μαλακίαν.

2 Τῶν δὲ δώδεκα ἀποστόλων τὰ ὀνόματά ἐστι ταῦτα· πρῶτος Σίμων ὁ λεγόμενος Πέτρος, καὶ Ἀνδρέας ὁ ἀδελφὸς αὐτοῦ· Ἰάκωβος ὁ τοῦ Ζεβεδαίου, καὶ Ἰωάννης ὁ ἀδελφὸς αὐτοῦ·

3 Φίλιππος, καὶ Βαρθολομαῖος· Θωμᾶς, καὶ Ματθαῖος ὁ τελώνης· Ἰάκωβος ὁ τοῦ Ἀλφαίου, καὶ Λεββαῖος ὁ ἐπικληθεὶς Θαδδαῖος·

4 Σίμων ὁ Κανανίτης, καὶ Ἰούδας Ἰσκαριώτης ὁ καὶ παραδοὺς αὐτόν.

5 τούτους τοὺς δώδεκα ἀπέστειλεν ὁ Ἰησοῦς, παραγγείλας αὐτοῖς, λέγων, Εἰς ὁδὸν ἐθνῶν μὴ ἀπέλθητε, καὶ εἰς πόλιν Σαμαρειτῶν μὴ εἰσέλθητε·

6 πορεύεσθε δὲ μᾶλλον πρὸς τὰ πρόβατα τὰ ἀπολωλότα οἴκου Ἰσραήλ.

7 πορευόμενοι δὲ κηρύσσετε, λέγοντες ὅτι Ἤγγικεν ἡ βασιλεία τῶν οὐρανῶν.

8 ἀσθενοῦντας θεραπεύετε, λεπροὺς καθαρίζετε, νεκροὺς ἐγείρετε, δαιμόνια ἐκβάλλετε. δωρεὰν ἐλάβετε, δωρεὰν δότε.

9 μὴ κτήσησθε χρυσὸν, μηδὲ ἄργυρον, μηδὲ χαλκὸν εἰς τὰς ζώνας ὑμῶν,

10 μὴ πήραν εἰς ὁδὸν, μηδὲ δύο χιτῶνας, μηδὲ ὑποδήματα, μηδὲ ῥάβδους· ἄξιος γὰρ ὁ ἐργάτης τῆς τροφῆς αὐτοῦ ἐστιν.

11 εἰς ἣν δ' ἂν πόλιν ἢ κώμην εἰσέλθητε, ἐξετάσατε τίς ἐν αὐτῇ ἄξιός ἐστι· κἀκεῖ μείνατε, ἕως ἂν ἐξέλθητε.

12 εἰσερχόμενοι δὲ εἰς τὴν οἰκίαν, ἀσπάσασθε αὐτήν.

13 καὶ ἐὰν μὲν ᾖ ἡ οἰκία ἀξία, ἐλθέτω ἡ εἰρήνη ὑμῶν ἐπ' αὐτήν· ἐὰν δὲ μὴ ᾖ ἀξία, ἡ εἰρήνη ὑμῶν πρὸς ὑμᾶς ἐπιστραφήτω.

14 καὶ ὃς ἐὰν μὴ δέξηται ὑμᾶς μηδὲ ἀκούσῃ τοὺς λόγους ὑμῶν, ἐξερχόμενοι τῆς οἰκίας ἢ τῆς πόλεως ἐκείνης, ἐκτινάξατε τὸν κονιορτὸν τῶν ποδῶν ὑμῶν.

15 ἀμὴν λέγω ὑμῖν, ἀνεκτότερον ἔσται γῇ Σοδόμων καὶ Γομόρρων ἐν ἡμέρᾳ κρίσεως, ἢ τῇ πόλει ἐκείνῃ.

16 Ἰδού, ἐγὼ ἀποστέλλω ὑμᾶς ὡς πρόβατα ἐν μέσῳ λύκων· γίνεσθε οὖν φρόνιμοι ὡς οἱ ὄφεις, καὶ ἀκέραιοι ὡς αἱ περιστεραί.

17 προσέχετε δὲ ἀπὸ τῶν ἀνθρώπων· παραδώσουσι γὰρ ὑμᾶς εἰς συνέδρια, καὶ ἐν ταῖς συναγωγαῖς αὐτῶν μαστιγώσουσιν ὑμᾶς·

18 καὶ ἐπὶ ἡγεμόνας δὲ καὶ βασιλεῖς ἀχθήσεσθε ἕνεκεν ἐμοῦ, εἰς μαρτύριον αὐτοῖς καὶ τοῖς ἔθνεσιν.

19 ὅταν δὲ παραδιδῶσιν ὑμᾶς, μὴ μεριμνήσητε πῶς ἢ τί λαλήσητε· δοθήσεται γὰρ ὑμῖν ἐν ἐκείνῃ τῇ ὥρᾳ τί λαλήσετε·

ΕΥΑΓΓΕΛΙΟΝ ΤΟ ΚΑΤΑ ΜΑΤΘΑΙΟΝ

20 οὐ γὰρ ὑμεῖς ἐστε οἱ λαλοῦντες, ἀλλὰ τὸ Πνεῦμα τοῦ πατρὸς ὑμῶν τὸ λαλοῦν ἐν ὑμῖν.
21 παραδώσει δὲ ἀδελφὸς ἀδελφὸν εἰς θάνατον, καὶ πατὴρ τέκνον· καὶ ἐπαναστήσονται τέκνα ἐπὶ γονεῖς, καὶ θανατώσουσιν αὐτούς.
22 καὶ ἔσεσθε μισούμενοι ὑπὸ πάντων διὰ τὸ ὄνομά μου· ὁ δὲ ὑπομείνας εἰς τέλος, οὗτος σωθήσεται.
23 ὅταν δὲ διώκωσιν ὑμᾶς ἐν τῇ πόλει ταύτῃ, φεύγετε εἰς τὴν ἄλλην· ἀμὴν γὰρ λέγω ὑμῖν, οὐ μὴ τελέσητε τὰς πόλεις τοῦ Ἰσραήλ, ἕως ἂν ἔλθῃ ὁ υἱὸς τοῦ ἀνθρώπου.
24 Οὐκ ἔστι μαθητὴς ὑπὲρ τὸν διδάσκαλον, οὐδὲ δοῦλος ὑπὲρ τὸν κύριον αὐτοῦ.
25 ἀρκετὸν τῷ μαθητῇ ἵνα γένηται ὡς ὁ διδάσκαλος αὐτοῦ, καὶ ὁ δοῦλος ὡς ὁ κύριος αὐτοῦ. εἰ τὸν οἰκοδεσπότην Βεελζεβοὺβ ἐκάλεσαν, πόσῳ μᾶλλον τοὺς οἰκιακοὺς αὐτοῦ;
26 μὴ οὖν φοβηθῆτε αὐτούς· οὐδὲν γάρ ἐστι κεκαλυμμένον, ὃ οὐκ ἀποκαλυφθήσεται· καὶ κρυπτὸν ὃ οὐ γνωσθήσεται.
27 ὃ λέγω ὑμῖν ἐν τῇ σκοτίᾳ, εἴπατε ἐν τῷ φωτί· καὶ ὃ εἰς τὸ οὖς ἀκούετε, κηρύξατε ἐπὶ τῶν δωμάτων.
28 καὶ μὴ φοβηθῆτε ἀπὸ τῶν ἀποκτεινόντων τὸ σῶμα, τὴν δὲ ψυχὴν μὴ δυναμένων ἀποκτεῖναι. φοβηθῆτε δὲ μᾶλλον τὸν δυνάμενον καὶ ψυχὴν καὶ σῶμα ἀπολέσαι ἐν γεέννῃ.
29 οὐχὶ δύο στρουθία ἀσσαρίου πωλεῖται; καὶ ἓν ἐξ αὐτῶν οὐ πεσεῖται ἐπὶ τὴν γῆν, ἄνευ τοῦ πατρὸς ὑμῶν·
30 ὑμῶν δὲ καὶ αἱ τρίχες τῆς κεφαλῆς πᾶσαι ἠριθμημέναι εἰσί.
31 μὴ οὖν φοβηθῆτε· πολλῶν στρουθίων διαφέρετε ὑμεῖς.
32 πᾶς οὖν ὅστις ὁμολογήσει ἐν ἐμοὶ ἔμπροσθεν τῶν ἀνθρώπων, ὁμολογήσω κἀγὼ ἐν αὐτῷ, ἔμπροσθεν τοῦ πατρός μου τοῦ ἐν οὐρανοῖς.
33 ὅστις δ' ἂν ἀρνήσηταί με ἔμπροσθεν τῶν ἀνθρώπων, ἀρνήσομαι αὐτὸν κἀγὼ ἔμπροσθεν τοῦ πατρός μου τοῦ ἐν οὐρανοῖς.
34 Μὴ νομίσητε ὅτι ἦλθον βαλεῖν εἰρήνην ἐπὶ τὴν γῆν· οὐκ ἦλθον βαλεῖν εἰρήνην, ἀλλὰ μάχαιραν.
35 ἦλθον γὰρ διχάσαι ἄνθρωπον κατὰ τοῦ πατρὸς αὐτοῦ, καὶ θυγατέρα κατὰ τῆς μητρὸς αὐτῆς, καὶ νύμφην κατὰ τῆς πενθερᾶς αὐτῆς·
36 καὶ ἐχθροὶ τοῦ ἀνθρώπου οἱ οἰκιακοὶ αὐτοῦ.
37 ὁ φιλῶν πατέρα ἢ μητέρα ὑπὲρ ἐμὲ οὐκ ἔστι μου ἄξιος· καὶ ὁ φιλῶν υἱὸν ἢ θυγατέρα ὑπὲρ ἐμέ, οὐκ ἔστι μου ἄξιος.
38 καὶ ὃς οὐ λαμβάνει τὸν σταυρὸν αὐτοῦ καὶ ἀκολουθεῖ ὀπίσω μου, οὐκ ἔστι μου ἄξιος.
39 ὁ εὑρὼν τὴν ψυχὴν αὐτοῦ ἀπολέσει αὐτήν· καὶ ὁ ἀπολέσας

33

τὴν ψυχὴν αὐτοῦ ἕνεκεν ἐμοῦ εὑρήσει αὐτήν.

40 Ὁ δεχόμενος ὑμᾶς ἐμὲ δέχεται· καὶ ὁ ἐμὲ δεχόμενος δέχεται τὸν ἀποστείλαντά με.

41 ὁ δεχόμενος προφήτην εἰς ὄνομα προφήτου μισθὸν προφήτου λήψεται· καὶ ὁ δεχόμενος δίκαιον εἰς ὄνομα δικαίου μισθὸν δικαίου λήψεται.

42 καὶ ὃς ἐὰν ποτίσῃ ἕνα τῶν μικρῶν τούτων ποτήριον ψυχροῦ μόνον εἰς ὄνομα μαθητοῦ, ἀμὴν λέγω ὑμῖν, οὐ μὴ ἀπολέσῃ τὸν μισθὸν αὐτοῦ.

CHAPTER 11

1 Καὶ ἐγένετο ὅτε ἐτέλεσεν ὁ Ἰησοῦς διατάσσων τοῖς δώδεκα μαθηταῖς αὐτοῦ, μετέβη ἐκεῖθεν τοῦ διδάσκειν καὶ κηρύσσειν ἐν ταῖς πόλεσιν αὐτῶν.

2 Ὁ δὲ Ἰωάννης ἀκούσας ἐν τῷ δεσμωτηρίῳ τὰ ἔργα τοῦ Χριστοῦ, πέμψας δύο τῶν μαθητῶν αὐτοῦ,

3 εἶπεν αὐτῷ, Σὺ εἶ ὁ ἐρχόμενος, ἢ ἕτερον προσδοκῶμεν;

4 καὶ ἀποκριθεὶς ὁ Ἰησοῦς εἶπεν αὐτοῖς, Πορευθέντες ἀπαγγείλατε Ἰωάννῃ ἃ ἀκούετε καὶ βλέπετε·

5 τυφλοὶ ἀναβλέπουσι, καὶ χωλοὶ περιπατοῦσι, λεπροὶ καθαρίζονται, καὶ κωφοὶ ἀκούουσι, νεκροὶ ἐγείρονται, καὶ πτωχοὶ εὐαγγελίζονται·

6 καὶ μακάριός ἐστιν ὃς ἐὰν μὴ σκανδαλισθῇ ἐν ἐμοί.

7 τούτων δὲ πορευομένων ἤρξατο ὁ Ἰησοῦς λέγειν τοῖς ὄχλοις περὶ Ἰωάννου, Τί ἐξήλθετε εἰς τὴν ἔρημον θεάσασθαι; κάλαμον ὑπὸ ἀνέμου σαλευόμενον;

8 ἀλλὰ τί ἐξήλθετε ἰδεῖν; ἄνθρωπον ἐν μαλακοῖς ἱματίοις ἠμφιεσμένον; ἰδού, οἱ τὰ μαλακὰ φοροῦντες ἐν τοῖς οἴκοις τῶν βασιλέων εἰσίν.

9 ἀλλὰ τί ἐξήλθετε ἰδεῖν; προφήτην; ναί, λέγω ὑμῖν, καὶ περισσότερον προφήτου·

10 οὗτός γὰρ ἐστι περὶ οὗ γέγραπται, Ἰδού, ἐγὼ ἀποστέλλω τὸν ἄγγελόν μου πρὸ προσώπου σου, ὃς κατασκευάσει τὴν ὁδόν σου ἔμπροσθέν σου.

11 ἀμὴν λέγω ὑμῖν, οὐκ ἐγήγερται ἐν γεννητοῖς γυναικῶν μείζων Ἰωάννου τοῦ βαπτιστοῦ. ὁ δὲ μικρότερος ἐν τῇ βασιλείᾳ τῶν οὐρανῶν μείζων αὐτοῦ ἐστιν.

12 ἀπὸ δὲ τῶν ἡμερῶν Ἰωάννου τοῦ βαπτιστοῦ ἕως ἄρτι ἡ βασιλεία τῶν οὐρανῶν βιάζεται, καὶ βιασταὶ ἁρπάζουσιν αὐτήν.

13 πάντες γὰρ οἱ προφῆται καὶ ὁ νόμος ἕως Ἰωάννου προεφήτευσαν·

14 καὶ εἰ θέλετε δέξασθαι, αὐτός ἐστιν Ἡλίας ὁ μέλλων ἔρχεσθαι.

15 ὁ ἔχων ὦτα ἀκούειν, ἀκουέτω.

16 τίνι δὲ ὁμοιώσω τὴν γενεὰν ταύτην; ὁμοία ἐστὶ παιδαρίοις ἐν ἀγοραῖς καθημένοις, καὶ προσφωνοῦσι τοῖς ἑταίροις αὐτῶν,

17 καὶ λέγουσιν, Ηὐλήσαμεν ὑμῖν, καὶ οὐκ ὠρχήσασθε· ἐθρηνήσαμεν ὑμῖν, καὶ οὐκ ἐκόψασθε.

18 ἦλθε γὰρ Ἰωάννης μήτε ἐσθίων μήτε πίνων, καὶ λέγουσι, Δαιμόνιον ἔχει.

19 ἦλθεν ὁ υἱὸς τοῦ ἀνθρώπου ἐσθίων καὶ πίνων, καὶ λέγουσιν, Ἰδού, ἄνθρωπος φάγος καὶ οἰνοπότης, τελωνῶν φίλος καὶ ἁμαρτωλῶν. καὶ ἐδικαιώθη ἡ σοφία ἀπὸ τῶν τέκνων αὐτῆς.

20 Τότε ἤρξατο ὀνειδίζειν τὰς πόλεις ἐν αἷς ἐγένοντο αἱ πλεῖσται δυνάμεις αὐτοῦ, ὅτι οὐ μετενόησαν

21 Οὐαί σοι, Χοραζίν, οὐαί σοι, Βηθσαϊδά, ὅτι εἰ ἐν Τύρῳ καὶ Σιδῶνι ἐγένοντο αἱ δυνάμεις αἱ γενόμεναι ἐν ὑμῖν, πάλαι ἂν ἐν σάκκῳ καὶ σποδῷ μετενόησαν.

22 πλὴν λέγω ὑμῖν, Τύρῳ καὶ Σιδῶνι ἀνεκτότερον ἔσται ἐν ἡμέρᾳ κρίσεως ἢ ὑμῖν.

23 καὶ σύ, Καπερναούμ, ἡ ἕως τοῦ οὐρανοῦ ὑψωθεῖσα, ἕως ᾅδου καταβιβασθήσῃ· ὅτι εἰ ἐν Σοδόμοις ἐγένοντο αἱ δυνάμεις αἱ γενόμεναι ἐν σοί, ἔμειναν ἂν μέχρι τῆς σήμερον.

24 πλὴν λέγω ὑμῖν, ὅτι γῇ Σοδόμων ἀνεκτότερον ἔσται ἐν ἡμέρᾳ κρίσεως, ἢ σοί.

25 Ἐν ἐκείνῳ τῷ καιρῷ ἀποκριθεὶς ὁ Ἰησοῦς εἶπεν, Ἐξομολογοῦμαί σοι, πάτερ, κύριε τοῦ οὐρανοῦ καὶ τῆς γῆς, ὅτι ἀπέκρυψας ταῦτα ἀπὸ σοφῶν καὶ συνετῶν, καὶ ἀπεκάλυψας αὐτὰ νηπίοις·

26 ναί ὁ πατήρ, ὅτι οὕτως ἐγένετο εὐδοκία ἔμπροσθέν σου.

27 πάντα μοι παρεδόθη ὑπὸ τοῦ πατρός μου· καὶ οὐδεὶς ἐπιγινώσκει τὸν υἱόν, εἰ μὴ ὁ πατήρ· οὐδὲ τὸν πατέρα τις ἐπιγινώσκει εἰ μὴ ὁ υἱός, καὶ ᾧ ἐὰν βούληται ὁ υἱὸς ἀποκαλύψαι.

28 δεῦτε πρός με πάντες οἱ κοπιῶντες καὶ πεφορτισμένοι, κἀγὼ ἀναπαύσω ὑμᾶς.

29 ἄρατε τὸν ζυγόν μου ἐφ᾽ ὑμᾶς καὶ μάθετε ἀπ᾽ ἐμοῦ, ὅτι πρᾷός εἰμι καὶ ταπεινὸς τῇ καρδίᾳ· καὶ εὑρήσετε ἀνάπαυσιν ταῖς ψυχαῖς ὑμῶν·

30 ὁ γὰρ ζυγός μου χρηστός, καὶ τὸ φορτίον μου ἐλαφρόν ἐστιν.

CHAPTER 12

1 Ἐν ἐκείνῳ τῷ καιρῷ ἐπορεύθη ὁ Ἰησοῦς τοῖς σάββασι διὰ τῶν σπορίμων· οἱ δὲ μαθηταὶ αὐτοῦ ἐπείνασαν, καὶ ἤρξαντο τίλλειν στάχυας καὶ ἐσθίειν.

2 οἱ δὲ Φαρισαῖοι ἰδόντες εἶπον αὐτῷ, Ἰδού, οἱ μαθηταί σου ποιοῦσιν ὃ οὐκ ἔξεστι ποιεῖν ἐν σαββάτῳ.

3 ὁ δὲ εἶπεν αὐτοῖς, Οὐκ ἀνέγνωτε τί ἐποίησε Δαβὶδ, ὅτε ἐπείνασεν αὐτὸς καὶ οἱ μετ᾽ αὐτοῦ·

4 πῶς εἰσῆλθεν εἰς τὸν οἶκον τοῦ Θεοῦ, καὶ τοὺς ἄρτους τῆς προθέσεως ἔφαγεν, οὓς οὐκ ἐξὸν ἦν αὐτῷ φαγεῖν, οὐδὲ τοῖς μετ᾽ αὐτοῦ, εἰ μὴ τοῖς ἱερεῦσι μόνοις;

5 ἢ οὐκ ἀνέγνωτε ἐν τῷ νόμῳ, ὅτι τοῖς σάββασιν οἱ ἱερεῖς ἐν τῷ ἱερῷ

ΕΥΑΓΓΕΛΙΟΝ ΤΟ ΚΑΤΑ ΜΑΤΘΑΙΟΝ

τὸ σάββατον βεβηλοῦσι, καὶ ἀναίτιοί εἰσι;
6 λέγω δὲ ὑμῖν ὅτι τοῦ ἱεροῦ μείζων ἐστιν ὧδε.
7 εἰ δὲ ἐγνώκειτε τί ἐστιν, Ἔλεον θέλω καὶ οὐ θυσίαν, οὐκ ἂν κατεδικάσατε τοὺς ἀναιτίους.
8 κύριος γάρ ἐστι καὶ τοῦ σαββάτου ὁ υἱὸς τοῦ ἀνθρώπου.
9 Καὶ μεταβὰς ἐκεῖθεν ἦλθεν εἰς τὴν συναγωγὴν αὐτῶν·
10 καὶ ἰδού, ἄνθρωπος ἦν τὴν χεῖρα ἔχων ξηράν· καὶ ἐπηρώτησαν αὐτόν, λέγοντες, Εἰ ἔξεστι τοῖς σάββασι θεραπεύειν; ἵνα κατηγορήσωσιν αὐτοῦ.
11 ὁ δὲ εἶπεν αὐτοῖς, Τίς ἔσται ἐξ ὑμῶν ἄνθρωπος, ὃς ἕξει πρόβατον ἕν, καὶ ἐὰν ἐμπέσῃ τοῦτο τοῖς σάββασιν εἰς βόθυνον, οὐχὶ κρατήσει αὐτὸ καὶ ἐγερεῖ;
12 πόσῳ οὖν διαφέρει ἄνθρωπος προβάτου. ὥστε ἔξεστι τοῖς σάββασι καλῶς ποιεῖν.
13 τότε λέγει τῷ ἀνθρώπῳ, Ἔκτεινόν τὴν χεῖρα σου. καὶ ἐξέτεινε, καὶ ἀποκατεστάθη ὑγιὴς ὡς ἡ ἄλλη.
14 οἱ δὲ Φαρισαῖοι συμβούλιον ἔλαβον κατ' αὐτοῦ ἐξελθόντες, ὅπως αὐτὸν ἀπολέσωσιν.
15 ὁ δὲ Ἰησοῦς γνοὺς ἀνεχώρησεν ἐκεῖθεν· καὶ ἠκολούθησαν αὐτῷ ὄχλοι πολλοί, καὶ ἐθεράπευσεν αὐτοὺς πάντας,
16 καὶ ἐπετίμησεν αὐτοῖς, ἵνα μὴ φανερὸν αὐτὸν ποιήσωσιν·
17 ὅπως πληρωθῇ τὸ ῥηθὲν διὰ Ἠσαΐου τοῦ προφήτου, λέγοντος,
18 Ἰδού, ὁ παῖς μου ὃν ᾑρέτισα· ὁ ἀγαπητός μου εἰς ὃν εὐδόκησεν ἡ ψυχή μου· θήσω τὸ πνεῦμά μου ἐπ' αὐτόν, καὶ κρίσιν τοῖς ἔθνεσιν ἀπαγγελεῖ.
19 οὐκ ἐρίσει, οὐδὲ κραυγάσει· οὐδὲ ἀκούσει τις ἐν ταῖς πλατείαις τὴν φωνὴν αὐτοῦ.
20 κάλαμον συντετριμμένον οὐ κατεάξει, καὶ λίνον τυφόμενον οὐ σβέσει· ἕως ἂν ἐκβάλῃ εἰς νῖκος τὴν κρίσιν.
21 καὶ ἐν τῷ ὀνόματι αὐτοῦ ἔθνη ἐλπιοῦσι.
22 Τότε προσηνέχθη αὐτῷ δαιμονιζόμενος, τυφλὸς καὶ κωφός· καὶ ἐθεράπευσεν αὐτόν, ὥστε τὸν τυφλὸν καὶ κωφὸν καὶ λαλεῖν καὶ βλέπειν
23 καὶ ἐξίσταντο πάντες οἱ ὄχλοι καὶ ἔλεγον, Μήτι οὗτός ἐστιν ὁ υἱὸς Δαβίδ;
24 οἱ δὲ Φαρισαῖοι ἀκούσαντες εἶπον, Οὗτος οὐκ ἐκβάλλει τὰ δαιμόνια, εἰ μὴ ἐν τῷ Βεελζεβοὺλ ἄρχοντι τῶν δαιμονίων.
25 εἰδὼς δὲ ὁ Ἰησοῦς τὰς ἐνθυμήσεις αὐτῶν εἶπεν αὐτοῖς, Πᾶσα βασιλεία μερισθεῖσα καθ' ἑαυτῆς ἐρημοῦται· καὶ πᾶσα πόλις ἢ οἰκία μερισθεῖσα καθ' ἑαυτῆς οὐ σταθήσεται.
26 καὶ εἰ ὁ Σατανᾶς τὸν Σατανᾶν ἐκβάλλει, ἐφ' ἑαυτὸν ἐμερίσθη· πῶς οὖν σταθήσεται ἡ βασιλεία αὐτοῦ;
27 καὶ εἰ ἐγὼ ἐν Βεελζεβοὺλ ἐκβάλλω τὰ δαιμόνια, οἱ υἱοὶ ὑμῶν

ἐν τίνι ἐκβάλλουσι; διὰ τοῦτο αὐτοὶ ὑμῶν ἔσονται κριταί.

28 εἰ δὲ ἐγὼ ἐν Πνεύματι Θεοῦ ἐκβάλλω τὰ δαιμόνια, ἄρα ἔφθασεν ἐφ' ὑμᾶς ἡ βασιλεία τοῦ Θεοῦ.

29 ἢ πῶς δύναταί τις εἰσελθεῖν εἰς τὴν οἰκίαν τοῦ ἰσχυροῦ καὶ τὰ σκεύη αὐτοῦ διαρπάσαι, ἐὰν μὴ πρῶτον δήσῃ τὸν ἰσχυρόν; καὶ τότε τὴν οἰκίαν αὐτοῦ διαρπάσει.

30 ὁ μὴ ὢν μετ' ἐμοῦ, κατ' ἐμοῦ ἐστι, καὶ ὁ μὴ συνάγων μετ' ἐμοῦ, σκορπίζει.

31 διὰ τοῦτο λέγω ὑμῖν, Πᾶσα ἁμαρτία καὶ βλασφημία ἀφεθήσεται τοῖς ἀνθρώποις· ἡ δὲ τοῦ Πνεύματος βλασφημία οὐκ ἀφεθήσεται τοῖς ἀνθρώποις.

32 καὶ ὃς ἂν εἴπῃ λόγον κατὰ τοῦ υἱοῦ τοῦ ἀνθρώπου, ἀφεθήσεται αὐτῷ· ὃς δ' ἂν εἴπῃ κατὰ τοῦ Πνεύματος τοῦ Ἁγίου, οὐκ ἀφεθήσεται αὐτῷ, οὔτε ἐν τούτῳ τῷ αἰῶνι οὔτε ἐν τῷ μέλλοντι.

33 ἢ ποιήσατε τὸ δένδρον καλὸν, καὶ τὸν καρπὸν αὐτοῦ καλόν, ἢ ποιήσατε τὸ δένδρον σαπρὸν, καὶ τὸν καρπὸν αὐτοῦ σαπρόν, ἐκ γὰρ τοῦ καρποῦ τὸ δένδρον γινώσκεται.

34 γεννήματα ἐχιδνῶν, πῶς δύνασθε ἀγαθὰ λαλεῖν, πονηροὶ ὄντες; ἐκ γὰρ τοῦ περισσεύματος τῆς καρδίας τὸ στόμα λαλεῖ.

35 ὁ ἀγαθὸς ἄνθρωπος ἐκ τοῦ ἀγαθοῦ θησαυροῦ τῆς καρδίας ἐκβάλλει τὰ ἀγαθά· καὶ ὁ πονηρὸς ἄνθρωπος ἐκ τοῦ πονηροῦ θησαυροῦ ἐκβάλλει πονηρά.

36 λέγω δὲ ὑμῖν, ὅτι πᾶν ῥῆμα ἀργόν ὃ ἐὰν λαλήσωσιν οἱ ἄνθρωποι, ἀποδώσουσι περὶ αὐτοῦ λόγον ἐν ἡμέρᾳ κρίσεως.

37 ἐκ γὰρ τῶν λόγων σου δικαιωθήσῃ, καὶ ἐκ τῶν λόγων σου καταδικασθήσῃ.

38 Τότε ἀπεκρίθησάν τινες τῶν γραμματέων καὶ Φαρισαίων, λέγοντες, Διδάσκαλε, θέλομεν ἀπὸ σοῦ σημεῖον ἰδεῖν.

39 ὁ δὲ ἀποκριθεὶς εἶπεν αὐτοῖς, Γενεὰ πονηρὰ καὶ μοιχαλὶς σημεῖον ἐπιζητεῖ· καὶ σημεῖον οὐ δοθήσεται αὐτῇ, εἰ μὴ τὸ σημεῖον Ἰωνᾶ τοῦ προφήτου.

40 ὥσπερ γὰρ ἦν Ἰωνᾶς ἐν τῇ κοιλίᾳ τοῦ κήτους τρεῖς ἡμέρας καὶ τρεῖς νύκτας, οὕτως ἔσται ὁ υἱὸς τοῦ ἀνθρώπου ἐν τῇ καρδίᾳ τῆς γῆς τρεῖς ἡμέρας καὶ τρεῖς νύκτας.

41 ἄνδρες Νινευῖται ἀναστήσονται ἐν τῇ κρίσει μετὰ τῆς γενεᾶς ταύτης, καὶ κατακρινοῦσιν αὐτήν· ὅτι μετενόησαν εἰς τὸ κήρυγμα Ἰωνᾶ· καὶ ἰδού, πλεῖον Ἰωνᾶ ὧδε.

42 βασίλισσα νότου ἐγερθήσεται ἐν τῇ κρίσει μετὰ τῆς γενεᾶς ταύτης καὶ κατακρινεῖ αὐτήν· ὅτι ἦλθεν ἐκ τῶν περάτων τῆς γῆς ἀκοῦσαι τὴν σοφίαν Σολομῶντος· καὶ ἰδού, πλεῖον Σολομῶντος ὧδε.

43 ὅταν δὲ τὸ ἀκάθαρτον πνεῦμα ἐξέλθῃ ἀπὸ τοῦ ἀνθρώπου, διέρχεται δι' ἀνύδρων τόπων, ζητοῦν ἀνάπαυσιν, καὶ οὐχ εὑρίσκει.

44 τότε λέγει, Ἐπιστρέψω εἰς τὸν οἶκόν μου ὅθεν ἐξῆλθον· καὶ ἐλθὸν εὑρίσκει σχολάζοντα, σεσαρωμένον, καὶ κεκοσμημένον.

45 τότε πορεύεται καὶ παραλαμβάνει μεθ' ἑαυτοῦ ἑπτὰ ἕτερα πνεύματα πονηρότερα ἑαυτοῦ, καὶ εἰσελθόντα κατοικεῖ ἐκεῖ· καὶ γίνεται τὰ ἔσχατα τοῦ ἀνθρώπου ἐκείνου χείρονα τῶν πρώτων. οὕτως ἔσται καὶ τῇ γενεᾷ ταύτῃ τῇ πονηρᾷ.

46 Ἔτι δὲ αὐτοῦ λαλοῦντος τοῖς ὄχλοις, ἰδού, ἡ μήτηρ καὶ οἱ ἀδελφοὶ αὐτοῦ εἰστήκεισαν ἔξω, ζητοῦντες αὐτῷ λαλῆσαι.

47 εἶπε δέ τις αὐτῷ, Ἰδού, ἡ μήτηρ σου καὶ οἱ ἀδελφοί σου ἔξω ἑστήκασι, ζητοῦντές σοι λαλῆσαι.

48 ὁ δὲ ἀποκριθεὶς εἶπε τῷ εἰπόντι αὐτῷ, Τίς ἐστιν ἡ μήτηρ μου; καὶ τίνες εἰσὶν οἱ ἀδελφοί μου;

49 καὶ ἐκτείνας τὴν χεῖρα αὐτοῦ ἐπὶ τοὺς μαθητὰς αὐτοῦ εἶπεν, Ἰδού, ἡ μήτηρ μου καὶ οἱ ἀδελφοί μου.

50 ὅστις γὰρ ἂν ποιήσῃ τὸ θέλημα τοῦ πατρός μου τοῦ ἐν οὐρανοῖς, αὐτός μου ἀδελφὸς καὶ ἀδελφὴ καὶ μήτηρ ἐστίν.

CHAPTER 13

1 Ἐν δὲ τῇ ἡμέρᾳ ἐκείνῃ ἐξελθὼν ὁ Ἰησοῦς ἀπὸ τῆς οἰκίας ἐκάθητο παρὰ τὴν θάλασσαν.

2 καὶ συνήχθησαν πρὸς αὐτὸν ὄχλοι πολλοί, ὥστε αὐτὸν εἰς τὸ πλοῖον ἐμβάντα καθῆσθαι· καὶ πᾶς ὁ ὄχλος ἐπὶ τὸν αἰγιαλὸν εἱστήκει.

3 καὶ ἐλάλησεν αὐτοῖς πολλὰ ἐν παραβολαῖς, λέγων, Ἰδού, ἐξῆλθεν ὁ σπείρων τοῦ σπείρειν.

4 καὶ ἐν τῷ σπείρειν αὐτόν, ἃ μὲν ἔπεσε παρὰ τὴν ὁδόν· καὶ ἦλθε τὰ πετεινὰ, καὶ κατέφαγεν αὐτά.

5 ἄλλα δὲ ἔπεσεν ἐπὶ τὰ πετρώδη, ὅπου οὐκ εἶχε γῆν πολλήν· καὶ εὐθέως ἐξανέτειλε, διὰ τὸ μὴ ἔχειν βάθος γῆς·

6 ἡλίου δὲ ἀνατείλαντος ἐκαυματίσθη, καὶ διὰ τὸ μὴ ἔχειν ῥίζαν, ἐξηράνθη.

7 ἄλλα δὲ ἔπεσεν ἐπὶ τὰς ἀκάνθας, καὶ ἀνέβησαν αἱ ἄκανθαι καὶ ἀπέπνιξαν αὐτά.

8 ἄλλα δὲ ἔπεσεν ἐπὶ τὴν γῆν τὴν καλήν, καὶ ἐδίδου καρπόν, ὃ μὲν ἑκατόν, ὃ δὲ ἑξήκοντα, ὃ δὲ τριάκοντα.

9 ὁ ἔχων ὦτα ἀκούειν, ἀκουέτω.

10 Καὶ προσελθόντες οἱ μαθηταὶ εἶπον αὐτῷ, Διατί ἐν παραβολαῖς λαλεῖς αὐτοῖς;

11 ὁ δὲ ἀποκριθεὶς εἶπεν αὐτοῖς, ὅτι Ὑμῖν δέδοται γνῶναι τὰ μυστήρια τῆς βασιλείας τῶν οὐρανῶν, ἐκείνοις δὲ οὐ δέδοται.

12 ὅστις γὰρ ἔχει, δοθήσεται αὐτῷ καὶ περισσευθήσεται· ὅστις δὲ οὐκ ἔχει, καὶ ὃ ἔχει, ἀρθήσεται ἀπ' αὐτοῦ.

13 διὰ τοῦτο ἐν παραβολαῖς αὐτοῖς λαλῶ, ὅτι βλέποντες οὐ βλέπουσι, καὶ ἀκούοντες οὐκ ἀκούουσιν, οὐδὲ συνίουσι.

14 καὶ ἀναπληροῦται ἐπ' αὐτοῖς ἡ προφητεία Ἠσαΐου, ἡ λέγουσα, Ἀκοῇ ἀκούσετε, καὶ οὐ μὴ συνῆτε· καὶ βλέποντες βλέψετε, καὶ οὐ μὴ ἴδητε.

15 ἐπαχύνθη γὰρ ἡ καρδία τοῦ λαοῦ τούτου, καὶ τοῖς ὠσὶ βαρέως ἤκουσαν, καὶ τοὺς ὀφθαλμοὺς αὐτῶν ἐκάμμυσαν· μήποτε ἴδωσι τοῖς ὀφθαλμοῖς, καὶ τοῖς ὠσὶν ἀκούσωσι, καὶ τῇ καρδίᾳ συνῶσι, καὶ ἐπιστρέψωσι, καὶ ἰάσωμαι αὐτούς.

16 ὑμῶν δὲ μακάριοι οἱ ὀφθαλμοί, ὅτι βλέπουσι· καὶ τὰ ὦτα ὑμῶν, ὅτι ἀκούει.

17 ἀμὴν γὰρ λέγω ὑμῖν ὅτι πολλοὶ προφῆται καὶ δίκαιοι ἐπεθύμησαν ἰδεῖν ἃ βλέπετε, καὶ οὐκ εἶδον· καὶ ἀκοῦσαι ἃ ἀκούετε καὶ οὐκ ἤκουσαν.

18 ὑμεῖς οὖν ἀκούσατε τὴν παραβολὴν τοῦ σπείροντος.

19 παντὸς ἀκούοντος τὸν λόγον τῆς βασιλείας καὶ μὴ συνιέντος, ἔρχεται ὁ πονηρός, καὶ ἁρπάζει τὸ ἐσπαρμένον ἐν τῇ καρδίᾳ αὐτοῦ. οὗτός ἐστιν ὁ παρὰ τὴν ὁδὸν σπαρείς.

20 ὁ δὲ ἐπὶ τὰ πετρώδη σπαρείς, οὗτός ἐστιν ὁ τὸν λόγον ἀκούων, καὶ εὐθὺς μετὰ χαρᾶς λαμβάνων αὐτόν·

21 οὐκ ἔχει δὲ ῥίζαν ἐν ἑαυτῷ, ἀλλὰ πρόσκαιρός ἐστι· γενομένης δὲ θλίψεως ἢ διωγμοῦ διὰ τὸν λόγον, εὐθὺς σκανδαλίζεται.

22 ὁ δὲ εἰς τὰς ἀκάνθας σπαρείς, οὗτός ἐστιν ὁ τὸν λόγον ἀκούων, καὶ ἡ μέριμνα τοῦ αἰῶνος τούτου καὶ ἡ ἀπάτη τοῦ πλούτου συμπνίγει τὸν λόγον, καὶ ἄκαρπος γίνεται.

23 ὁ δὲ ἐπὶ τὴν γῆν τὴν καλὴν σπαρείς, οὗτός ἐστιν ὁ τὸν λόγον ἀκούων καὶ συνιών· ὃς δὴ καρποφορεῖ, καὶ ποιεῖ, ὃ μὲν ἑκατόν, ὃ δὲ ἑξήκοντα, ὃ δὲ τριάκοντα.

24 Ἄλλην παραβολὴν παρέθηκεν αὐτοῖς, λέγων, Ὡμοιώθη ἡ βασιλεία τῶν οὐρανῶν ἀνθρώπῳ σπείραντι καλὸν σπέρμα ἐν τῷ ἀγρῷ αὐτοῦ·

25 ἐν δὲ τῷ καθεύδειν τοὺς ἀνθρώπους, ἦλθεν αὐτοῦ ὁ ἐχθρὸς καὶ ἔσπειρε ζιζάνια ἀνὰ μέσον τοῦ σίτου, καὶ ἀπῆλθεν.

26 ὅτε δὲ ἐβλάστησεν ὁ χόρτος καὶ καρπὸν ἐποίησε, τότε ἐφάνη καὶ τὰ ζιζάνια.

27 προσελθόντες δὲ οἱ δοῦλοι τοῦ οἰκοδεσπότου εἶπον αὐτῷ, Κύριε, οὐχὶ καλὸν σπέρμα ἔσπειρας ἐν τῷ σῷ ἀγρῷ; πόθεν οὖν ἔχει τὰ ζιζάνια;

28 ὁ δὲ ἔφη αὐτοῖς, Ἐχθρὸς ἄνθρωπος τοῦτο ἐποίησεν. οἱ δὲ δοῦλοι εἶπον αὐτῷ, Θέλεις οὖν ἀπελθόντες συλλέξωμεν αὐτά;

29 ὁ δέ ἔφη, Οὔ, μήποτε, συλλέγοντες τὰ ζιζάνια, ἐκριζώσητε ἅμα αὐτοῖς τὸν σῖτον.

30 ἄφετε συναυξάνεσθαι ἀμφότερα μέχρι τοῦ θερισμοῦ· καὶ ἐν τῷ καιρῷ τοῦ θερισμοῦ ἐρῶ τοῖς θερισταῖς, Συλλέξατε πρῶτον τὰ ζιζάνια, καὶ δήσατε αὐτὰ εἰς

δέσμας πρὸς τὸ κατακαῦσαι αὐτά· τὸν δὲ σῖτον συναγάγετε εἰς τὴν ἀποθήκην μου.

31 Ἄλλην παραβολὴν παρέθηκεν αὐτοῖς, λέγων, Ὁμοία ἐστὶν ἡ βασιλεία τῶν οὐρανῶν κόκκῳ σινάπεως, ὃν λαβὼν ἄνθρωπος ἔσπειρεν ἐν τῷ ἀγρῷ αὐτοῦ·

32 ὃ μικρότερον μέν ἐστι πάντων τῶν σπερμάτων· ὅταν δὲ αὐξηθῇ, μεῖζον τῶν λαχάνων ἐστὶ, καὶ γίνεται δένδρον, ὥστε ἐλθεῖν τὰ πετεινὰ τοῦ οὐρανοῦ, καὶ κατασκηνοῦν ἐν τοῖς κλάδοις αὐτοῦ.

33 Ἄλλην παραβολὴν ἐλάλησεν αὐτοῖς, Ὁμοία ἐστὶν ἡ βασιλεία τῶν οὐρανῶν ζύμῃ, ἣν λαβοῦσα γυνὴ ἐνέκρυψεν εἰς ἀλεύρου σάτα τρία, ἕως οὗ ἐζυμώθη ὅλον.

34 Ταῦτα πάντα ἐλάλησεν ὁ Ἰησοῦς ἐν παραβολαῖς τοῖς ὄχλοις, καὶ χωρὶς παραβολῆς οὐκ ἐλάλει αὐτοῖς·

35 ὅπως πληρωθῇ τὸ ῥηθὲν διὰ τοῦ προφήτου, λέγοντος, Ἀνοίξω ἐν παραβολαῖς τὸ στόμα μου, ἐρεύξομαι κεκρυμμένα ἀπὸ καταβολῆς κόσμου.

36 Τότε ἀφεὶς τοὺς ὄχλους ἦλθεν εἰς τὴν οἰκίαν ὁ Ἰησοῦς· καὶ προσῆλθον αὐτῷ οἱ μαθηταὶ αὐτοῦ, λέγοντες, Φράσον ἡμῖν τὴν παραβολὴν τῶν ζιζανίων τοῦ ἀγροῦ.

37 ὁ δὲ ἀποκριθεὶς εἶπεν αὐτοῖς, Ὁ σπείρων τὸ καλὸν σπέρμα ἐστὶν ὁ υἱὸς τοῦ ἀνθρώπου·

38 ὁ δὲ ἀγρός ἐστιν ὁ κόσμος· τὸ δὲ καλὸν σπέρμα, οὗτοί εἰσιν οἱ υἱοὶ τῆς βασιλείας· τὰ δὲ ζιζάνιά εἰσιν οἱ υἱοὶ τοῦ πονηροῦ·

39 ὁ δὲ ἐχθρὸς ὁ σπείρας αὐτά ἐστιν ὁ διάβολος· ὁ δὲ θερισμὸς συντέλεια τοῦ αἰῶνός ἐστιν· οἱ δὲ θερισταὶ ἄγγελοί εἰσιν.

40 ὥσπερ οὖν συλλέγεται τὰ ζιζάνια καὶ πυρὶ κατακαίεται, οὕτως ἔσται ἐν τῇ συντελείᾳ τοῦ αἰῶνος τούτου.

41 ἀποστελεῖ ὁ υἱὸς τοῦ ἀνθρώπου τοὺς ἀγγέλους αὐτοῦ, καὶ συλλέξουσιν ἐκ τῆς βασιλείας αὐτοῦ πάντα τὰ σκάνδαλα καὶ τοὺς ποιοῦντας τὴν ἀνομίαν,

42 καὶ βαλοῦσιν αὐτοὺς εἰς τὴν κάμινον τοῦ πυρός· ἐκεῖ ἔσται ὁ κλαυθμὸς καὶ ὁ βρυγμὸς τῶν ὀδόντων.

43 τότε οἱ δίκαιοι ἐκλάμψουσιν ὡς ὁ ἥλιος ἐν τῇ βασιλείᾳ τοῦ πατρὸς αὐτῶν. ὁ ἔχων ὦτα ἀκούειν ἀκουέτω.

44 Πάλιν ὁμοία ἐστὶν ἡ βασιλεία τῶν οὐρανῶν θησαυρῷ κεκρυμμένῳ ἐν τῷ ἀγρῷ, ὃν εὑρὼν ἄνθρωπος ἔκρυψε· καὶ ἀπὸ τῆς χαρᾶς αὐτοῦ ὑπάγει, καὶ πάντα ὅσα ἔχει πωλεῖ, καὶ ἀγοράζει τὸν ἀγρὸν ἐκεῖνον.

45 Πάλιν ὁμοία ἐστὶν ἡ βασιλεία τῶν οὐρανῶν ἀνθρώπῳ ἐμπόρῳ ζητοῦντι καλοὺς μαργαρίτας·

46 ὃς εὑρὼν ἕνα πολύτιμον μαργαρίτην, ἀπελθὼν πέπρακε πάντα ὅσα εἶχε, καὶ ἠγόρασεν αὐτόν.

47 Πάλιν ὁμοία ἐστὶν ἡ βασιλεία τῶν οὐρανῶν σαγήνῃ βληθείσῃ εἰς τὴν θάλασσαν, καὶ ἐκ παντὸς γένους συναγαγούσῃ·

48 ἥν, ὅτε ἐπληρώθη, ἀναβιβάσαντες ἐπὶ τὸν αἰγιαλόν, καὶ καθίσαντες, συνέλεξαν τὰ καλὰ εἰς ἀγγεῖα, τὰ δὲ σαπρὰ ἔξω ἔβαλον.

49 οὕτως ἔσται ἐν τῇ συντελείᾳ τοῦ αἰῶνος· ἐξελεύσονται οἱ ἄγγελοι, καὶ ἀφοριοῦσι τοὺς πονηροὺς ἐκ μέσου τῶν δικαίων,

50 καὶ βαλοῦσιν αὐτοὺς εἰς τὴν κάμινον τοῦ πυρός· ἐκεῖ ἔσται ὁ κλαυθμὸς καὶ ὁ βρυγμὸς τῶν ὀδόντων.

51 Λέγει αὐτοῖς ὁ Ἰησοῦς, Συνήκατε ταῦτα πάντα; λέγουσιν αὐτῷ, Ναί, Κύριε.

52 ὁ δὲ εἶπεν αὐτοῖς, Διὰ τοῦτο πᾶς γραμματεὺς μαθητευθεὶς εἰς τὴν βασιλείαν τῶν οὐρανῶν ὅμοιός ἐστιν ἀνθρώπῳ οἰκοδεσπότῃ, ὅστις ἐκβάλλει ἐκ τοῦ θησαυροῦ αὐτοῦ καινὰ καὶ παλαιά.

53 Καὶ ἐγένετο ὅτε ἐτέλεσεν ὁ Ἰησοῦς τὰς παραβολὰς ταύτας, μετῆρεν ἐκεῖθεν·

54 καὶ ἐλθὼν εἰς τὴν πατρίδα αὐτοῦ ἐδίδασκεν αὐτοὺς ἐν τῇ συναγωγῇ αὐτῶν, ὥστε ἐκπλήττεσθαι αὐτοὺς καὶ λέγειν, Πόθεν τούτῳ ἡ σοφία αὕτη καὶ αἱ δυνάμεις;

55 οὐχ οὗτός ἐστιν ὁ τοῦ τέκτονος υἱός; οὐχί ἡ μήτηρ αὐτοῦ λέγεται Μαριάμ, καὶ οἱ ἀδελφοὶ αὐτοῦ Ἰάκωβος καὶ Ἰωσῆς καὶ Σίμων καὶ Ἰούδας;

56 καὶ αἱ ἀδελφαὶ αὐτοῦ οὐχὶ πᾶσαι πρὸς ἡμᾶς εἰσι; πόθεν οὖν τούτῳ ταῦτα πάντα;

57 καὶ ἐσκανδαλίζοντο ἐν αὐτῷ. ὁ δὲ Ἰησοῦς εἶπεν αὐτοῖς, Οὐκ ἔστι προφήτης ἄτιμος, εἰ μὴ ἐν τῇ πατρίδι αὐτοῦ καὶ ἐν τῇ οἰκίᾳ αὐτοῦ.

58 καὶ οὐκ ἐποίησεν ἐκεῖ δυνάμεις πολλάς, διὰ τὴν ἀπιστίαν αὐτῶν.

CHAPTER 14

1 Ἐν ἐκείνῳ τῷ καιρῷ ἤκουσεν Ἡρώδης ὁ τετράρχης τὴν ἀκοὴν Ἰησοῦ,

2 καὶ εἶπε τοῖς παισὶν αὐτοῦ, Οὗτός ἐστιν Ἰωάννης ὁ βαπτιστής· αὐτὸς ἠγέρθη ἀπὸ τῶν νεκρῶν, καὶ διὰ τοῦτο αἱ δυνάμεις ἐνεργοῦσιν ἐν αὐτῷ.

3 ὁ γὰρ Ἡρώδης κρατήσας τὸν Ἰωάννην ἔδησεν αὐτὸν καὶ ἔθετο ἐν φυλακῇ, διὰ Ἡρωδιάδα τὴν γυναῖκα Φιλίππου τοῦ ἀδελφοῦ αὐτοῦ.

4 ἔλεγε γὰρ αὐτῷ ὁ Ἰωάννης, Οὐκ ἔξεστί σοι ἔχειν αὐτήν.

5 καὶ θέλων αὐτὸν ἀποκτεῖναι, ἐφοβήθη τὸν ὄχλον, ὅτι ὡς προφήτην αὐτὸν εἶχον.

6 γενεσίων δὲ ἀγομένων τοῦ Ἡρώδου, ὠρχήσατο ἡ θυγάτηρ τῆς Ἡρωδιάδος ἐν τῷ μέσῳ, καὶ ἤρεσε τῷ Ἡρώδῃ·

7 ὅθεν μεθ' ὅρκου ὡμολόγησεν αὐτῇ δοῦναι ὃ ἐὰν αἰτήσηται.

8 ἡ δέ, προβιβασθεῖσα ὑπὸ τῆς μητρὸς αὐτῆς, Δός μοι, φησίν, ὧδε ἐπὶ πίνακι τὴν κεφαλὴν Ἰωάννου τοῦ βαπτιστοῦ.

9 καὶ ἐλυπήθη ὁ βασιλεύς, διὰ δὲ τοὺς ὅρκους καὶ τοὺς συνανακειμένους ἐκέλευσε δοθῆναι·

10 καὶ πέμψας ἀπεκεφάλισε τὸν Ἰωάννην ἐν τῇ φυλακῇ

11 καὶ ἠνέχθη ἡ κεφαλὴ αὐτοῦ ἐπὶ πίνακι, καὶ ἐδόθη τῷ κορασίῳ· καὶ ἤνεγκε τῇ μητρὶ αὐτῆς.

12 καὶ προσελθόντες οἱ μαθηταὶ αὐτοῦ ἦραν τὸ σῶμα, καὶ ἔθαψαν αὐτό· καὶ ἐλθόντες ἀπήγγειλαν τῷ Ἰησοῦ.

13 Καὶ ἀκούσας ὁ Ἰησοῦς ἀνεχώρησεν ἐκεῖθεν ἐν πλοίῳ εἰς ἔρημον τόπον κατ' ἰδίαν· καὶ ἀκούσαντες οἱ ὄχλοι ἠκολούθησαν αὐτῷ πεζῇ ἀπὸ τῶν πόλεων.

14 καὶ ἐξελθὼν ὁ Ἰησοῦς εἶδε πολὺν ὄχλον, καὶ ἐσπλαγχνίσθη ἐπ' αὐτούς, καὶ ἐθεράπευσε τοὺς ἀρρώστους αὐτῶν.

15 ὀψίας δὲ γενομένης προσῆλθον αὐτῷ οἱ μαθηταὶ αὐτοῦ, λέγοντες, Ἔρημός ἐστιν ὁ τόπος, καὶ ἡ ὥρα ἤδη παρῆλθεν· ἀπόλυσον τοὺς ὄχλους, ἵνα ἀπελθόντες εἰς τὰς κώμας ἀγοράσωσιν ἑαυτοῖς βρώματα.

16 ὁ δὲ Ἰησοῦς εἶπεν αὐτοῖς, Οὐ χρείαν ἔχουσιν ἀπελθεῖν· δότε αὐτοῖς ὑμεῖς φαγεῖν.

17 οἱ δὲ λέγουσιν αὐτῷ, Οὐκ ἔχομεν ὧδε εἰ μὴ πέντε ἄρτους καὶ δύο ἰχθύας.

18 ὁ δὲ εἶπε, Φέρετέ μοι αὐτοὺς ὧδε.

19 καὶ κελεύσας τοὺς ὄχλους ἀνακλιθῆναι ἐπὶ τοὺς χόρτους, καὶ λαβὼν τοὺς πέντε ἄρτους καὶ τοὺς δύο ἰχθύας, ἀναβλέψας εἰς τὸν οὐρανόν, εὐλόγησε, καὶ κλάσας ἔδωκε τοῖς μαθηταῖς τοὺς ἄρτους, οἱ δὲ μαθηταὶ τοῖς ὄχλοις.

20 καὶ ἔφαγον πάντες, καὶ ἐχορτάσθησαν· καὶ ἦραν τὸ περισσεῦον τῶν κλασμάτων, δώδεκα κοφίνους πλήρεις.

21 οἱ δὲ ἐσθίοντες ἦσαν ἄνδρες ὡσεὶ πεντακισχίλιοι, χωρὶς γυναικῶν καὶ παιδίων.

22 Καὶ εὐθέως ἠνάγκασεν ὁ Ἰησοῦς τοὺς μαθητὰς αὐτοῦ ἐμβῆναι εἰς τὸ πλοῖον, καὶ προάγειν αὐτὸν εἰς τὸ πέραν, ἕως οὗ ἀπολύσῃ τοὺς ὄχλους.

23 καὶ ἀπολύσας τοὺς ὄχλους, ἀνέβη εἰς τὸ ὄρος κατ' ἰδίαν προσεύξασθαι· ὀψίας δὲ γενομένης, μόνος ἦν ἐκεῖ.

24 τὸ δὲ πλοῖον ἤδη μέσον τῆς θαλάσσης ἦν, βασανιζόμενον ὑπὸ τῶν κυμάτων· ἦν γὰρ ἐναντίος ὁ ἄνεμος.

25 τετάρτῃ δὲ φυλακῇ τῆς νυκτὸς ἀπῆλθε πρὸς αὐτοὺς ὁ Ἰησοῦς, περιπατῶν ἐπὶ τῆς θαλάσσης.

26 καὶ ἰδόντες αὐτὸν οἱ μαθηταὶ ἐπὶ τὴν θάλασσαν περιπατοῦντα ἐταράχθησαν, λέγοντες ὅτι Φάντασμά ἐστι· καὶ ἀπὸ τοῦ φόβου ἔκραξαν.

27 εὐθέως δὲ ἐλάλησεν αὐτοῖς ὁ Ἰησοῦς, λέγων, Θαρσεῖτε· ἐγώ εἰμι· μὴ φοβεῖσθε.

28 ἀποκριθεὶς δὲ αὐτῷ ὁ Πέτρος εἶπε, Κύριε, εἰ σὺ εἶ, κέλευσόν με πρός σε ἐλθεῖν ἐπὶ τὰ ὕδατα.

29 ὁ δὲ εἶπεν, Ἐλθέ. καὶ καταβὰς ἀπὸ τοῦ πλοίου ὁ Πέτρος περιεπάτησεν ἐπὶ τὰ ὕδατα, ἐλθεῖν πρὸς τὸν Ἰησοῦν.

30 βλέπων δὲ τὸν ἄνεμον ἰσχυρὸν ἐφοβήθη· καὶ ἀρξάμενος καταποντίζεσθαι ἔκραξε, λέγων, Κύριε, σῶσόν με.

31 εὐθέως δὲ ὁ Ἰησοῦς ἐκτείνας τὴν χεῖρα, ἐπελάβετο αὐτοῦ, καὶ λέγει αὐτῷ, Ὀλιγόπιστε, εἰς τί ἐδίστασας;

32 καὶ ἐμβάντων αὐτῶν εἰς τὸ πλοῖον, ἐκόπασεν ὁ ἄνεμος·

33 οἱ δὲ ἐν τῷ πλοίῳ ἐλθόντες προσεκύνησαν αὐτῷ λέγοντες, Ἀληθῶς θεοῦ υἱὸς εἶ.

34 Καὶ διαπεράσαντες ἦλθον εἰς τὴν γῆν Γεννησαρέτ.

35 καὶ ἐπιγνόντες αὐτὸν οἱ ἄνδρες τοῦ τόπου ἐκείνου ἀπέστειλαν εἰς ὅλην τὴν περίχωρον ἐκείνην, καὶ προσήνεγκαν αὐτῷ πάντας τοὺς κακῶς ἔχοντας·

36 καὶ παρεκάλουν αὐτόν, ἵνα μόνον ἅψωνται τοῦ κρασπέδου τοῦ ἱματίου αὐτοῦ· καὶ ὅσοι ἥψαντο διεσώθησαν.

CHAPTER 15

1 Τότε προσέρχονται τῷ Ἰησοῦ οἱ ἀπὸ Ἱεροσολύμων γραμματεῖς καὶ Φαρισαῖοι, λέγοντες,

2 Διατί οἱ μαθηταί σου παραβαίνουσι τὴν παράδοσιν τῶν πρεσβυτέρων; οὐ γὰρ νίπτονται τὰς χεῖρας αὐτῶν, ὅταν ἄρτον ἐσθίωσιν.

3 ὁ δὲ ἀποκριθεὶς εἶπεν αὐτοῖς, Διατί καὶ ὑμεῖς παραβαίνετε τὴν ἐντολὴν τοῦ Θεοῦ διὰ τὴν παράδοσιν ὑμῶν;

4 ὁ γὰρ Θεὸς ἐνετείλατο, λέγων, Τίμα τὸν πατέρα σοῦ, καὶ τὴν μητέρα· καί, Ὁ κακολογῶν πατέρα ἢ μητέρα θανάτῳ τελευτάτω·

5 ὑμεῖς δὲ λέγετε, Ὃς ἂν εἴπῃ τῷ πατρὶ ἢ τῇ μητρί, Δῶρον, ὃ ἐὰν ἐξ ἐμοῦ ὠφεληθῇς,

6 καὶ οὐ μὴ τιμήσῃ τὸν πατέρα αὐτοῦ ἢ τὴν μητέρα αὐτοῦ· καὶ ἠκυρώσατε τὴν ἐντολὴν τοῦ Θεοῦ διὰ τὴν παράδοσιν ὑμῶν.

7 ὑποκριταί, καλῶς προεφήτευσε περὶ ὑμῶν Ἡσαΐας, λέγων,

8 Ἐγγίζει μοι ὁ λαὸς οὗτος τῷ στόματι αὐτῶν, καὶ τοῖς χείλεσί με τιμᾷ· ἡ δὲ καρδία αὐτῶν πόρρω ἀπέχει ἀπ᾽ ἐμοῦ.

9 μάτην δὲ σέβονταί με, διδάσκοντες διδασκαλίας ἐντάλματα ἀνθρώπων.

10 καὶ προσκαλεσάμενος τὸν ὄχλον, εἶπεν αὐτοῖς, Ἀκούετε καὶ συνίετε.

11 οὐ τὸ εἰσερχόμενον εἰς τὸ στόμα κοινοῖ τὸν ἄνθρωπον· ἀλλὰ

ΕΥΑΓΓΕΛΙΟΝ ΤΟ ΚΑΤΑ ΜΑΤΘΑΙΟΝ

τὸ ἐκπορευόμενον ἐκ τοῦ στόματος, τοῦτο κοινοῖ τὸν ἄνθρωπον.

12 τότε προσελθόντες οἱ μαθηταὶ αὐτοῦ εἶπον αὐτῷ, Οἶδας ὅτι οἱ Φαρισαῖοι ἀκούσαντες τὸν λόγον ἐσκανδαλίσθησαν;

13 ὁ δὲ ἀποκριθεὶς εἶπε, Πᾶσα φυτεία, ἣν οὐκ ἐφύτευσεν ὁ πατήρ μου ὁ οὐράνιος, ἐκριζωθήσεται.

14 ἄφετε αὐτούς· ὁδηγοί εἰσι τυφλοὶ τυφλῶν· τυφλὸς δὲ τυφλὸν ἐὰν ὁδηγῇ, ἀμφότεροι εἰς βόθυνον πεσοῦνται.

15 ἀποκριθεὶς δὲ ὁ Πέτρος εἶπεν αὐτῷ, Φράσον ἡμῖν τὴν παραβολὴν ταύτην.

16 ὁ δὲ Ἰησοῦς εἶπεν, Ἀκμὴν καὶ ὑμεῖς ἀσύνετοί ἐστε;

17 οὔπω νοεῖτε, ὅτι πᾶν τὸ εἰσπορευόμενον εἰς τὸ στόμα εἰς τὴν κοιλίαν χωρεῖ, καὶ εἰς ἀφεδρῶνα ἐκβάλλεται;

18 τὰ δὲ ἐκπορευόμενα ἐκ τοῦ στόματος ἐκ τῆς καρδίας ἐξέρχεται, κἀκεῖνα κοινοῖ τὸν ἄνθρωπον.

19 ἐκ γὰρ τῆς καρδίας ἐξέρχονται διαλογισμοὶ πονηροί, φόνοι, μοιχεῖαι, πορνεῖαι, κλοπαί, ψευδομαρτυρίαι, βλασφημίαι·

20 ταῦτά ἐστι τὰ κοινοῦντα τὸν ἄνθρωπον· τὸ δὲ ἀνίπτοις χερσὶ φαγεῖν οὐ κοινοῖ τὸν ἄνθρωπον.

21 Καὶ ἐξελθὼν ἐκεῖθεν ὁ Ἰησοῦς, ἀνεχώρησεν εἰς τὰ μέρη Τύρου καὶ Σιδῶνος.

22 καὶ ἰδού, γυνὴ Χαναναία ἀπὸ τῶν ὁρίων ἐκείνων ἐξελθοῦσα, ἔκραύγασεν αὐτῷ λέγουσα, Ἐλέησόν με, Κύριε, υἱὲ Δαβίδ· ἡ θυγάτηρ μου κακῶς δαιμονίζεται.

23 ὁ δὲ οὐκ ἀπεκρίθη αὐτῇ λόγον. καὶ προσελθόντες οἱ μαθηταὶ αὐτοῦ ἠρώτων αὐτόν, λέγοντες, Ἀπόλυσον αὐτήν, ὅτι κράζει ὄπισθεν ἡμῶν.

24 ὁ δὲ ἀποκριθεὶς εἶπεν, Οὐκ ἀπεστάλην εἰ μὴ εἰς τὰ πρόβατα τὰ ἀπολωλότα οἴκου Ἰσραήλ.

25 ἡ δὲ ἐλθοῦσα προσεκύνει αὐτῷ λέγουσα, Κύριε, βοήθει μοι.

26 ὁ δὲ ἀποκριθεὶς εἶπεν, Οὐκ ἔστι καλὸν λαβεῖν τὸν ἄρτον τῶν τέκνων, καὶ βαλεῖν τοῖς κυναρίοις.

27 ἡ δὲ εἶπε, Ναί, Κύριε· καὶ γὰρ τὰ κυνάρια ἐσθίει ἀπὸ τῶν ψιχίων τῶν πιπτόντων ἀπὸ τῆς τραπέζης τῶν κυρίων αὐτῶν.

28 τότε ἀποκριθεὶς ὁ Ἰησοῦς εἶπεν αὐτῇ, Ὦ γύναι, μεγάλη σου ἡ πίστις· γενηθήτω σοι ὡς θέλεις. καὶ ἰάθη ἡ θυγάτηρ αὐτῆς ἀπὸ τῆς ὥρας ἐκείνης.

29 Καὶ μεταβὰς ἐκεῖθεν ὁ Ἰησοῦς ἦλθε παρὰ τὴν θάλασσαν τῆς Γαλιλαίας· καὶ ἀναβὰς εἰς τὸ ὄρος ἐκάθητο ἐκεῖ.

30 καὶ προσῆλθον αὐτῷ ὄχλοι πολλοί, ἔχοντες μεθ᾽ ἑαυτῶν χωλούς, τυφλούς, κωφούς, κυλλούς, καὶ ἑτέρους πολλούς, καὶ ἔρριψαν αὐτοὺς παρὰ τοὺς πόδας τοῦ Ἰησοῦ καὶ ἐθεράπευσεν αὐτούς·

31 ὥστε τοὺς ὄχλους θαυμάσαι, βλέποντας κωφοὺς λαλοῦντας, κυλλοὺς ὑγιεῖς, χωλοὺς περιπατοῦντας, καὶ τυφλοὺς

44

ΕΥΑΓΓΕΛΙΟΝ ΤΟ ΚΑΤΑ ΜΑΤΘΑΙΟΝ

βλέποντας· καὶ ἐδόξασαν τὸν Θεὸν Ἰσραήλ.

32 Ὁ δὲ Ἰησοῦς προσκαλεσάμενος τοὺς μαθητὰς αὐτοῦ εἶπε, Σπλαγχνίζομαι ἐπὶ τὸν ὄχλον, ὅτι ἤδη ἡμέρας τρεῖς προσμένουσί μοι, καὶ οὐκ ἔχουσι τί φάγωσι· καὶ ἀπολῦσαι αὐτοὺς νήστεις οὐ θέλω, μήποτε ἐκλυθῶσιν ἐν τῇ ὁδῷ.

33 καὶ λέγουσιν αὐτῷ οἱ μαθηταί αὐτοῦ, Πόθεν ἡμῖν ἐν ἐρημίᾳ ἄρτοι τοσοῦτοι, ὥστε χορτάσαι ὄχλον τοσοῦτον;

34 καὶ λέγει αὐτοῖς ὁ Ἰησοῦς, Πόσους ἄρτους ἔχετε; οἱ δὲ εἶπον, Ἑπτά, καὶ ὀλίγα ἰχθύδια.

35 καὶ ἐκέλευσε τοῖς ὄχλοις ἀναπεσεῖν ἐπὶ τὴν γῆν·

36 καὶ λαβὼν τοὺς ἑπτὰ ἄρτους καὶ τοὺς ἰχθύας, εὐχαριστήσας ἔκλασε, καὶ ἔδωκε τοῖς μαθηταῖς αὐτοῦ, οἱ δὲ μαθηταὶ τῷ ὄχλῳ.

37 καὶ ἔφαγον πάντες καὶ ἐχορτάσθησαν· καὶ ἦραν τὸ περισσεῦον τῶν κλασμάτων, ἑπτὰ σπυρίδας πλήρεις.

38 οἱ δὲ ἐσθίοντες ἦσαν τετρακισχίλιοι ἄνδρες, χωρὶς γυναικῶν καὶ παιδίων.

39 καὶ ἀπολύσας τοὺς ὄχλους ἐνέβη εἰς τὸ πλοῖον, καὶ ἦλθεν εἰς τὰ ὅρια Μαγδαλά

CHAPTER 16

1 Καὶ προσελθόντες οἱ Φαρισαῖοι καὶ Σαδδουκαῖοι πειράζοντες ἐπηρώτησαν αὐτὸν σημεῖον ἐκ τοῦ οὐρανοῦ ἐπιδεῖξαι αὐτοῖς.

2 ὁ δὲ ἀποκριθεὶς εἶπεν αὐτοῖς, Ὀψίας γενομένης λέγετε, Εὐδία· πυρράζει γὰρ ὁ οὐρανός

3 καὶ πρωΐ, Σήμερον χειμών· πυρράζει γὰρ στυγνάζων ὁ οὐρανός. ὑποκριταί, τὸ μὲν πρόσωπον τοῦ οὐρανοῦ γινώσκετε διακρίνειν, τὰ δὲ σημεῖα τῶν καιρῶν οὐ δύνασθε;

4 γενεὰ πονηρὰ καὶ μοιχαλὶς σημεῖον ἐπιζητεῖ· καὶ σημεῖον οὐ δοθήσεται αὐτῇ, εἰ μὴ τὸ σημεῖον Ἰωνᾶ τοῦ προφήτου. καὶ καταλιπὼν αὐτούς, ἀπῆλθε.

5 Καὶ ἐλθόντες οἱ μαθηταὶ αὐτοῦ εἰς τὸ πέραν ἐπελάθοντο ἄρτους λαβεῖν.

6 ὁ δὲ Ἰησοῦς εἶπεν αὐτοῖς, Ὁρᾶτε καὶ προσέχετε ἀπὸ τῆς ζύμης τῶν Φαρισαίων καὶ Σαδδουκαίων.

7 οἱ δὲ διελογίζοντο ἐν ἑαυτοῖς λέγοντες, ὅτι Ἄρτους οὐκ ἐλάβομεν.

8 γνοὺς δὲ ὁ Ἰησοῦς εἶπεν αὐτοῖς, Τί διαλογίζεσθε ἐν ἑαυτοῖς, ὀλιγόπιστοι, ὅτι ἄρτους οὐκ ἐλάβετε;

9 οὔπω νοεῖτε, οὐδὲ μνημονεύετε τοὺς πέντε ἄρτους τῶν πεντακισχιλίων, καὶ πόσους κοφίνους ἐλάβετε;

10 οὐδὲ τοὺς ἑπτὰ ἄρτους τῶν τετρακισχιλίων, καὶ πόσας σπυρίδας ἐλάβετε;

11 πῶς οὐ νοεῖτε, ὅτι οὐ περὶ ἄρτου εἶπον ὑμῖν προσέχειν ἀπὸ τῆς ζύμης τῶν Φαρισαίων καὶ Σαδδουκαίων;

45

12 τότε συνῆκαν ὅτι οὐκ εἶπε προσέχειν ἀπὸ τῆς ζύμης τοῦ ἄρτου, ἀλλ' ἀπὸ τῆς διδαχῆς τῶν Φαρισαίων καὶ Σαδδουκαίων.

13 Ἐλθὼν δὲ ὁ Ἰησοῦς εἰς τὰ μέρη Καισαρείας τῆς Φιλίππου ἠρώτα τοὺς μαθητὰς αὐτοῦ, λέγων, Τίνα με λέγουσιν οἱ ἄνθρωποι εἶναι, τὸν υἱὸν τοῦ ἀνθρώπου;

14 οἱ δὲ εἶπον, Οἱ μὲν Ἰωάννην τὸν βαπτιστήν· ἄλλοι δὲ Ἠλίαν· ἕτεροι δὲ Ἰερεμίαν, ἢ ἕνα τῶν προφητῶν.

15 λέγει αὐτοῖς, Ὑμεῖς δὲ τίνα με λέγετε εἶναι;

16 ἀποκριθεὶς δὲ Σίμων Πέτρος εἶπε, Σὺ εἶ ὁ Χριστός, ὁ υἱὸς τοῦ Θεοῦ τοῦ ζῶντος.

17 καὶ ἀποκριθεὶς ὁ Ἰησοῦς εἶπεν αὐτῷ, Μακάριος εἶ, Σίμων Βὰρ Ἰωνᾶ, ὅτι σὰρξ καὶ αἷμα οὐκ ἀπεκάλυψέ σοι, ἀλλ' ὁ πατήρ μου ὁ ἐν τοῖς οὐρανοῖς.

18 κἀγὼ δέ σοι λέγω, ὅτι σὺ εἶ Πέτρος, καὶ ἐπὶ ταύτῃ τῇ πέτρᾳ οἰκοδομήσω μου τὴν ἐκκλησίαν, καὶ πύλαι ᾅδου οὐ κατισχύσουσιν αὐτῆς.

19 καὶ δώσω σοι τὰς κλεῖς τῆς βασιλείας τῶν οὐρανῶν· καὶ ὃ ἐὰν δήσῃς ἐπὶ τῆς γῆς, ἔσται δεδεμένον ἐν τοῖς οὐρανοῖς· καὶ ὃ ἐὰν λύσῃς ἐπὶ τῆς γῆς, ἔσται λελυμένον ἐν τοῖς οὐρανοῖς.

20 τότε διεστείλατο τοῖς μαθηταῖς αὐτοῦ ἵνα μηδενὶ εἴπωσιν ὅτι αὐτός ἐστιν Ἰησοῦς ὁ Χριστός.

21 Ἀπὸ τότε ἤρξατο ὁ Ἰησοῦς δεικνύειν τοῖς μαθηταῖς αὐτοῦ ὅτι δεῖ αὐτὸν ἀπελθεῖν εἰς Ἱεροσόλυμα, καὶ πολλὰ παθεῖν ἀπὸ τῶν πρεσβυτέρων καὶ ἀρχιερέων καὶ γραμματέων, καὶ ἀποκτανθῆναι, καὶ τῇ τρίτῃ ἡμέρᾳ ἐγερθῆναι.

22 καὶ προσλαβόμενος αὐτὸν ὁ Πέτρος ἤρξατο ἐπιτιμᾶν αὐτῷ λέγων, Ἵλεώς σοι, Κύριε· οὐ μὴ ἔσται σοι τοῦτο.

23 ὁ δὲ στραφεὶς εἶπε τῷ Πέτρῳ, Ὕπαγε ὀπίσω μου, Σατανᾶ, σκάνδαλόν μου εἶ· ὅτι οὐ φρονεῖς τὰ τοῦ Θεοῦ, ἀλλὰ τὰ τῶν ἀνθρώπων.

24 τότε ὁ Ἰησοῦς εἶπε τοῖς μαθηταῖς αὐτοῦ, Εἴ τις θέλει ὀπίσω μου ἐλθεῖν, ἀπαρνησάσθω ἑαυτόν, καὶ ἀράτω τὸν σταυρὸν αὐτοῦ, καὶ ἀκολουθείτω μοι.

25 ὃς γὰρ ἂν θέλῃ τὴν ψυχὴν αὐτοῦ σῶσαι ἀπολέσει αὐτήν· ὃς δ' ἂν ἀπολέσῃ τὴν ψυχὴν αὐτοῦ ἕνεκεν ἐμοῦ εὑρήσει αὐτήν·

26 τί γὰρ ὠφελεῖται ἄνθρωπος ἐὰν τὸν κόσμον ὅλον κερδήσῃ, τὴν δὲ ψυχὴν αὐτοῦ ζημιωθῇ; ἢ τί δώσει ἄνθρωπος ἀντάλλαγμα τῆς ψυχῆς αὐτοῦ;

27 μέλλει γὰρ ὁ υἱὸς τοῦ ἀνθρώπου ἔρχεσθαι ἐν τῇ δόξῃ τοῦ πατρὸς αὐτοῦ μετὰ τῶν ἀγγέλων αὐτοῦ, καὶ τότε ἀποδώσει ἑκάστῳ κατὰ τὴν πρᾶξιν αὐτοῦ.

28 ἀμὴν λέγω ὑμῖν, εἰσί τινες τῶν ὧδε ἑστηκότων, οἵτινες οὐ μὴ γεύσωνται θανάτου, ἕως ἂν ἴδωσι τὸν υἱὸν τοῦ ἀνθρώπου ἐρχόμενον ἐν τῇ βασιλείᾳ αὐτοῦ.

CHAPTER 17

1 Καὶ μεθ' ἡμέρας ἓξ παραλαμβάνει ὁ Ἰησοῦς τὸν Πέτρον καὶ Ἰάκωβον καὶ Ἰωάννην τὸν ἀδελφὸν αὐτοῦ, καὶ ἀναφέρει αὐτοὺς εἰς ὄρος ὑψηλὸν κατ' ἰδίαν.
2 καὶ μετεμορφώθη ἔμπροσθεν αὐτῶν, καὶ ἔλαμψε τὸ πρόσωπον αὐτοῦ ὡς ὁ ἥλιος, τὰ δὲ ἱμάτια αὐτοῦ ἐγένετο λευκὰ ὡς τὸ φῶς.
3 καὶ ἰδού, ὤφθησαν αὐτοῖς Μωσῆς καὶ Ἠλίας, μετ' αὐτοῦ συλλαλοῦντες.
4 ἀποκριθεὶς δὲ ὁ Πέτρος εἶπε τῷ Ἰησοῦ, Κύριε, καλόν ἐστιν ἡμᾶς ὧδε εἶναι· εἰ θέλεις, ποιήσωμεν ὧδε τρεῖς σκηνάς, σοὶ μίαν, καὶ Μωσῇ μίαν, καὶ μίαν Ἠλίᾳ.
5 ἔτι αὐτοῦ λαλοῦντος, ἰδού, νεφέλη φωτεινὴ ἐπεσκίασεν αὐτούς· καὶ ἰδού, φωνὴ ἐκ τῆς νεφέλης, λέγουσα, Οὗτός ἐστιν ὁ υἱός μου ὁ ἀγαπητός, ἐν ᾧ εὐδόκησα· αὐτοῦ ἀκούετε.
6 καὶ ἀκούσαντες οἱ μαθηταὶ ἔπεσον ἐπὶ πρόσωπον αὐτῶν, καὶ ἐφοβήθησαν σφόδρα.
7 καὶ προσελθὼν ὁ Ἰησοῦς ἥψατο αὐτῶν καὶ εἶπεν, Ἐγέρθητε καὶ μὴ φοβεῖσθε.
8 ἐπάραντες δὲ τοὺς ὀφθαλμοὺς αὐτῶν, οὐδένα εἶδον, εἰ μὴ τόν Ἰησοῦν μόνον.
9 Καὶ καταβαινόντων αὐτῶν ἀπὸ τοῦ ὄρους, ἐνετείλατο αὐτοῖς ὁ Ἰησοῦς, λέγων, Μηδενὶ εἴπητε τὸ ὅραμα, ἕως οὗ ὁ υἱὸς τοῦ ἀνθρώπου ἐκ νεκρῶν ἀναστῇ.

10 καὶ ἐπηρώτησαν αὐτὸν οἱ μαθηταὶ αὐτοῦ λέγοντες, Τί οὖν οἱ γραμματεῖς λέγουσιν ὅτι Ἠλίαν δεῖ ἐλθεῖν πρῶτον;
11 ὁ δὲ Ἰησοῦς ἀποκριθεὶς εἶπεν αὐτοῖς, Ἠλίας μὲν ἔρχεται πρῶτον, καὶ ἀποκαταστήσει πάντα·
12 λέγω δὲ ὑμῖν ὅτι Ἠλίας ἤδη ἦλθε, καὶ οὐκ ἐπέγνωσαν αὐτόν, ἀλλ' ἐποίησαν ἐν αὐτῷ ὅσα ἠθέλησαν· οὕτω καὶ ὁ υἱὸς τοῦ ἀνθρώπου μέλλει πάσχειν ὑπ' αὐτῶν.
13 τότε συνῆκαν οἱ μαθηταὶ ὅτι περὶ Ἰωάννου τοῦ βαπτιστοῦ εἶπεν αὐτοῖς.
14 Καὶ ἐλθόντων αὐτῶν πρὸς τὸν ὄχλον, προσῆλθεν αὐτῷ ἄνθρωπος γονυπετῶν αὐτῷ καὶ λέγων,
15 Κύριε, ἐλέησόν μου τὸν υἱόν, ὅτι σεληνιάζεται καὶ κακῶς πάσχει· πολλάκις γὰρ πίπτει εἰς τὸ πῦρ, καὶ πολλάκις εἰς τὸ ὕδωρ
16 καὶ προσήνεγκα αὐτὸν τοῖς μαθηταῖς σου, καὶ οὐκ ἠδυνήθησαν αὐτὸν θεραπεῦσαι.
17 ἀποκριθεὶς δὲ ὁ Ἰησοῦς εἶπεν, Ὦ γενεὰ ἄπιστος καὶ διεστραμμένη, ἕως πότε ἔσομαι μεθ' ὑμῶν; ἕως πότε ἀνέξομαι ὑμῶν; φέρετέ μοι αὐτὸν ὧδε.
18 καὶ ἐπετίμησεν αὐτῷ ὁ Ἰησοῦς, καὶ ἐξῆλθεν ἀπ' αὐτοῦ τὸ δαιμόνιον, καὶ ἐθεραπεύθη ὁ παῖς ἀπὸ τῆς ὥρας ἐκείνης.
19 τότε προσελθόντες οἱ μαθηταὶ τῷ Ἰησοῦ κατ' ἰδίαν εἶπον, Διατί ἡμεῖς οὐκ ἠδυνήθημεν ἐκβαλεῖν αὐτό;

47

20 ὁ δὲ Ἰησοῦς εἶπεν αὐτοῖς, Διὰ τὴν ἀπιστίαν ὑμῶν ἀμὴν γὰρ λέγω ὑμῖν, ἐὰν ἔχητε πίστιν ὡς κόκκον σινάπεως, ἐρεῖτε τῷ ὄρει τούτῳ, Μετάβηθι ἐντεῦθεν ἐκεῖ, καὶ μεταβήσεται· καὶ οὐδὲν ἀδυνατήσει ὑμῖν.

21 τοῦτο δὲ τὸ γένος οὐκ ἐκπορεύεται εἰ μὴ ἐν προσευχῇ καὶ νηστείᾳ.

22 Ἀναστρεφομένων δὲ αὐτῶν ἐν τῇ Γαλιλαίᾳ, εἶπεν αὐτοῖς ὁ Ἰησοῦς, Μέλλει ὁ υἱὸς τοῦ ἀνθρώπου παραδίδοσθαι εἰς χεῖρας ἀνθρώπων,

23 καὶ ἀποκτενοῦσιν αὐτόν, καὶ τῇ τρίτῃ ἡμέρᾳ ἐγερθήσεται. καὶ ἐλυπήθησαν σφόδρα.

24 Ἐλθόντων δὲ αὐτῶν εἰς Καπερναούμ, προσῆλθον οἱ τὰ δίδραχμα λαμβάνοντες τῷ Πέτρῳ καὶ εἶπον, Ὁ διδάσκαλος ὑμῶν οὐ τελεῖ τὰ δίδραχμα;

25 λέγει, Ναί. καὶ ὅτε εἰσῆλθεν εἰς τὴν οἰκίαν, προέφθασεν αὐτὸν ὁ Ἰησοῦς, λέγων, Τί σοι δοκεῖ, Σίμων; οἱ βασιλεῖς τῆς γῆς ἀπὸ τίνων λαμβάνουσι τέλη ἢ κῆνσον; ἀπὸ τῶν υἱῶν αὐτῶ,ν ἢ ἀπὸ τῶν ἀλλοτρίων;

26 λέγει αὐτῷ ὁ Πέτρος, Ἀπὸ τῶν ἀλλοτρίων. ἔφη αὐτῷ ὁ Ἰησοῦς, Ἄραγε ἐλεύθεροί εἰσιν οἱ υἱοί.

27 ἵνα δὲ μὴ σκανδαλίσωμεν αὐτούς, πορευθεὶς εἰς τὴν θάλασσαν βάλε ἄγκιστρον, καὶ τὸν ἀναβάντα πρῶτον ἰχθὺν ἆρον· καὶ ἀνοίξας τὸ στόμα αὐτοῦ εὑρήσεις στατῆρα· ἐκεῖνον λαβὼν δὸς αὐτοῖς ἀντὶ ἐμοῦ καὶ σοῦ.

CHAPTER 18

1 Ἐν ἐκείνῃ τῇ ὥρᾳ προσῆλθον οἱ μαθηταὶ τῷ Ἰησοῦ, λέγοντες, Τίς ἄρα μείζων ἐστὶν ἐν τῇ βασιλείᾳ τῶν οὐρανῶν;

2 καὶ προσκαλεσάμενος ὁ Ἰησοῦς παιδίον ἔστησεν αὐτὸ ἐν μέσῳ αὐτῶν,

3 καὶ εἶπεν, Ἀμὴν λέγω ὑμῖν, ἐὰν μὴ στραφῆτε καὶ γένησθε ὡς τὰ παιδία, οὐ μὴ εἰσέλθητε εἰς τὴν βασιλείαν τῶν οὐρανῶν.

4 ὅστις οὖν ταπεινώσῃ ἑαυτὸν ὡς τὸ παιδίον τοῦτο, οὗτός ἐστιν ὁ μείζων ἐν τῇ βασιλείᾳ τῶν οὐρανῶν.

5 καὶ ὃς ἐὰν δέξηται παιδίον τοιοῦτον ἓν ἐπὶ τῷ ὀνόματί μου, ἐμὲ δέχεται·

6 ὃς δ' ἂν σκανδαλίσῃ ἕνα τῶν μικρῶν τούτων τῶν πιστευόντων εἰς ἐμέ, συμφέρει αὐτῷ ἵνα κρεμασθῇ μύλος ὀνικὸς ἐπὶ τὸν τράχηλον αὐτοῦ, καὶ καταποντισθῇ ἐν τῷ πελάγει τῆς θαλάσσης.

7 οὐαὶ τῷ κόσμῳ ἀπὸ τῶν σκανδάλων· ἀνάγκη γάρ ἐστιν ἐλθεῖν τὰ σκάνδαλα· πλὴν οὐαὶ τῷ ἀνθρώπῳ, ἐκείνῳ, δι' οὗ τὸ σκάνδαλον ἔρχεται.

8 εἰ δὲ ἡ χείρ σου ἢ ὁ πούς σου σκανδαλίζει σε, ἔκκοψον αὐτὰ καὶ βάλε ἀπὸ σοῦ· καλόν σοί ἐστιν εἰσελθεῖν εἰς τὴν ζωὴν χωλὸν ἢ κυλλόν, ἢ δύο χεῖρας ἢ δύο πόδας

ἔχοντα βληθῆναι εἰς τὸ πῦρ τὸ αἰώνιον.

9 καὶ εἰ ὁ ὀφθαλμός σου σκανδαλίζει σε, ἔξελε αὐτὸν καὶ βάλε ἀπὸ σοῦ· καλόν σοί ἐστι μονόφθαλμον εἰς τὴν ζωὴν εἰσελθεῖν, ἢ δύο ὀφθαλμοὺς ἔχοντα βληθῆναι εἰς τὴν γέενναν τοῦ πυρός.

10 ὁρᾶτε μὴ καταφρονήσητε ἑνὸς τῶν μικρῶν τούτων, λέγω γὰρ ὑμῖν ὅτι οἱ ἄγγελοι αὐτῶν ἐν οὐρανοῖς διὰ παντὸς βλέπουσι τὸ πρόσωπον τοῦ πατρός μου τοῦ ἐν οὐρανοῖς.

11 ἦλθε γὰρ ὁ υἱὸς τοῦ ἀνθρώπου σῶσαι τὸ ἀπολωλός.

12 τί ὑμῖν δοκεῖ; ἐὰν γένηταί τινι ἀνθρώπῳ ἑκατὸν πρόβατα, καὶ πλανηθῇ ἓν ἐξ αὐτῶν· οὐχὶ ἀφεῖς τὰ ἐννενήκονταεννέα, ἐπὶ τὰ ὄρη πορευθεὶς ζητεῖ τὸ πλανώμενον;

13 καὶ ἐὰν γένηται εὑρεῖν αὐτό, ἀμὴν λέγω ὑμῖν ὅτι χαίρει ἐπ' αὐτῷ μᾶλλον, ἢ ἐπὶ τοῖς ἐννενηκονταεννέα τοῖς μὴ πεπλανημένοις.

14 οὕτως οὐκ ἔστι θέλημα ἔμπροσθεν τοῦ πατρὸς ὑμῶν τοῦ ἐν οὐρανοῖς, ἵνα ἀπόληται εἷς τῶν μικρῶν τούτων.

15 Ἐὰν δὲ ἁμαρτήσῃ εἰς σὲ ὁ ἀδελφός σου, ὕπαγε καὶ ἔλεγξον αὐτὸν μεταξὺ σοῦ καὶ αὐτοῦ μόνου. ἐάν σου ἀκούσῃ, ἐκέρδησας τὸν ἀδελφόν σου·

16 ἐὰν δὲ μὴ ἀκούσῃ, παράλαβε μετὰ σοῦ ἔτι ἕνα ἢ δύο, ἵνα ἐπὶ στόματος δύο μαρτύρων ἢ τριῶν σταθῇ πᾶν ῥῆμα·

17 ἐὰν δὲ παρακούσῃ αὐτῶν, εἰπὲ τῇ ἐκκλησίᾳ· ἐὰν δὲ καὶ τῆς ἐκκλησίας παρακούσῃ, ἔστω σοι ὥσπερ ὁ ἐθνικὸς καὶ ὁ τελώνης.

18 ἀμὴν λέγω ὑμῖν, ὅσα ἐὰν δήσητε ἐπὶ τῆς γῆς, ἔσται δεδεμένα ἐν τῷ οὐρανῷ· καὶ ὅσα ἐὰν λύσητε ἐπὶ τῆς γῆς, ἔσται λελυμένα ἐν τῷ οὐρανῷ.

19 πάλιν λέγω ὑμῖν, ὅτι ἐὰν δύο ὑμῶν συμφωνήσωσιν ἐπὶ τῆς γῆς περὶ παντὸς πράγματος οὗ ἐὰν αἰτήσωνται, γενήσεται αὐτοῖς παρὰ τοῦ πατρός μου τοῦ ἐν οὐρανοῖς.

20 οὗ γάρ εἰσι δύο ἢ τρεῖς συνηγμένοι εἰς τὸ ἐμὸν ὄνομα, ἐκεῖ εἰμι ἐν μέσῳ αὐτῶν.

21 Τότε προσελθὼν αὐτῷ ὁ Πέτρος εἶπε, Κύριε, ποσάκις ἁμαρτήσει εἰς ἐμὲ ὁ ἀδελφός μου, καὶ ἀφήσω αὐτῷ; ἕως ἑπτάκις;

22 λέγει αὐτῷ ὁ Ἰησοῦς, Οὐ λέγω σοι ἕως ἑπτάκις, ἀλλ' ἕως ἑβδομηκοντάκις ἑπτά.

23 διὰ τοῦτο ὡμοιώθη ἡ βασιλεία τῶν οὐρανῶν ἀνθρώπῳ βασιλεῖ, ὃς ἠθέλησε συνᾶραι λόγον μετὰ τῶν δούλων αὐτοῦ.

24 ἀρξαμένου δὲ αὐτοῦ συναίρειν, προσηνέχθη αὐτῷ εἷς ὀφειλέτης μυρίων ταλάντων.

25 μὴ ἔχοντος δὲ αὐτοῦ ἀποδοῦναι ἐκέλευσεν αὐτὸν ὁ κύριος αὐτοῦ πραθῆναι, καὶ τὴν γυναῖκα αὐτοῦ καὶ τὰ τέκνα, καὶ πάντα ὅσα εἶχε, καὶ ἀποδοθῆναι.

26 πεσὼν οὖν ὁ δοῦλος προσεκύνει αὐτῷ, λέγων, Κύριε,

49

μακροθύμησον ἐπ' ἐμοί, καὶ πάντα σοι ἀποδώσω.

27 σπλαγχνισθεὶς δὲ ὁ κύριος τοῦ δούλου ἐκείνου ἀπέλυσεν αὐτόν, καὶ τὸ δάνειον ἀφῆκεν αὐτῷ.

28 ἐξελθὼν δὲ ὁ δοῦλος ἐκεῖνος εὗρεν ἕνα τῶν συνδούλων αὐτοῦ, ὃς ὤφειλεν αὐτῷ ἑκατὸν δηνάρια, καὶ κρατήσας αὐτὸν ἔπνιγε, λέγων, Ἀπόδος μοι ὅ τι ὀφείλεις.

29 πεσὼν οὖν ὁ σύνδουλος αὐτοῦ εἰς τοὺς πόδας αὐτοῦ παρεκάλει αὐτόν, λέγων, Μακροθύμησον ἐπ' ἐμοί, καὶ πάντα ἀποδώσω σοι.

30 ὁ δὲ οὐκ ἤθελεν, ἀλλ' ἀπελθὼν ἔβαλεν αὐτὸν εἰς φυλακὴν, ἕως οὗ ἀποδῷ τὸ ὀφειλόμενον.

31 ἰδόντες δὲ οἱ σύνδουλοι αὐτοῦ τὰ γενόμενα ἐλυπήθησαν σφόδρα· καὶ ἐλθόντες διεσάφησαν τῷ κυρίῳ αὐτῶν πάντα τὰ γενόμενα.

32 τότε προσκαλεσάμενος αὐτὸν ὁ κύριος αὐτοῦ λέγει αὐτῷ, Δοῦλε πονηρέ, πᾶσαν τὴν ὀφειλὴν ἐκείνην ἀφῆκά σοι, ἐπεὶ παρεκάλεσάς με·

33 οὐκ ἔδει καὶ σὲ ἐλεῆσαι τὸν σύνδουλόν σου, ὡς καὶ ἐγώ σε ἠλέησα;

34 καὶ ὀργισθεὶς ὁ κύριος αὐτοῦ παρέδωκεν αὐτὸν τοῖς βασανισταῖς, ἕως οὗ ἀποδῷ πᾶν τὸ ὀφειλόμενον αὐτῷ.

35 οὕτω καὶ ὁ πατήρ μου ὁ ἐπουράνιος ποιήσει ὑμῖν, ἐὰν μὴ ἀφῆτε ἕκαστος τῷ ἀδελφῷ αὐτοῦ ἀπὸ τῶν καρδιῶν ὑμῶν τὰ παραπτώματα αὐτῶν.

CHAPTER 19

1 Καὶ ἐγένετο ὅτε ἐτέλεσεν ὁ Ἰησοῦς τοὺς λόγους τούτους, μετῆρεν ἀπὸ τῆς Γαλιλαίας, καὶ ἦλθεν εἰς τὰ ὅρια τῆς Ἰουδαίας πέραν τοῦ Ἰορδάνου.

2 καὶ ἠκολούθησαν αὐτῷ ὄχλοι πολλοί, καὶ ἐθεράπευσεν αὐτοὺς ἐκεῖ.

3 Καὶ προσῆλθον αὐτῷ οἱ Φαρισαῖοι πειράζοντες αὐτόν, καὶ λέγοντες αὐτῷ, Εἰ ἔξεστιν ἀνθρώπῳ ἀπολῦσαι τὴν γυναῖκα αὐτοῦ κατὰ πᾶσαν αἰτίαν;

4 ὁ δὲ ἀποκριθεὶς εἶπεν αὐτοῖς, Οὐκ ἀνέγνωτε ὅτι ὁ ποιήσας ἀπ' ἀρχῆς ἄρσεν καὶ θῆλυ ἐποίησεν αὐτούς,

5 καὶ εἶπεν, Ἕνεκεν τούτου καταλείψει ἄνθρωπος τὸν πατέρα καὶ τὴν μητέρα, καὶ προσκολληθήσεται τῇ γυναικὶ αὐτοῦ, καὶ ἔσονται οἱ δύο εἰς σάρκα μίαν

6 ὥστε οὐκέτι εἰσὶ δύο, ἀλλὰ σὰρξ μία· ὃ οὖν ὁ θεὸς συνέζευξεν ἄνθρωπος μὴ χωριζέτω.

7 λέγουσιν αὐτῷ, Τί οὖν Μωσῆς ἐνετείλατο δοῦναι βιβλίον ἀποστασίου, καὶ ἀπολῦσαι αὐτήν;

8 λέγει αὐτοῖς ὅτι Μωσῆς πρὸς τὴν σκληροκαρδίαν ὑμῶν ἐπέτρεψεν ὑμῖν ἀπολῦσαι τὰς γυναῖκας ὑμῶν· ἀπ' ἀρχῆς δὲ οὐ γέγονεν οὕτω.

9 λέγω δὲ ὑμῖν ὅτι ὃς ἂν ἀπολύσῃ τὴν γυναῖκα αὐτοῦ, εἰ μὴ ἐπὶ πορνείᾳ καὶ γαμήσῃ ἄλλην,

μοιχᾶται· καὶ ὁ ἀπολελυμένην γαμήσας μοιχᾶται.

10 λέγουσιν αὐτῷ οἱ μαθηταὶ αὐτοῦ, Εἰ οὕτως ἐστὶν ἡ αἰτία τοῦ ἀνθρώπου μετὰ τῆς γυναικός, οὐ συμφέρει γαμῆσαι.

11 ὁ δὲ εἶπεν αὐτοῖς, Οὐ πάντες χωροῦσι τὸν λόγον τοῦτον, ἀλλ' οἷς δέδοται.

12 εἰσὶ γὰρ εὐνοῦχοι, οἵτινες ἐκ κοιλίας μητρὸς ἐγεννήθησαν οὕτω· καὶ εἰσὶν εὐνοῦχοι, οἵτινες εὐνουχίσθησαν ὑπὸ τῶν ἀνθρώπων· καὶ εἰσὶν εὐνοῦχοι, οἵτινες εὐνούχισαν ἑαυτοὺς διὰ τὴν βασιλείαν τῶν οὐρανῶν. ὁ δυνάμενος χωρεῖν χωρείτω.

13 Τότε προσηνέχθη αὐτῷ παιδία, ἵνα τὰς χεῖρας ἐπιθῇ αὐτοῖς, καὶ προσεύξηται· οἱ δὲ μαθηταὶ ἐπετίμησαν αὐτοῖς.

14 ὁ δὲ Ἰησοῦς εἶπεν, Ἄφετε τὰ παιδία, καὶ μὴ κωλύετε αὐτὰ ἐλθεῖν πρός με· τῶν γὰρ τοιούτων ἐστὶν ἡ βασιλεία τῶν οὐρανῶν.

15 καὶ ἐπιθεὶς αὐτοῖς τὰς χεῖρας ἐπορεύθη ἐκεῖθεν.

16 Καὶ ἰδού, εἷς προσελθὼν εἶπεν αὐτῷ, Διδάσκαλε ἀγαθέ, τί ἀγαθὸν ποιήσω, ἵνα ἔχω ζωὴν αἰώνιον;

17 ὁ δὲ εἶπεν αὐτῷ, Τί με λέγεις ἀγαθόν; οὐδεὶς ἀγαθός, εἰ μὴ εἷς, ὁ Θεός. εἰ δὲ θέλεις εἰσελθεῖν εἰς τὴν ζωήν, τήρησον τὰς ἐντολάς.

18 λέγει αὐτῷ, Ποίας; ὁ δὲ Ἰησοῦς εἶπε, Τὸ οὐ φονεύσεις· οὐ μοιχεύσεις· οὐ κλέψεις· οὐ ψευδομαρτυρήσεις·

19 τίμα τὸν πατέρα σου καὶ τὴν μητέρα· καί, ἀγαπήσεις τὸν πλησίον σου ὡς σεαυτόν.

20 λέγει αὐτῷ ὁ νεανίσκος, Πάντα ταῦτα ἐφυλαξάμην ἐκ νεότητός μου· τί ἔτι ὑστερῶ;

21 ἔφη αὐτῷ ὁ Ἰησοῦς, Εἰ θέλεις τέλειος εἶναι, ὕπαγε πώλησόν σου τὰ ὑπάρχοντα καὶ δὸς πτωχοῖς, καὶ ἕξεις θησαυρὸν ἐν οὐρανῷ· καὶ δεῦρο, ἀκολούθει μοι.

22 ἀκούσας δὲ ὁ νεανίσκος τὸν λόγον ἀπῆλθε λυπούμενος· ἦν γὰρ ἔχων κτήματα πολλά.

23 Ὁ δὲ Ἰησοῦς εἶπε τοῖς μαθηταῖς αὐτοῦ, Ἀμὴν λέγω ὑμῖν ὅτι δυσκόλως πλούσιος εἰσελεύσεται εἰς τὴν βασιλείαν τῶν οὐρανῶν.

24 πάλιν δὲ λέγω ὑμῖν, εὐκοπώτερόν ἐστι κάμηλον διὰ τρυπήματος ῥαφίδος διελθεῖν, ἢ πλούσιον εἰς τὴν βασιλείαν τοῦ Θεοῦ εἰσελθεῖν.

25 ἀκούσαντες δὲ οἱ μαθηταὶ αὐτοῦ ἐξεπλήσσοντο σφόδρα, λέγοντες, Τίς ἄρα δύναται σωθῆναι;

26 ἐμβλέψας δὲ ὁ Ἰησοῦς εἶπεν αὐτοῖς, Παρὰ ἀνθρώποις τοῦτο ἀδύνατόν ἐστι, παρὰ δὲ Θεῷ πάντα δυνατά ἐστι.

27 τότε ἀποκριθεὶς ὁ Πέτρος εἶπεν αὐτῷ, Ἰδού, ἡμεῖς ἀφήκαμεν πάντα καὶ ἠκολουθήσαμέν σοι· τί ἄρα ἔσται ἡμῖν;

28 ὁ δὲ Ἰησοῦς εἶπεν αὐτοῖς, Ἀμὴν λέγω ὑμῖν ὅτι ὑμεῖς οἱ ἀκολουθήσαντές μοι, ἐν τῇ παλιγγενεσίᾳ ὅταν καθίσῃ ὁ υἱὸς

τοῦ ἀνθρώπου ἐπὶ θρόνου δόξης αὐτοῦ, καθίσεσθε καὶ ὑμεῖς ἐπὶ δώδεκα θρόνους κρίνοντες τὰς δώδεκα φυλὰς τοῦ Ἰσραήλ.

29 καὶ πᾶς ὅς ἀφῆκεν οἰκίας, ἢ ἀδελφοὺς, ἢ ἀδελφάς, ἢ πατέρα, ἢ μητέρα, ἢ γυναῖκα, ἢ τέκνα, ἢ ἀγρούς, ἕνεκεν τοῦ ὀνόματός μου, ἑκατονταπλασίονα λήψεται, καὶ ζωὴν αἰώνιον κληρονομήσει

30 πολλοὶ δὲ ἔσονται πρῶτοι ἔσχατοι, καὶ ἔσχατοι πρῶτοι.

CHAPTER 20

1 ὁμοία γάρ ἐστιν ἡ βασιλεία τῶν οὐρανῶν ἀνθρώπῳ οἰκοδεσπότῃ, ὅστις ἐξῆλθεν ἅμα πρωῒ μισθώσασθαι ἐργάτας εἰς τὸν ἀμπελῶνα αὐτοῦ·

2 συμφωνήσας δὲ μετὰ τῶν ἐργατῶν ἐκ δηναρίου τὴν ἡμέραν, ἀπέστειλεν αὐτοὺς εἰς τὸν ἀμπελῶνα αὐτοῦ.

3 καὶ ἐξελθὼν περὶ τὴν τρίτην ὥραν, εἶδεν ἄλλους ἑστῶτας ἐν τῇ ἀγορᾷ ἀργούς·

4 κἀκείνοις εἶπεν, Ὑπάγετε καὶ ὑμεῖς εἰς τὸν ἀμπελῶνα, καὶ ὃ ἐὰν ᾖ δίκαιον δώσω ὑμῖν. οἱ δὲ ἀπῆλθόν

5 πάλιν ἐξελθὼν περὶ ἕκτην καὶ ἐννάτην ὥραν, ἐποίησεν ὡσαύτως

6 περὶ δὲ τὴν ἑνδεκάτην ὥραν ἐξελθών, εὗρεν ἄλλους ἑστῶτας ἀργούς, καὶ λέγει αὐτοῖς, Τί ὧδε ἑστήκατε ὅλην τὴν ἡμέραν ἀργοί;

7 λέγουσιν αὐτῷ, Ὅτι οὐδεὶς ἡμᾶς ἐμισθώσατο. λέγει αὐτοῖς, Ὑπάγετε

καὶ ὑμεῖς εἰς τὸν ἀμπελῶνα, καὶ ὃ ἐὰν ᾖ δίκαιον λήψεσθε

8 ὀψίας δὲ γενομένης λέγει ὁ κύριος τοῦ ἀμπελῶνος τῷ ἐπιτρόπῳ αὐτοῦ, Κάλεσον τοὺς ἐργάτας, καὶ ἀπόδος αὐτοῖς τὸν μισθόν, ἀρξάμενος ἀπὸ τῶν ἐσχάτων ἕως τῶν πρώτων

9 καὶ ἐλθόντες οἱ περὶ τὴν ἑνδεκάτην ὥραν ἔλαβον ἀνὰ δηνάριον.

10 ἐλθόντες δὲ οἱ πρῶτοι ἐνόμισαν ὅτι πλεῖονα λήψονται· καὶ ἔλαβον καὶ αὐτοὶ ἀνὰ δηνάριον.

11 λαβόντες δὲ ἐγόγγυζον κατὰ τοῦ οἰκοδεσπότου,

12 λέγοντες ὅτι Οὗτοι οἱ ἔσχατοι μίαν ὥραν ἐποίησαν, καὶ ἴσους ἡμῖν αὐτοὺς ἐποίησας, τοῖς βαστάσασι τὸ βάρος τῆς ἡμέρας καὶ τὸν καύσωνα.

13 ὁ δὲ ἀποκριθεὶς εἶπεν ἑνὶ αὐτῶν, Ἑταῖρε, οὐκ ἀδικῶ σε· οὐχὶ δηναρίου συνεφώνησάς μοι;

14 ἆρον τὸ σὸν καὶ ὕπαγε· θέλω δὲ τούτῳ τῷ ἐσχάτῳ δοῦναι ὡς καὶ σοί.

15 ἢ οὐκ ἔξεστί μοι ποιῆσαι ὃ θέλω ἐν τοῖς ἐμοῖς; εἰ ὁ ὀφθαλμός σου πονηρός ἐστιν, ὅτι ἐγὼ ἀγαθός εἰμι;

16 οὕτως ἔσονται οἱ ἔσχατοι πρῶτοι, καὶ οἱ πρῶτοι ἔσχατοι· πολλοὶ γάρ εἰσι κλητοί, ὀλίγοι δὲ ἐκλεκτοί.

17 Καὶ ἀναβαίνων ὁ Ἰησοῦς εἰς Ἱεροσόλυμα παρέλαβε τοὺς δώδεκα μαθητὰς κατ' ἰδίαν ἐν τῇ ὁδῷ, καὶ εἶπεν αὐτοῖς,

18 Ἰδού, ἀναβαίνομεν εἰς Ἱεροσόλυμα, καὶ ὁ υἱὸς τοῦ ἀνθρώπου παραδοθήσεται τοῖς ἀρχιερεῦσι καὶ γραμματεῦσι· καὶ κατακρινοῦσιν αὐτὸν θανάτῳ,

19 καὶ παραδώσουσιν αὐτὸν τοῖς ἔθνεσιν εἰς τὸ ἐμπαῖξαι καὶ μαστιγῶσαι καὶ σταυρῶσαι· καὶ τῇ τρίτῃ ἡμέρᾳ ἀναστήσεται.

20 Τότε προσῆλθεν αὐτῷ ἡ μήτηρ τῶν υἱῶν Ζεβεδαίου μετὰ τῶν υἱῶν αὐτῆς, προσκυνοῦσα καὶ αἰτοῦσά τι παρ' αὐτοῦ.

21 ὁ δὲ εἶπεν αὐτῇ, Τί θέλεις; λέγει αὐτῷ, Εἰπὲ ἵνα καθίσωσιν οὗτοι οἱ δύο υἱοί μου, εἷς ἐκ δεξιῶν σου, καὶ εἷς ἐξ εὐωνύμων, ἐν τῇ βασιλείᾳ σου.

22 ἀποκριθεὶς δὲ ὁ Ἰησοῦς εἶπεν, Οὐκ οἴδατε τί αἰτεῖσθε δύνασθε πιεῖν τὸ ποτήριον ὃ ἐγὼ μέλλω πίνειν, καὶ τὸ βάπτισμα ὃ ἐγὼ βαπτίζομαι βαπτισθῆναι; λέγουσιν αὐτῷ, Δυνάμεθα.

23 καὶ λέγει αὐτοῖς, Τὸ μὲν ποτήριόν μου πίεσθε, καὶ τὸ βάπτισμα ὃ ἐγὼ βαπτίζομαι βαπτισθήσεσθε· τὸ δὲ καθίσαι ἐκ δεξιῶν μου καὶ ἐξ εὐωνύμων μου, οὐκ ἔστιν ἐμὸν δοῦναι, ἀλλ' οἷς ἡτοίμασται ὑπὸ τοῦ πατρός μου.

24 καὶ ἀκούσαντες οἱ δέκα ἠγανάκτησαν περὶ τῶν δύο ἀδελφῶν.

25 ὁ δὲ Ἰησοῦς προσκαλεσάμενος αὐτοὺς εἶπεν, Οἴδατε ὅτι οἱ ἄρχοντες τῶν ἐθνῶν κατακυριεύουσιν αὐτῶν, καὶ οἱ μεγάλοι κατεξουσιάζουσιν αὐτῶν.

26 οὐχ οὕτως δὲ ἔσται ἐν ὑμῖν· ἀλλ' ὃς ἐὰν θέλῃ ἐν ὑμῖν μέγας γενέσθαι ἔστω ὑμῶν διάκονος·

27 καὶ ὃς ἐὰν θέλῃ ἐν ὑμῖν εἶναι πρῶτος ἔστω ὑμῶν δοῦλος·

28 ὥσπερ ὁ υἱὸς τοῦ ἀνθρώπου οὐκ ἦλθε διακονηθῆναι, ἀλλὰ διακονῆσαι, καὶ δοῦναι τὴν ψυχὴν αὐτοῦ λύτρον ἀντὶ πολλῶν.

29 Καὶ ἐκπορευομένων αὐτῶν ἀπὸ Ἱεριχώ, ἠκολούθησεν αὐτῷ ὄχλος πολύς.

30 καὶ ἰδού, δύο τυφλοὶ καθήμενοι παρὰ τὴν ὁδόν, ἀκούσαντες ὅτι Ἰησοῦς παράγει, ἔκραξαν, λέγοντες, Ἐλέησον ἡμᾶς, Κύριε, υἱὸς Δαβίδ.

31 ὁ δὲ ὄχλος ἐπετίμησεν αὐτοῖς ἵνα σιωπήσωσιν· οἱ δὲ μεῖζον ἔκραζον, λέγοντες, Ἐλέησον ἡμᾶς, Κύριε, υἱὸς Δαβίδ.

32 καὶ στὰς ὁ Ἰησοῦς ἐφώνησεν αὐτούς, καὶ εἶπε, Τί θέλετε ποιήσω ὑμῖν;

33 λέγουσιν αὐτῷ, Κύριε, ἵνα ἀνοιχθῶσιν ἡμῶν οἱ ὀφθαλμοί.

34 σπλαγχνισθεὶς δὲ ὁ Ἰησοῦς ἥψατο τῶν ὀφθαλμῶν αὐτῶν·, καὶ εὐθέως ἀνέβλεψαν αὐτῶν οἱ ὀφθαλμοί, καὶ ἠκολούθησαν αὐτῷ

CHAPTER 21

1 Καὶ ὅτε ἤγγισαν εἰς Ἱεροσόλυμα, καὶ ἦλθον εἰς Βηθφαγῆ πρὸς τὸ ὄρος τῶν ἐλαιῶν, τότε ὁ Ἰησοῦς ἀπέστειλε δύο μαθητάς,

2 λέγων αὐτοῖς, Πορεύθητε εἰς τὴν κώμην τὴν ἀπέναντι ὑμῶν, καὶ

εὐθέως εὑρήσετε ὄνον δεδεμένην, καὶ πῶλον μετ᾽ αὐτῆς· λύσαντες ἀγάγετέ μοι.

3 καὶ ἐάν τις ὑμῖν εἴπῃ τι, ἐρεῖτε ὅτι Ὁ Κύριος αὐτῶν χρείαν ἔχει· εὐθέως δὲ ἀποστελεῖ αὐτούς.

4 τοῦτο δὲ ὅλον γέγονεν, ἵνα πληρωθῇ τὸ ῥηθὲν διὰ τοῦ προφήτου, λέγοντος,

5 Εἴπατε τῇ θυγατρὶ Σιών, Ἰδού, ὁ βασιλεύς σου ἔρχεταί σοι, πραῢς καὶ ἐπιβεβηκὼς ἐπὶ ὄνον καὶ πῶλον υἱὸν ὑποζυγίου.

6 πορευθέντες δὲ οἱ μαθηταί, καὶ ποιήσαντες καθὼς προσέταξεν αὐτοῖς ὁ Ἰησοῦς,

7 ἤγαγον τὴν ὄνον καὶ τὸν πῶλον, καὶ ἐπέθηκαν ἐπάνω αὐτῶν τὰ ἱμάτια, αὐτῶν, καὶ ἐπεκάθισαν ἐπάνω αὐτῶν.

8 ὁ δὲ πλεῖστος ὄχλος ἔστρωσαν ἑαυτῶν τὰ ἱμάτια ἐν τῇ ὁδῷ· ἄλλοι δὲ ἔκοπτον κλάδους ἀπὸ τῶν δένδρων, καὶ ἐστρώννυον ἐν τῇ ὁδῷ.

9 οἱ δὲ ὄχλοι οἱ προάγοντες καὶ οἱ ἀκολουθοῦντες ἔκραζον, λέγοντες, Ὡσαννὰ τῷ υἱῷ Δαβίδ· εὐλογημένος ὁ ἐρχόμενος ἐν ὀνόματι Κυρίου· Ὡσαννὰ ἐν τοῖς ὑψίστοις.

10 καὶ εἰσελθόντος αὐτοῦ εἰς Ἱεροσόλυμα ἐσείσθη πᾶσα ἡ πόλις λέγουσα, Τίς ἐστιν οὗτος;

11 οἱ δὲ ὄχλοι ἔλεγον, Οὗτός ἐστιν Ἰησοῦς ὁ προφήτης, ὁ ἀπὸ Ναζαρὲθ τῆς Γαλιλαίας.

12 Καὶ εἰσῆλθεν ὁ Ἰησοῦς εἰς τὸ ἱερὸν τοῦ θεοῦ, καὶ ἐξέβαλε πάντας τοὺς πωλοῦντας καὶ ἀγοράζοντας ἐν τῷ ἱερῷ, καὶ τὰς τραπέζας τῶν κολλυβιστῶν κατέστρεψε, καὶ τὰς καθέδρας τῶν πωλούντων τὰς περιστεράς

13 καὶ λέγει αὐτοῖς, Γέγραπται, Ὁ οἶκός μου οἶκος προσευχῆς κληθήσεται· ὑμεῖς δὲ αὐτὸν ἐποιήσατε σπήλαιον λῃστῶν.

14 Καὶ προσῆλθον αὐτῷ τυφλοὶ καὶ χωλοὶ ἐν τῷ ἱερῷ· καὶ ἐθεράπευσεν αὐτούς.

15 ἰδόντες δὲ οἱ ἀρχιερεῖς καὶ οἱ γραμματεῖς τὰ θαυμάσια ἃ ἐποίησε, καὶ τοὺς παῖδας κράζοντας ἐν τῷ ἱερῷ, καὶ λέγοντας, Ὡσαννὰ τῷ υἱῷ Δαβίδ, ἠγανάκτησαν,

16 καὶ εἶπον αὐτῷ, Ἀκούεις τί οὗτοι λέγουσιν; ὁ δὲ Ἰησοῦς λέγει αὐτοῖς, Ναί· οὐδέποτε ἀνέγνωτε ὅτι Ἐκ στόματος νηπίων καὶ θηλαζόντων κατηρτίσω αἶνον;

17 καὶ καταλιπὼν αὐτοὺς ἐξῆλθεν ἔξω τῆς πόλεως εἰς Βηθανίαν, καὶ ηὐλίσθη ἐκεῖ.

18 Πρωΐας δὲ ἐπανάγων εἰς τὴν πόλιν, ἐπείνασε·

19 καὶ ἰδὼν συκῆν μίαν ἐπὶ τῆς ὁδοῦ, ἦλθεν ἐπ᾽ αὐτήν, καὶ οὐδὲν εὗρεν ἐν αὐτῇ εἰ μὴ φύλλα μόνον· καὶ λέγει αὐτῇ, Μηκέτι ἐκ σοῦ καρπὸς γένηται εἰς τὸν αἰῶνα. καὶ ἐξηράνθη παραχρῆμα ἡ συκῆ.

20 καὶ ἰδόντες οἱ μαθηταὶ ἐθαύμασαν, λέγοντες, Πῶς παραχρῆμα ἐξηράνθη ἡ συκῆ;

21 ἀποκριθεὶς δὲ ὁ Ἰησοῦς εἶπεν αὐτοῖς, Ἀμὴν λέγω ὑμῖν, ἐὰν ἔχητε

πίστιν, καὶ μὴ διακριθῆτε, οὐ μόνον τὸ τῆς συκῆς ποιήσετε, ἀλλὰ κἂν τῷ ὄρει τούτῳ εἴπητε, Ἄρθητι καὶ βλήθητι εἰς τὴν θάλασσαν, γενήσεται.
22 καὶ πάντα ὅσα ἂν αἰτήσητε ἐν τῇ προσευχῇ, πιστεύοντες λήψεσθε.
23 Καὶ ἐλθόντι αὐτῷ εἰς τὸ ἱερὸν, προσῆλθον αὐτῷ διδάσκοντι οἱ ἀρχιερεῖς καὶ οἱ πρεσβύτεροι τοῦ λαοῦ, λέγοντες, Ἐν ποίᾳ ἐξουσίᾳ ταῦτα ποιεῖς; καὶ τίς σοι ἔδωκε τὴν ἐξουσίαν ταύτην;
24 ἀποκριθεὶς δὲ ὁ Ἰησοῦς εἶπεν αὐτοῖς, Ἐρωτήσω ὑμᾶς κἀγὼ λόγον ἕνα, ὃν ἐὰν εἴπητέ μοι, κἀγὼ ὑμῖν ἐρῶ ἐν ποίᾳ ἐξουσίᾳ ταῦτα ποιῶ·
25 τὸ βάπτισμα Ἰωάννου πόθεν ἦν; ἐξ οὐρανοῦ ἢ ἐξ ἀνθρώπων; οἱ δὲ διελογίζοντο παρ᾽ ἑαυτοῖς, λέγοντες, Ἐὰν εἴπωμεν, ἐξ οὐρανοῦ, ἐρεῖ ἡμῖν, Διατί οὖν οὐκ ἐπιστεύσατε αὐτῷ;
26 ἐὰν δὲ εἴπωμεν, ἐξ ἀνθρώπων, φοβούμεθα τὸν ὄχλον· πάντες γὰρ ἔχουσι τὸν Ἰωάννην ὡς προφήτην.
27 καὶ ἀποκριθέντες τῷ Ἰησοῦ εἶπον, Οὐκ οἴδαμεν. ἔφη αὐτοῖς καὶ αὐτός, Οὐδὲ ἐγὼ λέγω ὑμῖν ἐν ποίᾳ ἐξουσίᾳ ταῦτα ποιῶ.
28 τί δὲ ὑμῖν δοκεῖ; ἄνθρωπος εἶχε τέκνα δύο, καὶ προσελθὼν τῷ πρώτῳ εἶπε, Τέκνον, ὕπαγε, σήμερον ἐργάζου ἐν τῷ ἀμπελῶνί μου
29 ὁ δὲ ἀποκριθεὶς εἶπεν, Οὐ θέλω· ὕστερον δὲ μεταμεληθείς, ἀπῆλθε.

30 καὶ προσελθὼν τῷ δευτέρῳ εἶπεν ὡσαύτως. ὁ δὲ ἀποκριθεὶς εἶπεν, Ἐγώ, κύριε· καὶ οὐκ ἀπῆλθε.
31 τίς ἐκ τῶν δύο ἐποίησε τὸ θέλημα τοῦ πατρός; λέγουσιν αὐτῷ, Ὁ πρῶτος. λέγει αὐτοῖς ὁ Ἰησοῦς, Ἀμὴν λέγω ὑμῖν, ὅτι οἱ τελῶναι καὶ αἱ πόρναι προάγουσιν ὑμᾶς εἰς τὴν βασιλείαν τοῦ θεοῦ.
32 ἦλθε γὰρ πρὸς ὑμᾶς Ἰωάννης ἐν ὁδῷ δικαιοσύνης, καὶ οὐκ ἐπιστεύσατε αὐτῷ· οἱ δὲ τελῶναι καὶ αἱ πόρναι ἐπίστευσαν αὐτῷ· ὑμεῖς δὲ ἰδόντες οὐ μετεμελήθητε ὕστερον τοῦ πιστεῦσαι αὐτῷ.
33 Ἄλλην παραβολὴν ἀκούσατε. ἄνθρωπός τις ἦν οἰκοδεσπότης, ὅστις ἐφύτευσεν ἀμπελῶνα καὶ φραγμὸν αὐτῷ περιέθηκε καὶ ὤρυξεν ἐν αὐτῷ ληνὸν καὶ ᾠκοδόμησε πύργον, καὶ ἐξέδοτο αὐτὸν γεωργοῖς, καὶ ἀπεδήμησεν.
34 ὅτε δὲ ἤγγισεν ὁ καιρὸς τῶν καρπῶν, ἀπέστειλε τοὺς δούλους αὐτοῦ πρὸς τοὺς γεωργούς, λαβεῖν τοὺς καρποὺς αὐτοῦ·
35 καὶ λαβόντες οἱ γεωργοὶ τοὺς δούλους αὐτοῦ, ὃν μὲν ἔδειραν, ὃν δὲ ἀπέκτειναν, ὃν δὲ ἐλιθοβόλησαν.
36 πάλιν ἀπέστειλεν ἄλλους δούλους πλείονας τῶν πρώτων· καὶ ἐποίησαν αὐτοῖς ὡσαύτως.
37 ὕστερον δὲ ἀπέστειλε πρὸς αὐτοὺς τὸν υἱὸν αὐτοῦ, λέγων, Ἐντραπήσονται τὸν υἱόν μου.
38 οἱ δὲ γεωργοὶ ἰδόντες τὸν υἱὸν εἶπον ἐν ἑαυτοῖς, Οὗτός ἐστιν ὁ κληρονόμος· δεῦτε, ἀποκτείνωμεν

αὐτὸν, καὶ κατάσχωμεν τὴν κληρονομίαν αὐτοῦ.

39 καὶ λαβόντες αὐτὸν ἐξέβαλον ἔξω τοῦ ἀμπελῶνος καὶ ἀπέκτειναν.

40 ὅταν οὖν ἔλθῃ ὁ κύριος τοῦ ἀμπελῶνος, τί ποιήσει τοῖς γεωργοῖς ἐκείνοις;

41 λέγουσιν αὐτῷ, Κακοὺς κακῶς ἀπολέσει αὐτούς, καὶ τὸν ἀμπελῶνα ἐκδόσεται ἄλλοις γεωργοῖς, οἵτινες ἀποδώσουσιν αὐτῷ τοὺς καρποὺς ἐν τοῖς καιροῖς αὐτῶν.

42 λέγει αὐτοῖς ὁ Ἰησοῦς, Οὐδέποτε ἀνέγνωτε ἐν ταῖς γραφαῖς, Λίθον ὃν ἀπεδοκίμασαν οἱ οἰκοδομοῦντες, οὗτος ἐγενήθη εἰς κεφαλὴν γωνίας· παρὰ Κυρίου ἐγένετο αὕτη, καὶ ἔστι θαυμαστὴ ἐν ὀφθαλμοῖς ἡμῶν;

43 διὰ τοῦτο λέγω ὑμῖν ὅτι ἀρθήσεται ἀφ' ὑμῶν ἡ βασιλεία τοῦ Θεοῦ, καὶ δοθήσεται ἔθνει ποιοῦντι τοὺς καρποὺς αὐτῆς.

44 καὶ ὁ πεσὼν ἐπὶ τὸν λίθον τοῦτον συνθλασθήσεται· ἐφ' ὃν δ' ἂν πέσῃ λικμήσει αὐτόν.

45 καὶ ἀκούσαντες οἱ ἀρχιερεῖς καὶ οἱ Φαρισαῖοι τὰς παραβολὰς αὐτοῦ ἔγνωσαν ὅτι περὶ αὐτῶν λέγει

46 καὶ ζητοῦντες αὐτὸν κρατῆσαι ἐφοβήθησαν τοὺς ὄχλους, ἐπειδὴ ὡς προφήτην αὐτὸν εἶχον.

CHAPTER 22

1 Καὶ ἀποκριθεὶς ὁ Ἰησοῦς πάλιν εἶπεν αὐτοῖς ἐν παραβολαῖς, λέγων,

2 Ὡμοιώθη ἡ βασιλεία τῶν οὐρανῶν ἀνθρώπῳ βασιλεῖ, ὅστις ἐποίησε γάμους τῷ υἱῷ αὐτοῦ·

3 καὶ ἀπέστειλε τοὺς δούλους αὐτοῦ καλέσαι τοὺς κεκλημένους εἰς τοὺς γάμους, καὶ οὐκ ἤθελον ἐλθεῖν.

4 πάλιν ἀπέστειλεν ἄλλους δούλους, λέγων, Εἴπατε τοῖς κεκλημένοις, Ἰδού, τὸ ἄριστόν μου ἡτοίμασα, οἱ ταῦροί μου καὶ τὰ σιτιστὰ τεθυμένα, καὶ πάντα ἕτοιμα· δεῦτε εἰς τοὺς γάμους.

5 οἱ δὲ ἀμελήσαντες ἀπῆλθον, ὁ μὲν εἰς τὸν ἴδιον ἀγρόν, ὁ δὲ εἰς τὴν ἐμπορίαν αὐτοῦ·

6 οἱ δὲ λοιποὶ κρατήσαντες τοὺς δούλους αὐτοῦ ὕβρισαν καὶ ἀπέκτειναν.

7 ἀκούσας δὲ ὁ βασιλεὺς ὠργίσθη, καὶ πέμψας τὰ στρατεύματα αὐτοῦ ἀπώλεσε τοὺς φονεῖς ἐκείνους, καὶ τὴν πόλιν αὐτῶν ἐνέπρησε.

8 τότε λέγει τοῖς δούλοις αὐτοῦ, Ὁ μὲν γάμος ἕτοιμός ἐστιν, οἱ δὲ κεκλημένοι οὐκ ἦσαν ἄξιοι.

9 πορεύεσθε οὖν ἐπὶ τὰς διεξόδους τῶν ὁδῶν, καὶ ὅσους ἂν εὕρητε, καλέσατε εἰς τοὺς γάμους.

10 καὶ ἐξελθόντες οἱ δοῦλοι ἐκεῖνοι εἰς τὰς ὁδοὺς συνήγαγον πάντας ὅσους εὗρον, πονηρούς τε καὶ ἀγαθούς· καὶ ἐπλήσθη ὁ γάμος ἀνακειμένων.

ΕΥΑΓΓΕΛΙΟΝ ΤΟ ΚΑΤΑ ΜΑΤΘΑΙΟΝ

11 εἰσελθὼν δὲ ὁ βασιλεὺς θεάσασθαι τοὺς ἀνακειμένους εἶδεν ἐκεῖ ἄνθρωπον οὐκ ἐνδεδυμένον ἔνδυμα γάμου·

12 καὶ λέγει αὐτῷ, Ἑταῖρε, πῶς εἰσῆλθες ὧδε μὴ ἔχων ἔνδυμα γάμου; ὁ δὲ ἐφιμώθη.

13 τότε εἶπεν ὁ βασιλεὺς τοῖς διακόνοις, Δήσαντες αὐτοῦ πόδας καὶ χεῖρας, ἄρατε αὐτὸν καὶ ἐκβάλετε εἰς τὸ σκότος τὸ ἐξώτερον· ἐκεῖ ἔσται ὁ κλαυθμὸς καὶ ὁ βρυγμὸς τῶν ὀδόντων.

14 πολλοὶ γάρ εἰσι κλητοί, ὀλίγοι δὲ ἐκλεκτοί.

15 Τότε πορευθέντες οἱ Φαρισαῖοι συμβούλιον ἔλαβον ὅπως αὐτὸν παγιδεύσωσιν ἐν λόγῳ.

16 καὶ ἀποστέλλουσιν αὐτῷ τοὺς μαθητὰς αὐτῶν μετὰ τῶν Ἡρωδιανῶν, λέγοντες, Διδάσκαλε, οἴδαμεν ὅτι ἀληθὴς εἶ, καὶ τὴν ὁδὸν τοῦ Θεοῦ ἐν ἀληθείᾳ διδάσκεις, καὶ οὐ μέλει σοι περὶ οὐδενός, οὐ γὰρ βλέπεις εἰς πρόσωπον ἀνθρώπων.

17 εἰπὲ οὖν ἡμῖν, τί σοι δοκεῖ; ἔξεστι δοῦναι κῆνσον Καίσαρι, ἢ οὔ;

18 γνοὺς δὲ ὁ Ἰησοῦς τὴν πονηρίαν αὐτῶν εἶπε, Τί με πειράζετε, ὑποκριταί;

19 ἐπιδείξατέ μοι τὸ νόμισμα τοῦ κήνσου. οἱ δὲ προσήνεγκαν αὐτῷ δηνάριον.

20 καὶ λέγει αὐτοῖς, Τίνος ἡ εἰκὼν αὕτη καὶ ἡ ἐπιγραφή;

21 λέγουσιν αὐτῷ, Καίσαρος. τότε λέγει αὐτοῖς, Ἀπόδοτε οὖν τὰ Καίσαρος Καίσαρι· καὶ τὰ τοῦ Θεοῦ τῷ Θεῷ.

22 καὶ ἀκούσαντες ἐθαύμασαν· καὶ ἀφέντες αὐτὸν ἀπῆλθον.

23 Ἐν ἐκείνῃ τῇ ἡμέρᾳ προσῆλθον αὐτῷ Σαδδουκαῖοι, οἳ λέγοντες μὴ εἶναι ἀνάστασιν, καὶ ἐπηρώτησαν αὐτόν,

24 λέγοντες, Διδάσκαλε, Μωσῆς εἶπεν, Ἐάν τις ἀποθάνῃ μὴ ἔχων τέκνα, ἐπιγαμβρεύσει ὁ ἀδελφὸς αὐτοῦ τὴν γυναῖκα αὐτοῦ, καὶ ἀναστήσει σπέρμα τῷ ἀδελφῷ αὐτοῦ.

25 ἦσαν δὲ παρ' ἡμῖν ἑπτὰ ἀδελφοί· καὶ ὁ πρῶτος γάμησας ἐτελεύτησε· καὶ μὴ ἔχων σπέρμα, ἀφῆκε τὴν γυναῖκα αὐτοῦ τῷ ἀδελφῷ αὐτοῦ

26 ὁμοίως καὶ ὁ δεύτερος, καὶ ὁ τρίτος, ἕως τῶν ἑπτά.

27 ὕστερον δὲ πάντων ἀπέθανε καὶ ἡ γυνή.

28 ἐν τῇ οὖν ἀναστάσει, τίνος τῶν ἑπτὰ ἔσται γυνή; πάντες γὰρ ἔσχον αὐτήν.

29 ἀποκριθεὶς δὲ ὁ Ἰησοῦς εἶπεν αὐτοῖς, Πλανᾶσθε, μὴ εἰδότες τὰς γραφάς, μηδὲ τὴν δύναμιν τοῦ Θεοῦ

30 ἐν γὰρ τῇ ἀναστάσει οὔτε γαμοῦσιν, οὔτε ἐκγαμίζονται, ἀλλ' ὡς ἄγγελοι τοῦ Θεοῦ ἐν οὐρανῷ εἰσι.

31 περὶ δὲ τῆς ἀναστάσεως τῶν νεκρῶν, οὐκ ἀνέγνωτε τὸ ῥηθὲν ὑμῖν ὑπὸ τοῦ Θεοῦ, λέγοντος,

32 Ἐγώ εἰμι ὁ Θεὸς Ἀβραάμ, καὶ ὁ Θεὸς Ἰσαάκ, καὶ ὁ Θεὸς Ἰακώβ; οὐκ

ἔστιν ὁ Θεὸς Θεὸς νεκρῶν, ἀλλὰ ζώντων.

33 καὶ ἀκούσαντες οἱ ὄχλοι ἐξεπλήσσοντο ἐπὶ τῇ διδαχῇ αὐτοῦ.

34 Οἱ δὲ Φαρισαῖοι, ἀκούσαντες ὅτι ἐφίμωσε τοὺς Σαδδουκαίους, συνήχθησαν ἐπὶ τὸ αὐτό.

35 καὶ ἐπηρώτησεν εἷς ἐξ αὐτῶν νομικός, πειράζων αὐτόν, καὶ λέγων,

36 Διδάσκαλε, ποία ἐντολὴ μεγάλη ἐν τῷ νόμῳ

37 ὁ δὲ Ἰησοῦς εἶπεν αὐτῷ, Ἀγαπήσεις Κύριον τὸν Θεόν σου, ἐν ὅλῃ τῇ καρδίᾳ σου, καὶ ἐν ὅλῃ τῇ ψυχῇ σου, καὶ ἐν ὅλῃ τῇ διανοίᾳ σου·

38 αὕτη ἐστὶ πρώτη καὶ μεγάλη ἐντολή.

39 δευτέρα δὲ ὁμοία αὐτῇ, Ἀγαπήσεις τὸν πλησίον σου ὡς σεαυτόν.

40 ἐν ταύταις ταῖς δυσὶν ἐντολαῖς ὅλος ὁ νόμος καὶ οἱ προφῆται κρέμανται

41 Συνηγμένων δὲ τῶν Φαρισαίων, ἐπηρώτησεν αὐτοὺς ὁ Ἰησοῦς,

42 λέγων, Τί ὑμῖν δοκεῖ περὶ τοῦ Χριστοῦ; τίνος υἱός ἐστι; λέγουσιν αὐτῷ, Τοῦ Δαβίδ.

43 λέγει αὐτοῖς, Πῶς οὖν Δαβὶδ ἐν πνεύματι Κύριον αὐτὸν καλεῖ, λέγων,

44 Εἶπεν ὁ Κύριος τῷ Κυρίῳ μου, Κάθου ἐκ δεξιῶν μου, ἕως ἂν θῶ τοὺς ἐχθρούς σου ὑποπόδιον τῶν ποδῶν σου;

45 εἰ οὖν Δαβὶδ καλεῖ αὐτὸν Κύριον, πῶς υἱὸς αὐτοῦ ἐστι;

46 καὶ οὐδεὶς ἐδύνατο αὐτῷ ἀποκριθῆναι λόγον· οὐδὲ ἐτόλμησέ τις ἀπ᾽ ἐκείνης τῆς ἡμέρας ἐπερωτῆσαι αὐτὸν οὐκέτι.

CHAPTER 23

1 Τότε ὁ Ἰησοῦς ἐλάλησε τοῖς ὄχλοις καὶ τοῖς μαθηταῖς αὐτοῦ,

2 λέγων, Ἐπὶ τῆς Μωσέως καθέδρας ἐκάθισαν οἱ γραμματεῖς καὶ οἱ Φαρισαῖοι·

3 πάντα οὖν ὅσα ἂν εἴπωσιν ὑμῖν τηρεῖν, τηρεῖτε καὶ ποιεῖτε· κατὰ δὲ τὰ ἔργα αὐτῶν μὴ ποιεῖτε, λέγουσι γὰρ καὶ οὐ ποιοῦσι.

4 δεσμεύουσι γὰρ φορτία βαρέα καὶ δυσβάστακτα, καὶ ἐπιτιθέασιν ἐπὶ τοὺς ὤμους τῶν ἀνθρώπων, τῷ δὲ δακτύλῳ αὐτῶν οὐ θέλουσι κινῆσαι αὐτά.

5 πάντα δὲ τὰ ἔργα αὐτῶν ποιοῦσι πρὸς τὸ θεαθῆναι τοῖς ἀνθρώποις· πλατύνουσι δὲ τὰ φυλακτήρια αὐτῶν, καὶ μεγαλύνουσι τὰ κράσπεδα τῶν ἱματίων αὐτῶν·

6 φιλοῦσι τε τὴν πρωτοκλισίαν ἐν τοῖς δείπνοις, καὶ τὰς πρωτοκαθεδρίας ἐν ταῖς συναγωγαῖς,

7 καὶ τοὺς ἀσπασμοὺς ἐν ταῖς ἀγοραῖς, καὶ καλεῖσθαι ὑπὸ τῶν ἀνθρώπων, ῥαββί, ῥαββί·

8 ὑμεῖς δὲ μὴ κληθῆτε ῥαββί·, εἷς γάρ ἐστιν ὑμῶν ὁ καθηγητής, ὁ Χριστός· πάντες δὲ ὑμεῖς ἀδελφοί ἐστε.

9 καὶ πατέρα μὴ καλέσητε ὑμῶν ἐπὶ τῆς γῆς· εἷς γάρ ἐστιν ὁ πατὴρ ὑμῶν, ὁ ἐν τοῖς οὐρανοῖς·

10 μηδὲ κληθῆτε καθηγηταί· εἷς γὰρ ὑμῶν ἐστιν ὁ καθηγητὴς, ὁ Χριστός.

11 ὁ δὲ μείζων ὑμῶν ἔσται ὑμῶν διάκονος.

12 ὅστις δὲ ὑψώσει ἑαυτὸν, ταπεινωθήσεται· καὶ ὅστις ταπεινώσει ἑαυτόν, ὑψωθήσεται.

13 Οὐαὶ δὲ ὑμῖν, γραμματεῖς καὶ Φαρισαῖοι, ὑποκριταί, ὅτι κλείετε τὴν βασιλείαν τῶν οὐρανῶν ἔμπροσθεν τῶν ἀνθρώπων· ὑμεῖς γὰρ οὐκ εἰσέρχεσθε, οὐδὲ τοὺς εἰσερχομένους ἀφίετε εἰσελθεῖν.

14 Οὐαὶ ὑμῖν, γραμματεῖς καὶ Φαρισαῖοι, ὑποκριταί, ὅτι κατεσθίετε τὰς οἰκίας τῶν χηρῶν, καὶ προφάσει μακρὰ προσευχόμενοι· διὰ τοῦτο λήψεσθε περισσότερον κρίμα.

15 Οὐαὶ ὑμῖν, γραμματεῖς καὶ Φαρισαῖοι, ὑποκριταί, ὅτι περιάγετε τὴν θάλασσαν καὶ τὴν ξηρὰν ποιῆσαι ἕνα προσήλυτον, καὶ ὅταν γένηται, ποιεῖτε αὐτὸν υἱὸν γεέννης διπλότερον ὑμῶν.

16 Οὐαὶ ὑμῖν, ὁδηγοὶ τυφλοὶ, οἱ λέγοντες, Ὃς ἂν ὀμόσῃ ἐν τῷ ναῷ, οὐδέν ἐστιν· ὃς δ' ἂν ὀμόσῃ ἐν τῷ χρυσῷ τοῦ ναοῦ, ὀφείλει.

17 μωροὶ καὶ τυφλοί· τίς γὰρ μείζων ἐστίν, ὁ χρυσὸς, ἢ ὁ ναὸς ὁ ἁγιάζων τὸν χρυσόν;

18 καί, Ὃς ἐὰν ὀμόσῃ ἐν τῷ θυσιαστηρίῳ, οὐδέν ἐστιν· ὃς δ' ἂν ὀμόσῃ ἐν τῷ δώρῳ τῷ ἐπάνω αὐτοῦ, ὀφείλει.

19 μωροὶ καὶ τυφλοί· τί γὰρ μεῖζον, τὸ δῶρον, ἢ τὸ θυσιαστήριον τὸ ἁγιάζον τὸ δῶρον;

20 ὁ οὖν ὀμόσας ἐν τῷ θυσιαστηρίῳ ὀμνύει ἐν αὐτῷ καὶ ἐν πᾶσι τοῖς ἐπάνω αὐτοῦ·

21 καὶ ὁ ὀμόσας ἐν τῷ ναῷ ὀμνύει ἐν αὐτῷ καὶ ἐν τῷ κατοικοῦντι αὐτόν·

22 καὶ ὁ ὀμόσας ἐν τῷ οὐρανῷ ὀμνύει ἐν τῷ θρόνῳ τοῦ Θεοῦ καὶ ἐν τῷ καθημένῳ ἐπάνω αὐτοῦ.

23 Οὐαὶ ὑμῖν, γραμματεῖς καὶ Φαρισαῖοι, ὑποκριταί, ὅτι ἀποδεκατοῦτε τὸ ἡδύοσμον καὶ τὸ ἄνηθον καὶ τὸ κύμινον, καὶ ἀφήκατε τὰ βαρύτερα τοῦ νόμου, τὴν κρίσιν καὶ τὸν ἔλεον καὶ τὴν πίστιν· ταῦτα ἔδει ποιῆσαι, κἀκεῖνα μὴ ἀφιέναι.

24 ὁδηγοὶ τυφλοί, οἱ διϋλίζοντες τὸν κώνωπα, τὴν δὲ κάμηλον καταπίνοντες.

25 Οὐαὶ ὑμῖν, γραμματεῖς καὶ Φαρισαῖοι, ὑποκριταί, ὅτι καθαρίζετε τὸ ἔξωθεν τοῦ ποτηρίου καὶ τῆς παροψίδος, ἔσωθεν δὲ γέμουσιν ἐξ ἁρπαγῆς καὶ ἀκρασίας.

26 Φαρισαῖε τυφλέ, καθάρισον πρῶτον τὸ ἐντὸς τοῦ ποτηρίου καὶ τῆς παροψίδος, ἵνα γένηται καὶ τὸ ἐκτὸς αὐτῶν καθαρόν.

27 Οὐαὶ ὑμῖν, γραμματεῖς καὶ Φαρισαῖοι, ὑποκριταί, ὅτι παρομοιάζετε τάφοις κεκονιαμένοις, οἵτινες ἔξωθεν μὲν

φαίνονται ὡραῖοι, ἔσωθεν δὲ γέμουσιν ὀστέων νεκρῶν καὶ πάσης ἀκαθαρσίας.

28 οὕτω καὶ ὑμεῖς ἔξωθεν μὲν φαίνεσθε τοῖς ἀνθρώποις δίκαιοι, ἔσωθεν δὲ μεστοί ἐστε ὑποκρίσεως καὶ ἀνομίας.

29 Οὐαὶ ὑμῖν, γραμματεῖς καὶ Φαρισαῖοι, ὑποκριταί, ὅτι οἰκοδομεῖτε τοὺς τάφους τῶν προφητῶν, καὶ κοσμεῖτε τὰ μνημεῖα τῶν δικαίων,

30 καὶ λέγετε, Εἰ ἦμεν ἐν ταῖς ἡμέραις τῶν πατέρων ἡμῶν, οὐκ ἂν ἦμεν κοινωνοὶ αὐτῶν ἐν τῷ αἵματι τῶν προφητῶν.

31 ὥστε μαρτυρεῖτε ἑαυτοῖς ὅτι υἱοί ἐστε τῶν φονευσάντων τοὺς προφήτας·

32 καὶ ὑμεῖς πληρώσατε τὸ μέτρον τῶν πατέρων ὑμῶν.

33 ὄφεις, γεννήματα ἐχιδνῶν, πῶς φύγητε ἀπὸ τῆς κρίσεως τῆς γεέννης;

34 διὰ τοῦτο, ἰδού, ἐγὼ ἀποστέλλω πρὸς ὑμᾶς προφήτας καὶ σοφοὺς καὶ γραμματεῖς· καὶ ἐξ αὐτῶν ἀποκτενεῖτε καὶ σταυρώσετε, καὶ ἐξ αὐτῶν μαστιγώσετε ἐν ταῖς συναγωγαῖς ὑμῶν καὶ διώξετε ἀπὸ πόλεως εἰς πόλιν·

35 ὅπως ἔλθῃ ἐφ’ ὑμᾶς πᾶν αἷμα δίκαιον ἐκχυνόμενον ἐπὶ τῆς γῆς, ἀπὸ τοῦ αἵματος Ἄβελ τοῦ δικαίου, ἕως τοῦ αἵματος Ζαχαρίου υἱοῦ Βαραχίου, ὃν ἐφονεύσατε μεταξὺ τοῦ ναοῦ καὶ τοῦ θυσιαστηρίου.

36 ἀμὴν λέγω ὑμῖν, ἥξει ταῦτα πάντα ἐπὶ τὴν γενεὰν ταύτην.

37 Ἰερουσαλήμ, Ἰερουσαλήμ, ἡ ἀποκτείνουσα τοὺς προφήτας καὶ λιθοβολοῦσα τοὺς ἀπεσταλμένους πρὸς αὐτήν, ποσάκις ἠθέλησα ἐπισυναγαγεῖν τὰ τέκνα σου, ὃν τρόπον ἐπισυνάγει ὄρνις τὰ νοσσία ἑαυτῆς ὑπὸ τὰς πτέρυγας, καὶ οὐκ ἠθελήσατε.

38 ἰδού, ἀφίεται ὑμῖν ὁ οἶκος ὑμῶν ἔρημος.

39 λέγω γὰρ ὑμῖν, Οὐ μή με ἴδητε ἀπ’ ἄρτι, ἕως ἂν εἴπητε, Εὐλογημένος ὁ ἐρχόμενος ἐν ὀνόματι Κυρίου.

CHAPTER 24

1 Καὶ ἐξελθὼν ὁ Ἰησοῦς ἐπορεύετο ἀπὸ τοῦ ἱεροῦ· καὶ προσῆλθον οἱ μαθηταὶ αὐτοῦ ἐπιδεῖξαι αὐτῷ τὰς οἰκοδομὰς τοῦ ἱεροῦ

2 ὁ δὲ Ἰησοῦς εἶπεν αὐτοῖς, Οὐ βλέπετε πάντα ταῦτα; ἀμὴν λέγω ὑμῖν, οὐ μὴ ἀφεθῇ ὧδε λίθος ἐπὶ λίθον, ὃς οὐ μὴ καταλυθήσεται.

3 Καθημένου δὲ αὐτοῦ ἐπὶ τοῦ ὄρους τῶν ἐλαιῶν, προσῆλθον αὐτῷ οἱ μαθηταὶ κατ’ ἰδίαν, λέγοντες, Εἰπὲ ἡμῖν, πότε ταῦτα ἔσται καὶ τί τὸ σημεῖον τῆς σῆς παρουσίας, καὶ τῆς συντελείας τοῦ αἰῶνος

4 καὶ ἀποκριθεὶς ὁ Ἰησοῦς εἶπεν αὐτοῖς, Βλέπετε, μή τις ὑμᾶς πλανήσῃ

5 πολλοὶ γὰρ ἐλεύσονται ἐπὶ τῷ ὀνόματί μου, λέγοντες, Ἐγώ εἰμι ὁ Χριστός· καὶ πολλοὺς πλανήσουσι.

6 μελλήσετε δὲ ἀκούειν πολέμους καὶ ἀκοὰς πολέμων· ὁρᾶτε, μὴ θροεῖσθε· δεῖ γὰρ πάντα γενέσθαι· ἀλλ' οὔπω ἐστὶ τὸ τέλος.

7 ἐγερθήσεται γὰρ ἔθνος ἐπὶ ἔθνος, καὶ βασιλεία ἐπὶ βασιλείαν· καὶ ἔσονται λιμοὶ καὶ λοιμοὶ καὶ σεισμοὶ κατὰ τόπους

8 πάντα δὲ ταῦτα ἀρχὴ ὠδίνων.

9 τότε παραδώσουσιν ὑμᾶς εἰς θλῖψιν, καὶ ἀποκτενοῦσιν ὑμᾶς· καὶ ἔσεσθε μισούμενοι ὑπὸ πάντων τῶν ἐθνῶν διὰ τὸ ὄνομά μου.

10 καὶ τότε σκανδαλισθήσονται πολλοί, καὶ ἀλλήλους παραδώσουσι, καὶ μισήσουσιν ἀλλήλους.

11 καὶ πολλοὶ ψευδοπροφῆται ἐγερθήσονται, καὶ πλανήσουσι πολλούς.

12 καὶ διὰ τὸ πληθυνθῆναι τὴν ἀνομίαν, ψυγήσεται ἡ ἀγάπη τῶν πολλῶν·

13 ὁ δὲ ὑπομείνας εἰς τέλος, οὗτος σωθήσεται.

14 καὶ κηρυχθήσεται τοῦτο τὸ εὐαγγέλιον τῆς βασιλείας ἐν ὅλῃ τῇ οἰκουμένῃ εἰς μαρτύριον πᾶσι τοῖς ἔθνεσι· καὶ τότε ἥξει τὸ τέλος.

15 Ὅταν οὖν ἴδητε τὸ βδέλυγμα τῆς ἐρημώσεως, τὸ ῥηθὲν διὰ Δανιὴλ τοῦ προφήτου, ἑστὼς ἐν τόπῳ ἁγίῳ, (ὁ ἀναγινώσκων νοείτω),

16 τότε οἱ ἐν τῇ Ἰουδαίᾳ φευγέτωσαν ἐπὶ τὰ ὄρη·

17 ὁ ἐπὶ τοῦ δώματος μὴ καταβαινέτω ἆραι τι ἐκ τῆς οἰκίας αὐτοῦ·

18 καὶ ὁ ἐν τῷ ἀγρῷ μὴ ἐπιστρεψάτω ὀπίσω ἆραι τὰ ἱμάτια αὐτοῦ.

19 οὐαὶ δὲ ταῖς ἐν γαστρὶ ἐχούσαις καὶ ταῖς θηλαζούσαις ἐν ἐκείναις ταῖς ἡμέραις.

20 προσεύχεσθε δὲ ἵνα μὴ γένηται ἡ φυγὴ ὑμῶν χειμῶνος, μηδὲ ἐν σαββάτῳ.

21 ἔσται γὰρ τότε θλῖψις μεγάλη, οἵα οὐ γέγονεν ἀπ' ἀρχῆς κόσμου ἕως τοῦ νῦν, οὐδ' οὐ μὴ γένηται.

22 καὶ εἰ μὴ ἐκολοβώθησαν αἱ ἡμέραι ἐκεῖναι, οὐκ ἂν ἐσώθη πᾶσα σάρξ· διὰ δὲ τοὺς ἐκλεκτοὺς κολοβωθήσονται αἱ ἡμέραι ἐκεῖναι.

23 τότε ἐάν τις ὑμῖν εἴπῃ, Ἰδού, ὧδε ὁ Χριστός, ἢ ὧδε, μὴ πιστεύσητε.

24 ἐγερθήσονται γὰρ ψευδόχριστοι καὶ ψευδοπροφῆται, καὶ δώσουσι σημεῖα μεγάλα καὶ τέρατα, ὥστε πλανῆσαι, εἰ δυνατόν, καὶ τοὺς ἐκλεκτούς.

25 ἰδού, προείρηκα ὑμῖν.

26 ἐὰν οὖν εἴπωσιν ὑμῖν, Ἰδού, ἐν τῇ ἐρήμῳ ἐστί, μὴ ἐξέλθητε· Ἰδού, ἐν τοῖς ταμείοις, μὴ πιστεύσητε.

27 ὥσπερ γὰρ ἡ ἀστραπὴ ἐξέρχεται ἀπὸ ἀνατολῶν καὶ φαίνεται ἕως δυσμῶν, οὕτως ἔσται καὶ ἡ παρουσία τοῦ υἱοῦ τοῦ ἀνθρώπου.

28 ὅπου γὰρ ἐὰν ᾖ τὸ πτῶμα, ἐκεῖ συναχθήσονται οἱ ἀετοί.

29 Εὐθέως δὲ μετὰ τὴν θλῖψιν τῶν ἡμερῶν ἐκείνων, ὁ ἥλιος σκοτισθήσεται, καὶ ἡ σελήνη οὐ δώσει τὸ φέγγος αὐτῆς, καὶ οἱ ἀστέρες πεσοῦνται ἀπὸ τοῦ

οὐρανοῦ, καὶ αἱ δυνάμεις τῶν οὐρανῶν σαλευθήσονται.

30 καὶ τότε φανήσεται τὸ σημεῖον τοῦ υἱοῦ τοῦ ἀνθρώπου ἐν τῷ οὐρανῷ· καὶ τότε κόψονται πᾶσαι αἱ φυλαὶ τῆς γῆς, καὶ ὄψονται τὸν υἱὸν τοῦ ἀνθρώπου ἐρχόμενον ἐπὶ τῶν νεφελῶν τοῦ οὐρανοῦ μετὰ δυνάμεως καὶ δόξης πολλῆς.

31 καὶ ἀποστελεῖ τοὺς ἀγγέλους αὐτοῦ μετὰ σάλπιγγος φωνῆς μεγάλης, καὶ ἐπισυνάξουσι τοὺς ἐκλεκτοὺς αὐτοῦ ἐκ τῶν τεσσάρων ἀνέμων, ἀπ' ἄκρων οὐρανῶν ἕως ἄκρων αὐτῶν.

32 Ἀπὸ δὲ τῆς συκῆς μάθετε τὴν παραβολήν· ὅταν ἤδη ὁ κλάδος αὐτῆς γένηται ἀπαλός, καὶ τὰ φύλλα ἐκφύῃ, γινώσκετε ὅτι ἐγγὺς τὸ θέρος·

33 οὕτω καὶ ὑμεῖς, ὅταν ἴδητε πάντα ταῦτα, γινώσκετε ὅτι ἐγγύς ἐστιν ἐπὶ θύραις.

34 ἀμὴν λέγω ὑμῖν, οὐ μὴ παρέλθῃ ἡ γενεὰ αὕτη, ἕως ἂν πάντα ταῦτα γένηται.

35 ὁ οὐρανὸς καὶ ἡ γῆ παρελεύσονται, οἱ δὲ λόγοι μου οὐ μὴ παρέλθωσι.

36 περὶ δὲ τῆς ἡμέρας ἐκείνης καὶ τῆς ὥρας οὐδεὶς οἶδεν, οὐδὲ οἱ ἄγγελοι τῶν οὐρανῶν, εἰ μὴ ὁ πατήρ μου μόνος.

37 ὥσπερ δὲ αἱ ἡμέραι τοῦ Νῶε, οὕτως ἔσται καὶ ἡ παρουσία τοῦ υἱοῦ τοῦ ἀνθρώπου.

38 ὥσπερ γὰρ ἦσαν ἐν ταῖς ἡμέραις ταῖς πρὸ τοῦ κατακλυσμοῦ τρώγοντες καὶ πίνοντες, γαμοῦντες καὶ ἐκγαμίζοντες, ἄχρι ἧς ἡμέρας εἰσῆλθε Νῶε εἰς τὴν κιβωτόν,

39 καὶ οὐκ ἔγνωσαν, ἕως ἦλθεν ὁ κατακλυσμὸς καὶ ἦρεν ἅπαντας, οὕτως ἔσται καὶ ἡ παρουσία τοῦ υἱοῦ τοῦ ἀνθρώπου.

40 τότε δύο ἔσονται ἐν τῷ ἀγρῷ· ὁ εἷς παραλαμβάνεται, καὶ ὁ εἷς ἀφίεται·

41 δύο ἀλήθουσαι ἐν τῷ μύλωνι· μία παραλαμβάνεται, καὶ μία ἀφίεται.

42 γρηγορεῖτε οὖν, ὅτι οὐκ οἴδατε ποίᾳ ὥρᾳ ὁ Κύριος ὑμῶν ἔρχεται.

43 ἐκεῖνο δὲ γινώσκετε, ὅτι εἰ ᾔδει ὁ οἰκοδεσπότης ποίᾳ φυλακῇ ὁ κλέπτης ἔρχεται, ἐγρηγόρησεν ἄν, καὶ οὐκ ἂν εἴασε διορυγῆναι τὴν οἰκίαν αὐτοῦ.

44 διὰ τοῦτο καὶ ὑμεῖς γίνεσθε ἕτοιμοι· ὅτι ᾗ ὥρᾳ οὐ δοκεῖτε, ὁ υἱὸς τοῦ ἀνθρώπου ἔρχεται.

45 τίς ἄρα ἐστὶν ὁ πιστὸς δοῦλος καὶ φρόνιμος, ὃν κατέστησεν ὁ κύριος αὐτοῦ ἐπὶ τῆς θεραπείας αὐτοῦ, τοῦ διδόναι αὐτοῖς τὴν τροφὴν ἐν καιρῷ;

46 μακάριος ὁ δοῦλος ἐκεῖνος, ὃν ἐλθὼν ὁ κύριος αὐτοῦ εὑρήσει ποιοῦντα οὕτως.

47 ἀμὴν λέγω ὑμῖν, ὅτι ἐπὶ πᾶσι τοῖς ὑπάρχουσιν αὐτοῦ καταστήσει αὐτόν.

48 ἐὰν δὲ εἴπῃ ὁ κακὸς δοῦλος ἐκεῖνος ἐν τῇ καρδίᾳ αὐτοῦ, Χρονίζει ὁ κύριός μου ἐλθεῖν,

49 καὶ ἄρξηται τύπτειν τοὺς συνδούλους, ἐσθίειν δὲ καὶ πίνειν μετὰ τῶν μεθυόντων,

50 ἥξει ὁ κύριος τοῦ δούλου ἐκείνου ἐν ἡμέρᾳ ᾗ οὐ προσδοκᾷ, καὶ ἐν ὥρᾳ ᾗ οὐ γινώσκει,

51 καὶ διχοτομήσει αὐτὸν, καὶ τὸ μέρος αὐτοῦ μετὰ τῶν ὑποκριτῶν θήσει· ἐκεῖ ἔσται ὁ κλαυθμὸς καὶ ὁ βρυγμὸς τῶν ὀδόντων.

CHAPTER 25

1 Τότε ὁμοιωθήσεται ἡ βασιλεία τῶν οὐρανῶν δέκα παρθένοις, αἵτινες λαβοῦσαι τὰς λαμπάδας αὐτῶν ἐξῆλθον εἰς ἀπάντησιν τοῦ νυμφίου.

2 πέντε δὲ ἦσαν ἐξ αὐτῶν φρόνιμοι, καὶ αἱ πέντε μωραί.

3 αἵτινες μωραί, λαβοῦσαι τὰς λαμπάδας ἑαυτῶν, οὐκ ἔλαβον μεθ' ἑαυτῶν ἔλαιον·

4 αἱ δὲ φρόνιμοι ἔλαβον ἔλαιον ἐν τοῖς ἀγγείοις αὐτῶν μετὰ τῶν λαμπάδων αὐτῶν.

5 χρονίζοντος δὲ τοῦ νυμφίου, ἐνύσταξαν πᾶσαι καὶ ἐκάθευδον.

6 μέσης δὲ νυκτὸς κραυγὴ γέγονεν, Ἰδού, ὁ νυμφίος ἔρχεται, ἐξέρχεσθε εἰς ἀπάντησιν αὐτοῦ.

7 τότε ἠγέρθησαν πᾶσαι αἱ παρθένοι ἐκεῖναι, καὶ ἐκόσμησαν τὰς λαμπάδας αὐτῶν.

8 αἱ δὲ μωραὶ ταῖς φρονίμοις εἶπον, Δότε ἡμῖν ἐκ τοῦ ἐλαίου ὑμῶν, ὅτι αἱ λαμπάδες ἡμῶν σβέννυνται.

9 ἀπεκρίθησαν δὲ αἱ φρόνιμοι, λέγουσαι, Μήποτε οὐκ ἀρκέσῃ ἡμῖν καὶ ὑμῖν· πορεύεσθε δὲ μᾶλλον πρὸς τοὺς πωλοῦντας καὶ ἀγοράσατε ἑαυταῖς.

10 ἀπερχομένων δὲ αὐτῶν ἀγοράσαι, ἦλθεν ὁ νυμφίος· καὶ αἱ ἕτοιμοι εἰσῆλθον μετ' αὐτοῦ εἰς τοὺς γάμους, καὶ ἐκλείσθη ἡ θύρα.

11 ὕστερον δὲ ἔρχονται καὶ αἱ λοιπαὶ παρθένοι, λέγουσαι, Κύριε, κύριε, ἄνοιξον ἡμῖν.

12 ὁ δὲ ἀποκριθεὶς εἶπεν, Ἀμὴν λέγω ὑμῖν, οὐκ οἶδα ὑμᾶς.

13 γρηγορεῖτε οὖν, ὅτι οὐκ οἴδατε τὴν ἡμέραν οὐδὲ τὴν ὥραν, ἐν ᾗ ὁ υἱὸς τοῦ ἀνθρώπου ἔρχεται.

14 Ὥσπερ γὰρ ἄνθρωπος ἀποδημῶν ἐκάλεσε τοὺς ἰδίους δούλους, καὶ παρέδωκεν αὐτοῖς τὰ ὑπάρχοντα αὐτοῦ·

15 καὶ ᾧ μὲν ἔδωκε πέντε τάλαντα, ᾧ δὲ δύο, ᾧ δὲ ἕν, ἑκάστῳ κατὰ τὴν ἰδίαν δύναμιν· καὶ ἀπεδήμησεν εὐθέως

16 πορευθεὶς δὲ ὁ τὰ πέντε τάλαντα λαβὼν εἰργάσατο ἐν αὐτοῖς, καὶ ἐποίησεν ἄλλα πέντε τάλαντα.

17 ὡσαύτως καὶ ὁ τὰ δύο ἐκέρδησε καὶ αὐτὸς ἄλλα δύο.

18 ὁ δὲ τὸ ἓν λαβὼν ἀπελθὼν ὤρυξεν ἐν τῇ γῇ καὶ ἀπέκρυψε τὸ ἀργύριον τοῦ κυρίου αὐτοῦ.

19 μετὰ δὲ χρόνον πολὺν ἔρχεται ὁ κύριος τῶν δούλων ἐκείνων, καὶ συναίρει μετ' αὐτῶν λόγον.

20 καὶ προσελθὼν ὁ τὰ πέντε τάλαντα λαβὼν προσήνεγκεν ἄλλα πέντε τάλαντα, λέγων, Κύριε, πέντε τάλαντά μοι παρέδωκας· ἴδε, ἄλλα

πέντε τάλαντα ἐκέρδησα ἐπ' αὐτοῖς.

21 ἔφη δὲ αὐτῷ ὁ κύριος αὐτοῦ, Εὖ, δοῦλε ἀγαθὲ καὶ πιστέ, ἐπὶ ὀλίγα ἦς πιστός, ἐπὶ πολλῶν σε καταστήσω· εἴσελθε εἰς τὴν χαρὰν τοῦ κυρίου σου.

22 προσελθὼν δὲ καὶ ὁ τὰ δύο τάλαντα λαβὼν εἶπε, Κύριε, δύο τάλαντά μοι παρέδωκας· ἴδε, ἄλλα δύο τάλαντα ἐκέρδησα ἐπ' αὐτοῖς.

23 ἔφη αὐτῷ ὁ κύριος αὐτοῦ, Εὖ, δοῦλε ἀγαθὲ καὶ πιστέ, ἐπὶ ὀλίγα ἦς πιστός, ἐπὶ πολλῶν σε καταστήσω· εἴσελθε εἰς τὴν χαρὰν τοῦ κυρίου σου.

24 προσελθὼν δὲ καὶ ὁ τὸ ἓν τάλαντον εἰληφὼς εἶπε, Κύριε, ἔγνων σε ὅτι σκληρὸς εἶ ἄνθρωπος, θερίζων ὅπου οὐκ ἔσπειρας, καὶ συνάγων ὅθεν οὐ διεσκόρπισας·

25 καὶ φοβηθεὶς, ἀπελθὼν ἔκρυψα τὸ τάλαντόν σου ἐν τῇ γῇ· ἴδε, ἔχεις τὸ σόν.

26 ἀποκριθεὶς δὲ ὁ κύριος αὐτοῦ εἶπεν αὐτῷ, Πονηρὲ δοῦλε καὶ ὀκνηρέ, ᾔδεις ὅτι θερίζω ὅπου οὐκ ἔσπειρα, καὶ συνάγω ὅθεν οὐ διεσκόρπισα·

27 ἔδει οὖν σε βαλεῖν τὸ ἀργύριόν μου τοῖς τραπεζίταις, καὶ ἐλθὼν ἐγὼ ἐκομισάμην ἂν τὸ ἐμὸν σὺν τόκῳ.

28 ἄρατε οὖν ἀπ' αὐτοῦ τὸ τάλαντον, καὶ δότε τῷ ἔχοντι τὰ δέκα τάλαντα.

29 τῷ γὰρ ἔχοντι παντὶ δοθήσεται, καὶ περισσευθήσεται· ἀπὸ δὲ τοῦ μὴ ἔχοντος, καὶ ὃ ἔχει, ἀρθήσεται ἀπ' αὐτοῦ.

30 καὶ τὸν ἀχρεῖον δοῦλον ἐκβάλλετε εἰς τὸ σκότος τὸ ἐξώτερον· ἐκεῖ ἔσται ὁ κλαυθμὸς καὶ ὁ βρυγμὸς τῶν ὀδόντων.

31 Ὅταν δὲ ἔλθῃ ὁ υἱὸς τοῦ ἀνθρώπου ἐν τῇ δόξῃ αὐτοῦ, καὶ πάντες οἱ ἅγιοι ἄγγελοι μετ' αὐτοῦ, τότε καθίσει ἐπὶ θρόνου δόξης αὐτοῦ,

32 καὶ συναχθήσεται ἔμπροσθεν αὐτοῦ πάντα τὰ ἔθνη, καὶ ἀφοριεῖ αὐτοὺς ἀπ' ἀλλήλων, ὥσπερ ὁ ποιμὴν ἀφορίζει τὰ πρόβατα ἀπὸ τῶν ἐρίφων·

33 καὶ στήσει τὰ μὲν πρόβατα ἐκ δεξιῶν αὐτοῦ, τὰ δὲ ἐρίφια ἐξ εὐωνύμων.

34 τότε ἐρεῖ ὁ βασιλεὺς τοῖς ἐκ δεξιῶν αὐτοῦ, Δεῦτε, οἱ εὐλογημένοι τοῦ πατρός μου, κληρονομήσατε τὴν ἡτοιμασμένην ὑμῖν βασιλείαν ἀπὸ καταβολῆς κόσμου.

35 ἐπείνασα γάρ, καὶ ἐδώκατέ μοι φαγεῖν· ἐδίψησα, καὶ ἐποτίσατέ με· ξένος ἤμην, καὶ συνηγάγετέ με·

36 γυμνός, καὶ περιεβάλετέ με· ἠσθένησα, καὶ ἐπεσκέψασθέ με· ἐν φυλακῇ ἤμην, καὶ ἤλθετε πρός με.

37 τότε ἀποκριθήσονται αὐτῷ οἱ δίκαιοι, λέγοντες, Κύριε, πότε σὲ εἴδομεν πεινῶντα, καὶ ἐθρέψαμεν ἢ διψῶντα, καὶ ἐποτίσαμεν;

38 πότε δέ σε εἴδομεν ξένον, καὶ συνηγάγομεν ἢ γυμνόν, καὶ περιεβάλομεν;

39 πότε δέ σε εἴδομεν ἀσθενῆ, ἢ ἐν φυλακῇ, καὶ ἤλθομεν πρός σε;
40 καὶ ἀποκριθεὶς ὁ βασιλεὺς ἐρεῖ αὐτοῖς, Ἀμὴν λέγω ὑμῖν, ἐφ' ὅσον ἐποιήσατε ἑνὶ τούτων τῶν ἀδελφῶν μου τῶν ἐλαχίστων, ἐμοὶ ἐποιήσατε.
41 τότε ἐρεῖ καὶ τοῖς ἐξ εὐωνύμων, Πορεύεσθε ἀπ' ἐμοῦ, οἱ κατηραμένοι, εἰς τὸ πῦρ τὸ αἰώνιον, τὸ ἡτοιμασμένον τῷ διαβόλῳ καὶ τοῖς ἀγγέλοις αὐτοῦ.
42 ἐπείνασα γάρ, καὶ οὐκ ἐδώκατέ μοι φαγεῖν· ἐδίψησα, καὶ οὐκ ἐποτίσατέ με·
43 ξένος ἤμην, καὶ οὐ συνηγάγετέ με· γυμνός, καὶ οὐ περιεβάλετέ με· ἀσθενής, καὶ ἐν φυλακῇ, καὶ οὐκ ἐπεσκέψασθέ με.
44 τότε ἀποκριθήσονται αὐτῷ καὶ αὐτοί, λέγοντες, Κύριε, πότε σὲ εἴδομεν πεινῶντα, ἢ διψῶντα, ἢ ξένον, ἢ γυμνόν, ἢ ἀσθενῆ, ἢ ἐν φυλακῇ, καὶ οὐ διηκονήσαμέν σοι;
45 τότε ἀποκριθήσεται αὐτοῖς, λέγων, Ἀμὴν λέγω ὑμῖν, ἐφ' ὅσον οὐκ ἐποιήσατε ἑνὶ τούτων τῶν ἐλαχίστων, οὐδὲ ἐμοὶ ἐποιήσατε.
46 καὶ ἀπελεύσονται οὗτοι εἰς κόλασιν αἰώνιον· οἱ δὲ δίκαιοι εἰς ζωὴν αἰώνιον.

CHAPTER 26

1 Καὶ ἐγένετο ὅτε ἐτέλεσεν ὁ Ἰησοῦς πάντας τοὺς λόγους τούτους, εἶπε τοῖς μαθηταῖς αὐτοῦ,
2 Οἴδατε ὅτι μετὰ δύο ἡμέρας τὸ πάσχα γίνεται, καὶ ὁ υἱὸς τοῦ ἀνθρώπου παραδίδοται εἰς τὸ σταυρωθῆναι.
3 τότε συνήχθησαν οἱ ἀρχιερεῖς καὶ οἱ γραμματεῖς καὶ οἱ πρεσβύτεροι τοῦ λαοῦ εἰς τὴν αὐλὴν τοῦ ἀρχιερέως τοῦ λεγομένου Καϊάφα,
4 καὶ συνεβουλεύσαντο ἵνα τὸν Ἰησοῦν κρατήσωσι δόλῳ καὶ ἀποκτείνωσιν.
5 ἔλεγον δέ, Μὴ ἐν τῇ ἑορτῇ, ἵνα μὴ θόρυβος γένηται ἐν τῷ λαῷ.
6 Τοῦ δὲ Ἰησοῦ γενομένου ἐν Βηθανίᾳ ἐν οἰκίᾳ Σίμωνος τοῦ λεπροῦ,
7 προσῆλθεν αὐτῷ γυνὴ ἀλάβαστρον μύρου ἔχουσα βαρυτίμου, καὶ κατέχεεν ἐπὶ τὴν κεφαλὴν αὐτοῦ ἀνακειμένου.
8 ἰδόντες δὲ οἱ μαθηταὶ αὐτοῦ ἠγανάκτησαν, λέγοντες, Εἰς τί ἡ ἀπώλεια αὕτη;
9 ἠδύνατο γὰρ τοῦτο τὸ μύρον πραθῆναι πολλοῦ, καὶ δοθῆναι πτωχοῖς.
10 γνοὺς δὲ ὁ Ἰησοῦς εἶπεν αὐτοῖς, Τί κόπους παρέχετε τῇ γυναικί; ἔργον γὰρ καλὸν εἰργάσατο εἰς ἐμέ.
11 πάντοτε γὰρ τοὺς πτωχοὺς ἔχετε μεθ' ἑαυτῶν, ἐμὲ δὲ οὐ πάντοτε ἔχετε.
12 βαλοῦσα γὰρ αὕτη τὸ μύρον τοῦτο ἐπὶ τοῦ σώματός μου, πρὸς τὸ ἐνταφιάσαι με ἐποίησεν.
13 ἀμὴν λέγω ὑμῖν, ὅπου ἐὰν κηρυχθῇ τὸ εὐαγγέλιον τοῦτο ἐν ὅλῳ τῷ κόσμῳ, λαληθήσεται καὶ ὃ ἐποίησεν αὕτη, εἰς μνημόσυνον αὐτῆς.

14 Τότε πορευθεὶς εἷς τῶν δώδεκα, ὁ λεγόμενος Ἰούδας Ἰσκαριώτης, πρὸς τοὺς ἀρχιερεῖς,

15 εἶπε, Τί θέλετέ μοι δοῦναι, κἀγὼ ὑμῖν παραδώσω αὐτόν; οἱ δὲ ἔστησαν αὐτῷ τριάκοντα ἀργύρια.

16 καὶ ἀπὸ τότε ἐζήτει εὐκαιρίαν ἵνα αὐτὸν παραδῷ.

17 Τῇ δὲ πρώτῃ τῶν ἀζύμων προσῆλθον οἱ μαθηταὶ τῷ Ἰησοῦ, λέγοντες, αὐτῷ, Ποῦ θέλεις ἑτοιμάσωμέν σοι φαγεῖν τὸ πάσχα;

18 ὁ δὲ εἶπεν, Ὑπάγετε εἰς τὴν πόλιν πρὸς τὸν δεῖνα, καὶ εἴπατε αὐτῷ, Ὁ διδάσκαλος λέγει, Ὁ καιρός μου ἐγγύς ἐστι· πρὸς σὲ ποιῶ τὸ πάσχα μετὰ τῶν μαθητῶν μου.

19 καὶ ἐποίησαν οἱ μαθηταὶ ὡς συνέταξεν αὐτοῖς ὁ Ἰησοῦς, καὶ ἡτοίμασαν τὸ πάσχα.

20 Ὀψίας δὲ γενομένης ἀνέκειτο μετὰ τῶν δώδεκα.

21 καὶ ἐσθιόντων αὐτῶν εἶπεν, Ἀμὴν λέγω ὑμῖν ὅτι εἷς ἐξ ὑμῶν παραδώσει με.

22 καὶ λυπούμενοι σφόδρα ἤρξαντο λέγειν αὐτῷ ἕκαστος αὐτῶν, Μήτι ἐγώ εἰμι, Κύριε;

23 ὁ δὲ ἀποκριθεὶς εἶπεν, Ὁ ἐμβάψας μετ’ ἐμοῦ ἐν τῷ τρυβλίῳ τὴν χεῖρα, οὗτός με παραδώσει.

24 ὁ μὲν υἱὸς τοῦ ἀνθρώπου ὑπάγει, καθὼς γέγραπται περὶ αὐτοῦ· οὐαὶ δὲ τῷ ἀνθρώπῳ ἐκείνῳ, δι’ οὗ ὁ υἱὸς τοῦ ἀνθρώπου παραδίδοται· καλὸν ἦν αὐτῷ εἰ οὐκ ἐγεννήθη ὁ ἄνθρωπος ἐκεῖνος.

25 ἀποκριθεὶς δὲ Ἰούδας ὁ παραδιδοὺς αὐτὸν εἶπε, Μήτι ἐγώ εἰμι, ῥαββί; λέγει αὐτῷ, Σὺ εἶπας.

26 ἐσθιόντων δὲ αὐτῶν, λαβὼν ὁ Ἰησοῦς τὸν ἄρτον, καὶ εὐλογήσας, ἔκλασε καὶ ἐδίδου τοῖς μαθηταῖς, καὶ εἶπε, Λάβετε, φάγετε· τοῦτό ἐστι τὸ σῶμά μου.

27 καὶ λαβὼν τὸ ποτήριον, καὶ εὐχαριστήσας, ἔδωκεν αὐτοῖς, λέγων, Πίετε ἐξ αὐτοῦ πάντες·

28 τοῦτο γάρ ἐστι τὸ αἷμά μου, τὸ τῆς καινῆς διαθήκης, τὸ περὶ πολλῶν ἐκχυνόμενον εἰς ἄφεσιν ἁμαρτιῶν.

29 λέγω δὲ ὑμῖν ὅτι οὐ μὴ πίω ἀπ’ ἄρτι ἐκ τούτου τοῦ γεννήματος τῆς ἀμπέλου, ἕως τῆς ἡμέρας ἐκείνης ὅταν αὐτὸ πίνω μεθ’ ὑμῶν καινὸν ἐν τῇ βασιλείᾳ τοῦ πατρός μου.

30 Καὶ ὑμνήσαντες ἐξῆλθον εἰς τὸ ὄρος τῶν ἐλαιῶν.

31 Τότε λέγει αὐτοῖς ὁ Ἰησοῦς, Πάντες ὑμεῖς σκανδαλισθήσεσθε ἐν ἐμοὶ ἐν τῇ νυκτὶ ταύτῃ· γέγραπται γάρ, Πατάξω τὸν ποιμένα, καὶ διασκορπισθήσεται τὰ πρόβατα τῆς ποίμνης

32 μετὰ δὲ τὸ ἐγερθῆναί με, προάξω ὑμᾶς εἰς τὴν Γαλιλαίαν.

33 ἀποκριθεὶς δὲ ὁ Πέτρος εἶπεν αὐτῷ, Εἰ καὶ πάντες σκανδαλισθήσονται ἐν σοί, ἐγὼ οὐδέποτε σκανδαλισθήσομαι.

34 ἔφη αὐτῷ ὁ Ἰησοῦς, Ἀμὴν λέγω σοι ὅτι ἐν ταύτῃ τῇ νυκτί, πρὶν ἀλέκτορα φωνῆσαι, τρὶς ἀπαρνήσῃ με.

35 λέγει αὐτῷ ὁ Πέτρος, Κἂν δέῃ με σὺν σοὶ ἀποθανεῖν, οὐ μή σε ἀπαρνήσομαι. ὁμοίως καὶ πάντες οἱ μαθηταὶ εἶπον.

36 Τότε ἔρχεται μετ' αὐτῶν ὁ Ἰησοῦς εἰς χωρίον λεγόμενον Γεθσημανῆ, καὶ λέγει τοῖς μαθηταῖς, Καθίσατε αὐτοῦ, ἕως οὗ ἀπελθὼν προσεύξωμαι ἐκεῖ.

37 καὶ παραλαβὼν τὸν Πέτρον καὶ τοὺς δύο υἱοὺς Ζεβεδαίου, ἤρξατο λυπεῖσθαι καὶ ἀδημονεῖν.

38 τότε λέγει αὐτοῖς, Περίλυπός ἐστιν ἡ ψυχή μου ἕως θανάτου· μείνατε ὧδε καὶ γρηγορεῖτε μετ' ἐμοῦ.

39 καὶ προελθὼν μικρόν, ἔπεσεν ἐπὶ πρόσωπον αὐτοῦ προσευχόμενος καὶ λέγων, Πάτερ μου, εἰ δυνατόν ἐστι, παρελθέτω ἀπ' ἐμοῦ τὸ ποτήριον τοῦτο· πλὴν οὐχ ὡς ἐγὼ θέλω, ἀλλ' ὡς σύ.

40 καὶ ἔρχεται πρὸς τοὺς μαθητάς, καὶ εὑρίσκει αὐτοὺς καθεύδοντας, καὶ λέγει τῷ Πέτρῳ, Οὕτως οὐκ ἰσχύσατε μίαν ὥραν γρηγορῆσαι μετ' ἐμοῦ;

41 γρηγορεῖτε καὶ προσεύχεσθε, ἵνα μὴ εἰσέλθητε εἰς πειρασμόν· τὸ μὲν πνεῦμα πρόθυμον, ἡ δὲ σὰρξ ἀσθενής.

42 πάλιν ἐκ δευτέρου ἀπελθὼν προσηύξατο, λέγων, Πάτερ μου, εἰ οὐ δύναται τοῦτο τὸ ποτήριον παρελθεῖν ἀπ' ἐμοῦ, ἐὰν μὴ αὐτὸ πίω, γενηθήτω τὸ θέλημά σου.

43 καὶ ἐλθὼν εὑρίσκει αὐτοὺς πάλιν καθεύδοντας, ἦσαν γὰρ αὐτῶν οἱ ὀφθαλμοὶ βεβαρημένοι.

44 καὶ ἀφεὶς αὐτοὺς ἀπελθὼν πάλιν προσηύξατο ἐκ τρίτου, τὸν αὐτὸν λόγον εἰπών.

45 τότε ἔρχεται πρὸς τοὺς μαθητὰς αὐτοῦ, καὶ λέγει αὐτοῖς, Καθεύδετε τὸ λοιπὸν καὶ ἀναπαύεσθε· ἰδού, ἤγγικεν ἡ ὥρα, καὶ ὁ υἱὸς τοῦ ἀνθρώπου παραδίδοται εἰς χεῖρας ἁμαρτωλῶν.

46 ἐγείρεσθε, ἄγωμεν ἰδού, ἤγγικεν ὁ παραδιδούς με.

47 Καὶ ἔτι αὐτοῦ λαλοῦντος, ἰδού, Ἰούδας εἷς τῶν δώδεκα ἦλθε, καὶ μετ' αὐτοῦ ὄχλος πολὺς μετὰ μαχαιρῶν καὶ ξύλων, ἀπὸ τῶν ἀρχιερέων καὶ πρεσβυτέρων τοῦ λαοῦ.

48 ὁ δὲ παραδιδοὺς αὐτὸν ἔδωκεν αὐτοῖς σημεῖον, λέγων, Ὃν ἂν φιλήσω, αὐτός ἐστι· κρατήσατε αὐτόν.

49 καὶ εὐθέως προσελθὼν τῷ Ἰησοῦ εἶπε, Χαῖρε, ῥαββί· καὶ κατεφίλησεν αὐτόν.

50 ὁ δὲ Ἰησοῦς εἶπεν αὐτῷ, Ἑταῖρε, ἐφ' ᾧ πάρει τότε προσελθόντες ἐπέβαλον τὰς χεῖρας ἐπὶ τὸν Ἰησοῦν, καὶ ἐκράτησαν αὐτόν.

51 καὶ ἰδού, εἷς τῶν μετὰ Ἰησοῦ, ἐκτείνας τὴν χεῖρα, ἀπέσπασε τὴν μάχαιραν αὐτοῦ, καὶ πατάξας τὸν δοῦλον τοῦ ἀρχιερέως ἀφεῖλεν αὐτοῦ τὸ ὠτίον.

52 τότε λέγει αὐτῷ ὁ Ἰησοῦς, Ἀπόστρεψόν σου τὴν μάχαιραν εἰς τὸν τόπον αὐτῆς· πάντες γὰρ οἱ λαβόντες μάχαιραν ἐν μαχαίρᾳ ἀπολοῦνται.

53 ἢ δοκεῖς ὅτι οὐ δύναμαι ἄρτι παρακαλέσαι τὸν πατέρα μου, καὶ παραστήσει μοι πλείους ἢ δώδεκα λεγεῶνας ἀγγέλων;
54 πῶς οὖν πληρωθῶσιν αἱ γραφαί, ὅτι οὕτω δεῖ γενέσθαι;
55 ἐν ἐκείνῃ τῇ ὥρᾳ εἶπεν ὁ Ἰησοῦς τοῖς ὄχλοις, Ὡς ἐπὶ λῃστὴν ἐξήλθετε μετὰ μαχαιρῶν καὶ ξύλων συλλαβεῖν με; καθ' ἡμέραν πρὸς ὑμᾶς ἐκαθεζόμην διδάσκων ἐν τῷ ἱερῷ, καὶ οὐκ ἐκρατήσατέ με.
56 τοῦτο δὲ ὅλον γέγονεν, ἵνα πληρωθῶσιν αἱ γραφαὶ τῶν προφητῶν. τότε οἱ μαθηταὶ πάντες ἀφέντες αὐτὸν ἔφυγον.
57 Οἱ δὲ κρατήσαντες τὸν Ἰησοῦν ἀπήγαγον πρὸς Καϊάφαν τὸν ἀρχιερέα, ὅπου οἱ γραμματεῖς καὶ οἱ πρεσβύτεροι συνήχθησαν.
58 ὁ δὲ Πέτρος ἠκολούθει αὐτῷ ἀπὸ μακρόθεν, ἕως τῆς αὐλῆς τοῦ ἀρχιερέως, καὶ εἰσελθὼν ἔσω ἐκάθητο μετὰ τῶν ὑπηρετῶν, ἰδεῖν τὸ τέλος.
59 οἱ δὲ ἀρχιερεῖς καὶ οἱ πρεσβύτεροι καὶ τὸ συνέδριον ὅλον ἐζήτουν ψευδομαρτυρίαν κατὰ τοῦ Ἰησοῦ, ὅπως αὐτὸν θανατώσωσι
60 καὶ οὐχ εὗρον· καὶ πολλῶν ψευδομαρτύρων προσελθόντων, οὐχ εὗρον. ὕστερον δὲ προσελθόντες δύο ψευδομάρτυρες
61 εἶπον, Οὗτος ἔφη, Δύναμαι καταλῦσαι τὸν ναὸν τοῦ θεοῦ, καὶ διὰ τριῶν ἡμερῶν οἰκοδομῆσαι αὐτόν

62 καὶ ἀναστὰς ὁ ἀρχιερεὺς εἶπεν αὐτῷ, Οὐδὲν ἀποκρίνῃ; τί οὗτοί σου καταμαρτυροῦσιν;
63 ὁ δὲ Ἰησοῦς ἐσιώπα. καὶ ἀποκριθεὶς ὁ ἀρχιερεὺς εἶπεν αὐτῷ, Ἐξορκίζω σε κατὰ τοῦ Θεοῦ τοῦ ζῶντος, ἵνα ἡμῖν εἴπῃς εἰ σὺ εἶ ὁ Χριστός, ὁ υἱὸς τοῦ Θεοῦ.
64 λέγει αὐτῷ ὁ Ἰησοῦς, Σὺ εἶπας· πλὴν λέγω ὑμῖν, ἀπ' ἄρτι ὄψεσθε τὸν υἱὸν τοῦ ἀνθρώπου καθήμενον ἐκ δεξιῶν τῆς δυνάμεως καὶ ἐρχόμενον ἐπὶ τῶν νεφελῶν τοῦ οὐρανοῦ.
65 τότε ὁ ἀρχιερεὺς διέρρηξε τὰ ἱμάτια αὐτοῦ, λέγων ὅτι Ἐβλασφήμησε· τί ἔτι χρείαν ἔχομεν μαρτύρων; ἴδε, νῦν ἠκούσατε τὴν βλασφημίαν αὐτοῦ
66 τί ὑμῖν δοκεῖ; οἱ δὲ ἀποκριθέντες εἶπον, Ἔνοχος θανάτου ἐστί.
67 τότε ἐνέπτυσαν εἰς τὸ πρόσωπον αὐτοῦ καὶ ἐκολάφισαν αὐτόν· οἱ δὲ ἐρράπισαν,
68 λέγοντες, Προφήτευσον ἡμῖν, Χριστέ, τίς ἐστιν ὁ παίσας σε;
69 Ὁ δὲ Πέτρος ἔξω ἐκάθητο ἐν τῇ αὐλῇ· καὶ προσῆλθεν αὐτῷ μία παιδίσκη, λέγουσα, Καὶ σὺ ἦσθα μετὰ Ἰησοῦ τοῦ Γαλιλαίου.
70 ὁ δὲ ἠρνήσατο ἔμπροσθεν πάντων, λέγων, Οὐκ οἶδα τί λέγεις.
71 ἐξελθόντα δὲ αὐτὸν εἰς τὸν πυλῶνα, εἶδεν αὐτὸν ἄλλη, καὶ λέγει τοῖς ἐκεῖ, Καὶ οὗτος ἦν μετὰ Ἰησοῦ τοῦ Ναζωραίου.
72 καὶ πάλιν ἠρνήσατο μεθ' ὅρκου ὅτι Οὐκ οἶδα τὸν ἄνθρωπον.

73 μετὰ μικρὸν δὲ προσελθόντες οἱ ἑστῶτες εἶπον τῷ Πέτρῳ, Ἀληθῶς καὶ σὺ ἐξ αὐτῶν εἶ· καὶ γὰρ ἡ λαλιά σου δῆλόν σε ποιεῖ.

74 τότε ἤρξατο καταναθεματίζειν καὶ ὀμνύειν ὅτι Οὐκ οἶδα τὸν ἄνθρωπον. καὶ εὐθέως ἀλέκτωρ ἐφώνησε.

75 καὶ ἐμνήσθη ὁ Πέτρος τοῦ ῥήματος τοῦ Ἰησοῦ εἰρηκότος αὐτῷ ὅτι Πρὶν ἀλέκτορα φωνῆσαι, τρὶς ἀπαρνήσῃ με καὶ ἐξελθὼν ἔξω ἔκλαυσε πικρῶς.

CHAPTER 27

1 Πρωΐας δὲ γενομένης, συμβούλιον ἔλαβον πάντες οἱ ἀρχιερεῖς καὶ οἱ πρεσβύτεροι τοῦ λαοῦ κατὰ τοῦ Ἰησοῦ, ὥστε θανατῶσαι αὐτόν·

2 καὶ δήσαντες αὐτὸν ἀπήγαγον καὶ παρέδωκαν αὐτὸν Ποντίῳ Πιλάτῳ τῷ ἡγεμόνι.

3 Τότε ἰδὼν Ἰούδας ὁ παραδιδοὺς αὐτὸν ὅτι κατεκρίθη, μεταμεληθεὶς ἀπέστρεψε τὰ τριάκοντα ἀργύρια τοῖς ἀρχιερεῦσι καὶ τοῖς πρεσβυτέροις,

4 λέγων, Ἥμαρτον παραδοὺς αἷμα ἀθῷον. οἱ δὲ εἶπον, Τί πρὸς ἡμᾶς; σὺ ὄψει.

5 καὶ ῥίψας τὰ ἀργύρια ἐν τῷ ναῷ, ἀνεχώρησε· καὶ ἀπελθὼν ἀπήγξατο.

6 οἱ δὲ ἀρχιερεῖς λαβόντες τὰ ἀργύρια εἶπον, Οὐκ ἔξεστι βαλεῖν αὐτὰ εἰς τὸν κορβανᾶν, ἐπεὶ τιμὴ αἵματός ἐστι.

7 συμβούλιον δὲ λαβόντες ἠγόρασαν ἐξ αὐτῶν τὸν ἀγρὸν τοῦ κεραμέως, εἰς ταφὴν τοῖς ξένοις.

8 διὸ ἐκλήθη ὁ ἀγρὸς ἐκεῖνος ἀγρὸς αἵματος, ἕως τῆς σήμερον.

9 τότε ἐπληρώθη τὸ ῥηθὲν διὰ Ἰερεμίου τοῦ προφήτου, λέγοντος, Καὶ ἔλαβον τὰ τριάκοντα ἀργύρια, τὴν τιμὴν τοῦ τετιμημένου, ὃν ἐτιμήσαντο ἀπὸ υἱῶν Ἰσραήλ·

10 καὶ ἔδωκαν αὐτὰ εἰς τὸν ἀγρὸν τοῦ κεραμέως, καθὰ συνέταξέ μοι Κύριος.

11 Ὁ δὲ Ἰησοῦς ἔστη ἔμπροσθεν τοῦ ἡγεμόνος· καὶ ἐπηρώτησεν αὐτὸν ὁ ἡγεμών, λέγων, Σὺ εἶ ὁ βασιλεὺς τῶν Ἰουδαίων; ὁ δὲ Ἰησοῦς ἔφη αὐτῷ, Σὺ λέγεις.

12 καὶ ἐν τῷ κατηγορεῖσθαι αὐτὸν ὑπὸ τῶν ἀρχιερέων καὶ τῶν πρεσβυτέρων, οὐδὲν ἀπεκρίνατο.

13 τότε λέγει αὐτῷ ὁ Πιλᾶτος, Οὐκ ἀκούεις πόσα σοῦ καταμαρτυροῦσι;

14 καὶ οὐκ ἀπεκρίθη αὐτῷ πρὸς οὐδὲ ἓν ῥῆμα, ὥστε θαυμάζειν τὸν ἡγεμόνα λίαν.

15 κατὰ δὲ ἑορτὴν εἰώθει ὁ ἡγεμὼν ἀπολύειν ἕνα τῷ ὄχλῳ δέσμιον, ὃν ἤθελον.

16 εἶχον δὲ τότε δέσμιον ἐπίσημον, λεγόμενον Βαραββᾶν.

17 συνηγμένων οὖν αὐτῶν, εἶπεν αὐτοῖς ὁ Πιλᾶτος, Τίνα θέλετε ἀπολύσω ὑμῖν Βαραββᾶν, ἢ Ἰησοῦν τὸν λεγόμενον Χριστόν;

18 ᾔδει γὰρ ὅτι διὰ φθόνον παρέδωκαν αὐτόν.

19 καθημένου δὲ αὐτοῦ ἐπὶ τοῦ βήματος, ἀπέστειλε πρὸς αὐτὸν ἡ γυνὴ αὐτοῦ, λέγουσα, Μηδέν σοι καὶ τῷ δικαίῳ ἐκείνῳ· πολλὰ γὰρ ἔπαθον σήμερον κατ' ὄναρ δι' αὐτόν.

20 οἱ δὲ ἀρχιερεῖς καὶ οἱ πρεσβύτεροι ἔπεισαν τοὺς ὄχλους ἵνα αἰτήσωνται τὸν Βαραββᾶν τὸν δὲ Ἰησοῦν ἀπολέσωσιν.

21 ἀποκριθεὶς δὲ ὁ ἡγεμὼν εἶπεν αὐτοῖς, Τίνα θέλετε ἀπὸ τῶν δύο ἀπολύσω ὑμῖν; οἱ δὲ εἶπον, Βαραββᾶν.

22 λέγει αὐτοῖς ὁ Πιλᾶτος, Τί οὖν ποιήσω Ἰησοῦν τὸν λεγόμενον Χριστόν; λέγουσιν αὐτῷ πάντες, Σταυρωθήτω.

23 ὁ δὲ ἡγεμὼν ἔφη, Τί γὰρ κακὸν ἐποίησεν; οἱ δὲ περισσῶς ἔκραζον, λέγοντες, Σταυρωθήτω.

24 ἰδὼν δὲ ὁ Πιλάτος ὅτι οὐδὲν ὠφελεῖ, ἀλλὰ μᾶλλον θόρυβος γίνεται, λαβὼν ὕδωρ, ἀπενίψατο τὰς χεῖρας ἀπέναντι τοῦ ὄχλου, λέγων, Ἀθῶός εἰμι ἀπὸ τοῦ αἵματος τοῦ δικαίου τούτου· ὑμεῖς ὄψεσθε.

25 καὶ ἀποκριθεὶς πᾶς ὁ λαὸς εἶπε, Τὸ αἷμα αὐτοῦ ἐφ' ἡμᾶς καὶ ἐπὶ τὰ τέκνα ἡμῶν.

26 τότε ἀπέλυσεν αὐτοῖς τὸν Βαραββᾶν· τὸν δὲ Ἰησοῦν φραγελλώσας παρέδωκεν ἵνα σταυρωθῇ.

27 Τότε οἱ στρατιῶται τοῦ ἡγεμόνος, παραλαβόντες τὸν Ἰησοῦν εἰς τὸ πραιτώριον, συνήγαγον ἐπ' αὐτὸν ὅλην τὴν σπεῖραν·

28 καὶ ἐκδύσαντες αὐτόν, περιέθηκαν αὐτῷ χλαμύδα κοκκίνην.

29 καὶ πλέξαντες στέφανον ἐξ ἀκανθῶν, ἐπέθηκαν ἐπὶ τὴν κεφαλὴν αὐτοῦ, καὶ κάλαμον ἐπὶ τὴν δεξιὰν αὐτοῦ· καὶ γονυπετήσαντες ἔμπροσθεν αὐτοῦ ἐνέπαιζον αὐτῷ, λέγοντες, Χαῖρε, ὁ βασιλεὺς τῶν Ἰουδαίων·

30 καὶ ἐμπτύσαντες εἰς αὐτόν, ἔλαβον τὸν κάλαμον, καὶ ἔτυπτον εἰς τὴν κεφαλὴν αὐτοῦ.

31 καὶ ὅτε ἐνέπαιξαν αὐτῷ, ἐξέδυσαν αὐτὸν τὴν χλαμύδα, καὶ ἐνέδυσαν αὐτόν, τὰ ἱμάτια αὐτοῦ, καὶ ἀπήγαγον αὐτὸν εἰς τὸ σταυρῶσαι.

32 Ἐξερχόμενοι δὲ εὗρον ἄνθρωπον Κυρηναῖον ὀνόματι Σίμωνα· τοῦτον ἠγγάρευσαν ἵνα ἄρῃ τὸν σταυρὸν αὐτοῦ.

33 καὶ ἐλθόντες εἰς τόπον λεγόμενον Γολγοθᾶ, ὅς ἐστι λεγόμενος κρανίου τόπος,

34 ἔδωκαν αὐτῷ πιεῖν ὄξος μετὰ χολῆς μεμιγμένον· καὶ γευσάμενος οὐκ ἤθελε πιεῖν.

35 σταυρώσαντες δὲ αὐτόν, διεμερίσαντο τὰ ἱμάτια αὐτοῦ, βάλλοντες κλῆρον· ἵνα πληρωθῇ τὸ ῥηθὲν ὑπὸ τοῦ προφήτου, Διεμερίσαντο τὰ ἱμάτιά μου ἑαυτοῖς, καὶ ἐπὶ τὸν ἱματισμόν μου ἔβαλον κλῆρον.

36 καὶ καθήμενοι ἐτήρουν αὐτὸν ἐκεῖ.

37 καὶ ἐπέθηκαν ἐπάνω τῆς κεφαλῆς αὐτοῦ τὴν αἰτίαν αὐτοῦ γεγραμμένην, Οὗτός ἐστιν Ἰησοῦς ὁ βασιλεῦς τῶν Ἰουδαίων.

38 τότε σταυροῦνται σὺν αὐτῷ δύο λῃσταί, εἷς ἐκ δεξιῶν καὶ εἷς ἐξ εὐωνύμων.

39 οἱ δὲ παραπορευόμενοι ἐβλασφήμουν αὐτόν, κινοῦντες τὰς κεφαλὰς αὐτῶν,

40 καὶ λέγοντες, Ὁ καταλύων τὸν ναὸν καὶ ἐν τρισὶν ἡμέραις οἰκοδομῶν, σῶσον σεαυτόν· εἰ υἱὸς εἶ τοῦ Θεοῦ, κατάβηθι ἀπὸ τοῦ σταυροῦ.

41 ὁμοίως δὲ καὶ οἱ ἀρχιερεῖς ἐμπαίζοντες μετὰ τῶν γραμματέων καὶ πρεσβυτέρων ἔλεγον,

42 Ἄλλους ἔσωσεν, ἑαυτὸν οὐ δύναται σῶσαι εἰ βασιλεὺς Ἰσραήλ ἐστι, καταβάτω νῦν ἀπὸ τοῦ σταυροῦ, καὶ πιστεύσομεν αὐτῷ

43 πέποιθεν ἐπὶ τὸν Θεόν· ῥυσάσθω νῦν αὐτόν, εἰ θέλει αὐτόν. εἶπε γὰρ ὅτι Θεοῦ εἰμι υἱός.

44 τὸ δ᾽ αὐτὸ καὶ οἱ λῃσταὶ οἱ συσταυρωθέντες αὐτῷ ὠνείδιζον αὐτῷ.

45 Ἀπὸ δὲ ἕκτης ὥρας σκότος ἐγένετο ἐπὶ πᾶσαν τὴν γῆν ἕως ὥρας ἐννάτης·

46 περὶ δὲ τὴν ἐννάτην ὥραν ἀνεβόησεν ὁ Ἰησοῦς φωνῇ μεγάλῃ, λέγων, Ἠλί, Ἠλί, λαμὰ σαβαχθανί; τοῦτ᾽ ἔστι, Θεέ μου, Θεέ μου, ἱνατί με ἐγκατέλιπες;

47 τινὲς δὲ τῶν ἐκεῖ ἑστώτων ἀκούσαντες ἔλεγον ὅτι Ἠλίαν φωνεῖ οὗτος.

48 καὶ εὐθέως δραμὼν εἷς ἐξ αὐτῶν, καὶ λαβὼν σπόγγον, πλήσας τε ὄξους, καὶ περιθεὶς καλάμῳ, ἐπότιζεν αὐτόν.

49 οἱ δὲ λοιποὶ ἔλεγον, Ἄφες ἴδωμεν εἰ ἔρχεται Ἠλίας σώσων αὐτόν.

50 ὁ δὲ Ἰησοῦς πάλιν κράξας φωνῇ μεγάλῃ ἀφῆκε τὸ πνεῦμα.

51 καὶ ἰδού, τὸ καταπέτασμα τοῦ ναοῦ ἐσχίσθη εἰς δύο ἀπὸ ἄνωθεν ἕως κάτω· καὶ ἡ γῆ ἐσείσθη· καὶ αἱ πέτραι ἐσχίσθησαν·

52 καὶ τὰ μνημεῖα ἀνεῴχθησαν· καὶ πολλὰ σώματα τῶν κεκοιμημένων ἁγίων ἠγέρθη·

53 καὶ ἐξελθόντες ἐκ τῶν μνημείων μετὰ τὴν ἔγερσιν αὐτοῦ εἰσῆλθον εἰς τὴν ἁγίαν πόλιν, καὶ ἐνεφανίσθησαν πολλοῖς.

54 ὁ δὲ ἑκατόνταρχος καὶ οἱ μετ᾽ αὐτοῦ τηροῦντες τὸν Ἰησοῦν, ἰδόντες τὸν σεισμὸν καὶ τὰ γενόμενα, ἐφοβήθησαν σφόδρα, λέγοντες, Ἀληθῶς Θεοῦ υἱὸς ἦν οὗτος.

55 ἦσαν δὲ ἐκεῖ γυναῖκες πολλαὶ ἀπὸ μακρόθεν θεωροῦσαι, αἵτινες ἠκολούθησαν τῷ Ἰησοῦ ἀπὸ τῆς Γαλιλαίας, διακονοῦσαι αὐτῷ·

56 ἐν αἷς ἦν Μαρία ἡ Μαγδαληνή, καὶ Μαρία ἡ τοῦ Ἰακώβου καὶ Ἰωσῆ μήτηρ, καὶ ἡ μήτηρ τῶν υἱῶν Ζεβεδαίου.

57 Ὀψίας δὲ γενομένης, ἦλθεν ἄνθρωπος πλούσιος ἀπὸ Ἀριμαθαίας, τοὔνομα Ἰωσήφ, ὃς καὶ αὐτὸς ἐμαθήτευσε τῷ Ἰησοῦ·

ΕΥΑΓΓΕΛΙΟΝ ΤΟ ΚΑΤΑ ΜΑΤΘΑΙΟΝ

58 οὗτος προσελθὼν τῷ Πιλάτῳ, ἠτήσατο τὸ σῶμα τοῦ Ἰησοῦ. τότε ὁ Πιλᾶτος ἐκέλευσεν ἀποδοθῆναι τὸ σῶμα.

59 καὶ λαβὼν τὸ σῶμα ὁ Ἰωσὴφ ἐνετύλιξεν αὐτὸ σινδόνι καθαρᾷ,

60 καὶ ἔθηκεν αὐτὸ ἐν τῷ καινῷ αὐτοῦ μνημείῳ, ὃ ἐλατόμησεν ἐν τῇ πέτρᾳ· καὶ προσκυλίσας λίθον μέγαν τῇ θύρᾳ τοῦ μνημείου, ἀπῆλθεν.

61 ἦν δὲ ἐκεῖ Μαριὰ ἡ Μαγδαληνὴ, καὶ ἡ ἄλλη Μαρία, καθήμεναι ἀπέναντι τοῦ τάφου.

62 Τῇ δὲ ἐπαύριον, ἥτις ἐστὶ μετὰ τὴν Παρασκευήν, συνήχθησαν οἱ ἀρχιερεῖς καὶ οἱ Φαρισαῖοι πρὸς Πιλᾶτον,

63 λέγοντες, Κύριε, ἐμνήσθημεν ὅτι ἐκεῖνος ὁ πλάνος εἶπεν ἔτι ζῶν, Μετὰ τρεῖς ἡμέρας ἐγείρομαι.

64 κέλευσον οὖν ἀσφαλισθῆναι τὸν τάφον ἕως τῆς τρίτης ἡμέρας· μήποτε ἐλθόντες οἱ μαθηταὶ αὐτοῦ νυκτὸς κλέψωσιν αὐτόν, καὶ εἴπωσι τῷ λαῷ, Ἠγέρθη ἀπὸ τῶν νεκρῶν· καὶ ἔσται ἡ ἐσχάτη πλάνη χείρων τῆς πρώτης.

65 ἔφη δὲ αὐτοῖς ὁ Πιλᾶτος, Ἔχετε κουστωδίαν· ὑπάγετε, ἀσφαλίσασθε ὡς οἴδατε.

66 οἱ δὲ πορευθέντες ἠσφαλίσαντο τὸν τάφον, σφραγίσαντες τὸν λίθον, μετὰ τῆς κουστωδίας.

CHAPTER 28

1 Ὀψὲ δὲ σαββάτων, τῇ ἐπιφωσκούσῃ εἰς μίαν σαββάτων, ἦλθε Μαριὰ ἡ Μαγδαληνὴ, καὶ ἡ ἄλλη Μαρία, θεωρῆσαι τὸν τάφον.

2 καὶ ἰδού, σεισμὸς ἐγένετο μέγας· ἄγγελος γὰρ Κυρίου καταβὰς ἐξ οὐρανοῦ, προσελθὼν ἀπεκύλισε τὸν λίθον ἀπὸ τῆς θύρας, καὶ ἐκάθητο ἐπάνω αὐτοῦ.

3 ἦν δὲ ἡ ἰδέα αὐτοῦ ὡς ἀστραπή, καὶ τὸ ἔνδυμα αὐτοῦ λευκὸν ὡσεὶ χιών.

4 ἀπὸ δὲ τοῦ φόβου αὐτοῦ ἐσείσθησαν οἱ τηροῦντες καὶ ἐγένοντο ὡσεὶ νεκροί.

5 ἀποκριθεὶς δὲ ὁ ἄγγελος εἶπε ταῖς γυναιξί, Μὴ φοβεῖσθε ὑμεῖς· οἶδα γὰρ ὅτι Ἰησοῦν τὸν ἐσταυρωμένον ζητεῖτε·

6 οὐκ ἔστιν ὧδε· ἠγέρθη γάρ, καθὼς εἶπε δεῦτε, ἴδετε τὸν τόπον ὅπου ἔκειτο ὁ Κύριος.

7 καὶ ταχὺ πορευθεῖσαι εἴπατε τοῖς μαθηταῖς αὐτοῦ ὅτι Ἠγέρθη ἀπὸ τῶν νεκρῶν· καὶ ἰδού, προάγει ὑμᾶς εἰς τὴν Γαλιλαίαν· ἐκεῖ αὐτὸν ὄψεσθε· ἰδού, εἶπον ὑμῖν.

8 καὶ ἐξελθοῦσαι ταχὺ ἀπὸ τοῦ μνημείου μετὰ φόβου καὶ χαρᾶς μεγάλης, ἔδραμον ἀπαγγεῖλαι τοῖς μαθηταῖς αὐτοῦ.

9 ὡς δὲ ἐπορεύοντο ἀπαγγεῖλαι τοῖς μαθηταῖς αὐτοῦ, καὶ ἰδού, ὁ Ἰησοῦς ἀπήντησεν αὐταῖς, λέγων, Χαίρετε. αἱ δὲ προσελθοῦσαι ἐκράτησαν αὐτοῦ τοὺς πόδας, καὶ προσεκύνησαν αὐτῷ.

10 τότε λέγει αὐταῖς ὁ Ἰησοῦς· Μὴ φοβεῖσθε· ὑπάγετε, ἀπαγγείλατε τοῖς ἀδελφοῖς μου ἵνα ἀπέλθωσιν

εἰς τὴν Γαλιλαίαν, κἀκεῖ με ὄψονται.

11 Πορευομένων δὲ αὐτῶν, ἰδού, τινὲς τῆς κουστωδίας ἐλθόντες εἰς τὴν πόλιν ἀπήγγειλαν τοῖς ἀρχιερεῦσιν ἅπαντα τὰ γενόμενα.

12 καὶ συναχθέντες μετὰ τῶν πρεσβυτέρων, συμβούλιόν τε λαβόντες, ἀργύρια ἱκανὰ ἔδωκαν τοῖς στρατιώταις,

13 λέγοντες, Εἴπατε ὅτι Οἱ μαθηταὶ αὐτοῦ νυκτὸς ἐλθόντες ἔκλεψαν αὐτὸν ἡμῶν κοιμωμένων.

14 καὶ ἐὰν ἀκουσθῇ τοῦτο ἐπὶ τοῦ ἡγεμόνος, ἡμεῖς πείσομεν αὐτόν, καὶ ὑμᾶς ἀμερίμνους ποιήσομεν.

15 οἱ δὲ λαβόντες τὰ ἀργύρια ἐποίησαν ὡς ἐδιδάχθησαν. καὶ διεφημίσθη ὁ λόγος οὗτος παρὰ Ἰουδαίοις μέχρι τῆς σήμερον.

16 Οἱ δὲ ἕνδεκα μαθηταὶ ἐπορεύθησαν εἰς τὴν Γαλιλαίαν, εἰς τὸ ὄρος οὗ ἐτάξατο αὐτοῖς ὁ Ἰησοῦς.

17 καὶ ἰδόντες αὐτὸν προσεκύνησαν αὐτῷ· οἱ δὲ ἐδίστασαν.

18 καὶ προσελθὼν ὁ Ἰησοῦς ἐλάλησεν αὐτοῖς, λέγων, Ἐδόθη μοι πᾶσα ἐξουσία ἐν οὐρανῷ καὶ ἐπὶ γῆς

19 πορευθέντες οὖν μαθητεύσατε πάντα τὰ ἔθνη, βαπτίζοντες αὐτοὺς εἰς τὸ ὄνομα τοῦ Πατρὸς καὶ τοῦ Υἱοῦ καὶ τοῦ Ἁγίου Πνεύματος·

20 διδάσκοντες αὐτοὺς τηρεῖν πάντα ὅσα ἐνετειλάμην ὑμῖν· καὶ ἰδού, ἐγὼ μεθ' ὑμῶν εἰμι πάσας τὰς ἡμέρας ἕως τῆς συντελείας τοῦ αἰῶνος. Ἀμήν.

ΕΥΑΓΓΕΛΙΟΝ ΤΟ ΚΑΤΑ ΜΑΡΚΟΝ

MAP CHAPTER 1

Ἀρχὴ τοῦ εὐαγγελίου Ἰησοῦ Χριστοῦ, υἱοῦ τοῦ Θεοῦ· 2 Ὡς γέγραπται ἐν τοῖς προφήταις, Ἰδού, ἐγὼ ἀποστέλλω τὸν ἄγγελόν μου πρὸ προσώπου σου, ὃς κατασκευάσει τὴν ὁδόν σου ἔμπροσθέν σου.

3 φωνὴ βοῶντος ἐν τῇ ἐρήμῳ, Ἑτοιμάσατε τὴν ὁδὸν Κυρίου· εὐθείας ποιεῖτε τὰς τρίβους αὐτοῦ.

4 ἐγένετο Ἰωάννης βαπτίζων ἐν τῇ ἐρήμῳ, καὶ κηρύσσων βάπτισμα μετανοίας εἰς ἄφεσιν ἁμαρτιῶν.

5 καὶ ἐξεπορεύετο πρὸς αὐτὸν πᾶσα ἡ Ἰουδαία χώρα, καὶ οἱ Ἱεροσολυμῖται, καὶ ἐβαπτίζοντο πάντες ἐν τῷ Ἰορδάνῃ ποταμῷ ὑπ᾽ αὐτοῦ, ἐξομολογούμενοι τὰς ἁμαρτίας αὐτῶν.

6 ἦν δὲ Ἰωάννης ἐνδεδυμένος τρίχας καμήλου, καὶ ζώνην δερματίνην περὶ τὴν ὀσφὺν αὐτοῦ, καὶ ἐσθίων ἀκρίδας καὶ μέλι ἄγριον.

7 καὶ ἐκήρυσσε, λέγων, Ἔρχεται ὁ ἰσχυρότερός μου ὀπίσω μου, οὗ οὐκ εἰμὶ ἱκανὸς κύψας λῦσαι τὸν ἱμάντα τῶν ὑποδημάτων αὐτοῦ.

8 ἐγὼ μὲν ἐβάπτισα ὑμᾶς ἐν ὕδατι· αὐτὸς δὲ βαπτίσει ὑμᾶς ἐν Πνεύματι Ἁγίῳ.

9 Καὶ ἐγένετο ἐν ἐκείναις ταῖς ἡμέραις, ἦλθεν Ἰησοῦς ἀπὸ Ναζαρὲθ τῆς Γαλιλαίας, καὶ ἐβαπτίσθη ὑπὸ Ἰωάννου εἰς τὸν Ἰορδάνην.

10 καὶ εὐθέως ἀναβαίνων ἀπὸ τοῦ ὕδατος, εἶδε σχιζομένους τοὺς οὐρανούς, καὶ τὸ Πνεῦμα ὡσεὶ περιστερὰν καταβαῖνον ἐπ᾽ αὐτόν·

11 καὶ φωνὴ ἐγένετο ἐκ τῶν οὐρανῶν, Σὺ εἶ ὁ υἱός μου ὁ ἀγαπητός, ἐν ᾧ εὐδόκησα.

12 Καὶ εὐθὺς τὸ Πνεῦμα αὐτὸν ἐκβάλλει εἰς τὴν ἔρημον.

13 καὶ ἦν ἐκεῖ ἐν τῇ ἐρήμῳ ἡμέρας τεσσαράκοντα πειραζόμενος ὑπὸ τοῦ Σατανᾶ, καὶ ἦν μετὰ τῶν θηρίων, καὶ οἱ ἄγγελοι διηκόνουν αὐτῷ.

14 Μετὰ δὲ τὸ παραδοθῆναι τὸν Ἰωάννην, ἦλθεν ὁ Ἰησοῦς εἰς τὴν Γαλιλαίαν, κηρύσσων τὸ εὐαγγέλιον τῆς βασιλείας τοῦ Θεοῦ,

15 καὶ λέγων ὅτι Πεπλήρωται ὁ καιρός, καὶ ἤγγικεν ἡ βασιλεία τοῦ Θεοῦ· μετανοεῖτε, καὶ πιστεύετε ἐν τῷ εὐαγγελίῳ.

16 Περιπατῶν δὲ παρὰ τὴν θάλασσαν τῆς Γαλιλαίας εἶδε Σίμωνα καὶ Ἀνδρέαν τὸν ἀδελφὸν αὐτοῦ, βάλλοντας ἀμφίβληστρον ἐν τῇ θαλάσσῃ· ἦσαν γὰρ ἁλιεῖς.

17 καὶ εἶπεν αὐτοῖς ὁ Ἰησοῦς, Δεῦτε ὀπίσω μου, καὶ ποιήσω ὑμᾶς γενέσθαι ἁλιεῖς ἀνθρώπων.

18 καὶ εὐθέως ἀφέντες τὰ δίκτυα αὐτῶν, ἠκολούθησαν αὐτῷ.

19 καὶ προβὰς ἐκεῖθεν ὀλίγον, εἶδεν Ἰάκωβον τὸν τοῦ Ζεβεδαίου, καὶ Ἰωάννην τὸν ἀδελφὸν αὐτοῦ,

καὶ αὐτοὺς ἐν τῷ πλοίῳ καταρτίζοντας τὰ δίκτυα
20 καὶ εὐθέως ἐκάλεσεν αὐτούς· καὶ ἀφέντες τὸν πατέρα αὐτῶν Ζεβεδαῖον ἐν τῷ πλοίῳ μετὰ τῶν μισθωτῶν ἀπῆλθον ὀπίσω αὐτοῦ.
21 Καὶ εἰσπορεύονται εἰς Καπερναούμ· καὶ εὐθέως τοῖς σάββασιν εἰσελθὼν εἰς τὴν συναγωγήν, ἐδίδασκε.
22 καὶ ἐξεπλήσσοντο ἐπὶ τῇ διδαχῇ αὐτοῦ· ἦν γὰρ διδάσκων αὐτοὺς ὡς ἐξουσίαν ἔχων, καὶ οὐχ ὡς οἱ γραμματεῖς.
23 καὶ ἦν ἐν τῇ συναγωγῇ αὐτῶν ἄνθρωπος ἐν πνεύματι ἀκαθάρτῳ, καὶ ἀνέκραξε,
24 λέγων, Ἔα, τί ἡμῖν καὶ σοί, Ἰησοῦ Ναζαρηνέ; ἦλθες ἀπολέσαι ἡμᾶς; οἶδά σε τίς εἶ, ὁ ἅγιος τοῦ Θεοῦ.
25 καὶ ἐπετίμησεν αὐτῷ ὁ Ἰησοῦς, λέγων, Φιμώθητι, καὶ ἔξελθε ἐξ αὐτοῦ.
26 καὶ σπαράξαν αὐτὸν τὸ πνεῦμα τὸ ἀκάθαρτον καὶ κράξαν φωνῇ μεγάλῃ, ἐξῆλθεν ἐξ αὐτοῦ.
27 καὶ ἐθαμβήθησαν πάντες, ὥστε συζητεῖν πρὸς αὐτούς, λέγοντας, Τί ἐστι τοῦτο; τίς ἡ διδαχὴ ἡ καινὴ αὕτη, ὅτι κατ' ἐξουσίαν καὶ τοῖς πνεύμασι τοῖς ἀκαθάρτοις ἐπιτάσσει, καὶ ὑπακούουσιν αὐτῷ.
28 ἐξῆλθε δὲ ἡ ἀκοὴ αὐτοῦ εὐθὺς εἰς ὅλην τὴν περίχωρον τῆς Γαλιλαίας.
29 Καὶ εὐθέως ἐκ τῆς συναγωγῆς ἐξελθόντες, ἦλθον εἰς τὴν οἰκίαν Σίμωνος καὶ Ἀνδρέου, μετὰ Ἰακώβου καὶ Ἰωάννου.
30 ἡ δὲ πενθερὰ Σίμωνος κατέκειτο πυρέσσουσα, καὶ εὐθέως λέγουσιν αὐτῷ περὶ αὐτῆς·
31 καὶ προσελθὼν ἤγειρεν αὐτήν, κρατήσας τῆς χειρὸς αὐτῆς· καὶ ἀφῆκεν αὐτὴν ὁ πυρετὸς εὐθέως, καὶ διηκόνει αὐτοῖς.
32 Ὀψίας δὲ γενομένης, ὅτε ἔδυ ὁ ἥλιος, ἔφερον πρὸς αὐτὸν πάντας τοὺς κακῶς ἔχοντας καὶ τοὺς δαιμονιζομένους·
33 καὶ ἡ πόλις ὅλη ἐπισυνηγμένη ἦν πρὸς τὴν θύραν.
34 καὶ ἐθεράπευσε πολλοὺς κακῶς ἔχοντας ποικίλαις νόσοις, καὶ δαιμόνια πολλὰ ἐξέβαλε, καὶ οὐκ ἤφιε λαλεῖν τὰ δαιμόνια, ὅτι ᾔδεισαν αὐτόν.
35 Καὶ πρωῒ ἔννυχον λίαν ἀναστὰς ἐξῆλθε, καὶ ἀπῆλθεν εἰς ἔρημον τόπον, κἀκεῖ προσηύχετο.
36 καὶ κατεδίωξαν αὐτὸν ὁ Σίμων καὶ οἱ μετ' αὐτοῦ·
37 καὶ εὑρόντες αὐτὸν λέγουσιν αὐτῷ ὅτι Πάντες ζητοῦσί σε.
38 καὶ λέγει αὐτοῖς, Ἄγωμεν εἰς τὰς ἐχομένας κωμοπόλεις, ἵνα κἀκεῖ κηρύξω· εἰς τοῦτο γὰρ ἐξελήλυθα.
39 καὶ ἦν κηρύσσων ἐν ταῖς συναγωγαῖς αὐτῶν εἰς ὅλην τὴν Γαλιλαίαν, καὶ τὰ δαιμόνια ἐκβάλλων.
40 Καὶ ἔρχεται πρὸς αὐτὸν λεπρός, παρακαλῶν αὐτὸν καὶ γονυπετῶν αὐτόν, καὶ λέγων αὐτῷ ὅτι Ἐὰν θέλῃς, δύνασαί με καθαρίσαι.
41 ὁ δὲ Ἰησοῦς σπλαγχνισθείς, ἐκτείνας τὴν χεῖρα, ἥψατο αὐτοῦ,

καὶ λέγει αὐτῷ, Θέλω, καθαρίσθητι·

42 καὶ εἰπόντος αὐτοῦ εὐθέως ἀπῆλθεν ἀπ' αὐτοῦ ἡ λέπρα, καὶ ἐκαθαρίσθη.

43 καὶ ἐμβριμησάμενος αὐτῷ, εὐθέως ἐξέβαλεν αὐτόν,

44 καὶ λέγει αὐτῷ, Ὅρα, μηδενὶ μηδὲν εἴπῃς· ἀλλ' ὕπαγε, σεαυτὸν δεῖξον τῷ ἱερεῖ, καὶ προσένεγκε περὶ τοῦ καθαρισμοῦ σου ἃ προσέταξε Μωσῆς, εἰς μαρτύριον αὐτοῖς.

45 ὁ δὲ ἐξελθὼν ἤρξατο κηρύσσειν πολλὰ καὶ διαφημίζειν τὸν λόγον, ὥστε μηκέτι αὐτὸν δύνασθαι φανερῶς εἰς πόλιν εἰσελθεῖν, ἀλλ' ἔξω ἐν ἐρήμοις τόποις ἦν· καὶ ἤρχοντο πρὸς αὐτὸν πανταχόθεν

CHAPTER 2

1 Καὶ πάλιν εἰσῆλθεν εἰς Καπερναοὺμ δι' ἡμερῶν· καὶ ἠκούσθη ὅτι εἰς οἶκόν ἐστι.

2 καὶ εὐθέως συνήχθησαν πολλοί, ὥστε μηκέτι χωρεῖν μηδὲ τὰ πρὸς τὴν θύραν· καὶ ἐλάλει αὐτοῖς τὸν λόγον.

3 καὶ ἔρχονται πρὸς αὐτόν, παραλυτικὸν φέροντες, αἰρόμενον ὑπὸ τεσσάρων.

4 καὶ μὴ δυνάμενοι προσεγγίσαι αὐτῷ διὰ τὸν ὄχλον, ἀπεστέγασαν τὴν στέγην ὅπου ἦν, καὶ ἐξορύξαντες χαλῶσι τὸν κράββατον ἐφ' ᾧ ὁ παραλυτικὸς κατέκειτο.

5 ἰδὼν δὲ ὁ Ἰησοῦς τὴν πίστιν αὐτῶν λέγει τῷ παραλυτικῷ, Τέκνον, ἀφέωνταί σοι αἱ ἁμαρτίαι σου.

6 ἦσαν δέ τινες τῶν γραμματέων ἐκεῖ καθήμενοι, καὶ διαλογιζόμενοι ἐν ταῖς καρδίαις αὐτῶν,

7 Τί οὗτος οὕτω λαλεῖ βλασφημίας; τίς δύναται ἀφιέναι ἁμαρτίας εἰ μὴ εἷς, ὁ Θεός;

8 καὶ εὐθέως ἐπιγνοὺς ὁ Ἰησοῦς τῷ πνεύματι αὐτοῦ ὅτι οὕτως διαλογίζονται ἐν ἑαυτοῖς, εἶπεν αὐτοῖς, Τί ταῦτα διαλογίζεσθε ἐν ταῖς καρδίαις ὑμῶν;

9 τί ἐστιν εὐκοπώτερον, εἰπεῖν τῷ παραλυτικῷ, Ἀφέωνταί σοι αἱ ἁμαρτίαι, ἢ εἰπεῖν, Ἔγειραι, καὶ ἆρόν σου τὸν κράββατον, καὶ περιπάτει;

10 ἵνα δὲ εἰδῆτε ὅτι ἐξουσίαν ἔχει ὁ υἱὸς τοῦ ἀνθρώπου ἀφιέναι ἐπὶ τῆς γῆς ἁμαρτίας (λέγει τῷ παραλυτικῷ),

11 Σοὶ λέγω, ἔγειραι καὶ ἆρον τὸν κράββατον σου, καὶ ὕπαγε εἰς τὸν οἶκόν σου.

12 καὶ ἠγέρθη εὐθέως, καὶ ἄρας τὸν κράββατον, ἐξῆλθεν ἐναντίον πάντων· ὥστε ἐξίστασθαι πάντας, καὶ δοξάζειν τὸν Θεόν, λέγοντας ὅτι Οὐδέποτε οὕτως εἴδομεν.

13 Καὶ ἐξῆλθε πάλιν παρὰ τὴν θάλασσαν· καὶ πᾶς ὁ ὄχλος ἤρχετο πρὸς αὐτόν, καὶ ἐδίδασκεν αὐτούς.

14 καὶ παράγων εἶδε Λευῒν τὸν τοῦ Ἀλφαίου καθήμενον ἐπὶ τὸ τελώνιον, καὶ λέγει αὐτῷ,

Ἀκολούθει μοι. καὶ ἀναστὰς ἠκολούθησεν αὐτῷ.

15 καὶ ἐγένετο ἐν τῷ κατακεῖσθαι αὐτὸν ἐν τῇ οἰκίᾳ αὐτοῦ, καὶ πολλοὶ τελῶναι καὶ ἁμαρτωλοὶ συνανέκειντο τῷ Ἰησοῦ καὶ τοῖς μαθηταῖς αὐτοῦ· ἦσαν γὰρ πολλοί, καὶ ἠκολούθησαν αὐτῷ.

16 καὶ οἱ γραμματεῖς καὶ οἱ Φαρισαῖοι, ἰδόντες αὐτὸν ἐσθίοντα μετὰ τῶν τελωνῶν καὶ ἁμαρτωλῶν, ἔλεγον τοῖς μαθηταῖς αὐτοῦ, Τί ὅτι μετὰ τῶν τελωνῶν καὶ ἁμαρτωλῶν ἐσθίει καὶ πίνει;

17 καὶ ἀκούσας ὁ Ἰησοῦς λέγει αὐτοῖς, Οὐ χρείαν ἔχουσιν οἱ ἰσχύοντες ἰατροῦ, ἀλλ᾽ οἱ κακῶς ἔχοντες. οὐκ ἦλθον καλέσαι δικαίους, ἀλλὰ ἁμαρτωλοὺς εἰς μετάνοιαν.

18 Καὶ ἦσαν οἱ μαθηταὶ Ἰωάννου καὶ οἱ τῶν Φαρισαίων νηστεύοντες· καὶ ἔρχονται καὶ λέγουσιν αὐτῷ, Διατί οἱ μαθηταὶ Ἰωάννου καὶ οἱ τῶν Φαρισαίων νηστεύουσιν, οἱ δὲ σοὶ μαθηταὶ οὐ νηστεύουσι;

19 καὶ εἶπεν αὐτοῖς ὁ Ἰησοῦς, Μὴ δύνανται οἱ υἱοὶ τοῦ νυμφῶνος, ἐν ᾧ ὁ νυμφίος μετ᾽ αὐτῶν ἐστι, νηστεύειν; ὅσον χρόνον μεθ᾽ ἑαυτῶν ἔχουσι τὸν νυμφίον, οὐ δύνανται νηστεύειν·

20 ἐλεύσονται δὲ ἡμέραι ὅταν ἀπαρθῇ ἀπ᾽ αὐτῶν ὁ νυμφίος, καὶ τότε νηστεύσουσιν ἐν ἐκείναις ταῖς ἡμέραῖς.

21 καὶ οὐδεὶς ἐπίβλημα ῥάκους ἀγνάφου ἐπιρράπτει ἐπὶ ἱματίῳ παλαιῷ· εἰ δὲ μή, αἴρει τὸ πλήρωμα αὐτοῦ τὸ καινὸν τοῦ παλαιοῦ, καὶ χεῖρον σχίσμα γίνεται.

22 καὶ οὐδεὶς βάλλει οἶνον νέον εἰς ἀσκοὺς παλαιούς· εἰ δὲ μή, ῥήσσει ὁ οἶνος ὁ νέος τοὺς ἀσκούς, καὶ ὁ οἶνος ἐκχεῖται καὶ οἱ ἀσκοὶ ἀπολοῦνται· ἀλλὰ οἶνον νέον εἰς ἀσκοὺς καινοὺς βλητέον.

23 Καὶ ἐγένετο παραπορεύεσθαι αὐτὸν ἐν τοῖς σάββασι διὰ τῶν σπορίμων, καὶ ἤρξαντο οἱ μαθηταὶ αὐτοῦ ὁδὸν ποιεῖν τίλλοντες τοὺς στάχυας.

24 καὶ οἱ Φαρισαῖοι ἔλεγον αὐτῷ, Ἴδε, τί ποιοῦσιν ἐν τοῖς σάββασιν ὃ οὐκ ἔξεστι;

25 καὶ αὐτὸς ἔλεγεν αὐτοῖς, Οὐδέποτε ἀνέγνωτε τί ἐποίησε Δαβίδ, ὅτε χρείαν ἔσχε καὶ ἐπείνασεν αὐτὸς καὶ οἱ μετ᾽ αὐτοῦ;

26 πῶς εἰσῆλθεν εἰς τὸν οἶκον τοῦ Θεοῦ ἐπὶ Ἀβιάθαρ τοῦ ἀρχιερέως, καὶ τοὺς ἄρτους τῆς προθέσεως ἔφαγεν, οὓς οὐκ ἔξεστι φαγεῖν εἰ μὴ τοῖς ἱερεῦσι, καὶ ἔδωκε καὶ τοῖς σὺν αὐτῷ οὖσι;

27 καὶ ἔλεγεν αὐτοῖς, Τὸ σάββατον διὰ τὸν ἄνθρωπον ἐγένετο, οὐχ ὁ ἄνθρωπος διὰ τὸ σάββατον·

28 ὥστε Κύριός ἐστιν ὁ υἱὸς τοῦ ἀνθρώπου καὶ τοῦ σαββάτου.

CHAPTER 3

1 Καὶ εἰσῆλθε πάλιν εἰς τὴν συναγωγήν, καὶ ἦν ἐκεῖ ἄνθρωπος ἐξηραμμένην ἔχων τὴν χεῖρα.

2 καὶ παρετήρουν αὐτὸν εἰ τοῖς σάββασι θεραπεύσει αὐτόν, ἵνα κατηγορήσωσιν αὐτοῦ.

3 καὶ λέγει τῷ ἀνθρώπῳ τῷ ἐξηραμμένην ἔχοντι τὴν χεῖρα, Ἔγειραι εἰς τὸ μέσον.

4 καὶ λέγει αὐτοῖς, Ἔξεστι τοῖς σάββασιν ἀγαθοποιῆσαι, ἢ κακοποιῆσαι; ψυχὴν σῶσαι, ἢ ἀποκτεῖναι; Οἱ δὲ ἐσιώπων.

5 καὶ περιβλεψάμενος αὐτοὺς μετ' ὀργῆς, συλλυπούμενος ἐπὶ τῇ πωρώσει τῆς καρδίας αὐτῶν, λέγει τῷ ἀνθρώπῳ, Ἔκτεινον τὴν χεῖρα σου. καὶ ἐξέτεινε, καὶ ἀποκατεστάθη ἡ χεὶρ αὐτοῦ ὑγιὴς ὡς ἡ ἄλλη.

6 καὶ ἐξελθόντες οἱ Φαρισαῖοι εὐθέως μετὰ τῶν Ἡρῳδιανῶν συμβούλιον ἐποίουν κατ' αὐτοῦ, ὅπως αὐτὸν ἀπολέσωσι.

7 Καὶ ὁ Ἰησοῦς ἀνεχώρησε μετὰ τῶν μαθητῶν αὐτοῦ πρὸς τὴν θάλασσαν· καὶ πολὺ πλῆθος ἀπὸ τῆς Γαλιλαίας ἠκολούθησαν αὐτῷ, καὶ ἀπὸ τῆς Ἰουδαίας,

8 καὶ ἀπὸ Ἱεροσολύμων, καὶ ἀπὸ τῆς Ἰδουμαίας, καὶ πέραν τοῦ Ἰορδάνου, καὶ οἱ περὶ Τύρον καὶ Σιδῶνα, πλῆθος πολύ, ἀκούσαντες ὅσα ἐποίει, ἦλθον πρὸς αὐτόν.

9 καὶ εἶπε τοῖς μαθηταῖς αὐτοῦ ἵνα πλοιάριον προσκαρτερῇ αὐτῷ διὰ τὸν ὄχλον, ἵνα μὴ θλίβωσιν αὐτόν.

10 πολλοὺς γὰρ ἐθεράπευσεν, ὥστε ἐπιπίπτειν αὐτῷ, ἵνα αὐτοῦ ἄψωνται, ὅσοι εἶχον μάστιγας.

11 καὶ τὰ πνεύματα τὰ ἀκάθαρτα, ὅταν αὐτὸν ἐθεώρει, προσέπιπτεν αὐτῷ, καὶ ἔκραζε, λέγοντα ὅτι Σὺ εἶ ὁ υἱὸς τοῦ Θεοῦ.

12 καὶ πολλὰ ἐπετίμα αὐτοῖς ἵνα μὴ αὐτὸν φανερὸν ποιήσωσι.

13 Καὶ ἀναβαίνει εἰς τὸ ὄρος, καὶ προσκαλεῖται οὓς ἤθελεν αὐτός· καὶ ἀπῆλθον πρὸς αὐτόν.

14 καὶ ἐποίησε δώδεκα, ἵνα ὦσι μετ' αὐτοῦ, καὶ ἵνα ἀποστέλλῃ αὐτοὺς κηρύσσειν

15 καὶ ἔχειν ἐξουσίαν θεραπεύειν τὰς νόσους, καὶ ἐκβάλλειν τὰ δαιμόνια·

16 καὶ ἐπέθηκε τῷ Σίμωνι ὄνομα Πέτρον·

17 καὶ Ἰάκωβον τὸν τοῦ Ζεβεδαίου, καὶ Ἰωάννην τὸν ἀδελφὸν τοῦ Ἰακώβου· καὶ ἐπέθηκεν αὐτοῖς ὀνόματα Βοανεργές, ὅ ἐστιν, Υἱοὶ Βροντῆς·

18 καὶ Ἄνδρέαν, καὶ Φίλιππον, καὶ Βαρθολομαῖον, καὶ Ματθαῖον, καὶ Θωμᾶν, καὶ Ἰάκωβον τὸν τοῦ Ἀλφαίου, καὶ Θαδδαῖον, καὶ Σίμωνα τὸν Κανανίτην,

19 καὶ Ἰούδαν Ἰσκαριώτην, ὃς καὶ παρέδωκεν αὐτόν. Καὶ ἔρχονται εἴς οἶκον·

20 καὶ συνέρχεται πάλιν ὄχλος, ὥστε μὴ δύνασθαι αὐτοὺς μήτε ἄρτον φαγεῖν

21 καὶ ἀκούσαντες οἱ παρ' αὐτοῦ ἐξῆλθον κρατῆσαι αὐτόν· ἔλεγον γὰρ ὅτι Ἐξέστη.

22 καὶ οἱ γραμματεῖς οἱ ἀπὸ Ἱεροσολύμων καταβάντες ἔλεγον ὅτι Βεελζεβοὺλ ἔχει, καὶ ὅτι Ἐν τῷ ἄρχοντι τῶν δαιμονίων ἐκβάλλει τὰ δαιμόνια.

23 καὶ προσκαλεσάμενος αὐτούς, ἐν παραβολαῖς ἔλεγεν αὐτοῖς, Πῶς δύναται Σατανᾶς Σατανᾶν ἐκβάλλειν;
24 καὶ ἐὰν βασιλεία ἐφ' ἑαυτὴν μερισθῇ, οὐ δύναται σταθῆναι ἡ βασιλεία ἐκείνη.
25 καὶ ἐὰν οἰκία ἐφ' ἑαυτὴν μερισθῇ, οὐ δύναται σταθῆναι ἡ οἰκία ἐκείνη.
26 καὶ εἰ ὁ Σατανᾶς ἀνέστη ἐφ' ἑαυτὸν καὶ μεμέρισται, οὐ δύναται σταθῆναι, ἀλλὰ τέλος ἔχει.
27 οὐ δύναται οὐδεὶς τὰ σκεύη τοῦ ἰσχυροῦ, εἰσελθὼν εἰς τὴν οἰκίαν αὐτοῦ, διαρπάσαι, ἐὰν μὴ πρῶτον τὸν ἰσχυρὸν δήσῃ, καὶ τότε τὴν οἰκίαν αὐτοῦ διαρπάσει.
28 ἀμὴν λέγω ὑμῖν, ὅτι πάντα ἀφεθήσεται τὰ ἁμαρτήματα τοῖς υἱοῖς τῶν ἀνθρώπων, καὶ βλασφημίαι ὅσας ἂν βλασφημήσωσιν·
29 ὃς δ' ἂν βλασφημήσῃ εἰς τὸ Πνεῦμα τὸ Ἅγιον, οὐκ ἔχει ἄφεσιν εἰς τὸν αἰῶνα, ἀλλ' ἔνοχός ἐστιν αἰωνίου κρίσεως
30 ὅτι ἔλεγον, Πνεῦμα ἀκάθαρτον ἔχει.
31 Ἔρχονται οὖν οἱ ἀδελφοὶ καὶ ἡ μήτηρ αὐτοῦ, καὶ ἔξω ἑστῶτες ἀπέστειλαν πρὸς αὐτόν, φωνοῦντες αὐτόν.
32 καὶ ἐκάθητο ὄχλος περὶ αὐτόν· εἶπον δὲ αὐτῷ, Ἰδού, ἡ μήτηρ σου καὶ οἱ ἀδελφοί σου ἔξω ζητοῦσί σε.
33 καὶ ἀπεκρίθη αὐτοῖς λέγων, Τίς ἐστιν ἡ μήτηρ μου ἢ οἱ ἀδελφοί μου;
34 καὶ περιβλεψάμενος κύκλῳ τοὺς περὶ αὐτὸν καθημένους, λέγει, Ἴδε ἡ μήτηρ μου καὶ οἱ ἀδελφοί μου.
35 ὃς γὰρ ἂν ποιήσῃ τὸ θέλημα τοῦ Θεοῦ, οὗτος ἀδελφός μου καὶ ἀδελφή μου καὶ μήτηρ ἐστί.

CHAPTER 4

1 Καὶ πάλιν ἤρξατο διδάσκειν παρὰ τὴν θάλασσαν· καὶ συνήχθη πρὸς αὐτὸν ὄχλος πολύς, ὥστε αὐτὸν ἐμβάντα εἰς τὸ πλοῖον καθῆσθαι ἐν τῇ θαλάσσῃ· καὶ πᾶς ὁ ὄχλος πρὸς τὴν θάλασσαν ἐπὶ τῆς γῆς ἦν.
2 καὶ ἐδίδασκεν αὐτοὺς ἐν παραβολαῖς πολλά, καὶ ἔλεγεν αὐτοῖς ἐν τῇ διδαχῇ αὐτοῦ,
3 Ἀκούετε· ἰδού, ἐξῆλθεν ὁ σπείρων τοῦ σπεῖραι.
4 καὶ ἐγένετο ἐν τῷ σπείρειν, ὃ μὲν ἔπεσε παρὰ τὴν ὁδόν, καὶ ἦλθε τὰ πετεινὰ τοῦ οὐρανοῦ καὶ κατέφαγεν αὐτό.
5 ἄλλο δὲ ἔπεσεν ἐπὶ τὸ πετρῶδες, ὅπου οὐκ εἶχε γῆν πολλήν· καὶ εὐθέως ἐξανέτειλε, διὰ τὸ μὴ ἔχειν βάθος γῆς·
6 ἡλίου δὲ ἀνατείλαντος ἐκαυματίσθη, καὶ διὰ τὸ μὴ ἔχειν ῥίζαν ἐξηράνθη
7 καὶ ἄλλο ἔπεσεν εἰς τὰς ἀκάνθας, καὶ ἀνέβησαν αἱ ἄκανθαι, καὶ συνέπνιξαν αὐτό, καὶ καρπὸν οὐκ ἔδωκε.
8 καὶ ἄλλο ἔπεσεν εἰς τὴν γῆν τὴν καλήν· καὶ ἐδίδου καρπὸν ἀναβαίνοντα καὶ αὐξάνοντα, καὶ

ἔφερεν ἓν τριάκοντα, καὶ ἓν ἑξήκοντα, καὶ ἓν ἑκατόν.

9 καὶ ἔλεγεν αὐτοῖς, Ὁ ἔχων ὦτα ἀκούειν, ἀκουέτω.

10 Ὅτε δὲ ἐγένετο καταμόνας, ἠρώτησαν αὐτὸν οἱ περὶ αὐτὸν σὺν τοῖς δώδεκα τὴν παραβολήν.

11 καὶ ἔλεγεν αὐτοῖς, Ὑμῖν δέδοται γνῶναι τὸ μυστήριον τῆς βασιλείας τοῦ Θεοῦ· ἐκείνοις δὲ τοῖς ἔξω, ἐν παραβολαῖς τὰ πάντα γίνεται·

12 ἵνα βλέποντες βλέπωσι, καὶ μὴ ἴδωσι· καὶ ἀκούοντες ἀκούωσι, καὶ μὴ συνιῶσι· μήποτε ἐπιστρέψωσι, καὶ ἀφεθῇ αὐτοῖς τὰ ἁμαρτήματα.

13 καὶ λέγει αὐτοῖς, Οὐκ οἴδατε τὴν παραβολὴν ταύτην; καὶ πῶς πάσας τὰς παραβολὰς γνώσεσθε;

14 ὁ σπείρων τὸν λόγον σπείρει

15 οὗτοι δέ εἰσιν οἱ παρὰ τὴν ὁδόν, ὅπου σπείρεται ὁ λόγος, καὶ ὅταν ἀκούσωσιν, εὐθέως ἔρχεται ὁ Σατανᾶς καὶ αἴρει τὸν λόγον τὸν ἐσπαρμένον ἐν ταῖς καρδίαις αὐτῶν.

16 καὶ οὗτοί εἰσιν ὁμοίως οἱ ἐπὶ τὰ πετρώδη σπειρόμενοι, οἵ, ὅταν ἀκούσωσι τὸν λόγον, εὐθέως μετὰ χαρᾶς λαμβάνουσιν αὐτόν,

17 καὶ οὐκ ἔχουσι ῥίζαν ἐν ἑαυτοῖς, ἀλλὰ πρόσκαιροί εἰσιν· εἶτα γενομένης θλίψεως ἢ διωγμοῦ διὰ τὸν λόγον, εὐθέως σκανδαλίζονται.

18 καὶ οὗτοί εἰσιν οἱ εἰς τὰς ἀκάνθας σπειρόμενοι, οἱ τὸν λόγον ἀκούοντες,

19 καὶ αἱ μέριμναι τοῦ αἰῶνος τούτου, καὶ ἡ ἀπάτη τοῦ πλούτου, καὶ αἱ περὶ τὰ λοιπὰ ἐπιθυμίαι εἰσπορευόμεναι συμπνίγουσι τὸν λόγον, καὶ ἄκαρπος γίνεται.

20 καὶ οὗτοί εἰσιν οἱ ἐπὶ τὴν γῆν τὴν καλὴν σπαρέντες, οἵτινες ἀκούουσι τὸν λόγον, καὶ παραδέχονται, καὶ καρποφοροῦσιν, ἓν τριάκοντα, καὶ ἓν ἑξήκοντα, καὶ ἓν ἑκατόν.

21 Καὶ ἔλεγεν αὐτοῖς, Μήτι ὁ λύχνος ἔρχεται ἵνα ὑπὸ τὸν μόδιον τεθῇ ἢ ὑπὸ τὴν κλίνην; οὐχ ἵνα ἐπὶ τὴν λυχνίαν ἐπιτεθῇ;

22 οὐ γάρ ἐστι τί κρυπτόν, ὃ ἐὰν μὴ φανερωθῇ· οὐδὲ ἐγένετο ἀπόκρυφον, ἀλλ' ἵνα εἰς φανερὸν ἔλθῃ.

23 εἴ τις ἔχει ὦτα ἀκούειν ἀκουέτω.

24 καὶ ἔλεγεν αὐτοῖς, Βλέπετε τί ἀκούετε. ἐν ᾧ μέτρῳ μετρεῖτε μετρηθήσεται ὑμῖν, καὶ προστεθήσεται ὑμῖν τοῖς ἀκούουσιν.

25 ὃς γὰρ ἂν ἔχῃ, δοθήσεται αὐτῷ· καὶ ὃς οὐκ ἔχει, καὶ ὃ ἔχει ἀρθήσεται ἀπ' αὐτοῦ.

26 Καὶ ἔλεγεν, Οὕτως ἐστὶν ἡ βασιλεία τοῦ Θεοῦ, ὡς ἐὰν ἄνθρωπος βάλῃ τὸν σπόρον ἐπὶ τῆς γῆς,

27 καὶ καθεύδῃ καὶ ἐγείρηται νύκτα καὶ ἡμέραν, καὶ ὁ σπόρος βλαστάνῃ καὶ μηκύνηται ὡς οὐκ οἶδεν αὐτός.

28 αὐτομάτη γὰρ ἡ γῆ καρποφορεῖ, πρῶτον χόρτον, εἶτα στάχυν, εἶτα πλήρη σῖτον ἐν τῷ στάχυϊ.

29 ὅταν δὲ παραδῷ ὁ καρπός, εὐθέως ἀποστέλλει τὸ δρέπανον, ὅτι παρέστηκεν ὁ θερισμός.

30 Καὶ ἔλεγε, Τίνι ὁμοιώσωμεν τὴν βασιλείαν τοῦ Θεοῦ; ἢ ἐν ποίᾳ παραβολῇ παραβάλωμεν αὐτήν;

31 ὡς κόκκῳ σινάπεως, ὅς, ὅταν σπαρῇ ἐπὶ τῆς γῆς, μικρότερος πάντων τῶν σπερμάτων ἐστὶ τῶν ἐπὶ τῆς γῆς·

32 καὶ ὅταν σπαρῇ, ἀναβαίνει, καὶ γίνεται πάντων τῶν λαχάνων μείζων, καὶ ποιεῖ κλάδους μεγάλους, ὥστε δύνασθαι ὑπὸ τὴν σκιὰν αὐτοῦ τὰ πετεινὰ τοῦ οὐρανοῦ κατασκηνοῦν.

33 Καὶ τοιαύταις παραβολαῖς πολλαῖς ἐλάλει αὐτοῖς τὸν λόγον, καθὼς ἠδύναντο ἀκούειν·

34 χωρὶς δὲ παραβολῆς οὐκ ἐλάλει αὐτοῖς· κατ᾽ ἰδίαν δὲ τοῖς μαθηταῖς αὐτοῦ ἐπέλυε πάντα.

35 Καὶ λέγει αὐτοῖς ἐν ἐκείνῃ τῇ ἡμέρᾳ, ὀψίας γενομένης, Διέλθωμεν εἰς τὸ πέραν.

36 καὶ ἀφέντες τὸν ὄχλον, παραλαμβάνουσιν αὐτὸν ὡς ἦν ἐν τῷ πλοίῳ. καὶ ἄλλα δὲ πλοιάρια ἦν μετ᾽ αὐτοῦ.

37 καὶ γίνεται λαῖλαψ ἀνέμου μεγάλη· τὰ δὲ κύματα ἐπέβαλλεν εἰς τὸ πλοῖον, ὥστε αὐτὸ ἤδη γεμίζεσθαι.

38 καὶ ἦν αὐτὸς ἐπὶ τῇ πρύμνῃ ἐπὶ τὸ προσκεφάλαιον καθεύδων· καὶ διεγείρουσιν αὐτόν, καὶ λέγουσιν αὐτῷ, Διδάσκαλε, οὐ μέλει σοι ὅτι ἀπολλύμεθα;

39 καὶ διεγερθεὶς ἐπετίμησε τῷ ἀνέμῳ, καὶ εἶπε τῇ θαλάσσῃ, Σιώπα, πεφίμωσο. καὶ ἐκόπασεν ὁ ἄνεμος, καὶ ἐγένετο γαλήνη μεγάλη.

40 καὶ εἶπεν αὐτοῖς, Τί δειλοί ἐστε; οὕτω; πῶς οὐκ ἔχετε πίστιν;

41 καὶ ἐφοβήθησαν φόβον μέγαν, καὶ ἔλεγον πρὸς ἀλλήλους, Τίς ἄρα οὗτός ἐστιν, ὅτι καὶ ὁ ἄνεμος καὶ ἡ θάλασσα ὑπακούουσιν αὐτῷ;

CHAPTER 5

1 Καὶ ἦλθον εἰς τὸ πέραν τῆς θαλάσσης, εἰς τὴν χώραν τῶν Γαδαρηνῶν.

2 καὶ ἐξελθόντι αὐτῷ ἐκ τοῦ πλοίου, εὐθέως ἀπήντησεν αὐτῷ ἐκ τῶν μνημείων ἄνθρωπος ἐν πνεύματι ἀκαθάρτῳ,

3 ὃς τὴν κατοίκησιν εἶχεν ἐν τοῖς μνημείοις· καὶ οὔτε ἁλύσεσιν οὐδεὶς ἠδύνατο αὐτὸν δῆσαι,

4 διὰ τὸ αὐτὸν πολλάκις πέδαις καὶ ἁλύσεσι δεδέσθαι, καὶ διεσπᾶσθαι ὑπ᾽ αὐτοῦ τὰς ἁλύσεις, καὶ τὰς πέδας συντετρῖφθαι· καὶ οὐδεὶς αὐτὸν ἴσχυε δαμάσαι·

5 καὶ διὰ παντός, νυκτὸς καὶ ἡμέρας, ἐν τοῖς ὄρεσι καὶ ἐν τοῖς μνήμασιν ἦν κράζων καὶ κατακόπτων ἑαυτὸν λίθοις.

6 ἰδὼν δὲ τὸν Ἰησοῦν ἀπὸ μακρόθεν, ἔδραμε καὶ προσεκύνησεν αὐτῷ,

7 καὶ κράξας φωνῇ μεγάλῃ εἶπε, Τί ἐμοὶ καὶ σοί, Ἰησοῦ, υἱὲ τοῦ Θεοῦ

τοῦ ὑψίστου; ὁρκίζω σε τὸν Θεόν. μή με βασανίσης

8 ἔλεγε γὰρ αὐτῷ, Ἔξελθε, τὸ πνεῦμα τὸ ἀκάθαρτον, ἐκ τοῦ ἀνθρώπου.

9 καὶ ἐπηρώτα αὐτόν, Τί σοι ὄνομα; καὶ ἀπεκρίθη, λέγων, Λεγεών ὄνομά μοι, ὅτι πολλοί ἐσμεν.

10 καὶ παρεκάλει αὐτὸν πολλά, ἵνα μὴ αὐτοὺς ἀποστείλῃ ἔξω τῆς χώρας.

11 ἦν δὲ ἐκεῖ πρὸς τὰ ὄρη ἀγέλη χοίρων μεγάλη βοσκομένη·

12 καὶ παρεκάλεσαν αὐτὸν πάντες οἱ δαίμονες, λέγοντες, Πέμψον ἡμᾶς εἰς τοὺς χοίρους, ἵνα εἰς αὐτοὺς εἰσέλθωμεν.

13 καὶ ἐπέτρεψεν αὐτοῖς εὐθέως ὁ Ἰησοῦς. καὶ ἐξελθόντα τὰ πνεύματα τὰ ἀκάθαρτα εἰσῆλθον εἰς τοὺς χοίρους· καὶ ὥρμησεν ἡ ἀγέλη κατὰ τοῦ κρημνοῦ εἰς τὴν θάλασσαν· ἦσαν δὲ ὡς δισχίλιοι· καὶ ἐπνίγοντο ἐν τῇ θαλάσσῃ.

14 οἱ δὲ βόσκοντες τοὺς χοίρους ἔφυγον, καὶ ἀνήγγειλαν εἰς τὴν πόλιν καὶ εἰς τοὺς ἀγρούς. καὶ ἐξῆλθον ἰδεῖν τί ἐστι τὸ γεγονός·

15 καὶ ἔρχονται πρὸς τὸν Ἰησοῦν, καὶ θεωροῦσι τὸν δαιμονιζόμενον καθήμενον καὶ ἱματισμένον καὶ σωφρονοῦντα, τὸν ἐσχηκότα τὸν λεγεῶνα· καὶ ἐφοβήθησαν.

16 καὶ διηγήσαντο αὐτοῖς οἱ ἰδόντες πῶς ἐγένετο τῷ δαιμονιζομένῳ, καὶ περὶ τῶν χοίρων.

17 καὶ ἤρξαντο παρακαλεῖν αὐτὸν ἀπελθεῖν ἀπὸ τῶν ὁρίων αὐτῶν.

18 καὶ ἐμβάντος αὐτοῦ εἰς τὸ πλοῖον, παρεκάλει αὐτὸν ὁ δαιμονισθείς, ἵνα ᾖ μετ' αὐτοῦ.

19 ὁ δὲ Ἰησοῦς οὐκ ἀφῆκεν αὐτόν, ἀλλὰ λέγει αὐτῷ, Ὕπαγε εἰς τὸν οἶκόν σου πρὸς τοὺς σούς, καὶ ἀνάγγειλον αὐτοῖς ὅσα σοι ὁ Κύριός ἐποίησε, καὶ ἠλέησέ σε.

20 καὶ ἀπῆλθε καὶ ἤρξατο κηρύσσειν ἐν τῇ Δεκαπόλει ὅσα ἐποίησεν αὐτῷ ὁ Ἰησοῦς· καὶ πάντες ἐθαύμαζον.

21 Καὶ διαπεράσαντος τοῦ Ἰησοῦ ἐν τῷ πλοίῳ πάλιν εἰς τὸ πέραν, συνήχθη ὄχλος πολὺς ἐπ' αὐτόν, καὶ ἦν παρὰ τὴν θάλασσαν.

22 καὶ ἰδού, ἔρχεται εἷς τῶν ἀρχισυναγώγων, ὀνόματι Ἰάειρος, καὶ ἰδὼν αὐτόν, πίπτει πρὸς τοὺς πόδας αὐτοῦ,

23 καὶ παρεκάλει αὐτὸν πολλά, λέγων ὅτι Τὸ θυγάτριόν μου ἐσχάτως ἔχει· ἵνα ἐλθὼν ἐπιθῇς αὐτῇ τὰς χεῖρας, ὅπως σωθῇ καὶ ζήσεται.

24 καὶ ἀπῆλθε μετ' αὐτοῦ· καὶ ἠκολούθει αὐτῷ ὄχλος πολύς, καὶ συνέθλιβον αὐτόν.

25 Καὶ γυνὴ τις οὖσα ἐν ῥύσει αἵματος ἔτη δώδεκα,

26 καὶ πολλὰ παθοῦσα ὑπὸ πολλῶν ἰατρῶν, καὶ δαπανήσασα τὰ παρ' ἑαυτῆς πάντα, καὶ μηδὲν ὠφεληθεῖσα, ἀλλὰ μᾶλλον εἰς τὸ χεῖρον ἐλθοῦσα,

27 ἀκούσασα περὶ τοῦ Ἰησοῦ, ἐλθοῦσα ἐν τῷ ὄχλῳ ὄπισθεν, ἥψατο τοῦ ἱματίου αὐτοῦ·
28 ἔλεγε γὰρ ὅτι Κἂν τῶν ἱματίων αὐτοῦ ἅψωμαι, σωθήσομαι.
29 καὶ εὐθέως ἐξηράνθη ἡ πηγὴ τοῦ αἵματος αὐτῆς, καὶ ἔγνω τῷ σώματι ὅτι ἴαται ἀπὸ τῆς μάστιγος.
30 καὶ εὐθέως ὁ Ἰησοῦς ἐπιγνοὺς ἐν ἑαυτῷ τὴν ἐξ αὐτοῦ δύναμιν ἐξελθοῦσαν, ἐπιστραφεὶς ἐν τῷ ὄχλῳ, ἔλεγε, Τίς μου ἥψατο τῶν ἱματίων;
31 καὶ ἔλεγον αὐτῷ οἱ μαθηταὶ αὐτοῦ, Βλέπεις τὸν ὄχλον συνθλίβοντά σε, καὶ λέγεις, Τίς μου ἥψατο;
32 καὶ περιεβλέπετο ἰδεῖν τὴν τοῦτο ποιήσασαν.
33 ἡ δὲ γυνὴ φοβηθεῖσα καὶ τρέμουσα, εἰδυῖα ὃ γέγονεν ἐπ᾽ αὐτῇ, ἦλθε καὶ προσέπεσεν αὐτῷ, καὶ εἶπεν αὐτῷ πᾶσαν τὴν ἀλήθειαν.
34 ὁ δὲ εἶπεν αὐτῇ, θύγατερ, ἡ πίστις σου σέσωκέ σε· ὕπαγε εἰς εἰρήνην, καὶ ἴσθι ὑγιὴς ἀπὸ τῆς μάστιγός σου.
35 Ἔτι αὐτοῦ λαλοῦντος, ἔρχονται ἀπὸ τοῦ ἀρχισυναγώγου, λέγοντες ὅτι Ἡ θυγάτηρ σου ἀπέθανε· τί ἔτι σκύλλεις τὸν διδάσκαλον;
36 ὁ δὲ Ἰησοῦς εὐθέως ἀκούσας τὸν λόγον λαλούμενον λέγει τῷ ἀρχισυναγώγῳ, Μὴ φοβοῦ, μόνον πίστευε.
37 καὶ οὐκ ἀφῆκεν οὐδένα αὐτῷ συνακολουθῆσαι, εἰ μὴ Πέτρον καὶ Ἰάκωβον καὶ Ἰωάννην τὸν ἀδελφὸν Ἰακώβου.
38 καὶ ἔρχεται εἰς τὸν οἶκον τοῦ ἀρχισυναγώγου, καὶ θεωρεῖ θόρυβον, καὶ κλαίοντας καὶ ἀλαλάζοντας πολλά
39 καὶ εἰσελθὼν λέγει αὐτοῖς, Τί θορυβεῖσθε καὶ κλαίετε; τὸ παιδίον οὐκ ἀπέθανεν, ἀλλὰ καθεύδει.
40 καὶ κατεγέλων αὐτοῦ. ὁ δὲ, ἐκβαλὼν ἅπαντας, παραλαμβάνει τὸν πατέρα τοῦ παιδίου καὶ τὴν μητέρα καὶ τοὺς μετ᾽ αὐτοῦ, καὶ εἰσπορεύεται ὅπου ἦν τὸ παιδίον ἀνακείμενον
41 καὶ κρατήσας τῆς χειρὸς τοῦ παιδίου, λέγει αὐτῇ, Ταλιθα, κοῦμι· ὅ ἐστι μεθερμηνευόμενον, Τὸ κοράσιον, σοὶ λέγω ἔγειραι.
42 καὶ εὐθέως ἀνέστη τὸ κοράσιον, καὶ περιεπάτει, ἦν γὰρ ἐτῶν δώδεκα· καὶ ἐξέστησαν ἐκστάσει μεγάλῃ.
43 καὶ διεστείλατο αὐτοῖς πολλὰ ἵνα μηδεὶς γνῷ τοῦτο· καὶ εἶπε δοθῆναι αὐτῇ φαγεῖν.

CHAPTER 6

1 Καὶ ἐξῆλθεν ἐκεῖθεν, καὶ ἦλθεν εἰς τὴν πατρίδα αὐτοῦ· καὶ ἀκολουθοῦσιν αὐτῷ οἱ μαθηταὶ αὐτοῦ.
2 καὶ γενομένου σαββάτου, ἤρξατο ἐν τῇ συναγωγῇ διδάσκειν· καὶ πολλοὶ ἀκούοντες ἐξεπλήσσοντο, λέγοντες, Πόθεν τούτῳ ταῦτα καὶ τίς ἡ σοφία ἡ δοθεῖσα αὐτῷ, ὅτι

ΕΥΑΓΓΕΛΙΟΝ ΤΟ ΚΑΤΑ ΜΑΡΚΟΝ

καὶ δυνάμεις τοιαῦται διὰ τῶν χειρῶν αὐτοῦ γίνονται;

3 οὐχ οὗτός ἐστιν ὁ τέκτων, ὁ υἱὸς Μαρίας, ἀδελφὸς δὲ Ἰακώβου καὶ Ἰωσῆ καὶ Ἰούδα καὶ Σίμωνος; καὶ οὐκ εἰσὶν αἱ ἀδελφαὶ αὐτοῦ ὧδε πρὸς ἡμᾶς; καὶ ἐσκανδαλίζοντο ἐν αὐτῷ.

4 ἔλεγε δὲ αὐτοῖς ὁ Ἰησοῦς ὅτι Οὐκ ἔστι προφήτης ἄτιμος, εἰ μὴ ἐν τῇ πατρίδι αὐτοῦ, καὶ ἐν τοῖς συγγενέσι καὶ ἐν τῇ οἰκίᾳ αὐτοῦ.

5 καὶ οὐκ ἠδύνατο ἐκεῖ οὐδεμίαν δύναμιν ποιῆσαι, εἰ μὴ ὀλίγοις ἀρρώστοις ἐπιθεὶς τὰς χεῖρας, ἐθεράπευσε.

6 καὶ ἐθαύμαζε διὰ τὴν ἀπιστίαν αὐτῶν. Καὶ περιῆγε τὰς κώμας κύκλῳ διδάσκων.

7 Καὶ προσκαλεῖται τοὺς δώδεκα, καὶ ἤρξατο αὐτοὺς ἀποστέλλειν δύο δύο, καὶ ἐδίδου αὐτοῖς ἐξουσίαν τῶν πνευμάτων τῶν ἀκαθάρτων.

8 καὶ παρήγγειλεν αὐτοῖς ἵνα μηδὲν αἴρωσιν εἰς ὁδόν, εἰ μὴ ῥάβδον μόνον· μὴ πήραν, μὴ ἄρτον, μὴ εἰς τὴν ζώνην χαλκόν·

9 ἀλλ' ὑποδεδεμένους σανδάλια· καὶ μὴ ἐνδύσασθαι δύο χιτῶνας.

10 καὶ ἔλεγεν αὐτοῖς, Ὅπου ἐὰν εἰσέλθητε εἰς οἰκίαν, ἐκεῖ μένετε ἕως ἂν ἐξέλθητε ἐκεῖθεν.

11 καὶ ὅσοι ἂν μὴ δέξωνταί ὑμᾶς, μηδὲ ἀκούσωσιν ὑμῶν, ἐκπορευόμενοι ἐκεῖθεν, ἐκτινάξατε τὸν χοῦν τὸν ὑποκάτω τῶν ποδῶν ὑμῶν εἰς μαρτύριον αὐτοῖς. ἀμὴν λέγω ὑμῖν, ἀνεκτότερον ἔσται Σοδόμοις ἢ Γομόρροις ἐν ἡμέρᾳ κρίσεως, ἢ τῇ πόλει ἐκείνῃ.

12 καὶ ἐξελθόντες ἐκήρυσσον ἵνα μετανοήσωσι·

13 καὶ δαιμόνια πολλὰ ἐξέβαλλον, καὶ ἤλειφον ἐλαίῳ πολλοὺς ἀρρώστους καὶ ἐθεράπευον.

14 Καὶ ἤκουσεν ὁ βασιλεὺς Ἡρώδης, φανερὸν γὰρ ἐγένετο τὸ ὄνομα αὐτοῦ, καὶ ἔλεγεν ὅτι Ἰωάννης ὁ βαπτίζων ἐκ νεκρῶν ἠγέρθη, καὶ διὰ τοῦτο ἐνεργοῦσιν αἱ δυνάμεις ἐν αὐτῷ.

15 ἄλλοι ἔλεγον ὅτι Ἠλίας ἐστίν· ἄλλοι δὲ ἔλεγον ὅτι Προφήτης ἐστίν, ἢ ὡς εἷς τῶν προφητῶν.

16 ἀκούσας δὲ ὁ Ἡρώδης εἶπεν ὅτι Ὃν ἐγὼ ἀπεκεφάλισα Ἰωάννην, οὗτος ἐστιν· αὐτὸς ἠγέρθη ἐκ νεκρῶν.

17 αὐτὸς γὰρ ὁ Ἡρώδης ἀποστείλας ἐκράτησε τὸν Ἰωάννην, καὶ ἔδησεν αὐτὸν ἐν τῇ φυλακῇ, διὰ Ἡρωδιάδα τὴν γυναῖκα Φιλίππου τοῦ ἀδελφοῦ αὐτοῦ, ὅτι αὐτὴν ἐγάμησεν

18 ἔλεγε γὰρ ὁ Ἰωάννης τῷ Ἡρώδῃ ὅτι Οὐκ ἔξεστί σοι ἔχειν τὴν γυναῖκα τοῦ ἀδελφοῦ σου.

19 ἡ δὲ Ἡρωδιὰς ἐνεῖχεν αὐτῷ, καὶ ἤθελεν αὐτὸν ἀποκτεῖναι· καὶ οὐκ ἠδύνατο·

20 ὁ γὰρ Ἡρώδης ἐφοβεῖτο τὸν Ἰωάννην, εἰδὼς αὐτὸν ἄνδρα δίκαιον καὶ ἅγιον, καὶ συνετήρει αὐτόν· καὶ ἀκούσας αὐτοῦ, πολλὰ ἐποίει, καὶ ἡδέως αὐτοῦ ἤκουε.

21 καὶ γενομένης ἡμέρας εὐκαίρου, ὅτε Ἡρώδης τοῖς

84

γενεσίοις αὐτοῦ δεῖπνον ἐποίει τοῖς μεγιστᾶσιν αὐτοῦ καὶ τοῖς χιλιάρχοις καὶ τοῖς πρώτοις τῆς Γαλιλαίας,

22 καὶ εἰσελθούσης τῆς θυγατρὸς αὐτῆς τῆς Ἡρωδιάδος καὶ ὀρχησαμένης, καὶ ἀρεσάσης τῷ Ἡρώδῃ καὶ τοῖς συνανακειμένοις, εἶπεν ὁ βασιλεὺς τῷ κορασίῳ, Αἴτησόν με ὃ ἐὰν θέλῃς, καὶ δώσω σοί·

23 καὶ ὤμοσεν αὐτῇ ὅτι, Ὃ ἐάν με αἰτήσῃς, δώσω σοί, ἕως ἡμίσους τῆς βασιλείας μου.

24 ἡ δὲ ἐξελθοῦσα εἶπε τῇ μητρὶ αὐτῆς, Τί αἰτήσομαι; ἡ δὲ εἶπε, Τὴν κεφαλὴν Ἰωάννου τοῦ βαπτίστου.

25 καὶ εἰσελθοῦσα εὐθέως μετὰ σπουδῆς πρὸς τὸν βασιλέα, ἠτήσατο, λέγουσα, Θέλω ἵνα μοι δῷς ἐξαυτῆς ἐπὶ πίνακι τὴν κεφαλὴν Ἰωάννου τοῦ βαπτιστοῦ.

26 καὶ περίλυπος γενόμενος ὁ βασιλεύς, διὰ τοὺς ὅρκους καὶ τοὺς συνανακειμένους οὐκ ἠθέλησεν αὐτὴν ἀθετῆσαι.

27 καὶ εὐθέως ἀποστείλας ὁ βασιλεὺς σπεκουλάτωρα ἐπέταξεν ἐνεχθῆναι τὴν κεφαλὴν αὐτοῦ. ὁ δὲ ἀπελθὼν ἀπεκεφάλισεν αὐτὸν ἐν τῇ φυλακῇ,

28 καὶ ἤνεγκε τὴν κεφαλὴν αὐτοῦ ἐπὶ πίνακι, καὶ ἔδωκεν αὐτὴν τῷ κορασίῳ· καὶ τὸ κοράσιον ἔδωκεν αὐτὴν τῇ μητρὶ αὐτῆς.

29 καὶ ἀκούσαντες οἱ μαθηταὶ αὐτοῦ ἦλθον, καὶ ἦραν τὸ πτῶμα αὐτοῦ, καὶ ἔθηκαν αὐτὸ ἐν μνημείῳ.

30 Καὶ συνάγονται οἱ ἀπόστολοι πρὸς τὸν Ἰησοῦν, καὶ ἀπήγγειλαν αὐτῷ πάντα, καὶ ὅσα ἐποίησαν καὶ ὅσα ἐδίδαξαν.

31 καὶ εἶπεν αὐτοῖς, Δεῦτε ὑμεῖς αὐτοὶ κατ' ἰδίαν εἰς ἔρημον τόπον, καὶ ἀναπαύεσθε ὀλίγον. ἦσαν γὰρ οἱ ἐρχόμενοι καὶ οἱ ὑπάγοντες πολλοί, καὶ οὐδὲ φαγεῖν ηὐκαίρουν.

32 καὶ ἀπῆλθον εἰς ἔρημον τόπον τῷ πλοίῳ κατ' ἰδίαν.

33 καὶ εἶδον αὐτοὺς ὑπάγοντας οἱ ὄχλοι, καὶ ἐπέγνωσαν αὐτὸν πολλοί, καὶ πεζῇ ἀπὸ πασῶν τῶν πόλεων συνέδραμον ἐκεῖ, καὶ προῆλθον αὐτούς, καὶ συνῆλθον πρὸς αὐτόν.

34 καὶ ἐξελθὼν εἶδεν ὁ Ἰησοῦς πολὺν ὄχλον, καὶ ἐσπλαγχνίσθη ἐπ' αὐτοῖς, ὅτι ἦσαν ὡς πρόβατα μὴ ἔχοντα ποιμένα· καὶ ἤρξατο διδάσκειν αὐτοὺς πολλά

35 καὶ ἤδη ὥρας πολλῆς γενομένης, προσελθόντες αὐτῷ οἱ μαθηταὶ αὐτοῦ λέγουσιν ὅτι Ἔρημός ἐστιν ὁ τόπος, καὶ ἤδη ὥρα πολλή·

36 ἀπόλυσον αὐτούς, ἵνα ἀπελθόντες εἰς τοὺς κύκλῳ ἀγροὺς καὶ κώμας ἀγοράσωσιν ἑαυτοῖς ἄρτους. τί γὰρ φάγωσιν οὐκ ἔχουσιν.

37 ὁ δὲ ἀποκριθεὶς εἶπεν αὐτοῖς, Δότε αὐτοῖς ὑμεῖς φαγεῖν. καὶ λέγουσιν αὐτῷ, Ἀπελθόντες ἀγοράσωμεν διακοσίων δηναρίων ἄρτους, καὶ δῶμεν αὐτοῖς φαγεῖν;

38 ὁ δὲ λέγει αὐτοῖς, Πόσους ἄρτους ἔχετε; ὑπάγετε καὶ ἴδετε καὶ γνόντες λέγουσι, Πέντε, καὶ δύο ἰχθύας

39 καὶ ἐπέταξεν αὐτοῖς ἀνακλῖναι πάντας συμπόσια συμπόσια ἐπὶ τῷ χλωρῷ χόρτῳ.

40 καὶ ἀνέπεσον πρασιαὶ πρασιαί, ἀνὰ ἑκατὸν καὶ ἀνὰ πεντήκοντα.

41 καὶ λαβὼν τοὺς πέντε ἄρτους καὶ τοὺς δύο ἰχθύας, ἀναβλέψας εἰς τὸν οὐρανόν, εὐλόγησε, καὶ κατέκλασε τοὺς ἄρτους, καὶ ἐδίδου τοῖς μαθηταῖς αὐτοῦ ἵνα παραθῶσιν αὐτοῖς· καὶ τοὺς δύο ἰχθύας ἐμέρισε πᾶσι.

42 καὶ ἔφαγον πάντες, καὶ ἐχορτάσθησαν·

43 καὶ ἦραν κλασμάτων δώδεκα κοφίνους πλήρεις, καὶ ἀπὸ τῶν ἰχθύων.

44 καὶ ἦσαν οἱ φαγόντες τοὺς ἄρτους, ὡσεὶ πεντακισχίλιοι ἄνδρες.

45 Καὶ εὐθέως ἠνάγκασε τοὺς μαθητὰς αὐτοῦ ἐμβῆναι εἰς τὸ πλοῖον, καὶ προάγειν εἰς τὸ πέραν πρὸς Βηθσαϊδά, ἕως αὐτὸς ἀπολύσῃ τὸν ὄχλον.

46 καὶ ἀποταξάμενος αὐτοῖς, ἀπῆλθεν εἰς τὸ ὄρος προσεύξασθαι.

47 καὶ ὀψίας γενομένης, ἦν τὸ πλοῖον ἐν μέσῳ τῆς θαλάσσης, καὶ αὐτὸς μόνος ἐπὶ τῆς γῆς.

48 καὶ εἶδεν αὐτοὺς βασανιζομένους ἐν τῷ ἐλαύνειν, ἦν γὰρ ὁ ἄνεμος ἐναντίος αὐτοῖς, καὶ περὶ τετάρτην φυλακὴν τῆς νυκτὸς ἔρχεται πρὸς αὐτούς, περιπατῶν ἐπὶ τῆς θαλάσσης· καὶ ἤθελε παρελθεῖν αὐτούς.

49 οἱ δέ, ἰδόντες αὐτὸν περιπατοῦντα ἐπὶ τῆς θαλάσσης, ἔδοξαν φάντασμά εἶναι, καὶ ἀνέκραξαν·

50 πάντες γὰρ αὐτὸν εἶδον, καὶ ἐταράχθησαν. καὶ εὐθέως ἐλάλησε μετ' αὐτῶν, καὶ λέγει αὐτοῖς, Θαρσεῖτε· ἐγώ εἰμι, μὴ φοβεῖσθε.

51 καὶ ἀνέβη πρὸς αὐτοὺς εἰς τὸ πλοῖον, καὶ ἐκόπασεν ὁ ἄνεμος· καὶ λίαν ἐκ περισσοῦ ἐν ἑαυτοῖς ἐξίσταντο, καὶ ἐθαύμαζον.

52 οὐ γὰρ συνῆκαν ἐπὶ τοῖς ἄρτοις· ἦν γὰρ ἡ καρδία αὐτῶν πεπωρωμένη.

53 Καὶ διαπεράσαντες ἦλθον ἐπὶ τὴν γῆν Γεννησαρέτ, καὶ προσωρμίσθησαν.

54 καὶ ἐξελθόντων αὐτῶν ἐκ τοῦ πλοίου, εὐθέως ἐπιγνόντες αὐτὸν,

55 περιδραμόντες ὅλην τὴν περίχωρον ἐκείνην, ἤρξαντο ἐπὶ τοῖς κραββάτοις τοὺς κακῶς ἔχοντας περιφέρειν, ὅπου ἤκουον ὅτι ἐκεῖ ἐστι.

56 καὶ ὅπου ἂν εἰσεπορεύετο εἰς κώμας ἢ πόλεις, ἢ ἀγρούς, ἐν ταῖς ἀγοραῖς ἐτίθουν τοὺς ἀσθενοῦντας, καὶ παρεκάλουν αὐτὸν ἵνα κἂν τοῦ κρασπέδου τοῦ ἱματίου αὐτοῦ ἅψωνται· καὶ ὅσοι ἂν ἥπτοντο αὐτοῦ ἐσώζοντο.

CHAPTER 7

1 Καὶ συνάγονται πρὸς αὐτὸν οἱ Φαρισαῖοι, καί τινες τῶν γραμματέων, ἐλθόντες ἀπὸ Ἱεροσολύμων·

2 καὶ ἰδόντες τινὰς τῶν μαθητῶν αὐτοῦ κοιναῖς χερσί, τοῦτ' ἔστιν ἀνίπτοις, ἐσθίοντας ἄρτους ἐμέμψαντο.

3 οἱ γὰρ Φαρισαῖοι καὶ πάντες οἱ Ἰουδαῖοι, ἐὰν μὴ πυγμῇ νίψωνται τὰς χεῖρας, οὐκ ἐσθίουσι, κρατοῦντες τὴν παράδοσιν τῶν πρεσβυτέρων·

4 καὶ ἀπό ἀγορᾶς, ἐὰν μὴ βαπτίσωνται, οὐκ ἐσθίουσι· καὶ ἄλλα πολλά ἐστιν ἃ παρέλαβον κρατεῖν, βαπτισμοὺς ποτηρίων καὶ ξεστῶν καὶ χαλκίων καὶ κλινῶν.

5 ἔπειτα ἐπερωτῶσιν αὐτὸν οἱ Φαρισαῖοι καὶ οἱ γραμματεῖς, Διάτι οἱ μαθηταί σού οὐ περιπατοῦσι κατὰ τὴν παράδοσιν τῶν πρεσβυτέρων, ἀλλὰ ἀνίπτοις χερσὶν ἐσθίουσι τὸν ἄρτον;

6 ὁ δὲ ἀποκριθεὶς εἶπεν αὐτοῖς ὅτι Καλῶς προεφήτευσεν Ἡσαΐας περὶ ὑμῶν τῶν ὑποκριτῶν, ὡς γέγραπται, Οὗτος ὁ λαὸς τοῖς χείλεσί με τιμᾷ, ἡ δὲ καρδία αὐτῶν πόρρω ἀπέχει ἀπ' ἐμοῦ.

7 μάτην δὲ σέβονταί με, διδάσκοντες διδασκαλίας ἐντάλματα ἀνθρώπων.

8 ἀφέντες γὰρ τὴν ἐντολὴν τοῦ Θεοῦ, κρατεῖτε τὴν παράδοσιν τῶν ἀνθρώπων, βαπτισμοὺς ξεστῶν καὶ ποτηρίων· καὶ ἄλλα παρόμοια τοιαῦτα πολλὰ ποιεῖτε.

9 καὶ ἔλεγεν αὐτοῖς, Καλῶς ἀθετεῖτε τὴν ἐντολὴν τοῦ Θεοῦ, ἵνα τὴν παράδοσιν ὑμῶν τηρήσητε.

10 Μωσῆς γὰρ εἶπε, Τίμα τὸν πατέρα σου καὶ τὴν μητέρα σου· καί, Ὁ κακολογῶν πατέρα ἢ μητέρα θανάτῳ τελευτάτω·

11 ὑμεῖς δὲ λέγετε, Ἐὰν εἴπῃ ἄνθρωπος τῷ πατρὶ ἢ τῇ μητρί, Κορβᾶν, ὅ ἔστι, δῶρον, ὃ ἐὰν ἐξ ἐμοῦ ὠφεληθῇς·

12 καὶ οὐκέτι ἀφίετε αὐτὸν οὐδὲν ποιῆσαι τῷ πατρὶ αὐτοῦ ἢ τῇ μητρὶ αὐτοῦ,

13 ἀκυροῦντες τὸν λόγον τοῦ Θεοῦ τῇ παραδόσει ὑμῶν ᾗ παρεδώκατε· καὶ παρόμοια τοιαῦτα πολλὰ ποιεῖτε.

14 καὶ προσκαλεσάμενος πάντα τὸν ὄχλον, ἔλεγεν αὐτοῖς, Ἀκούετέ μου πάντες, καὶ συνίετε

15 οὐδέν ἐστιν ἔξωθεν τοῦ ἀνθρώπου εἰσπορευόμενον εἰς αὐτόν, ὃ δύναται αὐτὸν κοινῶσαι· ἀλλὰ τὰ ἐκπορευόμενα ἀπ' αὐτοῦ, ἐκεῖνά ἐστι τὰ κοινοῦντα τὸν ἄνθρωπον.

16 εἴ τις ἔχει ὦτα ἀκούειν ἀκουέτω.

17 καὶ ὅτε εἰσῆλθεν εἰς οἶκον ἀπὸ τοῦ ὄχλου, ἐπηρώτων αὐτὸν οἱ μαθηταὶ αὐτοῦ περὶ τῆς παραβολῆς.

18 καὶ λέγει αὐτοῖς, Οὕτω καὶ ὑμεῖς ἀσύνετοί ἐστε; οὐ νοεῖτε ὅτι πᾶν τὸ ἔξωθεν εἰσπορευόμενον εἰς τὸν

ἄνθρωπον οὐ δύναται αὐτὸν κοινῶσαι,

19 ὅτι οὐκ εἰσπορεύεται αὐτοῦ εἰς τὴν καρδίαν, ἀλλ' εἰς τὴν κοιλίαν· καὶ εἰς τὸν ἀφεδρῶνα ἐκπορεύεται, καθαρίζον πάντα τὰ βρώματα.

20 ἔλεγε δὲ ὅτι Τὸ ἐκ τοῦ ἀνθρώπου ἐκπορευόμενον, ἐκεῖνο κοινοῖ τὸν ἄνθρωπον.

21 ἔσωθεν γάρ, ἐκ τῆς καρδίας τῶν ἀνθρώπων οἱ διαλογισμοὶ οἱ κακοὶ ἐκπορεύονται, μοιχεῖαι, πορνεῖαι, φόνοι,

22 κλοπαί πλεονεξίαι, πονηρίαι, δόλος, ἀσέλγεια, ὀφθαλμὸς πονηρός, βλασφημία, ὑπερηφανία, ἀφροσύνη·

23 πάντα ταῦτα τὰ πονηρὰ ἔσωθεν ἐκπορεύεται, καὶ κοινοῖ τὸν ἄνθρωπον.

24 Καὶ ἐκεῖθεν ἀναστὰς ἀπῆλθεν εἰς τὰ μεθόρια Τύρου καὶ Σιδῶνος. καὶ εἰσελθὼν εἰς τὴν οἰκίαν, οὐδένα ἤθελε γνῶναι, καὶ οὐκ ἠδυνήθη λαθεῖν.

25 ἀκούσασα γὰρ γυνὴ περὶ αὐτοῦ, ἧς εἶχε τὸ θυγάτριον αὐτῆς πνεῦμα ἀκάθαρτον, ἐλθοῦσα προσέπεσε πρὸς τοὺς πόδας αὐτοῦ·

26 ἦν δὲ ἡ γυνὴ Ἑλληνίς, Συροφοινίσσα τῷ γένει· καὶ ἠρώτα αὐτὸν ἵνα τὸ δαιμόνιον ἐκβάλλῃ ἐκ τῆς θυγατρὸς αὐτῆς.

27 ὁ δὲ Ἰησοῦς εἶπεν αὐτῇ, Ἄφες πρῶτον χορτασθῆναι τὰ τέκνα· οὐ γὰρ καλόν ἐστι λαβεῖν τὸν ἄρτον τῶν τέκνων καὶ βαλεῖν τοῖς κυναρίοις.

28 ἡ δὲ ἀπεκρίθη καὶ λέγει αὐτῷ, Ναὶ, Κύριε· καὶ γὰρ τὰ κυνάρια ὑποκάτω τῆς τραπέζης ἐσθίει ἀπὸ τῶν ψιχίων τῶν παιδίων.

29 καὶ εἶπεν αὐτῇ, Διὰ τοῦτον τὸν λόγον ὕπαγε· ἐξελήλυθε τὸ δαιμόνιον ἐκ τῆς θυγατρός σου.

30 καὶ ἀπελθοῦσα εἰς τὸν οἶκον αὐτῆς, εὗρε τὸ δαιμόνιον ἐξεληλυθός, καὶ τὴν θυγατέρα βεβλημένην ἐπὶ τῆς κλίνης.

31 Καὶ πάλιν ἐξελθὼν ἐκ τῶν ὁρίων Τύρου καὶ Σιδῶνος, ἦλθε πρὸς τὴν θάλασσαν τῆς Γαλιλαίας, ἀνὰ μέσον τῶν ὁρίων Δεκαπόλεως.

32 καὶ φέρουσιν αὐτῷ κωφὸν μογιλάλον, καὶ παρακαλοῦσιν αὐτὸν ἵνα ἐπιθῇ αὐτῷ τὴν χεῖρα.

33 καὶ ἀπολαβόμενος αὐτὸν ἀπὸ τοῦ ὄχλου κατ' ἰδίαν, ἔβαλε τοὺς δακτύλους αὐτοῦ εἰς τὰ ὦτα αὐτοῦ, καὶ πτύσας ἥψατο τῆς γλώσσης αὐτοῦ,

34 καὶ ἀναβλέψας εἰς τὸν οὐρανόν, ἐστέναξε, καὶ λέγει αὐτῷ, Ἐφφαθά, ὅ ἐστι, Διανοίχθητι.

35 καὶ εὐθέως διηνοίχθησαν αὐτοῦ αἱ ἀκοαί· καὶ ἐλύθη ὁ δεσμὸς τῆς γλώσσης αὐτοῦ, καὶ ἐλάλει ὀρθῶς.

36 καὶ διεστείλατο αὐτοῖς ἵνα μηδενὶ εἴπωσιν· ὅσον δὲ αὐτὸς αὐτοῖς διεστέλλετο, μᾶλλον περισσότερον ἐκήρυσσον

37 καὶ ὑπερπερισσῶς ἐξεπλήσσοντο, λέγοντες, Καλῶς πάντα πεποίηκε· καὶ τοὺς κωφοὺς ποιεῖ ἀκούειν, καὶ τοὺς ἀλάλους λαλεῖν.

ΕΥΑΓΓΕΛΙΟΝ ΤΟ ΚΑΤΑ ΜΑΡΚΟΝ

CHAPTER 8

1 Ἐν ἐκείναις ταῖς ἡμέραις παμπόλλου ὄχλου ὄντος, καὶ μὴ ἐχόντων τί φάγωσι, προσκαλεσάμενος ὁ Ἰησοῦς τοὺς μαθητὰς αὐτοῦ λέγει αὐτοῖς,

2 Σπλαγχνίζομαι ἐπὶ τὸν ὄχλον· ὅτι ἤδη ἡμέρας τρεῖς προσμένουσί μοι, καὶ οὐκ ἔχουσι τί φάγωσι·

3 καὶ ἐὰν ἀπολύσω αὐτοὺς νήστεις εἰς οἶκον αὐτῶν, ἐκλυθήσονται ἐν τῇ ὁδῷ· τινὲς γὰρ αὐτῶν μακρόθεν ἥκασι.

4 καὶ ἀπεκρίθησαν αὐτῷ οἱ μαθηταὶ αὐτοῦ, Πόθεν τούτους δυνήσεταί τις ὧδε χορτάσαι ἄρτων ἐπ᾽ ἐρημίας;

5 καὶ ἐπηρώτα αὐτούς, Πόσους ἔχετε ἄρτους; Οἱ δὲ εἶπον, Ἑπτά.

6 καὶ παρήγγειλε τῷ ὄχλῳ ἀναπεσεῖν ἐπὶ τῆς γῆς· καὶ λαβὼν τοὺς ἑπτὰ ἄρτους, εὐχαριστήσας ἔκλασε καὶ ἐδίδου τοῖς μαθηταῖς αὐτοῦ, ἵνα παραθῶσι· καὶ παρέθηκαν τῷ ὄχλῳ.

7 καὶ εἶχον ἰχθύδια ὀλίγα· καὶ εὐλογήσας εἶπε παραθεῖναι καὶ αὐτά.

8 ἔφαγον δέ, καὶ ἐχορτάσθησαν· καὶ ἦραν περισσεύματα κλασμάτων ἑπτὰ σπυρίδας.

9 ἦσαν δὲ οἱ φαγόντες ὡς τετρακισχίλιοι· καὶ ἀπέλυσεν αὐτούς.

10 καὶ εὐθέως ἐμβὰς εἰς τὸ πλοῖον μετὰ τῶν μαθητῶν αὐτοῦ, ἦλθεν εἰς τὰ μέρη Δαλμανουθά.

11 Καὶ ἐξῆλθον οἱ Φαρισαῖοι, καὶ ἤρξαντο συζητεῖν αὐτῷ, ζητοῦντες παρ᾽ αὐτοῦ σημεῖον ἀπὸ τοῦ οὐρανοῦ, πειράζοντες αὐτόν.

12 καὶ ἀναστενάξας τῷ πνεύματι αὐτοῦ λέγει, Τί ἡ γενεὰ αὕτη σημεῖον ἐπιζητεῖ; ἀμὴν λέγω ὑμῖν, εἰ δοθήσεται τῇ γενεᾷ ταύτῃ σημεῖον.

13 καὶ ἀφεὶς αὐτούς, ἐμβὰς πάλιν εἰς τὸ πλοῖον, ἀπῆλθεν εἰς τὸ πέραν.

14 Καὶ ἐπελάθοντο οἱ μαθηταὶ λαβεῖν ἄρτους, καὶ εἰ μὴ ἕνα ἄρτον οὐκ εἶχον μεθ᾽ ἑαυτῶν ἐν τῷ πλοίῳ.

15 καὶ διεστέλλετο αὐτοῖς, λέγων, Ὁρᾶτε, βλέπετε ἀπὸ τῆς ζύμης τῶν Φαρισαίων καὶ τῆς ζύμης Ἡρώδου.

16 καὶ διελογίζοντο πρὸς ἀλλήλους, λέγοντες ὅτι Ἄρτους οὐκ ἔχομεν.

17 καὶ γνοὺς ὁ Ἰησοῦς λέγει αὐτοῖς, Τί διαλογίζεσθε ὅτι ἄρτους οὐκ ἔχετε; οὔπω νοεῖτε, οὐδὲ συνίετε; ἔτι πεπωρωμένην ἔχετε τὴν καρδίαν ὑμῶν;

18 ὀφθαλμοὺς ἔχοντες οὐ βλέπετε; καὶ ὦτα ἔχοντες οὐκ ἀκούετε; καὶ οὐ μνημονεύετε;

19 ὅτε τοὺς πέντε ἄρτους ἔκλασα εἰς τοὺς πεντακισχιλίους, πόσους κοφίνους πλήρεις κλασμάτων ἤρατε; λέγουσιν αὐτῷ, Δώδεκα.

20 Ὅτε δὲ τοὺς ἑπτὰ εἰς τοὺς τετρακισχιλίους, πόσων σπυρίδων πληρώματα κλασμάτων ἤρατε; Οἱ δὲ εἶπον, Ἑπτά.

21 καὶ ἔλεγεν αὐτοῖς, Πῶς οὐ συνίετε;

22 Καὶ ἔρχεταί εἰς Βηθσαϊδά. καὶ φέρουσιν αὐτῷ τυφλόν, καὶ παρακαλοῦσιν αὐτὸν ἵνα αὐτοῦ ἅψηται.

23 καὶ ἐπιλαβόμενος τῆς χειρὸς τοῦ τυφλοῦ, ἐξήγαγεν αὐτὸν ἔξω τῆς κώμης· καὶ πτύσας εἰς τὰ ὄμματα αὐτοῦ, ἐπιθεὶς τὰς χεῖρας αὐτῷ, ἐπηρώτα αὐτὸν εἴ τι βλέπει;

24 καὶ ἀναβλέψας ἔλεγε, Βλέπω τοὺς ἀνθρώπους ὡς δένδρα περιπατοῦντας.

25 εἶτα πάλιν ἐπέθηκε τὰς χεῖρας ἐπὶ τοὺς ὀφθαλμοὺς αὐτοῦ, καὶ ἐποίησεν αὐτὸν ἀναβλέψαι καὶ ἀποκατεστάθη, καὶ ἐνέβλεψε τηλαυγῶς ἅπαντας.

26 καὶ ἀπέστειλεν αὐτὸν εἰς τὸν οἶκον αὐτοῦ, λέγων, Μηδὲ εἰς τὴν κώμην εἰσέλθῃς, μηδὲ εἴπῃς τινὶ ἐν τῇ κώμῃ.

27 Καὶ ἐξῆλθεν ὁ Ἰησοῦς καὶ οἱ μαθηταὶ αὐτοῦ εἰς τὰς κώμας Καισαρείας τῆς Φιλίππου· καὶ ἐν τῇ ὁδῷ ἐπηρώτα τοὺς μαθητὰς αὐτοῦ, λέγων αὐτοῖς, Τίνα με λέγουσιν οἱ ἄνθρωποι εἶναι;

28 οἱ δὲ ἀπεκρίθησαν, Ἰωάννην τὸν βαπτιστήν· καὶ ἄλλοι Ἠλίαν, ἄλλοι δὲ ἕνα τῶν προφητῶν.

29 καὶ αὐτὸς λέγει αὐτοῖς, Ὑμεῖς δὲ τίνα με λέγετε εἶναι; ἀποκριθεὶς δὲ ὁ Πέτρος λέγει αὐτῷ, Σὺ εἶ ὁ Χριστός.

30 καὶ ἐπετίμησεν αὐτοῖς, ἵνα μηδενὶ λέγωσι περὶ αὐτοῦ.

31 καὶ ἤρξατο διδάσκειν αὐτούς, ὅτι δεῖ τὸν υἱὸν τοῦ ἀνθρώπου πολλὰ παθεῖν, καὶ ἀποδοκιμασθῆναι ἀπὸ τῶν πρεσβυτέρων καὶ ἀρχιερέων καὶ γραμματέων, καὶ ἀποκτανθῆναι, καὶ μετὰ τρεῖς ἡμέρας ἀναστῆναι·

32 καὶ παρρησίᾳ τὸν λόγον ἐλάλει. καὶ προσλαβόμενος αὐτὸν ὁ Πέτρος ἤρξατο ἐπιτιμᾶν αὐτῷ.

33 ὁ δὲ ἐπιστραφείς, καὶ ἰδὼν τοὺς μαθητὰς αὐτοῦ, ἐπετίμησε τῷ Πέτρῳ, λέγων, Ὕπαγε ὀπίσω μου, Σατανᾶ· ὅτι οὐ φρονεῖς τὰ τοῦ Θεοῦ, ἀλλὰ τὰ τῶν ἀνθρώπων.

34 καὶ προσκαλεσάμενος τὸν ὄχλον σὺν τοῖς μαθηταῖς αὐτοῦ, εἶπεν αὐτοῖς, Ὅστις θέλει ὀπίσω μου ἐλθεῖν, ἀπαρνησάσθω ἑαυτόν, καὶ ἀράτω τὸν σταυρὸν αὐτοῦ, καὶ ἀκολουθείτω μοι.

35 ὃς γὰρ ἂν θέλῃ τὴν ψυχὴν αὐτοῦ σῶσαι, ἀπολέσει αὐτήν· ὃς δ' ἂν ἀπολέσῃ τὴν ψυχὴν αὐτοῦ ἕνεκεν ἐμοῦ καὶ τοῦ εὐαγγελίου, οὗτος σώσει αὐτήν.

36 τί γὰρ ὠφελήσει ἄνθρωπον, ἐὰν κερδήσῃ τὸν κόσμον ὅλον, καὶ ζημιωθῇ τὴν ψυχὴν αὐτοῦ;

37 ἢ τί δώσει ἄνθρωπος ἀντάλλαγμα τῆς ψυχῆς αὐτοῦ;

38 ὃς γὰρ ἂν ἐπαισχυνθῇ με καὶ τοὺς ἐμοὺς λόγους ἐν τῇ γενεᾷ ταύτῃ τῇ μοιχαλίδι καὶ ἁμαρτωλῷ, καὶ ὁ υἱὸς τοῦ ἀνθρώπου ἐπαισχυνθήσεται αὐτόν, ὅταν ἔλθῃ ἐν τῇ δόξῃ τοῦ πατρὸς αὐτοῦ μετὰ τῶν ἀγγέλων τῶν ἁγίων.

ΕΥΑΓΓΕΛΙΟΝ ΤΟ ΚΑΤΑ ΜΑΡΚΟΝ

CHAPTER 9

1 καὶ ἔλεγεν αὐτοῖς, Ἀμὴν λέγω ὑμῖν, ὅτι εἰσί τινες τῶν ὧδε ἑστηκότων, οἵτινες οὐ μὴ γεύσωνται θανάτου, ἕως ἂν ἴδωσι τὴν βασιλείαν τοῦ Θεοῦ ἐληλυθυῖαν ἐν δυνάμει.

2 Καὶ μεθ' ἡμέρας ἓξ παραλαμβάνει ὁ Ἰησοῦς τὸν Πέτρον καὶ τὸν Ἰάκωβον καὶ τὸν Ἰωάννην, καὶ ἀναφέρει αὐτοὺς εἰς ὄρος ὑψηλὸν κατ' ἰδίαν μόνους· καὶ μετεμορφώθη ἔμπροσθεν αὐτῶν·

3 καὶ τὰ ἱμάτια αὐτοῦ ἐγένετο στίλβοντα, λευκὰ λίαν ὡς χιών, οἷα γναφεὺς ἐπὶ τῆς γῆς οὐ δύναται λευκᾶναι.

4 καὶ ὤφθη αὐτοῖς Ἠλίας σὺν Μωσεῖ, καὶ ἦσαν συλλαλοῦντες τῷ Ἰησοῦ.

5 καὶ ἀποκριθεὶς ὁ Πέτρος λέγει τῷ Ἰησοῦ, Ῥαββί, καλόν ἐστιν ἡμᾶς ὧδε εἶναι· καὶ ποιήσωμεν σκηνὰς τρεῖς, σοὶ μίαν, καὶ Μωσεῖ μίαν, καὶ Ἠλίᾳ μίαν.

6 οὐ γὰρ ᾔδει τί λαλήσῃ· ἦσαν γὰρ ἔκφοβοι.

7 καὶ ἐγένετο νεφέλη ἐπισκιάζουσα αὐτοῖς· καὶ ἦλθε φωνὴ ἐκ τῆς νεφέλης, λέγουσα, Οὗτός ἐστιν ὁ υἱός μου ὁ ἀγαπητός· αὐτοῦ ἀκούετε.

8 καὶ ἐξάπινα περιβλεψάμενοι, οὐκέτι οὐδένα εἶδον, ἀλλὰ τὸν Ἰησοῦν μόνον μεθ' ἑαυτῶν.

9 Καταβαινόντων δὲ αὐτῶν ἀπὸ τοῦ ὄρους, διεστείλατο αὐτοῖς ἵνα μηδενὶ διηγήσωνται ἃ εἶδον, εἰ μὴ ὅταν ὁ υἱὸς τοῦ ἀνθρώπου ἐκ νεκρῶν ἀναστῇ.

10 καὶ τὸν λόγον ἐκράτησαν πρὸς ἑαυτούς, συζητοῦντες τί ἐστι τὸ ἐκ νεκρῶν ἀναστῆναι.

11 καὶ ἐπηρώτων αὐτόν, λέγοντες ὅτι Λέγουσιν οἱ γραμματεῖς ὅτι Ἠλίαν δεῖ ἐλθεῖν πρῶτον;

12 ὁ δὲ ἀποκριθείς, εἶπεν αὐτοῖς, Ἠλίας μὲν ἐλθὼν πρῶτον, ἀποκαθιστᾷ πάντα· καὶ πῶς γέγραπται ἐπὶ τὸν υἱὸν τοῦ ἀνθρώπου, ἵνα πολλὰ πάθῃ καὶ ἐξουδενωθῇ.

13 ἀλλὰ λέγω ὑμῖν ὅτι καὶ Ἠλίας ἐλήλυθε, καὶ ἐποίησαν αὐτῷ ὅσα ἠθέλησαν, καθὼς γέγραπται ἐπ' αὐτόν.

14 Καὶ ἐλθὼν πρὸς τοὺς μαθητάς, εἶδεν ὄχλον πολὺν περὶ αὐτούς, καὶ γραμματεῖς συζητοῦντας αὐτοῖς

15 καὶ εὐθέως πᾶς ὁ ὄχλος ἰδὼν αὐτὸν ἐξεθαμβήθη, καὶ προστρέχοντες ἠσπάζοντο αὐτόν.

16 καὶ ἐπηρώτησε τοὺς γραμματεῖς, Τί συζητεῖτε πρὸς αὐτούς;

17 καὶ ἀποκριθεὶς εἷς ἐκ τοῦ ὄχλου εἶπε, Διδάσκαλε, ἤνεγκα τὸν υἱόν μου πρός σε, ἔχοντα πνεῦμα ἄλαλον

18 καὶ ὅπου ἂν αὐτὸν καταλάβῃ, ῥήσσει αὐτόν· καὶ ἀφρίζει, καὶ τρίζει τοὺς ὀδόντας αὐτοῦ, καὶ ξηραίνεται· καὶ εἶπον τοῖς μαθηταῖς σου ἵνα αὐτὸ ἐκβάλωσι, καὶ οὐκ ἴσχυσαν.

ΕΥΑΓΓΕΛΙΟΝ ΤΟ ΚΑΤΑ ΜΑΡΚΟΝ

19 ὁ δὲ ἀποκριθεὶς αὐτῷ λέγει, Ὦ γενεὰ ἄπιστος, ἕως πότε πρὸς ὑμᾶς ἔσομαι; ἕως πότε ἀνέξομαι ὑμῶν; φέρετε αὐτὸν πρός με.
20 καὶ ἤνεγκαν αὐτὸν πρὸς αὐτόν· καὶ ἰδὼν αὐτόν, εὐθέως τὸ πνεῦμα ἐσπάραξεν αὐτόν· καὶ πεσὼν ἐπὶ τῆς γῆς, ἐκυλίετο ἀφρίζων.
21 καὶ ἐπηρώτησε τὸν πατέρα αὐτοῦ, Πόσος χρόνος ἐστίν, ὡς τοῦτο γέγονεν αὐτῷ; ὁ δὲ εἶπε, Παιδιόθεν.
22 καὶ πολλάκις αὐτὸν καὶ εἰς πῦρ ἔβαλε καὶ εἰς ὕδατα, ἵνα ἀπολέσῃ αὐτόν· ἀλλ' εἴ τι δύνασαι, βοήθησον ἡμῖν, σπλαγχνισθεὶς ἐφ' ἡμᾶς.
23 ὁ δὲ Ἰησοῦς εἶπεν αὐτῷ τό, Εἰ δύνασαι πιστεῦσαι, πάντα δυνατὰ τῷ πιστεύοντι.
24 καὶ εὐθέως κράξας ὁ πατὴρ τοῦ παιδίου, μετὰ δακρύων ἔλεγε, Πιστεύω, Κύριε, βοήθει μου τῇ ἀπιστίᾳ.
25 ἰδὼν δὲ ὁ Ἰησοῦς ὅτι ἐπισυντρέχει ὄχλος, ἐπετίμησε τῷ πνεύματι τῷ ἀκαθάρτῳ, λέγων αὐτῷ, Τὸ πνεῦμα τὸ ἄλαλον καὶ κωφόν, ἐγώ σοι ἐπιτάσσω, ἔξελθε ἐξ αὐτοῦ, καὶ μηκέτι εἰσέλθῃς εἰς αὐτόν.
26 καὶ κράξαν, καὶ πολλὰ σπαράξαν αὐτόν, ἐξῆλθε· καὶ ἐγένετο ὡσεὶ νεκρός, ὥστε πολλοὺς λέγειν ὅτι ἀπέθανεν.
27 ὁ δὲ Ἰησοῦς κρατήσας αὐτὸν τῆς χειρός, ἤγειρεν αὐτόν· καὶ ἀνέστη.
28 καὶ εἰσελθόντα αὐτὸν εἰς οἶκον, οἱ μαθηταὶ αὐτοῦ ἐπηρώτων αὐτὸν κατ' ἰδίαν ὅτι Ἡμεῖς οὐκ ἠδυνήθημεν ἐκβαλεῖν αὐτό;
29 καὶ εἶπεν αὐτοῖς, Τοῦτο τὸ γένος ἐν οὐδενὶ δύναται ἐξελθεῖν, εἰ μὴ ἐν προσευχῇ καὶ νηστείᾳ.
30 Καὶ ἐκεῖθεν ἐξελθόντες παρεπορεύοντο διὰ τῆς Γαλιλαίας· καὶ οὐκ ἤθελεν ἵνα τις γνῷ
31 ἐδίδασκε γὰρ τοὺς μαθητὰς αὐτοῦ, καὶ ἔλεγεν αὐτοῖς ὅτι Ὁ υἱὸς τοῦ ἀνθρώπου παραδίδοται εἰς χεῖρας ἀνθρώπων, καὶ ἀποκτενοῦσιν αὐτόν· καὶ ἀποκτανθείς, τῇ τρίτῃ ἡμέρᾳ ἀναστήσεται.
32 οἱ δὲ ἠγνόουν τὸ ῥῆμα, καὶ ἐφοβοῦντο αὐτὸν ἐπερωτῆσαι.
33 Καὶ ἦλθεν εἰς Καπερναούμ· καὶ ἐν τῇ οἰκίᾳ γενόμενος ἐπηρώτα αὐτούς, Τί ἐν τῇ ὁδῷ πρὸς ἑαυτοὺς διελογίζεσθε;
34 οἱ δὲ ἐσιώπων· πρὸς ἀλλήλους γὰρ διελέχθησαν ἐν τῇ ὁδῷ, τίς μείζων.
35 καὶ καθίσας ἐφώνησε τοὺς δώδεκα, καὶ λέγει αὐτοῖς, Εἴ τις θέλει πρῶτος εἶναι, ἔσται πάντων ἔσχατος, καὶ πάντων διάκονος.
36 καὶ λαβὼν παιδίον, ἔστησεν αὐτὸ ἐν μέσῳ αὐτῶν· καὶ ἐναγκαλισάμενος αὐτό, εἶπεν αὐτοῖς·
37 Ὃς ἐὰν ἓν τῶν τοιούτων παιδίων δέξηται ἐπὶ τῷ ὀνόματί μου, ἐμὲ δέχεται· καὶ ὃς ἐὰν ἐμὲ δέξηται, οὐκ ἐμὲ δέχεται, ἀλλὰ τὸν ἀποστείλαντά με.
38 Ἀπεκρίθη δὲ αὐτῷ ὁ Ἰωάννης, λέγων, Διδάσκαλε, εἴδομέν τινα ἐν

τῷ ὀνόματί σου ἐκβάλλοντα δαιμόνια, ὃς οὐκ ἀκολουθεῖ ἡμῖν· καὶ ἐκωλύσαμεν αὐτόν, ὅτι οὐκ ἀκολουθεῖ ἡμῖν.

39 ὁ δὲ Ἰησοῦς εἶπε, Μὴ κωλύετε αὐτόν· οὐδεὶς γάρ ἐστιν ὃς ποιήσει δύναμιν ἐπὶ τῷ ὀνόματί μου, καὶ δυνήσεται ταχὺ κακολογῆσαί με·

40 ὃς γὰρ οὐκ ἔστι καθ᾽ ἡμῶν, ὑπὲρ ἡμῶν ἐστιν.

41 ὃς γὰρ ἂν ποτίσῃ ὑμᾶς ποτήριον ὕδατος ἐν τῷ ὀνόματι μου, ὅτι Χριστοῦ ἐστέ, ἀμὴν λέγω ὑμῖν, οὐ μὴ ἀπολέσῃ τὸν μισθὸν αὐτοῦ.

42 καὶ ὃς ἂν σκανδαλίσῃ ἕνα τῶν μικρῶν τούτων τῶν πιστευόντων εἰς ἐμέ, καλόν ἐστιν αὐτῷ μᾶλλον εἰ περίκειται λίθος μυλικὸς περὶ τὸν τράχηλον αὐτοῦ, καὶ βέβληται εἰς τὴν θάλασσαν.

43 καὶ ἐὰν σκανδαλίζῃ σε ἡ χείρ σου, ἀπόκοψον αὐτήν· καλόν σοι ἐστὶ κυλλὸν εἰς τὴν ζωὴν εἰσελθεῖν, ἢ τὰς δύο χεῖρας ἔχοντα ἀπελθεῖν εἰς τὴν γέενναν, εἰς τὸ πῦρ τὸ ἄσβεστον,

44 ὅπου ὁ σκώληξ αὐτῶν οὐ τελευτᾷ, καὶ τὸ πῦρ οὐ σβέννυται.

45 καὶ ἐὰν ὁ πούς σου σκανδαλίζῃ σε, ἀπόκοψον αὐτόν· καλόν ἐστί σοι εἰσελθεῖν εἰς τὴν ζωὴν χωλόν, ἢ τοὺς δύο πόδας ἔχοντα βληθῆναι εἰς τὴν γέενναν, εἰς τὸ πῦρ τὸ ἄσβεστον,

46 ὅπου ὁ σκώληξ αὐτῶν οὐ τελευτᾷ, καὶ τὸ πῦρ οὐ σβέννυται.

47 καὶ ἐὰν ὁ ὀφθαλμός σου σκανδαλίζῃ σε, ἔκβαλε αὐτόν· καλόν σοι ἐστὶ μονόφθαλμον εἰσελθεῖν εἰς τὴν βασιλείαν τοῦ Θεοῦ, ἢ δύο ὀφθαλμοὺς ἔχοντα βληθῆναι εἰς τὴν γέενναν τοῦ πυρός,

48 ὅπου ὁ σκώληξ αὐτῶν οὐ τελευτᾷ, καὶ τὸ πῦρ οὐ σβέννυται

49 πᾶς γὰρ πυρὶ ἁλισθήσεται, καὶ πᾶσα θυσία ἁλὶ ἁλισθήσεται

50 καλὸν τὸ ἅλας· ἐὰν δὲ τὸ ἅλας ἄναλον γένηται, ἐν τίνι αὐτὸ ἀρτύσετε; ἔχετε ἐν ἑαυτοῖς ἅλας, καὶ εἰρηνεύετε ἐν ἀλλήλοις.

CHAPTER 10

1 Κἀκεῖθεν ἀναστὰς ἔρχεται εἰς τὰ ὅρια τῆς Ἰουδαίας διὰ τοῦ πέραν τοῦ Ἰορδάνου· καὶ συμπορεύονται πάλιν ὄχλοι πρὸς αὐτόν· καί, ὡς εἰώθει, πάλιν ἐδίδασκεν αὐτούς.

2 καὶ προσελθόντες οἱ Φαρισαῖοι ἐπηρώτησαν αὐτόν, Εἰ ἔξεστιν ἀνδρὶ γυναῖκα ἀπολῦσαι, πειράζοντες αὐτόν.

3 ὁ δὲ ἀποκριθεὶς εἶπεν αὐτοῖς, Τί ὑμῖν ἐνετείλατο Μωσῆς;

4 οἱ δὲ εἶπον, Μωσῆς ἐπέτρεψε βιβλίον ἀποστασίου γράψαι, καὶ ἀπολῦσαι.

5 καὶ ἀποκριθεὶς ὁ Ἰησοῦς εἶπεν αὐτοῖς, Πρὸς τὴν σκληροκαρδίαν ὑμῶν ἔγραψεν ὑμῖν τὴν ἐντολὴν ταύτην·

6 ἀπὸ δὲ ἀρχῆς κτίσεως, ἄρσεν καὶ θῆλυ ἐποίησεν αὐτοὺς ὁ Θεός.

7 ἕνεκεν τούτου καταλείψει ἄνθρωπος τὸν πατέρα αὐτοῦ καὶ τὴν μητέρα· καὶ προσκολληθήσεται πρὸς τὴν γυναῖκα αὐτοῦ,

8 καὶ ἔσονται οἱ δύο εἰς σάρκα μίαν. ὥστε οὐκέτι εἰσὶ δύο, ἀλλὰ μία σάρξ.

9 ὃ οὖν ὁ Θεὸς συνέζευξεν, ἄνθρωπος μὴ χωριζέτω.

10 καὶ ἐν τῇ οἰκίᾳ πάλιν οἱ μαθηταὶ αὐτοῦ περὶ τοῦ αὐτοῦ ἐπηρώτησαν αὐτόν.

11 καὶ λέγει αὐτοῖς, Ὃς ἐὰν ἀπολύσῃ τὴν γυναῖκα αὐτοῦ καὶ γαμήσῃ ἄλλην, μοιχᾶται ἐπ᾽ αὐτήν·

12 καὶ ἐὰν γυνὴ ἀπολύσῃ τὸν ἄνδρα αὐτῆς καὶ γαμηθῇ ἄλλῳ, μοιχᾶται.

13 Καὶ προσέφερον αὐτῷ παιδία ἵνα ἅψηται αὐτῶν· οἱ δὲ μαθηταὶ ἐπετίμων τοῖς προσφέρουσιν

14 ἰδὼν δὲ ὁ Ἰησοῦς ἠγανάκτησε, καὶ εἶπεν αὐτοῖς, Ἄφετε τὰ παιδία ἔρχεσθαι πρός με, καὶ μὴ κωλύετε αὐτά. τῶν γὰρ τοιούτων ἐστὶν ἡ βασιλεία τοῦ Θεοῦ.

15 ἀμὴν λέγω ὑμῖν, ὃς ἐὰν μὴ δέξηται τὴν βασιλείαν τοῦ Θεοῦ ὡς παιδίον, οὐ μὴ εἰσέλθῃ εἰς αὐτήν.

16 καὶ ἐναγκαλισάμενος αὐτά, τιθεὶς τὰς χεῖρας ἐπ᾽ αὐτά, ηὐλόγει αὐτά.

17 Καὶ ἐκπορευομένου αὐτοῦ εἰς ὁδόν, προσδραμὼν εἷς καὶ γονυπετήσας αὐτὸν ἐπηρώτα αὐτόν, Διδάσκαλε ἀγαθέ, τί ποιήσω ἵνα ζωὴν αἰώνιον κληρονομήσω;

18 ὁ δὲ Ἰησοῦς εἶπεν αὐτῷ, Τί με λέγεις ἀγαθόν; οὐδεὶς ἀγαθός, εἰ μὴ εἷς, ὁ Θεός.

19 τὰς ἐντολὰς οἶδας, Μὴ μοιχεύσῃς, μὴ φονεύσῃς, μὴ κλέψῃς, μὴ ψευδομαρτυρήσῃς, μὴ ἀποστερήσῃς, τίμα τὸν πατέρα σου καὶ τὴν μητέρα.

20 ὁ δὲ ἀποκριθεὶς εἶπεν αὐτῷ, Διδάσκαλε, ταῦτα πάντα ἐφυλαξάμην ἐκ νεότητός μου.

21 ὁ δὲ Ἰησοῦς ἐμβλέψας αὐτῷ ἠγάπησεν αὐτόν, καὶ εἶπεν αὐτῷ, Ἕν σοι ὑστερεῖ· ὕπαγε, ὅσα ἔχεις πώλησον, καὶ δὸς τοῖς πτωχοῖς, καὶ ἕξεις θησαυρὸν ἐν οὐρανῷ· καὶ δεῦρο, ἀκολούθει μοι, ἄρας τὸν σταυρόν.

22 ὁ δὲ στυγνάσας ἐπὶ τῷ λόγῳ ἀπῆλθε λυπούμενος· ἦν γὰρ ἔχων κτήματα πολλά.

23 Καὶ περιβλεψάμενος ὁ Ἰησοῦς λέγει τοῖς μαθηταῖς αὐτοῦ, Πῶς δυσκόλως οἱ τὰ χρήματα ἔχοντες εἰς τὴν βασιλείαν τοῦ Θεοῦ εἰσελεύσονται.

24 οἱ δὲ μαθηταὶ ἐθαμβοῦντο ἐπὶ τοῖς λόγοις αὐτοῦ. ὁ δὲ Ἰησοῦς πάλιν ἀποκριθεὶς λέγει αὐτοῖς, Τέκνα, πῶς δύσκολόν ἐστι τοὺς πεποιθότας ἐπι τοῖς χρήμασιν εἰς τὴν βασιλείαν τοῦ Θεοῦ εἰσελθεῖν

25 εὐκοπώτερόν ἐστι κάμηλον διὰ τῆς τρυμαλιᾶς τῆς ῥαφίδος διελθεῖν, ἢ πλούσιον εἰς τὴν βασιλείαν τοῦ Θεοῦ εἰσελθεῖν.

26 οἱ δὲ περισσῶς ἐξεπλήσσοντο, λέγοντες πρὸς ἑαυτούς, Καὶ τίς δύναται σωθῆναι;

27 ἐμβλέψας δὲ αὐτοῖς ὁ Ἰησοῦς λέγει, Παρὰ ἀνθρώποις ἀδύνατον, ἀλλ᾽ οὐ παρὰ τῷ Θεῷ· πάντα γὰρ δυνατά ἐστι παρὰ τῷ Θεῷ.

28 καὶ ἤρξατο ὁ Πέτρος λέγειν αὐτῷ, Ἰδού, ἡμεῖς ἀφήκαμεν πάντα, καὶ ἠκολουθήσαμέν σοι.

29 ἀποκριθεὶς δὲ ὁ Ἰησοῦς εἶπεν, Ἀμὴν λέγω ὑμῖν, οὐδείς ἐστιν ὃς ἀφῆκεν οἰκίαν, ἢ ἀδελφούς, ἢ ἀδελφάς, ἢ πατέρα, ἢ μητέρα, ἢ γυναῖκα, ἢ τέκνα, ἢ ἀγρούς, ἕνεκεν ἐμοῦ καὶ τοῦ εὐαγγελίου,

30 ἐὰν μὴ λάβῃ ἑκατονταπλασίονα νῦν ἐν τῷ καιρῷ τούτῳ, οἰκίας καὶ ἀδελφοὺς καὶ ἀδελφὰς καὶ μητέρας καὶ τέκνα καὶ ἀγρούς, μετὰ διωγμῶν, καὶ ἐν τῷ αἰῶνι τῷ ἐρχομένῳ ζωὴν αἰώνιον.

31 πολλοὶ δὲ ἔσονται πρῶτοι ἔσχατοι, καὶ οἱ ἔσχατοι πρῶτοι.

32 Ἦσαν δὲ ἐν τῇ ὁδῷ ἀναβαίνοντες εἰς Ἱεροσόλυμα· καὶ ἦν προάγων αὐτοὺς ὁ Ἰησοῦς, καὶ ἐθαμβοῦντο, καὶ ἀκολουθοῦντες ἐφοβοῦντο. καὶ παραλαβὼν πάλιν τοὺς δώδεκα, ἤρξατο αὐτοῖς λέγειν τὰ μέλλοντα αὐτῷ συμβαίνειν

33 ὅτι Ἰδού, ἀναβαίνομεν εἰς Ἱεροσόλυμα, καὶ ὁ υἱὸς τοῦ ἀνθρώπου παραδοθήσεται τοῖς ἀρχιερεῦσι καὶ τοῖς γραμματεῦσι, καὶ κατακρινοῦσιν αὐτὸν θανάτῳ, καὶ παραδώσουσιν αὐτὸν τοῖς ἔθνεσι,

34 καὶ ἐμπαίξουσιν αὐτῷ, καὶ μαστιγώσουσιν αὐτόν, καὶ ἐμπτύσουσιν αὐτῷ, καὶ ἀποκτενοῦσιν αὐτόν· καὶ τῇ τρίτῃ ἡμέρᾳ ἀναστήσεται.

35 Καὶ προσπορεύονται αὐτῷ Ἰάκωβος καὶ Ἰωάννης οἱ υἱοὶ Ζεβεδαίου, λέγοντες, Διδάσκαλε,

θέλομεν ἵνα ὃ ἐὰν αἰτήσωμέν, ποιήσῃς ἡμῖν.

36 ὁ δὲ εἶπεν αὐτοῖς, Τί θέλετε ποιῆσαί με ὑμῖν;

37 οἱ δὲ εἶπον αὐτῷ, Δὸς ἡμῖν, ἵνα εἷς ἐκ δεξιῶν σου καὶ εἷς ἐξ εὐωνύμων σου καθίσωμεν ἐν τῇ δόξῃ σου.

38 ὁ δὲ Ἰησοῦς εἶπεν αὐτοῖς, Οὐκ οἴδατε τί αἰτεῖσθε. δύνασθε πιεῖν τὸ ποτήριον ὃ ἐγὼ πίνω, καὶ τὸ βάπτισμα ὃ ἐγὼ βαπτίζομαι βαπτισθῆναι;

39 οἱ δὲ εἶπον αὐτῷ, Δυνάμεθα. ὁ δὲ Ἰησοῦς εἶπεν αὐτοῖς, Τὸ μὲν ποτήριον ὃ ἐγὼ πίνω πίεσθε· καὶ τὸ βάπτισμα ὃ ἐγὼ βαπτίζομαι βαπτισθήσεσθε·

40 τὸ δὲ καθίσαι ἐκ δεξιῶν μου καὶ ἐξ εὐωνύμων μου οὐκ ἔστιν ἐμὸν δοῦναι, ἀλλ' οἷς ἡτοίμασται.

41 καὶ ἀκούσαντες οἱ δέκα ἤρξαντο ἀγανακτεῖν περὶ Ἰακώβου καὶ Ἰωάννου.

42 ὁ δὲ Ἰησοῦς προσκαλεσάμενος αὐτοὺς λέγει αὐτοῖς, Οἴδατε ὅτι οἱ δοκοῦντες ἄρχειν τῶν ἐθνῶν κατακυριεύουσιν αὐτῶν· καὶ οἱ μεγάλοι αὐτῶν κατεξουσιάζουσιν αὐτῶν

43 οὐχ οὕτω δὲ ἔσται ἐν ὑμῖν· ἀλλ' ὃς ἐὰν θέλῃ γενέσθαι μέγας ἐν ὑμῖν, ἔσται διάκονος ὑμῶν·

44 καὶ ὃς ἂν θέλῃ ὑμῶν γενέσθαι πρῶτος, ἔσται πάντων δοῦλος.

45 καὶ γὰρ ὁ υἱὸς τοῦ ἀνθρώπου οὐκ ἦλθε διακονηθῆναι, ἀλλὰ διακονῆσαι, καὶ δοῦναι τὴν ψυχὴν αὐτοῦ λύτρον ἀντὶ πολλῶν.

46 Καὶ ἔρχονται εἰς Ἰεριχώ· καὶ ἐκπορευομένου αὐτοῦ ἀπὸ Ἰεριχώ, καὶ τῶν μαθητῶν αὐτοῦ, καὶ ὄχλου ἱκανοῦ, υἱὸς Τιμαίου Βαρτιμαῖος ὁ τυφλὸς ἐκάθητο παρὰ τὴν ὁδὸν προσαιτῶν.

47 καὶ ἀκούσας ὅτι Ἰησοῦς ὁ Ναζωραῖός ἐστιν, ἤρξατο κράζειν καὶ λέγειν, Ὁ υἱὸς Δαβίδ Ἰησοῦ, ἐλέησόν με.

48 καὶ ἐπετίμων αὐτῷ πολλοί, ἵνα σιωπήσῃ· ὁ δὲ πολλῷ μᾶλλον ἔκραζεν, Υἱὲ Δαβίδ, ἐλέησόν με.

49 καὶ στὰς ὁ Ἰησοῦς εἶπεν αὐτὸν, φωνηθῆναι· καὶ φωνοῦσι τὸν τυφλόν, λέγοντες αὐτῷ, Θάρσει· ἔγειραι, φωνεῖ σε.

50 ὁ δὲ ἀποβαλὼν τὸ ἱμάτιον αὐτοῦ ἀναστὰς ἦλθε πρὸς τὸν Ἰησοῦν.

51 καὶ ἀποκριθεὶς λέγει αὐτῷ ὁ Ἰησοῦς, Τί θέλεις ποιήσω σοί; ὁ δὲ τυφλὸς εἶπεν αὐτῷ, Ῥαββονί, ἵνα ἀναβλέψω.

52 ὁ δὲ Ἰησοῦς εἶπεν αὐτῷ, Ὕπαγε· ἡ πίστις σου σέσωκέ σε. καὶ εὐθέως ἀνέβλεψε, καὶ ἠκολούθει τῷ Ἰησοῦ ἐν τῇ ὁδῷ.

CHAPTER 11

1 Καὶ ὅτε ἐγγίζουσιν εἰς Ἰερουσαλήμ, εἰς Βηθφαγῆ καὶ Βηθανίαν, πρὸς τὸ ὄρος τῶν ἐλαιῶν, ἀποστέλλει δύο τῶν μαθητῶν αὐτοῦ,

2 καὶ λέγει αὐτοῖς, Ὑπάγετε εἰς τὴν κώμην τὴν κατέναντι ὑμῶν· καὶ εὐθέως εἰσπορευόμενοι εἰς αὐτὴν εὑρήσετε πῶλον δεδεμένον, ἐφ' ὃν οὐδεὶς ἀνθρώπων κεκάθικε· λύσαντες αὐτὸν ἀγάγετε.

3 καὶ ἐάν τις ὑμῖν εἴπῃ, Τί ποιεῖτε τοῦτο; εἴπατε, ὅτι Ὁ Κύριος αὐτοῦ χρείαν ἔχει· καὶ εὐθέως αὐτὸν ἀποστελεῖ ὧδε.

4 ἀπῆλθον δὲ καὶ εὖρον τὸν πῶλον δεδεμένον πρὸς τὴν θύραν ἔξω ἐπὶ τοῦ ἀμφόδου, καὶ λύουσιν αὐτόν.

5 καί τινες τῶν ἐκεῖ ἑστηκότων ἔλεγον αὐτοῖς, Τί ποιεῖτε λύοντες τὸν πῶλον;

6 οἱ δὲ εἶπον αὐτοῖς καθὼς ἐνετείλατο ὁ Ἰησοῦς· καὶ ἀφῆκαν αὐτούς.

7 καὶ ἤγαγον τὸν πῶλον πρὸς τὸν Ἰησοῦν, καὶ ἐπέβαλον αὐτῷ τὰ ἱμάτια αὐτῶν, καὶ ἐκάθισεν ἐπ' αὐτῷ.

8 πολλοὶ δὲ τὰ ἱμάτια αὐτῶν ἔστρωσαν εἰς τὴν ὁδόν· ἄλλοι δὲ στοιβάδας ἔκοπτον ἐκ τῶν δένδρων, καὶ ἐστρώννυον εἰς τὴν ὁδόν.

9 καὶ οἱ προάγοντες καὶ οἱ ἀκολουθοῦντες ἔκραζον, λέγοντες, Ὡσαννά· εὐλογημένος ὁ ἐρχόμενος ἐν ὀνόματι Κυρίου·

10 εὐλογημένη ἡ ἐρχομένη βασιλεία ἐν ὀνόματι Κυρίου τοῦ πατρὸς ἡμῶν Δαβίδ· Ὡσαννὰ ἐν τοῖς ὑψίστοις.

11 Καὶ εἰσῆλθεν εἰς Ἰεροσόλυμα ὁ Ἰησοῦς, καὶ εἰς τὸ ἱερόν· καὶ περιβλεψάμενος πάντα, ὀψίας ἤδη οὔσης τῆς ὥρας, ἐξῆλθεν εἰς Βηθανίαν μετὰ τῶν δώδεκα.

ΕΥΑΓΓΕΛΙΟΝ ΤΟ ΚΑΤΑ ΜΑΡΚΟΝ

12 Καὶ τῇ ἐπαύριον ἐξελθόντων αὐτῶν ἀπὸ Βηθανίας, ἐπείνασε.

13 καὶ ἰδὼν συκῆν μακρόθεν, ἔχουσαν φύλλα, ἦλθεν εἰ ἄρα εὑρήσει τι ἐν αὐτῇ· καὶ ἐλθὼν ἐπ' αὐτήν, οὐδὲν εὗρεν εἰ μὴ φύλλα· οὐ γὰρ ἦν καιρὸς σύκων.

14 καὶ ἀποκριθεὶς ὁ Ἰησοῦς εἶπεν αὐτῇ, Μηκέτι ἐκ σοῦ εἰς τὸν αἰῶνα μηδεὶς καρπὸν φάγοι. καὶ ἤκουον οἱ μαθηταὶ αὐτοῦ.

15 Καὶ ἔρχονται εἰς Ἱεροσόλυμα· καὶ εἰσελθὼν ὁ Ἰησοῦς εἰς τὸ ἱερὸν ἤρξατο ἐκβάλλειν τοὺς πωλοῦντας καὶ ἀγοράζοντας ἐν τῷ ἱερῷ· καὶ τὰς τραπέζας τῶν κολλυβιστῶν, καὶ τὰς καθέδρας τῶν πωλούντων τὰς περιστερὰς κατέστρεψε·

16 καὶ οὐκ ἤφιεν ἵνα τις διενέγκη σκεῦος διὰ τοῦ ἱεροῦ.

17 καὶ ἐδίδασκε, λέγων αὐτοῖς, Οὐ γέγραπται ὅτι Ὁ οἶκός μου οἶκος προσευχῆς κληθήσεται πᾶσι τοῖς ἔθνεσιν; ὑμεῖς δὲ ἐποιήσατε αὐτὸν σπήλαιον λῃστῶν.

18 καὶ ἤκουσαν οἱ γραμματεῖς καὶ οἱ ἀρχιερεῖς, καὶ ἐζήτουν πῶς αὐτὸν ἀπολέσουσιν· ἐφοβοῦντο γὰρ αὐτόν, ὅτι πᾶς ὁ ὄχλος ἐξεπλήσσετο ἐπὶ τῇ διδαχῇ αὐτοῦ.

19 Καὶ ὅτε ὀψὲ ἐγένετο, ἐξεπορεύετο ἔξω τῆς πόλεως.

20 Καὶ πρωῒ παραπορευόμενοι, εἶδον τὴν συκῆν ἐξηραμμένην ἐκ ῥιζῶν.

21 καὶ ἀναμνησθεὶς ὁ Πέτρος λέγει αὐτῷ, Ῥαββί, ἴδε, ἡ συκῆ ἣν κατηράσω ἐξήρανται.

22 καὶ ἀποκριθεὶς Ἰησοῦς λέγει αὐτοῖς, Ἔχετε πίστιν Θεοῦ.

23 ἀμὴν γὰρ λέγω ὑμῖν ὅτι ὃς ἂν εἴπῃ τῷ ὄρει τούτῳ, Ἄρθητι, καὶ βλήθητι εἰς τὴν θάλασσαν, καὶ μὴ διακριθῇ ἐν τῇ καρδίᾳ αὐτοῦ, ἀλλὰ πιστεύσῃ ὅτι ἃ λέγεῖ γίνεται· ἔσται αὐτῷ ὃ ἐὰν εἴπῃ.

24 διὰ τοῦτο λέγω ὑμῖν, Πάντα ὅσα ἂν προσεύχομενοι αἰτεῖσθε, πιστεύετε ὅτι λαμβάνετε, καὶ ἔσται ὑμῖν.

25 καὶ ὅταν στήκητε προσευχόμενοι, ἀφίετε εἴ τι ἔχετε κατά τινος· ἵνα καὶ ὁ πατὴρ ὑμῶν ὁ ἐν τοῖς οὐρανοῖς ἀφῇ ὑμῖν τὰ παραπτώματα ὑμῶν.

26 εἰ δὲ ὑμεῖς οὐκ ἀφίετε, οὐδὲ ὁ πατὴρ ὑμῶν ὁ ἐν τοῖς οὐρανοῖς ἀφήσει τὰ παραπτώματα ὑμῶν.

27 Καὶ ἔρχονται πάλιν εἰς Ἱεροσόλυμα· καὶ ἐν τῷ ἱερῷ περιπατοῦντος αὐτοῦ, ἔρχονται πρὸς αὐτὸν οἱ ἀρχιερεῖς καὶ οἱ γραμματεῖς καὶ οἱ πρεσβύτεροι,

28 καὶ λέγουσιν αὐτῷ, Ἐν ποίᾳ ἐξουσίᾳ ταῦτα ποιεῖς; καὶ τίς σοι τὴν ἐξουσίαν ταύτην ἔδωκεν ἵνα ταῦτα ποιῇς;

29 ὁ δὲ Ἰησοῦς ἀποκριθεὶς εἶπεν αὐτοῖς, Ἐπερωτήσω ὑμᾶς κἀγὼ ἕνα λόγον, καὶ ἀποκρίθητέ μοι, καὶ ἐρῶ ὑμῖν ἐν ποίᾳ ἐξουσίᾳ ταῦτα ποιῶ.

30 τὸ βάπτισμα Ἰωάννου ἐξ οὐρανοῦ ἦν, ἢ ἐξ ἀνθρώπων; ἀποκρίθητέ μοι.

31 καὶ ἐλογίζοντο πρὸς ἑαυτούς, λέγοντες, Ἐὰν εἴπωμεν, Ἐξ

οὐρανοῦ, ἐρεῖ, Διατί οὖν οὐκ ἐπιστεύσατε αὐτῷ;
32 ἀλλ' ἐὰν εἴπωμεν, Ἐξ ἀνθρώπων, ἐφοβοῦντο τὸν λαόν· ἅπαντες γὰρ εἶχον τὸν Ἰωάννην, ὅτι ὄντως προφήτης ἦν.
33 καὶ ἀποκριθέντες λέγουσι τῷ Ἰησοῦ, Οὐκ οἴδαμεν. καὶ ὁ Ἰησοῦς ἀποκριθεὶς λέγει αὐτοῖς, Οὐδὲ ἐγὼ λέγω ὑμῖν ἐν ποίᾳ ἐξουσίᾳ ταῦτα ποιῶ.

CHAPTER 12

1 Καὶ ἤρξατο αὐτοῖς ἐν παραβολαῖς λέγειν, Ἀμπελῶνα ἐφύτευσεν ἄνθρωπος, καὶ περιέθηκε φραγμόν, καὶ ὤρυξεν ὑπολήνιον, καὶ ᾠκοδόμησε πύργον, καὶ ἐξέδοτο αὐτὸν γεωργοῖς, καὶ ἀπεδήμησε.
2 καὶ ἀπέστειλε πρὸς τοὺς γεωργοὺς τῷ καιρῷ δοῦλον, ἵνα παρὰ τῶν γεωργῶν λάβῃ ἀπὸ τοῦ καρποῦ τοῦ ἀμπελῶνος.
3 οἱ δὲ λαβόντες αὐτὸν ἔδειραν, καὶ ἀπέστειλαν κενόν.
4 καὶ πάλιν ἀπέστειλε πρὸς αὐτοὺς ἄλλον δοῦλον· κἀκεῖνον λιθοβολήσαντες ἐκεφαλαίωσαν, καὶ ἀπέστειλαν ἠτιμωμένον.
5 καὶ πάλιν ἄλλον ἀπέστειλε· κἀκεῖνον ἀπέκτειναν· καὶ πολλοὺς ἄλλους, τοὺς μὲν δέροντες, τοὺς δὲ ἀποκτείνοντες.
6 ἔτι οὖν ἕνα υἱὸν ἔχων ἀγαπητὸν αὐτοῦ, ἀπέστειλε καὶ αὐτὸν πρὸς αὐτοὺς ἔσχατον, λέγων ὅτι Ἐντραπήσονται τὸν υἱόν μου.

7 ἐκεῖνοι δὲ οἱ γεωργοὶ εἶπον πρὸς ἑαυτοὺς ὅτι Οὗτός ἐστιν ὁ κληρονόμος· δεῦτε, ἀποκτείνωμεν αὐτόν, καὶ ἡμῶν ἔσται ἡ κληρονομία.
8 καὶ λαβόντες αὐτὸν ἀπέκτειναν, καὶ ἐξέβαλον ἔξω τοῦ ἀμπελῶνος.
9 τί οὖν ποιήσει ὁ κύριος τοῦ ἀμπελῶνος; ἐλεύσεται καὶ ἀπολέσει τοὺς γεωργούς, καὶ δώσει τὸν ἀμπελῶνα ἄλλοις.
10 οὐδὲ τὴν γραφὴν ταύτην ἀνέγνωτε, Λίθον ὃν ἀπεδοκίμασαν οἱ οἰκοδομοῦντες, οὗτος ἐγενήθη εἰς κεφαλὴν γωνίας·
11 παρὰ Κυρίου ἐγένετο αὕτη, καὶ ἔστι θαυμαστὴ ἐν ὀφθαλμοῖς ἡμῶν;
12 καὶ ἐζήτουν αὐτὸν κρατῆσαι, καὶ ἐφοβήθησαν τὸν ὄχλον· ἔγνωσαν γὰρ ὅτι πρὸς αὐτοὺς τὴν παραβολὴν εἶπε· καὶ ἀφέντες αὐτὸν ἀπῆλθον.
13 Καὶ ἀποστέλλουσι πρὸς αὐτόν τινας τῶν Φαρισαίων καὶ τῶν Ἡρωδιανῶν, ἵνα αὐτὸν ἀγρεύσωσι λόγῳ.
14 οἱ δὲ ἐλθόντες λέγουσιν αὐτῷ, Διδάσκαλε, οἴδαμεν ὅτι ἀληθὴς εἶ, καὶ οὐ μέλει σοι περὶ οὐδενός· οὐ γὰρ βλέπεις εἰς πρόσωπον ἀνθρώπων, ἀλλ' ἐπ' ἀληθείας τὴν ὁδὸν τοῦ Θεοῦ διδάσκεις· ἔξεστι κῆνσον Καίσαρι δοῦναι ἢ οὔ;
15 δῶμεν, ἢ μὴ δῶμεν ὁ δὲ εἰδὼς αὐτῶν τὴν ὑπόκρισιν εἶπεν αὐτοῖς, Τί με πειράζετε φέρετέ μοι δηνάριον, ἵνα ἴδω

16 οἱ δὲ ἤνεγκαν. καὶ λέγει αὐτοῖς, Τίνος ἡ εἰκὼν αὕτη καὶ ἡ ἐπιγραφή; οἱ δὲ εἶπον αὐτῷ, Καίσαρος.

17 καὶ ἀποκριθεὶς ὁ Ἰησοῦς εἶπεν αὐτοῖς, Ἀπόδοτε τὰ Καίσαρος Καίσαρι, καὶ τὰ τοῦ Θεοῦ τῷ Θεῷ. Καὶ ἐθαύμασαν ἐπ' αὐτῷ.

18 Καὶ ἔρχονται Σαδδουκαῖοι πρὸς αὐτόν, οἵτινες λέγουσιν ἀνάστασιν μὴ εἶναι· καὶ ἐπηρώτησαν αὐτόν, λέγοντες,

19 Διδάσκαλε, Μωσῆς ἔγραψεν ἡμῖν, ὅτι ἐάν τινος ἀδελφὸς ἀποθάνῃ, καὶ καταλίπῃ γυναῖκα, καὶ τέκνα μὴ ἀφῇ, ἵνα λάβῃ ὁ ἀδελφὸς αὐτοῦ τὴν γυναῖκα αὐτοῦ, καὶ ἐξαναστήσῃ σπέρμα τῷ ἀδελφῷ αὐτοῦ·

20 ἑπτὰ οὖν ἀδελφοὶ ἦσαν· καὶ ὁ πρῶτος ἔλαβε γυναῖκα, καὶ ἀποθνήσκων οὐκ ἀφῆκε σπέρμα·

21 καὶ ὁ δεύτερος ἔλαβεν αὐτήν, καὶ ἀπέθανε, καὶ οὐδὲ αὐτὸς ἀφῆκε σπέρμα· καὶ ὁ τρίτος ὡσαύτως

22 καὶ ἔλαβον αὐτὴν οἱ ἑπτά, καὶ οὐκ ἀφῆκαν σπέρμα. ἐσχάτη πάντων ἀπέθανε καὶ ἡ γυνή.

23 ἐν τῇ οὖν ἀναστάσει, ὅταν ἀναστῶσι, τίνος αὐτῶν ἔσται γυνή; οἱ γὰρ ἑπτὰ ἔσχον αὐτὴν γυναῖκα.

24 καὶ ἀποκριθεὶς ὁ Ἰησοῦς εἶπεν αὐτοῖς, Οὐ διὰ τοῦτο πλανᾶσθε, μὴ εἰδότες τὰς γραφάς, μηδὲ τὴν δύναμιν τοῦ Θεοῦ;

25 ὅταν γὰρ ἐκ νεκρῶν ἀναστῶσιν, οὔτε γαμοῦσιν, οὔτε γαμίσκονται, ἀλλ' εἰσὶν ὡς ἄγγελοι οἱ ἐν τοῖς οὐρανοῖς.

26 περὶ δὲ τῶν νεκρῶν, ὅτι ἐγείρονται, οὐκ ἀνέγνωτε ἐν τῇ βίβλῳ Μωσέως, ἐπὶ τῆς βάτου, ὡς εἶπεν αὐτῷ ὁ Θεός, λέγων, Ἐγὼ ὁ Θεὸς Ἀβραάμ, καὶ ὁ Θεὸς Ἰσαάκ, καὶ ὁ Θεὸς Ἰακώβ;

27 οὐκ ἔστιν ὁ Θεὸς νεκρῶν, ἀλλὰ Θεὸς ζώντων· ὑμεῖς οὖν πολὺ πλανᾶσθε.

28 Καὶ προσελθὼν εἷς τῶν γραμματέων, ἀκούσας αὐτῶν συζητούντων, εἰδὼς ὅτι καλῶς αὐτοῖς ἀπεκρίθη, ἐπηρώτησεν αὐτόν, Ποία ἐστὶ πρώτη πασῶν ἐντολή;

29 ὁ δὲ Ἰησοῦς ἀπεκρίθη αὐτῷ ὅτι Πρώτη πασῶν τῶν ἐντολῶν, Ἄκουε, Ἰσραήλ· Κύριος ὁ Θεὸς ἡμῶν, Κύριος εἷς ἐστί·

30 καὶ ἀγαπήσεις Κύριον τὸν Θεόν σου ἐξ ὅλης τῆς καρδίας σου, καὶ ἐξ ὅλης τῆς ψυχῆς σου, καὶ ἐξ ὅλης τῆς διανοίας σου, καὶ ἐξ ὅλης τῆς ἰσχύος σου. αὕτη πρώτη ἐντολή.

31 καὶ δευτέρα ὁμοία αὕτη, Ἀγαπήσεις τὸν πλησίον σου ὡς σεαυτόν. μείζων τούτων ἄλλη ἐντολὴ οὐκ ἔστι.

32 καὶ εἶπεν αὐτῷ ὁ γραμματεύς, Καλῶς, διδάσκαλε, ἐπ' ἀληθείας εἶπας ὅτι εἷς ἐστι Θεος, καὶ οὐκ ἔστιν ἄλλος πλὴν αὐτοῦ·

33 καὶ τὸ ἀγαπᾶν αὐτὸν ἐξ ὅλης τῆς καρδίας, καὶ ἐξ ὅλης τῆς συνέσεως, καὶ ἐξ ὅλης τῆς ψυχῆς, καὶ ἐξ ὅλης τῆς ἰσχύος, καὶ τὸ ἀγαπᾶν τὸν πλησίον ὡς ἑαυτόν, πλεῖόν ἐστι πάντων τῶν ὁλοκαυτωμάτων καὶ τῶν θυσιῶν.

34 καὶ ὁ Ἰησοῦς ἰδὼν αὐτὸν ὅτι νουνεχῶς ἀπεκρίθη, εἶπεν αὐτῷ, Οὐ μακρὰν εἶ ἀπὸ τῆς βασιλείας τοῦ Θεοῦ. καὶ οὐδεὶς οὐκέτι ἐτόλμα αὐτὸν ἐπερωτῆσαι.

35 Καὶ ἀποκριθεὶς ὁ Ἰησοῦς ἔλεγε, διδάσκων ἐν τῷ ἱερῷ, Πῶς λέγουσιν οἱ γραμματεῖς ὅτι ὁ Χριστός, υἱός ἐστι Δαβίδ;

36 αὐτὸς γὰρ Δαβὶδ εἶπεν ἐν τῷ Πνεύματι τῷ Ἁγίῳ, Εἶπεν ὁ Κύριος τῷ Κυρίῳ μου, Κάθου ἐκ δεξιῶν μου, ἕως ἂν θῶ τοὺς ἐχθρούς σου ὑποπόδιον τῶν ποδῶν σου.

37 Αὐτὸς οὖν Δαβὶδ λέγει αὐτὸν Κύριον· καὶ πόθεν υἱός αὐτοῦ ἐστι; καὶ ὁ πολὺς ὄχλος ἤκουεν αὐτοῦ ἡδέως.

38 Καὶ ἔλεγεν αὐτοῖς ἐν τῇ διδαχῇ αὐτοῦ, Βλέπετε ἀπὸ τῶν γραμματέων, τῶν θελόντων ἐν στολαῖς περιπατεῖν, καὶ ἀσπασμοὺς ἐν ταῖς ἀγοραῖς,

39 καὶ πρωτοκαθεδρίας ἐν ταῖς συναγωγαῖς, καὶ πρωτοκλισίας ἐν τοῖς δείπνοις·

40 οἱ κατεσθίοντες τὰς οἰκίας τῶν χηρῶν, καὶ προφάσει μακρὰ προσευχόμενοι· οὗτοι λήψονται περισσότερον κρίμα.

41 Καὶ καθίσας ὁ Ἰησοῦς κατέναντι τοῦ γαζοφυλακίου ἐθεώρει πῶς ὁ ὄχλος βάλλει χαλκὸν εἰς τὸ γαζοφυλάκιον· καὶ πολλοὶ πλούσιοι ἔβαλλον πολλά.

42 καὶ ἐλθοῦσα μία χήρα πτωχὴ ἔβαλε λεπτὰ δύο, ὅ ἐστι κοδράντης.

43 καὶ προσκαλεσάμενος τοὺς μαθητὰς αὐτοῦ, λέγει αὐτοῖς, Ἀμὴν λέγω ὑμῖν ὅτι ἡ χήρα αὕτη ἡ πτωχὴ πλεῖον πάντων βέβληκε τῶν βαλόντων εἰς τὸ γαζοφυλάκιον·

44 πάντες γὰρ ἐκ τοῦ περισσεύοντος αὐτοῖς ἔβαλον· αὕτη δὲ ἐκ τῆς ὑστερήσεως αὐτῆς πάντα ὅσα εἶχεν ἔβαλεν, ὅλον τὸν βίον αὐτῆς.

CHAPTER 13

1 Καὶ ἐκπορευομένου αὐτοῦ ἐκ τοῦ ἱεροῦ, λέγει αὐτῷ εἷς τῶν μαθητῶν αὐτοῦ, Διδάσκαλε, ἴδε, ποταποὶ λίθοι καὶ ποταπαὶ οἰκοδομαί.

2 καὶ ὁ Ἰησοῦς ἀποκριθεὶς εἶπεν αὐτῷ, Βλέπεις ταύτας τὰς μεγάλας οἰκοδομάς; οὐ μὴ ἀφεθῇ λίθος ἐπὶ λίθῳ, ὃς οὐ μὴ καταλυθῇ.

3 Καὶ καθημένου αὐτοῦ εἰς τὸ ὄρος τῶν ἐλαιῶν κατέναντι τοῦ ἱεροῦ, ἐπηρώτων αὐτὸν κατ᾽ ἰδίαν Πέτρος καὶ Ἰάκωβος καὶ Ἰωάννης καὶ Ἀνδρέας,

4 Εἰπὲ ἡμῖν, πότε ταῦτα ἔσται; καὶ τί τὸ σημεῖον ὅταν μέλλῃ πάντα ταῦτα συντελεῖσθαι;

5 ὁ δὲ Ἰησοῦς ἀποκριθεὶς αὐτοῖς ἤρξατο λέγειν, Βλέπετε μή τις ὑμᾶς πλανήσῃ

6 πολλοὶ γὰρ ἐλεύσονται ἐπὶ τῷ ὀνόματί μου, λέγοντες ὅτι Ἐγώ εἰμι· καὶ πολλοὺς πλανήσουσιν.

7 ὅταν δὲ ἀκούσητε πολέμους καὶ ἀκοὰς πολέμων, μὴ θροεῖσθε· δεῖ γὰρ γενέσθαι· ἀλλ᾽ οὔπω τὸ τέλος.

8 ἐγερθήσεται γὰρ ἔθνος ἐπὶ ἔθνος, καὶ βασιλεία ἐπὶ βασιλείαν· καὶ ἔσονται σεισμοὶ κατὰ τόπους, καὶ ἔσονται λιμοὶ καὶ ταραχαί· ἀρχαὶ ὠδίνων ταῦτα.

9 Βλέπετε δὲ ὑμεῖς ἑαυτούς· παραδώσουσι γὰρ ὑμᾶς εἰς συνέδρια, καὶ εἰς συναγωγὰς δαρήσεσθε, καὶ ἐπὶ ἡγεμόνων καὶ βασιλέων ἀχθήσεσθε ἕνεκεν ἐμοῦ, εἰς μαρτύριον αὐτοῖς.

10 καὶ εἰς πάντα τὰ ἔθνη δεῖ πρῶτον κηρυχθῆναι τὸ εὐαγγέλιον.

11 ὅταν δὲ ἀγάγωσιν ὑμᾶς παραδιδόντες, μὴ προμεριμνᾶτε τί λαλήσητε, μηδὲ μελετᾶτε· ἀλλ᾽ ὃ ἐὰν δοθῇ ὑμῖν ἐν ἐκείνῃ τῇ ὥρᾳ, τοῦτο λαλεῖτε· οὐ γάρ ἐστε ὑμεῖς οἱ λαλοῦντες, ἀλλὰ τὸ Πνεῦμα τὸ Ἅγιον.

12 παραδώσει δὲ ἀδελφὸς ἀδελφὸν εἰς θάνατον, καὶ πατὴρ τέκνον· καὶ ἐπαναστήσονται τέκνα ἐπὶ γονεῖς, καὶ θανατώσουσιν αὐτούς·

13 καὶ ἔσεσθε μισούμενοι ὑπὸ πάντων διὰ τὸ ὄνομά μου· ὁ δὲ ὑπομείνας εἰς τέλος, οὗτος σωθήσεται.

14 Ὅταν δὲ ἴδητε τὸ βδέλυγμα τῆς ἐρημώσεως, τὸ ῥηθὲν ὑπὸ Δανιὴλ τοῦ προφήτου, ἑστὼς ὅπου οὐ δεῖ (ὁ ἀναγινώσκων νοείτω), τότε οἱ ἐν τῇ Ἰουδαίᾳ φευγέτωσαν εἰς τὰ ὄρη·

15 ὁ δὲ ἐπὶ τοῦ δώματος μὴ καταβάτω εἰς τὴν οἰκίαν, μηδὲ εἰσελθέτω ἆραί τι ἐκ τῆς οἰκίας αὐτοῦ·

16 καὶ ὁ εἰς τὸν ἀγρὸν ὢν μὴ ἐπιστρεψάτω εἰς τὰ ὀπίσω, ἆραι τὸ ἱμάτιον αὐτοῦ.

17 οὐαὶ δὲ ταῖς ἐν γαστρὶ ἐχούσαις καὶ ταῖς θηλαζούσαις ἐν ἐκείναις ταῖς ἡμέραις.

18 προσεύχεσθε δὲ ἵνα μὴ γένηται ἡ φυγὴ ὑμῶν χειμῶνος.

19 ἔσονται γὰρ αἱ ἡμέραι ἐκεῖναι θλῖψις, οἵα οὐ γέγονε τοιαύτη ἀπ᾽ ἀρχῆς κτίσεως ἧς ἔκτισεν ὁ Θεὸς ἕως τοῦ νῦν, καὶ οὐ μὴ γένηται.

20 καὶ εἰ μὴ Κύριος ἐκολόβωσε τὰς ἡμέρας, οὐκ ἂν ἐσώθη πᾶσα σάρξ· ἀλλὰ διὰ τοὺς ἐκλεκτούς, οὓς ἐξελέξατο, ἐκολόβωσε τὰς ἡμέρας.

21 καὶ τότε ἐάν τις ὑμῖν εἴπῃ, Ἰδού, ὧδε ὁ Χριστός, ἢ Ἰδού, ἐκεῖ, μὴ πιστεύσητε

22 ἐγερθήσονται γὰρ ψευδόχριστοι καὶ ψευδοπροφῆται, καὶ δώσουσι σημεῖα καὶ τέρατα, πρὸς τὸ ἀποπλανᾶν, εἰ δυνατόν, καὶ τοὺς ἐκλεκτούς.

23 ὑμεῖς δὲ βλέπετε· ἰδού, προείρηκα ὑμῖν πάντα.

24 Ἀλλ᾽ ἐν ἐκείναις ταῖς ἡμέραις, μετὰ τὴν θλῖψιν ἐκείνην, ὁ ἥλιος σκοτισθήσεται, καὶ ἡ σελήνη οὐ δώσει τὸ φέγγος αὐτῆς,

25 καὶ οἱ ἀστέρες τοῦ οὐρανοῦ ἔσονται ἐκπίπτοντες, καὶ αἱ δυνάμεις αἱ ἐν τοῖς οὐρανοῖς σαλευθήσονται.

26 καὶ τότε ὄψονται τὸν υἱὸν τοῦ ἀνθρώπου ἐρχόμενον ἐν νεφέλαις μετὰ δυνάμεως πολλῆς καὶ δόξης.

27 καὶ τότε ἀποστελεῖ τοὺς ἀγγέλους αὐτοῦ, καὶ ἐπισυνάξει

τοὺς ἐκλεκτοὺς αὐτοῦ ἐκ τῶν τεσσάρων ἀνέμων, ἀπ' ἄκρου γῆς ἕως ἄκρου οὐρανοῦ.

28 Ἀπὸ δὲ τῆς συκῆς μάθετε τὴν παραβολήν· ὅταν αὐτῆς ἤδη ὁ κλάδος ἁπαλὸς γένηται καὶ ἐκφύῃ τὰ φύλλα, γινώσκετε ὅτι ἐγγὺς τὸ θέρος ἐστίν·

29 οὕτω καὶ ὑμεῖς, ὅταν ταῦτα ἴδητε γινόμενα, γινώσκετε ὅτι ἐγγύς ἐστιν ἐπὶ θύραις.

30 ἀμὴν λέγω ὑμῖν ὅτι οὐ μὴ παρέλθῃ ἡ γενεὰ αὕτη, μέχρις οὗ πάντα ταῦτα γένηται.

31 ὁ οὐρανὸς καὶ ἡ γῆ παρελεύσονται· οἱ δὲ λόγοι μου οὐ μὴ παρέλθωσι.

32 περὶ δὲ τῆς ἡμέρας ἐκείνης καὶ τῆς ὥρας οὐδεὶς οἶδεν, οὐδὲ οἱ ἄγγελοι οἱ ἐν οὐρανῷ, οὐδὲ ὁ υἱός, εἰ μὴ ὁ πατήρ.

33 βλέπετε, ἀγρυπνεῖτε καὶ προσεύχεσθε· οὐκ οἴδατε γὰρ πότε ὁ καιρός ἐστιν.

34 ὡς ἄνθρωπος ἀπόδημος ἀφεὶς τὴν οἰκίαν αὐτοῦ, καὶ δοὺς τοῖς δούλοις αὐτοῦ τὴν ἐξουσίαν, καὶ ἑκάστῳ τὸ ἔργον αὐτοῦ, καὶ τῷ θυρωρῷ ἐνετείλατο ἵνα γρηγορῇ.

35 γρηγορεῖτε οὖν· οὐκ οἴδατε γὰρ πότε ὁ κύριος τῆς οἰκίας ἔρχεται, ὀψέ, ἢ μεσονυκτίου, ἢ ἀλεκτοροφωνίας, ἢ πρωΐ·

36 μὴ ἐλθὼν ἐξαίφνης εὕρῃ ὑμᾶς καθεύδοντας.

37 ἃ δὲ ὑμῖν λέγω πᾶσι λέγω, Γρηγορεῖτε.

CHAPTER 14

1 Ἦν δὲ τὸ πάσχα καὶ τὰ ἄζυμα μετὰ δύο ἡμέρας· καὶ ἐζήτουν οἱ ἀρχιερεῖς καὶ οἱ γραμματεῖς πῶς αὐτὸν ἐν δόλῳ κρατήσαντες ἀποκτείνωσιν·

2 ἔλεγον δέ, Μὴ ἐν τῇ ἑορτῇ, μήποτε θόρυβος ἔσται τοῦ λαοῦ.

3 Καὶ ὄντος αὐτοῦ ἐν Βηθανίᾳ, ἐν τῇ οἰκίᾳ Σίμωνος τοῦ λεπροῦ, κατακειμένου αὐτοῦ, ἦλθε γυνὴ ἔχουσα ἀλάβαστρον μύρου νάρδου πιστικῆς πολυτελοῦς· καὶ συντρίψασα τὸ ἀλάβαστρον, κατέχεεν αὐτοῦ κατὰ τῆς κεφαλῆς.

4 ἦσαν δέ τινες ἀγανακτοῦντες πρὸς ἑαυτούς, καὶ λέγοντες, Εἰς τί ἡ ἀπώλεια αὕτη τοῦ μύρου γέγονεν;

5 ἠδύνατο γὰρ τοῦτο πραθῆναι ἐπάνω τριακοσίων δηναρίων, καὶ δοθῆναι τοῖς πτωχοῖς. καὶ ἐνεβριμῶντο αὐτῇ.

6 ὁ δὲ Ἰησοῦς εἶπεν, Ἄφετε αὐτήν· τί αὐτῇ κόπους παρέχετε; καλὸν ἔργον εἰργάσατο εἰς ἐμέ.

7 πάντοτε γὰρ τοὺς πτωχοὺς ἔχετε μεθ' ἑαυτῶν, καὶ ὅταν θέλητε δύνασθε αὐτοὺς εὖ ποιῆσαι· ἐμὲ δὲ οὐ πάντοτε ἔχετε.

8 ὃ εἶχεν αὕτη ἐποίησε· προέλαβε μυρίσαι μου τὸ σῶμά εἰς τὸν ἐνταφιασμόν.

9 ἀμὴν λέγω ὑμῖν, ὅπου ἂν κηρυχθῇ τὸ εὐαγγέλιον τοῦτο εἰς ὅλον τὸν κόσμον, καὶ ὃ ἐποίησεν αὕτη λαληθήσεται εἰς μνημόσυνον αὐτῆς.

10 Καὶ ὁ Ἰούδας ὁ Ἰσκαριώτης, εἷς τῶν δώδεκα, ἀπῆλθε πρὸς τοὺς ἀρχιερεῖς, ἵνα παραδῷ αὐτὸν αὐτοῖς.

11 οἱ δὲ ἀκούσαντες ἐχάρησαν, καὶ ἐπηγγείλαντο αὐτῷ ἀργύριον δοῦναι· καὶ ἐζήτει πῶς εὐκαίρως αὐτὸν παραδῷ.

12 Καὶ τῇ πρώτῃ ἡμέρᾳ τῶν ἀζύμων, ὅτε τὸ πάσχα ἔθυον, λέγουσιν αὐτῷ οἱ μαθηταὶ αὐτοῦ, Ποῦ θέλεις ἀπελθόντες ἑτοιμάσωμεν ἵνα φάγῃς τὸ πάσχα;

13 καὶ ἀποστέλλει δύο τῶν μαθητῶν αὐτοῦ, καὶ λέγει αὐτοῖς, Ὑπάγετε εἰς τὴν πόλιν, καὶ ἀπαντήσει ὑμῖν ἄνθρωπος κεράμιον ὕδατος βαστάζων· ἀκολουθήσατε αὐτῷ,

14 καὶ ὅπου ἐὰν εἰσέλθῃ, εἴπατε τῷ οἰκοδεσπότῃ, ὅτι Ὁ διδάσκαλος λέγει, Ποῦ ἐστι τὸ κατάλυμά, ὅπου τὸ πάσχα μετὰ τῶν μαθητῶν μου φάγω;

15 καὶ αὐτὸς ὑμῖν δείξει ἀνώγεον μέγα ἐστρωμένον ἕτοιμον· ἐκεῖ ἑτοιμάσατε ἡμῖν.

16 καὶ ἐξῆλθον οἱ μαθηταὶ αὐτοῦ, καὶ ἦλθον εἰς τὴν πόλιν, καὶ εὗρον καθὼς εἶπεν αὐτοῖς, καὶ ἡτοίμασαν τὸ πάσχα.

17 Καὶ ὀψίας γενομένης ἔρχεται μετὰ τῶν δώδεκα.

18 καὶ ἀνακειμένων αὐτῶν καὶ ἐσθιόντων, εἶπεν ὁ Ἰησοῦς, Ἀμὴν λέγω ὑμῖν, ὅτι εἷς ἐξ ὑμῶν παραδώσει με, ὁ ἐσθίων μετ' ἐμοῦ.

19 οἱ δὲ ἤρξαντο λυπεῖσθαι, καὶ λέγειν αὐτῷ εἷς καθ' εἷς, Μή τι ἐγώ; καὶ ἄλλος, Μή τι ἐγώ;

20 ὁ δὲ ἀποκριθεὶς εἶπεν αὐτοῖς, Εἷς ἐκ τῶν δώδεκα, ὁ ἐμβαπτόμενος μετ' ἐμοῦ εἰς τὸ τρύβλιον.

21 ὁ μὲν υἱὸς τοῦ ἀνθρώπου ὑπάγει, καθὼς γέγραπται περὶ αὐτοῦ· οὐαὶ δὲ τῷ ἀνθρώπῳ ἐκείνῳ δι' οὗ ὁ υἱὸς τοῦ ἀνθρώπου παραδίδοται· καλὸν ἦν αὐτῷ εἰ οὐκ ἐγεννήθη ὁ ἄνθρωπος ἐκεῖνος.

22 Καὶ ἐσθιόντων αὐτῶν, λαβὼν ὁ Ἰησοῦς ἄρτον, εὐλογήσας ἔκλασε, καὶ ἔδωκεν αὐτοῖς, καὶ εἶπε, Λάβετε, φάγετε· τοῦτό ἐστι τὸ σῶμά μου.

23 καὶ λαβὼν τὸ ποτήριον, εὐχαριστήσας ἔδωκεν αὐτοῖς· καὶ ἔπιον ἐξ αὐτοῦ πάντες.

24 καὶ εἶπεν αὐτοῖς, Τοῦτό ἐστι τὸ αἷμά μου, τὸ τῆς καινῆς διαθήκης, τὸ περὶ πολλῶν ἐκχυνόμενον

25 ἀμὴν λέγω ὑμῖν ὅτι οὐκέτι οὐ μὴ πίω ἐκ τοῦ γεννήματος τῆς ἀμπέλου, ἕως τῆς ἡμέρας ἐκείνης ὅταν αὐτὸ πίνω καινὸν ἐν τῇ βασιλείᾳ τοῦ Θεοῦ.

26 Καὶ ὑμνήσαντες ἐξῆλθον εἰς τὸ ὄρος τῶν ἐλαιῶν.

27 Καὶ λέγει αὐτοῖς ὁ Ἰησοῦς ὅτι Πάντες σκανδαλισθήσεσθε ἐν ἐμοὶ ἐν τῇ νυκτὶ ταύτῃ· ὅτι γέγραπται, Πατάξω τὸν ποιμένα, καὶ διασκορπισθήσεται τὰ πρόβατα.

28 ἀλλὰ μετὰ τὸ ἐγερθῆναί με, προάξω ὑμᾶς εἰς τὴν Γαλιλαίαν.

29 ὁ δὲ Πέτρος ἔφη αὐτῷ, Καὶ εἰ πάντες σκανδαλισθήσονται, ἀλλ' οὐκ ἐγώ.

30 καὶ λέγει αὐτῷ ὁ Ἰησοῦς, Ἀμὴν λέγω σοι, ὅτι σήμερον ἐν τῇ νυκτὶ ταύτῃ, πρὶν ἢ δὶς ἀλέκτορα φωνῆσαι, τρὶς ἀπαρνήσῃ με.

31 ὁ δὲ ἐκ περισσοῦ ἔλεγε μᾶλλον, Ἐάν με δέῃ συναποθανεῖν σοι, οὐ μή σε ἀπαρνήσομαι. ὡσαύτως δὲ καὶ πάντες ἔλεγον.

32 Καὶ ἔρχονται εἰς χωρίον οὗ τὸ ὄνομα Γεθσημανῆ· καὶ λέγει τοῖς μαθηταῖς αὐτοῦ, Καθίσατε ὧδε, ἕως προσεύξωμαι.

33 καὶ παραλαμβάνει τὸν Πέτρον καὶ τὸν Ἰάκωβον καὶ Ἰωάννην μεθ' ἑαυτοῦ, καὶ ἤρξατο ἐκθαμβεῖσθαι καὶ ἀδημονεῖν.

34 καὶ λέγει αὐτοῖς, Περίλυπός ἐστιν ἡ ψυχή μου ἕως θανάτου· μείνατε ὧδε καὶ γρηγορεῖτε.

35 καὶ προελθὼν μικρόν, ἔπεσεν ἐπὶ τῆς γῆς, καὶ προσηύχετο ἵνα, εἰ δυνατόν ἐστι, παρέλθῃ ἀπ' αὐτοῦ ἡ ὥρα.

36 καὶ ἔλεγεν, Ἀββᾶ, ὁ πατήρ, πάντα δυνατά σοι. παρένεγκε τὸ ποτήριον ἀπ' ἐμοῦ τοῦτο· ἀλλ' οὐ τί ἐγὼ θέλω, ἀλλὰ τί σύ.

37 καὶ ἔρχεται, καὶ εὑρίσκει αὐτοὺς καθεύδοντας, καὶ λέγει τῷ Πέτρῳ, Σίμων, καθεύδεις; οὐκ ἴσχυσας μίαν ὥραν γρηγορῆσαι;

38 γρηγορεῖτε καὶ προσεύχεσθε, ἵνα μὴ εἰσέλθητε εἰς πειρασμόν. τὸ μὲν πνεῦμα πρόθυμον, ἡ δὲ σὰρξ ἀσθενής.

39 καὶ πάλιν ἀπελθὼν προσηύξατο, τὸν αὐτὸν λόγον εἰπών.

40 καὶ ὑποστρέψας εὗρεν αὐτοὺς πάλιν καθεύδοντας· ἦσαν γὰρ οἱ ὀφθαλμοὶ αὐτῶν βεβαρημένοι, καὶ οὐκ ᾔδεισαν τί αὐτῷ ἀποκριθῶσι.

41 καὶ ἔρχεται τὸ τρίτον, καὶ λέγει αὐτοῖς, Καθεύδετε τὸ λοιπὸν καὶ ἀναπαύεσθε. ἀπέχει· ἦλθεν ἡ ὥρα· ἰδού, παραδίδοται ὁ υἱὸς τοῦ ἀνθρώπου εἰς τὰς χεῖρας τῶν ἁμαρτωλῶν.

42 ἐγείρεσθε, ἄγωμεν· ἰδού, ὁ παραδιδούς με ἤγγικε.

43 Καὶ εὐθέως, ἔτι αὐτοῦ λαλοῦντος, παραγίνεται Ἰούδας, εἷς ὢν τῶν δώδεκα, καὶ μετ' αὐτοῦ ὄχλος πολὺς μετὰ μαχαιρῶν καὶ ξύλων, παρὰ τῶν ἀρχιερέων καὶ τῶν γραμματέων καὶ τῶν πρεσβυτέρων.

44 δεδώκει δὲ ὁ παραδιδοὺς αὐτὸν σύσσημον αὐτοῖς, λέγων, Ὃν ἂν φιλήσω, αὐτός ἐστι· κρατήσατε αὐτόν, καὶ ἀπαγάγετε ἀσφαλῶς.

45 καὶ ἐλθών, εὐθέως προσελθὼν αὐτῷ λέγει, Ῥαββί, ῥαββί· καὶ κατεφίλησεν αὐτόν.

46 οἱ δὲ ἐπέβαλον ἐπ' αὐτὸν τὰς χεῖρας αὐτῶν, καὶ ἐκράτησαν αὐτόν.

47 εἷς δέ τις τῶν παρεστηκότων σπασάμενος τὴν μάχαιραν ἔπαισε τὸν δοῦλον τοῦ ἀρχιερέως, καὶ ἀφεῖλεν αὐτοῦ τὸ ὠτίον.

48 καὶ ἀποκριθεὶς ὁ Ἰησοῦς εἶπεν αὐτοῖς, Ὡς ἐπὶ λῃστὴν ἐξήλθετε μετὰ μαχαιρῶν καὶ ξύλων συλλαβεῖν με;

49 καθ' ἡμέραν ἤμην πρὸς ὑμᾶς ἐν τῷ ἱερῷ διδάσκων, καὶ οὐκ ἐκρατήσατέ με· ἀλλ' ἵνα πληρωθῶσιν αἱ γραφαί.

50 καὶ ἀφέντες αὐτὸν πάντες ἔφυγον.

51 Καὶ εἷς τις νεανίσκος ἠκολούθει αὐτῷ, περιβεβλημένος σινδόνα ἐπὶ γυμνοῦ. καὶ κρατοῦσιν αὐτὸν οἱ νεανίσκοι·

52 ὁ δὲ καταλιπὼν τὴν σινδόνα γυμνὸς ἔφυγεν ἀπ' αὐτῶν.

53 Καὶ ἀπήγαγον τὸν Ἰησοῦν πρὸς τὸν ἀρχιερέα· καὶ συνέρχονται αὐτῷ πάντες οἱ ἀρχιερεῖς καὶ οἱ πρεσβύτεροι καὶ οἱ γραμματεῖς.

54 καὶ ὁ Πέτρος ἀπὸ μακρόθεν ἠκολούθησεν αὐτῷ ἕως ἔσω εἰς τὴν αὐλὴν τοῦ ἀρχιερέως· καὶ ἦν συγκαθήμενος μετὰ τῶν ὑπηρετῶν, καὶ θερμαινόμενος πρὸς τὸ φῶς.

55 οἱ δὲ ἀρχιερεῖς καὶ ὅλον τὸ συνέδριον ἐζήτουν κατὰ τοῦ Ἰησοῦ μαρτυρίαν, εἰς τὸ θανατῶσαι αὐτόν· καὶ οὐχ εὕρισκον.

56 πολλοὶ γὰρ ἐψευδομαρτύρουν κατ' αὐτοῦ, καὶ ἴσαι αἱ μαρτυρίαι οὐκ ἦσαν.

57 καί τινες ἀναστάντες ἐψευδομαρτύρουν κατ' αὐτοῦ λέγοντες

58 ὅτι Ἡμεῖς ἠκούσαμεν αὐτοῦ λέγοντος ὅτι Ἐγὼ καταλύσω τὸν ναὸν τοῦτον τὸν χειροποίητον, καὶ διὰ τριῶν ἡμερῶν ἄλλον ἀχειροποίητον οἰκοδομήσω

59 καὶ οὐδὲ οὕτως ἴση ἦν ἡ μαρτυρία αὐτῶν.

60 καὶ ἀναστὰς ὁ ἀρχιερεὺς εἰς τὸ μέσον ἐπηρώτησε τὸν Ἰησοῦν, λέγων, Οὐκ ἀποκρίνῃ οὐδέν; τί οὗτοί σου καταμαρτυροῦσιν;

61 ὁ δὲ ἐσιώπα, καὶ οὐδὲν ἀπεκρίνατο. πάλιν ὁ ἀρχιερεὺς ἐπηρώτα αὐτόν, καὶ λέγει αὐτῷ, Σὺ εἶ ὁ Χριστός, ὁ υἱὸς τοῦ εὐλογητοῦ;

62 ὁ δὲ Ἰησοῦς εἶπεν, Ἐγώ εἰμι. καὶ ὄψεσθε τὸν υἱὸν τοῦ ἀνθρώπου καθήμενον ἐκ δεξιῶν τῆς δυνάμεως, καὶ ἐρχόμενον μετὰ τῶν νεφελῶν τοῦ οὐρανοῦ.

63 ὁ δὲ ἀρχιερεὺς διαρρήξας τοὺς χιτῶνας αὐτοῦ λέγει, Τί ἔτι χρείαν ἔχομεν μαρτύρων;

64 ἠκούσατε τῆς βλασφημίας· τί ὑμῖν φαίνεται; οἱ δὲ πάντες κατέκριναν αὐτὸν εἶναι ἔνοχον θανάτου.

65 καὶ ἤρξαντό τινες ἐμπτύειν αὐτῷ, καὶ περικαλύπτειν τὸ πρόσωπον αὐτοῦ, καὶ κολαφίζειν αὐτόν, καὶ λέγειν αὐτῷ, Προφήτευσον· καὶ οἱ ὑπηρέται ῥαπίσμασιν αὐτὸν ἔβαλλον.

66 Καὶ ὄντος τοῦ Πέτρου ἐν τῇ αὐλῇ κάτω, ἔρχεται μία τῶν παιδισκῶν τοῦ ἀρχιερέως,

67 καὶ ἰδοῦσα τὸν Πέτρον θερμαινόμενον, ἐμβλέψασα αὐτῷ λέγει, Καὶ σὺ μετὰ τοῦ Ναζαρηνοῦ Ἰησοῦ ἦσθα.

68 ὁ δὲ ἠρνήσατο, λέγων, Οὐκ οἶδα, οὐδὲ ἐπίσταμαι τί σὺ λέγεις. καὶ ἐξῆλθεν ἔξω εἰς τὸ προαύλιον· καὶ ἀλέκτωρ ἐφώνησε.

69 καὶ ἡ παιδίσκη ἰδοῦσα αὐτὸν πάλιν ἤρξατο λέγειν τοῖς

παρεστηκόσιν ὅτι Οὗτος ἐξ αὐτῶν ἐστίν.

70 ὁ δὲ πάλιν ἠρνεῖτο. καὶ μετὰ μικρὸν πάλιν οἱ παρεστῶτες ἔλεγον τῷ Πέτρῳ, Ἀληθῶς ἐξ αὐτῶν εἶ· καὶ γὰρ Γαλιλαῖος εἶ, καὶ ἡ λαλιά σου ὁμοιάζει.

71 ὁ δὲ ἤρξατο ἀναθεματίζειν καὶ ὀμνύειν ὅτι Οὐκ οἶδα τὸν ἄνθρωπον τοῦτον ὃν λέγετε.

72 καὶ ἐκ δευτέρου ἀλέκτωρ ἐφώνησε. καὶ ἀνεμνήσθη ὁ Πέτρος τοῦ ῥήματος οὗ εἶπεν αὐτῷ ὁ Ἰησοῦς ὅτι Πρὶν ἀλέκτορα φωνῆσαι δίς, ἀπαρνήσῃ με τρίς. καὶ ἐπιβαλὼν ἔκλαιε.

CHAPTER 15

1 Καὶ εὐθέως ἐπὶ τὸ πρωῒ συμβούλιον ποιήσαντες οἱ ἀρχιερεῖς μετὰ τῶν πρεσβυτέρων καὶ γραμματέων, καὶ ὅλον τὸ συνέδριον, δήσαντες τὸν Ἰησοῦν ἀπήνεγκαν καὶ παρέδωκαν τῷ Πιλάτῳ.

2 καὶ ἐπηρώτησεν αὐτὸν ὁ Πιλάτος, Σὺ εἶ ὁ βασιλεὺς τῶν Ἰουδαίων; ὁ δὲ ἀποκριθεὶς εἶπεν αὐτῷ, Σὺ λέγεις.

3 καὶ κατηγόρουν αὐτοῦ οἱ ἀρχιερεῖς πολλά· αὐτὸς δὲ οὐδὲν ἀπεκρίνατο.

4 ὁ δὲ Πιλάτος πάλιν ἐπηρώτησεν αὐτόν, λέγων, Οὐκ ἀποκρίνῃ οὐδέν; ἴδε, πόσα σου καταμαρτυροῦσιν.

5 ὁ δὲ Ἰησοῦς οὐκέτι οὐδὲν ἀπεκρίθη, ὥστε θαυμάζειν τὸν Πιλάτον.

6 Κατὰ δὲ ἑορτὴν ἀπέλυεν αὐτοῖς ἕνα δέσμιον, ὅνπερ ᾐτοῦντο.

7 ἦν δὲ ὁ λεγόμενος Βαραββᾶς μετὰ τῶν συστασιαστῶν δεδεμένος, οἵτινες ἐν τῇ στάσει φόνον πεποιήκεισαν.

8 καὶ ἀναβοήσας ὁ ὄχλος ἤρξατο αἰτεῖσθαι καθὼς ἀεί ἐποίει αὐτοῖς.

9 ὁ δὲ Πιλάτος ἀπεκρίθη αὐτοῖς, λέγων, Θέλετε ἀπολύσω ὑμῖν τὸν βασιλέα τῶν Ἰουδαίων;

10 ἐγίνωσκε γὰρ ὅτι διὰ φθόνον παραδεδώκεισαν αὐτὸν οἱ ἀρχιερεῖς.

11 οἱ δὲ ἀρχιερεῖς ἀνέσεισαν τὸν ὄχλον, ἵνα μᾶλλον τὸν Βαραββᾶν ἀπολύσῃ αὐτοῖς.

12 ὁ δὲ Πιλάτος ἀποκριθεὶς πάλιν εἶπεν αὐτοῖς, Τί οὖν θέλετε ποιήσω ὃν λέγετε βασιλέα τῶν Ἰουδαίων;

13 οἱ δὲ πάλιν ἔκραξαν, Σταύρωσον αὐτόν.

14 ὁ δὲ Πιλάτος ἔλεγεν αὐτοῖς, Τί γὰρ κακὸν ἐποίησεν; οἱ δὲ περισσοτέρως ἔκραξαν, Σταύρωσον αὐτόν.

15 ὁ δὲ Πιλάτος βουλόμενος τῷ ὄχλῳ τὸ ἱκανὸν ποιῆσαι, ἀπέλυσεν αὐτοῖς τὸν Βαραββᾶν· καὶ παρέδωκε τὸν Ἰησοῦν, φραγελλώσας, ἵνα σταυρωθῇ.

16 Οἱ δὲ στρατιῶται ἀπήγαγον αὐτὸν ἔσω τῆς αὐλῆς, ὅ ἐστι πραιτώριον, καὶ συγκαλοῦσιν ὅλην τὴν σπεῖραν,

17 καὶ ἐνδύουσιν αὐτὸν πορφύραν, καὶ περιτιθέασιν αὐτῷ πλέξαντες ἀκάνθινον στέφανον,

18 καὶ ἤρξαντο ἀσπάζεσθαι αὐτόν, Χαῖρε, βασιλεῦ τῶν Ἰουδαίων·

19 καὶ ἔτυπτον αὐτοῦ τὴν κεφαλὴν καλάμῳ, καὶ ἐνέπτυον αὐτῷ, καὶ τιθέντες τὰ γόνατα προσεκύνουν αὐτῷ.

20 καὶ ὅτε ἐνέπαιξαν αὐτῷ, ἐξέδυσαν αὐτὸν τὴν πορφύραν, καὶ ἐνέδυσαν αὐτὸν τὰ ἱμάτια τὰ ἴδια. Καὶ ἐξάγουσιν αὐτὸν ἵνα σταυρώσωσιν αὐτόν.

21 καὶ ἀγγαρεύουσι παράγοντά τινα Σίμωνα Κυρηναῖον, ἐρχόμενον ἀπ' ἀγροῦ, τὸν πατέρα Ἀλεξάνδρου καὶ Ῥούφου, ἵνα ἄρῃ τὸν σταυρὸν αὐτοῦ.

22 καὶ φέρουσιν αὐτὸν ἐπὶ Γολγοθᾶ τόπον, ὅ ἐστι μεθερμηνευόμενον, κρανίου τόπος.

23 καὶ ἐδίδουν αὐτῷ πιεῖν ἐσμυρνισμένον οἶνον· ὁ δὲ οὐκ ἔλαβε.

24 καὶ σταυρώσαντες αὐτόν, διεμέριζον τὰ ἱμάτια αὐτοῦ, βάλλοντες κλῆρον ἐπ' αὐτά, τίς τί ἄρῃ.

25 ἦν δὲ ὥρα τρίτη, καὶ ἐσταύρωσαν αὐτόν.

26 καὶ ἦν ἡ ἐπιγραφὴ τῆς αἰτίας αὐτοῦ ἐπιγεγραμμένη, Ὁ Βασιλεὺς τῶν Ἰουδαίων.

27 καὶ σὺν αὐτῷ σταυροῦσι δύο λῃστάς, ἕνα ἐκ δεξιῶν καὶ ἕνα ἐξ εὐωνύμων αὐτοῦ.

28 καὶ ἐπληρώθη ἡ γραφὴ ἡ λέγουσα, Καὶ μετὰ ἀνόμων ἐλογίσθη.

29 καὶ οἱ παραπορευόμενοι ἐβλασφήμουν αὐτόν, κινοῦντες τὰς κεφαλὰς αὐτῶν, καὶ λέγοντες, Οὐά, ὁ καταλύων τὸν ναόν, καὶ ἐν τρισὶν ἡμέραις οἰκοδομῶν,

30 σῶσον σεαυτόν, καὶ κατάβα ἀπὸ τοῦ σταυροῦ.

31 ὁμοίως δὲ καὶ οἱ ἀρχιερεῖς ἐμπαίζοντες πρὸς ἀλλήλους μετὰ τῶν γραμματέων ἔλεγον, Ἄλλους ἔσωσεν, ἑαυτὸν οὐ δύναται σῶσαι.

32 ὁ Χριστὸς ὁ βασιλεὺς τοῦ Ἰσραὴλ καταβάτω νῦν ἀπὸ τοῦ σταυροῦ, ἵνα ἴδωμεν καὶ πιστεύσωμεν. καὶ οἱ συνεσταυρωμένοι αὐτῷ ὠνείδιζον αὐτόν.

33 Γενομένης δὲ ὥρας ἕκτης, σκότος ἐγένετο ἐφ' ὅλην τὴν γῆν ἕως ὥρας ἐννάτης.

34 καὶ τῇ ὥρᾳ τῇ ἐννάτῃ ἐβόησεν ὁ Ἰησοῦς φωνῇ μεγάλῃ, λέγων, Ἐλωΐ Ἐλωΐ, λαμμᾶ σαβαχθανί; ὅ ἐστι μεθερμηνευόμενον, Ὁ Θεός μου, ὁ Θεός μου, εἰς τί με ἐγκατέλιπες;

35 καί τινες τῶν παρεστηκότων ἀκούσαντες ἔλεγον, Ἰδού, Ἡλίαν φωνεῖ.

36 δραμὼν δέ εἷς, καὶ γεμίσας σπόγγον ὄξους, περιθείς τε καλάμῳ, ἐπότιζεν αὐτόν, λέγων, Ἄφετε, ἴδωμεν εἰ ἔρχεται Ἡλίας καθελεῖν αὐτόν.

37 ὁ δὲ Ἰησοῦς ἀφεὶς φωνὴν μεγάλην ἐξέπνευσε.

38 καὶ τὸ καταπέτασμα τοῦ ναοῦ ἐσχίσθη εἰς δύο ἀπὸ ἄνωθεν ἕως κάτω.

39 ἰδὼν δὲ ὁ κεντυρίων ὁ παρεστηκὼς ἐξ ἐναντίας αὐτοῦ ὅτι οὕτω κράξας ἐξέπνευσεν, εἶπεν, Ἀληθῶς ὁ ἄνθρωπος οὗτος υἱὸς ἦν Θεοῦ.

40 ἦσαν δὲ καὶ γυναῖκες ἀπὸ μακρόθεν θεωροῦσαι, ἐν αἷς ἦν καὶ Μαρία ἡ Μαγδαληνή, καὶ Μαρία ἡ τοῦ Ἰακώβου τοῦ μικροῦ καὶ Ἰωσῆ μήτηρ, καὶ Σαλώμη,

41 αἳ καί, ὅτε ἦν ἐν τῇ Γαλιλαίᾳ, ἠκολούθουν αὐτῷ, καὶ διηκόνουν αὐτῷ, καὶ ἄλλαι πολλαὶ αἱ συναναβᾶσαι αὐτῷ εἰς Ἱεροσόλυμα.

42 Καὶ ἤδη ὀψίας γενομένης, ἐπεὶ ἦν Παρασκευή, ὅ ἐστι προσάββατον,

43 ἦλθεν Ἰωσὴφ ὁ ἀπὸ Ἀριμαθαίας, εὐσχήμων βουλευτής, ὃς καὶ αὐτὸς ἦν προσδεχόμενος τὴν βασιλείαν τοῦ Θεοῦ· τολμήσας εἰσῆλθε πρὸς Πιλᾶτον, καὶ ᾐτήσατο τὸ σῶμα τοῦ Ἰησοῦ.

44 ὁ δὲ Πιλάτος ἐθαύμασεν εἰ ἤδη τέθνηκε· καὶ προσκαλεσάμενος τὸν κεντυρίωνα, ἐπηρώτησεν αὐτὸν εἰ πάλαι ἀπέθανε.

45 καὶ γνοὺς ἀπὸ τοῦ κεντυρίωνος, ἐδωρήσατο τὸ σῶμα τῷ Ἰωσήφ.

46 καὶ ἀγοράσας σινδόνα, καὶ καθελὼν αὐτόν, ἐνείλησε τῇ σινδόνι, καὶ κατέθηκεν αὐτὸν ἐν μνημείῳ, ὃ ἦν λελατομημένον ἐκ πέτρας· καὶ προσεκύλισε λίθον ἐπὶ τὴν θύραν τοῦ μνημείου.

47 ἡ δὲ Μαρία ἡ Μαγδαληνὴ καὶ Μαρία Ἰωσῆ ἐθεώρουν ποῦ τίθεται

CHAPTER 16

1 Καὶ διαγενομένου τοῦ σαββάτου, Μαρία ἡ Μαγδαληνὴ καὶ Μαρία ἡ τοῦ Ἰακώβου καὶ Σαλώμη ἠγόρασαν ἀρώματα, ἵνα ἐλθοῦσαι ἀλείψωσιν αὐτόν.

2 καὶ λίαν πρωῒ τῆς μιᾶς σαββάτων ἔρχονται ἐπὶ τὸ μνημεῖον, ἀνατείλαντος τοῦ ἡλίου.

3 καὶ ἔλεγον πρὸς ἑαυτάς, Τίς ἀποκυλίσει ἡμῖν τὸν λίθον ἐκ τῆς θύρας τοῦ μνημείου;

4 καὶ ἀναβλέψασαι θεωροῦσιν ὅτι ἀποκεκύλισται ὁ λίθος· ἦν γὰρ μέγας σφόδρα.

5 καὶ εἰσελθοῦσαι εἰς τὸ μνημεῖον, εἶδον νεανίσκον καθήμενον ἐν τοῖς δεξιοῖς, περιβεβλημένον στολὴν λευκήν· καὶ ἐξεθαμβήθησαν.

6 ὁ δὲ λέγει αὐταῖς, Μὴ ἐκθαμβεῖσθε· Ἰησοῦν ζητεῖτε τὸν Ναζαρηνὸν τὸν ἐσταυρωμένον· ἠγέρθη, οὐκ ἔστιν ὧδε· ἴδε, ὁ τόπος ὅπου ἔθηκαν αὐτόν.

7 ἀλλ᾽ ὑπάγετε, εἴπατε τοῖς μαθηταῖς αὐτοῦ καὶ τῷ Πέτρῳ ὅτι Προάγει ὑμᾶς εἰς τὴν Γαλιλαίαν· ἐκεῖ αὐτὸν ὄψεσθε, καθὼς εἶπεν ὑμῖν.

8 καὶ ἐξελθοῦσαι ταχὺ ἔφυγον ἀπὸ τοῦ μνημείου· εἶχε δὲ αὐτὰς τρόμος καὶ ἔκστασις· καὶ οὐδενὶ οὐδὲν εἶπον, ἐφοβοῦντο γάρ.

9 Ἀναστὰς δὲ πρωῒ πρώτῃ σαββάτου ἐφάνη πρῶτον Μαρίᾳ

τῇ Μαγδαληνῇ, ἀφ' ἧς ἐκβεβλήκει ἑπτὰ δαιμόνια.

10 ἐκείνη πορευθεῖσα ἀπήγγειλε τοῖς μετ' αὐτοῦ γενομένοις, πενθοῦσι καὶ κλαίουσι.

11 κἀκεῖνοι ἀκούσαντες ὅτι ζῇ καὶ ἐθεάθη ὑπ' αὐτῆς ἠπίστησαν.

12 Μετὰ δὲ ταῦτα δυσὶν ἐξ αὐτῶν περιπατοῦσιν ἐφανερώθη ἐν ἑτέρᾳ μορφῇ, πορευομένοις εἰς ἀγρόν.

13 κἀκεῖνοι ἀπελθόντες ἀπήγγειλαν τοῖς λοιποῖς· οὐδὲ ἐκείνοις ἐπίστευσαν.

14 Ὕστερον, ἀνακειμένοις αὐτοῖς τοῖς ἕνδεκα ἐφανερώθη, καὶ ὠνείδισε τὴν ἀπιστίαν αὐτῶν καὶ σκληροκαρδίαν, ὅτι τοῖς θεασαμένοις αὐτὸν ἐγηγερμένον οὐκ ἐπίστευσαν.

15 καὶ εἶπεν αὐτοῖς, Πορευθέντες εἰς τὸν κόσμον ἅπαντα, κηρύξατε τὸ εὐαγγέλιον πάσῃ τῇ κτίσει.

16 ὁ πιστεύσας καὶ βαπτισθεὶς σωθήσεται· ὁ δὲ ἀπιστήσας κατακριθήσεται.

17 σημεῖα δὲ τοῖς πιστεύσασι ταῦτα παρακολουθήσει· ἐν τῷ ὀνόματί μου δαιμόνια ἐκβαλοῦσι· γλώσσαις λαλήσουσι καιναῖς·

18 ὄφεις ἀροῦσι· κἂν θανάσιμόν τι πίωσιν, οὐ μὴ αὐτοὺς βλάψει· ἐπὶ ἀρρώστους χεῖρας ἐπιθήσουσι, καὶ καλῶς ἕξουσιν.

19 Ὁ μὲν οὖν Κύριος, μετὰ τὸ λαλῆσαι αὐτοῖς, ἀνελήφθη εἰς τὸν οὐρανόν, καὶ ἐκάθισεν ἐκ δεξιῶν τοῦ Θεοῦ.

20 ἐκεῖνοι δὲ ἐξελθόντες ἐκήρυξαν πανταχοῦ, τοῦ Κυρίου συνεργοῦντος, καὶ τὸν λόγον βεβαιοῦντος διὰ τῶν ἐπακολουθούντων σημείων. Ἀμήν.

ΕΥΑΓΓΕΛΙΟΝ ΤΟ ΚΑΤΑ ΛΟΥΚΑΝ

ΛΟΥ CHAPTER 1

Ἐπειδήπερ πολλοὶ ἐπεχείρησαν ἀνατάξασθαι διήγησιν περὶ τῶν πεπληροφορημένων ἐν ἡμῖν πραγμάτων,

2 καθὼς παρέδοσαν ἡμῖν οἱ ἀπ' ἀρχῆς αὐτόπται καὶ ὑπηρέται γενόμενοι τοῦ λόγου,

3 ἔδοξε κἀμοί, παρηκολουθηκότι ἄνωθεν πᾶσιν ἀκριβῶς, καθεξῆς σοι γράψαι, κράτιστε Θεόφιλε,

4 ἵνα ἐπιγνῷς περὶ ὧν κατηχήθης λόγων τὴν ἀσφάλειαν.

5 Ἐγένετο ἐν ταῖς ἡμέραις Ἡρώδου τοῦ βασιλέως τῆς Ἰουδαίας ἱερεύς τις ὀνόματι Ζαχαρίας, ἐξ ἐφημερίας Ἀβιά· καὶ ἡ γυνὴ αὐτοῦ ἐκ τῶν θυγατέρων Ἀαρών, καὶ τὸ ὄνομα αὐτῆς Ἐλισάβετ.

6 ἦσαν δὲ δίκαιοι ἀμφότεροι ἐνώπιον τοῦ Θεοῦ, πορευόμενοι ἐν πάσαις ταῖς ἐντολαῖς καὶ δικαιώμασι τοῦ Κυρίου ἄμεμπτοι.

7 καὶ οὐκ ἦν αὐτοῖς τέκνον, καθότι ἡ Ἐλισάβετ ἦν στεῖρα, καὶ ἀμφότεροι προβεβηκότες ἐν ταῖς ἡμέραις αὐτῶν ἦσαν.

8 Ἐγένετο δὲ ἐν τῷ ἱερατεύειν αὐτὸν ἐν τῇ τάξει τῆς ἐφημερίας αὐτοῦ ἔναντι τοῦ Θεοῦ,

9 κατὰ τὸ ἔθος τῆς ἱερατείας, ἔλαχε τοῦ θυμιᾶσαι εἰσελθὼν εἰς τὸν ναὸν τοῦ Κυρίου.

10 καὶ πᾶν τὸ πλῆθος τοῦ λαοῦ ἦν προσευχόμενον ἔξω τῇ ὥρᾳ τοῦ θυμιάματος.

11 ὤφθη δὲ αὐτῷ ἄγγελος Κυρίου, ἑστὼς ἐκ δεξιῶν τοῦ θυσιαστηρίου τοῦ θυμιάματος.

12 καὶ ἐταράχθη Ζαχαρίας ἰδών, καὶ φόβος ἐπέπεσεν ἐπ' αὐτόν.

13 εἶπε δὲ πρὸς αὐτὸν ὁ ἄγγελος, Μὴ φοβοῦ Ζαχαρία· διότι εἰσηκούσθη ἡ δέησίς σου, καὶ ἡ γυνή σου Ἐλισάβετ γεννήσει υἱόν σοι, καὶ καλέσεις τὸ ὄνομα αὐτοῦ Ἰωάννην

14 καὶ ἔσται χαρά σοι καὶ ἀγαλλίασις, καὶ πολλοὶ ἐπὶ τῇ γεννήσει αὐτοῦ χαρήσονται.

15 ἔσται γὰρ μέγας ἐνώπιον τοῦ Κυρίου, καὶ οἶνον καὶ σίκερα οὐ μὴ πίῃ, καὶ Πνεύματος Ἁγίου πλησθήσεται ἔτι ἐκ κοιλίας μητρὸς αὐτοῦ.

16 καὶ πολλοὺς τῶν υἱῶν Ἰσραὴλ ἐπιστρέψει ἐπὶ Κύριον τὸν Θεὸν αὐτῶν·

17 καὶ αὐτὸς προελεύσεται ἐνώπιον αὐτοῦ ἐν πνεύματι καὶ δυνάμει Ἡλίου, ἐπιστρέψαι καρδίας πατέρων ἐπὶ τέκνα, καὶ ἀπειθεῖς ἐν φρονήσει δικαίων, ἑτοιμάσαι Κυρίῳ λαὸν κατεσκευασμένον.

18 καὶ εἶπε Ζαχαρίας πρὸς τὸν ἄγγελον, Κατὰ τί γνώσομαι τοῦτο; ἐγὼ γάρ εἰμι πρεσβύτης, καὶ ἡ γυνή μου προβεβηκυῖα ἐν ταῖς ἡμέραις αὐτῆς.

19 καὶ ἀποκριθεὶς ὁ ἄγγελος εἶπεν αὐτῷ, Ἐγώ εἰμι Γαβριὴλ ὁ παρεστηκὼς ἐνώπιον τοῦ Θεοῦ·

καὶ ἀπεστάλην λαλῆσαι πρός σε, καὶ εὐαγγελίσασθαί σοι ταῦτα.

20 καὶ ἰδού, ἔσῃ σιωπῶν καὶ μὴ δυνάμενος λαλῆσαι, ἄχρι ἧς ἡμέρας γένηται ταῦτα, ἀνθ' ὧν οὐκ ἐπίστευσας τοῖς λόγοις μου, οἵτινες πληρωθήσονται εἰς τὸν καιρὸν αὐτῶν.

21 καὶ ἦν ὁ λαὸς προσδοκῶν τὸν Ζαχαρίαν· καὶ ἐθαύμαζον ἐν τῷ χρονίζειν αὐτὸν ἐν τῷ ναῷ.

22 ἐξελθὼν δὲ οὐκ ἠδύνατο λαλῆσαι αὐτοῖς· καὶ ἐπέγνωσαν ὅτι ὀπτασίαν ἑώρακεν ἐν τῷ ναῷ· καὶ αὐτὸς ἦν διανεύων αὐτοῖς, καὶ διέμενε κωφός.

23 καὶ ἐγένετο, ὡς ἐπλήσθησαν αἱ ἡμέραι τῆς λειτουργίας αὐτοῦ, ἀπῆλθεν εἰς τὸν οἶκον αὐτοῦ.

24 Μετὰ δὲ ταύτας τὰς ἡμέρας συνέλαβεν Ἐλισάβετ ἡ γυνὴ αὐτοῦ, καὶ περιέκρυβεν ἑαυτὴν μῆνας πέντε, λέγουσα

25 ὅτι Οὕτω μοι πεποίηκεν ὁ Κύριος ἐν ἡμέραις αἷς ἐπεῖδεν ἀφελεῖν τὸ ὄνειδός μου ἐν ἀνθρώποις.

26 Ἐν δὲ τῷ μηνὶ τῷ ἕκτῳ ἀπεστάλη ὁ ἄγγελος Γαβριὴλ ὑπὸ τοῦ Θεοῦ εἰς πόλιν τῆς Γαλιλαίας ᾗ ὄνομα Ναζαρέθ,

27 πρὸς παρθένον μεμνηστευμένην ἀνδρί, ᾧ ὄνομα Ἰωσήφ, ἐξ οἴκου Δαβίδ· καὶ τὸ ὄνομα τῆς παρθένου, Μαριάμ.

28 καὶ εἰσελθὼν ὁ ἄγγελος πρὸς αὐτὴν εἶπε, Χαῖρε, κεχαριτωμένη· ὁ Κύριος μετὰ σοῦ, εὐλογημένη σὺ ἐν γυναιξίν.

29 ἡ δὲ ἰδοῦσα διεταράχθη ἐπὶ τῷ λόγῳ αὐτοῦ, καὶ διελογίζετο ποταπὸς εἴη ὁ ἀσπασμὸς οὗτος.

30 καὶ εἶπεν ὁ ἄγγελος αὐτῇ, Μὴ φοβοῦ, Μαριάμ· εὗρες γὰρ χάριν παρὰ τῷ Θεῷ.

31 καὶ ἰδού, συλλήψῃ ἐν γαστρί, καὶ τέξῃ υἱόν, καὶ καλέσεις τὸ ὄνομα αὐτοῦ Ἰησοῦν.

32 οὗτος ἔσται μέγας, καὶ υἱὸς ὑψίστου κληθήσεται· καὶ δώσει αὐτῷ Κύριος ὁ Θεὸς τὸν θρόνον Δαβὶδ τοῦ πατρὸς αὐτοῦ,

33 καὶ βασιλεύσει ἐπὶ τὸν οἶκον Ἰακὼβ εἰς τοὺς αἰῶνας, καὶ τῆς βασιλείας αὐτοῦ οὐκ ἔσται τέλος.

34 εἶπε δὲ Μαριὰμ πρὸς τὸν ἄγγελον, Πῶς ἔσται τοῦτο, ἐπεὶ ἄνδρα οὐ γινώσκω;

35 καὶ ἀποκριθεὶς ὁ ἄγγελος εἶπεν αὐτῇ, Πνεῦμα Ἅγιον ἐπελεύσεται ἐπὶ σέ, καὶ δύναμις ὑψίστου ἐπισκιάσει σοι· διὸ καὶ τὸ γεννώμενον ἐκ σοῦ ἅγιον κληθήσεται υἱὸς Θεοῦ.

36 καὶ ἰδού, Ἐλισάβετ ἡ συγγενής σου, καὶ αὐτὴ συνειληφυῖα υἱὸν ἐν γήρᾳ αὐτῆς· καὶ οὗτος μὴν ἕκτος ἐστὶν αὐτῇ τῇ καλουμένῃ στείρᾳ.

37 ὅτι οὐκ ἀδυνατήσει παρὰ τῷ θεῷ πᾶν ῥῆμα.

38 εἶπε δὲ Μαριάμ, Ἰδού, ἡ δούλη Κυρίου· γένοιτό μοι κατὰ τὸ ῥῆμά σου. καὶ ἀπῆλθεν ἀπ' αὐτῆς ὁ ἄγγελος.

39 Ἀναστᾶσα δὲ Μαριὰμ ἐν ταῖς ἡμέραις ταύταις ἐπορεύθη εἰς τὴν ὀρεινὴν μετὰ σπουδῆς, εἰς πόλιν Ἰούδα,

40 καὶ εἰσῆλθεν εἰς τὸν οἶκον Ζαχαρίου, καὶ ἠσπάσατο τὴν Ἐλισάβετ.

41 καὶ ἐγένετο ὡς ἤκουσεν ἡ Ἐλισάβετ τὸν ἀσπασμὸν τῆς Μαρίας, ἐσκίρτησε τὸ βρέφος ἐν τῇ κοιλίᾳ αὐτῆς· καὶ ἐπλήσθη Πνεύματος Ἁγίου ἡ Ἐλισάβετ,

42 καὶ ἀνεφώνησε φωνῇ μεγάλῃ, καὶ εἶπεν, Εὐλογημένη σὺ ἐν γυναιξί, καὶ εὐλογημένος ὁ καρπὸς τῆς κοιλίας σου.

43 καὶ πόθεν μοι τοῦτο, ἵνα ἔλθῃ ἡ μήτηρ τοῦ Κυρίου μου πρός με;

44 ἰδοὺ γάρ, ὡς ἐγένετο ἡ φωνὴ τοῦ ἀσπασμοῦ σου εἰς τὰ ὦτά μου, ἐσκίρτησεν ἐν ἀγαλλιάσει τὸ βρέφος ἐν τῇ κοιλίᾳ μου.

45 καὶ μακαρία ἡ πιστεύσασα, ὅτι ἔσται τελείωσις τοῖς λελαλημένοις αὐτῇ παρὰ Κυρίου.

46 καὶ εἶπε Μαριάμ, Μεγαλύνει ἡ ψυχή μου τὸν Κύριον,

47 καὶ ἠγαλλίασε τὸ πνεῦμά μου ἐπὶ τῷ θεῷ τῷ σωτῆρί μου

48 ὅτι ἐπέβλεψεν ἐπὶ τὴν ταπείνωσιν τῆς δούλης αὐτοῦ. ἰδοὺ γάρ, ἀπὸ τοῦ νῦν μακαριοῦσί με πᾶσαι αἱ γενεαί.

49 ὅτι ἐποίησέ μοι μεγαλεῖα ὁ δυνατός, καὶ ἅγιον τὸ ὄνομα αὐτοῦ

50 καὶ τὸ ἔλεος αὐτοῦ εἰς γενεὰς γενεῶν τοῖς φοβουμένοις αὐτόν.

51 ἐποίησε κράτος ἐν βραχίονι αὐτοῦ· διεσκόρπισεν ὑπερηφάνους διανοίᾳ καρδίας αὐτῶν.

52 καθεῖλε δυνάστας ἀπὸ θρόνων, καὶ ὕψωσε ταπεινούς.

53 πεινῶντας ἐνέπλησεν ἀγαθῶν, καὶ πλουτοῦντας ἐξαπέστειλε κενούς.

54 ἀντελάβετο Ἰσραὴλ παιδὸς αὐτοῦ, μνησθῆναι ἐλέους

55 (καθὼς ἐλάλησε πρὸς τοὺς πατέρας ἡμῶν) τῷ Ἀβραὰμ καὶ τῷ σπέρματι αὐτοῦ εἰς τὸν αἰῶνα.

56 Ἔμεινε δὲ Μαριὰμ σὺν αὐτῇ ὡσεὶ μῆνας τρεῖς, καὶ ὑπέστρεψεν εἰς τὸν οἶκον αὐτῆς.

57 Τῇ δὲ Ἐλισάβετ ἐπλήσθη ὁ χρόνος τοῦ τεκεῖν αὐτήν, καὶ ἐγέννησεν υἱόν.

58 καὶ ἤκουσαν οἱ περίοικοι καὶ οἱ συγγενεῖς αὐτῆς ὅτι ἐμεγάλυνε Κύριος τὸ ἔλεος αὐτοῦ μετ' αὐτῆς, καὶ συνέχαιρον αὐτῇ.

59 καὶ ἐγένετο ἐν τῇ ὀγδόῃ ἡμέρᾳ, ἦλθον περιτεμεῖν τὸ παιδίον· καὶ ἐκάλουν αὐτὸ ἐπὶ τῷ ὀνόματι τοῦ πατρὸς αὐτοῦ Ζαχαρίαν.

60 καὶ ἀποκριθεῖσα ἡ μήτηρ αὐτοῦ εἶπεν, Οὐχί, ἀλλὰ κληθήσεται Ἰωάννης.

61 καὶ εἶπον πρὸς αὐτὴν ὅτι Οὐδείς ἐστιν ἐν τῇ συγγενείᾳ σου ὃς καλεῖται τῷ ὀνόματι τούτῳ.

62 ἐνένευον δὲ τῷ πατρὶ αὐτοῦ, τὸ τί ἂν θέλοι καλεῖσθαι αὐτόν.

63 καὶ αἰτήσας πινακίδιον ἔγραψε, λέγων, Ἰωάννης ἐστὶ τὸ ὄνομα αὐτοῦ· καὶ ἐθαύμασαν πάντες.

64 ἀνεῴχθη δὲ τὸ στόμα αὐτοῦ παραχρῆμα καὶ ἡ γλῶσσα αὐτοῦ, καὶ ἐλάλει εὐλογῶν τὸν Θεόν.

65 καὶ ἐγένετο ἐπὶ πάντας φόβος τοὺς περιοικοῦντας αὐτούς· καὶ ἐν

όλη τῇ ὀρεινῇ τῆς Ἰουδαίας διελαλεῖτο πάντα τὰ ῥήματα ταῦτα

66 καὶ ἔθεντο πάντες οἱ ἀκούσαντες ἐν τῇ καρδίᾳ αὐτῶν, λέγοντες, Τί ἄρα τὸ παιδίον τοῦτο ἔσται; καὶ χεὶρ Κυρίου ἦν μετ' αὐτοῦ.

67 Καὶ Ζαχαρίας ὁ πατὴρ αὐτοῦ ἐπλήσθη Πνεύματος Ἁγίου, καὶ προεφήτευσε, λέγων,

68 Εὐλογητὸς Κύριος ὁ Θεὸς τοῦ Ἰσραήλ, ὅτι ἐπεσκέψατο καὶ ἐποίησε λύτρωσιν τῷ λαῷ αὐτοῦ,

69 καὶ ἤγειρε κέρας σωτηρίας ἡμῖν ἐν τῷ οἴκῳ Δαβὶδ τοῦ παιδὸς αὐτοῦ.

70 (καθὼς ἐλάλησε διὰ στόματος τῶν ἁγίων τῶν ἀπ' αἰῶνος προφητῶν αὐτοῦ),

71 σωτηρίαν ἐξ ἐχθρῶν ἡμῶν, καὶ ἐκ χειρὸς πάντων τῶν μισούντων ἡμᾶς·

72 ποιῆσαι ἔλεος μετὰ τῶν πατέρων ἡμῶν, καὶ μνησθῆναι διαθήκης ἁγίας αὐτοῦ,

73 ὅρκον ὃν ὤμοσε πρὸς Ἀβραὰμ τὸν πατέρα ἡμῶν,

74 τοῦ δοῦναί ἡμῖν, ἀφόβως, ἐκ χειρὸς τῶν ἐχθρῶν ἡμῶν ῥυσθέντας, λατρεύειν αὐτῷ

75 ἐν ὁσιότητι καὶ δικαιοσύνῃ ἐνώπιον αὐτοῦ πάσας τὰς ἡμέρας τῆς ζωῆς ἡμῶν.

76 καὶ σύ, παιδίον, προφήτης ὑψίστου κληθήσῃ· προπορεύσῃ γὰρ πρὸ προσώπου Κυρίου ἑτοιμάσαι ὁδοὺς αὐτοῦ·

77 τοῦ δοῦναι γνῶσιν σωτηρίας τῷ λαῷ αὐτοῦ ἐν ἀφέσει ἁμαρτιῶν αὐτῶν,

78 διὰ σπλάγχνα ἐλέους Θεοῦ ἡμῶν, ἐν οἷς ἐπεσκέψατο ἡμᾶς ἀνατολὴ ἐξ ὕψους,

79 ἐπιφᾶναι τοῖς ἐν σκότει καὶ σκιᾷ θανάτου καθημένοις, τοῦ κατευθῦναι τοὺς πόδας ἡμῶν εἰς ὁδὸν εἰρήνης.

80 Τὸ δὲ παιδίον ηὔξανε καὶ ἐκραταιοῦτο πνεύματι, καὶ ἦν ἐν ταῖς ἐρήμοις ἕως ἡμέρας ἀναδείξεως αὐτοῦ πρὸς τὸν Ἰσραήλ.

CHAPTER 2

1 Ἐγένετο δὲ ἐν ταῖς ἡμέραις ἐκείναις, ἐξῆλθε δόγμα παρὰ Καίσαρος Αὐγούστου, ἀπογράφεσθαι πᾶσαν τὴν οἰκουμένην.

2 αὕτη ἡ ἀπογραφὴ πρώτη ἐγένετο ἡγεμονεύοντος τῆς Συρίας Κυρηνίου.

3 καὶ ἐπορεύοντο πάντες ἀπογράφεσθαι, ἕκαστος εἰς τὴν ἰδίαν πόλιν.

4 ἀνέβη δὲ καὶ Ἰωσὴφ ἀπὸ τῆς Γαλιλαίας, ἐκ πόλεως Ναζαρέθ, εἰς τὴν Ἰουδαίαν, εἰς πόλιν Δαβίδ, ἥτις καλεῖται Βηθλέεμ, διὰ τὸ εἶναι αὐτὸν ἐξ οἴκου καὶ πατριᾶς Δαβίδ,

5 ἀπογράψασθαι σὺν Μαριὰμ τῇ μεμνηστευμένῃ αὐτῷ γυναικί, οὔσῃ ἐγκύῳ.

6 ἐγένετο δὲ ἐν τῷ εἶναι αὐτοὺς ἐκεῖ, ἐπλήσθησαν αἱ ἡμέραι τοῦ τεκεῖν αὐτήν

7 καὶ ἔτεκε τὸν υἱὸν αὐτῆς τὸν πρωτότοκον, καὶ ἐσπαργάνωσεν αὐτόν, καὶ ἀνέκλινεν αὐτὸν ἐν τῇ φάτνῃ, διότι οὐκ ἦν αὐτοῖς τόπος ἐν τῷ καταλύματι.

8 Καὶ ποιμένες ἦσαν ἐν τῇ χώρᾳ τῇ αὐτῇ ἀγραυλοῦντες καὶ φυλάσσοντες φυλακὰς τῆς νυκτὸς ἐπὶ τὴν ποίμνην αὐτῶν.

9 καὶ ἰδού, ἄγγελος Κυρίου ἐπέστη αὐτοῖς, καὶ δόξα Κυρίου περιέλαμψεν αὐτούς· καὶ ἐφοβήθησαν φόβον μέγαν.

10 καὶ εἶπεν αὐτοῖς ὁ ἄγγελος, Μὴ φοβεῖσθε· ἰδοὺ γὰρ, εὐαγγελίζομαι ὑμῖν χαρὰν μεγάλην, ἥτις ἔσται παντὶ τῷ λαῷ·

11 ὅτι ἐτέχθη ὑμῖν σήμερον Σωτήρ, ὅς ἐστι Χριστὸς Κύριος, ἐν πόλει Δαβίδ.

12 καὶ τοῦτο ὑμῖν τὸ σημεῖον· εὑρήσετε βρέφος ἐσπαργανωμένον, κείμενον ἐν τῇ φάτνῃ.

13 καὶ ἐξαίφνης ἐγένετο σὺν τῷ ἀγγέλῳ πλῆθος στρατιᾶς οὐρανίου, αἰνούντων τὸν Θεὸν, καὶ λεγόντων,

14 Δόξα ἐν ὑψίστοις Θεῷ, καὶ ἐπὶ γῆς εἰρήνη· ἐν ἀνθρώποις εὐδοκία.

15 Καὶ ἐγένετο, ὡς ἀπῆλθον ἀπ᾽ αὐτῶν εἰς τὸν οὐρανὸν οἱ ἄγγελοι, καὶ οἱ ἄνθρωποι οἱ ποιμένες εἶπον πρὸς ἀλλήλους, Διέλθωμεν δὴ ἕως Βηθλεέμ, καὶ ἴδωμεν τὸ ῥῆμα τοῦτο τὸ γεγονός, ὃ ὁ Κύριος ἐγνώρισεν ἡμῖν.

16 καὶ ἦλθον σπεύσαντες, καὶ ἀνεῦρον τήν τε Μαριὰμ καὶ τὸν Ἰωσήφ, καὶ τὸ βρέφος κείμενον ἐν τῇ φάτνῃ.

17 ἰδόντες δὲ διεγνώρισαν περὶ τοῦ ῥήματος τοῦ λαληθέντος αὐτοῖς περὶ τοῦ παιδίου τούτου.

18 καὶ πάντες οἱ ἀκούσαντες ἐθαύμασαν περὶ τῶν λαληθέντων ὑπὸ τῶν ποιμένων πρὸς αὐτούς

19 ἡ δὲ Μαριὰμ πάντα συνετήρει τὰ ῥήματα ταῦτα, συμβάλλουσα ἐν τῇ καρδίᾳ αὐτῆς.

20 καὶ ἐπέστρεψαν οἱ ποιμένες, δοξάζοντες καὶ αἰνοῦντες τὸν Θεὸν ἐπὶ πᾶσιν οἷς ἤκουσαν καὶ εἶδον, καθὼς ἐλαλήθη πρὸς αὐτούς.

21 Καὶ ὅτε ἐπλήσθησαν ἡμέραι ὀκτὼ τοῦ περιτεμεῖν τὸ παιδίον, καὶ ἐκλήθη τὸ ὄνομα αὐτοῦ Ἰησοῦς, τὸ κληθὲν ὑπὸ τοῦ ἀγγέλου πρὸ τοῦ συλληφθῆναι αὐτὸν ἐν τῇ κοιλίᾳ.

22 Καὶ ὅτε ἐπλήσθησαν αἱ ἡμέραι τοῦ καθαρισμοῦ αὐτῆς κατὰ τὸν νόμον Μωσέως, ἀνήγαγον αὐτὸν εἰς Ἱεροσόλυμα, παραστῆσαι τῷ Κυρίῳ,

23 (καθὼς γέγραπται ἐν νόμῳ Κυρίου ὅτι Πᾶν ἄρσεν διανοῖγον μήτραν ἅγιον τῷ Κυρίῳ κληθήσεται),

24 καὶ τοῦ δοῦναι θυσίαν κατὰ τὸ εἰρημένον ἐν νόμῳ Κυρίου, Ζεῦγος τρυγόνων ἢ δύο νεοσσοὺς περιστερῶν.

114

25 καὶ ἰδού, ἦν ἄνθρωπος ἐν Ἰερουσαλήμ, ᾧ ὄνομα Σιμεών, καὶ ὁ ἄνθρωπος οὗτος δίκαιος καὶ εὐλαβής, προσδεχόμενος παράκλησιν τοῦ Ἰσραήλ, καὶ Πνεῦμα Ἅγιον ἦν ἐπ' αὐτόν

26 καὶ ἦν αὐτῷ κεχρηματισμένον ὑπὸ τοῦ Πνεύματος τοῦ Ἁγίου, μὴ ἰδεῖν θάνατον πρὶν ἢ ἴδῃ τὸν Χριστὸν Κυρίου.

27 καὶ ἦλθεν ἐν τῷ Πνεύματι εἰς τὸ ἱερόν· καὶ ἐν τῷ εἰσαγαγεῖν τοὺς γονεῖς τὸ παιδίον Ἰησοῦν, τοῦ ποιῆσαι αὐτοὺς κατὰ τὸ εἰθισμένον τοῦ νόμου περὶ αὐτοῦ,

28 καὶ αὐτὸς ἐδέξατο αὐτὸ εἰς τὰς ἀγκάλας αὐτοῦ, καὶ εὐλόγησε τὸν Θεόν, καὶ εἶπε,

29 Νῦν ἀπολύεις τὸν δοῦλόν σου, δέσποτα, κατὰ τὸ ῥῆμά σου, ἐν εἰρήνῃ·

30 ὅτι εἶδον οἱ ὀφθαλμοί μου τὸ σωτήριόν σου,

31 ὃ ἡτοίμασας κατὰ πρόσωπον πάντων τῶν λαῶν·

32 φῶς εἰς ἀποκάλυψιν ἐθνῶν, καὶ δόξαν λαοῦ σου Ἰσραήλ.

33 καὶ ἦν Ἰωσὴφ καὶ ἡ μήτηρ αὐτοῦ θαυμάζοντες ἐπὶ τοῖς λαλουμένοις περὶ αὐτοῦ.

34 καὶ εὐλόγησεν αὐτοὺς Σιμεών, καὶ εἶπε πρὸς Μαριὰμ τὴν μητέρα αὐτοῦ, Ἰδού, οὗτος κεῖται εἰς πτῶσιν καὶ ἀνάστασιν πολλῶν ἐν τῷ Ἰσραήλ, καὶ εἰς σημεῖον ἀντιλεγόμενον·

35 καὶ σοῦ δὲ αὐτῆς τὴν ψυχὴν διελεύσεται ῥομφαία· ὅπως ἂν ἀποκαλυφθῶσιν ἐκ πολλῶν καρδιῶν διαλογισμοί.

36 καὶ ἦν Ἄννα προφῆτις, θυγάτηρ Φανουήλ, ἐκ φυλῆς Ἀσήρ (αὕτη προβεβηκυῖα ἐν ἡμέραις πολλαῖς, ζήσασα ἔτη μετὰ ἀνδρὸς ἑπτὰ ἀπὸ τῆς παρθενίας αὐτῆς,

37 καὶ αὐτὴ χήρα ὡς ἐτῶν ὀγδοηκοντατεσσάρων), ἣ οὐκ ἀφίστατο ἀπὸ τοῦ ἱεροῦ, νηστείαις καὶ δεήσεσι λατρεύουσα νύκτα καὶ ἡμέραν.

38 καὶ αὕτη αὐτῇ τῇ ὥρᾳ ἐπιστᾶσα ἀνθωμολογεῖτο τῷ Κυρίῳ, καὶ ἐλάλει περὶ αὐτοῦ πᾶσι τοῖς προσδεχομένοις λύτρωσιν ἐν Ἰερουσαλήμ.

39 καὶ ὡς ἐτέλεσαν ἅπαντα τὰ κατὰ τὸν νόμον Κυρίου, ὑπέστρεψαν εἰς τὴν Γαλιλαίαν, εἰς τὴν πόλιν αὐτῶν Ναζαρέθ.

40 Τὸ δὲ παιδίον ηὔξανε, καὶ ἐκραταιοῦτο πνεύματι, πληρούμενον σοφίας· καὶ χάρις Θεοῦ ἦν ἐπ' αὐτό.

41 Καὶ ἐπορεύοντο οἱ γονεῖς αὐτοῦ κατ' ἔτος εἰς Ἰερουσαλὴμ τῇ ἑορτῇ τοῦ πάσχα.

42 καὶ ὅτε ἐγένετο ἐτῶν δώδεκα, ἀναβάντων αὐτῶν εἰς Ἱεροσόλυμα κατὰ τὸ ἔθος τῆς ἑορτῆς,

43 καὶ τελειωσάντων τὰς ἡμέρας, ἐν τῷ ὑποστρέφειν αὐτούς, ὑπέμεινεν Ἰησοῦς ὁ παῖς ἐν Ἰερουσαλήμ· καὶ οὐκ ἔγνω Ἰωσὴφ καὶ ἡ μήτηρ αὐτοῦ·

44 νομίσαντες δὲ αὐτὸν ἐν τῇ συνοδίᾳ εἶναι, ἦλθον ἡμέρας ὁδόν,

καὶ ἀνεζήτουν αὐτὸν ἐν τοῖς συγγενέσι καὶ ἐν τοῖς γνωστοῖς·

45 καὶ μὴ εὑρόντες αὐτόν, ὑπέστρεψαν εἰς Ἱερουσαλήμ, ζητοῦντες αὐτόν.

46 καὶ ἐγένετο, μεθ' ἡμέρας τρεῖς εὗρον αὐτὸν ἐν τῷ ἱερῷ, καθεζόμενον ἐν μέσῳ τῶν διδασκάλων, καὶ ἀκούοντα αὐτῶν, καὶ ἐπερωτῶντα αὐτούς.

47 ἐξίσταντο δὲ πάντες οἱ ἀκούοντες αὐτοῦ ἐπὶ τῇ συνέσει καὶ ταῖς ἀποκρίσεσιν αὐτοῦ.

48 καὶ ἰδόντες αὐτὸν ἐξεπλάγησαν· καὶ πρὸς αὐτὸν ἡ μήτηρ αὐτοῦ εἶπε, Τέκνον, τί ἐποίησας ἡμῖν οὕτως; ἰδού, ὁ πατήρ σου κἀγὼ ὀδυνώμενοι ἐζητοῦμέν σε.

49 καὶ εἶπε πρὸς αὐτούς, Τί ὅτι ἐζητεῖτέ με; οὐκ ᾔδειτε ὅτι ἐν τοῖς τοῦ πατρός μου δεῖ εἶναί με;

50 καὶ αὐτοὶ οὐ συνῆκαν τὸ ῥῆμα ὃ ἐλάλησεν αὐτοῖς.

51 καὶ κατέβη μετ' αὐτῶν, καὶ ἦλθεν εἰς Ναζαρέθ· καὶ ἦν ὑποτασσόμενος αὐτοῖς. καὶ ἡ μήτηρ αὐτοῦ διετήρει πάντα τὰ ῥήματα ταῦτα ἐν τῇ καρδίᾳ αὐτῆς.

52 Καὶ Ἰησοῦς προέκοπτε σοφίᾳ καὶ ἡλικίᾳ, καὶ χάριτι παρὰ Θεῷ καὶ ἀνθρώποις.

CHAPTER 3

1 Ἐν ἔτει δὲ πεντεκαιδεκάτῳ τῆς ἡγεμονίας Τιβερίου Καίσαρος, ἡγεμονεύοντος Ποντίου Πιλάτου τῆς Ἰουδαίας, καὶ τετραρχοῦντος τῆς Γαλιλαίας Ἡρώδου, Φιλίππου δὲ τοῦ ἀδελφοῦ αὐτοῦ τετραρχοῦντος τῆς Ἰτουραίας καὶ Τραχωνίτιδος χώρας, καὶ Λυσανίου τῆς Ἀβιληνῆς τετραρχοῦντος,

2 ἐπ' ἀρχιερέων Ἄννα καὶ Καϊάφα, ἐγένετο ῥῆμα Θεοῦ ἐπὶ Ἰωάννην τὸν τοῦ Ζαχαρίου υἱὸν ἐν τῇ ἐρήμῳ.

3 καὶ ἦλθεν εἰς πᾶσαν τὴν περίχωρον τοῦ Ἰορδάνου, κηρύσσων βάπτισμα μετανοίας εἰς ἄφεσιν ἁμαρτιῶν·

4 ὡς γέγραπται ἐν βίβλῳ λόγων Ἡσαΐου τοῦ προφήτου, λέγοντος, Φωνὴ βοῶντος ἐν τῇ ἐρήμῳ, Ἑτοιμάσατε τὴν ὁδὸν Κυρίου· εὐθείας ποιεῖτε τὰς τρίβους αὐτοῦ.

5 πᾶσα φάραγξ πληρωθήσεται, καὶ πᾶν ὄρος καὶ βουνὸς ταπεινωθήσεται· καὶ ἔσται τὰ σκολιὰ εἰς εὐθείαν, καὶ αἱ τραχεῖαι εἰς ὁδοὺς λείας·

6 καὶ ὄψεται πᾶσα σὰρξ τὸ σωτήριον τοῦ Θεοῦ.

7 Ἔλεγεν οὖν τοῖς ἐκπορευομένοις ὄχλοις βαπτισθῆναι ὑπ' αὐτοῦ, Γεννήματα ἐχιδνῶν, τίς ὑπέδειξεν ὑμῖν φυγεῖν ἀπὸ τῆς μελλούσης ὀργῆς;

8 ποιήσατε οὖν καρποὺς ἀξίους τῆς μετανοίας· καὶ μὴ ἄρξησθε λέγειν ἐν ἑαυτοῖς, Πατέρα ἔχομεν τὸν Ἀβραάμ· λέγω γὰρ ὑμῖν ὅτι δύναται ὁ Θεὸς ἐκ τῶν λίθων τούτων ἐγεῖραι τέκνα τῷ Ἀβραάμ.

9 ἤδη δὲ καὶ ἡ ἀξίνη πρὸς τὴν ῥίζαν τῶν δένδρων κεῖται· πᾶν οὖν δένδρον μὴ ποιοῦν καρπὸν καλὸν ἐκκόπτεται καὶ εἰς πῦρ βάλλεται.

10 καὶ ἐπηρώτων αὐτὸν οἱ ὄχλοι, λέγοντες, Τί οὖν ποιήσομεν;
11 ἀποκριθεὶς δὲ λέγει αὐτοῖς, Ὁ ἔχων δύο χιτῶνας, μεταδότω τῷ μὴ ἔχοντι· καὶ ὁ ἔχων βρώματα ὁμοίως ποιείτω.
12 ἦλθον δὲ καὶ τελῶναι βαπτισθῆναι, καὶ εἶπον πρὸς αὐτόν, Διδάσκαλε, τί ποιήσομεν;
13 ὁ δὲ εἶπε πρὸς αὐτούς, Μηδὲν πλέον παρὰ τὸ διατεταγμένον ὑμῖν πράσσετε.
14 ἐπηρώτων δὲ αὐτὸν καὶ στρατευόμενοι, λέγοντες, Καὶ ἡμεῖς τί ποιήσομεν; καὶ εἶπε πρὸς αὐτούς, Μηδένα διασείσητε, μηδὲ συκοφαντήσητε· καὶ ἀρκεῖσθε τοῖς ὀψωνίοις ὑμῶν.
15 Προσδοκῶντος δὲ τοῦ λαοῦ, καὶ διαλογιζομένων πάντων ἐν ταῖς καρδίαις αὐτῶν περὶ τοῦ Ἰωάννου, μήποτε αὐτὸς εἴη ὁ Χριστός,
16 ἀπεκρίνατο ὁ Ἰωάννης, ἅπασι λέγων, Ἐγὼ μὲν ὕδατι βαπτίζω ὑμᾶς· ἔρχεται δὲ ὁ ἰσχυρότερός μου, οὗ οὐκ εἰμὶ ἱκανὸς λῦσαι τὸν ἱμάντα τῶν ὑποδημάτων αὐτοῦ· αὐτὸς ὑμᾶς βαπτίσει ἐν Πνεύματι Ἁγίῳ καὶ πυρί·
17 οὗ τὸ πτύον ἐν τῇ χειρὶ αὐτοῦ, καὶ διακαθαριεῖ τὴν ἅλωνα αὐτοῦ, καὶ συνάξει τὸν σῖτον εἰς τὴν ἀποθήκην αὐτοῦ, τὸ δὲ ἄχυρον κατακαύσει πυρὶ ἀσβέστῳ.
18 Πολλὰ μὲν οὖν καὶ ἕτερα παρακαλῶν εὐηγγελίζετο τὸν λαόν·
19 ὁ δὲ Ἡρώδης ὁ τετράρχης, ἐλεγχόμενος ὑπ᾽ αὐτοῦ περὶ Ἡρωδιάδος τῆς γυναικὸς φιλίππου τοῦ ἀδελφοῦ αὐτοῦ, καὶ περὶ πάντων ὧν ἐποίησε πονηρῶν ὁ Ἡρώδης,
20 προσέθηκε καὶ τοῦτο ἐπὶ πᾶσι, καὶ κατέκλεισε τὸν Ἰωάννην ἐν τῇ φυλακῇ.
21 Ἐγένετο δὲ ἐν τῷ βαπτισθῆναι ἅπαντα τὸν λαόν, καὶ Ἰησοῦ βαπτισθέντος, καὶ προσευχομένου, ἀνεῳχθῆναι τὸν οὐρανόν,
22 καὶ καταβῆναι τὸ Πνεῦμα τὸ Ἅγιον σωματικῷ εἴδει ὡσεὶ περιστερὰν ἐπ᾽ αὐτόν, καὶ φωνὴν ἐξ οὐρανοῦ γενέσθαι, λέγουσαν, Σὺ εἶ ὁ υἱός μου ὁ ἀγαπητός, ἐν σοὶ ηὐδόκησα.
23 Καὶ αὐτὸς ἦν ὁ Ἰησοῦς ὡσεὶ ἐτῶν τριάκοντα ἀρχόμενος, ὢν (ὡς ἐνομίζετο) υἱός Ἰωσήφ, τοῦ Ἠλί,
24 τοῦ Ματθάτ, τοῦ Λευΐ, τοῦ Μελχί, τοῦ Ἰαννά, τοῦ Ἰωσήφ,
25 τοῦ Ματταθίου, τοῦ Ἀμώς, τοῦ Ναούμ, τοῦ Ἐσλί, τοῦ Ναγγαί,
26 τοῦ Μαάθ, τοῦ Ματταθίου, τοῦ Σεμεΐ, τοῦ Ἰωσήφ, τοῦ Ἰούδα,
27 τοῦ Ἰωαννᾶ, τοῦ Ῥησά, τοῦ Ζοροβάβελ, τοῦ Σαλαθιήλ, τοῦ Νηρί,
28 τοῦ Μελχί, τοῦ Ἀδδί, τοῦ Κωσάμ, τοῦ Ἐλμωδάμ, τοῦ Ἤρ,
29 τοῦ Ἰωσή, τοῦ Ἐλιέζερ, τοῦ Ἰωρείμ, τοῦ Ματθάτ, τοῦ Λευΐ,
30 τοῦ Σιμεών, τοῦ Ἰούδα, τοῦ Ἰωσήφ, τοῦ Ἰωνάν, τοῦ Ἐλιακείμ,
31 τοῦ Μελεᾶ, τοῦ Μενάμ, τοῦ Ματταθά, τοῦ Ναθάν, τοῦ Δαβίδ,
32 τοῦ Ἰεσσαί, τοῦ Ὠβήδ, τοῦ Βοόζ, τοῦ Σαλμών, τοῦ Ναασσών,

33 τοῦ Ἀμιναδάβ, τοῦ Ἀράμ, τοῦ Ἐσρώμ, τοῦ Φαρές, τοῦ Ἰούδα,
34 τοῦ Ἰακώβ, τοῦ Ἰσαάκ, τοῦ Ἀβραάμ, τοῦ Θάρα, τοῦ Ναχώρ,
35 τοῦ Σαρούχ, τοῦ Ῥαγαῦ, τοῦ Φαλέκ, τοῦ Ἔβέρ, τοῦ Σαλά,
36 τοῦ Καϊνάν, τοῦ Ἀρφαξάδ, τοῦ Σήμ, τοῦ Νῶε, τοῦ Λάμεχ,
37 τοῦ Μαθουσάλα, τοῦ Ἑνώχ, τοῦ Ἰαρέδ, τοῦ Μαλελεήλ, τοῦ Καϊνάν,
38 τοῦ Ἑνώς, τοῦ Σήθ, τοῦ Ἀδάμ, τοῦ Θεοῦ.

CHAPTER 4

1 Ἰησοῦς δὲ Πνεύματος Ἁγίου πλήρης ὑπέστρεψεν ἀπὸ τοῦ Ἰορδάνου, καὶ ἤγετο ἐν τῷ Πνεύματι εἰς τὴν ἔρημον,
2 ἡμέρας τεσσαράκοντα πειραζόμενος ὑπὸ τοῦ διαβόλου. καὶ οὐκ ἔφαγεν οὐδὲν ἐν ταῖς ἡμέραις ἐκείναις· καὶ συντελεσθεισῶν αὐτῶν, ὕστερον ἐπείνασε.
3 καὶ εἶπεν αὐτῷ ὁ διάβολος, Εἰ υἱὸς εἶ τοῦ Θεοῦ, εἰπὲ τῷ λίθῳ τούτῳ ἵνα γένηται ἄρτος.
4 καὶ ἀπεκρίθη Ἰησοῦς πρὸς αὐτόν, λέγων, Γέγραπται ὅτι Οὐκ ἐπ᾽ ἄρτῳ μόνῳ ζήσεται ὁ ἄνθρωπος, ἀλλ᾽ ἐπὶ παντὶ ῥήματι Θεοῦ.
5 καὶ ἀναγαγὼν αὐτὸν ὁ διάβολος εἰς ὄρος ὑψηλὸν ἔδειξεν αὐτῷ πάσας τὰς βασιλείας τῆς οἰκουμένης ἐν στιγμῇ χρόνου
6 καὶ εἶπεν αὐτῷ ὁ διάβολος, Σοὶ δώσω τὴν ἐξουσίαν ταύτην ἅπασαν καὶ τὴν δόξαν αὐτῶν· ὅτι ἐμοὶ παραδέδοται, καὶ ᾧ ἐὰν θέλω δίδωμι αὐτήν.
7 σὺ οὖν ἐὰν προσκυνήσῃς ἐνώπιόν μου, ἔσται σου πάντα.
8 καὶ ἀποκριθεὶς αὐτῷ εἶπεν ὁ Ἰησοῦς, Ὕπαγε ὀπίσω μου, Σατανᾶ· γέγραπται γάρ, Προσκυνήσεις Κύριον τὸν Θεόν σου, καὶ αὐτῷ μόνῳ λατρεύσεις.
9 καὶ ἤγαγεν αὐτὸν εἰς Ἰερουσαλήμ, καὶ ἔστησεν αὐτὸν ἐπὶ τὸ πτερύγιον τοῦ ἱεροῦ, καὶ εἶπεν αὐτῷ, Εἰ ὁ υἱὸς εἶ τοῦ Θεοῦ, βάλε σεαυτὸν ἐντεῦθεν κάτω·
10 γέγραπται γὰρ ὅτι Τοῖς ἀγγέλοις αὐτοῦ ἐντελεῖται περὶ σοῦ, τοῦ διαφυλάξαι σε·
11 καὶ ὅτι Ἐπὶ χειρῶν ἀροῦσί σε, μήποτε προσκόψῃς πρὸς λίθον τὸν πόδα σου.
12 καὶ ἀποκριθεὶς εἶπεν αὐτῷ ὁ Ἰησοῦς ὅτι Εἴρηται, Οὐκ ἐκπειράσεις Κύριον τὸν Θεόν σου.
13 καὶ συντελέσας πάντα πειρασμὸν ὁ διάβολος ἀπέστη ἀπ᾽ αὐτοῦ ἄχρι καιροῦ.
14 Καὶ ὑπέστρεψεν ὁ Ἰησοῦς ἐν τῇ δυνάμει τοῦ Πνεύματος εἰς τὴν Γαλιλαίαν· καὶ φήμη ἐξῆλθε καθ᾽ ὅλης τῆς περιχώρου περὶ αὐτοῦ.
15 καὶ αὐτὸς ἐδίδασκεν ἐν ταῖς συναγωγαῖς αὐτῶν, δοξαζόμενος ὑπὸ πάντων.
16 Καὶ ἦλθεν εἰς τὴν Ναζαρέθ, οὗ ἦν τεθραμμένος· καὶ εἰσῆλθε, κατὰ τὸ εἰωθὸς αὐτῷ, ἐν τῇ ἡμέρᾳ τῶν σαββάτων εἰς τὴν συναγωγήν, καὶ ἀνέστη ἀναγνῶναι.

17 καὶ ἐπεδόθη αὐτῷ βιβλίον Ἠσαΐου τοῦ προφήτου. καὶ ἀναπτύξας τὸ βιβλίον, εὗρε τὸν τόπον οὗ ἦν γεγραμμένον,

18 Πνεῦμα Κυρίου ἐπ' ἐμέ, οὗ ἕνεκεν ἔχρισέ με εὐαγγελίζεσθαι πτωχοῖς· ἀπέσταλκέ με ἰάσασθαι τοὺς συντετριμμένους τὴν καρδίαν· κηρύξαι αἰχμαλώτοις ἄφεσιν, καὶ τυφλοῖς ἀνάβλεψιν, ἀποστεῖλαι τεθραυσμένους ἐν ἀφέσει,

19 κηρύξαι ἐνιαυτὸν Κυρίου δεκτόν.

20 καὶ πτύξας τὸ βιβλίον, ἀποδοὺς τῷ ὑπηρέτῃ, ἐκάθισε· καὶ πάντων ἐν τῇ συναγωγῇ οἱ ὀφθαλμοὶ ἦσαν ἀτενίζοντες αὐτῷ

21 ἤρξατο δὲ λέγειν πρὸς αὐτοὺς ὅτι Σήμερον πεπλήρωται ἡ γραφὴ αὕτη ἐν τοῖς ὠσὶν ὑμῶν.

22 καὶ πάντες ἐμαρτύρουν αὐτῷ, καὶ ἐθαύμαζον ἐπὶ τοῖς λόγοις τῆς χάριτος τοῖς ἐκπορευομένοις ἐκ τοῦ στόματος αὐτοῦ, καὶ ἔλεγον, Οὐχ οὗτός ἐστιν ὁ υἱός Ἰωσήφ;

23 καὶ εἶπε πρὸς αὐτούς, Πάντως ἐρεῖτέ μοι τὴν παραβολὴν ταύτην, Ἰατρέ, θεράπευσον σεαυτόν· ὅσα ἠκούσαμεν γενόμενα ἐν τῇ Καπερναούμ, ποίησον καὶ ὧδε ἐν τῇ πατρίδι σου.

24 εἶπε δέ, Ἀμὴν λέγω ὑμῖν ὅτι οὐδεὶς προφήτης δεκτός ἐστιν ἐν τῇ πατρίδι αὐτοῦ.

25 ἐπ' ἀληθείας δὲ λέγω ὑμῖν, πολλαὶ χῆραι ἦσαν ἐν ταῖς ἡμέραις Ἠλίου ἐν τῷ Ἰσραήλ, ὅτε ἐκλείσθη ὁ οὐρανὸς ἐπὶ ἔτη τρία καὶ μῆνας ἕξ,

ὡς ἐγένετο λιμὸς μέγας ἐπὶ πᾶσαν τὴν γῆν·

26 καὶ πρὸς οὐδεμίαν αὐτῶν ἐπέμφθη Ἠλίας, εἰ μὴ εἰς Σάρεπτα τῆς Σιδῶνος πρὸς γυναῖκα χήραν.

27 καὶ πολλοὶ λεπροὶ ἦσαν ἐπὶ Ἐλισσαίου τοῦ προφήτου ἐν τῷ Ἰσραήλ· καὶ οὐδεὶς αὐτῶν ἐκαθαρίσθη, εἰ μὴ Νεεμὰν ὁ Σύρος.

28 καὶ ἐπλήσθησαν πάντες θυμοῦ ἐν τῇ συναγωγῇ, ἀκούοντες ταῦτα,

29 καὶ ἀναστάντες ἐξέβαλον αὐτὸν ἔξω τῆς πόλεως, καὶ ἤγαγον αὐτὸν ἕως τῆς ὀφρύος τοῦ ὄρους, ἐφ' οὗ ἡ πόλις αὐτῶν ᾠκοδόμητο, εἰς τὸ κατακρημνίσαι αὐτόν.

30 αὐτὸς δὲ διελθὼν διὰ μέσου αὐτῶν ἐπορεύετο.

31 Καὶ κατῆλθεν εἰς Καπερναοὺμ πόλιν τῆς Γαλιλαίας· καὶ ἦν διδάσκων αὐτοὺς ἐν τοῖς σάββασι.

32 καὶ ἐξεπλήσσοντο ἐπὶ τῇ διδαχῇ αὐτοῦ, ὅτι ἐν ἐξουσίᾳ ἦν ὁ λόγος αὐτοῦ.

33 καὶ ἐν τῇ συναγωγῇ ἦν ἄνθρωπος ἔχων πνεῦμα δαιμονίου ἀκαθάρτου, καὶ ἀνέκραξε φωνῇ μεγάλῃ,

34 λέγων, Ἔα, τί ἡμῖν καὶ σοί, Ἰησοῦ Ναζαρηνέ; ἦλθες ἀπολέσαι ἡμᾶς; οἶδά σε τίς εἶ, ὁ ἅγιος τοῦ Θεοῦ.

35 καὶ ἐπετίμησεν αὐτῷ ὁ Ἰησοῦς, λέγων, Φιμώθητι, καὶ ἔξελθε ἐξ αὐτοῦ. καὶ ῥίψαν αὐτὸν τὸ δαιμόνιον εἰς τὸ μέσον ἐξῆλθεν ἀπ' αὐτοῦ, μηδὲν βλάψαν αὐτόν.

36 καὶ ἐγένετο θάμβος ἐπὶ πάντας, καὶ συνελάλουν πρὸς ἀλλήλους, λέγοντες, Τίς ὁ λόγος οὗτος, ὅτι ἐν

ἐξουσίᾳ καὶ δυνάμει ἐπιτάσσει τοῖς ἀκαθάρτοις πνεύμασι, καὶ ἐξέρχονται;

37 καὶ ἐξεπορεύετο ἦχος περὶ αὐτοῦ εἰς πάντα τόπον τῆς περιχώρου.

38 Ἀναστὰς δὲ ἐκ τῆς συναγωγῆς, εἰσῆλθεν εἰς τὴν οἰκίαν Σίμωνος· ἡ πενθερὰ δὲ τοῦ Σίμωνος ἦν συνεχομένη πυρετῷ μεγάλῳ· καὶ ἠρώτησαν αὐτὸν περὶ αὐτῆς.

39 καὶ ἐπιστὰς ἐπάνω αὐτῆς, ἐπετίμησε τῷ πυρετῷ, καὶ ἀφῆκεν αὐτήν· παραχρῆμα δὲ ἀναστᾶσα διηκόνει αὐτοῖς.

40 Δύνοντος δὲ τοῦ ἡλίου, πάντες ὅσοι εἶχον ἀσθενοῦντας νόσοις ποικίλαις ἤγαγον αὐτοὺς πρὸς αὐτόν· ὁ δὲ ἑνὶ ἑκάστῳ αὐτῶν τὰς χεῖρας ἐπιθεὶς ἐθεράπευσεν αὐτούς.

41 Ἐξήρχετο δὲ καὶ δαιμόνια ἀπὸ πολλῶν, κράζοντα καὶ λέγοντα ὅτι Σὺ εἶ ὁ Χριστὸς ὁ υἱὸς τοῦ Θεοῦ. καὶ ἐπιτιμῶν οὐκ εἴα αὐτὰ λαλεῖν, ὅτι ᾔδεισαν τὸν Χριστὸν αὐτὸν εἶναι.

42 Γενομένης δὲ ἡμέρας, ἐξελθὼν ἐπορεύθη εἰς ἔρημον τόπον, καὶ οἱ ὄχλοι ἐζήτουν αὐτόν, καὶ ἦλθον ἕως αὐτοῦ, καὶ κατεῖχον αὐτὸν τοῦ μὴ πορεύεσθαι ἀπ᾽ αὐτῶν.

43 ὁ δὲ εἶπε πρὸς αὐτοὺς ὅτι Καὶ ταῖς ἑτέραις πόλεσιν εὐαγγελίσασθαί με δεῖ τὴν βασιλείαν τοῦ Θεοῦ· ὅτι εἰς τοῦτο ἀπέσταλμαι.

44 Καὶ ἦν κηρύσσων ἐν ταῖς συναγωγαῖς τῆς Γαλιλαίας.

CHAPTER 5

1 Ἐγένετο δὲ ἐν τῷ τὸν ὄχλον ἐπικεῖσθαι αὐτῷ τοῦ ἀκούειν τὸν λόγον τοῦ Θεοῦ, καὶ αὐτὸς ἦν ἑστὼς παρὰ τὴν λίμνην Γεννησαρέτ·

2 καὶ εἶδε δύο πλοῖα ἑστῶτα παρὰ τὴν λίμνην· οἱ δὲ ἁλιεῖς ἀποβάντες ἀπ᾽ αὐτῶν ἀπέπλυναν τὰ δίκτυα.

3 ἐμβὰς δὲ εἰς ἓν τῶν πλοίων, ὃ ἦν τοῦ Σίμωνος, ἠρώτησεν αὐτὸν ἀπὸ τῆς γῆς ἐπαναγαγεῖν ὀλίγον. καὶ καθίσας ἐδίδασκεν ἐκ τοῦ πλοίου τοὺς ὄχλους.

4 ὡς δὲ ἐπαύσατο λαλῶν, εἶπε πρὸς τὸν Σίμωνα, Ἐπανάγαγε εἰς τὸ βάθος, καὶ χαλάσατε τὰ δίκτυα ὑμῶν εἰς ἄγραν.

5 καὶ ἀποκριθεὶς ὁ Σίμων εἶπεν αὐτῷ, Ἐπιστάτα, δι᾽ ὅλης τῆς νυκτὸς κοπιάσαντες οὐδὲν ἐλάβομεν· ἐπὶ δὲ τῷ ῥήματί σου χαλάσω τὸ δίκτυον.

6 καὶ τοῦτο ποιήσαντες, συνέκλεισαν ἰχθύων πλῆθος πολύ. διερρήγνυτο δὲ τὸ δίκτυον αὐτῶν·

7 καὶ κατένευσαν τοῖς μετόχοις τοῖς ἐν τῷ ἑτέρῳ πλοίῳ, τοῦ ἐλθόντας συλλαβέσθαι αὐτοῖς· καὶ ἦλθον καὶ ἔπλησαν ἀμφότερα τὰ πλοῖα, ὥστε βυθίζεσθαι αὐτά.

8 ἰδὼν δὲ Σίμων Πέτρος προσέπεσε τοῖς γόνασι τοῦ Ἰησοῦ, λέγων, Ἔξελθε ἀπ᾽ ἐμοῦ, ὅτι ἀνὴρ ἁμαρτωλός εἰμι, Κύριε.

9 θάμβος γὰρ περιέσχεν αὐτὸν καὶ πάντας τοὺς σὺν αὐτῷ, ἐπὶ τῇ ἄγρᾳ τῶν ἰχθύων ᾗ συνέλαβον·

10 ὁμοίως δὲ καὶ Ἰάκωβον καὶ Ἰωάννην, υἱοὺς Ζεβεδαίου, οἳ ἦσαν κοινωνοὶ τῷ Σίμωνι. καὶ εἶπε πρὸς τὸν Σίμωνα ὁ Ἰησοῦς, Μὴ φοβοῦ· ἀπὸ τοῦ νῦν ἀνθρώπους ἔσῃ ζωγρῶν.

11 καὶ καταγαγόντες τὰ πλοῖα ἐπὶ τὴν γῆν, ἀφέντες ἅπαντα, ἠκολούθησαν αὐτῷ.

12 Καὶ ἐγένετο, ἐν τῷ εἶναι αὐτὸν ἐν μιᾷ τῶν πόλεων, καὶ ἰδού, ἀνὴρ πλήρης λέπρας· καὶ ἰδὼν τὸν Ἰησοῦν, πεσὼν ἐπὶ πρόσωπον, ἐδεήθη αὐτοῦ, λέγων, Κύριε, ἐὰν θέλῃς, δύνασαί με καθαρίσαι.

13 καὶ ἐκτείνας τὴν χεῖρα, ἥψατο αὐτοῦ, εἰπών, Θέλω, καθαρίσθητι. καὶ εὐθέως ἡ λέπρα ἀπῆλθεν ἀπ' αὐτοῦ.

14 καὶ αὐτὸς παρήγγειλεν αὐτῷ μηδενὶ εἰπεῖν· ἀλλὰ ἀπελθὼν δεῖξον σεαυτὸν τῷ ἱερεῖ, καὶ προσένεγκε περὶ τοῦ καθαρισμοῦ σου, καθὼς προσέταξε Μωσῆς, εἰς μαρτύριον αὐτοῖς.

15 διήρχετο δὲ μᾶλλον ὁ λόγος περὶ αὐτοῦ· καὶ συνήρχοντο ὄχλοι πολλοὶ ἀκούειν, καὶ θεραπεύεσθαι ὑπ' αὐτοῦ ἀπὸ τῶν ἀσθενειῶν αὐτῶν.

16 αὐτὸς δὲ ἦν ὑποχωρῶν ἐν ταῖς ἐρήμοις καὶ προσευχόμενος.

17 Καὶ ἐγένετο ἐν μιᾷ τῶν ἡμερῶν, καὶ αὐτὸς ἦν διδάσκων· καὶ ἦσαν καθήμενοι Φαρισαῖοι καὶ νομοδιδάσκαλοι, οἳ ἦσαν ἐληλυθότες ἐκ πάσης κώμης τῆς Γαλιλαίας καὶ Ἰουδαίας καὶ Ἰερουσαλήμ· καὶ δύναμις Κυρίου ἦν εἰς τὸ ἰᾶσθαι αὐτούς.

18 καὶ ἰδού, ἄνδρες φέροντες ἐπὶ κλίνης ἄνθρωπον ὃς ἦν παραλελυμένος, καὶ ἐζήτουν αὐτὸν εἰσενεγκεῖν καὶ θεῖναι ἐνώπιον αὐτοῦ·

19 καὶ μὴ εὑρόντες διὰ ποίας εἰσενέγκωσιν αὐτὸν διὰ τὸν ὄχλον, ἀναβάντες ἐπὶ τὸ δῶμα, διὰ τῶν κεράμων καθῆκαν αὐτὸν σὺν τῷ κλινιδίῳ εἰς τὸ μέσον ἔμπροσθεν τοῦ Ἰησοῦ.

20 καὶ ἰδὼν τὴν πίστιν αὐτῶν, εἶπεν αὐτῷ, Ἄνθρωπε, ἀφέωνταί σοι αἱ ἁμαρτίαι σου.

21 καὶ ἤρξαντο διαλογίζεσθαι οἱ γραμματεῖς καὶ οἱ Φαρισαῖοι, λέγοντες, Τίς ἐστιν οὗτος ὃς λαλεῖ βλασφημίας; τίς δύναται ἀφιέναι ἁμαρτίας, εἰ μὴ μόνος ὁ Θεός;

22 ἐπιγνοὺς δὲ ὁ Ἰησοῦς τοὺς διαλογισμοὺς αὐτῶν ἀποκριθεὶς εἶπε πρὸς αὐτούς, Τί διαλογίζεσθε ἐν ταῖς καρδίαις ὑμῶν;

23 τί ἐστιν εὐκοπώτερον, εἰπεῖν, Ἀφέωνταί σοι αἱ ἁμαρτίαι σου, ἢ εἰπεῖν, Ἔγειραι καὶ περιπάτει;

24 ἵνα δὲ εἰδῆτε ὅτι ἐξουσίαν ἔχει ὁ υἱὸς τοῦ ἀνθρώπου ἐπὶ τῆς γῆς ἀφιέναι ἁμαρτίας (εἶπε τῷ παραλελυμένῳ), Σοὶ λέγω, ἔγειραι, καὶ ἄρας τὸ κλινίδιόν σου, πορεύου εἰς τὸν οἶκόν σου.

25 καὶ παραχρῆμα ἀναστὰς ἐνώπιον αὐτῶν, ἄρας ἐφ' ᾧ κατέκειτο, ἀπῆλθεν εἰς τὸν οἶκον αὐτοῦ, δοξάζων τὸν Θεόν

26 καὶ ἔκστασις ἔλαβεν ἅπαντας, καὶ ἐδόξαζον τὸν Θεόν, καὶ ἐπλήσθησαν φόβου, λέγοντες, ὅτι Εἴδομεν παράδοξα σήμερον.

27 Καὶ μετὰ ταῦτα ἐξῆλθε, καὶ ἐθεάσατο τελώνην, ὀνόματι Λευΐν, καθήμενον ἐπὶ τὸ τελώνιον, καὶ εἶπεν αὐτῷ, Ἀκολούθει μοι.

28 καὶ καταλιπὼν ἅπαντα, ἀναστὰς ἠκολούθησεν αὐτῷ.

29 καὶ ἐποίησε δοχὴν μεγάλην ὁ Λευΐς αὐτῷ ἐν τῇ οἰκίᾳ αὐτοῦ· καὶ ἦν ὄχλος τελωνῶν πολύς, καὶ ἄλλων οἳ ἦσαν μετ᾽ αὐτῶν κατακείμενοι.

30 καὶ ἐγόγγυζον οἱ γραμματεῖς αὐτῶν καὶ οἱ Φαρισαῖοι πρὸς τοὺς μαθητὰς αὐτοῦ, λέγοντες, Διατί μετὰ τελωνῶν καὶ ἁμαρτωλῶν ἐσθίετε καὶ πίνετε;

31 καὶ ἀποκριθεὶς ὁ Ἰησοῦς εἶπε πρὸς αὐτούς, Οὐ χρείαν ἔχουσιν οἱ ὑγιαίνοντες ἰατροῦ, ἀλλ᾽ οἱ κακῶς ἔχοντες

32 οὐκ ἐλήλυθα καλέσαι δικαίους, ἀλλὰ ἁμαρτωλοὺς εἰς μετάνοιαν.

33 οἱ δὲ εἶπον πρὸς αὐτόν, Διατί οἱ μαθηταὶ Ἰωάννου νηστεύουσι πυκνά, καὶ δεήσεις ποιοῦνται, ὁμοίως καὶ οἱ τῶν Φαρισαίων· οἱ δὲ σοὶ ἐσθίουσι καὶ πίνουσιν;

34 ὁ δὲ εἶπε πρὸς αὐτούς, Μὴ δύνασθε τοὺς υἱοὺς τοῦ νυμφῶνος, ἐν ᾧ ὁ νυμφίος μετ᾽ αὐτῶν ἐστι, ποιῆσαι νηστεύειν

35 ἐλεύσονται δὲ ἡμέραι, καὶ ὅταν ἀπαρθῇ ἀπ᾽ αὐτῶν ὁ νυμφίος, τότε νηστεύσουσιν ἐν ἐκείναις ταῖς ἡμέραις.

36 ἔλεγε δὲ καὶ παραβολὴν πρὸς αὐτοὺς ὅτι Οὐδεὶς ἐπίβλημα ἱματίου καινοῦ ἐπιβάλλει ἐπὶ ἱμάτιον παλαιόν· εἰ δὲ μήγε, καὶ τὸ καινὸν σχίζει, καὶ τῷ παλαιῷ οὐ συμφωνεῖ ἐπίβλημα τὸ ἀπὸ τοῦ καινοῦ.

37 καὶ οὐδεὶς βάλλει οἶνον νέον εἰς ἀσκοὺς παλαιούς· εἰ δὲ μήγε, ῥήξει ὁ νέος οἶνος τοὺς ἀσκούς, καὶ αὐτὸς ἐκχυθήσεται, καὶ οἱ ἀσκοὶ ἀπολοῦνται.

38 ἀλλὰ οἶνον νέον εἰς ἀσκοὺς καινοὺς βλητέον, καὶ ἀμφότεροι συντηροῦνται.

39 καὶ οὐδεὶς πιὼν παλαιὸν εὐθέως θέλει νέον· λέγει γάρ, Ὁ παλαιὸς χρηστότερός ἐστιν.

CHAPTER 6

1 Ἐγένετο δὲ ἐν σαββάτῳ δευτεροπρώτῳ διαπορεύεσθαι αὐτὸν διὰ τῶν σπορίμων· καὶ ἔτιλλον οἱ μαθηταὶ αὐτοῦ τοὺς στάχυας, καὶ ἤσθιον, ψώχοντες ταῖς χερσί.

2 τινὲς δὲ τῶν Φαρισαίων εἶπον αὐτοῖς, Τί ποιεῖτε ὃ οὐκ ἔξεστι ποιεῖν ἐν τοῖς σάββασι;

3 καὶ ἀποκριθεὶς πρὸς αὐτούς, εἶπεν ὁ Ἰησοῦς, Οὐδὲ τοῦτο ἀνέγνωτε, ὃ ἐποίησε Δαβίδ, ὁπότε ἐπείνασεν αὐτὸς καὶ οἱ μετ᾽ αὐτοῦ ὄντες;

4 ὡς εἰσῆλθεν εἰς τὸν οἶκον τοῦ Θεοῦ, καὶ τοὺς ἄρτους τῆς προθέσεως ἔλαβε, καὶ ἔφαγε, καὶ ἔδωκε καὶ τοῖς μετ᾽ αὐτοῦ, οὓς οὐκ

ἔξεστι φαγεῖν εἰ μὴ μόνους τοὺς ἱερεῖς;

5 καὶ ἔλεγεν αὐτοῖς ὅτι Κύριός ἐστιν ὁ υἱὸς τοῦ ἀνθρώπου καὶ τοῦ σαββάτου.

6 Ἐγένετο δὲ καὶ ἐν ἑτέρῳ σαββάτῳ εἰσελθεῖν αὐτὸν εἰς τὴν συναγωγήν, καὶ διδάσκειν· καὶ ἦν ἐκεῖ ἄνθρωπος, καὶ ἡ χεὶρ αὐτοῦ ἡ δεξιὰ ἦν ξηρά

7 παρετήρουν δὲ αὐτὸν οἱ γραμματεῖς καὶ οἱ Φαρισαῖοι, εἰ ἐν τῷ σαββάτῳ θεραπεύσει· ἵνα εὕρωσι κατηγορίαν αὐτοῦ.

8 αὐτὸς δὲ ᾔδει τοὺς διαλογισμοὺς αὐτῶν, καὶ εἶπε τῷ ἀνθρώπῳ τῷ ξηρὰν ἔχοντι τὴν χεῖρα, Ἔγειραι, καὶ στῆθι εἰς τὸ μέσον. ὁ δὲ ἀναστὰς ἔστη.

9 εἶπεν οὖν ὁ Ἰησοῦς πρὸς αὐτούς, Ἐπερωτήσω ὑμᾶς τί, Ἔξεστι τοῖς σάββασιν, ἀγαθοποιῆσαι ἢ κακοποιῆσαι; ψυχὴν σῶσαι ἢ ἀπολέσαι;

10 καὶ περιβλεψάμενος πάντας αὐτούς, εἶπε τῷ ἀνθρώπῳ, Ἔκτεινον τὴν χεῖρά σου. ὁ δὲ ἐποίησεν οὕτω. καὶ ἀποκατεστάθη ἡ χεὶρ αὐτοῦ ὑγιὴς ὡς ἡ ἄλλη.

11 αὐτοὶ δὲ ἐπλήσθησαν ἀνοίας· καὶ διελάλουν πρὸς ἀλλήλους, τί ἂν ποιήσειαν τῷ Ἰησοῦ.

12 Ἐγένετο δὲ ἐν ταῖς ἡμέραις ταύταις ἐξῆλθεν εἰς τὸ ὄρος προσεύξασθαι· καὶ ἦν διανυκτερεύων ἐν τῇ προσευχῇ τοῦ Θεοῦ.

13 καὶ ὅτε ἐγένετο ἡμέρα, προσεφώνησε τοὺς μαθητὰς αὐτοῦ· καὶ ἐκλεξάμενος ἀπ᾽ αὐτῶν δώδεκα, οὓς καὶ ἀποστόλους ὠνόμασε,

14 Σίμωνα ὃν καὶ ὠνόμασε Πέτρον, καὶ Ἀνδρέαν τὸν ἀδελφὸν αὐτοῦ, Ἰάκωβον καὶ Ἰωάννην, Φίλιππον καὶ Βαρθολομαῖον,

15 Ματθαῖον καὶ Θωμᾶν, Ἰάκωβον τὸν τοῦ Ἀλφαίου, καὶ Σίμωνα τὸν καλούμενον Ζηλωτήν,

16 Ἰούδαν Ἰακώβου, καὶ Ἰούδαν Ἰσκαριώτην, ὃς καὶ ἐγένετο προδότης,

17 καὶ καταβὰς μετ᾽ αὐτῶν, ἔστη ἐπὶ τόπου πεδινοῦ, καὶ ὄχλος μαθητῶν αὐτοῦ, καὶ πλῆθος πολὺ τοῦ λαοῦ ἀπὸ πάσης τῆς Ἰουδαίας καὶ Ἰερουσαλήμ, καὶ τῆς παραλίου Τύρου καὶ Σιδῶνος, οἳ ἦλθον ἀκοῦσαι αὐτοῦ, καὶ ἰαθῆναι ἀπὸ τῶν νόσων αὐτῶν·

18 καὶ οἳ ὀχλούμενοι ὑπὸ πνευμάτων ἀκαθάρτων, καὶ ἐθεραπεύοντο

19 καὶ πᾶς ὁ ὄχλος ἐζήτει ἅπτεσθαι αὐτοῦ· ὅτι δύναμις παρ᾽ αὐτοῦ ἐξήρχετο καὶ ἰᾶτο πάντας.

20 Καὶ αὐτὸς ἐπάρας τοὺς ὀφθαλμοὺς αὐτοῦ εἰς τοὺς μαθητὰς αὐτοῦ ἔλεγε, Μακάριοι οἱ πτωχοί, ὅτι ὑμετέρα ἐστὶν ἡ βασιλεία τοῦ Θεοῦ.

21 μακάριοι οἱ πεινῶντες νῦν, ὅτι χορτασθήσεσθε. μακάριοι οἱ κλαίοντες νῦν, ὅτι γελάσετε.

22 μακάριοί ἐστε, ὅταν μισήσωσιν ὑμᾶς οἱ ἄνθρωποι, καὶ ὅταν ἀφορίσωσιν ὑμᾶς, καὶ ὀνειδίσωσι, καὶ ἐκβάλωσι τὸ ὄνομα ὑμῶν ὡς

πονηρόν, ἕνεκα τοῦ υἱοῦ τοῦ ἀνθρώπου.

23 χαίρετε ἐν ἐκείνῃ τῇ ἡμέρᾳ καὶ σκιρτήσατε· ἰδοὺ γάρ, ὁ μισθὸς ὑμῶν πολὺς ἐν τῷ οὐρανῷ· κατὰ ταῦτα γὰρ ἐποίουν τοῖς προφήταις οἱ πατέρες αὐτῶν.

24 πλὴν οὐαὶ ὑμῖν τοῖς πλουσίοις, ὅτι ἀπέχετε τὴν παράκλησιν ὑμῶν.

25 οὐαὶ ὑμῖν, οἱ ἐμπεπλησμένοι, ὅτι πεινάσετε. οὐαί ὑμῖν, οἱ γελῶντες νῦν, ὅτι πενθήσετε καὶ κλαύσετε.

26 οὐαὶ ὑμῖν, ὅταν καλῶς ὑμᾶς εἴπωσι πάντες οἱ ἄνθρωποι· κατὰ ταῦτα γὰρ ἐποίουν τοῖς ψευδοπροφήταις οἱ πατέρες αὐτῶν.

27 Ἀλλ' ὑμῖν λέγω τοῖς ἀκούουσιν, Ἀγαπᾶτε τοὺς ἐχθροὺς ὑμῶν, καλῶς ποιεῖτε τοῖς μισοῦσιν ὑμᾶς,

28 εὐλογεῖτε τοὺς καταρωμένους ὑμῖν, καὶ προσεύχεσθε ὑπὲρ τῶν ἐπηρεαζόντων ὑμᾶς.

29 τῷ τύπτοντί σε ἐπὶ τὴν σιαγόνα, πάρεχε καὶ τὴν ἄλλην· καὶ ἀπὸ τοῦ αἴροντός σου τὸ ἱμάτιον, καὶ τὸν χιτῶνα μὴ κωλύσῃς.

30 παντὶ δὲ τῷ αἰτοῦντί σε δίδου· καὶ ἀπὸ τοῦ αἴροντος τὰ σὰ μὴ ἀπαίτει.

31 καὶ καθὼς θέλετε ἵνα ποιῶσιν ὑμῖν οἱ ἄνθρωποι, καὶ ὑμεῖς ποιεῖτε αὐτοῖς ὁμοίως.

32 καὶ εἰ ἀγαπᾶτε τοὺς ἀγαπῶντας ὑμᾶς, ποία ὑμῖν χάρις ἐστί; καὶ γὰρ οἱ ἁμαρτωλοὶ τοὺς ἀγαπῶντας αὐτοὺς ἀγαπῶσι.

33 καὶ ἐὰν ἀγαθοποιῆτε τοὺς ἀγαθοποιοῦντας ὑμᾶς, ποία ὑμῖν χάρις ἐστί; καὶ γὰρ οἱ ἁμαρτωλοὶ τὸ αὐτὸ ποιοῦσι.

34 καὶ ἐὰν δανείζητε παρ' ὧν ἐλπίζητε ἀπολαβεῖν, ποία ὑμῖν χάρις ἐστί; καὶ γὰρ οἱ ἁμαρτωλοὶ ἁμαρτωλοῖς δανείζουσιν, ἵνα ἀπολάβωσι τὰ ἴσα.

35 πλὴν ἀγαπᾶτε τοὺς ἐχθροὺς ὑμῶν, καὶ ἀγαθοποιεῖτε, καὶ δανείζετε, μηδὲν ἀπελπίζοντες· καὶ ἔσται ὁ μισθὸς ὑμῶν πολύς, καὶ ἔσεσθε υἱοὶ τοῦ ὑψίστου· ὅτι αὐτὸς χρηστός ἐστιν ἐπὶ τοὺς ἀχαρίστους καὶ πονηρούς.

36 γίνεσθε οὖν οἰκτίρμονες, καθὼς καὶ ὁ πατὴρ ὑμῶν οἰκτίρμων ἐστί.

37 μὴ κρίνετε, καὶ οὐ μὴ κριθῆτε. μὴ καταδικάζετε, καὶ οὐ μὴ καταδικασθῆτε· ἀπολύετε, καὶ ἀπολυθήσεσθε·

38 δίδοτε, καὶ δοθήσεται ὑμῖν· μέτρον καλόν, πεπιεσμένον καὶ σεσαλευμένον καὶ ὑπερεκχυνόμενον δώσουσιν εἰς τὸν κόλπον ὑμῶν. τῷ γὰρ αὐτῷ μέτρῳ ᾧ μετρεῖτε ἀντιμετρηθήσεται ὑμῖν.

39 Εἶπε δὲ παραβολὴν αὐτοῖς, Μήτι δύναται τυφλὸς τυφλὸν ὁδηγεῖν; οὐχὶ ἀμφότεροι εἰς βόθυνον πεσοῦνται;

40 οὐκ ἔστι μαθητὴς ὑπὲρ τὸν διδάσκαλον αὐτοῦ· κατηρτισμένος δὲ πᾶς ἔσται ὡς ὁ διδάσκαλος αὐτοῦ.

41 τί δὲ βλέπεις τὸ κάρφος τὸ ἐν τῷ ὀφθαλμῷ τοῦ ἀδελφοῦ σου, τὴν δὲ

δοκὸν τὴν ἐν τῷ ἰδίῳ ὀφθαλμῷ οὐ κατανοεῖς;

42 ἢ πῶς δύνασαι λέγειν τῷ ἀδελφῷ σου, Ἀδελφέ, ἄφες ἐκβάλω τὸ κάρφος τὸ ἐν τῷ ὀφθαλμῷ σου, αὐτὸς τὴν ἐν τῷ ὀφθαλμῷ σοῦ δοκὸν οὐ βλέπων; ὑποκριτά, ἔκβαλε πρῶτον τὴν δοκὸν ἐκ τοῦ ὀφθαλμοῦ σοῦ, καὶ τότε διαβλέψεις ἐκβαλεῖν τὸ κάρφος τὸ ἐν τῷ ὀφθαλμῷ τοῦ ἀδελφοῦ σου.

43 οὐ γάρ ἐστι δένδρον καλὸν ποιοῦν καρπὸν σαπρόν· οὐδὲ δένδρον σαπρὸν ποιοῦν καρπὸν καλόν.

44 ἕκαστον γὰρ δένδρον ἐκ τοῦ ἰδίου καρποῦ γινώσκεται. οὐ γὰρ ἐξ ἀκανθῶν συλλέγουσι σῦκα, οὐδὲ ἐκ βάτου τρυγῶσι σταφυλήν.

45 ὁ ἀγαθὸς ἄνθρωπος ἐκ τοῦ ἀγαθοῦ θησαυροῦ τῆς καρδίας αὐτοῦ προφέρει τὸ ἀγαθόν, καὶ ὁ πονηρὸς ἄνθρωπος ἐκ τοῦ πονηροῦ θησαυροῦ τῆς καρδίας αὐτοῦ προφέρει τὸ πονηρόν· ἐκ γὰρ τοῦ περισσεύματος τῆς καρδίας λαλεῖ τὸ στόμα αὐτοῦ.

46 Τί δέ με καλεῖτε, Κύριε, Κύριε, καὶ οὐ ποιεῖτε ἃ λέγω;

47 πᾶς ὁ ἐρχόμενος πρός με καὶ ἀκούων μου τῶν λόγων καὶ ποιῶν αὐτούς, ὑποδείξω ὑμῖν τίνι ἐστὶν ὅμοιος·

48 ὅμοιός ἐστιν ἀνθρώπῳ οἰκοδομοῦντι οἰκίαν, ὃς ἔσκαψε καὶ ἐβάθυνε, καὶ ἔθηκε θεμέλιον ἐπὶ τὴν πέτραν· πλημμύρας δὲ γενομένης, προσέρρηξεν ὁ ποταμὸς τῇ οἰκίᾳ ἐκείνῃ, καὶ οὐκ ἴσχυσε σαλεῦσαι αὐτήν· τεθεμελίωτο γὰρ ἐπὶ τὴν πέτραν.

49 ὁ δὲ ἀκούσας καὶ μὴ ποιήσας ὅμοιός ἐστιν ἀνθρώπῳ οἰκοδομήσαντι οἰκίαν ἐπὶ τὴν γῆν χωρὶς θεμελίου· ᾗ προσέρρηξεν ὁ ποταμός, καὶ εὐθέως ἔπεσε, καὶ ἐγένετο τὸ ῥῆγμα τῆς οἰκίας ἐκείνης μέγα.

CHAPTER 7

1 Ἐπεὶ δὲ ἐπλήρωσε πάντα τὰ ῥήματα αὐτοῦ εἰς τὰς ἀκοὰς τοῦ λαοῦ, εἰσῆλθεν εἰς Καπερναούμ.

2 Ἑκατοντάρχου δέ τινος δοῦλος κακῶς ἔχων ἤμελλε τελευτᾶν, ὃς ἦν αὐτῷ ἔντιμος.

3 ἀκούσας δὲ περὶ τοῦ Ἰησοῦ, ἀπέστειλε πρὸς αὐτὸν πρεσβυτέρους τῶν Ἰουδαίων, ἐρωτῶν αὐτόν, ὅπως ἐλθὼν διασώσῃ τὸν δοῦλον αὐτοῦ.

4 οἱ δέ, παραγενόμενοι πρὸς τὸν Ἰησοῦν, παρεκάλουν αὐτὸν σπουδαίως, λέγοντες ὅτι ἄξιός ἐστιν ᾧ παρέξει τοῦτο·

5 ἀγαπᾷ γὰρ τὸ ἔθνος ἡμῶν, καὶ τὴν συναγωγὴν αὐτὸς ᾠκοδόμησεν ἡμῖν.

6 ὁ δὲ Ἰησοῦς ἐπορεύετο σὺν αὐτοῖς. ἤδη δὲ αὐτοῦ οὐ μακρὰν ἀπέχοντος ἀπὸ τῆς οἰκίας, ἔπεμψε πρὸς αὐτὸν ὁ ἑκατόνταρχος φίλους, λέγων αὐτῷ, Κύριε, μὴ σκύλλου· οὐ γάρ εἰμι ἱκανὸς ἵνα ὑπὸ τὴν στέγην μου εἰσέλθῃς·

7 διὸ οὐδὲ ἐμαυτὸν ἠξίωσα πρός σὲ ἐλθεῖν· ἀλλὰ εἰπὲ λόγῳ, καὶ ἰαθήσεται ὁ παῖς μου.

8 καὶ γὰρ ἐγὼ ἄνθρωπός εἰμι ὑπὸ ἐξουσίαν τασσόμενος, ἔχων ὑπ' ἐμαυτὸν στρατιώτας, καὶ λέγω τούτῳ, Πορεύθητι, καὶ πορεύεται· καὶ ἄλλῳ, Ἔρχου, καὶ ἔρχεται· καὶ τῷ δούλῳ μου, Ποίησον τοῦτο, καὶ ποιεῖ.

9 ἀκούσας δὲ ταῦτα ὁ Ἰησοῦς ἐθαύμασεν αὐτόν, καὶ στραφεὶς, τῷ ἀκολουθοῦντι αὐτῷ ὄχλῳ εἶπε, Λέγω ὑμῖν, οὐδὲ ἐν τῷ Ἰσραὴλ τοσαύτην πίστιν εὗρον.

10 καὶ ὑποστρέψαντες οἱ πεμφθέντες εἰς τὸν οἶκον εὗρον τὸν ἀσθενοῦντα δοῦλον ὑγιαίνοντα.

11 Καὶ ἐγένετο ἐν τῇ ἑξῆς, ἐπορεύετο εἰς πόλιν καλουμένην Ναΐν· καὶ συνεπορεύοντο αὐτῷ οἱ μαθηταὶ αὐτοῦ ἱκανοί, καὶ ὄχλος πολύς.

12 ὡς δὲ ἤγγισε τῇ πύλῃ τῆς πόλεως, καὶ ἰδού, ἐξεκομίζετο τεθνηκὼς υἱὸς μονογενὴς τῇ μητρὶ αὐτοῦ, καὶ αὐτὴ ἦν χήρα· καὶ ὄχλος τῆς πόλεως ἱκανὸς ἦν σὺν αὐτῇ.

13 καὶ ἰδὼν αὐτὴν ὁ Κύριος ἐσπλαγχνίσθη ἐπ' αὐτῇ, καὶ εἶπεν αὐτῇ, Μὴ κλαῖε.

14 καὶ προσελθὼν ἥψατο τῆς σοροῦ· οἱ δὲ βαστάζοντες ἔστησαν. καὶ εἶπε, Νεανίσκε, σοὶ λέγω, ἐγέρθητι.

15 καὶ ἀνεκάθισεν ὁ νεκρὸς καὶ ἤρξατο λαλεῖν. καὶ ἔδωκεν αὐτὸν τῇ μητρὶ αὐτοῦ.

16 ἔλαβε δὲ φόβος ἅπαντας, καὶ ἐδόξαζον τὸν Θεόν, λέγοντες, ὅτι Προφήτης μέγας ἐγήγερται ἐν ἡμῖν, καὶ ὅτι Ἐπεσκέψατο ὁ Θεὸς τὸν λαὸν αὐτοῦ.

17 καὶ ἐξῆλθεν ὁ λόγος οὗτος ἐν ὅλῃ τῇ Ἰουδαίᾳ περὶ αὐτοῦ, καὶ ἐν πάσῃ τῇ περιχώρῳ.

18 Καὶ ἀπήγγειλαν Ἰωάννῃ οἱ μαθηταὶ αὐτοῦ περὶ πάντων τούτων.

19 καὶ προσκαλεσάμενος δύο τινὰς τῶν μαθητῶν αὐτοῦ ὁ Ἰωάννης ἔπεμψε πρὸς τὸν Ἰησοῦν, λέγων Σὺ εἶ ὁ ἐρχόμενος, ἢ ἄλλον προσδοκῶμεν

20 παραγενόμενοι δὲ πρὸς αὐτὸν οἱ ἄνδρες εἶπον, Ἰωάννης ὁ βαπτιστὴς ἀπέσταλκεν ἡμᾶς πρός σε, λέγων, Σὺ εἶ ὁ ἐρχόμενος, ἢ ἄλλον προσδοκῶμεν;

21 ἐν αὐτῇ δὲ τῇ ὥρᾳ ἐθεράπευσε πολλοὺς ἀπὸ νόσων καὶ μαστίγων καὶ πνευμάτων πονηρῶν, καὶ τυφλοῖς πολλοῖς ἐχαρίσατο τὸ βλέπειν.

22 καὶ ἀποκριθεὶς ὁ Ἰησοῦς εἶπεν αὐτοῖς, Πορευθέντες ἀπαγγείλατε Ἰωάννῃ ἃ εἴδετε καὶ ἠκούσατε· ὅτι τυφλοὶ ἀναβλέπουσι, χωλοὶ περιπατοῦσι, λεπροὶ καθαρίζονται, κωφοὶ ἀκούουσι, νεκροὶ ἐγείρονται, πτωχοὶ εὐαγγελίζονται·

23 καὶ μακάριός ἐστιν, ὃς ἐὰν μὴ σκανδαλισθῇ ἐν ἐμοί.

24 Ἀπελθόντων δὲ τῶν ἀγγέλων Ἰωάννου, ἤρξατο λέγειν πρὸς τοὺς ὄχλους περὶ Ἰωάννου, Τί ἐξεληλύθατε εἰς τὴν ἔρημον

θεάσασθαι; κάλαμον ὑπὸ ἀνέμου σαλευόμενον;

25 ἀλλὰ τί ἐξεληλύθατε ἰδεῖν; ἄνθρωπον ἐν μαλακοῖς ἱματίοις ἠμφιεσμένον; ἰδού, οἱ ἐν ἱματισμῷ ἐνδόξῳ καὶ τρυφῇ ὑπάρχοντες ἐν τοῖς βασιλείοις εἰσίν.

26 ἀλλὰ τί ἐξεληλύθατε ἰδεῖν; προφήτην; ναί, λέγω ὑμῖν, καὶ περισσότερον προφήτου.

27 οὗτός ἐστι περὶ οὗ γέγραπται, Ἰδού, ἐγὼ ἀποστέλλω τὸν ἄγγελόν μου πρὸ προσώπου σου, ὃς κατασκευάσει τὴν ὁδόν σου ἔμπροσθέν σου.

28 λέγω γὰρ ὑμῖν, μείζων ἐν γεννητοῖς γυναικῶν προφήτης Ἰωάννου τοῦ βαπτιστοῦ οὐδείς ἐστιν· ὁ δὲ μικρότερος ἐν τῇ βασιλείᾳ τοῦ Θεοῦ μείζων αὐτοῦ ἐστι.

29 καὶ πᾶς ὁ λαὸς ἀκούσας καὶ οἱ τελῶναι ἐδικαίωσαν τὸν Θεόν, βαπτισθέντες τὸ βάπτισμα Ἰωάννου·

30 οἱ δὲ Φαρισαῖοι καὶ οἱ νομικοὶ τὴν βουλὴν τοῦ Θεοῦ ἠθέτησαν εἰς ἑαυτούς, μὴ βαπτισθέντες ὑπ' αὐτοῦ.

31 εἶπε δὲ ὁ Κύριος, Τίνι οὖν ὁμοιώσω τοὺς ἀνθρώπους τῆς γενεᾶς ταύτης, καὶ τίνι εἰσὶν ὅμοιοι;

32 ὅμοιοί εἰσι παιδίοις τοῖς ἐν ἀγορᾷ καθημένοις, καὶ προσφωνοῦσιν ἀλλήλοις, καὶ λέγουσιν, Ηὐλήσαμεν ὑμῖν, καὶ οὐκ ὠρχήσασθε· ἐθρηνήσαμεν ὑμῖν, καὶ οὐκ ἐκλαύσατε.

33 ἐλήλυθε γὰρ Ἰωάννης ὁ βαπτιστὴς μήτε ἄρτον ἐσθίων μήτε οἶνον πίνων, καὶ λέγετε, Δαιμόνιον ἔχει·

34 ἐλήλυθεν ὁ υἱὸς τοῦ ἀνθρώπου ἐσθίων καὶ πίνων, καὶ λέγετε, Ἰδου, ἄνθρωπος φάγος καὶ οἰνοπότης, τελωνῶν φίλος καὶ ἁμαρτωλῶν.

35 καὶ ἐδικαιώθη ἡ σοφία ἀπὸ τῶν τέκνων αὐτῆς πάντων.

36 Ἠρώτα δέ τις αὐτὸν τῶν Φαρισαίων ἵνα φάγῃ μετ' αὐτοῦ· καὶ εἰσελθὼν εἰς τὴν οἰκὶαν τοῦ Φαρισαίου ἀνεκλίθη.

37 καὶ ἰδού, γυνὴ ἐν τῇ πόλει, ἥτις ἦν ἁμαρτωλός, ἐπιγνοῦσα ὅτι ἀνάκειται ἐν τῇ οἰκίᾳ τοῦ Φαρισαίου, κομίσασα ἀλάβαστρον μύρου,

38 καὶ στᾶσα παρὰ τοὺς πόδας αὐτοῦ ὀπίσω κλαίουσα, ἤρξατο βρέχειν τοὺς πόδας αὐτοῦ τοῖς δάκρυσι, καὶ ταῖς θριξὶ τῆς κεφαλῆς αὐτῆς ἐξέμασσε, καὶ κατεφίλει τοὺς πόδας αὐτοῦ, καὶ ἤλειφε τῷ μύρῳ.

39 ἰδὼν δὲ ὁ Φαρισαῖος ὁ καλέσας αὐτὸν εἶπεν ἐν ἑαυτῷ λέγων, Οὗτος, εἰ ἦν προφήτης, ἐγίνωσκεν ἂν τίς καὶ ποταπὴ ἡ γυνὴ ἥτις ἅπτεται αὐτοῦ, ὅτι ἁμαρτωλός ἐστι.

40 καὶ ἀποκριθεὶς ὁ Ἰησοῦς εἶπε πρὸς αὐτόν, Σίμων, ἔχω σοί τι εἰπεῖν. ὁ δέ φησι, Διδάσκαλε, εἰπέ

41 Δύο χρεωφειλέται ἦσαν δανειστῇ τινί· ὁ εἷς ὤφειλε δηνάρια πεντακόσια, ὁ δὲ ἕτερος πεντήκοντα.

42 μὴ ἐχόντων δὲ αὐτῶν ἀποδοῦναι, ἀμφοτέροις ἐχαρίσατο. τίς οὖν αὐτῶν, εἶπέ, πλεῖον αὐτὸν ἀγαπήσει;

43 ἀποκριθεὶς δὲ ὁ Σίμων εἶπεν, Ὑπολαμβάνω ὅτι ᾧ τὸ πλεῖον ἐχαρίσατο. ὁ δὲ εἶπεν αὐτῷ, Ὀρθῶς ἔκρινας.

44 καὶ στραφεὶς πρὸς τὴν γυναῖκα, τῷ Σίμωνι ἔφη, Βλέπεις ταύτην τὴν γυναῖκα; εἰσῆλθόν σου εἰς τὴν οἰκίαν, ὕδωρ ἐπὶ τοὺς πόδας μου οὐκ ἔδωκας· αὕτη δὲ τοῖς δάκρυσιν ἔβρεξέ μου τοὺς πόδας, καὶ ταῖς θριξὶ τῆς κεφαλῆς αὐτῆς ἐξέμαξε.

45 φίλημά μοι οὐκ ἔδωκας· αὕτη δέ, ἀφ' ἧς εἰσῆλθον, οὐ διέλιπε καταφιλοῦσά μου τοὺς πόδας.

46 ἐλαίῳ τὴν κεφαλήν μου οὐκ ἤλειψας· αὕτη δὲ μύρῳ ἤλειψέ μου τοὺς πόδας.

47 οὗ χάριν, λέγω σοι, ἀφέωνται αἱ ἁμαρτίαι αὐτῆς αἱ πολλαί, ὅτι ἠγάπησε πολύ· ᾧ δὲ ὀλίγον ἀφίεται, ὀλίγον ἀγαπᾷ.

48 εἶπε δὲ αὐτῇ, Ἀφέωνταί σου αἱ ἁμαρτίαι.

49 καὶ ἤρξαντο οἱ συνανακείμενοι λέγειν ἐν ἑαυτοῖς, Τίς οὗτός ἐστιν ὃς καὶ ἁμαρτίας ἀφίησιν;

50 εἶπε δὲ πρὸς τὴν γυναῖκα, Ἡ πίστις σου σέσωκέ σε· πορεύου εἰς εἰρήνην.

CHAPTER 8

1 Καὶ ἐγένετο ἐν τῷ καθεξῆς, καὶ αὐτὸς διώδευε κατὰ πόλιν καὶ κώμην, κηρύσσων καὶ εὐαγγελιζόμενος τὴν βασιλείαν τοῦ Θεοῦ· καὶ οἱ δώδεκα σὺν αὐτῷ,

2 καὶ γυναῖκές τινες αἳ ἦσαν τεθεραπευμέναι ἀπὸ πνευμάτων πονηρῶν καὶ ἀσθενειῶν, Μαρία ἡ καλουμένη Μαγδαληνή, ἀφ' ἧς δαιμόνια ἑπτὰ ἐξεληλύθει,

3 καὶ Ἰωάννα γυνὴ Χουζᾶ ἐπιτρόπου Ἡρώδου, καὶ Σουσάννα, καὶ ἕτεραι πολλαί, αἵτινες διηκόνουν αὐτῷ ἀπὸ τῶν ὑπαρχόντων αὐταῖς.

4 Συνιόντος δὲ ὄχλου πολλοῦ, καὶ τῶν κατὰ πόλιν ἐπιπορευομένων πρὸς αὐτόν, εἶπε διὰ παραβολῆς,

5 Ἐξῆλθεν ὁ σπείρων τοῦ σπεῖραι τὸν σπόρον αὐτοῦ· καὶ ἐν τῷ σπείρειν αὐτόν, ὃ μὲν ἔπεσε παρὰ τὴν ὁδόν, καὶ κατεπατήθη, καὶ τὰ πετεινὰ τοῦ οὐρανοῦ κατέφαγεν αὐτό.

6 καὶ ἕτερον ἔπεσεν ἐπὶ τὴν πέτραν, καὶ φυὲν ἐξηράνθη, διὰ τὸ μὴ ἔχειν ἰκμάδα.

7 καὶ ἕτερον ἔπεσεν ἐν μέσῳ τῶν ἀκανθῶν, καὶ συμφυεῖσαι αἱ ἄκανθαι ἀπέπνιξαν αὐτό.

8 καὶ ἕτερον ἔπεσεν ἐπὶ τὴν γῆν τὴν ἀγαθήν, καὶ φυὲν ἐποίησε καρπὸν ἑκατονταπλασίονα. ταῦτα λέγων ἐφώνει, Ὁ ἔχων ὦτα ἀκούειν ἀκουέτω.

9 Ἐπηρώτων δὲ αὐτὸν οἱ μαθηταὶ αὐτοῦ, λέγοντες, Τίς εἴη ἡ παραβολὴ αὕτη

10 ὁ δὲ εἶπεν, Ὑμῖν δέδοται γνῶναι τὰ μυστήρια τῆς βασιλείας τοῦ Θεοῦ· τοῖς δὲ λοιποῖς ἐν παραβολαῖς, ἵνα βλέποντες μὴ

βλέπωσι, καὶ ἀκούοντες μὴ συνιῶσιν.

11 ἔστι δὲ αὕτη ἡ παραβολή· ὁ σπόρος ἐστὶν ὁ λόγος τοῦ Θεοῦ.

12 οἱ δὲ παρὰ τὴν ὁδὸν εἰσὶν οἱ ἀκούοντες, εἶτα ἔρχεται ὁ διάβολος καὶ αἴρει τὸν λόγον ἀπὸ τῆς καρδίας αὐτῶν, ἵνα μὴ πιστεύσαντες σωθῶσιν.

13 οἱ δὲ ἐπὶ τῆς πέτρας οἵ, ὅταν ἀκούσωσι, μετὰ χαρᾶς δέχονται τὸν λόγον, καὶ οὗτοι ῥίζαν οὐκ ἔχουσιν, οἳ πρὸς καιρὸν πιστεύουσι, καὶ ἐν καιρῷ πειρασμοῦ ἀφίστανται.

14 τὸ δὲ εἰς τὰς ἀκάνθας πεσόν, οὗτοί εἰσιν οἱ ἀκούσαντες, καὶ ὑπὸ μεριμνῶν καὶ πλούτου καὶ ἡδονῶν τοῦ βίου πορευόμενοι συμπνίγονται, καὶ οὐ τελεσφοροῦσι.

15 τὸ δὲ ἐν τῇ καλῇ γῇ, οὗτοί εἰσιν οἵτινες ἐν καρδίᾳ καλῇ καὶ ἀγαθῇ, ἀκούσαντες τὸν λόγον κατέχουσι, καὶ καρποφοροῦσιν ἐν ὑπομονῇ.

16 Οὐδεὶς δὲ λύχνον ἅψας, καλύπτει αὐτὸν σκεύει, ἢ ὑποκάτω κλίνης τίθησιν, ἀλλ᾽ ἐπὶ λυχνίας ἐπιτίθησιν, ἵνα οἱ εἰσπορευόμενοι βλέπωσι τὸ φῶς.

17 οὐ γάρ ἐστι κρυπτόν, ὃ οὐ φανερὸν γενήσεται· οὐδὲ ἀπόκρυφον, ὃ οὐ γνωσθήσεται καὶ εἰς φανερὸν ἔλθῃ.

18 βλέπετε οὖν πῶς ἀκούετε· ὃς γὰρ ἂν ἔχῃ, δοθήσεται αὐτῷ· καὶ ὃς ἂν μὴ ἔχῃ, καὶ ὃ δοκεῖ ἔχειν ἀρθήσεται ἀπ᾽ αὐτοῦ.

19 Παρεγένοντο δὲ πρὸς αὐτὸν ἡ μήτηρ καὶ οἱ ἀδελφοὶ αὐτοῦ, καὶ οὐκ ἠδύναντο συντυχεῖν αὐτῷ διὰ τὸν ὄχλον.

20 καὶ ἀπηγγέλη αὐτῷ, λεγόντων, Ἡ μήτηρ σου καὶ οἱ ἀδελφοί σου ἑστήκασιν ἔξω, ἰδεῖν σε θέλοντες.

21 ὁ δὲ ἀποκριθεὶς εἶπε πρὸς αὐτούς, Μήτηρ μου καὶ ἀδελφοί μου οὗτοί εἰσιν, οἱ τὸν λόγον τοῦ Θεοῦ ἀκούοντες καὶ ποιοῦντες αὐτόν.

22 Καὶ ἐγένετο ἐν μιᾷ τῶν ἡμερῶν, καὶ αὐτὸς ἐνέβη εἰς πλοῖον καὶ οἱ μαθηταὶ αὐτοῦ, καὶ εἶπε πρὸς αὐτούς, Διέλθωμεν εἰς τὸ πέραν τῆς λίμνης· καὶ ἀνήχθησαν.

23 πλεόντων δὲ αὐτῶν ἀφύπνωσε· καὶ κατέβη λαῖλαψ ἀνέμου εἰς τὴν λίμνην, καὶ συνεπληροῦντο, καὶ ἐκινδύνευον.

24 προσελθόντες δὲ διήγειραν αὐτόν, λέγοντες, Ἐπιστάτα, ἐπιστάτα, ἀπολλύμεθα. ὁ δὲ ἐγερθεὶς ἐπετίμησε τῷ ἀνέμῳ καὶ τῷ κλύδωνι τοῦ ὕδατος· καὶ ἐπαύσαντο, καὶ ἐγένετο γαλήνη.

25 εἶπε δὲ αὐτοῖς, Ποῦ ἐστιν ἡ πίστις ὑμῶν; φοβηθέντες δὲ ἐθαύμασαν, λέγοντες πρὸς ἀλλήλους, Τίς ἄρα οὗτός ἐστιν, ὅτι καὶ τοῖς ἀνέμοις ἐπιτάσσει καὶ τῷ ὕδατι, καὶ ὑπακούουσιν αὐτῷ;

26 Καὶ κατέπλευσαν εἰς τὴν χώραν τῶν Γαδαρηνῶν, ἥτις ἐστὶν ἀντιπέραν τῆς Γαλιλαίας.

27 ἐξελθόντι δὲ αὐτῷ ἐπὶ τὴν γῆν, ὑπήντησεν αὐτῷ ἀνήρ τις ἐκ τῆς πόλεως, ὃς εἶχε δαιμόνια ἐκ

χρόνων ἱκανων, καὶ ἱμάτιον οὐκ ἐνεδιδύσκετο, καὶ ἐν οἰκίᾳ οὐκ ἔμενεν, ἀλλ' ἐν τοῖς μνήμασιν.

28 ἰδὼν δὲ τὸν Ἰησοῦν, καὶ ἀνακράξας, προσέπεσεν αὐτῷ, καὶ φωνῇ μεγάλῃ εἶπε, Τί ἐμοὶ καὶ σοί, Ἰησοῦ, υἱὲ τοῦ Θεοῦ τοῦ ὑψίστου; δέομαί σου, μή με βασανίσῃς.

29 παρήγγειλε γὰρ τῷ πνεύματι τῷ ἀκαθάρτῳ ἐξελθεῖν ἀπὸ τοῦ ἀνθρώπου· πολλοῖς γὰρ χρόνοις συνηρπάκει αὐτόν, καὶ ἐδεσμεῖτο ἁλύσεσι καὶ πέδαις φυλασσόμενος, καὶ διαρρήσσων τὰ δεσμὰ ἠλαύνετο ὑπὸ τοῦ δαίμονος εἰς τὰς ἐρήμους.

30 ἐπηρώτησε δὲ αὐτὸν ὁ Ἰησοῦς, λέγων, Τί σοι ἐστιν ὄνομά; ὁ δὲ εἶπε, Λεγεών· ὅτι δαιμόνια πολλὰ εἰσῆλθεν εἰς αὐτόν.

31 καὶ παρεκάλουν αὐτὸν ἵνα μὴ ἐπιτάξῃ αὐτοῖς εἰς τὴν ἄβυσσον ἀπελθεῖν.

32 ἦν δὲ ἐκεῖ ἀγέλη χοίρων ἱκανῶν βοσκομένων ἐν τῷ ὄρει· καὶ παρεκάλουν αὐτὸν ἵνα ἐπιτρέψῃ αὐτοῖς εἰς ἐκείνους εἰσελθεῖν. καὶ ἐπέτρεψεν αὐτοῖς.

33 ἐξελθόντα δὲ τὰ δαιμόνια ἀπὸ τοῦ ἀνθρώπου εἰσῆλθεν εἰς τοὺς χοίρους· καὶ ὥρμησεν ἡ ἀγέλη κατὰ τοῦ κρημνοῦ εἰς τὴν λίμνην, καὶ ἀπεπνίγη.

34 ἰδόντες δὲ οἱ βόσκοντες τὸ γεγενημένον ἔφυγον, καὶ ἀπελθόντες ἀπήγγειλαν εἰς τὴν πόλιν, καὶ εἰς τοὺς ἀγρούς.

35 ἐξῆλθον δὲ ἰδεῖν τὸ γεγονός· καὶ ἦλθον πρὸς τὸν Ἰησοῦν, καὶ εὗρον καθήμενον τὸν ἄνθρωπον ἀφ' οὗ τὰ δαιμόνια ἐξεληλύθει, ἱματισμένον καὶ σωφρονοῦντα παρὰ τοὺς πόδας τοῦ Ἰησοῦ· καὶ ἐφοβήθησαν.

36 ἀπήγγειλαν δὲ αὐτοῖς καὶ οἱ ἰδόντες πῶς ἐσώθη ὁ δαιμονισθείς.

37 καὶ ἠρώτησαν αὐτὸν ἅπαν τὸ πλῆθος τῆς περιχώρου τῶν Γαδαρηνῶν ἀπελθεῖν ἀπ' αὐτῶν, ὅτι φόβῳ μεγάλῳ συνείχοντο· αὐτὸς δὲ ἐμβὰς εἰς τὸ πλοῖον ὑπέστρεψεν.

38 ἐδέετο δὲ αὐτοῦ ὁ ἀνὴρ ἀφ' οὗ ἐξεληλύθει τὰ δαιμόνια εἶναι σὺν αὐτῷ. ἀπέλυσε δὲ αὐτὸν ὁ Ἰησοῦς, λέγων,

39 Ὑπόστρεφε εἰς τὸν οἶκόν σου, καὶ διηγοῦ ὅσα ἐποίησέ σοι ὁ Θεός. καὶ ἀπῆλθε, καθ' ὅλην τὴν πόλιν κηρύσσων ὅσα ἐποίησεν αὐτῷ ὁ Ἰησοῦς.

40 Ἐγένετο δὲ ἐν τῷ ὑποστρέψαι τὸν Ἰησοῦν, ἀπεδέξατο αὐτὸν ὁ ὄχλος· ἦσαν γὰρ πάντες προσδοκῶντες αὐτόν.

41 καὶ ἰδού, ἦλθεν ἀνὴρ ᾧ ὄνομα Ἰάειρος, καὶ αὐτὸς ἄρχων τῆς συναγωγῆς ὑπῆρχε, καὶ πεσὼν παρὰ τοὺς πόδας τοῦ Ἰησοῦ παρεκάλει αὐτὸν εἰσελθεῖν εἰς τὸν οἶκον αὐτοῦ·

42 ὅτι θυγάτηρ μονογενὴς ἦν αὐτῷ ὡς ἐτῶν δώδεκα, καὶ αὕτη ἀπέθνησκεν. ἐν δὲ τῷ ὑπάγειν αὐτὸν οἱ ὄχλοι συνέπνιγον αὐτόν.

43 Καὶ γυνὴ οὖσα ἐν ῥύσει αἵματος ἀπὸ ἐτῶν δώδεκα, ἥτις εἰς ἰατροὺς προσαναλώσασα ὅλον τὸν βίον

οὐκ ἴσχυσεν ὑπ' οὐδενὸς θεραπευθῆναι,

44 προσελθοῦσα ὄπισθεν, ἥψατο τοῦ κρασπέδου τοῦ ἱματίου αὐτοῦ· καὶ παραχρῆμα ἔστη ἡ ῥύσις τοῦ αἵματος αὐτῆς.

45 καὶ εἶπεν ὁ Ἰησοῦς, Τίς ὁ ἁψάμενός μου; ἀρνουμένων δὲ πάντων, εἶπεν ὁ Πέτρος καὶ οἱ μετ' αὐτοῦ, Ἐπιστάτα, οἱ ὄχλοι συνέχουσί σε καὶ ἀποθλίβουσι, καὶ λέγεις, Τίς ὁ ἁψάμενος μου;

46 ὁ δὲ Ἰησοῦς εἶπεν, Ἥψατό μού τις· ἐγὼ γὰρ ἔγνων δύναμιν ἐξελθοῦσαν ἀπ' ἐμοῦ.

47 ἰδοῦσα δὲ ἡ γυνὴ ὅτι οὐκ ἔλαθε, τρέμουσα ἦλθε, καὶ προσπεσοῦσα αὐτῷ, δι' ἣν αἰτίαν ἥψατο αὐτοῦ ἀπήγγειλεν αὐτῷ ἐνώπιον παντὸς τοῦ λαοῦ, καὶ ὡς ἰάθη παραχρῆμα.

48 ὁ δὲ εἶπεν αὐτῇ, Θάρσει, θύγατερ, ἡ πίστις σου σέσωκέ σε· πορεύου εἰς εἰρήνην.

49 Ἔτι αὐτοῦ λαλοῦντος, ἔρχεταί τις παρὰ τοῦ ἀρχισυναγώγου, λέγων αὐτῷ ὅτι Τέθνηκεν ἡ θυγάτηρ σου· μὴ σκύλλε τὸν διδάσκαλον.

50 ὁ δὲ Ἰησοῦς ἀκούσας ἀπεκρίθη αὐτῷ, λέγων, Μὴ φοβοῦ. μόνον πίστευε, καὶ σωθήσεται.

51 εἰσελθὼν δὲ εἰς τὴν οἰκίαν, οὐκ ἀφῆκεν εἰσελθεῖν οὐδένα, εἰ μὴ Πέτρον καὶ Ἰάκωβον καὶ Ἰωάννην, καὶ τὸν πατέρα τῆς παιδὸς καὶ τὴν μητέρα.

52 ἔκλαιον δὲ πάντες, καὶ ἐκόπτοντο αὐτήν. ὁ δὲ εἶπε, Μὴ κλαίετε· οὐκ ἀπέθανεν, ἀλλὰ καθεύδει.

53 καὶ κατεγέλων αὐτοῦ, εἰδότες ὅτι ἀπέθανεν.

54 αὐτὸς δὲ ἐκβαλὼν ἔξω πάντας, καὶ κρατήσας τῆς χειρὸς αὐτῆς, ἐφώνησε, λέγων, Ἡ παῖς ἐγείρου.

55 καὶ ἐπέστρεψε τὸ πνεῦμα αὐτῆς, καὶ ἀνέστη παραχρῆμα· καὶ διέταξεν αὐτῇ δοθῆναι φαγεῖν.

56 καὶ ἐξέστησαν οἱ γονεῖς αὐτῆς· ὁ δὲ παρήγγειλεν αὐτοῖς μηδενὶ εἰπεῖν τὸ γεγονός.

CHAPTER 9

1 Συγκαλεσάμενος δὲ τοὺς δώδεκα μαθητὰς αὐτοῦ, ἔδωκεν αὐτοῖς δύναμιν καὶ ἐξουσίαν ἐπὶ πάντα τὰ δαιμόνια, καὶ νόσους θεραπεύειν.

2 καὶ ἀπέστειλεν αὐτοὺς κηρύσσειν τὴν βασιλείαν τοῦ Θεοῦ, καὶ ἰᾶσθαι τοὺς ἀσθενοῦντας

3 καὶ εἶπε πρὸς αὐτούς, Μηδὲν αἴρετε εἰς τὴν ὁδόν· μήτε ῥάβδους, μήτε πήραν, μήτε ἄρτον, μήτε ἀργύριον, μήτε ἀνὰ δύο χιτῶνας ἔχειν.

4 καὶ εἰς ἣν ἂν οἰκίαν εἰσέλθητε, ἐκεῖ μένετε, καὶ ἐκεῖθεν ἐξέρχεσθε.

5 καὶ ὅσοι ἂν μὴ δέξωνται ὑμᾶς, ἐξερχόμενοι ἀπὸ τῆς πόλεως ἐκείνης, καὶ τὸν κονιορτὸν ἀπὸ τῶν ποδῶν ὑμῶν ἀποτινάξατε εἰς μαρτύριον ἐπ' αὐτούς.

6 ἐξερχόμενοι δὲ διήρχοντο κατὰ τὰς κώμας, εὐαγγελιζόμενοι καὶ θεραπεύοντες πανταχοῦ.

7 Ἤκουσε δὲ Ἡρώδης ὁ τετράρχης τὰ γινόμενα ὑπ' αὐτοῦ πάντα· καὶ διηπόρει, διὰ τὸ λέγεσθαι ὑπό τινων ὅτι Ἰωάννης ἐγήγερται ἐκ νεκρῶν·
8 ὑπό τινων δὲ ὅτι Ἡλίας ἐφάνη· ἄλλων δὲ ὅτι προφήτης εἷς τῶν ἀρχαίων ἀνέστη.
9 καὶ εἶπεν ὁ Ἡρώδης, Ἰωάννην ἐγὼ ἀπεκεφάλισα· τίς δέ ἐστιν οὗτος, περὶ οὗ ἐγὼ ἀκούω τοιαῦτα; καὶ ἐζήτει ἰδεῖν αὐτόν.
10 Καὶ ὑποστρέψαντες οἱ ἀπόστολοι διηγήσαντο αὐτῷ ὅσα ἐποίησαν. καὶ παραλαβὼν αὐτούς, ὑπεχώρησε κατ' ἰδίαν εἰς τόπον ἔρημον πόλεως καλουμένης Βηθσαϊδά.
11 οἱ δὲ ὄχλοι γνόντες, ἠκολούθησαν αὐτῷ· καὶ δεξάμενος αὐτούς, ἐλάλει αὐτοῖς περὶ τῆς βασιλείας τοῦ Θεοῦ, καὶ τοὺς χρείαν ἔχοντας θεραπείας ἰᾶτο.
12 ἡ δὲ ἡμέρα ἤρξατο κλίνειν· προσελθόντες δὲ οἱ δώδεκα εἶπον αὐτῷ, Ἀπόλυσον τὸν ὄχλον, ἵνα ἀπελθόντες εἰς τὰς κύκλῳ κώμας καὶ τοὺς ἀγροὺς καταλύσωσι, καὶ εὕρωσιν ἐπισιτισμόν· ὅτι ὧδε ἐν ἐρήμῳ τόπῳ ἐσμέν.
13 εἶπε δὲ πρὸς αὐτούς, Δότε αὐτοῖς ὑμεῖς φαγεῖν. οἱ δὲ εἶπον, Οὐκ εἰσὶν ἡμῖν πλεῖον ἢ πέντε ἄρτοι καὶ δύο ἰχθύες, εἰ μήτι πορευθέντες ἡμεῖς ἀγοράσωμεν εἰς πάντα τὸν λαὸν τοῦτον βρώματα.
14 ἦσαν γὰρ ὡσεὶ ἄνδρες πεντακισχίλιοι. εἶπε δὲ πρὸς τοὺς μαθητὰς αὐτοῦ, Κατακλίνατε αὐτοὺς κλισίας ἀνὰ πεντήκοντα.
15 καὶ ἐποίησαν οὕτω, καὶ ἀνέκλιναν ἅπαντας.
16 λαβὼν δὲ τοὺς πέντε ἄρτους καὶ τοὺς δύο ἰχθύας, ἀναβλέψας εἰς τὸν οὐρανόν, εὐλόγησεν αὐτούς, καὶ κατέκλασε, καὶ ἐδίδου τοῖς μαθηταῖς παρατιθέναι τῷ ὄχλῳ.
17 καὶ ἔφαγον καὶ ἐχορτάσθησαν πάντες· καὶ ἤρθη τὸ περισσεῦσαν αὐτοῖς κλασμάτων, κόφινοι δώδεκα.
18 Καὶ ἐγένετο ἐν τῷ εἶναι αὐτὸν προσευχόμενον καταμόνας, συνῆσαν αὐτῷ οἱ μαθηταί· καὶ ἐπηρώτησεν αὐτούς, λέγων, Τίνα με λέγουσιν οἱ ὄχλοι εἶναι;
19 οἱ δὲ ἀποκριθέντες εἶπον, Ἰωάννην τὸν βαπτιστήν· ἄλλοι δὲ Ἡλίαν· ἄλλοι δέ, ὅτι προφήτης τις τῶν ἀρχαίων ἀνέστη.
20 εἶπε δὲ αὐτοῖς, Ὑμεῖς δὲ τίνα με λέγετε εἶναι; ἀποκριθεὶς δὲ ὁ Πέτρος εἶπε, Τὸν Χριστὸν τοῦ Θεοῦ.
21 ὁ δὲ ἐπιτιμήσας αὐτοῖς παρήγγειλε μηδενὶ εἰπεῖν τοῦτο,
22 εἰπὼν ὅτι Δεῖ τὸν υἱὸν τοῦ ἀνθρώπου πολλὰ παθεῖν, καὶ ἀποδοκιμασθῆναι ἀπὸ τῶν πρεσβυτέρων καὶ ἀρχιερέων καὶ γραμματέων, καὶ ἀποκτανθῆναι, καὶ τῇ τρίτῃ ἡμέρᾳ ἐγερθῆναι.
23 ἔλεγε δὲ πρὸς πάντας, Εἴ τις θέλει ὀπίσω μου ἐλθεῖν, ἀπαρνησάσθω ἑαυτόν, καὶ ἀράτω τὸν σταυρὸν αὐτοῦ καθ' ἡμέραν, καὶ ἀκολουθείτω μοι.

24 ὃς γὰρ ἂν θέλῃ τὴν ψυχὴν αὐτοῦ σῶσαι, ἀπολέσει αὐτήν· ὃς δ' ἂν ἀπολέσῃ τὴν ψυχὴν αὐτοῦ ἕνεκεν ἐμοῦ, οὗτος σώσει αὐτήν.

25 τί γὰρ ὠφελεῖται ἄνθρωπος, κερδήσας τὸν κόσμον ὅλον, ἑαυτὸν δὲ ἀπολέσας ἢ ζημιωθείς;

26 ὃς γὰρ ἂν ἐπαισχυνθῇ με καὶ τοὺς ἐμοὺς λόγους, τοῦτον ὁ υἱὸς τοῦ ἀνθρώπου ἐπαισχυνθήσεται, ὅταν ἔλθῃ ἐν τῇ δόξῃ αὐτοῦ καὶ τοῦ πατρὸς καὶ τῶν ἁγίων ἀγγέλων.

27 λέγω δὲ ὑμῖν ἀληθῶς, εἰσί τινες τῶν ὧδε ἑστηκότων, οἳ οὐ μὴ γεύσονται θανάτου, ἕως ἂν ἴδωσι τὴν βασιλείαν τοῦ Θεοῦ.

28 Ἐγένετο δὲ μετὰ τοὺς λόγους τούτους ὡσεὶ ἡμέραι ὀκτώ, καὶ παραλαβὼν τὸν Πέτρον καὶ Ἰωάννην καὶ Ἰάκωβον, ἀνέβη εἰς τὸ ὄρος προσεύξασθαι.

29 καὶ ἐγένετο, ἐν τῷ προσεύχεσθαι αὐτόν, τὸ εἶδος τοῦ προσώπου αὐτοῦ ἕτερον, καὶ ὁ ἱματισμὸς αὐτοῦ λευκὸς ἐξαστράπτων.

30 καὶ ἰδού, ἄνδρες δύο συνελάλουν αὐτῷ, οἵτινες ἦσαν Μωσῆς καὶ Ἠλίας,

31 οἳ ὀφθέντες ἐν δόξῃ ἔλεγον τὴν ἔξοδον αὐτοῦ ἣν ἔμελλε πληροῦν ἐν Ἰερουσαλήμ.

32 ὁ δὲ Πέτρος καὶ οἱ σὺν αὐτῷ ἦσαν βεβαρημένοι ὕπνῳ· διαγρηγορήσαντες δὲ εἶδον τὴν δόξαν αὐτοῦ, καὶ τοὺς δύο ἄνδρας τοὺς συνεστῶτας αὐτῷ.

33 καὶ ἐγένετο, ἐν τῷ διαχωρίζεσθαι αὐτοὺς ἀπ' αὐτοῦ, εἶπεν ὁ Πέτρος πρὸς τὸν Ἰησοῦν, Ἐπιστάτα, καλόν ἐστιν ἡμᾶς ὧδε εἶναι· καὶ ποιήσωμεν σκηνὰς τρεῖς, μίαν σοί, καὶ Μωσεῖ μίαν, καὶ μίαν Ἠλίᾳ· μὴ εἰδὼς ὃ λέγει.

34 ταῦτα δὲ αὐτοῦ λέγοντος, ἐγένετο νεφέλη καὶ ἐπεσκίασεν αὐτούς· ἐφοβήθησαν δὲ ἐν τῷ ἐκείνους εἰσελθεῖν εἰς τὴν νεφέλην.

35 καὶ φωνὴ ἐγένετο ἐκ τῆς νεφέλης, λέγουσα, Οὗτός ἐστιν ὁ υἱός μου ὁ ἀγαπητός· αὐτοῦ ἀκούετε.

36 καὶ ἐν τῷ γενέσθαι τὴν φωνήν, εὑρέθη ὁ Ἰησοῦς μόνος. καὶ αὐτοὶ ἐσίγησαν, καὶ οὐδενὶ ἀπήγγειλαν ἐν ἐκείναις ταῖς ἡμέραις οὐδὲν ὧν ἑωράκασιν.

37 Ἐγένετο δὲ ἔν τῇ ἑξῆς ἡμέρᾳ, κατελθόντων αὐτῶν ἀπὸ τοῦ ὄρους, συνήντησεν αὐτῷ ὄχλος πολύς.

38 καὶ ἰδού, ἀνὴρ ἀπὸ τοῦ ὄχλου ἀνεβόησε, λέγων, Διδάσκαλε, δέομαί σου, ἐπίβλεψον ἐπὶ τὸν υἱόν μου, ὅτι μονογενής ἐστί μοι·

39 καὶ ἰδού, πνεῦμα λαμβάνει αὐτόν, καὶ ἐξαίφνης κράζει, καὶ σπαράσσει αὐτὸν μετὰ ἀφροῦ, καὶ μόγις ἀποχωρεῖ ἀπ' αὐτοῦ, συντρῖβον αὐτόν.

40 καὶ ἐδεήθην τῶν μαθητῶν σου ἵνα ἐκβάλλωσιν αὐτό, καὶ οὐκ ἠδυνήθησαν.

41 ἀποκριθεὶς δὲ ὁ Ἰησοῦς εἶπεν, Ὦ γενεὰ ἄπιστος καὶ διεστραμμένη,

ἕως πότε ἔσομαι πρὸς ὑμᾶς, καὶ ἀνέξομαι ὑμῶν; προσάγαγε ὧδε τὸν υἱόν σου.

42 ἔτι δὲ προσερχομένου αὐτοῦ, ἔρρηξεν αὐτὸν τὸ δαιμόνιον καὶ συνεσπάραξεν· ἐπετίμησε δὲ ὁ Ἰησοῦς τῷ πνεύματι τῷ ἀκαθάρτῳ, καὶ ἰάσατο τὸν παῖδα, καὶ ἀπέδωκεν αὐτὸν τῷ πατρὶ αὐτοῦ.

43 ἐξεπλήσσοντο δὲ πάντες ἐπὶ τῇ μεγαλειότητι τοῦ Θεοῦ. Πάντων δὲ θαυμαζόντων ἐπὶ πᾶσιν οἷς ἐποίησεν ὁ Ἰησοῦς, εἶπε πρὸς τοὺς μαθητὰς αὐτοῦ,

44 Θέσθε ὑμεῖς εἰς τὰ ὦτα ὑμῶν τοὺς λόγους τούτους· ὁ γὰρ υἱὸς τοῦ ἀνθρώπου μέλλει παραδίδοσθαι εἰς χεῖρας ἀνθρώπων.

45 οἱ δὲ ἠγνόουν τὸ ῥῆμα τοῦτο, καὶ ἦν παρακεκαλυμμένον ἀπ' αὐτῶν, ἵνα μὴ αἴσθωνται αὐτό· καὶ ἐφοβοῦντο ἐρωτῆσαι αὐτὸν περὶ τοῦ ῥήματος τούτου.

46 Εἰσῆλθε δὲ διαλογισμὸς ἐν αὐτοῖς, τὸ τίς ἂν εἴη μείζων αὐτῶν.

47 ὁ δὲ Ἰησοῦς ἰδὼν τὸν διαλογισμὸν τῆς καρδίας αὐτῶν, ἐπιλαβόμενος παιδίου, ἔστησεν αὐτὸ παρ' ἑαυτῷ,

48 καὶ εἶπεν αὐτοῖς, Ὃς ἐὰν δέξηται τοῦτο τὸ παιδίον ἐπὶ τῷ ὀνόματί μου ἐμὲ δέχεται· καὶ ὃς ἐὰν ἐμὲ δέξηται δέχεται τὸν ἀποστείλαντά με· ὁ γὰρ μικρότερος ἐν πᾶσιν ὑμῖν ὑπάρχων οὗτός ἔσται μέγας.

49 Ἀποκριθεὶς δὲ ὁ Ἰωάννης εἶπεν, Ἐπιστάτα, εἴδομέν τινα ἐπὶ τῷ ὀνόματί σου ἐκβάλλοντα τὰ δαιμόνια· καὶ ἐκωλύσαμεν αὐτόν, ὅτι οὐκ ἀκολουθεῖ μεθ' ἡμῶν.

50 καὶ εἶπε πρὸς αὐτὸν ὁ Ἰησοῦς, Μὴ κωλύετε· ὃς γὰρ οὐκ ἔστι καθ' ἡμῶν ὑπὲρ ἡμῶν ἐστιν.

51 Ἐγένετο δὲ ἐν τῷ συμπληροῦσθαι τὰς ἡμέρας τῆς ἀναλήψεως αὐτοῦ, καὶ αὐτὸς τὸ πρόσωπον αὐτοῦ ἐστήριξε τοῦ πορεύεσθαι εἰς Ἰερουσαλήμ,

52 καὶ ἀπέστειλεν ἀγγέλους πρὸ προσώπου αὐτοῦ· καὶ πορευθέντες εἰσῆλθον εἰς κώμην Σαμαρειτῶν, ὥστε ἑτοιμάσαι αὐτῷ.

53 καὶ οὐκ ἐδέξαντο αὐτόν, ὅτι τὸ πρόσωπον αὐτοῦ ἦν πορευόμενον εἰς Ἰερουσαλήμ.

54 ἰδόντες δὲ οἱ μαθηταὶ αὐτοῦ Ἰάκωβος καὶ Ἰωάννης εἶπον, Κύριε, θέλεις εἴπωμεν πῦρ καταβῆναι ἀπὸ τοῦ οὐρανοῦ, καὶ ἀναλῶσαι αὐτούς, ὡς καὶ Ἠλίας ἐποίησε;

55 στραφεὶς δὲ ἐπετίμησεν αὐτοῖς, καὶ εἶπεν, Οὐκ οἴδατε οἵου πνεύματός ἐστε ὑμεῖς·

56 ὁ γὰρ υἱὸς τοῦ ἀνθρώπου οὐκ ἦλθε ψυχὰς ἀνθρώπων ἀπολέσαι, ἀλλὰ σῶσαι. καὶ ἐπορεύθησαν εἰς ἑτέραν κώμην.

57 Ἐγένετο δὲ πορευομένων αὐτῶν ἐν τῇ ὁδῷ, εἶπέ τις πρὸς αὐτόν, Ἀκολουθήσω σοι ὅπου ἂν ἀπέρχῃ, Κύριε.

58 καὶ εἶπεν αὐτῷ ὁ Ἰησοῦς, Αἱ ἀλώπεκες φωλεοὺς ἔχουσι, καὶ τὰ πετεινὰ τοῦ οὐρανοῦ κατασκηνώσεις· ὁ δὲ υἱὸς τοῦ

άνθρώπου ούκ έχει ποῦ τὴν κεφαλὴν κλίνη.

59 εἶπε δὲ πρὸς ἕτερον, Ἀκολούθει μοι. ὁ δὲ εἶπε, Κύριε, ἐπίτρεψόν μοι ἀπελθόντι πρῶτον θάψαι τὸν πατέρα μου.

60 εἶπε δὲ αὐτῷ ὁ Ἰησοῦς, Ἄφες τοὺς νεκροὺς θάψαι τοὺς ἑαυτῶν νεκρούς· σὺ δὲ ἀπελθὼν διάγγελλε τὴν βασιλείαν τοῦ Θεοῦ.

61 εἶπε δὲ καὶ ἕτερος, Ἀκολουθήσω σοι, Κύριε· πρῶτον δὲ ἐπίτρεψόν μοι ἀποτάξασθαι τοῖς εἰς τὸν οἶκόν μου.

62 εἶπε δὲ πρὸς αὐτὸν ὁ Ἰησοῦς, Οὐδεὶς ἐπιβαλὼν τὴν χεῖρα αὐτοῦ ἐπ' ἄροτρον, καὶ βλέπων εἰς τὰ ὀπίσω, εὔθετός ἐστιν εἰς τὴν βασιλείαν τοῦ Θεοῦ.

CHAPTER 10

1 Μετὰ δὲ ταῦτα ἀνέδειξεν ὁ Κύριος καὶ ἑτέρους ἑβδομήκοντα, καὶ ἀπέστειλεν αὐτοὺς ἀνὰ δύο πρὸ προσώπου αὐτοῦ εἰς πᾶσαν πόλιν καὶ τόπον οὗ ἔμελλεν αὐτὸς ἔρχεσθαι.

2 ἔλεγεν οὖν πρὸς αὐτούς, Ὁ μὲν θερισμὸς πολύς, οἱ δὲ ἐργάται ὀλίγοι. δεήθητε οὖν τοῦ Κυρίου τοῦ θερισμοῦ, ὅπως ἐκβάλλῃ ἐργάτας εἰς τὸν θερισμὸν αὐτοῦ.

3 ὑπάγετε· ἰδού, ἐγὼ ἀποστέλλω ὑμᾶς ὡς ἄρνας ἐν μέσῳ λύκων.

4 μὴ βαστάζετε βαλάντιον, μὴ πήραν, μηδὲ ὑποδήματα· καὶ μηδένα κατὰ τὴν ὁδὸν ἀσπάσησθε.

5 εἰς ἣν δ' ἂν οἰκίαν εἰσέρχησθε, πρῶτον λέγετε, Εἰρήνη τῷ οἴκῳ τούτῳ.

6 καὶ ἐὰν μὲν ᾖ ἐκεῖ ὁ υἱὸς εἰρήνης, ἐπαναπαύσεται ἐπ' αὐτὸν ἡ εἰρήνη ὑμῶν· εἰ δὲ μήγε, ἐφ' ὑμᾶς ἀνακάμψει.

7 ἐν αὐτῇ δὲ τῇ οἰκίᾳ μένετε, ἐσθίοντες καὶ πίνοντες τὰ παρ' αὐτῶν· ἄξιος γὰρ ὁ ἐργάτης τοῦ μισθοῦ αὐτοῦ ἐστι. μὴ μεταβαίνετε ἐξ οἰκίας εἰς οἰκίαν.

8 καὶ εἰς ἣν δ' ἂν πόλιν εἰσέρχησθε, καὶ δέχωνται ὑμᾶς, ἐσθίετε τὰ παρατιθέμενα ὑμῖν,

9 καὶ θεραπεύετε τοὺς ἐν αὐτῇ ἀσθενεῖς, καὶ λέγετε αὐτοῖς, Ἤγγικεν ἐφ' ὑμᾶς ἡ βασιλεία τοῦ Θεοῦ.

10 εἰς ἣν δ' ἂν πόλιν εἰσέρχησθε, καὶ μὴ δέχωνται ὑμᾶς, ἐξελθόντες εἰς τὰς πλατείας αὐτῆς, εἴπατε,

11 Καὶ τὸν κονιορτὸν τὸν κολληθέντα ἡμῖν ἐκ τῆς πόλεως ὑμῶν ἀπομασσόμεθα ὑμῖν· πλὴν τοῦτο γινώσκετε, ὅτι ἤγγικεν ἐφ' ὑμᾶς ἡ βασιλεία τοῦ Θεοῦ.

12 λέγω δὲ ὑμῖν, ὅτι Σοδόμοις ἐν τῇ ἡμέρᾳ ἐκείνῃ ἀνεκτότερον ἔσται, ἢ τῇ πόλει ἐκείνῃ.

13 οὐαί σοι, Χωραζίν, οὐαί σοι, Βηθσαϊδά· ὅτι εἰ ἐν Τύρῳ καὶ Σιδῶνι ἐγένοντο αἱ δυνάμεις αἱ γενόμεναι ἐν ὑμῖν, πάλαι ἂν ἐν σάκκῳ καὶ σποδῷ καθήμεναι μετενόησαν.

14 πλὴν Τύρῳ καὶ Σιδῶνι ἀνεκτότερον ἔσται ἐν τῇ κρίσει, ἢ ὑμῖν.

15 καὶ σύ, Καπερναούμ, ἡ ἕως τοῦ οὐρανοῦ ὑψωθεῖσα, ἕως ᾅδου καταβιβασθήσῃ.

16 ὁ ἀκούων ὑμῶν ἐμοῦ ἀκούει· καὶ ὁ ἀθετῶν ὑμᾶς ἐμὲ ἀθετεῖ· ὁ δὲ ἐμὲ ἀθετῶν ἀθετεῖ τὸν ἀποστείλαντά με.

17 Ὑπέστρεψαν δὲ οἱ ἑβδομήκοντα μετὰ χαρᾶς, λέγοντες, Κύριε, καὶ τὰ δαιμόνια ὑποτάσσεται ἡμῖν ἐν τῷ ὀνόματί σου.

18 εἶπε δὲ αὐτοῖς, Ἐθεώρουν τὸν Σατανᾶν ὡς ἀστραπὴν ἐκ τοῦ οὐρανοῦ πεσόντα.

19 ἰδού, δίδωμι ὑμῖν τὴν ἐξουσίαν τοῦ πατεῖν ἐπάνω ὄφεων καὶ σκορπίων, καὶ ἐπὶ πᾶσαν τὴν δύναμιν τοῦ ἐχθροῦ· καὶ οὐδὲν ὑμᾶς οὐ μὴ ἀδικήσει

20 πλὴν ἐν τούτῳ μὴ χαίρετε ὅτι τὰ πνεύματα ὑμῖν ὑποτάσσεται· χαίρετε δὲ μᾶλλον ὅτι τὰ ὀνόματα ὑμῶν ἐγράφη ἐν τοῖς οὐρανοῖς.

21 Ἐν αὐτῇ τῇ ὥρᾳ ἠγαλλιάσατο τῷ πνεύματι ὁ Ἰησοῦς, καὶ εἶπεν, Ἐξομολογοῦμαί σοι, πάτερ, Κύριε τοῦ οὐρανοῦ καὶ τῆς γῆς, ὅτι ἀπέκρυψας ταῦτα ἀπὸ σοφῶν καὶ συνετῶν, καὶ ἀπεκάλυψας αὐτὰ νηπίοις· ναί, ὁ πατήρ, ὅτι οὕτως ἐγένετο εὐδοκία ἔμπροσθέν σου.

22 πάντα παρεδόθη μοι ὑπὸ τοῦ πατρός μου· καὶ οὐδεὶς γινώσκει τίς ἐστιν ὁ υἱός, εἰ μὴ ὁ πατήρ, καὶ τίς ἐστιν ὁ πατήρ, εἰ μὴ ὁ υἱός, καὶ ᾧ ἐὰν βούληται ὁ υἱὸς ἀποκαλύψαι.

23 καὶ στραφεὶς πρὸς τοὺς μαθητὰς κατ' ἰδίαν εἶπε, Μακάριοι οἱ ὀφθαλμοὶ οἱ βλέποντες ἃ βλέπετε.

24 λέγω γὰρ ὑμῖν, ὅτι πολλοὶ προφῆται καὶ βασιλεῖς ἠθέλησαν ἰδεῖν ἃ ὑμεῖς βλέπετε, καὶ οὐκ εἶδον· καὶ ἀκοῦσαι ἃ ἀκούετε, καὶ οὐκ ἤκουσαν.

25 Καὶ ἰδού, νομικός τις ἀνέστη, ἐκπειράζων αὐτόν, καὶ λέγων, Διδάσκαλε, τί ποιήσας ζωὴν αἰώνιον κληρονομήσω;

26 ὁ δὲ εἶπε πρὸς αὐτόν, Ἐν τῷ νόμῳ τί γέγραπται; πῶς ἀναγινώσκεις;

27 ὁ δὲ ἀποκριθεὶς εἶπεν, Ἀγαπήσεις Κύριον τὸν Θεόν σου, ἐξ ὅλης τῆς καρδίας σου, καὶ ἐξ ὅλης τῆς ψυχῆς σου, καὶ ἐξ ὅλης τῆς ἰσχύος σου, καὶ ἐξ ὅλης τῆς διανοίας σου· καὶ τὸν πλησίον σου ὡς σεαυτόν.

28 εἶπε δὲ αὐτῷ, Ὀρθῶς ἀπεκρίθης· τοῦτο ποίει, καὶ ζήσῃ.

29 ὁ δὲ θέλων δικαιοῦν ἑαυτὸν εἶπε πρὸς τὸν Ἰησοῦν, Καὶ τίς ἐστί μου πλησίον;

30 ὑπολαβὼν δὲ ὁ Ἰησοῦς εἶπεν, Ἄνθρωπός τις κατέβαινεν ἀπὸ Ἰερουσαλὴμ εἰς Ἰεριχώ, καὶ λῃσταῖς περιέπεσεν, οἳ καὶ ἐκδύσαντες αὐτὸν καὶ πληγὰς ἐπιθέντες ἀπῆλθον, ἀφέντες ἡμιθανῆ τυγχάνοντα.

31 κατὰ συγκυρίαν δὲ ἱερεύς τις κατέβαινεν ἐν τῇ ὁδῷ ἐκείνῃ· καὶ ἰδὼν αὐτόν, ἀντιπαρῆλθεν.

32 ὁμοίως δὲ καὶ Λευΐτης γενόμενος κατὰ τὸν τόπον ἐλθὼν καὶ ἰδὼν ἀντιπαρῆλθε.

33 Σαμαρείτης δέ τις ὁδεύων ἦλθε κατ' αὐτόν, καὶ ἰδὼν αὐτὸν ἐσπλαγχνίσθη,

34 καὶ προσελθὼν κατέδησε τὰ τραύματα αὐτοῦ, ἐπιχέων ἔλαιον καὶ οἶνον· ἐπιβιβάσας δὲ αὐτὸν ἐπὶ τὸ ἴδιον κτῆνος, ἤγαγεν αὐτὸν εἰς πανδοχεῖον, καὶ ἐπεμελήθη αὐτοῦ.

35 καὶ ἐπὶ τὴν αὔριον ἐξελθών, ἐκβαλὼν δύο δηνάρια ἔδωκε τῷ πανδοχεῖ, καὶ εἶπεν αὐτῷ, Ἐπιμελήθητι αὐτοῦ· καὶ ὅ τι ἂν προσδαπανήσῃς, ἐγὼ ἐν τῷ ἐπανέρχεσθαί με ἀποδώσω σοι.

36 τίς οὖν τούτων τῶν τριῶν δοκεῖ σοι πλησίον γεγονέναι τοῦ ἐμπεσόντος εἰς τοὺς λῃστάς;

37 ὁ δὲ εἶπεν, Ὁ ποιήσας τὸ ἔλεος μετ' αὐτοῦ. εἶπεν οὖν αὐτῷ ὁ Ἰησοῦς, Πορεύου, καὶ σὺ ποίει ὁμοίως.

38 Ἐγένετο δὲ ἐν τῷ πορεύεσθαι αὐτούς, καὶ αὐτὸς εἰσῆλθεν εἰς κώμην τινά· γυνὴ δέ τις ὀνόματι Μάρθα ὑπεδέξατο αὐτόν εἰς τὸν οἶκον αὐτῆς.

39 καὶ τῇδε ἦν ἀδελφὴ καλουμένη Μαριά, ἣ καὶ παρακαθίσασα παρὰ τοὺς πόδας τοῦ Ἰησοῦ, ἤκουε τὸν λόγον αὐτοῦ.

40 ἡ δὲ Μάρθα περιεσπᾶτο περὶ πολλὴν διακονίαν· ἐπιστᾶσα δὲ εἶπε, Κύριε, οὐ μέλει σοι ὅτι ἡ ἀδελφή μου μόνην με κατέλιπε διακονεῖν; εἰπὲ οὖν αὐτῇ ἵνα μοι συναντιλάβηται.

41 ἀποκριθεὶς δὲ εἶπεν αὐτῇ ὁ Ἰησοῦς, Μάρθα, Μάρθα, μεριμνᾷς καὶ τυρβάζῃ περὶ πολλά·

42 ἑνὸς δέ ἐστι χρεία· Μαριά δὲ τὴν ἀγαθὴν μερίδα ἐξελέξατο, ἥτις οὐκ ἀφαιρεθήσεται ἀπ' αὐτῆς.

CHAPTER 11

1 Καὶ ἐγένετο ἐν τῷ εἶναι αὐτὸν ἐν τόπῳ τινὶ προσευχόμενον, ὡς ἐπαύσατο, εἶπέ τις τῶν μαθητῶν αὐτοῦ πρὸς αὐτόν, Κύριε, δίδαξον ἡμᾶς προσεύχεσθαι, καθὼς καὶ Ἰωάννης ἐδίδαξε τοὺς μαθητὰς αὐτοῦ.

2 εἶπε δὲ αὐτοῖς, Ὅταν προσεύχησθε, λέγετε, Πάτερ ἡμῶν ὁ ἐν τοῖς οὐρανοις, ἁγιασθήτω τὸ ὄνομά σου. ἐλθέτω ἡ βασιλεία σου γενηθήτω τὸ θέλημά σου, ὡς ἐν οὐρανῳ, καὶ ἐπὶ τῆς γῆς.

3 τὸν ἄρτον ἡμῶν τὸν ἐπιούσιον δίδου ἡμῖν τὸ καθ' ἡμέραν.

4 καὶ ἄφες ἡμῖν τὰς ἁμαρτίας ἡμῶν, καὶ γὰρ αὐτοὶ ἀφίεμεν παντὶ ὀφείλοντι ἡμῖν. καὶ μὴ εἰσενέγκῃς ἡμᾶς εἰς πειρασμόν, ἀλλὰ ῥῦσαι ἡμᾶς ἀπὸ τοῦ πονηροῦ.

5 Καὶ εἶπε πρὸς αὐτούς, Τίς ἐξ ὑμῶν ἕξει φίλον, καὶ πορεύσεται πρὸς αὐτὸν μεσονυκτίου, καὶ εἴπῃ αὐτῷ, Φίλε, χρῆσόν μοι τρεῖς ἄρτους,

6 ἐπειδὴ φίλος μου παρεγένετο ἐξ ὁδοῦ πρός με, καὶ οὐκ ἔχω ὃ παραθήσω αὐτῷ·

7 κἀκεῖνος ἔσωθεν ἀποκριθεὶς εἴπῃ, Μή μοι κόπους πάρεχε· ἤδη ἡ θύρα κέκλεισται, καὶ τὰ παιδία μου μετ' ἐμοῦ εἰς τὴν κοίτην εἰσίν· οὐ δύναμαι ἀναστὰς δοῦναί σοι.

8 λέγω ὑμῖν, εἰ καὶ οὐ δώσει αὐτῷ ἀναστάς, διὰ τὸ εἶναι αὐτοῦ φίλον, διά γε τὴν ἀναίδειαν αὐτοῦ ἐγερθεὶς δώσει αὐτῷ ὅσων χρῄζει.

9 κἀγὼ ὑμῖν λέγω, Αἰτεῖτε, καὶ δοθήσεται ὑμῖν· ζητεῖτε, καὶ εὑρήσετε· κρούετε, καὶ ἀνοιγήσεται ὑμῖν.

10 πᾶς γὰρ ὁ αἰτῶν λαμβάνει· καὶ ὁ ζητῶν εὑρίσκει· καὶ τῷ κρούοντι ἀνοιγήσεται.

11 τίνα δὲ ὑμῶν τὸν πατέρα αἰτήσει ὁ υἱὸς ἄρτον, μὴ λίθον ἐπιδώσει αὐτῷ; εἰ καὶ ἰχθύν, μὴ ἀντὶ ἰχθύος ὄφιν ἐπιδώσει αὐτῷ;

12 ἢ καὶ ἐὰν αἰτήσῃ ᾠόν, μὴ ἐπιδώσει αὐτῷ σκορπίον;

13 εἰ οὖν ὑμεῖς πονηροὶ ὑπάρχοντες οἴδατε ἀγαθὰ δόματα διδόναι τοῖς τέκνοις ὑμῶν, πόσῳ μᾶλλον ὁ πατὴρ ὁ ἐξ οὐρανοῦ δώσει Πνεῦμα Ἅγιον τοῖς αἰτοῦσιν αὐτόν

14 Καὶ ἦν ἐκβάλλων δαιμόνιον, καὶ αὐτὸ ἦν κωφόν. ἐγένετο δέ, τοῦ δαιμονίου ἐξελθόντος, ἐλάλησεν ὁ κωφός· καὶ ἐθαύμασαν οἱ ὄχλοι.

15 τινὲς δὲ ἐξ αὐτῶν εἶπον, Ἐν Βεελζεβοὺλ ἄρχοντι τῶν δαιμονίων ἐκβάλλει τὰ δαιμόνια.

16 ἕτεροι δὲ πειράζοντες σημεῖον παρ' αὐτοῦ ἐζήτουν ἐξ οὐρανοῦ.

17 αὐτὸς δὲ εἰδὼς αὐτῶν τὰ διανοήματα εἶπεν αὐτοῖς, Πᾶσα βασιλεία ἐφ' ἑαυτὴν διαμερισθεῖσα ἐρημοῦται· καὶ οἶκος ἐπὶ οἶκον, πίπτει.

18 εἰ δὲ καὶ ὁ Σατανᾶς ἐφ' ἑαυτὸν διεμερίσθη, πῶς σταθήσεται ἡ βασιλεία αὐτοῦ; ὅτι λέγετε, ἐν Βεελζεβοὺλ ἐκβάλλειν με τὰ δαιμόνια.

19 εἰ δὲ ἐγὼ ἐν Βεελζεβοὺλ ἐκβάλλω τὰ δαιμόνια, οἱ υἱοὶ ὑμῶν ἐν τίνι ἐκβάλλουσι; διὰ τοῦτο κριταὶ ὑμῶν αὐτοὶ ἔσονται.

20 εἰ δὲ ἐν δακτύλῳ Θεοῦ ἐκβάλλω τὰ δαιμόνια, ἄρα ἔφθασεν ἐφ' ὑμᾶς ἡ βασιλεία τοῦ Θεοῦ.

21 ὅταν ὁ ἰσχυρὸς καθωπλισμένος φυλάσσῃ τὴν ἑαυτοῦ αὐλήν, ἐν εἰρήνῃ ἐστὶ τὰ ὑπάρχοντα αὐτοῦ·

22 ἐπὰν δὲ ὁ ἰσχυρότερος αὐτοῦ ἐπελθὼν νικήσῃ αὐτόν, τὴν πανοπλίαν αὐτοῦ αἴρει ἐφ' ᾗ ἐπεποίθει, καὶ τὰ σκῦλα αὐτοῦ διαδίδωσιν.

23 ὁ μὴ ὢν μετ' ἐμοῦ, κατ' ἐμοῦ ἐστι· καὶ ὁ μὴ συνάγων μετ' ἐμοῦ σκορπίζει.

24 ὅταν τὸ ἀκάθαρτον πνεῦμα ἐξέλθῃ ἀπὸ τοῦ ἀνθρώπου, διέρχεται δι' ἀνύδρων τόπων, ζητοῦν ἀνάπαυσιν· καὶ μὴ εὑρίσκον λέγει, Ὑποστρέψω εἰς τὸν οἶκόν μου ὅθεν ἐξῆλθον

25 καὶ ἐλθὸν εὑρίσκει σεσαρωμένον καὶ κεκοσμημένον.

26 τότε πορεύεται καὶ παραλαμβάνει ἑπτὰ ἕτερα πνεύματα πονηρότερα ἑαυτοῦ, καὶ εἰσελθόντα κατοικεῖ ἐκεῖ· καὶ γίνεται τὰ ἔσχατα τοῦ ἀνθρώπου ἐκείνου χείρονα τῶν πρώτων.

27 Ἐγένετο δὲ ἐν τῷ λέγειν αὐτὸν ταῦτα, ἐπάρασά τις γυνὴ φωνὴν ἐκ τοῦ ὄχλου εἶπεν αὐτῷ, Μακαρία ἡ

κοιλία ἡ βαστάσασά σε, καὶ μαστοὶ οὓς ἐθήλασας.

28 αὐτὸς δὲ εἶπε, Μενοῦνγε μακάριοι οἱ ἀκούοντες τὸν λόγον τοῦ Θεοῦ καὶ φυλάσσοντες αὐτόν.

29 Τῶν δὲ ὄχλων ἐπαθροιζομένων ἤρξατο λέγειν, Ἡ γενεὰ αὕτη πονηρά ἐστι· σημεῖον ἐπιζητεῖ, καὶ σημεῖον οὐ δοθήσεται αὐτῇ, εἰ μὴ τὸ σημεῖον Ἰωνᾶ τοῦ προφήτου

30 καθὼς γὰρ ἐγένετο Ἰωνᾶς σημεῖον τοῖς Νινευΐταις, οὕτως ἔσται καὶ ὁ υἱὸς τοῦ ἀνθρώπου τῇ γενεᾷ ταύτῃ.

31 Βασίλισσα νότου ἐγερθήσεται ἐν τῇ κρίσει μετὰ τῶν ἀνδρῶν τῆς γενεᾶς ταύτης, καὶ κατακρινεῖ αὐτούς· ὅτι ἦλθεν ἐκ τῶν περάτων τῆς γῆς ἀκοῦσαι τὴν σοφίαν Σολομῶντος, καὶ ἰδού, πλεῖον Σολομῶντος ὧδε.

32 ἄνδρες Νινευῒ ἀναστήσονται ἐν τῇ κρίσει μετὰ τῆς γενεᾶς ταύτης, καὶ κατακρινοῦσιν αὐτήν· ὅτι μετενόησαν εἰς τὸ κήρυγμα Ἰωνᾶ, καὶ ἰδού, πλεῖον Ἰωνᾶ ὧδε.

33 Οὐδεὶς δὲ λύχνον ἅψας εἰς κρυπτὸν τίθησιν, οὐδὲ ὑπὸ τὸν μόδιον, ἀλλ' ἐπὶ τὴν λυχνίαν, ἵνα οἱ εἰσπορευόμενοι τὸ φέγγος βλέπωσιν.

34 ὁ λύχνος τοῦ σώματός ἐστιν ὁ ὀφθαλμός· ὅταν οὖν ὁ ὀφθαλμός σου ἁπλοῦς ᾖ, καὶ ὅλον τὸ σῶμά σου φωτεινόν ἐστιν· ἐπὰν δὲ πονηρὸς ᾖ, καὶ τὸ σῶμά σου σκοτεινόν.

35 σκόπει οὖν μὴ τὸ φῶς τὸ ἐν σοὶ σκότος ἐστίν.

36 εἰ οὖν τὸ σῶμά σου ὅλον φωτεινόν, μὴ ἔχον τι μέρος σκοτεινόν, ἔσται φωτεινὸν ὅλον, ὡς ὅταν ὁ λύχνος τῇ ἀστραπῇ φωτίζῃ σε.

37 Ἐν δὲ τῷ λαλῆσαι, ἠρώτα αὐτὸν Φαρισαῖός τις ὅπως ἀριστήσῃ παρ' αὐτῷ· εἰσελθὼν δὲ ἀνέπεσεν.

38 ὁ δὲ Φαρισαῖος ἰδὼν ἐθαύμασεν ὅτι οὐ πρῶτον ἐβαπτίσθη πρὸ τοῦ ἀρίστου.

39 εἶπε δὲ ὁ Κύριος πρὸς αὐτόν, Νῦν ὑμεῖς οἱ Φαρισαῖοι τὸ ἔξωθεν τοῦ ποτηρίου καὶ τοῦ πίνακος καθαρίζετε, τὸ δὲ ἔσωθεν ὑμῶν γέμει ἁρπαγῆς καὶ πονηρίας.

40 ἄφρονες, οὐχ ὁ ποιήσας τὸ ἔξωθεν καὶ τὸ ἔσωθεν ἐποίησε;

41 πλὴν τὰ ἐνόντα δότε ἐλεημοσύνην· καὶ ἰδού, πάντα καθαρὰ ὑμῖν ἐστιν.

42 Ἀλλ' οὐαὶ ὑμῖν τοῖς Φαρισαίοις, ὅτι ἀποδεκατοῦτε τὸ ἡδύοσμον καὶ τὸ πήγανον καὶ πᾶν λάχανον, καὶ παρέρχεσθε τὴν κρίσιν καὶ τὴν ἀγάπην τοῦ Θεοῦ· ταῦτα ἔδει ποιῆσαι, κἀκεῖνα μὴ ἀφιέναι

43 οὐαὶ ὑμῖν τοῖς Φαρισαίοις, ὅτι ἀγαπᾶτε τὴν πρωτοκαθεδρίαν ἐν ταῖς συναγωγαῖς, καὶ τοὺς ἀσπασμοὺς ἐν ταῖς ἀγοραῖς.

44 οὐαὶ ὑμῖν, γραμματεῖς καὶ φαρισαῖοι, ὑποκριταί, ὅτι ἐστὲ ὡς τὰ μνημεῖα τὰ ἄδηλα, καὶ οἱ ἄνθρωποι οἱ περιπατοῦντες ἐπάνω οὐκ οἴδασιν.

45 Ἀποκριθεὶς δέ τις τῶν νομικῶν λέγει αὐτῷ, Διδάσκαλε, ταῦτα λέγων καὶ ἡμᾶς ὑβρίζεις.

46 ὁ δὲ εἶπε, Καὶ ὑμῖν τοῖς νομικοῖς οὐαί, ὅτι φορτίζετε τοὺς ἀνθρώπους φορτία δυσβάστακτα, καὶ αὐτοὶ ἑνὶ τῶν δακτύλων ὑμῶν οὐ προσψαύετε τοῖς φορτίοις.

47 οὐαὶ ὑμῖν, ὅτι οἰκοδομεῖτε τὰ μνημεῖα τῶν προφητῶν, οἱ δὲ πατέρες ὑμῶν ἀπέκτειναν αὐτούς.

48 ἄρα μαρτυρεῖτε καὶ συνευδοκεῖτε τοῖς ἔργοις τῶν πατέρων ὑμῶν· ὅτι αὐτοὶ μὲν ἀπέκτειναν αὐτούς, ὑμεῖς δὲ οἰκοδομεῖτε αὐτῶν τὰ μνημεῖα.

49 διὰ τοῦτο καὶ ἡ σοφία τοῦ Θεοῦ εἶπεν, Ἀποστελῶ εἰς αὐτοὺς προφήτας καὶ ἀποστόλους, καὶ ἐξ αὐτῶν ἀποκτενοῦσι καὶ ἐκδιώξουσιν·

50 ἵνα ἐκζητηθῇ τὸ αἷμα πάντων τῶν προφητῶν τὸ ἐκχυνόμενον ἀπὸ καταβολῆς κόσμου ἀπὸ τῆς γενεᾶς ταύτης,

51 ἀπὸ τοῦ αἵματος Ἄβελ ἕως τοῦ αἵματος Ζαχαρίου τοῦ ἀπολομένου μεταξὺ τοῦ θυσιαστηρίου καὶ τοῦ οἴκου· ναί, λέγω ὑμῖν, ἐκζητηθήσεται ἀπὸ τῆς γενεᾶς ταύτης.

52 οὐαὶ ὑμῖν τοῖς νομικοῖς, ὅτι ἤρατε τὴν κλεῖδα τῆς γνώσεως· αὐτοὶ οὐκ εἰσήλθετε, καὶ τοὺς εἰσερχομένους ἐκωλύσατε.

53 Λέγοντος δὲ αὐτοῦ ταῦτα πρὸς αὐτούς, ἤρξαντο οἱ γραμματεῖς καὶ οἱ Φαρισαῖοι δεινῶς ἐνέχειν, καὶ ἀποστοματίζειν αὐτὸν περὶ πλειόνων,

54 ἐνεδρεύοντες αὐτόν, καὶ ζητοῦντες θηρεῦσαί τι ἐκ τοῦ στόματος αὐτοῦ, ἵνα κατηγορήσωσιν αὐτοῦ.

CHAPTER 12

1 Ἐν οἷς ἐπισυναχθεισῶν τῶν μυριάδων τοῦ ὄχλου, ὥστε καταπατεῖν ἀλλήλους, ἤρξατο λέγειν πρὸς τοὺς μαθητὰς αὐτοῦ πρῶτον, Προσέχετε ἑαυτοῖς ἀπὸ τῆς ζύμης τῶν Φαρισαίων, ἥτις ἐστὶν ὑπόκρισις.

2 οὐδὲν δὲ συγκεκαλυμμένον ἐστίν, ὃ οὐκ ἀποκαλυφθήσεται, καὶ κρυπτόν, ὃ οὐ γνωσθήσεται.

3 ἀνθ᾽ ὧν ὅσα ἐν τῇ σκοτίᾳ εἴπατε, ἐν τῷ φωτὶ ἀκουσθήσεται· καὶ ὃ πρὸς τὸ οὖς ἐλαλήσατε ἐν τοῖς ταμείοις, κηρυχθήσεται ἐπὶ τῶν δωμάτων.

4 λέγω δὲ ὑμῖν τοῖς φίλοις μου, Μὴ φοβηθῆτε ἀπὸ τῶν ἀποκτεινόντων τὸ σῶμα, καὶ μετὰ ταῦτα μὴ ἐχόντων περισσότερόν τι ποιῆσαι.

5 ὑποδείξω δὲ ὑμῖν τίνα φοβηθῆτε· φοβήθητε τὸν μετὰ τὸ ἀποκτεῖναι ἐξουσίαν ἔχοντα ἐμβαλεῖν εἰς τὴν γέενναν· ναί, λέγω ὑμῖν, τοῦτον φοβήθητε.

6 οὐχὶ πέντε στρουθία πωλεῖται ἀσσαρίων δύο; καὶ ἓν ἐξ αὐτῶν οὐκ ἔστιν ἐπιλελησμένον ἐνώπιον τοῦ Θεοῦ.

7 ἀλλὰ καὶ αἱ τρίχες τῆς κεφαλῆς ὑμῶν πᾶσαι ἠρίθμηνται. μὴ οὖν φοβεῖσθε· πολλῶν στρουθίων διαφέρετε.

8 λέγω δὲ ὑμῖν, Πᾶς ὃς ἂν ὁμολογήσῃ ἐν ἐμοὶ ἔμπροσθεν τῶν

ἀνθρώπων, καὶ ὁ υἱὸς τοῦ ἀνθρώπου ὁμολογήσει ἐν αὐτῷ ἔμπροσθεν τῶν ἀγγέλων τοῦ Θεοῦ·

9 ὁ δὲ ἀρνησάμενός με ἐνώπιον τῶν ἀνθρώπων ἀπαρνηθήσεται ἐνώπιον τῶν ἀγγέλων τοῦ Θεοῦ.

10 καὶ πᾶς ὃς ἐρεῖ λόγον εἰς τὸν υἱὸν τοῦ ἀνθρώπου, ἀφεθήσεται αὐτῷ· τῷ δὲ εἰς τὸ Ἅγιον Πνεῦμα βλασφημήσαντι οὐκ ἀφεθήσεται.

11 ὅταν δὲ προσφέρωσιν ὑμᾶς ἐπὶ τὰς συναγωγὰς καὶ τὰς ἀρχὰς καὶ τὰς ἐξουσίας, μὴ μεριμνᾶτε πῶς ἢ τί ἀπολογήσησθε, ἢ τί εἴπητε·

12 τὸ γὰρ Ἅγιον Πνεῦμα διδάξει ὑμᾶς ἐν αὐτῇ τῇ ὥρᾳ, ἃ δεῖ εἰπεῖν.

13 Εἶπε δέ τις αὐτῷ ἐκ τοῦ ὄχλου, Διδάσκαλε, εἰπὲ τῷ ἀδελφῷ μου μερίσασθαι μετ' ἐμοῦ τὴν κληρονομίαν.

14 ὁ δὲ εἶπεν αὐτῷ, Ἄνθρωπε, τίς με κατέστησε δικαστὴν ἢ μεριστὴν ἐφ' ὑμᾶς;

15 εἶπε δὲ πρὸς αὐτούς, Ὁρᾶτε καὶ φυλάσσεσθε ἀπὸ τῆς πλεονεξίας· ὅτι οὐκ ἐν τῷ περισσεύειν τινὶ ἡ ζωὴ αὐτοῦ ἐστιν ἐκ τῶν ὑπαρχόντων αὐτοῦ.

16 εἶπε δὲ παραβολὴν πρὸς αὐτούς, λέγων, Ἀνθρώπου τινὸς πλουσίου εὐφόρησεν ἡ χώρα·

17 καὶ διελογίζετο ἐν ἑαυτῷ, λέγων, Τί ποιήσω, ὅτι οὐκ ἔχω ποῦ συνάξω τοὺς καρπούς μου;

18 καὶ εἶπε, Τοῦτο ποιήσω· καθελῶ μου τὰς ἀποθήκας, καὶ μείζονας οἰκοδομήσω, καὶ συνάξω ἐκεῖ πάντα τὰ γενήματά μου καὶ τὰ ἀγαθά μου

19 καὶ ἐρῶ τῇ ψυχῇ μου, Ψυχή, ἔχεις πολλὰ ἀγαθὰ κείμενα εἰς ἔτη πολλά· ἀναπαύου, φάγε, πίε, εὐφραίνου.

20 εἶπε δὲ αὐτῷ ὁ Θεός, Ἄφρον, ταύτῃ τῇ νυκτὶ τὴν ψυχήν σου ἀπαιτοῦσιν ἀπὸ σοῦ· ἃ δὲ ἡτοίμασας, τίνι ἔσται;

21 οὕτως ὁ θησαυρίζων ἑαυτῷ, καὶ μὴ εἰς Θεὸν πλουτῶν.

22 Εἶπε δὲ πρὸς τοὺς μαθητὰς αὐτοῦ, Διὰ τοῦτο ὑμῖν λέγω, μὴ μεριμνᾶτε τῇ ψυχῇ ὑμῶν, τί φάγητε· μηδὲ τῷ σώματι, τί ἐνδύσησθε.

23 ἡ ψυχὴ πλεῖόν ἐστι τῆς τροφῆς, καὶ τὸ σῶμα τοῦ ἐνδύματος.

24 κατανοήσατε τοὺς κόρακας, ὅτι οὐ σπείρουσιν, οὐδὲ θερίζουσιν, οἷς οὐκ ἔστι ταμεῖον οὐδὲ ἀποθήκη, καὶ ὁ Θεὸς τρέφει αὐτούς· πόσῳ μᾶλλον ὑμεῖς διαφέρετε τῶν πετεινῶν;

25 τίς δὲ ἐξ ὑμῶν μεριμνῶν δύναται προσθεῖναι ἐπὶ τὴν ἡλικίαν αὐτοῦ πῆχυν ἕνα;

26 εἰ οὖν οὔτε ἐλάχιστον δύνασθε, τί περὶ τῶν λοιπῶν μεριμνᾶτε;

27 κατανοήσατε τὰ κρίνα πῶς αὐξάνει· οὐ κοπιᾷ, οὐδὲ νήθει· λέγω δὲ ὑμῖν, οὐδὲ Σολομὼν ἐν πάσῃ τῇ δόξῃ αὐτοῦ περιεβάλετο ὡς ἓν τούτων.

28 εἰ δὲ τὸν χόρτον ἐν τῷ ἀγρῷ σήμερον ὄντα, καὶ αὔριον εἰς κλίβανον βαλλόμενον, ὁ Θεὸς οὕτως ἀμφιέννυσι, πόσῳ μᾶλλον ὑμᾶς, ὀλιγόπιστοι;

ΕΥΑΓΓΕΛΙΟΝ ΤΟ ΚΑΤΑ ΛΟΥΚΑΝ

29 καὶ ὑμεῖς μὴ ζητεῖτε τί φάγητε, ἢ τί πίητε· καὶ μὴ μετεωρίζεσθε.

30 ταῦτα γὰρ πάντα τὰ ἔθνη τοῦ κόσμου ἐπιζητεῖ· ὑμῶν δὲ ὁ πατὴρ οἶδεν ὅτι χρῄζετε τούτων.

31 πλὴν ζητεῖτε τὴν βασιλείαν τοῦ Θεοῦ, καὶ ταῦτα πάντα προστεθήσεται ὑμῖν.

32 μὴ φοβοῦ, τὸ μικρὸν ποίμνιον· ὅτι εὐδόκησεν ὁ πατὴρ ὑμῶν δοῦναι ὑμῖν τὴν βασιλείαν.

33 πωλήσατε τὰ ὑπάρχοντα ὑμῶν καὶ δότε ἐλεημοσύνην. ποιήσατε ἑαυτοῖς βαλάντια μὴ παλαιούμενα, θησαυρὸν ἀνέκλειπτον ἐν τοῖς οὐρανοῖς, ὅπου κλέπτης οὐκ ἐγγίζει, οὐδὲ σὴς διαφθείρει·

34 ὅπου γάρ ἐστιν ὁ θησαυρὸς ὑμῶν, ἐκεῖ καὶ ἡ καρδία ὑμῶν ἔσται.

35 Ἔστωσαν ὑμῶν αἱ ὀσφύες περιεζωσμέναι, καὶ οἱ λύχνοι καιόμενοι·

36 καὶ ὑμεῖς ὅμοιοι ἀνθρώποις προσδεχομένοις τὸν κύριον ἑαυτῶν, πότε ἀναλύσει ἐκ τῶν γάμων, ἵνα, ἐλθόντος καὶ κρούσαντος, εὐθέως ἀνοίξωσιν αὐτῷ.

37 μακάριοι οἱ δοῦλοι ἐκεῖνοι, οὓς ἐλθὼν ὁ κύριος εὑρήσει γρηγοροῦντας· ἀμὴν λέγω ὑμῖν ὅτι περιζώσεται καὶ ἀνακλινεῖ αὐτούς, καὶ παρελθὼν διακονήσει αὐτοῖς.

38 καὶ ἐὰν ἔλθῃ ἐν τῇ δευτέρᾳ φυλακῇ, καὶ ἐν τῇ τρίτῃ φυλακῇ ἔλθῃ, καὶ εὕρῃ οὕτω, μακάριοί εἰσιν οἱ δοῦλοι ἐκεῖνοι.

39 τοῦτο δὲ γινώσκετε, ὅτι εἰ ᾔδει ὁ οἰκοδεσπότης ποίᾳ ὥρᾳ ὁ κλέπτης ἔρχεται, ἐγρηγόρησεν ἄν, καὶ οὐκ ἂν ἀφῆκε διορυγῆναι τὸν οἶκον αὐτοῦ.

40 καὶ ὑμεῖς οὖν γίνεσθε ἕτοιμοι· ὅτι ᾗ ὥρᾳ οὐ δοκεῖτε ὁ υἱὸς τοῦ ἀνθρώπου ἔρχεται.

41 Εἶπε δὲ αὐτῷ ὁ Πέτρος, Κύριε, πρὸς ἡμᾶς τὴν παραβολὴν ταύτην λέγεις, ἢ καὶ πρὸς πάντας;

42 εἶπε δὲ ὁ Κύριος, Τίς ἄρα ἐστὶν ὁ πιστὸς οἰκονόμος καὶ φρόνιμος, ὃν καταστήσει ὁ κύριος ἐπὶ τῆς θεραπείας αὐτοῦ, τοῦ διδόναι ἐν καιρῷ τὸ σιτομέτριον;

43 μακάριος ὁ δοῦλος ἐκεῖνος, ὃν ἐλθὼν ὁ κύριος αὐτοῦ εὑρήσει ποιοῦντα οὕτως.

44 ἀληθῶς λέγω ὑμῖν ὅτι ἐπὶ πᾶσι τοῖς ὑπάρχουσιν αὐτοῦ καταστήσει αὐτόν.

45 ἐὰν δὲ εἴπῃ ὁ δοῦλος ἐκεῖνος ἐν τῇ καρδίᾳ αὐτοῦ, Χρονίζει ὁ κύριός μου ἔρχεσθαι, καὶ ἄρξηται τύπτειν τοὺς παῖδας καὶ τὰς παιδίσκας, ἐσθίειν τε καὶ πίνειν καὶ μεθύσκεσθαι·

46 ἥξει ὁ κύριος τοῦ δούλου ἐκείνου ἐν ἡμέρᾳ ᾗ οὐ προσδοκᾷ, καὶ ἐν ὥρᾳ ᾗ οὐ γινώσκει· καὶ διχοτομήσει αὐτόν, καὶ τὸ μέρος αὐτοῦ μετὰ τῶν ἀπίστων θήσει.

47 ἐκεῖνος δὲ ὁ δοῦλος ὁ γνοὺς τὸ θέλημα τοῦ κυρίου ἑαυτοῦ, καὶ μὴ ἑτοιμάσας μηδὲ ποιήσας πρὸς τὸ θέλημα αὐτοῦ, δαρήσεται πολλάς·

48 ὁ δὲ μὴ γνούς, ποιήσας δὲ ἄξια πληγῶν, δαρήσεται ὀλίγας. παντὶ

δὲ ᾧ ἐδόθη πολύ, πολὺ ζητηθήσεται παρ' αὐτοῦ· καὶ ᾧ παρέθεντο πολύ, περισσότερον αἰτήσουσιν αὐτόν.

49 Πῦρ ἦλθον βαλεῖν εἰς τὴν γῆν, καὶ τί θέλω εἰ ἤδη ἀνήφθη;

50 βάπτισμα δὲ ἔχω βαπτισθῆναι, καὶ πῶς συνέχομαι ἕως οὗ τελεσθῇ

51 δοκεῖτε ὅτι εἰρήνην παρεγενόμην δοῦναι ἐν τῇ γῇ; οὐχί, λέγω ὑμῖν, ἀλλ' ἢ διαμερισμόν.

52 ἔσονται γὰρ ἀπὸ τοῦ νῦν πέντε ἐν οἴκῳ ἑνὶ διαμεμερισμένοι, τρεῖς ἐπὶ δυσί, καὶ δύο ἐπὶ τρισί

53 διαμερισθήσεται πατὴρ ἐφ' υἱῷ, καὶ υἱὸς ἐπὶ πατρί· μήτηρ ἐπὶ θυγατρί, καὶ θυγάτηρ ἐπὶ μητρί· πενθερὰ ἐπὶ τὴν νύμφην αὐτῆς, καὶ νύμφη ἐπὶ τὴν πενθερὰν αὐτῆς.

54 Ἔλεγε δὲ καὶ τοῖς ὄχλοις, Ὅταν ἴδητε τὴν νεφέλην ἀνατέλλουσαν ἀπὸ δυσμῶν, εὐθέως λέγετε, Ὄμβρος ἔρχεται· καὶ γίνεται οὕτω.

55 καὶ ὅταν νότον πνέοντα, λέγετε, ὅτι Καύσων ἔσται· καὶ γίνεται.

56 ὑποκριταί, τὸ πρόσωπον τοῦ οὐρανοῦ καὶ τῆς γῆς οἴδατε δοκιμάζειν· τὸν δὲ καιρὸν τοῦτον πῶς οὐ δοκιμάζετε;

57 τί δὲ καὶ ἀφ' ἑαυτῶν οὐ κρίνετε τὸ δίκαιον;

58 ὡς γὰρ ὑπάγεις μετὰ τοῦ ἀντιδίκου σου ἐπ' ἄρχοντα, ἐν τῇ ὁδῷ δὸς ἐργασίαν ἀπηλλάχθαι ἀπ' αὐτοῦ· μήποτε κατασύρῃ σε πρὸς τὸν κριτήν, καὶ ὁ κριτής σε παραδῷ τῷ πράκτορι, καὶ ὁ πράκτωρ σε βάλλῃ εἰς φυλακήν.

59 λέγω σοι, οὐ μὴ ἐξέλθῃς ἐκεῖθεν, ἕως οὗ καὶ τὸ ἔσχατον λεπτὸν ἀποδῷς.

CHAPTER 13

1 Παρῆσαν δέ τινες ἐν αὐτῷ τῷ καιρῷ ἀπαγγέλλοντες αὐτῷ περὶ τῶν Γαλιλαίων, ὧν τὸ αἷμα Πιλᾶτος ἔμιξε μετὰ τῶν θυσιῶν αὐτῶν.

2 καὶ ἀποκριθεὶς ὁ Ἰησοῦς εἶπεν αὐτοῖς, Δοκεῖτε ὅτι οἱ Γαλιλαῖοι οὗτοι ἁμαρτωλοὶ παρὰ πάντας τοὺς Γαλιλαίους ἐγένοντο, ὅτι τοιαῦτα πεπόνθασιν;

3 οὐχί, λέγω ὑμῖν· ἀλλ' ἐὰν μὴ μετανοῆτε, πάντες ὡσαύτως ἀπολεῖσθε.

4 ἢ ἐκεῖνοι οἱ δέκα καὶ ὀκτώ, ἐφ' οὓς ἔπεσεν ὁ πύργος ἐν τῷ Σιλωὰμ καὶ ἀπέκτεινεν αὐτούς, δοκεῖτε ὅτι οὗτοι ὀφειλέται ἐγένοντο παρὰ πάντας ἀνθρώπους τοὺς κατοικοῦντας ἐν Ἰερουσαλήμ;

5 οὐχί, λέγω ὑμῖν· ἀλλ' ἐὰν μὴ μετανοῆτε, πάντες ὁμοίως ἀπολεῖσθε.

6 ἔλεγε δὲ ταύτην τὴν παραβολήν· Συκῆν εἶχέ τις ἐν τῷ ἀμπελῶνι αὐτοῦ πεφυτευμένην· καὶ ἦλθε καρπὸν ζητῶν ἐν αὐτῇ, καὶ οὐχ εὗρεν.

7 εἶπε δὲ πρὸς τὸν ἀμπελουργόν, Ἰδού, τρία ἔτη ἔρχομαι ζητῶν καρπὸν ἐν τῇ συκῇ ταύτῃ, καὶ οὐχ εὑρίσκω· ἔκκοψον αὐτήν· ἱνατί καὶ τὴν γῆν καταργεῖ;

8 ὁ δὲ ἀποκριθεὶς λέγει αὐτῷ, Κύριε, ἄφες αὐτὴν καὶ τοῦτο τὸ

ἔτος, ἕως ὅτου σκάψω περὶ αὐτήν, καὶ βάλω κοπρίαν·

9 κἂν μὲν ποιήσῃ καρπόν· εἰ δὲ μήγε, εἰς τὸ μέλλον ἐκκόψεις αὐτήν.

10 Ἦν δὲ διδάσκων ἐν μιᾷ τῶν συναγωγῶν ἐν τοῖς σάββασι·

11 καὶ ἰδού, γυνὴ ἦν πνεῦμα ἔχουσα ἀσθενείας ἔτη δέκα καὶ ὀκτώ, καὶ ἦν συγκύπτουσα, καὶ μὴ δυναμένη ἀνακύψαι εἰς τὸ παντελές.

12 ἰδὼν δὲ αὐτὴν ὁ Ἰησοῦς προσεφώνησε, καὶ εἶπεν αὐτῇ, Γύναι, ἀπολέλυσαι τῆς ἀσθενείας σου.

13 καὶ ἐπέθηκεν αὐτῇ τὰς χεῖρας· καὶ παραχρῆμα ἀνωρθώθη, καὶ ἐδόξαζε τὸν Θεόν.

14 ἀποκριθεὶς δὲ ὁ ἀρχισυνάγωγος, ἀγανακτῶν ὅτι τῷ σαββάτῳ ἐθεράπευσεν ὁ Ἰησοῦς, ἔλεγε τῷ ὄχλῳ, Ἓξ ἡμέραι εἰσὶν ἐν αἷς δεῖ ἐργάζεσθαι· ἐν ταύταις οὖν ἐρχόμενοι θεραπεύεσθε, καὶ μὴ τῇ ἡμέρᾳ τοῦ σαββάτου.

15 ἀπεκρίθη οὖν αὐτῷ ὁ Κύριος, καὶ εἶπεν, Ὑποκριτά, ἕκαστος ὑμῶν τῷ σαββάτῳ οὐ λύει τὸν βοῦν αὐτοῦ ἢ τὸν ὄνον ἀπὸ τῆς φάτνης, καὶ ἀπαγαγὼν ποτίζει;

16 ταύτην δέ, θυγατέρα Ἀβραὰμ οὖσαν, ἣν ἔδησεν ὁ Σατανᾶς, ἰδού, δέκα καὶ ὀκτὼ ἔτη, οὐκ ἔδει λυθῆναι ἀπὸ τοῦ δεσμοῦ τούτου τῇ ἡμέρᾳ τοῦ σαββάτου;

17 καὶ ταῦτα λέγοντος αὐτοῦ, κατῃσχύνοντο πάντες οἱ ἀντικείμενοι αὐτῷ· καὶ πᾶς ὁ ὄχλος ἔχαιρεν ἐπὶ πᾶσι τοῖς ἐνδόξοις τοῖς γινομένοις ὑπ' αὐτοῦ.

18 Ἔλεγε δέ, Τίνι ὁμοία ἐστὶν ἡ βασιλεία τοῦ Θεοῦ; καὶ τίνι ὁμοιώσω αὐτήν;

19 ὁμοία ἐστὶ κόκκῳ σινάπεως, ὃν λαβὼν ἄνθρωπος ἔβαλεν εἰς κῆπον ἑαυτοῦ· καὶ ηὔξησε, καὶ ἐγένετο εἰς δένδρον μέγα, καὶ τὰ πετεινὰ τοῦ οὐρανοῦ κατεσκήνωσεν ἐν τοῖς κλάδοις αὐτοῦ.

20 καὶ πάλιν εἶπε, Τίνι ὁμοιώσω τὴν βασιλείαν τοῦ Θεοῦ;

21 ὁμοία ἐστὶ ζύμῃ, ἣν λαβοῦσα γυνὴ ἐνέκρυψεν εἰς ἀλεύρου σάτα τρία, ἕως οὗ ἐζυμώθη ὅλον.

22 Καὶ διεπορεύετο κατὰ πόλεις καὶ κώμας διδάσκων, καὶ πορείαν ποιούμενος εἰς Ἰερουσαλήμ·

23 εἶπε δέ τις αὐτῷ, Κύριε, εἰ ὀλίγοι οἱ σωζόμενοι; ὁ δὲ εἶπε πρὸς αὐτούς,

24 Ἀγωνίζεσθε εἰσελθεῖν διὰ τῆς στενῆς πύλης· ὅτι πολλοί, λέγω ὑμῖν, ζητήσουσιν εἰσελθεῖν, καὶ οὐκ ἰσχύσουσιν.

25 ἀφ' οὗ ἂν ἐγερθῇ ὁ οἰκοδεσπότης καὶ ἀποκλείσῃ τὴν θύραν, καὶ ἄρξησθε ἔξω ἑστάναι καὶ κρούειν τὴν θύραν, λέγοντες, Κύριε, Κύριε, ἄνοιξον ἡμῖν· καὶ ἀποκριθεὶς ἐρεῖ ὑμῖν, Οὐκ οἶδα ὑμᾶς, πόθεν ἐστέ·

26 τότε ἄρξεσθε λέγειν, Ἐφάγομεν ἐνώπιόν σου καὶ ἐπίομεν, καὶ ἐν ταῖς πλατείαις ἡμῶν ἐδίδαξας.

27 καὶ ἐρεῖ, Λέγω ὑμῖν, οὐκ οἶδα ὑμᾶς πόθεν ἐστέ· ἀπόστητε ἀπ'

ἐμοῦ πάντες οἱ ἐργάται τῆς ἀδικίας.

28 ἐκεῖ ἔσται ὁ κλαυθμὸς καὶ ὁ βρυγμὸς τῶν ὀδόντων, ὅταν ὄψησθε Ἀβραὰμ καὶ Ἰσαὰκ καὶ Ἰακὼβ καὶ πάντας τοὺς προφήτας ἐν τῇ βασιλείᾳ τοῦ Θεοῦ, ὑμᾶς δὲ ἐκβαλλομένους ἔξω.

29 καὶ ἥξουσιν ἀπὸ ἀνατολῶν καὶ δυσμῶν, καὶ ἀπὸ βορρᾶ καὶ νότου, καὶ ἀνακλιθήσονται ἐν τῇ βασιλείᾳ τοῦ Θεοῦ.

30 καὶ ἰδού, εἰσὶν ἔσχατοι οἳ ἔσονται πρῶτοι, καὶ εἰσὶ πρῶτοι οἳ ἔσονται ἔσχατοι.

31 Ἐν αὐτῇ τῇ ἡμέρᾳ προσῆλθόν τινες Φαρισαῖοι, λέγοντες αὐτῷ, Ἔξελθε καὶ πορεύου ἐντεῦθεν, ὅτι Ἡρώδης θέλει σε ἀποκτεῖναι.

32 καὶ εἶπεν αὐτοῖς, Πορευθέντες εἴπατε τῇ ἀλώπεκι ταύτῃ, Ἰδού, ἐκβάλλω δαιμόνια καὶ ἰάσεις ἐπιτελῶ σήμερον καὶ αὔριον, καὶ τῇ τρίτῃ τελειοῦμαι.

33 πλὴν δεῖ με σήμερον καὶ αὔριον καὶ τῇ ἐχομένῃ πορεύεσθαι· ὅτι οὐκ ἐνδέχεται προφήτην ἀπολέσθαι ἔξω Ἰερουσαλήμ.

34 Ἰερουσαλήμ, Ἰερουσαλήμ, ἡ ἀποκτείνουσα τοὺς προφήτας, καὶ λιθοβολοῦσα τοὺς ἀπεσταλμένους πρὸς αὐτήν, ποσάκις ἠθέλησα ἐπισυνάξαι τὰ τέκνα σου, ὃν τρόπον ὄρνις τὴν ἑαυτῆς νοσσιὰν ὑπὸ τὰς πτέρυγας, καὶ οὐκ ἠθελήσατε.

35 ἰδού, ἀφίεται ὑμῖν ὁ οἶκος ὑμῶν ἔρημος· ἀμὴν δὲ λέγω ὑμῖν ὅτι Οὐ μή με ἴδητε ἕως ἂν ἥξῃ, ὅτε εἴπητε, Εὐλογημένος ὁ ἐρχόμενος ἐν ὀνόματι Κυρίου.

CHAPTER 14

1 Καὶ ἐγένετο ἐν τῷ ἐλθεῖν αὐτὸν εἰς οἶκόν τινος τῶν ἀρχόντων τῶν Φαρισαίων σαββάτῳ φαγεῖν ἄρτον, καὶ αὐτοὶ ἦσαν παρατηρούμενοι αὐτόν.

2 καὶ ἰδού, ἄνθρωπός τις ἦν ὑδρωπικὸς ἔμπροσθεν αὐτοῦ.

3 καὶ ἀποκριθεὶς ὁ Ἰησοῦς εἶπε πρὸς τοὺς νομικοὺς καὶ Φαρισαίους, λέγων, Εἰ ἔξεστι τῷ σαββάτῳ θεραπεύειν;

4 οἱ δὲ ἡσύχασαν. καὶ ἐπιλαβόμενος ἰάσατο αὐτόν καὶ ἀπέλυσε.

5 καὶ ἀποκριθεὶς πρὸς αὐτοὺς εἶπε, Τίνος ὑμῶν ὄνος ἢ βοῦς εἰς φρέαρ ἐμπεσεῖται, καὶ οὐκ εὐθέως ἀνασπάσει αὐτὸν ἐν τῇ ἡμέρᾳ τοῦ σαββάτου;

6 καὶ οὐκ ἴσχυσαν ἀνταποκριθῆναι αὐτῷ πρὸς ταῦτα.

7 Ἔλεγε δὲ πρὸς τοὺς κεκλημένους παραβολήν, ἐπέχων πῶς τὰς πρωτοκλισίας ἐξελέγοντο, λέγων πρὸς αὐτούς,

8 Ὅταν κληθῇς ὑπό τινος εἰς γάμους, μὴ κατακλιθῇς εἰς τὴν πρωτοκλισίαν· μήποτε ἐντιμότερός σου ᾖ κεκλημένος ὑπ’ αὐτοῦ,

9 καὶ ἐλθὼν ὁ σὲ καὶ αὐτὸν καλέσας ἐρεῖ σοι, Δὸς τούτῳ τόπον· καὶ τότε ἄρξῃ μετ’ αἰσχύνης τὸν ἔσχατον τόπον κατέχειν.

10 ἀλλ' ὅταν κληθῇς, πορευθεὶς ἀνάπεσον εἰς τὸν ἔσχατον τόπον· ἵνα, ὅταν ἔλθῃ ὁ κεκληκώς σε, εἴπῃ σοι, Φίλε, προσανάβηθι ἀνώτερον· τότε ἔσται σοι δόξα ἐνώπιον τῶν συνανακειμένων σοι.

11 ὅτι πᾶς ὁ ὑψῶν ἑαυτὸν ταπεινωθήσεται, καὶ ὁ ταπεινῶν ἑαυτὸν ὑψωθήσεται.

12 Ἔλεγε δὲ καὶ τῷ κεκληκότι αὐτόν, Ὅταν ποιῇς ἄριστον ἢ δεῖπνον, μὴ φώνει τοὺς φίλους σου, μηδὲ τοὺς ἀδελφούς σου, μηδὲ τοὺς συγγενεῖς σου, μηδὲ γείτονας πλουσίους· μήποτε καὶ αὐτοί σε ἀντικαλέσωσι, καὶ γένηταί σοι ἀνταπόδομα.

13 ἀλλ' ὅταν ποιῇς δοχήν, κάλει πτωχούς, ἀναπήρους, χωλούς, τυφλούς·

14 καὶ μακάριος ἔσῃ, ὅτι οὐκ ἔχουσιν ἀνταποδοῦναί σοι· ἀνταποδοθήσεται γάρ σοι ἐν τῇ ἀναστάσει τῶν δικαίων.

15 Ἀκούσας δέ τις τῶν συνανακειμένων ταῦτα εἶπεν αὐτῷ, Μακάριος, ὃς φάγεται ἄρτον ἐν τῇ βασιλείᾳ τοῦ Θεοῦ.

16 ὁ δὲ εἶπεν αὐτῷ, Ἄνθρωπός τις ἐποίησε δεῖπνον μέγα, καὶ ἐκάλεσε πολλούς·

17 καὶ ἀπέστειλε τὸν δοῦλον αὐτοῦ τῇ ὥρᾳ τοῦ δείπνου εἰπεῖν τοῖς κεκλημένοις, Ἔρχεσθε, ὅτι ἤδη ἕτοιμά ἐστι πάντα.

18 καὶ ἤρξαντο ἀπὸ μιᾶς παραιτεῖσθαι πάντες. ὁ πρῶτος εἶπεν αὐτῷ, Ἀγρὸν ἠγόρασα, καὶ ἔχω ἀνάγκην ἐξελθεῖν καὶ ἰδεῖν αὐτόν· ἐρωτῶ σε, ἔχε με παρῃτημένον.

19 καὶ ἕτερος εἶπε, Ζεύγη βοῶν ἠγόρασα πέντε, καὶ πορεύομαι δοκιμάσαι αὐτά· ἐρωτῶ σε, ἔχε με παρῃτημένον.

20 καὶ ἕτερος εἶπε, Γυναῖκα ἔγημα, καὶ διὰ τοῦτο οὐ δύναμαι ἐλθεῖν.

21 καὶ παραγενόμενος ὁ δοῦλος ἐκεῖνος ἀπήγγειλε τῷ κυρίῳ αὐτοῦ ταῦτα. τότε ὀργισθεὶς ὁ οἰκοδεσπότης εἶπε τῷ δούλῳ αὐτοῦ, Ἔξελθε ταχέως εἰς τὰς πλατείας καὶ ῥύμας τῆς πόλεως, καὶ τοὺς πτωχοὺς καὶ ἀναπήρους καὶ χωλοὺς καὶ τυφλοὺς εἰσάγαγε ὧδε.

22 καὶ εἶπεν ὁ δοῦλος, Κύριε, γέγονεν ὡς ἐπέταξας, καὶ ἔτι τόπος ἐστί.

23 καὶ εἶπεν ὁ κύριος πρὸς τὸν δοῦλον, Ἔξελθε εἰς τὰς ὁδοὺς καὶ φραγμοὺς καὶ ἀνάγκασον εἰσελθεῖν, ἵνα γεμισθῇ ὁ οἶκός μου.

24 λέγω γὰρ ὑμῖν ὅτι οὐδεὶς τῶν ἀνδρῶν ἐκείνων τῶν κεκλημένων γεύσεταί μου τοῦ δείπνου.

25 Συνεπορεύοντο δὲ αὐτῷ ὄχλοι πολλοί· καὶ στραφεὶς εἶπε πρὸς αὐτούς,

26 Εἴ τις ἔρχεται πρός με, καὶ οὐ μισεῖ τὸν πατέρα ἑαυτοῦ, καὶ τὴν μητέρα, καὶ τὴν γυναῖκα, καὶ τὰ τέκνα, καὶ τοὺς ἀδελφούς, καὶ τὰς ἀδελφάς, ἔτι δὲ καὶ τὴν ἑαυτοῦ ψυχήν, οὐ δυναταί μου μαθητὴς εἶναι.

27 καὶ ὅστις οὐ βαστάζει τὸν σταυρὸν αὐτοῦ καὶ ἔρχεται ὀπίσω

μου, οὐ δύναταί μου εἶναί μαθητής.

28 τίς γὰρ ἐξ ὑμῶν, θέλων πύργον οἰκοδομῆσαι, οὐχὶ πρῶτον καθίσας ψηφίζει τὴν δαπάνην, εἰ ἔχει τὰ πρὸς ἀπαρτισμόν;

29 ἵνα μήποτε, θέντος αὐτοῦ θεμέλιον καὶ μὴ ἰσχύοντος ἐκτελέσαι, πάντες οἱ θεωροῦντες ἄρξωνται ἐμπαίζειν αὐτῷ,

30 λέγοντες, ὅτι Οὗτος ὁ ἄνθρωπος ἤρξατο οἰκοδομεῖν, καὶ οὐκ ἴσχυσεν ἐκτελέσαι.

31 ἢ τίς βασιλεὺς πορευόμενος συμβαλεῖν ἑτέρῳ βασιλεῖ εἰς πόλεμον οὐχὶ καθίσας πρῶτον βουλεύεται εἰ δυνατός ἐστιν ἐν δέκα χιλιάσιν ἀπαντῆσαι τῷ μετὰ εἴκοσι χιλιάδων ἐρχομένῳ ἐπ' αὐτόν;

32 εἰ δὲ μήγε, ἔτι αὐτοῦ πόρρω ὄντος, πρεσβείαν ἀποστείλας ἐρωτᾷ τὰ πρὸς εἰρήνην.

33 οὕτως οὖν πᾶς ἐξ ὑμῶν ὃς οὐκ ἀποτάσσεται πᾶσι τοῖς ἑαυτοῦ ὑπάρχουσιν, οὐ δύναταί μου εἶναι μαθητής.

34 καλὸν τὸ ἅλας· ἐὰν δὲ τὸ ἅλας μωρανθῇ, ἐν τίνι ἀρτυθήσεται;

35 οὔτε εἰς γῆν οὔτε εἰς κοπρίαν εὔθετόν ἐστιν· ἔξω βάλλουσιν αὐτό. ὁ ἔχων ὦτα ἀκούειν, ἀκουέτω.

CHAPTER 15

1 Ἦσαν δὲ ἐγγίζοντες αὐτῷ πάντες οἱ τελῶναι καὶ οἱ ἁμαρτωλοί, ἀκούειν αὐτοῦ.

2 καὶ διεγόγγυζον οἵ Φαρισαῖοι καὶ οἱ γραμματεῖς λέγοντες ὅτι Οὗτος ἁμαρτωλοὺς προσδέχεται, καὶ συνεσθίει αὐτοῖς.

3 Εἶπε δὲ πρὸς αὐτοὺς τὴν παραβολὴν ταύτην, λέγων,

4 Τίς ἄνθρωπος ἐξ ὑμῶν ἔχων ἑκατὸν πρόβατα, καὶ ἀπολέσας ἓν ἐξ αὐτῶν, οὐ καταλείπει τὰ ἐννενηκονταεννέα ἐν τῇ ἐρήμῳ, καὶ πορεύεται ἐπὶ τὸ ἀπολωλός, ἕως εὕρη αὐτό

5 καὶ εὑρὼν ἐπιτίθησιν ἐπὶ τοὺς ὤμους ἑαυτοῦ χαίρων

6 καὶ ἐλθὼν εἰς τὸν οἶκον, συγκαλεῖ τοὺς φίλους καὶ τοὺς γείτονας, λέγων αὐτοῖς, Συγχάρητέ μοι, ὅτι εὗρον τὸ πρόβατόν μου τὸ ἀπολωλός.

7 λέγω ὑμῖν ὅτι οὕτω χαρὰ ἔσται ἐν τῷ οὐρανῷ ἐπὶ ἑνὶ ἁμαρτωλῷ μετανοοῦντι, ἢ ἐπὶ ἐννενήκονταεννέα δικαίοις, οἵτινες οὐ χρείαν ἔχουσι μετανοίας.

8 Ἢ τίς γυνὴ δραχμὰς ἔχουσα δέκα, ἐὰν ἀπολέσῃ δραχμὴν μίαν, οὐχὶ ἅπτει λύχνον, καὶ σαροῖ τὴν οἰκίαν, καὶ ζητεῖ ἐπιμελῶς ἕως ὅτου εὕρη;

9 καὶ εὑροῦσα συγκαλεῖται τὰς φίλας καὶ τὰς γείτονας, λέγουσα, Συγχάρητέ μοι, ὅτι εὗρον τὴν δραχμὴν ἣν ἀπώλεσα.

10 οὕτω, λέγω ὑμῖν, χαρὰ γίνεται ἐνώπιον τῶν ἀγγέλων τοῦ Θεοῦ ἐπὶ ἑνὶ ἁμαρτωλῷ μετανοοῦντι.

11 Εἶπε δέ, Ἄνθρωπός τις εἶχε δύο υἱούς·

12 καὶ εἶπεν ὁ νεώτερος αὐτῶν τῷ πατρί, Πάτερ, δός μοι τὸ ἐπιβάλλον

147

μέρος τῆς οὐσίας. καὶ διεῖλεν αὐτοῖς τὸν βίον.

13 καὶ μετ᾽ οὐ πολλὰς ἡμέρας συναγαγὼν ἅπαντα ὁ νεώτερος υἱὸς ἀπεδήμησεν εἰς χώραν μακράν, καὶ ἐκεῖ διεσκόρπισε τὴν οὐσίαν αὐτοῦ, ζῶν ἀσώτως.

14 δαπανήσαντος δὲ αὐτοῦ πάντα, ἐγένετο λιμὸς ἰσχυρὸς κατὰ τὴν χώραν ἐκείνην, καὶ αὐτὸς ἤρξατο ὑστερεῖσθαι.

15 καὶ πορευθεὶς ἐκολλήθη ἑνὶ τῶν πολιτῶν τῆς χώρας ἐκείνης· καὶ ἔπεμψεν αὐτὸν εἰς τοὺς ἀγροὺς αὐτοῦ βόσκειν χοίρους.

16 καὶ ἐπεθύμει γεμίσαι τὴν κοιλίαν αὐτοῦ ἀπὸ τῶν κερατίων ὧν ἤσθιον οἱ χοῖροι· καὶ οὐδεὶς ἐδίδου αὐτῷ.

17 εἰς ἑαυτὸν δὲ ἐλθὼν εἶπε, Πόσοι μίσθιοι τοῦ πατρός μου περισσεύουσιν ἄρτων, ἐγὼ δὲ λιμῷ ἀπόλλυμαι·

18 ἀναστὰς πορεύσομαι πρὸς τὸν πατέρα μου, καὶ ἐρῶ αὐτῷ, Πάτερ, ἥμαρτον εἰς τὸν οὐρανόν, καὶ ἐνώπιόν σου·

19 καὶ οὐκέτι εἰμὶ ἄξιος κληθῆναι υἱός σου· ποίησόν με ὡς ἕνα τῶν μισθίων σου.

20 καὶ ἀναστὰς ἦλθε πρὸς τὸν πατέρα ἑαυτοῦ. ἔτι δὲ αὐτοῦ μακρὰν ἀπέχοντος, εἶδεν αὐτὸν ὁ πατὴρ αὐτοῦ, καὶ ἐσπλαγχνίσθη, καὶ δραμὼν ἐπέπεσεν ἐπὶ τὸν τράχηλον αὐτοῦ, καὶ κατεφίλησεν αὐτόν.

21 εἶπε δὲ αὐτῷ ὁ υἱός, Πάτερ, ἥμαρτον εἰς τὸν οὐρανὸν καὶ ἐνώπιόν σου, καὶ οὐκέτι εἰμὶ ἄξιος κληθῆναι υἱός σου.

22 εἶπε δὲ ὁ πατὴρ πρὸς τοὺς δούλους αὐτοῦ, Ἐξενέγκατε τὴν στολὴν τὴν πρώτην καὶ ἐνδύσατε αὐτόν, καὶ δότε δακτύλιον εἰς τὴν χεῖρα αὐτοῦ, καὶ ὑποδήματα εἰς τοὺς πόδας·

23 καὶ ἐνέγκαντες τὸν μόσχον τὸν σιτευτὸν θύσατε, καὶ φαγόντες εὐφρανθῶμεν·

24 ὅτι οὗτος ὁ υἱός μου νεκρὸς ἦν, καὶ ἀνέζησε· καὶ ἀπολωλὼς ἦν, καὶ εὑρέθη. καὶ ἤρξαντο εὐφραίνεσθαι.

25 ἦν δὲ ὁ υἱὸς αὐτοῦ ὁ πρεσβύτερος ἐν ἀγρῷ· καὶ ὡς ἐρχόμενος ἤγγισε τῇ οἰκίᾳ, ἤκουσε συμφωνίας καὶ χορῶν.

26 καὶ προσκαλεσάμενος ἕνα τῶν παίδων, ἐπυνθάνετο τί εἴη ταῦτα.

27 ὁ δὲ εἶπεν αὐτῷ ὅτι Ὁ ἀδελφός σου ἥκει· καὶ ἔθυσεν ὁ πατήρ σου τὸν μόσχον τὸν σιτευτόν, ὅτι ὑγιαίνοντα αὐτὸν ἀπέλαβεν.

28 ὠργίσθη δέ, καὶ οὐκ ἤθελεν εἰσελθεῖν· ὁ οὖν πατὴρ αὐτοῦ ἐξελθὼν παρεκάλει αὐτόν.

29 ὁ δὲ ἀποκριθεὶς εἶπε τῷ πατρί, Ἰδού, τοσαῦτα ἔτη δουλεύω σοι, καὶ οὐδέποτε ἐντολήν σου παρῆλθον, καὶ ἐμοὶ οὐδέποτε ἔδωκας ἔριφον, ἵνα μετὰ τῶν φίλων μου εὐφρανθῶ.

30 ὅτε δὲ ὁ υἱός σου οὗτος ὁ καταφαγών σου τὸν βίον μετὰ πορνῶν ἦλθεν, ἔθυσας αὐτῷ τὸν μόσχον τὸν σιτευτόν.

31 ὁ δὲ εἶπεν αὐτῷ, Τέκνον, σὺ πάντοτε μετ' ἐμοῦ εἶ, καὶ πάντα τὰ ἐμὰ σά ἐστιν·

32 εὐφρανθῆναι δὲ καὶ χαρῆναι ἔδει· ὅτι ὁ ἀδελφός σου οὗτος νεκρὸς ἦν, καὶ ἀνέζησε· καὶ ἀπολωλὼς ἦν, καὶ εὑρέθη.

CHAPTER 16

1 Ἔλεγε δὲ καὶ πρὸς τοὺς μαθητὰς αὐτοῦ, Ἄνθρωπός τις ἦν πλούσιος, ὃς εἶχεν οἰκονόμον· καὶ οὗτος διεβλήθη αὐτῷ ὡς διασκορπίζων τὰ ὑπάρχοντα αὐτοῦ.

2 καὶ φωνήσας αὐτὸν εἶπεν αὐτῷ, Τί τοῦτο ἀκούω περὶ σοῦ; ἀπόδος τὸν λόγον τῆς οἰκονομίας σου· οὐ γὰρ δύνήσῃ ἔτι οἰκονομεῖν.

3 εἶπε δὲ ἐν ἑαυτῷ ὁ οἰκονόμος, Τί ποιήσω, ὅτι ὁ κύριός μου ἀφαιρεῖται τὴν οἰκονομίαν ἀπ' ἐμοῦ; σκάπτειν οὐκ ἰσχύω, ἐπαιτεῖν αἰσχύνομαι.

4 ἔγνων τί ποιήσω, ἵνα ὅταν μετασταθῶ τῆς οἰκονομίας, δέξωνταί με εἰς τοὺς οἴκους αὐτῶν.

5 καὶ προσκαλεσάμενος ἕνα ἕκαστον τῶν χρεωφειλετῶν τοῦ κυρίου ἑαυτοῦ, ἔλεγε τῷ πρώτῳ, Πόσον ὀφείλεις τῷ κυρίῳ μου;

6 ὁ δὲ εἶπεν, Ἑκατὸν βάτους ἐλαίου. καὶ εἶπεν αὐτῷ, Δέξαι σου τὸ γράμμα, καὶ καθίσας ταχέως γράψον πεντήκοντα.

7 ἔπειτα ἑτέρῳ εἶπε, Σὺ δὲ πόσον ὀφείλεις; ὁ δὲ εἶπεν, Ἑκατὸν κόρους σίτου. καὶ λέγει αὐτῷ, Δέξαι σου τὸ γράμμα, καὶ γράψον ὀγδοήκοντα.

8 καὶ ἐπήνεσεν ὁ κύριος τὸν οἰκονόμον τῆς ἀδικίας ὅτι φρονίμως ἐποίησεν· ὅτι οἱ υἱοὶ τοῦ αἰῶνος τούτου φρονιμώτεροι ὑπὲρ τοὺς υἱοὺς τοῦ φωτὸς εἰς τὴν γενεὰν ἑαυτῶν εἰσί.

9 κἀγὼ ὑμῖν λέγω, Ποιήσατε ἑαυτοῖς φίλους ἐκ τοῦ μαμωνᾶ τῆς ἀδικίας, ἵνα, ὅταν ἐκλίπητε, δέξωνται ὑμᾶς εἰς τὰς αἰωνίους σκηνάς.

10 ὁ πιστὸς ἐν ἐλαχίστῳ, καὶ ἐν πολλῷ πιστός ἐστι, καὶ ὁ ἐν ἐλαχίστῳ ἄδικος καὶ ἐν πολλῷ ἄδικός ἐστιν.

11 εἰ οὖν ἐν τῷ ἀδίκῳ μαμωνᾷ πιστοὶ οὐκ ἐγένεσθε, τὸ ἀληθινὸν τίς ὑμῖν πιστεύσει;

12 καὶ εἰ ἐν τῷ ἀλλοτρίῳ πιστοὶ οὐκ ἐγένεσθε, τὸ ὑμέτερον τίς ὑμῖν δώσει;

13 οὐδεὶς οἰκέτης δύναται δυσὶ κυρίοις δουλεύειν· ἢ γὰρ τὸν ἕνα μισήσει, καὶ τὸν ἕτερον ἀγαπήσει· ἢ ἑνὸς ἀνθέξεται, καὶ τοῦ ἑτέρου καταφρονήσει. οὐ δύνασθε Θεῷ δουλεύειν καὶ μαμωνᾷ.

14 Ἤκουον δὲ ταῦτα πάντα καὶ οἱ Φαρισαῖοι φιλάργυροι ὑπάρχοντες, καὶ ἐξεμυκτήριζον αὐτόν.

15 καὶ εἶπεν αὐτοῖς, Ὑμεῖς ἐστε οἱ δικαιοῦντες ἑαυτοὺς ἐνώπιον τῶν ἀνθρώπων, ὁ δὲ Θεὸς γινώσκει τὰς καρδίας ὑμῶν· ὅτι τὸ ἐν ἀνθρώποις ὑψηλὸν βδέλυγμα ἐνώπιον τοῦ Θεοῦ ἐστιν.

16 ὁ νόμος καὶ οἱ προφῆται ἕως Ἰωάννου· ἀπὸ τότε ἡ βασιλεία τοῦ Θεοῦ εὐαγγελίζεται, καὶ πᾶς εἰς αὐτὴν βιάζεται.

17 εὐκοπώτερον δέ ἐστι τὸν οὐρανὸν καὶ τὴν γῆν παρελθεῖν, ἢ τοῦ νόμου μίαν κεραίαν πεσεῖν.

18 πᾶς ὁ ἀπολύων τὴν γυναῖκα αὐτοῦ καὶ γαμῶν ἑτέραν μοιχεύει· καὶ πᾶς ὁ ἀπολελυμένην ἀπὸ ἀνδρὸς γαμῶν μοιχεύει.

19 Ἄνθρωπος δέ τις ἦν πλούσιος, καὶ ἐνεδιδύσκετο πορφύραν καὶ βύσσον, εὐφραινόμενος καθ᾽ ἡμέραν λαμπρῶς.

20 πτωχὸς δέ τις ἦν ὀνόματι Λάζαρος, ὃς ἐβέβλητο πρὸς τὸν πυλῶνα αὐτοῦ ἡλκωμένος

21 καὶ ἐπιθυμῶν χορτασθῆναι ἀπὸ τῶν ψιχίων τῶν πιπτόντων ἀπὸ τῆς τραπέζης τοῦ πλουσίου· ἀλλὰ καὶ οἱ κύνες ἐρχόμενοι ἀπέλειχον τὰ ἕλκη αὐτοῦ

22 ἐγένετο δὲ ἀποθανεῖν τὸν πτωχόν, καὶ ἀπενεχθῆναι αὐτὸν ὑπὸ τῶν ἀγγέλων εἰς τὸν κόλπον τοῦ Ἀβραάμ· ἀπέθανε δὲ καὶ ὁ πλούσιος, καὶ ἐτάφη

23 καὶ ἐν τῷ ᾅδῃ ἐπάρας τοὺς ὀφθαλμοὺς αὐτοῦ, ὑπάρχων ἐν βασάνοις, ὁρᾷ τὸν Ἀβραὰμ ἀπὸ μακρόθεν, καὶ Λάζαρον ἐν τοῖς κόλποις αὐτοῦ.

24 καὶ αὐτὸς φωνήσας εἶπε, Πάτερ Ἀβραάμ, ἐλέησόν με, καὶ πέμψον Λάζαρον, ἵνα βάψῃ τὸ ἄκρον τοῦ δακτύλου αὐτοῦ ὕδατος, καὶ καταψύξῃ τὴν γλῶσσάν μου· ὅτι ὀδυνῶμαι ἐν τῇ φλογὶ ταύτῃ.

25 εἶπε δὲ Ἀβραάμ, Τέκνον, μνήσθητι ὅτι ἀπέλαβες σὺ τὰ ἀγαθά σου ἐν τῇ ζωῇ σου, καὶ Λάζαρος ὁμοίως τὰ κακά· νῦν δὲ ὅδε παρακαλεῖται, σὺ δὲ ὀδυνᾶσαι.

26 καὶ ἐπὶ πᾶσι τούτοις μεταξὺ ἡμῶν καὶ ὑμῶν χάσμα μέγα ἐστήρικται, ὅπως οἱ θέλοντες διαβῆναι ἐντεῦθεν πρὸς ὑμᾶς μὴ δύνωνται, μηδὲ οἱ ἐκεῖθεν πρὸς ἡμᾶς διαπερῶσιν.

27 εἶπε δέ, Ἐρωτῶ οὖν σε, πάτερ, ἵνα πέμψῃς αὐτὸν εἰς τὸν οἶκον τοῦ πατρός μου,

28 ἔχω γὰρ πέντε ἀδελφούς, ὅπως διαμαρτύρηται αὐτοῖς, ἵνα μὴ καὶ αὐτοὶ ἔλθωσιν εἰς τὸν τόπον τοῦτον τῆς βασάνου.

29 λέγει αὐτῷ Ἀβραάμ, Ἔχουσι Μωσέα καὶ τοὺς προφήτας· ἀκουσάτωσαν αὐτῶν.

30 ὁ δὲ εἶπεν, Οὐχί, πάτερ Ἀβραάμ· ἀλλ᾽ ἐάν τις ἀπὸ νεκρῶν πορευθῇ πρὸς αὐτούς, μετανοήσουσιν.

31 εἶπε δὲ αὐτῷ, Εἰ Μωσέως καὶ τῶν προφητῶν οὐκ ἀκούουσιν, οὐδὲ ἐάν τις ἐκ νεκρῶν ἀναστῇ, πεισθήσονται.

CHAPTER 17

1 Εἶπε δὲ πρὸς τοὺς μαθητάς, Ἀνένδεκτόν ἐστι τοῦ μὴ ἐλθεῖν τὰ σκάνδαλα· οὐαὶ δὲ δι᾽ οὗ ἔρχεται.

2 λυσιτελεῖ αὐτῷ εἰ μύλος ὀνικὸς περίκειται περὶ τὸν τράχηλον αὐτοῦ, καὶ ἔρριπται εἰς τὴν

θάλασσαν, ἢ ἵνα σκανδαλίσῃ ἕνα τῶν μικρῶν τούτων.

3 προσέχετε ἑαυτοῖς. ἐὰν δὲ ἁμάρτῃ εἰς σὲ ὁ ἀδελφός σου, ἐπιτίμησον αὐτῷ· καὶ ἐὰν μετανοήσῃ, ἄφες αὐτῷ.

4 καὶ ἐὰν ἑπτάκις τῆς ἡμέρας ἁμάρτῃ εἰς σέ, καὶ ἑπτάκις τῆς ἡμέρας ἐπιστρέψῃ ἐπί σε, λέγων, Μετανοῶ, ἀφήσεις αὐτῷ.

5 Καὶ εἶπον οἱ ἀπόστολοι τῷ Κυρίῳ, Πρόσθες ἡμῖν πίστιν.

6 εἶπε δὲ ὁ Κύριος, Εἰ εἴχετε πίστιν ὡς κόκκον σινάπεως, ἐλέγετε ἂν τῇ συκαμίνῳ ταύτῃ, Ἐκριζώθητι, καὶ φυτεύθητι ἐν τῇ θαλάσσῃ· καὶ ὑπήκουσεν ἂν ὑμῖν.

7 τίς δὲ ἐξ ὑμῶν δοῦλον ἔχων ἀροτριῶντα ἢ ποιμαίνοντα, ὃς εἰσελθόντι ἐκ τοῦ ἀγροῦ ἐρεῖ εὐθέως, Παρελθὼν ἀνάπεσαι·

8 ἀλλ' οὐχὶ ἐρεῖ αὐτῷ, Ἑτοίμασον τί δειπνήσω, καὶ περιζωσάμενος διακόνει μοι, ἕως φάγω καὶ πίω· καὶ μετὰ ταῦτα φάγεσαι καὶ πίεσαι σύ;

9 μὴ χάριν ἔχει τῷ δούλῳ ἐκείνῳ, ὅτι ἐποίησε τὰ διαταχθέντα αὐτῷ; οὐ δοκῶ.

10 οὕτω καὶ ὑμεῖς, ὅταν ποιήσητε πάντα τὰ διαταχθέντα ὑμῖν, λέγετε ὅτι δοῦλοι ἀχρεῖοί ἐσμεν· ὅτι ὃ ὠφείλομεν ποιῆσαι πεποιήκαμεν.

11 Καὶ ἐγένετο ἐν τῷ πορεύεσθαι αὐτὸν εἰς Ἱερουσαλήμ, καὶ αὐτὸς διήρχετο διὰ μέσου Σαμαρείας καὶ Γαλιλαίας.

12 καὶ εἰσερχομένου αὐτοῦ εἴς τινα κώμην, ἀπήντησαν αὐτῷ δέκα λεπροὶ ἄνδρες, οἳ ἔστησαν πόρρωθεν·

13 καὶ αὐτοὶ ἦραν φωνήν, λέγοντες, Ἰησοῦ, ἐπιστάτα, ἐλέησον ἡμᾶς.

14 καὶ ἰδὼν εἶπεν αὐτοῖς, Πορευθέντες ἐπιδείξατε ἑαυτοὺς τοῖς ἱερεῦσι. καὶ ἐγένετο ἐν τῷ ὑπάγειν αὐτούς, ἐκαθαρίσθησαν.

15 εἷς δὲ ἐξ αὐτῶν, ἰδὼν ὅτι ἰάθη, ὑπέστρεψε, μετὰ φωνῆς μεγάλης δοξάζων τὸν Θεόν·

16 καὶ ἔπεσεν ἐπὶ πρόσωπον παρὰ τοὺς πόδας αὐτοῦ, εὐχαριστῶν αὐτῷ· καὶ αὐτὸς ἦν Σαμαρείτης.

17 ἀποκριθεὶς δὲ ὁ Ἰησοῦς εἶπεν, Οὐχὶ οἱ δέκα ἐκαθαρίσθησαν; οἱ δὲ ἐννέα ποῦ;

18 οὐχ εὑρέθησαν ὑποστρέψαντες δοῦναι δόξαν τῷ Θεῷ, εἰ μὴ ὁ ἀλλογενὴς οὗτος,

19 καὶ εἶπεν αὐτῷ, Ἀναστὰς πορεύου· ἡ πίστις σου σέσωκέ σε.

20 Ἐπερωτηθεὶς δὲ ὑπὸ τῶν Φαρισαίων, πότε ἔρχεται ἡ βασιλεία τοῦ Θεοῦ, ἀπεκρίθη αὐτοῖς καὶ εἶπεν, Οὐκ ἔρχεται ἡ βασιλεία τοῦ Θεοῦ μετὰ παρατηρήσεως·

21 οὐδὲ ἐροῦσιν, Ἰδοὺ ὧδε, ἤ, Ἰδοὺ ἐκεῖ. ἰδοὺ γάρ, ἡ βασιλεία τοῦ Θεοῦ ἐντὸς ὑμῶν ἐστιν.

22 Εἶπε δὲ πρὸς τοὺς μαθητάς, Ἐλεύσονται ἡμέραι ὅτε ἐπιθυμήσετε μίαν τῶν ἡμερῶν τοῦ υἱοῦ τοῦ ἀνθρώπου ἰδεῖν, καὶ οὐκ ὄψεσθε.

23 καὶ ἐροῦσιν ὑμῖν, Ἰδοὺ ὧδε, ἤ, Ἰδοὺ ἐκεῖ· μὴ ἀπέλθητε, μηδὲ διώξητε.

24 ὥσπερ γὰρ ἡ ἀστραπὴ ἡ ἀστράπτουσα ἐκ τῆς ὑπ οὐρανὸν εἰς τὴν ὑπ' οὐρανὸν λάμπει, οὕτως ἔσται καὶ ὁ υἱὸς τοῦ ἀνθρώπου ἐν τῇ ἡμέρᾳ αὐτοῦ.

25 πρῶτον δὲ δεῖ αὐτὸν πολλὰ παθεῖν καὶ ἀποδοκιμασθῆναι ἀπὸ τῆς γενεᾶς ταύτης.

26 καὶ καθὼς ἐγένετο ἐν ταῖς ἡμέραις τοῦ Νῶε, οὕτως ἔσται καὶ ἐν ταῖς ἡμέραις τοῦ υἱοῦ τοῦ ἀνθρώπου.

27 ἤσθιον, ἔπινον, ἐγάμουν, ἐξεγαμίζοντο, ἄχρι ἧς ἡμέρας εἰσῆλθε Νῶε εἰς τὴν κιβωτόν, καὶ ἦλθεν ὁ κατακλυσμός, καὶ ἀπώλεσεν ἅπαντας.

28 ὁμοίως καὶ ὡς ἐγένετο ἐν ταῖς ἡμέραις Λώτ· ἤσθιον, ἔπινον, ἠγόραζον, ἐπώλουν, ἐφύτευον, ᾠκοδόμουν·

29 ᾗ δὲ ἡμέρᾳ ἐξῆλθε Λὼτ ἀπὸ Σοδόμων, ἔβρεξε πῦρ καὶ θεῖον ἀπ' οὐρανοῦ, καὶ ἀπώλεσεν ἅπαντας·

30 κατὰ ταῦτα ἔσται ᾗ ἡμέρᾳ ὁ υἱὸς τοῦ ἀνθρώπου ἀποκαλύπτεται.

31 ἐν ἐκείνῃ τῇ ἡμέρᾳ, ὃς ἔσται ἐπὶ τοῦ δώματος, καὶ τὰ σκεύη αὐτοῦ ἐν τῇ οἰκίᾳ, μὴ καταβάτω ἆραι αὐτά· καὶ ὁ ἐν τῷ ἀγρῷ ὁμοίως μὴ ἐπιστρεψάτω εἰς τὰ ὀπίσω.

32 μνημονεύετε τῆς γυναικὸς Λώτ.

33 ὃς ἐὰν ζητήσῃ τὴν ψυχὴν αὐτοῦ σῶσαι ἀπολέσει αὐτήν· καὶ ὃς ἐὰν ἀπολέσῃ αὐτὴν ζωογονήσει αὐτήν.

34 λέγω ὑμῖν, ταύτῃ τῇ νυκτὶ ἔσονται δύο ἐπὶ κλίνης μιᾶς· ὁ εἷς παραληφθήσεται, καὶ ὁ ἕτερος ἀφεθήσεται.

35 δύο ἔσονται ἀλήθουσαι ἐπὶ τὸ αὐτό· ἡ μία παραληφθήσεται, καὶ ἡ ἑτέρα ἀφεθήσεται.

36 δύο ἔσονται ἐν τῷ ἀγρῷ· ὁ εἷς παραληφθήσεται, καὶ ὁ ἕτερος ἀφεθήσεται.

37 καὶ ἀποκριθέντες λέγουσιν αὐτῷ, Ποῦ, Κύριε; ὁ δὲ εἶπεν αὐτοῖς, Ὅπου τὸ σῶμα, ἐκεῖ συναχθήσονται οἱ ἀετοί.

CHAPTER 18

1 Ἔλεγε δὲ καὶ παραβολὴν αὐτοῖς πρὸς τὸ δεῖν πάντοτε προσεύχεσθαι, καὶ μὴ ἐκκακεῖν,

2 λέγων, Κριτής τις ἦν ἔν τινι πόλει, τὸν Θεὸν μὴ φοβούμενος, καὶ ἄνθρωπον μὴ ἐντρεπόμενος·

3 χήρα δὲ ἦν ἐν τῇ πόλει ἐκείνῃ, καὶ ἤρχετο πρὸς αὐτόν, λέγουσα, Ἐκδίκησόν με ἀπὸ τοῦ ἀντιδίκου μου.

4 καὶ οὐκ ἠθέλησεν ἐπὶ χρόνον· μετὰ δὲ ταῦτα εἶπεν ἐν ἑαυτῷ, Εἰ καὶ τὸν Θεὸν οὐ φοβοῦμαι, καὶ ἄνθρωπον οὐκ ἐντρέπομαι·

5 διά γε τὸ παρέχειν μοι κόπον τὴν χήραν ταύτην, ἐκδικήσω αὐτήν, ἵνα μὴ εἰς τέλος ἐρχομένη ὑπωπιάζῃ με.

6 εἶπε δὲ ὁ Κύριος, Ἀκούσατε τί ὁ κριτὴς τῆς ἀδικίας λέγει.

7 ὁ δὲ Θεὸς οὐ μὴ ποιήσει τὴν ἐκδίκησιν τῶν ἐκλεκτῶν αὐτοῦ τῶν

βοώντων πρὸς αὐτὸν ἡμέρας καὶ νυκτός, καὶ μακροθυμῶν ἐπ' αὐτοῖς;

8 λέγω ὑμῖν ὅτι ποιήσει τὴν ἐκδίκησιν αὐτῶν ἐν τάχει. πλὴν ὁ υἱὸς τοῦ ἀνθρώπου ἐλθὼν ἆρα εὑρήσει τὴν πίστιν ἐπὶ τῆς γῆς;

9 Εἶπε δὲ καὶ πρός τινας τοὺς πεποιθότας ἐφ' ἑαυτοῖς ὅτι εἰσὶ δίκαιοι, καὶ ἐξουθενοῦντας τοὺς λοιπούς, τὴν παραβολὴν ταύτην·

10 Ἄνθρωποι δύο ἀνέβησαν εἰς τὸ ἱερὸν προσεύξασθαι· ὁ εἷς Φαρισαῖος, καὶ ὁ ἕτερος τελώνης.

11 ὁ Φαρισαῖος σταθεὶς πρὸς ἑαυτὸν ταῦτα προσηύχετο, Ὁ Θεός, εὐχαριστῶ σοι ὅτι οὐκ εἰμὶ ὥσπερ οἱ λοιποὶ τῶν ἀνθρώπων, ἅρπαγες, ἄδικοι, μοιχοί, ἢ καὶ ὡς οὗτος ὁ τελώνης

12 νηστεύω δὶς τοῦ σαββάτου, ἀποδεκατῶ πάντα ὅσα κτῶμαι.

13 καὶ ὁ τελώνης μακρόθεν ἑστὼς οὐκ ἤθελεν οὐδὲ τοὺς ὀφθαλμοὺς εἰς τὸν οὐρανὸν ἐπᾶραι, ἀλλ' ἔτυπτεν εἰς τὸ στῆθος αὐτοῦ, λέγων, Ὁ Θεός, ἱλάσθητί μοι τῷ ἁμαρτωλῷ.

14 λέγω ὑμῖν, κατέβη οὗτος δεδικαιωμένος εἰς τὸν οἶκον αὐτοῦ ἢ ἐκεῖνος· ὅτι πᾶς ὁ ὑψῶν ἑαυτὸν ταπεινωθήσεται, ὁ δὲ ταπεινῶν ἑαυτὸν ὑψωθήσεται.

15 Προσέφερον δὲ αὐτῷ καὶ τὰ βρέφη, ἵνα αὐτῶν ἅπτηται· ἰδόντες δὲ οἱ μαθηταὶ ἐπετίμησαν αὐτοῖς.

16 ὁ δὲ Ἰησοῦς προσκαλεσάμενος αὐτὰ εἶπεν, Ἄφετε τὰ παιδία ἔρχεσθαι πρός με, καὶ μὴ κωλύετε αὐτά· τῶν γὰρ τοιούτων ἐστὶν ἡ βασιλεία τοῦ Θεοῦ.

17 ἀμὴν λέγω ὑμῖν, ὃς ἐὰν μὴ δέξηται τὴν βασιλείαν τοῦ Θεοῦ ὡς παιδίον, οὐ μὴ εἰσέλθῃ εἰς αὐτήν.

18 Καὶ ἐπηρώτησέ τις αὐτὸν ἄρχων, λέγων, Διδάσκαλε ἀγαθέ, τί ποιήσας ζωὴν αἰώνιον κληρονομήσω;

19 εἶπε δὲ αὐτῷ ὁ Ἰησοῦς, Τί με λέγεις ἀγαθόν; οὐδεὶς ἀγαθός, εἰ μὴ εἷς, ὁ Θεός.

20 τὰς ἐντολὰς οἶδας, Μὴ μοιχεύσῃς, μὴ φονεύσῃς, μὴ κλέψῃς, μὴ ψευδομαρτυρήσῃς, τίμα τὸν πατέρα σου καὶ τὴν μητέρα σου.

21 ὁ δὲ εἶπε, Ταῦτα πάντα ἐφυλαξάμην ἐκ νεότητος μου.

22 ἀκούσας δὲ ταῦτα ὁ Ἰησοῦς εἶπεν αὐτῷ, Ἔτι ἕν σοι λείπει· πάντα ὅσα ἔχεις πώλησον, καὶ διάδος πτωχοῖς, καὶ ἕξεις θησαυρὸν ἐν οὐρανῷ· καὶ δεῦρο ἀκολούθει μοι.

23 ὁ δὲ ἀκούσας ταῦτα περίλυπος ἐγένετο· ἦν γὰρ πλούσιος σφόδρα.

24 ἰδὼν δὲ αὐτὸν ὁ Ἰησοῦς περίλυπον γενόμενον εἶπε, Πῶς δυσκόλως οἱ τὰ χρήματα ἔχοντες εἰσελεύσονται εἰς τὴν βασιλείαν τοῦ Θεοῦ.

25 εὐκοπώτερον γάρ ἐστι κάμηλον διὰ τρυμαλιᾶς ῥαφίδος εἰσελθεῖν, ἢ πλούσιον εἰς τὴν βασιλείαν τοῦ Θεοῦ εἰσελθεῖν.

26 εἶπον δὲ οἱ ἀκούσαντες, Καὶ τίς δύναται σωθῆναι;

27 ὁ δὲ εἶπε, Τὰ ἀδύνατα παρὰ ἀνθρώποις δυνατά ἐστι παρὰ τῷ Θεῷ.

28 εἶπε δὲ ὁ Πέτρος, Ἰδού, ἡμεῖς ἀφήκαμεν πάντα, καὶ ἠκολουθήσαμέν σοι.

29 ὁ δὲ εἶπεν αὐτοῖς, Ἀμὴν λέγω ὑμῖν ὅτι οὐδείς ἐστιν ὃς ἀφῆκεν οἰκίαν, ἢ γονεῖς, ἢ ἀδελφούς, ἢ γυναῖκα, ἢ τέκνα, ἕνεκεν τῆς βασιλείας τοῦ Θεοῦ,

30 ὃς οὐ μὴ ἀπολάβῃ πολλαπλασίονα ἐν τῷ καιρῷ τούτῳ, καὶ ἐν τῷ αἰῶνι τῷ ἐρχομένῳ ζωὴν αἰώνιον.

31 Παραλαβὼν δὲ τοὺς δώδεκα, εἶπε πρὸς αὐτούς, Ἰδού, ἀναβαίνομεν εἰς Ἱεροσόλυμα, καὶ τελεσθήσεται πάντα τὰ γεγραμμένα διὰ τῶν προφητῶν τῷ υἱῷ τοῦ ἀνθρώπου.

32 παραδοθήσεται γὰρ τοῖς ἔθνεσι, καὶ ἐμπαιχθήσεται, καὶ ὑβρισθήσεται, καὶ ἐμπτυσθήσεται,

33 καὶ μαστιγώσαντες ἀποκτενοῦσιν αὐτόν· καὶ τῇ ἡμέρᾳ τῇ τρίτῃ ἀναστήσεται.

34 καὶ αὐτοὶ οὐδὲν τούτων συνῆκαν, καὶ ἦν τὸ ῥῆμα τοῦτο κεκρυμμένον ἀπ᾽ αὐτῶν, καὶ οὐκ ἐγίνωσκον τὰ λεγόμενα.

35 Ἐγένετο δὲ ἐν τῷ ἐγγίζειν αὐτὸν εἰς Ἱεριχώ, τυφλός τις ἐκάθητο παρὰ τὴν ὁδὸν προσαιτῶν·

36 ἀκούσας δὲ ὄχλου διαπορευομένου, ἐπυνθάνετο τί εἴη τοῦτο.

37 ἀπήγγειλαν δὲ αὐτῷ ὅτι Ἰησοῦς ὁ Ναζωραῖος παρέρχεται.

38 καὶ ἐβόησε, λέγων, Ἰησοῦ, υἱὲ Δαβίδ, ἐλέησόν με.

39 καὶ οἱ προάγοντες ἐπετίμων αὐτῷ ἵνα σιωπήσῃ· αὐτὸς δὲ πολλῷ μᾶλλον ἔκραζεν, Υἱὲ Δαβίδ, ἐλέησόν με.

40 σταθεὶς δὲ ὁ Ἰησοῦς ἐκέλευσεν αὐτὸν ἀχθῆναι πρὸς αὐτόν· ἐγγίσαντος δὲ αὐτοῦ ἐπηρώτησεν αὐτόν,

41 λέγων Τί σοι θέλεις ποιήσω; ὁ δὲ εἶπε, Κύριε, ἵνα ἀναβλέψω.

42 καὶ ὁ Ἰησοῦς εἶπεν αὐτῷ, Ἀνάβλεψον· ἡ πίστις σου σέσωκέ σε.

43 καὶ παραχρῆμα ἀνέβλεψε, καὶ ἠκολούθει αὐτῷ, δοξάζων τὸν Θεόν· καὶ πᾶς ὁ λαὸς ἰδὼν ἔδωκεν αἶνον τῷ Θεῷ.

CHAPTER 19

1 Καὶ εἰσελθὼν διήρχετο τὴν Ἱεριχώ.

2 καὶ ἰδού, ἀνὴρ ὀνόματι καλούμενος Ζακχαῖος, καὶ αὐτὸς ἦν ἀρχιτελώνης, καὶ οὗτος ἦν πλούσιος

3 καὶ ἐζήτει ἰδεῖν τὸν Ἰησοῦν τίς ἐστι, καὶ οὐκ ἠδύνατο ἀπὸ τοῦ ὄχλου, ὅτι τῇ ἡλικίᾳ μικρὸς ἦν.

4 καὶ προδραμὼν ἔμπροσθεν ἀνέβη ἐπὶ συκομωραίαν ἵνα ἴδῃ αὐτόν· ὅτι δι᾽ ἐκείνης ἤμελλε διέρχεσθαι.

5 καὶ ὡς ἦλθεν ἐπὶ τὸν τόπον, ἀναβλέψας ὁ Ἰησοῦς εἶδεν αὐτόν, καὶ εἶπε πρὸς αὐτόν, Ζακχαῖε,

ΕΥΑΓΓΕΛΙΟΝ ΤΟ ΚΑΤΑ ΛΟΥΚΑΝ

σπεύσας κατάβηθι· σήμερον γὰρ ἐν τῷ οἴκῳ σου δεῖ με μεῖναι.

6 καὶ σπεύσας κατέβη, καὶ ὑπεδέξατο αὐτὸν χαίρων.

7 καὶ ἰδόντες ἅπαντες διεγόγγυζον, λέγοντες ὅτι Παρὰ ἁμαρτωλῷ ἀνδρὶ εἰσῆλθε καταλῦσαι.

8 σταθεὶς δὲ Ζακχαῖος εἶπε πρὸς τὸν Κύριον, Ἰδού, τὰ ἡμίση τῶν ὑπαρχόντων μου, Κύριε, δίδωμι τοῖς πτωχοῖς· καὶ εἴ τινός τι ἐσυκοφάντησα, ἀποδίδωμι τετραπλοῦν.

9 εἶπε δὲ πρὸς αὐτὸν ὁ Ἰησοῦς ὅτι Σήμερον σωτηρία τῷ οἴκῳ τούτῳ ἐγένετο, καθότι καὶ αὐτὸς υἱὸς Ἀβραάμ ἐστιν.

10 ἦλθε γὰρ ὁ υἱὸς τοῦ ἀνθρώπου ζητῆσαι καὶ σῶσαι τὸ ἀπολωλός.

11 Ἀκουόντων δὲ αὐτῶν ταῦτα, προσθεὶς εἶπε παραβολήν, διὰ τὸ ἐγγὺς αὐτὸν εἶναι Ἱερουσαλήμ, καὶ δοκεῖν αὐτοὺς ὅτι παραχρῆμα μέλλει ἡ βασιλεία τοῦ Θεοῦ ἀναφαίνεσθαι.

12 εἶπεν οὖν, Ἄνθρωπός τις εὐγενὴς ἐπορεύθη εἰς χώραν μακράν, λαβεῖν ἑαυτῷ βασιλείαν, καὶ ὑποστρέψαι.

13 καλέσας δὲ δέκα δούλους ἑαυτοῦ, ἔδωκεν αὐτοῖς δέκα μνᾶς, καὶ εἶπε πρὸς αὐτούς, Πραγματεύσασθε ἕως ἔρχομαι.

14 οἱ δὲ πολῖται αὐτοῦ ἐμίσουν αὐτόν, καὶ ἀπέστειλαν πρεσβείαν ὀπίσω αὐτοῦ, λέγοντες, Οὐ θέλομεν τοῦτον βασιλεῦσαι ἐφ᾽ ἡμᾶς.

15 καὶ ἐγένετο ἐν τῷ ἐπανελθεῖν αὐτὸν λαβόντα τὴν βασιλείαν, καὶ εἶπε φωνηθῆναι αὐτῷ τοὺς δούλους τούτους, οἷς ἔδωκε τὸ ἀργύριον, ἵνα γνῷ τίς τί διεπραγματεύσατο.

16 παρεγένετο δὲ ὁ πρῶτος, λέγων, Κύριε, ἡ μνᾶ σου προσειργάσατο δέκα μνᾶς.

17 καὶ εἶπεν αὐτῷ, Εὖ, ἀγαθὲ δοῦλε· ὅτι ἐν ἐλαχίστῳ πιστὸς ἐγένου, ἴσθι ἐξουσίαν ἔχων ἐπάνω δέκα πόλεων.

18 καὶ ἦλθεν ὁ δεύτερος, λέγων, Κύριε, ἡ μνᾶ σου, ἐποίησε πέντε μνᾶς.

19 εἶπε δὲ καὶ τούτῳ, Καὶ σὺ γίνου ἐπάνω πέντε πόλεων.

20 καὶ ἕτερος ἦλθε, λέγων, Κύριε, ἰδού, ἡ μνᾶ σου, ἣν εἶχον ἀποκειμένην ἐν σουδαρίῳ·

21 ἐφοβούμην γάρ σε, ὅτι ἄνθρωπος αὐστηρὸς εἶ· αἴρεις ὃ οὐκ ἔθηκας, καὶ θερίζεις ὃ οὐκ ἔσπειρας.

22 λέγει δὲ αὐτῷ, Ἐκ τοῦ στόματός σου κρινῶ σε, πονηρὲ δοῦλε. ᾔδεις ὅτι ἐγὼ ἄνθρωπος αὐστηρός εἰμι, αἴρων ὃ οὐκ ἔθηκα, καὶ θερίζων ὃ οὐκ ἔσπειρα·

23 καὶ διατί οὐκ ἔδωκας τὸ ἀργύριόν μου ἐπὶ τὴν τράπεζαν, καὶ ἐγὼ ἐλθὼν σὺν τόκῳ ἂν ἔπραξα αὐτό;

24 καὶ τοῖς παρεστῶσιν εἶπεν, Ἄρατε ἀπ᾽ αὐτοῦ τὴν μνᾶν, καὶ δότε τῷ τὰς δέκα μνᾶς ἔχοντι.

25 καὶ εἶπον αὐτῷ, Κύριε, ἔχει δέκα μνᾶς.

26 λέγω γὰρ ὑμῖν, ὅτι παντὶ τῷ ἔχοντι δοθήσεται· ἀπὸ δὲ τοῦ μὴ ἔχοντος, καὶ ὃ ἔχει ἀρθήσεται ἀπ᾽ αὐτοῦ.

27 πλὴν τοὺς ἐχθρούς μου ἐκείνους, τοὺς μὴ θελήσαντάς με βασιλεῦσαι ἐπ᾽ αὐτούς, ἀγάγετε ὧδε, καὶ κατασφάξατε ἔμπροσθέν μου.

28 Καὶ εἰπὼν ταῦτα, ἐπορεύετο ἔμπροσθεν, ἀναβαίνων εἰς Ἱεροσόλυμα.

29 Καὶ ἐγένετο ὡς ἤγγισεν εἰς Βηθφαγὴ καὶ Βηθανίαν πρὸς τὸ ὄρος τὸ καλούμενον ἐλαιῶν, ἀπέστειλε δύο τῶν μαθητῶν αὐτοῦ,

30 εἰπών, Ὑπάγετε εἰς τὴν κατέναντι κώμην· ἐν ᾗ εἰσπορευόμενοι εὑρήσετε πῶλον δεδεμένον, ἐφ᾽ ὃν οὐδεὶς πώποτε ἀνθρώπων ἐκάθισε· λύσαντες αὐτὸν ἀγάγετε.

31 καὶ ἐάν τις ὑμᾶς ἐρωτᾷ, Διατί λύετε; οὕτως ἐρεῖτε αὐτῷ ὅτι Ὁ Κύριος αὐτοῦ χρείαν ἔχει.

32 ἀπελθόντες δὲ οἱ ἀπεσταλμένοι εὗρον καθὼς εἶπεν αὐτοῖς.

33 λυόντων δὲ αὐτῶν τὸν πῶλον, εἶπον οἱ κύριοι αὐτοῦ πρὸς αὐτούς, Τί λύετε τὸν πῶλον;

34 οἱ δὲ εἶπον, Ὁ Κύριος αὐτοῦ χρείαν ἔχει.

35 καὶ ἤγαγον αὐτὸν πρὸς τὸν Ἰησοῦν· καὶ ἐπιρρίψαντες ἑαυτῶν τὰ ἱμάτια ἐπὶ τὸν πῶλον, ἐπεβίβασαν τὸν Ἰησοῦν.

36 πορευομένου δὲ αὐτοῦ, ὑπεστρώννυον τὰ ἱμάτια αὐτῶν ἐν τῇ ὁδῷ.

37 ἐγγίζοντος δὲ αὐτοῦ ἤδη πρὸς τῇ καταβάσει τοῦ ὄρους τῶν ἐλαιῶν, ἤρξαντο ἅπαν τὸ πλῆθος τῶν μαθητῶν χαίροντες αἰνεῖν τὸν Θεὸν φωνῇ μεγάλῃ περὶ πασῶν ὧν εἶδον δυνάμεων,

38 λέγοντες, Εὐλογημένος ὁ ἐρχόμενος βασιλεὺς ἐν ὀνόματι Κυρίου· εἰρήνη ἐν οὐρανῷ, καὶ δόξα ἐν ὑψίστοις.

39 Καί τινες τῶν Φαρισαίων ἀπὸ τοῦ ὄχλου εἶπον πρὸς αὐτόν, Διδάσκαλε, ἐπιτίμησον τοῖς μαθηταῖς σου.

40 καὶ ἀποκριθεὶς εἶπεν αὐτοῖς, Λέγω ὑμῖν ὅτι, ἐὰν οὗτοι σιωπήσωσιν, οἱ λίθοι κεκράξονται.

41 Καὶ ὡς ἤγγισεν, ἰδὼν τὴν πόλιν, ἔκλαυσεν ἐπ᾽ αὐτῇ,

42 λέγων ὅτι Εἰ ἔγνως καὶ σύ, καί γε ἐν τῇ ἡμέρᾳ σου ταύτῃ, τὰ πρὸς εἰρήνην σου· νῦν δὲ ἐκρύβη ἀπὸ ὀφθαλμῶν σου.

43 ὅτι ἥξουσιν ἡμέραι ἐπὶ σέ, καὶ περιβαλοῦσιν οἱ ἐχθροί σου χάρακά σοι, καὶ περικυκλώσουσί σε, καὶ συνέξουσί σε πάντοθεν,

44 καὶ ἐδαφιοῦσί σε καὶ τὰ τέκνα σου ἐν σοί, καὶ οὐκ ἀφήσουσιν ἐν σοὶ λίθον ἐπὶ λίθῳ· ἀνθ᾽ ὧν οὐκ ἔγνως τὸν καιρὸν τῆς ἐπισκοπῆς σου.

45 Καὶ εἰσελθὼν εἰς τὸ ἱερόν, ἤρξατο ἐκβάλλειν τοὺς πωλοῦντας ἐν αὐτῷ καὶ ἀγοράζοντας,

46 λέγων αὐτοῖς, Γέγραπται, Ὁ οἶκός μου οἶκος προσευχῆς ἐστίν· ὑμεῖς δὲ αὐτὸν ἐποιήσατε σπήλαιον λῃστῶν.

47 καὶ ἦν διδάσκων τὸ καθ᾽ ἡμέραν ἐν τῷ ἱερῷ· οἱ δὲ ἀρχιερεῖς καὶ οἱ γραμματεῖς ἐζήτουν αὐτὸν ἀπολέσαι, καὶ οἱ πρῶτοι τοῦ λαοῦ·

48 καὶ οὐχ εὕρισκον τὸ τί ποιήσωσιν, ὁ λαὸς γὰρ ἅπας ἐξεκρέματο αὐτοῦ ἀκούων.

CHAPTER 20

1 Καὶ ἐγένετο ἐν μιᾷ τῶν ἡμερῶν ἐκείνων, διδάσκοντος αὐτοῦ τὸν λαὸν ἐν τῷ ἱερῷ καὶ εὐαγγελιζομένου, ἐπέστησαν οἱ ἀρχιερεῖς καὶ οἱ γραμματεῖς σὺν τοῖς πρεσβυτέροις,

2 καὶ εἶπον πρὸς αὐτόν, λέγοντες, Εἰπὲ ἡμῖν, ἐν ποίᾳ ἐξουσίᾳ ταῦτα ποιεῖς, ἢ τίς ἐστιν ὁ δούς σοι τὴν ἐξουσίαν ταύτην;

3 ἀποκριθεὶς δὲ εἶπε πρὸς αὐτούς, Ἐρωτήσω ὑμᾶς κἀγὼ ἕνα λόγον, καὶ εἴπατέ μοι·

4 Τὸ βάπτισμα Ἰωάννου ἐξ οὐρανοῦ ἦν, ἢ ἐξ ἀνθρώπων;

5 οἱ δὲ συνελογίσαντο πρὸς ἑαυτούς, λέγοντες ὅτι Ἐὰν εἴπωμεν, Ἐξ οὐρανοῦ, ἐρεῖ, Διατί οὖν οὐκ ἐπιστεύσατε αὐτῷ;

6 ἐὰν δὲ εἴπωμεν, Ἐξ ἀνθρώπων, πᾶς ὁ λαὸς καταλιθάσει ἡμᾶς· πεπεισμένος γάρ ἐστιν Ἰωάννην προφήτην εἶναι.

7 καὶ ἀπεκρίθησαν μὴ εἰδέναι πόθεν.

8 καὶ ὁ Ἰησοῦς εἶπεν αὐτοῖς, Οὐδὲ ἐγὼ λέγω ὑμῖν ἐν ποίᾳ ἐξουσίᾳ ταῦτα ποιῶ.

9 Ἤρξατο δὲ πρὸς τὸν λαὸν λέγειν τὴν παραβολὴν ταύτην· Ἄνθρωπός τις ἐφύτευσεν ἀμπελῶνα, καὶ ἐξέδοτο αὐτὸν γεωργοῖς, καὶ ἀπεδήμησε χρόνους ἱκανούς·

10 καὶ ἐν καιρῷ ἀπέστειλε πρὸς τοὺς γεωργοὺς δοῦλον, ἵνα ἀπὸ τοῦ καρποῦ τοῦ ἀμπελῶνος δῶσιν αὐτῷ· οἱ δὲ γεωργοὶ δείραντες αὐτὸν ἐξαπέστειλαν κενόν.

11 καὶ προσέθετο πέμψαι ἕτερον δοῦλον· οἱ δὲ κἀκεῖνον δείραντες καὶ ἀτιμάσαντες, ἐξαπέστειλαν κενόν.

12 καὶ προσέθετο πέμψαι τρίτον· οἱ δὲ καὶ τοῦτον τραυματίσαντες ἐξέβαλον.

13 εἶπε δὲ ὁ κύριος τοῦ ἀμπελῶνος, Τί ποιήσω; πέμψω τὸν υἱόν μου τὸν ἀγαπητόν· ἴσως τοῦτον ἰδόντες ἐντραπήσονται.

14 ἰδόντες δὲ αὐτὸν οἱ γεωργοὶ διελογίζοντο πρὸς ἑαυτούς, λέγοντες, Οὗτός ἐστιν ὁ κληρονόμος· δεῦτε, ἀποκτείνωμεν αὐτόν, ἵνα ἡμῶν γένηται ἡ κληρονομία.

15 καὶ ἐκβαλόντες αὐτὸν ἔξω τοῦ ἀμπελῶνος, ἀπέκτειναν. τί οὖν ποιήσει αὐτοῖς ὁ κύριος τοῦ ἀμπελῶνος;

16 ἐλεύσεται καὶ ἀπολέσει τοὺς γεωργοὺς τούτους, καὶ δώσει τὸν ἀμπελῶνα ἄλλοις. ἀκούσαντες δὲ εἶπον, Μὴ γένοιτο.

17 ὁ δὲ ἐμβλέψας αὐτοῖς εἶπε, Τί οὖν ἐστι τὸ γεγραμμένον τοῦτο, Λίθον ὃν ἀπεδοκίμασαν οἱ οἰκοδομοῦντες, οὗτος ἐγενήθη εἰς κεφαλὴν γωνίας;

18 πᾶς ὁ πεσὼν ἐπ' ἐκεῖνον τὸν λίθον, συνθλασθήσεται· ἐφ' ὃν δ' ἂν πέσῃ, λικμήσει αὐτόν.

19 Καὶ ἐζήτησαν οἱ ἀρχιερεῖς καὶ οἱ γραμματεῖς ἐπιβαλεῖν ἐπ' αὐτὸν τὰς χεῖρας ἐν αὐτῇ τῇ ὥρᾳ, καὶ ἐφοβήθησαν τὸν λαόν· ἔγνωσαν γὰρ ὅτι πρὸς αὐτοὺς τὴν παραβολὴν ταύτην εἶπε.

20 καὶ παρατηρήσαντες ἀπέστειλαν ἐγκαθέτους, ὑποκρινομένους ἑαυτοὺς δικαίους εἶναι, ἵνα ἐπιλάβωνται αὐτοῦ λόγου, εἰς τὸ παραδοῦναι αὐτὸν τῇ ἀρχῇ καὶ τῇ ἐξουσίᾳ τοῦ ἡγεμόνος.

21 καὶ ἐπηρώτησαν αὐτόν, λέγοντες, Διδάσκαλε, οἴδαμεν ὅτι ὀρθῶς λέγεις καὶ διδάσκεις, καὶ οὐ λαμβάνεις πρόσωπον, ἀλλ' ἐπ' ἀληθείας τὴν ὁδὸν τοῦ Θεοῦ διδάσκεις.

22 ἔξεστιν ἡμῖν Καίσαρι φόρον δοῦναι, ἢ οὔ;

23 κατανοήσας δὲ αὐτῶν τὴν πανουργίαν, εἶπε πρὸς αὐτούς, Τί με πειράζετε

24 ἐπιδείξατέ μοι δηνάριον· τίνος ἔχει εἰκόνα καὶ ἐπιγραφήν ἀποκριθέντες δὲ εἶπον, Καίσαρος

25 ὁ δὲ εἶπεν αὐτοῖς, Ἀπόδοτε τοίνυν τὰ Καίσαρος Καίσαρι, καὶ τὰ τοῦ Θεοῦ τῷ Θεῷ.

26 καὶ οὐκ ἴσχυσαν ἐπιλαβέσθαι αὐτοῦ ῥήματος ἐναντίον τοῦ λαοῦ· καὶ θαυμάσαντες ἐπὶ τῇ ἀποκρίσει αὐτοῦ, ἐσίγησαν.

27 Προσελθόντες δέ τινες τῶν Σαδδουκαίων, οἱ ἀντιλέγοντες ἀνάστασιν μὴ εἶναι, ἐπηρώτησαν αὐτόν,

28 λέγοντες, Διδάσκαλε, Μωσῆς ἔγραψεν ἡμῖν, ἐάν τινος ἀδελφὸς ἀποθάνῃ ἔχων γυναῖκα, καὶ οὗτος ἄτεκνος ἀποθάνῃ, ἵνα λάβῃ ὁ ἀδελφὸς αὐτοῦ τὴν γυναῖκα, καὶ ἐξαναστήσῃ σπέρμα τῷ ἀδελφῷ αὐτοῦ.

29 ἑπτὰ οὖν ἀδελφοὶ ἦσαν· καὶ ὁ πρῶτος λαβὼν γυναῖκα, ἀπέθανεν ἄτεκνος·

30 καὶ ἔλαβεν ὁ δεύτερος τὴν γυναῖκα, καὶ οὗτος ἀπέθανεν ἄτεκνος.

31 καὶ ὁ τρίτος ἔλαβεν αὐτήν. ὡσαύτως δὲ καὶ οἱ ἑπτά· καὶ οὐ κατέλιπον τέκνα, καὶ ἀπέθανον.

32 ὕστερον πάντων ἀπέθανε καὶ ἡ γυνή.

33 ἐν τῇ οὖν ἀναστάσει, τίνος αὐτῶν γίνεται γυνή; οἱ γὰρ ἑπτὰ ἔσχον αὐτὴν γυναῖκα.

34 καὶ ἀποκριθεὶς εἶπεν αὐτοῖς ὁ Ἰησοῦς, Οἱ υἱοὶ τοῦ αἰῶνος τούτου γαμοῦσι καὶ ἐκγαμίσκονται·

35 οἱ δὲ καταξιωθέντες τοῦ αἰῶνος ἐκείνου τυχεῖν καὶ τῆς ἀναστάσεως τῆς ἐκ νεκρῶν οὔτε γαμοῦσιν οὔτε ἐκγαμίσκονται·

36 οὔτε γὰρ ἀποθανεῖν ἔτι δύνανται· ἰσάγγελοι γάρ εἰσι, καὶ υἱοί εἰσι τοῦ θεοῦ, τῆς ἀναστάσεως υἱοὶ ὄντες.

37 ὅτι δὲ ἐγείρονται οἱ νεκροί, καὶ Μωσῆς ἐμήνυσεν ἐπὶ τῆς βάτου, ὡς λέγει Κύριον τὸν Θεὸν Ἀβραὰμ καὶ τὸν Θεὸν Ἰσαὰκ καὶ τὸν Θεὸν Ἰακώβ.

38 Θεὸς δὲ οὐκ ἔστι νεκρῶν, ἀλλὰ ζώντων· πάντες γὰρ αὐτῷ ζῶσιν.

39 ἀποκριθέντες δέ τινες τῶν γραμματέων εἶπον, Διδάσκαλε, καλῶς εἶπας.

40 Οὐκέτι δὲ ἐτόλμων ἐπερωτᾶν αὐτὸν οὐδέν.

41 Εἶπε δὲ πρὸς αὐτούς, Πῶς λέγουσι τὸν Χριστὸν υἱὸν Δαβὶδ εἶναι;

42 καὶ αὐτὸς Δαβὶδ λέγει ἐν βίβλῳ ψαλμῶν, Εἶπεν ὁ Κύριος τῷ Κυρίῳ μου, Κάθου ἐκ δεξιῶν μου,

43 ἕως ἂν θῶ τοὺς ἐχθρούς σου ὑποπόδιον τῶν ποδῶν σου.

44 Δαβὶδ οὖν Κύριον αὐτὸν καλεῖ, καὶ πῶς υἱὸς αὐτοῦ ἐστιν;

45 Ἀκούοντος δὲ παντὸς τοῦ λαοῦ, εἶπε τοῖς μαθηταῖς αὐτοῦ,

46 Προσέχετε ἀπὸ τῶν γραμματέων τῶν θελόντων περιπατεῖν ἐν στολαῖς, καὶ φιλούντων ἀσπασμοὺς ἐν ταῖς ἀγοραῖς, καὶ πρωτοκαθεδρίας ἐν ταῖς συναγωγαῖς, καὶ πρωτοκλισίας ἐν τοῖς δείπνοις·

47 οἳ κατεσθίουσι τὰς οἰκίας τῶν χηρῶν, καὶ προφάσει μακρὰ προσεύχονται. οὗτοι λήψονται περισσότερον κρίμα.

CHAPTER 21

1 Ἀναβλέψας δὲ εἶδε τοὺς βάλλοντας τὰ δῶρα αὐτῶν εἰς τὸ γαζοφυλάκιον πλουσίους·

2 εἶδε δὲ καί τινα χήραν πενιχρὰν βάλλουσαν ἐκεῖ δύο λεπτά,

3 καὶ εἶπεν, Ἀληθῶς λέγω ὑμῖν, ὅτι ἡ χήρα ἡ πτωχὴ αὕτη πλεῖον πάντων ἔβαλεν·

4 ἅπαντες γὰρ οὗτοι ἐκ τοῦ περισσεύοντος αὐτοῖς ἔβαλον εἰς τὰ δῶρα τοῦ Θεοῦ, αὕτη δὲ ἐκ τοῦ ὑστερήματος αὐτῆς ἅπαντα τὸν βίον ὃν εἶχεν ἔβαλε.

5 Καί τινων λεγόντων περὶ τοῦ ἱεροῦ, ὅτι λίθοις καλοῖς καὶ ἀναθήμασι κεκόσμηται, εἶπε,

6 Ταῦτα ἃ θεωρεῖτε, ἐλεύσονται ἡμέραι ἐν αἷς οὐκ ἀφεθήσεται λίθος ἐπὶ λίθῳ, ὃς οὐ καταλυθήσεται.

7 ἐπηρώτησαν δὲ αὐτόν, λέγοντες, Διδάσκαλε, πότε οὖν ταῦτα ἔσται; καὶ τί τὸ σημεῖον, ὅταν μέλλῃ ταῦτα γίνεσθαι;

8 ὁ δὲ εἶπε, Βλέπετε μὴ πλανηθῆτε· πολλοὶ γὰρ ἐλεύσονται ἐπὶ τῷ ὀνόματί μου, λέγοντες ὅτι Ἐγώ εἰμι· καί, Ὁ καιρὸς ἤγγικε· μὴ οὖν πορευθῆτε ὀπίσω αὐτῶν.

9 ὅταν δὲ ἀκούσητε πολέμους καὶ ἀκαταστασίας, μὴ πτοηθῆτε· δεῖ γὰρ ταῦτα γενέσθαι πρῶτον, ἀλλ' οὐκ εὐθέως τὸ τέλος.

10 Τότε ἔλεγεν αὐτοῖς, Ἐγερθήσεται ἔθνος ἐπὶ ἔθνος, καὶ βασιλεία ἐπὶ βασιλείαν·

11 σεισμοί τε μεγάλοι κατὰ τόπους καὶ λιμοὶ καὶ λοιμοὶ ἔσονται, φόβητρά τε καὶ σημεῖα ἀπ' οὐρανοῦ μεγάλα ἔσται.

12 πρὸ δὲ τούτων ἁπάντων ἐπιβαλοῦσιν ἐφ' ὑμᾶς τὰς χεῖρας αὐτῶν, καὶ διώξουσι, παραδιδόντες εἰς συναγωγὰς καὶ φυλακάς, ἀγομένους ἐπὶ βασιλεῖς καὶ ἡγεμόνας, ἕνεκεν τοῦ ὀνόματός μου.

13 ἀποβήσεται δὲ ὑμῖν εἰς μαρτύριον.

14 θέσθε οὖν εἰς τὰς καρδίας ὑμῶν μὴ προμελετᾶν ἀπολογηθῆναι·

15 ἐγὼ γὰρ δώσω ὑμῖν στόμα καὶ σοφίαν, ᾗ οὐ δυνήσονται ἀντειπεῖν οὐδὲ ἀντιστῆναι πάντες οἱ ἀντικείμενοι ὑμῖν.

16 παραδοθήσεσθε δὲ καὶ ὑπὸ γονέων καὶ ἀδελφῶν καὶ συγγενῶν καὶ φίλων, καὶ θανατώσουσιν ἐξ ὑμῶν.

17 καὶ ἔσεσθε μισούμενοι ὑπὸ πάντων διὰ τὸ ὄνομά μου.

18 καὶ θρὶξ ἐκ τῆς κεφαλῆς ὑμῶν οὐ μὴ ἀπόληται.

19 ἐν τῇ ὑπομονῇ ὑμῶν κτήσασθε τὰς ψυχὰς ὑμῶν.

20 Ὅταν δὲ ἴδητε κυκλουμένην ὑπὸ στρατοπέδων τὴν Ἱερουσαλήμ, τότε γνῶτε ὅτι ἤγγικεν ἡ ἐρήμωσις αὐτῆς.

21 τότε οἱ ἐν τῇ Ἰουδαίᾳ φευγέτωσαν εἰς τὰ ὄρη· καὶ οἱ ἐν μέσῳ αὐτῆς ἐκχωρείτωσαν· καὶ οἱ ἐν ταῖς χώραις μὴ εἰσερχέσθωσαν εἰς αὐτήν.

22 ὅτι ἡμέραι ἐκδικήσεως αὗταί εἰσι, τοῦ πληρωθῆναι πάντα τὰ γεγραμμένα.

23 οὐαὶ δὲ ταῖς ἐν γαστρὶ ἐχούσαις καὶ ταῖς θηλαζούσαις ἐν ἐκείναις ταῖς ἡμέραις· ἔσται γὰρ ἀνάγκη μεγάλη ἐπὶ τῆς γῆς, καὶ ὀργὴ ἐν τῷ λαῷ τούτῳ

24 καὶ πεσοῦνται στόματι μαχαίρας, καὶ αἰχμαλωτισθήσονται εἰς πάντα τὰ ἔθνη· καὶ Ἱερουσαλὴμ ἔσται πατουμένη ὑπὸ ἐθνῶν, ἄχρι πληρωθῶσι καιροὶ ἐθνῶν.

25 καὶ ἔσται σημεῖα ἐν ἡλίῳ καὶ σελήνῃ καὶ ἄστροις, καὶ ἐπὶ τῆς γῆς συνοχὴ ἐθνῶν ἐν ἀπορίᾳ, ἠχούσης· θαλάσσης καὶ σάλου,

26 ἀποψυχόντων ἀνθρώπων ἀπὸ φόβου καὶ προσδοκίας τῶν ἐπερχομένων τῇ οἰκουμένῃ· αἱ γὰρ δυνάμεις τῶν οὐρανῶν σαλευθήσονται

27 καὶ τότε ὄψονται τὸν υἱὸν τοῦ ἀνθρώπου ἐρχόμενον ἐν νεφέλῃ μετὰ δυνάμεως καὶ δόξης πολλῆς.

28 ἀρχομένων δὲ τούτων γίνεσθαι, ἀνακύψατε καὶ ἐπάρατε τὰς κεφαλὰς ὑμῶν· διότι ἐγγίζει ἡ ἀπολύτρωσις ὑμῶν.

29 Καὶ εἶπε παραβολὴν αὐτοῖς, Ἴδετε τὴν συκῆν καὶ πάντα τὰ δένδρα·

30 ὅταν προβάλωσιν ἤδη, βλέποντες ἀφ' ἑαυτῶν γινώσκετε ὅτι ἤδη ἐγγὺς τὸ θέρος ἐστίν.

31 οὕτω καὶ ὑμεῖς, ὅταν ἴδητε ταῦτα γινόμενα, γινώσκετε ὅτι ἐγγύς ἐστιν ἡ βασιλεία τοῦ Θεοῦ.

ΕΥΑΓΓΕΛΙΟΝ ΤΟ ΚΑΤΑ ΛΟΥΚΑΝ

32 ἀμὴν λέγω ὑμῖν ὅτι οὐ μὴ παρέλθῃ ἡ γενεὰ αὕτη, ἕως ἂν πάντα γένηται.

33 ὁ οὐρανὸς καὶ ἡ γῆ παρελεύσονται, οἱ δὲ λόγοι μου οὐ μὴ παρέλθωσι.

34 Προσέχετε δὲ ἑαυτοῖς, μήποτε βαρυνθῶσιν ὑμῶν αἱ καρδίαι ἐν κραιπάλῃ καὶ μέθῃ καὶ μερίμναις βιωτικαῖς, καὶ αἰφνίδιος ἐφ' ὑμᾶς ἐπιστῇ ἡ ἡμέρα ἐκείνη·

35 ὡς παγὶς γὰρ ἐπελεύσεται ἐπὶ πάντας τοὺς καθημένους ἐπὶ πρόσωπον πάσης τῆς γῆς.

36 ἀγρυπνεῖτε οὖν ἐν παντὶ καιρῷ δεόμενοι, ἵνα καταξιωθῆτε ἐκφυγεῖν ταῦτα πάντα τὰ μέλλοντα γίνεσθαι, καὶ σταθῆναι ἔμπροσθεν τοῦ υἱοῦ τοῦ ἀνθρώπου.

37 Ἦν δὲ τὰς ἡμέρας ἐν τῷ ἱερῷ διδάσκων· τὰς δὲ νύκτας ἐξερχόμενος ηὐλίζετο εἰς τὸ ὄρος τὸ καλούμενον ἐλαιῶν

38 καὶ πᾶς ὁ λαὸς ὤρθριζε πρὸς αὐτὸν ἐν τῷ ἱερῷ ἀκούειν αὐτοῦ.

CHAPTER 22

1 Ἤγγιζε δὲ ἡ ἑορτὴ τῶν ἀζύμων, ἡ λεγομένη πάσχα.

2 καὶ ἐζήτουν οἱ ἀρχιερεῖς καὶ οἱ γραμματεῖς τὸ πῶς ἀνέλωσιν αὐτόν· ἐφοβοῦντο γὰρ τὸν λαόν.

3 Εἰσῆλθε δὲ ὁ Σατανᾶς εἰς Ἰούδαν τὸν ἐπικαλούμενον Ἰσκαριώτην, ὄντα ἐκ τοῦ ἀριθμοῦ τῶν δώδεκα.

4 καὶ ἀπελθὼν συνελάλησε τοῖς ἀρχιερεῦσι καὶ τοῖς στρατηγοῖς τὸ πῶς αὐτὸν παραδῷ αὐτοῖς.

5 καὶ ἐχάρησαν, καὶ συνέθεντο αὐτῷ ἀργύριον δοῦναι.

6 καὶ ἐξωμολόγησε, καὶ ἐζήτει εὐκαιρίαν τοῦ παραδοῦναι αὐτὸν αὐτοῖς ἄτερ ὄχλου.

7 Ἦλθε δὲ ἡ ἡμέρα τῶν ἀζύμων, ἐν ᾗ ἔδει θύεσθαι τὸ πάσχα.

8 καὶ ἀπέστειλε Πέτρον καὶ Ἰωάννην, εἰπών, Πορευθέντες ἑτοιμάσατε ἡμῖν τὸ πάσχα, ἵνα φάγωμεν.

9 οἱ δὲ εἶπον αὐτῷ, Ποῦ θέλεις ἑτοιμάσωμεν;

10 ὁ δὲ εἶπεν αὐτοῖς, Ἰδού, εἰσελθόντων ὑμῶν εἰς τὴν πόλιν, συναντήσει ὑμῖν ἄνθρωπος κεράμιον ὕδατος βαστάζων· ἀκολουθήσατε αὐτῷ εἰς τὴν οἰκίαν οὗ εἰσπορεύεται.

11 καὶ ἐρεῖτε τῷ οἰκοδεσπότῃ τῆς οἰκίας, Λέγει σοι ὁ διδάσκαλος, Ποῦ ἐστι τὸ κατάλυμα, ὅπου τὸ πάσχα μετὰ τῶν μαθητῶν μου φάγω;

12 κἀκεῖνος ὑμῖν δείξει ἀνώγεον μέγα ἐστρωμένον· ἐκεῖ ἑτοιμάσατε.

13 ἀπελθόντες δὲ εὗρον καθὼς εἴρηκεν αὐτοῖς· καὶ ἡτοίμασαν τὸ πάσχα.

14 Καὶ ὅτε ἐγένετο ἡ ὥρα, ἀνέπεσε, καὶ οἱ δώδεκα ἀπόστολοι σὺν αὐτῷ

15 καὶ εἶπε πρὸς αὐτούς, Ἐπιθυμίᾳ ἐπεθύμησα τοῦτο τὸ πάσχα φαγεῖν μεθ' ὑμῶν πρὸ τοῦ με παθεῖν·

16 λέγω γὰρ ὑμῖν ὅτι οὐκέτι οὐ μὴ φάγω ἐξ αὐτοῦ, ἕως ὅτου πληρωθῇ ἐν τῇ βασιλείᾳ τοῦ Θεοῦ.

17 καὶ δεξάμενος ποτήριον, εὐχαριστήσας εἶπε, Λάβετε τοῦτο, καὶ διαμερίσατε ἑαυτοῖς·

18 λέγω γὰρ ὑμῖν ὅτι οὐ μὴ πίω ἀπὸ τοῦ γεννήματος τῆς ἀμπέλου, ἕως ὅτου ἡ βασιλεία τοῦ Θεοῦ ἔλθῃ.

19 καὶ λαβὼν ἄρτον, εὐχαριστήσας ἔκλασε, καὶ ἔδωκεν αὐτοῖς, λέγων, Τοῦτό ἐστι τὸ σῶμά μου, τὸ ὑπὲρ ὑμῶν διδόμενον· τοῦτο ποιεῖτε εἰς τὴν ἐμὴν ἀνάμνησιν.

20 ὡσαύτως καὶ τὸ ποτήριον μετὰ τὸ δειπνῆσαι, λέγων, Τοῦτο τὸ ποτήριον ἡ καινὴ διαθήκη ἐν τῷ αἵματί μου, τὸ ὑπὲρ ὑμῶν ἐκχυνόμενον.

21 πλὴν ἰδού, ἡ χεὶρ τοῦ παραδιδόντος με μετ᾽ ἐμοῦ ἐπὶ τῆς τραπέζης.

22 καὶ ὁ μὲν υἱὸς τοῦ ἀνθρώπου πορεύεται κατὰ τὸ ὡρισμένον· πλὴν οὐαὶ τῷ ἀνθρώπῳ ἐκείνῳ δι᾽ οὗ παραδίδοται.

23 καὶ αὐτοὶ ἤρξαντο συζητεῖν πρὸς ἑαυτοὺς τὸ τίς ἄρα εἴη ἐξ αὐτῶν ὁ τοῦτο μέλλων πράσσειν.

24 Ἐγένετο δὲ καὶ φιλονεικία ἐν αὐτοῖς τὸ τίς αὐτῶν δοκεῖ εἶναι μείζων.

25 ὁ δὲ εἶπεν αὐτοῖς, Οἱ βασιλεῖς τῶν ἐθνῶν κυριεύουσιν αὐτῶν, καὶ οἱ ἐξουσιάζοντες αὐτῶν εὐεργέται καλοῦνται.

26 ὑμεῖς δὲ οὐχ οὕτως· ἀλλ᾽ ὁ μείζων ἐν ὑμῖν γενέσθω ὡς ὁ νεώτερος· καὶ ὁ ἡγούμενος ὡς ὁ διακονῶν.

27 τίς γὰρ μείζων, ὁ ἀνακείμενος ἢ ὁ διακονῶν; οὐχὶ ὁ ἀνακείμενος; ἐγὼ δέ εἰμι ἐν μέσῳ ὑμῶν ὡς ὁ διακονῶν.

28 ὑμεῖς δέ ἐστε οἱ διαμεμενηκότες μετ᾽ ἐμοῦ ἐν τοῖς πειρασμοῖς μου·

29 κἀγὼ διατίθεμαι ὑμῖν, καθὼς διέθετό μοι ὁ πατήρ μου, βασιλείαν,

30 ἵνα ἐσθίητε καὶ πίνητε ἐπὶ τῆς τραπέζης μου ἐν τῇ βασιλείᾳ μου, καὶ καθίσησθε ἐπὶ θρόνων, κρίνοντες τὰς δώδεκα φυλὰς τοῦ Ἰσραήλ.

31 εἶπε δὲ ὁ Κύριος, Σίμων Σίμων, ἰδού, ὁ Σατανᾶς ἐξῃτήσατο ὑμᾶς, τοῦ σινιάσαι ὡς τὸν σῖτον·

32 ἐγὼ δὲ ἐδεήθην περὶ σοῦ, ἵνα μὴ ἐκλείπῃ ἡ πίστις σου· καὶ σύ ποτε ἐπιστρέψας στήριξον τοὺς ἀδελφούς σου.

33 ὁ δὲ εἶπεν αὐτῷ, Κύριε, μετὰ σοῦ ἕτοιμός εἰμι καὶ εἰς φυλακὴν καὶ εἰς θάνατον πορεύεσθαι.

34 ὁ δὲ εἶπε, Λέγω σοι, Πέτρε, οὐ μὴ φωνήσει σήμερον ἀλέκτωρ, πρὶν ἢ τρὶς ἀπαρνήσῃ μὴ εἰδέναι με

35 Καὶ εἶπεν αὐτοῖς, Ὅτε ἀπέστειλα ὑμᾶς ἄτερ βαλαντίου καὶ πήρας καὶ ὑποδημάτων, μή τινος ὑστερήσατε; οἱ δὲ εἶπον, Οὐδενός.

36 εἶπεν οὖν αὐτοῖς, Ἀλλὰ νῦν ὁ ἔχων βαλάντιον ἀράτω, ὁμοίως καὶ πήραν· καὶ ὁ μὴ ἔχων, πωλησάτω τὸ ἱμάτιον αὐτοῦ, καὶ ἀγορασάτω μάχαιραν.

37 λέγω γὰρ ὑμῖν ὅτι ἔτι τοῦτο τὸ γεγραμμένον δεῖ τελεσθῆναι ἐν ἐμοί, τὸ Καὶ μετὰ ἀνόμων ἐλογίσθη· καὶ γὰρ τὰ περὶ ἐμοῦ τέλος ἔχει.

38 οἱ δὲ εἶπον, Κύριε, ἰδού, μάχαιραι ὧδε δύο. ὁ δὲ εἶπεν αὐτοῖς, Ἱκανόν ἐστι.

39 Καὶ ἐξελθὼν ἐπορεύθη κατὰ τὸ ἔθος εἰς τὸ ὄρος τῶν ἐλαιῶν· ἠκολούθησαν δὲ αὐτῷ καὶ οἱ μαθηταὶ αὐτοῦ.

40 γενόμενος δὲ ἐπὶ τοῦ τόπου, εἶπεν αὐτοῖς, Προσεύχεσθε μὴ εἰσελθεῖν εἰς πειρασμόν.

41 καὶ αὐτὸς ἀπεσπάσθη ἀπ᾽ αὐτῶν ὡσεὶ λίθου βολήν, καὶ θεὶς τὰ γόνατα προσηύχετο,

42 λέγων, Πάτερ, εἰ βούλει παρένεγκε τὸ ποτήριον τοῦτο ἀπ᾽ ἐμοῦ· πλὴν μὴ τὸ θέλημά μου, ἀλλὰ τὸ σὸν γενέσθω.

43 ὤφθη δὲ αὐτῷ ἄγγελος ἀπ᾽ οὐρανοῦ ἐνισχύων αὐτόν.

44 καὶ γενόμενος ἐν ἀγωνίᾳ, ἐκτενέστερον προσηύχετο. ἐγένετο δὲ ὁ ἱδρὼς αὐτοῦ ὡσεὶ θρόμβοι αἵματος καταβαίνοντες ἐπὶ τὴν γῆν.

45 καὶ ἀναστὰς ἀπὸ τῆς προσευχῆς, ἐλθὼν πρὸς τοὺς μαθητὰς αὐτοῦ, εὗρεν αὐτοὺς κοιμωμένους ἀπὸ τῆς λύπης,

46 καὶ εἶπεν αὐτοῖς, Τί καθεύδετε; ἀναστάντες προσεύχεσθε, ἵνα μὴ εἰσέλθητε εἰς πειρασμόν.

47 Ἔτι δὲ αὐτοῦ λαλοῦντος, ἰδού, ὄχλος, καὶ ὁ λεγόμενος Ἰούδας, εἷς τῶν δώδεκα, προήρχετο αὐτῶν, καὶ ἤγγισε τῷ Ἰησοῦ φιλῆσαι αὐτόν.

48 ὁ δὲ Ἰησοῦς εἶπεν αὐτῷ, Ἰούδα, φιλήματι τὸν υἱὸν τοῦ ἀνθρώπου παραδίδως;

49 ἰδόντες δὲ οἱ περὶ αὐτὸν τὸ ἐσόμενον εἶπον αὐτῷ, Κύριε, εἰ πατάξομεν ἐν μαχαίρᾳ;

50 καὶ ἐπάταξεν εἷς τις ἐξ αὐτῶν τὸν δοῦλον τοῦ ἀρχιερέως, καὶ ἀφεῖλεν αὐτοῦ τὸ οὖς τὸ δεξιόν.

51 ἀποκριθεὶς δὲ ὁ Ἰησοῦς εἶπεν, Ἐᾶτε ἕως τούτου. καὶ ἁψάμενος τοῦ ὠτίου, αὐτοῦ, ἰάσατο αὐτόν

52 εἶπε δὲ ὁ Ἰησοῦς πρὸς τοὺς παραγενομένους ἐπ᾽ αὐτὸν ἀρχιερεῖς καὶ στρατηγοὺς τοῦ ἱεροῦ καὶ πρεσβυτέρους, Ὡς ἐπὶ λῃστὴν ἐξεληλύθατε μετὰ μαχαιρῶν καὶ ξύλων;

53 καθ᾽ ἡμέραν ὄντος μου μεθ᾽ ὑμῶν ἐν τῷ ἱερῷ, οὐκ ἐξετείνατε τὰς χεῖρας ἐπ᾽ ἐμέ. ἀλλ᾽ αὕτη ὑμῶν ἐστιν ἡ ὥρα, καὶ ἡ ἐξουσία τοῦ σκότους.

54 Συλλαβόντες δὲ αὐτὸν ἤγαγον, καὶ εἰσήγαγον αὐτὸν εἰς τὸν οἶκον τοῦ ἀρχιερέως. ὁ δὲ Πέτρος ἠκολούθει μακρόθεν.

55 ἁψάντων δὲ πῦρ ἐν μέσῳ τῆς αὐλῆς, καὶ συγκαθισάντων αὐτῶν, ἐκάθητο ὁ Πέτρος ἐν μέσῳ αὐτῶν.

56 ἰδοῦσα δὲ αὐτὸν παιδίσκη τις καθήμενον πρὸς τὸ φῶς, καὶ ἀτενίσασα αὐτῷ, εἶπε, Καὶ οὗτος σὺν αὐτῷ ἦν.

57 ὁ δὲ ἠρνήσατο αὐτόν, λέγων, Γύναι, οὐκ οἶδα αὐτόν.

58 καὶ μετὰ βραχὺ ἕτερος ἰδὼν αὐτὸν ἔφη, Καὶ σὺ ἐξ αὐτῶν εἶ. ὁ

δὲ Πέτρος εἶπεν, Ἄνθρωπε, οὐκ εἰμί.

59 καὶ διαστάσης ὡσεὶ ὥρας μιᾶς, ἄλλος τις διϊσχυρίζετο, λέγων, Ἐπ' ἀληθείας καὶ οὗτος μετ' αὐτοῦ ἦν· καὶ γὰρ Γαλιλαῖός ἐστιν.

60 εἶπε δὲ ὁ Πέτρος, Ἄνθρωπε, οὐκ οἶδα ὃ λέγεις. καὶ παραχρῆμα, ἔτι λαλοῦντος αὐτοῦ, ἐφώνησεν ὁ ἀλέκτωρ.

61 καὶ στραφεὶς ὁ Κύριος ἐνέβλεψε τῷ Πέτρῳ. καὶ ὑπεμνήσθη ὁ Πέτρος τοῦ λόγου τοῦ Κυρίου, ὡς εἶπεν αὐτῷ ὅτι Πρὶν ἀλέκτορα φωνῆσαι, ἀπαρνήσῃ με τρίς.

62 καὶ ἐξελθὼν ἔξω ὁ Πέτρος ἔκλαυσε πικρῶς.

63 Καὶ οἱ ἄνδρες οἱ συνέχοντες τὸν Ἰησοῦν ἐνέπαιζον αὐτῷ, δέροντες.

64 καὶ περικαλύψαντες αὐτόν, ἔτυπτον αὐτοῦ τὸ πρόσωπον, καὶ ἐπηρώτων αὐτόν, λέγοντες, Προφήτευσον· τίς ἐστιν ὁ παίσας σε;

65 καὶ ἕτερα πολλὰ βλασφημοῦντες ἔλεγον εἰς αὐτόν.

66 Καὶ ὡς ἐγένετο ἡμέρα, συνήχθη τὸ πρεσβυτέριον τοῦ λαοῦ, ἀρχιερεῖς τε καὶ γραμματεῖς, καὶ ἀνήγαγον αὐτὸν εἰς τὸ συνέδριον ἑαυτῶν, λέγοντες,

67 Εἰ σὺ εἶ ὁ Χριστός, εἰπὲ ἡμῖν. εἶπε δὲ αὐτοῖς, Ἐὰν ὑμῖν εἴπω, οὐ μὴ πιστεύσητε·

68 ἐὰν δὲ καὶ ἐρωτήσω, οὐ μὴ ἀποκριθῆτέ μοι, ἢ ἀπολύσητε.

69 ἀπὸ τοῦ νῦν ἔσται ὁ υἱὸς τοῦ ἀνθρώπου καθήμενος ἐκ δεξιῶν τῆς δυνάμεως τοῦ Θεοῦ.

70 εἶπον δὲ πάντες, Σὺ οὖν εἶ ὁ υἱὸς τοῦ Θεοῦ; ὁ δὲ πρὸς αὐτοὺς ἔφη, Ὑμεῖς λέγετε ὅτι ἐγώ εἰμι.

71 οἱ δὲ εἶπον, Τί ἔτι χρείαν ἔχομεν μαρτυρίας; αὐτοὶ γὰρ ἠκούσαμεν ἀπὸ τοῦ στόματος αὐτοῦ.

CHAPTER 23

1 Καὶ ἀναστὰν ἅπαν τὸ πλῆθος αὐτῶν, ἤγαγεν αὐτὸν ἐπὶ τὸν Πιλάτον.

2 ἤρξαντο δὲ κατηγορεῖν αὐτοῦ, λέγοντες, Τοῦτον εὕρομεν διαστρέφοντα τὸ ἔθνος, καὶ κωλύοντα Καίσαρι φόρους διδόναι, λέγοντα ἑαυτὸν Χριστὸν βασιλέα εἶναι.

3 ὁ δὲ Πιλάτος ἐπηρώτησεν αὐτόν, λέγων, Σὺ εἶ ὁ βασιλεὺς τῶν Ἰουδαίων; ὁ δὲ ἀποκριθεὶς αὐτῷ ἔφη, Σὺ λέγεις.

4 ὁ δὲ Πιλάτος εἶπε πρὸς τοὺς ἀρχιερεῖς καὶ τοὺς ὄχλους, Οὐδὲν εὑρίσκω αἴτιον ἐν τῷ ἀνθρώπῳ τούτῳ.

5 οἱ δὲ ἐπίσχυον, λέγοντες ὅτι Ἀνασείει τὸν λαόν, διδάσκων καθ' ὅλης τῆς Ἰουδαίας, ἀρξάμενος ἀπὸ τῆς Γαλιλαίας ἕως ὧδε.

6 Πιλάτος δὲ ἀκούσας Γαλιλαίαν ἐπηρώτησεν εἰ ὁ ἄνθρωπος Γαλιλαῖός ἐστι.

7 καὶ ἐπιγνοὺς ὅτι ἐκ τῆς ἐξουσίας Ἡρώδου ἐστίν, ἀνέπεμψεν αὐτὸν πρὸς Ἡρώδην, ὄντα καὶ αὐτὸν ἐν Ἱεροσολύμοις ἐν ταύταις ταῖς ἡμέραις.

8 Ὁ δὲ Ἡρώδης ἰδὼν τὸν Ἰησοῦν ἐχάρη λίαν· ἦν γὰρ θέλων ἐξ ἱκανοῦ ἰδεῖν αὐτόν, διὰ τὸ ἀκούειν πολλὰ περὶ αὐτοῦ· καὶ ἤλπιζέ τι σημεῖον ἰδεῖν ὑπ' αὐτοῦ γινόμενον. 9 ἐπηρώτα δὲ αὐτὸν ἐν λόγοις ἱκανοῖς· αὐτὸς δὲ οὐδὲν ἀπεκρίνατο αὐτῷ. 10 εἱστήκεισαν δὲ οἱ ἀρχιερεῖς καὶ οἱ γραμματεῖς, εὐτόνως κατηγοροῦντες αὐτοῦ. 11 ἐξουθενήσας δὲ αὐτὸν ὁ Ἡρώδης σὺν τοῖς στρατεύμασιν αὐτοῦ, καὶ ἐμπαίξας, περιβαλὼν αὐτὸν ἐσθῆτα λαμπράν, ἀνέπεμψεν αὐτὸν τῷ Πιλάτῳ. 12 ἐγένοντο δὲ φίλοι ὅ τε Πιλάτος καὶ ὁ Ἡρώδης ἐν αὐτῇ τῇ ἡμέρᾳ μετ' ἀλλήλων· προϋπῆρχον γὰρ ἐν ἔχθρᾳ ὄντες πρὸς ἑαυτούς. 13 Πιλάτος δὲ συγκαλεσάμενος τοὺς ἀρχιερεῖς καὶ τοὺς ἄρχοντας καὶ τὸν λαόν, 14 εἶπε πρὸς αὐτούς, Προσηνέγκατέ μοι τὸν ἄνθρωπον τοῦτον, ὡς ἀποστρέφοντα τὸν λαόν· καὶ ἰδού, ἐγὼ ἐνώπιον ὑμῶν ἀνακρίνας οὐδὲν εὗρον ἐν τῷ ἀνθρώπῳ τούτῳ αἴτιον, ὧν κατηγορεῖτε κατ' αὐτοῦ· 15 ἀλλ' οὐδὲ Ἡρώδης· ἀνέπεμψα γὰρ ὑμᾶς πρὸς αὐτόν, καὶ ἰδού, οὐδέν, ἄξιον θανάτου ἐστὶ πεπραγμένον αὐτῷ. 16 παιδεύσας οὖν αὐτὸν ἀπολύσω. 17 ἀνάγκην δὲ εἶχεν ἀπολύειν αὐτοῖς κατὰ ἑορτὴν ἕνα.

18 ἀνέκραξαν δὲ παμπληθεί λέγοντες, Αἶρε τοῦτον, ἀπόλυσον δὲ ἡμῖν τὸν Βαραββᾶν· 19 ὅστις ἦν διὰ στάσιν τινὰ γενομένην ἐν τῇ πόλει καὶ φόνον, βεβλημένος εἰς φυλακήν. 20 πάλιν οὖν ὁ Πιλάτος προσεφώνησε, θέλων ἀπολῦσαι τὸν Ἰησοῦν. 21 οἱ δὲ ἐπεφώνουν, λέγοντες, Σταύρωσον, σταύρωσον αὐτόν. 22 ὁ δὲ τρίτον εἶπε πρὸς αὐτούς, Τί γὰρ κακὸν ἐποίησεν οὗτος; οὐδὲν αἴτιον θανάτου εὗρον ἐν αὐτῷ· παιδεύσας οὖν αὐτὸν ἀπολύσω. 23 οἱ δὲ ἐπέκειντο φωναῖς μεγάλαις, αἰτούμενοι αὐτὸν σταυρωθῆναι· καὶ κατίσχυον αἱ φωναὶ αὐτῶν καὶ τῶν ἀρχιερέων. 24 ὁ δὲ Πιλάτος ἐπέκρινε γενέσθαι τὸ αἴτημα αὐτῶν. 25 ἀπέλυσε δὲ αὐτοῖς τὸν διὰ στάσιν καὶ φόνον βεβλημένον εἰς τὴν φυλακήν, ὃν ᾐτοῦντο· τὸν δὲ Ἰησοῦν παρέδωκε τῷ θελήματι αὐτῶν. 26 Καὶ ὡς ἀπήγαγον αὐτόν, ἐπιλαβόμενοι Σίμωνός τινος Κυρηναίου τοῦ ἐρχομένου ἀπ' ἀγροῦ, ἐπέθηκαν αὐτῷ τὸν σταυρόν, φέρειν ὄπισθεν τοῦ Ἰησοῦ. 27 Ἠκολούθει δὲ αὐτῷ πολὺ πλῆθος τοῦ λαοῦ, καὶ γυναικῶν αἳ καὶ ἐκόπτοντο καὶ ἐθρήνουν αὐτόν. 28 στραφεὶς δὲ πρὸς αὐτὰς ὁ Ἰησοῦς εἶπε, Θυγατέρες Ἰερουσαλήμ, μὴ κλαίετε ἐπ' ἐμέ,

πλὴν ἐφ' ἑαυτὰς κλαίετε καὶ ἐπὶ τὰ τέκνα ὑμῶν

29 ὅτι ἰδού, ἔρχονται ἡμέραι ἐν αἷς ἐροῦσι, Μακάριαι αἱ στεῖραι, καὶ κοιλίαι αἳ οὐκ ἐγέννησαν, καὶ μαστοὶ οἳ οὐκ ἔθήλασαν.

30 τότε ἄρξονται λέγειν τοῖς ὄρεσι, Πέσετε ἐφ' ἡμᾶς· καὶ τοῖς βουνοῖς, Καλύψατε ἡμᾶς.

31 ὅτι εἰ ἐν τῷ ὑγρῷ ξύλῳ ταῦτα ποιοῦσιν, ἐν τῷ ξηρῷ τί γένηται;

32 Ἤγοντο δὲ καὶ ἕτεροι δύο κακοῦργοι σὺν αὐτῷ ἀναιρεθῆναι.

33 Καὶ ὅτε ἀπῆλθον ἐπὶ τὸν τόπον τὸν καλούμενον Κρανίον, ἐκεῖ ἐσταύρωσαν αὐτόν, καὶ τοὺς κακούργους, ὃν μὲν ἐκ δεξιῶν, ὃν δὲ ἐξ ἀριστερῶν.

34 ὁ δὲ Ἰησοῦς ἔλεγε, Πάτερ, ἄφες αὐτοῖς· οὐ γὰρ οἴδασι τί ποιοῦσι. διαμεριζόμενοι δὲ τὰ ἱμάτια αὐτοῦ, ἔβαλον κλῆρον.

35 καὶ εἱστήκει ὁ λαὸς θεωρῶν. ἐξεμυκτήριζον δὲ καὶ οἱ ἄρχοντες σὺν αὐτοῖς, λέγοντες, Ἄλλους ἔσωσε, σωσάτω ἑαυτόν, εἰ οὗτός ἐστιν ὁ Χριστός, ὁ τοῦ Θεοῦ ἐκλεκτός.

36 ἐνέπαιζον δὲ αὐτῷ καὶ οἱ στρατιῶται, προσερχόμενοι καὶ ὄξος προσφέροντες αὐτῷ,

37 καὶ λέγοντες, Εἰ σὺ εἶ ὁ βασιλεὺς τῶν Ἰουδαίων, σῶσον σεαυτόν.

38 ἦν δὲ καὶ ἐπιγραφὴ γεγραμμένη ἐπ' αὐτῷ γράμμασιν Ἑλληνικοῖς καὶ Ῥωμαϊκοῖς καὶ Ἑβραϊκοῖς, Οὗτός ἐστιν ὁ βασιλεὺς τῶν Ἰουδαίων.

39 Εἷς δὲ τῶν κρεμασθέντων κακούργων ἐβλασφήμει αὐτόν, λέγων, Εἰ σὺ εἶ ὁ Χριστός, σῶσον σεαυτὸν καὶ ἡμᾶς.

40 ἀποκριθεὶς δὲ ὁ ἕτερος ἐπετίμα αὐτῷ, λέγων, Οὐδὲ φοβῇ σὺ τὸν Θεόν, ὅτι ἐν τῷ αὐτῷ κρίματι εἶ;

41 καὶ ἡμεῖς μὲν δικαίως, ἄξια γὰρ ὧν ἐπράξαμεν ἀπολαμβάνομεν· οὗτος δὲ οὐδὲν ἄτοπον ἔπραξε.

42 καὶ ἔλεγε τῷ Ἰησοῦ, Μνήσθητί μου, Κύριε, ὅταν ἔλθῃς ἐν τῇ βασιλείᾳ σου.

43 καὶ εἶπεν αὐτῷ, ὁ Ἰησοῦς, Ἀμὴν λέγω σοι, σήμερον μετ' ἐμοῦ ἔσῃ ἐν τῷ παραδείσῳ.

44 Ἦν δὲ ὡσεὶ ὥρα ἕκτη, καὶ σκότος ἐγένετο ἐφ' ὅλην τὴν γῆν ἕως ὥρας ἐννάτης

45 καὶ ἐσκοτίσθη ὁ ἥλιος, καὶ ἐσχίσθη τὸ καταπέτασμα τοῦ ναοῦ μέσον.

46 καὶ φωνήσας φωνῇ μεγάλῃ ὁ Ἰησοῦς εἶπε, Πάτερ, εἰς χεῖράς σου παραθήσομαι τὸ πνεῦμά μου· καὶ ταῦτα εἰπὼν ἐξέπνευσεν.

47 ἰδὼν δὲ ὁ ἑκατόνταρχος τὸ γενόμενον, ἐδόξασε τὸν Θεόν, λέγων, Ὄντως ὁ ἄνθρωπος οὗτος δίκαιος ἦν.

48 καὶ πάντες οἱ συμπαραγενόμενοι ὄχλοι ἐπὶ τὴν θεωρίαν ταύτην, θεωροῦντες τὰ γενόμενα, τύπτοντες ἑαυτῶν τὰ στήθη ὑπέστρεφον.

49 εἱστήκεισαν δὲ πάντες οἱ γνωστοὶ αὐτοῦ μακρόθεν, καὶ γυναῖκες αἱ συνακολουθήσασαι

αὐτῷ ἀπὸ τῆς Γαλιλαίας, ὁρῶσαι ταῦτα.

50 Καὶ ἰδού, ἀνὴρ ὀνόματι Ἰωσήφ, βουλευτὴς ὑπάρχων, ἀνὴρ ἀγαθὸς καὶ δίκαιος

51 (οὗτος οὐκ ἦν συγκατατεθειμένος τῇ βουλῇ καὶ τῇ πράξει αὐτῶν), ἀπὸ Ἀριμαθαίας πόλεως τῶν Ἰουδαίων, ὃς καὶ προσεδέχετο καὶ αὐτὸς τὴν βασιλείαν τοῦ Θεοῦ·

52 οὗτος προσελθὼν τῷ Πιλάτῳ ᾐτήσατο τὸ σῶμα τοῦ Ἰησοῦ.

53 καὶ καθελὼν αὐτὸ ἐνετύλιξεν αὐτὸ σινδόνι, καὶ ἔθηκεν αὐτὸ ἐν μνήματι λαξευτῷ, οὗ οὐκ ἦν οὐδέπω οὐδεὶς κείμενος.

54 καὶ ἡμέρα ἦν Παρασκευή, καὶ σάββατον ἐπέφωσκε.

55 κατακολουθήσασαι δὲ καὶ γυναῖκες, αἵτινες ἦσαν συνεληλυθυῖαι αὐτῷ ἐκ τῆς Γαλιλαίας, ἐθεάσαντο τὸ μνημεῖον, καὶ ὡς ἐτέθη τὸ σῶμα αὐτοῦ.

56 ὑποστρέψασαι δὲ ἡτοίμασαν ἀρώματα καὶ μύρα. Καὶ τὸ μὲν σάββατον ἡσύχασαν κατὰ τὴν ἐντολήν

CHAPTER 24

1 τῇ δὲ μιᾷ τῶν σαββάτων, ὄρθρου βαθέος, ἦλθον ἐπὶ τὸ μνῆμα, φέρουσαι ἃ ἡτοίμασαν ἀρώματα, καί τινες σὺν αὐταῖς

2 εὗρον δὲ τὸν λίθον ἀποκεκυλισμένον ἀπὸ τοῦ μνημείου

3 καὶ εἰσελθοῦσαι οὐχ εὗρον τὸ σῶμα τοῦ Κυρίου Ἰησοῦ.

4 καὶ ἐγένετο ἐν τῷ διαπορεῖσθαι αὐτὰς περὶ τούτου, καὶ ἰδού, δύο ἄνδρες ἐπέστησαν αὐταῖς ἐν ἐσθήσεσιν ἀστραπτούσαις·

5 ἐμφόβων δὲ γενομένων αὐτῶν, καὶ κλινουσῶν τὸ πρόσωπον εἰς τὴν γῆν, εἶπον πρὸς αὐτάς, Τί ζητεῖτε τὸν ζῶντα μετὰ τῶν νεκρῶν;

6 οὐκ ἔστιν ὧδε, ἀλλ' ἠγέρθη· μνήσθητε ὡς ἐλάλησεν ὑμῖν, ἔτι ὢν ἐν τῇ Γαλιλαίᾳ,

7 λέγων, ὅτι δεῖ τὸν υἱὸν τοῦ ἀνθρώπου παραδοθῆναι εἰς χεῖρας ἀνθρώπων ἁμαρτωλῶν, καὶ σταυρωθῆναι, καὶ τῇ τρίτῃ ἡμέρᾳ ἀναστῆναι.

8 καὶ ἐμνήσθησαν τῶν ῥημάτων αὐτοῦ,

9 καὶ ὑποστρέψασαι ἀπὸ τοῦ μνημείου, ἀπήγγειλαν ταῦτα πάντα τοῖς ἔνδεκα καὶ πᾶσι τοῖς λοιποῖς.

10 ἦσαν δὲ ἡ Μαγδαληνὴ Μαρία καὶ Ἰωάννα καὶ Μαρία Ἰακώβου, καὶ αἱ λοιπαὶ σὺν αὐταῖς, αἳ ἔλεγον πρὸς τοὺς ἀποστόλους ταῦτα.

11 καὶ ἐφάνησαν ἐνώπιον αὐτῶν ὡσεὶ λῆρος τὰ ῥήματα αὐτῶν, καὶ ἠπίστουν αὐταῖς.

12 ὁ δὲ Πέτρος ἀναστὰς ἔδραμεν ἐπὶ τὸ μνημεῖον, καὶ παρακύψας βλέπει τὰ ὀθόνια κείμενα μόνα· καὶ ἀπῆλθε, πρὸς ἑαυτὸν θαυμάζων τὸ γεγονός.

13 Καὶ ἰδού, δύο ἐξ αὐτῶν ἦσαν πορευόμενοι ἐν αὐτῇ τῇ ἡμέρᾳ εἰς κώμην ἀπέχουσαν σταδίους ἑξήκοντα ἀπὸ Ἰερουσαλήμ, ᾗ ὄνομα Ἐμμαούς.

14 καὶ αὐτοὶ ὡμίλουν πρὸς ἀλλήλους περὶ πάντων τῶν συμβεβηκότων τούτων.

15 καὶ ἐγένετο ἐν τῷ ὁμιλεῖν αὐτοὺς καὶ συζητεῖν, καὶ αὐτὸς ὁ Ἰησοῦς ἐγγίσας συνεπορεύετο αὐτοῖς

16 οἱ δὲ ὀφθαλμοὶ αὐτῶν ἐκρατοῦντο τοῦ μὴ ἐπιγνῶναι αὐτόν.

17 εἶπε δὲ πρὸς αὐτούς, Τίνες οἱ λόγοι οὗτοι οὓς ἀντιβάλλετε πρὸς ἀλλήλους περιπατοῦντες, καὶ ἐστὲ σκυθρωποί;

18 ἀποκριθεὶς δὲ ὁ εἷς ᾧ ὄνομα Κλεόπας, εἶπε πρὸς αὐτόν, Σὺ μόνος παροικεῖς ἐν Ἰερουσαλήμ, καὶ οὐκ ἔγνως τὰ γενόμενα ἐν αὐτῇ ἐν ταῖς ἡμέραις ταύταις;

19 καὶ εἶπεν αὐτοῖς, Ποῖα; οἱ δὲ εἶπον αὐτῷ, Τὰ περὶ Ἰησοῦ τοῦ Ναζωραίου, ὃς ἐγένετο ἀνὴρ προφήτης δυνατὸς ἐν ἔργῳ καὶ λόγῳ ἐναντίον τοῦ Θεοῦ καὶ παντὸς τοῦ λαοῦ·

20 ὅπως τε παρέδωκαν αὐτὸν οἱ ἀρχιερεῖς καὶ οἱ ἄρχοντες ἡμῶν εἰς κρίμα θανάτου, καὶ ἐσταύρωσαν αὐτόν.

21 ἡμεῖς δὲ ἠλπίζομεν ὅτι αὐτός ἐστιν ὁ μέλλων λυτροῦσθαι τὸν Ἰσραήλ. ἀλλά γε σὺν πᾶσι τούτοις τρίτην ταύτην ἡμέραν ἄγει σήμερον ἀφ' οὗ ταῦτα ἐγένετο.

22 ἀλλὰ καὶ γυναῖκές τινες ἐξ ἡμῶν ἐξέστησαν ἡμᾶς, γενόμεναι ὄρθριαι ἐπὶ τὸ μνημεῖον·

23 καὶ μὴ εὑροῦσαι τὸ σῶμα αὐτοῦ, ἦλθον λέγουσαι καὶ ὀπτασίαν ἀγγέλων ἑωρακέναι, οἳ λέγουσιν αὐτὸν ζῆν.

24 καὶ ἀπῆλθόν τινες τῶν σὺν ἡμῖν ἐπὶ τὸ μνημεῖον, καὶ εὗρον οὕτω καθὼς καὶ αἱ γυναῖκες εἶπον· αὐτὸν δὲ οὐκ εἶδον.

25 καὶ αὐτὸς εἶπε πρὸς αὐτούς, Ὦ ἀνόητοι καὶ βραδεῖς τῇ καρδίᾳ τοῦ πιστεύειν ἐπὶ πᾶσιν οἷς ἐλάλησαν οἱ προφῆται·

26 οὐχὶ ταῦτα ἔδει παθεῖν τὸν Χριστόν, καὶ εἰσελθεῖν εἰς τὴν δόξαν αὐτοῦ;

27 καὶ ἀρξάμενος ἀπὸ Μωσέως καὶ ἀπὸ πάντων τῶν προφητῶν, διηρμήνευεν αὐτοῖς ἐν πάσαις ταῖς γραφαῖς τὰ περὶ ἑαυτοῦ.

28 καὶ ἤγγισαν εἰς τὴν κώμην οὗ ἐπορεύοντο· καὶ αὐτὸς προσεποιεῖτο πορρωτέρω πορεύεσθαι.

29 καὶ παρεβιάσαντο αὐτόν, λέγοντες, Μεῖνον μεθ' ἡμῶν, ὅτι πρὸς ἑσπέραν ἐστί, καὶ κέκλικεν ἡ ἡμέρα. καὶ εἰσῆλθε τοῦ μεῖναι σὺν αὐτοῖς.

30 καὶ ἐγένετο ἐν τῷ κατακλιθῆναι αὐτὸν μετ' αὐτῶν, λαβὼν τὸν ἄρτον εὐλόγησε, καὶ κλάσας ἐπεδίδου αὐτοῖς.

31 αὐτῶν δὲ διηνοίχθησαν οἱ ὀφθαλμοί, καὶ ἐπέγνωσαν αὐτόν· καὶ αὐτὸς ἄφαντος ἐγένετο ἀπ' αὐτῶν.

32 καὶ εἶπον πρὸς ἀλλήλους, Οὐχὶ ἡ καρδία ἡμῶν καιομένη ἦν ἐν ἡμῖν, ὡς ἐλάλει ἡμῖν ἐν τῇ ὁδῷ, καὶ ὡς διήνοιγεν ἡμῖν τὰς γραφάς;

33 καὶ ἀναστάντες αὐτῇ τῇ ὥρᾳ, ὑπέστρεψαν εἰς Ἰερουσαλήμ, καὶ

εὗρον συνηθροισμένους τοὺς ἕνδεκα καὶ τοὺς σὺν αὐτοῖς,

34 λέγοντας, ὅτι Ἠγέρθη ὁ Κύριος ὄντως, καὶ ὤφθη Σίμωνι.

35 καὶ αὐτοὶ ἐξηγοῦντο τὰ ἐν τῇ ὁδῷ, καὶ ὡς ἐγνώσθη αὐτοῖς ἐν τῇ κλάσει τοῦ ἄρτου.

36 Ταῦτα δὲ αὐτῶν λαλούντων, αὐτὸς ὁ Ἰησοῦς ἔστη ἐν μέσῳ αὐτῶν, καὶ λέγει αὐτοῖς, Εἰρήνη ὑμῖν.

37 πτοηθέντες δὲ καὶ ἔμφοβοι γενόμενοι ἐδόκουν πνεῦμα θεωρεῖν.

38 καὶ εἶπεν αὐτοῖς, Τί τεταραγμένοι ἐστέ, καὶ διατί διαλογισμοὶ ἀναβαίνουσιν ἐν ταῖς καρδίαις ὑμῶν;

39 ἴδετε τὰς χεῖράς μου καὶ τοὺς πόδας μου, ὅτι αὐτὸς ἐγώ εἰμι· ψηλαφήσατέ με καὶ ἴδετε, ὅτι πνεῦμα σάρκα καὶ ὀστέα οὐκ ἔχει, καθὼς ἐμὲ θεωρεῖτε ἔχοντα.

40 καὶ τοῦτο εἰπὼν ἐπέδειξεν αὐτοῖς τὰς χεῖρας καὶ τοὺς πόδας.

41 ἔτι δὲ ἀπιστούντων αὐτῶν ἀπὸ τῆς χαρᾶς καὶ θαυμαζόντων, εἶπεν αὐτοῖς, Ἔχετέ τι βρώσιμον ἐνθάδε;

42 οἱ δὲ ἐπέδωκαν αὐτῷ ἰχθύος ὀπτοῦ μέρος, καὶ ἀπὸ μελισσίου κηρίου.

43 καὶ λαβὼν ἐνώπιον αὐτῶν ἔφαγεν.

44 Εἶπε δὲ αὐτοῖς, Οὗτοι οἱ λόγοι, οὓς ἐλάλησα πρὸς ὑμᾶς ἔτι ὢν σὺν ὑμῖν, ὅτι δεῖ πληρωθῆναι πάντα τὰ γεγραμμένα ἐν τῷ νόμῳ Μωσέως καὶ προφήταις καὶ ψαλμοῖς περὶ ἐμοῦ.

45 τότε διήνοιξεν αὐτῶν τὸν νοῦν, τοῦ συνιέναι τὰς γραφάς·

46 καὶ εἶπεν αὐτοῖς ὅτι Οὕτω γέγραπται, καὶ οὕτως ἔδει παθεῖν τὸν Χριστόν, καὶ ἀναστῆναι ἐκ νεκρῶν τῇ τρίτῃ ἡμέρᾳ,

47 καὶ κηρυχθῆναι ἐπὶ τῷ ὀνόματι αὐτοῦ μετάνοιαν καὶ ἄφεσιν ἁμαρτιῶν εἰς πάντα τὰ ἔθνη, ἀρξάμενον ἀπὸ Ἰερουσαλήμ

48 ὑμεῖς δὲ ἐστε μάρτυρες τούτων.

49 καὶ ἰδού, ἐγὼ ἀποστέλλω τὴν ἐπαγγελίαν τοῦ πατρός μου ἐφ' ὑμᾶς· ὑμεῖς δὲ καθίσατε ἐν τῇ πόλει Ἰερουσαλήμ, ἕως οὗ ἐνδύσησθε δύναμιν ἐξ ὕψους.

50 Ἐξήγαγε δὲ αὐτοὺς ἔξω ἕως εἰς Βηθανίαν· καὶ ἐπάρας τὰς χεῖρας αὐτοῦ εὐλόγησεν αὐτούς.

51 καὶ ἐγένετο ἐν τῷ εὐλογεῖν αὐτὸν αὐτούς, διέστη ἀπ' αὐτῶν, καὶ ἀνεφέρετο εἰς τὸν οὐρανόν.

52 καὶ αὐτοὶ προσκυνήσαντες αὐτόν, ὑπέστρεψαν εἰς Ἰερουσαλὴμ μετὰ χαρᾶς μεγάλης·

53 καὶ ἦσαν δια παντὸς ἐν τῷ ἱερῷ, αἰνοῦντες καὶ εὐλογοῦντες τὸν Θεόν. Ἀμήν.

ΕΥΑΓΓΕΛΙΟΝ ΤΟ ΚΑΤΑ ΙΩΑΝΝΗΝ

ΙΩΑ CHAPTER 1

Ἐν ἀρχῇ ἦν ὁ λόγος, καὶ ὁ λόγος ἦν πρὸς τὸν Θεόν, καὶ Θεὸς ἦν ὁ λόγος.

2 οὗτος ἦν ἐν ἀρχῇ πρὸς τὸν Θεόν.

3 πάντα δι᾽ αὐτοῦ ἐγένετο, καὶ χωρὶς αὐτοῦ ἐγένετο οὐδὲ ἕν ὃ γέγονεν.

4 ἐν αὐτῷ ζωὴ ἦν, καὶ ἡ ζωὴ ἦν τὸ φῶς τῶν ἀνθρώπων,

5 καὶ τὸ φῶς ἐν τῇ σκοτίᾳ φαίνει, καὶ ἡ σκοτία αὐτὸ οὐ κατέλαβεν.

6 ἐγένετο ἄνθρωπος ἀπεσταλμένος παρὰ Θεοῦ, ὄνομα αὐτῷ Ἰωάννης

7 οὗτος ἦλθεν εἰς μαρτυρίαν, ἵνα μαρτυρήσῃ περὶ τοῦ φωτός, ἵνα πάντες πιστεύσωσι δι᾽ αὐτοῦ.

8 οὐκ ἦν ἐκεῖνος τὸ φῶς, ἀλλ᾽ ἵνα μαρτυρήσῃ περὶ τοῦ φωτός.

9 ἦν τὸ φῶς τὸ ἀληθινόν, ὃ φωτίζει πάντα ἄνθρωπον ἐρχόμενον εἰς τὸν κόσμον.

10 ἐν τῷ κόσμῳ ἦν, καὶ ὁ κόσμος δι᾽ αὐτοῦ ἐγένετο, καὶ ὁ κόσμος αὐτὸν οὐκ ἔγνω.

11 εἰς τὰ ἴδια ἦλθε, καὶ οἱ ἴδιοι αὐτὸν οὐ παρέλαβον.

12 ὅσοι δὲ ἔλαβον αὐτόν, ἔδωκεν αὐτοῖς ἐξουσίαν τέκνα Θεοῦ γενέσθαι, τοῖς πιστεύουσιν εἰς τὸ ὄνομα αὐτοῦ·

13 οἳ οὐκ ἐξ αἱμάτων, οὐδὲ ἐκ θελήματος σαρκός, οὐδὲ ἐκ θελήματος ἀνδρός, ἀλλ᾽ ἐκ Θεοῦ ἐγεννήθησαν.

14 καὶ ὁ λόγος σὰρξ ἐγένετο, καὶ ἐσκήνωσεν ἐν ἡμῖν, (καὶ ἐθεασάμεθα τὴν δόξαν αὐτοῦ, δόξαν ὡς μονογενοῦς παρὰ πατρός), πλήρης χάριτος καὶ ἀληθείας.

15 Ἰωάννης μαρτυρεῖ περὶ αὐτοῦ, καὶ κέκραγε λέγων, Οὗτος ἦν ὃν εἶπον, Ὁ ὀπίσω μου ἐρχόμενος ἔμπροσθέν μου γέγονεν· ὅτι πρῶτός μου ἦν.

16 καὶ ἐκ τοῦ πληρώματος αὐτοῦ ἡμεῖς πάντες ἐλάβομεν, καὶ χάριν ἀντὶ χάριτος

17 ὅτι ὁ νόμος διὰ Μωσέως ἐδόθη, ἡ χάρις καὶ ἡ ἀλήθεια διὰ Ἰησοῦ Χριστοῦ ἐγένετο.

18 Θεὸν οὐδεὶς ἑώρακε πώποτε· ὁ μονογενὴς υἱός, ὁ ὢν εἰς τὸν κόλπον τοῦ πατρός ἐκεῖνος ἐξηγήσατο.

19 Καὶ αὕτη ἐστὶν ἡ μαρτυρία τοῦ Ἰωάννου, ὅτε ἀπέστειλαν οἱ Ἰουδαῖοι ἐξ Ἱεροσολύμων ἱερεῖς καὶ Λευΐτας ἵνα ἐρωτήσωσιν αὐτόν, Σὺ τίς εἶ;

20 καὶ ὡμολόγησε, καὶ οὐκ ἠρνήσατο· καὶ ὡμολόγησεν ὅτι Οὐκ εἰμὶ ἐγὼ ὁ Χριστός.

21 καὶ ἠρώτησαν αὐτόν, Τί οὖν; Ἡλίας εἶ σύ; καὶ λέγει, Οὐκ εἰμί. Ὁ προφήτης εἶ σύ; καὶ ἀπεκρίθη, Οὔ.

22 εἶπον οὖν αὐτῷ, Τίς εἶ; ἵνα ἀπόκρισιν δῶμεν τοῖς πέμψασιν ἡμᾶς· τί λέγεις περὶ σεαυτοῦ;

23 ἔφη, Ἐγὼ φωνὴ βοῶντος ἐν τῇ ἐρήμῳ, Εὐθύνατε τὴν ὁδὸν Κυρίου, καθὼς εἶπεν Ἡσαΐας ὁ προφήτης.

24 καὶ οἱ ἀπεσταλμένοι ἦσαν ἐκ τῶν Φαρισαίων.

25 καὶ ἠρώτησαν αὐτόν, καὶ εἶπον αὐτῷ, Τί οὖν βαπτίζεις, εἰ σὺ οὐκ εἶ ὁ Χριστός, οὔτε Ἠλίας, οὔτε ὁ προφήτης;
26 ἀπεκρίθη αὐτοῖς ὁ Ἰωάννης, λέγων, Ἐγὼ βαπτίζω ἐν ὕδατι· μέσος δὲ ὑμῶν ἕστηκεν ὃν ὑμεῖς οὐκ οἴδατε
27 αὐτός ἐστιν ὁ ὀπίσω μου ἐρχόμενος, ὃς ἔμπροσθέν μου γέγονεν· οὗ ἐγὼ οὐκ εἰμὶ ἄξιος ἵνα λύσω αὐτοῦ τὸν ἱμάντα τοῦ ὑποδήματος.
28 ταῦτα ἐν Βηθαβαρᾷ ἐγένετο πέραν τοῦ Ἰορδάνου, ὅπου ἦν Ἰωάννης βαπτίζων.
29 Τῇ ἐπαύριον βλέπει ὁ Ἰωάννης τὸν Ἰησοῦν ἐρχόμενον πρὸς αὐτόν, καὶ λέγει, Ἴδε ὁ ἀμνὸς τοῦ Θεοῦ, ὁ αἴρων τὴν ἁμαρτίαν τοῦ κόσμου.
30 οὗτός ἐστι περὶ οὗ ἐγὼ εἶπον, Ὀπίσω μου ἔρχεται ἀνήρ, ὃς ἔμπροσθέν μου γέγονεν, ὅτι πρῶτός μου ἦν.
31 κἀγὼ οὐκ ᾔδειν αὐτόν· ἀλλ᾽ ἵνα φανερωθῇ τῷ Ἰσραήλ, διὰ τοῦτο ἦλθον ἐγὼ ἐν τῷ ὕδατι βαπτίζων.
32 καὶ ἐμαρτύρησεν Ἰωάννης, λέγων ὅτι Τεθέαμαι τὸ Πνεῦμα καταβαῖνον ὡσεὶ περιστερὰν ἐξ οὐρανοῦ, καὶ ἔμεινεν ἐπ᾽ αὐτόν.
33 κἀγὼ οὐκ ᾔδειν αὐτόν· ἀλλ᾽ ὁ πέμψας με βαπτίζειν ἐν ὕδατι, ἐκεῖνός μοι εἶπεν, Ἐφ᾽ ὃν ἂν ἴδῃς τὸ Πνεῦμα καταβαῖνον καὶ μένον ἐπ᾽ αὐτόν, οὗτός ἐστιν ὁ βαπτίζων ἐν Πνεύματι Ἁγίῳ.
34 κἀγὼ ἑώρακα, καὶ μεμαρτύρηκα ὅτι οὗτός ἐστιν ὁ υἱὸς τοῦ Θεοῦ.

35 Τῇ ἐπαύριον πάλιν εἱστήκει ὁ Ἰωάννης, καὶ ἐκ τῶν μαθητῶν αὐτοῦ δύο·
36 καὶ ἐμβλέψας τῷ Ἰησοῦ περιπατοῦντι, λέγει, Ἴδε ὁ ἀμνὸς τοῦ Θεοῦ.
37 καὶ ἤκουσαν αὐτοῦ οἱ δύο μαθηταὶ λαλοῦντος, καὶ ἠκολούθησαν τῷ Ἰησοῦ.
38 στραφεὶς δὲ ὁ Ἰησοῦς καὶ θεασάμενος αὐτοὺς ἀκολουθοῦντας, λέγει αὐτοῖς, Τί ζητεῖτε; οἱ δὲ εἶπον αὐτῷ, Ῥαββί (ὃ λέγεται ἑρμηνευόμενον, Διδάσκαλε), ποῦ μένεις;
39 λέγει αὐτοῖς, Ἔρχεσθε καὶ ἴδετε. ἦλθον καὶ εἶδον ποῦ μένει· καὶ παρ᾽ αὐτῷ ἔμειναν τὴν ἡμέραν ἐκείνην· ὥρα δὲ ἦν ὡς δεκάτη.
40 ἦν Ἀνδρέας ὁ ἀδελφὸς Σίμωνος Πέτρου εἷς ἐκ τῶν δύο τῶν ἀκουσάντων παρὰ Ἰωάννου καὶ ἀκολουθησάντων αὐτῷ.
41 εὑρίσκει οὗτος πρῶτος τὸν ἀδελφὸν τὸν ἴδιον Σίμωνα, καὶ λέγει αὐτῷ, Εὑρήκαμεν τὸν Μεσσίαν, (ὅ ἐστι μεθερμηνευόμενον, ὁ Χριστός).
42 καὶ ἤγαγεν αὐτὸν πρὸς τὸν Ἰησοῦν. ἐμβλέψας δὲ αὐτῷ ὁ Ἰησοῦς εἶπε, Σὺ εἶ Σίμων ὁ υἱὸς Ἰωνᾶ· σὺ κληθήσῃ Κηφᾶς, (ὃ ἑρμηνεύεται Πέτρος).
43 Τῇ ἐπαύριον ἠθέλησεν ὁ Ἰησοῦς ἐξελθεῖν εἰς τὴν Γαλιλαίαν, καὶ εὑρίσκει Φίλιππον, καὶ λέγει αὐτῷ, Ἀκολούθει μοι.

171

44 ἦν δὲ ὁ Φίλιππος ἀπὸ Βηθσαϊδά, ἐκ τῆς πόλεως Ἀνδρέου καὶ Πέτρου.

45 εὑρίσκει Φίλιππος τὸν Ναθαναήλ, καὶ λέγει αὐτῷ, Ὃν ἔγραψε Μωσῆς ἐν τῷ νόμῳ καὶ οἱ προφῆται εὑρήκαμεν, Ἰησοῦν τὸν υἱὸν τοῦ Ἰωσὴφ τὸν ἀπὸ Ναζαρέθ.

46 καὶ εἶπεν αὐτῷ Ναθαναήλ, Ἐκ Ναζαρὲθ δύναταί τι ἀγαθὸν εἶναι; λέγει αὐτῷ Φίλιππος, Ἔρχου καὶ ἴδε.

47 εἶδεν ὁ Ἰησοῦς τὸν Ναθαναὴλ ἐρχόμενον πρὸς αὐτόν, καὶ λέγει περὶ αὐτοῦ, Ἴδε ἀληθῶς Ἰσραηλίτης, ἐν ᾧ δόλος οὐκ ἔστι.

48 λέγει αὐτῷ Ναθαναήλ, Πόθεν με γινώσκεις; ἀπεκρίθη ὁ Ἰησοῦς καὶ εἶπεν αὐτῷ, Πρὸ τοῦ σε Φίλιππον φωνῆσαι, ὄντα ὑπὸ τὴν συκῆν, εἶδόν σε.

49 ἀπεκρίθη Ναθαναὴλ καὶ λέγει αὐτῷ, Ῥαββί, σὺ εἶ ὁ υἱὸς τοῦ Θεοῦ, σὺ εἶ ὁ βασιλεὺς τοῦ Ἰσραήλ.

50 ἀπεκρίθη Ἰησοῦς καὶ εἶπεν αὐτῷ, Ὅτι εἶπόν σοι, εἶδόν σε ὑποκάτω τῆς συκῆς, πιστεύεις; μείζω τούτων ὄψει.

51 καὶ λέγει αὐτῷ, Ἀμὴν ἀμὴν λέγω ὑμῖν, ἀπ' ἄρτι ὄψεσθε τὸν οὐρανὸν ἀνεῳγότα, καὶ τοὺς ἀγγέλους τοῦ Θεοῦ ἀναβαίνοντας καὶ καταβαίνοντας ἐπὶ τὸν υἱὸν τοῦ ἀνθρώπου.

CHAPTER 2

1 Καὶ τῇ ἡμέρᾳ τῇ τρίτῃ γάμος ἐγένετο ἐν Κανᾷ τῆς Γαλιλαίας, καὶ ἦν ἡ μήτηρ τοῦ Ἰησοῦ ἐκεῖ·

2 ἐκλήθη δὲ καὶ ὁ Ἰησοῦς καὶ οἱ μαθηταὶ αὐτοῦ εἰς τὸν γάμον.

3 καὶ ὑστερήσαντος οἴνου, λέγει ἡ μήτηρ τοῦ Ἰησοῦ πρὸς αὐτόν, Οἶνον οὐκ ἔχουσι.

4 λέγει αὐτῇ ὁ Ἰησοῦς, Τί ἐμοὶ καὶ σοί, γύναι; οὔπω ἥκει ἡ ὥρα μου.

5 λέγει ἡ μήτηρ αὐτοῦ τοῖς διακόνοις, Ὅ τι ἂν λέγῃ ὑμῖν, ποιήσατε.

6 ἦσαν δὲ ἐκεῖ ὑδρίαι λίθιναι ἓξ κείμεναι κατὰ τὸν καθαρισμὸν τῶν Ἰουδαίων, χωροῦσαι ἀνὰ μετρητὰς δύο ἢ τρεῖς.

7 λέγει αὐτοῖς ὁ Ἰησοῦς, Γεμίσατε τὰς ὑδρίας ὕδατος. καὶ ἐγέμισαν αὐτὰς ἕως ἄνω.

8 καὶ λέγει αὐτοῖς, Ἀντλήσατε νῦν, καὶ φέρετε τῷ ἀρχιτρικλίνῳ. καὶ ἤνεγκαν.

9 ὡς δὲ ἐγεύσατο ὁ ἀρχιτρίκλινος τὸ ὕδωρ οἶνον γεγενημένον, καὶ οὐκ ᾔδει πόθεν ἐστίν (οἱ δὲ διάκονοι ᾔδεισαν οἱ ἠντληκότες τὸ ὕδωρ), φωνεῖ τὸν νυμφίον ὁ ἀρχιτρίκλινος,

10 καὶ λέγει αὐτῷ, Πᾶς ἄνθρωπος πρῶτον τὸν καλὸν οἶνον τίθησι, καὶ ὅταν μεθυσθῶσι, τότε τὸν ἐλάσσω· σὺ τετήρηκας τὸν καλὸν οἶνον ἕως ἄρτι.

11 ταύτην ἐποίησε τὴν ἀρχὴν τῶν σημείων ὁ Ἰησοῦς ἐν Κανᾷ τῆς Γαλιλαίας καὶ ἐφανέρωσε τὴν

δόξαν αὐτοῦ· καὶ ἐπίστευσαν εἰς αὐτὸν οἱ μαθηταὶ αὐτοῦ.

12 Μετὰ τοῦτο κατέβη εἰς Καπερναούμ, αὐτὸς καὶ ἡ μήτηρ αὐτοῦ, καὶ οἱ ἀδελφοὶ αὐτοῦ, καὶ οἱ μαθηταὶ αὐτοῦ· καὶ ἐκεῖ ἔμειναν οὐ πολλὰς ἡμέρας.

13 Καὶ ἐγγὺς ἦν τὸ πάσχα τῶν Ἰουδαίων, καὶ ἀνέβη εἰς Ἱεροσόλυμα ὁ Ἰησοῦς.

14 καὶ εὗρεν ἐν τῷ ἱερῷ τοὺς πωλοῦντας βόας καὶ πρόβατα καὶ περιστεράς, καὶ τοὺς κερματιστὰς καθημένους

15 καὶ ποιήσας φραγέλλιον ἐκ σχοινίων πάντας ἐξέβαλεν ἐκ τοῦ ἱεροῦ, τά τε πρόβατα καὶ τοὺς βόας· καὶ τῶν κολλυβιστῶν ἐξέχεε τὸ κέρμα, καὶ τὰς τραπέζας ἀνέστρεψε·

16 καὶ τοῖς τὰς περιστερὰς πωλοῦσιν εἶπεν, Ἄρατε ταῦτα ἐντεῦθεν· μὴ ποιεῖτε τὸν οἶκον τοῦ πατρός μου οἶκον ἐμπορίου.

17 ἐμνήσθησαν δὲ οἱ μαθηταὶ αὐτοῦ ὅτι γεγραμμένον ἐστίν, Ὁ ζῆλος τοῦ οἴκου σου κατέφαγέ με.

18 ἀπεκρίθησαν οὖν οἱ Ἰουδαῖοι καὶ εἶπον αὐτῷ, Τί σημεῖον δεικνύεις ἡμῖν, ὅτι ταῦτα ποιεῖς;

19 ἀπεκρίθη ὁ Ἰησοῦς καὶ εἶπεν αὐτοῖς, Λύσατε τὸν ναὸν τοῦτον, καὶ ἐν τρισὶν ἡμέραις ἐγερῶ αὐτόν.

20 εἶπον οὖν οἱ Ἰουδαῖοι, Τεσσαράκοντα καὶ ἓξ ἔτεσιν ᾠκοδομήθη ὁ ναὸς οὗτος, καὶ σὺ ἐν τρισὶν ἡμέραις ἐγερεῖς αὐτόν;

21 ἐκεῖνος δὲ ἔλεγε περὶ τοῦ ναοῦ τοῦ σώματος αὐτοῦ.

22 ὅτε οὖν ἠγέρθη ἐκ νεκρῶν, ἐμνήσθησαν οἱ μαθηταὶ αὐτοῦ ὅτι τοῦτο ἔλεγεν αὐτοῖς· καὶ ἐπίστευσαν τῇ γραφῇ, καὶ τῷ λόγῳ ᾧ εἶπεν ὁ Ἰησοῦς.

23 Ὡς δὲ ἦν ἐν Ἱεροσολύμοις ἐν τῷ πάσχα, ἐν τῇ ἑορτῇ, πολλοὶ ἐπίστευσαν εἰς τὸ ὄνομα αὐτοῦ, θεωροῦντες αὐτοῦ τὰ σημεῖα ἃ ἐποίει.

24 αὐτὸς δὲ ὁ Ἰησοῦς οὐκ ἐπίστευεν ἑαυτὸν αὐτοῖς, διὰ τὸ αὐτὸν γινώσκειν πάντας,

25 καὶ ὅτι οὐ χρείαν εἶχεν ἵνα τις μαρτυρήσῃ περὶ τοῦ ἀνθρώπου· αὐτὸς γὰρ ἐγίνωσκε τί ἦν ἐν τῷ ἀνθρώπῳ.

CHAPTER 3

1 Ἦν δὲ ἄνθρωπος ἐκ τῶν Φαρισαίων, Νικόδημος ὄνομα αὐτῷ, ἄρχων τῶν Ἰουδαίων·

2 οὗτος ἦλθε πρὸς τὸν Ἰησοῦν νυκτός, καὶ εἶπεν αὐτῷ, Ῥαββί, οἴδαμεν ὅτι ἀπὸ Θεοῦ ἐλήλυθας διδάσκαλος· οὐδεὶς γὰρ ταῦτα τὰ σημεῖα δύναται ποιεῖν ἃ σὺ ποιεῖς, ἐὰν μὴ ᾖ ὁ Θεὸς μετ' αὐτοῦ.

3 Ἀπεκρίθη ὁ Ἰησοῦς καὶ εἶπεν αὐτῷ, Ἀμὴν ἀμὴν λέγω σοι, ἐὰν μή τις γεννηθῇ ἄνωθεν, οὐ δύναται ἰδεῖν τὴν βασιλείαν τοῦ Θεοῦ.

4 λέγει πρὸς αὐτὸν ὁ Νικόδημος, Πῶς δύναται ἄνθρωπος γεννηθῆναι γέρων ὤν; μὴ δύναται εἰς τὴν κοιλίαν τῆς μητρὸς αὐτοῦ δεύτερον εἰσελθεῖν καὶ γεννηθῆναι;

5 ἀπεκρίθη ὁ Ἰησοῦς, Ἀμὴν ἀμὴν λέγω σοι, ἐὰν μή τις γεννηθῇ ἐξ ὕδατος καὶ Πνεύματος, οὐ δύναται εἰσελθεῖν εἰς τὴν βασιλείαν τοῦ Θεοῦ.

6 τὸ γεγεννημένον ἐκ τῆς σαρκὸς σάρξ ἐστι· καὶ τὸ γεγεννημένον ἐκ τοῦ πνεύματος πνεῦμά ἐστι.

7 μὴ θαυμάσῃς ὅτι εἶπόν σοι, Δεῖ ὑμᾶς γεννηθῆναι ἄνωθεν.

8 τὸ πνεῦμα ὅπου θέλει πνεῖ, καὶ τὴν φωνὴν αὐτοῦ ἀκούεις, ἀλλ᾽ οὐκ οἶδας πόθεν ἔρχεται καὶ ποῦ ὑπάγει· οὕτως ἐστὶ πᾶς ὁ γεγεννημένος ἐκ τοῦ πνεύματος.

9 ἀπεκρίθη Νικόδημος καὶ εἶπεν αὐτῷ, Πῶς δύναται ταῦτα γενέσθαι;

10 ἀπεκρίθη ὁ Ἰησοῦς καὶ εἶπεν αὐτῷ, Σὺ εἶ ὁ διδάσκαλος τοῦ Ἰσραήλ, καὶ ταῦτα οὐ γινώσκεις;

11 ἀμὴν ἀμὴν λέγω σοι ὅτι ὃ οἴδαμεν λαλοῦμεν, καὶ ὃ ἑωράκαμεν μαρτυροῦμεν· καὶ τὴν μαρτυρίαν ἡμῶν οὐ λαμβάνετε.

12 εἰ τὰ ἐπίγεια εἶπον ὑμῖν καὶ οὐ πιστεύετε, πῶς, ἐὰν εἴπω ὑμῖν τὰ ἐπουράνια, πιστεύσετε;

13 καὶ οὐδεὶς ἀναβέβηκεν εἰς τὸν οὐρανόν, εἰ μὴ ὁ ἐκ τοῦ οὐρανοῦ καταβάς, ὁ υἱὸς τοῦ ἀνθρώπου ὁ ὢν ἐν τῷ οὐρανῷ

14 καὶ καθὼς Μωσῆς ὕψωσε τὸν ὄφιν ἐν τῇ ἐρήμῳ, οὕτως ὑψωθῆναι δεῖ τὸν υἱὸν τοῦ ἀνθρώπου·

15 ἵνα πᾶς ὁ πιστεύων εἰς αὐτὸν μὴ ἀπόληται, ἀλλ᾽ ἔχῃ ζωὴν αἰώνιον.

16 Οὕτω γὰρ ἠγάπησεν ὁ Θεὸς τὸν κόσμον, ὥστε τὸν υἱὸν αὐτοῦ τὸν μονογενῆ ἔδωκεν, ἵνα πᾶς ὁ πιστεύων εἰς αὐτὸν μὴ ἀπόληται, ἀλλ᾽ ἔχῃ ζωὴν αἰώνιον.

17 οὐ γὰρ ἀπέστειλεν ὁ Θεὸς τὸν υἱὸν αὐτοῦ εἰς τὸν κόσμον ἵνα κρίνῃ τὸν κόσμον, ἀλλ᾽ ἵνα σωθῇ ὁ κόσμος δι᾽ αὐτοῦ.

18 ὁ πιστεύων εἰς αὐτὸν οὐ κρίνεται· ὁ δὲ μὴ πιστεύων ἤδη κέκριται, ὅτι μὴ πεπίστευκεν εἰς τὸ ὄνομα τοῦ μονογενοῦς υἱοῦ τοῦ Θεοῦ.

19 αὕτη δέ ἐστιν ἡ κρίσις, ὅτι τὸ φῶς ἐλήλυθεν εἰς τὸν κόσμον, καὶ ἠγάπησαν οἱ ἄνθρωποι μᾶλλον τὸ σκότος ἢ τὸ φῶς· ἦν γὰρ πονηρὰ αὐτῶν τὰ ἔργα.

20 πᾶς γὰρ ὁ φαῦλα πράσσων μισεῖ τὸ φῶς, καὶ οὐκ ἔρχεται πρὸς τὸ φῶς, ἵνα μὴ ἐλεγχθῇ τὰ ἔργα αὐτοῦ.

21 ὁ δὲ ποιῶν τὴν ἀλήθειαν ἔρχεται πρὸς τὸ φῶς, ἵνα φανερωθῇ αὐτοῦ τὰ ἔργα, ὅτι ἐν Θεῷ ἐστιν εἰργασμένα.

22 Μετὰ ταῦτα ἦλθεν ὁ Ἰησοῦς καὶ οἱ μαθηταὶ αὐτοῦ εἰς τὴν Ἰουδαίαν γῆν· καὶ ἐκεῖ διέτριβε μετ᾽ αὐτῶν καὶ ἐβάπτιζεν.

23 ἦν δὲ καὶ Ἰωάννης βαπτίζων ἐν Αἰνὼν ἐγγὺς τοῦ Σαλείμ, ὅτι ὕδατα πολλὰ ἦν ἐκεῖ· καὶ παρεγίνοντο καὶ ἐβαπτίζοντο.

24 οὔπω γὰρ ἦν βεβλημένος εἰς τὴν φυλακὴν ὁ Ἰωάννης.

25 ἐγένετο οὖν ζήτησις ἐκ τῶν μαθητῶν Ἰωάννου μετὰ Ἰουδαίων περὶ καθαρισμοῦ.

26 καὶ ἦλθον πρὸς τὸν Ἰωάννην καὶ εἶπον αὐτῷ, Ῥαββί, ὃς ἦν μετὰ σοῦ πέραν τοῦ Ἰορδάνου, ᾧ σὺ μεμαρτύρηκας, ἴδε οὗτος βαπτίζει, καὶ πάντες ἔρχονται πρὸς αὐτόν.

27 ἀπεκρίθη Ἰωάννης καὶ εἶπεν, Οὐ δύναται ἄνθρωπος λαμβάνειν οὐδέν, ἐὰν μὴ ᾖ δεδομένον αὐτῷ ἐκ τοῦ οὐρανοῦ.

28 αὐτοὶ ὑμεῖς μοι μαρτυρεῖτε ὅτι εἶπον, Οὐκ εἰμὶ ἐγὼ ὁ Χριστός, ἀλλ' ὅτι ἀπεσταλμένος εἰμὶ ἔμπροσθεν ἐκείνου.

29 ὁ ἔχων τὴν νύμφην, νυμφίος ἐστίν· ὁ δὲ φίλος τοῦ νυμφίου, ὁ ἑστηκὼς καὶ ἀκούων αὐτοῦ, χαρᾷ χαίρει διὰ τὴν φωνὴν τοῦ νυμφίου· αὕτη οὖν ἡ χαρὰ ἡ ἐμὴ πεπλήρωται.

30 ἐκεῖνον δεῖ αὐξάνειν, ἐμὲ δὲ ἐλαττοῦσθαι.

31 Ὁ ἄνωθεν ἐρχόμενος ἐπάνω πάντων ἐστίν. ὁ ὢν ἐκ τῆς γῆς, ἐκ τῆς γῆς ἐστι, καὶ ἐκ τῆς γῆς λαλεῖ· ὁ ἐκ τοῦ οὐρανοῦ ἐρχόμενος ἐπάνω πάντων ἐστί.

32 καὶ ὃ ἑώρακε καὶ ἤκουσε, τοῦτο μαρτυρεῖ· καὶ τὴν μαρτυρίαν αὐτοῦ οὐδεὶς λαμβάνει.

33 ὁ λαβὼν αὐτοῦ τὴν μαρτυρίαν ἐσφράγισεν ὅτι ὁ Θεὸς ἀληθής ἐστιν.

34 ὃν γὰρ ἀπέστειλεν ὁ Θεός, τὰ ῥήματα τοῦ Θεοῦ λαλεῖ· οὐ γὰρ ἐκ μέτρου δίδωσιν ὁ Θεὸς τὸ Πνεῦμα.

35 ὁ πατὴρ ἀγαπᾷ τὸν υἱόν, καὶ πάντα δέδωκεν ἐν τῇ χειρὶ αὐτοῦ.

36 ὁ πιστεύων εἰς τὸν υἱὸν ἔχει ζωὴν αἰώνιον· ὁ δὲ ἀπειθῶν τῷ υἱῷ, οὐκ ὄψεται ζωήν, ἀλλ' ἡ ὀργὴ τοῦ Θεοῦ μένει ἐπ' αὐτόν.

CHAPTER 4

1 Ὡς οὖν ἔγνω ὁ Κύριος ὅτι ἤκουσαν οἱ Φαρισαῖοι ὅτι Ἰησοῦς πλείονας μαθητὰς ποιεῖ καὶ βαπτίζει ἢ Ἰωάννης

2 (καίτοιγε Ἰησοῦς αὐτὸς οὐκ ἐβάπτιζεν, ἀλλ' οἱ μαθηταὶ αὐτοῦ),

3 ἀφῆκε τὴν Ἰουδαίαν, καὶ ἀπῆλθε πάλιν εἰς τὴν Γαλιλαίαν.

4 ἔδει δὲ αὐτὸν διέρχεσθαι διὰ τῆς Σαμαρείας.

5 ἔρχεται οὖν εἰς πόλιν τῆς Σαμαρείας λεγομένην Συχάρ, πλησίον τοῦ χωρίου ὃ ἔδωκεν Ἰακὼβ Ἰωσὴφ τῷ υἱῷ αὐτοῦ·

6 ἦν δὲ ἐκεῖ πηγὴ τοῦ Ἰακώβ. ὁ οὖν Ἰησοῦς κεκοπιακὼς ἐκ τῆς ὁδοιπορίας ἐκαθέζετο οὕτως ἐπὶ τῇ πηγῇ ὥρα ἦν ὡσεὶ ἕκτη.

7 ἔρχεται γυνὴ ἐκ τῆς Σαμαρείας ἀντλῆσαι ὕδωρ· λέγει αὐτῇ ὁ Ἰησοῦς, Δός μοι πιεῖν

8 οἱ γὰρ μαθηταὶ αὐτοῦ ἀπεληλύθεισαν εἰς τὴν πόλιν, ἵνα τροφὰς ἀγοράσωσι.

9 λέγει οὖν αὐτῷ ἡ γυνὴ ἡ Σαμαρεῖτις, Πῶς σὺ Ἰουδαῖος ὢν παρ' ἐμοῦ πιεῖν αἰτεῖς, οὔσης γυναικὸς Σαμαρείτιδος; (οὐ γὰρ συγχρῶνται Ἰουδαῖοι Σαμαρείταις.)

ΕΥΑΓΓΕΛΙΟΝ ΤΟ ΚΑΤΑ ΙΩΑΝΝΗΝ

10 ἀπεκρίθη Ἰησοῦς καὶ εἶπεν αὐτῇ, Εἰ ᾔδεις τὴν δωρεὰν τοῦ Θεοῦ, καὶ τίς ἐστιν ὁ λέγων σοι, Δός μοι πιεῖν, σὺ ἂν ᾔτησας αὐτόν, καὶ ἔδωκεν ἄν σοι ὕδωρ ζῶν.

11 λέγει αὐτῷ ἡ γυνή, Κύριε, οὔτε ἄντλημα ἔχεις, καὶ τὸ φρέαρ ἐστὶ βαθύ· πόθεν οὖν ἔχεις τὸ ὕδωρ τὸ ζῶν;

12 μὴ σὺ μείζων εἶ τοῦ πατρὸς ἡμῶν Ἰακώβ, ὃς ἔδωκεν ἡμῖν τὸ φρέαρ, καὶ αὐτὸς ἐξ αὐτοῦ ἔπιε, καὶ οἱ υἱοὶ αὐτοῦ, καὶ τὰ θρέμματα αὐτοῦ;

13 ἀπεκρίθη ὁ Ἰησοῦς καὶ εἶπεν αὐτῇ, Πᾶς ὁ πίνων ἐκ τοῦ ὕδατος τούτου, διψήσει πάλιν·

14 ὃς δ' ἂν πίῃ ἐκ τοῦ ὕδατος οὗ ἐγὼ δώσω αὐτῷ, οὐ μὴ διψήσῃ εἰς τὸν αἰῶνα· ἀλλὰ τὸ ὕδωρ ὃ δώσω αὐτῷ γενήσεται ἐν αὐτῷ πηγὴ ὕδατος ἁλλομένου εἰς ζωὴν αἰώνιον.

15 λέγει πρὸς αὐτὸν ἡ γυνή, Κύριε, δός μοι τοῦτο τὸ ὕδωρ, ἵνα μὴ διψῶ, μηδὲ ἔρχωμαι ἐνθάδε ἀντλεῖν.

16 λέγει αὐτῇ ὁ Ἰησοῦς, Ὕπαγε, φώνησον τὸν ἄνδρα σου, καὶ ἐλθὲ ἐνθάδε.

17 ἀπεκρίθη ἡ γυνὴ καὶ εἶπεν, Οὐκ ἔχω ἄνδρα. λέγει αὐτῇ ὁ Ἰησοῦς, Καλῶς εἶπας ὅτι Ἄνδρα οὐκ ἔχω·

18 πέντε γὰρ ἄνδρας ἔσχες, καὶ νῦν ὃν ἔχεις οὐκ ἔστι σου ἀνήρ· τοῦτο ἀληθὲς εἴρηκας.

19 λέγει αὐτῷ ἡ γυνή, Κύριε, θεωρῶ ὅτι προφήτης εἶ σύ.

20 οἱ πατέρες ἡμῶν ἐν τούτῳ τῷ ὄρει προσεκύνησαν· καὶ ὑμεῖς λέγετε ὅτι ἐν Ἱεροσολύμοις ἐστὶν ὁ τόπος ὅπου δεῖ προσκυνεῖν.

21 λέγει αὐτῇ ὁ Ἰησοῦς, Γύναι, πίστευσόν μοι, ὅτι ἔρχεται ὥρα, ὅτε οὔτε ἐν τῷ ὄρει τούτῳ, οὔτε ἐν Ἱεροσολύμοις προσκυνήσετε τῷ πατρί.

22 ὑμεῖς προσκυνεῖτε ὃ οὐκ οἴδατε· ἡμεῖς προσκυνοῦμεν ὃ οἴδαμεν· ὅτι ἡ σωτηρία ἐκ τῶν Ἰουδαίων ἐστίν.

23 ἀλλ' ἔρχεται ὥρα καὶ νῦν ἐστιν, ὅτε οἱ ἀληθινοὶ προσκυνηταὶ προσκυνήσουσι τῷ πατρὶ ἐν πνεύματι καὶ ἀληθείᾳ· καὶ γὰρ ὁ πατὴρ τοιούτους ζητεῖ τοὺς προσκυνοῦντας αὐτόν.

24 Πνεῦμα ὁ Θεός· καὶ τοὺς προσκυνοῦντας αὐτόν, ἐν πνεύματι καὶ ἀληθείᾳ δεῖ προσκυνεῖν.

25 λέγει αὐτῷ ἡ γυνή, Οἶδα ὅτι Μεσσίας ἔρχεται (ὁ λεγόμενος Χριστός)· ὅταν ἔλθῃ ἐκεῖνος, ἀναγγελεῖ ἡμῖν πάντα.

26 λέγει αὐτῇ ὁ Ἰησοῦς, Ἐγώ εἰμι, ὁ λαλῶν σοι.

27 Καὶ ἐπὶ τούτῳ ἦλθον οἱ μαθηταὶ αὐτοῦ, καὶ ἐθαύμασαν ὅτι μετὰ γυναικὸς ἐλάλει· οὐδεὶς μέντοι εἶπε, Τί ζητεῖς; ἤ, Τί λαλεῖς μετ' αὐτῆς;

28 ἀφῆκεν οὖν τὴν ὑδρίαν αὐτῆς ἡ γυνή, καὶ ἀπῆλθεν εἰς τὴν πόλιν, καὶ λέγει τοῖς ἀνθρώποις,

29 Δεῦτε, ἴδετε ἄνθρωπον, ὃς εἶπέ μοι πάντα ὅσα ἐποίησα· μήτι οὗτός ἐστιν ὁ Χριστός;

30 ἐξῆλθον οὖν ἐκ τῆς πόλεως, καὶ ἤρχοντο πρὸς αὐτόν.

31 ἐν δὲ τῷ μεταξὺ ἠρώτων αὐτὸν οἱ μαθηταὶ λέγοντες, Ῥαββί, φάγε.

32 ὁ δὲ εἶπεν αὐτοῖς, Ἐγὼ βρῶσιν ἔχω φαγεῖν ἣν ὑμεῖς οὐκ οἴδατε.

33 ἔλεγον οὖν οἱ μαθηταὶ πρὸς ἀλλήλους, Μήτις ἤνεγκεν αὐτῷ φαγεῖν;

34 λέγει αὐτοῖς ὁ Ἰησοῦς, Ἐμὸν βρῶμά ἐστιν, ἵνα ποιῶ τὸ θέλημα τοῦ πέμψαντός με, καὶ τελειώσω αὐτοῦ τὸ ἔργον.

35 οὐχ ὑμεῖς λέγετε ὅτι Ἔτι τετράμηνόν ἐστι, καὶ ὁ θερισμὸς ἔρχεται; ἰδού, λέγω ὑμῖν, Ἐπάρατε τοὺς ὀφθαλμοὺς ὑμῶν, καὶ θεάσασθε τὰς χώρας, ὅτι λευκαί εἰσι πρὸς θερισμόν ἤδη.

36 καὶ ὁ θερίζων μισθὸν λαμβάνει, καὶ συνάγει καρπὸν εἰς ζωὴν αἰώνιον· ἵνα καὶ ὁ σπείρων ὁμοῦ χαίρῃ καὶ ὁ θερίζων.

37 ἐν γὰρ τούτῳ ὁ λόγος ἐστὶν ἀληθινός, ὅτι ἄλλος ἐστὶν ὁ σπείρων, καὶ ἄλλος ὁ θερίζων.

38 ἐγὼ ἀπέστειλα ὑμᾶς θερίζειν ὃ οὐχ ὑμεῖς κεκοπιάκατε· ἄλλοι κεκοπιάκασι, καὶ ὑμεῖς εἰς τὸν κόπον αὐτῶν εἰσεληλύθατε.

39 Ἐκ δὲ τῆς πόλεως ἐκείνης πολλοὶ ἐπίστευσαν εἰς αὐτὸν τῶν Σαμαρειτῶν διὰ τὸν λόγον τῆς γυναικὸς, μαρτυρούσης ὅτι Εἶπέ μοι πάντα ὅσα ἐποίησα.

40 ὡς οὖν ἦλθον πρὸς αὐτὸν οἱ Σαμαρεῖται, ἠρώτων αὐτὸν μεῖναι παρ' αὐτοῖς· καὶ ἔμεινεν ἐκεῖ δύο ἡμέρας.

41 καὶ πολλῷ πλείους ἐπίστευσαν διὰ τὸν λόγον αὐτοῦ,

42 τῇ τε γυναικὶ ἔλεγον ὅτι Οὐκέτι διὰ τὴν σὴν λαλιὰν πιστεύομεν· αὐτοὶ γὰρ ἀκηκόαμεν, καὶ οἴδαμεν ὅτι οὗτός ἐστιν ἀληθῶς ὁ Σωτὴρ τοῦ κόσμου, ὁ Χριστός.

43 Μετὰ δὲ τὰς δύο ἡμέρας ἐξῆλθεν ἐκεῖθεν, καὶ ἀπῆλθεν εἰς τὴν Γαλιλαίαν

44 αὐτὸς γὰρ ὁ Ἰησοῦς ἐμαρτύρησεν ὅτι προφήτης ἐν τῇ ἰδίᾳ πατρίδι τιμὴν οὐκ ἔχει.

45 ὅτε οὖν ἦλθεν εἰς τὴν Γαλιλαίαν, ἐδέξαντο αὐτὸν οἱ Γαλιλαῖοι, πάντα ἑωρακότες ἃ ἐποίησεν ἐν Ἱεροσολύμοις ἐν τῇ ἑορτῇ· καὶ αὐτοὶ γὰρ ἦλθον εἰς τὴν ἑορτήν.

46 Ἦλθεν οὖν ὁ Ἰησοῦς πάλιν εἰς τὴν Κανᾶ τῆς Γαλιλαίας, ὅπου ἐποίησε τὸ ὕδωρ οἶνον. καὶ ἦν τις βασιλικός, οὗ ὁ υἱὸς ἠσθένει ἐν Καπερναούμ

47 οὗτος ἀκούσας ὅτι Ἰησοῦς ἥκει ἐκ τῆς Ἰουδαίας εἰς τὴν Γαλιλαίαν, ἀπῆλθε πρὸς αὐτόν, καὶ ἠρώτα αὐτὸν ἵνα καταβῇ καὶ ἰάσηται αὐτοῦ τὸν υἱόν· ἤμελλε γὰρ ἀποθνήσκειν.

48 εἶπεν οὖν ὁ Ἰησοῦς πρὸς αὐτόν, Ἐὰν μὴ σημεῖα καὶ τέρατα ἴδητε, οὐ μὴ πιστεύσητε.

49 λέγει πρὸς αὐτὸν ὁ βασιλικός, Κύριε, κατάβηθι πρὶν ἀποθανεῖν τὸ παιδίον μου.

50 λέγει αὐτῷ ὁ Ἰησοῦς, Πορεύου· ὁ υἱός σου ζῇ. καὶ ἐπίστευσεν ὁ ἄνθρωπος τῷ λόγῳ ᾧ εἶπεν αὐτῷ Ἰησοῦς, καὶ ἐπορεύετο.

51 ἤδη δὲ αὐτοῦ καταβαίνοντος, οἱ δοῦλοι αὐτοῦ ἀπήντησαν αὐτῷ, καὶ ἀπήγγειλαν λέγοντες ὅτι Ὁ παῖς σου ζῇ.

52 ἐπύθετο οὖν παρ' αὐτῶν τὴν ὥραν ἐν ᾗ κομψότερον ἔσχε. καὶ εἶπον αὐτῷ ὅτι Χθὲς ὥραν ἑβδόμην ἀφῆκεν αὐτὸν ὁ πυρετός.

53 ἔγνω οὖν ὁ πατὴρ ὅτι ἐν ἐκείνῃ τῇ ὥρᾳ, ἐν ᾗ εἶπεν αὐτῷ ὁ Ἰησοῦς, ὅτι Ὁ υἱός σου ζῇ· καὶ ἐπίστευσεν αὐτὸς καὶ ἡ οἰκία αὐτοῦ ὅλη.

54 τοῦτο πάλιν δεύτερον σημεῖον ἐποίησεν ὁ Ἰησοῦς, ἐλθὼν ἐκ τῆς Ἰουδαίας εἰς τὴν Γαλιλαίαν.

CHAPTER 5

1 Μετὰ ταῦτα ἦν ἑορτὴ τῶν Ἰουδαίων, καὶ ἀνέβη ὁ Ἰησοῦς εἰς Ἱεροσόλυμα.

2 Ἔστι δὲ ἐν τοῖς Ἱεροσολύμοις ἐπὶ τῇ προβατικῇ κολυμβήθρα, ἡ ἐπιλεγομένη Ἑβραϊστὶ Βηθεσδά, πέντε στοὰς ἔχουσα.

3 ἐν ταύταις κατέκειτο πλῆθος πολὺ τῶν ἀσθενούντων, τυφλῶν, χωλῶν, ξηρῶν, ἐκδεχομένων τὴν τοῦ ὕδατος κίνησιν

4 ἄγγελος γὰρ κατὰ καιρὸν κατέβαινεν ἐν τῇ κολυμβήθρᾳ, καὶ ἐτάρασσε τὸ ὕδωρ· ὁ οὖν πρῶτος ἐμβὰς μετὰ τὴν ταραχὴν τοῦ ὕδατος, ὑγιὴς ἐγίνετο, ᾧ δήποτε κατείχετο νοσήματι.

5 ἦν δέ τις ἄνθρωπος ἐκεῖ τριάκοντα καὶ ὀκτὼ ἔτη ἔχων ἐν τῇ ἀσθενείᾳ.

6 τοῦτον ἰδὼν ὁ Ἰησοῦς κατακείμενον, καὶ γνοὺς ὅτι πολὺν ἤδη χρόνον ἔχει, λέγει αὐτῷ, Θέλεις ὑγιὴς γενέσθαι;

7 ἀπεκρίθη αὐτῷ ὁ ἀσθενῶν, Κύριε, ἄνθρωπον οὐκ ἔχω ἵνα, ὅταν ταραχθῇ τὸ ὕδωρ, βάλλῃ με εἰς τὴν κολυμβήθραν· ἐν ᾧ δὲ ἔρχομαι ἐγώ, ἄλλος πρὸ ἐμοῦ καταβαίνει.

8 λέγει αὐτῷ ὁ Ἰησοῦς, Ἔγειραι, ἆρον τὸν κράββατόν σου, καὶ περιπάτει.

9 καὶ εὐθέως ἐγένετο ὑγιὴς ὁ ἄνθρωπος, καὶ ἦρε τὸν κράββατον αὐτοῦ καὶ περιεπάτει. Ἦν δὲ σάββατον ἐν ἐκείνῃ τῇ ἡμέρᾳ.

10 ἔλεγον οὖν οἱ Ἰουδαῖοι τῷ τεθεραπευμένῳ, Σάββατόν ἐστιν· οὐκ ἔξεστί σοι ἆραι τὸν κράββατον

11 ἀπεκρίθη αὐτοῖς, Ὁ ποιήσας με ὑγιῆ, ἐκεῖνός μοι εἶπεν, Ἆρον τὸν κράββατόν σου καὶ περιπάτει.

12 ἠρώτησαν οὖν αὐτόν, Τίς ἐστιν ὁ ἄνθρωπος ὁ εἰπών σοι, Ἆρον τὸν κράββατόν σου καὶ περιπάτει;

13 ὁ δὲ ἰαθεὶς οὐκ ᾔδει τίς ἐστιν· ὁ γὰρ Ἰησοῦς ἐξένευσεν, ὄχλου ὄντος ἐν τῷ τόπῳ.

14 μετὰ ταῦτα εὑρίσκει αὐτὸν ὁ Ἰησοῦς ἐν τῷ ἱερῷ, καὶ εἶπεν αὐτῷ, Ἴδε ὑγιὴς γέγονας· μηκέτι ἁμάρτανε, ἵνα μὴ χεῖρόν τί σοι γένηται.

15 ἀπῆλθεν ὁ ἄνθρωπος, καὶ ἀνήγγειλε τοῖς Ἰουδαίοις ὅτι Ἰησοῦς ἐστιν ὁ ποιήσας αὐτὸν ὑγιῆ.

16 καὶ διὰ τοῦτο ἐδίωκον τὸν Ἰησοῦν οἱ Ἰουδαῖοι, καὶ ἐζήτουν

αὐτὸν ἀποκτεῖναι, ὅτι ταῦτα ἐποίει ἐν σαββάτῳ.

17 ὁ δὲ Ἰησοῦς ἀπεκρίνατο αὐτοῖς, Ὁ πατήρ μου ἕως ἄρτι ἐργάζεται, κἀγὼ ἐργάζομαι.

18 διὰ τοῦτο οὖν μᾶλλον ἐζήτουν αὐτὸν οἱ Ἰουδαῖοι ἀποκτεῖναι, ὅτι οὐ μόνον ἔλυε τὸ σάββατον, ἀλλὰ καὶ πατέρα ἴδιον ἔλεγε τὸν Θεόν, ἴσον ἑαυτὸν ποιῶν τῷ Θεῷ.

19 Ἀπεκρίνατο οὖν ὁ Ἰησοῦς καὶ εἶπεν αὐτοῖς, Ἀμὴν ἀμὴν λέγω ὑμῖν, οὐ δύναται ὁ υἱὸς ποιεῖν ἀφ' ἑαυτοῦ οὐδέν, ἐὰν μή τι βλέπῃ τὸν πατέρα ποιοῦντα· ἃ γὰρ ἂν ἐκεῖνος ποιῇ, ταῦτα καὶ ὁ υἱὸς ὁμοίως ποιεῖ

20 ὁ γὰρ πατὴρ φιλεῖ τὸν υἱόν, καὶ πάντα δείκνυσιν αὐτῷ ἃ αὐτὸς ποιεῖ· καὶ μείζονα τούτων δείξει αὐτῷ ἔργα, ἵνα ὑμεῖς θαυμάζητε.

21 ὥσπερ γὰρ ὁ πατὴρ ἐγείρει τοὺς νεκροὺς καὶ ζῳοποιεῖ, οὕτω καὶ ὁ υἱὸς οὓς θέλει ζῳοποιεῖ.

22 οὐδὲ γὰρ ὁ πατὴρ κρίνει οὐδένα, ἀλλὰ τὴν κρίσιν πᾶσαν δέδωκε τῷ υἱῷ·

23 ἵνα πάντες τιμῶσι τὸν υἱόν, καθὼς, τιμῶσι τὸν πατέρα. ὁ μὴ τιμῶν τὸν υἱόν, οὐ τιμᾷ τὸν πατέρα τὸν πέμψαντα αὐτόν.

24 ἀμὴν ἀμὴν λέγω ὑμῖν ὅτι ὁ τὸν λόγον μου ἀκούων, καὶ πιστεύων τῷ πέμψαντί με, ἔχει ζωὴν αἰώνιον· καὶ εἰς κρίσιν οὐκ ἔρχεται, ἀλλὰ μεταβέβηκεν ἐκ τοῦ θανάτου εἰς τὴν ζωήν.

25 ἀμὴν ἀμὴν λέγω ὑμῖν ὅτι ἔρχεται ὥρα καὶ νῦν ἐστιν, ὅτε οἱ νεκροὶ ἀκούσονται τῆς φωνῆς τοῦ υἱοῦ τοῦ Θεοῦ, καὶ οἱ ἀκούσαντες ζήσονται.

26 ὥσπερ γὰρ ὁ πατὴρ ἔχει ζωὴν ἐν ἑαυτῷ, οὕτως ἔδωκε καὶ τῷ υἱῷ ζωὴν ἔχειν ἐν ἑαυτῷ·

27 καὶ ἐξουσίαν ἔδωκεν αὐτῷ καὶ κρίσιν ποιεῖν, ὅτι υἱὸς ἀνθρώπου ἐστί.

28 μὴ θαυμάζετε τοῦτο· ὅτι ἔρχεται ὥρα, ἐν ᾗ πάντες οἱ ἐν τοῖς μνημείοις ἀκούσονται τῆς φωνῆς αὐτοῦ,

29 καὶ ἐκπορεύσονται, οἱ τὰ ἀγαθὰ ποιήσαντες, εἰς ἀνάστασιν ζωῆς· οἱ δὲ τὰ φαῦλα πράξαντες, εἰς ἀνάστασιν κρίσεως.

30 Οὐ δύναμαι ἐγὼ ποιεῖν ἀπ' ἐμαυτοῦ οὐδέν· καθὼς ἀκούω, κρίνω· καὶ ἡ κρίσις ἡ ἐμὴ δικαία ἐστίν· ὅτι οὐ ζητῶ τὸ θέλημα τὸ ἐμὸν, ἀλλὰ τὸ θέλημα τοῦ πέμψαντός με πατρός.

31 ἐὰν ἐγὼ μαρτυρῶ περὶ ἐμαυτοῦ, ἡ μαρτυρία μου οὐκ ἔστιν ἀληθής.

32 ἄλλος ἐστὶν ὁ μαρτυρῶν περὶ ἐμοῦ, καὶ οἶδα ὅτι ἀληθής ἐστιν ἡ μαρτυρία ἣν μαρτυρεῖ περὶ ἐμοῦ.

33 ὑμεῖς ἀπεστάλκατε πρὸς Ἰωάννην, καὶ μεμαρτύρηκε τῇ ἀληθείᾳ.

34 ἐγὼ δὲ οὐ παρὰ ἀνθρώπου τὴν μαρτυρίαν λαμβάνω, ἀλλὰ ταῦτα λέγω ἵνα ὑμεῖς σωθῆτε.

35 ἐκεῖνος ἦν ὁ λύχνος ὁ καιόμενος καὶ φαίνων, ὑμεῖς δὲ ἠθελήσατε ἀγαλλιασθῆναι πρὸς ὥραν ἐν τῷ φωτὶ αὐτοῦ.

36 ἐγὼ δὲ ἔχω τὴν μαρτυρίαν μείζω τοῦ Ἰωάννου· τὰ γὰρ ἔργα ἃ ἔδωκέ μοι ὁ πατὴρ ἵνα τελειώσω αὐτά, αὐτὰ τὰ ἔργα ἃ ἐγὼ ποιῶ, μαρτυρεῖ περὶ ἐμοῦ ὅτι ὁ πατήρ με ἀπέσταλκε.

37 καὶ ὁ πέμψας με πατήρ, αὐτὸς μεμαρτύρηκε περὶ ἐμοῦ. οὔτε φωνὴν αὐτοῦ ἀκηκόατε πώποτε, οὔτε εἶδος αὐτοῦ ἑωράκατε

38 καὶ τὸν λόγον αὐτοῦ οὐκ ἔχετε μένοντα ἐν ὑμῖν, ὅτι ὃν ἀπέστειλεν ἐκεῖνος, τούτῳ ὑμεῖς οὐ πιστεύετε.

39 ἐρευνᾶτε τὰς γραφάς, ὅτι ὑμεῖς δοκεῖτε ἐν αὐταῖς ζωὴν αἰώνιον ἔχειν, καὶ ἐκεῖναί εἰσιν αἱ μαρτυροῦσαι περὶ ἐμοῦ·

40 καὶ οὐ θέλετε ἐλθεῖν πρός με, ἵνα ζωὴν ἔχητε.

41 δόξαν παρὰ ἀνθρώπων οὐ λαμβάνω·

42 ἀλλ' ἔγνωκα ὑμᾶς, ὅτι τὴν ἀγάπην τοῦ Θεοῦ οὐκ ἔχετε ἐν ἑαυτοῖς.

43 ἐγὼ ἐλήλυθα ἐν τῷ ὀνόματι τοῦ πατρός μου, καὶ οὐ λαμβάνετέ με· ἐὰν ἄλλος ἔλθῃ ἐν τῷ ὀνόματι τῷ ἰδίῳ, ἐκεῖνον λήψεσθε.

44 πῶς δύνασθε ὑμεῖς πιστεῦσαι, δόξαν παρὰ ἀλλήλων λαμβάνοντες, καὶ τὴν δόξαν τὴν παρὰ τοῦ μόνου Θεοῦ οὐ ζητεῖτε;

45 μὴ δοκεῖτε ὅτι ἐγὼ κατηγορήσω ὑμῶν πρὸς τὸν πατέρα· ἔστιν ὁ κατηγορῶν ὑμῶν, Μωσῆς, εἰς ὃν ὑμεῖς ἠλπίκατε.

46 εἰ γὰρ ἐπιστεύετε Μωσῆ, ἐπιστεύετε ἂν ἐμοί· περὶ γὰρ ἐμοῦ ἐκεῖνος ἔγραψεν.

47 εἰ δὲ τοῖς ἐκείνου γράμμασιν οὐ πιστεύετε, πῶς τοῖς ἐμοῖς ῥήμασι πιστεύσετε;

CHAPTER 6

1 Μετὰ ταῦτα ἀπῆλθεν ὁ Ἰησοῦς πέραν τῆς θαλάσσης τῆς Γαλιλαίας, τῆς Τιβεριάδος.

2 καὶ ἠκολούθει αὐτῷ ὄχλος πολύς, ὅτι ἑώρων αὐτοῦ τὰ σημεῖα ἃ ἐποίει ἐπὶ τῶν ἀσθενούντων.

3 ἀνῆλθε δὲ εἰς τὸ ὄρος ὁ Ἰησοῦς, καὶ ἐκεῖ ἐκάθητο μετὰ τῶν μαθητῶν αὐτοῦ.

4 ἦν δὲ ἐγγὺς τὸ πάσχα, ἡ ἑορτὴ τῶν Ἰουδαίων.

5 ἐπάρας οὖν ὁ Ἰησοῦς τοὺς ὀφθαλμούς, καὶ θεασάμενος ὅτι πολὺς ὄχλος ἔρχεται πρὸς αὐτόν, λέγει πρὸς τὸν Φίλιππον, Πόθεν ἀγοράσομεν ἄρτους, ἵνα φάγωσιν οὗτοι;

6 τοῦτο δὲ ἔλεγε πειράζων αὐτόν· αὐτὸς γὰρ ᾔδει τί ἔμελλε ποιεῖν.

7 ἀπεκρίθη αὐτῷ Φίλιππος, Διακοσίων δηναρίων ἄρτοι οὐκ ἀρκοῦσιν αὐτοῖς, ἵνα ἕκαστος αὐτῶν βραχύ τι λάβῃ.

8 λέγει αὐτῷ εἷς ἐκ τῶν μαθητῶν αὐτοῦ, Ἀνδρέας ὁ ἀδελφὸς Σίμωνος Πέτρου,

9 Ἔστι παιδάριον ἓν ὧδε, ὃ ἔχει πέντε ἄρτους κριθίνους καὶ δύο ὀψάρια· ἀλλὰ ταῦτα τί ἐστιν εἰς τοσούτους;

10 εἶπε δὲ ὁ Ἰησοῦς, Ποιήσατε τοὺς ἀνθρώπους ἀναπεσεῖν. ἦν δὲ χόρτος πολὺς ἐν τῷ τόπῳ.

ΕΥΑΓΓΕΛΙΟΝ ΤΟ ΚΑΤΑ ΙΩΑΝΝΗΝ

ἀνέπεσον οὖν οἱ ἄνδρες τὸν ἀριθμὸν ὡσεὶ πεντακισχίλιοι.

11 ἔλαβε δὲ τοὺς ἄρτους ὁ Ἰησοῦς, καὶ εὐχαριστήσας διέδωκε τοῖς μαθηταῖς, οἱ δὲ μαθηταὶ τοῖς ἀνακειμένοις· ὁμοίως καὶ ἐκ τῶν ὀψαρίων ὅσον ἤθελον.

12 ὡς δὲ ἐνεπλήσθησαν, λέγει τοῖς μαθηταῖς αὐτοῦ, Συναγάγετε τὰ περισσεύσαντα κλάσματα, ἵνα μή τι ἀπόληται.

13 συνήγαγον οὖν, καὶ ἐγέμισαν δώδεκα κοφίνους κλασμάτων ἐκ τῶν πέντε ἄρτων τῶν κριθίνων, ἃ ἐπερίσσευσε τοῖς βεβρωκόσιν.

14 οἱ οὖν ἄνθρωποι ἰδόντες ὃ ἐποίησε σημεῖον ὁ Ἰησοῦς, ἔλεγον ὅτι Οὗτός ἐστιν ἀληθῶς ὁ προφήτης ὁ ἐρχόμενος εἰς τὸν κόσμον.

15 Ἰησοῦς οὖν γνοὺς ὅτι μέλλουσιν ἔρχεσθαι καὶ ἁρπάζειν αὐτόν, ἵνα ποιήσωσιν αὐτὸν βασιλέα, ἀνεχώρησε πάλιν εἰς τὸ ὄρος αὐτὸς μόνος.

16 Ὡς δὲ ὀψία ἐγένετο, κατέβησαν οἱ μαθηταὶ αὐτοῦ ἐπὶ τὴν θάλασσαν,

17 καὶ ἐμβάντες εἰς τὸ πλοῖον, ἤρχοντο πέραν τῆς θαλάσσης εἰς Καπερναούμ. καὶ σκοτία ἤδη ἐγεγόνει, καὶ οὐκ ἐληλύθει πρὸς αὐτοὺς ὁ Ἰησοῦς

18 ἥ τε θάλασσα ἀνέμου μεγάλου πνέοντος διηγείρετο.

19 ἐληλακότες οὖν ὡς σταδίους εἰκοσιπέντε ἢ τριάκοντα, θεωροῦσι τὸν Ἰησοῦν περιπατοῦντα ἐπὶ τῆς θαλάσσης, καὶ ἐγγὺς τοῦ πλοίου γινόμενον· καὶ ἐφοβήθησαν.

20 ὁ δὲ λέγει αὐτοῖς, Ἐγώ εἰμι, μὴ φοβεῖσθε.

21 ἤθελον οὖν λαβεῖν αὐτὸν εἰς τὸ πλοῖον· καὶ εὐθέως τὸ πλοῖον ἐγένετο ἐπὶ τῆς γῆς εἰς ἣν ὑπῆγον.

22 Τῇ ἐπαύριον ὁ ὄχλος ὁ ἑστηκὼς πέραν τῆς θαλάσσης, ἰδὼν ὅτι πλοιάριον ἄλλο οὐκ ἦν ἐκεῖ εἰ μὴ ἓν ἐκεῖνο εἰς ὃ ἐνέβησαν οἱ μαθηταὶ αὐτοῦ, καὶ ὅτι οὐ συνεισῆλθε τοῖς μαθηταῖς αὐτοῦ ὁ Ἰησοῦς εἰς τὸ πλοιάριον, ἀλλὰ μόνοι οἱ μαθηταὶ αὐτοῦ ἀπῆλθον,

23 (ἄλλα δὲ ἦλθε πλοιάρια ἐκ Τιβεριάδος ἐγγὺς τοῦ τόπου ὅπου ἔφαγον τὸν ἄρτον, εὐχαριστή-σαντος τοῦ Κυρίου)·

24 ὅτε οὖν εἶδεν ὁ ὄχλος ὅτι Ἰησοῦς οὐκ ἔστιν ἐκεῖ οὐδὲ οἱ μαθηταὶ αὐτοῦ, ἐνέβησαν καὶ αὐτοὶ εἰς τὰ πλοῖα, καὶ ἦλθον εἰς Καπερναούμ, ζητοῦντες τὸν Ἰησοῦν.

25 καὶ εὑρόντες αὐτὸν πέραν τῆς θαλάσσης, εἶπον αὐτῷ, Ῥαββί, πότε ὧδε γέγονας;

26 ἀπεκρίθη αὐτοῖς ὁ Ἰησοῦς καὶ εἶπεν, Ἀμὴν ἀμὴν λέγω ὑμῖν, ζητεῖτέ με, οὐχ ὅτι εἴδετε σημεῖα, ἀλλ' ὅτι ἐφάγετε ἐκ τῶν ἄρτων καὶ ἐχορτάσθητε.

27 ἐργάζεσθε μὴ τὴν βρῶσιν τὴν ἀπολλυμένην, ἀλλὰ τὴν βρῶσιν τὴν μένουσαν εἰς ζωὴν αἰώνιον, ἣν ὁ υἱὸς τοῦ ἀνθρώπου ὑμῖν δώσει· τοῦτον γὰρ ὁ πατὴρ ἐσφράγισεν, ὁ Θεός.

28 εἶπον οὖν πρὸς αὐτόν, Τί ποιῶμεν, ἵνα ἐργαζώμεθα τὰ ἔργα τοῦ Θεοῦ;

29 ἀπεκρίθη ὁ Ἰησοῦς καὶ εἶπεν αὐτοῖς, Τοῦτό ἐστι τὸ ἔργον τοῦ Θεοῦ, ἵνα πιστεύσητε εἰς ὃν ἀπέστειλεν ἐκεῖνος.

30 εἶπον οὖν αὐτῷ, Τί οὖν ποιεῖς σὺ σημεῖον, ἵνα ἴδωμεν καὶ πιστεύσωμέν σοι; τί ἐργάζῃ;

31 οἱ πατέρες ἡμῶν τὸ μάννα ἔφαγον ἐν τῇ ἐρήμῳ, καθώς ἐστι γεγραμμένον, Ἄρτον ἐκ τοῦ οὐρανοῦ ἔδωκεν αὐτοῖς φαγεῖν.

32 εἶπεν οὖν αὐτοῖς ὁ Ἰησοῦς, Ἀμὴν ἀμὴν λέγω ὑμῖν, Οὐ Μωσῆς δέδωκεν ὑμῖν τὸν ἄρτον ἐκ τοῦ οὐρανοῦ· ἀλλ' ὁ πατήρ μου δίδωσιν ὑμῖν τὸν ἄρτον ἐκ τοῦ οὐρανοῦ τὸν ἀληθινόν.

33 ὁ γὰρ ἄρτος τοῦ Θεοῦ ἐστιν ὁ καταβαίνων ἐκ τοῦ οὐρανοῦ καὶ ζωὴν διδοὺς τῷ κόσμῳ.

34 εἶπον οὖν πρὸς αὐτόν, Κύριε, πάντοτε δὸς ἡμῖν τὸν ἄρτον τοῦτον.

35 εἶπε δὲ αὐτοῖς ὁ Ἰησοῦς, Ἐγώ εἰμι ὁ ἄρτος τῆς ζωῆς· ὁ ἐρχόμενος πρός με, οὐ μὴ πεινάσῃ· καὶ ὁ πιστεύων εἰς ἐμὲ οὐ μὴ διψήσῃ πώποτε.

36 ἀλλ' εἶπον ὑμῖν ὅτι καὶ ἑωράκατέ με, καὶ οὐ πιστεύετε.

37 πᾶν ὃ δίδωσί μοι ὁ πατὴρ πρὸς ἐμὲ ἥξει· καὶ τὸν ἐρχόμενον πρός με οὐ μὴ ἐκβάλω ἔξω.

38 ὅτι καταβέβηκα ἐκ τοῦ οὐρανοῦ, οὐχ ἵνα ποιῶ τὸ θέλημα τὸ ἐμόν, ἀλλὰ τὸ θέλημα τοῦ πέμψαντός με.

39 τοῦτο δέ ἐστι τὸ θέλημα τοῦ πέμψαντός με πατρός, ἵνα πᾶν ὃ δέδωκέ μοι, μὴ ἀπολέσω ἐξ αὐτοῦ, ἀλλὰ ἀναστήσω αὐτὸ ἐν τῇ ἐσχάτῃ ἡμέρᾳ.

40 τοῦτο δὲ ἐστι τὸ θέλημα τοῦ πέμψαντός με, ἵνα πᾶς ὁ θεωρῶν τὸν υἱὸν καὶ πιστεύων εἰς αὐτόν, ἔχῃ ζωὴν αἰώνιον, καὶ ἀναστήσω αὐτὸν ἐγὼ τῇ ἐσχάτῃ ἡμέρᾳ.

41 Ἐγόγγυζον οὖν οἱ Ἰουδαῖοι περὶ αὐτοῦ, ὅτι εἶπεν, Ἐγώ εἰμι ὁ ἄρτος ὁ καταβὰς ἐκ τοῦ οὐρανοῦ.

42 καὶ ἔλεγον, Οὐχ οὗτός ἐστιν Ἰησοῦς ὁ υἱὸς Ἰωσήφ, οὗ ἡμεῖς οἴδαμεν τὸν πατέρα καὶ τὴν μητέρα; πῶς οὖν λέγει οὗτος ὅτι Ἐκ τοῦ οὐρανοῦ καταβέβηκα;

43 ἀπεκρίθη οὖν ὁ Ἰησοῦς καὶ εἶπεν αὐτοῖς, Μὴ γογγύζετε μετ' ἀλλήλων.

44 οὐδεὶς δύναται ἐλθεῖν πρός με, ἐὰν μὴ ὁ πατὴρ ὁ πέμψας με ἑλκύσῃ αὐτόν, καὶ ἐγὼ ἀναστήσω αὐτὸν τῇ ἐσχάτῃ ἡμέρᾳ.

45 ἔστι γεγραμμένον ἐν τοῖς προφήταις, Καὶ ἔσονται πάντες διδακτοὶ τοῦ Θεοῦ. πᾶς οὖν ὁ ἀκούσας παρὰ τοῦ πατρὸς καὶ μαθών, ἔρχεται πρός με.

46 οὐχ ὅτι τὸν πατέρα τις ἑώρακέν, εἰ μὴ ὁ ὢν παρὰ τοῦ Θεοῦ, οὗτος ἑώρακε τὸν πατέρα.

47 ἀμὴν ἀμὴν λέγω ὑμῖν, ὁ πιστεύων εἰς ἐμὲ, ἔχει ζωὴν αἰώνιον.

48 ἐγώ εἰμι ὁ ἄρτος τῆς ζωῆς.

ΕΥΑΓΓΕΛΙΟΝ ΤΟ ΚΑΤΑ ΙΩΑΝΝΗΝ

49 οἱ πατέρες ὑμῶν ἔφαγον τὸ μάννα ἐν τῇ ἐρήμῳ, καὶ ἀπέθανον

50 οὗτός ἐστιν ὁ ἄρτος ὁ ἐκ τοῦ οὐρανοῦ καταβαίνων, ἵνα τις ἐξ αὐτοῦ φάγῃ καὶ μὴ ἀποθάνῃ.

51 ἐγώ εἰμι ὁ ἄρτος ὁ ζῶν, ὁ ἐκ τοῦ οὐρανοῦ καταβάς· ἐάν τις φάγῃ ἐκ τούτου τοῦ ἄρτου, ζήσεται εἰς τὸν αἰῶνα. καὶ ὁ ἄρτος δὲ ὃν ἐγὼ δώσω, ἡ σάρξ μου ἐστίν, ἣν ἐγὼ δώσω ὑπὲρ τῆς τοῦ κόσμου ζωῆς.

52 Ἐμάχοντο οὖν πρὸς ἀλλήλους οἱ Ἰουδαῖοι λέγοντες, Πῶς δύναται οὗτος ἡμῖν δοῦναι τὴν σάρκα φαγεῖν;

53 εἶπεν οὖν αὐτοῖς ὁ Ἰησοῦς, Ἀμὴν ἀμὴν λέγω ὑμῖν, ἐὰν μὴ φάγητε τὴν σάρκα τοῦ υἱοῦ τοῦ ἀνθρώπου καὶ πίητε αὐτοῦ τὸ αἷμα, οὐκ ἔχετε ζωὴν ἐν ἑαυτοῖς.

54 ὁ τρώγων μου τὴν σάρκα καὶ πίνων μου τὸ αἷμα, ἔχει ζωὴν αἰώνιον, καὶ ἐγὼ ἀναστήσω αὐτὸν τῇ ἐσχάτῃ ἡμέρᾳ.

55 ἡ γὰρ σάρξ μου ἀληθῶς ἐστι βρῶσις, καὶ τὸ αἷμά μου ἀληθῶς ἐστι πόσις.

56 ὁ τρώγων μου τὴν σάρκα καὶ πίνων μου τὸ αἷμα, ἐν ἐμοὶ μένει, κἀγὼ ἐν αὐτῷ.

57 καθὼς ἀπέστειλέ με ὁ ζῶν πατήρ, κἀγὼ ζῶ διὰ τὸν πατέρα· καὶ ὁ τρώγων με, κἀκεῖνος ζήσεται δι᾽ ἐμέ.

58 οὗτός ἐστιν ὁ ἄρτος ὁ ἐκ τοῦ οὐρανοῦ καταβάς· οὐ καθὼς ἔφαγον οἱ πατέρες ὑμῶν τὸ μάννα, καὶ ἀπέθανον· ὁ τρώγων τοῦτον τὸν ἄρτον, ζήσεται εἰς τὸν αἰῶνα.

59 ταῦτα εἶπεν ἐν συναγωγῇ διδάσκων ἐν Καπερναούμ.

60 Πολλοὶ οὖν ἀκούσαντες ἐκ τῶν μαθητῶν αὐτοῦ εἶπον, Σκληρός ἐστιν οὗτος ὁ λόγος· τίς δύναται αὐτοῦ ἀκούειν;

61 εἰδὼς δὲ ὁ Ἰησοῦς ἐν ἑαυτῷ ὅτι γογγύζουσι περὶ τούτου οἱ μαθηταὶ αὐτοῦ, εἶπεν αὐτοῖς, Τοῦτο ὑμᾶς σκανδαλίζει;

62 ἐὰν οὖν θεωρῆτε τὸν υἱὸν τοῦ ἀνθρώπου ἀναβαίνοντα ὅπου ἦν τὸ πρότερον

63 τὸ πνεῦμά ἐστι τὸ ζωοποιοῦν, ἡ σὰρξ οὐκ ὠφελεῖ οὐδέν· τὰ ῥήματα ἃ ἐγὼ λαλῶ ὑμῖν, πνεῦμά ἐστι καὶ ζωή ἐστιν.

64 ἀλλ᾽ εἰσὶν ἐξ ὑμῶν τινες οἳ οὐ πιστεύουσιν. ᾔδει γὰρ ἐξ ἀρχῆς ὁ Ἰησοῦς, τίνες εἰσὶν οἱ μὴ πιστεύοντες, καὶ τίς ἐστιν ὁ παραδώσων αὐτόν.

65 καὶ ἔλεγε, Διὰ τοῦτο εἴρηκα ὑμῖν, ὅτι οὐδεὶς δύναται ἐλθεῖν πρός με, ἐὰν μὴ ᾖ δεδομένον αὐτῷ ἐκ τοῦ πατρός μου.

66 Ἐκ τούτου πολλοὶ ἀπῆλθον τῶν μαθητῶν αὐτοῦ εἰς τὰ ὀπίσω, καὶ οὐκέτι μετ᾽ αὐτοῦ περιεπάτουν.

67 εἶπεν οὖν ὁ Ἰησοῦς τοῖς δώδεκα, Μὴ καὶ ὑμεῖς θέλετε ὑπάγειν;

68 ἀπεκρίθη οὖν αὐτῷ Σίμων Πέτρος, Κύριε, πρὸς τίνα ἀπελευσόμεθα; ῥήματα ζωῆς αἰωνίου ἔχεις

69 καὶ ἡμεῖς πεπιστεύκαμεν καὶ ἐγνώκαμεν ὅτι σὺ εἶ ὁ Χριστὸς ὁ υἱὸς τοῦ Θεοῦ τοῦ ζῶντος.

70 ἀπεκρίθη αὐτοῖς ὁ Ἰησοῦς, Οὐκ ἐγὼ ὑμᾶς τοὺς δώδεκα ἐξελεξάμην, καὶ ἐξ ὑμῶν εἷς διάβολός ἐστιν;

71 ἔλεγε δὲ τὸν Ἰούδαν Σίμωνος Ἰσκαριώτην· οὗτος γὰρ ἤμελλεν αὐτὸν παραδιδόναι, εἷς ὢν ἐκ τῶν δώδεκα.

CHAPTER 7

1 Καὶ περιεπάτει ὁ Ἰησοῦς μετὰ ταῦτα ἐν τῇ Γαλιλαίᾳ· οὐ γὰρ ἤθελεν ἐν τῇ Ἰουδαίᾳ περιπατεῖν, ὅτι ἐζήτουν αὐτὸν οἱ Ἰουδαῖοι ἀποκτεῖναι.

2 ἦν δὲ ἐγγὺς ἡ ἑορτὴ τῶν Ἰουδαίων ἡ σκηνοπηγία.

3 εἶπον οὖν πρὸς αὐτὸν οἱ ἀδελφοὶ αὐτοῦ, Μετάβηθι ἐντεῦθεν, καὶ ὕπαγε εἰς τὴν Ἰουδαίαν, ἵνα καὶ οἱ μαθηταί σου θεωρήσωσι τὰ ἔργα σου ἃ ποιεῖς

4 οὐδεὶς γὰρ ἐν κρυπτῷ τι ποιεῖ, καὶ ζητεῖ αὐτὸς ἐν παρρησίᾳ εἶναι. εἰ ταῦτα ποιεῖς, φανέρωσον σεαυτὸν τῷ κόσμῳ.

5 οὐδὲ γὰρ οἱ ἀδελφοὶ αὐτοῦ ἐπίστευον εἰς αὐτόν.

6 λέγει οὖν αὐτοῖς ὁ Ἰησοῦς, Ὁ καιρὸς ὁ ἐμὸς οὔπω πάρεστιν, ὁ δὲ καιρὸς ὁ ὑμέτερος πάντοτέ ἐστιν ἕτοιμος.

7 οὐ δύναται ὁ κόσμος μισεῖν ὑμᾶς· ἐμὲ δὲ μισεῖ, ὅτι ἐγὼ μαρτυρῶ περὶ αὐτοῦ, ὅτι τὰ ἔργα αὐτοῦ πονηρά ἐστιν.

8 ὑμεῖς ἀνάβητε εἰς τὴν ἑορτὴν ταύτην· ἐγὼ οὔπω ἀναβαίνω εἰς τὴν ἑορτὴν ταύτην, ὅτι ὁ καιρὸς ὁ ἐμὸς οὔπω πεπλήρωται.

9 ταῦτα δὲ εἰπὼν αὐτοῖς, ἔμεινεν ἐν τῇ Γαλιλαίᾳ.

10 Ὡς δὲ ἀνέβησαν οἱ ἀδελφοὶ αὐτοῦ, τότε καὶ αὐτὸς ἀνέβη εἰς τὴν ἑορτήν, οὐ φανερῶς, ἀλλ᾽ ὡς ἐν κρυπτῷ.

11 οἱ οὖν Ἰουδαῖοι ἐζήτουν αὐτὸν ἐν τῇ ἑορτῇ, καὶ ἔλεγον, Ποῦ ἐστιν ἐκεῖνος;

12 καὶ γογγυσμὸς πολὺς περὶ αὐτοῦ ἦν ἐν τοῖς ὄχλοις· οἱ μὲν ἔλεγον ὅτι Ἀγαθός ἐστιν· ἄλλοι δὲ ἔλεγον, Οὔ, ἀλλὰ πλανᾷ τὸν ὄχλον.

13 οὐδεὶς μέντοι παρρησίᾳ ἐλάλει περὶ αὐτοῦ διὰ τὸν φόβον τῶν Ἰουδαίων.

14 Ἤδη δὲ τῆς ἑορτῆς μεσούσης, ἀνέβη ὁ Ἰησοῦς εἰς τὸ ἱερόν, καὶ ἐδίδασκε.

15 καὶ ἐθαύμαζον οἱ Ἰουδαῖοι λέγοντες, Πῶς οὗτος γράμματα οἶδε, μὴ μεμαθηκώς;

16 ἀπεκρίθη αὐτοῖς ὁ Ἰησοῦς καὶ εἶπεν, Ἡ ἐμὴ διδαχὴ οὐκ ἔστιν ἐμή, ἀλλὰ τοῦ πέμψαντός με.

17 ἐάν τις θέλῃ τὸ θέλημα αὐτοῦ ποιεῖν, γνώσεται περὶ τῆς διδαχῆς, πότερον ἐκ τοῦ Θεοῦ ἐστιν, ἢ ἐγὼ ἀπ᾽ ἐμαυτοῦ λαλῶ.

18 ὁ ἀφ᾽ ἑαυτοῦ λαλῶν, τὴν δόξαν τὴν ἰδίαν ζητεῖ· ὁ δὲ ζητῶν τὴν δόξαν τοῦ πέμψαντος αὐτόν, οὗτος ἀληθής ἐστι, καὶ ἀδικία ἐν αὐτῷ οὐκ ἔστιν.

19 οὐ Μωσῆς δέδωκεν ὑμῖν τὸν νόμον, καὶ οὐδεὶς ἐξ ὑμῶν ποιεῖ τὸν νόμον; τί με ζητεῖτε ἀποκτεῖναι;

20 ἀπεκρίθη ὁ ὄχλος καὶ εἶπε, Δαιμόνιον ἔχεις· τίς σε ζητεῖ ἀποκτεῖναι;

21 ἀπεκρίθη ὁ Ἰησοῦς καὶ εἶπεν αὐτοῖς, Ἓν ἔργον ἐποίησα, καὶ πάντες θαυμάζετε.

22 διὰ τοῦτο Μωσῆς δέδωκεν ὑμῖν τὴν περιτομήν (οὐχ ὅτι ἐκ τοῦ Μωσέως ἐστίν, ἀλλ' ἐκ τῶν πατέρων)· καὶ ἐν σαββάτῳ περιτέμνετε ἄνθρωπον.

23 εἰ περιτομὴν λαμβάνει ἄνθρωπος ἐν σαββάτῳ, ἵνα μὴ λυθῇ ὁ νόμος Μωσέως, ἐμοὶ χολᾶτε ὅτι ὅλον ἄνθρωπον ὑγιῆ ἐποίησα ἐν σαββάτῳ;

24 μὴ κρίνετε κατ' ὄψιν, ἀλλὰ τὴν δικαίαν κρίσιν κρίνατε.

25 Ἔλεγον οὖν τινες ἐκ τῶν Ἱεροσολυμιτῶν, Οὐχ οὗτός ἐστιν ὃν ζητοῦσιν ἀποκτεῖναι;

26 καὶ ἴδε παρρησίᾳ λαλεῖ, καὶ οὐδὲν αὐτῷ λέγουσι μήποτε ἀληθῶς ἔγνωσαν οἱ ἄρχοντες ὅτι οὗτός ἐστιν ἀληθῶς ὁ Χριστός;

27 ἀλλὰ τοῦτον οἴδαμεν πόθεν ἐστίν· ὁ δὲ Χριστὸς ὅταν ἔρχηται, οὐδεὶς γινώσκει πόθεν ἐστίν.

28 ἔκραξεν οὖν ἐν τῷ ἱερῷ διδάσκων ὁ Ἰησοῦς καὶ λέγων, Κάμὲ οἴδατε, καὶ οἴδατε πόθεν εἰμί· καὶ ἀπ' ἐμαυτοῦ οὐκ ἐλήλυθα, ἀλλ' ἔστιν ἀληθινὸς ὁ πέμψας με, ὃν ὑμεῖς οὐκ οἴδατε

29 ἐγὼ δὲ οἶδα αὐτόν, ὅτι παρ' αὐτοῦ εἰμι, κἀκεῖνός με ἀπέστειλεν.

30 ἐζήτουν οὖν αὐτὸν πιάσαι καὶ οὐδεὶς ἐπέβαλεν ἐπ' αὐτὸν τὴν χεῖρα, ὅτι οὔπω ἐληλύθει ἡ ὥρα αὐτοῦ.

31 πολλοὶ δὲ ἐκ τοῦ ὄχλου ἐπίστευσαν εἰς αὐτόν, καὶ ἔλεγον ὅτι Ὁ Χριστὸς ὅταν ἔλθῃ, μήτι πλείονα σημεῖα τούτων ποιήσει ὧν οὗτος ἐποίησεν;

32 ἤκουσαν οἱ Φαρισαῖοι τοῦ ὄχλου γογγύζοντος περὶ αὐτοῦ ταῦτα· καὶ ἀπέστειλαν οἱ Φαρισαῖοι καὶ οἱ ἀρχιερεῖς ὑπηρέτας ἵνα πιάσωσιν αὐτόν.

33 εἶπεν οὖν αὐτοῖς ὁ Ἰησοῦς, Ἔτι μικρὸν χρόνον μεθ' ὑμῶν εἰμι, καὶ ὑπάγω πρὸς τὸν πέμψαντά με.

34 ζητήσετέ με, καὶ οὐχ εὑρήσετε· καὶ ὅπου εἰμὶ ἐγώ, ὑμεῖς οὐ δύνασθε ἐλθεῖν.

35 εἶπον οὖν οἱ Ἰουδαῖοι πρὸς ἑαυτούς, Ποῦ οὗτος μέλλει πορεύεσθαι ὅτι ἡμεῖς οὐχ εὑρήσομεν αὐτόν; μὴ εἰς τὴν διασπορὰν τῶν Ἑλλήνων μέλλει πορεύεσθαι, καὶ διδάσκειν τοὺς Ἕλληνας;

36 τίς ἐστιν οὗτος ὁ λόγος ὃν εἶπε, Ζητήσετέ με, καὶ οὐχ εὑρήσετέ· καὶ ὅπου εἰμὶ ἐγώ, ὑμεῖς οὐ δύνασθε ἐλθεῖν;

37 Ἐν δὲ τῇ ἐσχάτῃ ἡμέρᾳ τῇ μεγάλῃ τῆς ἑορτῆς εἱστήκει ὁ Ἰησοῦς καὶ ἔκραξε, λέγων, Ἐάν τις διψᾷ, ἐρχέσθω πρός με καὶ πινέτω.

38 ὁ πιστεύων εἰς ἐμέ, καθὼς εἶπεν ἡ γραφή, ποταμοὶ ἐκ τῆς κοιλίας αὐτοῦ ῥεύσουσιν ὕδατος ζῶντος.

39 Τοῦτο δὲ εἶπε περὶ τοῦ Πνεύματος οὗ ἔμελλον λαμβάνειν οἱ πιστεύοντες εἰς αὐτόν· οὔπω

γὰρ ἦν Πνεῦμα Ἅγιον, ὅτι ὁ Ἰησοῦς οὐδέπω ἐδοξάσθη.

40 πολλοὶ οὖν ἐκ τοῦ ὄχλου ἀκούσαντες τὸν λόγον ἔλεγον, Οὗτός ἐστιν ἀληθῶς ὁ προφήτης.

41 ἄλλοι ἔλεγον, Οὗτός ἐστιν ὁ Χριστός· ἄλλοι δὲ ἔλεγον, Μὴ γὰρ ἐκ τῆς Γαλιλαίας ὁ Χριστὸς ἔρχεται;

42 οὐχὶ ἡ γραφὴ εἶπεν ὅτι ἐκ τοῦ σπέρματος Δαβίδ, καὶ ἀπὸ Βηθλεέμ, τῆς κώμης ὅπου ἦν Δαβίδ, ὁ Χριστὸς ἔρχεται;

43 Σχίσμα οὖν ἐν τῷ ὄχλῳ ἐγένετο δι' αὐτόν.

44 τινὲς δὲ ἤθελον ἐξ αὐτῶν πιάσαι αὐτόν, ἀλλ' οὐδεὶς ἐπέβαλεν ἐπ' αὐτὸν τὰς χεῖρας.

45 Ἦλθον οὖν οἱ ὑπηρέται πρὸς τοὺς ἀρχιερεῖς καὶ Φαρισαίους· καὶ εἶπον αὐτοῖς ἐκεῖνοι, Διατί οὐκ ἠγάγετε αὐτόν;

46 ἀπεκρίθησαν οἱ ὑπηρέται, Οὐδέποτε οὕτως ἐλάλησεν ἄνθρωπος, ὡς οὗτος ὁ ἄνθρωπος·

47 ἀπεκρίθησαν οὖν αὐτοῖς οἱ Φαρισαῖοι, Μὴ καὶ ὑμεῖς πεπλάνησθε;

48 μή τις ἐκ τῶν ἀρχόντων ἐπίστευσεν εἰς αὐτόν, ἢ ἐκ τῶν Φαρισαίων;

49 ἀλλ' ὁ ὄχλος οὗτος ὁ μὴ γινώσκων τὸν νόμον ἐπικατάρατοί εἰσι.

50 λέγει Νικόδημος πρὸς αὐτούς (ὁ ἐλθὼν νυκτὸς πρὸς αὐτόν, εἷς ὢν ἐξ αὐτῶν),

51 Μὴ ὁ νόμος ἡμῶν κρίνει τὸν ἄνθρωπον, ἐὰν μὴ ἀκούσῃ παρ' αὐτοῦ πρότερον καὶ γνῷ τί ποιεῖ;

52 ἀπεκρίθησαν καὶ εἶπον αὐτῷ, Μὴ καὶ σὺ ἐκ τῆς Γαλιλαίας εἶ; ἐρεύνησον καὶ ἴδε ὅτι προφήτης ἐκ τῆς Γαλιλαίας οὐκ ἐγήγερται.

53 Καὶ ἐπορεύθη ἕκαστος εἰς τὸν οἶκον αὐτοῦ·

CHAPTER 8

1 Ἰησοῦς δὲ ἐπορεύθη εἰς τὸ ὄρος τῶν ἐλαιῶν.

2 ὄρθρου δὲ πάλιν παρεγένετο εἰς τὸ ἱερόν, καὶ πᾶς ὁ λαὸς ἤρχετο πρὸς αὐτόν· καὶ καθίσας ἐδίδασκεν αὐτούς.

3 ἄγουσι δὲ οἱ γραμματεῖς καὶ οἱ Φαρισαῖοι πρὸς αὐτὸν γυναῖκα ἐν μοιχείᾳ κατειλημμένην, καὶ στήσαντες αὐτὴν ἐν μέσῳ,

4 λέγουσιν αὐτῷ, Διδάσκαλε, αὕτη ἡ γυνὴ κατελήφθη ἐπαυτοφώρῳ μοιχευομένη·

5 ἐν δὲ τῷ νόμῳ Μωσῆς ἡμῖν ἐνετείλατο τὰς τοιαύτας λιθοβολεῖσθαι· σὺ οὖν τί λέγεις;

6 τοῦτο δὲ ἔλεγον πειράζοντες αὐτόν, ἵνα ἔχωσι κατηγορεῖν αὐτοῦ. ὁ δὲ Ἰησοῦς κάτω κύψας, τῷ δακτύλῳ ἔγραφεν εἰς τὴν γῆν, μὴ προσποιούμενος.

7 ὡς δὲ ἐπέμενον ἐρωτῶντες αὐτόν, ἀνακύψας εἶπε πρὸς αὐτούς, Ὁ ἀναμάρτητος ὑμῶν, πρῶτος τὸν λίθον ἐπ' αὐτῇ βαλέτω.

8 καὶ πάλιν κάτω κύψας ἔγραφεν εἰς τὴν γῆν.

9 οἱ δέ, ἀκούσαντες, καὶ ὑπὸ τῆς συνειδήσεως ἐλεγχόμενοι, ἐξήρχοντο εἷς καθ' εἷς ἀρξάμενοι

ἀπὸ τῶν πρεσβυτέρων ἕως τῶν ἐσχάτων· καὶ κατελείφθη μόνος ὁ Ἰησοῦς, καὶ ἡ γυνὴ ἐν μέσῳ ἑστῶσα.

10 ἀνακύψας δὲ ὁ Ἰησοῦς, καὶ μηδένα θεασάμενος πλὴν τῆς γυναικός, εἶπεν αὐτῇ, Ἡ γυνή, ποῦ εἰσιν ἐκεῖνοι οἱ κατήγοροί σου; οὐδείς σε κατέκρινεν;

11 ἡ δὲ εἶπεν, Οὐδείς, Κύριε. εἶπε δὲ αὐτῇ ὁ Ἰησοῦς, Οὐδὲ ἐγώ σε κατακρίνω· πορεύου καὶ μηκέτι ἁμάρτανε.

12 Πάλιν οὖν ὁ Ἰησοῦς αὐτοῖς ἐλάλησε λέγων, Ἐγώ εἰμι τὸ φῶς τοῦ κόσμου· ὁ ἀκολουθῶν ἐμοὶ, οὐ μὴ περιπατήσει ἐν τῇ σκοτίᾳ, ἀλλ' ἕξει τὸ φῶς τῆς ζωῆς.

13 εἶπον οὖν αὐτῷ οἱ Φαρισαῖοι, Σὺ περὶ σεαυτοῦ μαρτυρεῖς· ἡ μαρτυρία σου οὐκ ἔστιν ἀληθής.

14 ἀπεκρίθη Ἰησοῦς καὶ εἶπεν αὐτοῖς, Κἂν ἐγὼ μαρτυρῶ περὶ ἐμαυτοῦ, ἀληθής ἐστιν ἡ μαρτυρία μου· ὅτι οἶδα πόθεν ἦλθον, καὶ ποῦ ὑπάγω· ὑμεῖς δὲ οὐκ οἴδατε πόθεν ἔρχομαι, καὶ ποῦ ὑπάγω.

15 ὑμεῖς κατὰ τὴν σάρκα κρίνετε· ἐγὼ οὐ κρίνω οὐδένα.

16 καὶ ἐὰν κρίνω δὲ ἐγώ, ἡ κρίσις ἡ ἐμὴ ἀληθής ἐστιν· ὅτι μόνος οὐκ εἰμί, ἀλλ' ἐγὼ καὶ ὁ πέμψας με πατήρ.

17 καὶ ἐν τῷ νόμῳ δὲ τῷ ὑμετέρῳ γέγραπται ὅτι δύο ἀνθρώπων ἡ μαρτυρία ἀληθής ἐστιν.

18 ἐγώ εἰμι ὁ μαρτυρῶν περὶ ἐμαυτοῦ, καὶ μαρτυρεῖ περὶ ἐμοῦ ὁ πέμψας με πατήρ.

19 ἔλεγον οὖν αὐτῷ, Ποῦ ἐστιν ὁ πατήρ σου; ἀπεκρίθη ὁ Ἰησοῦς, Οὔτε ἐμὲ οἴδατε, οὔτε τὸν πατέρα μου· εἰ ἐμὲ ᾔδειτε, καὶ τὸν πατέρα μου ᾔδειτε ἄν.

20 ταῦτα τὰ ῥήματα ἐλάλησεν ὁ Ἰησοῦς ἐν τῷ γαζοφυλακίῳ, διδάσκων ἐν τῷ ἱερῷ· καὶ οὐδεὶς ἐπίασεν αὐτόν, ὅτι οὔπω ἐληλύθει ἡ ὥρα αὐτοῦ.

21 Εἶπεν οὖν πάλιν αὐτοῖς ὁ Ἰησοῦς, Ἐγὼ ὑπάγω, καὶ ζητήσετέ με, καὶ ἐν τῇ ἁμαρτίᾳ ὑμῶν ἀποθανεῖσθε· ὅπου ἐγὼ ὑπάγω, ὑμεῖς οὐ δύνασθε ἐλθεῖν.

22 ἔλεγον οὖν οἱ Ἰουδαῖοι, Μήτι ἀποκτενεῖ ἑαυτόν, ὅτι λέγει, Ὅπου ἐγὼ ὑπάγω, ὑμεῖς οὐ δύνασθε ἐλθεῖν;

23 καὶ εἶπεν αὐτοῖς, Ὑμεῖς ἐκ τῶν κάτω ἐστέ, ἐγὼ ἐκ τῶν ἄνω εἰμί· ὑμεῖς ἐκ τοῦ κόσμου τούτου ἐστέ, ἐγὼ οὐκ εἰμὶ ἐκ τοῦ κόσμου τούτου.

24 εἶπον οὖν ὑμῖν ὅτι ἀποθανεῖσθε ἐν ταῖς ἁμαρτίαις ὑμῶν· ἐὰν γὰρ μὴ πιστεύσητε ὅτι ἐγώ εἰμι, ἀποθανεῖσθε ἐν ταῖς ἁμαρτίαις ὑμῶν.

25 ἔλεγον οὖν αὐτῷ, Σὺ τίς εἶ; καὶ εἶπεν αὐτοῖς ὁ Ἰησοῦς, Τὴν ἀρχὴν ὅ τι καὶ λαλῶ ὑμῖν.

26 πολλὰ ἔχω περὶ ὑμῶν λαλεῖν καὶ κρίνειν· ἀλλ' ὁ πέμψας με ἀληθής ἐστι, κἀγὼ ἃ ἤκουσα παρ' αὐτοῦ ταῦτα λέγω εἰς τὸν κόσμον.

27 οὐκ ἔγνωσαν ὅτι τὸν πατέρα αὐτοῖς ἔλεγεν.

28 εἶπεν οὖν αὐτοῖς ὁ Ἰησοῦς, Ὅταν ὑψώσητε τὸν υἱὸν τοῦ ἀνθρώπου, τότε γνώσεσθε ὅτι ἐγώ εἰμι, καὶ ἀπ' ἐμαυτοῦ ποιῶ οὐδέν, ἀλλὰ καθὼς ἐδίδαξέ με ὁ πατήρ μου, ταῦτα λαλῶ·

29 καὶ ὁ πέμψας με μετ' ἐμοῦ ἐστιν· οὐκ ἀφῆκέ με μόνον ὁ πατήρ, ὅτι ἐγὼ τὰ ἀρεστὰ αὐτῷ ποιῶ πάντοτε.

30 ταῦτα αὐτοῦ λαλοῦντος πολλοὶ ἐπίστευσαν εἰς αὐτόν.

31 Ἔλεγεν οὖν ὁ Ἰησοῦς πρὸς τοὺς πεπιστευκότας αὐτῷ Ἰουδαίους, Ἐὰν ὑμεῖς μείνητε ἐν τῷ λόγῳ τῷ ἐμῷ, ἀληθῶς μαθηταί μου ἐστέ·

32 καὶ γνώσεσθε τὴν ἀλήθειαν, καὶ ἡ ἀλήθεια ἐλευθερώσει ὑμᾶς.

33 ἀπεκρίθησαν αὐτῷ, Σπέρμα Ἀβραάμ ἐσμεν, καὶ οὐδενὶ δεδουλεύκαμεν πώποτε· πῶς σὺ λέγεις ὅτι Ἐλεύθεροι γενήσεσθε;

34 ἀπεκρίθη αὐτοῖς ὁ Ἰησοῦς, Ἀμὴν ἀμὴν λέγω ὑμῖν, ὅτι πᾶς ὁ ποιῶν τὴν ἁμαρτίαν δοῦλός ἐστι τῆς ἁμαρτίας.

35 ὁ δὲ δοῦλος οὐ μένει ἐν τῇ οἰκίᾳ εἰς τὸν αἰῶνα· ὁ υἱὸς μένει εἰς τὸν αἰῶνα.

36 ἐὰν οὖν ὁ υἱὸς ὑμᾶς ἐλευθερώσῃ, ὄντως ἐλεύθεροι ἔσεσθε.

37 οἶδα ὅτι σπέρμα Ἀβραάμ ἐστε· ἀλλὰ ζητεῖτέ με ἀποκτεῖναι, ὅτι ὁ λόγος ὁ ἐμὸς οὐ χωρεῖ ἐν ὑμῖν.

38 ἐγὼ ὃ ἑώρακα παρὰ τῷ πατρί μου, λαλῶ· καὶ ὑμεῖς οὖν ὃ ἑωράκατε παρὰ τῷ πατρὶ ὑμῶν, ποιεῖτε.

39 ἀπεκρίθησαν καὶ εἶπον αὐτῷ, Ὁ πατὴρ ἡμῶν Ἀβραάμ ἐστι. λέγει αὐτοῖς ὁ Ἰησοῦς, Εἰ τέκνα τοῦ Ἀβραὰμ ἦτε, τὰ ἔργα τοῦ Ἀβραὰμ ἐποιεῖτε ἄν.

40 νῦν δὲ ζητεῖτέ με ἀποκτεῖναι, ἄνθρωπον ὃς τὴν ἀλήθειαν ὑμῖν λελάληκα, ἣν ἤκουσα παρὰ τοῦ Θεοῦ· τοῦτο Ἀβραὰμ οὐκ ἐποίησεν.

41 ὑμεῖς ποιεῖτε τὰ ἔργα τοῦ πατρὸς ὑμῶν. εἶπον οὖν αὐτῷ, Ἡμεῖς ἐκ πορνείας οὐ γεγεννήμεθα· ἕνα πατέρα ἔχομεν, τὸν Θεόν.

42 εἶπεν αὐτοῖς ὁ Ἰησοῦς, Εἰ ὁ Θεὸς πατὴρ ὑμῶν ἦν, ἠγαπᾶτε ἂν ἐμέ· ἐγὼ γὰρ ἐκ τοῦ Θεοῦ ἐξῆλθον καὶ ἥκω· οὐδὲ γὰρ ἀπ' ἐμαυτοῦ ἐλήλυθα, ἀλλ' ἐκεῖνός με ἀπέστειλε.

43 διατί τὴν λαλιὰν τὴν ἐμὴν οὐ γινώσκετε; ὅτι οὐ δύνασθε ἀκούειν τὸν λόγον τὸν ἐμόν.

44 ὑμεῖς ἐκ πατρὸς τοῦ διαβόλου ἐστέ, καὶ τὰς ἐπιθυμίας τοῦ πατρὸς ὑμῶν θέλετε ποιεῖν. ἐκεῖνος ἀνθρωποκτόνος ἦν ἀπ' ἀρχῆς, καὶ ἐν τῇ ἀληθείᾳ οὐχ ἔστηκεν, ὅτι οὐκ ἔστιν ἀλήθεια ἐν αὐτῷ. ὅταν λαλῇ τὸ ψεῦδος, ἐκ τῶν ἰδίων λαλεῖ· ὅτι ψεύστης ἐστὶ καὶ ὁ πατὴρ αὐτοῦ.

45 ἐγὼ δὲ ὅτι τὴν ἀλήθειαν λέγω, οὐ πιστεύετέ μοι.

46 τίς ἐξ ὑμῶν ἐλέγχει με περὶ ἁμαρτίας; εἰ δὲ ἀλήθειαν λέγω, διατί ὑμεῖς οὐ πιστεύετέ μοι;

47 ὁ ὢν ἐκ τοῦ Θεοῦ τὰ ῥήματα τοῦ Θεοῦ ἀκούει· διὰ τοῦτο ὑμεῖς

οὐκ ἀκούετε, ὅτι ἐκ τοῦ Θεοῦ οὐκ ἐστέ.

48 ἀπεκρίθησαν οὖν οἱ Ἰουδαῖοι καὶ εἶπον αὐτῷ, Οὐ καλῶς λέγομεν ἡμεῖς ὅτι Σαμαρείτης εἶ σύ, καὶ δαιμόνιον ἔχεις;

49 ἀπεκρίθη Ἰησοῦς, Ἐγὼ δαιμόνιον οὐκ ἔχω, ἀλλὰ τιμῶ τὸν πατέρα μου, καὶ ὑμεῖς ἀτιμάζετέ με

50 ἐγὼ δὲ οὐ ζητῶ τὴν δόξαν μου· ἔστιν ὁ ζητῶν καὶ κρίνων.

51 ἀμὴν ἀμὴν λέγω ὑμῖν, ἐάν τις τὸν λόγον τὸν ἐμὸν τηρήσῃ, θάνατον οὐ μὴ θεωρήσῃ εἰς τὸν αἰῶνα.

52 εἶπον οὖν αὐτῷ οἱ Ἰουδαῖοι, Νῦν ἐγνώκαμεν ὅτι δαιμόνιον ἔχεις Ἀβραὰμ ἀπέθανε καὶ οἱ προφῆται, καὶ σὺ λέγεις, Ἐάν τις τὸν λόγον μου τηρήσῃ, οὐ μὴ γεύσεται θανάτου εἰς τὸν αἰῶνα.

53 μὴ σὺ μείζων εἶ τοῦ πατρὸς ἡμῶν Ἀβραάμ, ὅστις ἀπέθανε; καὶ οἱ προφῆται ἀπέθανον· τίνα σεαυτὸν σὺ ποιεῖς;

54 ἀπεκρίθη Ἰησοῦς, Ἐὰν ἐγὼ δοξάζω ἐμαυτόν, ἡ δόξα μου οὐδέν ἐστιν· ἔστιν ὁ πατήρ μου ὁ δοξάζων με, ὃν ὑμεῖς λέγετε ὅτι Θεὸς ὑμῶν ἐστι,

55 καὶ οὐκ ἐγνώκατε αὐτόν· ἐγὼ δὲ οἶδα αὐτόν, καὶ ἐὰν εἴπω ὅτι οὐκ οἶδα αὐτόν, ἔσομαι ὅμοιος ὑμῶν, ψεύστης· ἀλλ' οἶδα αὐτόν, καὶ τὸν λόγον αὐτοῦ τηρῶ.

56 Ἀβραὰμ ὁ πατὴρ ὑμῶν ἠγαλλιάσατο ἵνα ἴδῃ τὴν ἡμέραν τὴν ἐμήν, καὶ εἶδε καὶ ἐχάρη.

57 εἶπον οὖν οἱ Ἰουδαῖοι πρὸς αὐτόν, Πεντήκοντα ἔτη οὔπω ἔχεις, καὶ Ἀβραὰμ ἑώρακας;

58 εἶπεν αὐτοῖς ὁ Ἰησοῦς, Ἀμὴν ἀμὴν λέγω ὑμῖν, πρὶν Ἀβραὰμ γενέσθαι, ἐγώ εἰμι.

59 ἦραν οὖν λίθους ἵνα βάλωσιν ἐπ' αὐτόν· Ἰησοῦς δὲ ἐκρύβη, καὶ ἐξῆλθεν ἐκ τοῦ ἱεροῦ, διελθὼν διὰ μέσου αὐτῶν· καὶ παρῆγεν οὕτως.

CHAPTER 9

1 Καὶ παράγων εἶδεν ἄνθρωπον τυφλὸν ἐκ γενετῆς.

2 καὶ ἠρώτησαν αὐτὸν οἱ μαθηταὶ αὐτοῦ λέγοντες, Ῥαββί, τίς ἥμαρτεν, οὗτος ἢ οἱ γονεῖς αὐτοῦ, ἵνα τυφλὸς γεννηθῇ;

3 ἀπεκρίθη ὁ Ἰησοῦς, Οὔτε οὗτος ἥμαρτεν οὔτε οἱ γονεῖς αὐτοῦ· ἀλλ' ἵνα φανερωθῇ τὰ ἔργα τοῦ Θεοῦ ἐν αὐτῷ.

4 ἐμὲ δεῖ ἐργάζεσθαι τὰ ἔργα τοῦ πέμψαντός με ἕως ἡμέρα ἐστίν· ἔρχεται νύξ, ὅτε οὐδεὶς δύναται ἐργάζεσθαι.

5 ὅταν ἐν τῷ κόσμῳ ὦ, φῶς εἰμι τοῦ κόσμου.

6 ταῦτα εἰπών, ἔπτυσε χαμαί, καὶ ἐποίησε πηλὸν ἐκ τοῦ πτύσματος, καὶ ἐπέχρισε τὸν πηλὸν ἐπὶ τοὺς ὀφθαλμοὺς τοῦ τυφλοῦ,

7 καὶ εἶπεν αὐτῷ, Ὕπαγε νίψαι εἰς τὴν κολυμβήθραν τοῦ Σιλωάμ (ὃ ἑρμηνεύεται, ἀπεσταλμένος). ἀπῆλθεν οὖν καὶ ἐνίψατο, καὶ ἦλθε βλέπων.

ΕΥΑΓΓΕΛΙΟΝ ΤΟ ΚΑΤΑ ΙΩΑΝΝΗΝ

8 οἱ οὖν γείτονες καὶ οἱ θεωροῦντες αὐτὸν τὸ πρότερον ὅτι τυφλὸς ἦν, ἔλεγον, Οὐχ οὗτός ἐστιν ὁ καθήμενος καὶ προσαιτῶν;

9 ἄλλοι ἔλεγον ὅτι Οὗτός ἐστιν· ἄλλοι δὲ ὅτι Ὅμοιος αὐτῷ ἐστιν. ἐκεῖνος ἔλεγεν ὅτι Ἐγώ εἰμι.

10 ἔλεγον οὖν αὐτῷ, Πῶς ἀνεῴχθησάν σου οἱ ὀφθαλμοί;

11 ἀπεκρίθη ἐκεῖνος καὶ εἶπεν, Ἄνθρωπος λεγόμενος Ἰησοῦς πηλὸν ἐποίησε, καὶ ἐπέχρισέ μου τοὺς ὀφθαλμούς, καὶ εἶπέ μοι, Ὕπαγε εἰς τὴν κολυμβήθραν τοῦ Σιλωάμ, καὶ νίψαι. ἀπελθὼν δὲ καὶ νιψάμενος, ἀνέβλεψα.

12 εἶπον οὖν αὐτῷ, Ποῦ ἐστιν ἐκεῖνος; λέγει, Οὐκ οἶδα.

13 Ἄγουσιν αὐτὸν πρὸς τοὺς Φαρισαίους, τόν ποτε τυφλόν.

14 ἦν δὲ σάββατον ὅτε τὸν πηλὸν ἐποίησεν ὁ Ἰησοῦς, καὶ ἀνέῳξεν αὐτοῦ τοὺς ὀφθαλμούς.

15 πάλιν οὖν ἠρώτων αὐτὸν καὶ οἱ Φαρισαῖοι, πῶς ἀνέβλεψεν. ὁ δὲ εἶπεν αὐτοῖς, Πηλὸν ἐπέθηκέν ἐπὶ τοὺς ὀφθαλμούς μου, καὶ ἐνιψάμην, καὶ βλέπω.

16 ἔλεγον οὖν ἐκ τῶν Φαρισαίων τινές, Οὗτος ὁ ἄνθρωπος οὐκ ἔστι παρὰ τοῦ Θεοῦ, ὅτι τὸ σάββατον οὐ τηρεῖ. ἄλλοι ἔλεγον, Πῶς δύναται ἄνθρωπος ἁμαρτωλὸς τοιαῦτα σημεῖα ποιεῖν; καὶ σχίσμα ἦν ἐν αὐτοῖς.

17 λέγουσι τῷ τυφλῷ πάλιν, Σὺ τί λέγεις περὶ αὐτοῦ, ὅτι ἤνοιξέ σου τοὺς ὀφθαλμούς; ὁ δὲ εἶπεν ὅτι Προφήτης ἐστίν.

18 οὐκ ἐπίστευσαν οὖν οἱ Ἰουδαῖοι περὶ αὐτοῦ, ὅτι τυφλὸς ἦν καὶ ἀνέβλεψεν, ἕως ὅτου ἐφώνησαν τοὺς γονεῖς αὐτοῦ τοῦ ἀναβλέψαντος,

19 καὶ ἠρώτησαν αὐτοὺς λέγοντες, Οὗτός ἐστιν ὁ υἱὸς ὑμῶν, ὃν ὑμεῖς λέγετε ὅτι τυφλὸς ἐγεννήθη; πῶς οὖν ἄρτι βλέπει;

20 ἀπεκρίθησαν αὐτοῖς οἱ γονεῖς αὐτοῦ καὶ εἶπον, Οἴδαμεν ὅτι οὗτός ἐστιν ὁ υἱὸς ἡμῶν, καὶ ὅτι τυφλὸς ἐγεννήθη·

21 πῶς δὲ νῦν βλέπει, οὐκ οἴδαμεν· ἢ τίς ἤνοιξεν αὐτοῦ τοὺς ὀφθαλμούς, ἡμεῖς οὐκ οἴδαμεν· αὐτὸς ἡλικίαν ἔχει· αὐτὸν ἐρωτήσατε, αὐτὸς περὶ αὐτοῦ λαλήσει.

22 ταῦτα εἶπον οἱ γονεῖς αὐτοῦ, ὅτι ἐφοβοῦντο τοὺς Ἰουδαίους· ἤδη γὰρ συνετέθειντο οἱ Ἰουδαῖοι, ἵνα ἐάν τις αὐτὸν ὁμολογήσῃ Χριστόν, ἀποσυνάγωγος γένηται.

23 διὰ τοῦτο οἱ γονεῖς αὐτοῦ εἶπον ὅτι Ἡλικίαν ἔχει, αὐτὸν ἐρωτήσατε

24 ἐφώνησαν οὖν ἐκ δευτέρου τὸν ἄνθρωπον ὃς ἦν τυφλός, καὶ εἶπον αὐτῷ, Δὸς δόξαν τῷ θεῷ· ἡμεῖς οἴδαμεν ὅτι ὁ ἄνθρωπος οὗτος ἁμαρτωλός ἐστιν.

25 ἀπεκρίθη οὖν ἐκεῖνος καὶ εἶπεν, Εἰ ἁμαρτωλός ἐστιν, οὐκ οἶδα· ἓν οἶδα, ὅτι τυφλὸς ὤν, ἄρτι βλέπω.

26 εἶπον δὲ αὐτῷ πάλιν, Τί ἐποίησέ σοι; πῶς ἤνοιξέ σου τοὺς ὀφθαλμούς;

27 ἀπεκρίθη αὐτοῖς, Εἶπον ὑμῖν ἤδη, καὶ οὐκ ἠκούσατε, τί πάλιν

θέλετε ἀκούειν; μὴ καὶ ὑμεῖς θέλετε αὐτοῦ μαθηταὶ γενέσθαι;
28 ἐλοιδόρησαν οὖν αὐτόν, καὶ εἶπον, Σὺ εἶ μαθητὴς ἐκείνου· ἡμεῖς δὲ τοῦ Μωσέως ἐσμὲν μαθηταί.
29 ἡμεῖς οἴδαμεν ὅτι Μωσῇ λελάληκεν ὁ Θεός· τοῦτον δὲ οὐκ οἴδαμεν πόθεν ἐστίν.
30 ἀπεκρίθη ὁ ἄνθρωπος καὶ εἶπεν αὐτοῖς, Ἐν γὰρ τούτῳ θαυμαστόν ἐστιν, ὅτι ὑμεῖς οὐκ οἴδατε πόθεν ἐστί, καὶ ἀνέῳξέ μου τοὺς ὀφθαλμούς.
31 οἴδαμεν δὲ ὅτι ἁμαρτωλῶν ὁ Θεὸς οὐκ ἀκούει· ἀλλ' ἐάν τις θεοσεβὴς ᾖ, καὶ τὸ θέλημα αὐτοῦ ποιῇ, τούτου ἀκούει.
32 ἐκ τοῦ αἰῶνος οὐκ ἠκούσθη ὅτι ἤνοιξέ τις ὀφθαλμοὺς τυφλοῦ γεγεννημένου.
33 εἰ μὴ ἦν οὗτος παρὰ Θεοῦ, οὐκ ἠδύνατο ποιεῖν οὐδέν.
34 ἀπεκρίθησαν καὶ εἶπον αὐτῷ, Ἐν ἁμαρτίαις σὺ ἐγεννήθης ὅλος, καὶ σὺ διδάσκεις ἡμᾶς; καὶ ἐξέβαλον αὐτὸν ἔξω.
35 Ἤκουσεν ὁ Ἰησοῦς ὅτι ἐξέβαλον αὐτὸν ἔξω· καὶ εὑρὼν αὐτόν, εἶπεν, αὐτῷ Σὺ πιστεύεις εἰς τὸν υἱὸν τοῦ Θεοῦ;
36 ἀπεκρίθη ἐκεῖνος καὶ εἶπε, Τίς ἐστι, Κύριε, ἵνα πιστεύσω εἰς αὐτόν;
37 εἶπε δὲ αὐτῷ ὁ Ἰησοῦς, Καὶ ἑώρακας αὐτόν, καὶ ὁ λαλῶν μετὰ σοῦ ἐκεῖνός ἐστιν.
38 ὁ δὲ ἔφη, Πιστεύω, Κύριε· καὶ προσεκύνησεν αὐτῷ.

39 καὶ εἶπεν ὁ Ἰησοῦς, Εἰς κρίμα ἐγὼ εἰς τὸν κόσμον τοῦτον ἦλθον, ἵνα οἱ μὴ βλέποντες βλέπωσι, καὶ οἱ βλέποντες τυφλοὶ γένωνται.
40 καὶ ἤκουσαν ἐκ τῶν Φαρισαίων ταῦτα οἱ ὄντες μετ' αὐτοῦ, καὶ εἶπον αὐτῷ, Μὴ καὶ ἡμεῖς τυφλοί ἐσμεν;
41 εἶπεν αὐτοῖς ὁ Ἰησοῦς, Εἰ τυφλοὶ ἦτε, οὐκ ἂν εἴχετε ἁμαρτίαν· νῦν δὲ λέγετε ὅτι Βλέπομεν· ἡ οὖν ἁμαρτία ὑμῶν μένει.

CHAPTER 10

1 Ἀμὴν ἀμὴν λέγω ὑμῖν, ὁ μὴ εἰσερχόμενος διὰ τῆς θύρας εἰς τὴν αὐλὴν τῶν προβάτων, ἀλλὰ ἀναβαίνων ἀλλαχόθεν, ἐκεῖνος κλέπτης ἐστὶ καὶ λῃστής
2 ὁ δὲ εἰσερχόμενος διὰ τῆς θύρας ποιμήν ἐστι τῶν προβάτων.
3 τούτῳ ὁ θυρωρὸς ἀνοίγει, καὶ τὰ πρόβατα τῆς φωνῆς αὐτοῦ ἀκούει, καὶ τὰ ἴδια πρόβατα καλεῖ κατ' ὄνομα, καὶ ἐξάγει αὐτά.
4 καὶ ὅταν τὰ ἴδια πρόβατα ἐκβάλῃ, ἔμπροσθεν αὐτῶν πορεύεται· καὶ τὰ πρόβατα αὐτῷ ἀκολουθεῖ, ὅτι οἴδασι τὴν φωνὴν αὐτοῦ.
5 ἀλλοτρίῳ δὲ οὐ μὴ ἀκολουθήσωσιν, ἀλλὰ φεύξονται ἀπ' αὐτοῦ· ὅτι οὐκ οἴδασι τῶν ἀλλοτρίων τὴν φωνήν.
6 ταύτην τὴν παροιμίαν εἶπεν αὐτοῖς ὁ Ἰησοῦς· ἐκεῖνοι δὲ οὐκ ἔγνωσαν τίνα ἦν ἃ ἐλάλει αὐτοῖς.

7 Εἶπεν οὖν πάλιν αὐτοῖς ὁ Ἰησοῦς, Ἀμὴν ἀμὴν λέγω ὑμῖν ὅτι Ἐγώ εἰμι ἡ θύρα τῶν προβάτων.

8 πάντες ὅσοι πρὸ ἐμοῦ ἦλθον κλέπται εἰσὶ καὶ λησταί· ἀλλ' οὐκ ἤκουσαν αὐτῶν τὰ πρόβατα.

9 ἐγώ εἰμι ἡ θύρα· δι' ἐμοῦ ἐάν τις εἰσέλθῃ, σωθήσεται, καὶ εἰσελεύσεται καὶ ἐξελεύσεται, καὶ νομὴν εὑρήσει.

10 ὁ κλέπτης οὐκ ἔρχεται εἰ μὴ ἵνα κλέψῃ καὶ θύσῃ καὶ ἀπολέσῃ· ἐγὼ ἦλθον ἵνα ζωὴν ἔχωσι, καὶ περισσὸν ἔχωσιν.

11 ἐγώ εἰμι ὁ ποιμὴν ὁ καλός· ὁ ποιμὴν ὁ καλὸς τὴν ψυχὴν αὐτοῦ τίθησιν ὑπὲρ τῶν προβάτων.

12 ὁ μισθωτὸς δέ, καὶ οὐκ ὢν ποιμήν, οὗ οὐκ εἰσὶ τὰ πρόβατα ἴδια, θεωρεῖ τὸν λύκον ἐρχόμενον, καὶ ἀφίησι τὰ πρόβατα, καὶ φεύγει· καὶ ὁ λύκος ἁρπάζει αὐτά, καὶ σκορπίζει τὰ πρόβατα.

13 ὁ δὲ μισθωτὸς φεύγει, ὅτι μισθωτός ἐστι, καὶ οὐ μέλει αὐτῷ περὶ τῶν προβάτων.

14 ἐγώ εἰμι ὁ ποιμὴν ὁ καλός, καὶ γινώσκω τὰ ἐμά, καὶ γινώσκομαι ὑπὸ τῶν ἐμῶν.

15 καθὼς γινώσκει με ὁ πατήρ, κἀγὼ γινώσκω τὸν πατέρα· καὶ τὴν ψυχήν μου τίθημι ὑπὲρ τῶν προβάτων.

16 καὶ ἄλλα πρόβατα ἔχω, ἃ οὐκ ἔστιν ἐκ τῆς αὐλῆς ταύτης· κἀκεῖνά με δεῖ ἀγαγεῖν, καὶ τῆς φωνῆς μου ἀκούσουσι· καὶ γενήσεται μία ποίμνη, εἷς ποιμήν.

17 διὰ τοῦτο ὁ πατήρ με ἀγαπᾷ, ὅτι ἐγὼ τίθημι τὴν ψυχήν μου, ἵνα πάλιν λάβω αὐτήν.

18 οὐδεὶς αἴρει αὐτὴν ἀπ' ἐμοῦ, ἀλλ' ἐγὼ τίθημι αὐτὴν ἀπ' ἐμαυτοῦ. ἐξουσίαν ἔχω θεῖναι αὐτήν, καὶ ἐξουσίαν ἔχω πάλιν λαβεῖν αὐτήν. ταύτην τὴν ἐντολὴν ἔλαβον παρὰ τοῦ πατρός μου.

19 Σχίσμα οὖν πάλιν ἐγένετο ἐν τοῖς Ἰουδαίοις διὰ τοὺς λόγους τούτους

20 ἔλεγον δὲ πολλοὶ ἐξ αὐτῶν, Δαιμόνιον ἔχει καὶ μαίνεται· τί αὐτοῦ ἀκούετε;

21 ἄλλοι ἔλεγον, Ταῦτα τὰ ῥήματα οὐκ ἔστι δαιμονιζομένου· μὴ δαιμόνιον δύναται τυφλῶν ὀφθαλμοὺς ἀνοίγειν;

22 Ἐγένετο δὲ τὰ ἐγκαίνια ἐν τοῖς Ἱεροσολύμοις, καὶ χειμὼν ἦν·

23 καὶ περιεπάτει ὁ Ἰησοῦς ἐν τῷ ἱερῷ ἐν τῇ στοᾷ τοῦ Σολομῶντος.

24 ἐκύκλωσαν οὖν αὐτὸν οἱ Ἰουδαῖοι, καὶ ἔλεγον αὐτῷ, Ἕως πότε τὴν ψυχὴν ἡμῶν αἴρεις; εἰ σὺ εἶ ὁ Χριστός, εἰπὲ ἡμῖν παρρησίᾳ.

25 ἀπεκρίθη αὐτοῖς ὁ Ἰησοῦς, Εἶπον ὑμῖν, καὶ οὐ πιστεύετε· τὰ ἔργα ἃ ἐγὼ ποιῶ ἐν τῷ ὀνόματι τοῦ πατρός μου, ταῦτα μαρτυρεῖ περὶ ἐμοῦ·

26 ἀλλ' ὑμεῖς οὐ πιστεύετε· οὐ γάρ ἐστε ἐκ τῶν προβάτων τῶν ἐμῶν, καθὼς εἶπον ὑμῖν.

27 τὰ πρόβατα τὰ ἐμὰ τῆς φωνῆς μου ἀκούει, κἀγὼ γινώσκω αὐτά, καὶ ἀκολουθοῦσί μοι·

28 κἀγὼ ζωὴν αἰώνιον δίδωμι αὐτοῖς· καὶ οὐ μὴ ἀπόλωνται εἰς τὸν αἰῶνα, καὶ οὐχ ἁρπάσει τις αὐτὰ ἐκ τῆς χειρός μου.

29 ὁ πατήρ μου ὃς δέδωκέ μοι, μεῖζών πάντων ἐστί· καὶ οὐδεὶς δύναται ἁρπάζειν ἐκ τῆς χειρὸς τοῦ πατρός μου.

30 ἐγὼ καὶ ὁ πατὴρ ἕν ἐσμεν.

31 ἐβάστασαν οὖν πάλιν λίθους οἱ Ἰουδαῖοι ἵνα λιθάσωσιν αὐτόν.

32 ἀπεκρίθη αὐτοῖς ὁ Ἰησοῦς, Πολλὰ καλὰ ἔργα ἔδειξα ὑμῖν ἐκ τοῦ πατρός μου· διὰ ποῖον αὐτῶν ἔργον λιθάζετέ με;

33 ἀπεκρίθησαν αὐτῷ οἱ Ἰουδαῖοι λέγοντες, Περὶ καλοῦ ἔργου οὐ λιθάζομέν σε, ἀλλὰ περὶ βλασφημίας, καὶ ὅτι σὺ ἄνθρωπος ὢν ποιεῖς σεαυτὸν Θεόν.

34 ἀπεκρίθη αὐτοῖς ὁ Ἰησοῦς, Οὐκ ἔστι γεγραμμένον ἐν τῷ νόμῳ ὑμῶν, Ἐγὼ εἶπα, θεοί ἐστε;

35 εἰ ἐκείνους εἶπε θεούς, πρὸς οὓς ὁ λόγος τοῦ Θεοῦ ἐγένετο (καὶ οὐ δύναται λυθῆναι ἡ γραφή),

36 ὃν ὁ πατὴρ ἡγίασε καὶ ἀπέστειλεν εἰς τὸν κόσμον, ὑμεῖς λέγετε ὅτι Βλασφημεῖς, ὅτι εἶπον, Υἱὸς τοῦ Θεοῦ εἰμι;

37 εἰ οὐ ποιῶ τὰ ἔργα τοῦ πατρός μου, μὴ πιστεύετέ μοι·

38 εἰ δὲ ποιῶ, κἂν ἐμοὶ μὴ πιστεύητε, τοῖς ἔργοις πιστεύσατε· ἵνα γνῶτε καὶ πιστεύσητε ὅτι ἐν ἐμοὶ ὁ πατήρ, κἀγὼ ἐν αὐτῷ.

39 ἐζήτουν οὖν πάλιν αὐτὸν πιάσαι· καὶ ἐξῆλθεν ἐκ τῆς χειρὸς αὐτῶν.

40 Καὶ ἀπῆλθε πάλιν πέραν τοῦ Ἰορδάνου εἰς τὸν τόπον ὅπου ἦν Ἰωάννης τὸ πρῶτον βαπτίζων· καὶ ἔμεινεν ἐκεῖ.

41 καὶ πολλοὶ ἦλθον πρὸς αὐτόν, καὶ ἔλεγον ὅτι Ἰωάννης μὲν σημεῖον ἐποίησεν οὐδέν· πάντα δὲ ὅσα εἶπεν Ἰωάννης περὶ τούτου, ἀληθῆ ἦν.

42 καὶ ἐπίστευσαν πολλοὶ ἐκεῖ εἰς αὐτόν.

CHAPTER 11

1 Ἦν δέ τις ἀσθενῶν Λάζαρος ἀπὸ Βηθανίας, ἐκ τῆς κώμης Μαρίας καὶ Μάρθας τῆς ἀδελφῆς αὐτῆς.

2 ἦν δὲ Μαρία ἡ ἀλείψασα τὸν Κύριον μύρῳ, καὶ ἐκμάξασα τοὺς πόδας αὐτοῦ ταῖς θριξὶν αὐτῆς, ἧς ὁ ἀδελφὸς Λάζαρος ἠσθένει.

3 ἀπέστειλαν οὖν αἱ ἀδελφαὶ πρὸς αὐτὸν λέγουσαι, Κύριε, ἴδε ὃν φιλεῖς ἀσθενεῖ.

4 ἀκούσας δὲ ὁ Ἰησοῦς εἶπεν, Αὕτη ἡ ἀσθένεια οὐκ ἔστι πρὸς θάνατον, ἀλλ᾽ ὑπὲρ τῆς δόξης τοῦ Θεοῦ, ἵνα δοξασθῇ ὁ υἱὸς τοῦ Θεοῦ δι᾽ αὐτῆς.

5 ἠγάπα δὲ ὁ Ἰησοῦς τὴν Μάρθαν καὶ τὴν ἀδελφὴν αὐτῆς καὶ τὸν Λάζαρον

6 ὡς οὖν ἤκουσεν ὅτι ἀσθενεῖ, τότε μὲν ἔμεινεν ἐν ᾧ ἦν τόπῳ δύο ἡμέρας

7 ἔπειτα μετὰ τοῦτο λέγει τοῖς μαθηταῖς, Ἄγωμεν εἰς τὴν Ἰουδαίαν πάλιν.

8 λέγουσιν αὐτῷ οἱ μαθηταί, Ῥαββί, νῦν ἐζήτουν σε λιθάσαι οἱ Ἰουδαῖοι, καὶ πάλιν ὑπάγεις ἐκεῖ;

9 ἀπεκρίθη ὁ Ἰησοῦς, Οὐχὶ δώδεκα εἰσιν ὧραι τῆς ἡμέρας; ἐάν τις περιπατῇ ἐν τῇ ἡμέρᾳ, οὐ προσκόπτει, ὅτι τὸ φῶς τοῦ κόσμου τούτου βλέπει.

10 ἐὰν δέ τις περιπατῇ ἐν τῇ νυκτί, προσκόπτει, ὅτι τὸ φῶς οὐκ ἔστιν ἐν αὐτῷ.

11 ταῦτα εἶπε, καὶ μετὰ τοῦτο λέγει αὐτοῖς, Λάζαρος ὁ φίλος ἡμῶν κεκοίμηται· ἀλλὰ πορεύομαι ἵνα ἐξυπνίσω αὐτόν.

12 εἶπον οὖν οἱ μαθηταὶ αὐτοῦ, Κύριε, εἰ κεκοίμηται, σωθήσεται.

13 εἰρήκει δὲ ὁ Ἰησοῦς περὶ τοῦ θανάτου αὐτοῦ· ἐκεῖνοι δὲ ἔδοξαν ὅτι περὶ τῆς κοιμήσεως τοῦ ὕπνου λέγει.

14 τότε οὖν εἶπεν αὐτοῖς ὁ Ἰησοῦς παρρησίᾳ, Λάζαρος ἀπέθανε.

15 καὶ χαίρω δι᾽ ὑμᾶς, ἵνα πιστεύσητε, ὅτι οὐκ ἤμην ἐκεῖ· ἀλλ᾽ ἄγωμεν πρὸς αὐτόν.

16 εἶπεν οὖν Θωμᾶς, ὁ λεγόμενος Δίδυμος, τοῖς συμμαθηταῖς, Ἄγωμεν καὶ ἡμεῖς, ἵνα ἀποθάνωμεν μετ᾽ αὐτοῦ.

17 Ἐλθὼν οὖν ὁ Ἰησοῦς εὗρεν αὐτὸν τέσσαρας ἡμέρας ἤδη ἔχοντα ἐν τῷ μνημείῳ.

18 ἦν δὲ ἡ Βηθανία ἐγγὺς τῶν Ἱεροσολύμων, ὡς ἀπὸ σταδίων δεκαπέντε·

19 καὶ πολλοὶ ἐκ τῶν Ἰουδαίων ἐληλύθεισαν πρὸς τὰς περὶ Μάρθαν καὶ Μαρίαν, ἵνα παραμυθήσωνται αὐτὰς περὶ τοῦ ἀδελφοῦ αὐτῶν.

20 ἡ οὖν Μάρθα, ὡς ἤκουσεν ὅτι ὁ Ἰησοῦς ἔρχεται, ὑπήντησεν αὐτῷ· Μαρία δὲ ἐν τῷ οἴκῳ ἐκαθέζετο.

21 εἶπεν οὖν ἡ Μάρθα πρὸς τὸν Ἰησοῦν, Κύριε, εἰ ἦς ὧδε, ὁ ἀδελφός μου οὐκ ἂν ἐτεθνήκει·

22 ἀλλὰ καὶ νῦν οἶδα ὅτι ὅσα ἂν αἰτήσῃ τὸν Θεόν, δώσει σοι ὁ Θεός.

23 λέγει αὐτῇ ὁ Ἰησοῦς, Ἀναστήσεται ὁ ἀδελφός σου.

24 λέγει αὐτῷ Μάρθα, Οἶδα ὅτι ἀναστήσεται ἐν τῇ ἀναστάσει ἐν τῇ ἐσχάτῃ ἡμέρᾳ.

25 εἶπεν αὐτῇ ὁ Ἰησοῦς, Ἐγώ εἰμι ἡ ἀνάστασις καὶ ἡ ζωή· ὁ πιστεύων εἰς ἐμέ, κἂν ἀποθάνῃ, ζήσεται·

26 καὶ πᾶς ὁ ζῶν καὶ πιστεύων εἰς ἐμέ, οὐ μὴ ἀποθάνῃ εἰς τὸν αἰῶνα. πιστεύεις τοῦτο;

27 λέγει αὐτῷ, Ναί, Κύριε· ἐγὼ πεπίστευκα, ὅτι σὺ εἶ ὁ Χριστός, ὁ υἱὸς τοῦ Θεοῦ, ὁ εἰς τὸν κόσμον ἐρχόμενος.

28 καὶ ταῦτά εἰποῦσα ἀπῆλθε, καὶ ἐφώνησε Μαρίαν τὴν ἀδελφὴν αὐτῆς λάθρα, εἰποῦσα, Ὁ διδάσκαλος πάρεστι καὶ φωνεῖ σε.

29 ἐκείνη ὡς ἤκουσεν, ἐγείρεται ταχὺ καὶ ἔρχεται πρὸς αὐτόν.

30 (οὔπω δὲ ἐληλύθει ὁ Ἰησοῦς εἰς τὴν κώμην, ἀλλ᾽ ἦν ἐν τῷ τόπῳ ὅπου ὑπήντησεν αὐτῷ ἡ Μάρθα.)

31 οἱ οὖν Ἰουδαῖοι οἱ ὄντες μετ᾽ αὐτῆς ἐν τῇ οἰκίᾳ καὶ παραμυθούμενοι αὐτήν, ἰδόντες τὴν Μαρίαν ὅτι ταχέως ἀνέστη καὶ ἐξῆλθεν, ἠκολούθησαν αὐτῇ,

λέγοντες ὅτι ὑπάγει εἰς τὸ μνημεῖον, ἵνα κλαύσῃ ἐκεῖ.

32 ἡ οὖν Μαρία, ὡς ἦλθεν ὅπου ἦν ὁ Ἰησοῦς, ἰδοῦσα αὐτόν, ἔπεσεν εἰς τοὺς πόδας αὐτοῦ, λέγουσα αὐτῷ, Κύριε, εἰ ἦς ὧδε, οὐκ ἂν ἀπέθανέ μου ὁ ἀδελφός.

33 Ἰησοῦς οὖν ὡς εἶδεν αὐτὴν κλαίουσαν, καὶ τοὺς συνελθόντας αὐτῇ Ἰουδαίους κλαίοντας, ἐνεβριμήσατο τῷ πνεύματι, καὶ ἐτάραξεν ἑαυτόν,

34 καὶ εἶπε, Ποῦ τεθείκατε αὐτόν; λέγουσιν αὐτῷ, Κύριε, ἔρχου καὶ ἴδε.

35 ἐδάκρυσεν ὁ Ἰησοῦς.

36 ἔλεγον οὖν οἱ Ἰουδαῖοι, Ἴδε πῶς ἐφίλει αὐτόν.

37 τινὲς δὲ ἐξ αὐτῶν εἶπον, Οὐκ ἠδύνατο οὗτος, ὁ ἀνοίξας τοὺς ὀφθαλμοὺς τοῦ τυφλοῦ, ποιῆσαι ἵνα καὶ οὗτος μὴ ἀποθάνῃ;

38 Ἰησοῦς οὖν πάλιν ἐμβριμώμενος ἐν ἑαυτῷ ἔρχεται εἰς τὸ μνημεῖον. ἦν δὲ σπήλαιον, καὶ λίθος ἐπέκειτο ἐπ’ αὐτῷ.

39 λέγει ὁ Ἰησοῦς, Ἄρατε τὸν λίθον. λέγει αὐτῷ ἡ ἀδελφὴ τοῦ τεθνηκότος Μάρθα, Κύριε, ἤδη ὄζει· τεταρταῖος γάρ ἐστι.

40 λέγει αὐτῇ ὁ Ἰησοῦς, Οὐκ εἶπόν σοι, ὅτι ἐὰν πιστεύσῃς, ὄψει τὴν δόξαν τοῦ Θεοῦ;

41 ἦραν οὖν τὸν λίθον, οὗ ἦν ὁ τεθνηκὼς κείμενος. ὁ δὲ Ἰησοῦς ἦρε τοὺς ὀφθαλμοὺς ἄνω, καὶ εἶπε, Πάτερ, εὐχαριστῶ σοι ὅτι ἤκουσάς μου.

42 ἐγὼ δὲ ᾔδειν ὅτι πάντοτέ μου ἀκούεις· ἀλλὰ διὰ τὸν ὄχλον τὸν περιεστῶτα εἶπον, ἵνα πιστεύσωσιν ὅτι σύ με ἀπέστειλας.

43 καὶ ταῦτα εἰπών, φωνῇ μεγάλῃ ἐκραύγασε, Λάζαρε, δεῦρο ἔξω.

44 καὶ ἐξῆλθεν ὁ τεθνηκώς, δεδεμένος τοὺς πόδας καὶ τὰς χεῖρας κειρίαις, καὶ ἡ ὄψις αὐτοῦ σουδαρίῳ περιεδέδετο. λέγει αὐτοῖς ὁ Ἰησοῦς, Λύσατε αὐτόν, καὶ ἄφετε ὑπάγειν.

45 Πολλοὶ οὖν ἐκ τῶν Ἰουδαίων, οἱ ἐλθόντες πρὸς τὴν Μαρίαν καὶ θεασάμενοι ἃ ἐποίησεν ὁ Ἰησοῦς, ἐπίστευσαν εἰς αὐτόν.

46 τινὲς δὲ ἐξ αὐτῶν ἀπῆλθον πρὸς τοὺς Φαρισαίους, καὶ εἶπον αὐτοῖς ἃ ἐποίησεν ὁ Ἰησοῦς.

47 Συνήγαγον οὖν οἱ ἀρχιερεῖς καὶ οἱ Φαρισαῖοι συνέδριον, καὶ ἔλεγον, Τί ποιοῦμεν; ὅτι οὗτος ὁ ἄνθρωπος πολλὰ σημεῖα ποιεῖ.

48 ἐὰν ἀφῶμεν αὐτὸν οὕτω, πάντες πιστεύσουσιν εἰς αὐτόν· καὶ ἐλεύσονται οἱ Ῥωμαῖοι καὶ ἀροῦσιν ἡμῶν καὶ τὸν τόπον καὶ τὸ ἔθνος.

49 εἷς δέ τις ἐξ αὐτῶν Καϊάφας, ἀρχιερεὺς ὢν τοῦ ἐνιαυτοῦ ἐκείνου, εἶπεν αὐτοῖς, Ὑμεῖς οὐκ οἴδατε οὐδέν,

50 οὐδὲ διαλογίζεσθε ὅτι συμφέρει ἡμῖν ἵνα εἷς ἄνθρωπος ἀποθάνῃ ὑπὲρ τοῦ λαοῦ, καὶ μὴ ὅλον τὸ ἔθνος ἀπόληται.

51 τοῦτο δὲ ἀφ’ ἑαυτοῦ οὐκ εἶπεν, ἀλλὰ ἀρχιερεὺς ὢν τοῦ ἐνιαυτοῦ ἐκείνου, προεφήτευσεν ὅτι

ἔμελλεν ὁ Ἰησοῦς ἀποθνήσκειν ὑπὲρ τοῦ ἔθνους,

52 καὶ οὐχ ὑπὲρ τοῦ ἔθνους μόνον, ἀλλ' ἵνα καὶ τὰ τέκνα τοῦ Θεοῦ τὰ διεσκορπισμένα συναγάγῃ εἰς ἕν.

53 ἀπ' ἐκείνης οὖν τῆς ἡμέρας συνεβουλεύσαντο ἵνα ἀποκτείνωσιν αὐτόν.

54 Ἰησοῦς οὖν οὐκέτι παρρησίᾳ περιεπάτει ἐν τοῖς Ἰουδαίοις, ἀλλὰ ἀπῆλθεν ἐκεῖθεν εἰς τὴν χώραν, ἐγγὺς τῆς ἐρήμου, εἰς Ἐφραῒμ λεγομένην πόλιν, κἀκεῖ διέτριβε μετὰ τῶν μαθητῶν αὐτοῦ.

55 ἦν δὲ ἐγγὺς τὸ πάσχα τῶν Ἰουδαίων· καὶ ἀνέβησαν πολλοὶ εἰς Ἱεροσόλυμα ἐκ τῆς χώρας πρὸ τοῦ πάσχα, ἵνα ἁγνίσωσιν ἑαυτούς.

56 ἐζήτουν οὖν τὸν Ἰησοῦν, καὶ ἔλεγον μετ' ἀλλήλων ἐν τῷ ἱερῷ ἑστηκότες, Τί δοκεῖ ὑμῖν; ὅτι οὐ μὴ ἔλθῃ εἰς τὴν ἑορτήν;

57 δεδώκεισαν δὲ καὶ οἱ ἀρχιερεῖς καὶ οἱ Φαρισαῖοι ἐντολήν, ἵνα ἐάν τις γνῷ ποῦ ἐστι, μηνύσῃ, ὅπως πιάσωσιν αὐτόν.

CHAPTER 12

1 Ὁ οὖν Ἰησοῦς πρὸ ἓξ ἡμερῶν τοῦ πάσχα ἦλθεν εἰς Βηθανίαν, ὅπου ἦν Λάζαρος ὁ τεθνηκώς, ὃν ἤγειρεν ἐκ νεκρῶν.

2 ἐποίησαν οὖν αὐτῷ δεῖπνον ἐκεῖ, καὶ ἡ Μάρθα διηκόνει· ὁ δὲ Λάζαρος εἷς ἦν τῶν συνανακειμένων αὐτῷ.

3 ἡ οὖν Μαρία λαβοῦσα λίτραν μύρου νάρδου πιστικῆς πολυτίμου, ἤλειψε τοὺς πόδας τοῦ Ἰησοῦ, καὶ ἐξέμαξε ταῖς θριξὶν αὐτῆς τοὺς πόδας αὐτοῦ· ἡ δὲ οἰκία ἐπληρώθη ἐκ τῆς ὀσμῆς τοῦ μύρου.

4 λέγει οὖν εἷς ἐκ τῶν μαθητῶν αὐτοῦ, Ἰούδας Σίμωνος Ἰσκαριώτης, ὁ μέλλων αὐτὸν παραδιδόναι,

5 Διατί τοῦτο τὸ μύρον οὐκ ἐπράθη τριακοσίων δηναρίων, καὶ ἐδόθη πτωχοῖς;

6 εἶπε δὲ τοῦτο, οὐχ ὅτι περὶ τῶν πτωχῶν ἔμελεν αὐτῷ, ἀλλὰ ὅτι κλέπτης ἦν, καὶ τὸ γλωσσόκομον εἶχε, καὶ τὰ βαλλόμενα ἐβάσταζεν.

7 εἶπεν οὖν ὁ Ἰησοῦς, Ἄφες αὐτήν· εἰς τὴν ἡμέραν τοῦ ἐνταφιασμοῦ μου τετήρηκεν αὐτό.

8 τοὺς πτωχοὺς γὰρ πάντοτε ἔχετε μεθ' ἑαυτῶν, ἐμὲ δὲ οὐ πάντοτε ἔχετε.

9 Ἔγνω οὖν ὄχλος πολὺς ἐκ τῶν Ἰουδαίων ὅτι ἐκεῖ ἐστι· καὶ ἦλθον οὐ διὰ τὸν Ἰησοῦν μόνον, ἀλλ' ἵνα καὶ τὸν Λάζαρον ἴδωσιν, ὃν ἤγειρεν ἐκ νεκρῶν.

10 ἐβουλεύσαντο δὲ οἱ ἀρχιερεῖς ἵνα καὶ τὸν Λάζαρον ἀποκτείνωσιν·

11 ὅτι πολλοὶ δι' αὐτὸν ὑπῆγον τῶν Ἰουδαίων, καὶ ἐπίστευον εἰς τὸν Ἰησοῦν.

12 Τῇ ἐπαύριον ὄχλος πολὺς ὁ ἐλθὼν εἰς τὴν ἑορτήν, ἀκούσαντες ὅτι ἔρχεται ὁ Ἰησοῦς εἰς Ἱεροσόλυμα,

13 ἔλαβον τὰ βαΐα τῶν φοινίκων, καὶ ἐξῆλθον εἰς ὑπάντησιν αὐτῷ, καὶ ἔκραζον, Ὡσαννά· εὐλογημένος ὁ ἐρχόμενος ἐν ὀνόματι Κυρίου, ὁ βασιλεὺς τοῦ Ἰσραήλ.

14 εὑρὼν δὲ ὁ Ἰησοῦς ὀνάριον, ἐκάθισεν ἐπ' αὐτό, καθώς ἐστι γεγραμμένον,

15 Μὴ φοβοῦ, θύγατερ Σιών· ἰδού, ὁ βασιλεύς σου ἔρχεται, καθήμενος ἐπὶ πῶλον ὄνου.

16 ταῦτα δὲ οὐκ ἔγνωσαν οἱ μαθηταὶ αὐτοῦ τὸ πρῶτον· ἀλλ' ὅτε ἐδοξάσθη ὁ Ἰησοῦς, τότε ἐμνήσθησαν ὅτι ταῦτα ἦν ἐπ' αὐτῷ γεγραμμένα, καὶ ταῦτα ἐποίησαν αὐτῷ.

17 ἐμαρτύρει οὖν ὁ ὄχλος ὁ ὢν μετ' αὐτοῦ ὅτε τὸν Λάζαρον ἐφώνησεν ἐκ τοῦ μνημείου, καὶ ἤγειρεν αὐτὸν ἐκ νεκρῶν

18 διὰ τοῦτο καὶ ὑπήντησεν αὐτῷ ὁ ὄχλος, ὅτι ἤκουσε τοῦτο αὐτὸν πεποιηκέναι τὸ σημεῖον.

19 οἱ οὖν Φαρισαῖοι εἶπον πρὸς ἑαυτούς, Θεωρεῖτε ὅτι οὐκ ὠφελεῖτε οὐδέν· ἴδε ὁ κόσμος ὀπίσω αὐτοῦ ἀπῆλθεν.

20 Ἦσαν δέ τινες Ἕλληνες ἐκ τῶν ἀναβαινόντων ἵνα προσκυνήσωσιν ἐν τῇ ἑορτῇ·

21 οὗτοι οὖν προσῆλθον Φιλίππῳ τῷ ἀπὸ Βηθσαϊδὰ τῆς Γαλιλαίας, καὶ ἠρώτων αὐτὸν λέγοντες, Κύριε, θέλομεν τὸν Ἰησοῦν ἰδεῖν.

22 ἔρχεται Φίλιππος καὶ λέγει τῷ Ἀνδρέᾳ· καὶ πάλιν Ἀνδρέας καὶ Φίλιππος λέγουσι τῷ Ἰησοῦ.

23 ὁ δὲ Ἰησοῦς ἀπεκρίνατο αὐτοῖς λέγων, Ἐλήλυθεν ἡ ὥρα ἵνα δοξασθῇ ὁ υἱὸς τοῦ ἀνθρώπου.

24 ἀμὴν ἀμὴν λέγω ὑμῖν, ἐὰν μὴ ὁ κόκκος τοῦ σίτου πεσὼν εἰς τὴν γῆν ἀποθάνῃ, αὐτὸς μόνος μένει· ἐὰν δὲ ἀποθάνῃ, πολὺν καρπὸν φέρει.

25 ὁ φιλῶν τὴν ψυχὴν αὐτοῦ ἀπολέσει αὐτήν· καὶ ὁ μισῶν τὴν ψυχὴν αὐτοῦ ἐν τῷ κόσμῳ τούτῳ εἰς ζωὴν αἰώνιον φυλάξει αὐτήν.

26 ἐὰν ἐμοὶ διακονῇ τις, ἐμοὶ ἀκολουθείτω· καὶ ὅπου εἰμὶ ἐγώ, ἐκεῖ καὶ ὁ διάκονος ὁ ἐμὸς ἔσται· καὶ ἐάν τις ἐμοὶ διακονῇ, τιμήσει αὐτὸν ὁ πατήρ.

27 νῦν ἡ ψυχή μου τετάρακται· καὶ τί εἴπω; πάτερ, σῶσόν με ἐκ τῆς ὥρας ταύτης. ἀλλὰ διὰ τοῦτο ἦλθον εἰς τὴν ὥραν ταύτην.

28 πάτερ, δόξασόν σου τὸ ὄνομα. ἦλθεν οὖν φωνὴ ἐκ τοῦ οὐρανοῦ, Καὶ ἐδόξασα, καὶ πάλιν δοξάσω.

29 ὁ οὖν ὄχλος ὁ ἑστὼς καὶ ἀκούσας ἔλεγε βροντὴν γεγονέναι· ἄλλοι ἔλεγον, Ἄγγελος αὐτῷ λελάληκεν.

30 ἀπεκρίθη ὁ Ἰησοῦς καὶ εἶπεν, Οὐ δι' ἐμὲ αὕτη ἡ φωνὴ γέγονεν, ἀλλὰ δι' ὑμᾶς.

31 νῦν κρίσις ἐστὶ τοῦ κόσμου τούτου· νῦν ὁ ἄρχων τοῦ κόσμου τούτου ἐκβληθήσεται ἔξω.

32 κἀγὼ ἐὰν ὑψωθῶ ἐκ τῆς γῆς, πάντας ἑλκύσω πρὸς ἐμαυτόν.

33 τοῦτο δὲ ἔλεγε, σημαίνων ποίῳ θανάτῳ ἤμελλεν ἀποθνήσκειν.

34 ἀπεκρίθη αὐτῷ ὁ ὄχλος, Ἡμεῖς ἠκούσαμεν ἐκ τοῦ νόμου ὅτι ὁ Χριστὸς μένει εἰς τὸν αἰῶνα· καὶ πῶς σὺ λέγεις ὅτι Δεῖ ὑψωθῆναι τὸν υἱὸν τοῦ ἀνθρώπου; τίς ἐστιν οὗτος ὁ υἱὸς τοῦ ἀνθρώπου;

35 εἶπεν οὖν αὐτοῖς ὁ Ἰησοῦς, Ἔτι μικρὸν χρόνον τὸ φῶς μεθ' ὑμῶν ἐστι. περιπατεῖτε ἕως τὸ φῶς ἔχετε, ἵνα μὴ σκοτία ὑμᾶς καταλάβῃ· καὶ ὁ περιπατῶν ἐν τῇ σκοτίᾳ, οὐκ οἶδε ποῦ ὑπάγει.

36 ἕως τὸ φῶς ἔχετε, πιστεύετε εἰς τὸ φῶς, ἵνα υἱοὶ φωτὸς γένησθε. Ταῦτα ἐλάλησεν ὁ Ἰησοῦς, καὶ ἀπελθὼν ἐκρύβη ἀπ' αὐτῶν.

37 τοσαῦτα δὲ αὐτοῦ σημεῖα πεποιηκότος ἔμπροσθεν αὐτῶν, οὐκ ἐπίστευον εἰς αὐτόν·

38 ἵνα ὁ λόγος Ἠσαΐου τοῦ προφήτου πληρωθῇ, ὃν εἶπε, Κύριε, τίς ἐπίστευσε τῇ ἀκοῇ ἡμῶν; καὶ ὁ βραχίων Κυρίου τίνι ἀπεκαλύφθη;

39 διὰ τοῦτο οὐκ ἠδύναντο πιστεύειν, ὅτι πάλιν εἶπεν Ἠσαΐας,

40 Τετύφλωκεν αὐτῶν τοὺς ὀφθαλμούς, καὶ πεπώρωκεν αὐτῶν τὴν καρδίαν· ἵνα μὴ ἴδωσι τοῖς ὀφθαλμοῖς, καὶ νοήσωσι τῇ καρδίᾳ, καὶ ἐπιστραφῶσι, καὶ ἰάσωμαι αὐτούς.

41 ταῦτα εἶπεν Ἠσαΐας, ὅτε εἶδε τὴν δόξαν αὐτοῦ, καὶ ἐλάλησε περὶ αὐτοῦ.

42 ὅμως μέντοι καὶ ἐκ τῶν ἀρχόντων πολλοὶ ἐπίστευσαν εἰς αὐτόν· ἀλλὰ διὰ τοὺς Φαρισαίους οὐχ ὡμολόγουν, ἵνα μὴ ἀποσυνάγωγοι γένωνται.

43 ἠγάπησαν γὰρ τὴν δόξαν τῶν ἀνθρώπων μᾶλλον ἤπερ τὴν δόξαν τοῦ Θεοῦ.

44 Ἰησοῦς δὲ ἔκραξε καὶ εἶπεν, Ὁ πιστεύων εἰς ἐμέ, οὐ πιστεύει εἰς ἐμέ, ἀλλ' εἰς τὸν πέμψαντά με·

45 καὶ ὁ θεωρῶν ἐμέ, θεωρεῖ τὸν πέμψαντά με.

46 ἐγὼ φῶς εἰς τὸν κόσμον ἐλήλυθα, ἵνα πᾶς ὁ πιστεύων εἰς ἐμέ, ἐν τῇ σκοτίᾳ μὴ μείνῃ.

47 καὶ ἐάν τις μου ἀκούσῃ τῶν ῥημάτων καὶ μὴ πιστεύσῃ, ἐγὼ οὐ κρίνω αὐτόν· οὐ γὰρ ἦλθον ἵνα κρίνω τὸν κόσμον, ἀλλ' ἵνα σώσω τὸν κόσμον.

48 ὁ ἀθετῶν ἐμὲ καὶ μὴ λαμβάνων τὰ ῥήματά μου, ἔχει τὸν κρίνοντα αὐτόν· ὁ λόγος ὃν ἐλάλησα, ἐκεῖνος κρινεῖ αὐτὸν ἐν τῇ ἐσχάτῃ ἡμέρᾳ.

49 ὅτι ἐγὼ ἐξ ἐμαυτοῦ οὐκ ἐλάλησα· ἀλλ' ὁ πέμψας με πατήρ, αὐτός μοι ἐντολὴν ἔδωκε, τί εἴπω καὶ τί λαλήσω.

50 καὶ οἶδα ὅτι ἡ ἐντολὴ αὐτοῦ ζωὴ αἰώνιός ἐστιν· ἃ οὖν λαλῶ ἐγώ, καθὼς εἴρηκέ μοι ὁ πατήρ, οὕτω λαλῶ.

CHAPTER 13

1 Πρὸ δὲ τῆς ἑορτῆς τοῦ πάσχα, εἰδὼς ὁ Ἰησοῦς ὅτι ἐλήλυθεν αὐτοῦ ἡ ὥρα ἵνα μεταβῇ ἐκ τοῦ κόσμου τούτου πρὸς τὸν πατέρα, ἀγαπήσας τοὺς ἰδίους τοὺς ἐν τῷ κόσμῳ, εἰς τέλος ἠγάπησεν αὐτούς.

2 καὶ δείπνου γενομένου, τοῦ διαβόλου ἤδη βεβληκότος εἰς τὴν

καρδίαν Ἰούδα Σίμωνος Ἰσκαριώτου ἵνα αὐτὸν παραδῷ,

3 εἰδὼς ὁ Ἰησοῦς ὅτι πάντα δέδωκεν αὐτῷ ὁ πατὴρ εἰς τὰς χεῖρας, καὶ ὅτι ἀπὸ Θεοῦ ἐξῆλθε καὶ πρὸς τὸν Θεὸν ὑπάγει,

4 ἐγείρεται ἐκ τοῦ δείπνου, καὶ τίθησι τὰ ἱμάτια, καὶ λαβὼν λέντιον διέζωσεν ἑαυτόν.

5 εἶτα βάλλει ὕδωρ εἰς τὸν νιπτῆρα, καὶ ἤρξατο νίπτειν τοὺς πόδας τῶν μαθητῶν, καὶ ἐκμάσσειν τῷ λεντίῳ ᾧ ἦν διεζωσμένος.

6 ἔρχεται οὖν πρὸς Σίμωνα Πέτρον· καὶ λέγει αὐτῷ ἐκεῖνος, Κύριε, σύ μου νίπτεις τοὺς πόδας;

7 ἀπεκρίθη Ἰησοῦς καὶ εἶπεν αὐτῷ, Ὃ ἐγὼ ποιῶ, σὺ οὐκ οἶδας ἄρτι, γνώσῃ δὲ μετὰ ταῦτα.

8 λέγει αὐτῷ Πέτρος, Οὐ μὴ νίψῃς τοὺς πόδας μου εἰς τὸν αἰῶνα. ἀπεκρίθη αὐτῷ ὁ Ἰησοῦς, Ἐὰν μὴ νίψω σε, οὐκ ἔχεις μέρος μετ' ἐμοῦ.

9 λέγει αὐτῷ Σίμων Πέτρος, Κύριε, μὴ τοὺς πόδας μου μόνον, ἀλλὰ καὶ τὰς χεῖρας καὶ τὴν κεφαλήν.

10 λέγει αὐτῷ ὁ Ἰησοῦς, Ὁ λελουμένος οὐ χρείαν ἔχει ἢ τοὺς πόδας νίψασθαι, ἀλλ' ἔστι καθαρὸς ὅλος· καὶ ὑμεῖς καθαροί ἐστε, ἀλλ' οὐχὶ πάντες.

11 ᾔδει γὰρ τὸν παραδιδόντα αὐτόν· διὰ τοῦτο εἶπεν, Οὐχὶ πάντες καθαροί ἐστε.

12 Ὅτε οὖν ἔνιψε τοὺς πόδας αὐτῶν, καὶ ἔλαβε τὰ ἱμάτια αὐτοῦ, ἀναπεσὼν πάλιν, εἶπεν αὐτοῖς, Γινώσκετε τί πεποίηκα ὑμῖν;

13 ὑμεῖς φωνεῖτέ με, Ὁ διδάσκαλος, καὶ Ὁ κύριος· καὶ καλῶς λέγετε, εἰμὶ γάρ.

14 εἰ οὖν ἐγὼ ἔνιψα ὑμῶν τοὺς πόδας, ὁ κύριος καὶ ὁ διδάσκαλος, καὶ ὑμεῖς ὀφείλετε ἀλλήλων νίπτειν τοὺς πόδας.

15 ὑπόδειγμα γὰρ ἔδωκα ὑμῖν, ἵνα καθὼς ἐγὼ ἐποίησα ὑμῖν καὶ ὑμεῖς ποιῆτε.

16 ἀμὴν ἀμὴν λέγω ὑμῖν, Οὐκ ἔστι δοῦλος μείζων τοῦ κυρίου αὐτοῦ, οὐδὲ ἀπόστολος μείζων τοῦ πέμψαντος αὐτόν.

17 εἰ ταῦτα οἴδατε, μακάριοί ἐστε ἐὰν ποιῆτε αὐτά.

18 οὐ περὶ πάντων ὑμῶν λέγω· ἐγὼ οἶδα οὓς ἐξελεξάμην· ἀλλ' ἵνα ἡ γραφὴ πληρωθῇ, Ὁ τρώγων μετ' ἐμοῦ τὸν ἄρτον ἐπῆρεν ἐπ' ἐμὲ τὴν πτέρναν αὐτοῦ.

19 ἀπ' ἄρτι λέγω ὑμῖν πρὸ τοῦ γενέσθαι, ἵνα, ὅταν γένηται, πιστεύσητε ὅτι ἐγώ εἰμι.

20 ἀμὴν ἀμὴν λέγω ὑμῖν, Ὁ λαμβάνων ἐάν τινα πέμψω, ἐμὲ λαμβάνει· ὁ δὲ ἐμὲ λαμβάνων, λαμβάνει τὸν πέμψαντά με.

21 Ταῦτα εἰπὼν ὁ Ἰησοῦς ἐταράχθη τῷ πνεύματι, καὶ ἐμαρτύρησε καὶ εἶπεν, Ἀμὴν ἀμὴν λέγω ὑμῖν ὅτι εἷς ἐξ ὑμῶν παραδώσει με.

22 ἔβλεπον οὖν εἰς ἀλλήλους οἱ μαθηταί, ἀπορούμενοι περὶ τίνος λέγει.

23 ἦν δὲ ἀνακείμενος εἷς τῶν μαθητῶν αὐτοῦ ἐν τῷ κόλπῳ τοῦ Ἰησοῦ, ὃν ἠγάπα ὁ Ἰησοῦς·

24 νεύει οὖν τούτῳ Σίμων Πέτρος πυθέσθαι τίς ἂν εἴη περὶ οὗ λέγει.

25 ἐπιπεσὼν δὲ ἐκεῖνος ἐπὶ τὸ στῆθος τοῦ Ἰησοῦ, λέγει αὐτῷ, Κύριε, τίς ἐστιν;

26 ἀποκρίνεται ὁ Ἰησοῦς, Ἐκεῖνός ἐστιν ᾧ ἐγὼ βάψας τὸ ψωμίον ἐπιδώσω. καὶ ἐμβάψας τὸ ψωμίον, δίδωσιν Ἰούδα Σίμωνος Ἰσκαριώτῃ.

27 καὶ μετὰ τὸ ψωμίον, τότε εἰσῆλθεν εἰς ἐκεῖνον ὁ Σατανᾶς. λέγει οὖν αὐτῷ ὁ Ἰησοῦς, Ὃ ποιεῖς, ποίησον τάχιον.

28 τοῦτο δὲ οὐδεὶς ἔγνω τῶν ἀνακειμένων πρὸς τί εἶπεν αὐτῷ.

29 τινὲς γὰρ ἐδόκουν, ἐπεὶ τὸ γλωσσόκομον εἶχεν ὁ Ἰούδας, ὅτι λέγει αὐτῷ ὁ Ἰησοῦς, Ἀγόρασον ὧν χρείαν ἔχομεν εἰς τὴν ἑορτήν· ἢ τοῖς πτωχοῖς ἵνα τι δῷ.

30 λαβὼν οὖν τὸ ψωμίον ἐκεῖνος, εὐθέως ἐξῆλθεν· ἦν δὲ νύξ

31 Ὅτε οὖν ἐξῆλθε. λέγει ὁ Ἰησοῦς, Νῦν ἐδοξάσθη ὁ υἱὸς τοῦ ἀνθρώπου, καὶ ὁ Θεὸς ἐδοξάσθη ἐν αὐτῷ.

32 εἰ ὁ Θεὸς ἐδοξάσθη ἐν αὐτῷ, καὶ ὁ Θεὸς δοξάσει αὐτὸν ἐν ἑαυτῷ, καὶ εὐθὺς δοξάσει αὐτόν.

33 τεκνία, ἔτι μικρὸν μεθ' ὑμῶν εἰμι. ζητήσετέ με, καὶ καθὼς εἶπον τοῖς Ἰουδαίοις ὅτι Ὅπου ὑπάγω ἐγώ, ὑμεῖς οὐ δύνασθε ἐλθεῖν, καὶ ὑμῖν λέγω ἄρτι.

34 ἐντολὴν καινὴν δίδωμι ὑμῖν, ἵνα ἀγαπᾶτε ἀλλήλους· καθὼς ἠγάπησα ὑμᾶς, ἵνα καὶ ὑμεῖς ἀγαπᾶτε ἀλλήλους.

35 ἐν τούτῳ γνώσονται πάντες ὅτι ἐμοὶ μαθηταί ἐστε, ἐὰν ἀγάπην ἔχητε ἐν ἀλλήλοις.

36 Λέγει αὐτῷ Σίμων Πέτρος, Κύριε, ποῦ ὑπάγεις; ἀπεκρίθη αὐτῷ ὁ Ἰησοῦς, Ὅπου ὑπάγω, οὐ δύνασαί μοι νῦν ἀκολουθῆσαι, ὕστερον δὲ ἀκολουθήσεις μοι.

37 λέγει αὐτῷ ὁ Πέτρος, Κύριε, διατί οὐ δύναμαί σοι ἀκολουθῆσαι ἄρτι; τὴν ψυχήν μου ὑπὲρ σοῦ θήσω.

38 ἀπεκρίθη αὐτῷ ὁ Ἰησοῦς, Τὴν ψυχήν σου ὑπὲρ ἐμοῦ θήσεις; ἀμὴν ἀμὴν λέγω σοι, οὐ μὴ ἀλέκτωρ φωνήσει ἕως οὗ ἀπαρνήσῃ με τρίς.

CHAPTER 14

1 Μὴ ταρασσέσθω ὑμῶν ἡ καρδία· πιστεύετε εἰς τὸν Θεόν, καὶ εἰς ἐμὲ πιστεύετε.

2 ἐν τῇ οἰκίᾳ τοῦ πατρός μου μοναὶ πολλαί εἰσιν· εἰ δὲ μή, εἶπον ἂν ὑμῖν; πορεύομαι ἑτοιμάσαι τόπον ὑμῖν.

3 καὶ ἐὰν πορευθῶ καὶ ἑτοιμάσω ὑμῖν τόπον, πάλιν ἔρχομαι καὶ παραλήψομαι ὑμᾶς πρὸς ἐμαυτόν· ἵνα ὅπου εἰμὶ ἐγώ, καὶ ὑμεῖς ἦτε.

4 καὶ ὅπου ἐγὼ ὑπάγω οἴδατε, καὶ τὴν ὁδὸν οἴδατε.

5 λέγει αὐτῷ Θωμᾶς, Κύριε, οὐκ οἴδαμεν ποῦ ὑπάγεις· καὶ πῶς δυνάμεθα τὴν ὁδὸν εἰδέναι;

6 λέγει αὐτῷ ὁ Ἰησοῦς, Ἐγώ εἰμι ἡ ὁδὸς καὶ ἡ ἀλήθεια καὶ ἡ ζωή·

οὐδεὶς ἔρχεται πρὸς τὸν πατέρα, εἰ μὴ δι' ἐμοῦ.

7 εἰ ἐγνώκειτέ με; καὶ τὸν πατέρα μου ἐγνώκειτε ἄν· καὶ ἀπ' ἄρτι γινώσκετε αὐτόν, καὶ ἑωράκατε αὐτόν.

8 λέγει αὐτῷ Φίλιππος, Κύριε, δεῖξον ἡμῖν τὸν πατέρα, καὶ ἀρκεῖ ἡμῖν.

9 λέγει αὐτῷ ὁ Ἰησοῦς, Τοσοῦτον χρόνον μεθ' ὑμῶν εἰμι, καὶ οὐκ ἔγνωκάς με, Φίλιππε; ὁ ἑωρακὼς ἐμέ, ἑώρακε τὸν πατέρα· καὶ πῶς σὺ λέγεις, Δεῖξον ἡμῖν τὸν πατέρα;

10 οὐ πιστεύεις ὅτι ἐγὼ ἐν τῷ πατρί, καὶ ὁ πατὴρ ἐν ἐμοί ἐστι; τὰ ῥήματα ἃ ἐγὼ λαλῶ ὑμῖν, ἀπ' ἐμαυτοῦ οὐ λαλῶ· ὁ δὲ πατὴρ ὁ ἐν ἐμοὶ μένων, αὐτὸς ποιεῖ τὰ ἔργα.

11 πιστεύετέ μοι ὅτι ἐγὼ ἐν τῷ πατρί, καὶ ὁ πατὴρ ἐν ἐμοί· εἰ δὲ μή, διὰ τὰ ἔργα αὐτὰ πιστεύετέ μοι.

12 ἀμὴν ἀμὴν λέγω ὑμῖν, ὁ πιστεύων εἰς ἐμέ, τὰ ἔργα ἃ ἐγὼ ποιῶ κἀκεῖνος ποιήσει, καὶ μείζονα τούτων ποιήσει· ὅτι ἐγὼ πρὸς τὸν πατέρα μου πορεύομαι.

13 καὶ ὅ τι ἂν αἰτήσητε ἐν τῷ ὀνόματί μου, τοῦτο ποιήσω, ἵνα δοξασθῇ ὁ πατὴρ ἐν τῷ υἱῷ.

14 ἐάν τι αἰτήσητε ἐν τῷ ὀνόματί μου, ἐγὼ ποιήσω.

15 ἐὰν ἀγαπᾶτέ με, τὰς ἐντολὰς τὰς ἐμὰς τηρήσατε.

16 καὶ ἐγὼ ἐρωτήσω τὸν πατέρα, καὶ ἄλλον παράκλητον δώσει ὑμῖν, ἵνα μένῃ μεθ' ὑμῶν εἰς τὸν αἰῶνα,

17 τὸ πνεῦμα τῆς ἀληθείας, ὃ ὁ κόσμος οὐ δύναται λαβεῖν, ὅτι οὐ θεωρεῖ αὐτό, οὐδὲ γινώσκει αὐτό. ὑμεῖς δὲ γινώσκετε αὐτό, ὅτι παρ' ὑμῖν μένει, καὶ ἐν ὑμῖν ἔσται.

18 οὐκ ἀφήσω ὑμᾶς ὀρφανούς· ἔρχομαι πρὸς ὑμᾶς.

19 ἔτι μικρὸν καὶ ὁ κόσμος με οὐκέτι θεωρεῖ, ὑμεῖς δὲ θεωρεῖτέ με· ὅτι ἐγὼ ζῶ, καὶ ὑμεῖς ζήσεσθε

20 ἐν ἐκείνῃ τῇ ἡμέρᾳ γνώσεσθε ὑμεῖς ὅτι ἐγὼ ἐν τῷ πατρί μου, καὶ ὑμεῖς ἐν ἐμοί, κἀγὼ ἐν ὑμῖν.

21 ὁ ἔχων τὰς ἐντολάς μου καὶ τηρῶν αὐτάς, ἐκεῖνός ἐστιν ὁ ἀγαπῶν με· ὁ δὲ ἀγαπῶν με, ἀγαπηθήσεται ὑπὸ τοῦ πατρός μου· καὶ ἐγὼ ἀγαπήσω αὐτόν, καὶ ἐμφανίσω αὐτῷ ἐμαυτόν.

22 λέγει αὐτῷ Ἰούδας, οὐχ ὁ Ἰσκαριώτης, Κύριε, τί γέγονεν ὅτι ἡμῖν μέλλεις ἐμφανίζειν σεαυτόν, καὶ οὐχὶ τῷ κόσμῳ;

23 ἀπεκρίθη ὁ Ἰησοῦς καὶ εἶπεν αὐτῷ, Ἐάν τις ἀγαπᾷ με, τὸν λόγον μου τηρήσει, καὶ ὁ πατήρ μου ἀγαπήσει αὐτόν, καὶ πρὸς αὐτὸν ἐλευσόμεθα, καὶ μονὴν παρ' αὐτῷ ποιήσομεν.

24 ὁ μὴ ἀγαπῶν με, τοὺς λόγους μου οὐ τηρεῖ· καὶ ὁ λόγος ὃν ἀκούετε οὐκ ἔστιν ἐμός, ἀλλὰ τοῦ πέμψαντός με πατρός.

25 Ταῦτα λελάληκα ὑμῖν παρ' ὑμῖν μένων.

26 ὁ δὲ παράκλητος, τὸ Πνεῦμα τὸ Ἅγιον, ὃ πέμψει ὁ πατὴρ ἐν τῷ ὀνόματί μου, ἐκεῖνος ὑμᾶς διδάξει

πάντα, καὶ ὑπομνήσει ὑμᾶς πάντα ἃ εἶπον ὑμῖν.

27 εἰρήνην ἀφίημι ὑμῖν, εἰρήνην τὴν ἐμὴν δίδωμι ὑμῖν· οὐ καθὼς ὁ κόσμος δίδωσιν, ἐγὼ δίδωμι ὑμῖν. μὴ ταρασσέσθω ὑμῶν ἡ καρδία, μηδὲ δειλιάτω.

28 ἠκούσατε ὅτι ἐγὼ εἶπον ὑμῖν, Ὑπάγω καὶ ἔρχομαι πρὸς ὑμᾶς. εἰ ἠγαπᾶτέ με, ἐχάρητε ἂν ὅτι εἶπον, Πορεύομαι πρὸς τὸν πατέρα· ὅτι ὁ πατήρ μου μείζων μού ἐστι.

29 καὶ νῦν εἴρηκα ὑμῖν πρὶν γενέσθαι· ἵνα, ὅταν γένηται, πιστεύσητε.

30 οὐκέτι πολλὰ λαλήσω μεθ' ὑμῶν· ἔρχεται γὰρ ὁ τοῦ κόσμου τούτου ἄρχων, καὶ ἐν ἐμοὶ οὐκ ἔχει οὐδέν·

31 ἀλλ' ἵνα γνῷ ὁ κόσμος ὅτι ἀγαπῶ τὸν πατέρα, καὶ καθὼς ἐνετείλατο μοι ὁ πατήρ, οὕτω ποιῶ. ἐγείρεσθε, ἄγωμεν ἐντεῦθεν.

CHAPTER 15

1 Ἐγώ εἰμι ἡ ἄμπελος ἡ ἀληθινή, καὶ ὁ πατήρ μου ὁ γεωργός ἐστι.

2 πᾶν κλῆμα ἐν ἐμοὶ μὴ φέρον καρπόν, αἴρει αὐτό· καὶ πᾶν τὸ καρπὸν φέρον, καθαίρει αὐτό, ἵνα πλείονα καρπὸν φέρῃ.

3 ἤδη ὑμεῖς καθαροί ἐστε διὰ τὸν λόγον ὃν λελάληκα ὑμῖν.

4 μείνατε ἐν ἐμοί, κἀγὼ ἐν ὑμῖν. καθὼς τὸ κλῆμα οὐ δύναται καρπὸν φέρειν ἀφ' ἑαυτοῦ, ἐὰν μὴ μείνῃ ἐν τῇ ἀμπέλῳ, οὕτως οὐδὲ ὑμεῖς, ἐὰν μὴ ἐν ἐμοὶ μείνητε

5 ἐγώ εἰμι ἡ ἄμπελος, ὑμεῖς τὰ κλήματα. ὁ μένων ἐν ἐμοί, κἀγὼ ἐν αὐτῷ, οὗτος φέρει καρπὸν πολύν· ὅτι χωρὶς ἐμοῦ οὐ δύνασθε ποιεῖν οὐδέν

6 ἐὰν μή τις μείνῃ ἐν ἐμοί, ἐβλήθη ἔξω ὡς τὸ κλῆμα, καὶ ἐξηράνθη, καὶ συνάγουσιν αὐτὰ καὶ εἰς πῦρ βάλλουσι, καὶ καίεται.

7 ἐὰν μείνητε ἐν ἐμοί, καὶ τὰ ῥήματά μου ἐν ὑμῖν μείνῃ, ὃ ἐὰν θέλητε αἰτήσεσθε, καὶ γενήσεται ὑμῖν.

8 ἐν τούτῳ ἐδοξάσθη ὁ πατήρ μου, ἵνα καρπὸν πολὺν φέρητε· καὶ γενήσεσθε ἐμοὶ μαθηταί.

9 καθὼς ἠγάπησέ με ὁ πατήρ, κἀγὼ ἠγάπησα ὑμᾶς· μείνατε ἐν τῇ ἀγάπῃ τῇ ἐμῇ.

10 ἐὰν τὰς ἐντολάς μου τηρήσητε, μενεῖτε ἐν τῇ ἀγάπῃ μου· καθὼς ἐγὼ τὰς ἐντολὰς τοῦ πατρός μου τετήρηκα, καὶ μένω αὐτοῦ ἐν τῇ ἀγάπῃ.

11 ταῦτα λελάληκα ὑμῖν, ἵνα ἡ χαρὰ ἡ ἐμὴ ἐν ὑμῖν μείνῃ, καὶ ἡ χαρὰ ὑμῶν πληρωθῇ.

12 αὕτη ἐστὶν ἡ ἐντολὴ ἡ ἐμή, ἵνα ἀγαπᾶτε ἀλλήλους, καθὼς ἠγάπησα ὑμᾶς.

13 μείζονα ταύτης ἀγάπην οὐδεὶς ἔχει, ἵνα τις τὴν ψυχὴν αὐτοῦ θῇ ὑπὲρ τῶν φίλων αὐτοῦ.

14 ὑμεῖς φίλοι μου ἐστέ, ἐὰν ποιῆτε ὅσα ἐγὼ ἐντέλλομαι ὑμῖν.

15 οὐκέτι ὑμᾶς λέγω δούλους, ὅτι ὁ δοῦλος οὐκ οἶδε τί ποιεῖ αὐτοῦ ὁ κύριος· ὑμᾶς δὲ εἴρηκα φίλους, ὅτι

πάντα ἃ ἤκουσα παρὰ τοῦ πατρός μου ἐγνώρισα ὑμῖν.

16 οὐχ ὑμεῖς με ἐξελέξασθε, ἀλλ' ἐγὼ ἐξελεξάμην ὑμᾶς, καὶ ἔθηκα ὑμᾶς, ἵνα ὑμεῖς ὑπάγητε καὶ καρπὸν φέρητε, καὶ ὁ καρπὸς ὑμῶν μένῃ· ἵνα ὅ τι ἂν αἰτήσητε τὸν πατέρα ἐν τῷ ὀνόματί μου, δῷ ὑμῖν.

17 ταῦτα ἐντέλλομαι ὑμῖν, ἵνα ἀγαπᾶτε ἀλλήλους.

18 εἰ ὁ κόσμος ὑμᾶς μισεῖ, γινώσκετε ὅτι ἐμὲ πρῶτον ὑμῶν μεμίσηκεν.

19 εἰ ἐκ τοῦ κόσμου ἦτε, ὁ κόσμος ἂν τὸ ἴδιον ἐφίλει· ὅτι δὲ ἐκ τοῦ κόσμου οὐκ ἐστέ, ἀλλ' ἐγὼ ἐξελεξάμην ὑμᾶς ἐκ τοῦ κόσμου, διὰ τοῦτο μισεῖ ὑμᾶς ὁ κόσμος.

20 μνημονεύετε τοῦ λόγου οὗ ἐγὼ εἶπον ὑμῖν, Οὐκ ἔστι δοῦλος μείζων τοῦ κυρίου αὐτοῦ. εἰ ἐμὲ ἐδίωξαν, καὶ ὑμᾶς διώξουσιν· εἰ τὸν λόγον μου ἐτήρησαν, καὶ τὸν ὑμέτερον τηρήσουσιν.

21 ἀλλὰ ταῦτα πάντα ποιήσουσιν ὑμῖν διὰ τὸ ὄνομά μου, ὅτι οὐκ οἴδασι τὸν πέμψαντά με.

22 εἰ μὴ ἦλθον καὶ ἐλάλησα αὐτοῖς, ἁμαρτίαν οὐκ εἶχον· νῦν δὲ πρόφασιν οὐκ ἔχουσι περὶ τῆς ἁμαρτίας αὐτῶν.

23 ὁ ἐμὲ μισῶν, καὶ τὸν πατέρα μου μισεῖ.

24 εἰ τὰ ἔργα μὴ ἐποίησα ἐν αὐτοῖς ἃ οὐδεὶς ἄλλος πεποίηκεν, ἁμαρτίαν οὐκ εἶχον· νῦν δὲ καὶ ἑωράκασι καὶ μεμισήκασι καὶ ἐμὲ καὶ τὸν πατέρα μου.

25 ἀλλ' ἵνα πληρωθῇ ὁ λόγος ὁ γεγραμμένος ἐν τῷ νόμῳ αὐτῶν ὅτι Ἐμίσησάν με δωρεάν.

26 Ὅταν δὲ ἔλθῃ ὁ παράκλητος, ὃν ἐγὼ πέμψω ὑμῖν παρὰ τοῦ πατρός, τὸ πνεῦμα τῆς ἀληθείας, ὃ παρὰ τοῦ πατρὸς ἐκπορεύεται, ἐκεῖνος μαρτυρήσει περὶ ἐμοῦ·

27 καὶ ὑμεῖς δὲ μαρτυρεῖτε, ὅτι ἀπ' ἀρχῆς μετ' ἐμοῦ ἐστε.

CHAPTER 16

1 Ταῦτα λελάληκα ὑμῖν, ἵνα μὴ σκανδαλισθῆτε

2 ἀποσυναγώγους ποιήσουσιν ὑμᾶς· ἀλλ' ἔρχεται ὥρα, ἵνα πᾶς ὁ ἀποκτείνας ὑμᾶς δόξῃ λατρείαν προσφέρειν τῷ Θεῷ.

3 καὶ ταῦτα ποιήσουσιν ὑμῖν, ὅτι οὐκ ἔγνωσαν τὸν πατέρα οὐδὲ ἐμέ.

4 ἀλλὰ ταῦτα λελάληκα ὑμῖν, ἵνα ὅταν ἔλθῃ ἡ ὥρα, μνημονεύητε αὐτῶν, ὅτι ἐγὼ εἶπον ὑμῖν. ταῦτα δὲ ὑμῖν ἐξ ἀρχῆς οὐκ εἶπον, ὅτι μεθ' ὑμῶν ἤμην.

5 νῦν δὲ ὑπάγω πρὸς τὸν πέμψαντά με, καὶ οὐδεὶς ἐξ ὑμῶν ἐρωτᾷ με, Ποῦ ὑπάγεις;

6 ἀλλ' ὅτι ταῦτα λελάληκα ὑμῖν, ἡ λύπη πεπλήρωκεν ὑμῶν τὴν καρδίαν.

7 ἀλλ' ἐγὼ τὴν ἀλήθειαν λέγω ὑμῖν· συμφέρει ὑμῖν ἵνα ἐγὼ ἀπέλθω· ἐὰν γὰρ μὴ ἀπέλθω, ὁ παράκλητος οὐκ ἐλεύσεται πρὸς ὑμᾶς· ἐὰν δὲ πορευθῶ, πέμψω αὐτὸν πρὸς ὑμᾶς.

8 καὶ ἐλθὼν ἐκεῖνος ἐλέγξει τὸν κόσμον περὶ ἁμαρτίας καὶ περὶ δικαιοσύνης καὶ περὶ κρίσεως·

9 περὶ ἁμαρτίας μέν, ὅτι οὐ πιστεύουσιν εἰς ἐμέ·

10 περὶ δικαιοσύνης δέ, ὅτι πρὸς τὸν πατέρα μου ὑπάγω, καὶ οὐκέτι θεωρεῖτέ με·

11 περὶ δὲ κρίσεως, ὅτι ὁ ἄρχων τοῦ κόσμου τούτου κέκριται.

12 ἔτι πολλὰ ἔχω λέγειν ὑμῖν, ἀλλ' οὐ δύνασθε βαστάζειν ἄρτι

13 ὅταν δὲ ἔλθῃ ἐκεῖνος, τὸ πνεῦμα τῆς ἀληθείας, ὁδηγήσει ὑμᾶς εἰς πᾶσαν τὴν ἀλήθειαν· οὐ γὰρ λαλήσει ἀφ' ἑαυτοῦ, ἀλλ' ὅσα ἂν ἀκούσῃ λαλήσει, καὶ τὰ ἐρχόμενα ἀναγγελεῖ ὑμῖν.

14 ἐκεῖνος ἐμὲ δοξάσει, ὅτι ἐκ τοῦ ἐμοῦ λήψεται, καὶ ἀναγγελεῖ ὑμῖν.

15 πάντα ὅσα ἔχει ὁ πατήρ, ἐμά ἐστι· διὰ τοῦτο εἶπον, ὅτι ἐκ τοῦ ἐμοῦ λήψεται, καὶ ἀναγγελεῖ ὑμῖν.

16 μικρὸν καὶ οὐ θεωρεῖτέ με, καὶ πάλιν μικρὸν καὶ ὄψεσθέ με, ὅτι ἐγὼ ὑπάγω πρὸς τὸν πατέρα

17 εἶπον οὖν ἐκ τῶν μαθητῶν αὐτοῦ πρὸς ἀλλήλους, Τί ἐστι τοῦτο ὃ λέγει ἡμῖν, Μικρὸν καὶ οὐ θεωρεῖτέ με, καὶ πάλιν μικρὸν καὶ ὄψεσθέ με; καὶ ὅτι Ἐγὼ ὑπάγω πρὸς τὸν πατέρα;

18 ἔλεγον οὖν, Τοῦτο τί ἐστιν ὃ λέγει, τὸ μικρόν; οὐκ οἴδαμεν τί λαλεῖ.

19 ἔγνω οὖν ὁ Ἰησοῦς ὅτι ἤθελον αὐτὸν ἐρωτᾶν, καὶ εἶπεν αὐτοῖς, Περὶ τούτου ζητεῖτε μετ' ἀλλήλων, ὅτι εἶπον, Μικρὸν καὶ οὐ θεωρεῖτέ με, καὶ πάλιν μικρὸν καὶ ὄψεσθέ με;

20 ἀμὴν ἀμὴν λέγω ὑμῖν ὅτι κλαύσετε καὶ θρηνήσετε ὑμεῖς, ὁ δὲ κόσμος χαρήσεται· ὑμεῖς δὲ λυπηθήσεσθε, ἀλλ' ἡ λύπη ὑμῶν εἰς χαρὰν γενήσεται.

21 ἡ γυνὴ ὅταν τίκτῃ λύπην ἔχει, ὅτι ἦλθεν ἡ ὥρα αὐτῆς· ὅταν δὲ γεννήσῃ τὸ παιδίον, οὐκέτι μνημονεύει τῆς θλίψεως, διὰ τὴν χαρὰν ὅτι ἐγεννήθη ἄνθρωπος εἰς τὸν κόσμον.

22 καὶ ὑμεῖς οὖν λύπην μὲν νῦν ἔχετε· πάλιν δὲ ὄψομαι ὑμᾶς, καὶ χαρήσεται ὑμῶν ἡ καρδία, καὶ τὴν χαρὰν ὑμῶν οὐδεὶς αἴρει ἀφ' ὑμῶν

23 καὶ ἐν ἐκείνῃ τῇ ἡμέρᾳ ἐμὲ οὐκ ἐρωτήσετε οὐδέν. ἀμὴν ἀμὴν λέγω ὑμῖν ὅτι ὅσα ἂν αἰτήσητε τὸν πατέρα ἐν τῷ ὀνόματί μου, δώσει ὑμῖν.

24 ἕως ἄρτι οὐκ ᾐτήσατε οὐδὲν ἐν τῷ ὀνόματί μου· αἰτεῖτε, καὶ λήψεσθε, ἵνα ἡ χαρὰ ὑμῶν ᾖ πεπληρωμένη.

25 Ταῦτα ἐν παροιμίαις λελάληκα ὑμῖν· ἔρχεται ὥρα ὅτε οὐκέτι ἐν παροιμίαις λαλήσω ὑμῖν, ἀλλὰ παρρησίᾳ περὶ τοῦ πατρὸς ἀναγγελῶ ὑμῖν.

26 ἐν ἐκείνῃ τῇ ἡμέρᾳ ἐν τῷ ὀνόματί μου αἰτήσεσθε· καὶ οὐ λέγω ὑμῖν ὅτι ἐγὼ ἐρωτήσω τὸν πατέρα περὶ ὑμῶν·

27 αὐτὸς γὰρ ὁ πατὴρ φιλεῖ ὑμᾶς, ὅτι ὑμεῖς ἐμὲ πεφιλήκατε, καὶ πεπιστεύκατε ὅτι ἐγὼ παρὰ τοῦ Θεοῦ ἐξῆλθον.

28 ἐξῆλθον παρὰ τοῦ πατρός, καὶ ἐλήλυθα εἰς τὸν κόσμον· πάλιν ἀφίημι τὸν κόσμον, καὶ πορεύομαι πρὸς τὸν πατέρα.

29 λέγουσιν αὐτῷ οἱ μαθηταὶ αὐτοῦ, Ἴδε νῦν παρρησίᾳ λαλεῖς, καὶ παροιμίαν οὐδεμίαν λέγεις.

30 νῦν οἴδαμεν ὅτι οἶδας πάντα, καὶ οὐ χρείαν ἔχεις ἵνα τίς σε ἐρωτᾷ· ἐν τούτῳ πιστεύομεν ὅτι ἀπὸ Θεοῦ ἐξῆλθες.

31 ἀπεκρίθη αὐτοῖς ὁ Ἰησοῦς, Ἄρτι πιστεύετε;

32 ἰδού, ἔρχεται ὥρα καὶ νῦν ἐλήλυθεν, ἵνα σκορπισθῆτε ἕκαστος εἰς τὰ ἴδια, καὶ ἐμὲ μόνον ἀφῆτε· καὶ οὐκ εἰμὶ μόνος, ὅτι ὁ πατὴρ μετ' ἐμοῦ ἐστι.

33 ταῦτα λελάληκα ὑμῖν, ἵνα ἐν ἐμοὶ εἰρήνην ἔχητε. ἐν τῷ κόσμῳ θλῖψιν ἕξετε· ἀλλὰ θαρσεῖτε, ἐγὼ νενίκηκα τὸν κόσμον.

CHAPTER 17

1 Ταῦτα ἐλάλησεν ὁ Ἰησοῦς, καὶ ἐπῆρε τοὺς ὀφθαλμοὺς αὐτοῦ εἰς τὸν οὐρανόν, καὶ εἶπε, Πάτερ, ἐλήλυθεν ἡ ὥρα· δόξασόν σου τὸν υἱόν, ἵνα καὶ ὁ υἱός σου δοξάσῃ σε·

2 καθὼς ἔδωκας αὐτῷ ἐξουσίαν πάσης σαρκός, ἵνα πᾶν ὃ δέδωκας αὐτῷ, δώσῃ αὐτοῖς ζωὴν αἰώνιον

3 αὕτη δέ ἐστιν ἡ αἰώνιος ζωή, ἵνα γινώσκωσί σε τὸν μόνον ἀληθινὸν Θεόν, καὶ ὃν ἀπέστειλας Ἰησοῦν Χριστόν.

4 ἐγώ σε ἐδόξασα ἐπὶ τῆς γῆς· τὸ ἔργον ετελείωσα ὃ δέδωκάς μοι ἵνα ποιήσω

5 καὶ νῦν δόξασόν με σύ, πάτερ, παρὰ σεαυτῷ τῇ δόξῃ ᾗ εἶχον πρὸ τοῦ τὸν κόσμον εἶναι παρὰ σοί.

6 ἐφανέρωσά σου τὸ ὄνομα τοῖς ἀνθρώποις οὓς δέδωκάς μοι ἐκ τοῦ κόσμου· σοὶ ἦσαν, καὶ ἐμοὶ αὐτοὺς δέδωκας· καὶ τὸν λόγον σου τετήρηκασι.

7 νῦν ἔγνωκαν ὅτι πάντα ὅσα δέδωκάς μοι, παρὰ σοῦ ἐστίν·

8 ὅτι τὰ ῥήματα ἃ δέδωκάς μοι, δέδωκα αὐτοῖς· καὶ αὐτοὶ ἔλαβον, καὶ ἔγνωσαν ἀληθῶς ὅτι παρὰ σοῦ ἐξῆλθον, καὶ ἐπίστευσαν ὅτι σύ με ἀπέστειλας.

9 ἐγὼ περὶ αὐτῶν ἐρωτῶ· οὐ περὶ τοῦ κόσμου ἐρωτῶ, ἀλλὰ περὶ ὧν δέδωκάς μοι, ὅτι σοί εἰσι·

10 καὶ τὰ ἐμὰ πάντα σά ἐστι, καὶ τὰ σὰ ἐμά· καὶ δεδόξασμαι ἐν αὐτοῖς.

11 καὶ οὐκέτι εἰμὶ ἐν τῷ κόσμῳ, καὶ οὗτοι ἐν τῷ κόσμῳ εἰσί, καὶ ἐγὼ πρός σε ἔρχομαι. πάτερ ἅγιε, τήρησον αὐτοὺς ἐν τῷ ὀνόματί σου, οὓς δέδωκάς μοι, ἵνα ὦσιν ἓν, καθὼς ἡμεῖς.

12 ὅτε ἤμην μετ' αὐτῶν ἐν τῷ κόσμῳ, ἐγὼ ἐτήρουν αὐτοὺς ἐν τῷ ὀνόματί σου· οὓς δέδωκάς μοι, ἐφύλαξα, καὶ οὐδεὶς ἐξ αὐτῶν ἀπώλετο, εἰ μὴ ὁ υἱὸς τῆς ἀπωλείας, ἵνα ἡ γραφὴ πληρωθῇ.

13 νῦν δὲ πρός σε ἔρχομαι, καὶ ταῦτα λαλῶ ἐν τῷ κόσμῳ, ἵνα ἔχωσι τὴν χαρὰν τὴν ἐμὴν πεπληρωμένην ἐν αὐτοῖς.

14 ἐγὼ δέδωκα αὐτοῖς τὸν λόγον σου, καὶ ὁ κόσμος ἐμίσησεν αὐτούς, ὅτι οὐκ εἰσὶν ἐκ τοῦ κόσμου, καθὼς ἐγὼ οὐκ εἰμὶ ἐκ τοῦ κόσμου.

15 οὐκ ἐρωτῶ ἵνα ἄρῃς αὐτοὺς ἐκ τοῦ κόσμου, ἀλλ' ἵνα τηρήσῃς αὐτοὺς ἐκ τοῦ πονηροῦ.

16 ἐκ τοῦ κόσμου οὐκ εἰσί, καθὼς ἐγὼ ἐκ τοῦ κόσμου οὐκ εἰμί.

17 ἁγίασον αὐτοὺς ἐν τῇ ἀληθείᾳ σου· ὁ λόγος ὁ σὸς ἀλήθειά ἐστι.

18 καθὼς ἐμὲ ἀπέστειλας εἰς τὸν κόσμον, κἀγὼ ἀπέστειλα αὐτοὺς εἰς τὸν κόσμον.

19 καὶ ὑπὲρ αὐτῶν ἐγὼ ἁγιάζω ἐμαυτόν, ἵνα καὶ αὐτοὶ ὦσιν ἡγιασμένοι ἐν ἀληθείᾳ.

20 οὐ περὶ τούτων δὲ ἐρωτῶ μόνον, ἀλλὰ καὶ περὶ τῶν πιστευσόντων διὰ τοῦ λόγου αὐτῶν εἰς ἐμέ·

21 ἵνα πάντες ἓν ὦσι· καθὼς σύ, πάτερ, ἐν ἐμοί, κἀγὼ ἐν σοί, ἵνα καὶ αὐτοὶ ἐν ἡμῖν ἓν ὦσιν· ἵνα ὁ κόσμος πιστεύσῃ ὅτι σύ με ἀπέστειλας.

22 καὶ ἐγὼ τὴν δόξαν ἣν δέδωκάς μοι, δέδωκα αὐτοῖς, ἵνα ὦσιν ἕν, καθὼς ἡμεῖς ἕν ἐσμεν.

23 ἐγὼ ἐν αὐτοῖς, καὶ σὺ ἐν ἐμοί, ἵνα ὦσι τετελειωμένοι εἰς ἕν, καὶ ἵνα γινώσκῃ ὁ κόσμος ὅτι σύ με ἀπέστειλας, καὶ ἠγάπησας αὐτούς, καθὼς ἐμὲ ἠγάπησας.

24 πάτερ, οὓς δέδωκάς μοι, θέλω ἵνα ὅπου εἰμὶ ἐγώ, κἀκεῖνοι ὦσι μετ' ἐμοῦ· ἵνα θεωρῶσι τὴν δόξαν τὴν ἐμήν, ἣν ἔδωκάς μοι, ὅτι

ἠγάπησάς με πρὸ καταβολῆς κόσμου.

25 πάτερ δίκαιε, καὶ ὁ κόσμος σε οὐκ ἔγνω, ἐγὼ δέ σε ἔγνων, καὶ οὗτοι ἔγνωσαν ὅτι σύ με ἀπέστειλας·

26 καὶ ἐγνώρισα αὐτοῖς τὸ ὄνομά σου, καὶ γνωρίσω· ἵνα ἡ ἀγάπη, ἣν ἠγάπησάς με, ἐν αὐτοῖς ᾖ, κἀγὼ ἐν αὐτοῖς.

CHAPTER 18

1 Ταῦτα εἰπὼν ὁ Ἰησοῦς ἐξῆλθε σὺν τοῖς μαθηταῖς αὐτοῦ πέραν τοῦ χειμάρρου τῶν Κέδρων, ὅπου ἦν κῆπος, εἰς ὃν εἰσῆλθεν αὐτὸς καὶ οἱ μαθηταὶ αὐτοῦ.

2 ᾔδει δὲ καὶ Ἰούδας, ὁ παραδιδοὺς αὐτόν, τὸν τόπον· ὅτι πολλάκις συνήχθη ὁ Ἰησοῦς ἐκεῖ μετὰ τῶν μαθητῶν αὐτοῦ.

3 ὁ οὖν Ἰούδας, λαβὼν τὴν σπεῖραν, καὶ ἐκ τῶν ἀρχιερέων καὶ Φαρισαίων ὑπηρέτας, ἔρχεται ἐκεῖ μετὰ φανῶν καὶ λαμπάδων καὶ ὅπλων.

4 Ἰησοῦς οὖν, εἰδὼς πάντα τὰ ἐρχόμενα ἐπ' αὐτόν, ἐξελθὼν εἶπεν αὐτοῖς, Τίνα ζητεῖτε;

5 ἀπεκρίθησαν αὐτῷ, Ἰησοῦν τὸν Ναζωραῖον. λέγει αὐτοῖς ὁ Ἰησοῦς, Ἐγώ εἰμι. εἱστήκει δὲ καὶ Ἰούδας ὁ παραδιδοὺς αὐτὸν μετ' αὐτῶν.

6 ὡς οὖν εἶπεν αὐτοῖς ὅτι Ἐγώ εἰμι, ἀπῆλθον εἰς τὰ ὀπίσω, καὶ ἔπεσον χαμαί.

7 πάλιν οὖν αὐτοὺς ἐπηρώτησε, Τίνα ζητεῖτε; οἱ δὲ εἶπον, Ἰησοῦν τὸν Ναζωραῖον.
8 ἀπεκρίθη ὁ Ἰησοῦς, Εἶπον ὑμῖν ὅτι ἐγώ εἰμι· εἰ οὖν ἐμὲ ζητεῖτε, ἄφετε τούτους ὑπάγειν·
9 ἵνα πληρωθῇ ὁ λόγος ὃν εἶπεν ὅτι Οὓς δέδωκάς μοι, οὐκ ἀπώλεσα ἐξ αὐτῶν οὐδένα.
10 Σίμων οὖν Πέτρος ἔχων μάχαιραν εἵλκυσεν αὐτήν, καὶ ἔπαισε τὸν τοῦ ἀρχιερέως δοῦλον, καὶ ἀπέκοψεν αὐτοῦ τὸ ὠτίον τὸ δεξιόν· ἦν δὲ ὄνομα τῷ δούλῳ Μάλχος.
11 εἶπεν οὖν ὁ Ἰησοῦς τῷ Πέτρῳ, Βάλε τὴν μάχαιράν σου εἰς τὴν θήκην· τὸ ποτήριον ὃ δέδωκέ μοι ὁ πατήρ, οὐ μὴ πίω αὐτό;
12 Ἡ οὖν σπεῖρα καὶ ὁ χιλίαρχος καὶ οἱ ὑπηρέται τῶν Ἰουδαίων συνέλαβον τὸν Ἰησοῦν, καὶ ἔδησαν αὐτόν,
13 καὶ ἀπήγαγον αὐτὸν πρὸς Ἄνναν πρῶτον· ἦν γὰρ πενθερὸς τοῦ Καϊάφα, ὃς ἦν ἀρχιερεὺς τοῦ ἐνιαυτοῦ ἐκείνου.
14 ἦν δὲ Καϊάφας ὁ συμβουλεύσας τοῖς Ἰουδαίοις, ὅτι συμφέρει ἕνα ἄνθρωπον ἀπολέσθαι ὑπὲρ τοῦ λαοῦ.
15 Ἠκολούθει δὲ τῷ Ἰησοῦ Σίμων Πέτρος, καὶ ἄλλος μαθητής. ὁ δὲ μαθητὴς ἐκεῖνος ἦν γνωστὸς τῷ ἀρχιερεῖ, καὶ συνεισῆλθε τῷ Ἰησοῦ εἰς τὴν αὐλὴν τοῦ ἀρχιερέως·
16 ὁ δὲ Πέτρος εἱστήκει πρὸς τῇ θύρᾳ ἔξω. ἐξῆλθεν οὖν ὁ μαθητὴς ὁ ἄλλος ὃς ἦν γνωστὸς τῷ ἀρχιερεῖ, καὶ εἶπε τῇ θυρωρῷ, καὶ εἰσήγαγε τὸν Πέτρον.
17 λέγει οὖν ἡ παιδίσκη ἡ θυρωρὸς τῷ Πέτρῳ, Μὴ καὶ σὺ ἐκ τῶν μαθητῶν εἶ τοῦ ἀνθρώπου τούτου; λέγει ἐκεῖνος, Οὐκ εἰμί.
18 εἱστήκεισαν δὲ οἱ δοῦλοι καὶ οἱ ὑπηρέται ἀνθρακιὰν πεποιηκότες, ὅτι ψῦχος ἦν, καὶ ἐθερμαίνοντο· ἦν δὲ μετ' αὐτῶν ὁ Πέτρος ἑστὼς καὶ θερμαινόμενος.
19 Ὁ οὖν ἀρχιερεὺς ἠρώτησε τὸν Ἰησοῦν περὶ τῶν μαθητῶν αὐτοῦ, καὶ περὶ τῆς διδαχῆς αὐτοῦ.
20 ἀπεκρίθη αὐτῷ ὁ Ἰησοῦς, Ἐγὼ παρρησίᾳ ἐλάλησα τῷ κόσμῳ· ἐγὼ πάντοτε ἐδίδαξα ἐν τῇ συναγωγῇ καὶ ἐν τῷ ἱερῷ, ὅπου πάντοτε οἱ Ἰουδαῖοι συνέρχονται, καὶ ἐν κρυπτῷ ἐλάλησα οὐδέν.
21 τί με ἐπερωτᾷς; ἐπερώτησον τοὺς ἀκηκοότας, τί ἐλάλησα αὐτοῖς· ἴδε, οὗτοι οἴδασιν ἃ εἶπον ἐγώ.
22 ταῦτα δὲ αὐτοῦ εἰπόντος, εἷς τῶν ὑπηρετῶν παρεστηκὼς ἔδωκε ῥάπισμα τῷ Ἰησοῦ, εἰπών, Οὕτως ἀποκρίνῃ τῷ ἀρχιερεῖ;
23 ἀπεκρίθη αὐτῷ ὁ Ἰησοῦς, Εἰ κακῶς ἐλάλησα, μαρτύρησον περὶ τοῦ κακοῦ· εἰ δὲ καλῶς, τί με δέρεις;
24 ἀπέστειλεν οὖν αὐτὸν ὁ Ἄννας δεδεμένον πρὸς Καϊάφαν τὸν ἀρχιερέα.
25 Ἦν δὲ Σίμων Πέτρος ἑστὼς καὶ θερμαινόμενος· εἶπον οὖν αὐτῷ, Μὴ καὶ σὺ ἐκ τῶν μαθητῶν αὐτοῦ

εἶ; ἠρνήσατο ἐκεῖνος, καὶ εἶπεν, Οὐκ εἰμί.

26 λέγει εἷς ἐκ τῶν δούλων τοῦ ἀρχιερέως, συγγενὴς ὢν οὗ ἀπέκοψε Πέτρος τὸ ὠτίον, Οὐκ ἐγώ σε εἶδον ἐν τῷ κήπῳ μετ' αὐτοῦ;

27 πάλιν οὖν ἠρνήσατο ὁ Πέτρος, καὶ εὐθέως ἀλέκτωρ ἐφώνησεν.

28 Ἄγουσιν οὖν τὸν Ἰησοῦν ἀπὸ τοῦ Καϊάφα εἰς τὸ πραιτώριον· ἦν δὲ πρωΐα, καὶ αὐτοὶ οὐκ εἰσῆλθον εἰς τὸ πραιτώριον, ἵνα μὴ μιανθῶσιν, ἀλλ' ἵνα φάγωσι τὸ πάσχα.

29 ἐξῆλθεν οὖν ὁ Πιλάτος πρὸς αὐτούς, καὶ εἶπε, Τίνα κατηγορίαν φέρετε κατὰ τοῦ ἀνθρώπου τούτου;

30 ἀπεκρίθησαν καὶ εἶπον αὐτῷ, Εἰ μὴ ἦν οὗτος κακοποιός, οὐκ ἄν σοι παρεδώκαμεν αὐτόν.

31 εἶπεν οὖν αὐτοῖς ὁ Πιλάτος, Λάβετε αὐτὸν ὑμεῖς, καὶ κατὰ τὸν νόμον ὑμῶν κρίνατε αὐτόν. εἶπον οὖν αὐτῷ οἱ Ἰουδαῖοι, Ἡμῖν οὐκ ἔξεστιν ἀποκτεῖναι οὐδένα·

32 ἵνα ὁ λόγος τοῦ Ἰησοῦ πληρωθῇ, ὃν εἶπε, σημαίνων ποίῳ θανάτῳ ἤμελλεν ἀποθνήσκειν.

33 Εἰσῆλθεν οὖν εἰς τὸ πραιτώριον πάλιν ὁ Πιλάτος, καὶ ἐφώνησε τὸν Ἰησοῦν, καὶ εἶπεν αὐτῷ, Σὺ εἶ ὁ βασιλεὺς τῶν Ἰουδαίων;

34 ἀπεκρίθη αὐτῷ ὁ Ἰησοῦς, Ἀφ' ἑαυτοῦ σὺ τοῦτο λέγεις, ἢ ἄλλοι σοι εἶπον περὶ ἐμοῦ;

35 ἀπεκρίθη ὁ Πιλάτος, Μήτι ἐγὼ Ἰουδαῖός εἰμι; τὸ ἔθνος τὸ σὸν καὶ οἱ ἀρχιερεῖς παρέδωκάν σε ἐμοί· τί ἐποίησας;

36 ἀπεκρίθη ὁ Ἰησοῦς, Ἡ βασιλεία ἡ ἐμὴ οὐκ ἔστιν ἐκ τοῦ κόσμου τούτου· εἰ ἐκ τοῦ κόσμου τούτου ἦν ἡ βασιλεία ἡ ἐμή, οἱ ὑπηρέται ἂν οἱ ἐμοὶ ἠγωνίζοντο, ἵνα μὴ παραδοθῶ τοῖς Ἰουδαίοις· νῦν δὲ ἡ βασιλεία ἡ ἐμὴ οὐκ ἔστιν ἐντεῦθεν.

37 εἶπεν οὖν αὐτῷ ὁ Πιλάτος, Οὐκοῦν βασιλεὺς εἶ σύ; ἀπεκρίθη ὁ Ἰησοῦς, Σὺ λέγεις, ὅτι βασιλεύς εἰμι ἐγώ. ἐγὼ εἰς τοῦτο γεγέννημαι, καὶ εἰς τοῦτο ἐλήλυθα εἰς τὸν κόσμον, ἵνα μαρτυρήσω τῇ ἀληθείᾳ. πᾶς ὁ ὢν ἐκ τῆς ἀληθείας ἀκούει μου τῆς φωνῆς.

38 λέγει αὐτῷ ὁ Πιλάτος, Τί ἐστιν ἀλήθεια; Καὶ τοῦτο εἰπών, πάλιν ἐξῆλθε πρὸς τοὺς Ἰουδαίους, καὶ λέγει αὐτοῖς, Ἐγὼ οὐδεμίαν αἰτίαν εὑρίσκω ἐν αὐτῷ.

39 ἔστι δὲ συνήθεια ὑμῖν, ἵνα ἕνα ὑμῖν ἀπολύσω ἐν τῷ πάσχα· βούλεσθε οὖν ὑμῖν ἀπολύσω τὸν βασιλέα τῶν Ἰουδαίων;

40 ἐκραύγασαν οὖν πάλιν πάντες, λέγοντες, Μὴ τοῦτον, ἀλλὰ τὸν Βαραββᾶν· ἦν δὲ ὁ Βαραββᾶς λῃστής.

CHAPTER 19

1 Τότε οὖν ἔλαβεν ὁ Πιλάτος τὸν Ἰησοῦν, καὶ ἐμαστίγωσε.

2 καὶ οἱ στρατιῶται πλέξαντες στέφανον ἐξ ἀκανθῶν ἐπέθηκαν αὐτοῦ τῇ κεφαλῇ, καὶ ἱμάτιον πορφυροῦν περιέβαλον αὐτόν,

3 καὶ ἔλεγον, Χαῖρε, ὁ βασιλεὺς τῶν Ἰουδαίων· καὶ ἐδίδουν αὐτῷ ῥαπίσματα.

4 ἐξῆλθεν οὖν πάλιν ἔξω ὁ Πιλάτος, καὶ λέγει αὐτοῖς, Ἴδε, ἄγω ὑμῖν αὐτὸν ἔξω, ἵνα γνῶτε ὅτι ἐν αὐτῷ οὐδεμίαν αἰτίαν εὑρίσκω.

5 ἐξῆλθεν οὖν ὁ Ἰησοῦς ἔξω, φορῶν τὸν ἀκάνθινον στέφανον καὶ τὸ πορφυροῦν ἱμάτιον. καὶ λέγει αὐτοῖς, Ἴδε, ὁ ἄνθρωπος.

6 ὅτε οὖν εἶδον αὐτὸν οἱ ἀρχιερεῖς καὶ οἱ ὑπηρέται, ἐκραύγασαν λέγοντες, Σταύρωσον, σταύρωσον. λέγει αὐτοῖς ὁ Πιλάτος, Λάβετε αὐτὸν ὑμεῖς καὶ σταυρώσατε· ἐγὼ γὰρ οὐχ εὑρίσκω ἐν αὐτῷ αἰτίαν.

7 ἀπεκρίθησαν αὐτῷ οἱ Ἰουδαῖοι, Ἡμεῖς νόμον ἔχομεν, καὶ κατὰ τὸν νόμον ἡμῶν ὀφείλει ἀποθανεῖν, ὅτι ἑαυτὸν υἱὸν τοῦ Θεοῦ ἐποίησεν.

8 ὅτε οὖν ἤκουσεν ὁ Πιλᾶτος τοῦτον τὸν λόγον, μᾶλλον ἐφοβήθη,

9 καὶ εἰσῆλθεν εἰς τὸ πραιτώριον πάλιν, καὶ λέγει τῷ Ἰησοῦ, Πόθεν εἶ σύ; ὁ δὲ Ἰησοῦς ἀπόκρισιν οὐκ ἔδωκεν αὐτῷ.

10 λέγει οὖν αὐτῷ ὁ Πιλᾶτος, Ἐμοὶ οὐ λαλεῖς; οὐκ οἶδας ὅτι ἐξουσίαν ἔχω σταυρῶσαί σε, καὶ ἐξουσίαν ἔχω ἀπολῦσαι σε;

11 ἀπεκρίθη ὁ Ἰησοῦς, Οὐκ εἶχες ἐξουσίαν οὐδεμίαν κατ᾽ ἐμοῦ, εἰ μὴ ἦν σοι δεδομένον ἄνωθεν· διὰ τοῦτο ὁ παραδιδούς μέ σοι μείζονα ἁμαρτίαν ἔχει.

12 ἐκ τούτου ἐζήτει ὁ Πιλᾶτος ἀπολῦσαι αὐτόν. οἱ δὲ Ἰουδαῖοι ἔκραζον λέγοντες, Ἐὰν τοῦτον ἀπολύσῃς, οὐκ εἶ φίλος τοῦ Καίσαρος· πᾶς ὁ βασιλέα αὐτὸν ποιῶν, ἀντιλέγει τῷ Καίσαρι.

13 ὁ οὖν Πιλᾶτος ἀκούσας τοῦτον τὸν λόγον ἤγαγεν ἔξω τὸν Ἰησοῦν, καὶ ἐκάθισεν ἐπὶ τοῦ βήματος, εἰς τόπον λεγόμενον Λιθόστρωτον, Ἑβραϊστὶ δὲ Γαββαθα·

14 ἦν δὲ Παρασκευὴ τοῦ πάσχα, ὥρα δὲ ὡσεὶ ἕκτη· καὶ λέγει τοῖς Ἰουδαίοις, Ἴδε, ὁ βασιλεὺς ὑμῶν.

15 οἱ δὲ ἐκραύγασαν, Ἆρον, ἆρον, σταύρωσον αὐτόν. λέγει αὐτοῖς ὁ Πιλᾶτος, Τὸν βασιλέα ὑμῶν σταυρώσω; ἀπεκρίθησαν οἱ ἀρχιερεῖς, Οὐκ ἔχομεν βασιλέα εἰ μὴ Καίσαρα.

16 τότε οὖν παρέδωκεν αὐτὸν αὐτοῖς, ἵνα σταυρωθῇ. Παρέλαβον δὲ τὸν Ἰησοῦν καὶ ἀπήγαγον·

17 καὶ βαστάζων τὸν σταυρὸν αὐτοῦ ἐξῆλθεν εἰς τὸν λεγόμενον Κρανίου τόπον, ὃς λέγεται Ἑβραϊστὶ Γολγοθα·

18 ὅπου αὐτὸν ἐσταύρωσαν, καὶ μετ᾽ αὐτοῦ ἄλλους δύο, ἐντεῦθεν καὶ ἐντεῦθεν, μέσον δὲ τὸν Ἰησοῦν.

19 ἔγραψε δὲ καὶ τίτλον ὁ Πιλᾶτος, καὶ ἔθηκεν ἐπὶ τοῦ σταυροῦ· ἦν δὲ γεγραμμένον, Ἰησοῦς ὁ Ναζωραῖος ὁ βασιλεὺς τῶν Ἰουδαίων.

20 τοῦτον οὖν τὸν τίτλον πολλοὶ ἀνέγνωσαν τῶν Ἰουδαίων, ὅτι ἐγγὺς ἦν τῆς πόλεως ὁ τόπος ὅπου ἐσταυρώθη ὁ Ἰησοῦς· καὶ ἦν γεγραμμένον Ἑβραϊστί, Ἑλληνιστί, Ῥωμαϊστί.

21 ἔλεγον οὖν τῷ Πιλάτῳ οἱ ἀρχιερεῖς τῶν Ἰουδαίων, Μὴ γράφε, Ὁ βασιλεὺς τῶν Ἰουδαίων· ἀλλ' ὅτι ἐκεῖνος εἶπε, Βασιλεύς εἰμι τῶν Ἰουδαίων.

22 ἀπεκρίθη ὁ Πιλάτος, Ὁ γέγραφα, γέγραφα.

23 Οἱ οὖν στρατιῶται, ὅτε ἐσταύρωσαν τὸν Ἰησοῦν, ἔλαβον τὰ ἱμάτια αὐτοῦ, καὶ ἐποίησαν τέσσαρα μέρη, ἑκάστῳ στρατιώτῃ μέρος, καὶ τὸν χιτῶνα· ἦν δὲ ὁ χιτὼν ἄρραφος, ἐκ τῶν ἄνωθεν ὑφαντὸς δι' ὅλου.

24 εἶπον οὖν πρὸς ἀλλήλους, Μὴ σχίσωμεν αὐτόν, ἀλλὰ λάχωμεν περὶ αὐτοῦ, τίνος ἔσται· ἵνα ἡ γραφὴ πληρωθῇ ἡ λέγουσα, Διεμερίσαντο τὰ ἱμάτιά μου ἑαυτοῖς, καὶ ἐπὶ τὸν ἱματισμόν μου ἔβαλον κλῆρον. οἱ μὲν οὖν στρατιῶται ταῦτα ἐποίησαν.

25 εἱστήκεισαν δὲ παρὰ τῷ σταυρῷ τοῦ Ἰησοῦ ἡ μήτηρ αὐτοῦ, καὶ ἡ ἀδελφὴ τῆς μητρὸς αὐτοῦ, Μαρία ἡ τοῦ Κλωπᾶ, καὶ Μαρία ἡ Μαγδαληνή.

26 Ἰησοῦς οὖν ἰδὼν τὴν μητέρα, καὶ τὸν μαθητὴν παρεστῶτα ὃν ἠγάπα, λέγει τῇ μητρὶ αὐτοῦ, Γύναι, ἰδοὺ ὁ υἱός σου.

27 εἶτα λέγει τῷ μαθητῇ, Ἰδοὺ ἡ μήτηρ σου. καὶ ἀπ' ἐκείνης τῆς ὥρας ἔλαβεν αὐτὴν ὁ μαθητὴς εἰς τὰ ἴδια.

28 Μετὰ τοῦτο εἰδὼς ὁ Ἰησοῦς ὅτι πάντα ἤδη τετέλεσται, ἵνα τελειωθῇ ἡ γραφή, λέγει, Διψῶ.

29 σκεῦος οὖν ἔκειτο ὄξους μεστόν· οἱ δέ, πλήσαντες σπόγγον ὄξους, καὶ ὑσσώπῳ περιθέντες, προσήνεγκαν αὐτοῦ τῷ στόματι.

30 ὅτε οὖν ἔλαβε τὸ ὄξος ὁ Ἰησοῦς, εἶπε, Τετέλεσται· καὶ κλίνας τὴν κεφαλήν, παρέδωκε τὸ πνεῦμα.

31 Οἱ οὖν Ἰουδαῖοι, ἐπεὶ Παρασκευὴ ἦν, ἵνα μὴ μείνῃ ἐπὶ τοῦ σταυροῦ τὰ σώματα ἐν τῷ σαββάτῳ (ἦν γὰρ μεγάλη ἡ ἡμέρα ἐκείνου τοῦ σαββάτου) ἠρώτησαν τὸν Πιλάτον ἵνα κατεαγῶσιν αὐτῶν τὰ σκέλη, καὶ ἀρθῶσιν.

32 ἦλθον οὖν οἱ στρατιῶται, καὶ τοῦ μὲν πρώτου κατέαξαν τὰ σκέλη καὶ τοῦ ἄλλου τοῦ συσταυρωθέντος αὐτῷ·

33 ἐπὶ δὲ τὸν Ἰησοῦν ἐλθόντες, ὡς εἶδον αὐτὸν ἤδη τεθνηκότα, οὐ κατέαξαν αὐτοῦ τὰ σκέλη·

34 ἀλλ' εἷς τῶν στρατιωτῶν λόγχῃ αὐτοῦ τὴν πλευρὰν ἔνυξε, καὶ εὐθὺς ἐξῆλθεν αἷμα καὶ ὕδωρ.

35 καὶ ὁ ἑωρακὼς μεμαρτύρηκε, καὶ ἀληθινὴ αὐτοῦ ἐστιν ἡ μαρτυρία, κἀκεῖνος οἶδεν ὅτι ἀληθῆ λέγει, ἵνα ὑμεῖς πιστεύσητε.

36 ἐγένετο γὰρ ταῦτα ἵνα ἡ γραφὴ πληρωθῇ, Ὀστοῦν οὐ συντριβήσεται αὐτοῦ.

37 καὶ πάλιν ἑτέρα γραφὴ λέγει, Ὄψονται εἰς ὃν ἐξεκέντησαν.

38 Μετὰ δὲ ταῦτα ἠρώτησε τὸν Πιλάτον ὁ Ἰωσὴφ ὁ ἀπὸ Ἀριμαθαίας, ὢν μαθητὴς τοῦ Ἰησοῦ, κεκρυμμένος δὲ διὰ τὸν φόβον τῶν Ἰουδαίων, ἵνα ἄρῃ τὸ σῶμα τοῦ Ἰησοῦ· καὶ ἐπέτρεψεν ὁ

Πιλᾶτος. ἦλθεν οὖν καὶ ἦρε τὸ σῶμα τοῦ Ἰησοῦ.

39 ἦλθε δὲ καὶ Νικόδημος, ὁ ἐλθὼν πρὸς τὸν Ἰησοῦν νυκτὸς τὸ πρῶτον, φέρων μίγμα σμύρνης καὶ ἀλόης ὡσεὶ λίτρας ἑκατόν.

40 ἔλαβον οὖν τὸ σῶμα τοῦ Ἰησοῦ, καὶ ἔδησαν αὐτὸ ὀθονίοις μετὰ τῶν ἀρωμάτων, καθὼς ἔθος ἐστὶ τοῖς Ἰουδαίοις ἐνταφιάζειν.

41 ἦν δὲ ἐν τῷ τόπῳ ὅπου ἐσταυρώθη κῆπος, καὶ ἐν τῷ κήπῳ μνημεῖον καινόν, ἐν ᾧ οὐδέπω οὐδεὶς ἐτέθη.

42 ἐκεῖ οὖν διὰ τὴν παρασκευὴν τῶν Ἰουδαίων, ὅτι ἐγγὺς ἦν τὸ μνημεῖον, ἔθηκαν τὸν Ἰησοῦν.

CHAPTER 20

1 Τῇ δὲ μιᾷ τῶν σαββάτων Μαρία ἡ Μαγδαληνὴ ἔρχεται πρωΐ, σκοτίας ἔτι οὔσης, εἰς τὸ μνημεῖον, καὶ βλέπει τὸν λίθον ἠρμένον ἐκ τοῦ μνημείου.

2 τρέχει οὖν καὶ ἔρχεται πρὸς Σίμωνα Πέτρον καὶ πρὸς τὸν ἄλλον μαθητὴν ὃν ἐφίλει ὁ Ἰησοῦς, καὶ λέγει αὐτοῖς, Ἦραν τὸν Κύριον ἐκ τοῦ μνημείου, καὶ οὐκ οἴδαμεν ποῦ ἔθηκαν αὐτόν.

3 ἐξῆλθεν οὖν ὁ Πέτρος καὶ ὁ ἄλλος μαθητής, καὶ ἤρχοντο εἰς τὸ μνημεῖον.

4 ἔτρεχον δὲ οἱ δύο ὁμοῦ· καὶ ὁ ἄλλος μαθητὴς προέδραμε τάχιον τοῦ Πέτρου, καὶ ἦλθε πρῶτος εἰς τὸ μνημεῖον,

5 καὶ παρακύψας βλέπει κείμενα τὰ ὀθόνια, οὐ μέντοι εἰσῆλθεν.

6 ἔρχεται οὖν Σίμων Πέτρος ἀκολουθῶν αὐτῷ, καὶ εἰσῆλθεν εἰς τὸ μνημεῖον, καὶ θεωρεῖ τὰ ὀθόνια κείμενα,

7 καὶ τὸ σουδάριον ὃ ἦν ἐπὶ τῆς κεφαλῆς αὐτοῦ, οὐ μετὰ τῶν ὀθονίων κείμενον, ἀλλὰ χωρὶς ἐντετυλιγμένον εἰς ἕνα τόπον.

8 τότε οὖν εἰσῆλθε καὶ ὁ ἄλλος μαθητὴς ὁ ἐλθὼν πρῶτος εἰς τὸ μνημεῖον, καὶ εἶδε, καὶ ἐπίστευσεν·

9 οὐδέπω γὰρ ᾔδεισαν τὴν γραφήν, ὅτι δεῖ αὐτὸν ἐκ νεκρῶν ἀναστῆναι.

10 ἀπῆλθον οὖν πάλιν πρὸς ἑαυτοὺς οἱ μαθηταί.

11 Μαρία δὲ εἱστήκει πρὸς τὸ μνημεῖον κλαίουσα ἔξω· ὡς οὖν ἔκλαιε, παρέκυψεν εἰς τὸ μνημεῖον,

12 καὶ θεωρεῖ δύο ἀγγέλους ἐν λευκοῖς καθεζομένους, ἕνα πρὸς τῇ κεφαλῇ, καὶ ἕνα πρὸς τοῖς ποσίν, ὅπου ἔκειτο τὸ σῶμα τοῦ Ἰησοῦ.

13 καὶ λέγουσιν αὐτῇ ἐκεῖνοι, Γύναι, τί κλαίεις; λέγει αὐτοῖς, Ὅτι ἦραν τὸν Κύριόν μου, καὶ οὐκ οἶδα ποῦ ἔθηκαν αὐτόν.

14 καὶ ταῦτα εἰποῦσα ἐστράφη εἰς τὰ ὀπίσω, καὶ θεωρεῖ τὸν Ἰησοῦν ἑστῶτα, καὶ οὐκ ᾔδει ὅτι ὁ Ἰησοῦς ἐστι.

15 λέγει αὐτῇ ὁ Ἰησοῦς, Γύναι, τί κλαίεις; τίνα ζητεῖς; ἐκείνη δοκοῦσα ὅτι ὁ κηπουρός ἐστι, λέγει αὐτῷ, Κύριε, εἰ σὺ

ἐβάστασας αὐτόν, εἰπέ μοι ποῦ αὐτὸν ἔθηκας, κἀγὼ αὐτὸν ἀρῶ.

16 λέγει αὐτῇ ὁ Ἰησοῦς, Μαρία. στραφεῖσα ἐκείνη λέγει αὐτῷ, Ραββουνί· ὃ λέγεται, Διδάσκαλε.

17 λέγει αὐτῇ ὁ Ἰησοῦς, Μή μου ἅπτου, οὔπω γὰρ ἀναβέβηκα πρὸς τὸν πατέρα μου· πορεύου δὲ πρὸς τοὺς ἀδελφούς μου, καὶ εἰπὲ αὐτοῖς, Ἀναβαίνω πρὸς τὸν πατέρα μου καὶ πατέρα ὑμῶν, καὶ Θεόν μου καὶ Θεὸν ὑμῶν.

18 ἔρχεται Μαρία ἡ Μαγδαληνὴ ἀπαγγέλλουσα τοῖς μαθηταῖς ὅτι ἑώρακε τὸν Κύριον, καὶ ταῦτα εἶπεν αὐτῇ.

19 Οὔσης οὖν ὀψίας, τῇ ἡμέρᾳ ἐκείνῃ τῇ μιᾷ τῶν σαββάτων, καὶ τῶν θυρῶν κεκλεισμένων ὅπου ἦσαν οἱ μαθηταὶ συνηγμένοι, διὰ τὸν φόβον τῶν Ἰουδαίων, ἦλθεν ὁ Ἰησοῦς καὶ ἔστη εἰς τὸ μέσον, καὶ λέγει αὐτοῖς, Εἰρήνη ὑμῖν.

20 καὶ τοῦτο εἰπὼν ἔδειξεν αὐτοῖς τὰς χεῖρας καὶ τὴν πλευρὰν αὐτοῦ. ἐχάρησαν οὖν οἱ μαθηταὶ ἰδόντες τὸν Κύριον.

21 εἶπεν οὖν αὐτοῖς ὁ Ἰησοῦς πάλιν, Εἰρήνη ὑμῖν· καθὼς ἀπέσταλκέ με ὁ πατήρ, κἀγὼ πέμπω ὑμᾶς.

22 καὶ τοῦτο εἰπὼν ἐνεφύσησε καὶ λέγει αὐτοῖς, Λάβετε Πνεῦμα Ἅγιον.

23 ἄν τινων ἀφῆτε τὰς ἁμαρτίας, ἀφιένται αὐτοῖς· ἄν τινων κρατῆτε, κεκράτηνται.

24 Θωμᾶς δέ, εἷς ἐκ τῶν δώδεκα, ὁ λεγόμενος Δίδυμος, οὐκ ἦν μετ᾽ αὐτῶν ὅτε ἦλθεν ὁ Ἰησοῦς

25 ἔλεγον οὖν αὐτῷ οἱ ἄλλοι μαθηταί, Ἑωράκαμεν τὸν Κύριον. ὁ δὲ εἶπεν αὐτοῖς, Ἐὰν μὴ ἴδω ἐν ταῖς χερσὶν αὐτοῦ τὸν τύπον τῶν ἥλων, καὶ βάλω τὸν δάκτυλόν μου εἰς τὸν τύπον τῶν ἥλων, καὶ βάλω τὴν χεῖρά μου εἰς τὴν πλευρὰν αὐτοῦ, οὐ μὴ πιστεύσω.

26 Καὶ μεθ᾽ ἡμέρας ὀκτὼ πάλιν ἦσαν ἔσω οἱ μαθηταὶ αὐτοῦ, καὶ Θωμᾶς μετ᾽ αὐτῶν. ἔρχεται ὁ Ἰησοῦς, τῶν θυρῶν κεκλεισμένων, καὶ ἔστη εἰς τὸ μέσον καὶ εἶπεν, Εἰρήνη ὑμῖν.

27 εἶτα λέγει τῷ Θωμᾷ, Φέρε τὸν δάκτυλόν σου ὧδε, καὶ ἴδε τὰς χεῖράς μου· καὶ φέρε τὴν χεῖρά σου, καὶ βάλε εἰς τὴν πλευράν μου· καὶ μὴ γίνου ἄπιστος, ἀλλὰ πιστός.

28 καὶ ἀπεκρίθη ὁ Θωμᾶς, καὶ εἶπεν αὐτῷ, Ὁ Κύριός μου καὶ ὁ Θεός μου.

29 λέγει αὐτῷ ὁ Ἰησοῦς, Ὅτι ἑώρακάς με, Θωμᾶ, πεπίστευκας· μακάριοι οἱ μὴ ἰδόντες, καὶ πιστεύσαντες.

30 Πολλὰ μὲν οὖν καὶ ἄλλα σημεῖα ἐποίησεν ὁ Ἰησοῦς ἐνώπιον τῶν μαθητῶν αὐτοῦ, ἃ οὐκ ἔστι γεγραμμένα ἐν τῷ βιβλίῳ τούτῳ.

31 ταῦτα δὲ γέγραπται, ἵνα πιστεύσητε ὅτι ὁ Ἰησοῦς ἐστιν ὁ Χριστὸς ὁ υἱὸς τοῦ Θεοῦ, καὶ ἵνα πιστεύοντες ζωὴν ἔχητε ἐν τῷ ὀνόματι αὐτοῦ.

CHAPTER 21

1 Μετὰ ταῦτα ἐφανέρωσεν ἑαυτὸν πάλιν ὁ Ἰησοῦς τοῖς μαθηταῖς ἐπὶ τῆς θαλάσσης τῆς Τιβεριάδος· ἐφανέρωσε δὲ οὕτως.
2 ἦσαν ὁμοῦ Σίμων Πέτρος, καὶ Θωμᾶς ὁ λεγόμενος Δίδυμος, καὶ Ναθαναὴλ ὁ ἀπὸ Κανᾶ τῆς Γαλιλαίας, καὶ οἱ τοῦ Ζεβεδαίου, καὶ ἄλλοι ἐκ τῶν μαθητῶν αὐτοῦ δύο.
3 λέγει αὐτοῖς Σίμων Πέτρος, Ὑπάγω ἁλιεύειν. λέγουσιν αὐτῷ, Ἐρχόμεθα καὶ ἡμεῖς σὺν σοί. ἐξῆλθον καὶ ἀνέβησαν εἰς τὸ πλοῖον εὐθύς, καὶ ἐν ἐκείνῃ τῇ νυκτὶ ἐπίασαν οὐδέν.
4 πρωΐας δὲ ἤδη γενομένης ἔστη ὁ Ἰησοῦς εἰς τὸν αἰγιαλόν· οὐ μέντοι ᾔδεισαν οἱ μαθηταὶ ὅτι Ἰησοῦς ἐστι.
5 λέγει οὖν αὐτοῖς ὁ Ἰησοῦς, Παιδία, μή τι προσφάγιον ἔχετε; ἀπεκρίθησαν αὐτῷ, Οὔ.
6 ὁ δὲ εἶπεν αὐτοῖς, Βάλετε εἰς τὰ δεξιὰ μέρη τοῦ πλοίου τὸ δίκτυον, καὶ εὑρήσετε. ἔβαλον οὖν, καὶ οὐκέτι αὐτὸ ἑλκύσαι ἴσχυσαν ἀπὸ τοῦ πλήθους τῶν ἰχθύων.
7 λέγει οὖν ὁ μαθητὴς ἐκεῖνος ὃν ἠγάπα ὁ Ἰησοῦς τῷ Πέτρῳ, Ὁ Κύριός ἐστι. Σίμων οὖν Πέτρος, ἀκούσας ὅτι ὁ Κύριός ἐστι, τὸν ἐπενδύτην διεζώσατο (ἦν γὰρ γυμνός), καὶ ἔβαλεν ἑαυτὸν εἰς τὴν θάλασσαν.
8 οἱ δὲ ἄλλοι μαθηταὶ τῷ πλοιαρίῳ ἦλθον (οὐ γὰρ ἦσαν μακρὰν ἀπὸ τῆς γῆς, ἀλλ' ὡς ἀπὸ πηχῶν διακοσίων), σύροντες τὸ δίκτυον τῶν ἰχθύων.
9 ὡς οὖν ἀπέβησαν εἰς τὴν γῆν, βλέπουσιν ἀνθρακιὰν κειμένην καὶ ὀψάριον ἐπικείμενον, καὶ ἄρτον.
10 λέγει αὐτοῖς ὁ Ἰησοῦς, Ἐνέγκατε ἀπὸ τῶν ὀψαρίων ὧν ἐπιάσατε νῦν.
11 ἀνέβη Σίμων Πέτρος, καὶ εἵλκυσε τὸ δίκτυον ἐπὶ τῆς γῆς, μεστὸν ἰχθύων μεγάλων ἑκατὸν πεντηκοντατριῶν· καὶ τοσούτων ὄντων, οὐκ ἐσχίσθη τὸ δίκτυον.
12 λέγει αὐτοῖς ὁ Ἰησοῦς, Δεῦτε ἀριστήσατε. οὐδεὶς δὲ ἐτόλμα τῶν μαθητῶν ἐξετάσαι αὐτόν, Σὺ τίς εἶ; εἰδότες ὅτι ὁ Κύριός ἐστιν.
13 ἔρχεται οὖν ὁ Ἰησοῦς, καὶ λαμβάνει τὸν ἄρτον, καὶ δίδωσιν αὐτοῖς, καὶ τὸ ὀψάριον ὁμοίως.
14 τοῦτο ἤδη τρίτον ἐφανερώθη ὁ Ἰησοῦς τοῖς μαθηταῖς αὐτοῦ, ἐγερθεὶς ἐκ νεκρῶν.
15 Ὅτε οὖν ἠρίστησαν, λέγει τῷ Σίμωνι Πέτρῳ ὁ Ἰησοῦς, Σίμων Ἰωνᾶ, ἀγαπᾷς με πλεῖόν τούτων; λέγει αὐτῷ, Ναὶ Κύριε· σὺ οἶδας ὅτι φιλῶ σε. λέγει αὐτῷ, Βόσκε τὰ ἀρνία μου.
16 λέγει αὐτῷ πάλιν δεύτερον, Σίμων Ἰωνᾶ, ἀγαπᾷς με; λέγει αὐτῷ, Ναὶ Κύριε· σὺ οἶδας ὅτι φιλῶ σε. λέγει αὐτῷ, Ποίμαινε τὰ πρόβατά μου.
17 λέγει αὐτῷ τὸ τρίτον, Σίμων Ἰωνᾶ, φιλεῖς με; ἐλυπήθη ὁ Πέτρος ὅτι εἶπεν αὐτῷ τὸ τρίτον, φιλεῖς με; καὶ εἶπεν αὐτῷ, Κύριε, σὺ πάντα

οἶδας· σὺ γινώσκεις ὅτι φιλῶ σε. λέγει αὐτῷ ὁ Ἰησοῦς, Βόσκε τὰ πρόβατά μου.

18 ἀμὴν ἀμὴν λέγω σοι, ὅτε ἦς νεώτερος, ἐζώννυες σεαυτόν, καὶ περιεπάτεις ὅπου ἤθελες· ὅταν δὲ γηράσῃς, ἐκτενεῖς τὰς χεῖράς σου, καὶ ἄλλος σε ζώσει, καὶ οἴσει ὅπου οὐ θέλεις.

19 τοῦτο δὲ εἶπε, σημαίνων ποίῳ θανάτῳ δοξάσει τὸν Θεόν. καὶ τοῦτο εἰπὼν λέγει αὐτῷ, Ἀκολούθει μοι.

20 ἐπιστραφεὶς δὲ ὁ Πέτρος βλέπει τὸν μαθητὴν ὃν ἠγάπα ὁ Ἰησοῦς ἀκολουθοῦντα, ὃς καὶ ἀνέπεσεν ἐν τῷ δείπνῳ ἐπὶ τὸ στῆθος αὐτοῦ καὶ εἶπε, Κύριε, τίς ἐστιν ὁ παραδιδούς σε;

21 τοῦτον ἰδὼν ὁ Πέτρος λέγει τῷ Ἰησοῦ, Κύριε, οὗτος δὲ τί;

22 λέγει αὐτῷ ὁ Ἰησοῦς, Ἐὰν αὐτὸν θέλω μένειν ἕως ἔρχομαι, τί πρός σε; σὺ ἀκολούθει μοι.

23 ἐξῆλθεν οὖν ὁ λόγος οὗτος εἰς τοὺς ἀδελφούς, ὅτι ὁ μαθητὴς ἐκεῖνος οὐκ ἀποθνήσκει· καὶ οὐκ εἶπεν αὐτῷ ὁ Ἰησοῦς, ὅτι οὐκ ἀποθνήσκει· ἀλλ', Ἐὰν αὐτὸν θέλω μένειν ἕως ἔρχομαι, τί πρός σε;

24 Οὗτός ἐστιν ὁ μαθητὴς ὁ μαρτυρῶν περὶ τούτων, καὶ γράψας ταῦτα· καὶ οἴδαμεν ὅτι ἀληθής ἐστιν ἡ μαρτυρία αὐτοῦ.

25 Ἔστι δὲ καὶ ἄλλα πολλὰ ὅσα ἐποίησεν ὁ Ἰησοῦς, ἅτινα ἐὰν γράφηται καθ' ἕν, οὐδὲ αὐτὸν οἶμαι τὸν κόσμον χωρῆσαι τὰ γραφόμενα βιβλία. Ἀμήν.

ΠΡΑΞΕΙΣ ΤΩΝ ΑΠΟΣΤΟΛΩΝ

ΠΡΑ CHAPTER 1

Τὸν μὲν πρῶτον λόγον ἐποιησάμην περὶ πάντων, ὦ Θεόφιλε, ὧν ἤρξατο ὁ Ἰησοῦς ποιεῖν τε καὶ διδάσκειν,

2 ἄχρι ἧς ἡμέρας, ἐντειλάμενος τοῖς ἀποστόλοις διὰ Πνεύματος Ἁγίου οὓς ἐξελέξατο, ἀνελήφθη·

3 οἷς καὶ παρέστησεν ἑαυτὸν ζῶντα μετὰ τὸ παθεῖν αὐτὸν ἐν πολλοῖς τεκμηρίοις, δι' ἡμερῶν τεσσαράκοντα ὀπτανόμενος αὐτοῖς, καὶ λέγων τὰ περὶ τῆς βασιλείας τοῦ Θεοῦ.

4 καὶ συναλιζόμενος μετ' αὐτῶν παρήγγειλεν αὐτοῖς ἀπὸ Ἱεροσολύμων μὴ χωρίζεσθαι, ἀλλὰ περιμένειν τὴν ἐπαγγελίαν τοῦ πατρός, ἣν ἠκούσατέ μου·

5 ὅτι Ἰωάννης μὲν ἐβάπτισεν ὕδατι, ὑμεῖς δὲ βαπτισθήσεσθε ἐν Πνεύματι Ἁγίῳ οὐ μετὰ πολλὰς ταύτας ἡμέρας.

6 Οἱ μὲν οὖν συνελθόντες ἐπήρώτων αὐτὸν λέγοντες, Κύριε, εἰ ἐν τῷ χρόνῳ τούτῳ ἀποκαθιστάνεις τὴν βασιλείαν τῷ Ἰσραήλ;

7 εἶπε δὲ πρὸς αὐτούς, Οὐχ ὑμῶν ἐστι γνῶναι χρόνους ἢ καιροὺς οὓς ὁ πατὴρ ἔθετο ἐν τῇ ἰδίᾳ ἐξουσίᾳ

8 ἀλλὰ λήψεσθε δύναμιν, ἐπελθόντος τοῦ Ἁγίου Πνεύματος ἐφ' ὑμᾶς· καὶ ἔσεσθέ μοι μάρτυρες ἔν τε Ἱερουσαλήμ, καὶ ἐν πάσῃ τῇ Ἰουδαίᾳ καὶ Σαμαρείᾳ, καὶ ἕως ἐσχάτου τῆς γῆς.

9 καὶ ταῦτα εἰπών, βλεπόντων αὐτῶν ἐπήρθη, καὶ νεφέλη ὑπέλαβεν αὐτὸν ἀπὸ τῶν ὀφθαλμῶν αὐτῶν.

10 καὶ ὡς ἀτενίζοντες ἦσαν εἰς τὸν οὐρανόν, πορευομένου αὐτοῦ, καὶ ἰδοὺ ἄνδρες δύο παρειστήκεισαν αὐτοῖς ἐν ἐσθῆτι λευκῇ,

11 οἳ καὶ εἶπον, Ἄνδρες Γαλιλαῖοι, τί ἑστήκατε ἐμβλέποντες εἰς τὸν οὐρανόν; οὗτος ὁ Ἰησοῦς, ὁ ἀναληφθεὶς ἀφ' ὑμῶν εἰς τὸν οὐρανόν, οὕτως ἐλεύσεται ὃν τρόπον ἐθεάσασθε αὐτὸν πορευόμενον εἰς τὸν οὐρανόν.

12 Τοτε ὑπέστρεψαν εἰς Ἱερουσαλὴμ ἀπὸ ὄρους τοῦ καλουμένου Ἐλαιῶνος, ὅ ἐστιν ἐγγὺς Ἱερουσαλήμ, σαββάτου ἔχον ὁδόν.

13 καὶ ὅτε εἰσῆλθον, ἀνέβησαν εἰς τὸ ὑπερῷον οὗ ἦσαν καταμένοντες, ὅ τε Πέτρος καὶ Ἰάκωβος καὶ Ἰωάννης καὶ Ἀνδρέας, Φίλιππος καὶ Θωμᾶς, Βαρθολομαῖος καὶ Ματθαῖος, Ἰάκωβος Ἀλφαίου καὶ Σίμων ὁ ζηλωτής, καὶ Ἰούδας Ἰακώβου.

14 οὗτοι πάντες ἦσαν προσκαρτεροῦντες ὁμοθυμαδὸν τῇ προσευχῇ καὶ τῇ δεήσει, σὺν γυναιξὶ καὶ Μαρίᾳ τῇ μητρὶ τοῦ Ἰησοῦ, καὶ σὺν τοῖς ἀδελφοῖς αὐτοῦ.

15 Καὶ ἐν ταῖς ἡμέραις ταύταις ἀναστὰς Πέτρος ἐν μέσῳ τῶν μαθητῶν εἶπεν (ἦν τε ὄχλος

όνομάτων ἐπὶ τὸ αὐτὸ ὡς ἑκατὸν εἴκοσιν),

16 Ἄνδρες ἀδελφοί, ἔδει πληρωθῆναι τὴν γραφὴν ταύτην, ἣν προεῖπε τὸ Πνεῦμα τὸ Ἅγιον διὰ στόματος Δαβὶδ περὶ Ἰούδα, τοῦ γενομένου ὁδηγοῦ τοῖς συλλαβοῦσι τὸν Ἰησοῦν

17 ὅτι κατηριθμημένος ἦν σὺν ἡμῖν, καὶ ἔλαχε τὸν κλῆρον τῆς διακονίας ταύτης.

18 (οὗτος μὲν οὖν ἐκτήσατο χωρίον ἐκ τοῦ μισθοῦ τῆς ἀδικίας, καὶ πρηνὴς γενόμενος ἐλάκησε μέσος, καὶ ἐξεχύθη πάντα τὰ σπλάγχνα αὐτοῦ.

19 καὶ γνωστὸν ἐγένετο πᾶσι τοῖς κατοικοῦσιν Ἰερουσαλήμ, ὥστε κληθῆναι τὸ χωρίον ἐκεῖνο τῇ ἰδίᾳ διαλέκτῳ αὐτῶν Ἀκελδαμά, τοῦτ᾽ ἔστι Χωρίον αἵματος).

20 γέγραπται γὰρ ἐν βίβλῳ Ψαλμῶν, Γενηθήτω ἡ ἔπαυλις αὐτοῦ ἔρημος, καὶ μὴ ἔστω ὁ κατοικῶν ἐν αὐτῇ· καί, Τὴν ἐπισκοπὴν αὐτοῦ λάβοι ἕτερος.

21 δεῖ οὖν τῶν συνελθόντων ἡμῖν ἀνδρῶν ἐν παντὶ χρόνῳ ἐν ᾧ εἰσῆλθε καὶ ἐξῆλθεν ἐφ᾽ ἡμᾶς ὁ Κύριος Ἰησοῦς,

22 ἀρξάμενος ἀπὸ τοῦ βαπτίσματος Ἰωάννου, ἕως τῆς ἡμέρας ἧς ἀνελήφθη ἀφ᾽ ἡμῶν, μάρτυρα τῆς ἀναστάσεως αὐτοῦ γενέσθαι σὺν ἡμῖν ἕνα τούτων.

23 καὶ ἔστησαν δύο, Ἰωσὴφ τὸν καλούμενον Βαρσαβᾶν, ὃς ἐπεκλήθη Ἰοῦστος, καὶ Ματθίαν.

24 καὶ προσευξάμενοι εἶπον, Σὺ Κύριε, καρδιογνῶστα πάντων, ἀνάδειξον ἐκ τούτων τῶν δύο ὃν ἕνα, ἐξελέξω,

25 λαβεῖν τὸν κλῆρον τῆς διακονίας ταύτης καὶ ἀποστολῆς, ἐξ ἧς παρέβη Ἰούδας, πορευθῆναι εἰς τὸν τόπον τὸν ἴδιον.

26 καὶ ἔδωκαν κλήρους αὐτῶν, καὶ ἔπεσεν ὁ κλῆρος ἐπὶ Ματθίαν, καὶ συγκατεψηφίσθη μετὰ τῶν ἕνδεκα ἀποστόλων.

CHAPTER 2

1 Καὶ ἐν τῷ συμπληροῦσθαι τὴν ἡμέραν τῆς πεντηκοστῆς, ἦσαν ἅπαντες ὁμοθυμαδὸν ἐπὶ τὸ αὐτό.

2 καὶ ἐγένετο ἄφνω ἐκ τοῦ οὐρανοῦ ἦχος ὥσπερ φερομένης πνοῆς βιαίας, καὶ ἐπλήρωσεν ὅλον τὸν οἶκον οὗ ἦσαν καθήμενοι

3 καὶ ὤφθησαν αὐτοῖς διαμεριζόμεναι γλῶσσαι ὡσεὶ πυρός, ἐκάθισέ τε ἐφ᾽ ἕνα ἕκαστον αὐτῶν.

4 καὶ ἐπλήσθησαν ἅπαντες Πνεύματος Ἁγίου, καὶ ἤρξαντο λαλεῖν ἑτέραις γλώσσαις, καθὼς τὸ Πνεῦμα ἐδίδου αὐτοῖς ἀποφθέγγεσθαι.

5 Ἦσαν δὲ ἐν Ἰερουσαλὴμ κατοικοῦντες Ἰουδαῖοι, ἄνδρες εὐλαβεῖς, ἀπὸ παντὸς ἔθνους τῶν ὑπὸ τὸν οὐρανόν

6 γενομένης δὲ τῆς φωνῆς ταύτης, συνῆλθε τὸ πλῆθος καὶ συνεχύθη, ὅτι ἤκουον εἷς ἕκαστος τῇ ἰδίᾳ διαλέκτῳ λαλούντων αὐτῶν.

7 ἐξίσταντο δὲ πάντες καὶ ἐθαύμαζον, λέγοντες πρὸς ἀλλήλους, Οὐκ ἰδοὺ πάντες οὗτοί εἰσιν οἱ λαλοῦντες Γαλιλαῖοι;

8 καὶ πῶς ἡμεῖς ἀκούομεν ἕκαστος τῇ ἰδίᾳ διαλέκτῳ ἡμῶν ἐν ᾗ ἐγεννήθημεν;

9 Πάρθοι καὶ Μῆδοι καὶ Ἐλαμῖται, καὶ οἱ κατοικοῦντες τὴν Μεσοποταμίαν, Ἰουδαίαν τε καὶ Καππαδοκίαν, Πόντον καὶ τὴν Ἀσίαν,

10 Φρυγίαν τε καὶ Παμφυλίαν, Αἴγυπτον καὶ τὰ μέρη τῆς Λιβύης τῆς κατὰ Κυρήνην, καὶ οἱ ἐπιδημοῦντες Ῥωμαῖοι, Ἰουδαῖοί τε καὶ προσήλυτοι,

11 Κρῆτες καὶ Ἄραβες ἀκούομεν λαλούντων αὐτῶν ταῖς ἡμετέραις γλώσσαις τὰ μεγαλεῖα τοῦ θεοῦ

12 ἐξίσταντο δὲ πάντες καὶ διηπόρουν, ἄλλος πρὸς ἄλλον λέγοντες, Τί ἂν θέλοι τοῦτο εἶναι;

13 ἕτεροι δὲ χλευάζοντες ἔλεγον ὅτι Γλεύκους μεμεστωμένοι εἰσί.

14 Σταθεὶς δὲ Πέτρος σὺν τοῖς ἕνδεκα, ἐπῆρε τὴν φωνὴν αὐτοῦ, καὶ ἀπεφθέγξατο αὐτοῖς, Ἄνδρες Ἰουδαῖοι, καὶ οἱ κατοικοῦντες Ἱερουσαλὴμ ἅπαντες, τοῦτο ὑμῖν γνωστὸν ἔστω, καὶ ἐνωτίσασθε τὰ ῥήματά μου

15 οὐ γάρ, ὡς ὑμεῖς ὑπολαμβάνετε, οὗτοι μεθύουσιν· ἔστι γὰρ ὥρα τρίτη τῆς ἡμέρας·

16 ἀλλὰ τοῦτό ἐστι τὸ εἰρημένον διὰ τοῦ προφήτου Ἰωήλ,

17 Καὶ ἔσται ἐν ταῖς ἐσχάταις ἡμέραις, λέγει ὁ Θεός, ἐκχεῶ ἀπὸ τοῦ πνεύματός μου ἐπὶ πᾶσαν σάρκα· καὶ προφητεύσουσιν οἱ υἱοὶ ὑμῶν καὶ αἱ θυγατέρες ὑμῶν, καὶ οἱ νεανίσκοι ὑμῶν ὁράσεις ὄψονται, καὶ οἱ πρεσβύτεροι ὑμῶν ἐνύπνια ἐνυπνιασθήσονται·

18 καί γε ἐπὶ τοὺς δούλους μου καὶ ἐπὶ τὰς δούλας μου ἐν ταῖς ἡμέραις ἐκείναις ἐκχεῶ ἀπὸ τοῦ πνεύματός μου, καὶ προφητεύσουσι.

19 καὶ δώσω τέρατα ἐν τῷ οὐρανῷ ἄνω, καὶ σημεῖα ἐπὶ τῆς γῆς κάτω, αἷμα καὶ πῦρ καὶ ἀτμίδα καπνοῦ·

20 ὁ ἥλιος μεταστραφήσεται εἰς σκότος, καὶ ἡ σελήνη εἰς αἷμα, πρὶν ἢ ἐλθεῖν τὴν ἡμέραν Κυρίου τὴν μεγάλην καὶ ἐπιφανῆ·

21 καὶ ἔσται, πᾶς ὃς ἂν ἐπικαλέσηται τὸ ὄνομα Κυρίου σωθήσεται.

22 ἄνδρες Ἰσραηλῖται, ἀκούσατε τοὺς λόγους τούτους· Ἰησοῦν τὸν Ναζωραῖον, ἄνδρα ἀπὸ τοῦ Θεοῦ ἀποδεδειγμένον εἰς ὑμᾶς δυνάμεσι καὶ τέρασι καὶ σημείοις, οἷς ἐποίησε δι᾽ αὐτοῦ ὁ Θεὸς ἐν μέσῳ ὑμῶν, καθὼς καὶ αὐτοὶ οἴδατε,

23 τοῦτον τῇ ὡρισμένῃ βουλῇ καὶ προγνώσει τοῦ Θεοῦ ἔκδοτον λαβόντες, διὰ χειρῶν ἀνόμων προσπήξαντες ἀνείλετε·

24 ὃν ὁ Θεὸς ἀνέστησε, λύσας τὰς ὠδῖνας τοῦ θανάτου, καθότι οὐκ ἦν δυνατὸν κρατεῖσθαι αὐτὸν ὑπ᾽ αὐτοῦ

25 Δαβὶδ γὰρ λέγει εἰς αὐτόν, Προωρώμην τὸν Κύριον ἐνώπιόν μου διὰ παντός· ὅτι ἐκ δεξιῶν μού ἐστίν, ἵνα μὴ σαλευθῶ·

26 διὰ τοῦτο εὐφράνθη ἡ καρδία μου, καὶ ἠγαλλιάσατο ἡ γλῶσσά μου· ἔτι δὲ καὶ ἡ σάρξ μου κατασκηνώσει ἐπ' ἐλπίδι·

27 ὅτι οὐκ ἐγκαταλείψεις τὴν ψυχήν μου εἰς ᾅδου, οὐδὲ δώσεις τὸν ὅσιόν σου ἰδεῖν διαφθοράν.

28 ἐγνώρισάς μοι ὁδοὺς ζωῆς· πληρώσεις με εὐφροσύνης μετὰ τοῦ προσώπου σου.

29 ἄνδρες ἀδελφοί, ἐξὸν εἰπεῖν μετὰ παρρησίας πρὸς ὑμᾶς περὶ τοῦ πατριάρχου Δαβίδ, ὅτι καὶ ἐτελεύτησε καὶ ἐτάφη, καὶ τὸ μνῆμα αὐτοῦ ἔστιν ἐν ἡμῖν ἄχρι τῆς ἡμέρας ταύτης.

30 προφήτης οὖν ὑπάρχων, καὶ εἰδὼς ὅτι ὅρκῳ ὤμοσεν αὐτῷ ὁ Θεός, ἐκ καρποῦ τῆς ὀσφύος αὐτοῦ τὸ κατὰ σάρκα ἀναστήσειν τὸν Χριστόν, καθίσαι ἐπὶ τοῦ θρόνου αὐτοῦ,

31 προϊδὼν ἐλάλησε περὶ τῆς ἀναστάσεως τοῦ Χριστοῦ, ὅτι οὐ κατελείφθη ἡ ψυχὴ αὐτοῦ εἰς ᾅδου, οὐδὲ ἡ σὰρξ αὐτοῦ εἶδε διαφθοράν.

32 τοῦτον τὸν Ἰησοῦν ἀνέστησεν ὁ Θεός, οὗ πάντες ἡμεῖς ἐσμεν μάρτυρες.

33 τῇ δεξιᾷ οὖν τοῦ Θεοῦ ὑψωθείς, τήν τε ἐπαγγελίαν τοῦ Ἁγίου Πνεύματος λαβὼν παρὰ τοῦ πατρός, ἐξέχεε τοῦτο ὃ νῦν ὑμεῖς βλέπετε καὶ ἀκούετε.

34 οὐ γὰρ Δαβὶδ ἀνέβη εἰς τοὺς οὐρανούς, λέγει δὲ αὐτός, Εἶπεν ὁ Κύριος τῷ Κυρίῳ μου, Κάθου ἐκ δεξιῶν μου,

35 ἕως ἂν θῶ τοὺς ἐχθρούς σου ὑποπόδιον τῶν ποδῶν σου.

36 ἀσφαλῶς οὖν γινωσκέτω πᾶς οἶκος Ἰσραήλ, ὅτι καὶ Κύριον καὶ Χριστὸν αὐτὸν ὁ Θεὸς ἐποίησε, τοῦτον τὸν Ἰησοῦν ὃν ὑμεῖς ἐσταυρώσατε.

37 Ἀκούσαντες δὲ κατενύγησαν τῇ καρδίᾳ, εἶπόν τε πρὸς τὸν Πέτρον καὶ τοὺς λοιποὺς ἀποστόλους, Τί ποιήσομεν, ἄνδρες ἀδελφοί;

38 Πέτρος δὲ ἔφη πρὸς αὐτούς, Μετανοήσατε, καὶ βαπτισθήτω ἕκαστος ὑμῶν ἐπὶ τῷ ὀνόματι Ἰησοῦ Χριστοῦ εἰς ἄφεσιν ἁμαρτιῶν, καὶ λήψεσθε τὴν δωρεὰν τοῦ Ἁγίου Πνεύματος.

39 ὑμῖν γάρ ἐστιν ἡ ἐπαγγελία, καὶ τοῖς τέκνοις ὑμῶν, καὶ πᾶσι τοῖς εἰς μακράν, ὅσους ἂν προσκαλέσηται Κύριος ὁ Θεὸς ἡμῶν.

40 ἑτέροις τε λόγοις πλείοσι διεμαρτύρετο καὶ παρεκάλει λέγων, Σώθητε ἀπὸ τῆς γενεᾶς τῆς σκολιᾶς ταύτης.

41 οἱ μὲν οὖν ἀσμένως ἀποδεξάμενοι τὸν λόγον αὐτοῦ ἐβαπτίσθησαν· καὶ προσετέθησαν τῇ ἡμέρᾳ ἐκείνῃ ψυχαὶ ὡσεὶ τρισχίλιαι.

42 ἦσαν δὲ προσκαρτεροῦντες τῇ διδαχῇ τῶν ἀποστόλων καὶ τῇ κοινωνίᾳ, καὶ τῇ κλάσει τοῦ ἄρτου καὶ ταῖς προσευχαῖς.

43 Ἐγένετο δὲ πάσῃ ψυχῇ φόβος, πολλά τε τέρατα καὶ σημεῖα διὰ τῶν ἀποστόλων ἐγίνετο.

44 πάντες δὲ οἱ πιστεύοντες ἦσαν ἐπὶ τὸ αὐτό, καὶ εἶχον ἅπαντα κοινά,

45 καὶ τὰ κτήματα καὶ τὰς ὑπάρξεις ἐπίπρασκον, καὶ διεμέριζον αὐτὰ πᾶσι, καθότι ἄν τις χρείαν εἶχε.

46 καθ' ἡμέραν τε προσκαρτεροῦντες ὁμοθυμαδὸν ἐν τῷ ἱερῷ, κλῶντές τε κατ' οἶκον ἄρτον, μετελάμβανον τροφῆς ἐν ἀγαλλιάσει καὶ ἀφελότητι καρδίας,

47 αἰνοῦντες τὸν Θεόν, καὶ ἔχοντες χάριν πρὸς ὅλον τὸν λαόν. ὁ δὲ Κύριος προσετίθει τοὺς σωζομένους καθ' ἡμέραν τῇ ἐκκλησίᾳ.

CHAPTER 3

1 Ἐπὶ τὸ αὐτὸ δὲ Πέτρος καὶ Ἰωάννης ἀνέβαινον εἰς τὸ ἱερὸν ἐπὶ τὴν ὥραν τῆς προσευχῆς τὴν ἐννάτην

2 καί τις ἀνὴρ χωλὸς ἐκ κοιλίας μητρὸς αὐτοῦ ὑπάρχων ἐβαστάζετο· ὃν ἐτίθουν καθ' ἡμέραν πρὸς τὴν θύραν τοῦ ἱεροῦ τὴν λεγομένην Ὡραίαν, τοῦ αἰτεῖν ἐλεημοσύνην παρὰ τῶν εἰσπορευομένων εἰς τὸ ἱερόν.

3 ὃς ἰδὼν Πέτρον καὶ Ἰωάννην μέλλοντας εἰσιέναι εἰς τὸ ἱερόν, ἠρώτα ἐλεημοσύνην

4 ἀτενίσας δὲ Πέτρος εἰς αὐτὸν σὺν τῷ Ἰωάννῃ, εἶπε, Βλέψον εἰς ἡμᾶς.

5 ὁ δὲ ἐπεῖχεν αὐτοῖς, προσδοκῶν τι παρ' αὐτῶν λαβεῖν.

6 εἶπε δὲ Πέτρος, Ἀργύριον καὶ χρυσίον οὐχ ὑπάρχει μοι· ὃ δὲ ἔχω, τοῦτό σοι δίδωμι. ἐν τῷ ὀνόματι Ἰησοῦ Χριστοῦ τοῦ Ναζωραίου, ἔγειραι καὶ περιπάτει.

7 καὶ πιάσας αὐτὸν τῆς δεξιᾶς χειρὸς ἤγειρε· παραχρῆμα δὲ ἐστερεώθησαν αὐτοῦ αἱ βάσεις καὶ τὰ σφυρά

8 καὶ ἐξαλλόμενος ἔστη καὶ περιεπάτει, καὶ εἰσῆλθε σὺν αὐτοῖς εἰς τὸ ἱερόν, περιπατῶν καὶ ἀλλόμενος καὶ αἰνῶν τὸν Θεόν.

9 καὶ εἶδεν αὐτὸν πᾶς ὁ λαὸς περιπατοῦντα καὶ αἰνοῦντα τὸν Θεόν·

10 ἐπεγίνωσκόν τε αὐτὸν ὅτι οὗτος ἦν ὁ πρὸς τὴν ἐλεημοσύνην καθήμενος ἐπὶ τῇ Ὡραίᾳ πύλῃ τοῦ ἱεροῦ· καὶ ἐπλήσθησαν θάμβους καὶ ἐκστάσεως ἐπὶ τῷ συμβεβηκότι αὐτῷ.

11 Κρατοῦντος δὲ τοῦ ἰαθέντος χωλοῦ τὸν Πέτρον καὶ Ἰωάννην, συνέδραμε πρὸς αὐτοὺς πᾶς ὁ λαὸς ἐπὶ τῇ στοᾷ τῇ καλουμένῃ Σολομῶντος, ἔκθαμβοι.

12 ἰδὼν δὲ Πέτρος ἀπεκρίνατο πρὸς τὸν λαόν, Ἄνδρες Ἰσραηλῖται, τί θαυμάζετε ἐπὶ τούτῳ, ἢ ἡμῖν τί ἀτενίζετε, ὡς ἰδίᾳ δυνάμει ἢ εὐσεβείᾳ πεποιηκόσι τοῦ περιπατεῖν αὐτόν;

13 ὁ Θεὸς Ἀβραὰμ καὶ Ἰσαὰκ καὶ Ἰακώβ, ὁ Θεὸς τῶν πατέρων ἡμῶν, ἐδόξασε τὸν παῖδα αὐτοῦ Ἰησοῦν· ὃν ὑμεῖς παρεδώκατε, καὶ ἠρνήσασθε αὐτὸν κατὰ πρόσωπον Πιλάτου, κρίναντος ἐκείνου ἀπολύειν.

14 ὑμεῖς δὲ τὸν ἅγιον καὶ δίκαιον ἠρνήσασθε, καὶ ᾐτήσασθε ἄνδρα φονέα χαρισθῆναι ὑμῖν,

15 τὸν δὲ ἀρχηγὸν τῆς ζωῆς ἀπεκτείνατε· ὃν ὁ Θεὸς ἤγειρεν ἐκ νεκρῶν, οὗ ἡμεῖς μάρτυρές ἐσμεν.

16 καὶ ἐπὶ τῇ πίστει τοῦ ὀνόματος αὐτοῦ, τοῦτον ὃν θεωρεῖτε καὶ οἴδατε ἐστερέωσε τὸ ὄνομα αὐτοῦ· καὶ ἡ πίστις ἡ δι' αὐτοῦ ἔδωκεν αὐτῷ τὴν ὁλοκληρίαν ταύτην ἀπέναντι πάντων ὑμῶν.

17 καὶ νῦν, ἀδελφοί, οἶδα ὅτι κατὰ ἄγνοιαν ἐπράξατε, ὥσπερ καὶ οἱ ἄρχοντες ὑμῶν.

18 ὁ δὲ Θεὸς ἃ προκατήγγειλε διὰ στόματος πάντων τῶν προφητῶν αὐτοῦ, παθεῖν τὸν Χριστόν, ἐπλήρωσεν οὕτω.

19 μετανοήσατε οὖν καὶ ἐπιστρέψατε, εἰς τὸ ἐξαλειφθῆναι ὑμῶν τὰς ἁμαρτίας, ὅπως ἂν ἔλθωσι καιροὶ ἀναψύξεως ἀπὸ προσώπου τοῦ Κυρίου,

20 καὶ ἀποστείλῃ τὸν προκεκηρυγμένον ὑμῖν Ἰησοῦν Χριστόν·

21 ὃν δεῖ οὐρανὸν μὲν δέξασθαι ἄχρι χρόνων ἀποκαταστάσεως πάντων, ὧν ἐλάλησεν ὁ Θεὸς διὰ στόματος πάντων ἁγίων αὐτοῦ προφητῶν ἀπ' αἰῶνος.

22 Μωσῆς μὲν γὰρ πρὸς τοὺς πατέρας εἶπεν ὅτι Προφήτην ὑμῖν ἀναστήσει Κύριος ὁ Θεὸς ὑμῶν ἐκ τῶν ἀδελφῶν ὑμῶν ὡς ἐμέ· αὐτοῦ ἀκούσεσθε κατὰ πάντα ὅσα ἂν λαλήσῃ πρὸς ὑμᾶς.

23 ἔσται δέ, πᾶσα ψυχή, ἥτις ἂν μὴ ἀκούσῃ τοῦ προφήτου ἐκείνου, ἐξολοθρευθήσεται ἐκ τοῦ λαοῦ.

24 καὶ πάντες δὲ οἱ προφῆται ἀπὸ Σαμουὴλ καὶ τῶν καθεξῆς, ὅσοι ἐλάλησαν, καὶ προκατήγγειλαν τὰς ἡμέρας ταύτας.

25 ὑμεῖς ἐστε υἱοὶ τῶν προφητῶν, καὶ τῆς διαθήκης ἧς διέθετο ὁ Θεὸς πρὸς τοὺς πατέρας ἡμῶν, λέγων πρὸς Ἀβραάμ, Καὶ τῷ σπέρματί σου ἐνευλογηθήσονται πᾶσαι αἱ πατριαὶ τῆς γῆς.

26 ὑμῖν πρῶτον ὁ Θεός, ἀναστήσας τὸν παῖδα αὐτοῦ Ἰησοῦν, ἀπέστειλεν αὐτὸν εὐλογοῦντα ὑμᾶς, ἐν τῷ ἀποστρέφειν ἕκαστον ἀπὸ τῶν πονηριῶν ὑμῶν.

CHAPTER 4

1 Λαλούντων δὲ αὐτῶν πρὸς τὸν λαόν, ἐπέστησαν αὐτοῖς οἱ ἱερεῖς καὶ ὁ στρατηγὸς τοῦ ἱεροῦ καὶ οἱ Σαδδουκαῖοι,

2 διαπονούμενοι διὰ τὸ διδάσκειν αὐτοὺς τὸν λαόν, καὶ καταγγέλλειν ἐν τῷ Ἰησοῦ τὴν ἀνάστασιν τὴν ἐκ νεκρῶν

3 καὶ ἐπέβαλον αὐτοῖς τὰς χεῖρας, καὶ ἔθεντο εἰς τήρησιν εἰς τὴν αὔριον· ἦν γὰρ ἑσπέρα ἤδη.

4 πολλοὶ δὲ τῶν ἀκουσάντων τὸν λόγον ἐπίστευσαν· καὶ ἐγενήθη ὁ ἀριθμὸς τῶν ἀνδρῶν ὡσεὶ χιλιάδες πέντε.

5 Ἐγένετο δὲ ἐπὶ τὴν αὔριον συναχθῆναι αὐτῶν τοὺς ἄρχοντας καὶ πρεσβυτέρους καὶ γραμματεῖς

220

6 εἰς Ἰερουσαλήμ, καὶ Ἅνναν τὸν ἀρχιερέα, καὶ Καϊάφαν, καὶ Ἰωάννην, καὶ Ἀλέξανδρον, καὶ ὅσοι ἦσαν ἐκ γένους ἀρχιερατικοῦ

7 καὶ στήσαντες αὐτοὺς ἐν τῷ μέσῳ, ἐπυνθάνοντο, Ἐν ποίᾳ δυνάμει ἢ ἐν ποίῳ ὀνόματι ἐποιήσατε τοῦτο ὑμεῖς;

8 τότε Πέτρος πλησθεὶς Πνεύματος Ἁγίου εἶπε πρὸς αὐτούς, Ἄρχοντες τοῦ λαοῦ καὶ πρεσβύτεροι τοῦ Ἰσραήλ,

9 εἰ ἡμεῖς σήμερον ἀνακρινόμεθα ἐπὶ εὐεργεσίᾳ ἀνθρώπου ἀσθενοῦς, ἐν τίνι οὗτος σέσωσται·

10 γνωστὸν ἔστω πᾶσιν ὑμῖν καὶ παντὶ τῷ λαῷ Ἰσραήλ, ὅτι ἐν τῷ ὀνόματι Ἰησοῦ Χριστοῦ τοῦ Ναζωραίου, ὃν ὑμεῖς ἐσταυρώσατε, ὃν ὁ Θεὸς ἤγειρεν ἐκ νεκρῶν, ἐν τούτῳ οὗτος παρέστηκεν ἐνώπιον ὑμῶν ὑγιής.

11 οὗτός ἐστιν ὁ λίθος ὁ ἐξουθενηθεὶς ὑφ' ὑμῶν τῶν οἰκοδομούντων, ὁ γενόμενος εἰς κεφαλὴν γωνίας.

12 καὶ οὐκ ἔστιν ἐν ἄλλῳ οὐδενὶ ἡ σωτηρία· οὔτε γὰρ ὄνομά ἐστιν ἕτερον ὑπὸ τὸν οὐρανὸν τὸ δεδομένον ἐν ἀνθρώποις, ἐν ᾧ δεῖ σωθῆναι ἡμᾶς.

13 Θεωροῦντες δὲ τὴν τοῦ Πέτρου παρρησίαν καὶ Ἰωάννου, καὶ καταλαβόμενοι ὅτι ἄνθρωποι ἀγράμματοί εἰσι καὶ ἰδιῶται, ἐθαύμαζον, ἐπεγίνωσκόν τε αὐτοὺς ὅτι σὺν τῷ Ἰησοῦ ἦσαν

14 τὸν δὲ ἄνθρωπον βλέποντες σὺν αὐτοῖς ἑστῶτα τὸν τεθεραπευμένον, οὐδὲν εἶχον ἀντειπεῖν.

15 κελεύσαντες δὲ αὐτοὺς ἔξω τοῦ συνεδρίου ἀπελθεῖν, συνέβαλον πρὸς ἀλλήλους,

16 λέγοντες, Τί ποιήσομεν τοῖς ἀνθρώποις τούτοις; ὅτι μὲν γὰρ γνωστὸν σημεῖον γέγονε δι' αὐτῶν, πᾶσι τοῖς κατοικοῦσιν Ἰερουσαλὴμ φανερόν, καὶ οὐ δυνάμεθα ἀρνήσασθαι

17 ἀλλ' ἵνα μὴ ἐπὶ πλεῖον διανεμηθῇ εἰς τὸν λαόν, ἀπειλῇ ἀπειλησώμεθα αὐτοῖς μηκέτι λαλεῖν ἐπὶ τῷ ὀνόματι τούτῳ μηδενὶ ἀνθρώπων.

18 καὶ καλέσαντες αὐτούς, παρήγγειλαν αὐτοῖς τὸ καθόλου μὴ φθέγγεσθαι μηδὲ διδάσκειν ἐπὶ τῷ ὀνόματι τοῦ Ἰησοῦ.

19 ὁ δὲ Πέτρος καὶ Ἰωάννης ἀποκριθέντες πρὸς αὐτοὺς εἶπον, Εἰ δίκαιόν ἐστιν ἐνώπιον τοῦ Θεοῦ ὑμῶν ἀκούειν μᾶλλον ἢ τοῦ Θεοῦ, κρίνατε.

20 οὐ δυνάμεθα γὰρ ἡμεῖς, ἃ εἴδομεν καὶ ἠκούσαμεν, μὴ λαλεῖν.

21 οἱ δὲ προσαπειλησάμενοι ἀπέλυσαν αὐτούς, μηδὲν εὑρίσκοντες τὸ πῶς κολάσωνται αὐτούς, διὰ τὸν λαόν, ὅτι πάντες ἐδόξαζον τὸν Θεὸν ἐπὶ τῷ γεγονότι.

22 ἐτῶν γὰρ ἦν πλειόνων τεσσαράκοντα ὁ ἄνθρωπος ἐφ' ὃν ἐγεγόνει τὸ σημεῖον τοῦτο τῆς ἰάσεως.

23 Ἀπολυθέντες δὲ ἦλθον πρὸς τοὺς ἰδίους, καὶ ἀπήγγειλαν ὅσα

221

πρὸς αὐτοὺς οἱ ἀρχιερεῖς καὶ οἱ πρεσβύτεροι εἶπον.

24 οἱ δὲ ἀκούσαντες ὁμοθυμαδὸν ἦραν φωνὴν πρὸς τὸν Θεόν, καὶ εἶπον, Δέσποτα, σὺ ὁ Θεὸς ὁ ποιήσας τὸν οὐρανὸν καὶ τὴν γῆν καὶ τὴν θάλασσαν καὶ πάντα τὰ ἐν αὐτοῖς·

25 ὁ διὰ στόματος Δαβὶδ τοῦ παιδός σου εἰπών, Ἱνατί ἐφρύαξαν ἔθνη, καὶ λαοὶ ἐμελέτησαν κενά

26 παρέστησαν οἱ βασιλεῖς τῆς γῆς, καὶ οἱ ἄρχοντες συνήχθησαν ἐπὶ τὸ αὐτὸ κατὰ τοῦ Κυρίου, καὶ κατὰ τοῦ Χριστοῦ αὐτοῦ·

27 συνήχθησαν γὰρ ἐπ' ἀληθείας ἐπὶ τὸν ἅγιον παῖδά σου Ἰησοῦν, ὃν ἔχρισας, Ἡρῴδης τε καὶ Πόντιος Πιλάτος, σὺν ἔθνεσι καὶ λαοῖς Ἰσραήλ,

28 ποιῆσαι ὅσα ἡ χείρ σου καὶ ἡ βουλή σου προώρισε γενέσθαι.

29 καὶ τὰ νῦν, Κύριε, ἔπιδε ἐπὶ τὰς ἀπειλὰς αὐτῶν, καὶ δὸς τοῖς δούλοις σου μετὰ παρρησίας πάσης λαλεῖν τὸν λόγον σου,

30 ἐν τῷ τὴν χεῖρά σου ἐκτείνειν σε εἰς ἴασιν, καὶ σημεῖα καὶ τέρατα γίνεσθαι διὰ τοῦ ὀνόματος τοῦ ἁγίου παιδός σου Ἰησοῦ.

31 καὶ δεηθέντων αὐτῶν ἐσαλεύθη ὁ τόπος ἐν ᾧ ἦσαν συνηγμένοι, καὶ ἐπλήσθησαν ἅπαντες Πνεύματος Ἁγίου, καὶ ἐλάλουν τὸν λόγον τοῦ Θεοῦ μετὰ παρρησίας.

32 Τοῦ δὲ πλήθους τῶν πιστευσάντων ἦν ἡ καρδία καὶ ἡ ψυχὴ μία· καὶ οὐδ' εἷς τι τῶν ὑπαρχόντων αὐτῷ ἔλεγεν ἴδιον εἶναι, ἀλλ' ἦν αὐτοῖς ἅπαντα κοινά.

33 καὶ μεγάλῃ δυνάμει ἀπεδίδουν τὸ μαρτύριον οἱ ἀπόστολοι τῆς ἀναστάσεως τοῦ Κυρίου Ἰησοῦ, χάρις τε μεγάλη ἦν ἐπὶ πάντας αὐτούς.

34 οὐδὲ γὰρ ἐνδεής τις ὑπῆρχεν ἐν αὐτοῖς· ὅσοι γὰρ κτήτορες χωρίων ἢ οἰκιῶν ὑπῆρχον, πωλοῦντες ἔφερον τὰς τιμὰς τῶν πιπρασκομένων,

35 καὶ ἐτίθουν παρὰ τοὺς πόδας τῶν ἀποστόλων· διεδίδοτο δὲ ἑκάστῳ καθότι ἄν τις χρείαν εἶχεν.

36 Ἰωσῆς δέ, ὁ ἐπικληθεὶς Βαρνάβας ὑπὸ τῶν ἀποστόλων (ὅ ἐστι, μεθερμηνευόμενον, υἱὸς παρακλήσεως), Λευΐτης, Κύπριος τῷ γένει,

37 ὑπάρχοντος αὐτῷ ἀγροῦ, πωλήσας ἤνεγκε τὸ χρῆμα, καὶ ἔθηκε παρὰ τοὺς πόδας τῶν ἀποστόλων.

CHAPTER 5

1 Ἀνὴρ δέ τις Ἀνανίας ὀνόματι, σὺν Σαπφείρῃ τῇ γυναικὶ αὐτοῦ, ἐπώλησε κτῆμα,

2 καὶ ἐνοσφίσατο ἀπὸ τῆς τιμῆς, συνειδυίας καὶ τῆς γυναικὸς αὐτοῦ, καὶ ἐνέγκας μέρος τι παρὰ τοὺς πόδας τῶν ἀποστόλων ἔθηκεν.

3 εἶπε δὲ Πέτρος, Ἀνανία, διατί ἐπλήρωσεν ὁ Σατανᾶς τὴν καρδίαν σου, ψεύσασθαί σε τὸ Πνεῦμα τὸ

ΠΡΑΞΕΙΣ ΤΩΝ ΑΠΟΣΤΟΛΩΝ

Ἅγιον, καὶ νοσφίσασθαι ἀπὸ τῆς τιμῆς τοῦ χωρίου;

4 οὐχὶ μένον σοὶ ἔμενε, καὶ πραθὲν ἐν τῇ σῇ ἐξουσίᾳ ὑπῆρχε; τί ὅτι ἔθου ἐν τῇ καρδίᾳ σου τὸ πρᾶγμα τοῦτο; οὐκ ἐψεύσω ἀνθρώποις ἀλλὰ τῷ Θεῷ.

5 ἀκούων δὲ Ἀνανίας τοὺς λόγους τούτους, πεσὼν ἐξέψυξε· καὶ ἐγένετο φόβος μέγας ἐπὶ πάντας τοὺς ἀκούοντας ταῦτα.

6 ἀναστάντες δὲ οἱ νεώτεροι συνέστειλαν αὐτόν καὶ ἐξενέγκαντες ἔθαψαν.

7 Ἐγένετο δὲ ὡς ὡρῶν τριῶν διάστημα, καὶ ἡ γυνὴ αὐτοῦ μὴ εἰδυῖα τὸ γεγονὸς εἰσῆλθεν.

8 ἀπεκρίθη δὲ αὐτῇ ὁ Πέτρος, Εἰπέ μοι, εἰ τοσούτου τὸ χωρίον ἀπέδοσθε. ἡ δὲ εἶπε, Ναί, τοσούτου.

9 ὁ δὲ Πέτρος εἰπε πρὸς αὐτήν, Τί ὅτι συνεφωνήθη ὑμῖν πειράσαι τὸ Πνεῦμα Κυρίου; ἰδού, οἱ πόδες τῶν θαψάντων τὸν ἄνδρα σου ἐπὶ τῇ θύρᾳ, καὶ ἐξοίσουσί σε.

10 ἔπεσε δὲ παραχρῆμα παρὰ τοὺς πόδας αὐτοῦ, καὶ ἐξέψυξεν· εἰσελθόντες δὲ οἱ νεανίσκοι εὗρον αὐτὴν νεκράν, καὶ ἐξενέγκαντες ἔθαψαν πρὸς τὸν ἄνδρα αὐτῆς.

11 καὶ ἐγένετο φόβος μέγας ἐφ' ὅλην τὴν ἐκκλησίαν, καὶ ἐπὶ πάντας τοὺς ἀκούοντας ταῦτα.

12 Διὰ δὲ τῶν χειρῶν τῶν ἀποστόλων ἐγίνετο σημεῖα καὶ τέρατα ἐν τῷ λαῷ πολλά· καὶ ἦσαν ὁμοθυμαδὸν ἅπαντες ἐν τῇ στοᾷ Σολομῶντος.

13 τῶν δὲ λοιπῶν οὐδεὶς ἐτόλμα κολλᾶσθαι αὐτοῖς, ἀλλ' ἐμεγάλυνεν αὐτοὺς ὁ λαός·

14 μᾶλλον δὲ προσετίθεντο πιστεύοντες τῷ Κυρίῳ, πλήθη ἀνδρῶν τε καὶ γυναικῶν·

15 ὥστε κατὰ τὰς πλατείας ἐκφέρειν τοὺς ἀσθενεῖς, καὶ τιθέναι ἐπὶ κλινῶν καὶ κραββάτων, ἵνα ἐρχομένου Πέτρου κἂν ἡ σκιὰ ἐπισκιάσῃ τινὶ αὐτῶν.

16 συνήρχετο δὲ καὶ τὸ πλῆθος τῶν πέριξ πόλεων εἰς Ἱερουσαλήμ, φέροντες ἀσθενεῖς καὶ ὀχλουμένους ὑπὸ πνευμάτων ἀκαθάρτων, οἵτινες ἐθεραπεύοντο ἅπαντες.

17 Ἀναστὰς δὲ ὁ ἀρχιερεὺς καὶ πάντες οἱ σὺν αὐτῷ (ἡ οὖσα αἵρεσις τῶν Σαδδουκαίων), ἐπλήσθησαν ζήλου,

18 καὶ ἐπέβαλον τὰς χεῖρας αὐτῶν ἐπὶ τοὺς ἀποστόλους, καὶ ἔθεντο αὐτοὺς ἐν τηρήσει δημοσίᾳ.

19 ἄγγελος δὲ Κυρίου διὰ τῆς νυκτὸς ἤνοιξε τὰς θύρας τῆς φυλακῆς, ἐξαγαγών τε αὐτοὺς εἶπε,

20 Πορεύεσθε, καὶ σταθέντες λαλεῖτε ἐν τῷ ἱερῷ τῷ λαῷ πάντα τὰ ῥήματα τῆς ζωῆς ταύτης.

21 ἀκούσαντες δὲ εἰσῆλθον ὑπὸ τὸν ὄρθρον εἰς τὸ ἱερόν, καὶ ἐδίδασκον. παραγενόμενος δὲ ὁ ἀρχιερεὺς καὶ οἱ σὺν αὐτῷ, συνεκάλεσαν τὸ συνέδριον καὶ πᾶσαν τὴν γερουσίαν τῶν υἱῶν Ἰσραήλ, καὶ ἀπέστειλαν εἰς τὸ δεσμωτήριον, ἀχθῆναι αὐτούς.

22 οἱ δὲ ὑπηρέται παραγενόμενοι οὐχ εὗρον αὐτοὺς ἐν τῇ φυλακῇ· ἀναστρέψαντες δὲ ἀπήγγειλαν,

23 λέγοντες, ὅτι Τὸ μὲν δεσμωτήριον εὕρομεν κεκλεισμένον ἐν πάσῃ ἀσφαλείᾳ, καὶ τοὺς φύλακας ἔξω ἑστῶτας πρὸ τῶν θυρῶν· ἀνοίξαντες δέ, ἔσω οὐδένα εὕρομεν.

24 ὡς δὲ ἤκουσαν τοὺς λόγους τούτους ὅ τε ἱερεὺς καὶ ὁ στρατηγὸς τοῦ ἱεροῦ καὶ οἱ ἀρχιερεῖς, διηπόρουν περὶ αὐτῶν, τί ἂν γένοιτο τοῦτο.

25 παραγενόμενος δέ τις ἀπήγγειλεν αὐτοῖς λέγων ὅτι Ἰδού, οἱ ἄνδρες οὓς ἔθεσθε ἐν τῇ φυλακῇ εἰσὶν ἐν τῷ ἱερῷ ἑστῶτες καὶ διδάσκοντες τὸν λαόν.

26 τότε ἀπελθὼν ὁ στρατηγὸς σὺν τοῖς ὑπηρέταις ἤγαγεν αὐτούς, οὐ μετὰ βίας, ἐφοβοῦντο γὰρ τὸν λαόν, ἵνα μὴ λιθασθῶσιν.

27 ἀγαγόντες δὲ αὐτοὺς ἔστησαν ἐν τῷ συνεδρίῳ. καὶ ἐπηρώτησεν αὐτοὺς ὁ ἀρχιερεύς,

28 λέγων, Οὐ παραγγελίᾳ παρηγγείλαμεν ὑμῖν μὴ διδάσκειν ἐπὶ τῷ ὀνόματι τούτῳ; καὶ ἰδοὺ πεπληρώκατε τὴν Ἰερουσαλὴμ τῆς διδαχῆς ὑμῶν, καὶ βούλεσθε ἐπαγαγεῖν ἐφ' ἡμᾶς τὸ αἷμα τοῦ ἀνθρώπου τούτου.

29 ἀποκριθεὶς δὲ ὁ Πέτρος καὶ οἱ ἀπόστολοι εἶπον, Πειθαρχεῖν δεῖ Θεῷ μᾶλλον ἢ ἀνθρώποις.

30 ὁ Θεὸς τῶν πατέρων ἡμῶν ἤγειρεν Ἰησοῦν, ὃν ὑμεῖς διεχειρίσασθε, κρεμάσαντες ἐπὶ ξύλου.

31 τοῦτον ὁ Θεὸς ἀρχηγὸν καὶ σωτῆρα ὕψωσε τῇ δεξιᾷ αὐτοῦ, δοῦναι μετάνοιαν τῷ Ἰσραὴλ καὶ ἄφεσιν ἁμαρτιῶν.

32 καὶ ἡμεῖς ἐσμεν αὐτοῦ μάρτυρες τῶν ῥημάτων τούτων, καὶ τὸ Πνεῦμα δὲ τὸ Ἅγιον, ὃ ἔδωκεν ὁ Θεὸς τοῖς πειθαρχοῦσιν αὐτῷ.

33 Οἱ δὲ ἀκούσαντες διεπρίοντο, καὶ ἐβουλεύοντο ἀνελεῖν αὐτούς.

34 ἀναστὰς δέ τις ἐν τῷ συνεδρίῳ Φαρισαῖος, ὀνόματι Γαμαλιήλ, νομοδιδάσκαλος, τίμιος παντὶ τῷ λαῷ, ἐκέλευσεν ἔξω βραχύ τί τοὺς ἀποστόλους ποιῆσαι.

35 εἶπέ τε πρὸς αὐτούς, Ἄνδρες Ἰσραηλῖται, προσέχετε ἑαυτοῖς ἐπὶ τοῖς ἀνθρώποις τούτοις, τί μέλλετε πράσσειν.

36 πρὸ γὰρ τούτων τῶν ἡμερῶν ἀνέστη Θευδᾶς, λέγων εἶναί τινα ἑαυτόν, ᾧ προσεκολλήθη ἀριθμὸς ἀνδρῶν ὡσεὶ τετρακοσίων· ὃς ἀνῃρέθη, καὶ πάντες ὅσοι ἐπείθοντο αὐτῷ διελύθησαν καὶ ἐγένοντο εἰς οὐδέν.

37 μετὰ τοῦτον ἀνέστη Ἰούδας ὁ Γαλιλαῖος ἐν ταῖς ἡμέραις τῆς ἀπογραφῆς, καὶ ἀπέστησε λαὸν ἱκανὸν ὀπίσω αὐτοῦ· κἀκεῖνος ἀπώλετο, καὶ πάντες ὅσοι ἐπείθοντο αὐτῷ διεσκορπίσθησαν.

38 καὶ τὰ νῦν λέγω ὑμῖν, ἀπόστητε ἀπὸ τῶν ἀνθρώπων τούτων, καὶ ἐάσατε αὐτούς· ὅτι ἐὰν ᾖ ἐξ

άνθρώπων ή βουλή αὕτη ἢ τὸ ἔργον τοῦτο, καταλυθήσεται·

39 εἰ δὲ ἐκ Θεοῦ ἐστιν, οὐ δύνασθε καταλῦσαι αὐτό, μήποτε καὶ θεομάχοι εὑρεθῆτε.

40 ἐπείσθησαν δὲ αὐτῷ· καὶ προσκαλεσάμενοι τοὺς ἀποστόλους δείραντες παρήγγειλαν μὴ λαλεῖν ἐπὶ τῷ ὀνόματι τοῦ Ἰησοῦ, καὶ ἀπέλυσαν αὐτούς

41 οἱ μὲν οὖν ἐπορεύοντο χαίροντες ἀπὸ προσώπου τοῦ συνεδρίου, ὅτι ὑπὲρ τοῦ ὀνόματος αὐτοῦ κατηξιώθησαν ἀτιμασθῆναι.

42 πᾶσάν τε ἡμέραν, ἐν τῷ ἱερῷ καὶ κατ' οἶκον, οὐκ ἐπαύοντο διδάσκοντες καὶ εὐαγγελιζόμενοι Ἰησοῦν τὸν Χριστόν.

CHAPTER 6

1 Ἐν δὲ ταῖς ἡμέραις ταύταις, πληθυνόντων τῶν μαθητῶν, ἐγένετο γογγυσμὸς τῶν Ἑλληνιστῶν πρὸς τοὺς Ἑβραίους, ὅτι παρεθεωροῦντο ἐν τῇ διακονίᾳ τῇ καθημερινῇ αἱ χῆραι αὐτῶν.

2 προσκαλεσάμενοι δὲ οἱ δώδεκα τὸ πλῆθος τῶν μαθητῶν, εἶπον, Οὐκ ἀρεστόν ἐστιν ἡμᾶς, καταλείψαντας τὸν λόγον τοῦ Θεοῦ, διακονεῖν τραπέζαις.

3 ἐπισκέψασθε οὖν, ἀδελφοί, ἄνδρας ἐξ ὑμῶν μαρτυρουμένους ἑπτά, πλήρεις Πνεύματος Ἁγίου καὶ σοφίας, οὓς καταστήσομεν ἐπὶ τῆς χρείας ταύτης.

4 ἡμεῖς δὲ τῇ προσευχῇ καὶ τῇ διακονίᾳ τοῦ λόγου προσκαρτερήσομεν.

5 καὶ ἤρεσεν ὁ λόγος ἐνώπιον παντὸς τοῦ πλήθους· καὶ ἐξελέξαντο Στέφανον, ἄνδρα πλήρη πίστεως καὶ Πνεύματος Ἁγίου, καὶ Φίλιππον, καὶ Πρόχορον, καὶ Νικάνορα, καὶ Τίμωνα, καὶ Παρμενᾶν, καὶ Νικόλαον προσήλυτον Ἀντιοχέα,

6 οὓς ἔστησαν ἐνώπιον τῶν ἀποστόλων· καὶ προσευξάμενοι ἐπέθηκαν αὐτοῖς τὰς χεῖρας.

7 Καὶ ὁ λόγος τοῦ Θεοῦ ηὔξανε, καὶ ἐπληθύνετο ὁ ἀριθμὸς τῶν μαθητῶν ἐν Ἰερουσαλὴμ σφόδρα, πολύς τε ὄχλος τῶν ἱερέων ὑπήκουον τῇ πίστει.

8 Στέφανος δὲ πλήρης πίστεως καὶ δυνάμεως ἐποίει τέρατα καὶ σημεῖα μεγάλα ἐν τῷ λαῷ.

9 ἀνέστησαν δέ τινες τῶν ἐκ τῆς συναγωγῆς τῆς λεγομένης Λιβερτίνων, καὶ Κυρηναίων, καὶ Ἀλεξανδρέων, καὶ τῶν ἀπὸ Κιλικίας καὶ Ἀσίας, συζητοῦντες τῷ Στεφάνῳ.

10 καὶ οὐκ ἴσχυον ἀντιστῆναι τῇ σοφίᾳ καὶ τῷ πνεύματι ᾧ ἐλάλει.

11 τότε ὑπέβαλον ἄνδρας λέγοντας ὅτι Ἀκηκόαμεν αὐτοῦ λαλοῦντος ῥήματα βλάσφημα εἰς Μωσῆν καὶ τὸν Θεόν

12 συνεκίνησάν τε τὸν λαὸν καὶ τοὺς πρεσβυτέρους καὶ τοὺς γραμματεῖς, καὶ ἐπιστάντες συνήρπασαν αὐτόν, καὶ ἤγαγον εἰς τὸ συνέδριον,

13 ἔστησάν τε μάρτυρας ψευδεῖς λέγοντας, Ὁ ἄνθρωπος οὗτος οὐ παύεται ῥήματα βλάσφημα λαλῶν κατὰ τοῦ τόπου τοῦ ἁγίου τούτου καὶ τοῦ νόμου·

14 ἀκηκόαμεν γὰρ αὐτοῦ λέγοντος ὅτι Ἰησοῦς ὁ Ναζωραῖος οὗτος καταλύσει τὸν τόπον τοῦτον, καὶ ἀλλάξει τὰ ἔθη ἃ παρέδωκεν ἡμῖν Μωϋσῆς.

15 καὶ ἀτενίσαντες εἰς αὐτὸν ἅπαντες οἱ καθεζόμενοι ἐν τῷ συνεδρίῳ, εἶδον τὸ πρόσωπον αὐτοῦ ὡσεὶ πρόσωπον ἀγγέλου.

CHAPTER 7

1 Εἶπε δὲ ὁ ἀρχιερεύς, Εἰ ἄρα ταῦτα οὕτως ἔχει;

2 ὁ δὲ ἔφη, Ἄνδρες ἀδελφοὶ καὶ πατέρες, ἀκούσατε. ὁ Θεὸς τῆς δόξης ὤφθη τῷ πατρὶ ἡμῶν Ἀβραὰμ ὄντι ἐν τῇ Μεσοποταμίᾳ, πρὶν ἢ κατοικῆσαι αὐτὸν ἐν Χαρράν,

3 καὶ εἶπε πρὸς αὐτόν, Ἔξελθε ἐκ τῆς γῆς σου καὶ ἐκ τῆς συγγενείας σου, καὶ δεῦρο εἰς γῆν ἣν ἄν σοι δείξω.

4 τότε ἐξελθὼν ἐκ γῆς Χαλδαίων κατῴκησεν ἐν Χαρράν· κἀκεῖθεν, μετὰ τὸ ἀποθανεῖν τὸν πατέρα αὐτοῦ, μετῴκισεν αὐτὸν εἰς τὴν γῆν ταύτην εἰς ἣν ὑμεῖς νῦν κατοικεῖτε·

5 καὶ οὐκ ἔδωκεν αὐτῷ κληρονομίαν ἐν αὐτῇ, οὐδὲ βῆμα ποδός· καὶ ἐπηγγείλατο αὐτῷ δοῦναι εἰς κατάσχεσιν αὐτήν, καὶ τῷ σπέρματι αὐτοῦ μετ᾽ αὐτόν, οὐκ ὄντος αὐτῷ τέκνου.

6 ἐλάλησε δὲ οὕτως ὁ Θεὸς ὅτι ἔσται τὸ σπέρμα αὐτοῦ πάροικον ἐν γῇ ἀλλοτρίᾳ, καὶ δουλώσουσιν αὐτὸ καὶ κακώσουσιν, ἔτη τετρακόσια

7 καὶ τὸ ἔθνος, ᾧ ἐὰν δουλεύσωσι, κρινῶ ἐγώ, εἶπεν ὁ Θεός· καὶ μετὰ ταῦτα ἐξελεύσονται, καὶ λατρεύσουσί μοι ἐν τῷ τόπῳ τούτῳ.

8 καὶ ἔδωκεν αὐτῷ διαθήκην περιτομῆς· καὶ οὕτως ἐγέννησε τὸν Ἰσαάκ, καὶ περιέτεμεν αὐτὸν τῇ ἡμέρᾳ τῇ ὀγδόῃ· καὶ ὁ Ἰσαὰκ τὸν Ἰακώβ, καὶ ὁ Ἰακὼβ τοὺς δώδεκα πατριάρχας.

9 καὶ οἱ πατριάρχαι ζηλώσαντες τὸν Ἰωσὴφ ἀπέδοντο εἰς Αἴγυπτον· καὶ ἦν ὁ Θεὸς μετ᾽ αὐτοῦ,

10 καὶ ἐξείλετο αὐτὸν ἐκ πασῶν τῶν θλίψεων αὐτοῦ, καὶ ἔδωκεν αὐτῷ χάριν καὶ σοφίαν ἐναντίον Φαραὼ βασιλέως Αἰγύπτου, καὶ κατέστησεν αὐτὸν ἡγούμενον ἐπ᾽ Αἴγυπτον καὶ ὅλον τὸν οἶκον αὐτοῦ.

11 ἦλθε δὲ λιμὸς ἐφ᾽ ὅλην τὴν γῆν Αἰγύπτου καὶ Χαναάν, καὶ θλίψις μεγάλη· καὶ οὐχ εὕρισκον χορτάσματα οἱ πατέρες ἡμῶν.

12 ἀκούσας δὲ Ἰακὼβ ὄντα σῖτα ἐν Αἰγύπτῳ, ἐξαπέστειλε τοὺς πατέρας ἡμῶν πρῶτον.

13 καὶ ἐν τῷ δευτέρῳ ἀνεγνωρίσθη Ἰωσὴφ τοῖς ἀδελφοῖς αὐτοῦ, καὶ φανερὸν ἐγένετο τῷ Φαραὼ τὸ γένος τοῦ Ἰωσήφ.

14 ἀποστείλας δὲ Ἰωσὴφ μετεκαλέσατο τὸν πατέρα αὐτοῦ Ἰακώβ, καὶ πᾶσαν τὴν συγγένειαν αὐτοῦ, ἐν ψυχαῖς ἑβδομήκοντα πέντε.

15 κατέβη δὲ Ἰακὼβ εἰς Αἴγυπτον, καὶ ἐτελεύτησεν αὐτὸς καὶ οἱ πατέρες ἡμῶν·

16 καὶ μετετέθησαν εἰς Συχέμ, καὶ ἐτέθησαν ἐν τῷ μνήματι ὃ ὠνήσατο Ἀβραὰμ τιμῆς ἀργυρίου παρὰ τῶν υἱῶν Ἐμὸρ τοῦ Συχέμ.

17 καθὼς δὲ ἤγγιζεν ὁ χρόνος τῆς ἐπαγγελίας ἧς ὤμοσεν ὁ Θεὸς τῷ Ἀβραάμ, ηὔξησεν ὁ λαὸς καὶ ἐπληθύνθη ἐν Αἰγύπτῳ,

18 ἄχρις οὗ ἀνέστη βασιλεὺς ἕτερος, ὃς οὐκ ᾔδει τὸν Ἰωσήφ.

19 οὗτος κατασοφισάμενος τὸ γένος ἡμῶν, ἐκάκωσε τοὺς πατέρας ἡμῶν, τοῦ ποιεῖν ἔκθετα τὰ βρέφη αὐτῶν, εἰς τὸ μὴ ζωογονεῖσθαι.

20 ἐν ᾧ καιρῷ ἐγεννήθη Μωσῆς, καὶ ἦν ἀστεῖος τῷ Θεῷ· ὃς ἀνετράφη μῆνας τρεῖς ἐν τῷ οἴκῳ τοῦ πατρὸς αὐτοῦ.

21 ἐκτεθέντα δὲ αὐτόν, ἀνείλετο αὐτὸν ἡ θυγάτηρ Φαραώ, καὶ ἀνεθρέψατο αὐτὸν ἑαυτῇ εἰς υἱόν.

22 καὶ ἐπαιδεύθη Μωσῆς πάσῃ σοφίᾳ Αἰγυπτίων· ἦν δὲ δυνατὸς ἐν λόγοις καὶ ἐν ἔργοις.

23 ὡς δὲ ἐπληροῦτο αὐτῷ τεσσαρακονταετὴς χρόνος, ἀνέβη ἐπὶ τὴν καρδίαν αὐτοῦ ἐπισκέψασθαι τοὺς ἀδελφοὺς αὐτοῦ τοὺς υἱοὺς Ἰσραήλ.

24 καὶ ἰδών τινα ἀδικούμενον, ἠμύνατο καὶ ἐποίησεν ἐκδίκησιν τῷ καταπονουμένῳ, πατάξας τὸν Αἰγύπτιον·

25 ἐνόμιζε δὲ συνιέναι τοὺς ἀδελφοὺς αὐτοῦ ὅτι ὁ Θεὸς διὰ χειρὸς αὐτοῦ δίδωσιν αὐτοῖς σωτηρίαν· οἱ δὲ οὐ συνῆκαν.

26 τῇ δὲ ἐπιούσῃ ἡμέρᾳ ὤφθη αὐτοῖς μαχομένοις, καὶ συνήλασεν αὐτοὺς εἰς εἰρήνην, εἰπών, Ἄνδρες, ἀδελφοί ἐστε ὑμεῖς· ἱνατί ἀδικεῖτε ἀλλήλους;

27 ὁ δὲ ἀδικῶν τὸν πλησίον ἀπώσατο αὐτόν, εἰπών, Τίς σε κατέστησεν ἄρχοντα καὶ δικαστὴν ἐφ' ἡμᾶς;

28 μὴ ἀνελεῖν με σὺ θέλεις, ὃν τρόπον ἀνεῖλες χθὲς τὸν Αἰγύπτιον;

29 ἔφυγε δὲ Μωσῆς ἐν τῷ λόγῳ τούτῳ, καὶ ἐγένετο πάροικος ἐν γῇ Μαδιάμ, οὗ ἐγέννησεν υἱοὺς δύο.

30 καὶ πληρωθέντων ἐτῶν τεσσαράκοντα, ὤφθη αὐτῷ ἐν τῇ ἐρήμῳ τοῦ ὄρους Σινᾶ ἄγγελος Κυρίου ἐν φλογὶ πυρὸς βάτου.

31 ὁ δὲ Μωσῆς ἰδὼν ἐθαύμασε τὸ ὅραμα· προσερχομένου δὲ αὐτοῦ κατανοῆσαι, ἐγένετο φωνὴ Κυρίου πρὸς αὐτόν,

32 Ἐγὼ ὁ Θεὸς τῶν πατέρων σου, ὁ Θεὸς Ἀβραὰμ καὶ ὁ Θεὸς Ἰσαὰκ καὶ ὁ Θεὸς Ἰακώβ. ἔντρομος δὲ γενόμενος Μωσῆς οὐκ ἐτόλμα κατανοῆσαι.

33 εἶπε δὲ αὐτῷ ὁ Κύριος, Λῦσον τὸ ὑπόδημα τῶν ποδῶν σου· ὁ γὰρ τόπος ἐν ᾧ ἕστηκας γῆ ἁγία ἐστίν.

34 ἰδὼν εἶδον τὴν κάκωσιν τοῦ λαοῦ μου τοῦ ἐν Αἰγύπτῳ, καὶ τοῦ στεναγμοῦ αὐτῶν ἤκουσα· καὶ κατέβην ἐξελέσθαι αὐτούς· καὶ νῦν δεῦρο, ἀποστελῶ σε εἰς Αἴγυπτον.

35 τοῦτον τὸν Μωϋσῆν ὃν ἠρνήσαντο εἰπόντες, Τίς σε κατέστησεν ἄρχοντα καὶ δικαστήν; τοῦτον ὁ Θεὸς ἄρχοντα καὶ λυτρωτὴν ἀπέστειλεν ἐν χειρὶ ἀγγέλου τοῦ ὀφθέντος αὐτῷ ἐν τῇ βάτῳ.

36 οὗτος ἐξήγαγεν αὐτούς, ποιήσας τέρατα καὶ σημεῖα ἐν γῇ Αἰγύπτου καὶ ἐν Ἐρυθρᾷ θαλάσσῃ, καὶ ἐν τῇ ἐρήμῳ ἔτη τεσσαράκοντα.

37 οὗτός ἐστιν ὁ Μωϋσῆς ὁ εἰπὼν τοῖς υἱοῖς Ἰσραήλ, Προφήτην ὑμῖν ἀναστήσει Κύριος ὁ Θεὸς ὑμῶν ἐκ τῶν ἀδελφῶν ὑμῶν ὡς ἐμέ· αὐτοῦ ἀκούσεσθε.

38 οὗτός ἐστιν ὁ γενόμενος ἐν τῇ ἐκκλησίᾳ ἐν τῇ ἐρήμῳ, μετὰ τοῦ ἀγγέλου τοῦ λαλοῦντος αὐτῷ ἐν τῷ ὄρει Σινᾶ καὶ τῶν πατέρων ἡμῶν· ὃς ἐδέξατο λόγια ζῶντα δοῦναι ἡμῖν·

39 ᾧ οὐκ ἠθέλησαν ὑπήκοοι γενέσθαι οἱ πατέρες ἡμῶν, ἀλλ᾽ ἀπώσαντο, καὶ ἐστράφησαν ταῖς καρδίαις αὐτῶν εἰς Αἴγυπτον,

40 εἰπόντες τῷ Ἀαρών, Ποίησον ἡμῖν θεοὺς οἳ προπορεύσονται ἡμῶν· ὁ γὰρ Μωσῆς οὗτος, ὃς ἐξήγαγεν ἡμᾶς ἐκ γῆς Αἰγύπτου, οὐκ οἴδαμεν τί γέγονεν αὐτῷ.

41 καὶ ἐμοσχοποίησαν ἐν ταῖς ἡμέραις ἐκείναις, καὶ ἀνήγαγον θυσίαν τῷ εἰδώλῳ, καὶ εὐφραίνοντο ἐν τοῖς ἔργοις τῶν χειρῶν αὐτῶν.

42 ἔστρεψε δὲ ὁ Θεός, καὶ παρέδωκεν αὐτοὺς λατρεύειν τῇ στρατιᾷ τοῦ οὐρανοῦ· καθὼς γέγραπται ἐν βίβλῳ τῶν προφητῶν, Μὴ σφάγια καὶ θυσίας προσηνέγκατέ μοι ἔτη τεσσαράκοντα ἐν τῇ ἐρήμῳ, οἶκος Ἰσραήλ;

43 καὶ ἀνελάβετε τὴν σκηνὴν τοῦ Μολὸχ καὶ τὸ ἄστρον τοῦ θεοῦ ὑμῶν Ῥεμφάν, τοὺς τύπους οὓς ἐποιήσατε προσκυνεῖν αὐτοῖς· καὶ μετοικιῶ ὑμᾶς ἐπέκεινα Βαβυλῶνος.

44 ἡ σκηνὴ τοῦ μαρτυρίου ἦν τοῖς πατράσιν ἡμῶν ἐν τῇ ἐρήμῳ, καθὼς διετάξατο ὁ λαλῶν τῷ Μωσῇ, ποιῆσαι αὐτὴν κατὰ τὸν τύπον ὃν ἑωράκει

45 ἣν καὶ εἰσήγαγον διαδεξάμενοι οἱ πατέρες ἡμῶν μετὰ Ἰησοῦ ἐν τῇ κατασχέσει τῶν ἐθνῶν, ὧν ἐξῶσεν ὁ Θεὸς ἀπὸ προσώπου τῶν πατέρων ἡμῶν, ἕως τῶν ἡμερῶν Δαβίδ·

46 ὃς εὗρε χάριν ἐνώπιον τοῦ Θεοῦ, καὶ ᾐτήσατο εὑρεῖν σκήνωμα τῷ Θεῷ Ἰακώβ.

47 Σολομῶν δὲ ᾠκοδόμησεν αὐτῷ οἶκον.

48 ἀλλ᾽ οὐχ ὁ ὕψιστος ἐν χειροποιήτοις ναοῖς κατοικεῖ, καθὼς ὁ προφήτης λέγει,

49 Ὁ οὐρανός μοι θρόνος, ἡ δὲ γῆ ὑποπόδιον τῶν ποδῶν μου· ποῖον οἶκον οἰκοδομήσετέ μοι λέγει

Κύριος· ἢ τίς τόπος τῆς καταπαύσεώς μου;

50 οὐχὶ ἡ χείρ μου ἐποίησε ταῦτα πάντα;

51 Σκληροτράχηλοι καὶ ἀπερίτμητοι τῇ καρδίᾳ καὶ τοῖς ὠσίν, ὑμεῖς ἀεὶ τῷ Πνεύματι τῷ Ἁγίῳ ἀντιπίπτετε· ὡς οἱ πατέρες ὑμῶν, καὶ ὑμεῖς.

52 τίνα τῶν προφητῶν οὐκ ἐδίωξαν οἱ πατέρες ὑμῶν; καὶ ἀπέκτειναν τοὺς προκαταγγείλαντας περὶ τῆς ἐλεύσεως τοῦ δικαίου, οὗ νῦν ὑμεῖς προδόται καὶ φονεῖς γεγένησθε·

53 οἵτινες ἐλάβετε τὸν νόμον εἰς διαταγὰς ἀγγέλων, καὶ οὐκ ἐφυλάξατε.

54 Ἀκούοντες δὲ ταῦτα, διεπρίοντο ταῖς καρδίαις αὐτῶν, καὶ ἔβρυχον τοὺς ὀδόντας ἐπ᾽ αὐτόν.

55 ὑπάρχων δὲ πλήρης Πνεύματος Ἁγίου, ἀτενίσας εἰς τὸν οὐρανόν, εἶδε δόξαν Θεοῦ, καὶ Ἰησοῦν ἑστῶτα ἐκ δεξιῶν τοῦ Θεοῦ,

56 καὶ εἶπεν, Ἰδού, θεωρῶ τοὺς οὐρανοὺς ἀνεῳγμένους, καὶ τὸν υἱὸν τοῦ ἀνθρώπου ἐκ δεξιῶν ἑστῶτα τοῦ Θεοῦ.

57 κράξαντες δὲ φωνῇ μεγάλῃ, συνέσχον τὰ ὦτα αὐτῶν, καὶ ὥρμησαν ὁμοθυμαδὸν ἐπ᾽ αὐτόν·

58 καὶ ἐκβαλόντες ἔξω τῆς πόλεως, ἐλιθοβόλουν· καὶ οἱ μάρτυρες ἀπέθεντο τὰ ἱμάτια αὐτῶν παρὰ τοὺς πόδας νεανίου καλουμένου Σαύλου.

59 καὶ ἐλιθοβόλουν τὸν Στέφανον, ἐπικαλούμενον καὶ λέγοντα, Κύριε Ἰησοῦ, δέξαι τὸ πνεῦμά μου.

60 θεὶς δὲ τὰ γόνατα, ἔκραξε φωνῇ μεγάλῃ, Κύριε, μὴ στήσῃς αὐτοῖς τὴν ἁμαρτίαν ταύτην. καὶ τοῦτο εἰπὼν ἐκοιμήθη.

CHAPTER 8

1 Σαῦλος δὲ ἦν συνευδοκῶν τῇ ἀναιρέσει αὐτοῦ. Ἐγένετο δὲ ἐν ἐκείνῃ τῇ ἡμέρᾳ διωγμὸς μέγας ἐπὶ τὴν ἐκκλησίαν τὴν ἐν Ἱεροσολύμοις· πάντες τε διεσπάρησαν κατὰ τὰς χώρας τῆς Ἰουδαίας καὶ Σαμαρείας, πλὴν τῶν ἀποστόλων.

2 συνεκόμισαν δὲ τὸν Στέφανον ἄνδρες εὐλαβεῖς, καὶ ἐποιήσαντο κοπετὸν μέγαν ἐπ᾽ αὐτῷ.

3 Σαῦλος δὲ ἐλυμαίνετο τὴν ἐκκλησίαν, κατὰ τοὺς οἴκους εἰσπορευόμενος, σύρων τε ἄνδρας καὶ γυναῖκας παρεδίδου εἰς φυλακήν.

4 Οἱ μὲν οὖν διασπαρέντες διῆλθον, εὐαγγελιζόμενοι τὸν λόγον.

5 Φίλιππος δὲ κατελθὼν εἰς πόλιν τῆς Σαμαρείας, ἐκήρυσσεν αὐτοῖς τὸν Χριστόν.

6 προσεῖχόν τε οἱ ὄχλοι τοῖς λεγομένοις ὑπὸ τοῦ Φιλίππου ὁμοθυμαδόν, ἐν τῷ ἀκούειν αὐτοὺς καὶ βλέπειν τὰ σημεῖα ἃ ἐποίει.

7 πολλῶν γὰρ τῶν ἐχόντων πνεύματα ἀκάθαρτα, βοῶντα μεγάλῃ φωνῇ ἐξήρχετο· πολλοὶ δὲ

παραλελυμένοι καὶ χωλοὶ ἐθεραπεύθησαν.

8 καὶ ἐγένετο χαρὰ μεγάλη ἐν τῇ πόλει ἐκείνῃ.

9 Ἀνὴρ δέ τις ὀνόματι Σίμων προϋπῆρχεν ἐν τῇ πόλει μαγεύων καὶ ἐξιστῶν τὸ ἔθνος τῆς Σαμαρείας, λέγων εἶναί τινα ἑαυτὸν μέγαν·

10 ᾧ προσεῖχον πάντες ἀπὸ μικροῦ ἕως μεγάλου, λέγοντες, Οὗτός ἐστιν ἡ δύναμις τοῦ Θεοῦ ἡ μεγάλη.

11 προσεῖχον δὲ αὐτῷ, διὰ τὸ ἱκανῷ χρόνῳ ταῖς μαγείαις ἐξεστακέναι αὐτούς.

12 ὅτε δὲ ἐπίστευσαν τῷ Φιλίππῳ εὐαγγελιζομένῳ τὰ περὶ τῆς βασιλείας τοῦ Θεοῦ καὶ τοῦ ὀνόματος τοῦ Ἰησοῦ Χριστοῦ, ἐβαπτίζοντο ἄνδρες τε καὶ γυναῖκες.

13 ὁ δὲ Σίμων καὶ αὐτὸς ἐπίστευσε, καὶ βαπτισθεὶς ἦν προσκαρτερῶν τῷ Φιλίππῳ· θεωρῶν τε δυνάμεις καὶ σημεῖα γινόμενα, ἐξίστατο.

14 Ἀκούσαντες δὲ οἱ ἐν Ἱεροσολύμοις ἀπόστολοι ὅτι δέδεκται ἡ Σαμάρεια τὸν λόγον τοῦ Θεοῦ, ἀπέστειλαν πρὸς αὐτοὺς τὸν Πέτρον καὶ Ἰωάννην·

15 οἵτινες καταβάντες προσηύξαντο περὶ αὐτῶν, ὅπως λάβωσι Πνεῦμα Ἅγιον·

16 οὔπω γὰρ ἦν ἐπ' οὐδενὶ αὐτῶν ἐπιπεπτωκός, μόνον δὲ βεβαπτισμένοι ὑπῆρχον εἰς τὸ ὄνομα τοῦ Κυρίου Ἰησοῦ.

17 τότε ἐπετίθουν τὰς χεῖρας ἐπ' αὐτούς, καὶ ἐλάμβανον Πνεῦμα Ἅγιον.

18 θεασάμενος δὲ ὁ Σίμων ὅτι διὰ τῆς ἐπιθέσεως τῶν χειρῶν τῶν ἀποστόλων δίδοται τὸ Πνεῦμα τὸ Ἅγιον, προσήνεγκεν αὐτοῖς χρήματα,

19 λέγων, Δότε κἀμοὶ τὴν ἐξουσίαν ταύτην, ἵνα ᾧ ἐὰν ἐπιθῶ τὰς χεῖρας, λαμβάνῃ Πνεῦμα Ἅγιον.

20 Πέτρος δὲ εἶπε πρὸς αὐτόν, Τὸ ἀργύριόν σου σὺν σοὶ εἴη εἰς ἀπώλειαν, ὅτι τὴν δωρεὰν τοῦ Θεοῦ ἐνόμισας διὰ χρημάτων κτᾶσθαι.

21 οὐκ ἔστι σοι μερὶς οὐδὲ κλῆρος ἐν τῷ λόγῳ τούτῳ. ἡ γὰρ καρδία σου οὐκ ἔστιν εὐθεῖα ἐνώπιον τοῦ Θεοῦ.

22 μετανόησον οὖν ἀπὸ τῆς κακίας σου ταύτης, καὶ δεήθητι τοῦ Θεοῦ, εἰ ἄρα ἀφεθήσεταί σοι ἡ ἐπίνοια τῆς καρδίας σου.

23 εἰς γὰρ χολὴν πικρίας καὶ σύνδεσμον ἀδικίας ὁρῶ σε ὄντα.

24 ἀποκριθεὶς δὲ ὁ Σίμων εἶπε, Δεήθητε ὑμεῖς ὑπὲρ ἐμοῦ πρὸς τὸν Κύριον, ὅπως μηδὲν ἐπέλθῃ ἐπ' ἐμὲ ὧν εἰρήκατε.

25 Οἱ μὲν οὖν διαμαρτυράμενοι καὶ λαλήσαντες τὸν λόγον τοῦ Κυρίου, ὑπέστρεψαν εἰς Ἱερουσαλήμ, πολλάς τε κώμας τῶν Σαμαρειτῶν εὐηγγελίσαντο.

26 Ἄγγελος δὲ Κυρίου ἐλάλησε πρὸς Φίλιππον, λέγων, Ἀνάστηθι καὶ πορεύου κατὰ μεσημβρίαν ἐπὶ τὴν ὁδὸν τὴν καταβαίνουσαν ἀπὸ

Ἰερουσαλὴμ εἰς Γάζαν· αὕτη ἐστὶν ἔρημος.

27 καὶ ἀναστὰς ἐπορεύθη· καὶ ἰδού ἀνὴρ Αἰθίοψ εὐνοῦχος δυνάστης Κανδάκης τῆς βασιλίσσης Αἰθιόπων, ὃς ἦν ἐπὶ πάσης τῆς γάζης αὐτῆς, ὃς ἐληλύθει προσκυνήσων εἰς Ἰερουσαλήμ,

28 ἦν τε ὑποστρέφων καὶ καθήμενος ἐπὶ τοῦ ἅρματος αὐτοῦ, ἀνεγίνωσκε τὸν προφήτην Ἠσαΐαν.

29 εἶπε δὲ τὸ Πνεῦμα τῷ Φιλίππῳ, Πρόσελθε καὶ κολλήθητι τῷ ἅρματι τούτῳ.

30 προσδραμὼν δὲ ὁ Φίλιππος ἤκουσεν αὐτοῦ ἀναγινώσκοντος τὸν προφήτην Ἠσαΐαν, καὶ εἶπεν, Ἆρά γε γινώσκεις ἃ ἀναγινώσκεις;

31 ὁ δὲ εἶπε, Πῶς γὰρ ἂν δυναίμην, ἐὰν μή τις ὁδηγήσῃ με; παρεκάλεσέ τε τὸν Φίλιππον ἀναβάντα καθίσαι σὺν αὐτῷ.

32 ἡ δὲ περιοχὴ τῆς γραφῆς ἣν ἀνεγίνωσκεν ἦν αὕτη, Ὡς πρόβατον ἐπὶ σφαγὴν ἤχθη, καὶ ὡς ἀμνὸς ἐναντίον τοῦ κείροντος αὐτὸν ἄφωνος, οὕτως οὐκ ἀνοίγει τὸ στόμα αὐτοῦ.

33 ἐν τῇ ταπεινώσει αὐτοῦ ἡ κρίσις αὐτοῦ ἤρθη, τὴν δὲ γενεὰν αὐτοῦ τίς διηγήσεται; ὅτι αἴρεται ἀπὸ τῆς γῆς ἡ ζωὴ αὐτοῦ.

34 ἀποκριθεὶς δὲ ὁ εὐνοῦχος τῷ Φιλίππῳ εἶπε, Δέομαί σου, περὶ τίνος ὁ προφήτης λέγει τοῦτο; περὶ ἑαυτοῦ, ἢ περὶ ἑτέρου τινός;

35 ἀνοίξας δὲ ὁ Φίλιππος τὸ στόμα αὐτοῦ, καὶ ἀρξάμενος ἀπὸ τῆς γραφῆς ταύτης, εὐηγγελίσατο αὐτῷ τὸν Ἰησοῦν.

36 ὡς δὲ ἐπορεύοντο κατὰ τὴν ὁδόν, ἦλθον ἐπί τι ὕδωρ· καί φησιν ὁ εὐνοῦχος, Ἰδού, ὕδωρ· τί κωλύει με βαπτισθῆναι;

37 εἶπε δὲ ὁ Φίλιππος, Εἰ πιστεύεις ἐξ ὅλης τῆς καρδίας, ἔξεστιν. ἀποκριθεὶς δὲ εἶπε, Πιστεύω τὸν υἱὸν τοῦ Θεοῦ εἶναι τὸν Ἰησοῦν Χριστόν.

38 καὶ ἐκέλευσε στῆναι τὸ ἅρμα· καὶ κατέβησαν ἀμφότεροι εἰς τὸ ὕδωρ, ὅ τε Φίλιππος καὶ ὁ εὐνοῦχος· καὶ ἐβάπτισεν αὐτόν.

39 ὅτε δὲ ἀνέβησαν ἐκ τοῦ ὕδατος, Πνεῦμα Κυρίου ἥρπασε τὸν Φίλιππον· καὶ οὐκ εἶδεν αὐτὸν οὐκέτι ὁ εὐνοῦχος, ἐπορεύετο γὰρ τὴν ὁδὸν αὐτοῦ χαίρων.

40 Φίλιππος δὲ εὑρέθη εἰς Ἄζωτον· καὶ διερχόμενος εὐηγγελίζετο τὰς πόλεις πάσας, ἕως τοῦ ἐλθεῖν αὐτὸν εἰς Καισάρειαν.

CHAPTER 9

1 Ὁ δὲ Σαῦλος, ἔτι ἐμπνέων ἀπειλῆς καὶ φόνου εἰς τοὺς μαθητὰς τοῦ Κυρίου, προσελθὼν τῷ ἀρχιερεῖ,

2 ᾐτήσατο παρ' αὐτοῦ ἐπιστολὰς εἰς Δαμασκὸν πρὸς τὰς συναγωγάς, ὅπως ἐάν τινας εὕρῃ τῆς ὁδοῦ ὄντας ἄνδρας τε καὶ γυναῖκας, δεδεμένους ἀγάγῃ εἰς Ἰερουσαλήμ.

3 ἐν δὲ τῷ πορεύεσθαι, ἐγένετο αὐτὸν ἐγγίζειν τῇ Δαμασκῷ· καὶ

ἐξαίφνης περιήστραψεν αὐτὸν φῶς ἀπὸ τοῦ οὐρανοῦ·

4 καὶ πεσὼν ἐπὶ τὴν γῆν, ἤκουσε φωνὴν λέγουσαν αὐτῷ, Σαούλ, Σαούλ, τί με διώκεις;

5 εἶπε δέ, Τίς εἶ, Κύριε; ὁ δὲ Κύριος εἶπεν, Ἐγώ εἰμι Ἰησοῦς ὃν σὺ διώκεις· σκληρόν σοι πρὸς κέντρα λακτίζειν.

6 τρέμων τε καὶ θαμβῶν εἶπε, Κύριε, τί με θέλεις ποιῆσαι καὶ ὁ Κύριος πρὸς αὐτόν, Ἀνάστηθι καὶ εἴσελθε εἰς τὴν πόλιν, καὶ λαληθήσεταί σοι τί σε δεῖ ποιεῖν

7 οἱ δὲ ἄνδρες οἱ συνοδεύοντες αὐτῷ εἱστήκεισαν ἐννεοί, ἀκούοντες μὲν τῆς φωνῆς, μηδένα δὲ θεωροῦντες.

8 ἠγέρθη δὲ ὁ Σαῦλος ἀπὸ τῆς γῆς· ἀνεῳγμένων δὲ τῶν ὀφθαλμῶν αὐτοῦ, οὐδένα ἔβλεπε, χειραγωγοῦντες δὲ αὐτὸν εἰσήγαγον εἰς Δαμασκόν.

9 καὶ ἦν ἡμέρας τρεῖς μὴ βλέπων, καὶ οὐκ ἔφαγεν οὐδὲ ἔπιεν.

10 Ἦν δέ τις μαθητὴς ἐν Δαμασκῷ ὀνόματι Ἀνανίας, καὶ εἶπε πρὸς αὐτὸν ὁ Κύριος ἐν ὁράματι, Ἀνανία. ὁ δὲ εἶπεν, Ἰδοὺ ἐγώ, Κύριε.

11 ὁ δὲ Κύριος πρὸς αὐτόν, Ἀναστὰς πορεύθητι ἐπὶ τὴν ῥύμην τὴν καλουμένην Εὐθεῖαν, καὶ ζήτησον ἐν οἰκίᾳ Ἰούδα Σαῦλον ὀνόματι, Ταρσέα· ἰδοὺ γὰρ προσεύχεται,

12 καὶ εἶδεν ἐν ὁράματι ἄνδρα ὀνόματι Ἀνανίαν εἰσελθόντα καὶ ἐπιθέντα αὐτῷ χεῖρα, ὅπως ἀναβλέψῃ.

13 ἀπεκρίθη δὲ ὁ Ἀνανίας, Κύριε, ἀκήκοα ἀπὸ πολλῶν περὶ τοῦ ἀνδρὸς τούτου, ὅσα κακὰ ἐποίησε τοῖς ἁγίοις σου ἐν Ἰερουσαλήμ·

14 καὶ ὧδε ἔχει ἐξουσίαν παρὰ τῶν ἀρχιερέων, δῆσαι πάντας τοὺς ἐπικαλουμένους τὸ ὄνομά σου.

15 εἶπε δὲ πρὸς αὐτὸν ὁ Κύριος, Πορεύου, ὅτι σκεῦος ἐκλογῆς μοι ἐστὶν οὗτος, τοῦ βαστάσαι τὸ ὄνομά μου ἐνώπιον ἐθνῶν καὶ βασιλέων, υἱῶν τε Ἰσραήλ·

16 ἐγὼ γὰρ ὑποδείξω αὐτῷ ὅσα δεῖ αὐτὸν ὑπὲρ τοῦ ὀνόματός μου παθεῖν.

17 ἀπῆλθε δὲ Ἀνανίας καὶ εἰσῆλθεν εἰς τὴν οἰκίαν, καὶ ἐπιθεὶς ἐπ' αὐτὸν τὰς χεῖρας εἶπε, Σαοὺλ ἀδελφέ, ὁ Κύριος ἀπέσταλκέ με, Ἰησοῦς ὁ ὀφθείς σοι ἐν τῇ ὁδῷ ᾗ ἤρχου, ὅπως ἀναβλέψῃς καὶ πλησθῇς Πνεύματος Ἁγίου.

18 καὶ εὐθέως ἀπέπεσον ἀπὸ τῶν ὀφθαλμῶν αὐτοῦ ὡσεὶ λεπίδες, ἀνέβλεψέ τε παραχρῆμα, καὶ ἀναστὰς ἐβαπτίσθη,

19 καὶ λαβὼν τροφὴν ἐνίσχυσεν. Ἐγένετο δὲ ὁ Σαῦλος μετὰ τῶν ἐν Δαμασκῷ μαθητῶν ἡμέρας τινάς.

20 καὶ εὐθέως ἐν ταῖς συναγωγαῖς ἐκήρυσσε τὸν Χριστόν, ὅτι οὗτός ἐστιν ὁ υἱὸς τοῦ Θεοῦ.

21 ἐξίσταντο δὲ πάντες οἱ ἀκούοντες καὶ ἔλεγον, Οὐχ οὗτός ἐστιν ὁ πορθήσας ἐν Ἰερουσαλὴμ τοὺς ἐπικαλουμένους τὸ ὄνομα τοῦτο, καὶ ὧδε εἰς τοῦτο ἐληλύθει

ἵνα δεδεμένους αὐτοὺς ἀγάγῃ ἐπὶ τοὺς ἀρχιερεῖς;

22 Σαῦλος δὲ μᾶλλον ἐνεδυναμοῦτο, καὶ συνέχυνε τοὺς Ἰουδαίους τοὺς κατοικοῦντας ἐν Δαμασκῷ, συμβιβάζων ὅτι οὗτός ἐστιν ὁ Χριστός.

23 Ὡς δὲ ἐπληροῦντο ἡμέραι ἱκαναί, συνεβουλεύσαντο οἱ Ἰουδαῖοι ἀνελεῖν αὐτόν·

24 ἐγνώσθη δὲ τῷ Σαύλῳ ἡ ἐπιβουλὴ αὐτῶν. παρετήρουν τε τὰς πύλας ἡμέρας τε καὶ νυκτός, ὅπως αὐτὸν ἀνέλωσι·

25 λαβόντες δὲ αὐτὸν οἱ μαθηταὶ νυκτός, καθῆκαν διὰ τοῦ τείχους, χαλάσαντες ἐν σπυρίδι.

26 Παραγενόμενος δὲ ὁ Σαῦλος εἰς Ἰερουσαλήμ, ἐπείρᾶτο κολλᾶσθαι τοῖς μαθηταῖς· καὶ πάντες ἐφοβοῦντο αὐτόν, μὴ πιστεύοντες ὅτι ἐστὶ μαθητής.

27 Βαρνάβας δὲ ἐπιλαβόμενος αὐτὸν ἤγαγε πρὸς τοὺς ἀποστόλους, καὶ διηγήσατο αὐτοῖς πῶς ἐν τῇ ὁδῷ εἶδε τὸν Κύριον, καὶ ὅτι ἐλάλησεν αὐτῷ, καὶ πῶς ἐν Δαμασκῷ ἐπαρρησιάσατο ἐν τῷ ὀνόματι τοῦ Ἰησοῦ.

28 καὶ ἦν μετ' αὐτῶν εἰσπορευόμενος καὶ ἐκπορευόμενος ἐν Ἰερουσαλήμ,

29 καὶ παρρησιαζόμενος ἐν τῷ ὀνόματι τοῦ Κυρίου Ἰησοῦ, ἐλάλει τε καὶ συνεζήτει πρὸς τοὺς Ἑλληνιστάς· οἱ δὲ ἐπεχείρουν αὐτὸν ἀνελεῖν

30 ἐπιγνόντες δὲ οἱ ἀδελφοὶ κατήγαγον αὐτὸν εἰς Καισάρειαν, καὶ ἐξαπέστειλαν αὐτὸν εἰς Ταρσόν.

31 αἱ μὲν οὖν ἐκκλησίαι καθ' ὅλης τῆς Ἰουδαίας καὶ Γαλιλαίας καὶ Σαμαρείας εἶχον εἰρήνην οἰκοδομούμεναι, καὶ πορευόμεναι τῷ φόβῳ τοῦ Κυρίου καὶ τῇ παρακλήσει τοῦ Ἁγίου Πνεύματος ἐπληθύνοντο

32 Ἐγένετο δὲ Πέτρον διερχόμενον διὰ πάντων κατελθεῖν καὶ πρὸς τοὺς ἁγίους τοὺς κατοικοῦντας Λύδδαν.

33 εὗρε δὲ ἐκεῖ ἄνθρωπόν τινα Αἰνέαν ὀνόματι, ἐξ ἐτῶν ὀκτὼ κατακείμενον ἐπὶ κραββάτῳ, ὃς ἦν παραλελυμένος.

34 καὶ εἶπεν αὐτῷ ὁ Πέτρος, Αἰνέα, ἰᾶταί σε Ἰησοῦς ὁ Χριστός· ἀνάστηθι καὶ στρῶσον σεαυτῷ. καὶ εὐθέως ἀνέστη.

35 καὶ εἶδον αὐτὸν πάντες οἱ κατοικοῦντες Λύδδαν καὶ τὸν Σάρωνα, οἵτινες ἐπέστρεψαν ἐπὶ τὸν Κύριον.

36 Ἐν Ἰόππῃ δέ τις ἦν μαθήτρια ὀνόματι Ταβιθά, ἣ διερμηνευομένη λέγεται Δορκάς· αὕτη ἦν πλήρης ἀγαθῶν ἔργων καὶ ἐλεημοσυνῶν ὧν ἐποίει.

37 ἐγένετο δὲ ἐν ταῖς ἡμέραις ἐκείναις ἀσθενήσασαν αὐτὴν ἀποθανεῖν· λούσαντες δὲ αὐτὴν ἔθηκαν ἐν ὑπερῴῳ.

38 ἐγγὺς δὲ οὔσης Λύδδης τῇ Ἰόππῃ, οἱ μαθηταὶ ἀκούσαντες ὅτι Πέτρος ἐστὶν ἐν αὐτῇ, ἀπέστειλαν δύο ἄνδρας πρὸς αὐτόν,

παρακαλοῦντες μὴ ὀκνῆσαι διελθεῖν ἕως αὐτῶν.

39 ἀναστὰς δὲ Πέτρος συνῆλθεν αὐτοῖς· ὃν παραγενόμενον ἀνήγαγον εἰς τὸ ὑπερῷον, καὶ παρέστησαν αὐτῷ πᾶσαι αἱ χῆραι κλαίουσαι καὶ ἐπιδεικνύμεναι χιτῶνας καὶ ἱμάτια ὅσα ἐποίει μετ' αὐτῶν οὖσα ἡ Δορκάς.

40 ἐκβαλὼν δὲ ἔξω πάντας ὁ Πέτρος θεὶς τὰ γόνατα προσηύξατο· καὶ ἐπιστρέψας πρὸς τὸ σῶμα, εἶπε, Ταβιθά, ἀνάστηθι. ἡ δὲ ἤνοιξε τοὺς ὀφθαλμοὺς αὐτῆς· καὶ ἰδοῦσα τὸν Πέτρον, ἀνεκάθισε.

41 δοὺς δὲ αὐτῇ χεῖρα, ἀνέστησεν αὐτήν· φωνήσας δὲ τοὺς ἁγίους καὶ τὰς χήρας, παρέστησεν αὐτὴν ζῶσαν.

42 γνωστὸν δὲ ἐγένετο καθ' ὅλης τῆς Ἰόππης, καὶ πολλοὶ ἐπίστευσαν ἐπὶ τὸν Κύριον.

43 ἐγένετο δὲ ἡμέρας ἱκανὰς μεῖναι αὐτὸν ἐν Ἰόππῃ παρά τινι Σίμωνι βυρσεῖ.

CHAPTER 10

1 Ἀνὴρ δέ τις ἦν ἐν Καισαρείᾳ ὀνόματι Κορνήλιος, ἑκατοντάρχης ἐκ σπείρης τῆς καλουμένης Ἰταλικῆς,

2 εὐσεβὴς καὶ φοβούμενος τὸν Θεὸν σὺν παντὶ τῷ οἴκῳ αὐτοῦ, ποιῶν τε ἐλεημοσύνας πολλὰς τῷ λαῷ, καὶ δεόμενος τοῦ Θεοῦ διὰ παντός

3 εἶδεν ἐν ὁράματι φανερῶς, ὡσεὶ ὥραν ἐννάτην τῆς ἡμέρας, ἄγγελον τοῦ Θεοῦ εἰσελθόντα πρὸς αὐτόν, καὶ εἰπόντα αὐτῷ, Κορνήλιε.

4 ὁ δὲ ἀτενίσας αὐτῷ καὶ ἔμφοβος γενόμενος εἶπε, Τί ἐστι, Κύριε; εἶπε δὲ αὐτῷ, Αἱ προσευχαί σου καὶ αἱ ἐλεημοσύναι σου ἀνέβησαν εἰς μνημόσυνον ἐνώπιον τοῦ Θεοῦ.

5 καὶ νῦν πέμψον εἰς Ἰόππην ἄνδρας, καὶ μετάπεμψαι Σίμωνα ὃς ἐπικαλεῖται Πέτρος·

6 οὗτος ξενίζεται παρά τινι Σίμωνι βυρσεῖ, ᾧ ἐστιν οἰκία παρὰ θάλασσαν· οὗτος λαλήσει σοι τί σε δεῖ ποιεῖν.

7 ὡς δὲ ἀπῆλθεν ὁ ἄγγελος ὁ λαλῶν τῷ Κορνηλίῳ, φωνήσας δύο τῶν οἰκετῶν αὐτοῦ, καὶ στρατιώτην εὐσεβῆ τῶν προσκαρτερούντων αὐτῷ,

8 καὶ ἐξηγησάμενος αὐτοῖς ἅπαντα, ἀπέστειλεν αὐτοὺς εἰς τὴν Ἰόππην.

9 Τῇ δὲ ἐπαύριον ὁδοιπορούντων ἐκείνων καὶ τῇ πόλει ἐγγιζόντων, ἀνέβη Πέτρος ἐπὶ τὸ δῶμα προσεύξασθαι, περὶ ὥραν ἕκτην·

10 ἐγένετο δὲ πρόσπεινος, καὶ ἤθελε γεύσασθαι· παρασκευαζόντων δὲ ἐκείνων, ἐπέπεσεν ἐπ' αὐτὸν ἔκστασις,

11 καὶ θεωρεῖ τὸν οὐρανὸν ἀνεῳγμένον, καὶ καταβαῖνον ἐπ αὐτὸν σκεῦός τι ὡς ὀθόνην μεγάλην, τέσσαρσιν ἀρχαῖς δεδεμένον, καὶ καθιέμενον ἐπὶ τῆς γῆς·

12 ἐν ᾧ ὑπῆρχε πάντα τὰ τετράποδα τῆς γῆς καὶ τὰ θηρία καὶ

τὰ ἑρπετὰ καὶ τὰ πετεινὰ τοῦ οὐρανοῦ.

13 καὶ ἐγένετο φωνὴ πρὸς αὐτόν, Ἀναστάς, Πέτρε, θῦσον καὶ φάγε.

14 ὁ δὲ Πέτρος εἶπε, Μηδαμῶς, Κύριε· ὅτι οὐδέποτε ἔφαγον πᾶν κοινὸν ἢ ἀκάθαρτον.

15 καὶ φωνὴ πάλιν ἐκ δευτέρου πρὸς αὐτόν, Ἃ ὁ Θεὸς ἐκαθάρισε, σὺ μὴ κοίνου.

16 τοῦτο δὲ ἐγένετο ἐπὶ τρίς· καὶ πάλιν ἀνελήφθη τὸ σκεῦος εἰς τὸν οὐρανόν.

17 Ὡς δὲ ἐν ἑαυτῷ διηπόρει ὁ Πέτρος τί ἂν εἴη τὸ ὅραμα ὃ εἶδε, καὶ ἰδού, οἱ ἄνδρες οἱ ἀπεσταλμένοι ἀπὸ τοῦ Κορνηλίου, διερωτήσαντες τὴν οἰκίαν Σίμωνος, ἐπέστησαν ἐπὶ τὸν πυλῶνα,

18 καὶ φωνήσαντες ἐπυνθάνοντο εἰ Σίμων, ὁ ἐπικαλούμενος Πέτρος, ἐνθάδε ξενίζεται.

19 τοῦ δὲ Πέτρου ἐνθυμουμένου περὶ τοῦ ὁράματος, εἶπεν αὐτῷ τὸ Πνεῦμα, Ἰδού, ἄνδρες τρεῖς ζητοῦσί σε.

20 ἀλλὰ ἀναστὰς κατάβηθι, καὶ πορεύου σὺν αὐτοῖς, μηδὲν διακρινόμενος· διότι ἐγὼ ἀπέσταλκα αὐτούς.

21 καταβὰς δὲ Πέτρος πρὸς τοὺς ἄνδρας τοὺς ἀπεσταλμένους ἀπὸ τοῦ Κορνηλίου πρὸς αὐτόν, εἶπεν, Ἰδού, ἐγώ εἰμι ὃν ζητεῖτε· τίς ἡ αἰτία δι' ἣν πάρεστε;

22 οἱ δὲ εἶπον, Κορνήλιος ἑκατοντάρχης, ἀνὴρ δίκαιος καὶ φοβούμενος τὸν Θεόν, μαρτυρούμενός τε ὑπὸ ὅλου τοῦ ἔθνους τῶν Ἰουδαίων, ἐχρηματίσθη ὑπὸ ἀγγέλου ἁγίου μεταπέμψασθαί σε εἰς τὸν οἶκον αὐτοῦ, καὶ ἀκοῦσαι ῥήματα παρὰ σοῦ.

23 εἰσκαλεσάμενος οὖν αὐτοὺς ἐξένισε. Τῇ δὲ ἐπαύριον ὁ Πέτρος ἐξῆλθε σὺν αὐτοῖς, καί τινες τῶν ἀδελφῶν τῶν ἀπὸ τῆς Ἰόππης συνῆλθον αὐτῷ.

24 καὶ τῇ ἐπαύριον εἰσῆλθον εἰς τὴν Καισάρειαν. ὁ δὲ Κορνήλιος ἦν προσδοκῶν αὐτούς, συγκαλεσάμενος τοὺς συγγενεῖς αὐτοῦ καὶ τοὺς ἀναγκαίους φίλους.

25 ὡς δὲ ἐγένετο εἰσελθεῖν τὸν Πέτρον, συναντήσας αὐτῷ ὁ Κορνήλιος, πεσὼν ἐπὶ τοὺς πόδας, προσεκύνησεν.

26 ὁ δὲ Πέτρος αὐτὸν ἤγειρε, λέγων, Ἀνάστηθι· κἀγὼ αὐτὸς ἄνθρωπός εἰμι.

27 καὶ συνομιλῶν αὐτῷ εἰσῆλθε, καὶ εὑρίσκει συνεληλυθότας πολλούς,

28 ἔφη τε πρὸς αὐτούς, Ὑμεῖς ἐπίστασθε ὡς ἀθέμιτόν ἐστιν ἀνδρὶ Ἰουδαίῳ κολλᾶσθαι ἢ προσέρχεσθαι ἀλλοφύλῳ· καὶ ἐμοὶ ὁ Θεὸς ἔδειξε μηδένα κοινὸν ἢ ἀκάθαρτον λέγειν ἄνθρωπον·

29 διὸ καὶ ἀναντιρρήτως ἦλθον μεταπεμφθείς. πυνθάνομαι οὖν, τίνι λόγῳ μετεπέμψασθέ με

30 καὶ ὁ Κορνήλιος ἔφη, Ἀπὸ τετάρτης ἡμέρας μέχρι ταύτης τῆς ὥρας ἤμην νηστεύων, καὶ τὴν ἐννάτην ὥραν προσευχόμενος ἐν

τῷ οἴκῳ μου· καὶ ἰδού, ἀνὴρ ἔστη ἐνώπιόν μου ἐν ἐσθῆτι λαμπρᾷ,

31 καὶ φησι, Κορνήλιε, εἰσηκούσθη σου ἡ προσευχή, καὶ αἱ ἐλεημοσύναι σου ἐμνήσθησαν ἐνώπιον τοῦ Θεοῦ.

32 πέμψον οὖν εἰς Ἰόππην, καὶ μετακάλεσαι Σίμωνα ὃς ἐπικαλεῖται Πέτρος· οὗτος ξενίζεται ἐν οἰκίᾳ Σίμωνος βυρσέως παρὰ θάλασσαν· ὃς παραγενόμενος λαλήσει σοι.

33 Ἐξαυτῆς οὖν ἔπεμψα πρός σε· σύ τε καλῶς ἐποίησας παραγενόμενος. νῦν οὖν πάντες ἡμεῖς ἐνώπιον τοῦ Θεοῦ πάρεσμεν ἀκοῦσαι πάντα τὰ προστεταγμένα σοι ὑπὸ τοῦ Θεοῦ

34 ἀνοίξας δὲ Πέτρος τὸ στόμα, εἶπεν, Ἐπ' ἀληθείας καταλαμβάνομαι ὅτι οὐκ ἔστι προσωπολήπτης ὁ Θεός·

35 ἀλλ' ἐν παντὶ ἔθνει ὁ φοβούμενος αὐτὸν καὶ ἐργαζόμενος δικαιοσύνην, δεκτὸς αὐτῷ ἐστι.

36 τὸν λόγον ὃν ἀπέστειλε τοῖς υἱοῖς Ἰσραήλ, εὐαγγελιζόμενος εἰρήνην διὰ Ἰησοῦ Χριστοῦ (οὗτός ἐστι πάντων Κύριος)·

37 ὑμεῖς οἴδατε τὸ γενόμενον ῥῆμα καθ' ὅλης τῆς Ἰουδαίας, ἀρξάμενον ἀπὸ τῆς Γαλιλαίας, μετὰ τὸ βάπτισμα ὃ ἐκήρυξεν Ἰωάννης·

38 Ἰησοῦν τὸν ἀπὸ Ναζαρέθ, ὡς ἔχρισεν αὐτὸν ὁ Θεὸς Πνεύματι Ἁγίῳ καὶ δυνάμει, ὃς διῆλθεν εὐεργετῶν καὶ ἰώμενος πάντας τοὺς καταδυναστευομένους ὑπὸ τοῦ διαβόλου, ὅτι ὁ Θεὸς ἦν μετ' αὐτοῦ.

39 καὶ ἡμεῖς ἐσμεν μάρτυρες πάντων ὧν ἐποίησεν ἔν τε τῇ χώρᾳ τῶν Ἰουδαίων καὶ ἐν Ἱερουσαλήμ· ὃν ἀνεῖλον κρεμάσαντες ἐπὶ ξύλου.

40 τοῦτον ὁ Θεὸς ἤγειρε τῇ τρίτῃ ἡμέρᾳ, καὶ ἔδωκεν αὐτὸν ἐμφανῆ γενέσθαι,

41 οὐ παντὶ τῷ λαῷ, ἀλλὰ μάρτυσι τοῖς προκεχειροτονημένοις ὑπὸ τοῦ θεοῦ, ἡμῖν, οἵτινες συνεφάγομεν καὶ συνεπίομεν αὐτῷ μετὰ τὸ ἀναστῆναι αὐτὸν ἐκ νεκρῶν.

42 καὶ παρήγγειλεν ἡμῖν κηρύξαι τῷ λαῷ, καὶ διαμαρτύρασθαι ὅτι αὐτός ἐστιν ὁ ὡρισμένος ὑπὸ τοῦ Θεοῦ κριτὴς ζώντων καὶ νεκρῶν.

43 τούτῳ πάντες οἱ προφῆται μαρτυροῦσιν, ἄφεσιν ἁμαρτιῶν λαβεῖν διὰ τοῦ ὀνόματος αὐτοῦ πάντα τὸν πιστεύοντα εἰς αὐτόν.

44 Ἔτι λαλοῦντος τοῦ Πέτρου τὰ ῥήματα ταῦτα, ἐπέπεσε τὸ Πνεῦμα τὸ Ἅγιον ἐπὶ πάντας τοὺς ἀκούοντας τὸν λόγον.

45 καὶ ἐξέστησαν οἱ ἐκ περιτομῆς πιστοί, ὅσοι συνῆλθον τῷ Πέτρῳ, ὅτι καὶ ἐπὶ τὰ ἔθνη ἡ δωρεὰ τοῦ Ἁγίου Πνεύματος ἐκκέχυται

46 ἤκουον γὰρ αὐτῶν λαλούντων γλώσσαις, καὶ μεγαλυνόντων τὸν Θεόν. τότε ἀπεκρίθη ὁ Πέτρος,

47 Μήτι τὸ ὕδωρ κωλῦσαι δύναταί τις, τοῦ μὴ βαπτισθῆναι τούτους, οἵτινες τὸ Πνεῦμα τὸ Ἅγιον ἔλαβον καθὼς καὶ ἡμεῖς;

48 προσέταξέ τε αὐτοὺς βαπτισθῆναι ἐν τῷ ὀνόματι τοῦ Κυρίου. τότε ἠρώτησαν αὐτὸν ἐπιμεῖναι ἡμέρας τινάς.

CHAPTER 11

1 Ἤκουσαν δὲ οἱ ἀπόστολοι καὶ οἱ ἀδελφοὶ οἱ ὄντες κατὰ τὴν Ἰουδαίαν ὅτι καὶ τὰ ἔθνη ἐδέξαντο τὸν λόγον τοῦ Θεοῦ.

2 καὶ ὅτε ἀνέβη Πέτρος εἰς Ἱεροσόλυμα, διεκρίνοντο πρὸς αὐτὸν οἱ ἐκ περιτομῆς,

3 λέγοντες, ὅτι Πρὸς ἄνδρας ἀκροβυστίαν ἔχοντας εἰσῆλθες, καὶ συνέφαγες αὐτοῖς.

4 ἀρξάμενος δὲ ὁ Πέτρος ἐξετίθετο αὐτοῖς καθεξῆς λέγων,

5 Ἐγὼ ἤμην ἐν πόλει Ἰόππῃ προσευχόμενος, καὶ εἶδον ἐν ἐκστάσει ὅραμα, καταβαῖνον σκεῦός τι, ὡς ὀθόνην μεγάλην τέσσαρσιν ἀρχαῖς καθιεμένην ἐκ τοῦ οὐρανοῦ, καὶ ἦλθεν ἄχρις ἐμοῦ·

6 εἰς ἣν ἀτενίσας κατενόουν, καὶ εἶδον τὰ τετράποδα τῆς γῆς καὶ τὰ θηρία καὶ τὰ ἑρπετὰ καὶ τὰ πετεινὰ τοῦ οὐρανοῦ.

7 ἤκουσα δὲ φωνῆς λεγούσης μοι, Ἀναστάς, Πέτρε, θῦσον καὶ φάγε.

8 εἶπον δέ, Μηδαμῶς Κύριε· ὅτι πᾶν κοινὸν ἢ ἀκάθαρτον οὐδέποτε εἰσῆλθεν εἰς τὸ στόμα μου.

9 ἀπεκρίθη δὲ μοι φωνὴ ἐκ δευτέρου ἐκ τοῦ οὐρανοῦ, Ἃ ὁ Θεὸς ἐκαθάρισε, σὺ μὴ κοίνου.

10 τοῦτο δὲ ἐγένετο ἐπὶ τρίς, καὶ πάλιν ἀνεσπάσθη ἅπαντα εἰς τὸν οὐρανόν.

11 καὶ ἰδού, ἐξαυτῆς τρεῖς ἄνδρες ἐπέστησαν ἐπὶ τὴν οἰκίαν ἐν ᾗ ἤμην, ἀπεσταλμένοι ἀπὸ Καισαρείας πρός με.

12 εἶπε δὲ μοι τὸ Πνεῦμα συνελθεῖν αὐτοῖς, μηδὲν διακρινόμενον. ἦλθον δὲ σὺν ἐμοὶ καὶ οἱ ἓξ ἀδελφοὶ οὗτοι, καὶ εἰσήλθομεν εἰς τὸν οἶκον τοῦ ἀνδρός·

13 ἀπήγγειλέ τε ἡμῖν πῶς εἶδε τὸν ἄγγελον ἐν τῷ οἴκῳ αὐτοῦ σταθέντα, καὶ εἰπόντα αὐτῷ, Ἀπόστειλον εἰς Ἰόππην ἄνδρας, καὶ μετάπεμψαι Σίμωνα, τὸν ἐπικαλούμενον Πέτρον,

14 ὃς λαλήσει ῥήματα πρός σε, ἐν οἷς σωθήσῃ σὺ καὶ πᾶς ὁ οἶκός σου.

15 ἐν δὲ τῷ ἄρξασθαί με λαλεῖν, ἐπέπεσε τὸ Πνεῦμα τὸ Ἅγιον ἐπ' αὐτούς, ὥσπερ καὶ ἐφ' ἡμᾶς ἐν ἀρχῇ.

16 ἐμνήσθην δὲ τοῦ ῥήματος Κυρίου, ὡς ἔλεγεν, Ἰωάννης μὲν ἐβάπτισεν ὕδατι, ὑμεῖς δὲ βαπτισθήσεσθε ἐν Πνεύματι Ἁγίῳ.

17 εἰ οὖν τὴν ἴσην δωρεὰν ἔδωκεν αὐτοῖς ὁ Θεὸς ὡς καὶ ἡμῖν, πιστεύσασιν ἐπὶ τὸν Κύριον Ἰησοῦν Χριστόν, ἐγὼ δὲ τίς ἤμην δυνατὸς κωλῦσαι τὸν Θεόν;

18 ἀκούσαντες δὲ ταῦτα ἡσύχασαν, καὶ ἐδόξαζον τὸν Θεόν, λέγοντες, Ἄραγε καὶ τοῖς ἔθνεσιν ὁ

Θεὸς τὴν μετάνοιαν ἔδωκεν εἰς ζωήν.

19 Οἱ μὲν οὖν διασπαρέντες ἀπὸ τῆς θλίψεως τῆς γενομένης ἐπὶ Στεφάνῳ διῆλθον ἕως Φοινίκης καὶ Κύπρου καὶ Ἀντιοχείας, μηδενὶ λαλοῦντες τὸν λόγον εἰ μὴ μόνον Ἰουδαίοις.

20 ἦσαν δέ τινες ἐξ αὐτῶν ἄνδρες Κύπριοι καὶ Κυρηναῖοι, οἵτινες εἰσελθόντες εἰς Ἀντιόχειαν, ἐλάλουν πρὸς τοὺς Ἑλληνιστάς, εὐαγγελιζόμενοι τὸν Κύριον Ἰησοῦν.

21 καὶ ἦν χεὶρ Κυρίου μετ' αὐτῶν· πολύς τε ἀριθμὸς πιστεύσας ἐπέστρεψεν ἐπὶ τὸν Κύριον.

22 ἠκούσθη δὲ ὁ λόγος εἰς τὰ ὦτα τῆς ἐκκλησίας τῆς ἐν Ἱεροσολύμοις περὶ αὐτῶν· καὶ ἐξαπέστειλαν Βαρνάβαν διελθεῖν ἕως Ἀντιοχείας·

23 ὃς παραγενόμενος καὶ ἰδὼν τὴν χάριν τοῦ Θεοῦ ἐχάρη, καὶ παρεκάλει πάντας τῇ προθέσει τῆς καρδίας προσμένειν τῷ Κυρίῳ·

24 ὅτι ἦν ἀνὴρ ἀγαθὸς καὶ πλήρης Πνεύματος Ἁγίου καὶ πίστεως· καὶ προσετέθη ὄχλος ἱκανὸς τῷ Κυρίῳ.

25 ἐξῆλθε δὲ εἰς Ταρσὸν ὁ Βαρνάβας ἀναζητῆσαι Σαῦλον,

26 καὶ εὑρὼν αὐτὸν ἤγαγεν αὐτὸν εἰς Ἀντιόχειαν. ἐγένετο δὲ αὐτοὺς ἐνιαυτὸν ὅλον συναχθῆναι ἐν τῇ ἐκκλησίᾳ καὶ διδάξαι ὄχλον ἱκανόν, χρηματίσαι τε πρῶτον ἐν Ἀντιοχείᾳ τοὺς μαθητὰς Χριστιανούς.

27 Ἐν ταύταις δὲ ταῖς ἡμέραις κατῆλθον ἀπὸ Ἱεροσολύμων προφῆται εἰς Ἀντιόχειαν

28 ἀναστὰς δὲ εἷς ἐξ αὐτῶν ὀνόματι Ἄγαβος, ἐσήμανε διὰ τοῦ Πνεύματος λιμὸν μέγαν μέλλειν ἔσεσθαι ἐφ' ὅλην τὴν οἰκουμένην· ὅστις καὶ ἐγένετο ἐπὶ Κλαυδίου Καίσαρος.

29 τῶν δὲ μαθητῶν καθὼς ηὐπορεῖτό τις, ὥρισαν ἕκαστος αὐτῶν εἰς διακονίαν πέμψαι τοῖς κατοικοῦσιν ἐν τῇ Ἰουδαίᾳ ἀδελφοῖς·

30 ὃ καὶ ἐποίησαν, ἀποστείλαντες πρὸς τοὺς πρεσβυτέρους διὰ χειρὸς Βαρνάβα καὶ Σαύλου.

CHAPTER 12

1 Κατ' ἐκεῖνον δὲ τὸν καιρὸν ἐπέβαλεν Ἡρώδης ὁ βασιλεὺς τὰς χεῖρας κακῶσαί τινας τῶν ἀπὸ τῆς ἐκκλησίας.

2 ἀνεῖλε δὲ Ἰάκωβον τὸν ἀδελφὸν Ἰωάννου μαχαίρᾳ.

3 καὶ ἰδὼν ὅτι ἀρεστόν ἐστι τοῖς Ἰουδαίοις, προσέθετο συλλαβεῖν καὶ Πέτρον· ἦσαν δὲ ἡμέραι τῶν ἀζύμων·

4 ὃν καὶ πιάσας ἔθετο εἰς φυλακήν, παραδοὺς τέσσαρσι τετραδίοις στρατιωτῶν φυλάσσειν αὐτόν, βουλόμενος μετὰ τὸ πάσχα ἀναγαγεῖν αὐτὸν τῷ λαῷ.

5 ὁ μὲν οὖν Πέτρος ἐτηρεῖτο ἐν τῇ φυλακῇ· προσευχὴ δὲ ἦν ἐκτενὴς γινομένη ὑπὸ τῆς ἐκκλησίας πρὸς τὸν Θεὸν ὑπὲρ αὐτοῦ.

6 ὅτε δὲ ἔμελλεν αὐτὸν προάγειν ὁ Ἡρώδης, τῇ νυκτὶ ἐκείνῃ ἦν ὁ Πέτρος κοιμώμενος μεταξὺ δύο

στρατιωτῶν, δεδεμένος ἁλύσεσι δυσί· φύλακές τε πρὸ τῆς θύρας ἐτήρουν τὴν φυλακήν.

7 καὶ ἰδού, ἄγγελος Κυρίου ἐπέστη, καὶ φῶς ἔλαμψεν ἐν τῷ οἰκήματι· πατάξας δὲ τὴν πλευρὰν τοῦ Πέτρου, ἤγειρεν αὐτὸν λέγων, Ἀνάστα ἐν τάχει. καὶ ἐξέπεσον αὐτοῦ αἱ ἁλύσεις ἐκ τῶν χειρῶν.

8 εἶπε τε ὁ ἄγγελος πρὸς αὐτόν, Περίζῶσαι καὶ ὑπόδησαι τὰ σανδάλιά σου. ἐποίησε δὲ οὕτω. καὶ λέγει αὐτῷ, Περιβαλοῦ τὸ ἱμάτιόν σου, καὶ ἀκολούθει μοι.

9 καὶ ἐξελθὼν ἠκολούθει αὐτῷ· καὶ οὐκ ᾔδει ὅτι ἀληθές ἐστι τὸ γινόμενον διὰ τοῦ ἀγγέλου, ἐδόκει δὲ ὅραμα βλέπειν.

10 διελθόντες δὲ πρώτην φυλακὴν καὶ δευτέραν, ἦλθον ἐπὶ τὴν πύλην τὴν σιδηρᾶν, τὴν φέρουσαν εἰς τὴν πόλιν, ἥτις αὐτομάτη ἠνοίχθη αὐτοῖς· καὶ ἐξελθόντες προῆλθον ῥύμην μίαν, καὶ εὐθέως ἀπέστη ὁ ἄγγελος ἀπ᾽ αὐτοῦ.

11 καὶ ὁ Πέτρος, γενόμενος ἐν ἑαυτῷ, εἶπε, Νῦν οἶδα ἀληθῶς ὅτι ἐξαπέστειλε Κύριος τὸν ἄγγελον αὐτοῦ, καὶ ἐξείλετό με ἐκ χειρὸς Ἡρώδου καὶ πάσης τῆς προσδοκίας τοῦ λαοῦ τῶν Ἰουδαίων.

12 συνιδών τε ἦλθεν ἐπὶ τὴν οἰκίαν Μαρίας τῆς μητρὸς Ἰωάννου τοῦ ἐπικαλουμένου Μάρκου, οὗ ἦσαν ἱκανοὶ συνηθροισμένοι καὶ προσευχόμενοι.

13 κρούσαντος δὲ τοῦ Πέτρου τὴν θύραν τοῦ πυλῶνος, προσῆλθε παιδίσκη ὑπακοῦσαι, ὀνόματι Ῥόδη

14 καὶ ἐπιγνοῦσα τὴν φωνὴν τοῦ Πέτρου, ἀπὸ τῆς χαρᾶς οὐκ ἤνοιξε τὸν πυλῶνα, εἰσδραμοῦσα δὲ ἀπήγγειλεν ἑστάναι τὸν Πέτρον πρὸ τοῦ πυλῶνος.

15 οἱ δὲ πρὸς αὐτὴν εἶπον, Μαίνη. ἡ δὲ διϊσχυρίζετο οὕτως ἔχειν. οἱ δ᾽ ἔλεγον, Ὁ ἄγγελος αὐτοῦ ἐστιν.

16 ὁ δὲ Πέτρος ἐπέμενε κρούων· ἀνοίξαντες δὲ εἶδον αὐτόν, καὶ ἐξέστησαν.

17 κατασείσας δὲ αὐτοῖς τῇ χειρὶ σιγᾶν, διηγήσατο αὐτοῖς πῶς ὁ Κύριος αὐτὸν ἐξήγαγεν ἐκ τῆς φυλακῆς. εἶπέ δέ, Ἀπαγγείλατε Ἰακώβῳ καὶ τοῖς ἀδελφοῖς ταῦτα. καὶ ἐξελθὼν ἐπορεύθη εἰς ἕτερον τόπον.

18 γενομένης δὲ ἡμέρας, ἦν τάραχος οὐκ ὀλίγος ἐν τοῖς στρατιώταις, τί ἄρα ὁ Πέτρος ἐγένετο.

19 Ἡρώδης δὲ ἐπιζητήσας αὐτὸν καὶ μὴ εὑρών, ἀνακρίνας τοὺς φύλακας, ἐκέλευσεν ἀπαχθῆναι. καὶ κατελθὼν ἀπὸ τῆς Ἰουδαίας εἰς τὴν Καισάρειαν διέτριβεν.

20 Ἦν δὲ ὁ Ἡρώδης θυμομαχῶν Τυρίοις καὶ Σιδωνίοις· ὁμοθυμαδὸν δὲ παρῆσαν πρὸς αὐτόν, καὶ πείσαντες Βλάστον τὸν ἐπὶ τοῦ κοιτῶνος τοῦ βασιλέως, ἠτοῦντο εἰρήνην, διὰ τὸ τρέφεσθαι αὐτῶν τὴν χώραν ἀπὸ τῆς βασιλικῆς.

21 τακτῇ δὲ ἡμέρᾳ ὁ Ἡρώδης ἐνδυσάμενος ἐσθῆτα βασιλικήν,

ΠΡΑΞΕΙΣ ΤΩΝ ΑΠΟΣΤΟΛΟΝ

καὶ καθίσας ἐπὶ τοῦ βήματος, ἐδημηγόρει πρὸς αὐτούς. 22 ὁ δὲ δῆμος ἐπεφώνει, Θεοῦ φωνὴ καὶ οὐκ ἀνθρώπου. 23 παραχρῆμα δὲ ἐπάταξεν αὐτὸν ἄγγελος Κυρίου, ἀνθ' ὧν οὐκ ἔδωκε τὴν δόξαν τῷ Θεῷ· καὶ γενόμενος σκωληκόβρωτος, ἐξέψυξεν. 24 Ὁ δὲ λόγος τοῦ Θεοῦ ηὔξανε καὶ ἐπληθύνετο. 25 Βαρνάβας δὲ καὶ Σαῦλος ὑπέστρεψαν ἐξ Ἰερουσαλήμ, πληρώσαντες τὴν διακονίαν, συμπαραλαβόντες καὶ Ἰωάννην τὸν ἐπικληθέντα Μάρκον.

CHAPTER 13

1 Ἦσαν δὲ τινες ἐν Ἀντιοχείᾳ κατὰ τὴν οὖσαν ἐκκλησίαν προφῆται καὶ διδάσκαλοι, ὅ τε Βαρνάβας καὶ Συμεὼν ὁ καλούμενος Νίγερ, καὶ Λούκιος ὁ Κυρηναῖος, Μαναήν τε Ἡρώδου τοῦ τετράρχου σύντροφος, καὶ Σαῦλος. 2 λειτουργούντων δὲ αὐτῶν τῷ Κυρίῳ καὶ νηστευόντων, εἶπε τὸ Πνεῦμα τὸ Ἅγιον, Ἀφορίσατε δή μοι τόν τε Βαρνάβαν καὶ τὸν Σαῦλον εἰς τὸ ἔργον ὃ προσκέκλημαι αὐτούς. 3 τότε νηστεύσαντες καὶ προσευξάμενοι καὶ ἐπιθέντες τὰς χεῖρας αὐτοῖς, ἀπέλυσαν. 4 Οὗτοι μὲν οὖν ἐκπεμφθέντες ὑπὸ τοῦ Πνεύματος τοῦ Ἁγίου, κατῆλθον εἰς τὴν Σελεύκειαν, ἐκεῖθέν τε ἀπέπλευσαν εἰς τὴν Κύπρον 5 καὶ γενόμενοι ἐν Σαλαμῖνι, κατήγγελλον τὸν λόγον τοῦ Θεοῦ ἐν ταῖς συναγωγαῖς τῶν Ἰουδαίων· εἶχον δὲ καὶ Ἰωάννην ὑπηρέτην. 6 διελθόντες δὲ τὴν νῆσον ἄχρι Πάφου, εὗρον τινα μάγον ψευδοπροφήτην Ἰουδαῖον, ᾧ ὄνομα Βαρϊησοῦς, 7 ὃς ἦν σὺν τῷ ἀνθυπάτῳ Σεργίῳ Παύλῳ, ἀνδρὶ συνετῷ. οὗτος προσκαλεσάμενος Βαρνάβαν καὶ Σαῦλον ἐπεζήτησεν ἀκοῦσαι τὸν λόγον τοῦ Θεοῦ. 8 ἀνθίστατο δὲ αὐτοῖς Ἐλύμας, ὁ μάγος οὕτω γὰρ μεθερμηνεύεται τὸ ὄνομα αὐτοῦ, ζητῶν διαστρέψαι τὸν ἀνθύπατον ἀπὸ τῆς πίστεως. 9 Σαῦλος δέ, ὁ καὶ Παῦλος, πλησθεὶς Πνεύματος Ἁγίου, καὶ ἀτενίσας εἰς αὐτὸν 10 εἶπεν, Ὦ πλήρης παντὸς δόλου καὶ πάσης ῥᾳδιουργίας, υἱὲ διαβόλου, ἐχθρὲ πάσης δικαιοσύνης, οὐ παύσῃ διαστρέφων τὰς ὁδοὺς Κυρίου τὰς εὐθείας; 11 καὶ νῦν ἰδού, χεὶρ τοῦ Κυρίου ἐπὶ σέ, καὶ ἔσῃ τυφλός, μὴ βλέπων τὸν ἥλιον ἄχρι καιροῦ. παραχρῆμα δὲ ἐπέπεσεν ἐπ' αὐτὸν ἀχλὺς καὶ σκότος, καὶ περιάγων ἐζήτει χειραγωγούς. 12 τότε ἰδὼν ὁ ἀνθύπατος τὸ γεγονὸς ἐπίστευσεν, ἐκπλησσόμενος ἐπὶ τῇ διδαχῇ τοῦ Κυρίου. 13 Ἀναχθέντες δὲ ἀπὸ τῆς Πάφου οἱ περὶ τὸν Παῦλον ἦλθον εἰς

Πέργην τῆς Παμφυλίας. Ἰωάννης δὲ ἀποχωρήσας ἀπ' αὐτῶν ὑπέστρεψεν εἰς Ἱεροσόλυμα.

14 αὐτοὶ δὲ διελθόντες ἀπὸ τῆς Πέργης, παρεγένοντο εἰς Ἀντιόχειαν τῆς Πισιδίας, καὶ εἰσελθόντες εἰς τὴν συναγωγὴν τῇ ἡμέρᾳ τῶν σαββάτων, ἐκάθισαν.

15 μετὰ δὲ τὴν ἀνάγνωσιν τοῦ νόμου καὶ τῶν προφητῶν, ἀπέστειλαν οἱ ἀρχισυνάγωγοι πρὸς αὐτούς, λέγοντες, Ἄνδρες ἀδελφοί, εἴ ἐστι λόγος ἐν ὑμῖν παρακλήσεως πρὸς τὸν λαόν, λέγετε.

16 ἀναστὰς δὲ Παῦλος, καὶ κατασείσας τῇ χειρὶ, εἶπεν, Ἄνδρες Ἰσραηλῖται, καὶ οἱ φοβούμενοι τὸν Θεόν, ἀκούσατε.

17 ὁ Θεὸς τοῦ λαοῦ τούτου Ἰσραὴλ ἐξελέξατο τοὺς πατέρας ἡμῶν, καὶ τὸν λαὸν ὕψωσεν ἐν τῇ παροικίᾳ ἐν γῇ Αἰγύπτῳ, καὶ μετὰ βραχίονος ὑψηλοῦ ἐξήγαγεν αὐτοὺς ἐξ αὐτῆς.

18 καὶ ὡς τεσσαρακονταετῆ χρόνον ἐτροποφόρησεν αὐτοὺς ἐν τῇ ἐρήμῳ

19 καὶ καθελὼν ἔθνη ἑπτὰ ἐν γῇ Χαναάν, κατεκληροδότησεν αὐτοῖς τὴν γῆν αὐτῶν

20 καὶ μετὰ ταῦτα, ὡς ἔτεσι τετρακοσίοις καὶ πεντήκοντα, ἔδωκε κριτὰς ἕως Σαμουὴλ τοῦ προφήτου.

21 κἀκεῖθεν ἠτήσαντο βασιλέα, καὶ ἔδωκεν αὐτοῖς ὁ Θεὸς τὸν Σαοὺλ υἱὸν Κίς, ἄνδρα ἐκ φυλῆς Βενιαμίν, ἔτη τεσσαράκοντα.

22 καὶ μεταστήσας αὐτόν, ἤγειρεν αὐτοῖς τὸν Δαβὶδ εἰς βασιλέα, ᾧ καὶ εἶπε μαρτυρήσας, Εὗρον Δαβὶδ τὸν τοῦ Ἰεσσαί, ἄνδρα κατὰ τὴν καρδίαν μου, ὃς ποιήσει πάντα τὰ θελήματά μου.

23 τούτου ὁ Θεὸς ἀπὸ τοῦ σπέρματος κατ' ἐπαγγελίαν ἤγειρε τῷ Ἰσραὴλ σωτῆρα Ἰησοῦν,

24 προκηρύξαντος Ἰωάννου πρὸ προσώπου τῆς εἰσόδου αὐτοῦ βάπτισμα μετανοίας παντὶ τῷ λαῷ Ἰσραήλ.

25 ὡς δὲ ἐπλήρου ὁ Ἰωάννης τὸν δρόμον, ἔλεγε, Τίνα με ὑπονοεῖτε εἶναι; οὐκ εἰμὶ ἐγώ. ἀλλ' ἰδού, ἔρχεται μετ' ἐμέ, οὗ οὐκ εἰμὶ ἄξιος τὸ ὑπόδημα τῶν ποδῶν λῦσαι.

26 ἄνδρες ἀδελφοί, υἱοὶ γένους Ἀβραάμ, καὶ οἱ ἐν ὑμῖν φοβούμενοι τὸν Θεόν, ὑμῖν ὁ λόγος τῆς σωτηρίας ταύτης ἀπεστάλη.

27 οἱ γὰρ κατοικοῦντες ἐν Ἱερουσαλὴμ καὶ οἱ ἄρχοντες αὐτῶν, τοῦτον ἀγνοήσαντες, καὶ τὰς φωνὰς τῶν προφητῶν τὰς κατὰ πᾶν σάββατον ἀναγινωσκομένας, κρίναντες ἐπλήρωσαν.

28 καὶ μηδεμίαν αἰτίαν θανάτου εὑρόντες, ἠτήσαντο Πιλάτον ἀναιρεθῆναι αὐτόν.

29 ὡς δὲ ἐτέλεσαν ἅπαντα τὰ περὶ αὐτοῦ γεγραμμένα, καθελόντες ἀπὸ τοῦ ξύλου, ἔθηκαν εἰς μνημεῖον.

30 ὁ δὲ Θεὸς ἤγειρεν αὐτὸν ἐκ νεκρῶν·

31 ὃς ὤφθη ἐπὶ ἡμέρας πλείους τοῖς συναναβᾶσιν αὐτῷ ἀπὸ τῆς Γαλιλαίας εἰς Ἱερουσαλήμ, οἵτινες

εἰσι μάρτυρες αὐτοῦ πρὸς τὸν λαόν.

32 καὶ ἡμεῖς ὑμᾶς εὐαγγελιζόμεθα τὴν πρὸς τοὺς πατέρας ἐπαγγελίαν γενομένην,

33 ὅτι ταύτην ὁ Θεὸς ἐκπεπλήρωκε τοῖς τέκνοις αὐτῶν ἡμῖν, ἀναστήσας Ἰησοῦν· ὡς καὶ ἐν τῷ ψαλμῷ τῷ δευτέρῳ γέγραπται, Υἱός μου εἶ σύ, ἐγὼ σήμερον γεγέννηκά σε.

34 ὅτι δὲ ἀνέστησεν αὐτὸν ἐκ νεκρῶν, μηκέτι μέλλοντα ὑποστρέφειν εἰς διαφθοράν, οὕτως εἴρηκεν ὅτι Δώσω ὑμῖν τὰ ὅσια Δαβὶδ τὰ πιστά.

35 διὸ καὶ ἐν ἑτέρῳ λέγει, Οὐ δώσεις τὸν ὅσιόν σου ἰδεῖν διαφθοράν·

36 Δαβὶδ μὲν γὰρ ἰδίᾳ γενεᾷ ὑπηρετήσας τῇ τοῦ Θεοῦ βουλῇ ἐκοιμήθη, καὶ προσετέθη πρὸς τοὺς πατέρας αὐτοῦ, καὶ εἶδε διαφθοράν·

37 ὃν δὲ ὁ Θεὸς ἤγειρεν, οὐκ εἶδε διαφθοράν.

38 γνωστὸν οὖν ἔστω ὑμῖν, ἄνδρες ἀδελφοί, ὅτι διὰ τούτου ὑμῖν ἄφεσις ἁμαρτιῶν καταγγέλλεται·

39 καὶ ἀπό πάντων ὧν οὐκ ἠδυνήθητε ἐν τῷ νόμῳ Μωσέως δικαιωθῆναι, ἐν τούτῳ πᾶς ὁ πιστεύων δικαιοῦται

40 βλέπετε οὖν μὴ ἐπέλθῃ ἐφ' ὑμᾶς τὸ εἰρημένον ἐν τοῖς προφήταις,

41 Ἴδετε, οἱ καταφρονηταί, καὶ θαυμάσατε, καὶ ἀφανίσθητε· ὅτι ἔργον ἐγὼ ἐργάζομαι ἐν ταῖς ἡμέραις ὑμῶν, ἔργον ᾧ οὐ μὴ πιστεύσητε, ἐάν τις ἐκδιηγῆται ὑμῖν.

42 Ἐξιόντων δὲ ἐκ τῆς συναγωγῆς τῶν Ἰουδαίων, παρεκάλουν τὰ ἔθνη εἰς τὸ μεταξὺ σάββατον λαληθῆναι αὐτοῖς τὰ ῥήματα ταῦτα

43 λυθείσης δὲ τῆς συναγωγῆς, ἠκολούθησαν πολλοὶ τῶν Ἰουδαίων καὶ τῶν σεβομένων προσηλύτων τῷ Παύλῳ καὶ τῷ Βαρνάβᾳ· οἵτινες προσλαλοῦντες αὐτοῖς, ἔπειθον αὐτοὺς ἐπιμένειν τῇ χάριτι τοῦ Θεοῦ.

44 Τῷ δὲ ἐρχομένῳ σαββάτῳ σχεδὸν πᾶσα ἡ πόλις συνήχθη ἀκοῦσαι τὸν λόγον τοῦ Θεοῦ.

45 ἰδόντες δὲ οἱ Ἰουδαῖοι τοὺς ὄχλους ἐπλήσθησαν ζήλου, καὶ ἀντέλεγον τοῖς ὑπὸ τοῦ Παύλου λεγομένοις, ἀντιλέγοντες καὶ βλασφημοῦντες.

46 παρρησιασάμενοι δὲ ὁ Παῦλος καὶ ὁ Βαρνάβας εἶπον, Ὑμῖν ἦν ἀναγκαῖον πρῶτον λαληθῆναι τὸν λόγον τοῦ Θεοῦ. ἐπειδὴ δὲ ἀπωθεῖσθε αὐτόν, καὶ οὐκ ἀξίους κρίνετε ἑαυτοὺς τῆς αἰωνίου ζωῆς, ἰδοὺ στρεφόμεθα εἰς τὰ ἔθνη.

47 οὕτω γὰρ ἐντέταλται ἡμῖν ὁ Κύριος, Τέθεικά σε εἰς φῶς ἐθνῶν, τοῦ εἶναί σε εἰς σωτηρίαν ἕως ἐσχάτου τῆς γῆς.

48 ἀκούοντα δὲ τὰ ἔθνη ἔχαιρον, καὶ ἐδόξαζον τὸν λόγον τοῦ Κυρίου, καὶ ἐπίστευσαν ὅσοι ἦσαν τεταγμένοι εἰς ζωὴν αἰώνιον

49 διεφέρετο δὲ ὁ λόγος τοῦ Κυρίου δι' ὅλης τῆς χώρας.

50 οἱ δὲ Ἰουδαῖοι παρώτρυναν τὰς σεβομένας γυναῖκας καὶ τὰς εὐσχήμονας καὶ τοὺς πρώτους τῆς πόλεως, καὶ ἐπήγειραν διωγμὸν ἐπὶ τὸν Παῦλον καὶ τὸν Βαρνάβαν, καὶ ἐξέβαλον αὐτοὺς ἀπὸ τῶν ὁρίων αὐτῶν.

51 οἱ δὲ ἐκτιναξάμενοι τὸν κονιορτὸν τῶν ποδῶν αὐτῶν ἐπ' αὐτούς, ἦλθον εἰς Ἰκόνιον

52 οἵ δὲ μαθηταὶ ἐπληροῦντο χαρᾶς καὶ Πνεύματος Ἁγίου.

CHAPTER 14

1 Ἐγένετο δὲ ἐν Ἰκονίῳ, κατὰ τὸ αὐτὸ εἰσελθεῖν αὐτοὺς εἰς τὴν συναγωγὴν τῶν Ἰουδαίων, καὶ λαλῆσαι οὕτως ὥστε πιστεῦσαι Ἰουδαίων τε καὶ Ἑλλήνων πολὺ πλῆθος.

2 οἱ δὲ ἀπειθοῦντες Ἰουδαῖοι ἐπήγειραν καὶ ἐκάκωσαν τὰς ψυχὰς τῶν ἐθνῶν κατὰ τῶν ἀδελφῶν.

3 ἱκανὸν μὲν οὖν χρόνον διέτριψαν παρρησιαζόμενοι ἐπὶ τῷ Κυρίῳ τῷ μαρτυροῦντι τῷ λόγῳ τῆς χάριτος αὐτοῦ, καὶ διδόντι σημεῖα καὶ τέρατα γίνεσθαι διὰ τῶν χειρῶν αὐτῶν.

4 ἐσχίσθη δὲ τὸ πλῆθος τῆς πόλεως· καὶ οἱ μὲν ἦσαν σὺν τοῖς Ἰουδαίοις, οἱ δὲ σὺν τοῖς ἀποστόλοις.

5 ὡς δὲ ἐγένετο ὁρμὴ τῶν ἐθνῶν τε καὶ Ἰουδαίων σὺν τοῖς ἄρχουσιν αὐτῶν, ὑβρίσαι καὶ λιθοβολῆσαι αὐτούς,

6 συνιδόντες κατέφυγον εἰς τὰς πόλεις τῆς Λυκαονίας, Λύστραν καὶ Δέρβην, καὶ τὴν περίχωρον·

7 κἀκεῖ ἦσαν εὐαγγελιζόμενοι.

8 Καί τις ἀνὴρ ἐν Λύστροις ἀδύνατος τοῖς ποσὶν ἐκάθητο, χωλὸς ἐκ κοιλίας μητρὸς αὐτοῦ ὑπάρχων, ὃς οὐδέποτε περιεπεπατήκει

9 οὗτος ἤκουε τοῦ Παύλου λαλοῦντος· ὃς ἀτενίσας αὐτῷ, καὶ ἰδὼν ὅτι πίστιν ἔχει τοῦ σωθῆναι,

10 εἶπε μεγάλῃ τῇ φωνῇ, Ἀνάστηθι ἐπὶ τοὺς πόδας σου ὀρθός. καὶ ἥλλετο καὶ περιεπάτει.

11 οἱ δὲ ὄχλοι, ἰδόντες ὃ ἐποίησεν ὁ Παῦλος, ἐπῆραν τὴν φωνὴν αὐτῶν Λυκαονιστὶ λέγοντες, Οἱ θεοὶ ὁμοιωθέντες ἀνθρώποις κατέβησαν πρὸς ἡμᾶς.

12 ἐκάλουν τε τὸν μὲν Βαρνάβαν, Δία· τὸν δὲ Παῦλον, Ἑρμῆν, ἐπειδὴ αὐτὸς ἦν ὁ ἡγούμενος τοῦ λόγου.

13 ὁ δὲ ἱερεὺς τοῦ Διὸς τοῦ ὄντος πρὸ τῆς πόλεως αὐτῶν, ταύρους καὶ στέμματα ἐπὶ τοὺς πυλῶνας ἐνέγκας, σὺν τοῖς ὄχλοις ἤθελε θύειν.

14 ἀκούσαντες δὲ οἱ ἀπόστολοι Βαρνάβας καὶ Παῦλος, διαρρήξαντες τὰ ἱμάτια αὐτῶν, εἰσεπήδησαν εἰς τὸν ὄχλον, κράζοντες

15 καὶ λέγοντες, Ἄνδρες, τί ταῦτα ποιεῖτε; καὶ ἡμεῖς ὁμοιοπαθεῖς ἐσμεν ὑμῖν ἄνθρωποι, εὐαγγελιζόμενοι ὑμᾶς ἀπὸ τούτων τῶν ματαίων ἐπιστρέφειν ἐπὶ τὸν Θεὸν τὸν ζῶντα, ὃς ἐποίησε τὸν

243

ΠΡΑΞΕΙΣ ΤΩΝ ΑΠΟΣΤΟΛΟΝ

οὐρανὸν καὶ τὴν γῆν καὶ τὴν θάλασσαν καὶ πάντα τὰ ἐν αὐτοῖς·

16 ὃς ἐν ταῖς παρῳχημέναις γενεαῖς εἴασε πάντα τὰ ἔθνη πορεύεσθαι ταῖς ὁδοῖς αὐτῶν.

17 καίτοιγε οὐκ ἀμάρτυρον ἑαυτὸν ἀφῆκεν ἀγαθοποιῶν, οὐρανόθεν ἡμῖν ὑετοὺς διδοὺς καὶ καιροὺς καρποφόρους, ἐμπιπλῶν τροφῆς καὶ εὐφροσύνης τὰς καρδίας ἡμῶν

18 καὶ ταῦτα λέγοντες, μόλις κατέπαυσαν τοὺς ὄχλους τοῦ μὴ θύειν αὐτοῖς.

19 Ἐπῆλθον δὲ ἀπὸ Ἀντιοχείας καὶ Ἰκονίου Ἰουδαῖοι, καὶ πείσαντες τοὺς ὄχλους, καὶ λιθάσαντες τὸν Παῦλον, ἔσυρον ἔξω τῆς πόλεως, νομίσαντες αὐτὸν τεθνάναι.

20 κυκλωσάντων δὲ αὐτὸν τῶν μαθητῶν, ἀναστὰς εἰσῆλθεν εἰς τὴν πόλιν· καὶ τῇ ἐπαύριον ἐξῆλθε σὺν τῷ Βαρνάβᾳ εἰς Δέρβην.

21 εὐαγγελισάμενοί τε τὴν πόλιν ἐκείνην, καὶ μαθητεύσαντες ἱκανούς, ὑπέστρεψαν εἰς τὴν Λύστραν καὶ Ἰκόνιον καὶ Ἀντιόχειαν,

22 ἐπιστηρίζοντες τὰς ψυχὰς τῶν μαθητῶν, παρακαλοῦντες ἐμμένειν τῇ πίστει, καὶ ὅτι διὰ πολλῶν θλίψεων δεῖ ἡμᾶς εἰσελθεῖν εἰς τὴν βασιλείαν τοῦ Θεοῦ.

23 χειροτονήσαντες δὲ αὐτοῖς πρεσβυτέρους κατ᾽ ἐκκλησίαν, προσευξάμενοι μετὰ νηστειῶν, παρέθεντο αὐτοὺς τῷ Κυρίῳ εἰς ὃν πεπιστεύκεισαν.

24 καὶ διελθόντες τὴν Πισιδίαν ἦλθον εἰς Παμφυλίαν.

25 καὶ λαλήσαντες ἐν Πέργῃ τὸν λόγον, κατέβησαν εἰς Ἀττάλειαν·

26 κἀκεῖθεν ἀπέπλευσαν εἰς Ἀντιόχειαν, ὅθεν ἦσαν παραδεδομένοι τῇ χάριτι τοῦ Θεοῦ εἰς τὸ ἔργον ὃ ἐπλήρωσαν.

27 παραγενόμενοι δὲ καὶ συναγαγόντες τὴν ἐκκλησίαν, ἀνήγγειλαν ὅσα ἐποίησεν ὁ Θεὸς μετ᾽ αὐτῶν, καὶ ὅτι ἤνοιξε τοῖς ἔθνεσι θύραν πίστεως.

28 διέτριβον δὲ ἐκεῖ χρόνον οὐκ ὀλίγον σὺν τοῖς μαθηταῖς.

CHAPTER 15

1 Καί τινες κατελθόντες ἀπὸ τῆς Ἰουδαίας, ἐδίδασκον τοὺς ἀδελφοὺς ὅτι Ἐὰν μὴ περιτέμνησθε τῷ ἔθει Μωϋσέως, οὐ δύνασθε σωθῆναι.

2 γενομένης οὖν στάσεως καὶ συζητήσεως οὐκ ὀλίγης τῷ Παύλῳ καὶ τῷ Βαρνάβᾳ πρὸς αὐτούς, ἔταξαν ἀναβαίνειν Παῦλον καὶ Βαρνάβαν καί τινας ἄλλους ἐξ αὐτῶν πρὸς τοὺς ἀποστόλους καὶ πρεσβυτέρους εἰς Ἰερουσαλήμ, περὶ τοῦ ζητήματος τούτου.

3 οἱ μὲν οὖν, προπεμφθέντες ὑπὸ τῆς ἐκκλησίας, διήρχοντο τὴν Φοινίκην καὶ Σαμάρειαν, ἐκδιηγούμενοι τὴν ἐπιστροφὴν τῶν ἐθνῶν· καὶ ἐποίουν χαρὰν μεγάλην πᾶσι τοῖς ἀδελφοῖς.

4 παραγενόμενοι δὲ εἰς Ἰερουσαλήμ, ἀπεδέχθησαν ὑπὸ τῆς ἐκκλησίας καὶ τῶν ἀποστόλων καὶ

244

ΠΡΑΞΕΙΣ ΤΩΝ ΑΠΟΣΤΟΛΩΝ

τῶν πρεσβυτέρων, ἀνήγγειλάν τε ὅσα ὁ Θεὸς ἐποίησε μετ' αὐτῶν.

5 ἐξανέστησαν δέ τινες τῶν ἀπὸ τῆς αἱρέσεως τῶν Φαρισαίων πεπιστευκότες, λέγοντες ὅτι Δεῖ περιτέμνειν αὐτούς, παραγγέλλειν τε τηρεῖν τὸν νόμον Μωϋσέως.

6 Συνήχθησάν δὲ οἱ ἀπόστολοι καὶ οἱ πρεσβύτεροι ἰδεῖν περὶ τοῦ λόγου τούτου.

7 πολλῆς δὲ συζητήσεως γενομένης, ἀναστὰς Πέτρος εἶπε πρὸς αὐτούς, Ἄνδρες ἀδελφοί, ὑμεῖς ἐπίστασθε ὅτι ἀφ' ἡμερῶν ἀρχαίων ὁ Θεὸς ἐν ἡμῖν ἐξελέξατο, διὰ τοῦ στόματός μου ἀκοῦσαι τὰ ἔθνη τὸν λόγον τοῦ εὐαγγελίου, καὶ πιστεῦσαι.

8 καὶ ὁ καρδιογνώστης Θεὸς ἐμαρτύρησεν αὐτοῖς, δοὺς αὐτοῖς τὸ Πνεῦμα τὸ Ἅγιον, καθὼς καὶ ἡμῖν·

9 καὶ οὐδὲν διέκρινε μεταξὺ ἡμῶν τε καὶ αὐτῶν, τῇ πίστει καθαρίσας τὰς καρδίας αὐτῶν.

10 νῦν οὖν τί πειράζετε τὸν Θεόν, ἐπιθεῖναι ζυγὸν ἐπὶ τὸν τράχηλον τῶν μαθητῶν, ὃν οὔτε οἱ πατέρες ἡμῶν οὔτε ἡμεῖς ἰσχύσαμεν βαστάσαι;

11 ἀλλὰ διὰ τῆς χάριτος Κυρίου Ἰησοῦ Χριστοῦ πιστεύομεν σωθῆναι, καθ' ὃν τρόπον κἀκεῖνοι.

12 Ἐσίγησε δὲ πᾶν τὸ πλῆθος, καὶ ἤκουον Βαρνάβα καὶ Παύλου ἐξηγουμένων ὅσα ἐποίησεν ὁ Θεὸς σημεῖα καὶ τέρατα ἐν τοῖς ἔθνεσι δι' αὐτῶν.

13 μετὰ δὲ τὸ σιγῆσαι αὐτούς, ἀπεκρίθη Ἰάκωβος λέγων, Ἄνδρες ἀδελφοί ἀκούσατέ μου·

14 Συμεὼν ἐξηγήσατο καθὼς πρῶτον ὁ Θεὸς ἐπεσκέψατο λαβεῖν ἐξ ἐθνῶν λαὸν ἐπὶ τῷ ὀνόματι αὐτοῦ.

15 καὶ τούτῳ συμφωνοῦσιν οἱ λόγοι τῶν προφητῶν, καθὼς γέγραπται,

16 Μετὰ ταῦτα ἀναστρέψω, καὶ ἀνοικοδομήσω τὴν σκηνὴν Δαβὶδ τὴν πεπτωκυῖαν· καὶ τὰ κατεσκαμμένα αὐτῆς ἀνοικοδομήσω, καὶ ἀνορθώσω αὐτήν·

17 ὅπως ἂν ἐκζητήσωσιν οἱ κατάλοιποι τῶν ἀνθρώπων τὸν Κύριον, καὶ πάντα τὰ ἔθνη, ἐφ' οὓς ἐπικέκληται τὸ ὄνομά μου ἐπ' αὐτούς, λέγει Κύριος ὁ ποιῶν ταῦτα πάντα.

18 γνωστὰ ἀπ' αἰῶνός ἐστι τῷ Θεῷ πάντα τὰ ἔργα αὐτοῦ.

19 διὸ ἐγὼ κρίνω μὴ παρενοχλεῖν τοῖς ἀπὸ τῶν ἐθνῶν ἐπιστρέφουσιν ἐπὶ τὸν Θεόν·

20 ἀλλὰ ἐπιστεῖλαι αὐτοῖς τοῦ ἀπέχεσθαι ἀπὸ τῶν ἀλισγημάτων τῶν εἰδώλων καὶ τῆς πορνείας καὶ τοῦ πνικτοῦ καὶ τοῦ αἵματος.

21 Μωσῆς γὰρ ἐκ γενεῶν ἀρχαίων κατὰ πόλιν τοὺς κηρύσσοντας αὐτὸν ἔχει, ἐν ταῖς συναγωγαῖς κατὰ πᾶν σάββατον ἀναγινωσκόμενος.

22 Τότε ἔδοξε τοῖς ἀποστόλοις καὶ τοῖς πρεσβυτέροις σὺν ὅλῃ τῇ ἐκκλησίᾳ, ἐκλεξαμένους ἄνδρας ἐξ αὐτῶν πέμψαι εἰς Ἀντιόχειαν σὺν

245

τῷ Παύλῳ καὶ Βαρνάβᾳ, Ἰούδαν τὸν ἐπικαλούμενον Βαρσαβᾶν, καὶ Σιλᾶν, ἄνδρας ἡγουμένους ἐν τοῖς ἀδελφοῖς,

23 γράψαντες διὰ χειρὸς αὐτῶν τάδε, Οἱ ἀπόστολοι καὶ οἱ πρεσβύτεροι καὶ οἱ ἀδελφοὶ τοῖς κατὰ τὴν Ἀντιόχειαν καὶ Συρίαν καὶ Κιλικίαν ἀδελφοῖς τοῖς ἐξ ἐθνῶν, χαίρειν·

24 Ἐπειδὴ ἠκούσαμεν ὅτι τινὲς ἐξ ἡμῶν ἐξελθόντες ἐτάραξαν ὑμᾶς λόγοις, ἀνασκευάζοντες τὰς ψυχὰς ὑμῶν, λέγοντες περιτέμνεσθαι καὶ τηρεῖν τὸν νόμον, οἷς οὐ διεστειλάμεθα·

25 ἔδοξεν ἡμῖν γενομένοις ὁμοθυμαδόν, ἐκλεξαμένους ἄνδρας πέμψαι πρὸς ὑμᾶς, σὺν τοῖς ἀγαπητοῖς ἡμῶν Βαρνάβᾳ καὶ Παύλῳ,

26 ἀνθρώποις παραδεδωκόσι τὰς ψυχὰς αὐτῶν ὑπὲρ τοῦ ὀνόματος τοῦ Κυρίου ἡμῶν Ἰησοῦ Χριστοῦ.

27 ἀπεστάλκαμεν οὖν Ἰούδαν καὶ Σίλαν, καὶ αὐτοὺς διὰ λόγου ἀπαγγέλλοντας τὰ αὐτά.

28 ἔδοξε γὰρ τῷ Ἁγίῳ Πνεύματι, καὶ ἡμῖν, μηδὲν πλέον ἐπιτίθεσθαι ὑμῖν βάρος, πλὴν τῶν ἐπάναγκες τούτων,

29 ἀπέχεσθαι εἰδωλοθύτων καὶ αἵματος καὶ πνικτοῦ καὶ πορνείας· ἐξ ὧν διατηροῦντες ἑαυτούς, εὖ πράξετε. ἔρρωσθε.

30 Οἱ μὲν οὖν ἀπολυθέντες ἦλθον εἰς Ἀντιόχειαν· καὶ συναγαγόντες τὸ πλῆθος, ἐπέδωκαν τὴν ἐπιστολήν.

31 ἀναγνόντες δέ, ἐχάρησαν ἐπὶ τῇ παρακλήσει.

32 Ἰούδας δὲ καὶ Σίλας, καὶ αὐτοὶ προφῆται ὄντες, διὰ λόγου πολλοῦ παρεκάλεσαν τοὺς ἀδελφούς, καὶ ἐπεστήριξαν.

33 ποιήσαντες δὲ χρόνον, ἀπελύθησαν μετ' εἰρήνης ἀπὸ τῶν ἀδελφῶν πρὸς τοὺς ἀποστόλους

34 ἔδοξε δὲ τῷ Σίλᾳ ἐπιμεῖναι αὐτοῦ.

35 Παῦλος δὲ καὶ Βαρνάβας διέτριβον ἐν Ἀντιοχείᾳ διδάσκοντες καὶ εὐαγγελιζόμενοι, μετὰ καὶ ἑτέρων πολλῶν, τὸν λόγον τοῦ Κυρίου.

36 Μετὰ δέ τινας ἡμέρας εἶπε Παῦλος πρὸς Βαρνάβαν, Ἐπιστρέψαντες δὴ ἐπισκεψώμεθα τοὺς ἀδελφοὺς ἡμῶν κατὰ πᾶσαν πόλιν, ἐν αἷς κατηγγείλαμεν τὸν λόγον τοῦ Κυρίου, πῶς ἔχουσι.

37 Βαρνάβας δὲ ἐβουλεύσατο συμπαραλαβεῖν τὸν Ἰωάννην, τὸν καλούμενον Μάρκον.

38 Παῦλος δὲ ἠξίου, τὸν ἀποστάντα ἀπ' αὐτῶν ἀπὸ Παμφυλίας, καὶ μὴ συνελθόντα αὐτοῖς εἰς τὸ ἔργον, μὴ συμπαραλαβεῖν τοῦτον.

39 ἐγένετο οὖν παροξυσμός, ὥστε ἀποχωρισθῆναι αὐτοὺς ἀπ' ἀλλήλων, τόν τε Βαρνάβαν παραλαβόντα τὸν Μάρκον, ἐκπλεῦσαι εἰς Κύπρον·

40 Παῦλος δὲ ἐπιλεξάμενος Σίλαν ἐξῆλθε, παραδοθεὶς τῇ χάριτι τοῦ Θεοῦ ὑπὸ τῶν ἀδελφῶν.

41 διήρχετο δὲ τὴν Συρίαν καὶ Κιλικίαν, ἐπιστηρίζων τὰς ἐκκλησίας.

CHAPTER 16

1 Κατήντησε δὲ εἰς Δέρβην καὶ Λύστραν· καὶ ἰδού, μαθητής τις ἦν ἐκεῖ, ὀνόματι Τιμόθεος, υἱὸς γυναικός τινος Ἰουδαίας πιστῆς, πατρὸς δὲ Ἕλληνος·
2 ὃς ἐμαρτυρεῖτο ὑπὸ τῶν ἐν Λύστροις καὶ Ἰκονίῳ ἀδελφῶν.
3 τοῦτον ἠθέλησεν ὁ Παῦλος σὺν αὐτῷ ἐξελθεῖν, καὶ λαβὼν περιέτεμεν αὐτόν, διὰ τοὺς Ἰουδαίους τοὺς ὄντας ἐν τοῖς τόποις ἐκείνοις· ᾔδεισαν γὰρ ἅπαντες τὸν πατέρα αὐτοῦ, ὅτι Ἕλλην ὑπῆρχεν.
4 ὡς δὲ διεπορεύοντο τὰς πόλεις, παρεδίδουν αὐτοῖς φυλάσσειν τὰ δόγματα τὰ κεκριμένα ὑπὸ τῶν ἀποστόλων καὶ τῶν πρεσβυτέρων τῶν ἐν Ἰερουσαλήμ
5 αἱ μὲν οὖν ἐκκλησίαι ἐστερεοῦντο τῇ πίστει, καὶ ἐπερίσσευον τῷ ἀριθμῷ καθ' ἡμέραν.
6 Διελθόντες δὲ τὴν Φρυγίαν καὶ τὴν Γαλατικὴν χώραν, κωλυθέντες ὑπὸ τοῦ Ἁγίου Πνεύματος λαλῆσαι τὸν λόγον ἐν τῇ Ἀσίᾳ,
7 ἐλθόντες κατὰ τὴν Μυσίαν ἐπείραζον κατὰ τὴν Βιθυνίαν πορεύεσθαι· καὶ οὐκ εἴασεν αὐτοὺς τὸ Πνεῦμα·
8 παρελθόντες δὲ τὴν Μυσίαν κατέβησαν εἰς Τρωάδα.

9 καὶ ὅραμα διὰ τῆς νυκτὸς ὤφθη τῷ Παύλῳ· ἀνήρ τις ἦν Μακεδὼν ἑστώς, παρακαλῶν αὐτὸν καὶ λέγων, Διαβὰς εἰς Μακεδονίαν, βοήθησον ἡμῖν.
10 ὡς δὲ τὸ ὅραμα εἶδεν, εὐθέως ἐζητήσαμεν ἐξελθεῖν εἰς τὴν Μακεδονίαν, συμβιβάζοντες ὅτι προσκέκληται ἡμᾶς ὁ Κύριος εὐαγγελίσασθαι αὐτούς.
11 Ἀναχθέντες οὖν ἀπὸ τῆς Τρωάδος, εὐθυδρομήσαμεν εἰς Σαμοθράκην, τῇ τε ἐπιούσῃ εἰς Νεάπολιν,
12 ἐκεῖθέν τε εἰς Φιλίππους, ἥτις ἐστὶ πρώτη τῆς μερίδος τῆς Μακεδονίας πόλις, κολωνία· ἦμεν δὲ ἐν ταύτῃ τῇ πόλει διατρίβοντες ἡμέρας τινάς.
13 τῇ τε ἡμέρᾳ τῶν σαββάτων ἐξήλθομεν ἔξω τῆς πόλεως παρὰ ποταμόν, οὗ ἐνομίζετο προσευχὴ εἶναι, καὶ καθίσαντες ἐλαλοῦμεν ταῖς συνελθούσαις γυναιξί.
14 καί τις γυνὴ ὀνόματι Λυδία, πορφυρόπωλις πόλεως Θυατείρων, σεβομένη τὸν Θεόν, ἤκουεν· ἧς ὁ Κύριος διήνοιξε τὴν καρδίαν, προσέχειν τοῖς λαλουμένοις ὑπὸ τοῦ Παύλου.
15 ὡς δὲ ἐβαπτίσθη, καὶ ὁ οἶκος αὐτῆς, παρεκάλεσε λέγουσα, Εἰ κεκρίκατέ με πιστὴν τῷ Κυρίῳ εἶναι, εἰσελθόντες εἰς τὸν οἶκόν μου, μείνατε. καὶ παρεβιάσατο ἡμᾶς.
16 Ἐγένετο δὲ πορευομένων ἡμῶν εἰς προσευχήν, παιδίσκην τινὰ ἔχουσαν πνεῦμα Πύθωνος

ἀπαντῆσαι ἡμῖν, ἥτις ἐργασίαν πολλὴν παρεῖχε τοῖς κυρίοις αὐτῆς, μαντευομένη.

17 αὕτη κατακολουθήσασα τῷ Παύλῳ καὶ ἡμῖν, ἔκραζε λέγουσα, Οὗτοι οἱ ἄνθρωποι δοῦλοι τοῦ Θεοῦ τοῦ ὑψίστου εἰσίν, οἵτινες καταγγέλλουσιν ἡμῖν ὁδὸν σωτηρίας.

18 τοῦτο δὲ ἐποίει ἐπὶ πολλὰς ἡμέρας. διαπονηθεὶς δὲ ὁ Παῦλος, καὶ ἐπιστρέψας, τῷ πνεύματι εἶπε, Παραγγέλλω σοι ἐν τῷ ὀνόματι Ἰησοῦ Χριστοῦ, ἐξελθεῖν ἀπ᾽ αὐτῆς. καὶ ἐξῆλθεν αὐτῇ τῇ ὥρᾳ.

19 ἰδόντες δὲ οἱ κύριοι αὐτῆς ὅτι ἐξῆλθεν ἡ ἐλπὶς τῆς ἐργασίας αὐτῶν, ἐπιλαβόμενοι τὸν Παῦλον καὶ τὸν Σίλαν, εἵλκυσαν εἰς τὴν ἀγορὰν ἐπὶ τοὺς ἄρχοντας,

20 καὶ προσαγαγόντες αὐτοὺς τοῖς στρατηγοῖς εἶπον, Οὗτοι οἱ ἄνθρωποι ἐκταράσσουσιν ἡμῶν τὴν πόλιν, Ἰουδαῖοι ὑπάρχοντες,

21 καὶ καταγγέλλουσιν ἔθη ἃ οὐκ ἔξεστιν ἡμῖν παραδέχεσθαι οὐδὲ ποιεῖν, Ῥωμαίοις οὖσι.

22 καὶ συνεπέστη ὁ ὄχλος κατ᾽ αὐτῶν, καὶ οἱ στρατηγοὶ περιρρήξαντες αὐτῶν τὰ ἱμάτια ἐκέλευον ῥαβδίζειν.

23 πολλάς τε ἐπιθέντες αὐτοῖς πληγὰς ἔβαλον εἰς φυλακήν, παραγγείλαντες τῷ δεσμοφύλακι ἀσφαλῶς τηρεῖν αὐτούς·

24 ὅς, παραγγελίαν τοιαύτην εἰληφώς, ἔβαλεν αὐτοὺς εἰς τὴν ἐσωτέραν φυλακήν, καὶ τοὺς πόδας αὐτῶν ἠσφαλίσατο εἰς τὸ ξύλον.

25 κατὰ δὲ τὸ μεσονύκτιον Παῦλος καὶ Σίλας προσευχόμενοι ὕμνουν τὸν Θεόν, ἐπηκροῶντο δὲ αὐτῶν οἱ δέσμιοι·

26 ἄφνω δὲ σεισμὸς ἐγένετο μέγας, ὥστε σαλευθῆναι τὰ θεμέλια τοῦ δεσμωτηρίου· ἀνεῴχθησάν τε παραχρῆμα αἱ θύραι πᾶσαι, καὶ πάντων τὰ δεσμὰ ἀνέθη.

27 ἔξυπνος δὲ γενόμενος ὁ δεσμοφύλαξ, καὶ ἰδὼν ἀνεῳγμένας τὰς θύρας τῆς φυλακῆς, σπασάμενος μάχαιραν, ἔμελλεν ἑαυτὸν ἀναιρεῖν, νομίζων ἐκπεφευγέναι τοὺς δεσμίους.

28 ἐφώνησε δὲ φωνῇ μεγάλῃ ὁ Παῦλος λέγων, Μηδὲν πράξῃς σεαυτῷ κακόν· ἅπαντες γάρ ἐσμεν ἐνθάδε.

29 αἰτήσας δὲ φῶτα εἰσεπήδησε, καὶ ἔντρομος γενόμενος προσέπεσε τῷ Παύλῳ καὶ τῷ Σίλᾳ,

30 καὶ προαγαγὼν αὐτοὺς ἔξω ἔφη, Κύριοι, τί με δεῖ ποιεῖν ἵνα σωθῶ;

31 οἱ δὲ εἶπον, Πίστευσον ἐπὶ τὸν Κύριον Ἰησοῦν Χριστόν, καὶ σωθήσῃ σὺ καὶ ὁ οἶκός σου.

32 καὶ ἐλάλησαν αὐτῷ τὸν λόγον τοῦ Κυρίου, καὶ πᾶσι τοῖς ἐν τῇ οἰκίᾳ αὐτοῦ.

33 καὶ παραλαβὼν αὐτοὺς ἐν ἐκείνῃ τῇ ὥρᾳ τῆς νυκτὸς ἔλουσεν ἀπὸ τῶν πληγῶν, καὶ ἐβαπτίσθη αὐτὸς καὶ οἱ αὐτοῦ πάντες παραχρῆμα.

34 ἀναγαγών τε αὐτοὺς εἰς τὸν οἶκον αὐτοῦ παρέθηκε τράπεζαν, καὶ ἠγαλλιάσατο πανοικὶ πεπιστευκὼς τῷ Θεῷ.

35 Ἡμέρας δὲ γενομένης ἀπέστειλαν οἱ στρατηγοὶ τοὺς ῥαβδούχους λέγοντες, Ἀπόλυσον τοὺς ἀνθρώπους ἐκείνους.

36 ἀπήγγειλε δὲ ὁ δεσμοφύλαξ τοὺς λόγους τούτους πρὸς τὸν Παῦλον ὅτι Ἀπεστάλκασιν οἱ στρατηγοί, ἵνα ἀπολυθῆτε· νῦν οὖν ἐξελθόντες πορεύεσθε ἐν εἰρήνῃ.

37 ὁ δὲ Παῦλος ἔφη πρὸς αὐτούς, Δείραντες ἡμᾶς δημοσίᾳ, ἀκατακρίτους, ἀνθρώπους Ῥωμαίους ὑπάρχοντας, ἔβαλον εἰς φυλακήν, καὶ νῦν λάθρα ἡμᾶς ἐκβάλλουσιν; οὐ γάρ· ἀλλὰ ἐλθόντες αὐτοὶ ἡμᾶς ἐξαγαγέτωσαν.

38 ἀνήγγειλαν δὲ τοῖς στρατηγοῖς οἱ ῥαβδοῦχοι τὰ ῥήματα ταῦτα· καὶ ἐφοβήθησαν ἀκούσαντες ὅτι Ῥωμαῖοί εἰσι,

39 καὶ ἐλθόντες παρεκάλεσαν αὐτούς, καὶ ἐξαγαγόντες ἠρώτων ἐξελθεῖν τῆς πόλεως.

40 ἐξελθόντες δὲ ἐκ τῆς φυλακῆς εἰσῆλθον εἰς τὴν Λυδίαν· καὶ ἰδόντες τοὺς ἀδελφούς, παρεκάλεσαν αὐτούς, καὶ ἐξῆλθον.

CHAPTER 17

1 Διοδεύσαντες δὲ τὴν Ἀμφίπολιν καὶ Ἀπολλωνίαν, ἦλθον εἰς Θεσσαλονίκην, ὅπου ἦν ἡ συναγωγὴ τῶν Ἰουδαίων·

2 κατὰ δὲ τὸ εἰωθὸς τῷ Παύλῳ εἰσῆλθε πρὸς αὐτούς, καὶ ἐπὶ σάββατα τρία διελέγετο αὐτοῖς ἀπὸ τῶν γραφῶν,

3 διανοίγων καὶ παρατιθέμενος, ὅτι τὸν Χριστὸν ἔδει παθεῖν καὶ ἀναστῆναι ἐκ νεκρῶν, καὶ ὅτι οὗτός ἐστιν ὁ Χριστὸς Ἰησοῦς, ὃν ἐγὼ καταγγέλλω ὑμῖν.

4 καί τινες ἐξ αὐτῶν ἐπείσθησαν, καὶ προσεκληρώθησαν τῷ Παύλῳ καὶ τῷ Σίλᾳ, τῶν τε σεβομένων Ἑλλήνων πολὺ πλῆθος, γυναικῶν τε τῶν πρώτων οὐκ ὀλίγαι.

5 ζηλώσαντες δὲ οἱ ἀπειθοῦντες Ἰουδαῖοι, καὶ προσλαβόμενοι τῶν ἀγοραίων τινὰς ἄνδρας πονηρούς, καὶ ὀχλοποιήσαντες, ἐθορύβουν τὴν πόλιν· ἐπιστάντες τε τῇ οἰκίᾳ Ἰάσονος, ἐζήτουν αὐτοὺς ἀγαγεῖν εἰς τὸν δῆμον

6 μὴ εὑρόντες δὲ αὐτούς, ἔσυρον τὸν Ἰάσονα καί τινας ἀδελφοὺς ἐπὶ τοὺς πολιτάρχας, βοῶντες ὅτι Οἱ τὴν οἰκουμένην ἀναστατώσαντες, οὗτοι καὶ ἐνθάδε πάρεισιν,

7 οὓς ὑποδέδεκται Ἰάσων· καὶ οὗτοι πάντες ἀπέναντι τῶν δογμάτων Καίσαρος πράττουσι, βασιλέα λέγοντες ἕτερον εἶναι, Ἰησοῦν.

8 ἐτάραξαν δὲ τὸν ὄχλον καὶ τοὺς πολιτάρχας ἀκούοντας ταῦτα.

9 καὶ λαβόντες τὸ ἱκανὸν παρὰ τοῦ Ἰάσονος καὶ τῶν λοιπῶν, ἀπέλυσαν αὐτούς.

10 Οἱ δὲ ἀδελφοὶ εὐθέως διὰ τῆς νυκτὸς ἐξέπεμψαν τόν τε Παῦλον καὶ τὸν Σιλᾶν εἰς Βέροιαν· οἵτινες

249

παραγενόμενοι εἰς τὴν συναγωγὴν τῶν Ἰουδαίων ἀπῄεσαν.

11 οὗτοι δὲ ἦσαν εὐγενέστεροι τῶν ἐν Θεσσαλονίκῃ, οἵτινες ἐδέξαντο τὸν λόγον μετὰ πάσης προθυμίας, τὸ καθ' ἡμέραν ἀνακρίνοντες τὰς γραφάς, εἰ ἔχοι ταῦτα οὕτως.

12 πολλοὶ μὲν οὖν ἐξ αὐτῶν ἐπίστευσαν, καὶ τῶν Ἑλληνίδων γυναικῶν τῶν εὐσχημόνων καὶ ἀνδρῶν οὐκ ὀλίγοι.

13 ὡς δὲ ἔγνωσαν οἱ ἀπὸ τῆς Θεσσαλονίκης Ἰουδαῖοι ὅτι καὶ ἐν τῇ Βεροίᾳ κατηγγέλη ὑπὸ τοῦ Παύλου ὁ λόγος τοῦ Θεοῦ, ἦλθον κἀκεῖ σαλεύοντες τοὺς ὄχλους.

14 εὐθέως δὲ τότε τὸν Παῦλον ἐξαπέστειλαν οἱ ἀδελφοὶ πορεύεσθαι ὡς ἐπὶ τὴν θάλασσαν· ὑπέμενον δὲ ὅ τε Σίλας καὶ ὁ Τιμόθεος ἐκεῖ.

15 οἱ δὲ καθιστῶντες τὸν Παῦλον, ἤγαγον αὐτὸν ἕως Ἀθηνῶν· καὶ λαβόντες ἐντολὴν πρὸς τὸν Σίλαν καὶ Τιμόθεον, ἵνα ὡς τάχιστα ἔλθωσι πρὸς αὐτόν, ἐξῄεσαν.

16 Ἐν δὲ ταῖς Ἀθήναις ἐκδεχομένου αὐτοὺς τοῦ Παύλου, παρωξύνετο τὸ πνεῦμα αὐτοῦ ἐν αὐτῷ, θεωροῦντι κατείδωλον οὖσαν τὴν πόλιν.

17 διελέγετο μὲν οὖν ἐν τῇ συναγωγῇ τοῖς Ἰουδαίοις καὶ τοῖς σεβομένοις, καὶ ἐν τῇ ἀγορᾷ κατὰ πᾶσαν ἡμέραν πρὸς τοὺς παρατυγχάνοντας.

18 τινὲς δὲ τῶν Ἐπικουρείων καὶ τῶν Στωϊκῶν φιλοσόφων συνέβαλλον αὐτῷ. καί τινες ἔλεγον, Τί ἂν θέλοι ὁ σπερμολόγος οὗτος λέγειν; οἱ δέ, Ξένων δαιμονίων δοκεῖ καταγγελεὺς εἶναι· ὅτι τὸν Ἰησοῦν καὶ τὴν ἀνάστασιν αὐτοῖς εὐηγγελίζετο.

19 ἐπιλαβόμενοί τε αὐτοῦ, ἐπὶ τὸν Ἄρειον πάγον ἤγαγον λέγοντες, Δυνάμεθα γνῶναι, τίς ἡ καινὴ αὕτη ἡ ὑπὸ σοῦ λαλουμένη διδαχή;

20 ξενίζοντα γάρ τινα εἰσφέρεις εἰς τὰς ἀκοὰς ἡμῶν· βουλόμεθα οὖν γνῶναι, τί ἂν θέλοι ταῦτα εἶναι.

21 (Ἀθηναῖοι δὲ πάντες καὶ οἱ ἐπιδημοῦντες ξένοι εἰς οὐδὲν ἕτερον εὐκαίρουν, ἢ λέγειν τι καὶ ἀκούειν καινότερον.)

22 Σταθεὶς δὲ ὁ Παῦλος ἐν μέσῳ τοῦ Ἀρείου πάγου, ἔφη, Ἄνδρες Ἀθηναῖοι, κατὰ πάντα ὡς δεισιδαιμονεστέρους ὑμᾶς θεωρῶ.

23 διερχόμενος γὰρ καὶ ἀναθεωρῶν τὰ σεβάσματα ὑμῶν, εὗρον καὶ βωμὸν ἐν ᾧ ἐπεγέγραπτο, Ἀγνώστῳ Θεῷ. ὃν οὖν ἀγνοοῦντες εὐσεβεῖτε, τοῦτον ἐγὼ καταγγέλλω ὑμῖν.

24 ὁ Θεὸς ὁ ποιήσας τὸν κόσμον καὶ πάντα τὰ ἐν αὐτῷ, οὗτος, οὐρανοῦ καὶ γῆς κύριος ὑπάρχων, οὐκ ἐν χειροποιήτοις ναοῖς κατοικεῖ,

25 οὐδὲ ὑπὸ χειρῶν ἀνθρώπων θεραπεύεται, προσδεόμενός τινος, αὐτὸς διδοὺς πᾶσι ζωὴν καὶ πνοὴν καὶ τὰ πάντα·

26 ἐποίησέ τε ἐξ ἑνὸς αἵματος πᾶν ἔθνος ἀνθρώπων, κατοικεῖν ἐπὶ πᾶν τὸ πρόσωπον τῆς γῆς, ὁρίσας

ΠΡΑΞΕΙΣ ΤΩΝ ΑΠΟΣΤΟΛΟΝ

προτεταγμένους καιρούς καὶ τὰς ὁροθεσίας τῆς κατοικίας αὐτῶν·

27 ζητεῖν τὸν Κύριον, εἰ ἄραγε ψηλαφήσειαν αὐτὸν καὶ εὕροιεν, καίτοιγε οὐ μακρὰν ἀπὸ ἑνὸς ἑκάστου ἡμῶν ὑπάρχοντα.

28 ἐν αὐτῷ γὰρ ζῶμεν καὶ κινούμεθα καὶ ἐσμέν· ὡς καί τινες τῶν καθ᾽ ὑμᾶς ποιητῶν εἰρήκασι, Τοῦ γὰρ καὶ γένος ἐσμέν.

29 γένος οὖν ὑπάρχοντες τοῦ Θεοῦ, οὐκ ὀφείλομεν νομίζειν χρυσῷ ἢ ἀργύρῳ ἢ λίθῳ, χαράγματι τέχνης καὶ ἐνθυμήσεως ἀνθρώπου, τὸ θεῖον εἶναι ὅμοιον.

30 τοὺς μὲν οὖν χρόνους τῆς ἀγνοίας ὑπεριδὼν ὁ Θεός, τὰ νῦν παραγγέλλει τοῖς ἀνθρώποις πᾶσι πανταχοῦ μετανοεῖν·

31 διότι ἔστησεν ἡμέραν, ἐν ᾗ μέλλει κρίνειν τὴν οἰκουμένην ἐν δικαιοσύνῃ, ἐν ἀνδρὶ ᾧ ὥρισε, πίστιν παρασχὼν πᾶσιν, ἀναστήσας αὐτὸν ἐκ νεκρῶν.

32 Ἀκούσαντες δὲ ἀνάστασιν νεκρῶν, οἱ μὲν ἐχλεύαζον· οἱ δὲ εἶπον, Ἀκουσόμεθά σου πάλιν περὶ τούτου.

33 καὶ οὕτως ὁ Παῦλος ἐξῆλθεν ἐκ μέσου αὐτῶν.

34 τινὲς δὲ ἄνδρες κολληθέντες αὐτῷ, ἐπίστευσαν· ἐν οἷς καὶ Διονύσιος ὁ Ἀρεοπαγίτης, καὶ γυνὴ ὀνόματι Δάμαρις, καὶ ἕτεροι σὺν αὐτοῖς.

CHAPTER 18

1 Μετὰ δὲ ταῦτα χωρισθεὶς ὁ Παῦλος ἐκ τῶν Ἀθηνῶν ἦλθεν εἰς Κόρινθον.

2 καὶ εὑρών τινα Ἰουδαῖον ὀνόματι Ἀκύλαν, Ποντικὸν τῷ γένει, προσφάτως ἐληλυθότα ἀπὸ τῆς Ἰταλίας, καὶ Πρίσκιλλαν γυναῖκα αὐτοῦ, διὰ τὸ διατεταχέναι Κλαύδιον χωρίζεσθαι πάντας τοὺς Ἰουδαίους ἐκ τῆς Ῥώμης, προσῆλθεν αὐτοῖς·

3 καὶ διὰ τὸ ὁμότεχνον εἶναι, ἔμενε παρ᾽ αὐτοῖς καὶ εἰργάζετο· ἦσαν γὰρ σκηνοποιοὶ τὴν τέχνην.

4 διελέγετο δὲ ἐν τῇ συναγωγῇ κατὰ πᾶν σάββατον, ἔπειθέ τε Ἰουδαίους καὶ Ἕλληνας.

5 Ὡς δὲ κατῆλθον ἀπὸ τῆς Μακεδονίας ὅ τε Σίλας καὶ ὁ Τιμόθεος, συνείχετο τῷ πνεύματι ὁ Παῦλος, διαμαρτυρόμενος τοῖς Ἰουδαίοις τὸν Χριστόν, Ἰησοῦν.

6 ἀντιτασσομένων δὲ αὐτῶν καὶ βλασφημούντων, ἐκτιναξάμενος τὰ ἱμάτια, εἶπε πρὸς αὐτούς, Τὸ αἷμα ὑμῶν ἐπὶ τὴν κεφαλὴν ὑμῶν· καθαρὸς ἐγώ· ἀπὸ τοῦ νῦν εἰς τὰ ἔθνη πορεύσομαι.

7 καὶ μεταβὰς ἐκεῖθεν ἦλθεν εἰς οἰκίαν τινὸς ὀνόματι Ἰούστου, σεβομένου τὸν Θεόν, οὗ ἡ οἰκία ἦν συνομοροῦσα τῇ συναγωγῇ.

8 Κρίσπος δὲ ὁ ἀρχισυνάγωγος ἐπίστευσε τῷ Κυρίῳ σὺν ὅλῳ τῷ οἴκῳ αὐτοῦ· καὶ πολλοὶ τῶν Κορινθίων ἀκούοντες ἐπίστευον καὶ ἐβαπτίζοντο.

ΠΡΑΞΕΙΣ ΤΩΝ ΑΠΟΣΤΟΛΩΝ

9 εἶπε δὲ ὁ Κύριος δι' ὁράματος ἐν νυκτὶ τῷ Παύλῳ, Μὴ φοβοῦ, ἀλλὰ λάλει καὶ μὴ σιωπήσῃς·

10 διότι ἐγώ εἰμι μετὰ σοῦ, καὶ οὐδεὶς ἐπιθήσεταί σοι τοῦ κακῶσαί σε· διότι λαός ἐστί μοι πολὺς ἐν τῇ πόλει ταύτῃ.

11 ἐκάθισέ τε ἐνιαυτὸν καὶ μῆνας ἓξ, διδάσκων ἐν αὐτοῖς τὸν λόγον τοῦ Θεοῦ.

12 Γαλλίωνος δὲ ἀνθυπατεύοντος τῆς Ἀχαΐας, κατεπέστησαν ὁμοθυμαδὸν οἱ Ἰουδαῖοι τῷ Παύλῳ, καὶ ἤγαγον αὐτὸν ἐπὶ τὸ βῆμα,

13 λέγοντες, ὅτι Παρὰ τὸν νόμον οὗτος ἀναπείθει τοὺς ἀνθρώπους σέβεσθαι τὸν Θεόν.

14 μέλλοντος δὲ τοῦ Παύλου ἀνοίγειν τὸ στόμα, εἶπεν ὁ Γαλλίων πρὸς τοὺς Ἰουδαίους, Εἰ μὲν οὖν ἦν ἀδίκημά τι ἢ ῥᾳδιούργημα πονηρόν, ὦ Ἰουδαῖοι, κατὰ λόγον ἂν ἠνεσχόμην ὑμῶν·

15 εἰ δὲ ζήτημά ἐστι περὶ λόγου καὶ ὀνομάτων καὶ νόμου τοῦ καθ' ὑμᾶς, ὄψεσθε αὐτοί· κριτὴς γὰρ ἐγὼ τούτων οὐ βούλομαι εἶναι.

16 καὶ ἀπήλασεν αὐτοὺς ἀπὸ τοῦ βήματος.

17 ἐπιλαβόμενοι δὲ πάντες οἱ Ἕλληνες Σωσθένην τὸν ἀρχισυνάγωγον ἔτυπτον ἔμπροσθεν τοῦ βήματος. καὶ οὐδὲν τούτων τῷ Γαλλίωνι ἔμελεν.

18 Ὁ δὲ Παῦλος ἔτι προσμείνας ἡμέρας ἱκανάς, τοῖς ἀδελφοῖς ἀποταξάμενος, ἐξέπλει εἰς τὴν Συρίαν, καὶ σὺν αὐτῷ Πρίσκιλλα καὶ Ἀκύλας, κειράμενος τὴν κεφαλὴν ἐν Κεγχρεαῖς· εἶχε γὰρ εὐχήν.

19 κατήντησε δὲ εἰς Ἔφεσον, κἀκείνους κατέλιπεν αὐτοῦ· αὐτὸς δὲ εἰσελθὼν εἰς τὴν συναγωγὴν διελέχθη τοῖς Ἰουδαίοις.

20 ἐρωτώντων δὲ αὐτῶν ἐπὶ πλείονα χρόνον μεῖναι παρ' αὐτοῖς, οὐκ ἐπένευσεν·

21 ἀλλ' ἀπετάξατο αὐτοῖς εἰπών, Δεῖ με πάντως τὴν ἑορτὴν τὴν ἐρχομένην ποιῆσαι εἰς Ἱεροσόλυμα· πάλιν δὲ ἀνακάμψω πρὸς ὑμᾶς, τοῦ Θεοῦ θέλοντος. καὶ ἀνήχθη ἀπὸ τῆς Ἐφέσου

22 καὶ κατελθὼν εἰς Καισάρειαν, ἀναβὰς καὶ ἀσπασάμενος τὴν ἐκκλησίαν, κατέβη εἰς Ἀντιόχειαν

23 καὶ ποιήσας χρόνον τινά, ἐξῆλθε, διερχόμενος καθεξῆς τὴν Γαλατικὴν χώραν καὶ Φρυγίαν, ἐπιστηρίζων πάντας τοὺς μαθητάς.

24 Ἰουδαῖος δέ τις Ἀπολλὼς ὀνόματι, Ἀλεξανδρεὺς τῷ γένει, ἀνὴρ λόγιος, κατήντησεν εἰς Ἔφεσον, δυνατὸς ὢν ἐν ταῖς γραφαῖς

25 οὗτος ἦν κατηχημένος τὴν ὁδὸν τοῦ Κυρίου, καὶ ζέων τῷ πνεύματι ἐλάλει καὶ ἐδίδασκεν ἀκριβῶς τὰ περὶ τοῦ Κυρίου, ἐπιστάμενος μόνον τὸ βάπτισμα Ἰωάννου·

26 οὗτός τε ἤρξατο παρρησιάζεσθαι ἐν τῇ συναγωγῇ. ἀκούσαντες δὲ αὐτοῦ Ἀκύλας καὶ Πρίσκιλλα, προσελάβοντο αὐτόν, καὶ ἀκριβέστερον αὐτῷ ἐξέθεντο τὴν τοῦ Θεοῦ ὁδόν.

27 Βουλομένου δὲ αὐτοῦ διελθεῖν εἰς τὴν Ἀχαΐαν, προτρεψάμενοι οἱ ἀδελφοὶ ἔγραψαν τοῖς μαθηταῖς ἀποδέξασθαι αὐτόν· ὃς παραγενόμενος συνεβάλετο πολὺ τοῖς πεπιστευκόσι διὰ τῆς χάριτος· 28 εὐτόνως γὰρ τοῖς Ἰουδαίοις διακατηλέγχετο δημοσίᾳ, ἐπιδεικνὺς διὰ τῶν γραφῶν εἶναι τὸν Χριστὸν Ἰησοῦν.

CHAPTER 19

1 Ἐγένετο δέ, ἐν τῷ τὸν Ἀπολλὼ εἶναι ἐν Κορίνθῳ, Παῦλον διελθόντα τὰ ἀνωτερικὰ μέρη ἐλθεῖν εἰς Ἔφεσον· καὶ εὑρών τινας μαθητὰς
2 εἶπε πρὸς αὐτούς, Εἰ Πνεῦμα Ἅγιον ἐλάβετε πιστεύσαντες; οἱ δὲ εἶπον πρὸς αὐτόν, Ἀλλ' οὐδὲ εἰ Πνεῦμα Ἅγιον ἔστιν, ἠκούσαμεν.
3 εἶπέ τε πρὸς αὐτούς, Εἰς τί οὖν ἐβαπτίσθητε; οἱ δὲ εἶπον, Εἰς τὸ Ἰωάννου βάπτισμα.
4 εἶπε δὲ Παῦλος, Ἰωάννης μὲν ἐβάπτισε βάπτισμα μετανοίας, τῷ λαῷ λέγων εἰς τὸν ἐρχόμενον μετ' αὐτὸν ἵνα πιστεύσωσι, τοῦτ' ἔστιν, εἰς τὸν Χριστὸν Ἰησοῦν.
5 ἀκούσαντες δὲ ἐβαπτίσθησαν εἰς τὸ ὄνομα τοῦ Κυρίου Ἰησοῦ.
6 καὶ ἐπιθέντος αὐτοῖς τοῦ Παύλου τὰς χεῖρας, ἦλθε τὸ Πνεῦμα τὸ Ἅγιον ἐπ' αὐτούς, ἐλάλουν τε γλώσσαις καὶ προεφήτευον.
7 ἦσαν δὲ οἱ πάντες ἄνδρες ὡσεὶ δεκαδύο.

8 Εἰσελθὼν δὲ εἰς τὴν συναγωγὴν ἐπαρρησιάζετο, ἐπὶ μῆνας τρεῖς διαλεγόμενος καὶ πείθων τὰ περὶ τῆς βασιλείας τοῦ Θεοῦ.
9 ὡς δέ τινες ἐσκληρύνοντο καὶ ἠπείθουν, κακολογοῦντες τὴν ὁδὸν ἐνώπιον τοῦ πλήθους, ἀποστὰς ἀπ' αὐτῶν ἀφώρισε τοὺς μαθητάς, καθ' ἡμέραν διαλεγόμενος ἐν τῇ σχολῇ Τυράννου τινός.
10 τοῦτο δὲ ἐγένετο ἐπὶ ἔτη δύο, ὥστε πάντας τοὺς κατοικοῦντας τὴν Ἀσίαν ἀκοῦσαι τὸν λόγον τοῦ Κυρίου Ἰησοῦ, Ἰουδαίους τε καὶ Ἕλληνας.
11 δυνάμεις τε οὐ τὰς τυχούσας ἐποίει ὁ Θεὸς διὰ τῶν χειρῶν Παύλου,
12 ὥστε καὶ ἐπὶ τοὺς ἀσθενοῦντας ἐπιφέρεσθαι ἀπὸ τοῦ χρωτὸς αὐτοῦ σουδάρια ἢ σιμικίνθια, καὶ ἀπαλλάσσεσθαι ἀπ' αὐτῶν τὰς νόσους, τά τε πνεύματα τὰ πονηρὰ ἐξέρχεσθαι ἀπ' αὐτῶν.
13 ἐπεχείρησαν δέ τινες ἀπὸ τῶν περιερχομένων Ἰουδαίων ἐξορκιστῶν ὀνομάζειν ἐπὶ τοὺς ἔχοντας τὰ πνεύματα τὰ πονηρὰ τὸ ὄνομα τοῦ Κυρίου Ἰησοῦ, λέγοντες, Ὀρκίζομεν ὑμᾶς τὸν Ἰησοῦν ὃν ὁ Παῦλος κηρύσσει.
14 ἦσαν δέ τινες υἱοὶ Σκευᾶ Ἰουδαίου ἀρχιερέως ἑπτὰ οἱ τοῦτο ποιοῦντες.
15 ἀποκριθὲν δὲ τὸ πνεῦμα τὸ πονηρὸν εἶπε, Τὸν Ἰησοῦν γινώσκω, καὶ τὸν Παῦλον ἐπίσταμαι· ὑμεῖς δὲ τίνες ἐστέ;

16 καὶ ἐφαλλόμενος ἐπ' αὐτοὺς ὁ ἄνθρωπος ἐν ᾧ ἦν τὸ πνεῦμα τὸ πονηρόν, καὶ κατακυριεύσας αὐτῶν, ἴσχυσε κατ' αὐτῶν, ὥστε γυμνοὺς καὶ τετραυματισμένους ἐκφυγεῖν ἐκ τοῦ οἴκου ἐκείνου.

17 τοῦτο δὲ ἐγένετο γνωστὸν πᾶσιν Ἰουδαίοις τε καὶ Ἕλλησι τοῖς κατοικοῦσι τὴν Ἔφεσον, καὶ ἐπέπεσε φόβος ἐπὶ πάντας αὐτούς, καὶ ἐμεγαλύνετο τὸ ὄνομα τοῦ Κυρίου Ἰησοῦ.

18 πολλοί τε τῶν πεπιστευκότων ἤρχοντο, ἐξομολογούμενοι, καὶ ἀναγγέλλοντες τὰς πράξεις αὐτῶν.

19 ἱκανοὶ δὲ τῶν τὰ περίεργα πραξάντων συνενέγκαντες τὰς βίβλους κατέκαιον ἐνώπιον πάντων· καὶ συνεψήφισαν τὰς τιμὰς αὐτῶν, καὶ εὗρον ἀργυρίου μυριάδας πέντε.

20 οὕτω κατὰ κράτος ὁ λόγος τοῦ Κυρίου ηὔξανε καὶ ἴσχυεν.

21 Ὡς δὲ ἐπληρώθη ταῦτα, ἔθετο ὁ Παῦλος ἐν τῷ πνεύματι, διελθὼν τὴν Μακεδονίαν καὶ Ἀχαΐαν, πορεύεσθαι εἰς Ἰερουσαλήμ, εἰπὼν ὅτι Μετὰ τὸ γενέσθαι με ἐκεῖ, δεῖ με καὶ Ῥώμην ἰδεῖν.

22 ἀποστείλας δὲ εἰς τὴν Μακεδονίαν δύο τῶν διακονούντων αὐτῷ, Τιμόθεον καὶ Ἔραστον, αὐτὸς ἐπέσχε χρόνον εἰς τὴν Ἀσίαν.

23 Ἐγένετο δὲ κατὰ τὸν καιρὸν ἐκεῖνον τάραχος οὐκ ὀλίγος περὶ τῆς ὁδοῦ.

24 Δημήτριος γάρ τις ὀνόματι, ἀργυροκόπος, ποιῶν ναοὺς ἀργυροῦς Ἀρτέμιδος, παρείχετο τοῖς τεχνίταις ἐργασίαν οὐκ ὀλίγην·

25 οὓς συναθροίσας, καὶ τοὺς περὶ τὰ τοιαῦτα ἐργάτας, εἶπεν, Ἄνδρες, ἐπίστασθε ὅτι ἐκ ταύτης τῆς ἐργασίας ἡ εὐπορία ἡμῶν ἐστι.

26 καὶ θεωρεῖτε καὶ ἀκούετε ὅτι οὐ μόνον Ἐφέσου, ἀλλὰ σχεδὸν πάσης τῆς Ἀσίας, ὁ Παῦλος οὗτος πείσας μετέστησεν ἱκανὸν ὄχλον, λέγων ὅτι οὐκ εἰσὶ θεοὶ οἱ διὰ χειρῶν γινόμενοι.

27 οὐ μόνον δὲ τοῦτο κινδυνεύει ἡμῖν τὸ μέρος εἰς ἀπελεγμὸν ἐλθεῖν, ἀλλὰ καὶ τὸ τῆς μεγάλης θεᾶς Ἀρτέμιδος ἱερὸν εἰς οὐδὲν λογισθῆναι, μέλλειν τε καὶ καθαιρεῖσθαι τὴν μεγαλειότητα αὐτῆς, ἣν ὅλη ἡ Ἀσία καὶ ἡ οἰκουμένη σέβεται.

28 ἀκούσαντες δὲ καὶ γενόμενοι πλήρεις θυμοῦ, ἔκραζον λέγοντες, Μεγάλη ἡ Ἄρτεμις Ἐφεσίων.

29 καὶ ἐπλήσθη ἡ πόλις ὅλη συγχύσεως· ὥρμησάν τε ὁμοθυμαδὸν εἰς τὸ θέατρον, συναρπάσαντες Γάϊον καὶ Ἀρίσταρχον Μακεδόνας, συνεκδήμους τοῦ Παύλου.

30 τοῦ δὲ Παύλου βουλομένου εἰσελθεῖν εἰς τὸν δῆμον, οὐκ εἴων αὐτὸν οἱ μαθηταί.

31 τινὲς δὲ καὶ τῶν Ἀσιαρχῶν, ὄντες αὐτῷ φίλοι, πέμψαντες πρὸς αὐτόν, παρεκάλουν μὴ δοῦναι ἑαυτὸν εἰς τὸ θέατρον.

32 ἄλλοι μὲν οὖν ἄλλο τι ἔκραζον· ἦν γὰρ ἡ ἐκκλησία συγκεχυμένη,

καὶ οἱ πλείους οὐκ ᾔδεισαν τίνος ἕνεκεν συνεληλύθεισαν.

33 ἐκ δὲ τοῦ ὄχλου προεβίβασαν Ἀλέξανδρον, προβαλλόντων αὐτὸν τῶν Ἰουδαίων. ὁ δὲ Ἀλέξανδρος, κατασείσας τὴν χεῖρα, ἤθελεν ἀπολογεῖσθαι τῷ δήμῳ.

34 ἐπιγνόντων δὲ ὅτι Ἰουδαῖός ἐστι, φωνὴ ἐγένετο μία ἐκ πάντων ὡς ἐπὶ ὥρας δύο κραζόντων, Μεγάλη ἡ Ἄρτεμις Ἐφεσίων.

35 καταστείλας δὲ ὁ γραμματεὺς τὸν ὄχλον φησίν, Ἄνδρες Ἐφέσιοι, τίς γάρ ἐστιν ἄνθρωπος ὃς οὐ γινώσκει τὴν Ἐφεσίων πόλιν νεωκόρον οὖσαν τῆς μεγάλης θεᾶς Ἀρτέμιδος καὶ τοῦ Διοπετοῦς;

36 ἀναντιρρήτων οὖν ὄντων τούτων, δέον ἐστὶν ὑμᾶς κατεσταλμένους ὑπάρχειν, καὶ μηδὲν προπετὲς πράττειν

37 ἠγάγετε γὰρ τοὺς ἄνδρας τούτους, οὔτε ἱεροσύλους οὔτε βλασφημοῦντας τὴν θεὰν ὑμῶν.

38 εἰ μὲν οὖν Δημήτριος καὶ οἱ σὺν αὐτῷ τεχνῖται πρός τινα λόγον ἔχουσιν, ἀγοραῖοι ἄγονται, καὶ ἀνθύπατοί εἰσιν· ἐγκαλείτωσαν ἀλλήλοις.

39 εἰ δέ τι περὶ ἑτέρων ἐπιζητεῖτε, ἐν τῇ ἐννόμῳ ἐκκλησίᾳ ἐπιλυθήσεται.

40 καὶ γὰρ κινδυνεύομεν ἐγκαλεῖσθαι στάσεως περὶ τῆς σήμερον, μηδενὸς αἰτίου ὑπάρχοντος περὶ οὗ δυνησόμεθα ἀποδοῦναι λόγον τῆς συστροφῆς ταύτης.

41 καί ταῦτα εἰπών, ἀπέλυσε τὴν ἐκκλησίαν

CHAPTER 20

1 Μετὰ δὲ τὸ παύσασθαι τὸν θόρυβον, προσκαλεσάμενος ὁ Παῦλος τοὺς μαθητάς, καὶ ἀσπασάμενος, ἐξῆλθε πορευθῆναι εἰς τὴν Μακεδονίαν.

2 διελθὼν δὲ τὰ μέρη ἐκεῖνα, καὶ παρακαλέσας αὐτοὺς λόγῳ πολλῷ, ἦλθεν εἰς τὴν Ἑλλάδα

3 ποιήσας τε μῆνας τρεῖς, γενομένης αὐτῷ ἐπιβουλῆς ὑπὸ τῶν Ἰουδαίων μέλλοντι ἀνάγεσθαι εἰς τὴν Συρίαν, ἐγένετο γνώμη τοῦ ὑποστρέφειν διὰ Μακεδονίας.

4 συνείπετο δὲ αὐτῷ ἄχρι τῆς Ἀσίας Σώπατρος Βεροιαῖος· Θεσσαλονικέων δέ, Ἀρίσταρχος καὶ Σεκοῦνδος, καὶ Γάϊος Δερβαῖος, καὶ Τιμόθεος· Ἀσιανοὶ δέ, Τυχικὸς καὶ Τρόφιμος.

5 οὗτοι προελθόντες ἔμενον ἡμᾶς ἐν Τρωάδι.

6 ἡμεῖς δὲ ἐξεπλεύσαμεν μετὰ τὰς ἡμέρας τῶν ἀζύμων ἀπὸ Φιλίππων, καὶ ἤλθομεν πρὸς αὐτοὺς εἰς τὴν Τρωάδα ἄχρις ἡμερῶν πέντε, οὗ διετρίψαμεν ἡμέρας ἑπτά.

7 Ἐν δὲ τῇ μιᾷ τῶν σαββάτων, συνηγμένων τῶν μαθητῶν τοῦ κλάσαι ἄρτον, ὁ Παῦλος διελέγετο αὐτοῖς, μέλλων ἐξιέναι τῇ ἐπαύριον, παρέτεινέ τε τὸν λόγον μέχρι μεσονυκτίου.

8 ἦσαν δὲ λαμπάδες ἱκαναὶ ἐν τῷ ὑπερῴῳ οὗ ἦσαν συνηγμένοι.

9 καθήμενος δέ τις νεανίας ὀνόματι Εὔτυχος ἐπὶ τῆς θυρίδος, καταφερόμενος ὕπνῳ βαθεῖ, διαλεγομένου τοῦ Παύλου ἐπὶ πλεῖον, κατενεχθεὶς ἀπὸ τοῦ ὕπνου ἔπεσεν ἀπὸ τοῦ τριστέγου κάτω, καὶ ἤρθη νεκρός.

10 καταβὰς δὲ ὁ Παῦλος ἐπέπεσεν αὐτῷ, καὶ συμπεριλαβὼν εἶπε, Μὴ θορυβεῖσθε· ἡ γὰρ ψυχὴ αὐτοῦ ἐν αὐτῷ ἐστιν.

11 ἀναβὰς δὲ καὶ κλάσας ἄρτον καὶ γευσάμενος, ἐφ' ἱκανόν τε ὁμιλήσας ἄχρις αὐγῆς, οὕτως ἐξῆλθεν.

12 ἤγαγον δὲ τὸν παῖδα ζῶντα, καὶ παρεκλήθησαν οὐ μετρίως.

13 Ἡμεῖς δέ, προελθόντες ἐπὶ τὸ πλοῖον, ἀνήχθημεν εἰς τὴν Ἄσσον, ἐκεῖθεν μέλλοντες ἀναλαμβάνειν τὸν Παῦλον· οὕτω γὰρ ἦν διατεταγμένος, μέλλων αὐτὸς πεζεύειν.

14 ὡς δὲ συνέβαλεν ἡμῖν εἰς τὴν Ἄσσον, ἀναλαβόντες αὐτὸν ἤλθομεν εἰς Μιτυλήνην

15 κἀκεῖθεν ἀποπλεύσαντες, τῇ ἐπιούσῃ κατηντήσαμεν ἀντικρὺ Χίου· τῇ δὲ ἑτέρᾳ παρεβάλομεν εἰς Σάμον· καὶ μείναντες ἐν Τρωγυλλίῳ, τῇ ἐχομένῃ ἤλθομεν εἰς Μίλητον

16 ἔκρινε γὰρ ὁ Παῦλος παραπλεῦσαι τὴν Ἔφεσον, ὅπως μὴ γένηται αὐτῷ χρονοτριβῆσαι ἐν τῇ Ἀσίᾳ· ἔσπευδε γάρ, εἰ δυνατὸν ἦν αὐτῷ, τὴν ἡμέραν τῆς Πεντηκοστῆς γενέσθαι εἰς Ἱεροσόλυμα.

17 Ἀπὸ δὲ τῆς Μιλήτου πέμψας εἰς Ἔφεσον μετεκαλέσατο τοὺς πρεσβυτέρους τῆς ἐκκλησίας.

18 ὡς δὲ παρεγένοντο πρὸς αὐτόν, εἶπεν αὐτοῖς, Ὑμεῖς ἐπίστασθε, ἀπὸ πρώτης ἡμέρας ἀφ' ἧς ἐπέβην εἰς τὴν Ἀσίαν, πῶς μεθ' ὑμῶν τὸν πάντα χρόνον ἐγενόμην,

19 δουλεύων τῷ Κυρίῳ μετὰ πάσης ταπεινοφροσύνης καὶ πολλῶν δακρύων καὶ πειρασμῶν τῶν συμβάντων μοι ἐν ταῖς ἐπιβουλαῖς τῶν Ἰουδαίων·

20 ὡς οὐδὲν ὑπεστειλάμην τῶν συμφερόντων, τοῦ μὴ ἀναγγεῖλαι ὑμῖν καὶ διδάξαι ὑμᾶς δημοσίᾳ καὶ κατ' οἴκους,

21 διαμαρτυρόμενος Ἰουδαίοις τε καὶ Ἕλλησι τὴν εἰς τὸν Θεὸν μετάνοιαν, καὶ πίστιν τὴν εἰς τὸν Κύριον ἡμῶν Ἰησοῦν Χριστόν.

22 καὶ νῦν ἰδού, ἐγὼ δεδεμένος τῷ πνεύματι πορεύομαι εἰς Ἱερουσαλήμ, τὰ ἐν αὐτῇ συναντήσοντά μοι μὴ εἰδώς,

23 πλὴν ὅτι τὸ Πνεῦμα τὸ Ἅγιον κατὰ πόλιν διαμαρτύρεται λέγον ὅτι δεσμά με καὶ θλίψεις μένουσιν.

24 ἀλλ' οὐδενὸς λόγον ποιοῦμαι, οὐδὲ ἔχω τὴν ψυχήν μου τιμίαν ἐμαυτῷ, ὡς τελειῶσαι τὸν δρόμον μου μετὰ χαρᾶς, καὶ τὴν διακονίαν ἣν ἔλαβον παρὰ τοῦ Κυρίου Ἰησοῦ, διαμαρτύρασθαι τὸ εὐαγγέλιον τῆς χάριτος τοῦ Θεοῦ.

25 καὶ νῦν ἰδού, ἐγὼ οἶδα ὅτι οὐκέτι ὄψεσθε τὸ πρόσωπόν μου ὑμεῖς πάντες, ἐν οἷς διῆλθον κηρύσσων τὴν βασιλείαν τοῦ Θεοῦ.

26 διὸ μαρτύρομαι ὑμῖν ἐν τῇ σήμερον ἡμέρᾳ, ὅτι καθαρὸς ἐγὼ ἀπὸ τοῦ αἵματος πάντων

27 οὐ γὰρ ὑπεστειλάμην τοῦ μὴ ἀναγγεῖλαι ὑμῖν πᾶσαν τὴν βουλὴν τοῦ Θεοῦ.

28 προσέχετε οὖν ἑαυτοῖς καὶ παντὶ τῷ ποιμνίῳ, ἐν ᾧ ὑμᾶς τὸ Πνεῦμα τὸ Ἅγιον ἔθετο ἐπισκόπους, ποιμαίνειν τὴν ἐκκλησίαν τοῦ Θεοῦ, ἣν περιεποιήσατο διὰ τοῦ ἰδίου αἵματος.

29 ἐγὼ γὰρ οἶδα τοῦτο, ὅτι εἰσελεύσονται μετὰ τὴν ἄφιξίν μου λύκοι βαρεῖς εἰς ὑμᾶς, μὴ φειδόμενοι τοῦ ποιμνίου·

30 καὶ ἐξ ὑμῶν αὐτῶν ἀναστήσονται ἄνδρες λαλοῦντες διεστραμμένα, τοῦ ἀποσπᾶν τοὺς μαθητὰς ὀπίσω αὐτῶν.

31 διὸ γρηγορεῖτε, μνημονεύοντες ὅτι τριετίαν νύκτα καὶ ἡμέραν οὐκ ἐπαυσάμην μετὰ δακρύων νουθετῶν ἕνα ἕκαστον.

32 καὶ τὰ νῦν παρατίθεμαι ὑμᾶς, ἀδελφοί, τῷ Θεῷ καὶ τῷ λόγῳ τῆς χάριτος αὐτοῦ, τῷ δυναμένῳ ἐποικοδομῆσαι, καὶ δοῦναι ὑμῖν κληρονομίαν ἐν τοῖς ἡγιασμένοις πᾶσιν.

33 ἀργυρίου ἢ χρυσίου ἢ ἱματισμοῦ οὐδενὸς ἐπεθύμησα.

34 αὐτοὶ δὲ γινώσκετε ὅτι ταῖς χρείαις μου καὶ τοῖς οὖσι μετ' ἐμοῦ ὑπηρέτησαν αἱ χεῖρες αὗται.

35 πάντα ὑπέδειξα ὑμῖν, ὅτι οὕτω κοπιῶντας δεῖ ἀντιλαμβάνεσθαι τῶν ἀσθενούντων, μνημονεύειν τε τῶν λόγων τοῦ Κυρίου Ἰησοῦ, ὅτι αὐτὸς εἶπε, Μακάριόν ἐστι διδόναι μᾶλλον ἢ λαμβάνειν.

36 Καὶ ταῦτα εἰπών, θεὶς τὰ γόνατα αὐτοῦ, σὺν πᾶσιν αὐτοῖς προσηύξατο.

37 ἱκανὸς δὲ ἐγένετο κλαυθμὸς πάντων· καὶ ἐπιπεσόντες ἐπὶ τὸν τράχηλον τοῦ Παύλου κατεφίλουν αὐτόν,

38 ὀδυνώμενοι μάλιστα ἐπὶ τῷ λόγῳ ᾧ εἰρήκει, ὅτι οὐκέτι μέλλουσι τὸ πρόσωπον αὐτοῦ θεωρεῖν. προέπεμπον δὲ αὐτὸν εἰς τὸ πλοῖον.

CHAPTER 21

1 Ὡς δὲ ἐγένετο ἀναχθῆναι ἡμᾶς ἀποσπασθέντας ἀπ' αὐτῶν, εὐθυδρομήσαντες ἤλθομεν εἰς τὴν Κῶν, τῇ δὲ ἑξῆς εἰς τὴν Ῥόδον, κἀκεῖθεν εἰς Πάταρα·

2 καὶ εὑρόντες πλοῖον διαπερῶν εἰς Φοινίκην, ἐπιβάντες ἀνήχθημεν.

3 ἀναφάναντες δὲ τὴν Κύπρον, καὶ καταλιπόντες αὐτὴν εὐώνυμον, ἐπλέομεν εἰς Συρίαν, καὶ κατήχθημεν εἰς Τύρον· ἐκεῖσε γὰρ ἦν τὸ πλοῖον ἀποφορτιζόμενον τὸν γόμον.

4 καὶ ἀνευρόντες μαθητάς, ἐπεμείναμεν αὐτοῦ ἡμέρας ἑπτά· οἵτινες τῷ Παύλῳ ἔλεγον διὰ τοῦ Πνεύματος, μὴ ἀναβαίνειν εἰς Ἱερουσαλήμ

5 ὅτε δὲ ἐγένετο ἡμᾶς ἐξαρτίσαι τὰς ἡμέρας, ἐξελθόντες

ἐπορευόμεθα, προπεμπόντων ἡμᾶς πάντων σὺν γυναιξὶ καὶ τέκνοις ἕως ἔξω τῆς πόλεως· καὶ θέντες τὰ γόνατα ἐπὶ τὸν αἰγιαλὸν προσηυξάμεθα

6 καὶ ἀσπασάμενοι ἀλλήλους, ἐπέβημεν εἰς τὸ πλοῖον, ἐκεῖνοι δὲ ὑπέστρεψαν εἰς τὰ ἴδια.

7 Ἡμεῖς δέ, τὸν πλοῦν διανύσαντες ἀπὸ Τύρου, κατηντήσαμεν εἰς Πτολεμαΐδα, καὶ ἀσπασάμενοι τοὺς ἀδελφοὺς ἐμείναμεν ἡμέραν μίαν παρ' αὐτοῖς.

8 τῇ δὲ ἐπαύριον ἐξελθόντες οἱ περὶ τὸν Παῦλον ἤλθομεν εἰς Καισάρειαν· καὶ εἰσελθόντες εἰς τὸν οἶκον Φιλίππου τοῦ εὐαγγελιστοῦ, τοῦ ὄντος ἐκ τῶν ἑπτά, ἐμείναμεν παρ' αὐτῷ.

9 τούτῳ δὲ ἦσαν θυγατέρες παρθένοι τέσσαρες προφητεύουσαι.

10 ἐπιμενόντων δὲ ἡμῶν ἡμέρας πλείους, κατῆλθέ τις ἀπὸ τῆς Ἰουδαίας προφήτης ὀνόματι Ἄγαβος

11 καὶ ἐλθὼν πρὸς ἡμᾶς, καὶ ἄρας τὴν ζώνην τοῦ Παύλου, δήσας τε αὐτοῦ τὰς χεῖρας καὶ τοὺς πόδας εἶπε, Τάδε λέγει τὸ Πνεῦμα τὸ Ἅγιον, Τὸν ἄνδρα οὗ ἐστιν ἡ ζώνη αὕτη, οὕτω δήσουσιν ἐν Ἱερουσαλὴμ οἱ Ἰουδαῖοι, καὶ παραδώσουσιν εἰς χεῖρας ἐθνῶν.

12 ὡς δὲ ἠκούσαμεν ταῦτα, παρεκαλοῦμεν ἡμεῖς τε καὶ οἱ ἐντόπιοι, τοῦ μὴ ἀναβαίνειν αὐτὸν εἰς Ἱερουσαλήμ.

13 ἀπεκρίθη δὲ ὁ Παῦλος, Τί ποιεῖτε κλαίοντες καὶ συνθρύπτοντές μου τὴν καρδίαν; ἐγὼ γὰρ οὐ μόνον δεθῆναι, ἀλλὰ καὶ ἀποθανεῖν εἰς Ἱερουσαλὴμ ἑτοίμως ἔχω ὑπὲρ τοῦ ὀνόματος τοῦ Κυρίου Ἰησοῦ.

14 μὴ πειθομένου δὲ αὐτοῦ, ἡσυχάσαμεν εἰπόντες, Τὸ θέλημα τοῦ Κυρίου γενέσθω.

15 Μετὰ δὲ τὰς ἡμέρας, ταύτας ἀποσκευασάμενοι ἀνεβαίνομεν εἰς Ἱερουσαλήμ.

16 συνῆλθον δὲ καὶ τῶν μαθητῶν ἀπὸ Καισαρείας σὺν ἡμῖν, ἄγοντες παρ' ᾧ ξενισθῶμεν, Μνάσωνί τινι Κυπρίῳ, ἀρχαίῳ μαθητῇ.

17 Γενομένων δὲ ἡμῶν εἰς Ἱεροσόλυμα, ἀσμένως ἐδέξαντο ἡμᾶς οἱ ἀδελφοί.

18 τῇ δὲ ἐπιούσῃ εἰσῄει ὁ Παῦλος σὺν ἡμῖν πρὸς Ἰάκωβον, πάντες τε παρεγένοντο οἱ πρεσβύτεροι.

19 καὶ ἀσπασάμενος αὐτούς, ἐξηγεῖτο καθ' ἓν ἕκαστον ὧν ἐποίησεν ὁ Θεὸς ἐν τοῖς ἔθνεσι διὰ τῆς διακονίας αὐτοῦ.

20 οἱ δὲ ἀκούσαντες ἐδόξαζον τὸν Κύριον· εἶπόν τε αὐτῷ, Θεωρεῖς, ἀδελφέ, πόσαι μυριάδες εἰσὶν Ἰουδαίων τῶν πεπιστευκότων· καὶ πάντες ζηλωταὶ τοῦ νόμου ὑπάρχουσι·

21 κατηχήθησαν δὲ περὶ σοῦ, ὅτι ἀποστασίαν διδάσκεις ἀπὸ Μωσέως τοὺς κατὰ τὰ ἔθνη πάντας Ἰουδαίους, λέγων μὴ περιτέμνειν αὐτοὺς τὰ τέκνα, μηδὲ τοῖς ἔθεσι περιπατεῖν.

ΠΡΑΞΕΙΣ ΤΩΝ ΑΠΟΣΤΟΛΩΝ

22 τί οὖν ἐστι; πάντως δεῖ πλῆθος συνελθεῖν· ἀκούσονται γὰρ ὅτι ἐλήλυθας.

23 τοῦτο οὖν ποίησον ὅ σοι λέγομεν· εἰσὶν ἡμῖν ἄνδρες τέσσαρες εὐχὴν ἔχοντες ἐφ' ἑαυτῶν·

24 τούτους παραλαβὼν ἁγνίσθητι σὺν αὐτοῖς, καὶ δαπάνησον ἐπ' αὐτοῖς, ἵνα ξυρήσωνται τὴν κεφαλήν, καὶ γνῶσι πάντες ὅτι ὧν κατήχηνται περὶ σοῦ οὐδέν ἐστιν, ἀλλὰ στοιχεῖς καὶ αὐτὸς τὸν νόμον φυλάσσων.

25 περὶ δὲ τῶν πεπιστευκότων ἐθνῶν ἡμεῖς ἐπεστείλαμεν, κρίναντες μηδὲν τοιοῦτον τηρεῖν αὐτούς, εἰ μὴ φυλάσσεσθαι αὐτοὺς τό τε εἰδωλόθυτον καὶ τὸ αἷμα καὶ πνικτὸν καὶ πορνείαν.

26 τότε ὁ Παῦλος παραλαβὼν τοὺς ἄνδρας, τῇ ἐχομένῃ ἡμέρᾳ σὺν αὐτοῖς ἁγνισθεὶς εἰσῄει εἰς τὸ ἱερόν, διαγγέλλων τὴν ἐκπλήρωσιν τῶν ἡμερῶν τοῦ ἁγνισμοῦ, ἕως οὗ προσηνέχθη ὑπὲρ ἑνὸς ἑκάστου αὐτῶν ἡ προσφορά.

27 Ὡς δὲ ἔμελλον αἱ ἑπτὰ ἡμέραι συντελεῖσθαι, οἱ ἀπὸ τῆς Ἀσίας Ἰουδαῖοι, θεασάμενοι αὐτὸν ἐν τῷ ἱερῷ, συνέχεον πάντα τὸν ὄχλον, καὶ ἐπέβαλον τὰς χεῖρας ἐπ' αὐτόν,

28 κράζοντες, Ἄνδρες Ἰσραηλῖται, βοηθεῖτε. οὗτός ἐστιν ὁ ἄνθρωπος ὁ κατὰ τοῦ λαοῦ καὶ τοῦ νόμου καὶ τοῦ τόπου τούτου πάντας πανταχοῦ διδάσκων· ἔτι τε καὶ Ἕλληνας εἰσήγαγεν εἰς τὸ ἱερόν, καὶ κεκοίνωκε τὸν ἅγιον τόπον τοῦτον.

29 ἦσαν γὰρ προεωρακότες Τρόφιμον τὸν Ἐφέσιον ἐν τῇ πόλει σὺν αὐτῷ, ὃν ἐνόμιζον ὅτι εἰς τὸ ἱερὸν εἰσήγαγεν ὁ Παῦλος.

30 ἐκινήθη τε ἡ πόλις ὅλη, καὶ ἐγένετο συνδρομὴ τοῦ λαοῦ· καὶ ἐπιλαβόμενοι τοῦ Παύλου εἷλκον αὐτὸν ἔξω τοῦ ἱεροῦ· καὶ εὐθέως ἐκλείσθησαν αἱ θύραι.

31 ζητούντων δὲ αὐτὸν ἀποκτεῖναι, ἀνέβη φάσις τῷ χιλιάρχῳ τῆς σπείρης, ὅτι ὅλη συγκέχυται Ἰερουσαλήμ·

32 ὃς ἐξαυτῆς παραλαβὼν στρατιώτας καὶ ἑκατοντάρχους, κατέδραμεν ἐπ' αὐτούς· οἱ δέ, ἰδόντες τὸν χιλίαρχον καὶ τοὺς στρατιώτας, ἐπαύσαντο τύπτοντες τὸν Παῦλον.

33 τότε ἐγγίσας ὁ χιλίαρχος ἐπελάβετο αὐτοῦ, καὶ ἐκέλευσε δεθῆναι ἁλύσεσι δυσί· καὶ ἐπυνθάνετο τίς ἂν εἴη, καὶ τί ἐστι πεποιηκώς.

34 ἄλλοι δὲ ἄλλο τι ἐβόων ἐν τῷ ὄχλῳ· μὴ δυνάμενος δὲ γνῶναι τὸ ἀσφαλὲς διὰ τὸν θόρυβον, ἐκέλευσεν ἄγεσθαι αὐτὸν εἰς τὴν παρεμβολήν.

35 ὅτε δὲ ἐγένετο ἐπὶ τοὺς ἀναβαθμούς, συνέβη βαστάζεσθαι αὐτὸν ὑπὸ τῶν στρατιωτῶν διὰ τὴν βίαν τοῦ ὄχλου

36 ἠκολούθει γὰρ τὸ πλῆθος τοῦ λαοῦ κρᾶζον, Αἶρε αὐτόν.

37 Μέλλων τε εἰσάγεσθαι εἰς τὴν παρεμβολὴν ὁ Παῦλος λέγει τῷ

χιλιάρχῳ, Εἰ ἔξεστί μοι εἰπεῖν τι πρός σέ; ὁ δὲ ἔφη, Ἑλληνιστὶ γινώσκεις;

38 οὐκ ἄρα σὺ εἶ ὁ Αἰγύπτιος ὁ πρὸ τούτων τῶν ἡμερῶν ἀναστατώσας καὶ ἐξαγαγὼν εἰς τὴν ἔρημον τοὺς τετρακισχιλίους ἄνδρας τῶν σικαρίων;

39 εἶπε δὲ ὁ Παῦλος, Ἐγώ ἄνθρωπος μέν εἰμι Ἰουδαῖος, Ταρσεὺς τῆς Κιλικίας, οὐκ ἀσήμου πόλεως πολίτης· δέομαι δέ σου, ἐπίτρεψόν μοι λαλῆσαι πρὸς τὸν λαόν.

40 ἐπιτρέψαντος δὲ αὐτοῦ, ὁ Παῦλος ἑστὼς ἐπὶ τῶν ἀναβαθμῶν κατέσεισε τῇ χειρὶ τῷ λαῷ· πολλῆς δὲ σιγῆς γενομένης, προσεφώνησε τῇ Ἑβραΐδι διαλέκτῳ λέγων,

CHAPTER 22

1 Ἄνδρες ἀδελφοὶ καὶ πατέρες, ἀκούσατέ μου τῆς πρὸς ὑμᾶς νῦν ἀπολογίας

2 ἀκούσαντες δὲ ὅτι τῇ Ἑβραΐδι διαλέκτῳ προσεφώνει αὐτοῖς, μᾶλλον παρέσχον ἡσυχίαν καί φησίν,

3 Ἐγώ μέν εἰμι ἀνὴρ Ἰουδαῖος, γεγεννημένος ἐν Ταρσῷ τῆς Κιλικίας, ἀνατεθραμμένος δὲ ἐν τῇ πόλει ταύτῃ παρὰ τοὺς πόδας Γαμαλιήλ, πεπαιδευμένος κατὰ ἀκρίβειαν τοῦ πατρῴου νόμου, ζηλωτὴς ὑπάρχων τοῦ Θεοῦ, καθὼς πάντες ὑμεῖς ἐστε σήμερον·

4 ὃς ταύτην τὴν ὁδὸν ἐδίωξα ἄχρι θανάτου, δεσμεύων καὶ παραδιδοὺς εἰς φυλακὰς ἄνδρας τε καὶ γυναῖκας.

5 ὡς καὶ ὁ ἀρχιερεὺς μαρτυρεῖ μοι, καὶ πᾶν τὸ πρεσβυτέριον· παρ' ὧν καὶ ἐπιστολὰς δεξάμενος πρὸς τοὺς ἀδελφούς, εἰς Δαμασκὸν ἐπορευόμην, ἄξων καὶ τοὺς ἐκεῖσε ὄντας, δεδεμένους εἰς Ἱερουσαλήμ, ἵνα τιμωρηθῶσιν.

6 ἐγένετο δέ μοι πορευομένῳ καὶ ἐγγίζοντι τῇ Δαμασκῷ, περὶ μεσημβρίαν, ἐξαίφνης ἐκ τοῦ οὐρανοῦ περιαστράψαι φῶς ἱκανὸν περὶ ἐμέ.

7 ἔπεσόν τε εἰς τὸ ἔδαφος, καὶ ἤκουσα φωνῆς λεγούσης μοι, Σαούλ, Σαούλ, τί με διώκεις;

8 ἐγὼ δὲ ἀπεκρίθην, Τίς εἶ, Κύριε; εἶπέ τε πρός με, Ἐγώ εἰμι Ἰησοῦς ὁ Ναζωραῖος ὃν σὺ διώκεις.

9 οἱ δὲ σὺν ἐμοὶ ὄντες τὸ μὲν φῶς ἐθεάσαντο, καὶ ἔμφοβοι ἐγένοντο· τὴν δὲ φωνὴν οὐκ ἤκουσαν τοῦ λαλοῦντός μοι.

10 εἶπον δέ, Τί ποιήσω, Κύριε; ὁ δὲ Κύριος εἶπε πρός με, Ἀναστὰς πορεύου εἰς Δαμασκόν· κἀκεῖ σοι λαληθήσεται περὶ πάντων ὧν τέτακταί σοι ποιῆσαι.

11 ὡς δὲ οὐκ ἐνέβλεπον ἀπὸ τῆς δόξης τοῦ φωτὸς ἐκείνου, χειραγωγούμενος ὑπὸ τῶν συνόντων μοι, ἦλθον εἰς Δαμασκόν.

12 Ἀνανίας δέ τις, ἀνὴρ εὐσεβὴς κατὰ τὸν νόμον, μαρτυρούμενος ὑπὸ πάντων τῶν κατοικούντων Ἰουδαίων,

13 ἐλθὼν πρός με καὶ ἐπιστὰς εἶπέ μοι, Σαοὺλ ἀδελφέ, ἀνάβλεψον. κἀγὼ αὐτῇ τῇ ὥρᾳ ἀνέβλεψα εἰς αὐτόν.

14 ὁ δὲ εἶπεν, Ὁ Θεὸς τῶν πατέρων ἡμῶν προεχειρίσατό σε γνῶναι τὸ θέλημα αὐτοῦ, καὶ ἰδεῖν τὸν δίκαιον, καὶ ἀκοῦσαι φωνὴν ἐκ τοῦ στόματος αὐτοῦ

15 ὅτι ἔσῃ μάρτυς αὐτῷ πρὸς πάντας ἀνθρώπους ὧν ἑώρακας καὶ ἤκουσας.

16 καὶ νῦν τί μέλλεις; ἀναστὰς βάπτισαι καὶ ἀπόλουσαι τὰς ἁμαρτίας σου, ἐπικαλεσάμενος τὸ ὄνομα τοῦ Κυρίου.

17 ἐγένετο δέ μοι ὑποστρέψαντι εἰς Ἰερουσαλήμ, καὶ προσευχομένου μου ἐν τῷ ἱερῷ, γενέσθαι με ἐν ἐκστάσει,

18 καὶ ἰδεῖν αὐτὸν λέγοντά μοι, Σπεῦσον καὶ ἔξελθε ἐν τάχει ἐξ Ἰερουσαλήμ· διότι οὐ παραδέξονταί σου τὴν μαρτυρίαν περὶ ἐμοῦ.

19 κἀγὼ εἶπον, Κύριε, αὐτοὶ ἐπίστανται ὅτι ἐγὼ ἤμην φυλακίζων καὶ δέρων κατὰ τὰς συναγωγὰς τοὺς πιστεύοντας ἐπὶ σέ·

20 καὶ ὅτε ἐξεχεῖτο τὸ αἷμα Στεφάνου τοῦ μάρτυρός σου, καὶ αὐτὸς ἤμην ἐφεστὼς καὶ συνευδοκῶν τῇ ἀναιρέσει αὐτοῦ, καὶ φυλάσσων τὰ ἱμάτια τῶν ἀναιρούντων αὐτόν.

21 καὶ εἶπε πρός με, Πορεύου, ὅτι ἐγὼ εἰς ἔθνη μακρὰν ἐξαποστελῶ σε.

22 Ἤκουον δὲ αὐτοῦ ἄχρι τούτου τοῦ λόγου, καὶ ἐπῆραν τὴν φωνὴν αὐτῶν λέγοντες, Αἶρε ἀπὸ τῆς γῆς τὸν τοιοῦτον· οὐ γὰρ καθῆκον αὐτὸν ζῆν.

23 κραυγαζόντων δὲ αὐτῶν, καὶ ῥιπτούντων τὰ ἱμάτια, καὶ κονιορτὸν βαλλόντων εἰς τὸν ἀέρα,

24 ἐκέλευσεν αὐτὸν ὁ χιλίαρχος ἄγεσθαι εἰς τὴν παρεμβολήν, εἰπὼν μάστιξιν ἀνετάζεσθαι αὐτόν, ἵνα ἐπιγνῷ δι᾽ ἣν αἰτίαν οὕτως ἐπεφώνουν αὐτῷ.

25 ὡς δὲ προέτειναν αὐτὸν τοῖς ἱμᾶσιν, εἶπε πρὸς τὸν ἑστῶτα ἑκατόνταρχον ὁ Παῦλος, Εἰ ἄνθρωπον Ῥωμαῖον καὶ ἀκατάκριτον ἔξεστιν ὑμῖν μαστίζειν;

26 ἀκούσας δὲ ὁ ἑκατόνταρχος, προσελθὼν ἀπήγγειλε τῷ χιλιάρχῳ λέγων, Ὅρα τί μέλλεις ποιεῖν· ὁ γὰρ ἄνθρωπος οὗτος Ῥωμαῖός ἐστι.

27 προσελθὼν δὲ ὁ χιλίαρχος εἶπεν αὐτῷ, Λέγε μοι, εἰ σὺ Ῥωμαῖος εἶ; ὁ δὲ ἔφη, Ναί.

28 ἀπεκρίθη τε ὁ χιλίαρχος, Ἐγὼ πολλοῦ κεφαλαίου τὴν πολιτείαν ταύτην ἐκτησάμην. ὁ δὲ Παῦλος ἔφη, Ἐγὼ δὲ καὶ γεγέννημαι.

29 εὐθέως οὖν ἀπέστησαν ἀπ᾽ αὐτοῦ οἱ μέλλοντες αὐτὸν ἀνετάζειν. καὶ ὁ χιλίαρχος δὲ ἐφοβήθη, ἐπιγνοὺς ὅτι Ῥωμαῖός ἐστι, καὶ ὅτι ἦν αὐτὸν δεδεκώς.

30 Τῇ δὲ ἐπαύριον βουλόμενος γνῶναι τὸ ἀσφαλές, τὸ τί κατηγορεῖται παρὰ τῶν Ἰουδαίων, ἔλυσεν αὐτὸν ἀπὸ τῶν δεσμῶν, καὶ

ἐκέλευσεν ἐλθεῖν τοὺς ἀρχιερεῖς καὶ ὅλον τὸ συνέδριον αὐτῶν, καὶ καταγαγὼν τὸν Παῦλον ἔστησεν εἰς αὐτούς.

CHAPTER 23

1 Ἀτενίσας δὲ ὁ Παῦλος τῷ συνεδρίῳ εἶπεν, Ἄνδρες ἀδελφοί, ἐγὼ πάσῃ συνειδήσει ἀγαθῇ πεπολίτευμαι τῷ Θεῷ, ἄχρι ταύτης τῆς ἡμέρας.

2 ὁ δὲ ἀρχιερεὺς Ἀνανίας ἐπέταξε τοῖς παρεστῶσιν αὐτῷ τύπτειν αὐτοῦ τὸ στόμα.

3 τότε ὁ Παῦλος πρὸς αὐτὸν εἶπε, Τύπτειν σε μέλλει ὁ Θεός, τοῖχε κεκονιαμένε· καὶ σὺ κάθη κρίνων με κατὰ τὸν νόμον, καὶ παρανομῶν κελεύεις με τύπτεσθαι;

4 οἱ δὲ παρεστῶτες εἶπον, Τὸν ἀρχιερέα τοῦ Θεοῦ λοιδορεῖς;

5 ἔφη τε ὁ Παῦλος, Οὐκ ᾔδειν, ἀδελφοί, ὅτι ἐστὶν ἀρχιερεύς· γέγραπται γάρ, Ἄρχοντα τοῦ λαοῦ σου οὐκ ἐρεῖς κακῶς.

6 γνοὺς δὲ ὁ Παῦλος ὅτι τὸ ἓν μέρος ἐστὶ Σαδδουκαίων, τὸ δὲ ἕτερον Φαρισαίων, ἔκραξεν ἐν τῷ συνεδρίῳ, Ἄνδρες ἀδελφοί, ἐγὼ Φαρισαῖός εἰμι, υἱὸς Φαρισαίου· περὶ ἐλπίδος καὶ ἀναστάσεως νεκρῶν ἐγὼ κρίνομαι.

7 τοῦτο δὲ αὐτοῦ λαλήσαντος, ἐγένετο στάσις τῶν Φαρισαίων καὶ τῶν Σαδδουκαίων, καὶ ἐσχίσθη τὸ πλῆθος

8 Σαδδουκαῖοι μὲν γὰρ λέγουσι μὴ εἶναι ἀνάστασιν, μηδὲ ἄγγελον,

μήτε πνεῦμα· Φαρισαῖοι δὲ ὁμολογοῦσι τὰ ἀμφότερα.

9 ἐγένετο δὲ κραυγὴ μεγάλη· καὶ ἀναστάντες οἱ γραμματεῖς τοῦ μέρους τῶν Φαρισαίων διεμάχοντο λέγοντες, Οὐδὲν κακὸν εὑρίσκομεν ἐν τῷ ἀνθρώπῳ τούτῳ· εἰ δὲ πνεῦμα ἐλάλησεν αὐτῷ ἢ ἄγγελος, μὴ θεομαχῶμεν.

10 πολλῆς δὲ γενομένης στάσεως, εὐλαβηθεὶς ὁ χιλίαρχος μὴ διασπασθῇ ὁ Παῦλος ὑπ᾽ αὐτῶν, ἐκέλευσε τὸ στράτευμα καταβὰν ἁρπάσαι αὐτὸν ἐκ μέσου αὐτῶν, ἄγειν τε εἰς τὴν παρεμβολήν.

11 Τῇ δὲ ἐπιούσῃ νυκτὶ ἐπιστὰς αὐτῷ ὁ Κύριος εἶπε, Θάρσει Παῦλε· ὡς γὰρ διεμαρτύρω τὰ περὶ ἐμοῦ εἰς Ἰερουσαλήμ, οὕτω σε δεῖ καὶ εἰς Ῥώμην μαρτυρῆσαι.

12 Γενομένης δὲ ἡμέρας, ποιήσαντές τινες τῶν Ἰουδαίων συστροφήν, ἀνεθεμάτισαν ἑαυτούς, λέγοντες μήτε φαγεῖν μήτε πιεῖν ἕως οὗ ἀποκτείνωσι τὸν Παῦλον.

13 ἦσαν δὲ πλείους τεσσαράκοντα οἱ ταύτην τὴν συνωμοσίαν πεποιηκότες·

14 οἵτινες προσελθόντες τοῖς ἀρχιερεῦσι καὶ τοῖς πρεσβυτέροις εἶπον, Ἀναθέματι ἀνεθεματίσαμεν ἑαυτούς, μηδενὸς γεύσασθαι ἕως οὗ ἀποκτείνωμεν τὸν Παῦλον.

15 νῦν οὖν ὑμεῖς ἐμφανίσατε τῷ χιλιάρχῳ σὺν τῷ συνεδρίῳ, ὅπως αὔριον αὐτὸν καταγάγῃ πρὸς ὑμᾶς, ὡς μέλλοντας διαγινώσκειν ἀκριβέστερον τὰ περὶ αὐτοῦ· ἡμεῖς

δέ, πρὸ τοῦ ἐγγίσαι αὐτόν, ἕτοιμοί ἐσμεν τοῦ ἀνελεῖν αὐτόν.

16 ἀκούσας δὲ ὁ υἱὸς τῆς ἀδελφῆς Παύλου τὴν ἐνέδραν, παραγενόμενος καὶ εἰσελθὼν εἰς τὴν παρεμβολήν, ἀπήγγειλε τῷ Παύλῳ.

17 προσκαλεσάμενος δὲ ὁ Παῦλος ἕνα τῶν ἐκατοντάρχων ἔφη, Τὸν νεανίαν τοῦτον ἀπάγαγε πρὸς τὸν χιλίαρχον· ἔχει γάρ τι ἀπαγγεῖλαί αὐτῷ.

18 ὁ μὲν οὖν παραλαβὼν αὐτὸν ἤγαγε πρὸς τὸν χιλίαρχον, καί φησιν, Ὁ δέσμιος Παῦλος προσκαλεσάμενός με ἠρώτησε τοῦτον τὸν νεανίαν ἀγαγεῖν πρός σε, ἔχοντά τι λαλῆσαί σοι.

19 ἐπιλαβόμενος δὲ τῆς χειρὸς αὐτοῦ ὁ χιλίαρχος, καὶ ἀναχωρήσας κατ’ ἰδίαν, ἐπυνθάνετο, Τί ἐστιν ὃ ἔχεις ἀπαγγεῖλαί μοι;

20 εἶπε δὲ ὅτι Οἱ Ἰουδαῖοι συνέθεντο τοῦ ἐρωτῆσαί σε, ὅπως αὔριον εἰς τὸ συνέδριον καταγάγῃς τὸν Παῦλον, ὡς μέλλοντές τι ἀκριβέστερον πυνθάνεσθαι περὶ αὐτοῦ.

21 σὺ οὖν μὴ πεισθῇς αὐτοῖς· ἐνεδρεύουσι γὰρ αὐτὸν ἐξ αὐτῶν ἄνδρες πλείους τεσσαράκοντα, οἵτινες ἀνεθεμάτισαν ἑαυτοὺς μήτε φαγεῖν μήτε πιεῖν ἕως οὗ ἀνέλωσιν αὐτόν· καὶ νῦν ἕτοιμοί εἰσι προσδεχόμενοι τὴν ἀπὸ σοῦ ἐπαγγελίαν.

22 ὁ μὲν οὖν χιλίαρχος ἀπέλυσε τὸν νεανίαν, παραγγείλας μηδενὶ ἐκλαλῆσαι ὅτι ταῦτα ἐνεφάνισας πρός με.

23 καὶ προσκαλεσάμενος δύο τινὰς τῶν ἐκατοντάρχων, εἶπεν, Ἑτοιμάσατε στρατιώτας διακοσίους ὅπως πορευθῶσιν ἕως Καισαρείας, καὶ ἱππεῖς ἑβδομήκοντα, καὶ δεξιολάβους διακοσίους, ἀπὸ τρίτης ὥρας τῆς νυκτός·

24 κτήνη τε παραστῆσαι, ἵνα ἐπιβιβάσαντες τὸν Παῦλον διασώσωσι πρὸς Φήλικα τὸν ἡγεμόνα·

25 γράψας ἐπιστολὴν περιέχουσαν τὸν τύπον τοῦτον·

26 Κλαύδιος Λυσίας τῷ κρατίστῳ ἡγεμόνι Φήλικι χαίρειν.

27 τὸν ἄνδρα τοῦτον συλληφθέντα ὑπὸ τῶν Ἰουδαίων, καὶ μέλλοντα ἀναιρεῖσθαι ὑπ’ αὐτῶν, ἐπιστὰς σὺν τῷ στρατεύματι ἐξειλόμην αὐτόν, μαθὼν ὅτι Ῥωμαῖός ἐστι.

28 βουλόμενος δὲ γνῶναι τὴν αἰτίαν δι’ ἣν ἐνεκάλουν αὐτῷ, κατήγαγον αὐτὸν εἰς τὸ συνέδριον αὐτῶν·

29 ὃν εὗρον ἐγκαλούμενον περὶ ζητημάτων τοῦ νόμου αὐτῶν, μηδὲν δὲ ἄξιον θανάτου ἢ δεσμῶν ἔγκλημα ἔχοντα.

30 μηνυθείσης δέ μοι ἐπιβουλῆς εἰς τὸν ἄνδρα μέλλειν ἔσεσθαι ὑπὸ τῶν Ἰουδαίων, ἐξαυτῆς ἔπεμψα πρός σε, παραγγείλας καὶ τοῖς κατηγόροις λέγειν τὰ πρὸς αὐτὸν ἐπὶ σοῦ. ἔρρωσο.

31 Οἱ μὲν οὖν στρατιῶται, κατὰ τὸ διατεταγμένον αὐτοῖς,

ἀναλαβόντες τὸν Παῦλον, ἤγαγον διὰ τῆς νυκτὸς εἰς τὴν Ἀντιπατρίδα.

32 τῇ δὲ ἐπαύριον ἐάσαντες τοὺς ἱππεῖς πορεύεσθαι σὺν αὐτῷ, ὑπέστρεψαν εἰς τὴν παρεμβολήν·

33 οἵτινες εἰσελθόντες εἰς τὴν Καισάρειαν, καὶ ἀναδόντες τὴν ἐπιστολὴν τῷ ἡγεμόνι, παρέστησαν καὶ τὸν Παῦλον αὐτῷ.

34 ἀναγνοὺς δὲ ὁ ἡγεμών, καὶ ἐπερωτήσας ἐκ ποίας ἐπαρχίας ἐστί, καὶ πυθόμενος ὅτι ἀπὸ Κιλικίας,

35 Διακούσομαί σου, ἔφη, ὅταν καὶ οἱ κατήγοροί σου παραγένωνται. ἐκέλευσέ τε αὐτὸν ἐν τῷ πραιτωρίῳ τοῦ Ἡρώδου φυλάσσεσθαι.

CHAPTER 24

1 Μετὰ δὲ πέντε ἡμέρας κατέβη ὁ ἀρχιερεὺς Ἁνανίας μετὰ τῶν πρεσβυτέρων καὶ ῥήτορος Τερτύλλου τινός, οἵτινες ἐνεφάνισαν τῷ ἡγεμόνι κατὰ τοῦ Παύλου.

2 κληθέντος δὲ αὐτοῦ, ἤρξατο κατηγορεῖν ὁ Τέρτυλλος λέγων, Πολλῆς εἰρήνης τυγχάνοντες διὰ σοῦ, καὶ κατορθωμάτων γινομένων τῷ ἔθνει τούτῳ διὰ τῆς σῆς προνοίας,

3 πάντῃ τε καὶ πανταχοῦ ἀποδεχόμεθα, κράτιστε Φῆλιξ, μετὰ πάσης εὐχαριστίας.

4 ἵνα δὲ μὴ ἐπὶ πλεῖόν σε ἐγκόπτω, παρακαλῶ ἀκοῦσαί σε ἡμῶν συντόμως τῇ σῇ ἐπιεικείᾳ.

5 εὑρόντες γὰρ τὸν ἄνδρα τοῦτον λοιμόν, καὶ κινοῦντα στάσιν πᾶσι τοῖς Ἰουδαίοις τοῖς κατὰ τὴν οἰκουμένην, πρωτοστάτην τε τῆς τῶν Ναζωραίων αἱρέσεως·

6 ὃς καὶ τὸ ἱερὸν ἐπείρασε βεβηλῶσαι· ὃν καὶ ἐκρατήσαμεν καὶ κατὰ τὸν ἡμέτερον νόμον ἠθελήσαμεν κρίνειν

7 παρελθὼν δὲ Λυσίας ὁ χιλίαρχος μετὰ πολλῆς βίας ἐκ τῶν χειρῶν ἡμῶν ἀπήγαγε,

8 κελεύσας τοὺς κατηγόρους αὐτοῦ ἔρχεσθαι ἐπὶ σέ· παρ' οὗ δυνήσῃ, αὐτὸς ἀνακρίνας, περὶ πάντων τούτων ἐπιγνῶναι ὧν ἡμεῖς κατηγοροῦμεν αὐτοῦ

9 συνέθεντο δὲ καὶ οἱ Ἰουδαῖοι, φάσκοντες ταῦτα οὕτως ἔχειν.

10 Ἀπεκρίθη δὲ ὁ Παῦλος, νεύσαντος αὐτῷ τοῦ ἡγεμόνος λέγειν, Ἐκ πολλῶν ἐτῶν ὄντα σε κριτὴν τῷ ἔθνει τούτῳ ἐπιστάμενος, εὐθυμότερον τὰ περὶ ἐμαυτοῦ ἀπολογοῦμαι,

11 δυναμένου σου γνῶναι ὅτι οὐ πλείους εἰσί μοι ἡμέραι ἢ δεκαδύο, ἀφ' ἧς ἀνέβην προσκυνήσων ἐν Ἰερουσαλήμ·

12 καὶ οὔτε ἐν τῷ ἱερῷ εὗρόν με πρός τινα διαλεγόμενον ἢ ἐπισύστασιν ποιοῦντα ὄχλου, οὔτε ἐν ταῖς συναγωγαῖς, οὔτε κατὰ τὴν πόλιν.

13 οὔτε παραστῆσαι δύνανται περὶ ὧν νῦν κατηγοροῦσί μου.

14 ὁμολογῶ δὲ τοῦτό σοι, ὅτι κατὰ τὴν ὁδὸν ἣν λέγουσιν αἵρεσιν, οὕτω λατρεύω τῷ πατρῴῳ Θεῷ,

πιστεύων πᾶσι τοῖς κατὰ τὸν νόμον καὶ τοῖς προφήταις γεγραμμένοις·

15 ἐλπίδα ἔχων εἰς τὸν Θεόν, ἣν καὶ αὐτοὶ οὗτοι προσδέχονται, ἀνάστασιν μέλλειν ἔσεσθαι νεκρῶν, δικαίων τε καὶ ἀδίκων.

16 ἐν τούτῳ δὲ αὐτὸς ἀσκῶ, ἀπρόσκοπον συνείδησιν ἔχειν πρὸς τὸν Θεὸν καὶ τοὺς ἀνθρώπους δια παντός

17 δι' ἐτῶν δὲ πλειόνων παρεγενόμην ἐλεημοσύνας ποιήσων εἰς τὸ ἔθνος μου καὶ προσφοράς·

18 ἐν οἷς εὗρόν με ἡγνισμένον ἐν τῷ ἱερῷ, οὐ μετὰ ὄχλου οὐδὲ μετὰ θορύβου, τινὲς ἀπὸ τῆς Ἀσίας Ἰουδαῖοι·

19 οὓς ἔδει ἐπὶ σοῦ παρεῖναι καὶ κατηγορεῖν εἴ τι ἔχοιεν πρός με

20 ἢ αὐτοὶ οὗτοι εἰπάτωσαν, εἴ τι εὗρον ἐν ἐμοὶ ἀδίκημα, στάντος μου ἐπὶ τοῦ συνεδρίου,

21 ἢ περὶ μιᾶς ταύτης φωνῆς, ἧς ἔκραξα ἑστὼς ἐν αὐτοῖς, ὅτι Περὶ ἀναστάσεως νεκρῶν ἐγὼ κρίνομαι σήμερον ὑφ' ὑμῶν.

22 Ἀκούσας δὲ ταῦτα ὁ Φῆλιξ ἀνεβάλετο αὐτούς, ἀκριβέστερον εἰδὼς τὰ περὶ τῆς ὁδοῦ, εἴπων, Ὅταν Λυσίας ὁ χιλίαρχος καταβῇ, διαγνώσομαι τὰ καθ' ὑμᾶς·

23 διαταξάμενος τε τῷ ἑκατοντάρχῃ τηρεῖσθαι τὸν Παῦλον, ἔχειν τε ἄνεσιν, καὶ μηδένα κωλύειν τῶν ἰδίων αὐτοῦ ὑπηρετεῖν ἢ προσέρχεσθαι αὐτῷ.

24 Μετὰ δὲ ἡμέρας τινάς, παραγενόμενος ὁ Φῆλιξ σὺν Δρουσίλλῃ τῇ γυναικὶ αὐτοῦ οὔσῃ Ἰουδαίᾳ, μετεπέμψατο τὸν Παῦλον, καὶ ἤκουσεν αὐτοῦ περὶ τῆς εἰς Χριστὸν πίστεως.

25 διαλεγομένου δὲ αὐτοῦ περὶ δικαιοσύνης καὶ ἐγκρατείας καὶ τοῦ κρίματος τοῦ μέλλοντος ἔσεσθαι, ἔμφοβος γενόμενος ὁ Φῆλιξ ἀπεκρίθη, Τὸ νῦν ἔχον πορεύου· καιρὸν δὲ μεταλαβὼν μετακαλέσομαί σε·

26 ἅμα δὲ καὶ ἐλπίζων ὅτι χρήματα δοθήσεται αὐτῷ ὑπὸ τοῦ Παύλου, ὅπως λύσῃ αὐτόν· διὸ καὶ πυκνότερον αὐτὸν μεταπεμπόμενος ὡμίλει αὐτῷ.

27 διετίας δὲ πληρωθείσης, ἔλαβε διάδοχον ὁ Φῆλιξ Πόρκιον Φῆστον· θέλων τε χάριτας καταθέσθαι τοῖς Ἰουδαίοις ὁ Φῆλιξ κατέλιπε τὸν Παῦλον δεδεμένον.

CHAPTER 25

1 Φῆστος οὖν ἐπιβὰς τῇ ἐπαρχίᾳ, μετὰ τρεῖς ἡμέρας ἀνέβη εἰς Ἱεροσόλυμα ἀπὸ Καισαρείας

2 ἐνεφάνισαν δὲ αὐτῷ ὁ ἀρχιερεὺς καὶ οἱ πρῶτοι τῶν Ἰουδαίων κατὰ τοῦ Παύλου, καὶ παρεκάλουν αὐτόν,

3 αἰτούμενοι χάριν κατ' αὐτοῦ, ὅπως μεταπέμψηται αὐτὸν εἰς Ἱερουσαλήμ, ἐνέδραν ποιοῦντες ἀνελεῖν αὐτὸν κατὰ τὴν ὁδόν.

4 ὁ μὲν οὖν Φῆστος ἀπεκρίθη, τηρεῖσθαι τὸν Παῦλον ἐν Καισαρείᾳ, ἑαυτὸν δὲ μέλλειν ἐν τάχει ἐκπορεύεσθαι.

5 οἱ οὖν δυνατοὶ ἐν ὑμῖν, φησί, συγκαταβάντες, εἴ τι ἐστὶν ἄτοπον ἐν τῷ ἀνδρὶ τούτῳ, κατηγορείτωσαν αὐτοῦ.

6 Διατρίψας δὲ ἐν αὐτοῖς ἡμέρας πλείους ἢ δέκα, καταβὰς εἰς Καισάρειαν, τῇ ἐπαύριον καθίσας ἐπὶ τοῦ βήματος ἐκέλευσε τὸν Παῦλον ἀχθῆναι.

7 παραγενομένου δὲ αὐτοῦ, περιέστησαν οἱ ἀπὸ Ἱεροσολύμων καταβεβηκότες Ἰουδαῖοι, πολλὰ καὶ βαρέα αἰτιάματα φέροντες κατὰ τοῦ Παύλου, ἃ οὐκ ἴσχυον ἀποδεῖξαι,

8 ἀπολογουμένου αὐτοῦ ὅτι Οὔτε εἰς τὸν νόμον τῶν Ἰουδαίων, οὔτε εἰς τὸ ἱερόν, οὔτε εἰς Καίσαρά τι ἥμαρτον.

9 ὁ Φῆστος δὲ τοῖς Ἰουδαίοις θέλων χάριν καταθέσθαι, ἀποκριθεὶς τῷ Παύλῳ εἶπε, Θέλεις εἰς Ἱεροσόλυμα ἀναβάς, ἐκεῖ περὶ τούτων κρίνεσθαι ἐπ' ἐμοῦ;

10 εἶπε δὲ ὁ Παῦλος, Ἐπὶ τοῦ βήματος Καίσαρος ἑστώς εἰμι, οὗ με δεῖ κρίνεσθαι· Ἰουδαίους οὐδὲν ἠδίκησα, ὡς καὶ σὺ κάλλιον ἐπιγινώσκεις.

11 εἰ μὲν γὰρ ἀδικῶ καὶ ἄξιον θανάτου πέπραχά τι, οὐ παραιτοῦμαι τὸ ἀποθανεῖν· εἰ δὲ οὐδέν ἐστιν ὧν οὗτοι κατηγοροῦσί μου, οὐδείς με δύναται αὐτοῖς χαρίσασθαι. Καίσαρα ἐπικαλοῦμαι.

12 τότε ὁ Φῆστος συλλαλήσας μετὰ τοῦ συμβουλίου ἀπεκρίθη, Καίσαρα ἐπικέκλησαι; ἐπὶ Καίσαρα πορεύσῃ.

13 Ἡμερῶν δὲ διαγενομένων τινῶν, Ἀγρίππας ὁ βασιλεὺς καὶ Βερνίκη κατήντησαν εἰς Καισάρειαν, ἀσπασόμενοι τὸν Φῆστον.

14 ὡς δὲ πλείους ἡμέρας διέτριβον ἐκεῖ, ὁ Φῆστος τῷ βασιλεῖ ἀνέθετο τὰ κατὰ τὸν Παῦλον, λέγων, Ἀνήρ τίς ἐστι καταλελειμμένος ὑπὸ Φήλικος δέσμιος,

15 περὶ οὗ, γενομένου μου εἰς Ἱεροσόλυμα, ἐνεφάνισαν οἱ ἀρχιερεῖς καὶ οἱ πρεσβύτεροι τῶν Ἰουδαίων, αἰτούμενοι κατ' αὐτοῦ δίκην.

16 πρὸς οὓς ἀπεκρίθην, ὅτι οὐκ ἔστιν ἔθος Ῥωμαίοις χαρίζεσθαί τινα ἄνθρωπον εἰς ἀπώλειαν, πρὶν ἢ ὁ κατηγορούμενος κατὰ πρόσωπον ἔχοι τοὺς κατηγόρους, τόπον τε ἀπολογίας λάβοι περὶ τοῦ ἐγκλήματος.

17 συνελθόντων οὖν αὐτῶν ἐνθάδε, ἀναβολὴν μηδεμίαν ποιησάμενος, τῇ ἑξῆς καθίσας ἐπὶ τοῦ βήματος, ἐκέλευσα ἀχθῆναι τὸν ἄνδρα·

18 περὶ οὗ σταθέντες οἱ κατήγοροι οὐδεμίαν αἰτίαν ἐπέφερον ὧν ὑπενόουν ἐγώ,

19 ζητήματα δέ τινα περὶ τῆς ἰδίας δεισιδαιμονίας εἶχον πρὸς αὐτόν, καὶ περί τινος Ἰησοῦ τεθνηκότος, ὃν ἔφασκεν ὁ Παῦλος ζῆν.

20 ἀπορούμενος δὲ ἐγὼ εἰς τὴν περὶ τούτου ζήτησιν, ἔλεγον, εἰ βούλοιτο πορεύεσθαι εἰς Ἱερουσαλήμ, κἀκεῖ κρίνεσθαι περὶ τούτων.

21 τοῦ δὲ Παύλου ἐπικαλεσαμένου τηρηθῆναι αὐτὸν εἰς τὴν τοῦ Σεβαστοῦ διάγνωσιν, ἐκέλευσα τηρεῖσθαι αὐτόν, ἕως οὗ πέμψω αὐτὸν πρὸς Καίσαρα.

22 Ἀγρίππας δὲ πρὸς τὸν Φῆστον ἔφη, Ἐβουλόμην καὶ αὐτὸς τοῦ ἀνθρώπου ἀκοῦσαι. ὁ δέ, Αὔριον, φησίν, ἀκούσῃ αὐτοῦ.

23 Τῇ οὖν ἐπαύριον, ἐλθόντος τοῦ Ἀγρίππα καὶ τῆς Βερνίκης μετὰ πολλῆς φαντασίας, καὶ εἰσελθόντων εἰς τὸ ἀκροατήριον, σύν τε τοῖς χιλιάρχοις καὶ ἀνδράσι τοῖς κατ᾽ ἐξοχὴν οὖσι τῆς πόλεως, καὶ κελεύσαντος τοῦ Φήστου, ἤχθη ὁ Παῦλος.

24 καί φησιν ὁ Φῆστος, Ἀγρίππα βασιλεῦ, καὶ πάντες οἱ συμπαρόντες ἡμῖν ἄνδρες, θεωρεῖτε τοῦτον περὶ οὗ πᾶν τὸ πλῆθος τῶν Ἰουδαίων ἐνέτυχόν μοι ἔν τε Ἰεροσολύμοις καὶ ἐνθάδε, ἐπιβοῶντες μὴ δεῖν ζῆν αὐτὸν μηκέτι.

25 ἐγὼ δὲ καταλαβόμενος μηδὲν ἄξιον θανάτου αὐτὸν πεπραχέναι, καὶ αὐτοῦ δὲ τούτου ἐπικαλεσαμένου τὸν Σεβαστόν, ἔκρινα πέμπειν αὐτόν.

26 περὶ οὗ ἀσφαλές τι γράψαι τῷ κυρίῳ οὐκ ἔχω. διὸ προήγαγον αὐτὸν ἐφ᾽ ὑμῶν, καὶ μάλιστα ἐπὶ σοῦ, βασιλεῦ Ἀγρίππα, ὅπως τῆς ἀνακρίσεως γενομένης σχῶ τί γράψαι

27 ἄλογον γάρ μοι δοκεῖ, πέμποντα δέσμιον, μὴ καὶ τὰς κατ᾽ αὐτοῦ αἰτίας σημᾶναι.

CHAPTER 26

1 Ἀγρίππας δὲ πρὸς τὸν Παῦλον ἔφη, Ἐπιτρέπεταί σοι ὑπὲρ σεαυτοῦ λέγειν. τότε ὁ Παῦλος ἀπελογεῖτο, ἐκτείνας τὴν χεῖρα,

2 Περὶ πάντων ὧν ἐγκαλοῦμαι ὑπὸ Ἰουδαίων, βασιλεῦ Ἀγρίππα, ἥγημαι ἐμαυτὸν μακάριον μέλλων ἀπολογεῖσθαι ἐπὶ σοῦ σήμερον·

3 μάλιστα γνώστην ὄντα σὲ εἰδὼς πάντων τῶν κατὰ Ἰουδαίους ἐθῶν τε καὶ ζητημάτων· διὸ δέομαί σου, μακροθύμως ἀκοῦσαί μου.

4 τὴν μὲν οὖν βίωσίν μου τὴν ἐκ νεότητος, τὴν ἀπ᾽ ἀρχῆς γενομένην ἐν τῷ ἔθνει μου ἔν Ἰεροσολύμοις, ἴσασι πάντες οἱ Ἰουδαῖοι,

5 προγινώσκοντές με ἄνωθεν, ἐὰν θέλωσι μαρτυρεῖν, ὅτι κατὰ τὴν ἀκριβεστάτην αἵρεσιν τῆς ἡμετέρας θρησκείας ἔζησα Φαρισαῖος.

6 καὶ νῦν ἐπ᾽ ἐλπίδι τῆς πρὸς τοὺς πατέρας ἐπαγγελίας γενομένης ὑπὸ τοῦ Θεοῦ ἕστηκα κρινόμενος,

7 εἰς ἣν τὸ δωδεκάφυλον ἡμῶν ἐν ἐκτενείᾳ νύκτα καὶ ἡμέραν λατρεῦον ἐλπίζει καταντῆσαι· περὶ ἧς ἐλπίδος ἐγκαλοῦμαι, βασιλεῦ Ἀγρίππα, ὑπὸ τῶν Ἰουδαίων.

8 τί ἄπιστον κρίνεται παρ᾽ ὑμῖν, εἰ ὁ Θεὸς νεκροὺς ἐγείρει;

9 ἐγὼ μὲν οὖν ἔδοξα ἐμαυτῷ πρὸς τὸ ὄνομα Ἰησοῦ τοῦ Ναζωραίου δεῖν πολλὰ ἐναντία πρᾶξαι·

10 ὃ καὶ ἐποίησα ἐν Ἰεροσολύμοις, καὶ πολλοὺς τῶν ἁγίων ἐγὼ φυλακαῖς κατέκλεισα, τὴν παρὰ

ΠΡΑΞΕΙΣ ΤΩΝ ΑΠΟΣΤΟΛΩΝ

τῶν ἀρχιερέων ἐξουσίαν λαβών, ἀναιρουμένων τε αὐτῶν κατήνεγκα ψῆφον.

11 καὶ κατὰ πάσας τὰς συναγωγὰς πολλάκις τιμωρῶν αὐτούς, ἠνάγκαζον βλασφημεῖν· περισσῶς τε ἐμμαινόμενος αὐτοῖς, ἐδίωκον ἕως καὶ εἰς τὰς ἔξω πόλεις.

12 ἐν οἷς καὶ πορευόμενος εἰς τὴν Δαμασκὸν μετ᾿ ἐξουσίας καὶ ἐπιτροπῆς τῆς παρὰ τῶν ἀρχιερέων,

13 ἡμέρας μέσης, κατὰ τὴν ὁδὸν εἶδον, βασιλεῦ, οὐρανόθεν ὑπὲρ τὴν λαμπρότητα τοῦ ἡλίου, περιλάμψαν με φῶς καὶ τοὺς σὺν ἐμοὶ πορευομένους.

14 πάντων δὲ καταπεσόντων ἡμῶν εἰς τὴν γῆν, ἤκουσα φωνὴν λαλοῦσαν πρός με καὶ λέγουσαν τῇ Ἑβραΐδι διαλέκτῳ, Σαούλ, Σαούλ, τί με διώκεις; σκληρόν σοι πρὸς κέντρα λακτίζειν.

15 ἐγὼ δὲ εἶπον, Τίς εἶ, Κύριε. ὁ δὲ εἶπεν, Ἐγώ εἰμι Ἰησοῦς ὃν σὺ διώκεις.

16 ἀλλὰ ἀνάστηθι, καὶ στῆθι ἐπὶ τοὺς πόδας σου· εἰς τοῦτο γὰρ ὤφθην σοι, προχειρίσασθαί σε ὑπηρέτην καὶ μάρτυρα ὧν τε εἶδες, ὧν τε ὀφθήσομαί σοι,

17 ἐξαιρούμενός σε ἐκ τοῦ λαοῦ καὶ τῶν ἐθνῶν, εἰς οὓς νῦν σε ἀποστέλλω,

18 ἀνοῖξαι ὀφθαλμοὺς αὐτῶν, καὶ ἐπιστρέψαι ἀπὸ σκότους εἰς φῶς, καὶ τῆς ἐξουσίας τοῦ Σατανᾶ ἐπὶ τὸν Θεόν, τοῦ λαβεῖν αὐτοὺς ἄφεσιν ἁμαρτιῶν, καὶ κλῆρον ἐν τοῖς ἡγιασμένοις πίστει τῇ εἰς ἐμέ.

19 ὅθεν, βασιλεῦ Ἀγρίππα, οὐκ ἐγενόμην ἀπειθὴς τῇ οὐρανίῳ ὀπτασίᾳ·

20 ἀλλὰ τοῖς ἐν Δαμασκῷ πρῶτον καὶ Ἱεροσολύμοις, εἰς πᾶσάν τε τὴν χώραν τῆς Ἰουδαίας, καὶ τοῖς ἔθνεσιν, ἀπήγγελλον μετανοεῖν, καὶ ἐπιστρέφειν ἐπὶ τὸν Θεόν, ἄξια τῆς μετανοίας ἔργα πράσσοντας.

21 ἕνεκα τούτων με οἱ Ἰουδαῖοι συλλαβόμενοι ἐν τῷ ἱερῷ, ἐπειρῶντο διαχειρίσασθαι.

22 ἐπικουρίας οὖν τυχὼν τῆς παρὰ τοῦ Θεοῦ, ἄχρι τῆς ἡμέρας ταύτης ἕστηκα μαρτυρούμενος μικρῷ τε καὶ μεγάλῳ, οὐδὲν ἐκτὸς λέγων ὧν τε οἱ προφῆται ἐλάλησαν μελλόντων γίνεσθαι καὶ Μωσῆς,

23 εἰ παθητὸς ὁ Χριστός, εἰ πρῶτος ἐξ ἀναστάσεως νεκρῶν φῶς μέλλει καταγγέλλειν τῷ λαῷ καὶ τοῖς ἔθνεσι.

24 Ταῦτα δὲ αὐτοῦ ἀπολογουμένου, ὁ Φῆστος μεγάλῃ τῇ φωνῇ ἔφη, Μαίνῃ, Παῦλε· τὰ πολλά σε γράμματα εἰς μανίαν περιτρέπει.

25 ὁ δέ, Οὐ μαίνομαι, φησί, κράτιστε Φῆστε, ἀλλ᾿ ἀληθείας καὶ σωφροσύνης ῥήματα ἀποφθέγγομαι.

26 ἐπίσταται γὰρ περὶ τούτων ὁ βασιλεύς, πρὸς ὃν καὶ παρρησιαζόμενος λαλῶ· λανθάνειν γὰρ αὐτόν τι τούτων οὐ πείθομαι οὐδέν· οὐ γάρ ἐστιν ἐν γωνίᾳ πεπραγμένον τοῦτο.

27 πιστεύεις, βασιλεῦ Ἀγρίππα, τοῖς προφήταις; οἶδα ὅτι πιστεύεις.
28 ὁ δὲ Ἀγρίππας πρὸς τὸν Παῦλον ἔφη, Ἐν ὀλίγῳ με πείθεις Χριστιανὸν γενέσθαι.
29 ὁ δὲ Παῦλος εἶπεν, Εὐξαίμην ἂν τῷ Θεῷ, καὶ ἐν ὀλίγῳ καὶ ἐν πολλῷ οὐ μόνον σε, ἀλλὰ καὶ πάντας τοὺς ἀκούοντάς μου σήμερον, γενέσθαι τοιούτους ὁποῖος κἀγώ εἰμι, παρεκτὸς τῶν δεσμῶν τούτων.
30 Καὶ ταῦτα εἰπόντος αὐτοῦ, ἀνέστη ὁ βασιλεὺς καὶ ὁ ἡγεμών, ἥ τε Βερνίκη, καὶ οἱ συγκαθήμενοι αὐτοῖς·
31 καὶ ἀναχωρήσαντες ἐλάλουν πρὸς ἀλλήλους, λέγοντες ὅτι Οὐδὲν θανάτου ἄξιον ἢ δεσμῶν πράσσει ὁ ἄνθρωπος οὗτος.
32 Ἀγρίππας δὲ τῷ Φήστῳ ἔφη, Ἀπολελύσθαι ἐδύνατο ὁ ἄνθρωπος οὗτος, εἰ μὴ ἐπεκέκλητο Καίσαρα.

CHAPTER 27

1 Ὡς δὲ ἐκρίθη τοῦ ἀποπλεῖν ἡμᾶς εἰς τὴν Ἰταλίαν, παρεδίδουν τόν τε Παῦλον καί τινας ἑτέρους δεσμώτας ἑκατοντάρχῃ, ὀνόματι Ἰουλίῳ, σπείρης Σεβαστῆς.
2 ἐπιβάντες δὲ πλοίῳ Ἀδραμυττηνῷ, μέλλοντες πλεῖν τοὺς κατὰ τὴν Ἀσίαν τόπους, ἀνήχθημεν, ὄντος σὺν ἡμῖν Ἀριστάρχου Μακεδόνος Θεσσαλονικέως.
3 τῇ τε ἑτέρᾳ κατήχθημεν εἰς Σιδῶνα· φιλανθρώπως τε ὁ Ἰούλιος τῷ Παύλῳ χρησάμενος ἐπέτρεψε πρὸς τοὺς φίλους πορευθέντα ἐπιμελείας τυχεῖν.
4 κἀκεῖθεν ἀναχθέντες ὑπεπλεύσαμεν τὴν Κύπρον, διὰ τὸ τοὺς ἀνέμους εἶναι ἐναντίους
5 τό τε πέλαγος τὸ κατὰ τὴν Κιλικίαν καὶ Παμφυλίαν διαπλεύσαντες, κατήλθομεν εἰς Μύρα τῆς Λυκίας.
6 κἀκεῖ εὑρὼν ὁ ἑκατόνταρχος πλοῖον Ἀλεξανδρῖνον πλέον εἰς τὴν Ἰταλίαν, ἐνεβίβασεν ἡμᾶς εἰς αὐτό.
7 ἐν ἱκαναῖς δὲ ἡμέραις βραδυπλοοῦντες, καὶ μόλις γενόμενοι κατὰ τὴν Κνίδον, μὴ προσεῶντος ἡμᾶς τοῦ ἀνέμου, ὑπεπλεύσαμεν τὴν Κρήτην κατὰ Σαλμώνην·
8 μόλις τε παραλεγόμενοι αὐτὴν ἤλθομεν εἰς τόπον τινὰ καλούμενον Καλοὺς Λιμένας, ᾧ ἐγγὺς ἦν πόλις Λασαία.
9 Ἱκανοῦ δὲ χρόνου διαγενομένου, καὶ ὄντος ἤδη ἐπισφαλοῦς τοῦ πλοός, διὰ τὸ καὶ τὴν νηστείαν ἤδη παρεληλυθέναι, παρήνει ὁ Παῦλος
10 λέγων αὐτοῖς, Ἄνδρες, θεωρῶ ὅτι μετὰ ὕβρεως καὶ πολλῆς ζημίας, οὐ μόνον τοῦ φόρτου καὶ τοῦ πλοίου ἀλλὰ καὶ τῶν ψυχῶν ἡμῶν, μέλλειν ἔσεσθαι τὸν πλοῦν.
11 ὁ δὲ ἑκατόνταρχος τῷ κυβερνήτῃ καὶ τῷ ναυκλήρῳ ἐπείθετο μᾶλλον ἢ τοῖς ὑπὸ τοῦ Παύλου λεγομένοις.
12 ἀνευθέτου δὲ τοῦ λιμένος ὑπάρχοντος πρὸς παραχειμασίαν, οἱ πλείους ἔθεντο βουλὴν ἀναχθῆναι κἀκεῖθεν, εἴπως

ΠΡΑΞΕΙΣ ΤΩΝ ΑΠΟΣΤΟΛΟΝ

δύναιντο καταντήσαντες εἰς Φοίνικα παραχειμάσαι, λιμένα τῆς Κρήτης βλέποντα κατὰ λίβα καὶ κατὰ χῶρον.

13 ὑποπνεύσαντος δὲ νότου, δόξαντες τῆς προθέσεως κεκρατηκέναι, ἄραντες ἆσσον παρελέγοντο τὴν Κρήτην.

14 μετ᾽ οὐ πολὺ δὲ ἔβαλε κατ᾽ αὐτῆς ἄνεμος τυφωνικός, ὁ καλούμενος Εὐροκλύδων·

15 συναρπασθέντος δὲ τοῦ πλοίου, καὶ μὴ δυναμένου ἀντοφθαλμεῖν τῷ ἀνέμῳ, ἐπιδόντες ἐφερόμεθα.

16 νησίον δέ τι ὑποδραμόντες καλούμενον Κλαύδην μόλις ἰσχύσαμεν περικρατεῖς γενέσθαι τῆς σκάφης·

17 ἣν ἄραντες, βοηθείαις ἐχρῶντο, ὑποζωννύντες τὸ πλοῖον· φοβούμενοί τε μὴ εἰς τὴν σύρτιν ἐκπέσωσι, χαλάσαντες τὸ σκεῦος, οὕτως ἐφέροντο.

18 σφοδρῶς δὲ χειμαζομένων ἡμῶν, τῇ ἑξῆς ἐκβολὴν ἐποιοῦντο·

19 καὶ τῇ τρίτῃ αὐτόχειρες τὴν σκευὴν τοῦ πλοίου ἐρρίψαμεν.

20 μήτε δὲ ἡλίου μήτε ἄστρων ἐπιφαινόντων ἐπὶ πλείονας ἡμέρας, χειμῶνός τε οὐκ ὀλίγου ἐπικειμένου, λοιπὸν περιῃρεῖτο πᾶσα ἐλπὶς τοῦ σῴζεσθαι ἡμᾶς.

21 πολλῆς δὲ ἀσιτίας ὑπαρχούσης, τότε σταθεὶς ὁ Παῦλος ἐν μέσῳ αὐτῶν, εἶπεν, Ἔδει μέν, ὦ ἄνδρες, πειθαρχήσαντάς μοι μὴ ἀνάγεσθαι ἀπὸ τῆς Κρήτης, κερδῆσαί τε τὴν ὕβριν ταύτην καὶ τὴν ζημίαν.

22 καὶ τὰ νῦν παραινῶ ὑμᾶς εὐθυμεῖν· ἀποβολὴ γὰρ ψυχῆς οὐδεμία ἔσται ἐξ ὑμῶν, πλὴν τοῦ πλοίου.

23 παρέστη γάρ μοι τῇ νυκτὶ ταύτῃ ἄγγελος τοῦ Θεοῦ, οὗ εἰμι, ᾧ καὶ λατρεύω,

24 λέγων, Μὴ φοβοῦ Παῦλε· Καίσαρί σε δεῖ παραστῆναι· καὶ ἰδού, κεχάρισταί σοι ὁ Θεὸς πάντας τοὺς πλέοντας μετὰ σοῦ.

25 διὸ εὐθυμεῖτε ἄνδρες· πιστεύω γὰρ τῷ Θεῷ ὅτι οὕτως ἔσται καθ᾽ ὃν τρόπον λελάληταί μοι.

26 εἰς νῆσον δέ τινα δεῖ ἡμᾶς ἐκπεσεῖν.

27 Ὡς δὲ τεσσαρεσκαιδεκάτη νὺξ ἐγένετο, διαφερομένων ἡμῶν ἐν τῷ Ἀδρίᾳ, κατὰ μέσον τῆς νυκτός, ὑπενόουν οἱ ναῦται προσάγειν τινὰ αὐτοῖς χώραν·

28 καὶ βολίσαντες εὗρον ὀργυιὰς εἴκοσι· βραχὺ δὲ διαστήσαντες, καὶ πάλιν βολίσαντες, εὗρον ὀργυιὰς δεκαπέντε·

29 φοβούμενοί τε μήπως εἰς τραχεῖς τόπους ἐκπέσωμεν, ἐκ πρύμνης ῥίψαντες ἀγκύρας τέσσαρας, ηὔχοντο ἡμέραν γενέσθαι.

30 τῶν δὲ ναυτῶν ζητούντων φυγεῖν ἐκ τοῦ πλοίου, καὶ χαλασάντων τὴν σκάφην εἰς τὴν θάλασσαν, προφάσει ὡς ἐκ πρῴρας μελλόντων ἀγκύρας ἐκτείνειν,

31 εἶπεν ὁ Παῦλος τῷ ἑκατοντάρχῃ καὶ τοῖς στρατιώταις, Ἐὰν μὴ οὗτοι

μείνωσιν ἐν τῷ πλοίῳ, ὑμεῖς σωθῆναι οὐ δύνασθε.

32 τότε οἱ στρατιῶται ἀπέκοψαν τὰ σχοινία τῆς σκάφης, καὶ εἴασαν αὐτὴν ἐκπεσεῖν.

33 ἄχρι δὲ οὗ ἔμελλεν ἡμέρα γίνεσθαι, παρεκάλει ὁ Παῦλος ἅπαντας μεταλαβεῖν τροφῆς, λέγων, Τεσσαρεσκαιδεκάτην σήμερον ἡμέραν προσδοκῶντες ἄσιτοι διατελεῖτε, μηδὲν προσλαβόμενοι.

34 διὸ παρακαλῶ ὑμᾶς προσλαβεῖν τροφῆς· τοῦτο γὰρ πρὸς τῆς ὑμετέρας σωτηρίας ὑπάρχει· οὐδενὸς γὰρ ὑμῶν θρὶξ ἐκ τῆς κεφαλῆς πεσεῖται.

35 εἴπων δὲ ταῦτα, καὶ λαβὼν ἄρτον, εὐχαρίστησε τῷ Θεῷ ἐνώπιον πάντων· καὶ κλάσας ἤρξατο ἐσθίειν.

36 εὔθυμοι δὲ γενόμενοι πάντες καὶ αὐτοὶ προσελάβοντο τροφῆς.

37 ἤμεν δὲ ἐν τῷ πλοίῳ αἱ πᾶσαι ψυχαί, διακόσιαι ἑβδομηκονταέξ.

38 κορεσθέντες δὲ τροφῆς ἐκούφιζον τὸ πλοῖον, ἐκβαλλόμενοι τὸν σῖτον εἰς τὴν θάλασσαν.

39 ὅτε δε ἡμέρα ἐγένετο, τὴν γῆν οὐκ ἐπεγίνωσκον· κόλπον δέ τινα κατενόουν ἔχοντα αἰγιαλόν, εἰς ὃν ἐβουλεύσαντο, εἰ δύναιντο, ἐξῶσαι τὸ πλοῖον.

40 καὶ τὰς ἀγκύρας περιελόντες εἴων εἰς τὴν θάλασσαν, ἅμα ἀνέντες τὰς ζευκτηρίας τῶν πηδαλίων· καὶ ἐπάραντες τὸν ἀρτέμονα τῇ πνεούσῃ κατεῖχον εἰς τὸν αἰγιαλόν.

41 περιπεσόντες δὲ εἰς τόπον διθάλασσον ἐπώκειλαν τὴν ναῦν· καὶ ἡ μὲν πρῶρα ἐρείσασα ἔμεινεν ἀσάλευτος, ἡ δὲ πρύμνα ἐλύετο ὑπὸ τῆς βίας τῶν κυμάτων.

42 τῶν δὲ στρατιωτῶν βουλὴ ἐγένετο ἵνα τοὺς δεσμώτας ἀποκτείνωσι, μήτις ἐκκολυμβήσας διαφύγοι.

43 ὁ δὲ ἑκατόνταρχος, βουλόμενος διασῶσαι τὸν Παῦλον, ἐκώλυσεν αὐτοὺς τοῦ βουλήματος, ἐκέλευσέ τε τοὺς δυναμένους κολυμβᾷν ἀπορρίψαντας πρώτους ἐπὶ τὴν γῆν ἐξιέναι·

44 καὶ τοὺς λοιπούς, οὓς μὲν ἐπὶ σανίσιν, οὓς δὲ ἐπί τινων τῶν ἀπὸ τοῦ πλοίου. καὶ οὕτως ἐγένετο πάντας διασωθῆναι ἐπὶ τὴν γῆν.

CHAPTER 28

1 Καὶ διασωθέντες, τότε ἐπέγνωσαν ὅτι Μελίτη ἡ νῆσος καλεῖται.

2 οἱ δὲ βάρβαροι παρεῖχον οὐ τὴν τυχοῦσαν φιλανθρωπίαν ἡμῖν· ἀνάψαντες γὰρ πυράν, προσελάβοντο πάντας ἡμᾶς, διὰ τὸν ὑετὸν τὸν ἐφεστῶτα, καὶ διὰ τὸ ψῦχος.

3 συστρέψαντος δὲ τοῦ Παύλου φρυγάνων πλῆθος, καὶ ἐπιθέντος ἐπὶ τὴν πυράν, ἔχιδνα ἐκ τῆς θέρμης ἐξελθοῦσα καθῆψε τῆς χειρὸς αὐτοῦ.

4 ὡς δὲ εἶδον οἱ βάρβαροι κρεμάμενον τὸ θηρίον ἐκ τῆς χειρὸς αὐτοῦ, ἔλεγον πρὸς ἀλλήλους, Πάντως φονεύς ἐστιν ὁ ἄνθρωπος οὗτος, ὃν διασωθέντα ἐκ τῆς θαλάσσης ἡ Δίκη ζῆν οὐκ εἴασεν.

5 ὁ μὲν οὖν, ἀποτινάξας τὸ θηρίον εἰς τὸ πῦρ, ἔπαθεν οὐδὲν κακόν.

6 οἱ δὲ προσεδόκων αὐτὸν μέλλειν πίμπρασθαι ἢ καταπίπτειν ἄφνω νεκρόν· ἐπὶ πολὺ δὲ αὐτῶν προσδοκώντων, καὶ θεωρούντων μηδὲν ἄτοπον εἰς αὐτὸν γινόμενον, μεταβαλλόμενοι ἔλεγον θεὸν αὐτὸν εἶναι.

7 Ἐν δὲ τοῖς περὶ τὸν τόπον ἐκεῖνον ὑπῆρχε χωρία τῷ πρώτῳ τῆς νήσου, ὀνόματι Ποπλίῳ, ὃς ἀναδεξάμενος ἡμᾶς τρεῖς ἡμέρας φιλοφρόνως ἐξένισεν.

8 ἐγένετο δὲ τὸν πατέρα τοῦ Ποπλίου πυρετοῖς καὶ δυσεντερίᾳ συνεχόμενον κατακεῖσθαι· πρὸς ὃν ὁ Παῦλος εἰσελθών, καὶ προσευξάμενος, ἐπιθεὶς τὰς χεῖρας αὐτῷ, ἰάσατο αὐτόν.

9 τούτου οὖν γενομένου, καὶ οἱ λοιποὶ οἱ ἔχοντες ἀσθενείας ἐν τῇ νήσῳ προσήρχοντο καὶ ἐθεραπεύοντο·

10 οἳ καὶ πολλαῖς τιμαῖς ἐτίμησαν ἡμᾶς, καὶ ἀναγομένοις ἐπέθεντο τὰ πρὸς τὴν χρείαν.

11 Μετὰ δὲ τρεῖς μῆνας ἀνήχθημεν ἐν πλοίῳ παρακεχειμακότι ἐν τῇ νήσῳ, Ἀλεξανδρίνῳ, παρασήμῳ Διοσκούροις.

12 καὶ καταχθέντες εἰς Συρακούσας ἐπεμείναμεν ἡμέρας τρεῖς·

13 ὅθεν περιελθόντες κατηντήσαμεν εἰς Ῥήγιον, καὶ μετὰ μίαν ἡμέραν ἐπιγενομένου νότου, δευτεραῖοι ἤλθομεν εἰς Ποτιόλους·

14 οὗ εὑρόντες ἀδελφούς, παρεκλήθημεν ἐπ᾽ αὐτοῖς ἐπιμεῖναι ἡμέρας ἑπτά· καὶ οὕτως εἰς τὴν Ῥώμην ἤλθομεν.

15 κἀκεῖθεν οἱ ἀδελφοὶ ἀκούσαντες τὰ περὶ ἡμῶν, ἐξῆλθον εἰς ἀπάντησιν ἡμῖν ἄχρις Ἀππίου Φόρου καὶ Τριῶν Ταβερνῶν· οὓς ἰδὼν ὁ Παῦλος, εὐχαριστήσας τῷ Θεῷ, ἔλαβε θάρσος.

16 Ὅτε δὲ ἤλθομεν εἰς Ῥώμην, ὁ ἑκατόνταρχος παρέδωκε τοὺς δεσμίους τῷ στρατοπεδάρχῃ· τῷ δὲ Παύλῳ ἐπετράπη μένειν καθ᾽ ἑαυτόν, σὺν τῷ φυλάσσοντι αὐτὸν στρατιώτῃ.

17 Ἐγένετο δὲ μετὰ ἡμέρας τρεῖς συγκαλέσασθαι τὸν Παῦλον τοὺς ὄντας τῶν Ἰουδαίων πρώτους· συνελθόντων δὲ αὐτῶν, ἔλεγε πρὸς αὐτούς, ἄνδρες ἀδελφοί, ἐγὼ οὐδὲν ἐναντίον ποιήσας τῷ λαῷ ἢ τοῖς ἔθεσι τοῖς πατρῴοις, δέσμιος ἐξ Ἱεροσολύμων παρεδόθην εἰς τὰς χεῖρας τῶν Ῥωμαίων·

18 οἵτινες ἀνακρίναντές με ἐβούλοντο ἀπολῦσαι, διὰ τὸ μηδεμίαν αἰτίαν θανάτου ὑπάρχειν ἐν ἐμοί.

19 ἀντιλεγόντων δὲ τῶν Ἰουδαίων, ἠναγκάσθην ἐπικαλέσασθαι Καίσαρα, οὐχ ὡς τοῦ ἔθνους μου ἔχων τι κατηγορῆσαι.

20 διὰ ταύτην οὖν τὴν αἰτίαν παρεκάλεσα ὑμᾶς ἰδεῖν καὶ προσλαλῆσαι· ἕνεκεν γὰρ τῆς ἐλπίδος τοῦ Ἰσραὴλ τὴν ἅλυσιν ταύτην περίκειμαι.

21 οἱ δὲ πρὸς αὐτὸν εἶπον, Ἡμεῖς οὔτε γράμματα περὶ σοῦ ἐδεξάμεθα ἀπὸ τῆς Ἰουδαίας, οὔτε παραγενόμενός τις τῶν ἀδελφῶν ἀπήγγειλεν ἢ ἐλάλησέ τι περὶ σοῦ πονηρόν.

22 ἀξιοῦμεν δὲ παρὰ σοῦ ἀκοῦσαι ἃ φρονεῖς· περὶ μὲν γὰρ τῆς αἱρέσεως ταύτης γνωστόν ἐστιν ἡμῖν ὅτι πανταχοῦ ἀντιλέγεται.

23 Ταξάμενοι δὲ αὐτῷ ἡμέραν, ἧκον πρὸς αὐτὸν εἰς τὴν ξενίαν πλείονες· οἷς ἐξετίθετο διαμαρτυρόμενος τὴν βασιλείαν τοῦ Θεοῦ, πείθων τε αὐτοὺς τὰ περὶ τοῦ Ἰησοῦ, ἀπό τε τοῦ νόμου Μωσέως καὶ τῶν προφητῶν, ἀπὸ πρωῒ ἕως ἑσπέρας.

24 καὶ οἱ μὲν ἐπείθοντο τοῖς λεγομένοις, οἱ δὲ ἠπίστουν.

25 ἀσύμφωνοι δὲ ὄντες πρὸς ἀλλήλους ἀπελύοντο, εἰπόντος τοῦ Παύλου ῥῆμα ἕν, ὅτι Καλῶς τὸ Πνεῦμα τὸ Ἅγιον ἐλάλησε διὰ Ἡσαΐου τοῦ προφήτου πρὸς τοὺς πατέρας ἡμῶν,

26 λέγον, Πορεύθητι πρὸς τὸν λαὸν τοῦτον καὶ εἰπέ, Ἀκοῇ ἀκούσετε, καὶ οὐ μὴ συνῆτε· καὶ βλέποντες βλέψετε, καὶ οὐ μὴ ἴδητε·

27 ἐπαχύνθη γὰρ ἡ καρδία τοῦ λαοῦ τούτου, καὶ τοῖς ὠσὶ βαρέως ἤκουσαν, καὶ τοὺς ὀφθαλμοὺς αὐτῶν ἐκάμμυσαν· μήποτε ἴδωσι τοῖς ὀφθαλμοῖς, καὶ τοῖς ὠσὶν ἀκούσωσι, καὶ τῇ καρδίᾳ συνῶσι, καὶ ἐπιστρέψωσι, καὶ ἰάσωμαι αὐτούς.

28 γνωστὸν οὖν ἔστω ὑμῖν, ὅτι τοῖς ἔθνεσιν ἀπεστάλη τὸ σωτήριον τοῦ Θεοῦ, αὐτοὶ καὶ ἀκούσονται.

29 καὶ ταῦτα αὐτοῦ εἰπόντος, ἀπῆλθον οἱ Ἰουδαῖοι, πολλὴν ἔχοντες ἐν ἑαυτοῖς συζήτησιν

30 Ἔμεινε δὲ ὁ Παῦλος διετίαν ὅλην ἐν ἰδίῳ μισθώματι, καὶ ἀπεδέχετο πάντας τοὺς εἰσπορευομένους πρὸς αὐτόν,

31 κηρύσσων τὴν βασιλείαν τοῦ Θεοῦ, καὶ διδάσκων τὰ περὶ τοῦ Κυρίου Ἰησοῦ Χριστοῦ, μετὰ πάσης παρρησίας, ἀκωλύτως.

ΠΑΥΛΟΥ ΤΟΥ ΑΠΟΣΤΟΛΟΥ
Η ΠΡΟΣ ΡΟΜΑΙΟΥΣ ΕΠΙΣΤΟΛΗ

ROM CHAPTER 1

Παῦλος, δοῦλος Ἰησοῦ Χριστοῦ, κλητὸς ἀπόστολος, ἀφωρισμένος εἰς εὐαγγέλιον Θεοῦ,

2 ὃ προεπηγγείλατο διὰ τῶν προφητῶν αὐτοῦ ἐν γραφαῖς ἁγίαις,

3 περὶ τοῦ υἱοῦ αὐτοῦ, τοῦ γενομένου ἐκ σπέρματος Δαβὶδ κατὰ σάρκα,

4 τοῦ ὁρισθέντος υἱοῦ Θεοῦ ἐν δυνάμει, κατὰ πνεῦμα ἁγιωσύνης, ἐξ ἀναστάσεως νεκρῶν, Ἰησοῦ Χριστοῦ τοῦ Κυρίου ἡμῶν,

5 δι' οὗ ἐλάβομεν χάριν καὶ ἀποστολὴν εἰς ὑπακοὴν πίστεως ἐν πᾶσι τοῖς ἔθνεσιν, ὑπὲρ τοῦ ὀνόματος αὐτοῦ,

6 ἐν οἷς ἐστε καὶ ὑμεῖς, κλητοὶ Ἰησοῦ Χριστοῦ·

7 πᾶσι τοῖς οὖσιν ἐν Ῥώμῃ ἀγαπητοῖς Θεοῦ, κλητοῖς ἁγίοις· χάρις ὑμῖν καὶ εἰρήνη ἀπὸ Θεοῦ πατρὸς ἡμῶν καὶ Κυρίου Ἰησοῦ Χριστοῦ.

8 Πρῶτον μὲν εὐχαριστῶ τῷ Θεῷ μου διὰ Ἰησοῦ Χριστοῦ ὑπὲρ πάντων ὑμῶν, ὅτι ἡ πίστις ὑμῶν καταγγέλλεται ἐν ὅλῳ τῷ κόσμῳ.

9 μάρτυς γάρ μού ἐστιν ὁ θεός, ᾧ λατρεύω ἐν τῷ πνεύματί μου ἐν τῷ εὐαγγελίῳ τοῦ υἱοῦ αὐτοῦ, ὡς ἀδιαλείπτως μνείαν ὑμῶν ποιοῦμαι, πάντοτε ἐπὶ τῶν προσευχῶν μου

10 δεόμενος, εἴπως ἤδη ποτὲ εὐοδωθήσομαι ἐν τῷ θελήματι τοῦ Θεοῦ ἐλθεῖν πρὸς ὑμᾶς.

11 ἐπιποθῶ γὰρ ἰδεῖν ὑμᾶς, ἵνα τι μεταδῶ χάρισμα ὑμῖν πνευματικόν, εἰς τὸ στηριχθῆναι ὑμᾶς,

12 τοῦτο δέ ἐστι, συμπαρακληθῆναι ἐν ὑμῖν διὰ τῆς ἐν ἀλλήλοις πίστεως ὑμῶν τε καὶ ἐμοῦ.

13 οὐ θέλω δὲ ὑμᾶς ἀγνοεῖν, ἀδελφοί, ὅτι πολλάκις προεθέμην ἐλθεῖν πρὸς ὑμᾶς (καὶ ἐκωλύθην ἄχρι τοῦ δεῦρο), ἵνα καρπόν τινα σχῶ καὶ ἐν ὑμῖν, καθὼς καὶ ἐν τοῖς λοιποῖς ἔθνεσιν.

14 Ἕλλησί τε καὶ βαρβάροις, σοφοῖς τε καὶ ἀνοήτοις ὀφειλέτης εἰμί·

15 οὕτω τὸ κατ' ἐμὲ πρόθυμον καὶ ὑμῖν τοῖς ἐν Ῥώμῃ εὐαγγελίσασθαι.

16 οὐ γὰρ ἐπαισχύνομαι τὸ εὐαγγέλιον τοῦ Χριστοῦ· δύναμις γὰρ Θεοῦ ἐστιν εἰς σωτηρίαν παντὶ τῷ πιστεύοντι, Ἰουδαίῳ τε πρῶτον καὶ Ἕλληνι.

17 δικαιοσύνη γὰρ Θεοῦ ἐν αὐτῷ ἀποκαλύπτεται ἐκ πίστεως εἰς πίστιν, καθὼς γέγραπται, Ὁ δὲ δίκαιος ἐκ πίστεως ζήσεται.

18 Ἀποκαλύπτεται γὰρ ὀργὴ Θεοῦ ἀπ' οὐρανοῦ ἐπὶ πᾶσαν ἀσέβειαν καὶ ἀδικίαν ἀνθρώπων τῶν τὴν ἀλήθειαν ἐν ἀδικίᾳ κατεχόντων·

19 διότι τὸ γνωστὸν τοῦ Θεοῦ φανερόν ἐστιν ἐν αὐτοῖς· ὁ γὰρ Θεὸς αὐτοῖς ἐφανέρωσε.

20 τὰ γὰρ ἀόρατα αὐτοῦ ἀπὸ κτίσεως κόσμου τοῖς ποιήμασι νοούμενα καθορᾶται, ἥ τε ἀΐδιος αὐτοῦ δύναμις καὶ θειότης, εἰς τὸ εἶναι αὐτοὺς ἀναπολογήτους·

21 διότι γνόντες τὸν Θεόν, οὐχ ὡς Θεὸν ἐδόξασαν ἢ εὐχαρίστησαν, ἀλλ' ἐματαιώθησαν ἐν τοῖς διαλογισμοῖς αὐτῶν, καὶ ἐσκοτίσθη ἡ ἀσύνετος αὐτῶν καρδία.

22 φάσκοντες εἶναι σοφοὶ ἐμωράνθησαν,

23 καὶ ἤλλαξαν τὴν δόξαν τοῦ ἀφθάρτου Θεοῦ ἐν ὁμοιώματι εἰκόνος φθαρτοῦ ἀνθρώπου καὶ πετεινῶν καὶ τετραπόδων καὶ ἑρπετῶν.

24 Διὸ καὶ παρέδωκεν αὐτοὺς ὁ Θεὸς ἐν ταῖς ἐπιθυμίαις τῶν καρδιῶν αὐτῶν εἰς ἀκαθαρσίαν, τοῦ ἀτιμάζεσθαι τὰ σώματα αὐτῶν ἐν ἑαυτοῖς·

25 οἵτινες μετήλλαξαν τὴν ἀλήθειαν τοῦ Θεοῦ ἐν τῷ ψεύδει, καὶ ἐσεβάσθησαν καὶ ἐλάτρευσαν τῇ κτίσει παρὰ τὸν κτίσαντα, ὅς ἐστιν εὐλογητὸς εἰς τοὺς αἰῶνας. ἀμήν.

26 Διὰ τοῦτο παρέδωκεν αὐτοὺς ὁ Θεὸς εἰς πάθη ἀτιμίας· αἵ τε γὰρ θήλειαι αὐτῶν μετήλλαξαν τὴν φυσικὴν χρῆσιν εἰς τὴν παρὰ φύσιν·

27 ὁμοίως τε καὶ οἱ ἄρσενες ἀφέντες τὴν φυσικὴν χρῆσιν τῆς θηλείας, ἐξεκαύθησαν ἐν τῇ ὀρέξει αὐτῶν εἰς ἀλλήλους, ἄρσενες ἐν ἄρσεσι τὴν ἀσχημοσύνην κατεργαζόμενοι, καὶ τὴν ἀντιμισθίαν ἣν ἔδει τῆς πλάνης αὐτῶν ἐν ἑαυτοῖς ἀπολαμβάνοντες.

28 Καὶ καθὼς οὐκ ἐδοκίμασαν τὸν Θεὸν ἔχειν ἐν ἐπιγνώσει, παρέδωκεν αὐτοὺς ὁ Θεὸς εἰς ἀδόκιμον νοῦν, ποιεῖν τὰ μὴ καθήκοντα,

29 πεπληρωμένους πάσῃ ἀδικίᾳ, πορνείᾳ, πονηρίᾳ, πλεονεξίᾳ κακίᾳ· μεστοὺς φθόνου, φόνου, ἔριδος, δόλου, κακοηθείας· ψιθυριστάς,

30 καταλάλους, θεοστυγεῖς, ὑβριστάς, ὑπερηφάνους, ἀλαζόνας, ἐφευρετὰς κακῶν, γονεῦσιν ἀπειθεῖς,

31 ἀσυνέτους, ἀσυνθέτους, ἀστόργους, ἀσπόνδους, ἀνελεήμονας·

32 οἵτινες τὸ δικαίωμα τοῦ Θεοῦ ἐπιγνόντες, ὅτι οἱ τὰ τοιαῦτα πράσσοντες ἄξιοι θανάτου εἰσίν, οὐ μόνον αὐτὰ ποιοῦσιν, ἀλλὰ καὶ συνευδοκοῦσι τοῖς πράσσουσι.

CHAPTER 2

1 Διὸ ἀναπολόγητος εἶ, ὦ ἄνθρωπε πᾶς ὁ κρίνων· ἐν ᾧ γὰρ κρίνεις τὸν ἕτερον, σεαυτὸν κατακρίνεις, τὰ γὰρ αὐτὰ πράσσεις ὁ κρίνων.

2 οἴδαμεν δὲ ὅτι τὸ κρίμα τοῦ Θεοῦ ἐστι κατὰ ἀλήθειαν ἐπὶ τοὺς τὰ τοιαῦτα πράσσοντας.

Η ΠΡΟΣ ΡΟΜΑΙΟΥΣ

3 λογίζῃ δὲ τοῦτο, ὦ ἄνθρωπε ὁ κρίνων τοὺς τὰ τοιαῦτα πράσσοντας καὶ ποιῶν αὐτά, ὅτι σὺ ἐκφεύξῃ τὸ κρίμα τοῦ Θεοῦ;

4 ἢ τοῦ πλούτου τῆς χρηστότητος αὐτοῦ καὶ τῆς ἀνοχῆς καὶ τῆς μακροθυμίας καταφρονεῖς, ἀγνοῶν ὅτι τὸ χρηστὸν τοῦ Θεοῦ εἰς μετάνοιάν σε ἄγει;

5 κατὰ δὲ τὴν σκληρότητά σου καὶ ἀμετανόητον καρδίαν θησαυρίζεις σεαυτῷ ὀργὴν ἐν ἡμέρᾳ ὀργῆς καὶ ἀποκαλύψεως δικαιοκρισίας τοῦ Θεοῦ,

6 ὃς ἀποδώσει ἑκάστῳ κατὰ τὰ ἔργα αὐτοῦ·

7 τοῖς μὲν καθ' ὑπομονὴν ἔργου ἀγαθοῦ δόξαν καὶ τιμὴν καὶ ἀφθαρσίαν ζητοῦσι, ζωὴν αἰώνιον·

8 τοῖς δὲ ἐξ ἐριθείας, καὶ ἀπειθοῦσι μὲν τῇ ἀληθείᾳ πειθομένοις δὲ τῇ ἀδικίᾳ, θυμὸς καὶ ὀργή,

9 θλῖψις καὶ στενοχωρία, ἐπὶ πᾶσαν ψυχὴν ἀνθρώπου τοῦ κατεργαζομένου τὸ κακόν, Ἰουδαίου τε πρῶτον καὶ Ἕλληνος·

10 δόξα δὲ καὶ τιμὴ καὶ εἰρήνη παντὶ τῷ ἐργαζομένῳ τὸ ἀγαθόν, Ἰουδαίῳ τε πρῶτον καὶ Ἕλληνι·

11 οὐ γάρ ἐστι προσωποληψία παρὰ τῷ Θεῷ.

12 ὅσοι γὰρ ἀνόμως ἥμαρτον, ἀνόμως καὶ ἀπολοῦνται· καὶ ὅσοι ἐν νόμῳ ἥμαρτον, διὰ νόμου κριθήσονται·

13 οὐ γὰρ οἱ ἀκροαταὶ τοῦ νόμου δίκαιοι παρὰ τῷ Θεῷ, ἀλλ' οἱ ποιηταὶ τοῦ νόμου δικαιωθήσονται.

14 ὅταν γὰρ ἔθνη τὰ μὴ νόμον ἔχοντα φύσει τὰ τοῦ νόμου ποιῇ, οὗτοι, νόμον μὴ ἔχοντες, ἑαυτοῖς εἰσι νόμος·

15 οἵτινες ἐνδείκνυνται τὸ ἔργον τοῦ νόμου γραπτὸν ἐν ταῖς καρδίαις αὐτῶν, συμμαρτυρούσης αὐτῶν τῆς συνειδήσεως, καὶ μεταξὺ ἀλλήλων τῶν λογισμῶν κατηγορούντων ἢ καὶ ἀπολογουμένων,

16 ἐν ἡμέρᾳ ὅτε κρινεῖ ὁ Θεὸς τὰ κρυπτὰ τῶν ἀνθρώπων, κατὰ τὸ εὐαγγέλιόν μου, διὰ Ἰησοῦ Χριστοῦ.

17 Ἴδε σὺ Ἰουδαῖος ἐπονομάζῃ, καὶ ἐπαναπαύῃ τῷ νόμῳ, καὶ καυχᾶσαι ἐν Θεῷ,

18 καὶ γινώσκεις τὸ θέλημα, καὶ δοκιμάζεις τὰ διαφέροντα, κατηχούμενος ἐκ τοῦ νόμου,

19 πέποιθάς τε σεαυτὸν ὁδηγὸν εἶναι τυφλῶν, φῶς τῶν ἐν σκότει,

20 παιδευτὴν ἀφρόνων, διδάσκαλον νηπίων, ἔχοντα τὴν μόρφωσιν τῆς γνώσεως καὶ τῆς ἀληθείας ἐν τῷ νόμῳ·

21 ὁ οὖν διδάσκων ἕτερον, σεαυτὸν οὐ διδάσκεις; ὁ κηρύσσων μὴ κλέπτειν, κλέπτεις;

22 ὁ λέγων μὴ μοιχεύειν, μοιχεύεις; ὁ βδελυσσόμενος τὰ εἴδωλα, ἱεροσυλεῖς;

23 ὃς ἐν νόμῳ καυχᾶσαι, διὰ τῆς παραβάσεως τοῦ νόμου τὸν Θεὸν ἀτιμάζεις;

24 τὸ γὰρ ὄνομα τοῦ Θεοῦ δι' ὑμᾶς βλασφημεῖται ἐν τοῖς ἔθνεσι, καθὼς γέγραπται.

25 περιτομὴ μὲν γὰρ ὠφελεῖ, ἐὰν νόμον πράσσης· ἐὰν δὲ παραβάτης νόμου ᾖς, ἡ περιτομή σου ἀκροβυστία γέγονεν.

26 ἐὰν οὖν ἡ ἀκροβυστία τὰ δικαιώματα τοῦ νόμου φυλάσσῃ, οὐχὶ ἡ ἀκροβυστία αὐτοῦ εἰς περιτομὴν λογισθήσεται;

27 καὶ κρινεῖ ἡ ἐκ φύσεως ἀκροβυστία, τὸν νόμον τελοῦσα, σὲ τὸν διὰ γράμματος καὶ περιτομῆς παραβάτην νόμου;

28 οὐ γὰρ ὁ ἐν τῷ φανερῷ Ἰουδαῖός ἐστιν, οὐδὲ ἡ ἐν τῷ φανερῷ ἐν σαρκὶ περιτομή·

29 ἀλλ' ὁ ἐν τῷ κρυπτῷ Ἰουδαῖος, καὶ περιτομὴ καρδίας ἐν πνεύματι, οὐ γράμματι· οὗ ὁ ἔπαινος οὐκ ἐξ ἀνθρώπων, ἀλλ' ἐκ τοῦ Θεοῦ.

CHAPTER 3

1 Τί οὖν τὸ περισσὸν τοῦ Ἰουδαίου, ἢ τίς ἡ ὠφέλεια τῆς περιτομῆς;

2 πολὺ κατὰ πάντα τρόπον· πρῶτον μὲν γὰρ ὅτι ἐπιστεύθησαν τὰ λόγια τοῦ Θεοῦ.

3 τί γὰρ εἰ ἠπίστησάν τινες; μὴ ἡ ἀπιστία αὐτῶν τὴν πίστιν τοῦ Θεοῦ καταργήσει;

4 μὴ γένοιτο· γινέσθω δὲ ὁ Θεὸς ἀληθής, πᾶς δὲ ἄνθρωπος ψεύστης, καθὼς γέγραπται, Ὅπως ἂν δικαιωθῇς ἐν τοῖς λόγοις σου, καὶ νικήσῃς ἐν τῷ κρίνεσθαί σε.

5 εἰ δὲ ἡ ἀδικία ἡμῶν Θεοῦ δικαιοσύνην συνίστησι, τί ἐροῦμεν; μὴ ἄδικος ὁ Θεὸς ὁ ἐπιφέρων τὴν ὀργήν; (κατὰ ἄνθρωπον λέγω)

6 μὴ γένοιτο· ἐπεὶ πῶς κρινεῖ ὁ Θεὸς τὸν κόσμον;

7 εἰ γὰρ ἡ ἀλήθεια τοῦ Θεοῦ ἐν τῷ ἐμῷ ψεύσματι ἐπερίσσευσεν εἰς τὴν δόξαν αὐτοῦ, τί ἔτι κἀγὼ ὡς ἁμαρτωλὸς κρίνομαι;

8 καὶ μή (καθὼς βλασφημούμεθα, καὶ καθώς φασί τινες ἡμᾶς λέγειν ὅτι), Ποιήσωμεν τὰ κακὰ ἵνα ἔλθῃ τὰ ἀγαθά; ὧν τὸ κρίμα ἔνδικόν ἐστι.

9 Τί οὖν; προεχόμεθα; οὐ πάντως· προῃτιασάμεθα γὰρ Ἰουδαίους τε καὶ Ἕλληνας πάντας ὑφ' ἁμαρτίαν εἶναι,

10 καθὼς γέγραπται ὅτι Οὐκ ἔστι δίκαιος οὐδὲ εἷς·

11 οὐκ ἔστιν ὁ συνίων, οὐκ ἔστιν ὁ ἐκζητῶν τὸν Θεόν·

12 πάντες ἐξέκλιναν, ἅμα ἠχρειώθησαν· οὐκ ἔστι ποιῶν χρηστότητα, οὐκ ἔστιν ἕως ἑνός·

13 τάφος ἀνεῳγμένος ὁ λάρυγξ αὐτῶν, ταῖς γλώσσαις αὐτῶν ἐδολιοῦσαν· ἰὸς ἀσπίδων ὑπὸ τὰ χείλη αὐτῶν·

14 ὧν τὸ στόμα ἀρᾶς καὶ πικρίας γέμει·

15 ὀξεῖς οἱ πόδες αὐτῶν ἐκχέαι αἷμα·

16 σύντριμμα καὶ ταλαιπωρία ἐν ταῖς ὁδοῖς αὐτῶν,

17 καὶ ὁδὸν εἰρήνης οὐκ ἔγνωσαν·

18 οὐκ ἔστι φόβος Θεοῦ ἀπέναντι τῶν ὀφθαλμῶν αὐτῶν.

19 Οἴδαμεν δὲ ὅτι ὅσα ὁ νόμος λέγει, τοῖς ἐν τῷ νόμῳ λαλεῖ, ἵνα πᾶν στόμα φραγῇ, καὶ ὑπόδικος γένηται πᾶς ὁ κόσμος τῷ Θεῷ·

20 διότι ἐξ ἔργων νόμου οὐ δικαιωθήσεται πᾶσα σὰρξ ἐνώπιον αὐτοῦ· διὰ γὰρ νόμου ἐπίγνωσις ἁμαρτίας.

21 νυνὶ δὲ χωρὶς νόμου δικαιοσύνη Θεοῦ πεφανέρωται, μαρτυρουμένη ὑπὸ τοῦ νόμου καὶ τῶν προφητῶν·

22 δικαιοσύνη δὲ Θεοῦ διὰ πίστεως Ἰησοῦ Χριστοῦ εἰς πάντας καὶ ἐπὶ πάντας τοὺς πιστεύοντας· οὐ γάρ ἐστι διαστολή·

23 πάντες γὰρ ἥμαρτον καὶ ὑστεροῦνται τῆς δόξης τοῦ Θεοῦ,

24 δικαιούμενοι δωρεὰν τῇ αὐτοῦ χάριτι διὰ τῆς ἀπολυτρώσεως τῆς ἐν Χριστῷ Ἰησοῦ·

25 ὃν προέθετο ὁ Θεὸς ἱλαστήριον, διὰ τῆς πίστεως, ἐν τῷ αὐτοῦ αἵματι, εἰς ἔνδειξιν τῆς δικαιοσύνης αὐτοῦ, διὰ τὴν πάρεσιν τῶν προγεγονότων ἁμαρτημάτων, ἐν τῇ ἀνοχῇ τοῦ Θεοῦ·

26 πρὸς ἔνδειξιν τῆς δικαιοσύνης αὐτοῦ ἐν τῷ νῦν καιρῷ, εἰς τὸ εἶναι αὐτὸν δίκαιον καὶ δικαιοῦντα τὸν ἐκ πίστεως Ἰησοῦ.

27 ποῦ οὖν ἡ καύχησις; ἐξεκλείσθη. διὰ ποίου νόμου; τῶν ἔργων; οὐχί, ἀλλὰ διὰ νόμου πίστεως.

28 λογιζόμεθα οὖν πίστει δικαιοῦσθαι ἄνθρωπον, χωρὶς ἔργων νόμου.

29 ἢ Ἰουδαίων ὁ Θεὸς μόνον; οὐχὶ δὲ καὶ ἐθνῶν; ναὶ καὶ ἐθνῶν·

30 ἐπείπερ εἷς ὁ Θεός, ὃς δικαιώσει περιτομὴν ἐκ πίστεως, καὶ ἀκροβυστίαν διὰ τῆς πίστεως.

31 νόμον οὖν καταργοῦμεν διὰ τῆς πίστεως; μὴ γένοιτο· ἀλλὰ νόμον ἱστῶμεν

CHAPTER 4

1 Τί οὖν ἐροῦμεν Ἀβραὰμ τὸν πατέρα ἡμῶν εὑρηκέναι κατὰ σάρκα;

2 εἰ γὰρ Ἀβραὰμ ἐξ ἔργων ἐδικαιώθη, ἔχει καύχημα, ἀλλ᾽ οὐ πρὸς τὸν Θεόν.

3 τί γὰρ ἡ γραφὴ λέγει; Ἐπίστευσε δὲ Ἀβραὰμ τῷ Θεῷ, καὶ ἐλογίσθη αὐτῷ εἰς δικαιοσύνην.

4 τῷ δὲ ἐργαζομένῳ ὁ μισθὸς οὐ λογίζεται κατὰ χάριν, ἀλλὰ κατὰ τὸ ὀφείλημα.

5 τῷ δὲ μὴ ἐργαζομένῳ, πιστεύοντι δὲ ἐπὶ τὸν δικαιοῦντα τὸν ἀσεβῆ, λογίζεται ἡ πίστις αὐτοῦ εἰς δικαιοσύνην.

6 καθάπερ καὶ Δαβὶδ λέγει τὸν μακαρισμὸν τοῦ ἀνθρώπου, ᾧ ὁ Θεὸς λογίζεται δικαιοσύνην χωρὶς ἔργων,

7 Μακάριοι ὧν ἀφέθησαν αἱ ἀνομίαι καὶ ὧν ἐπεκαλύφθησαν αἱ ἁμαρτίαι.

8 μακάριος ἀνὴρ ᾧ οὐ μὴ λογίσηται Κύριος ἁμαρτίαν.

9 ὁ μακαρισμὸς οὖν οὗτος ἐπὶ τὴν περιτομήν, ἢ καὶ ἐπὶ τὴν ἀκροβυστίαν; λέγομεν γὰρ ὅτι Ἐλογίσθη τῷ Ἀβραὰμ ἡ πίστις εἰς δικαιοσύνην.

10 πῶς οὖν ἐλογίσθη; ἐν περιτομῇ ὄντι, ἢ ἐν ἀκροβυστίᾳ; οὐκ ἐν περιτομῇ, ἀλλ᾽ ἐν ἀκροβυστίᾳ·

11 καὶ σημεῖον ἔλαβε περιτομῆς, σφραγῖδα τῆς δικαιοσύνης τῆς πίστεως τῆς ἐν τῇ ἀκροβυστίᾳ· εἰς τὸ εἶναι αὐτὸν πατέρα πάντων τῶν πιστευόντων δι' ἀκροβυστίας, εἰς τὸ λογισθῆναι καὶ αὐτοῖς τὴν δικαιοσύνην·

12 καὶ πατέρα περιτομῆς τοῖς οὐκ ἐκ περιτομῆς μόνον, ἀλλὰ καὶ τοῖς στοιχοῦσι τοῖς ἴχνεσι τῆς ἐν τῇ ἀκροβυστίᾳ πίστεως τοῦ πατρὸς ἡμῶν Ἀβραάμ.

13 οὐ γὰρ διὰ νόμου ἡ ἐπαγγελία τῷ Ἀβραὰμ ἢ τῷ σπέρματι αὐτοῦ, τὸ κληρονόμον αὐτὸν εἶναι τοῦ κόσμου, ἀλλὰ διὰ δικαιοσύνης πίστεως.

14 εἰ γὰρ οἱ ἐκ νόμου κληρονόμοι, κεκένωται ἡ πίστις, καὶ κατήργηται ἡ ἐπαγγελία·

15 ὁ γὰρ νόμος ὀργὴν κατεργάζεται· οὗ γὰρ οὐκ ἔστι νόμος, οὐδὲ παράβασις.

16 διὰ τοῦτο ἐκ πίστεως, ἵνα κατὰ χάριν, εἰς τὸ εἶναι βεβαίαν τὴν ἐπαγγελίαν παντὶ τῷ σπέρματι, οὐ τῷ ἐκ τοῦ νόμου μόνον ἀλλὰ καὶ τῷ ἐκ πίστεως Ἀβραάμ, ὅς ἐστι πατὴρ πάντων ἡμῶν

17 (καθὼς γέγραπται ὅτι Πατέρα πολλῶν ἐθνῶν τέθεικά σε) κατέναντι οὗ ἐπίστευσε Θεοῦ, τοῦ ζωοποιοῦντος τοὺς νεκρούς, καὶ καλοῦντος τὰ μὴ ὄντα ὡς ὄντα.

18 ὃς παρ' ἐλπίδα ἐπ' ἐλπίδι ἐπίστευσεν, εἰς τὸ γενέσθαι αὐτὸν πατέρα πολλῶν ἐθνῶν, κατὰ τὸ εἰρημένον, Οὕτως ἔσται τὸ σπέρμα σου.

19 καὶ μὴ ἀσθενήσας τῇ πίστει, οὐ κατενόησε τὸ ἑαυτοῦ σῶμα ἤδη νενεκρωμένον (ἑκατονταέτης που ὑπάρχων), καὶ τὴν νέκρωσιν τῆς μήτρας Σάρρας·

20 εἰς δὲ τὴν ἐπαγγελίαν τοῦ Θεοῦ οὐ διεκρίθη τῇ ἀπιστίᾳ, ἀλλ' ἐνεδυναμώθη τῇ πίστει, δοὺς δόξαν τῷ Θεῷ,

21 καὶ πληροφορηθεὶς ὅτι ὃ ἐπήγγελται, δυνατός ἐστι καὶ ποιῆσαι.

22 διὸ καὶ ἐλογίσθη αὐτῷ εἰς δικαιοσύνην.

23 οὐκ ἐγράφη δὲ δι' αὐτὸν μόνον, ὅτι ἐλογίσθη αὐτῷ·

24 ἀλλὰ καὶ δι' ἡμᾶς, οἷς μέλλει λογίζεσθαι, τοῖς πιστεύουσιν ἐπὶ τὸν ἐγείραντα Ἰησοῦν τὸν Κύριον ἡμῶν ἐκ νεκρῶν,

25 ὃς παρεδόθη διὰ τὰ παραπτώματα ἡμῶν, καὶ ἠγέρθη διὰ τὴν δικαίωσιν ἡμῶν.

CHAPTER 5

1 Δικαιωθέντες οὖν ἐκ πίστεως, εἰρήνην ἔχομεν πρὸς τὸν Θεὸν διὰ τοῦ Κυρίου ἡμῶν Ἰησοῦ Χριστοῦ,

2 δι' οὗ καὶ τὴν προσαγωγὴν ἐσχήκαμεν τῇ πίστει εἰς τὴν χάριν ταύτην ἐν ᾗ ἑστήκαμεν, καὶ καυχώμεθα ἐπ' ἐλπίδι τῆς δόξης τοῦ Θεοῦ.

3 οὐ μόνον δέ, ἀλλὰ καὶ καυχώμεθα ἐν ταῖς θλίψεσιν, εἰδότες ὅτι ἡ θλῖψις ὑπομονὴν κατεργάζεται,

4 ἡ δὲ ὑπομονὴ δοκιμήν, ἡ δὲ δοκιμὴ ἐλπίδα·

5 ἡ δὲ ἐλπὶς οὐ καταισχύνει, ὅτι ἡ ἀγάπη τοῦ Θεοῦ ἐκκέχυται ἐν ταῖς καρδίαις ἡμῶν διὰ Πνεύματος Ἁγίου τοῦ δοθέντος ἡμῖν

6 ἔτι γὰρ Χριστός, ὄντων ἡμῶν ἀσθενῶν, κατὰ καιρὸν ὑπὲρ ἀσεβῶν ἀπέθανε.

7 μόλις γὰρ ὑπὲρ δικαίου τις ἀποθανεῖται· ὑπὲρ γὰρ τοῦ ἀγαθοῦ τάχα τις καὶ τολμᾷ ἀποθανεῖν.

8 συνίστησι δὲ τὴν ἑαυτοῦ ἀγάπην εἰς ἡμᾶς ὁ Θεός, ὅτι ἔτι ἁμαρτωλῶν ὄντων ἡμῶν Χριστὸς ὑπὲρ ἡμῶν ἀπέθανε.

9 πολλῷ οὖν μᾶλλον, δικαιωθέντες νῦν ἐν τῷ αἵματι αὐτοῦ, σωθησόμεθα δι' αὐτοῦ ἀπὸ τῆς ὀργῆς.

10 εἰ γὰρ ἐχθροὶ ὄντες κατηλλάγημεν τῷ Θεῷ διὰ τοῦ θανάτου τοῦ υἱοῦ αὐτοῦ, πολλῷ μᾶλλον καταλλαγέντες σωθησόμεθα ἐν τῇ ζωῇ αὐτοῦ·

11 οὐ μόνον δέ, ἀλλὰ καὶ καυχώμενοι ἐν τῷ Θεῷ διὰ τοῦ Κυρίου ἡμῶν Ἰησοῦ Χριστοῦ, δι' οὗ νῦν τὴν καταλλαγὴν ἐλάβομεν.

12 Διὰ τοῦτο, ὥσπερ δι' ἑνὸς ἀνθρώπου ἡ ἁμαρτία εἰς τὸν κόσμον εἰσῆλθε, καὶ διὰ τῆς ἁμαρτίας ὁ θάνατος, καὶ οὕτως εἰς πάντας ἀνθρώπους ὁ θάνατος διῆλθεν, ἐφ' ᾧ πάντες ἥμαρτον·

13 ἄχρι γὰρ νόμου ἁμαρτία ἦν ἐν κόσμῳ· ἁμαρτία δὲ οὐκ ἐλλογεῖται, μὴ ὄντος νόμου

14 ἀλλ' ἐβασίλευσεν ὁ θάνατος ἀπὸ Ἀδὰμ μέχρι Μωσέως καὶ ἐπὶ τοὺς μὴ ἁμαρτήσαντας ἐπὶ τῷ ὁμοιώματι τῆς παραβάσεως Ἀδάμ, ὅς ἐστι τύπος τοῦ μέλλοντος.

15 ἀλλ' οὐχ ὡς τὸ παράπτωμα, οὕτω καὶ τὸ χάρισμα. εἰ γὰρ τῷ τοῦ ἑνὸς παραπτώματι οἱ πολλοὶ ἀπέθανον, πολλῷ μᾶλλον ἡ χάρις τοῦ Θεοῦ καὶ ἡ δωρεὰ ἐν χάριτι τῇ τοῦ ἑνὸς ἀνθρώπου Ἰησοῦ Χριστοῦ εἰς τοὺς πολλοὺς ἐπερίσσευσε.

16 καὶ οὐχ ὡς δι' ἑνὸς ἁμαρτήσαντος τὸ δώρημα· τὸ μὲν γὰρ κρίμα ἐξ ἑνὸς εἰς κατάκριμα, τὸ δὲ χάρισμα ἐκ πολλῶν παραπτωμάτων εἰς δικαίωμα.

17 εἰ γὰρ τῷ τοῦ ἑνὸς παραπτώματι ὁ θάνατος ἐβασίλευσε διὰ τοῦ ἑνός, πολλῷ μᾶλλον οἱ τὴν περισσείαν τῆς χάριτος καὶ τῆς δωρεᾶς τῆς δικαιοσύνης λαμβάνοντες ἐν ζωῇ βασιλεύσουσι διὰ τοῦ ἑνὸς Ἰησοῦ Χριστοῦ.

18 ἄρα οὖν ὡς δι' ἑνὸς παραπτώματος εἰς πάντας ἀνθρώπους εἰς κατάκριμα, οὕτω καὶ δι' ἑνὸς δικαιώματος εἰς πάντας ἀνθρώπους εἰς δικαίωσιν ζωῆς.

19 ὥσπερ γὰρ διὰ τῆς παρακοῆς τοῦ ἑνὸς ἀνθρώπου ἁμαρτωλοὶ κατεστάθησαν οἱ πολλοί, οὕτω καὶ διὰ τῆς ὑπακοῆς τοῦ ἑνὸς δίκαιοι κατασταθήσονται οἱ πολλοί.

20 νόμος δὲ παρεισῆλθεν, ἵνα πλεονάσῃ τὸ παράπτωμα· οὗ δὲ

ἐπλεόνασεν ἡ ἁμαρτία, ὑπερεπερίσσευσεν ἡ χάρις·

21 ἵνα ὥσπερ ἐβασίλευσεν ἡ ἁμαρτία ἐν τῷ θανάτῳ, οὕτω καὶ ἡ χάρις βασιλεύσῃ διὰ δικαιοσύνης εἰς ζωὴν αἰώνιον, διὰ Ἰησοῦ Χριστοῦ τοῦ Κυρίου ἡμῶν.

CHAPTER 6

1 Τί οὖν ἐροῦμεν; ἐπιμενοῦμεν τῇ ἁμαρτίᾳ, ἵνα ἡ χάρις πλεονάσῃ;
2 μὴ γένοιτο. οἵτινες ἀπεθάνομεν τῇ ἁμαρτίᾳ, πῶς ἔτι ζήσομεν ἐν αὐτῇ;
3 ἢ ἀγνοεῖτε ὅτι ὅσοι ἐβαπτίσθημεν εἰς Χριστὸν Ἰησοῦν, εἰς τὸν θάνατον αὐτοῦ ἐβαπτίσθημεν;
4 συνετάφημεν οὖν αὐτῷ διὰ τοῦ βαπτίσματος εἰς τὸν θάνατον· ἵνα ὥσπερ ἠγέρθη Χριστὸς ἐκ νεκρῶν διὰ τῆς δόξης τοῦ πατρός, οὕτω καὶ ἡμεῖς ἐν καινότητι ζωῆς περιπατήσωμεν.
5 εἰ γὰρ σύμφυτοι γεγόναμεν τῷ ὁμοιώματι τοῦ θανάτου αὐτοῦ, ἀλλὰ καὶ τῆς ἀναστάσεως ἐσόμεθα·
6 τοῦτο γινώσκοντες, ὅτι ὁ παλαιὸς ἡμῶν ἄνθρωπος συνεσταυρώθη, ἵνα καταργηθῇ τὸ σῶμα τῆς ἁμαρτίας, τοῦ μηκέτι δουλεύειν ἡμᾶς τῇ ἁμαρτίᾳ·
7 ὁ γὰρ ἀποθανὼν δεδικαίωται ἀπὸ τῆς ἁμαρτίας.
8 εἰ δὲ ἀπεθάνομεν σὺν Χριστῷ, πιστεύομεν ὅτι καὶ συζήσομεν αὐτῷ·

9 εἰδότες ὅτι Χριστὸς ἐγερθεὶς ἐκ νεκρῶν οὐκέτι ἀποθνήσκει· θάνατος αὐτοῦ οὐκέτι κυριεύει.
10 ὃ γὰρ ἀπέθανε, τῇ ἁμαρτίᾳ ἀπέθανεν ἐφάπαξ· ὃ δὲ ζῇ, ζῇ τῷ Θεῷ.
11 οὕτω καὶ ὑμεῖς λογίζεσθε ἑαυτοὺς νεκροὺς μὲν εἶναι τῇ ἁμαρτίᾳ, ζῶντας δὲ τῷ Θεῷ ἐν Χριστῷ Ἰησοῦ τῷ Κυρίῳ ἡμῶν.
12 Μὴ οὖν βασιλευέτω ἡ ἁμαρτία ἐν τῷ θνητῷ ὑμῶν σώματι, εἰς τὸ ὑπακούειν αὐτῇ ἐν ταῖς ἐπιθυμίαις αὐτοῦ·
13 μηδὲ παριστάνετε τὰ μέλη ὑμῶν ὅπλα ἀδικίας τῇ ἁμαρτίᾳ· ἀλλὰ παραστήσατε ἑαυτοὺς τῷ Θεῷ ὡς ἐκ νεκρῶν ζῶντας, καὶ τὰ μέλη ὑμῶν ὅπλα δικαιοσύνης τῷ Θεῷ.
14 ἁμαρτία γὰρ ὑμῶν οὐ κυριεύσει· οὐ γὰρ ἐστε ὑπὸ νόμον, ἀλλ' ὑπὸ χάριν.
15 Τί οὖν; ἁμαρτήσομεν, ὅτι οὐκ ἐσμὲν ὑπὸ νόμον, ἀλλ' ὑπὸ χάριν; μὴ γένοιτο.
16 οὐκ οἴδατε ὅτι ᾧ παριστάνετε ἑαυτοὺς δούλους εἰς ὑπακοήν, δοῦλοί ἐστε ᾧ ὑπακούετε, ἤτοι ἁμαρτίας εἰς θάνατον, ἢ ὑπακοῆς εἰς δικαιοσύνην;
17 χάρις δὲ τῷ Θεῷ, ὅτι ἦτε δοῦλοι τῆς ἁμαρτίας, ὑπηκούσατε δὲ ἐκ καρδίας εἰς ὃν παρεδόθητε τύπον διδαχῆς·
18 ἐλευθερωθέντες δὲ ἀπὸ τῆς ἁμαρτίας, ἐδουλώθητε τῇ δικαιοσύνῃ.
19 ἀνθρώπινον λέγω διὰ τὴν ἀσθένειαν τῆς σαρκὸς ὑμῶν·

ὥσπερ γὰρ παρεστήσατε τὰ μέλη ὑμῶν δοῦλα τῇ ἀκαθαρσίᾳ καὶ τῇ ἀνομίᾳ εἰς τὴν ἀνομίαν, οὕτω νῦν παραστήσατε τὰ μέλη ὑμῶν δοῦλα τῇ δικαιοσύνῃ εἰς ἁγιασμόν.

20 ὅτε γὰρ δοῦλοι ἦτε τῆς ἁμαρτίας, ἐλεύθεροι ἦτε τῇ δικαιοσύνῃ.

21 τίνα οὖν καρπὸν εἴχετε τότε ἐφ' οἷς νῦν ἐπαισχύνεσθε; τὸ γὰρ τέλος ἐκείνων θάνατος.

22 νυνὶ δὲ ἐλευθερωθέντες ἀπὸ τῆς ἁμαρτίας, δουλωθέντες δὲ τῷ Θεῷ, ἔχετε τὸν καρπὸν ὑμῶν εἰς ἁγιασμόν, τὸ δὲ τέλος ζωὴν αἰώνιον.

23 τὰ γὰρ ὀψώνια τῆς ἁμαρτίας θάνατος, τὸ δὲ χάρισμα τοῦ Θεοῦ ζωὴ αἰώνιος ἐν Χριστῷ Ἰησοῦ τῷ Κυρίῳ ἡμῶν.

CHAPTER 7

1 Ἢ ἀγνοεῖτε, ἀδελφοί (γινώσκουσι γὰρ νόμον λαλῶ), ὅτι ὁ νόμος κυριεύει τοῦ ἀνθρώπου ἐφ' ὅσον χρόνον ζῇ;

2 ἡ γὰρ ὕπανδρος γυνὴ τῷ ζῶντι ἀνδρὶ δέδεται νόμῳ· ἐὰν δὲ ἀποθάνῃ ὁ ἀνήρ, κατήργηται ἀπὸ τοῦ νόμου τοῦ ἀνδρός.

3 ἄρα οὖν ζῶντος τοῦ ἀνδρὸς μοιχαλὶς χρηματίσει, ἐὰν γένηται ἀνδρὶ ἑτέρῳ· ἐὰν δὲ ἀποθάνῃ ὁ ἀνήρ, ἐλευθέρα ἐστὶν ἀπὸ τοῦ νόμου, τοῦ μὴ εἶναι αὐτὴν μοιχαλίδα, γενομένην ἀνδρὶ ἑτέρῳ.

4 ὥστε, ἀδελφοί μου, καὶ ὑμεῖς ἐθανατώθητε τῷ νόμῳ διὰ τοῦ σώματος τοῦ Χριστοῦ, εἰς τὸ γενέσθαι ὑμᾶς ἑτέρῳ, τῷ ἐκ νεκρῶν ἐγερθέντι, ἵνα καρποφορήσωμεν τῷ Θεῷ.

5 ὅτε γὰρ ἦμεν ἐν τῇ σαρκί, τὰ παθήματα τῶν ἁμαρτιῶν τὰ διὰ τοῦ νόμου ἐνηργεῖτο ἐν τοῖς μέλεσιν ἡμῶν εἰς τὸ καρποφορῆσαι τῷ θανάτῳ

6 νυνὶ δὲ κατηργήθημεν ἀπὸ τοῦ νόμου, ἀποθανόντος ἐν ᾧ κατειχόμεθα, ὥστε δουλεύειν ἡμᾶς ἐν καινότητι πνεύματος, καὶ οὐ παλαιότητι γράμματος.

7 Τί οὖν ἐροῦμεν; ὁ νόμος ἁμαρτία; μὴ γένοιτο· ἀλλὰ τὴν ἁμαρτίαν οὐκ ἔγνων, εἰ μὴ διὰ νόμου· τήν τε γὰρ ἐπιθυμίαν οὐκ ᾔδειν, εἰ μὴ ὁ νόμος ἔλεγεν, Οὐκ ἐπιθυμήσεις·

8 ἀφορμὴν δὲ λαβοῦσα ἡ ἁμαρτία διὰ τῆς ἐντολῆς κατειργάσατο ἐν ἐμοὶ πᾶσαν ἐπιθυμίαν· χωρὶς γὰρ νόμου ἁμαρτία νεκρά.

9 ἐγὼ δὲ ἔζων χωρὶς νόμου ποτέ· ἐλθούσης δὲ τῆς ἐντολῆς, ἡ ἁμαρτία ἀνέζησεν, ἐγὼ δὲ ἀπέθανον·

10 καὶ εὑρέθη μοι ἡ ἐντολὴ ἡ εἰς ζωήν, αὕτη εἰς θάνατον·

11 ἡ γὰρ ἁμαρτία ἀφορμὴν λαβοῦσα διὰ τῆς ἐντολῆς ἐξηπάτησέ με, καὶ δι' αὐτῆς ἀπέκτεινεν.

12 ὥστε ὁ μὲν νόμος ἅγιος, καὶ ἡ ἐντολὴ ἁγία καὶ δικαία καὶ ἀγαθή.

13 τὸ οὖν ἀγαθὸν ἐμοὶ γέγονε θάνατος; μὴ γένοιτο. ἀλλὰ ἡ ἁμαρτία, ἵνα φανῇ ἁμαρτία, διὰ

τοῦ ἀγαθοῦ μοι κατεργαζομένη θάνατον, ἵνα γένηται καθ' ὑπερβολὴν ἁμαρτωλὸς ἡ ἁμαρτία διὰ τῆς ἐντολῆς.

14 οἴδαμεν γὰρ ὅτι ὁ νόμος πνευματικός ἐστιν· ἐγὼ δὲ σαρκικός εἰμι, πεπραμένος ὑπὸ τὴν ἁμαρτίαν.

15 ὃ γὰρ κατεργάζομαι, οὐ γινώσκω· οὐ γὰρ ὃ θέλω, τοῦτο πράσσω· ἀλλ' ὃ μισῶ, τοῦτο ποιῶ.

16 εἰ δὲ ὃ οὐ θέλω, τοῦτο ποιῶ, σύμφημι τῷ νόμῳ ὅτι καλός.

17 νυνὶ δὲ οὐκέτι ἐγὼ κατεργάζομαι αὐτό, ἀλλ' ἡ οἰκοῦσα ἐν ἐμοὶ ἁμαρτία.

18 οἶδα γὰρ ὅτι οὐκ οἰκεῖ ἐν ἐμοί, τοῦτ' ἔστιν ἐν τῇ σαρκί μου, ἀγαθόν· τὸ γὰρ θέλειν παράκειταί μοι, τὸ δὲ κατεργάζεσθαι τὸ καλὸν οὐχ εὑρίσκω.

19 οὐ γὰρ ὃ θέλω, ποιῶ ἀγαθόν· ἀλλ' ὃ οὐ θέλω κακόν, τοῦτο πράσσω.

20 εἰ δὲ ὃ οὐ θέλω ἐγώ, τοῦτο ποιῶ, οὐκέτι ἐγὼ κατεργάζομαι αὐτό, ἀλλ' ἡ οἰκοῦσα ἐν ἐμοὶ ἁμαρτία.

21 εὑρίσκω ἄρα τὸν νόμον τῷ θέλοντι ἐμοὶ ποιεῖν τὸ καλόν, ὅτι ἐμοὶ τὸ κακὸν παράκειται.

22 συνήδομαι γὰρ τῷ νόμῳ τοῦ Θεοῦ κατὰ τὸν ἔσω ἄνθρωπον·

23 βλέπω δὲ ἕτερον νόμον ἐν τοῖς μέλεσί μου ἀντιστρατευόμενον τῷ νόμῳ τοῦ νοός μου, καὶ αἰχμαλωτίζοντά με τῷ νόμῳ τῆς ἁμαρτίας τῷ ὄντι ἐν τοῖς μέλεσί μου.

24 ταλαίπωρος ἐγὼ ἄνθρωπος· τίς με ῥύσεται ἐκ τοῦ σώματος τοῦ θανάτου τούτου;

25 εὐχάριστῶ τῷ Θεῷ διὰ Ἰησοῦ Χριστοῦ τοῦ Κυρίου ἡμῶν. ἄρα οὖν αὐτὸς ἐγὼ τῷ μὲν νοῒ δουλεύω νόμῳ Θεοῦ, τῇ δὲ σαρκὶ νόμῳ ἁμαρτίας.

CHAPTER 8

1 Οὐδὲν ἄρα νῦν κατάκριμα τοῖς ἐν Χριστῷ Ἰησοῦ, μὴ κατὰ σάρκα περιπατοῦσιν, ἀλλὰ κατὰ πνεῦμα.

2 ὁ γὰρ νόμος τοῦ πνεύματος τῆς ζωῆς ἐν Χριστῷ Ἰησοῦ ἠλευθέρωσέ με ἀπὸ τοῦ νόμου τῆς ἁμαρτίας καὶ τοῦ θανάτου.

3 τὸ γὰρ ἀδύνατον τοῦ νόμου, ἐν ᾧ ἠσθένει διὰ τῆς σαρκός, ὁ Θεὸς τὸν ἑαυτοῦ υἱὸν πέμψας ἐν ὁμοιώματι σ αρκὸς ἁμαρτίας καὶ περὶ ἁμαρτίας κατέκρινε τὴν ἁμαρτίαν ἐν τῇ σαρκί·

4 ἵνα τὸ δικαίωμα τοῦ νόμου πληρωθῇ ἐν ἡμῖν, τοῖς μὴ κατὰ σάρκα περιπατοῦσιν, ἀλλὰ κατὰ πνεῦμα.

5 οἱ γὰρ κατὰ σάρκα ὄντες τὰ τῆς σαρκὸς φρονοῦσιν· οἱ δὲ κατὰ πνεῦμα τὰ τοῦ πνεύματος.

6 τὸ γὰρ φρόνημα τῆς σαρκὸς θάνατος· τὸ δὲ φρόνημα τοῦ πνεύματος ζωὴ καὶ εἰρήνη·

7 διότι τὸ φρόνημα τῆς σαρκὸς ἔχθρα εἰς Θεόν, τῷ γὰρ νόμῳ τοῦ Θεοῦ οὐχ ὑποτάσσεται, οὐδὲ γὰρ δύναται·

8 οἱ δὲ ἐν σαρκὶ ὄντες Θεῷ ἀρέσαι οὐ δύνανται.

9 ὑμεῖς δὲ οὐκ ἐστὲ ἐν σαρκί, ἀλλ' ἐν πνεύματι, εἴπερ Πνεῦμα Θεοῦ οἰκεῖ ἐν ὑμῖν. εἰ δέ τις Πνεῦμα Χριστοῦ οὐκ ἔχει, οὗτος οὐκ ἔστιν αὐτοῦ.

10 εἰ δὲ Χριστὸς ἐν ὑμῖν, τὸ μὲν σῶμα νεκρὸν δι' ἁμαρτίαν, τὸ δὲ πνεῦμα ζωὴ διὰ δικαιοσύνην.

11 εἰ δὲ τὸ Πνεῦμα τοῦ ἐγείραντος Ἰησοῦν ἐκ νεκρῶν οἰκεῖ ἐν ὑμῖν, ὁ ἐγείρας τὸν Χριστὸν ἐκ νεκρῶν ζωοποιήσει καὶ τὰ θνητὰ σώματα ὑμῶν, διὰ τοῦ ἐνοικοῦντος αὐτοῦ Πνεύματος ἐν ὑμῖν.

12 Ἄρα οὖν, ἀδελφοί, ὀφειλέται ἐσμέν, οὐ τῇ σαρκί, τοῦ κατὰ σάρκα ζῆν·

13 εἰ γὰρ κατὰ σάρκα ζῆτε, μέλλετε ἀποθνήσκειν· εἰ δὲ πνεύματι τὰς πράξεις τοῦ σώματος θανατοῦτε, ζήσεσθε.

14 ὅσοι γὰρ Πνεύματι Θεοῦ ἄγονται, οὗτοι εἰσιν υἱοὶ Θεοῦ.

15 οὐ γὰρ ἐλάβετε πνεῦμα δουλείας πάλιν εἰς φόβον, ἀλλ' ἐλάβετε πνεῦμα υἱοθεσίας, ἐν ᾧ κράζομεν, Ἀββᾶ, ὁ πατήρ.

16 αὐτὸ τὸ Πνεῦμα συμμαρτυρεῖ τῷ πνεύματι ἡμῶν, ὅτι ἐσμὲν τέκνα Θεοῦ·

17 εἰ δὲ τέκνα, καὶ κληρονόμοι· κληρονόμοι μὲν Θεοῦ, συγκληρονόμοι δὲ Χριστοῦ· εἴπερ συμπάσχομεν, ἵνα καὶ συνδοξασθῶμεν.

18 Λογίζομαι γὰρ ὅτι οὐκ ἄξια τὰ παθήματα τοῦ νῦν καιροῦ πρὸς τὴν μέλλουσαν δόξαν ἀποκαλυφθῆναι εἰς ἡμᾶς.

19 ἡ γὰρ ἀποκαραδοκία τῆς κτίσεως τὴν ἀποκάλυψιν τῶν υἱῶν τοῦ Θεοῦ ἀπεκδέχεται

20 τῇ γὰρ ματαιότητι ἡ κτίσις ὑπετάγη, οὐχ ἑκοῦσα, ἀλλὰ διὰ τὸν ὑποτάξαντα, ἐπ' ἐλπίδι·

21 ὅτι καὶ αὐτὴ ἡ κτίσις ἐλευθερωθήσεται ἀπὸ τῆς δουλείας τῆς φθορᾶς εἰς τὴν ἐλευθερίαν τῆς δόξης τῶν τέκνων τοῦ Θεοῦ.

22 οἴδαμεν γὰρ ὅτι πᾶσα ἡ κτίσις συστενάζει καὶ συνωδίνει ἄχρι τοῦ νῦν.

23 οὐ μόνον δέ, ἀλλὰ καὶ αὐτοὶ τὴν ἀπαρχὴν τοῦ Πνεύματος ἔχοντες, καὶ ἡμεῖς αὐτοὶ ἐν ἑαυτοῖς στενάζομεν, υἱοθεσίαν ἀπεκδεχόμενοι, τὴν ἀπολύτρωσιν τοῦ σώματος ἡμῶν.

24 τῇ γὰρ ἐλπίδι ἐσώθημεν· ἐλπὶς δὲ βλεπομένη οὐκ ἔστιν ἐλπίς· ὃ γὰρ βλέπει τις, τί καὶ ἐλπίζει

25 εἰ δὲ ὃ οὐ βλέπομεν ἐλπίζομεν, δι' ὑπομονῆς ἀπεκδεχόμεθα.

26 Ὡσαύτως δὲ καὶ τὸ Πνεῦμα συναντιλαμβάνεται ταῖς ἀσθενείαις ἡμῶν· τὸ γὰρ τί προσευξώμεθα καθὸ δεῖ, οὐκ οἴδαμεν, ἀλλ' αὐτὸ τὸ πνεῦμα ὑπερεντυγχάνει ὑπὲρ ἡμῶν στεναγμοῖς ἀλαλήτοις·

27 ὁ δὲ ἐρευνῶν τὰς καρδίας οἶδε τί τὸ φρόνημα τοῦ Πνεύματος, ὅτι κατὰ Θεὸν ἐντυγχάνει ὑπὲρ ἁγίων.

28 οἴδαμεν δὲ ὅτι τοῖς ἀγαπῶσι τὸν Θεὸν πάντα συνεργεῖ εἰς ἀγαθόν, τοῖς κατὰ πρόθεσιν κλητοῖς οὖσιν.

29 ὅτι οὓς προέγνω, καὶ προώρισε συμμόρφους τῆς εἰκόνος τοῦ υἱοῦ αὐτοῦ, εἰς τὸ εἶναι αὐτὸν πρωτότοκον ἐν πολλοῖς ἀδελφοῖς·

30 οὓς δὲ προώρισε, τούτους καὶ ἐκάλεσε· καὶ οὓς ἐκάλεσε, τούτους καὶ ἐδικαίωσεν· οὓς δὲ ἐδικαίωσε, τούτους καὶ ἐδόξασε.

31 Τί οὖν ἐροῦμεν πρὸς ταῦτα; εἰ ὁ Θεὸς ὑπὲρ ἡμῶν, τίς καθ' ἡμῶν;

32 ὅς γε τοῦ ἰδίου υἱοῦ οὐκ ἐφείσατο, ἀλλ' ὑπὲρ ἡμῶν πάντων παρέδωκεν αὐτόν, πῶς οὐχὶ καὶ σὺν αὐτῷ τὰ πάντα ἡμῖν χαρίσεται;

33 τίς ἐγκαλέσει κατὰ ἐκλεκτῶν Θεοῦ; Θεὸς ὁ δικαιῶν·

34 τίς ὁ κατακρίνων; Χριστὸς ὁ ἀποθανών, μᾶλλον δὲ καὶ ἐγερθείς, ὃς καὶ ἔστιν ἐν δεξιᾷ τοῦ Θεοῦ, ὃς καὶ ἐντυγχάνει ὑπὲρ ἡμῶν.

35 τίς ἡμᾶς χωρίσει ἀπὸ τῆς ἀγάπης τοῦ Χριστοῦ; θλῖψις, ἢ στενοχωρία, ἢ διωγμός, ἢ λιμός, ἢ γυμνότης, ἢ κίνδυνος, ἢ μάχαιρα;

36 καθὼς γέγραπται ὅτι Ἕνεκά σοῦ θανατούμεθα ὅλην τὴν ἡμέραν· ἐλογίσθημεν ὡς πρόβατα σφαγῆς.

37 ἀλλ' ἐν τούτοις πᾶσιν ὑπερνικῶμεν διὰ τοῦ ἀγαπήσαντος ἡμᾶς.

38 πέπεισμαι γὰρ ὅτι οὔτε θάνατος οὔτε ζωὴ οὔτε ἄγγελοι οὔτε ἀρχαὶ οὔτε δυνάμεις οὔτε ἐνεστῶτα οὔτε μέλλοντα

39 οὔτε ὕψωμα οὔτε βάθος οὔτε τις κτίσις ἑτέρα δυνήσεται ἡμᾶς χωρίσαι ἀπὸ τῆς ἀγάπης τοῦ Θεοῦ τῆς ἐν Χριστῷ Ἰησοῦ τῷ Κυρίῳ ἡμῶν.

CHAPTER 9

1 Ἀλήθειαν λέγω ἐν Χριστῷ, οὐ ψεύδομαι, συμμαρτυρούσης μοι τῆς συνειδήσεώς μου ἐν Πνεύματι Ἁγίῳ,

2 ὅτι λύπη μοι ἐστὶ μεγάλη, καὶ ἀδιάλειπτος ὀδύνη τῇ καρδίᾳ μου.

3 ηὐχόμην γὰρ αὐτὸς ἐγὼ ἀνάθεμα εἶναι ἀπὸ τοῦ Χριστοῦ ὑπὲρ τῶν ἀδελφῶν μου, τῶν συγγενῶν μου κατὰ σάρκα·

4 οἵτινές εἰσιν Ἰσραηλῖται, ὧν ἡ υἱοθεσία καὶ ἡ δόξα καὶ αἱ διαθῆκαι καὶ ἡ νομοθεσία καὶ ἡ λατρεία καὶ αἱ ἐπαγγελίαι,

5 ὧν οἱ πατέρες, καὶ ἐξ ὧν ὁ Χριστὸς τὸ κατὰ σάρκα, ὁ ὢν ἐπὶ πάντων, Θεὸς εὐλογητὸς εἰς τοὺς αἰῶνας. ἀμήν.

6 οὐχ οἷον δὲ ὅτι ἐκπέπτωκεν ὁ λόγος τοῦ Θεοῦ. οὐ γὰρ πάντες οἱ ἐξ Ἰσραήλ, οὗτοι Ἰσραήλ·

7 οὐδ' ὅτι εἰσὶ σπέρμα Ἀβραάμ, πάντες τέκνα· ἀλλ' Ἐν Ἰσαὰκ κληθήσεταί σοι σπέρμα.

8 τοῦτ' ἔστιν, οὐ τὰ τέκνα τῆς σαρκός, ταῦτα τέκνα τοῦ Θεοῦ· ἀλλὰ τὰ τέκνα τῆς ἐπαγγελίας λογίζεται εἰς σπέρμα.

9 ἐπαγγελίας γὰρ ὁ λόγος οὗτος, Κατὰ τὸν καιρὸν τοῦτον ἐλεύσομαι, καὶ ἔσται τῇ Σάρρᾳ υἱός.

10 οὐ μόνον δέ, ἀλλὰ καὶ Ῥεβέκκα ἐξ ἑνὸς κοίτην ἔχουσα, Ἰσαὰκ τοῦ πατρὸς ἡμῶν

11 μήπω γὰρ γεννηθέντων, μηδὲ πραξάντων τι ἀγαθὸν ἢ κακόν, ἵνα ἡ κατ᾽ ἐκλογὴν τοῦ Θεοῦ πρόθεσις μένῃ, οὐκ ἐξ ἔργων, ἀλλ᾽ ἐκ τοῦ καλοῦντος,

12 ἐρρήθη αὐτῇ ὅτι Ὁ μείζων δουλεύσει τῷ ἐλάσσονι

13 καθὼς γέγραπται, Τὸν Ἰακὼβ ἠγάπησα, τὸν δὲ Ἠσαῦ ἐμίσησα.

14 Τί οὖν ἐροῦμεν; μὴ ἀδικία παρὰ τῷ Θεῷ; μὴ γένοιτο.

15 τῷ γὰρ Μωσῇ λέγει, Ἐλεήσω ὃν ἂν ἐλεῶ, καὶ οἰκτειρήσω ὃν ἂν οἰκτείρω

16 ἄρα οὖν οὐ τοῦ θέλοντος, οὐδὲ τοῦ τρέχοντος, ἀλλὰ τοῦ ἐλεοῦντος Θεοῦ.

17 λέγει γὰρ ἡ γραφὴ τῷ Φαραὼ ὅτι Εἰς αὐτὸ τοῦτο ἐξήγειρά σε, ὅπως ἐνδείξωμαι ἐν σοὶ τὴν δύναμίν μου, καὶ ὅπως διαγγελῇ τὸ ὄνομά μου ἐν πάσῃ τῇ γῇ.

18 ἄρα οὖν ὃν θέλει ἐλεεῖ· ὃν δὲ θέλει σκληρύνει.

19 Ἐρεῖς οὖν μοι, Τί ἔτι μέμφεται; τῷ γὰρ βουλήματι αὐτοῦ τίς ἀνθέστηκε;

20 μενοῦνγε, ὦ ἄνθρωπε, σὺ τίς εἶ ὁ ἀνταποκρινόμενος τῷ Θεῷ; μὴ ἐρεῖ τὸ πλάσμα τῷ πλάσαντι, Τί με ἐποίησας οὕτως;

21 ἢ οὐκ ἔχει ἐξουσίαν ὁ κεραμεὺς τοῦ πηλοῦ, ἐκ τοῦ αὐτοῦ φυράματος ποιῆσαι ὃ μὲν εἰς τιμὴν σκεῦος, ὃ δὲ εἰς ἀτιμίαν;

22 εἰ δὲ θέλων ὁ Θεὸς ἐνδείξασθαι τὴν ὀργήν, καὶ γνωρίσαι τὸ δυνατὸν αὐτοῦ, ἤνεγκεν ἐν πολλῇ μακροθυμίᾳ σκεύη ὀργῆς κατηρτισμένα εἰς ἀπώλειαν·

23 καὶ ἵνα γνωρίσῃ τὸν πλοῦτον τῆς δόξης αὐτοῦ ἐπὶ σκεύη ἐλέους, ἃ προητοίμασεν εἰς δόξαν,

24 οὓς καὶ ἐκάλεσεν ἡμᾶς οὐ μόνον ἐξ Ἰουδαίων, ἀλλὰ καὶ ἐξ ἐθνῶν;

25 ὡς καὶ ἐν τῷ Ὡσηὲ λέγει, Καλέσω τὸν οὐ λαόν μου λαόν μου· καὶ τὴν οὐκ ἠγαπημένην ἠγαπημένην

26 καὶ ἔσται, ἐν τῷ τόπῳ οὗ ἐρρήθη αὐτοῖς, Οὐ λαός μου ὑμεῖς, ἐκεῖ κληθήσονται υἱοὶ Θεοῦ ζῶντος.

27 Ἠσαΐας δὲ κράζει ὑπὲρ τοῦ Ἰσραήλ, Ἐὰν ᾖ ὁ ἀριθμὸς τῶν υἱῶν Ἰσραὴλ ὡς ἡ ἄμμος τῆς θαλάσσης, τὸ κατάλειμμα σωθήσεται·

28 λόγον γὰρ συντελῶν καὶ συντέμνων ἐν δικαιοσυνῃ· ὅτι λόγον συντετμημένον ποιήσει Κύριος ἐπὶ τῆς γῆς.

29 καὶ καθὼς προείρηκεν Ἠσαΐας, Εἰ μὴ Κύριος Σαβαὼθ ἐγκατέλιπεν ἡμῖν σπέρμα, ὡς Σόδομα ἂν ἐγενήθημεν, καὶ ὡς Γόμορρα ἂν ὡμοιώθημεν.

30 Τί οὖν ἐροῦμεν; ὅτι ἔθνη τὰ μὴ διώκοντα δικαιοσύνην, κατέλαβε δικαιοσύνην, δικαιοσύνην δὲ τὴν ἐκ πίστεως·

31 Ἰσραὴλ δέ, διώκων νόμον δικαιοσύνης, εἰς νόμον δικαιοσύνης οὐκ ἔφθασε.

32 διατί; ὅτι οὐκ ἐκ πίστεως, ἀλλ᾽ ὡς ἐξ ἔργων νόμου· προσέκοψαν γὰρ τῷ λίθῳ τοῦ προσκόμματος,
33 καθὼς γέγραπται, Ἰδοὺ τίθημι ἐν Σιὼν λίθον προσκόμματος καὶ πέτραν σκανδάλου· καὶ πᾶς ὁ πιστεύων ἐπ᾽ αὐτῷ οὐ καταισχυνθήσεται.

CHAPTER 10

1 Ἀδελφοί, ἡ μὲν εὐδοκία τῆς ἐμῆς καρδίας καὶ ἡ δέησις ἡ πρὸς τὸν Θεὸν ὑπὲρ τοῦ Ἰσραήλ ἐστιν εἰς σωτηρίαν.
2 μαρτυρῶ γὰρ αὐτοῖς ὅτι ζῆλον Θεοῦ ἔχουσιν, ἀλλ᾽ οὐ κατ᾽ ἐπίγνωσιν
3 ἀγνοοῦντες γὰρ τὴν τοῦ Θεοῦ δικαιοσύνην, καὶ τὴν ἰδίαν δικαιοσύνην ζητοῦντες στῆσαι, τῇ δικαιοσύνῃ τοῦ Θεοῦ οὐχ ὑπετάγησαν.
4 τέλος γὰρ νόμου Χριστὸς εἰς δικαιοσύνην παντὶ τῷ πιστεύοντι.
5 Μωσῆς γὰρ γράφει τὴν δικαιοσύνην τὴν ἐκ τοῦ νόμου, ὅτι ὁ ποιήσας αὐτὰ ἄνθρωπος ζήσεται ἐν αὐτοῖς.
6 ἡ δὲ ἐκ πίστεως δικαιοσύνη οὕτω λέγει, Μὴ εἴπῃς ἐν τῇ καρδίᾳ σου, Τίς ἀναβήσεται εἰς τὸν οὐρανόν; (τοῦτ᾽ ἔστι Χριστὸν καταγαγεῖν·)
7 ἤ, Τίς καταβήσεται εἰς τὴν ἄβυσσον; (τοῦτ᾽ ἔστι Χριστὸν ἐκ νεκρῶν ἀναγαγεῖν.)
8 ἀλλὰ τί λέγει; Ἐγγύς σου τὸ ῥῆμά ἐστιν, ἐν τῷ στόματί σου καὶ ἐν τῇ καρδίᾳ σου· τοῦτ᾽ ἔστι τὸ ῥῆμα τῆς πίστεως ὃ κηρύσσομεν·
9 ὅτι ἐὰν ὁμολογήσῃς ἐν τῷ στόματί σου Κύριον Ἰησοῦν, καὶ πιστεύσῃς ἐν τῇ καρδίᾳ σου ὅτι ὁ Θεὸς αὐτὸν ἤγειρεν ἐκ νεκρῶν, σωθήσῃ·
10 καρδίᾳ γὰρ πιστεύεται εἰς δικαιοσύνην, στόματι δὲ ὁμολογεῖται εἰς σωτηρίαν.
11 λέγει γὰρ ἡ γραφή, Πᾶς ὁ πιστεύων ἐπ᾽ αὐτῷ οὐ καταισχυνθήσεται.
12 οὐ γάρ ἐστι διαστολὴ Ἰουδαίου τε καὶ Ἕλληνος· ὁ γὰρ αὐτὸς Κύριος πάντων, πλουτῶν εἰς πάντας τοὺς ἐπικαλουμένους αὐτόν.
13 πᾶς γὰρ ὃς ἂν ἐπικαλέσηται τὸ ὄνομα Κυρίου σωθήσεται.
14 πῶς οὖν ἐπικαλέσονται εἰς ὃν οὐκ ἐπίστευσαν; πῶς δὲ πιστεύσουσιν οὗ οὐκ ἤκουσαν; πῶς δὲ ἀκούσουσι χωρὶς κηρύσσοντος;
15 πῶς δὲ κηρύξουσιν ἐὰν μὴ ἀποσταλῶσι; καθὼς γέγραπται, Ὡς ὡραῖοι οἱ πόδες τῶν εὐαγγελιζομένων εἰρήνην, τῶν εὐαγγελιζομένων τὰ ἀγαθά.
16 Ἀλλ᾽ οὐ πάντες ὑπήκουσαν τῷ εὐαγγελίῳ. Ἡσαΐας γὰρ λέγει, Κύριε, τίς ἐπίστευσε τῇ ἀκοῇ ἡμῶν;
17 ἄρα ἡ πίστις ἐξ ἀκοῆς, ἡ δὲ ἀκοὴ διὰ ῥήματος Θεοῦ.
18 ἀλλὰ λέγω, Μὴ οὐκ ἤκουσαν; μενοῦνγε, εἰς πᾶσαν τὴν γῆν ἐξῆλθεν ὁ φθόγγος αὐτῶν, καὶ εἰς τὰ πέρατα τῆς οἰκουμένης τὰ ῥήματα αὐτῶν.

19 ἀλλὰ λέγω, Μὴ οὐκ ἔγνω Ἰσραήλ; πρῶτος Μωσῆς λέγει, Ἐγὼ παραζηλώσω ὑμᾶς ἐπ᾽ οὐκ ἔθνει, ἐπὶ ἔθνει ἀσυνέτῳ παροργιῶ ὑμᾶς.
20 Ἡσαΐας δὲ ἀποτολμᾷ καὶ λέγει, Εὐρέθην τοῖς ἐμὲ μὴ ζητοῦσιν, ἐμφανὴς ἐγενόμην τοῖς ἐμὲ μὴ ἐπερωτῶσι.
21 πρὸς δὲ τὸν Ἰσραὴλ λέγει, Ὅλην τὴν ἡμέραν ἐξεπέτασα τὰς χεῖράς μου πρὸς λαὸν ἀπειθοῦντα καὶ ἀντιλέγοντα.

CHAPTER 11

1 Λέγω οὖν, Μὴ ἀπώσατο ὁ Θεὸς τὸν λαὸν αὐτοῦ; μὴ γένοιτο. καὶ γὰρ ἐγὼ Ἰσραηλίτης εἰμί, ἐκ σπέρματος Ἀβραάμ, φυλῆς Βενιαμίν.
2 οὐκ ἀπώσατο ὁ Θεὸς τὸν λαὸν αὐτοῦ ὃν προέγνω. ἢ οὐκ οἴδατε ἐν Ἡλίᾳ τί λέγει ἡ γραφή; ὡς ἐντυγχάνει τῷ Θεῷ κατὰ τοῦ Ἰσραήλ, λέγων,
3 Κύριε, τοὺς προφήτας σου ἀπέκτειναν, καὶ τὰ θυσιαστήριά σου κατέσκαψαν· κἀγὼ ὑπελείφθην μόνος, καὶ ζητοῦσι τὴν ψυχήν μου.
4 ἀλλὰ τί λέγει αὐτῷ ὁ χρηματισμός; Κατέλιπον ἐμαυτῷ ἑπτακισχιλίους ἄνδρας, οἵτινες οὐκ ἔκαμψαν γόνυ τῇ Βάαλ.
5 οὕτως οὖν καὶ ἐν τῷ νῦν καιρῷ λεῖμμα κατ᾽ ἐκλογὴν χάριτος γέγονεν.
6 εἰ δὲ χάριτι, οὐκέτι ἐξ ἔργων· ἐπεὶ ἡ χάρις οὐκέτι γίνεται χάρις. εἰ δὲ ἐξ ἔργων, οὐκέτι ἐστὶ χάρις· ἐπεὶ τὸ ἔργον οὐκέτι ἐστὶν ἔργον.
7 τί οὖν; ὃ ἐπιζητεῖ Ἰσραήλ, τούτου οὐκ ἐπέτυχεν, ἡ δὲ ἐκλογὴ ἐπέτυχεν, οἱ δὲ λοιποὶ ἐπωρώθησαν·
8 καθὼς γέγραπται, Ἔδωκεν αὐτοῖς ὁ Θεὸς πνεῦμα κατανύξεως, ὀφθαλμοὺς τοῦ μὴ βλέπειν, καὶ ὦτα τοῦ μὴ ἀκούειν, ἕως τῆς σήμερον ἡμέρας.
9 καὶ Δαβὶδ λέγει, Γενηθήτω ἡ τράπεζα αὐτῶν εἰς παγίδα καὶ εἰς θήραν, καὶ εἰς σκάνδαλον, καὶ εἰς ἀνταπόδομα αὐτοῖς·
10 σκοτισθήτωσαν οἱ ὀφθαλμοὶ αὐτῶν τοῦ μὴ βλέπειν, καὶ τὸν νῶτον αὐτῶν διὰ παντὸς σύγκαμψον.
11 λέγω οὖν, μὴ ἔπταισαν ἵνα πέσωσι; μὴ γένοιτο· ἀλλὰ τῷ αὐτῶν παραπτώματι ἡ σωτηρία τοῖς ἔθνεσιν, εἰς τὸ παραζηλῶσαι αὐτούς.
12 εἰ δὲ τὸ παράπτωμα αὐτῶν πλοῦτος κόσμου, καὶ τὸ ἥττημα αὐτῶν πλοῦτος ἐθνῶν, πόσῳ μᾶλλον τὸ πλήρωμα αὐτῶν;
13 Ὑμῖν γὰρ λέγω τοῖς ἔθνεσιν. ἐφ᾽ ὅσον μέν εἰμι ἐγὼ ἐθνῶν ἀπόστολος, τὴν διακονίαν μου δοξάζω·
14 εἴ πως παραζηλώσω μου τὴν σάρκα, καὶ σώσω τινὰς ἐξ αὐτῶν.
15 εἰ γὰρ ἡ ἀποβολὴ αὐτῶν καταλλαγὴ κόσμου, τίς ἡ πρόσληψις, εἰ μὴ ζωὴ ἐκ νεκρῶν;

16 εἰ δὲ ἡ ἀπαρχὴ ἁγία, καὶ τὸ φύραμα· καὶ εἰ ἡ ῥίζα ἁγία, καὶ οἱ κλάδοι.

17 εἰ δέ τινες τῶν κλάδων ἐξεκλάσθησαν, σὺ δὲ ἀγριέλαιος ὢν ἐνεκεντρίσθης ἐν αὐτοῖς, καὶ συγκοινωνὸς τῆς ῥίζης καὶ τῆς πιότητος τῆς ἐλαίας ἐγένου,

18 μὴ κατακαυχῶ τῶν κλάδων· εἰ δὲ κατακαυχᾶσαι, οὐ σὺ τὴν ῥίζαν βαστάζεις, ἀλλ' ἡ ῥίζα σέ.

19 ἐρεῖς οὖν, Ἐξεκλάσθησαν οἱ κλάδοι, ἵνα ἐγὼ ἐγκεντρισθῶ.

20 καλῶς· τῇ ἀπιστίᾳ ἐξεκλάσθησαν, σὺ δὲ τῇ πίστει ἔστηκας. μὴ ὑψηλοφρόνει, ἀλλὰ φοβοῦ·

21 εἰ γὰρ ὁ Θεὸς τῶν κατὰ φύσιν κλάδων οὐκ ἐφείσατο, μήπως οὐδέ σοῦ φείσηται.

22 ἴδε οὖν χρηστότητα καὶ ἀποτομίαν Θεοῦ· ἐπὶ μὲν τοὺς πεσόντας, ἀποτομίαν· ἐπὶ δέ σε, χρηστότητα, ἐὰν ἐπιμείνῃς τῇ χρηστότητι· ἐπεὶ καὶ σὺ ἐκκοπήσῃ

23 καὶ ἐκεῖνοι δέ, ἐὰν μὴ ἐπιμείνωσι τῇ ἀπιστίᾳ, ἐγκεντρισθήσονται· δυνατὸς γάρ ἐστιν ὁ Θεὸς πάλιν ἐγκεντρίσαι αὐτούς.

24 εἰ γὰρ σὺ ἐκ τῆς κατὰ φύσιν ἐξεκόπης ἀγριελαίου, καὶ παρὰ φύσιν ἐνεκεντρίσθης εἰς καλλιέλαιον, πόσῳ μᾶλλον οὗτοι, οἱ κατὰ φύσιν, ἐγκεντρισθήσονται τῇ ἰδίᾳ ἐλαίᾳ;

25 Οὐ γὰρ θέλω ὑμᾶς ἀγνοεῖν, ἀδελφοί, τὸ μυστήριον τοῦτο, ἵνα μὴ ἦτε παρ' ἑαυτοῖς φρόνιμοι, ὅτι πώρωσις ἀπὸ μέρους τῷ Ἰσραὴλ γέγονεν, ἄχρις οὗ τὸ πλήρωμα τῶν ἐθνῶν εἰσέλθῃ·

26 καὶ οὕτω πᾶς Ἰσραὴλ σωθήσεται· καθὼς γέγραπται, Ἥξει ἐκ Σιὼν ὁ ῥυόμενος, καὶ ἀποστρέψει ἀσεβείας ἀπὸ Ἰακώβ·

27 καὶ αὕτη αὐτοῖς ἡ παρ' ἐμοῦ διαθήκη, ὅταν ἀφέλωμαι τὰς ἁμαρτίας αὐτῶν.

28 κατὰ μὲν τὸ εὐαγγέλιον, ἐχθροὶ δι' ὑμᾶς· κατὰ δὲ τὴν ἐκλογήν, ἀγαπητοὶ διὰ τοὺς πατέρας

29 ἀμεταμέλητα γὰρ τὰ χαρίσματα καὶ ἡ κλῆσις τοῦ Θεοῦ.

30 ὥσπερ γὰρ καὶ ὑμεῖς ποτὲ ἠπειθήσατε τῷ Θεῷ, νῦν δὲ ἠλεήθητε τῇ τούτων ἀπειθείᾳ·

31 οὕτω καὶ οὗτοι νῦν ἠπείθησαν, τῷ ὑμετέρῳ ἐλέει ἵνα καὶ αὐτοὶ ἐλεηθῶσι·

32 συνέκλεισε γὰρ ὁ Θεὸς τοὺς πάντας εἰς ἀπείθειαν, ἵνα τοὺς πάντας ἐλεήσῃ.

33 Ὦ βάθος πλούτου καὶ σοφίας καὶ γνώσεως Θεοῦ. ὡς ἀνεξερεύνητα τὰ κρίματα αὐτοῦ, καὶ ἀνεξιχνίαστοι αἱ ὁδοὶ αὐτοῦ.

34 τίς γὰρ ἔγνω νοῦν Κυρίου; ἢ τίς σύμβουλος αὐτοῦ ἐγένετο;

35 ἢ τίς προέδωκεν αὐτῷ, καὶ ἀνταποδοθήσεται αὐτῷ;

36 ὅτι ἐξ αὐτοῦ καὶ δι' αὐτοῦ καὶ εἰς αὐτὸν τὰ πάντα· αὐτῷ ἡ δόξα εἰς τοὺς αἰῶνας. ἀμήν.

CHAPTER 12

1 Παρακαλῶ οὖν ὑμᾶς, ἀδελφοί, διὰ τῶν οἰκτιρμῶν τοῦ Θεοῦ, παραστῆσαι τὰ σώματα ὑμῶν θυσίαν ζῶσαν, ἁγίαν, εὐάρεστον τῷ Θεῷ, τὴν λογικὴν λατρείαν ὑμῶν.

2 καὶ μὴ συσχηματίζεσθε τῷ αἰῶνι τούτῳ, ἀλλὰ μεταμορφοῦσθε τῇ ἀνακαινώσει τοῦ νοὸς ὑμῶν, εἰς τὸ δοκιμάζειν ὑμᾶς τί τὸ θέλημα τοῦ Θεοῦ τὸ ἀγαθὸν καὶ εὐάρεστον καὶ τέλειον.

3 Λέγω γάρ, διὰ τῆς χάριτος τῆς δοθείσης μοι, παντὶ τῷ ὄντι ἐν ὑμῖν, μὴ ὑπερφρονεῖν παρ' ὃ δεῖ φρονεῖν, ἀλλὰ φρονεῖν εἰς τὸ σωφρονεῖν, ἑκάστῳ ὡς ὁ Θεὸς ἐμέρισε μέτρον πίστεως.

4 καθάπερ γὰρ ἐν ἑνὶ σώματι μέλη πολλὰ ἔχομεν, τὰ δὲ μέλη πάντα οὐ τὴν αὐτὴν ἔχει πρᾶξιν·

5 οὕτως οἱ πολλοὶ ἓν σῶμά ἐσμεν ἐν Χριστῷ, ὁ δὲ καθ' εἷς ἀλλήλων μέλη.

6 ἔχοντες δὲ χαρίσματα κατὰ τὴν χάριν τὴν δοθεῖσαν ἡμῖν διάφορα, εἴτε προφητείαν, κατὰ τὴν ἀναλογίαν τῆς πίστεως·

7 εἴτε διακονίαν, ἐν τῇ διακονίᾳ· εἴτε ὁ διδάσκων, ἐν τῇ διδασκαλίᾳ·

8 εἴτε ὁ παρακαλῶν, ἐν τῇ παρακλήσει· ὁ μεταδιδούς, ἐν ἁπλότητι· ὁ προϊστάμενος, ἐν σπουδῇ· ὁ ἐλεῶν, ἐν ἱλαρότητι.

9 ἡ ἀγάπη ἀνυπόκριτος. ἀποστυγοῦντες τὸ πονηρόν, κολλώμενοι τῷ ἀγαθῷ.

10 τῇ φιλαδελφίᾳ εἰς ἀλλήλους φιλόστοργοι· τῇ τιμῇ ἀλλήλους προηγούμενοι·

11 τῇ σπουδῇ μὴ ὀκνηροί· τῷ πνεύματι ζέοντες· τῷ Κυρίῳ δουλεύοντες·

12 τῇ ἐλπίδι χαίροντες· τῇ θλίψει ὑπομένοντες· τῇ προσευχῇ προσκαρτεροῦντες·

13 ταῖς χρείαις τῶν ἁγίων κοινωνοῦντες· τὴν φιλοξενίαν διώκοντες.

14 εὐλογεῖτε τοὺς διώκοντας ὑμᾶς· εὐλογεῖτε, καὶ μὴ καταρᾶσθε.

15 χαίρειν μετὰ χαιρόντων, καὶ κλαίειν μετὰ κλαιόντων.

16 τὸ αὐτὸ εἰς ἀλλήλους φρονοῦντες. μὴ τὰ ὑψηλὰ φρονοῦντες, ἀλλὰ τοῖς ταπεινοῖς συναπαγόμενοι. μὴ γίνεσθε φρόνιμοι παρ' ἑαυτοῖς.

17 μηδενὶ κακὸν ἀντὶ κακοῦ ἀποδιδόντες. προνοούμενοι καλὰ ἐνώπιον πάντων ἀνθρώπων.

18 εἰ δυνατόν, τὸ ἐξ ὑμῶν, μετὰ πάντων ἀνθρώπων εἰρηνεύοντες

19 μὴ ἑαυτοὺς ἐκδικοῦντες, ἀγαπητοί, ἀλλὰ δότε τόπον τῇ ὀργῇ· γέγραπται γάρ, Ἐμοὶ ἐκδίκησις, ἐγὼ ἀνταποδώσω, λέγει Κύριος.

20 ἐὰν οὖν πεινᾷ ὁ ἐχθρός σου, ψώμιζε αὐτόν· ἐὰν διψᾷ, πότιζε αὐτόν· τοῦτο γὰρ ποιῶν, ἄνθρακας πυρὸς σωρεύσεις ἐπὶ τὴν κεφαλὴν αὐτοῦ.

21 μὴ νικῶ ὑπὸ τοῦ κακοῦ, ἀλλὰ νίκα ἐν τῷ ἀγαθῷ τὸ κακόν.

CHAPTER 13

1 Πᾶσα ψυχὴ ἐξουσίαις ὑπερεχούσαις ὑποτασσέσθω· οὐ γάρ ἐστιν ἐξουσία εἰ μὴ ἀπὸ Θεοῦ, αἱ δὲ οὖσαι ἐξουσίαι ὑπὸ τοῦ Θεοῦ τεταγμέναι εἰσίν.
2 ὥστε ὁ ἀντιτασσόμενος τῇ ἐξουσίᾳ, τῇ τοῦ Θεοῦ διαταγῇ ἀνθέστηκεν· οἱ δὲ ἀνθεστηκότες ἑαυτοῖς κρίμα λήψονται
3 οἱ γὰρ ἄρχοντες οὐκ εἰσὶ φόβος τῶν ἀγαθῶν ἔργων, ἀλλὰ τῶν κακῶν. θέλεις δὲ μὴ φοβεῖσθαι τὴν ἐξουσίαν; τὸ ἀγαθὸν ποίει, καὶ ἕξεις ἔπαινον ἐξ αὐτῆς·
4 Θεοῦ γὰρ διάκονός ἐστί σοι εἰς τὸ ἀγαθόν. ἐὰν δὲ τὸ κακὸν ποιῇς, φοβοῦ· οὐ γὰρ εἰκῆ τὴν μάχαιραν φορεῖ· Θεοῦ γὰρ διάκονός ἐστιν, ἔκδικος εἰς ὀργὴν τῷ τὸ κακὸν πράσσοντι.
5 διὸ ἀνάγκη ὑποτάσσεσθαι, οὐ μόνον διὰ τὴν ὀργήν, ἀλλὰ καὶ διὰ τὴν συνείδησιν.
6 διὰ τοῦτο γὰρ καὶ φόρους τελεῖτε· λειτουργοὶ γὰρ Θεοῦ εἰσιν, εἰς αὐτὸ τοῦτο προσκαρτεροῦντες.
7 ἀπόδοτε οὖν πᾶσι τὰς ὀφειλάς· τῷ τὸν φόρον τὸν φόρον· τῷ τὸ τέλος τὸ τέλος· τῷ τὸν φόβον τὸν φόβον· τῷ τὴν τιμὴν τὴν τιμήν.
8 Μηδενὶ μηδὲν ὀφείλετε, εἰ μὴ τὸ ἀγαπᾶν ἀλλήλους· ὁ γὰρ ἀγαπῶν τὸν ἕτερον, νόμον πεπλήρωκε.
9 τὸ γάρ, Οὐ μοιχεύσεις, οὐ φονεύσεις, οὐ κλέψεις, οὐ ψευδομαρτυρήσεις, οὐκ ἐπιθυμήσεις, καὶ εἴ τις ἑτέρα ἐντολή, ἐν τούτῳ τῷ λόγῳ ἀνακεφαλαιοῦται, ἐν τῷ, Ἀγαπήσεις τὸν πλησίον σου ὡς ἑαυτόν
10 ἡ ἀγάπη τῷ πλησίον κακὸν οὐκ ἐργάζεται· πλήρωμα οὖν νόμου ἡ ἀγάπη.
11 Καὶ τοῦτο, εἰδότες τὸν καιρόν, ὅτι ὥρα ἡμᾶς ἤδη ἐξ ὕπνου ἐγερθῆναι· νῦν γὰρ ἐγγύτερον ἡμῶν ἡ σωτηρία ἢ ὅτε ἐπιστεύσαμεν.
12 ἡ νὺξ προέκοψεν, ἡ δὲ ἡμέρα ἤγγικεν· ἀποθώμεθα οὖν τὰ ἔργα τοῦ σκότους, καὶ ἐνδυσώμεθα τὰ ὅπλα τοῦ φωτός.
13 ὡς ἐν ἡμέρᾳ, εὐσχημόνως περιπατήσωμεν, μὴ κώμοις καὶ μέθαις, μὴ κοίταις καὶ ἀσελγείαις, μὴ ἔριδι καὶ ζήλῳ.
14 ἀλλ' ἐνδύσασθε τὸν Κύριον Ἰησοῦν Χριστόν, καὶ τῆς σαρκὸς πρόνοιαν μὴ ποιεῖσθε, εἰς ἐπιθυμίας.

CHAPTER 14

1 Τὸν δὲ ἀσθενοῦντα τῇ πίστει προσλαμβάνεσθε, μὴ εἰς διακρίσεις διαλογισμῶν.
2 ὃς μὲν πιστεύει φαγεῖν πάντα, ὁ δὲ ἀσθενῶν λάχανα ἐσθίει.
3 ὁ ἐσθίων τὸν μὴ ἐσθίοντα μὴ ἐξουθενείτω, καὶ ὁ μὴ ἐσθίων τὸν ἐσθίοντα μὴ κρινέτω· ὁ Θεὸς γὰρ αὐτὸν προσελάβετο.
4 σὺ τίς εἶ ὁ κρίνων ἀλλότριον οἰκέτην; τῷ ἰδίῳ κυρίῳ στήκει ἢ

πίπτει. σταθήσεται δέ· δυνατὸς γὰρ ἐστιν ὁ Θεὸς στῆσαι αὐτόν.

5 ὃς μὲν κρίνει ἡμέραν παρ' ἡμέραν, ὃς δὲ κρίνει πᾶσαν ἡμέραν. ἕκαστος ἐν τῷ ἰδίῳ νοῒ πληροφορείσθω.

6 ὁ φρονῶν τὴν ἡμέραν, Κυρίῳ φρονεῖ· καὶ ὁ μὴ φρονῶν τὴν ἡμέραν, Κυρίῳ οὐ φρονεῖ. ὁ ἐσθίων Κυρίῳ ἐσθίει, εὐχαριστεῖ γὰρ τῷ Θεῷ· καὶ ὁ μὴ ἐσθίων Κυρίῳ οὐκ ἐσθίει, καὶ εὐχαριστεῖ τῷ Θεῷ.

7 οὐδεὶς γὰρ ἡμῶν ἑαυτῷ ζῇ, καὶ οὐδεὶς ἑαυτῷ ἀποθνήσκει.

8 ἐάν τε γὰρ ζῶμεν, τῷ Κυρίῳ ζῶμεν· ἐάν τε ἀποθνήσκωμεν, τῷ Κυρίῳ ἀποθνήσκομεν· ἐάν τε οὖν ζῶμεν, ἐάν τε ἀποθνήσκωμεν, τοῦ Κυρίου ἐσμέν.

9 εἰς τοῦτο γὰρ Χριστὸς καὶ ἀπέθανε καὶ ἀνέστη καὶ ἀνέζησεν, ἵνα καὶ νεκρῶν καὶ ζώντων κυριεύσῃ.

10 σὺ δὲ τί κρίνεις τὸν ἀδελφόν σου; ἢ καὶ σὺ τί ἐξουθενεῖς τὸν ἀδελφόν σου; πάντες γὰρ παραστησόμεθα τῷ βήματι τοῦ Χριστοῦ.

11 γέγραπται γάρ, Ζῶ ἐγώ, λέγει Κύριος· ὅτι ἐμοὶ κάμψει πᾶν γόνυ, καὶ πᾶσα γλῶσσα ἐξομολογήσεται τῷ Θεῷ.

12 ἄρα οὖν ἕκαστος ἡμῶν περὶ ἑαυτοῦ λόγον δώσει τῷ Θεῷ.

13 Μηκέτι οὖν ἀλλήλους κρίνωμεν· ἀλλὰ τοῦτο κρίνατε μᾶλλον, τὸ μὴ τιθέναι πρόσκομμα τῷ ἀδελφῷ ἢ σκάνδαλον.

14 οἶδα καὶ πέπεισμαι ἐν Κυρίῳ Ἰησοῦ, ὅτι οὐδὲν κοινὸν δι' ἑαυτοῦ· εἰ μὴ τῷ λογιζομένῳ τι κοινὸν εἶναι, ἐκείνῳ κοινόν.

15 εἰ δὲ διὰ βρῶμα ὁ ἀδελφός σου λυπεῖται, οὐκέτι κατὰ ἀγάπην περιπατεῖς. μὴ τῷ βρώματί σου ἐκεῖνον ἀπόλλυε, ὑπὲρ οὗ Χριστὸς ἀπέθανε.

16 μὴ βλασφημείσθω οὖν ὑμῶν τὸ ἀγαθόν·

17 οὐ γὰρ ἐστιν ἡ βασιλεία τοῦ Θεοῦ βρῶσις καὶ πόσις, ἀλλὰ δικαιοσύνη καὶ εἰρήνη καὶ χαρὰ ἐν Πνεύματι Ἁγίῳ.

18 ὁ γὰρ ἐν τούτοις δουλεύων τῷ Χριστῷ εὐάρεστος τῷ Θεῷ, καὶ δόκιμος τοῖς ἀνθρώποις.

19 ἄρα οὖν τὰ τῆς εἰρήνης διώκωμεν, καὶ τὰ τῆς οἰκοδομῆς τῆς εἰς ἀλλήλους.

20 μὴ ἕνεκεν βρώματος κατάλυε τὸ ἔργον τοῦ Θεοῦ. πάντα μὲν καθαρά, ἀλλὰ κακὸν τῷ ἀνθρώπῳ τῷ διὰ προσκόμματος ἐσθίοντι.

21 καλὸν τὸ μὴ φαγεῖν κρέα, μηδὲ πιεῖν οἶνον, μηδὲ ἐν ᾧ ὁ ἀδελφός σου προσκόπτει ἢ σκανδαλίζεται ἢ ἀσθενεῖ.

22 σὺ πίστιν ἔχεις κατὰ σαυτὸν ἔχε ἐνώπιον τοῦ Θεοῦ. μακάριος ὁ μὴ κρίνων ἑαυτὸν ἐν ᾧ δοκιμάζει.

23 ὁ δὲ διακρινόμενος, ἐὰν φάγῃ, κατακέκριται, ὅτι οὐκ ἐκ πίστεως· πᾶν δὲ ὃ οὐκ ἐκ πίστεως, ἁμαρτία ἐστίν.

CHAPTER 15

1 Ὀφείλομεν δὲ ἡμεῖς οἱ δυνατοὶ τὰ ἀσθενήματα τῶν ἀδυνάτων βαστάζειν, καὶ μὴ ἑαυτοῖς ἀρέσκειν.

2 ἕκαστος γὰρ ἡμῶν τῷ πλησίον ἀρεσκέτω εἰς τὸ ἀγαθὸν πρὸς οἰκοδομήν.

3 καὶ γὰρ ὁ Χριστὸς οὐχ ἑαυτῷ ἤρεσεν, ἀλλά, καθὼς γέγραπται, Οἱ ὀνειδισμοὶ τῶν ὀνειδιζόντων σε ἐπέπεσον ἐπ' ἐμέ.

4 ὅσα γὰρ προεγράφη, εἰς τὴν ἡμετέραν διδασκαλίαν προεγράφη, ἵνα διὰ τῆς ὑπομονῆς καὶ τῆς παρακλήσεως τῶν γραφῶν τὴν ἐλπίδα ἔχωμεν.

5 ὁ δὲ Θεὸς τῆς ὑπομονῆς καὶ τῆς παρακλήσεως δῴη ὑμῖν τὸ αὐτὸ φρονεῖν ἐν ἀλλήλοις κατὰ Χριστὸν Ἰησοῦν·

6 ἵνα ὁμοθυμαδὸν ἐν ἑνὶ στόματι δοξάζητε τὸν Θεὸν καὶ πατέρα τοῦ Κυρίου ἡμῶν Ἰησοῦ Χριστοῦ.

7 διὸ προσλαμβάνεσθε ἀλλήλους, καθὼς καὶ ὁ Χριστὸς προσελάβετο ἡμᾶς, εἰς δόξαν Θεοῦ.

8 λέγω δέ, Ἰησοῦν Χριστὸν διάκονον γεγενῆσθαι περιτομῆς ὑπὲρ ἀληθείας Θεοῦ, εἰς τὸ βεβαιῶσαι τὰς ἐπαγγελίας τῶν πατέρων·

9 τὰ δὲ ἔθνη ὑπὲρ ἐλέους δοξάσαι τὸν θεόν, καθὼς γέγραπται, Διὰ τοῦτο ἐξομολογήσομαί σοι ἐν ἔθνεσι, καὶ τῷ ὀνόματί σου ψαλῶ.

10 καὶ πάλιν λέγει, Εὐφράνθητε, ἔθνη, μετὰ τοῦ λαοῦ αὐτοῦ.

11 καὶ πάλιν, Αἰνεῖτε τὸν Κύριον πάντα τὰ ἔθνη, καὶ ἐπαινέσατε αὐτὸν πάντες οἱ λαοί.

12 καὶ πάλιν Ἠσαΐας λέγει, Ἔσται ἡ ῥίζα τοῦ Ἰεσσαί, καὶ ὁ ἀνιστάμενος ἄρχειν ἐθνῶν· ἐπ' αὐτῷ ἔθνη ἐλπιοῦσιν.

13 ὁ δὲ Θεὸς τῆς ἐλπίδος πληρώσαι ὑμᾶς πάσης χαρᾶς καὶ εἰρήνης ἐν τῷ πιστεύειν, εἰς τὸ περισσεύειν ὑμᾶς ἐν τῇ ἐλπίδι, ἐν δυνάμει Πνεύματος Ἁγίου.

14 Πέπεισμαι δέ, ἀδελφοί μου, καὶ αὐτὸς ἐγὼ περὶ ὑμῶν, ὅτι καὶ αὐτοὶ μεστοί ἐστε ἀγαθωσύνης, πεπληρωμένοι πάσης γνώσεως, δυνάμενοι καὶ ἀλλήλους νουθετεῖν.

15 τολμηρότερον δὲ ἔγραψα ὑμῖν, ἀδελφοί, ἀπὸ μέρους, ὡς ἐπαναμιμνήσκων ὑμᾶς, διὰ τὴν χάριν τὴν δοθεῖσάν μοι ὑπὸ τοῦ Θεοῦ,

16 εἰς τὸ εἶναί με λειτουργὸν Ἰησοῦ Χριστοῦ εἰς τὰ ἔθνη, ἱερουργοῦντα τὸ εὐαγγέλιον τοῦ Θεοῦ, ἵνα γένηται ἡ προσφορὰ τῶν ἐθνῶν εὐπρόσδεκτος, ἡγιασμένη ἐν Πνεύματι Ἁγίῳ.

17 ἔχω οὖν καύχησιν ἐν Χριστῷ Ἰησοῦ τὰ πρὸς Θεόν

18 οὐ γὰρ τολμήσω λαλεῖν τι ὧν οὐ κατειργάσατο Χριστὸς δι' ἐμοῦ, εἰς ὑπακοὴν ἐθνῶν, λόγῳ καὶ ἔργῳ,

19 ἐν δυνάμει σημείων καὶ τεράτων, ἐν δυνάμει Πνεύματος Θεοῦ· ὥστε με ἀπὸ Ἰερουσαλὴμ καὶ κύκλῳ μέχρι τοῦ Ἰλλυρικοῦ

πεπληρωκέναι τὸ εὐαγγέλιον τοῦ Χριστοῦ·

20 οὕτω δὲ φιλοτιμούμενον εὐαγγελίζεσθαι, οὐχ ὅπου ὠνομάσθη Χριστός, ἵνα μὴ ἐπ' ἀλλότριον θεμέλιον οἰκοδομῶ·

21 ἀλλὰ, καθὼς γέγραπται, Οἷς οὐκ ἀνηγγέλη περὶ αὐτοῦ, ὄψονται· καὶ οἳ οὐκ ἀκηκόασι, συνήσουσι.

22 Διὸ καὶ ἐνεκοπτόμην τὰ πολλὰ τοῦ ἐλθεῖν πρὸς ὑμᾶς·

23 νυνὶ δὲ μηκέτι τόπον ἔχων ἐν τοῖς κλίμασι τούτοις, ἐπιποθίαν δὲ ἔχων τοῦ ἐλθεῖν πρὸς ὑμᾶς ἀπὸ πολλῶν ἐτῶν,

24 ὡς ἐὰν πορεύωμαι εἰς τὴν Σπανίαν, ἐλεύσομαι πρὸς ὑμας· ἐλπίζω γὰρ διαπορευόμενος θεάσασθαι ὑμᾶς, καὶ ὑφ' ὑμῶν προπεμφθῆναι ἐκεῖ, ἐὰν ὑμῶν πρῶτον ἀπὸ μέρους ἐμπλησθῶ.

25 νυνὶ δὲ πορεύομαι εἰς Ἱερουσαλήμ, διακονῶν τοῖς ἁγίοις.

26 εὐδόκησαν γὰρ Μακεδονία καὶ Ἀχαΐα κοινωνίαν τινὰ ποιήσασθαι εἰς τοὺς πτωχοὺς τῶν ἁγίων τῶν ἐν Ἱερουσαλήμ.

27 εὐδόκησαν γάρ, καὶ ὀφειλέται αὐτῶν εἰσιν. εἰ γὰρ τοῖς πνευματικοῖς αὐτῶν ἐκοινώνησαν τὰ ἔθνη, ὀφείλουσι καὶ ἐν τοῖς σαρκικοῖς λειτουργῆσαι αὐτοῖς.

28 τοῦτο οὖν ἐπιτελέσας, καὶ σφραγισάμενος αὐτοῖς τὸν καρπὸν τοῦτον, ἀπελεύσομαι δι' ὑμῶν εἰς τὴν Σπανίαν.

29 οἶδα δὲ ὅτι ἐρχόμενος πρὸς ὑμᾶς ἐν πληρώματι εὐλογίας τοῦ εὐαγγελίου τοῦ Χριστοῦ ἐλεύσομαι.

30 Παρακαλῶ δὲ ὑμᾶς, ἀδελφοί, διὰ τοῦ Κυρίου ἡμῶν Ἰησοῦ Χριστοῦ, καὶ διὰ τῆς ἀγάπης τοῦ Πνεύματος, συναγωνίσασθαί μοι ἐν ταῖς προσευχαῖς ὑπὲρ ἐμοῦ πρὸς τὸν Θεόν·

31 ἵνα ῥυσθῶ ἀπὸ τῶν ἀπειθούντων ἐν τῇ Ἰουδαίᾳ, καὶ ἵνα ἡ διακονία μου ἡ εἰς Ἱερουσαλὴμ εὐπρόσδεκτος γένηται τοῖς ἁγίοις·

32 ἵνα ἐν χαρᾷ ἔλθω πρὸς ὑμᾶς διὰ θελήματος Θεοῦ, καὶ συναναπαύσωμαι ὑμῖν.

33 ὁ δὲ Θεὸς τῆς εἰρήνης μετὰ πάντων ὑμῶν ἀμήν.

CHAPTER 16

1 Συνίστημι δὲ ὑμῖν Φοίβην τὴν ἀδελφὴν ἡμῶν, οὖσαν διάκονον τῆς ἐκκλησίας τῆς ἐν Κεγχρεαῖς·

2 ἵνα αὐτὴν προσδέξησθε ἐν Κυρίῳ ἀξίως τῶν ἁγίων, καὶ παραστῆτε αὐτῇ ἐν ᾧ ἂν ὑμῶν χρήζῃ πράγματι· καὶ γὰρ αὕτη προστάτις πολλῶν ἐγενήθη, καὶ αὐτοῦ ἐμοῦ.

3 Ἀσπάσασθε Πρίσκιλλαν καὶ Ἀκύλαν τοὺς συνεργούς μου ἐν Χριστῷ Ἰησοῦ,

4 οἵτινες ὑπὲρ τῆς ψυχῆς μου τὸν ἑαυτῶν τράχηλον ὑπέθηκαν, οἷς οὐκ ἐγὼ μόνος εὐχαριστῶ, ἀλλὰ καὶ πᾶσαι αἱ ἐκκλησίαι τῶν ἐθνῶν·

5 καὶ τὴν κατ' οἶκον αὐτῶν ἐκκλησίαν. ἀσπάσασθε Ἐπαίνετον τὸν ἀγαπητόν μου, ὅς ἐστιν ἀπαρχὴ τῆς Ἀχαΐας εἰς Χριστόν.

6 ἀσπάσασθε Μαριάμ, ἥτις πολλὰ ἐκοπίασεν εἰς ἡμᾶς.

7 ἀσπάσασθε Ἀνδρόνικον καὶ Ἰουνιᾶν τοὺς συγγενεῖς μου καὶ συναιχμαλώτους μου, οἵτινές εἰσιν ἐπίσημοι ἐν τοῖς ἀποστόλοις, οἳ καὶ πρὸ ἐμοῦ γέγονασιν ἐν Χριστῷ.

8 ἀσπάσασθε Ἀμπλίαν τὸν ἀγαπητόν μου ἐν Κυρίῳ.

9 ἀσπάσασθε Οὐρβανὸν τὸν συνεργὸν ἡμῶν ἐν Χριστῷ, καὶ Στάχυν τὸν ἀγαπητόν μου.

10 ἀσπάσασθε Ἀπελλῆν τὸν δόκιμον ἐν Χριστῷ. ἀσπάσασθε τοὺς ἐκ τῶν Ἀριστοβούλου.

11 ἀσπάσασθε Ἡροδίωνα τὸν συγγενῆ μου. ἀσπάσασθε τοὺς ἐκ τῶν Ναρκίσσου, τοὺς ὄντας ἐν Κυρίῳ.

12 ἀσπάσασθε Τρύφαιναν καὶ Τρυφῶσαν τὰς κοπιώσας ἐν Κυρίῳ. ἀσπάσασθε Περσίδα τὴν ἀγαπητήν, ἥτις πολλὰ ἐκοπίασεν ἐν Κυρίῳ.

13 ἀσπάσασθε Ῥοῦφον τὸν ἐκλεκτὸν ἐν Κυρίῳ, καὶ τὴν μητέρα αὐτοῦ καὶ ἐμοῦ.

14 ἀσπάσασθε Ἀσύγκριτον, Φλέγοντα, Ἑρμᾶν, Πατρόβαν, Ἑρμῆν, καὶ τοὺς σὺν αὐτοῖς ἀδελφούς.

15 ἀσπάσασθε Φιλόλογον καὶ Ἰουλίαν, Νηρέα καὶ τὴν ἀδελφὴν αὐτοῦ, καὶ Ὀλυμπᾶν, καὶ τοὺς σὺν αὐτοῖς πάντας ἁγίους.

16 ἀσπάσασθε ἀλλήλους ἐν φιλήματι ἁγίῳ. ἀσπάζονται ὑμᾶς αἱ ἐκκλησίαι τοῦ Χριστοῦ.

17 Παρακαλῶ δὲ ὑμᾶς, ἀδελφοί, σκοπεῖν τοὺς τὰς διχοστασίας καὶ τὰ σκάνδαλα, παρὰ τὴν διδαχὴν ἣν ὑμεῖς ἐμάθετε, ποιοῦντας· καὶ ἐκκλίνατε ἀπ' αὐτῶν.

18 οἱ γὰρ τοιοῦτοι τῷ Κυρίῳ ἡμῶν Ἰησοῦ Χριστῷ οὐ δουλεύουσιν, ἀλλὰ τῇ ἑαυτῶν κοιλίᾳ· καὶ διὰ τῆς χρηστολογίας καὶ εὐλογίας ἐξαπατῶσι τὰς καρδίας τῶν ἀκάκων.

19 ἡ γὰρ ὑμῶν ὑπακοὴ εἰς πάντας ἀφίκετο. χαίρω οὖν τὸ ἐφ' ὑμῖν· θέλω δὲ ὑμᾶς σοφοὺς μὲν εἶναι εἰς τὸ ἀγαθόν, ἀκεραίους δὲ εἰς τὸ κακόν.

20 ὁ δὲ Θεὸς τῆς εἰρήνης συντρίψει τὸν Σατανᾶν ὑπὸ τοὺς πόδας ὑμῶν ἐν τάχει. Ἡ χάρις τοῦ Κυρίου ἡμῶν Ἰησοῦ Χριστοῦ μεθ' ὑμῶν. ἀμήν.

21 Ἀσπάζονται ὑμᾶς Τιμόθεος ὁ συνεργός μου, καὶ Λούκιος καὶ Ἰάσων καὶ Σωσίπατρος οἱ συγγενεῖς μου.

22 ἀσπάζομαι ὑμᾶς ἐγὼ Τέρτιος, ὁ γράψας τὴν ἐπιστολήν, ἐν Κυρίῳ.

23 ἀσπάζεται ὑμᾶς Γάϊος ὁ ξένος μου καὶ τῆς ἐκκλησίας ὅλης. ἀσπάζεται ὑμᾶς Ἔραστος ὁ οἰκονόμος τῆς πόλεως, καὶ Κούαρτος ὁ ἀδελφός.

24 Ἡ χάρις τοῦ Κυρίου ἡμῶν Ἰησοῦ Χριστοῦ μετὰ πάντων ὑμῶν. ἀμήν.

25 Τῷ δὲ δυναμένῳ ὑμᾶς στηρίξαι κατὰ τὸ εὐαγγέλιόν μου καὶ τὸ κήρυγμα Ἰησοῦ Χριστοῦ, κατὰ ἀποκάλυψιν μυστηρίου χρόνοις αἰωνίοις σεσιγημένου,

26 φανερωθέντος δὲ νῦν, διά τε γραφῶν προφητικῶν, κατ᾽ ἐπιταγὴν τοῦ αἰωνίου Θεοῦ, εἰς ὑπακοὴν πίστεως εἰς πάντα τὰ ἔθνη γνωρισθέντος,

27 μόνῳ σοφῷ Θεῷ, διὰ Ἰησοῦ Χριστοῦ, ἡ δόξα εἰς τοὺς αἰῶνας. ἀμήν.

ΠΑΥΛΟΥ ΤΟΥ ΑΠΟΣΤΟΛΟΥ Η ΠΡΟΣ ΚΟΡΙΝΘΙΟΥΣ ΕΠΙΣΤΟΛΗ ΠΡΟΤΗ

ΚΟΡ Α CHAPTER 1

Παῦλος κλητὸς ἀπόστολος Ἰησοῦ Χριστοῦ διὰ θελήματος Θεοῦ, καὶ Σωσθένης ὁ ἀδελφός,

2 τῇ ἐκκλησίᾳ τοῦ Θεοῦ τῇ οὔσῃ ἐν Κορίνθῳ, ἡγιασμένοις ἐν Χριστῷ Ἰησοῦ, κλητοῖς ἁγίοις, σὺν πᾶσι τοῖς ἐπικαλουμένοις τὸ ὄνομα τοῦ Κυρίου ἡμῶν Ἰησοῦ Χριστοῦ ἐν παντὶ τόπῳ, αὐτῶν τε καὶ ἡμῶν·

3 χάρις ὑμῖν καὶ εἰρήνη ἀπὸ Θεοῦ πατρὸς ἡμῶν καὶ Κυρίου Ἰησοῦ Χριστοῦ.

4 Εὐχαριστῶ τῷ Θεῷ μου πάντοτε περὶ ὑμῶν, ἐπὶ τῇ χάριτι τοῦ Θεοῦ τῇ δοθείσῃ ὑμῖν ἐν Χριστῷ Ἰησοῦ·

5 ὅτι ἐν παντὶ ἐπλουτίσθητε ἐν αὐτῷ, ἐν παντὶ λόγῳ καὶ πάσῃ γνώσει,

6 καθὼς τὸ μαρτύριον τοῦ Χριστοῦ ἐβεβαιώθη ἐν ὑμῖν·

7 ὥστε ὑμᾶς μὴ ὑστερεῖσθαι ἐν μηδενὶ χαρίσματι, ἀπεκδεχομένους τὴν ἀποκάλυψιν τοῦ Κυρίου ἡμῶν Ἰησοῦ Χριστοῦ,

8 ὃς καὶ βεβαιώσει ὑμᾶς ἕως τέλους, ἀνεγκλήτους ἐν τῇ ἡμέρᾳ τοῦ Κυρίου ἡμῶν Ἰησοῦ Χριστοῦ.

9 πιστὸς ὁ Θεός, δι' οὗ ἐκλήθητε εἰς κοινωνίαν τοῦ υἱοῦ αὐτοῦ Ἰησοῦ Χριστοῦ τοῦ Κυρίου ἡμῶν.

10 Παρακαλῶ δὲ ὑμᾶς, ἀδελφοί, διὰ τοῦ ὀνόματος τοῦ Κυρίου ἡμῶν Ἰησοῦ Χριστοῦ, ἵνα τὸ αὐτὸ λέγητε πάντες, καὶ μὴ ᾖ ἐν ὑμῖν σχίσματα, ἦτε δὲ κατηρτισμένοι ἐν τῷ αὐτῷ νοῒ καὶ ἐν τῇ αὐτῇ γνώμῃ.

11 ἐδηλώθη γάρ μοι περὶ ὑμῶν, ἀδελφοί μου, ὑπὸ τῶν Χλόης, ὅτι ἔριδες ἐν ὑμῖν εἰσι.

12 λέγω δὲ τοῦτο, ὅτι ἕκαστος ὑμῶν λέγει, Ἐγὼ μέν εἰμι Παύλου, Ἐγὼ δὲ Ἀπολλῶ, Ἐγὼ δὲ Κηφᾶ, Ἐγὼ δὲ Χριστοῦ.

13 μεμέρισται ὁ Χριστός; μὴ Παῦλος ἐσταυρώθη ὑπὲρ ὑμῶν, ἢ εἰς τὸ ὄνομα Παύλου ἐβαπτίσθητε;

14 εὐχαριστῶ τῷ Θεῷ ὅτι οὐδένα ὑμῶν ἐβάπτισα, εἰ μὴ Κρίσπον καὶ Γάϊον·

15 ἵνα μή τις εἴπῃ ὅτι εἰς τὸ ἐμὸν ὄνομα ἐβάπτισα.

16 ἐβάπτισα δὲ καὶ τὸν Στεφανᾶ οἶκον· λοιπὸν οὐκ οἶδα εἴ τινα ἄλλον ἐβάπτισα.

17 οὐ γὰρ ἀπέστειλέ με Χριστὸς βαπτίζειν, ἀλλ' εὐαγγελίζεσθαι· οὐκ ἐν σοφίᾳ λόγου, ἵνα μὴ κενωθῇ ὁ σταυρὸς τοῦ Χριστοῦ.

18 Ὁ λόγος γὰρ ὁ τοῦ σταυροῦ τοῖς μὲν ἀπολλυμένοις μωρία ἐστί, τοῖς δὲ σωζομένοις ἡμῖν δύναμις Θεοῦ ἐστι.

19 γέγραπται γάρ, Ἀπολῶ τὴν σοφίαν τῶν σοφῶν, καὶ τὴν σύνεσιν τῶν συνετῶν ἀθετήσω.

20 ποῦ σοφός; ποῦ γραμματεύς; ποῦ συζητητὴς τοῦ αἰῶνος τούτου; οὐχὶ ἐμώρανεν ὁ Θεὸς τὴν σοφίαν τοῦ κόσμου τούτου;

21 ἐπειδὴ γὰρ ἐν τῇ σοφίᾳ τοῦ Θεοῦ οὐκ ἔγνω ὁ κόσμος διὰ τῆς σοφίας τὸν Θεόν, εὐδόκησεν ὁ

Θεὸς διὰ τῆς μωρίας τοῦ κηρύγματος σῶσαι τοὺς πιστεύοντας.

22 ἐπειδὴ καὶ Ἰουδαῖοι σημεῖον αἰτοῦσι, καὶ Ἕλληνες σοφίαν ζητοῦσιν·

23 ἡμεῖς δὲ κηρύσσομεν Χριστὸν ἐσταυρωμένον, Ἰουδαίοις μὲν σκάνδαλον, Ἕλλησι δὲ μωρίαν·

24 αὐτοῖς δὲ τοῖς κλητοῖς, Ἰουδαίοις τε καὶ Ἕλλησι, Χριστὸν Θεοῦ δύναμιν καὶ Θεοῦ σοφίαν·

25 ὅτι τὸ μωρὸν τοῦ Θεοῦ σοφώτερον τῶν ἀνθρώπων ἐστί, καὶ τὸ ἀσθενὲς τοῦ Θεοῦ ἰσχυρότερον τῶν ἀνθρώπων ἐστί

26 Βλέπετε γὰρ τὴν κλῆσιν ὑμῶν, ἀδελφοί, ὅτι οὐ πολλοὶ σοφοὶ κατὰ σάρκα, οὐ πολλοὶ δυνατοί, οὐ πολλοὶ εὐγενεῖς·

27 ἀλλὰ τὰ μωρὰ τοῦ κόσμου ἐξελέξατο ὁ Θεός, ἵνα τοὺς σοφοὺς καταισχύνῃ· καὶ τὰ ἀσθενῆ τοῦ κόσμου ἐξελέξατο ὁ Θεός, ἵνα καταισχύνῃ τὰ ἰσχυρά·

28 καὶ τὰ ἀγενῆ τοῦ κόσμου καὶ τὰ ἐξουθενημένα ἐξελέξατο ὁ Θεός, καὶ τὰ μὴ ὄντα, ἵνα τὰ ὄντα καταργήσῃ·

29 ὅπως μὴ καυχήσηται πᾶσα σὰρξ ἐνώπιον αὐτοῦ.

30 ἐξ αὐτοῦ δὲ ὑμεῖς ἐστε ἐν Χριστῷ Ἰησοῦ, ὃς ἐγενήθη ἡμῖν σοφία ἀπὸ Θεοῦ, δικαιοσύνη τε καὶ ἁγιασμός, καὶ ἀπολύτρωσις,

31 ἵνα, καθὼς γέγραπται, Ὁ καυχώμενος, ἐν Κυρίῳ καυχάσθω.

CHAPTER 2

1 Κἀγὼ ἐλθὼν πρὸς ὑμᾶς, ἀδελφοί, ἦλθον οὐ καθ᾽ ὑπεροχὴν λόγου ἢ σοφίας καταγγέλλων ὑμῖν τὸ μαρτύριον τοῦ Θεοῦ.

2 οὐ γὰρ ἔκρινά τοῦ εἰδέναι τι ἐν ὑμῖν, εἰ μὴ Ἰησοῦν Χριστόν, καὶ τοῦτον ἐσταυρωμένον.

3 καὶ ἐγὼ ἐν ἀσθενείᾳ καὶ ἐν φόβῳ καὶ ἐν τρόμῳ πολλῷ ἐγενόμην πρὸς ὑμᾶς.

4 καὶ ὁ λόγος μου καὶ τὸ κήρυγμά μου οὐκ ἐν πειθοῖς ἀνθρωπίνης σοφίας λόγοις, ἀλλ᾽ ἐν ἀποδείξει πνεύματος καὶ δυνάμεως·

5 ἵνα ἡ πίστις ὑμῶν μὴ ᾖ ἐν σοφίᾳ ἀνθρώπων, ἀλλ᾽ ἐν δυνάμει Θεοῦ.

6 Σοφίαν δὲ λαλοῦμεν ἐν τοῖς τελείοις· σοφίαν δὲ οὐ τοῦ αἰῶνος τούτου, οὐδὲ τῶν ἀρχόντων τοῦ αἰῶνος τούτου, τῶν καταργουμένων·

7 ἀλλὰ λαλοῦμεν σοφίαν Θεοῦ ἐν μυστηρίῳ, τὴν ἀποκεκρυμμένην, ἣν προώρισεν ὁ Θεὸς πρὸ τῶν αἰώνων εἰς δόξαν ἡμῶν·

8 ἣν οὐδεὶς τῶν ἀρχόντων τοῦ αἰῶνος τούτου ἔγνωκεν· εἰ γὰρ ἔγνωσαν, οὐκ ἂν τὸν Κύριον τῆς δόξης ἐσταύρωσαν.

9 ἀλλὰ καθὼς γέγραπται, Ἃ ὀφθαλμὸς οὐκ εἶδε, καὶ οὖς οὐκ ἤκουσε, καὶ ἐπὶ καρδίαν ἀνθρώπου οὐκ ἀνέβη, ἃ ἡτοίμασεν ὁ Θεὸς τοῖς ἀγαπῶσιν αὐτόν.

10 ἡμῖν δὲ ὁ Θεὸς ἀπεκάλυψε διὰ τοῦ πνεύματος αὐτοῦ· τὸ γὰρ

πνεῦμα πάντα ἐρευνᾷ, καὶ τὰ βάθη τοῦ Θεοῦ.

11 τίς γὰρ οἶδεν ἀνθρώπων τὰ τοῦ ἀνθρώπου, εἰ μὴ τὸ πνεῦμα τοῦ ἀνθρώπου τὸ ἐν αὐτῷ; οὕτω καὶ τὰ τοῦ Θεοῦ οὐδεὶς οἶδεν, εἰ μὴ τὸ Πνεῦμα τοῦ Θεοῦ.

12 ἡμεῖς δὲ οὐ τὸ πνεῦμα τοῦ κόσμου ἐλάβομεν, ἀλλὰ τὸ πνεῦμα τὸ ἐκ τοῦ Θεοῦ, ἵνα εἰδῶμεν τὰ ὑπὸ τοῦ Θεοῦ χαρισθέντα ἡμῖν.

13 ἃ καὶ λαλοῦμεν, οὐκ ἐν διδακτοῖς ἀνθρωπίνης σοφίας λόγοις, ἀλλ' ἐν διδακτοῖς Πνεύματος Ἁγίου, πνευματικοῖς πνευματικὰ συγκρίνοντες.

14 ψυχικὸς δὲ ἄνθρωπος οὐ δέχεται τὰ τοῦ Πνεύματος τοῦ Θεοῦ· μωρία γὰρ αὐτῷ ἐστι, καὶ οὐ δύναται γνῶναι, ὅτι πνευματικῶς ἀνακρίνεται·

15 ὁ δὲ πνευματικὸς ἀνακρίνει μὲν πάντα, αὐτὸς δὲ ὑπ' οὐδενὸς ἀνακρίνεται.

16 τίς γὰρ ἔγνω νοῦν Κυρίου, ὃς συμβιβάσει αὐτόν; ἡμεῖς δὲ νοῦν Χριστοῦ ἔχομεν.

CHAPTER 3

1 Καὶ ἐγώ, ἀδελφοί, οὐκ ἠδυνήθην λαλῆσαι ὑμῖν ὡς πνευματικοῖς, ἀλλ' ὡς σαρκικοῖς, ὡς νηπίοις ἐν Χριστῷ.

2 γάλα ὑμᾶς ἐπότισα, καὶ οὐ βρῶμα· οὔπω γὰρ ἠδύνασθε, ἀλλ' οὔτε ἔτι νῦν δύνασθε·

3 ἔτι γὰρ σαρκικοί ἐστε· ὅπου γὰρ ἐν ὑμῖν ζῆλος καὶ ἔρις καὶ διχοστασίαι, οὐχὶ σαρκικοί ἐστε, καὶ κατὰ ἄνθρωπον περιπατεῖτε;

4 ὅταν γὰρ λέγῃ τις, Ἐγὼ μέν εἰμι Παύλου, ἕτερος δέ, Ἐγὼ Ἀπολλῶ, οὐχὶ σαρκικοί ἐστε;

5 τίς οὖν ἐστι Παῦλος; τίς δέ Ἀπολλώς, ἀλλ' ἢ διάκονοι δι' ὧν ἐπιστεύσατε, καὶ ἑκάστῳ ὡς ὁ Κύριος ἔδωκεν

6 ἐγὼ ἐφύτευσα, Ἀπολλὼς ἐπότισεν, ἀλλ' ὁ Θεὸς ηὔξανεν.

7 ὥστε οὔτε ὁ φυτεύων ἐστί τι, οὔτε ὁ ποτίζων, ἀλλ' ὁ αὐξάνων Θεός.

8 ὁ φυτεύων δὲ καὶ ὁ ποτίζων ἕν εἰσιν· ἕκαστος δὲ τὸν ἴδιον μισθὸν λήψεται κατὰ τὸν ἴδιον κόπον.

9 Θεοῦ γάρ ἐσμεν συνεργοί· Θεοῦ γεώργιον, Θεοῦ οἰκοδομή ἐστε.

10 Κατὰ τὴν χάριν τοῦ Θεοῦ τὴν δοθεῖσάν μοι, ὡς σοφὸς ἀρχιτέκτων θεμέλιον τέθεικα, ἄλλος δὲ ἐποικοδομεῖ. ἕκαστος δὲ βλεπέτω πῶς ἐποικοδομεῖ.

11 θεμέλιον γὰρ ἄλλον οὐδεὶς δύναται θεῖναι παρὰ τὸν κείμενον, ὅς ἐστιν Ἰησοῦς ὁ Χριστός.

12 εἰ δέ τις ἐποικοδομεῖ ἐπὶ τὸν θεμέλιον τοῦτον χρυσόν, ἄργυρον, λίθους τιμίους, ξύλα, χόρτον, καλάμην,

13 ἑκάστου τὸ ἔργον φανερὸν γενήσεται· ἡ γὰρ ἡμέρα δηλώσει, ὅτι ἐν πυρὶ ἀποκαλύπτεται· καὶ ἑκάστου τὸ ἔργον ὁποῖόν ἐστι τὸ πῦρ δοκιμάσει.

14 εἴ τινος τὸ ἔργον μένει ὃ ἐπῳκοδόμησε, μισθὸν λήψεται.

15 εἴ τινος τὸ ἔργον κατακαήσεται, ζημιωθήσεται· αὐτὸς δὲ σωθήσεται, οὕτω δὲ ὡς διὰ πυρός.

16 Οὐκ οἴδατε ὅτι ναὸς Θεοῦ ἐστε, καὶ τὸ Πνεῦμα τοῦ Θεοῦ οἰκεῖ ἐν ὑμῖν;

17 εἴ τις τὸν ναὸν τοῦ Θεοῦ φθείρει, φθερεῖ τοῦτον ὁ Θεός· ὁ γὰρ ναὸς τοῦ Θεοῦ ἅγιός ἐστιν, οἵτινές ἐστε ὑμεῖς.

18 Μηδεὶς ἑαυτὸν ἐξαπατάτω· εἴ τις δοκεῖ σοφὸς εἶναι ἐν ὑμῖν ἐν τῷ αἰῶνι τούτῳ, μωρὸς γενέσθω, ἵνα γένηται σοφός.

19 ἡ γὰρ σοφία τοῦ κόσμου τούτου μωρία παρὰ τῷ Θεῷ ἐστι. γέγραπται γάρ, Ὁ δρασσόμενος τοὺς σοφοὺς ἐν τῇ πανουργίᾳ αὐτῶν.

20 καὶ πάλιν, Κύριος γινώσκει τοὺς διαλογισμοὺς τῶν σοφῶν, ὅτι εἰσὶ μάταιοι.

21 ὥστε μηδεὶς καυχάσθω ἐν ἀνθρώποις· πάντα γὰρ ὑμῶν ἐστιν,

22 εἴτε Παῦλος, εἴτε Ἀπολλῶς, εἴτε Κηφᾶς, εἴτε κόσμος, εἴτε ζωή, εἴτε θάνατος, εἴτε ἐνεστῶτα, εἴτε μέλλοντα· πάντα ὑμῶν ἐστιν,

23 ὑμεῖς δὲ Χριστοῦ, Χριστὸς δὲ Θεοῦ.

CHAPTER 4

1 Οὕτως ἡμᾶς λογιζέσθω ἄνθρωπος, ὡς ὑπηρέτας Χριστοῦ καὶ οἰκονόμους μυστηρίων Θεοῦ.

2 ὃ δὲ λοιπόν, ζητεῖται ἐν τοῖς οἰκονόμοις, ἵνα πιστός τις εὑρεθῇ.

3 ἐμοὶ δὲ εἰς ἐλάχιστόν ἐστιν ἵνα ὑφ' ὑμῶν ἀνακριθῶ, ἢ ὑπὸ ἀνθρωπίνης ἡμέρας· ἀλλ' οὐδὲ ἐμαυτὸν ἀνακρίνω.

4 οὐδὲν γὰρ ἐμαυτῷ σύνοιδα, ἀλλ' οὐκ ἐν τούτῳ δεδικαίωμαι· ὁ δὲ ἀνακρίνων με Κύριός ἐστιν.

5 ὥστε μὴ πρὸ καιροῦ τι κρίνετε, ἕως ἂν ἔλθῃ ὁ Κύριος, ὃς καὶ φωτίσει τὰ κρυπτὰ τοῦ σκότους, καὶ φανερώσει τὰς βουλὰς τῶν καρδιῶν· καὶ τότε ὁ ἔπαινος γενήσεται ἑκάστῳ ἀπὸ τοῦ Θεοῦ.

6 Ταῦτα δέ, ἀδελφοί, μετεσχημάτισα εἰς ἐμαυτὸν καὶ Ἀπολλὼ δι' ὑμᾶς, ἵνα ἐν ἡμῖν μάθητε τὸ μὴ ὑπὲρ ὃ γέγραπται φρονεῖν, ἵνα μὴ εἷς ὑπὲρ τοῦ ἑνὸς φυσιοῦσθε κατὰ τοῦ ἑτέρου.

7 τίς γάρ σε διακρίνει; τί δὲ ἔχεις ὃ οὐκ ἔλαβες; εἰ δὲ καὶ ἔλαβες, τί καυχᾶσαι ὡς μὴ λαβών;

8 ἤδη κεκορεσμένοι ἐστέ, ἤδη ἐπλουτήσατε, χωρὶς ἡμῶν ἐβασιλεύσατε· καὶ ὄφελόν γε ἐβασιλεύσατε, ἵνα καὶ ἡμεῖς ὑμῖν συμβασιλεύσωμεν.

9 δοκῶ γὰρ ὅτι ὁ Θεὸς ἡμᾶς τοὺς ἀποστόλους ἐσχάτους ἀπέδειξεν ὡς ἐπιθανατίους· ὅτι θέατρον ἐγενήθημεν τῷ κόσμῳ, καὶ ἀγγέλοις, καὶ ἀνθρώποις.

10 ἡμεῖς μωροὶ διὰ Χριστόν, ὑμεῖς δὲ φρόνιμοι ἐν Χριστῷ· ἡμεῖς ἀσθενεῖς, ὑμεῖς δὲ ἰσχυροί· ὑμεῖς ἔνδοξοι, ἡμεῖς δὲ ἄτιμοι.

11 ἄχρι τῆς ἄρτι ὥρας καὶ πεινῶμεν, καὶ διψῶμεν, καὶ

Η ΠΡΟΣ ΚΟΡΙΝΘΙΟΥΣ Α

γυμνητεύομεν, καὶ κολαφιζόμεθα, καὶ ἀστατοῦμεν

12 καὶ κοπιῶμεν ἐργαζόμενοι ταῖς ἰδίαις χερσί· λοιδορούμενοι εὐλογοῦμεν· διωκόμενοι ἀνεχόμεθα·

13 βλασφημούμενοι παρακαλοῦμεν· ὡς περικαθάρματα τοῦ κόσμου ἐγενήθημεν, πάντων περίψημα, ἕως ἄρτι.

14 Οὐκ ἐντρέπων ὑμᾶς γράφω ταῦτα, ἀλλ᾽ ὡς τέκνα μου ἀγαπητὰ νουθετῶ.

15 ἐὰν γὰρ μυρίους παιδαγωγοὺς ἔχητε ἐν Χριστῷ, ἀλλ᾽ οὐ πολλοὺς πατέρας· ἐν γὰρ Χριστῷ Ἰησοῦ διὰ τοῦ εὐαγγελίου ἐγὼ ὑμᾶς ἐγέννησα.

16 παρακαλῶ οὖν ὑμᾶς, μιμηταί μου γίνεσθε.

17 διὰ τοῦτο ἔπεμψα ὑμῖν Τιμόθεον, ὅς ἐστί τέκνον μου ἀγαπητὸν καὶ πιστὸν ἐν Κυρίῳ, ὃς ὑμᾶς ἀναμνήσει τὰς ὁδούς μου τὰς ἐν Χριστῷ, καθὼς πανταχοῦ ἐν πάσῃ ἐκκλησίᾳ διδάσκω.

18 ὡς μὴ ἐρχομένου δέ μου πρὸς ὑμᾶς ἐφυσιώθησάν τινες.

19 ἐλεύσομαι δὲ ταχέως πρὸς ὑμᾶς, ἐὰν ὁ Κύριος θελήσῃ, καὶ γνώσομαι οὐ τὸν λόγον τῶν πεφυσιωμένων, ἀλλὰ τὴν δύναμιν.

20 οὐ γὰρ ἐν λόγῳ ἡ βασιλεία τοῦ Θεοῦ ἀλλ᾽ ἐν δυνάμει.

21 τί θέλετε; ἐν ῥάβδῳ ἔλθω πρὸς ὑμᾶς, ἢ ἐν ἀγάπῃ πνεύματί τε πραότητος;

CHAPTER 5

1 Ὅλως ἀκούεται ἐν ὑμῖν πορνεία, καὶ τοιαύτη πορνεία, ἥτις οὐδὲ ἐν τοῖς ἔθνεσιν, ὀνομάζεται, ὥστε γυναῖκά τινα τοῦ πατρὸς ἔχειν.

2 καὶ ὑμεῖς πεφυσιωμένοι ἐστέ, καὶ οὐχὶ μᾶλλον ἐπενθήσατε, ἵνα ἐξαρθῇ ἐκ μέσου ὑμῶν ὁ τὸ ἔργον τοῦτο ποιήσας.

3 ἐγὼ μὲν γάρ ὡς ἀπὼν τῷ σώματι παρὼν δὲ τῷ πνεύματι, ἤδη κέκρικα ὡς παρών, τὸν οὕτω τοῦτο κατεργασάμενον,

4 ἐν τῷ ὀνόματι τοῦ Κυρίου ἡμῶν Ἰησοῦ Χριστοῦ, συναχθέντων ὑμῶν καὶ τοῦ ἐμοῦ πνεύματος σὺν τῇ δυνάμει τοῦ Κυρίου ἡμῶν Ἰησοῦ Χριστοῦ,

5 παραδοῦναι τὸν τοιοῦτον τῷ Σατανᾷ εἰς ὄλεθρον τῆς σαρκός, ἵνα τὸ πνεῦμα σωθῇ ἐν τῇ ἡμέρᾳ τοῦ Κυρίου Ἰησοῦ.

6 Οὐ καλὸν τὸ καύχημα ὑμῶν. οὐκ οἴδατε ὅτι μικρὰ ζύμη ὅλον τὸ φύραμα ζυμοῖ;

7 ἐκκαθάρατε οὖν τὴν παλαιὰν ζύμην, ἵνα ἦτε νέον φύραμα, καθώς ἐστε ἄζυμοι. καὶ γὰρ τὸ πάσχα ἡμῶν ὑπὲρ ἡμῶν ἐθύθη Χριστός·

8 ὥστε ἑορτάζωμεν, μὴ ἐν ζύμῃ παλαιᾷ, μηδὲ ἐν ζύμῃ κακίας καὶ πονηρίας, ἀλλ᾽ ἐν ἀζύμοις εἰλικρινείας καὶ ἀληθείας.

9 Ἔγραψα ὑμῖν ἐν τῇ ἐπιστολῇ μὴ συναναμίγνυσθαι πόρνοις·

10 καὶ οὐ πάντως τοῖς πόρνοις τοῦ κόσμου τούτου ἢ τοῖς πλεονέκταις,

ἢ ἅρπαξιν, ἢ εἰδωλολάτραις· ἐπεὶ ὀφείλετε ἄρα ἐκ τοῦ κόσμου ἐξελθεῖν.

11 νῦνὶ δὲ ἔγραψα ὑμῖν μὴ συναναμίγνυσθαι, ἐάν τις ἀδελφὸς ὀνομαζόμενος ᾖ πόρνος, ἢ πλεονέκτης, ἢ εἰδωλολάτρης, ἢ λοίδορος, ἢ μέθυσος ἢ ἅρπαξ· τῷ τοιούτῳ μηδὲ συνεσθίειν.

12 τί γάρ μοι καὶ τοὺς ἔξω κρίνειν; οὐχὶ τοὺς ἔσω ὑμεῖς κρίνετε;

13 τοὺς δὲ ἔξω ὁ Θεὸς κρινεῖ. καὶ ἐξαρεῖτε τὸν πονηρὸν ἐξ ὑμῶν αὐτῶν.

CHAPTER 6

1 Τολμᾷ τις ὑμῶν, πρᾶγμα ἔχων πρὸς τὸν ἕτερον, κρίνεσθαι ἐπὶ τῶν ἀδίκων, καὶ οὐχὶ ἐπὶ τῶν ἁγίων;

2 οὐκ οἴδατε ὅτι οἱ ἅγιοι τὸν κόσμον κρινοῦσι; καὶ εἰ ἐν ὑμῖν κρίνεται ὁ κόσμος, ἀνάξιοί ἐστε κριτηρίων ἐλαχίστων;

3 οὐκ οἴδατε ὅτι ἀγγέλους κρινοῦμεν; μήτι γε βιωτικά;

4 βιωτικὰ μὲν οὖν κριτήρια ἐὰν ἔχητε, τοὺς ἐξουθενημένους ἐν τῇ ἐκκλησίᾳ, τούτους καθίζετε

5 πρὸς ἐντροπὴν ὑμῖν λέγω. οὕτως οὐκ ἔστιν ἐν ὑμῖν σοφὸς οὐδὲ εἷς, ὃς δυνήσεται διακρῖναι ἀνὰ μέσον τοῦ ἀδελφοῦ αὐτοῦ,

6 ἀλλὰ ἀδελφὸς μετὰ ἀδελφοῦ κρίνεται, καὶ τοῦτο ἐπὶ ἀπίστων;

7 ἤδη μὲν οὖν ὅλως ἥττημα ἐν ὑμῖν ἐστιν, ὅτι κρίματα ἔχετε μεθ' ἑαυτῶν. διὰτί οὐχὶ μᾶλλον ἀδικεῖσθε; διὰτί οὐχὶ μᾶλλον ἀποστερεῖσθε;

8 ἀλλὰ ὑμεῖς ἀδικεῖτε καὶ ἀποστερεῖτε, καὶ ταῦτά ἀδελφούς.

9 ἢ οὐκ οἴδατε ὅτι ἄδικοι βασιλείαν Θεοῦ οὐ κληρονομήσουσι; μὴ πλανᾶσθε· οὔτε πόρνοι, οὔτε εἰδωλολάτραι, οὔτε μοιχοὶ, οὔτε μαλακοὶ, οὔτε ἀρσενοκοῖται,

10 οὔτε κλέπται, οὔτε πλεονέκται, οὔτε μέθυσοι, οὐ λοίδοροι, οὐχ ἅρπαγες, βασιλείαν Θεοῦ οὐ κληρονομήσουσι.

11 καὶ ταῦτά τινες ἦτε· ἀλλὰ ἀπελούσασθε, ἀλλὰ ἡγιάσθητε, ἀλλ' ἐδικαιώθητε ἐν τῷ ὀνόματι τοῦ Κυρίου Ἰησοῦ, καὶ ἐν τῷ Πνεύματι τοῦ Θεοῦ ἡμῶν.

12 Πάντα μοι ἔξεστιν, ἀλλ' οὐ πάντα συμφέρει· πάντα μοι ἔξεστιν, ἀλλ' οὐκ ἐγὼ ἐξουσιασθήσομαι ὑπό τινος.

13 τὰ βρώματα τῇ κοιλίᾳ, καὶ ἡ κοιλία τοῖς βρώμασιν· ὁ δὲ Θεὸς καὶ ταύτην καὶ ταῦτα καταργήσει. τὸ δὲ σῶμα οὐ τῇ πορνείᾳ, ἀλλὰ τῷ Κυρίῳ, καὶ ὁ Κύριος τῷ σώματι·

14 ὁ δὲ Θεὸς καὶ τὸν Κύριον ἤγειρε καὶ ἡμᾶς ἐξεγερεῖ διὰ τῆς δυνάμεως αὐτοῦ.

15 οὐκ οἴδατε ὅτι τὰ σώματα ὑμῶν μέλη Χριστοῦ ἐστιν; ἄρας οὖν τὰ μέλη τοῦ Χριστοῦ ποιήσω πόρνης μέλη; μὴ γένοιτο.

16 ἢ οὐκ οἴδατε ὅτι ὁ κολλώμενος τῇ πόρνῃ ἓν σῶμά ἐστιν; Ἔσονται γάρ, φησίν, οἱ δύο εἰς σάρκα μίαν.

17 ὁ δὲ κολλώμενος τῷ Κυρίῳ ἓν πνεῦμά ἐστι.

18 φεύγετε τὴν πορνείαν. πᾶν ἁμάρτημα ὃ ἐὰν ποιήσῃ ἄνθρωπος ἐκτὸς τοῦ σώματός ἐστιν· ὁ δὲ πορνεύων εἰς τὸ ἴδιον σῶμα ἁμαρτάνει.

19 ἢ οὐκ οἴδατε ὅτι τὸ σῶμα ὑμῶν ναὸς τοῦ ἐν ὑμῖν Ἁγίου Πνεύματός ἐστιν, οὗ ἔχετε ἀπὸ Θεοῦ; καὶ οὐκ ἐστὲ ἑαυτῶν,

20 ἠγοράσθητε γὰρ τιμῆς· δοξάσατε δὴ τὸν Θεὸν ἐν τῷ σώματι ὑμῶν, καὶ ἐν τῷ πνεύματι ὑμῶν, ἅτινά ἐστι τοῦ Θεοῦ.

CHAPTER 7

1 Περὶ δὲ ὧν ἐγράψατέ μοι, καλὸν ἀνθρώπῳ γυναικὸς μὴ ἅπτεσθαι.

2 διὰ δὲ τὰς πορνείας ἕκαστος τὴν ἑαυτοῦ γυναῖκα ἐχέτω, καὶ ἑκάστη τὸν ἴδιον ἄνδρα ἐχέτω.

3 τῇ γυναικὶ ὁ ἀνὴρ τὴν ὀφειλομένην εὔνοιαν ἀποδιδότω· ὁμοίως δὲ καὶ ἡ γυνὴ τῷ ἀνδρί.

4 ἡ γυνὴ τοῦ ἰδίου σώματος οὐκ ἐξουσιάζει, ἀλλ' ὁ ἀνήρ· ὁμοίως δὲ καὶ ὁ ἀνὴρ τοῦ ἰδίου σώματος οὐκ ἐξουσιάζει, ἀλλ' ἡ γυνή.

5 μὴ ἀποστερεῖτε ἀλλήλους, εἰ μή τι ἂν ἐκ συμφώνου πρὸς καιρὸν, ἵνα σχολάζητε τῇ νηστείᾳ καὶ τῇ προσευχῇ, καὶ πάλιν ἐπὶ τὸ αὐτὸ συνέρχησθε, ἵνα μὴ πειράζῃ ὑμᾶς ὁ Σατανᾶς διὰ τὴν ἀκρασίαν ὑμῶν.

6 τοῦτο δὲ λέγω κατὰ συγγνώμην, οὐ κατ' ἐπιταγήν.

7 θέλω γὰρ πάντας ἀνθρώπους εἶναι ὡς καὶ ἐμαυτόν· ἀλλ' ἕκαστος ἴδιον χάρισμα ἔχει ἐκ Θεοῦ, ὃς μὲν οὕτως, ὃς δὲ οὕτως.

8 Λέγω δὲ τοῖς ἀγάμοις καὶ ταῖς χήραις, καλὸν αὐτοῖς ἐστιν ἐὰν μείνωσιν ὡς κἀγώ.

9 εἰ δὲ οὐκ ἐγκρατεύονται γαμησάτωσαν· κρεῖσσον γάρ ἐστι γαμῆσαι ἢ πυροῦσθαι.

10 τοῖς δὲ γεγαμηκόσι παραγγέλλω, οὐκ ἐγὼ ἀλλ' ὁ Κύριος, γυναῖκα ἀπὸ ἀνδρὸς μὴ χωρισθῆναι

11 (ἐὰν δὲ καὶ χωρισθῇ, μενέτω ἄγαμος, ἢ τῷ ἀνδρὶ καταλλαγήτω)· καὶ ἄνδρα γυναῖκα μὴ ἀφιέναι.

12 τοῖς δὲ λοιποῖς ἐγὼ λέγω, οὐχ ὁ Κύριος· εἴ τις ἀδελφὸς γυναῖκα ἔχει ἄπιστον, καὶ αὕτη συνευδοκεῖ οἰκεῖν μετ' αὐτοῦ, μὴ ἀφιέτω αὐτήν.

13 καὶ γυνὴ ἥτις ἔχει ἄνδρα ἄπιστον, καὶ αὐτὸς συνευδοκεῖ οἰκεῖν μετ' αὐτῆς, μὴ ἀφιέτω αὐτόν.

14 ἡγίασται γὰρ ὁ ἀνὴρ ὁ ἄπιστος ἐν τῇ γυναικί, καὶ ἡγίασται ἡ γυνὴ ἡ ἄπιστος ἐν τῷ ἀνδρί· ἐπεὶ ἄρα τὰ τέκνα ὑμῶν ἀκάθαρτά ἐστι, νῦν δὲ ἅγιά ἐστιν.

15 εἰ δὲ ὁ ἄπιστος χωρίζεται, χωριζέσθω· οὐ δεδούλωται ὁ ἀδελφὸς ἢ ἡ ἀδελφὴ ἐν τοῖς τοιούτοις· ἐν δὲ εἰρήνῃ κέκληκεν ἡμᾶς ὁ Θεός.

16 τί γὰρ οἶδας, γύναι, εἰ τὸν ἄνδρα σώσεις; ἢ τί οἶδας, ἄνερ, εἰ τὴν γυναῖκα σώσεις;

17 Εἰ μὴ ἑκάστῳ ὡς ἐμέρισεν ὁ Θεός, ἕκαστον ὡς κέκληκεν ὁ Κύριος, οὕτω περιπατείτω. καὶ οὕτως ἐν ταῖς ἐκκλησίαις πάσαις διατάσσομαι.

18 περιτετμημένος τις ἐκλήθη; μὴ ἐπισπάσθω. ἐν ἀκροβυστίᾳ τις ἐκλήθη; μὴ περιτεμνέσθω.

19 ἡ περιτομὴ οὐδέν ἐστι, καὶ ἡ ἀκροβυστία οὐδέν ἐστιν, ἀλλὰ τήρησις ἐντολῶν Θεοῦ.

20 ἕκαστος ἐν τῇ κλήσει ᾗ ἐκλήθη, ἐν ταύτῃ μενέτω.

21 δοῦλος ἐκλήθης; μή σοι μελέτω· ἀλλ᾽ εἰ καὶ δύνασαι ἐλεύθερος γενέσθαι, μᾶλλον χρῆσαι.

22 ὁ γὰρ ἐν Κυρίῳ κληθεὶς δοῦλος ἀπελεύθερος Κυρίου ἐστίν· ὁμοίως καί ὁ ἐλεύθερος κληθεὶς, δοῦλός ἐστι Χριστοῦ.

23 τιμῆς ἠγοράσθητε· μὴ γίνεσθε δοῦλοι ἀνθρώπων.

24 ἕκαστος ἐν ᾧ ἐκλήθη, ἀδελφοί, ἐν τούτῳ μενέτω παρὰ τῷ Θεῷ.

25 Περὶ δὲ τῶν παρθένων ἐπιταγὴν Κυρίου οὐκ ἔχω· γνώμην δὲ δίδωμι ὡς ἠλεημένος ὑπὸ Κυρίου πιστὸς εἶναι.

26 νομίζω οὖν τοῦτο καλὸν ὑπάρχειν διὰ τὴν ἐνεστῶσαν ἀνάγκην, ὅτι καλὸν ἀνθρώπῳ τὸ οὕτως εἶναι.

27 δέδεσαι γυναικί; μὴ ζήτει λύσιν. λέλυσαι ἀπὸ γυναικός; μὴ ζήτει γυναῖκα.

28 ἐὰν δὲ καὶ γήμῃς, οὐχ ἥμαρτες· καὶ ἐὰν γήμῃ ἡ παρθένος, οὐχ ἥμαρτε. θλῖψιν δὲ τῇ σαρκὶ ἕξουσιν οἱ τοιοῦτοι· ἐγὼ δὲ ὑμῶν φείδομαι.

29 τοῦτο δέ φημι, ἀδελφοί, ὅτι ὁ καιρὸς συνεσταλμένος· τὸ λοιπὸν ἔστιν ἵνα καὶ οἱ ἔχοντες γυναῖκας ὡς μὴ ἔχοντες ὦσι·

30 καὶ οἱ κλαίοντες, ὡς μὴ κλαίοντες· καὶ οἱ χαίροντες, ὡς μὴ χαίροντες· καὶ οἱ ἀγοράζοντες, ὡς μὴ κατέχοντες·

31 καὶ οἱ χρώμενοι τῷ κόσμῳ τούτῳ, ὡς μὴ καταχρώμενοι· παράγει γὰρ τὸ σχῆμα τοῦ κόσμου τούτου.

32 θέλω δὲ ὑμᾶς ἀμερίμνους εἶναι. ὁ ἄγαμος μεριμνᾷ τὰ τοῦ Κυρίου, πῶς ἀρέσει τῷ Κυρίῳ·

33 ὁ δὲ γαμήσας μεριμνᾷ τὰ τοῦ κόσμου, πῶς ἀρέσει τῇ γυναικί.

34 μεμέρισται ἡ γυνὴ καὶ ἡ παρθένος. ἡ ἄγαμος μεριμνᾷ τὰ τοῦ Κυρίου, ἵνα ᾖ ἁγία καὶ σώματι καὶ πνεύματι· ἡ δὲ γαμήσασα μεριμνᾷ τὰ τοῦ κόσμου, πῶς ἀρέσει τῷ ἀνδρί.

35 τοῦτο δὲ πρὸς τὸ ὑμῶν αὐτῶν συμφέρον λέγω· οὐχ ἵνα βρόχον ὑμῖν ἐπιβάλω, ἀλλὰ πρὸς τὸ εὔσχημον καὶ εὐπρόσεδρον τῷ Κυρίῳ ἀπερισπάστως.

36 Εἰ δέ τις ἀσχημονεῖν ἐπὶ τὴν παρθένον αὐτοῦ νομίζει, ἐὰν ᾖ ὑπέρακμος, καὶ οὕτως ὀφείλει γίνεσθαι, ὃ θέλει ποιείτω· οὐχ ἁμαρτάνει· γαμείτωσαν.

37 ὃς δὲ ἕστηκεν ἑδραῖος ἐν τῇ καρδίᾳ, μὴ ἔχων ἀνάγκην, ἐξουσίαν δὲ ἔχει περὶ τοῦ ἰδίου θελήματος, καὶ τοῦτο κέκρικεν ἐν τῇ καρδίᾳ αὐτοῦ, τοῦ τηρεῖν τὴν ἑαυτοῦ παρθένον, καλῶς ποιεῖ·

38 ὥστε καὶ ὁ ἐκγαμίζων καλῶς ποιεῖ· ὁ δὲ μὴ ἐκγαμίζων κρεῖσσον ποιεῖ.

39 Γυνὴ δέδεται νόμῳ ἐφ' ὅσον χρόνον ζῇ ὁ ἀνὴρ αὐτῆς· ἐὰν δὲ κοιμηθῇ ὁ ἀνὴρ αὐτῆς, ἐλευθέρα ἐστὶν ᾧ θέλει γαμηθῆναι, μόνον ἐν Κυρίῳ.

40 μακαριωτέρα δέ ἐστιν ἐὰν οὕτω μείνῃ, κατὰ τὴν ἐμὴν γνώμην· δοκῶ δὲ κἀγὼ Πνεῦμα Θεοῦ ἔχειν.

CHAPTER 8

1 Περὶ δὲ τῶν εἰδωλοθύτων, οἴδαμεν ὅτι πάντες γνῶσιν ἔχομεν. ἡ γνῶσις φυσιοῖ, ἡ δὲ ἀγάπη οἰκοδομεῖ.

2 εἴ δὲ τις δοκεῖ εἰδέναι τι, οὐδέπω οὐδὲν ἔγνωκε καθὼς δεῖ γνῶναι·

3 εἰ δέ τις ἀγαπᾷ τὸν Θεόν, οὗτος ἔγνωσται ὑπ' αὐτοῦ.

4 περὶ τῆς βρώσεως οὖν τῶν εἰδωλοθύτων, οἴδαμεν ὅτι οὐδὲν εἴδωλον ἐν κόσμῳ, καὶ ὅτι οὐδεὶς Θεὸς ἕτερος εἰ μὴ εἷς·

5 καὶ γὰρ εἴπερ εἰσὶ λεγόμενοι θεοί, εἴτε ἐν οὐρανῷ εἴτε ἐπὶ τῆς γῆς· ὥσπερ εἰσὶ θεοὶ πολλοὶ, καὶ κύριοι πολλοί,

6 ἀλλ' ἡμῖν εἷς Θεὸς ὁ πατήρ, ἐξ οὗ τὰ πάντα, καὶ ἡμεῖς εἰς αὐτόν· καὶ εἷς Κύριος Ἰησοῦς Χριστός, δι' οὗ τὰ πάντα, καὶ ἡμεῖς δι' αὐτοῦ.

7 ἀλλ' οὐκ ἐν πᾶσιν ἡ γνῶσις· τινὲς δὲ τῇ συνειδήσει τοῦ εἰδώλου ἕως ἄρτι ὡς εἰδωλόθυτον ἐσθίουσι, καὶ ἡ συνείδησις αὐτῶν ἀσθενὴς οὖσα μολύνεται.

8 βρῶμα δὲ ἡμᾶς οὐ παρίστησι τῷ Θεῷ· οὔτε γὰρ ἐὰν φάγωμεν, περισσεύομεν· οὔτε ἐὰν μὴ φάγωμεν, ὑστερούμεθα.

9 βλέπετε δὲ μήπως ἡ ἐξουσία ὑμῶν αὕτη πρόσκομμα γένηται τοῖς ἀσθενοῦσιν

10 ἐὰν γάρ τις ἴδῃ σὲ τὸν ἔχοντα γνῶσιν ἐν εἰδωλείῳ κατακείμενον, οὐχὶ ἡ συνείδησις αὐτοῦ ἀσθενοῦς ὄντος οἰκοδομηθήσεται εἰς τὸ τὰ εἰδωλόθυτα ἐσθίειν;

11 καὶ ἀπολεῖται ὁ ἀσθενῶν ἀδελφὸς ἐπὶ τῇ σῇ γνώσει, δι' ὃν Χριστὸς ἀπέθανεν;

12 οὕτω δὲ ἁμαρτάνοντες εἰς τοὺς ἀδελφοὺς, καὶ τύπτοντες αὐτῶν τὴν συνείδησιν ἀσθενοῦσαν, εἰς Χριστὸν ἁμαρτάνετε.

13 διόπερ εἰ βρῶμα σκανδαλίζει τὸν ἀδελφόν μου, οὐ μὴ φάγω κρέα εἰς τὸν αἰῶνα, ἵνα μὴ τὸν ἀδελφόν μου σκανδαλίσω.

CHAPTER 9

1 Οὐκ εἰμὶ ἀπόστολος; οὐκ εἰμὶ ἐλεύθερος; οὐχὶ Ἰησοῦν Χριστὸν τὸν Κύριον ἡμῶν ἑώρακα; οὐ τὸ ἔργον μου ὑμεῖς ἐστε ἐν Κυρίῳ;

2 εἰ ἄλλοις οὐκ εἰμὶ ἀπόστολος, ἀλλά γε ὑμῖν εἰμι· ἡ γὰρ σφραγὶς τῆς ἐμῆς ἀποστολῆς ὑμεῖς ἐστε ἐν Κυρίῳ.

3 ἡ ἐμὴ ἀπολογία τοῖς ἐμὲ ἀνακρίνουσιν αὕτη ἐστι.

4 μὴ οὐκ ἔχομεν ἐξουσίαν φαγεῖν καὶ πιεῖν

5 μὴ οὐκ ἔχομεν ἐξουσίαν ἀδελφὴν γυναῖκα περιάγειν, ὡς καὶ οἱ λοιποὶ ἀπόστολοι, καὶ οἱ ἀδελφοὶ τοῦ Κυρίου, καὶ Κηφᾶς; 6 ἢ μόνος ἐγὼ καὶ Βαρναβᾶς οὐκ ἔχομεν ἐξουσίαν τοῦ μὴ ἐργάζεσθαι; 7 τίς στρατεύεται ἰδίοις ὀψωνίοις ποτέ; τίς φυτεύει ἀμπελῶνα, καὶ ἐκ τοῦ καρποῦ αὐτοῦ οὐκ ἐσθίει; ἢ τίς ποιμαίνει ποίμνην, καὶ ἐκ τοῦ γάλακτος τῆς ποίμνης οὐκ ἐσθίει; 8 μὴ κατὰ ἄνθρωπον ταῦτα λαλῶ; ἢ οὐχὶ καὶ ὁ νόμος ταῦτα λέγει; 9 ἐν γὰρ τῷ Μωσέως νόμῳ γέγραπται, Οὐ φιμώσεις βοῦν ἀλοῶντα. μὴ τῶν βοῶν μέλει τῷ Θεῷ; 10 ἢ δι' ἡμᾶς πάντως λέγει; δι' ἡμᾶς γὰρ ἐγράφη, ὅτι ἐπ' ἐλπίδι ὀφείλει ὁ ἀροτριῶν ἀροτριᾶν, καὶ ὁ ἀλοῶν τῆς ἐλπίδος αὐτοῦ μετέχειν ἐπ' ἐλπίδι. 11 εἰ ἡμεῖς ὑμῖν τὰ πνευματικὰ ἐσπείραμεν, μέγα εἰ ἡμεῖς ὑμῶν τὰ σαρκικὰ θερίσομεν; 12 εἰ ἄλλοι τῆς ἐξουσίας ὑμῶν μετέχουσιν, οὐ μᾶλλον ἡμεῖς; ἀλλ' οὐκ ἐχρησάμεθα τῇ ἐξουσίᾳ ταύτῃ, ἀλλὰ πάντα στέγομεν, ἵνα μὴ ἐγκοπήν τινα δῶμεν τῷ εὐαγγελίῳ τοῦ Χριστοῦ. 13 οὐκ οἴδατε ὅτι οἱ τὰ ἱερὰ ἐργαζόμενοι ἐκ τοῦ ἱεροῦ ἐσθίουσιν, οἱ τῷ θυσιαστηρίῳ προσεδρεύοντες τῷ θυσιαστηρίῳ συμμερίζονται; 14 οὕτω καὶ ὁ Κύριος διέταξε τοῖς τὸ εὐαγγέλιον καταγγέλλουσιν ἐκ τοῦ εὐαγγελίου ζῆν. 15 ἐγὼ δὲ οὐδενὶ ἐχρησάμην τούτων· οὐκ ἔγραψα δὲ ταῦτα ἵνα οὕτω γένηται ἐν ἐμοί, καλὸν γάρ μοι μᾶλλον ἀποθανεῖν, ἢ τὸ καύχημά μου ἵνα τις κενώσῃ. 16 ἐὰν γὰρ εὐαγγελίζωμαι, οὐκ ἔστι μοι καύχημα· ἀνάγκη γάρ μοι ἐπίκειται· οὐαὶ δέ μοί ἐστιν, ἐὰν μὴ εὐαγγελίζωμαι. 17 εἰ γὰρ ἑκὼν τοῦτο πράσσω, μισθὸν ἔχω· εἰ δὲ ἄκων, οἰκονομίαν πεπίστευμαι. 18 τίς οὖν μοί ἐστιν ὁ μισθός; ἵνα εὐαγγελιζόμενος ἀδάπανον θήσω τὸ εὐαγγέλιον τοῦ Χριστοῦ, εἰς τὸ μὴ καταχρήσασθαι τῇ ἐξουσίᾳ μου ἐν τῷ εὐαγγελίῳ. 19 ἐλεύθερος γὰρ ὢν ἐκ πάντων, πᾶσιν ἐμαυτὸν ἐδούλωσα, ἵνα τοὺς πλείονας κερδήσω. 20 καὶ ἐγενόμην τοῖς Ἰουδαίοις ὡς Ἰουδαῖος, ἵνα Ἰουδαίους κερδήσω· τοῖς ὑπὸ νόμον ὡς ὑπὸ νόμον, ἵνα τοὺς ὑπὸ νόμον κερδήσω· 21 τοῖς ἀνόμοις ὡς ἄνομος, μὴ ὢν ἄνομος Θεῷ ἀλλ' ἔννομος Χριστῷ, ἵνα κερδήσω ἀνόμους 22 ἐγενόμην τοῖς ἀσθενέσιν ὡς ἀσθενής, ἵνα τοὺς ἀσθενεῖς κερδήσω τοῖς πᾶσι γέγονα τὰ πάντα, ἵνα πάντως τινὰς σώσω. 23 τοῦτο δὲ ποιῶ διὰ τὸ εὐαγγέλιον, ἵνα συγκοινωνὸς αὐτοῦ γένωμαι. 24 οὐκ οἴδατε ὅτι οἱ ἐν σταδίῳ τρέχοντες πάντες μὲν τρέχουσιν,

εἷς δὲ λαμβάνει τὸ βραβεῖον; οὕτω τρέχετε, ἵνα καταλάβητε.

25 πᾶς δὲ ὁ ἀγωνιζόμενος πάντα ἐγκρατεύεται, ἐκεῖνοι μὲν οὖν ἵνα φθαρτὸν στέφανον λάβωσιν, ἡμεῖς δὲ ἄφθαρτον.

26 ἐγὼ τοίνυν οὕτω τρέχω ὡς οὐκ ἀδήλως, οὕτω πυκτεύω ὡς οὐκ ἀέρα δέρων·

27 ἀλλ' ὑπωπιάζω μου τὸ σῶμα καὶ δουλαγωγῶ, μήπως, ἄλλοις κηρύξας αὐτὸς ἀδόκιμος γένωμαι.

CHAPTER 10

1 Οὐ θέλω δὲ ὑμᾶς ἀγνοεῖν, ἀδελφοί, ὅτι οἱ πατέρες ἡμῶν πάντες ὑπὸ τὴν νεφέλην ἦσαν, καὶ πάντες διὰ τῆς θαλάσσης διῆλθον,

2 καὶ πάντες εἰς τὸν Μωσῆν ἐβαπτίσαντο ἐν τῇ νεφέλῃ καὶ ἐν τῇ θαλάσσῃ,

3 καὶ πάντες τὸ αὐτὸ βρῶμα πνευματικὸν ἔφαγον,

4 καὶ πάντες τὸ αὐτὸ πόμα πνευματικὸν ἔπιον· ἔπινον γὰρ ἐκ πνευματικῆς ἀκολουθούσης πέτρας· ἡ δὲ πέτρα ἦν ὁ Χριστός.

5 ἀλλ' οὐκ ἐν τοῖς πλείοσιν αὐτῶν εὐδόκησεν ὁ Θεός· κατεστρώθησαν γὰρ ἐν τῇ ἐρήμῳ.

6 ταῦτα δὲ τύποι ἡμῶν ἐγενήθησαν, εἰς τὸ μὴ εἶναι ἡμᾶς ἐπιθυμητὰς κακῶν, καθὼς κἀκεῖνοι ἐπεθύμησαν.

7 μηδὲ εἰδωλολάτραι γίνεσθε, καθώς τινες αὐτῶν· ὡς γέγραπται, Ἐκάθισεν ὁ λαὸς φαγεῖν καὶ πιεῖν, καὶ ἀνέστησαν παίζειν.

8 μηδὲ πορνεύωμεν, καθώς τινες αὐτῶν ἐπόρνευσαν, καὶ ἔπεσον ἕν μιᾷ ἡμέρᾳ εἴκοσιτρεῖς χιλιάδες.

9 μηδὲ ἐκπειράζωμεν τὸν Χριστόν, καθώς καί τινες αὐτῶν ἐπείρασαν, καὶ ὑπὸ τῶν ὄφεων ἀπώλοντο.

10 μηδὲ γογγύζετε, καθὼς καί τινες αὐτῶν ἐγόγγυσαν, καὶ ἀπώλοντο ὑπὸ τοῦ ὀλοθρευτοῦ.

11 ταῦτα δὲ πάντα τύποι συνέβαινον ἐκείνοις, ἐγράφη δὲ πρὸς νουθεσίαν ἡμῶν, εἰς οὓς τὰ τέλη τῶν αἰώνων κατήντησεν.

12 ὥστε ὁ δοκῶν ἑστάναι, βλεπέτω μὴ πέσῃ.

13 πειρασμὸς ὑμᾶς οὐκ εἴληφεν εἰ μὴ ἀνθρώπινος· πιστὸς δὲ ὁ Θεός, ὃς οὐκ ἐάσει ὑμᾶς πειρασθῆναι ὑπὲρ ὃ δύνασθε, ἀλλὰ ποιήσει σὺν τῷ πειρασμῷ καὶ τὴν ἔκβασιν, τοῦ δύνασθαι ὑμᾶς ὑπενεγκεῖν.

14 Διόπερ, ἀγαπητοί μου, φεύγετε ἀπὸ τῆς εἰδωλολατρείας

15 ὡς φρονίμοις λέγω, κρίνατε ὑμεῖς ὅ φημι.

16 τὸ ποτήριον τῆς εὐλογίας ὃ εὐλογοῦμεν, οὐχὶ κοινωνία τοῦ αἵματος τοῦ Χριστοῦ ἐστι; τὸν ἄρτον ὃν κλῶμεν, οὐχὶ κοινωνία τοῦ σώματος τοῦ Χριστοῦ ἐστιν;

17 ὅτι εἷς ἄρτος, ἓν σῶμα, οἱ πολλοί ἐσμεν· οἱ γὰρ πάντες ἐκ τοῦ ἑνὸς ἄρτου μετέχομεν.

18 βλέπετε τὸν Ἰσραὴλ κατὰ σάρκα· οὐχὶ οἱ ἐσθίοντες τὰς θυσίας κοινωνοὶ τοῦ θυσιαστηρίου εἰσί;

19 τί οὖν φημι; ὅτι εἴδωλόν τί ἐστιν; ἢ ὅτι εἰδωλόθυτόν τί ἐστιν;

20 ἀλλ' ὅτι ἃ θύει τά ἔθνη, δαιμονίοις θύει, καὶ οὐ Θεῷ· οὐ θέλω δὲ ὑμᾶς κοινωνοὺς τῶν δαιμονίων γίνεσθαι.

21 οὐ δύνασθε ποτήριον Κυρίου πίνειν καὶ ποτήριον δαιμονίων· οὐ δύνασθε τραπέζης Κυρίου μετέχειν καὶ τραπέζης δαιμονίων.

22 ἢ παραζηλοῦμεν τὸν Κύριον; μὴ ἰσχυρότεροι αὐτοῦ ἐσμεν;

23 Πάντα μοι ἔξεστιν, ἀλλ' οὐ πάντα συμφέρει. πάντα μοι ἔξεστιν, ἀλλ' οὐ πάντα οἰκοδομεῖ.

24 μηδεὶς τὸ ἑαυτοῦ ζητείτω, ἀλλὰ τὸ τοῦ ἑτέρου ἕκαστος.

25 πᾶν τὸ ἐν μακέλλῳ πωλούμενον ἐσθίετε, μηδὲν ἀνακρίνοντες διὰ τὴν συνείδησιν·

26 τοῦ γὰρ Κυρίου ἡ γῆ καὶ τὸ πλήρωμα αὐτῆς.

27 εἴ δὲ τις καλεῖ ὑμᾶς τῶν ἀπίστων, καὶ θέλετε πορεύεσθαι, πᾶν τὸ παρατιθέμενον ὑμῖν ἐσθίετε, μηδὲν ἀνακρίνοντες διὰ τὴν συνείδησιν.

28 ἐὰν δέ τις ὑμῖν εἴπῃ, Τοῦτο εἰδωλόθυτόν ἐστι, μὴ ἐσθίετε δι' ἐκεῖνον τὸν μηνύσαντα καὶ τὴν συνείδησιν· τοῦ γὰρ Κυρίου ἡ γῆ καὶ τὸ πλήρωμα αὐτῆς.

29 συνείδησιν δὲ λέγω οὐχὶ, τὴν ἑαυτοῦ, ἀλλὰ τὴν τοῦ ἑτέρου· ἱνατί γὰρ ἡ ἐλευθερία μου κρίνεται ὑπὸ ἄλλης συνειδήσεως;

30 εἰ δὲ ἐγὼ χάριτι μετέχω, τί βλασφημοῦμαι ὑπὲρ οὗ ἐγὼ εὐχαριστῶ;

31 εἴτε οὖν ἐσθίετε, εἴτε πίνετε, εἴτε τι ποιεῖτε, πάντα εἰς δόξαν Θεοῦ ποιεῖτε.

32 ἀπρόσκοποι γίνεσθε καὶ Ἰουδαίοις καὶ Ἕλλησι καὶ τῇ ἐκκλησίᾳ τοῦ Θεοῦ·

33 καθὼς κἀγὼ πάντα πᾶσιν ἀρέσκω, μὴ ζητῶν τὸ ἐμαυτοῦ σύμφερον, ἀλλὰ τὸ τῶν πολλῶν, ἵνα σωθῶσι.

CHAPTER 11

1 μιμηταί μου γίνεσθε, καθὼς κἀγὼ Χριστοῦ.

2 Ἐπαινῶ δὲ ὑμᾶς, ἀδελφοί, ὅτι πάντα μου μέμνησθε καὶ καθὼς παρέδωκα ὑμῖν τὰς παραδόσεις κατέχετε.

3 θέλω δὲ ὑμᾶς εἰδέναι, ὅτι παντὸς ἀνδρὸς ἡ κεφαλὴ ὁ Χριστός ἐστι· κεφαλὴ δὲ γυναικὸς ὁ ἀνήρ· κεφαλὴ δὲ Χριστοῦ ὁ Θεός.

4 πᾶς ἀνὴρ προσευχόμενος ἢ προφητεύων, κατὰ κεφαλῆς ἔχων καταισχύνει τὴν κεφαλὴν αὐτοῦ.

5 πᾶσα δὲ γυνὴ προσευχομένη ἢ προφητεύουσα ἀκατακαλύπτῳ τῇ κεφαλῇ, καταισχύνει τὴν κεφαλὴν ἑαυτῆς· ἓν γάρ ἐστι καὶ τὸ αὐτὸ τῇ ἐξυρημένῃ.

6 εἰ γὰρ οὐ κατακαλύπτεται γυνή, καὶ κειράσθω· εἰ δὲ αἰσχρὸν γυναικὶ τὸ κείρασθαι ἢ ξυρᾶσθαι, κατακαλυπτέσθω.

7 ἀνὴρ μὲν γὰρ οὐκ ὀφείλει κατακαλύπτεσθαι τὴν κεφαλήν, εἰκὼν καὶ δόξα Θεοῦ ὑπάρχων· γυνὴ δὲ δόξα ἀνδρός ἐστιν.

Η ΠΡΟΣ ΚΟΡΙΝΘΙΟΥΣ Α

8 οὐ γάρ ἐστιν ἀνὴρ ἐκ γυναικός, ἀλλὰ γυνὴ ἐξ ἀνδρός·

9 καὶ γὰρ οὐκ ἐκτίσθη ἀνὴρ διὰ τὴν γυναῖκα, ἀλλὰ γυνὴ διὰ τὸν ἄνδρα·

10 διὰ τοῦτο ὀφείλει ἡ γυνὴ ἐξουσίαν ἔχειν ἐπὶ τῆς κεφαλῆς διὰ τοὺς ἀγγέλους.

11 πλὴν οὔτε ἀνὴρ χωρὶς γυναικός, οὔτε γυνὴ χωρὶς ἀνδρός, ἐν Κυρίῳ.

12 ὥσπερ γὰρ ἡ γυνὴ ἐκ τοῦ ἀνδρός, οὕτω καὶ ὁ ἀνὴρ διὰ τῆς γυναικός, τὰ δὲ πάντα ἐκ τοῦ Θεοῦ.

13 ἐν ὑμῖν αὐτοῖς κρίνατε· πρέπον ἐστὶ γυναῖκα ἀκατακάλυπτον τῷ Θεῷ προσεύχεσθαι;

14 ἢ οὐδὲ αὐτὴ ἡ φύσις διδάσκει ὑμᾶς, ὅτι ἀνὴρ μὲν ἐὰν κομᾷ, ἀτιμία αὐτῷ ἐστι;

15 γυνὴ δὲ ἐὰν κομᾷ, δόξα αὐτῇ ἐστιν. ὅτι ἡ κόμη ἀντὶ περιβολαίου δέδοται αὐτῇ.

16 εἰ δέ τις δοκεῖ φιλόνεικος εἶναι, ἡμεῖς τοιαύτην συνήθειαν οὐκ ἔχομεν, οὐδὲ αἱ ἐκκλησίαι τοῦ Θεοῦ.

17 Τοῦτο δὲ παραγγέλλων οὐκ ἐπαινῶ, ὅτι οὐκ εἰς τὸ κρεῖττον ἀλλ᾽ εἰς τὸ ἧττον συνέρχεσθε.

18 πρῶτον μὲν γὰρ συνερχομένων ὑμῶν ἐν τῇ ἐκκλησίᾳ, ἀκούω σχίσματα ἐν ὑμῖν ὑπάρχειν, καὶ μέρος τι πιστεύω.

19 δεῖ γὰρ καὶ αἱρέσεις ἐν ὑμῖν εἶναι, ἵνα οἱ δόκιμοι φανεροὶ γένωνται ἐν ὑμῖν.

20 συνερχομένων οὖν ὑμῶν ἐπὶ τὸ αὐτό, οὐκ ἔστι Κυριακὸν δεῖπνον φαγεῖν.

21 ἕκαστος γὰρ τὸ ἴδιον δεῖπνον προλαμβάνει ἐν τῷ φαγεῖν, καὶ ὃς μὲν πεινᾷ, ὃς δὲ μεθύει.

22 μὴ γὰρ οἰκίας οὐκ ἔχετε εἰς τὸ ἐσθίειν καὶ πίνειν; ἢ τῆς ἐκκλησίας τοῦ Θεοῦ καταφρονεῖτε, καὶ καταισχύνετε τοὺς μὴ ἔχοντας; τί ὑμῖν εἴπω; ἐπαινέσω ὑμᾶς ἐν τούτῳ; οὐκ ἐπαινῶ.

23 ἐγὼ γὰρ παρέλαβον ἀπὸ τοῦ Κυρίου, ὃ καὶ παρέδωκα ὑμῖν, ὅτι ὁ Κύριος Ἰησοῦς ἐν τῇ νυκτὶ ᾗ παρεδίδοτο ἔλαβεν ἄρτον,

24 καὶ εὐχαριστήσας ἔκλασε, καὶ εἶπε, Λάβετε, φάγετε, τοῦτό μού ἐστι τὸ σῶμα τὸ ὑπὲρ ὑμῶν κλώμενον· τοῦτο ποιεῖτε εἰς τὴν ἐμὴν ἀνάμνησιν.

25 ὡσαύτως καὶ τὸ ποτήριον, μετὰ τὸ δειπνῆσαι, λέγων, Τοῦτο τὸ ποτήριον ἡ καινὴ διαθήκη ἐστὶν ἐν τῷ ἐμῷ αἵματι· τοῦτο ποιεῖτε, ὁσάκις ἂν πίνητε, εἰς τὴν ἐμὴν ἀνάμνησιν.

26 ὁσάκις γὰρ ἂν ἐσθίητε τὸν ἄρτον τοῦτον, καὶ τὸ ποτήριον τοῦτο πίνητε, τὸν θάνατον τοῦ Κυρίου καταγγέλλετε ἄχρις οὗ ἂν ἔλθῃ.

27 ὥστε ὃς ἂν ἐσθίῃ τὸν ἄρτον τοῦτον ἢ πίνῃ τὸ ποτήριον τοῦ Κυρίου ἀναξίως, ἔνοχος ἔσται τοῦ σώματος καὶ αἵματος τοῦ Κυρίου.

28 δοκιμαζέτω δὲ ἄνθρωπος ἑαυτόν, καὶ οὕτως ἐκ τοῦ ἄρτου ἐσθιέτω καὶ ἐκ τοῦ ποτηρίου πινέτω·

29 ὁ γὰρ ἐσθίων καὶ πίνων ἀναξίως, κρίμα ἑαυτῷ ἐσθίει καὶ

πίνει, μὴ διακρίνων τὸ σῶμα τοῦ Κυρίου.

30 διὰ τοῦτο ἐν ὑμῖν πολλοὶ ἀσθενεῖς καὶ ἄρρωστοι, καὶ κοιμῶνται ἱκανοί.

31 εἰ γὰρ ἑαυτοὺς διεκρίνομεν, οὐκ ἂν ἐκρινόμεθα·

32 κρινόμενοι δὲ, ὑπὸ Κυρίου παιδευόμεθα, ἵνα μὴ σὺν τῷ κόσμῳ κατακριθῶμεν.

33 ὥστε, ἀδελφοί μου, συνερχόμενοι εἰς τὸ φαγεῖν, ἀλλήλους ἐκδέχεσθε.

34 εἴ δέ τις πεινᾷ, ἐν οἴκῳ ἐσθιέτω· ἵνα μὴ εἰς κρίμα συνέρχησθε. τὰ δὲ λοιπὰ, ὡς ἂν ἔλθω, διατάξομαι.

CHAPTER 12

1 Περὶ δὲ τῶν πνευματικῶν, ἀδελφοί, οὐ θέλω ὑμᾶς ἀγνοεῖν.

2 οἴδατε ὅτι ἔθνη ἦτε πρὸς τὰ εἴδωλα τὰ ἄφωνα, ὡς ἂν ἤγεσθε ἀπαγόμενοι.

3 διὸ γνωρίζω ὑμῖν, ὅτι οὐδεὶς ἐν Πνεύματι Θεοῦ λαλῶν λέγει, ἀνάθεμα Ἰησοῦν, καὶ οὐδεὶς δύναται εἰπεῖν, Κύριον Ἰησοῦν, εἰ μὴ ἐν Πνεύματι Ἁγίῳ.

4 Διαιρέσεις δὲ χαρισμάτων εἰσί, τὸ δὲ αὐτὸ Πνεῦμα.

5 καὶ διαιρέσεις διακονιῶν εἰσι, καὶ ὁ αὐτὸς Κύριος.

6 καὶ διαιρέσεις ἐνεργημάτων εἰσίν, ὁ δὲ αὐτὸς ἐστι Θεός, ὁ ἐνεργῶν τὰ πάντα ἐν πᾶσιν.

7 ἑκάστῳ δὲ δίδοται ἡ φανέρωσις τοῦ Πνεύματος πρὸς τὸ συμφέρον.

8 ᾧ μὲν γὰρ διὰ τοῦ Πνεύματος δίδοται λόγος σοφίας, ἄλλῳ δὲ λόγος γνώσεως, κατὰ τὸ αὐτὸ Πνεῦμα·

9 ἑτέρῳ δὲ πίστις, ἐν τῷ αὐτῷ Πνεύματι· ἄλλῳ δὲ χαρίσματα ἰαμάτων ἐν τῷ αὐτῷ πνεύματι·

10 ἄλλῳ δὲ ἐνεργήματα δυνάμεων, ἄλλῳ δὲ προφητεία, ἄλλῳ δὲ διακρίσεις πνευμάτων, ἑτέρῳ δὲ γένη γλωσσῶν, ἄλλῳ δὲ ἑρμηνεία γλωσσῶν·

11 πάντα δὲ ταῦτα ἐνεργεῖ τὸ ἓν καὶ τὸ αὐτὸ Πνεῦμα, διαιροῦν ἰδίᾳ ἑκάστῳ καθὼς βούλεται.

12 Καθάπερ γὰρ τὸ σῶμα ἕν ἔστι, καὶ μέλη ἔχει πολλὰ, πάντα δὲ τὰ μέλη τοῦ σώματος τοῦ ἑνός, πολλὰ ὄντα, ἕν ἔστι σῶμα· οὕτω καὶ ὁ Χριστός·

13 καὶ γὰρ ἐν ἑνὶ Πνεύματι ἡμεῖς πάντες εἰς ἓν σῶμα ἐβαπτίσθημεν, εἴτε Ἰουδαῖοι εἴτε Ἕλληνες, εἴτε δοῦλοι εἴτε ἐλεύθεροι· καὶ πάντες εἰς ἓν Πνεῦμα ἐποτίσθημεν.

14 καὶ γὰρ τὸ σῶμα οὐκ ἔστιν ἓν μέλος ἀλλὰ πολλά.

15 ἐὰν εἴπῃ ὁ πούς, Ὅτι οὐκ εἰμὶ χείρ, οὐκ εἰμὶ ἐκ τοῦ σώματος· οὐ παρὰ τοῦτο οὐκ ἔστιν ἐκ τοῦ σώματος·

16 καὶ ἐὰν εἴπῃ τὸ οὖς, Ὅτι οὐκ εἰμὶ ὀφθαλμός, οὐκ εἰμὶ ἐκ τοῦ σώματος· οὐ παρὰ τοῦτο οὐκ ἔστιν ἐκ τοῦ σώματος;

17 εἰ ὅλον τὸ σῶμα ὀφθαλμός, ποῦ ἡ ἀκοή; εἰ ὅλον ἀκοή, ποῦ ἡ ὄσφρησις;

18 νυνὶ δὲ ὁ Θεὸς ἔθετο τὰ μέλη, ἓν ἕκαστον αὐτῶν, ἐν τῷ σώματι, καθὼς ἠθέλησεν.

19 εἰ δὲ ἦν τὰ πάντα ἓν μέλος, ποῦ τὸ σῶμα;

20 νῦν δὲ πολλὰ μὲν μέλη, ἓν δὲ σῶμα.

21 οὐ δύναται δὲ ὀφθαλμὸς εἰπεῖν τῇ χειρί, Χρείαν σου οὐκ ἔχω· ἢ πάλιν ἡ κεφαλὴ τοῖς ποσί, Χρείαν ὑμῶν οὐκ ἔχω·

22 ἀλλὰ πολλῷ μᾶλλον τὰ δοκοῦντα μέλη τοῦ σώματος ἀσθενέστερα ὑπάρχειν, ἀναγκαῖά ἐστι·

23 καὶ ἃ δοκοῦμεν ἀτιμότερα εἶναι τοῦ σώματος, τούτοις τιμὴν περισσοτέραν περιτίθεμεν· καὶ τὰ ἀσχήμονα ἡμῶν εὐσχημοσύνην περισσοτέραν ἔχει·

24 τὰ δὲ εὐσχήμονα ἡμῶν οὐ χρείαν ἔχει· ἀλλ' ὁ Θεὸς συνεκέρασε τὸ σῶμα, τῷ ὑστερουντι περισσοτέραν δοὺς τιμήν,

25 ἵνα μὴ ᾖ σχίσμα ἐν τῷ σώματι, ἀλλὰ τὸ αὐτὸ ὑπὲρ ἀλλήλων μεριμνῶσι τὰ μέλη.

26 καὶ εἴτε πάσχει ἓν μέλος, συμπάσχει πάντα τὰ μέλη· εἴτε δοξάζεται ἓν μέλος, συγχαίρει πάντα τὰ μέλη.

27 ὑμεῖς δέ ἐστε σῶμα Χριστοῦ, καὶ μέλη ἐκ μέρους.

28 καὶ οὓς μὲν ἔθετο ὁ Θεὸς ἐν τῇ ἐκκλησίᾳ πρῶτον ἀποστόλους, δεύτερον προφήτας, τρίτον διδασκάλους, ἔπειτα δυνάμεις, εἶτα χαρίσματα ἰαμάτων, ἀντιλήψεις, κυβερνήσεις, γένη γλωσσῶν.

29 μὴ πάντες ἀπόστολοι; μὴ πάντες προφῆται; μὴ πάντες διδάσκαλοι; μὴ πάντες δυνάμεις;

30 μὴ πάντες χαρίσματα ἔχουσιν ἰαμάτων; μὴ πάντες γλώσσαις λαλοῦσι; μὴ πάντες διερμηνεύουσι;

31 ζηλοῦτε δὲ τὰ χαρίσματα τὰ κρείττονα. καὶ ἔτι καθ' ὑπερβολὴν ὁδὸν ὑμῖν δείκνυμι.

CHAPTER 13

1 Ἐὰν ταῖς γλώσσαις τῶν ἀνθρώπων λαλῶ καὶ τῶν ἀγγέλων, ἀγάπην δὲ μὴ ἔχω, γέγονα χαλκὸς ἠχῶν ἢ κύμβαλον ἀλαλάζον.

2 καὶ ἐὰν ἔχω προφητείαν, καὶ εἰδῶ τὰ μυστήρια πάντα καὶ πᾶσαν τὴν γνῶσιν, καὶ ἐὰν ἔχω πᾶσαν τὴν πίστιν, ὥστε ὄρη μεθιστάνειν, ἀγάπην δὲ μὴ ἔχω, οὐδέν εἰμι.

3 καὶ ἐὰν ψωμίσω πάντα τὰ ὑπάρχοντά μου, καὶ ἐὰν παραδῶ τὸ σῶμά μου ἵνα καυθήσωμαι, ἀγάπην δὲ μὴ ἔχω, οὐδὲν ὠφελοῦμαι.

4 ἡ ἀγάπη μακροθυμεῖ, χρηστεύεται· ἡ ἀγάπη, οὐ ζηλοῖ· ἡ ἀγάπη οὐ περπερεύεται, οὐ φυσιοῦται,

5 οὐκ ἀσχημονεῖ, οὐ ζητεῖ τὰ ἑαυτῆς, οὐ παροξύνεται, οὐ λογίζεται τὸ κακόν,

6 οὐ χαίρει ἐπὶ τῇ ἀδικίᾳ, συγχαίρει δὲ τῇ ἀληθείᾳ·

7 πάντα στέγει, πάντα πιστεύει, πάντα ἐλπίζει, πάντα ὑπομένει.
8 ἡ ἀγάπη οὐδέποτε ἐκπίπτει. εἴτε δὲ προφητεῖαι, καταργηθήσονται· εἴτε γλῶσσαι, παύσονται· εἴτε γνῶσις, καταργηθήσεται.
9 ἐκ μέρους γὰρ γινώσκομεν, καὶ ἐκ μέρους προφητεύομεν·
10 ὅταν δὲ ἔλθῃ τὸ τέλειον, τότε τὸ ἐκ μέρους καταργηθήσεται.
11 ὅτε ἤμην νήπιος, ὡς νήπιος ἐλάλουν, ὡς νήπιος ἐφρόνουν, ὡς νήπιος ἐλογιζόμην· ὅτε δέ γέγονα ἀνήρ, κατήργηκα τὰ τοῦ νηπίου.
12 βλέπομεν γὰρ ἄρτι δι' ἐσόπτρου ἐν αἰνίγματι, τότε δὲ πρόσωπον πρὸς πρόσωπον· ἄρτι γινώσκω ἐκ μέρους, τότε δὲ ἐπιγνώσομαι καθὼς καὶ ἐπεγνώσθην.
13 νυνὶ δὲ μένει πίστις, ἐλπίς, ἀγάπη, τὰ τρία ταῦτα· μείζων δὲ τούτων ἡ ἀγάπη.

CHAPTER 14

1 Διώκετε τὴν ἀγάπην· ζηλοῦτε δὲ τὰ πνευματικά, μᾶλλον δὲ ἵνα προφητεύητε.
2 ὁ γὰρ λαλῶν γλώσσῃ οὐκ ἀνθρώποις λαλεῖ, ἀλλὰ τῷ Θεῷ· οὐδεὶς γὰρ ἀκούει, πνεύματι δὲ λαλεῖ μυστήρια.
3 ὁ δὲ προφητεύων ἀνθρώποις λαλεῖ οἰκοδομὴν καὶ παράκλησιν καὶ παραμυθίαν.
4 ὁ λαλῶν γλώσσῃ ἑαυτὸν οἰκοδομεῖ, ὁ δὲ προφητεύων ἐκκλησίαν οἰκοδομεῖ.

5 θέλω δὲ πάντας ὑμᾶς λαλεῖν γλώσσαις, μᾶλλον δὲ ἵνα προφητεύητε· μείζων γὰρ ὁ προφητεύων ἢ ὁ λαλῶν γλώσσαις, ἐκτὸς εἰ μὴ διερμηνεύῃ, ἵνα ἡ ἐκκλησία οἰκοδομὴν λάβῃ.
6 νυνὶ δέ, ἀδελφοί, ἐὰν ἔλθω πρὸς ὑμᾶς γλώσσαις λαλῶν, τί ὑμᾶς ὠφελήσω, ἐὰν μὴ ὑμῖν λαλήσω ἢ ἐν ἀποκαλύψει, ἢ ἐν γνώσει, ἢ ἐν προφητείᾳ ἢ ἐν διδαχῇ;
7 ὅμως τὰ ἄψυχα φωνὴν διδόντα, εἴτε αὐλός, εἴτε κιθάρα, ἐὰν διαστολὴν τοῖς φθόγγοις μὴ δῷ, πῶς γνωσθήσεται τὸ αὐλούμενον ἢ τὸ κιθαριζόμενον;
8 καὶ γὰρ ἐὰν ἄδηλον φωνὴν σάλπιγξ δῷ, τίς παρασκευάσεται εἰς πόλεμον;
9 οὕτω καὶ ὑμεῖς διὰ τῆς γλώσσης ἐὰν μὴ εὔσημον λόγον δῶτε, πῶς γνωσθήσεται τὸ λαλούμενον; ἔσεσθε γὰρ εἰς ἀέρα λαλοῦντες.
10 τοσαῦτα, εἰ τύχοι γένη φωνῶν ἐστιν ἐν κόσμῳ καὶ οὐδὲν ἄφωνον·
11 ἐὰν οὖν μὴ εἰδῶ τὴν δύναμιν τῆς φωνῆς, ἔσομαι τῷ λαλοῦντι βάρβαρος, καὶ ὁ λαλῶν ἐν ἐμοὶ βάρβαρος.
12 οὕτω καὶ ὑμεῖς, ἐπεὶ ζηλωταί ἐστε πνευμάτων, πρὸς τὴν οἰκοδομὴν τῆς ἐκκλησίας ζητεῖτε ἵνα περισσεύητε.
13 διόπερ ὁ λαλῶν γλώσσῃ προσευχέσθω ἵνα διερμηνεύῃ.
14 ἐὰν γὰρ προσεύχωμαι γλώσσῃ, τὸ πνεῦμά μου προσεύχεται, ὁ δὲ νοῦς μου ἄκαρπός ἐστι.

15 τί οὖν ἐστι; προσεύξομαι τῷ πνεύματι, προσεύξομαι δὲ καὶ τῷ νοΐ· ψαλῶ τῷ πνεύματι, ψαλῶ δὲ καὶ τῷ νοΐ.

16 ἐπεὶ ἐὰν εὐλογήσῃς τῷ πνεύματι, ὁ ἀναπληρῶν τὸν τόπον τοῦ ἰδιώτου πῶς ἐρεῖ τὸ Ἀμήν ἐπὶ τῇ σῇ εὐχαριστίᾳ, ἐπειδὴ τί λέγεις οὐκ οἶδε;

17 σὺ μὲν γὰρ καλῶς εὐχαριστεῖς, ἀλλ᾽ ὁ ἕτερος οὐκ οἰκοδομεῖται.

18 εὐχαριστῶ τῷ Θεῷ μου, πάντων ὑμῶν μᾶλλον γλώσσαις λαλῶν·

19 ἀλλ᾽ ἐν ἐκκλησίᾳ θέλω πέντε λόγους διὰ τοῦ νοός μου λαλῆσαι, ἵνα καὶ ἄλλους κατηχήσω, ἢ μυρίους λόγους ἐν γλώσσῃ.

20 Ἀδελφοί, μὴ παιδία γίνεσθε ταῖς φρεσίν, ἀλλὰ τῇ κακίᾳ νηπιάζετε, ταῖς δὲ φρεσὶ τέλειοι γίνεσθε.

21 ἐν τῷ νόμῳ γέγραπται ὅτι Ἐν ἑτερογλώσσοις καὶ ἐν χείλεσιν ἑτέροις λαλήσω τῷ λαῷ τούτῳ, καὶ οὐδ᾽ οὕτως εἰσακούσονταί μου, λέγει Κύριος.

22 ὥστε αἱ γλῶσσαι εἰς σημεῖόν εἰσιν, οὐ τοῖς πιστεύουσιν, ἀλλὰ τοῖς ἀπίστοις· ἡ δὲ προφητεία, οὐ τοῖς ἀπίστοις, ἀλλὰ τοῖς πιστεύουσιν.

23 ἐὰν οὖν συνέλθῃ ἡ ἐκκλησία ὅλη ἐπὶ τὸ αὐτό, καὶ πάντες γλώσσαις λαλῶσιν, εἰσέλθωσι δὲ ἰδιῶται ἢ ἄπιστοι. οὐκ ἐροῦσιν ὅτι μαίνεσθε;

24 ἐὰν δὲ πάντες προφητεύωσιν, εἰσέλθῃ δέ τις ἄπιστος ἢ ἰδιώτης, ἐλέγχεται ὑπὸ πάντων, ἀνακρίνεται ὑπὸ πάντων,

25 καὶ οὕτω τὰ κρυπτὰ τῆς καρδίας αὐτοῦ φανερὰ γίνεται· καὶ οὕτω πεσὼν ἐπὶ πρόσωπον προσκυνήσει τῷ Θεῷ, ἀπαγγέλλων ὅτι ὁ Θεὸς ὄντως ἐν ὑμῖν ἐστι.

26 Τί οὖν ἐστιν, ἀδελφοί; ὅταν συνέρχησθε, ἕκαστος ὑμῶν ψαλμὸν ἔχει, διδαχὴν ἔχει, γλῶσσαν ἔχει, ἀποκάλυψιν ἔχει, ἑρμηνείαν ἔχει. πάντα πρὸς οἰκοδομὴν γενέσθω.

27 εἴτε γλώσσῃ τις λαλεῖ, κατὰ δύο ἢ τὸ πλεῖστον τρεῖς, καὶ ἀνὰ μέρος, καὶ εἷς διερμηνευέτω·

28 ἐὰν δὲ μὴ ᾖ διερμηνευτής, σιγάτω ἐν ἐκκλησίᾳ· ἑαυτῷ δὲ λαλείτω καὶ τῷ Θεῷ.

29 προφῆται δὲ δύο ἢ τρεῖς λαλείτωσαν, καὶ οἱ ἄλλοι διακρινέτωσαν.

30 ἐὰν δὲ ἄλλῳ ἀποκαλυφθῇ καθημένῳ, ὁ πρῶτος σιγάτω.

31 δύνασθε γὰρ καθ᾽ ἕνα πάντες προφητεύειν, ἵνα πάντες μανθάνωσι, καὶ πάντες παρακαλῶνται·

32 καὶ πνεύματα προφητῶν προφήταις ὑποτάσσεται.

33 οὐ γάρ ἐστιν ἀκαταστασίας ὁ Θεός, ἀλλ᾽ εἰρήνης, ὡς ἐν πάσαις ταῖς ἐκκλησίαις τῶν ἁγίων,

34 Αἱ γυναῖκες ὑμῶν ἐν ταῖς ἐκκλησίαις σιγάτωσαν· οὐ γὰρ ἐπιτέτραπται αὐταῖς λαλεῖν, ἀλλ᾽ ὑποτάσσεσθαι, καθὼς καὶ ὁ νόμος λέγει.

35 εἰ δέ τι μαθεῖν θέλουσιν, ἐν οἴκῳ τοὺς ἰδίους ἄνδρας

ἐπερωτάτωσαν· αἰσχρὸν γάρ ἐστι γυναιξὶν ἐν ἐκκλησίᾳ λαλεῖν.

36 ἢ ἀφ' ὑμῶν ὁ λόγος τοῦ Θεοῦ ἐξῆλθεν; ἢ εἰς ὑμᾶς μόνους κατήντησεν;

37 Εἴ τις δοκεῖ προφήτης εἶναι ἢ πνευματικός, ἐπιγινωσκέτω ἃ γράφω ὑμῖν, ὅτι τοῦ Κυρίου εἰσὶν ἐντολαί·

38 εἰ δέ τις ἀγνοεῖ, ἀγνοείτω

39 Ὥστε, ἀδελφοί, ζηλοῦτε τὸ προφητεύειν, καὶ τὸ λαλεῖν γλώσσαις μὴ κωλύετε·

40 πάντα εὐσχημόνως καὶ κατὰ τάξιν γινέσθω.

CHAPTER 15

1 Γνωρίζω δὲ ὑμῖν, ἀδελφοί, τὸ εὐαγγέλιον ὃ εὐηγγελισάμην ὑμῖν, ὃ καὶ παρελάβετε, ἐν ᾧ καὶ ἑστήκατε,

2 δι' οὗ καὶ σώζεσθε· τίνι λόγῳ εὐηγγελισάμην ὑμῖν, εἰ κατέχετε, ἐκτὸς εἰ μὴ εἰκῇ ἐπιστεύσατε.

3 παρέδωκα γὰρ ὑμῖν ἐν πρώτοις, ὃ καὶ παρέλαβον, ὅτι Χριστὸς ἀπέθανεν ὑπὲρ τῶν ἁμαρτιῶν ἡμῶν κατὰ τὰς γραφάς·

4 καὶ ὅτι ἐτάφη· καὶ ὅτι ἐγήγερται τῇ τρίτῃ ἡμέρᾳ κατὰ τὰς γραφάς·

5 καὶ ὅτι ὤφθη Κηφᾷ, εἶτα τοῖς δώδεκα·

6 ἔπειτα ὤφθη ἐπάνω πεντακοσίοις ἀδελφοῖς ἐφάπαξ, ἐξ ὧν οἱ πλείους μένουσιν ἕως ἄρτι, τινὲς δὲ καὶ ἐκοιμήθησαν·

7 ἔπειτα ὤφθη Ἰακώβῳ, εἶτα τοῖς ἀποστόλοις πᾶσιν·

8 ἔσχατον δὲ πάντων ὡσπερεὶ τῷ ἐκτρώματι ὤφθη κἀμοί.

9 ἐγὼ γάρ εἰμι ὁ ἐλάχιστος τῶν ἀποστόλων, ὃς οὐκ εἰμὶ ἱκανὸς καλεῖσθαι ἀπόστολος, διότι ἐδίωξα τὴν ἐκκλησίαν τοῦ Θεοῦ.

10 χάριτι δὲ Θεοῦ εἰμι ὅ εἰμι, καὶ ἡ χάρις αὐτοῦ ἡ εἰς ἐμὲ οὐ κενὴ ἐγενήθη, ἀλλὰ περισσότερον αὐτῶν πάντων ἐκοπίασα, οὐκ ἐγὼ δὲ ἀλλ' ἡ χάρις τοῦ Θεοῦ ἡ σὺν ἐμοί.

11 εἴτε οὖν ἐγώ, εἴτε ἐκεῖνοι, οὕτω κηρύσσομεν καὶ οὕτως ἐπιστεύσατε.

12 Εἰ δὲ Χριστὸς κηρύσσεται ὅτι ἐκ νεκρῶν ἐγήγερται, πῶς λέγουσι τινες ἐν ὑμῖν ὅτι ἀνάστασις νεκρῶν οὐκ ἔστιν;

13 εἰ δὲ ἀνάστασις νεκρῶν οὐκ ἔστιν, οὐδὲ Χριστὸς ἐγήγερται·

14 εἰ δὲ Χριστὸς οὐκ ἐγήγερται, κενὸν ἄρα τὸ κήρυγμα ἡμῶν, κενὴ δὲ καὶ ἡ πίστις ὑμῶν,

15 εὑρισκόμεθα δὲ καὶ ψευδομάρτυρες τοῦ Θεοῦ, ὅτι ἐμαρτυρήσαμεν κατὰ τοῦ Θεοῦ ὅτι ἤγειρε τὸν Χριστόν, ὃν οὐκ ἤγειρεν, εἴπερ ἄρα νεκροὶ οὐκ ἐγείρονται.

16 εἰ γὰρ νεκροὶ οὐκ ἐγείρονται, οὐδὲ Χριστὸς ἐγήγερται·

17 εἰ δὲ Χριστὸς οὐκ ἐγήγερται, ματαία ἡ πίστις ὑμῶν· ἔτι ἐστὲ ἐν ταῖς ἁμαρτίαις ὑμῶν.

18 ἄρα καὶ οἱ κοιμηθέντες ἐν Χριστῷ ἀπώλοντο.

19 εἰ ἐν τῇ ζωῇ ταύτῃ ἠλπικότες ἐσμὲν ἐν Χριστῷ μόνον,

ἐλεεινότεροι πάντων ἀνθρώπων ἐσμέν.

20 Νυνὶ δὲ Χριστὸς ἐγήγερται ἐκ νεκρῶν, ἀπαρχὴ τῶν κεκοιμημένων ἐγένετο.

21 ἐπειδὴ γὰρ δι' ἀνθρώπου ὁ θάνατος, καὶ δι' ἀνθρώπου ἀνάστασις νεκρῶν.

22 ὥσπερ γὰρ ἐν τῷ Ἀδὰμ πάντες ἀποθνήσκουσιν, οὕτω καὶ ἐν τῷ Χριστῷ πάντες ζωοποιηθήσονται.

23 ἕκαστος δὲ ἐν τῷ ἰδίῳ τάγματι· ἀπαρχὴ Χριστός, ἔπειτα οἱ Χριστοῦ ἐν τῇ παρουσίᾳ αὐτοῦ.

24 εἶτα τὸ τέλος, ὅταν παραδῷ τὴν βασιλείαν τῷ Θεῷ καὶ πατρί, ὅταν καταργήσῃ πᾶσαν ἀρχὴν καὶ πᾶσαν ἐξουσίαν καὶ δύναμιν.

25 δεῖ γὰρ αὐτὸν βασιλεύειν, ἄχρις οὗ ἂν θῇ πάντας τοὺς ἐχθροὺς ὑπὸ τοὺς πόδας αὐτοῦ.

26 ἔσχατος ἐχθρὸς καταργεῖται ὁ θάνατος.

27 Πάντα γὰρ ὑπέταξεν ὑπὸ τοὺς πόδας αὐτοῦ. ὅταν δὲ εἴπῃ ὅτι Πάντα ὑποτέτακται, δῆλον ὅτι ἐκτὸς τοῦ ὑποτάξαντος αὐτῷ τὰ πάντα.

28 ὅταν δὲ ὑποταγῇ αὐτῷ τὰ πάντα, τότε καὶ αὐτὸς ὁ υἱὸς ὑποταγήσεται τῷ ὑποτάξαντι αὐτῷ τὰ πάντα, ἵνα ᾖ ὁ Θεὸς τὰ πάντα ἐν πᾶσιν.

29 Ἐπεὶ τί ποιήσουσιν οἱ βαπτιζόμενοι ὑπὲρ τῶν νεκρῶν; εἰ ὅλως νεκροὶ οὐκ ἐγείρονται, τί καὶ βαπτίζονται ὑπὲρ τῶν νεκρῶν;

30 τί καὶ ἡμεῖς κινδυνεύομεν πᾶσαν ὥραν;

31 καθ' ἡμέραν ἀποθνήσκω, νὴ τὴν ὑμετέραν καύχησιν, ἣν ἔχω ἐν Χριστῷ Ἰησοῦ τῷ Κυρίῳ ἡμῶν.

32 εἰ κατὰ ἄνθρωπον ἐθηριομάχησα ἐν Ἐφέσῳ, τί μοι τὸ ὄφελος, εἰ νεκροὶ οὐκ ἐγείρονται, φάγωμεν καὶ πίωμεν, αὔριον γὰρ ἀποθνήσκομεν.

33 μὴ πλανᾶσθε· Φθείρουσιν ἤθη χρησθ' ὁμιλίαι κακαί.

34 ἐκνήψατε δικαίως καὶ μὴ ἁμαρτάνετε· ἀγνωσίαν γὰρ Θεοῦ τινες ἔχουσι· πρὸς ἐντροπὴν ὑμῖν λέγω.

35 ἀλλ' ἐρεῖ τις, Πῶς ἐγείρονται οἱ νεκροί; ποίῳ δὲ σώματι ἔρχονται;

36 Ἄφρον, σὺ ὃ σπείρεις, οὐ ζωοποιεῖται ἐὰν μὴ ἀποθάνῃ·

37 καὶ ὃ σπείρεις, οὐ τὸ σῶμα τὸ γενησόμενον σπείρεις, ἀλλὰ γυμνὸν κόκκον εἰ τύχοι, σίτου ἢ τινος τῶν λοιπῶν·

38 ὁ δὲ Θεὸς αὐτῷ δίδωσι σῶμα καθὼς ἠθέλησε, καὶ ἑκάστῳ τῶν σπερμάτων τὸ ἴδιον σῶμα.

39 οὐ πᾶσα σὰρξ ἡ αὐτὴ σάρξ· ἀλλὰ ἄλλη μὲν σὰρξ ἀνθρώπων, ἄλλη δὲ σὰρξ κτηνῶν, ἄλλη δὲ ἰχθύων, ἄλλη δὲ πτηνῶν.

40 καὶ σώματα ἐπουράνια, καὶ σώματα ἐπίγεια· ἀλλ' ἑτέρα μὲν ἡ τῶν ἐπουρανίων δόξα, ἑτέρα δὲ ἡ τῶν ἐπιγείων.

41 ἄλλη δόξα ἡλίου, καὶ ἄλλη δόξα σελήνης, καὶ ἄλλη δόξα ἀστέρων· ἀστὴρ γὰρ ἀστέρος διαφέρει ἐν δόξῃ.

42 οὕτω καὶ ἡ ἀνάστασις τῶν νεκρῶν. σπείρεται ἐν φθορᾷ, ἐγείρεται ἐν ἀφθαρσίᾳ·

43 σπείρεται ἐν ἀτιμίᾳ, ἐγείρεται ἐν δόξῃ· σπείρεται ἐν ἀσθενείᾳ, ἐγείρεται ἐν δυνάμει·

44 σπείρεται σῶμα ψυχικόν, ἐγείρεται σῶμα πνευματικόν. ἔστι σῶμα ψυχικόν, καὶ ἔστι σῶμα πνευματικόν.

45 οὕτω καὶ γέγραπται, Ἐγένετο ὁ πρῶτος ἄνθρωπος Ἀδὰμ εἰς ψυχὴν ζῶσαν. ὁ ἔσχατος Ἀδὰμ εἰς πνεῦμα ζωοποιοῦν.

46 ἀλλ᾽ οὐ πρῶτον τὸ πνευματικόν, ἀλλὰ τὸ ψυχικόν, ἔπειτα τὸ πνευματικόν.

47 ὁ πρῶτος ἄνθρωπος ἐκ γῆς χοϊκός· ὁ δεύτερος ἄνθρωπος ὁ Κύριος ἐξ οὐρανοῦ.

48 οἷος ὁ χοϊκός· τοιοῦτοι καὶ οἱ χοϊκοί, καὶ οἷος ὁ ἐπουράνιος, τοιοῦτοι καὶ οἱ ἐπουράνιοι·

49 καὶ καθὼς ἐφορέσαμεν τὴν εἰκόνα τοῦ χοϊκοῦ, φορέσομεν καὶ τὴν εἰκόνα τοῦ ἐπουρανίου.

50 Τοῦτο δέ φημι, ἀδελφοί, ὅτι σὰρξ καὶ αἷμα βασιλείαν Θεοῦ κληρονομῆσαι οὐ δύνανται, οὐδὲ ἡ φθορὰ τὴν ἀφθαρσίαν κληρονομεῖ.

51 ἰδοὺ, μυστήριον ὑμῖν λέγω· Πάντες μὲν οὐ κοιμηθησόμεθα, πάντες δὲ ἀλλαγησόμεθα,

52 ἐν ἀτόμῳ, ἐν ῥιπῇ ὀφθαλμοῦ, ἐν τῇ ἐσχάτῃ σάλπιγγι· σαλπίσει γάρ, καὶ οἱ νεκροὶ ἐγερθήσονται ἄφθαρτοι, καὶ ἡμεῖς ἀλλαγησόμεθα.

53 δεῖ γὰρ τὸ φθαρτὸν τοῦτο ἐνδύσασθαι ἀφθαρσίαν, καὶ τὸ θνητὸν τοῦτο ἐνδύσασθαι ἀθανασίαν.

54 ὅταν δὲ τὸ φθαρτὸν τοῦτο ἐνδύσηται ἀφθαρσίαν, καὶ τὸ θνητὸν τοῦτο ἐνδύσηται ἀθανασίαν, τότε γενήσεται ὁ λόγος ὁ γεγραμμένος, Κατεπόθη ὁ θάνατος εἰς νῖκος.

55 Ποῦ σου, θάνατε, τὸ κέντρον; ποῦ σου, ἅδη, τὸ νῖκος;

56 τὸ δὲ κέντρον τοῦ θανάτου ἡ ἁμαρτία· ἡ δὲ δύναμις τῆς ἁμαρτίας ὁ νόμος·

57 τῷ δὲ Θεῷ χάρις τῷ διδόντι ἡμῖν τὸ νῖκος διὰ τοῦ Κυρίου ἡμῶν Ἰησοῦ Χριστοῦ.

58 ὥστε, ἀδελφοί μου ἀγαπητοί, ἑδραῖοι γίνεσθε, ἀμετακίνητοι, περισσεύοντες ἐν τῷ ἔργῳ τοῦ Κυρίου πάντοτε, εἰδότες ὅτι ὁ κόπος ὑμῶν οὐκ ἔστι κενὸς ἐν Κυρίῳ.

CHAPTER 16

1 Περὶ δὲ τῆς λογίας τῆς εἰς τοὺς ἁγίους, ὥσπερ διέταξα ταῖς ἐκκλησίαις τῆς Γαλατίας, οὕτω καὶ ὑμεῖς ποιήσατε.

2 κατὰ μίαν σαββάτων ἕκαστος ὑμῶν παρ᾽ ἑαυτῷ τιθέτω θησαυρίζων ὅ τι ἂν εὐοδῶται, ἵνα μὴ ὅταν ἔλθω, τότε λογίαι γίνωνται.

3 ὅταν δὲ παραγένωμαι, οὓς ἐὰν δοκιμάσητε, δι᾽ ἐπιστολῶν,

Η ΠΡΟΣ ΚΟΡΙΝΘΙΟΥΣ Α

τούτους πέμψω ἀπενεγκεῖν τὴν χάριν ὑμῶν εἰς Ἰερουσαλήμ· 4 ἐὰν δὲ ᾖ ἄξιον τοῦ κἀμὲ πορεύεσθαι, σὺν ἐμοὶ πορεύσονται. 5 ἐλεύσομαι δὲ πρὸς ὑμᾶς, ὅταν Μακεδονίαν διέλθω· Μακεδονίαν γὰρ διέρχομαι· 6 πρὸς ὑμᾶς δὲ τυχὸν παραμενῶ, ἢ καὶ παραχειμάσω, ἵνα ὑμεῖς με προπέμψητε οὗ ἐὰν πορεύωμαι. 7 οὐ θέλω γὰρ ὑμᾶς ἄρτι ἐν παρόδῳ ἰδεῖν· ἐλπίζω δὲ χρόνον τινὰ ἐπιμεῖναι πρὸς ὑμᾶς, ἐὰν ὁ Κύριος ἐπιτρέπῃ. 8 ἐπιμενῶ δὲ ἐν Ἐφέσῳ ἕως τῆς Πεντηκοστῆς· 9 θύρα γάρ μοι ἀνέῳγε μεγάλη καὶ ἐνεργής, καὶ ἀντικείμενοι πολλοί. 10 Ἐὰν δὲ ἔλθῃ Τιμόθεος, βλέπετε ἵνα ἀφόβως γένηται πρὸς ὑμᾶς· τὸ γὰρ ἔργον Κυρίου ἐργάζεται ὡς καὶ ἐγώ. 11 μή τις οὖν αὐτὸν ἐξουθενήσῃ· προπέμψατε δὲ αὐτὸν ἐν εἰρήνῃ, ἵνα ἔλθῃ πρός με· ἐκδέχομαι γὰρ αὐτὸν μετὰ τῶν ἀδελφῶν. 12 περὶ δὲ Ἀπολλῶ τοῦ ἀδελφοῦ, πολλὰ παρεκάλεσα αὐτὸν ἵνα ἔλθῃ πρὸς ὑμᾶς μετὰ τῶν ἀδελφῶν· καὶ πάντως οὐκ ἦν θέλημα ἵνα νῦν ἔλθῃ, ἐλεύσεται δὲ ὅταν εὐκαιρήσῃ. 13 Γρηγορεῖτε, στήκετε ἐν τῇ πίστει, ἀνδρίζεσθε, κραταιοῦσθε. 14 πάντα ὑμῶν ἐν ἀγάπῃ γινέσθω. 15 Παρακαλῶ δὲ ὑμᾶς, ἀδελφοί· (οἴδατε τὴν οἰκίαν Στεφανᾶ, ὅτι ἐστὶν ἀπαρχὴ τῆς Ἀχαΐας, καὶ εἰς διακονίαν τοῖς ἁγίοις ἔταξαν ἑαυτούς) 16 ἵνα καὶ ὑμεῖς ὑποτάσσησθε τοῖς τοιούτοις, καὶ παντὶ τῷ συνεργοῦντι καὶ κοπιῶντι. 17 χαίρω δὲ ἐπὶ τῇ παρουσίᾳ Στεφανᾶ καὶ φουρτουνάτου καὶ Ἀχαϊκοῦ, ὅτι τὸ ὑμῶν ὑστέρημα οὗτοι ἀνεπλήρωσαν. 18 ἀνέπαυσαν γὰρ τὸ ἐμὸν πνεῦμα καὶ τὸ ὑμῶν. ἐπιγινώσκετε οὖν τοὺς τοιούτους. 19 Ἀσπάζονται ὑμᾶς αἱ ἐκκλησίαι τῆς Ἀσίας· ἀσπάζονται ὑμᾶς ἐν Κυρίῳ πολλὰ Ἀκύλας καὶ Πρίσκιλλα, σὺν τῇ κατ' οἶκον αὐτῶν ἐκκλησίᾳ. 20 ἀσπάζονται ὑμᾶς οἱ ἀδελφοὶ πάντες. ἀσπάσασθε ἀλλήλους ἐν φιλήματι ἁγίῳ. 21 Ὁ ἀσπασμὸς τῇ ἐμῇ χειρὶ Παύλου. 22 εἴ τις οὐ φιλεῖ τὸν Κύριον Ἰησοῦν Χριστόν, ἤτω ἀνάθεμα. Μαρὰν ἀθά. 23 ἡ χάρις τοῦ Κυρίου Ἰησοῦ Χριστοῦ μεθ' ὑμῶν. 24 ἡ ἀγάπη μου μετὰ πάντων ὑμῶν ἐν Χριστῷ Ἰησοῦ. ἀμήν.

ΠΑΥΛΟΥ ΤΟΥ ΑΠΟΣΤΟΛΟΥ Η ΠΡΟΣ ΚΟΡΙΝΘΙΟΥΣ ΕΠΙΣΤΟΛΗ ΔΕΥΤΕΡΑ

ΚΟΡ Β CHAPTER 1

Παῦλος ἀπόστολος Ἰησοῦ Χριστοῦ διὰ θελήματος Θεοῦ, καὶ Τιμόθεος ὁ ἀδελφός, τῇ ἐκκλησίᾳ τοῦ Θεοῦ τῇ οὔσῃ ἐν Κορίνθῳ, σὺν τοῖς ἁγίοις πᾶσι τοῖς οὖσιν ἐν ὅλῃ τῇ Ἀχαΐᾳ·

2 χάρις ὑμῖν καὶ εἰρήνη ἀπὸ Θεοῦ πατρὸς ἡμῶν καὶ Κυρίου Ἰησοῦ Χριστοῦ.

3 Εὐλογητὸς ὁ Θεὸς καὶ πατὴρ τοῦ Κυρίου ἡμῶν Ἰησοῦ Χριστοῦ, ὁ πατὴρ τῶν οἰκτιρμῶν καὶ Θεὸς πάσης παρακλήσεως,

4 ὁ παρακαλῶν ἡμᾶς ἐπὶ πάσῃ τῇ θλίψει ἡμῶν, εἰς τὸ δύνασθαι ἡμᾶς παρακαλεῖν τοὺς ἐν πάσῃ θλίψει, διὰ τῆς παρακλήσεως ἧς παρακαλούμεθα αὐτοὶ ὑπὸ τοῦ Θεοῦ·

5 ὅτι καθὼς περισσεύει τὰ παθήματα τοῦ Χριστοῦ εἰς ἡμᾶς, οὕτω διὰ Χριστοῦ περισσεύει καὶ ἡ παράκλησις ἡμῶν.

6 εἴτε δὲ θλιβόμεθα, ὑπὲρ τῆς ὑμῶν παρακλήσεως καὶ σωτηρίας, τῆς ἐνεργουμένης ἐν ὑπομονῇ τῶν αὐτῶν παθημάτων ὧν καὶ ἡμεῖς πάσχομεν· εἴτε παρακαλούμεθα, ὑπὲρ τῆς ὑμῶν παρακλήσεως καὶ σωτηρίας·

7 καὶ ἡ ἐλπὶς ἡμῶν βεβαία ὑπὲρ ὑμῶν εἰδότες ὅτι ὥσπερ κοινωνοί ἐστε τῶν παθημάτων οὕτω καὶ τῆς παρακλήσεως

8 οὐ γὰρ θέλομεν ὑμᾶς ἀγνοεῖν, ἀδελφοί, ὑπὲρ τῆς θλίψεως ἡμῶν τῆς γενομένης ἡμῖν ἐν τῇ Ἀσίᾳ, ὅτι καθ’ ὑπερβολὴν ἐβαρήθημεν ὑπὲρ δύναμιν, ὥστε ἐξαπορηθῆναι ἡμᾶς καὶ τοῦ ζῆν·

9 ἀλλὰ αὐτοὶ ἐν ἑαυτοῖς τὸ ἀπόκριμα τοῦ θανάτου ἐσχήκαμεν, ἵνα μὴ πεποιθότες ὦμεν ἐφ’ ἑαυτοῖς ἀλλ’ ἐπὶ τῷ Θεῷ τῷ ἐγείροντι τοὺς νεκρούς·

10 ὃς ἐκ τηλικούτου θανάτου ἐρρύσατο ἡμᾶς καὶ ῥύεται, εἰς ὃν ἠλπίκαμεν ὅτι καὶ ἔτι ῥύσεται,

11 συνυπουργούντων καὶ ὑμῶν ὑπὲρ ἡμῶν τῇ δεήσει, ἵνα ἐκ πολλῶν προσώπων τὸ εἰς ἡμᾶς χάρισμα διὰ πολλῶν εὐχαριστηθῇ ὑπὲρ ἡμῶν.

12 Ἡ γὰρ καύχησις ἡμῶν αὕτη ἐστί, τὸ μαρτύριον τῆς συνειδήσεως ἡμῶν, ὅτι ἐν ἁπλότητι καὶ εἰλικρινείᾳ Θεοῦ, οὐκ ἐν σοφίᾳ σαρκικῇ ἀλλ’ ἐν χάριτι Θεοῦ, ἀνεστράφημεν ἐν τῷ κόσμῳ, περισσοτέρως δὲ πρὸς ὑμᾶς.

13 οὐ γὰρ ἄλλα γράφομεν ὑμῖν, ἀλλ’ ἢ ἃ ἀναγινώσκετε ἢ καὶ ἐπιγινώσκετε, ἐλπίζω δὲ ὅτι καὶ ἕως τέλους ἐπιγνώσεσθε·

14 καθὼς καὶ ἐπέγνωτε ἡμᾶς ἀπὸ μέρους, ὅτι καύχημα ὑμῶν ἐσμεν καθάπερ καὶ ὑμεῖς ἡμῶν, ἐν τῇ ἡμέρᾳ τοῦ Κυρίου Ἰησοῦ.

15 Καὶ ταύτῃ τῇ πεποιθήσει ἐβουλόμην πρὸς ὑμᾶς ἐλθεῖν

πρότερον, ἵνα δευτέραν χάριν ἔχῆτε·

16 καὶ δι' ὑμῶν διελθεῖν εἰς Μακεδονίαν, καὶ πάλιν ἀπὸ Μακεδονίας ἐλθεῖν πρὸς ὑμᾶς, καὶ ὑφ' ὑμῶν προπεμφθῆναι εἰς τὴν Ἰουδαίαν.

17 τοῦτο οὖν βουλευόμενος, μή τι ἄρα τῇ ἐλαφρίᾳ ἐχρησάμην; ἢ ἃ βουλεύομαι, κατὰ σάρκα βουλεύομαι, ἵνα ᾖ παρ' ἐμοὶ τὸ Ναὶ ναὶ καὶ τὸ Οὒ οὔ;

18 πιστὸς δὲ ὁ Θεὸς, ὅτι ὁ λόγος ἡμῶν ὁ πρὸς ὑμᾶς οὐκ ἐγένετο ναὶ καὶ οὔ.

19 ὁ γὰρ τοῦ Θεοῦ υἱὸς Ἰησοῦς Χριστὸς ὁ ἐν ὑμῖν δι' ἡμῶν κηρυχθεὶς, δι' ἐμοῦ καὶ Σιλουανοῦ καὶ Τιμοθέου, οὐκ ἐγένετο ναὶ καὶ οὔ, ἀλλὰ ναὶ ἐν αὐτῷ γέγονεν.

20 ὅσαι γὰρ ἐπαγγελίαι Θεοῦ, ἐν αὐτῷ τὸ ναί, καὶ ἐν αὐτῷ τὸ ἀμὴν, τῷ Θεῷ πρὸς δόξαν δι' ἡμῶν.

21 ὁ δὲ βεβαιῶν ἡμᾶς σὺν ὑμῖν εἰς Χριστὸν, καὶ χρίσας ἡμᾶς, Θεός,

22 ὁ καὶ σφραγισάμενος ἡμᾶς, καὶ δοὺς τὸν ἀρραβῶνα τοῦ Πνεύματος ἐν ταῖς καρδίαις ἡμῶν.

23 Ἐγὼ δὲ μάρτυρα τὸν Θεὸν ἐπικαλοῦμαι ἐπὶ τὴν ἐμὴν ψυχήν, ὅτι φειδόμενος ὑμῶν οὐκέτι ἦλθον εἰς Κόρινθον.

24 οὐχ ὅτι κυριεύομεν ὑμῶν τῆς πίστεως, ἀλλὰ συνεργοί ἐσμεν τῆς χαρᾶς ὑμῶν· τῇ γὰρ πίστει ἐστήκατε.

CHAPTER 2

1 ἔκρινα δὲ ἐμαυτῷ τοῦτο, τὸ μὴ πάλιν ἐλθεῖν ἐν λύπῃ πρὸς ὑμᾶς.

2 εἰ γὰρ ἐγὼ λυπῶ ὑμᾶς, καὶ τίς ἐστιν ὁ εὐφραίνων με, εἰ μὴ ὁ λυπούμενος ἐξ ἐμοῦ;

3 καὶ ἔγραψα ὑμῖν τοῦτο αὐτὸ ἵνα μὴ ἐλθὼν λύπην ἔχω ἀφ' ὧν ἔδει με χαίρειν, πεποιθὼς ἐπὶ πάντας ὑμᾶς, ὅτι ἡ ἐμὴ χαρὰ πάντων ὑμῶν ἐστιν.

4 ἐκ γὰρ πολλῆς θλίψεως καὶ συνοχῆς καρδίας ἔγραψα ὑμῖν διὰ πολλῶν δακρύων, οὐχ ἵνα λυπηθῆτε, ἀλλὰ τὴν ἀγάπην ἵνα γνῶτε ἣν ἔχω περισσοτέρως εἰς ὑμᾶς.

5 Εἰ δέ τις λελύπηκεν, οὐκ ἐμὲ λελύπηκεν, ἀλλ' ἀπὸ μέρους· ἵνα μὴ ἐπιβαρῶ πάντας ὑμᾶς.

6 ἱκανὸν τῷ τοιούτῳ ἡ ἐπιτιμία αὕτη ἡ ὑπὸ τῶν πλειόνων·

7 ὥστε τοὐναντίον μᾶλλον ὑμᾶς χαρίσασθαι καὶ παρακαλέσαι, μή πως τῇ περισσοτέρᾳ λύπῃ καταποθῇ ὁ τοιοῦτος

8 διὸ παρακαλῶ ὑμᾶς κυρῶσαι εἰς αὐτὸν ἀγάπην.

9 εἰς τοῦτο γὰρ καὶ ἔγραψα, ἵνα γνῶ τὴν δοκιμὴν ὑμῶν, εἰ εἰς πάντα ὑπήκοοί ἐστε.

10 ᾧ δέ τι χαρίζεσθε, καὶ ἐγώ· καὶ γὰρ ἐγὼ εἴ τι κεχάρισμαι, ᾧ κεχάρισμαι, δι' ὑμᾶς ἐν προσώπῳ Χριστοῦ,

11 ἵνα μὴ πλεονεκτηθῶμεν ὑπὸ τοῦ Σατανᾶ· οὐ γὰρ αὐτοῦ τὰ νοήματα ἀγνοοῦμεν.

12 Ἐλθὼν δὲ εἰς τὴν Τρῳάδα εἰς τὸ εὐαγγέλιον τοῦ Χριστοῦ, καὶ θύρας μοι ἀνεῳγμένης ἐν Κυρίῳ,

13 οὐκ ἔσχηκα ἄνεσιν τῷ πνεύματί μου, τῷ μὴ εὑρεῖν με Τίτον τὸν ἀδελφόν μου· ἀλλὰ ἀποταξάμενος αὐτοῖς ἐξῆλθον εἰς Μακεδονίαν.

14 τῷ δὲ Θεῷ χάρις τῷ πάντοτε θριαμβεύοντι ἡμᾶς ἐν τῷ Χριστῷ, καὶ τὴν ὀσμὴν τῆς γνώσεως αὐτοῦ φανεροῦντι δι᾽ ἡμῶν ἐν παντὶ τόπῳ.

15 ὅτι Χριστοῦ εὐωδία ἐσμὲν τῷ Θεῷ ἐν τοῖς σωζομένοις καὶ ἐν τοῖς ἀπολλυμένοις·

16 οἷς μὲν ὀσμὴ θανάτου εἰς θάνατον, οἷς δὲ ὀσμὴ ζωῆς εἰς ζωήν. καὶ πρὸς ταῦτα τίς ἱκανός;

17 οὐ γάρ ἐσμεν ὡς οἱ πολλοί, καπηλεύοντες τὸν λόγον τοῦ Θεοῦ. ἀλλ᾽ ὡς ἐξ εἰλικρινείας, ἀλλ᾽ ὡς ἐκ Θεοῦ κατενώπιον τοῦ Θεοῦ· ἐν Χριστῷ λαλοῦμεν

CHAPTER 3

1 Ἀρχόμεθα πάλιν ἑαυτοὺς συνιστάνειν; ἢ μὴ χρῄζομεν, ὥς τινες, συστατικῶν ἐπιστολῶν πρὸς ὑμᾶς, ἢ ἐξ ὑμῶν συστατικῶν;

2 ἡ ἐπιστολὴ ἡμῶν ὑμεῖς ἐστε, ἐγγεγραμμένη ἐν ταῖς καρδίαις ἡμῶν, γινωσκομένη καὶ ἀναγινωσκομένη ὑπὸ πάντων ἀνθρώπων·

3 φανερούμενοι ὅτι ἐστὲ ἐπιστολὴ Χριστοῦ διακονηθεῖσα ὑφ᾽ ἡμῶν, ἐγγεγραμμένη οὐ μέλανι, ἀλλὰ Πνεύματι Θεοῦ ζῶντος, οὐκ ἐν

πλαξὶ λιθίναις, ἀλλ᾽ ἐν πλαξὶ καρδίας σαρκίναις.

4 πεποίθησιν δὲ τοιαύτην ἔχομεν διὰ τοῦ Χριστοῦ πρὸς τὸν Θεόν·

5 οὐχ ὅτι ἱκανοί ἐσμεν ἀφ᾽ ἑαυτῶν λογίσασθαί τι ὡς ἐξ ἑαυτῶν, ἀλλ᾽ ἡ ἱκανότης ἡμῶν ἐκ τοῦ Θεοῦ·

6 ὃς καὶ ἱκάνωσεν ἡμᾶς διακόνους καινῆς διαθήκης, οὐ γράμματος ἀλλὰ πνεύματος· τὸ γὰρ γράμμα ἀποκτείνει, τὸ δὲ πνεῦμα ζωοποιεῖ.

7 εἰ δὲ ἡ διακονία τοῦ θανάτου ἐν γράμμασιν, ἐντετυπωμένη ἐν λίθοις, ἐγενήθη ἐν δόξῃ, ὥστε μὴ δύνασθαι ἀτενίσαι τοὺς υἱοὺς Ἰσραὴλ εἰς τὸ πρόσωπον Μωσέως διὰ τὴν δόξαν τοῦ προσώπου αὐτοῦ, τὴν καταργουμένην,

8 πῶς οὐχὶ μᾶλλον ἡ διακονία τοῦ πνεύματος ἔσται ἐν δόξῃ;

9 εἰ γὰρ ἡ διακονία τῆς κατακρίσεως δόξα, πολλῷ μᾶλλον περισσεύει ἡ διακονία τῆς δικαιοσύνης ἐν δόξῃ.

10 καὶ γὰρ οὐδὲ δεδόξασται τὸ δεδοξασμένον ἐν τούτῳ τῷ μέρει, ἕνεκεν τῆς ὑπερβαλλούσης δόξης.

11 εἰ γὰρ τὸ καταργούμενον, διὰ δόξης, πολλῷ μᾶλλον τὸ μένον, ἐν δόξῃ.

12 Ἔχοντες οὖν τοιαύτην ἐλπίδα, πολλῇ παρρησίᾳ χρώμεθα·

13 καὶ οὐ καθάπερ Μωσῆς ἐτίθει κάλυμμα ἐπὶ τὸ πρόσωπον ἑαυτοῦ, πρὸς τὸ μὴ ἀτενίσαι τοὺς υἱοὺς Ἰσραὴλ εἰς τὸ τέλος τοῦ καταργουμένου·

14 ἀλλ᾽ ἐπωρώθη τὰ νοήματα αὐτῶν. ἄχρι γὰρ τῆς σήμερον τὸ

αὐτὸ κάλυμμα ἐπὶ τῇ ἀναγνώσει τῆς παλαιᾶς διαθήκης μένει μὴ ἀνακαλυπτόμενον, ὅ τι ἐν Χριστῷ καταργεῖται.

15 ἀλλ' ἕως σήμερον, ἡνίκα ἀναγινώσκεται Μωσῆς, κάλυμμα ἐπὶ τὴν καρδίαν αὐτῶν κεῖται.

16 ἡνίκα δ' ἂν ἐπιστρέψῃ πρὸς κύριον, περιαιρεῖται τὸ κάλυμμα.

17 ὁ δὲ Κύριος τὸ Πνεῦμά ἐστιν· οὗ δὲ τὸ Πνεῦμα Κυρίου, ἐκεῖ ἐλευθερία.

18 ἡμεῖς δὲ, πάντες ἀνακεκαλυμμένῳ προσώπῳ τὴν δόξαν Κυρίου κατοπτριζόμενοι, τὴν αὐτὴν εἰκόνα μεταμορφούμεθα ἀπὸ δόξης εἰς δόξαν, καθάπερ ἀπὸ Κυρίου Πνεύματος.

CHAPTER 4

1 Διὰ τοῦτο ἔχοντες τὴν διακονίαν ταύτην, καθὼς ἠλεήθημεν, οὐκ ἐκκακοῦμεν·

2 ἀλλ' ἀπειπάμεθα τὰ κρυπτὰ τῆς αἰσχύνης, μὴ περιπατοῦντες ἐν πανουργίᾳ μηδὲ δολοῦντες τὸν λόγον τοῦ Θεοῦ, ἀλλὰ τῇ φανερώσει τῆς ἀληθείας συνιστῶντες ἑαυτοὺς πρὸς πᾶσαν συνείδησιν ἀνθρώπων ἐνώπιον τοῦ Θεοῦ.

3 εἰ δὲ καὶ ἔστι κεκαλυμμένον τὸ εὐαγγέλιον ἡμῶν, ἐν τοῖς ἀπολλυμένοις ἐστὶ κεκαλυμμένον·

4 ἐν οἷς ὁ Θεὸς τοῦ αἰῶνος τούτου ἐτύφλωσε τὰ νοήματα τῶν ἀπίστων, εἰς τὸ μὴ αὐγάσαι αὐτοῖς τὸν φωτισμὸν τοῦ εὐαγγελίου τῆς δόξης τοῦ Χριστοῦ, ὅς ἐστιν εἰκὼν τοῦ Θεοῦ.

5 οὐ γὰρ ἑαυτοὺς κηρύσσομεν, ἀλλὰ Χριστὸν Ἰησοῦν Κύριον· ἑαυτοὺς δὲ δούλους ὑμῶν διὰ Ἰησοῦν.

6 ὅτι ὁ Θεὸς ὁ εἰπών, ἐκ σκότους φῶς λάμψαι, ὃς ἔλαμψεν ἐν ταῖς καρδίαις ἡμῶν πρὸς φωτισμὸν τῆς γνώσεως τῆς δόξης τοῦ Θεοῦ ἐν προσώπῳ Ἰησοῦ Χριστοῦ.

7 Ἔχομεν δὲ τὸν θησαυρὸν τοῦτον ἐν ὀστρακίνοις σκεύεσιν, ἵνα ἡ ὑπερβολὴ τῆς δυνάμεως ᾖ τοῦ Θεοῦ, καὶ μὴ ἐξ ἡμῶν·

8 ἐν παντὶ θλιβόμενοι, ἀλλ' οὐ στενοχωρούμενοι· ἀπορούμενοι ἀλλ' οὐκ ἐξαπορούμενοι·

9 διωκόμενοι, ἀλλ' οὐκ ἐγκαταλειπόμενοι, καταβαλλόμενοι ἀλλ' οὐκ ἀπολλύμενοι·

10 πάντοτε τὴν νέκρωσιν τοῦ Κυρίου Ἰησοῦ ἐν τῷ σώματι περιφέροντες, ἵνα καὶ ἡ ζωὴ τοῦ Ἰησοῦ ἐν τῷ σώματι ἡμῶν φανερωθῇ.

11 ἀεὶ γὰρ ἡμεῖς οἱ ζῶντες εἰς θάνατον παραδιδόμεθα διὰ Ἰησοῦν, ἵνα καὶ ἡ ζωὴ τοῦ Ἰησοῦ φανερωθῇ ἐν τῇ θνητῇ σαρκὶ ἡμῶν.

12 ὥστε ὁ μὲν θάνατος ἐν ἡμῖν ἐνεργεῖται, ἡ δὲ ζωὴ ἐν ὑμῖν.

13 ἔχοντες δὲ τὸ αὐτὸ πνεῦμα τῆς πίστεως, κατὰ τὸ γεγραμμένον, Ἐπίστευσα, διὸ ἐλάλησα· καὶ ἡμεῖς πιστεύομεν, διὸ καὶ λαλοῦμεν·

14 εἰδότες ὅτι ὁ ἐγείρας τὸν Κύριον Ἰησοῦν καὶ ἡμᾶς διὰ Ἰησοῦ ἐγερεῖ, καὶ παραστήσει σὺν ὑμῖν.

15 τὰ γὰρ πάντα δι' ὑμᾶς, ἵνα ἡ χάρις πλεονάσασα διὰ τῶν πλειόνων τὴν εὐχαριστίαν περισσεύσῃ εἰς τὴν δόξαν τοῦ Θεοῦ.

16 Διὸ οὐκ ἐκκακοῦμεν, ἀλλ' εἰ καὶ ὁ ἔξω ἡμῶν ἄνθρωπος διαφθείρεται, ἀλλ' ὁ ἔσωθεν ἀνακαινοῦται ἡμέρᾳ καὶ ἡμέρᾳ.

17 τὸ γὰρ παραυτίκα ἐλαφρὸν τῆς θλίψεως ἡμῶν καθ' ὑπερβολὴν εἰς ὑπερβολὴν αἰώνιον βάρος δόξης κατεργάζεται ἡμῖν,

18 μὴ σκοπούντων ἡμῶν τὰ βλεπόμενα, ἀλλὰ τὰ μὴ βλεπόμενα· τὰ γὰρ βλεπόμενα πρόσκαιρα· τὰ δὲ μὴ βλεπόμενα αἰώνια.

CHAPTER 5

1 Οἴδαμεν γὰρ ὅτι ἐὰν ἡ ἐπίγειος ἡμῶν οἰκία τοῦ σκήνους καταλυθῇ, οἰκοδομὴν, ἐκ Θεοῦ ἔχομεν, οἰκίαν ἀχειροποίητον, αἰώνιον ἐν τοῖς οὐρανοῖς.

2 καὶ γὰρ ἐν τούτῳ στενάζομεν, τὸ οἰκητήριον ἡμῶν τὸ ἐξ οὐρανοῦ ἐπενδύσασθαι ἐπιποθοῦντες·

3 εἴ γε καὶ ἐνδυσάμενοι οὐ γυμνοὶ εὑρεθησόμεθα.

4 καὶ γὰρ οἱ ὄντες ἐν τῷ σκήνει στενάζομεν βαρούμενοι· ἐφ' ᾧ οὐ θέλομεν ἐκδύσασθαι, ἀλλ' ἐπενδύσασθαι, ἵνα καταποθῇ τὸ θνητὸν ὑπὸ τῆς ζωῆς.

5 ὁ δὲ κατεργασάμενος ἡμᾶς εἰς αὐτὸ τοῦτο Θεός, ὁ καὶ δοὺς ἡμῖν τὸν ἀρραβῶνα τοῦ Πνεύματος.

6 θαρροῦντες οὖν πάντοτε, καὶ εἰδότες ὅτι ἐνδημοῦντες ἐν τῷ σώματι ἐκδημοῦμεν ἀπὸ τοῦ Κυρίου,

7 (διὰ πίστεως γὰρ περιπατοῦμεν, οὐ διὰ εἴδους)

8 θαρροῦμεν δὲ, καὶ εὐδοκοῦμεν μᾶλλον ἐκδημῆσαι ἐκ τοῦ σώματος, καὶ ἐνδημῆσαι πρὸς τὸν Κύριον.

9 διὸ καὶ φιλοτιμούμεθα, εἴτε ἐνδημοῦντες, εἴτε ἐκδημοῦντες, εὐάρεστοι αὐτῷ εἶναι.

10 τοὺς γὰρ πάντας ἡμᾶς φανερωθῆναι δεῖ ἔμπροσθεν τοῦ βήματος τοῦ Χριστοῦ, ἵνα κομίσηται ἕκαστος τὰ διὰ τοῦ σώματος, πρὸς ἃ ἔπραξεν, εἴτε ἀγαθὸν εἴτε κακόν.

11 Εἰδότες οὖν τὸν φόβον τοῦ Κυρίου ἀνθρώπους πείθομεν, Θεῷ δὲ πεφανερώμεθα· ἐλπίζω δὲ καὶ ἐν ταῖς συνειδήσεσιν ὑμῶν πεφανερῶσθαι.

12 οὐ γὰρ πάλιν ἑαυτοὺς συνιστάνομεν ὑμῖν, ἀλλὰ ἀφορμὴν διδόντες ὑμῖν καυχήματος ὑπὲρ ἡμῶν, ἵνα ἔχητε πρὸς τοὺς ἐν προσώπῳ καυχωμένους καὶ οὐ καρδίᾳ.

13 εἴτε γὰρ ἐξέστημεν, Θεῷ· εἴτε σωφρονοῦμεν, ὑμῖν.

14 ἡ γὰρ ἀγάπη τοῦ Χριστοῦ συνέχει ἡμᾶς, κρίναντας τοῦτο, ὅτι εἰ εἷς ὑπὲρ πάντων ἀπέθανεν, ἄρα οἱ πάντες ἀπέθανον·

15 καὶ ὑπὲρ πάντων ἀπέθανεν ἵνα οἱ ζῶντες μηκέτι ἑαυτοῖς ζῶσιν, ἀλλὰ τῷ ὑπὲρ αὐτῶν ἀποθανόντι καὶ ἐγερθέντι.

16 ὥστε ἡμεῖς ἀπὸ τοῦ νῦν οὐδένα οἴδαμεν κατὰ σάρκα· εἰ δὲ καὶ ἐγνώκαμεν κατὰ σάρκα Χριστόν, ἀλλὰ νῦν οὐκέτι γινώσκομεν.

17 ὥστε εἴ τις ἐν Χριστῷ, καινὴ κτίσις· τὰ ἀρχαῖα παρῆλθεν, ἰδοὺ γέγονε καινὰ τὰ πάντα

18 τὰ δὲ πάντα ἐκ τοῦ Θεοῦ, τοῦ καταλλάξαντος ἡμᾶς ἑαυτῷ διὰ Ἰησοῦ Χριστοῦ, καὶ δόντος ἡμῖν τὴν διακονίαν τῆς καταλλαγῆς·

19 ὡς ὅτι Θεὸς ἦν ἐν Χριστῷ κόσμον καταλλάσσων ἑαυτῷ, μὴ λογιζόμενος αὐτοῖς τὰ παραπτώματα αὐτῶν, καὶ θέμενος ἐν ἡμῖν τὸν λόγον τῆς καταλλαγῆς.

20 ὑπὲρ Χριστοῦ οὖν πρεσβεύομεν, ὡς τοῦ Θεοῦ παρακαλοῦντος δι᾽ ἡμῶν· δεόμεθα ὑπὲρ Χριστοῦ, καταλλάγητε τῷ Θεῷ.

21 τὸν γὰρ μὴ γνόντα ἁμαρτίαν ὑπὲρ ἡμῶν ἁμαρτίαν ἐποίησεν, ἵνα ἡμεῖς γινώμεθα δικαιοσύνη Θεοῦ ἐν αὐτῷ.

CHAPTER 6

1 συνεργοῦντες δὲ καὶ παρακαλοῦμεν μὴ εἰς κενὸν τὴν χάριν τοῦ Θεοῦ δέξασθαι ὑμᾶς

2 (λέγει γάρ, Καιρῷ δεκτῷ ἐπήκουσά σου, καὶ ἐν ἡμέρᾳ σωτηρίας ἐβοήθησά σοι· ἰδού, νῦν καιρὸς εὐπρόσδεκτος, ἰδοὺ νῦν ἡμέρα σωτηρίας)

3 μηδεμίαν ἐν μηδενὶ διδόντες προσκοπήν, ἵνα μὴ μωμηθῇ ἡ διακονία·

4 ἀλλ᾽ ἐν παντὶ συνιστῶντες ἑαυτοὺς ὡς Θεοῦ διάκονοι, ἐν ὑπομονῇ πολλῇ, ἐν θλίψεσιν, ἐν ἀνάγκαις, ἐν στενοχωρίαις,

5 ἐν πληγαῖς, ἐν φυλακαῖς, ἐν ἀκαταστασίαις, ἐν κόποις, ἐν ἀγρυπνίαις, ἐν νηστείαις,

6 ἐν ἁγνότητι, ἐν γνώσει, ἐν μακροθυμίᾳ, ἐν χρηστότητι, ἐν Πνεύματι Ἁγίῳ, ἐν ἀγάπῃ ἀνυποκρίτῳ,

7 ἐν λόγῳ ἀληθείας, ἐν δυνάμει Θεοῦ· διὰ τῶν ὅπλων τῆς δικαιοσύνης τῶν δεξιῶν καὶ ἀριστερῶν,

8 διὰ δόξης καὶ ἀτιμίας, διὰ δυσφημίας καὶ εὐφημίας· ὡς πλάνοι καὶ ἀληθεῖς·

9 ὡς ἀγνοούμενοι, καὶ ἐπιγινωσκόμενοι· ὡς ἀποθνήσκοντες, καὶ ἰδού, ζῶμεν· ὡς παιδευόμενοι, καὶ μὴ θανατούμενοι·

10 ὡς λυπούμενοι, ἀεὶ δὲ χαίροντες· ὡς πτωχοί, πολλοὺς δὲ πλουτίζοντες· ὡς μηδὲν ἔχοντες, καὶ πάντα κατέχοντες.

11 Τὸ στόμα ἡμῶν ἀνέῳγε πρὸς ὑμᾶς, Κορίνθιοι, ἡ καρδία ἡμῶν πεπλάτυνται.

12 οὐ στενοχωρεῖσθε ἐν ἡμῖν, στενοχωρεῖσθε δὲ ἐν τοῖς σπλάγχνοις ὑμῶν.

13 τὴν δὲ αὐτὴν ἀντιμισθίαν, (ὡς τέκνοις λέγω), πλατύνθητε καὶ ὑμεῖς.

14 Μὴ γίνεσθε ἑτεροζυγοῦντες ἀπίστοις· τίς γὰρ μετοχὴ δικαιοσύνῃ καὶ ἀνομίᾳ; τίς δὲ κοινωνία φωτὶ πρὸς σκότος;

15 τίς δὲ συμφώνησις Χριστῷ πρὸς Βελιάλ; ἢ τίς μερὶς πιστῷ μετὰ ἀπίστου;

16 τίς δὲ συγκατάθεσις ναῷ Θεοῦ μετὰ εἰδώλων; ὑμεῖς γὰρ ναὸς Θεοῦ ἐστε ζῶντος, καθὼς εἶπεν ὁ Θεὸς ὅτι Ἐνοικήσω ἐν αὐτοῖς, καὶ ἐμπεριπατήσω· καὶ ἔσομαι αὐτῶν Θεός, καὶ αὐτοὶ ἔσονταί μοι λαός.

17 διὸ Ἐξέλθετε ἐκ μέσου αὐτῶν καὶ ἀφορίσθητε, λέγει Κύριος, καὶ ἀκαθάρτου μὴ ἅπτεσθε· κἀγὼ εἰσδέξομαι ὑμᾶς,

18 καὶ ἔσομαι ὑμῖν εἰς πατέρα, καὶ ὑμεῖς ἔσεσθέ μοι εἰς υἱοὺς καὶ θυγατέρας, λέγει Κύριος παντοκράτωρ.

CHAPTER 7

1 ταύτας οὖν ἔχοντες τὰς ἐπαγγελίας, ἀγαπητοί, καθαρίσωμεν ἑαυτοὺς ἀπὸ παντὸς μολυσμοῦ σαρκὸς καὶ πνεύματος, ἐπιτελοῦντες ἁγιωσύνην ἐν φόβῳ Θεοῦ.

2 Χωρήσατε ἡμᾶς· οὐδένα ἠδικήσαμεν, οὐδένα ἐφθείραμεν, οὐδένα ἐπλεονεκτήσαμεν.

3 οὐ πρὸς κατάκρισιν λέγω· προείρηκα γὰρ, ὅτι ἐν ταῖς καρδίαις ἡμῶν ἐστε εἰς τὸ συναποθανεῖν καὶ συζῆν.

4 πολλή μοι παρρησία πρὸς ὑμᾶς, πολλή μοι καύχησις ὑπὲρ ὑμῶν· πεπλήρωμαι τῇ παρακλήσει, ὑπερπερισσεύομαι τῇ χαρᾷ ἐπὶ πάσῃ τῇ θλίψει ἡμῶν.

5 Καὶ γὰρ ἐλθόντων ἡμῶν εἰς Μακεδονίαν οὐδεμίαν ἔσχηκεν ἄνεσιν ἡ σὰρξ ἡμῶν, ἀλλ' ἐν παντὶ θλιβόμενοι· ἔξωθεν μάχαι, ἔσωθεν φόβοι.

6 ἀλλ' ὁ παρακαλῶν τοὺς ταπεινοὺς παρεκάλεσεν ἡμᾶς, ὁ Θεός, ἐν τῇ παρουσίᾳ Τίτου·

7 οὐ μόνον δὲ ἐν τῇ παρουσίᾳ αὐτοῦ, ἀλλὰ καὶ ἐν τῇ παρακλήσει ᾗ παρεκλήθη ἐφ' ὑμῖν, ἀναγγέλλων ἡμῖν τὴν ὑμῶν ἐπιπόθησιν, τὸν ὑμῶν ὀδυρμόν, τὸν ὑμῶν ζῆλον ὑπὲρ ἐμοῦ, ὥστε με μᾶλλον χαρῆναι.

8 ὅτι εἰ καὶ ἐλύπησα ὑμᾶς ἐν τῇ ἐπιστολῇ, οὐ μεταμέλομαι, εἰ καὶ μετεμελόμην· βλέπω γὰρ ὅτι ἡ ἐπιστολὴ ἐκείνη, εἰ καὶ πρὸς ὥραν, ἐλύπησεν ὑμᾶς.

9 νῦν χαίρω, οὐχ ὅτι ἐλυπήθητε, ἀλλ' ὅτι ἐλυπήθητε εἰς μετάνοιαν· ἐλυπήθητε γὰρ κατὰ Θεόν, ἵνα ἐν μηδενὶ ζημιωθῆτε ἐξ ἡμῶν.

10 ἡ γὰρ κατὰ θεὸν λύπη μετάνοιαν εἰς σωτηρίαν ἀμεταμέλητον κατεργάζεται· ἡ δὲ τοῦ κόσμου λύπη θάνατον κατεργάζεται.

11 ἰδοὺ γὰρ, αὐτὸ τοῦτο, τὸ κατὰ Θεὸν λυπηθῆναι ὑμᾶς, πόσην κατειργάσατο ὑμῖν σπουδήν, ἀλλὰ,

ἀπολογίαν, ἀλλὰ ἀγανάκτησιν, ἀλλὰ φόβον, ἀλλὰ ἐπιπόθησιν, ἀλλὰ ζῆλον, ἀλλ' ἐκδίκησιν. ἐν παντὶ συνεστήσατε ἑαυτοὺς ἁγνοὺς εἶναι ἐν τῷ πράγματι.

12 ἄρα εἰ καὶ ἔγραψα ὑμῖν, οὐχ εἵνεκεν τοῦ ἀδικήσαντος, οὐδὲ εἵνεκεν τοῦ ἀδικηθέντος, ἀλλ' εἵνεκεν τοῦ φανερωθῆναι τὴν σπουδὴν ἡμῶν τὴν ὑπὲρ ὑμῶν πρὸς ὑμᾶς ἐνώπιον τοῦ Θεοῦ.

13 διὰ τοῦτο παρακεκλήμεθα. ἐπὶ τῇ παρακλήσει ὑμῶν περισσοτέρως δὲ μᾶλλον ἐχάρημεν ἐπὶ τῇ χαρᾷ Τίτου, ὅτι ἀναπέπαυται τὸ πνεῦμα αὐτοῦ ἀπὸ πάντων ὑμῶν·

14 ὅτι εἴ τι αὐτῷ ὑπὲρ ὑμῶν κεκαύχημαι οὐ κατῃσχύνθην· ἀλλ' ὡς πάντα ἐν ἀληθείᾳ ἐλαλήσαμεν ὑμῖν, οὕτω καὶ ἡ καύχησις ἡμῶν ἡ ἐπὶ Τίτου ἀλήθεια ἐγενήθη.

15 καὶ τὰ σπλάγχνα αὐτοῦ περισσοτέρως εἰς ὑμᾶς ἐστιν, ἀναμιμνησκομένου τὴν πάντων ὑμῶν ὑπακοήν, ὡς μετὰ φόβου καὶ τρόμου ἐδέξασθε αὐτόν.

16 χαίρω οὖν ὅτι ἐν παντὶ θαρρῶ ἐν ὑμῖν.

CHAPTER 8

1 Γνωρίζομεν δὲ ὑμῖν, ἀδελφοί, τὴν χάριν τοῦ Θεοῦ τὴν δεδομένην ἐν ταῖς ἐκκλησίαις τῆς Μακεδονίας·

2 ὅτι ἐν πολλῇ δοκιμῇ θλίψεως ἡ περισσεία τῆς χαρᾶς αὐτῶν καὶ ἡ κατὰ βάθους πτωχεία αὐτῶν ἐπερίσσευσεν εἰς τὸν πλοῦτον τῆς ἁπλότητος αὐτῶν.

3 ὅτι κατὰ δύναμιν, μαρτυρῶ, καὶ ὑπὲρ δύναμιν, αὐθαίρετοι,

4 μετὰ πολλῆς παρακλήσεως δεόμενοι ἡμῶν, τὴν χάριν καὶ τὴν κοινωνίαν τῆς διακονίας τῆς εἰς τοὺς ἁγίους δέξασθαι ἡμᾶς·

5 καὶ οὐ καθὼς ἠλπίσαμεν, ἀλλ' ἑαυτοὺς ἔδωκαν πρῶτον τῷ Κυρίῳ, καὶ ἡμῖν διὰ θελήματος Θεοῦ.

6 εἰς τὸ παρακαλέσαι ἡμᾶς Τίτον, ἵνα καθὼς προενήρξατο, οὕτω καὶ ἐπιτελέσῃ εἰς ὑμᾶς καὶ τὴν χάριν ταύτην.

7 ἀλλ' ὥσπερ ἐν παντὶ περισσεύετε, πίστει καὶ λόγῳ, καὶ γνώσει, καὶ πάσῃ σπουδῇ, καὶ τῇ ἐξ ὑμῶν ἐν ἡμῖν ἀγάπῃ, ἵνα καὶ ἐν ταύτῃ τῇ χάριτι περισσεύητε.

8 οὐ κατ' ἐπιταγὴν λέγω, ἀλλὰ διὰ τῆς ἑτέρων σπουδῆς καὶ τὸ τῆς ὑμετέρας ἀγάπης γνήσιον δοκιμάζων.

9 γινώσκετε γὰρ τὴν χάριν τοῦ Κυρίου ἡμῶν Ἰησοῦ Χριστοῦ, ὅτι δι' ὑμᾶς ἐπτώχευσε, πλούσιος ὤν, ἵνα ὑμεῖς τῇ ἐκείνου πτωχείᾳ πλουτήσητε.

10 καὶ γνώμην ἐν τούτῳ δίδωμι· τοῦτο γὰρ ὑμῖν συμφέρει, οἵτινες οὐ μόνον τὸ ποιῆσαι ἀλλὰ καὶ τὸ θέλειν προενήρξασθε ἀπὸ πέρυσι·

11 νυνὶ δὲ καὶ τὸ ποιῆσαι ἐπιτελέσατε, ὅπως, καθάπερ ἡ προθυμία τοῦ θέλειν, οὕτω καὶ τὸ ἐπιτελέσαι ἐκ τοῦ ἔχειν.

12 εἰ γὰρ ἡ προθυμία πρόκειται, καθὸ ἐὰν ἔχῃ, τις εὐπρόσδεκτος, οὐ καθὸ οὐκ ἔχει.

13 οὐ γὰρ ἵνα ἄλλοις ἄνεσις, ὑμῖν δὲ θλῖψις·

14 ἀλλ' ἐξ ἰσότητος, ἔν τῷ νῦν καιρῷ τό ὑμῶν περίσσευμα εἴς τό ἐκείνων ὑστέρημά, ἵνα καὶ τὸ ἐκείνων περίσσευμα γένηται εἰς τὸ ὑμῶν ὑστέρημα ὅπως γένηται ἰσότης

15 καθὼς γέγραπται, Ὁ τὸ πολύ, οὐκ ἐπλεόνασε· καὶ ὁ τὸ ὀλίγον, οὐκ ἠλαττόνησε.

16 Χάρις δὲ τῷ Θεῷ τῷ διδόντι τὴν αὐτὴν σπουδὴν ὑπὲρ ὑμῶν ἐν τῇ καρδίᾳ Τίτου,

17 ὅτι τὴν μὲν παράκλησιν ἐδέξατο, σπουδαιότερος δὲ ὑπάρχων, αὐθαίρετος ἐξῆλθε πρὸς ὑμᾶς.

18 συνεπέμψαμεν δὲ μετ' αὐτοῦ τὸν ἀδελφὸν, οὗ ὁ ἔπαινος ἐν τῷ εὐαγγελίῳ διὰ πασῶν τῶν ἐκκλησιῶν·

19 οὐ μόνον δὲ, ἀλλὰ καὶ χειροτονηθεὶς ὑπὸ τῶν ἐκκλησιῶν συνέκδημος ἡμῶν σὺν τῇ χάριτι ταύτῃ τῇ διακονουμένῃ ὑφ' ἡμῶν πρὸς τὴν αὐτοῦ τοῦ Κυρίου δόξαν καὶ προθυμίαν ὑμῶν·

20 στελλόμενοι τοῦτο, μή τις ἡμᾶς μωμήσηται ἐν τῇ ἀδρότητι ταύτῃ τῇ διακονουμένῃ ὑφ' ἡμῶν·

21 προνοούμενοι καλὰ οὐ μόνον ἐνώπιον Κυρίου ἀλλὰ καὶ ἐνώπιον ἀνθρώπων.

22 συνεπέμψαμεν δὲ αὐτοῖς τὸν ἀδελφὸν ἡμῶν, ὃν ἐδοκιμάσαμεν ἐν πολλοῖς πολλάκις σπουδαῖον, ὄντα, νυνὶ δὲ πολὺ σπουδαιότερον πεποιθήσει πολλῇ τῇ εἰς ὑμᾶς.

23 εἴτε ὑπὲρ Τίτου, κοινωνὸς ἐμὸς καὶ εἰς ὑμᾶς συνεργός· εἴτε ἀδελφοὶ ἡμῶν, ἀπόστολοι ἐκκλησιῶν, δόξα Χριστοῦ.

24 τὴν οὖν ἔνδειξιν τῆς ἀγάπης ὑμῶν καὶ ἡμῶν καυχήσεως ὑπὲρ ὑμῶν, εἰς αὐτοὺς ἐνδείξασθε καὶ εἰς πρόσωπον τῶν ἐκκλησιῶν.

CHAPTER 9

1 Περὶ μὲν γὰρ τῆς διακονίας τῆς εἰς τοὺς ἁγίους περισσόν μοί ἐστι τὸ γράφειν ὑμῖν·

2 οἶδα γὰρ τὴν προθυμίαν ὑμῶν, ἣν ὑπὲρ ὑμῶν καυχῶμαι Μακεδόσιν, ὅτι Ἀχαΐα παρεσκεύασται ἀπὸ πέρυσι· καὶ ὁ ἐξ ὑμῶν ζῆλος ἠρέθισε τοὺς πλείονας.

3 ἔπεμψα δὲ τοὺς ἀδελφούς, ἵνα μὴ τὸ καύχημα ἡμῶν τὸ ὑπὲρ ὑμῶν κενωθῇ ἐν τῷ μέρει τούτῳ· ἵνα, καθὼς ἔλεγον, παρεσκευασμένοι ἦτε.

4 μή πως, ἐὰν ἔλθωσι σὺν ἐμοὶ Μακεδόνες καὶ εὕρωσιν ὑμᾶς ἀπαρασκευάστους, καταισχυνθῶμεν ἡμεῖς (ἵνα μὴ λέγωμεν ὑμεῖς) ἐν τῇ ὑποστάσει ταύτῃ τῆς καυχήσεως.

5 ἀναγκαῖον οὖν ἡγησάμην παρακαλέσαι τοὺς ἀδελφούς, ἵνα προέλθωσιν εἰς ὑμᾶς, καὶ προκαταρτίσωσι τὴν προκατηγγελμένην εὐλογίαν ὑμῶν, ταύτην

Η ΠΡΟΣ ΚΟΡΙΝΘΙΟΥΣ Β

ἑτοίμην εἶναι, οὕτως ὡς εὐλογίαν καὶ μὴ ὥσπερ πλεονεξίαν.

6 Τοῦτο δέ, ὁ σπείρων φειδομένως, φειδομένως καὶ θερίσει· καὶ ὁ σπείρων ἐπ' εὐλογίαις, ἐπ' εὐλογίαις καὶ θερίσει.

7 ἕκαστος καθὼς προαιρεῖται τῇ καρδίᾳ· μὴ ἐκ λύπης ἢ ἐξ ἀνάγκης· ἱλαρὸν γὰρ δότην ἀγαπᾷ ὁ Θεός.

8 δυνατὸς δὲ ὁ Θεὸς πᾶσαν χάριν περισσεῦσαι εἰς ὑμᾶς, ἵνα ἐν παντὶ πάντοτε πᾶσαν αὐτάρκειαν ἔχοντες περισσεύητε εἰς πᾶν ἔργον ἀγαθόν·

9 καθὼς γέγραπται, Ἐσκόρπισεν, ἔδωκε τοῖς πένησιν· ἡ δικαιοσύνη αὐτοῦ μένει εἰς τὸν αἰῶνα.

10 ὁ δὲ ἐπιχορηγῶν σπέρμα τῷ σπείροντι, καὶ ἄρτον εἰς βρῶσιν χορηγήσαι, καὶ πληθυναῖ τὸν σπόρον ὑμῶν, καὶ αὐξήσαι τὰ γεννήματα τῆς δικαιοσύνης ὑμῶν·

11 ἐν παντὶ πλουτιζόμενοι εἰς πᾶσαν ἁπλότητα, ἥτις κατεργάζεται δι' ἡμῶν εὐχαριστίαν τῷ Θεῷ

12 ὅτι ἡ διακονία τῆς λειτουργίας ταύτης οὐ μόνον ἐστὶ προσαναπληροῦσα τὰ ὑστερήματα τῶν ἁγίων, ἀλλὰ καὶ περισσεύουσα διὰ πολλῶν εὐχαριστιῶν τῷ Θεῷ·

13 διὰ τῆς δοκιμῆς τῆς διακονίας ταύτης δοξάζοντες τὸν Θεὸν ἐπὶ τῇ ὑποταγῇ τῆς ὁμολογίας ὑμῶν εἰς τὸ εὐαγγέλιον τοῦ Χριστοῦ, καὶ ἁπλότητι τῆς κοινωνίας εἰς αὐτοὺς καὶ εἰς πάντας·

14 καὶ αὐτῶν δεήσει ὑπὲρ ὑμῶν ἐπιποθούντων ὑμᾶς διὰ τὴν ὑπερβάλλουσαν χάριν τοῦ Θεοῦ ἐφ' ὑμῖν.

15 χάρις δὲ τῷ Θεῷ ἐπὶ τῇ ἀνεκδιηγήτῳ αὐτοῦ δωρεᾷ.

CHAPTER 10

1 Αὐτὸς δὲ ἐγὼ Παῦλος παρακαλῶ ὑμᾶς διὰ τῆς πρᾳότητος καὶ ἐπιεικείας τοῦ Χριστοῦ, ὃς κατὰ πρόσωπον μὲν ταπεινὸς ἐν ὑμῖν, ἀπὼν δὲ θαρρῶ εἰς ὑμᾶς·

2 δέομαι δὲ τὸ μὴ παρὼν θαρρῆσαι τῇ πεποιθήσει ᾗ λογίζομαι τολμῆσαι ἐπί τινας τοὺς λογιζομένους ἡμᾶς ὡς κατὰ σάρκα περιπατοῦντας.

3 ἐν σαρκὶ γὰρ περιπατοῦντες οὐ κατὰ σάρκα στρατευόμεθα

4 (τὰ γὰρ ὅπλα τῆς στρατείας ἡμῶν οὐ σαρκικά, ἀλλὰ δυνατὰ τῷ Θεῷ πρὸς καθαίρεσιν ὀχυρωμάτων),

5 λογισμοὺς καθαιροῦντες καὶ πᾶν ὕψωμα ἐπαιρόμενον κατὰ τῆς γνώσεως τοῦ θεοῦ καὶ αἰχμαλωτίζοντες πᾶν νόημα εἰς τὴν ὑπακοὴν τοῦ Χριστοῦ

6 καὶ ἐν ἑτοίμῳ ἔχοντες ἐκδικῆσαι πᾶσαν παρακοήν, ὅταν πληρωθῇ ὑμῶν ἡ ὑπακοή.

7 τὰ κατὰ πρόσωπον βλέπετε; εἴ τις πέποιθεν ἑαυτῷ Χριστοῦ εἶναι, τοῦτο λογιζέσθω πάλιν ἀφ' ἑαυτοῦ, ὅτι καθὼς αὐτὸς Χριστοῦ, οὕτω καὶ ἡμεῖς Χριστοῦ.

8 ἐάν τε γὰρ καὶ περισσότερόν τι καυχήσωμαι περὶ τῆς ἐξουσίας

ἡμῶν, (ἧς ἔδωκεν ὁ Κύριος ἡμῖν εἰς οἰκοδομὴν, καὶ οὐκ εἰς καθαίρεσιν ὑμῶν), οὐκ αἰσχυνθήσομαι·

9 ἵνα μὴ δόξω ὡς ἂν ἐκφοβεῖν ὑμᾶς διὰ τῶν ἐπιστολῶν.

10 ὅτι Αἱ μὲν ἐπιστολαὶ, φησί, βαρεῖαι καὶ ἰσχυραί· ἡ δὲ παρουσία τοῦ σώματος ἀσθενὴς, καὶ ὁ λόγος ἐξουθενημένος.

11 τοῦτο λογιζέσθω ὁ τοιοῦτος, ὅτι οἷοί ἐσμεν τῷ λόγῳ δι' ἐπιστολῶν ἀπόντες, τοιοῦτοι καὶ παρόντες τῷ ἔργῳ.

12 οὐ γὰρ τολμῶμεν ἐγκρῖναι ἢ συγκρῖναι ἑαυτούς τισι τῶν ἑαυτοὺς συνιστανόντων· ἀλλὰ αὐτοὶ ἐν ἑαυτοῖς ἑαυτοὺς μετροῦντες, καὶ συγκρίνοντες ἑαυτοὺς ἑαυτοῖς, οὐ συνιοῦσιν.

13 ἡμεῖς δὲ οὐχὶ εἰς τὰ ἄμετρα καυχησόμεθα, ἀλλὰ κατὰ τὸ μέτρον τοῦ κανόνος οὗ ἐμέρισεν ἡμῖν ὁ Θεὸς, μέτρου, ἐφικέσθαι ἄχρι καὶ ὑμῶν.

14 οὐ γὰρ ὡς μὴ ἐφικνούμενοι εἰς ὑμᾶς ὑπερεκτείνομεν ἑαυτούς· ἄχρι γὰρ καὶ ὑμῶν ἐφθάσαμεν ἐν τῷ εὐαγγελίῳ τοῦ Χριστοῦ·

15 οὐκ εἰς τὰ ἄμετρα καυχώμενοι ἐν ἀλλοτρίοις κόποις, ἐλπίδα δὲ ἔχοντες αὐξανομένης τῆς πίστεως ὑμῶν, ἐν ὑμῖν μεγαλυνθῆναι κατὰ τὸν κανόνα ἡμῶν εἰς περισσείαν,

16 εἰς τὰ ὑπερέκεινα ὑμῶν εὐαγγελίσασθαι, οὐκ ἐν ἀλλοτρίῳ κανόνι εἰς τὰ ἕτοιμα καυχήσασθαι.

17 ὁ δὲ καυχώμενος, ἐν Κυρίῳ καυχάσθω.

18 οὐ γὰρ ὁ ἑαυτὸν συνιστῶν, ἐκεῖνός ἐστι δόκιμος, ἀλλ' ὃν ὁ Κύριος συνίστησιν.

CHAPTER 11

1 Ὄφελον ἀνείχεσθέ μου μικρόν τῇ ἀφροσύνῃ· ἀλλὰ καὶ ἀνέχεσθέ μου.

2 ζηλῶ γὰρ ὑμᾶς Θεοῦ ζήλῳ· ἡρμοσάμην γὰρ ὑμᾶς ἑνὶ ἀνδρὶ παρθένον ἁγνὴν παραστῆσαι τῷ Χριστῷ.

3 φοβοῦμαι δὲ μή πως ὡς ὁ ὄφις Εὖαν ἐξηπάτησεν ἐν τῇ πανουργίᾳ αὑτοῦ, οὕτω φθαρῇ τὰ νοήματα ὑμῶν ἀπὸ τῆς ἁπλότητος τῆς εἰς τὸν Χριστόν.

4 εἰ μὲν γὰρ ὁ ἐρχόμενος ἄλλον Ἰησοῦν κηρύσσει ὃν οὐκ ἐκηρύξαμεν, ἢ πνεῦμα ἕτερον λαμβάνετε ὃ οὐκ ἐλάβετε, ἢ εὐαγγέλιον ἕτερον ὃ οὐκ ἐδέξασθε, καλῶς ἠνείχεσθε.

5 λογίζομαι γὰρ μηδὲν ὑστερηκέναι τῶν ὑπερ λίαν ἀποστόλων.

6 εἰ δὲ καὶ ἰδιώτης τῷ λόγῳ, ἀλλ' οὐ τῇ γνώσει· ἀλλ' ἐν παντὶ φανερωθέντες ἐν πᾶσιν εἰς ὑμᾶς.

7 ἢ ἁμαρτίαν ἐποίησα ἐμαυτὸν ταπεινῶν ἵνα ὑμεῖς ὑψωθῆτε, ὅτι δωρεὰν τὸ τοῦ Θεοῦ εὐαγγέλιον εὐηγγελισάμην ὑμῖν;

8 ἄλλας ἐκκλησίας ἐσύλησα, λαβὼν ὀψώνιον πρὸς τὴν ὑμῶν διακονίαν·

9 καὶ παρὼν πρὸς ὑμᾶς καὶ ὑστερηθεὶς οὐ κατενάρκησα

Η ΠΡΟΣ ΚΟΡΙΝΘΙΟΥΣ Β

οὐδενός· τὸ γὰρ ὑστέρημά μου προσανεπλήρωσαν οἱ ἀδελφοί, ἐλθόντες ἀπὸ Μακεδονίας· καὶ ἐν παντὶ ἀβαρῆ ὑμῖν ἐμαυτὸν ἐτήρησα καὶ τηρήσω.

10 ἔστιν ἀλήθεια Χριστοῦ ἐν ἐμοί, ὅτι ἡ καύχησις αὕτη οὐ φραγήσεται εἰς ἐμὲ ἐν τοῖς κλίμασι τῆς Ἀχαΐας.

11 διατί; ὅτι οὐκ ἀγαπῶ ὑμᾶς; ὁ Θεὸς οἶδεν.

12 ὃ δὲ ποιῶ, καὶ ποιήσω, ἵνα ἐκκόψω τὴν ἀφορμὴν τῶν θελόντων ἀφορμήν, ἵνα ἐν ᾧ καυχῶνται, εὑρεθῶσι καθὼς καὶ ἡμεῖς.

13 οἱ γὰρ τοιοῦτοι ψευδαπόστολοι, ἐργάται δόλιοι, μετασχηματιζόμενοι εἰς ἀποστόλους Χριστοῦ.

14 καὶ οὐ θαυμαστόν· αὐτὸς γὰρ ὁ Σατανᾶς μετασχηματίζεται εἰς ἄγγελον φωτός.

15 οὐ μέγα οὖν εἰ καὶ οἱ διάκονοι αὐτοῦ μετασχηματίζονται ὡς διάκονοι δικαιοσύνης, ὧν τὸ τέλος ἔσται κατὰ τὰ ἔργα αὐτῶν.

16 Πάλιν λέγω, μή τίς με δόξῃ ἄφρονα εἶναι· εἰ δὲ μή γε κἂν ὡς ἄφρονα δέξασθέ με, ἵνα μικρόν τι κἀγὼ καυχήσωμαι.

17 ὃ λαλῶ, οὐ λαλῶ κατὰ Κύριον, ἀλλ' ὡς ἐν ἀφροσύνῃ, ἐν ταύτῃ τῇ ὑποστάσει τῆς καυχήσεως.

18 ἐπεὶ πολλοὶ καυχῶνται κατὰ τὴν σάρκα, κἀγὼ καυχήσομαι.

19 ἡδέως γὰρ ἀνέχεσθε τῶν ἀφρόνων φρόνιμοι ὄντες.

20 ἀνέχεσθε γάρ, εἴ τις ὑμᾶς καταδουλοῖ, εἴ τις κατεσθίει, εἴ τις λαμβάνει, εἴ τις ἐπαίρεται, εἴ τις ὑμᾶς εἰς πρόσωπον δέρει.

21 κατὰ ἀτιμίαν λέγω, ὡς ὅτι ἡμεῖς ἠσθενήσαμεν· ἐν ᾧ δ' ἄν τις τολμᾷ (ἐν ἀφροσύνῃ λέγω), τολμῶ κἀγώ.

22 Ἑβραῖοί εἰσι; κἀγώ· Ἰσραηλῖταί εἰσι; κἀγώ· σπέρμα Ἀβραάμ εἰσι; κἀγώ·

23 διάκονοι Χριστοῦ εἰσι; (παραφρονῶν λαλῶ) ὑπὲρ ἐγώ· ἐν κόποις περισσοτέρως, ἐν πληγαῖς ὑπερβαλλόντως, ἐν φυλακαῖς περισσοτέρως, ἐν θανάτοις πολλάκις·

24 ὑπὸ Ἰουδαίων πεντάκις τεσσαράκοντα παρὰ μίαν ἔλαβον.

25 τρὶς ἐρραβδίσθην, ἅπαξ ἐλιθάσθην, τρὶς ἐναυάγησα, νυχθήμερον ἐν τῷ βυθῷ πεποίηκα·

26 ὁδοιπορίαις πολλάκις, κινδύνοις ποταμῶν, κινδύνοις λῃστῶν, κινδύνοις ἐκ γένους, κινδύνοις ἐξ ἐθνῶν, κινδύνοις ἐν πόλει, κινδύνοις ἐν ἐρημίᾳ, κινδύνοις ἐν θαλάσσῃ· κινδύνοις ἐν ψευδαδέλφοις,

27 ἐν κόπῳ καὶ μόχθῳ, ἐν ἀγρυπνίαις πολλάκις, ἐν λιμῷ καὶ δίψει, ἐν νηστείαις πολλάκις, ἐν ψύχει καὶ γυμνότητι.

28 χωρὶς τῶν παρεκτὸς ἡ ἐπισύστασίς μου ἡ καθ' ἡμέραν, ἡ μέριμνα πασῶν τῶν ἐκκλησιῶν.

29 τίς ἀσθενεῖ, καὶ οὐκ ἀσθενῶ; τίς σκανδαλίζεται, καὶ οὐκ ἐγὼ πυροῦμαι;

30 εἰ καυχᾶσθαι δεῖ, τὰ τῆς ἀσθενείας μου καυχήσομαι.

31 ὁ Θεὸς καὶ πατὴρ τοῦ Κυρίου ἡμῶν Ἰησοῦ Χριστοῦ οἶδεν, ὁ ὢν εὐλογητὸς εἰς τοὺς αἰῶνας, ὅτι οὐ ψεύδομαι.
32 ἐν Δαμασκῷ ὁ ἐθνάρχης Ἀρέτα τοῦ βασιλέως ἐφρούρει τὴν Δαμασκηνῶν πόλιν, πιάσαι με θέλων·
33 καὶ διὰ θυρίδος ἐν σαργάνῃ ἐχαλάσθην διὰ τοῦ τείχους καὶ ἐξέφυγον τὰς χεῖρας αὐτοῦ.

CHAPTER 12

1 Καυχᾶσθαι δὴ οὐ συμφέρει μοι· ἐλεύσομαι γὰρ εἰς ὀπτασίας καὶ ἀποκαλύψεις Κυρίου.
2 οἶδα ἄνθρωπον ἐν Χριστῷ πρὸ ἐτῶν δεκατεσσάρων (εἴτε ἐν σώματι οὐκ οἶδα· εἴτε ἐκτὸς τοῦ σώματος οὐκ οἶδα, ὁ Θεὸς οἶδεν), ἁρπαγέντα τὸν τοιοῦτον ἕως τρίτου οὐρανοῦ.
3 καὶ οἶδα τὸν τοιοῦτον ἄνθρωπον (εἴτε ἐν σώματι, εἴτε ἐκτὸς τοῦ σώματος, οὐκ οἶδα· ὁ Θεὸς οἶδεν)
4 ὅτι ἡρπάγη εἰς τὸν παράδεισον, καὶ ἤκουσεν ἄρρητα ῥήματα, ἃ οὐκ ἐξὸν ἀνθρώπῳ λαλῆσαι.
5 ὑπὲρ τοῦ τοιούτου καυχήσομαι· ὑπὲρ δὲ ἐμαυτοῦ οὐ καυχήσομαι, εἰ μὴ ἐν ταῖς ἀσθενείαις μου.
6 ἐὰν γὰρ θελήσω καυχήσασθαι, οὐκ ἔσομαι ἄφρων· ἀλήθειαν γὰρ ἐρῶ· φείδομαι δέ, μή τις εἰς ἐμὲ λογίσηται ὑπὲρ ὃ βλέπει με, ἢ ἀκούει τι ἐξ ἐμοῦ
7 καὶ τῇ ὑπερβολῇ τῶν ἀποκαλύψεων ἵνα μὴ ὑπεραίρωμαι, ἐδόθη μοι σκόλοψ τῇ σαρκί, ἄγγελος Σατᾶν, ἵνα με κολαφίζῃ, ἵνα μὴ ὑπεραίρωμαι.
8 ὑπὲρ τούτου τρὶς τὸν Κύριον παρεκάλεσα ἵνα ἀποστῇ ἀπ' ἐμοῦ.
9 καὶ εἴρηκέ μοι, Ἀρκεῖ σοι ἡ χάρις μου· ἡ γὰρ δύναμίς μου ἐν ἀσθενείᾳ τελειοῦται. ἥδιστα οὖν μᾶλλον καυχήσομαι ἐν ταῖς ἀσθενείαις μου, ἵνα ἐπισκηνώσῃ ἐπ' ἐμὲ ἡ δύναμις τοῦ Χριστοῦ.
10 διὸ εὐδοκῶ ἐν ἀσθενείαις, ἐν ὕβρεσιν, ἐν ἀνάγκαις, ἐν διωγμοῖς, ἐν στενοχωρίαις, ὑπὲρ Χριστοῦ· ὅταν γὰρ ἀσθενῶ, τότε δυνατός εἰμι.
11 Γέγονα ἄφρων· καυχώμενος· ὑμεῖς με ἠναγκάσατε· ἐγὼ γὰρ ὤφειλον ὑφ' ὑμῶν συνίστασθαι· οὐδὲν γὰρ ὑστέρησα τῶν ὑπὲρ λίαν ἀποστόλων, εἰ καὶ οὐδέν εἰμι.
12 τὰ μὲν σημεῖα τοῦ ἀποστόλου κατειργάσθη ἐν ὑμῖν ἐν πάσῃ ὑπομονῇ, ἐν σημείοις καὶ τέρασι καὶ δυνάμεσι.
13 τί γάρ ἐστιν ὃ ἡττήθητε ὑπὲρ τὰς λοιπὰς ἐκκλησίας, εἰ μὴ ὅτι αὐτὸς ἐγὼ οὐ κατενάρκησα ὑμῶν; χαρίσασθέ μοι τὴν ἀδικίαν ταύτην.
14 Ἰδού, τρίτον ἑτοίμως ἔχω ἐλθεῖν πρὸς ὑμᾶς, καὶ οὐ καταναρκήσω ὑμῶν· οὐ γὰρ ζητῶ τὰ ὑμῶν, ἀλλ' ὑμᾶς· οὐ γὰρ ὀφείλει τὰ τέκνα τοῖς γονεῦσι θησαυρίζειν, ἀλλ' οἱ γονεῖς τοῖς τέκνοις.
15 ἐγὼ δὲ ἥδιστα δαπανήσω καὶ ἐκδαπανηθήσομαι ὑπὲρ τῶν ψυχῶν ὑμῶν, εἰ καὶ περισσοτέρως ὑμᾶς ἀγαπῶν, ἧττον ἀγαπῶμαι

16 ἔστω δέ, ἐγὼ οὐ κατεβάρησα ὑμᾶς· ἀλλ' ὑπάρχων πανοῦργος, δόλῳ ὑμᾶς ἔλαβον.

17 μή τινα ὧν ἀπέσταλκα πρὸς ὑμᾶς, δι' αὐτοῦ ἐπλεονέκτησα ὑμᾶς;

18 παρεκάλεσα Τίτον, καὶ συναπέστειλα τὸν ἀδελφόν· μή τι ἐπλεονέκτησεν ὑμᾶς Τίτος; οὐ τῷ αὐτῷ Πνεύματι περιεπατήσαμεν; οὐ τοῖς αὐτοῖς ἴχνεσι;

19 Πάλιν δοκεῖτε ὅτι ὑμῖν ἀπολογούμεθα; κατένωπιον τοῦ Θεοῦ ἐν Χριστῷ λαλοῦμεν· τὰ δὲ πάντα, ἀγαπητοί, ὑπὲρ τῆς ὑμῶν οἰκοδομῆς.

20 φοβοῦμαι γὰρ μή πως ἐλθὼν οὐχ οἵους θέλω εὕρω ὑμᾶς, κἀγὼ εὑρεθῶ ὑμῖν οἷον οὐ θέλετε· μή πως ἔρεις ζῆλοι, θυμοί, ἐριθεῖαι, καταλαλιαί, ψιθυρισμοί, φυσιώσεις, ἀκαταστασίαι·

21 μὴ πάλιν ἐλθόντα με ταπεινώσῃ ὁ Θεός μου πρὸς ὑμᾶς, καὶ πενθήσω πολλοὺς τῶν προημαρτηκότων, καὶ μὴ μετανοησάντων ἐπὶ τῇ ἀκαθαρσίᾳ καὶ πορνείᾳ καὶ ἀσελγείᾳ ᾗ ἔπραξαν.

CHAPTER 13

1 Τρίτον τοῦτο ἔρχομαι πρὸς ὑμᾶς. ἐπὶ στόματος δύο μαρτύρων καὶ τριῶν σταθήσεται πᾶν ῥῆμα.

2 προείρηκα καὶ προλέγω, ὡς παρὼν τὸ δεύτερον καὶ ἀπὼν νῦν γράφω τοῖς προημαρτηκόσι καὶ τοῖς λοιποῖς πᾶσιν, ὅτι ἐὰν ἔλθω εἰς τὸ πάλιν, οὐ φείσομαι·

3 ἐπεὶ δοκιμὴν ζητεῖτε τοῦ ἐν ἐμοὶ λαλοῦντος Χριστοῦ, ὃς εἰς ὑμᾶς οὐκ ἀσθενεῖ ἀλλὰ δυνατεῖ ἐν ὑμῖν·

4 καὶ γὰρ εἰ ἐσταυρώθη ἐξ ἀσθενείας, ἀλλὰ ζῇ ἐκ δυνάμεως Θεοῦ. καὶ γὰρ καὶ ἡμεῖς ἀσθενοῦμεν ἐν αὐτῷ, ἀλλὰ ζήσομεθα σὺν αὐτῷ ἐκ δυνάμεως Θεοῦ εἰς ὑμᾶς.

5 ἑαυτοὺς πειράζετε εἰ ἐστὲ ἐν τῇ πίστει, ἑαυτοὺς δοκιμάζετε. ἢ οὐκ ἐπιγινώσκετε ἑαυτοὺς ὅτι Ἰησοῦς Χριστὸς ἐν ὑμῖν; ἐστίν εἰ μή τι ἀδόκιμοί ἐστε.

6 ἐλπίζω δὲ ὅτι γνώσεσθε ὅτι ἡμεῖς οὐκ ἐσμὲν ἀδόκιμοι.

7 εὐχόμαι δὲ πρὸς τὸν Θεόν, μὴ ποιῆσαι ὑμᾶς κακὸν μηδέν, οὐχ ἵνα ἡμεῖς δόκιμοι φανῶμεν, ἀλλ' ἵνα ὑμεῖς τὸ καλὸν ποιῆτε, ἡμεῖς δὲ ὡς ἀδόκιμοι ὦμεν.

8 οὐ γὰρ δυνάμεθά τι κατὰ τῆς ἀληθείας, ἀλλ' ὑπὲρ τῆς ἀληθείας.

9 χαίρομεν γὰρ ὅταν ἡμεῖς ἀσθενῶμεν, ὑμεῖς δὲ δυνατοὶ ἦτε· τοῦτο δὲ καὶ εὐχόμεθα, τὴν ὑμῶν κατάρτισιν.

10 διὰ τοῦτο ταῦτα ἀπὼν γράφω, ἵνα παρὼν μὴ ἀποτόμως χρήσωμαι, κατὰ τὴν ἐξουσίαν ἣν ἔδωκέ μοι ὁ Κύριος, εἰς οἰκοδομήν, καὶ οὐκ εἰς καθαίρεσιν.

11 Λοιπόν, ἀδελφοί, χαίρετε· καταρτίζεσθε, παρακαλεῖσθε, τὸ αὐτὸ φρονεῖτε, εἰρηνεύετε· καὶ ὁ Θεὸς τῆς ἀγάπης καὶ εἰρήνης ἔσται μεθ' ὑμῶν.

12 ἀσπάσασθε ἀλλήλους ἐν ἁγίῳ φιλήματι.

13 Ἀσπάζονται ὑμᾶς οἱ ἅγιοι πάντες.

14 Ἡ χάρις τοῦ Κυρίου Ἰησοῦ Χριστοῦ, καὶ ἡ ἀγάπη τοῦ Θεοῦ, καὶ ἡ κοινωνία τοῦ Ἁγίου Πνεύματος μετὰ πάντων ὑμῶν. ἀμήν.

ΠΑΥΛΟΥ ΤΟΥ ΑΠΟΣΤΟΛΟΥ Η ΠΡΟΣ ΓΑΛΑΤΑΣ ΕΠΙΣΤΟΛΗ

ΓΑΛ CHAPTER 1

Παῦλος ἀπόστολος (οὐκ ἀπ' ἀνθρώπων, οὐδὲ δι' ἀνθρώπου, ἀλλὰ διὰ Ἰησοῦ Χριστοῦ, καὶ Θεοῦ πατρὸς τοῦ ἐγείραντος αὐτὸν ἐκ νεκρῶν),

2 καὶ οἱ σὺν ἐμοὶ πάντες ἀδελφοί, ταῖς ἐκκλησίαις τῆς Γαλατίας·

3 χάρις ὑμῖν καὶ εἰρήνη ἀπὸ Θεοῦ πατρὸς, καὶ Κυρίου ἡμῶν Ἰησοῦ Χριστοῦ,

4 τοῦ δόντος ἑαυτὸν ὑπὲρ τῶν ἁμαρτιῶν ἡμῶν, ὅπως ἐξέληται ἡμᾶς ἐκ τοῦ ἐνεστῶτος αἰῶνος πονηροῦ, κατὰ τὸ θέλημα τοῦ Θεοῦ καὶ πατρὸς ἡμῶν·

5 ᾧ ἡ δόξα εἰς τοὺς αἰῶνας τῶν αἰώνων ἀμήν.

6 Θαυμάζω ὅτι οὕτω ταχέως μετατίθεσθε ἀπὸ τοῦ καλέσαντος ὑμᾶς ἐν χάριτι Χριστοῦ εἰς ἕτερον εὐαγγέλιον·

7 ὃ οὐκ ἔστιν ἄλλο, εἰ μή τινές εἰσιν οἱ ταράσσοντες ὑμᾶς καὶ θέλοντες μεταστρέψαι τὸ εὐαγγέλιον τοῦ Χριστοῦ.

8 ἀλλὰ καὶ ἐὰν ἡμεῖς ἢ ἄγγελος ἐξ οὐρανοῦ εὐαγγελίζηται ὑμῖν παρ' ὃ εὐηγγελισάμεθα ὑμῖν, ἀνάθεμα ἔστω.

9 ὡς προειρήκαμεν, καὶ ἄρτι πάλιν λέγω, εἴ τις ὑμᾶς εὐαγγελίζεται παρ' ὃ παρελάβετε, ἀνάθεμα ἔστω.

10 ἄρτι γὰρ ἀνθρώπους πείθω ἢ τὸν Θεόν; ἢ ζητῶ ἀνθρώποις ἀρέσκειν; εἰ γὰρ ἔτι ἀνθρώποις ἤρεσκον, Χριστοῦ δοῦλος οὐκ ἂν ἤμην.

11 Γνωρίζω δὲ ὑμῖν, ἀδελφοί, τὸ εὐαγγέλιον τὸ εὐαγγελισθὲν ὑπ' ἐμοῦ, ὅτι οὐκ ἔστι κατὰ ἄνθρωπον.

12 οὐδὲ γὰρ ἐγὼ παρὰ ἀνθρώπου παρέλαβον αὐτό, οὔτε ἐδιδάχθην, ἀλλὰ δι' ἀποκαλύψεως Ἰησοῦ Χριστοῦ.

13 ἠκούσατε γὰρ τὴν ἐμὴν ἀναστροφήν ποτε ἐν τῷ Ἰουδαϊσμῷ, ὅτι καθ' ὑπερβολὴν ἐδίωκον τὴν ἐκκλησίαν τοῦ Θεοῦ, καὶ ἐπόρθουν αὐτήν·

14 καὶ προέκοπτον ἐν τῷ Ἰουδαϊσμῷ ὑπὲρ πολλοὺς συνηλικιώτας ἐν τῷ γένει μου, περισσοτέρως ζηλωτὴς ὑπάρχων τῶν πατρικῶν μου παραδόσεων.

15 ὅτε δὲ εὐδόκησεν ὁ Θεὸς ὁ ἀφορίσας με ἐκ κοιλίας μητρός μου καὶ καλέσας διὰ τῆς χάριτος αὐτοῦ,

16 ἀποκαλύψαι τὸν υἱὸν αὐτοῦ ἐν ἐμοὶ ἵνα εὐαγγελίζωμαι αὐτὸν ἐν τοῖς ἔθνεσιν, εὐθέως οὐ προσανεθέμην σαρκὶ καὶ αἵματι·

17 οὐδὲ ἀνῆλθον εἰς Ἱεροσόλυμα πρὸς τοὺς πρὸ ἐμοῦ ἀποστόλους, ἀλλ' ἀπῆλθον εἰς Ἀραβίαν, καὶ πάλιν ὑπέστρεψα εἰς Δαμασκόν.

18 Ἔπειτα μετὰ ἔτη τρία ἀνῆλθον εἰς Ἱεροσόλυμα ἱστορῆσαι Πέτρον, καὶ ἐπέμεινα πρὸς αὐτὸν ἡμέρας δεκαπέντε.

19 ἕτερον δὲ τῶν ἀποστόλων οὐκ εἶδον, εἰ μὴ Ἰάκωβον τὸν ἀδελφὸν τοῦ Κυρίου.

20 ἃ δὲ γράφω ὑμῖν, ἰδοὺ ἐνώπιον τοῦ Θεοῦ ὅτι οὐ ψεύδομαι.

21 ἔπειτα ἦλθον εἰς τὰ κλίματα τῆς Συρίας καὶ τῆς Κιλικίας.

22 ἤμην δὲ ἀγνοούμενος τῷ προσώπῳ ταῖς ἐκκλησίαις τῆς Ἰουδαίας ταῖς ἐν Χριστῷ·

23 μόνον δὲ ἀκούοντες ἦσαν ὅτι Ὁ διώκων ἡμᾶς ποτε, νῦν εὐαγγελίζεται τὴν πίστιν ἥν ποτε ἐπόρθει,

24 καὶ ἐδόξαζον ἐν ἐμοὶ τὸν Θεόν.

CHAPTER 2

1 Ἔπειτα διὰ δεκατεσσάρων ἐτῶν πάλιν ἀνέβην εἰς Ἱεροσόλυμα μετὰ Βαρναβᾶ, συμπαραλαβὼν καὶ Τίτον·

2 ἀνέβην δὲ κατὰ ἀποκάλυψιν, καὶ ἀνεθέμην αὐτοῖς τὸ εὐαγγέλιον ὃ κηρύσσω ἐν τοῖς ἔθνεσι, κατ᾽ ἰδίαν δὲ τοῖς δοκοῦσι, μή πως εἰς κενὸν τρέχω ἢ ἔδραμον.

3 ἀλλ᾽ οὐδὲ Τίτος ὁ σὺν ἐμοί, Ἕλλην ὤν, ἠναγκάσθη περιτμηθῆναι·

4 διὰ δὲ τοὺς παρεισάκτους ψευδαδέλφους, οἵτινες παρεισῆλθον κατασκοπῆσαι τὴν ἐλευθερίαν ἡμῶν ἣν ἔχομεν ἐν Χριστῷ Ἰησοῦ, ἵνα ἡμᾶς καταδουλώσωνται·

5 οἷς οὐδὲ πρὸς ὥραν εἴξαμεν τῇ ὑποταγῇ, ἵνα ἡ ἀλήθεια τοῦ εὐαγγελίου διαμείνῃ πρὸς ὑμᾶς.

6 ἀπὸ δὲ τῶν δοκούντων εἶναί τι (ὁποῖοί ποτε ἦσαν οὐδέν μοι διαφέρει· πρόσωπον Θεὸς ἀνθρώπου οὐ λαμβάνει) ἐμοὶ γὰρ οἱ δοκοῦντες οὐδὲν προσανέθεντο·

7 ἀλλὰ τοὐναντίον, ἰδόντες ὅτι πεπίστευμαι τὸ εὐαγγέλιον τῆς ἀκροβυστίας, καθὼς Πέτρος τῆς περιτομῆς,

8 (ὁ γὰρ ἐνεργήσας Πέτρῳ εἰς ἀποστολὴν τῆς περιτομῆς, ἐνήργησε καὶ ἐμοὶ εἰς τὰ ἔθνη)

9 καὶ γνόντες τὴν χάριν τὴν δοθεῖσάν μοι, Ἰάκωβος καὶ Κηφᾶς καὶ Ἰωάννης, οἱ δοκοῦντες στῦλοι εἶναι, δεξιὰς ἔδωκαν ἐμοὶ καὶ Βαρναβᾷ κοινωνίας, ἵνα ἡμεῖς εἰς τὰ ἔθνη, αὐτοὶ δὲ εἰς τὴν περιτομήν·

10 μόνον τῶν πτωχῶν ἵνα μνημονεύωμεν, ὃ καὶ ἐσπούδασα αὐτὸ τοῦτο ποιῆσαι.

11 Ὅτε δὲ ἦλθε Πέτρος εἰς Ἀντιόχειαν, κατὰ πρόσωπον αὐτῷ ἀντέστην, ὅτι κατεγνωσμένος ἦν.

12 πρὸ τοῦ γὰρ ἐλθεῖν τινας ἀπὸ Ἰακώβου, μετὰ τῶν ἐθνῶν συνήσθιεν· ὅτε δὲ ἦλθον, ὑπέστελλε καὶ ἀφώριζεν ἑαυτόν, φοβούμενος τοὺς ἐκ περιτομῆς.

13 καὶ συνυπεκρίθησαν αὐτῷ καὶ οἱ λοιποὶ Ἰουδαῖοι, ὥστε καὶ Βαρναβᾶς συναπήχθη αὐτῶν τῇ ὑποκρίσει.

14 ἀλλ᾽ ὅτε εἶδον ὅτι οὐκ ὀρθοποδοῦσι πρὸς τὴν ἀλήθειαν τοῦ εὐαγγελίου, εἶπον, τῷ Πέτρῳ ἔμπροσθεν πάντων, Εἰ σὺ Ἰουδαῖος ὑπάρχων, ἐθνικῶς ζῇς καὶ οὐκ

Ἰουδαϊκῶς, τί τὰ ἔθνη ἀναγκάζεις Ἰουδαΐζειν;

15 ἡμεῖς φύσει Ἰουδαῖοι καὶ οὐκ ἐξ ἐθνῶν ἁμαρτωλοί,

16 εἰδότες ὅτι οὐ δικαιοῦται ἄνθρωπος ἐξ ἔργων νόμου, ἐὰν μὴ διὰ πίστεως Ἰησοῦ Χριστοῦ, καὶ ἡμεῖς εἰς Χριστὸν Ἰησοῦν ἐπιστεύσαμεν, ἵνα δικαιωθῶμεν ἐκ πίστεως Χριστοῦ, καὶ οὐκ ἐξ ἔργων νόμου· διότι οὐ δικαιωθήσεται ἐξ ἔργων νόμου πᾶσα σάρξ.

17 εἰ δὲ, ζητοῦντες δικαιωθῆναι ἐν Χριστῷ, εὑρέθημεν καὶ αὐτοὶ ἁμαρτωλοί, ἆρα Χριστὸς ἁμαρτίας διάκονος; μὴ γένοιτο.

18 εἰ γὰρ ἃ κατέλυσα, ταῦτα πάλιν οἰκοδομῶ, παραβάτην ἐμαυτὸν συνίστημι.

19 ἐγὼ γὰρ διὰ νόμου νόμῳ ἀπέθανον, ἵνα Θεῷ ζήσω.

20 Χριστῷ συνεσταύρωμαι ζῶ δὲ οὐκέτι ἐγώ ζῇ δὲ ἐν ἐμοὶ Χριστός ὃ δὲ νῦν ζῶ ἐν σαρκί ἐν πίστει ζῶ τῇ τοῦ υἱοῦ τοῦ θεοῦ τοῦ ἀγαπήσαντός με καὶ παραδόντος ἑαυτὸν ὑπὲρ ἐμοῦ

21 οὐκ ἀθετῶ τὴν χάριν τοῦ Θεοῦ· εἰ γὰρ διὰ νόμου δικαιοσύνη, ἄρα Χριστὸς δωρεὰν ἀπέθανεν.

CHAPTER 3

1 Ὦ ἀνόητοι Γαλάται, τίς ὑμᾶς ἐβάσκανε τῇ ἀληθείᾳ μὴ πείθεσθαι, οἷς κατ᾽ ὀφθαλμοὺς Ἰησοῦς Χριστὸς προεγράφη ἐν ὑμῖν ἐσταυρωμένος;

2 τοῦτο μόνον θέλω μαθεῖν ἀφ᾽ ὑμῶν, ἐξ ἔργων νόμου τὸ Πνεῦμα ἐλάβετε, ἢ ἐξ ἀκοῆς πίστεως;

3 οὕτως ἀνόητοί ἐστε; ἐναρξάμενοι Πνεύματι νῦν σαρκὶ ἐπιτελεῖσθε;

4 τοσαῦτα ἐπάθετε εἰκῇ; εἴ γε καὶ εἰκῇ.

5 ὁ οὖν ἐπιχορηγῶν ὑμῖν τὸ Πνεῦμα καὶ ἐνεργῶν δυνάμεις ἐν ὑμῖν, ἐξ ἔργων νόμου, ἢ ἐξ ἀκοῆς πίστεως;

6 καθὼς Ἀβραὰμ ἐπίστευσε τῷ Θεῷ, καὶ ἐλογίσθη αὐτῷ εἰς δικαιοσύνην.

7 γινώσκετε ἄρα ὅτι οἱ ἐκ πίστεως, οὗτοι εἰσιν υἱοί Ἀβραάμ.

8 προϊδοῦσα δὲ ἡ γραφὴ ὅτι ἐκ πίστεως δικαιοῖ τὰ ἔθνη ὁ Θεὸς προευηγγελίσατο τῷ Ἀβραὰμ ὅτι Ἐυλογηθήσονται ἐν σοὶ πάντα τὰ ἔθνη.

9 ὥστε οἱ ἐκ πίστεως εὐλογοῦνται σὺν τῷ πιστῷ Ἀβραάμ.

10 ὅσοι γὰρ ἐξ ἔργων νόμου εἰσίν, ὑπὸ κατάραν εἰσί· γέγραπται γὰρ Ἐπικατάρατος πᾶς ὃς οὐκ ἐμμένει ἐν πᾶσι τοῖς γεγραμμένοις ἐν τῷ βιβλίῳ τοῦ νόμου τοῦ ποιῆσαι αὐτά.

11 ὅτι δὲ ἐν νόμῳ οὐδεὶς δικαιοῦται παρὰ τῷ Θεῷ, δῆλον· ὅτι Ὁ δίκαιος ἐκ πίστεως ζήσεται·

12 ὁ δὲ νόμος οὐκ ἔστιν ἐκ πίστεως, ἀλλ᾽ Ὁ ποιήσας αὐτὰ ἄνθρωπος ζήσεται ἐν αὐτοῖς.

13 Χριστὸς ἡμᾶς ἐξηγόρασεν ἐκ τῆς κατάρας τοῦ νόμου, γενόμενος ὑπὲρ ἡμῶν κατάρα· γέγραπται γὰρ,

Ἐπικατάρατος πᾶς ὁ κρεμάμενος ἐπὶ ξύλου·

14 ἵνα εἰς τὰ ἔθνη ἡ εὐλογία τοῦ Ἀβραὰμ γένηται ἐν Χριστῷ Ἰησοῦ, ἵνα τὴν ἐπαγγελίαν τοῦ Πνεύματος, λάβωμεν διὰ τῆς πίστεως.

15 Ἀδελφοί, κατὰ ἄνθρωπον λέγω· ὅμως ἀνθρώπου κεκυρωμένην διαθήκην οὐδεὶς ἀθετεῖ ἢ ἐπιδιατάσσεται.

16 τῷ δὲ Ἀβραὰμ ἐρρήθησαν αἱ ἐπαγγελίαι καὶ τῷ σπέρματι αὐτοῦ. οὐ λέγει, Καὶ τοῖς σπέρμασιν, ὡς ἐπὶ πολλῶν, ἀλλ' ὡς ἐφ' ἑνός, Καὶ τῷ σπέρματί σου, ὅς ἐστι Χριστός.

17 τοῦτο δὲ λέγω· διαθήκην προκεκυρωμένην ὑπὸ τοῦ Θεοῦ εἰς Χριστὸν ὁ μετὰ ἔτη τετρακόσια καὶ τριάκοντα γεγονὼς νόμος οὐκ ἀκυροῖ, εἰς τὸ καταργῆσαι τὴν ἐπαγγελίαν.

18 εἰ γὰρ ἐκ νόμου ἡ κληρονομία, οὐκέτι ἐξ ἐπαγγελίας· τῷ δὲ Ἀβραὰμ δι' ἐπαγγελίας κεχάρισται ὁ Θεός.

19 τί οὖν ὁ νόμος; τῶν παραβάσεων χάριν προσετέθη, ἄχρις οὗ ἔλθῃ τὸ σπέρμα ᾧ ἐπήγγελται, διαταγεὶς δι' ἀγγέλων ἐν χειρὶ μεσίτου.

20 ὁ δὲ μεσίτης ἑνὸς οὐκ ἔστιν, ὁ δὲ Θεὸς εἷς ἐστιν.

21 ὁ οὖν νόμος κατὰ τῶν ἐπαγγελιῶν τοῦ Θεοῦ; μὴ γένοιτο. εἰ γὰρ ἐδόθη νόμος ὁ δυνάμενος ζωοποιῆσαι, ὄντως ἂν ἐκ νόμου ἦν ἡ δικαιοσύνη.

22 ἀλλὰ συνέκλεισεν ἡ γραφὴ τὰ πάντα ὑπὸ ἁμαρτίαν, ἵνα ἡ ἐπαγγελία ἐκ πίστεως Ἰησοῦ Χριστοῦ δοθῇ τοῖς πιστεύουσι.

23 Πρὸ τοῦ δὲ ἐλθεῖν τὴν πίστιν, ὑπὸ νόμον ἐφρουρούμεθα συγκεκλεισμένοι εἰς τὴν μέλλουσαν πίστιν ἀποκαλυφθῆναι.

24 ὥστε ὁ νόμος παιδαγωγὸς ἡμῶν γέγονεν εἰς Χριστόν, ἵνα ἐκ πίστεως δικαιωθῶμεν·

25 ἐλθούσης δὲ τῆς πίστεως, οὐκέτι ὑπὸ παιδαγωγόν ἐσμεν.

26 πάντες γὰρ υἱοὶ Θεοῦ ἐστε διὰ τῆς πίστεως ἐν Χριστῷ Ἰησοῦ.

27 ὅσοι γὰρ εἰς Χριστὸν ἐβαπτίσθητε, Χριστὸν ἐνεδύσασθε·

28 οὐκ ἔνι Ἰουδαῖος οὐδὲ Ἕλλην, οὐκ ἔνι δοῦλος οὐδὲ ἐλεύθερος, οὐκ ἔνι ἄρσεν καὶ θῆλυ· πάντες γὰρ ὑμεῖς εἷς ἐστε ἐν Χριστῷ Ἰησοῦ.

29 εἰ δὲ ὑμεῖς Χριστοῦ, ἄρα τοῦ Ἀβραὰμ σπέρμα ἐστέ, καὶ κατ' ἐπαγγελίαν κληρονόμοι.

CHAPTER 4

1 Λέγω δέ, ἐφ' ὅσον χρόνον ὁ κληρονόμος νήπιός ἐστιν, οὐδὲν διαφέρει δούλου κύριος πάντων ὤν·

2 ἀλλὰ ὑπὸ ἐπιτρόπους ἐστὶ καὶ οἰκονόμους, ἄχρι τῆς προθεσμίας τοῦ πατρός.

3 οὕτω καὶ ἡμεῖς, ὅτε ἦμεν νήπιοι, ὑπὸ τὰ στοιχεῖα τοῦ κόσμου ἦμεν δεδουλωμένοι·

4 ὅτε δὲ ἦλθε τὸ πλήρωμα τοῦ χρόνου, ἐξαπέστειλεν ὁ Θεὸς τὸν υἱὸν αὐτοῦ, γενόμενον ἐκ γυναικός, γενόμενον ὑπὸ νόμον,

5 ἵνα τοὺς ὑπὸ νόμον ἐξαγοράσῃ, ἵνα τὴν υἱοθεσίαν ἀπολάβωμεν.

6 ὅτι δέ ἐστε υἱοί, ἐξαπέστειλεν ὁ Θεὸς τὸ Πνεῦμα τοῦ υἱοῦ αὐτοῦ εἰς τὰς καρδίας ὑμῶν, κρᾶζον, Αββα ὁ πατήρ.

7 ὥστε οὐκέτι εἶ δοῦλος, ἀλλ' υἱός· εἰ δὲ υἱός, καὶ κληρονόμος Θεοῦ διὰ Χριστοῦ.

8 Ἀλλὰ τότε μὲν, οὐκ εἰδότες Θεὸν, ἐδουλεύσατε τοῖς μὴ φύσει οὖσι θεοῖς·

9 νῦν δὲ γνόντες Θεόν, μᾶλλον δὲ γνωσθέντες ὑπὸ Θεοῦ, πῶς ἐπιστρέφετε πάλιν ἐπὶ τὰ ἀσθενῆ καὶ πτωχὰ στοιχεῖα, οἷς πάλιν ἄνωθεν δουλεύειν θέλετε;

10 ἡμέρας παρατηρεῖσθε, καὶ μῆνας καὶ καιροὺς, καὶ ἐνιαυτούς.

11 φοβοῦμαι ὑμᾶς, μή πως εἰκῇ κεκοπίακα εἰς ὑμᾶς.

12 Γίνεσθε ὡς ἐγώ, ὅτι κἀγὼ ὡς ὑμεῖς, ἀδελφοί, δέομαι ὑμῶν. οὐδέν με ἠδικήσατε·

13 οἴδατε δὲ ὅτι δι' ἀσθένειαν τῆς σαρκὸς εὐηγγελισάμην ὑμῖν τὸ πρότερον,

14 καὶ τὸν πειρασμὸν μοῦ τὸν ἐν τῇ σαρκί μου οὐκ ἐξουθενήσατε οὐδὲ ἐξεπτύσατε, ἀλλ' ὡς ἄγγελον Θεοῦ ἐδέξασθέ με, ὡς Χριστὸν Ἰησοῦν.

15 τίς οὖν ἦν ὁ μακαρισμὸς ὑμῶν; μαρτυρῶ γὰρ ὑμῖν ὅτι, εἰ δυνατὸν τοὺς ὀφθαλμοὺς ὑμῶν ἐξορύξαντες ἂν ἐδώκατέ μοι.

16 ὥστε ἐχθρὸς ὑμῶν γέγονα ἀληθεύων ὑμῖν;

17 ζηλοῦσιν ὑμᾶς οὐ καλῶς, ἀλλὰ ἐκκλεῖσαι ὑμᾶς θέλουσιν, ἵνα αὐτοὺς ζηλοῦτε.

18 καλὸν δὲ τὸ ζηλοῦσθαι ἐν καλῷ πάντοτε, καὶ μὴ μόνον ἐν τῷ παρεῖναί με πρὸς ὑμᾶς.

19 τεκνία μου, οὓς πάλιν ὠδίνω ἄχρις οὗ μορφωθῇ Χριστὸς ἐν ὑμῖν,

20 ἤθελον δὲ παρεῖναι πρὸς ὑμᾶς ἄρτι, καὶ ἀλλάξαι τὴν φωνήν μου, ὅτι ἀποροῦμαι ἐν ὑμῖν.

21 Λέγετέ μοι, οἱ ὑπὸ νόμον θέλοντες εἶναι, τὸν νόμον οὐκ ἀκούετε;

22 γέγραπται γὰρ, ὅτι Ἀβραὰμ δύο υἱοὺς ἔσχεν· ἕνα ἐκ τῆς παιδίσκης, καὶ ἕνα ἐκ τῆς ἐλευθέρας.

23 ἀλλ' ὁ μὲν ἐκ τῆς παιδίσκης κατὰ σάρκα γεγέννηται, ὁ δὲ ἐκ τῆς ἐλευθέρας διὰ τῆς ἐπαγγελίας.

24 ἅτινά ἐστιν ἀλληγορούμενα· αὗται γάρ εἰσιν αἱ δύο διαθῆκαι· μία μὲν ἀπὸ ὄρους Σινᾶ, εἰς δουλείαν γεννῶσα, ἥτις ἐστὶν Ἀγάρ.

25 τὸ γὰρ Ἀγὰρ Σινᾶ ὄρος ἐστὶν ἐν τῇ Ἀραβίᾳ, συστοιχεῖ δὲ τῇ νῦν Ἰερουσαλήμ, δουλεύει δὲ μετὰ τῶν τέκνων αὐτῆς.

26 ἡ δὲ ἄνω Ἰερουσαλὴμ ἐλευθέρα ἐστίν, ἥτις ἐστὶ μήτηρ πάντων ἡμῶν·

27 γέγραπται γάρ, Εὐφράνθητι, στεῖρα ἡ οὐ τίκτουσα· ῥῆξον καὶ βόησον, ἡ οὐκ ὠδίνουσα· ὅτι πολλὰ τὰ τέκνα τῆς ἐρήμου μᾶλλον ἢ τῆς ἐχούσης τὸν ἄνδρα.

28 ἡμεῖς δέ, ἀδελφοί, κατὰ Ἰσαὰκ ἐπαγγελίας τέκνα ἐσμέν.

Η ΠΡΟΣ ΓΑΛΑΤΑΣ

29 ἀλλ' ὥσπερ τότε ὁ κατὰ σάρκα γεννηθεὶς ἐδίωκε τὸν κατὰ Πνεῦμα, οὕτω καὶ νῦν.

30 ἀλλὰ τί λέγει ἡ γραφή; Ἔκβαλε τὴν παιδίσκην καὶ τὸν υἱὸν αὐτῆς, οὐ γὰρ μὴ κληρονομήσῃ ὁ υἱὸς τῆς παιδίσκης μετὰ τοῦ υἱοῦ τῆς ἐλευθέρας.

31 ἄρα, ἀδελφοί, οὐκ ἐσμὲν παιδίσκης τέκνα, ἀλλὰ τῆς ἐλευθέρας.

CHAPTER 5

1 τῇ ἐλευθερίᾳ οὖν ᾗ Χριστὸς ἡμᾶς ἠλευθέρωσε, στήκετε, καὶ μὴ πάλιν ζυγῷ δουλείας ἐνέχεσθε.

2 Ἴδε, ἐγὼ Παῦλος λέγω ὑμῖν ὅτι ἐὰν περιτέμνησθε, Χριστὸς ὑμᾶς οὐδὲν ὠφελήσει.

3 μαρτύρομαι δὲ πάλιν παντὶ ἀνθρώπῳ περιτεμνομένῳ, ὅτι ὀφειλέτης ἐστὶν ὅλον τὸν νόμον ποιῆσαι.

4 κατηργήθητε ἀπὸ τοῦ Χριστοῦ, οἵτινες ἐν νόμῳ δικαιοῦσθε· τῆς χάριτος ἐξεπέσατε.

5 ἡμεῖς γὰρ Πνεύματι ἐκ πίστεως ἐλπίδα δικαιοσύνης ἀπεκδεχόμεθα.

6 ἐν γὰρ Χριστῷ Ἰησοῦ οὔτε περιτομή τι ἰσχύει, οὔτε ἀκροβυστία, ἀλλὰ πίστις δι' ἀγάπης ἐνεργουμένη.

7 ἐτρέχετε καλῶς· τίς ὑμᾶς ἀνέκοψε τῇ ἀληθείᾳ μὴ πείθεσθαι;

8 ἡ πεισμονὴ οὐκ ἐκ τοῦ καλοῦντος ὑμᾶς.

9 μικρὰ ζύμη ὅλον τὸ φύραμα ζυμοῖ.

10 ἐγὼ πέποιθα εἰς ὑμᾶς ἐν Κυρίῳ, ὅτι οὐδὲν ἄλλο φρονήσετε· ὁ δὲ ταράσσων ὑμᾶς βαστάσει τὸ κρίμα, ὅστις ἂν ᾖ.

11 ἐγὼ δέ, ἀδελφοί, εἰ περιτομὴν ἔτι κηρύσσω, τί ἔτι διώκομαι; ἄρα κατήργηται τὸ σκάνδαλον τοῦ σταυροῦ.

12 ὄφελον καὶ ἀποκόψονται οἱ ἀναστατοῦντες ὑμᾶς.

13 Ὑμεῖς γὰρ ἐπ' ἐλευθερίᾳ ἐκλήθητε, ἀδελφοί· μόνον μὴ τὴν ἐλευθερίαν εἰς ἀφορμὴν τῇ σαρκί, ἀλλὰ διὰ τῆς ἀγάπης δουλεύετε ἀλλήλοις.

14 ὁ γὰρ πᾶς νόμος ἐν ἑνὶ λόγῳ πληροῦται, ἐν τῷ, Ἀγαπήσεις τὸν πλησίον σου ὡς ἑαυτόν.

15 εἰ δὲ ἀλλήλους δάκνετε καὶ κατεσθίετε, βλέπετε μὴ ὑπό ἀλλήλων ἀναλωθῆτε.

16 Λέγω δέ, Πνεύματι περιπατεῖτε, καὶ ἐπιθυμίαν σαρκὸς οὐ μὴ τελέσητε.

17 ἡ γὰρ σὰρξ ἐπιθυμεῖ κατὰ τοῦ Πνεύματος, τὸ δὲ Πνεῦμα κατὰ τῆς σαρκός· ταῦτα δὲ ἀντίκειται ἀλλήλοις, ἵνα μὴ ἃ ἂν θέλητε, ταῦτα ποιῆτε.

18 εἰ δὲ Πνεύματι ἄγεσθε, οὐκ ἐστὲ ὑπὸ νόμον.

19 φανερὰ δέ ἐστι τὰ ἔργα τῆς σαρκός, ἅτινά ἐστι μοιχεία, πορνεία, ἀκαθαρσία, ἀσέλγεια,

20 εἰδωλολατρεία φαρμακεία, ἔχθραι, ἔρεις, ζῆλοι, θυμοί, ἐριθείαι, διχοστασίαι, αἱρέσεις,

338

21 φθόνοι, φόνοι, μέθαι, κῶμοι, καὶ τὰ ὅμοια τούτοις· ἃ προλέγω ὑμῖν, καθὼς καὶ προεῖπον, ὅτι οἱ τὰ τοιαῦτα πράσσοντες βασιλείαν Θεοῦ οὐ κληρονομήσουσιν.

22 ὁ δὲ καρπὸς τοῦ Πνεύματός ἐστιν ἀγάπη, χαρά, εἰρήνη, μακροθυμία, χρηστότης, ἀγαθωσύνη, πίστις,

23 πραότης, ἐγκράτεια· κατὰ τῶν τοιούτων οὐκ ἔστι νόμος.

24 οἱ δὲ τοῦ Χριστοῦ τὴν σάρκα ἐσταύρωσαν σὺν τοῖς παθήμασι καὶ ταῖς ἐπιθυμίαις.

25 Εἰ ζῶμεν Πνεύματι, Πνεύματι καὶ στοιχῶμεν.

26 μὴ γινώμεθα κενόδοξοι, ἀλλήλους προκαλούμενοι, ἀλλήλοις φθονοῦντες.

CHAPTER 6

1 Ἀδελφοί, ἐὰν καὶ προληφθῇ ἄνθρωπος ἔν τινι παραπτώματι, ὑμεῖς οἱ πνευματικοὶ καταρτίζετε τὸν τοιοῦτον ἐν πνεύματι πραότητος, σκοπῶν σεαυτόν, μὴ καὶ σὺ πειρασθῇς.

2 Ἀλλήλων τὰ βάρη βαστάζετε, καὶ οὕτως ἀναπληρώσατε τὸν νόμον τοῦ Χριστοῦ.

3 εἰ γὰρ δοκεῖ τις εἶναί τι, μηδὲν ὤν, ἑαυτὸν φρεναπατᾷ·

4 τὸ δὲ ἔργον ἑαυτοῦ δοκιμαζέτω ἕκαστος, καὶ τότε εἰς ἑαυτὸν μόνον τὸ καύχημα ἕξει, καὶ οὐκ εἰς τὸν ἕτερον.

5 ἕκαστος γὰρ τὸ ἴδιον φορτίον βαστάσει.

6 Κοινωνείτω δὲ ὁ κατηχούμενος τὸν λόγον τῷ κατηχοῦντι ἐν πᾶσιν ἀγαθοῖς.

7 Μὴ πλανᾶσθε, Θεὸς οὐ μυκτηρίζεται· ὃ γὰρ ἐὰν σπείρῃ ἄνθρωπος τοῦτο καὶ θερίσει.

8 ὅτι ὁ σπείρων εἰς τὴν σάρκα ἑαυτοῦ, ἐκ τῆς σαρκὸς θερίσει φθοράν· ὁ δὲ σπείρων εἰς τὸ Πνεῦμα ἐκ τοῦ Πνεύματος θερίσει ζωὴν αἰώνιον.

9 τὸ δὲ καλὸν ποιοῦντες μὴ ἐκκακῶμεν· καιρῷ γὰρ ἰδίῳ θερίσομεν, μὴ ἐκλυόμενοι.

10 ἄρα οὖν ὡς καιρὸν ἔχομεν, ἐργαζώμεθα τὸ ἀγαθὸν πρὸς πάντας, μάλιστα δὲ πρὸς τοὺς οἰκείους τῆς πίστεως.

11 Ἴδετε πηλίκοις ὑμῖν γράμμασιν ἔγραψα τῇ ἐμῇ χειρί.

12 ὅσοι θέλουσιν εὐπροσωπῆσαι ἐν σαρκί, οὗτοι ἀναγκάζουσιν ὑμᾶς περιτέμνεσθαι, μόνον ἵνα μὴ τῷ σταυρῷ τοῦ Χριστοῦ διώκωνται.

13 οὐδὲ γὰρ οἱ περιτεμνόμενοι αὐτοὶ νόμον φυλάσσουσιν, ἀλλὰ θέλουσιν ὑμᾶς περιτέμνεσθαι, ἵνα ἐν τῇ ὑμετέρᾳ σαρκὶ καυχήσωνται.

14 ἐμοὶ δὲ μὴ γένοιτο καυχᾶσθαι εἰ μὴ ἐν τῷ σταυρῷ τοῦ Κυρίου ἡμῶν Ἰησοῦ Χριστοῦ· δι' οὗ ἐμοὶ κόσμος ἐσταύρωται, κἀγὼ τῷ κόσμῳ.

15 ἐν γὰρ Χριστῷ Ἰησοῦ οὔτε περιτομὴ τί ἰσχύει, οὔτε ἀκροβυστία, ἀλλὰ καινὴ κτίσις.

16 καὶ ὅσοι τῷ κανόνι τούτῳ στοιχήσουσιν, εἰρήνη ἐπ' αὐτούς, καὶ ἔλεος, καὶ ἐπὶ τὸν Ἰσραὴλ τοῦ Θεοῦ.

17 Τοῦ λοιποῦ, κόπους μοι μηδεὶς παρεχέτω· ἐγὼ γὰρ τὰ στίγματα τοῦ Κυριοῦ Ἰησοῦ ἐν τῷ σώματί μου βαστάζω.

18 Ἡ χάρις τοῦ Κυρίου ἡμῶν Ἰησοῦ Χριστοῦ μετὰ τοῦ πνεύματος ὑμῶν, ἀδελφοί. ἀμήν.

ΠΑΥΛΟΥ ΤΟΥ ΑΠΟΣΤΟΛΟΥ Η ΠΡΟΣ ΕΦΕΣΙΟΥΣ ΕΠΙΣΤΟΛΗ

ΕΦΕ CHAPTER 1

Παῦλος, ἀπόστολος Ἰησοῦ Χριστοῦ διὰ θελήματος Θεοῦ, τοῖς ἁγίοις τοῖς οὖσιν ἐν Ἐφέσῳ καὶ πιστοῖς ἐν Χριστῷ Ἰησοῦ·

2 χάρις ὑμῖν καὶ εἰρήνη ἀπὸ Θεοῦ πατρὸς ἡμῶν καὶ Κυρίου Ἰησοῦ Χριστοῦ.

3 Εὐλογητὸς ὁ Θεὸς καὶ πατὴρ τοῦ Κυρίου ἡμῶν Ἰησοῦ Χριστοῦ, ὁ εὐλογήσας ἡμᾶς ἐν πάσῃ εὐλογίᾳ πνευματικῇ ἐν τοῖς ἐπουρανίοις ἐν Χριστῷ·

4 καθὼς ἐξελέξατο ἡμᾶς ἐν αὐτῷ πρὸ καταβολῆς κόσμου, εἶναι ἡμᾶς ἁγίους, καὶ ἀμώμους κατενώπιον αὐτοῦ ἐν ἀγάπῃ,

5 προορίσας ἡμᾶς εἰς υἱοθεσίαν διὰ Ἰησοῦ Χριστοῦ εἰς αὐτόν, κατὰ τὴν εὐδοκίαν τοῦ θελήματος αὐτοῦ,

6 εἰς ἔπαινον δόξης τῆς χάριτος αὐτοῦ, ἐν ᾗ ἐχαρίτωσεν ἡμᾶς ἐν τῷ ἠγαπημένῳ·

7 ἐν ᾧ ἔχομεν τὴν ἀπολύτρωσιν διὰ τοῦ αἵματος αὐτοῦ, τὴν ἄφεσιν τῶν παραπτωμάτων, κατὰ τὸ πλοῦτον τῆς χάριτος αὐτοῦ,

8 ἧς ἐπερίσσευσεν εἰς ἡμᾶς ἐν πάσῃ σοφίᾳ καὶ φρονήσει,

9 γνωρίσας ἡμῖν τὸ μυστήριον τοῦ θελήματος αὐτοῦ, κατὰ τὴν εὐδοκίαν αὐτοῦ, ἣν προέθετο ἐν αὐτῷ

10 εἰς οἰκονομίαν τοῦ πληρώματος τῶν καιρῶν, ἀνακεφαλαιώσασθαι τὰ πάντα ἐν τῷ Χριστῷ, τά τε ἐν τοῖς οὐρανοῖς καὶ τὰ ἐπὶ τῆς γῆς· ἐν αὐτῷ,

11 ἐν ᾧ καὶ ἐκληρώθημεν προορισθέντες κατὰ πρόθεσιν τοῦ τὰ πάντα ἐνεργοῦντος κατὰ τὴν βουλὴν τοῦ θελήματος αὐτοῦ

12 εἰς τὸ εἶναι ἡμᾶς εἰς ἔπαινον τῆς δόξης αὐτοῦ, τοὺς προηλπικότας ἐν τῷ Χριστῷ·

13 ἐν ᾧ καὶ ὑμεῖς, ἀκούσαντες τὸν λόγον τῆς ἀληθείας, τὸ εὐαγγέλιον τῆς σωτηρίας ὑμῶν, ἐν ᾧ καὶ πιστεύσαντες ἐσφραγίσθητε τῷ πνεύματι τῆς ἐπαγγελίας τῷ Ἁγίῳ,

14 ὅς ἐστιν ἀρραβὼν τῆς κληρονομίας ἡμῶν, εἰς ἀπολύτρωσιν τῆς περιποιήσεως, εἰς ἔπαινον τῆς δόξης αὐτοῦ.

15 Διὰ τοῦτο κἀγώ ἀκούσας τὴν καθ᾽ ὑμᾶς πίστιν ἐν τῷ Κυρίῳ Ἰησοῦ καὶ τὴν ἀγάπην τὴν εἰς πάντας τοὺς ἁγίους,

16 οὐ παύομαι εὐχαριστῶν ὑπὲρ ὑμῶν, μνείαν ὑμῶν ποιούμενος ἐπὶ τῶν προσευχῶν μου·

17 ἵνα ὁ Θεὸς τοῦ Κυρίου ἡμῶν Ἰησοῦ Χριστοῦ, ὁ πατὴρ τῆς δόξης, δώῃ ὑμῖν πνεῦμα σοφίας καὶ ἀποκαλύψεως, ἐν ἐπιγνώσει αὐτοῦ·

18 πεφωτισμένους τοὺς ὀφθαλμοὺς τῆς διανοίας ὑμῶν, εἰς τὸ εἰδέναι, ὑμᾶς τίς ἐστιν ἡ ἐλπὶς

τῆς κλήσεως αὐτοῦ, καὶ τίς ὁ πλοῦτος τῆς δόξης τῆς κληρονομίας αὐτοῦ ἐν τοῖς ἁγίοις,

19 καὶ τί τὸ ὑπερβάλλον μέγεθος τῆς δυνάμεως αὐτοῦ εἰς ἡμᾶς τοὺς πιστεύοντας κατὰ τὴν ἐνέργειαν τοῦ κράτους τῆς ἰσχύος αὐτοῦ

20 ἣν ἐνήργησεν ἐν τῷ Χριστῷ, ἐγείρας αὐτὸν ἐκ νεκρῶν, καὶ ἐκάθισεν ἐν δεξιᾷ αὐτοῦ ἐν τοῖς ἐπουρανίοις,

21 ὑπεράνω πάσης ἀρχῆς καὶ ἐξουσίας καὶ δυνάμεως καὶ κυριότητος, καὶ παντὸς ὀνόματος ὀνομαζομένου οὐ μόνον ἐν τῷ αἰῶνι τούτῳ, ἀλλὰ καὶ ἐν τῷ μέλλοντι·

22 καὶ πάντα ὑπέταξεν ὑπὸ τοὺς πόδας αὐτοῦ, καὶ αὐτὸν ἔδωκε κεφαλὴν ὑπὲρ πάντα τῇ ἐκκλησίᾳ,

23 ἥτις ἐστὶ τὸ σῶμα αὐτοῦ, τὸ πλήρωμα τοῦ πάντα ἐν πᾶσι πληρουμένου.

CHAPTER 2

1 Καὶ ὑμᾶς ὄντας νεκροὺς τοῖς παραπτώμασι, καὶ ταῖς ἁμαρτίαις,

2 ἐν αἷς ποτε περιεπατήσατε κατὰ τὸν αἰῶνα τοῦ κόσμου τούτου, κατὰ τὸν ἄρχοντα τῆς ἐξουσίας τοῦ ἀέρος, τοῦ πνεύματος τοῦ νῦν ἐνεργοῦντος ἐν τοῖς υἱοῖς τῆς ἀπειθείας·

3 ἐν οἷς καὶ ἡμεῖς πάντες ἀνεστράφημέν ποτε ἐν ταῖς ἐπιθυμίαις τῆς σαρκὸς ἡμῶν, ποιοῦντες τὰ θελήματα τῆς σαρκὸς καὶ τῶν διανοιῶν, καὶ ἦμεν τέκνα φύσει ὀργῆς, ὡς καὶ οἱ λοιποί·

4 ὁ δὲ Θεὸς, πλούσιος ὢν ἐν ἐλέει, διὰ τὴν πολλὴν ἀγάπην αὐτοῦ ἣν ἠγάπησεν ἡμᾶς,

5 καὶ ὄντας ἡμᾶς νεκροὺς τοῖς παραπτώμασι συνεζωοποίησε τῷ Χριστῷ (χάριτί ἐστε σεσωσμένοι),

6 καὶ συνήγειρε, καὶ συνεκάθισεν ἐν τοῖς ἐπουρανίοις ἐν Χριστῷ Ἰησοῦ·

7 ἵνα ἐνδείξηται ἐν τοῖς αἰῶσι τοῖς ἐπερχομένοις τὸν ὑπερβάλλοντα πλοῦτον τῆς χάριτος αὐτοῦ ἐν χρηστότητι ἐφ' ἡμᾶς ἐν Χριστῷ Ἰησοῦ·

8 τῇ γὰρ χάριτί ἐστε σεσωσμένοι διὰ τῆς πίστεως, καὶ τοῦτο οὐκ ἐξ ὑμῶν· Θεοῦ τὸ δῶρον·

9 οὐκ ἐξ ἔργων, ἵνα μή τις καυχήσηται.

10 αὐτοῦ γάρ ἐσμεν ποίημα, κτισθέντες ἐν Χριστῷ Ἰησοῦ ἐπὶ ἔργοις ἀγαθοῖς, οἷς προητοίμασεν ὁ Θεὸς, ἵνα ἐν αὐτοῖς περιπατήσωμεν.

11 Διὸ μνημονεύετε ὅτι ὑμεῖς ποτὲ τὰ ἔθνη ἐν σαρκί, οἱ λεγόμενοι ἀκροβυστία ὑπὸ τῆς λεγομένης περιτομῆς ἐν σαρκὶ χειροποιήτου,

12 ὅτι ἦτε ἐν τῷ καιρῷ ἐκείνῳ χωρὶς Χριστοῦ, ἀπηλλοτριωμένοι τῆς πολιτείας τοῦ Ἰσραὴλ, καὶ ξένοι τῶν διαθηκῶν, τῆς ἐπαγγελίας, ἐλπίδα μὴ ἔχοντες, καὶ ἄθεοι ἐν τῷ κόσμῳ.

13 νυνὶ δὲ ἐν Χριστῷ Ἰησοῦ ὑμεῖς οἵ ποτε ὄντες μακρὰν, ἐγγὺς

ἐγενήθητε ἐν τῷ αἵματι τοῦ Χριστοῦ.

14 αὐτὸς γάρ ἐστιν ἡ εἰρήνη ἡμῶν, ὁ ποιήσας τὰ ἀμφότερα ἓν, καὶ τὸ μεσότοιχον τοῦ φραγμοῦ λύσας,

15 τὴν ἔχθραν ἐν τῇ σαρκί αὐτοῦ τὸν νόμον τῶν ἐντολῶν ἐν δόγμασι καταργήσας ἵνα τοὺς δύο κτίσῃ ἐν ἑαυτῷ εἰς ἕνα καινὸν ἄνθρωπον ποιῶν εἰρήνην

16 καὶ ἀποκαταλλάξῃ τοὺς ἀμφοτέρους ἐν ἑνὶ σώματι τῷ Θεῷ διὰ τοῦ σταυροῦ, ἀποκτείνας τὴν ἔχθραν ἐν αὐτῷ·

17 καὶ ἐλθὼν εὐηγγελίσατο εἰρήνην ὑμῖν τοῖς μακρὰν, καὶ τοῖς ἐγγύς·

18 ὅτι δι' αὐτοῦ ἔχομεν τὴν προσαγωγὴν οἱ ἀμφότεροι ἐν ἑνὶ Πνεύματι πρὸς τὸν πατέρα.

19 ἄρα οὖν οὐκέτι ἐστὲ ξένοι καὶ πάροικοι, ἀλλὰ συμπολῖται τῶν ἁγίων καὶ οἰκεῖοι τοῦ Θεοῦ,

20 ἐποικοδομηθέντες ἐπὶ τῷ θεμελίῳ τῶν ἀποστόλων καὶ προφητῶν, ὄντος ἀκρογωνιαίου αὐτοῦ Ἰησοῦ Χριστοῦ,

21 ἐν ᾧ πᾶσα ἡ οἰκοδομὴ συναρμολογουμένη αὔξει εἰς ναὸν ἅγιον ἐν Κυρίῳ,

22 ἐν ᾧ καὶ ὑμεῖς συνοικοδομεῖσθε εἰς κατοικητήριον τοῦ Θεοῦ ἐν Πνεύματι.

CHAPTER 3

1 Τούτου χάριν ἐγὼ Παῦλος ὁ δέσμιος τοῦ Χριστοῦ Ἰησοῦ ὑπὲρ ὑμῶν τῶν ἐθνῶν,

2 εἴγε ἠκούσατε τὴν οἰκονομίαν τῆς χάριτος τοῦ Θεοῦ τῆς δοθείσης μοι εἰς ὑμᾶς

3 ὅτι κατὰ ἀποκάλυψιν ἐγνώρισέ μοι τὸ μυστήριον, καθὼς προέγραψα ἐν ὀλίγῳ,

4 πρὸς ὃ δύνασθε ἀναγινώσκοντες νοῆσαι τὴν σύνεσίν μου ἐν τῷ μυστηρίῳ τοῦ Χριστοῦ·

5 ὃ ἐν ἑτέραις γενεαῖς οὐκ ἐγνωρίσθη τοῖς υἱοῖς τῶν ἀνθρώπων, ὡς νῦν ἀπεκαλύφθη τοῖς ἁγίοις ἀποστόλοις αὐτοῦ καὶ προφήταις ἐν Πνεύματι·

6 εἶναι τὰ ἔθνη συγκληρονόμα καὶ σύσσωμα καὶ συμμέτοχα τῆς ἐπαγγελίας αὐτοῦ ἐν τῷ Χριστῷ, διὰ τοῦ εὐαγγελίου,

7 οὗ ἐγενόμην διάκονος κατὰ τὴν δωρεὰν τῆς χάριτος τοῦ Θεοῦ τὴν δοθεῖσαν μοι κατὰ τὴν ἐνέργειαν τῆς δυνάμεως αὐτοῦ.

8 ἐμοὶ τῷ ἐλαχιστοτέρῳ πάντων τῶν ἁγίων ἐδόθη ἡ χάρις αὕτη, ἐν τοῖς ἔθνεσιν εὐαγγελίσασθαι τὸν ἀνεξιχνίαστον πλοῦτον τοῦ Χριστοῦ,

9 καὶ φωτίσαι πάντας τίς ἡ κοινωνία τοῦ μυστηρίου τοῦ ἀποκεκρυμμένου ἀπὸ τῶν αἰώνων ἐν τῷ Θεῷ τῷ τὰ πάντα κτίσαντι διὰ Ἰησοῦ Χριστοῦ,

10 ἵνα γνωρισθῇ νῦν ταῖς ἀρχαῖς καὶ ταῖς ἐξουσίαις ἐν τοῖς ἐπουρανίοις διὰ τῆς ἐκκλησίας ἡ πολυποίκιλος σοφία τοῦ Θεοῦ

11 κατὰ πρόθεσιν τῶν αἰώνων ἣν ἐποίησεν ἐν Χριστῷ Ἰησοῦ τῷ Κυρίῳ ἡμῶν·

12 ἐν ᾧ ἔχομεν τὴν παρρησίαν καὶ τὴν προσαγωγὴν ἐν πεποιθήσει, διὰ τῆς πίστεως αὐτοῦ.

13 διὸ αἰτοῦμαι μὴ ἐκκακεῖν ἐν ταῖς θλίψεσί μου ὑπὲρ ὑμῶν, ἥτις ἐστὶ δόξα ὑμῶν.

14 Τούτου χάριν κάμπτω τὰ γόνατά μου πρὸς τὸν πατέρα τοῦ Κυρίου ἡμῶν Ἰησοῦ Χριστοῦ,

15 ἐξ οὗ πᾶσα πατριὰ ἐν οὐρανοῖς καὶ ἐπὶ γῆς ὀνομάζεται,

16 ἵνα δῴη ὑμῖν, κατὰ τὸν πλοῦτον τῆς δόξης αὐτοῦ, δυνάμει κραταιωθῆναι διὰ τοῦ Πνεύματος αὐτοῦ εἰς τὸν ἔσω ἄνθρωπον,

17 κατοικῆσαι τὸν Χριστὸν διὰ τῆς πίστεως ἐν ταῖς καρδίαις ὑμῶν· ἐν ἀγάπῃ ἐρριζωμένοι καὶ τεθεμελιωμένοι

18 ἵνα ἐξισχύσητε καταλαβέσθαι σὺν πᾶσι τοῖς ἁγίοις, τί τὸ πλάτος καὶ μῆκος καὶ βάθος καὶ ὕψος,

19 γνῶναί τε τὴν ὑπερβάλλουσαν τῆς γνώσεως ἀγάπην τοῦ Χριστοῦ, ἵνα πληρωθῆτε εἰς πᾶν τὸ πλήρωμα τοῦ Θεοῦ.

20 Τῷ δὲ δυναμένῳ ὑπὲρ πάντα ποιῆσαι ὑπὲρ ἐκ περισσοῦ ὧν αἰτούμεθα ἢ νοοῦμεν, κατὰ τὴν δύναμιν τὴν ἐνεργουμένην ἐν ἡμῖν,

21 αὐτῷ ἡ δόξα ἐν τῇ ἐκκλησίᾳ ἐν Χριστῷ Ἰησοῦ, εἰς πάσας τὰς γενεὰς τοῦ αἰῶνος τῶν αἰώνων. ἀμήν.

CHAPTER 4

1 Παρακαλῶ οὖν ὑμᾶς ἐγὼ, ὁ δέσμιος ἐν Κυρίῳ, ἀξίως περιπατῆσαι τῆς κλήσεως ἧς ἐκλήθητε,

2 μετὰ πάσης ταπεινοφροσύνης καὶ πρᾳότητος, μετὰ μακροθυμίας, ἀνεχόμενοι ἀλλήλων ἐν ἀγάπῃ,

3 σπουδάζοντες τηρεῖν τὴν ἑνότητα τοῦ Πνεύματος ἐν τῷ συνδέσμῳ τῆς εἰρήνης.

4 ἓν σῶμα καὶ ἓν Πνεῦμα, καθὼς καὶ ἐκλήθητε ἐν μιᾷ ἐλπίδι τῆς κλήσεως ὑμῶν·

5 εἷς Κύριος, μία πίστις, ἓν βάπτισμα,

6 εἷς Θεὸς καὶ πατὴρ πάντων, ὁ ἐπὶ πάντων καὶ διὰ πάντων, καὶ ἐν πᾶσιν ὑμῖν.

7 ἑνὶ δὲ ἑκάστῳ ἡμῶν ἐδόθη ἡ χάρις κατὰ τὸ μέτρον τῆς δωρεᾶς τοῦ Χριστοῦ.

8 διὸ λέγει, Ἀναβὰς εἰς ὕψος ᾐχμαλώτευσεν αἰχμαλωσίαν, καὶ ἔδωκε, δόματα τοῖς ἀνθρώποις.

9 (τὸ δὲ, Ἀνέβη, τί ἐστιν εἰ μὴ ὅτι καὶ κατέβη πρῶτον εἰς τὰ κατώτερα μέρη τῆς γῆς;

10 ὁ καταβὰς, αὐτός ἐστι καὶ ὁ ἀναβὰς ὑπεράνω πάντων τῶν οὐρανῶν, ἵνα πληρώσῃ τὰ πάντα.)

11 καὶ αὐτὸς ἔδωκε τοὺς μὲν, ἀποστόλους, τοὺς δὲ, προφήτας, τοὺς δὲ, εὐαγγελιστάς, τοὺς δὲ, ποιμένας καὶ διδασκάλους,

12 πρὸς τὸν καταρτισμὸν τῶν ἁγίων, εἰς ἔργον διακονίας, εἰς οἰκοδομὴν τοῦ σώματος τοῦ Χριστοῦ·

13 μέχρι καταντήσωμεν οἱ πάντες εἰς τὴν ἑνότητα τῆς πίστεως, καὶ τῆς ἐπιγνώσεως τοῦ υἱοῦ τοῦ

Θεοῦ, εἰς ἄνδρα τέλειον, εἰς μέτρον ἡλικίας τοῦ πληρώματος τοῦ Χριστοῦ·

14 ἵνα μηκέτι ὦμεν νήπιοι, κλυδωνιζόμενοι καὶ περιφερόμενοι παντὶ ἀνέμῳ τῆς διδασκαλίας, ἐν τῇ κυβείᾳ τῶν ἀνθρώπων, ἐν πανουργίᾳ πρὸς τὴν μεθοδείαν τῆς πλάνης·

15 ἀληθεύοντες δὲ ἐν ἀγάπῃ αὐξήσωμεν εἰς αὐτὸν τὰ πάντα, ὅς ἐστιν ἡ κεφαλή, ὁ Χριστός,

16 ἐξ οὗ πᾶν τὸ σῶμα συναρμολογούμενον καὶ συμβιβαζόμενον διὰ πάσης ἁφῆς τῆς ἐπιχορηγίας, κατ᾽ ἐνέργειαν ἐν μέτρῳ ἑνὸς ἑκάστου μέρους, τὴν αὔξησιν τοῦ σώματος ποιεῖται εἰς οἰκοδομὴν ἑαυτοῦ ἐν ἀγάπῃ.

17 Τοῦτο οὖν λέγω καὶ μαρτύρομαι ἐν Κυρίῳ, μηκέτι ὑμᾶς περιπατεῖν, καθὼς καὶ τὰ λοιπὰ ἔθνη περιπατεῖ ἐν ματαιότητι τοῦ νοὸς αὐτῶν,

18 ἐσκοτισμένοι τῇ διανοίᾳ, ὄντες ἀπηλλοτριωμένοι τῆς ζωῆς τοῦ Θεοῦ διὰ τὴν ἄγνοιαν τὴν οὖσαν ἐν αὐτοῖς, διὰ τὴν πώρωσιν τῆς καρδίας αὐτῶν·

19 οἵτινες ἀπηλγηκότες ἑαυτοὺς παρέδωκαν τῇ ἀσελγείᾳ, εἰς ἐργασίαν ἀκαθαρσίας πάσης ἐν πλεονεξίᾳ.

20 ὑμεῖς δὲ οὐχ οὕτως ἐμάθετε τὸν Χριστόν,

21 εἴ γε αὐτὸν ἠκούσατε καὶ ἐν αὐτῷ ἐδιδάχθητε, καθώς ἐστιν ἀλήθεια ἐν τῷ Ἰησοῦ·

22 ἀποθέσθαι ὑμᾶς, κατὰ τὴν προτέραν ἀναστροφήν, τὸν παλαιὸν ἄνθρωπον, τὸν φθειρόμενον κατὰ τὰς ἐπιθυμίας τῆς ἀπάτης·

23 ἀνανεοῦσθαι δὲ τῷ πνεύματι τοῦ νοὸς ὑμῶν,

24 καὶ ἐνδύσασθαι τὸν καινὸν ἄνθρωπον, τὸν κατὰ Θεὸν κτισθέντα ἐν δικαιοσύνῃ καὶ ὁσιότητι τῆς ἀληθείας.

25 Διὸ ἀποθέμενοι τὸ ψεῦδος λαλεῖτε ἀλήθειαν ἕκαστος μετὰ τοῦ πλησίον αὐτοῦ· ὅτι ἐσμὲν ἀλλήλων μέλη.

26 ὀργίζεσθε καὶ μὴ ἁμαρτάνετε· ὁ ἥλιος μὴ ἐπιδυέτω ἐπὶ τῷ παροργισμῷ ὑμῶν·

27 μήτε δίδοτε τόπον τῷ διαβόλῳ.

28 ὁ κλέπτων μηκέτι κλεπτέτω· μᾶλλον δὲ κοπιάτω, ἐργαζόμενος τὸ ἀγαθὸν ταῖς χερσίν, ἵνα ἔχῃ μεταδιδόναι τῷ χρείαν ἔχοντι.

29 πᾶς λόγος σαπρὸς ἐκ τοῦ στόματος ὑμῶν μὴ ἐκπορευέσθω, ἀλλ᾽ εἴ τις ἀγαθὸς πρὸς οἰκοδομὴν τῆς χρείας, ἵνα δῷ χάριν τοῖς ἀκούουσι.

30 καὶ μὴ λυπεῖτε τὸ Πνεῦμα τὸ Ἅγιον τοῦ Θεοῦ, ἐν ᾧ ἐσφραγίσθητε εἰς ἡμέραν ἀπολυτρώσεως.

31 πᾶσα πικρία καὶ θυμὸς καὶ ὀργὴ καὶ κραυγὴ καὶ βλασφημία ἀρθήτω ἀφ᾽ ὑμῶν, σὺν πάσῃ κακίᾳ·

32 γίνεσθε δὲ εἰς ἀλλήλους χρηστοί, εὔσπλαγχνοι, χαριζόμενοι ἑαυτοῖς, καθὼς καὶ ὁ Θεὸς ἐν Χριστῷ ἐχαρίσατο ὑμῖν.

Η ΠΡΟΣ ΕΦΕΣΙΟΥΣ

CHAPTER 5

1 Γίνεσθε οὖν μιμηταὶ τοῦ Θεοῦ, ὡς τέκνα ἀγαπητά·

2 καὶ περιπατεῖτε ἐν ἀγάπη, καθὼς καὶ ὁ Χριστὸς ἠγάπησεν ἡμᾶς καὶ παρέδωκεν ἑαυτὸν ὑπὲρ ἡμῶν προσφορὰν καὶ θυσίαν τῷ Θεῷ εἰς ὀσμὴν εὐωδίας.

3 πορνεία δὲ καὶ πᾶσα ἀκαθαρσία ἢ πλεονεξία μηδὲ ὀνομαζέσθω ἐν ὑμῖν, καθὼς πρέπει ἁγίοις·

4 καὶ αἰσχρότης, καὶ μωρολογία, ἢ εὐτραπελία, τὰ οὐκ ἀνήκοντα· ἀλλὰ μᾶλλον εὐχαριστία.

5 τοῦτο γὰρ ἔστε γινώσκοντες, ὅτι πᾶς πόρνος, ἢ ἀκάθαρτος, ἢ πλεονέκτης, ὅς ἐστιν εἰδωλολάτρης, οὐκ ἔχει κληρονομίαν ἐν τῇ βασιλείᾳ τοῦ Χριστοῦ καὶ Θεοῦ.

6 μηδεὶς ὑμᾶς ἀπατάτω κενοῖς λόγοις· διὰ ταῦτα γὰρ ἔρχεται ἡ ὀργὴ τοῦ Θεοῦ ἐπὶ τοὺς υἱοὺς τῆς ἀπειθείας.

7 μὴ οὖν γίνεσθε συμμέτοχοι αὐτῶν·

8 ἦτε γάρ ποτε σκότος, νῦν δὲ φῶς ἐν Κυρίῳ· ὡς τέκνα φωτὸς περιπατεῖτε

9 (ὁ γὰρ καρπὸς τοῦ Πνεύματος ἐν πάσῃ ἀγαθωσύνῃ καὶ δικαιοσύνῃ καὶ ἀληθείᾳ),

10 δοκιμάζοντες τί ἐστιν εὐάρεστον τῷ Κυρίῳ·

11 καὶ μὴ συγκοινωνεῖτε τοῖς ἔργοις τοῖς ἀκάρποις τοῦ σκότους, μᾶλλον δὲ καὶ ἐλέγχετε·

12 τὰ γὰρ κρυφῇ γινόμενα ὑπ᾽ αὐτῶν αἰσχρόν ἐστι καὶ λέγειν.

13 τὰ δὲ πάντα ἐλεγχόμενα ὑπὸ τοῦ φωτὸς φανεροῦται· πᾶν γάρ τό φανερούμενον φῶς ἐστί

14 διὸ λέγει, Ἔγειραι ὁ καθεύδων καὶ ἀνάστα ἐκ τῶν νεκρῶν, καὶ ἐπιφαύσει σοι ὁ Χριστός

15 Βλέπετε οὖν πῶς ἀκριβῶς περιπατεῖτε, μὴ ὡς ἄσοφοι, ἀλλ᾽ ὡς σοφοί,

16 ἐξαγοραζόμενοι τὸν καιρόν, ὅτι αἱ ἡμέραι πονηραί εἰσι.

17 διὰ τοῦτο μὴ γίνεσθε ἄφρονες, ἀλλὰ συνιέντες τί τὸ θέλημα τοῦ Κυρίου.

18 καὶ μὴ μεθύσκεσθε οἴνῳ, ἐν ᾧ ἐστιν ἀσωτία, ἀλλὰ πληροῦσθε ἐν Πνεύματι,

19 λαλοῦντες ἑαυτοῖς ψαλμοῖς καὶ ὕμνοις καὶ ᾠδαῖς πνευματικαῖς, ᾄδοντες καὶ ψάλλοντες ἐν τῇ καρδίᾳ ὑμῶν τῷ Κυρίῳ,

20 εὐχαριστοῦντες πάντοτε ὑπὲρ πάντων ἐν ὀνόματι τοῦ Κυρίου ἡμῶν Ἰησοῦ Χριστοῦ τῷ Θεῷ καὶ πατρί,

21 ὑποτασσόμενοι ἀλλήλοις ἐν φόβῳ Θεοῦ.

22 Αἱ γυναῖκες, τοῖς ἰδίοις ἀνδράσιν ὑποτάσσεσθε, ὡς τῷ Κυρίῳ,

23 ὅτι ὁ ἀνήρ ἐστι κεφαλὴ τῆς γυναικός, ὡς καὶ ὁ Χριστὸς κεφαλὴ τῆς ἐκκλησίας, καὶ αὐτὸς ἐστι σωτὴρ τοῦ σώματος.

24 ἀλλ᾽ ὥσπερ ἡ ἐκκλησία ὑποτάσσεται τῷ Χριστῷ, οὕτω καὶ

αἱ γυναῖκες τοῖς ἰδίοις ἀνδράσιν ἐν παντί.

25 οἱ ἄνδρες, ἀγαπᾶτε τὰς γυναῖκας ἑαυτῶν, καθὼς καὶ ὁ Χριστὸς ἠγάπησε τὴν ἐκκλησίαν, καὶ ἑαυτὸν παρέδωκεν ὑπὲρ αὐτῆς·

26 ἵνα αὐτὴν ἁγιάσῃ, καθαρίσας τῷ λουτρῷ τοῦ ὕδατος ἐν ῥήματι,

27 ἵνα παραστήσῃ αὐτὴν ἑαυτῷ ἔνδοξον τὴν ἐκκλησίαν, μὴ ἔχουσαν σπίλον, ἢ ῥυτίδα, ἤ τι τῶν τοιούτων, ἀλλ᾽ ἵνα ᾖ ἁγία καὶ ἄμωμος.

28 οὕτως ὀφείλουσιν οἱ ἄνδρες ἀγαπᾶν τὰς ἑαυτῶν γυναῖκας ὡς τὰ ἑαυτῶν σώματα. ὁ ἀγαπῶν τὴν ἑαυτοῦ γυναῖκα, ἑαυτὸν ἀγαπᾷ·

29 οὐδεὶς γάρ ποτε τὴν ἑαυτοῦ σάρκα ἐμίσησεν, ἀλλ᾽ ἐκτρέφει καὶ θάλπει αὐτήν, καθὼς καὶ ὁ Κύριος τὴν ἐκκλησίαν·

30 ὅτι μέλη ἐσμὲν τοῦ σώματος αὐτοῦ, ἐκ τῆς σαρκὸς αὐτοῦ καί ἐκ τῶν ὀστέων αὐτοῦ

31 ἀντὶ τούτου καταλείψει ἄνθρωπος τὸν πατέρα αὐτοῦ καὶ τὴν μητέρα καὶ προσκολληθήσεται πρὸς τὴν γυναῖκα αὐτοῦ καὶ ἔσονται οἱ δύο εἰς σάρκα μίαν

32 τὸ μυστήριον τοῦτο μέγα ἐστίν· ἐγὼ δὲ λέγω εἰς Χριστὸν καὶ εἰς τὴν ἐκκλησίαν.

33 Πλὴν καὶ ὑμεῖς οἱ καθ᾽ ἕνα, ἕκαστος τὴν ἑαυτοῦ γυναῖκα οὕτως ἀγαπάτω ὡς ἑαυτόν· ἡ δὲ γυνὴ ἵνα φοβῆται τὸν ἄνδρα.

CHAPTER 6

1 Τὰ τέκνα, ὑπακούετε τοῖς γονεῦσιν ὑμῶν ἐν Κυρίῳ· τοῦτο γάρ ἐστι δίκαιον.

2 Τίμα τὸν πατέρα σου καὶ τὴν μητέρα (ἥτις ἐστὶν ἐντολὴ πρώτη ἐν ἐπαγγελίᾳ),

3 ἵνα εὖ σοι γένηται, καὶ ἔσῃ μακροχρόνιος ἐπὶ τῆς γῆς.

4 καὶ οἱ πατέρες, μὴ παροργίζετε τὰ τέκνα ὑμῶν, ἀλλ᾽ ἐκτρέφετε αὐτὰ ἐν παιδείᾳ καὶ νουθεσίᾳ Κυρίου.

5 Οἱ δοῦλοι, ὑπακούετε τοῖς κυρίοις κατὰ σάρκα, μετὰ φόβου καὶ τρόμου, ἐν ἁπλότητι τῆς καρδίας ὑμῶν, ὡς τῷ Χριστῷ·

6 μὴ κατ᾽ ὀφθαλμοδουλείαν ὡς ἀνθρωπάρεσκοι, ἀλλ᾽ ὡς δοῦλοι τοῦ Χριστοῦ, ποιοῦντες τὸ θέλημα τοῦ Θεοῦ ἐκ ψυχῆς,

7 μετ᾽ εὐνοίας δουλεύοντες ὡς τῷ Κυρίῳ καὶ οὐκ ἀνθρώποις·

8 εἰδότες ὅτι ὃ ἐάν τι ἕκαστος ποιήσῃ ἀγαθόν, τοῦτο κομιεῖται παρὰ τοῦ Κυρίου, εἴτε δοῦλος, εἴτε ἐλεύθερος.

9 καὶ οἱ κύριοι τὰ αὐτὰ ποιεῖτε πρὸς αὐτούς, ἀνιέντες τὴν ἀπειλήν· εἰδότες ὅτι καὶ ὑμῶν αὐτῶν ὁ Κύριός ἐστιν ἐν οὐρανοῖς, καὶ προσωποληψία οὐκ ἔστι παρ᾽ αὐτῷ.

10 Τὸ λοιπόν, ἀδελφοί μου, ἐνδυναμοῦσθε ἐν Κυρίῳ, καὶ ἐν τῷ κράτει τῆς ἰσχύος αὐτοῦ.

11 ἐνδύσασθε τὴν πανοπλίαν τοῦ Θεοῦ, πρὸς τὸ δύνασθαι ὑμᾶς

στῆναι πρὸς τὰς μεθοδείας τοῦ διαβόλου·

12 ὅτι οὐκ ἔστιν ἡμῖν ἡ πάλη πρὸς αἷμα καὶ σάρκα, ἀλλὰ πρὸς τὰς ἀρχάς, πρὸς τὰς ἐξουσίας, πρὸς τοὺς κοσμοκράτορας τοῦ σκότους τοῦ αἰῶνος τούτου, πρὸς τὰ πνευματικὰ τῆς πονηρίας ἐν τοῖς ἐπουρανίοις.

13 διὰ τοῦτο ἀναλάβετε τὴν πανοπλίαν τοῦ Θεοῦ, ἵνα δυνηθῆτε ἀντιστῆναι ἐν τῇ ἡμέρᾳ τῇ πονηρᾷ, καὶ ἅπαντα κατεργασάμενοι στῆναι.

14 στῆτε οὖν περιζωσάμενοι τὴν ὀσφὺν ὑμῶν ἐν ἀληθείᾳ, καὶ ἐνδυσάμενοι τὸν θώρακα τῆς δικαιοσύνης,

15 καὶ ὑποδησάμενοι τοὺς πόδας ἐν ἑτοιμασίᾳ τοῦ εὐαγγελίου τῆς εἰρήνης·

16 ἐπὶ πᾶσιν ἀναλαβόντες τὸν θυρεὸν τῆς πίστεως, ἐν ᾧ δυνήσεσθε πάντα τὰ βέλη τοῦ πονηροῦ τὰ πεπυρωμένα σβέσαι.

17 καὶ τὴν περικεφαλαίαν τοῦ σωτηρίου δέξασθε, καὶ τὴν μάχαιραν τοῦ Πνεύματος, ὅ ἐστι ῥῆμα Θεοῦ,

18 διὰ πάσης προσευχῆς καὶ δεήσεως προσευχόμενοι ἐν παντὶ καιρῷ ἐν Πνεύματι, καὶ εἰς αὐτὸ τοῦτο ἀγρυπνοῦντες ἐν πάσῃ προσκαρτερήσει καὶ δεήσει περὶ πάντων τῶν ἁγίων,

19 καὶ ὑπὲρ ἐμοῦ, ἵνα μοι δοθείη λόγος ἐν ἀνοίξει τοῦ στόματός μου ἐν παρρησίᾳ γνωρίσαι τὸ μυστήριον τοῦ εὐαγγελίου,

20 ὑπὲρ οὗ πρεσβεύω ἐν ἁλύσει, ἵνα ἐν αὐτῷ παρρησιάσωμαι, ὡς δεῖ με λαλῆσαι.

21 Ἵνα δὲ εἰδῆτε καὶ ὑμεῖς τὰ κατ᾿ ἐμέ, τί πράσσω, πάντα ὑμῖν γνωρίσει Τυχικὸς ὁ ἀγαπητὸς ἀδελφὸς καὶ πιστὸς διάκονος ἐν Κυρίῳ·

22 ὃν ἔπεμψα πρὸς ὑμᾶς εἰς αὐτὸ τοῦτο, ἵνα γνῶτε τὰ περὶ ἡμῶν, καὶ παρακαλέσῃ τὰς καρδίας ὑμῶν.

23 Εἰρήνη τοῖς ἀδελφοῖς καὶ ἀγάπη μετὰ πίστεως ἀπὸ Θεοῦ πατρὸς καὶ Κυρίου Ἰησοῦ Χριστοῦ.

24 ἡ χάρις μετὰ πάντων τῶν ἀγαπώντων τὸν Κύριον ἡμῶν Ἰησοῦν Χριστὸν ἐν ἀφθαρσίᾳ. ἀμήν.

ΠΑΥΛΟΥ ΤΟΥ ΑΠΟΣΤΟΛΟΥ Η ΠΡΟΣ ΦΙΛΙΠΠΗΣΙΟΥΣ ΕΠΙΣΤΟΛΗ

ΦΙΛ CHAPTER 1

Παῦλος καὶ Τιμόθεος, δοῦλοι Ἰησοῦ Χριστοῦ, πᾶσι τοῖς ἁγίοις ἐν Χριστῷ Ἰησοῦ τοῖς οὖσιν ἐν Φιλίπποις, σὺν ἐπισκόποις καὶ διακόνοις·

2 χάρις ὑμῖν καὶ εἰρήνη ἀπὸ Θεοῦ πατρὸς ἡμῶν καὶ Κυρίου Ἰησοῦ Χριστοῦ.

3 Εὐχαριστῶ τῷ Θεῷ μου ἐπὶ πάσῃ τῇ μνείᾳ ὑμῶν,

4 πάντοτε ἐν πάσῃ δεήσει μου ὑπὲρ πάντων ὑμῶν μετὰ χαρᾶς τὴν δέησιν ποιούμενος,

5 ἐπὶ τῇ κοινωνίᾳ ὑμῶν εἰς τὸ εὐαγγέλιον, ἀπὸ πρώτης ἡμέρας ἄχρι τοῦ νῦν·

6 πεποιθὼς αὐτὸ τοῦτο, ὅτι ὁ ἐναρξάμενος ἐν ὑμῖν ἔργον ἀγαθὸν ἐπιτελέσει ἄχρις ἡμέρας Ἰησοῦ· Χριστοῦ·

7 καθὼς ἐστι δίκαιον ἐμοὶ τοῦτο φρονεῖν ὑπὲρ πάντων ὑμῶν, διὰ τὸ ἔχειν με ἐν τῇ καρδίᾳ ὑμᾶς, ἔν τε τοῖς δεσμοῖς μου, καὶ τῇ ἀπολογίᾳ καὶ βεβαιώσει τοῦ εὐαγγελίου, συγκοινωνούς μου τῆς χάριτος πάντας ὑμᾶς ὄντας.

8 μάρτυς γάρ μου ἐστιν ὁ Θεός, ὡς ἐπιποθῶ πάντας ὑμᾶς ἐν σπλάγχνοις Ἰησοῦ Χριστοῦ.

9 καὶ τοῦτο προσεύχομαι, ἵνα ἡ ἀγάπη ὑμῶν ἔτι μᾶλλον καὶ μᾶλλον περισσεύῃ ἐν ἐπιγνώσει καὶ πάσῃ αἰσθήσει,

10 εἰς τὸ δοκιμάζειν ὑμᾶς τὰ διαφέροντα, ἵνα ἦτε εἰλικρινεῖς καὶ ἀπρόσκοποι εἰς ἡμέραν Χριστοῦ,

11 πεπληρωμένοι καρπῶν δικαιοσύνης τῶν διὰ Ἰησοῦ Χριστοῦ, εἰς δόξαν καὶ ἔπαινον Θεοῦ.

12 Γινώσκειν δὲ ὑμᾶς βούλομαι, ἀδελφοί, ὅτι τὰ κατ᾽ ἐμὲ μᾶλλον εἰς προκοπὴν τοῦ εὐαγγελίου ἐλήλυθεν·

13 ὥστε τοὺς δεσμούς μου φανεροὺς ἐν Χριστῷ γενέσθαι ἐν ὅλῳ τῷ πραιτωρίῳ καὶ τοῖς λοιποῖς πᾶσι,

14 καὶ τοὺς πλείονας τῶν ἀδελφῶν ἐν Κυρίῳ, πεποιθότας τοῖς δεσμοῖς μου, περισσοτέρως τολμᾶν ἀφόβως τὸν λόγον λαλεῖν.

15 τινὲς μὲν καὶ διὰ φθόνον καὶ ἔριν, τινὲς δὲ καὶ δι᾽ εὐδοκίαν τὸν Χριστὸν κηρύσσουσιν·

16 οἱ μὲν ἐξ ἐριθείας τὸν Χριστὸν καταγγέλλουσιν, οὐχ ἁγνῶς, οἰόμενοι θλῖψιν ἐπιφέρειν τοῖς δεσμοῖς μου·

17 οἱ δὲ ἐξ ἀγάπης, εἰδότες ὅτι εἰς ἀπολογίαν τοῦ εὐαγγελίου κεῖμαι.

18 τί γάρ; πλὴν παντὶ τρόπῳ, εἴτε προφάσει, εἴτε ἀληθείᾳ, Χριστὸς καταγγέλλεται· καὶ ἐν τούτῳ χαίρω, ἀλλὰ καὶ χαρήσομαι.

19 οἶδα γὰρ ὅτι τοῦτό μοι ἀποβήσεται εἰς σωτηρίαν διὰ τῆς ὑμῶν δεήσεως, καὶ ἐπιχορηγίας τοῦ Πνεύματος Ἰησοῦ Χριστοῦ,

20 κατὰ τὴν ἀποκαραδοκίαν καὶ ἐλπίδα μου, ὅτι ἐν οὐδενὶ αἰσχυνθήσομαι, ἀλλ' ἐν πάσῃ παρρησίᾳ, ὡς πάντοτε, καὶ νῦν μεγαλυνθήσεται Χριστὸς ἐν τῷ σώματί μου, εἴτε διὰ ζωῆς, εἴτε διὰ θανάτου.

21 ἐμοὶ γὰρ τὸ ζῆν, Χριστός· καὶ τὸ ἀποθανεῖν, κέρδος.

22 εἰ δὲ τὸ ζῆν ἐν σαρκί, τοῦτό μοι καρπὸς ἔργου· καὶ τί αἱρήσομαι οὐ γνωρίζω.

23 συνέχομαι γὰρ ἐκ τῶν δύο, τὴν ἐπιθυμίαν ἔχων εἰς τὸ ἀναλῦσαι καὶ σὺν Χριστῷ εἶναι, πολλῷ μᾶλλον κρεῖσσον·

24 τὸ δὲ ἐπιμένειν ἐν τῇ σαρκὶ, ἀναγκαιότερον δι' ὑμᾶς.

25 καὶ τοῦτο πεποιθὼς οἶδα ὅτι μενῶ, καὶ συμπαραμενῶ πᾶσιν ὑμῖν εἰς τὴν ὑμῶν προκοπὴν καὶ χαρὰν τῆς πίστεως,

26 ἵνα τὸ καύχημα ὑμῶν περισσεύῃ ἐν Χριστῷ Ἰησοῦ ἐν ἐμοὶ, διὰ τῆς ἐμῆς παρουσίας πάλιν πρὸς ὑμᾶς.

27 μόνον ἀξίως τοῦ εὐαγγελίου τοῦ Χριστοῦ πολιτεύεσθε, ἵνα εἴτε ἐλθὼν καὶ ἰδὼν ὑμᾶς, εἴτε ἀπὼν, ἀκούσω τὰ περὶ ὑμῶν, ὅτι στήκετε ἐν ἑνὶ πνεύματι, μιᾷ ψυχῇ συναθλοῦντες τῇ πίστει τοῦ εὐαγγελίου,

28 καὶ μὴ πτυρόμενοι ἐν μηδενὶ ὑπὸ τῶν ἀντικειμένων· ἥτις αὐτοῖς μέν ἐστιν ἔνδειξις ἀπωλείας, ὑμῖν δὲ σωτηρίας, καὶ τοῦτο ἀπὸ Θεοῦ·

29 ὅτι ὑμῖν ἐχαρίσθη τὸ ὑπὲρ Χριστοῦ, οὐ μόνον τὸ εἰς αὐτὸν πιστεύειν, ἀλλὰ καὶ τὸ ὑπὲρ αὐτοῦ πάσχειν·

30 τὸν αὐτὸν ἀγῶνα ἔχοντες οἷον εἴδετε ἐν ἐμοὶ, καὶ νῦν ἀκούετε ἐν ἐμοί.

CHAPTER 2

1 Εἴ τις οὖν παράκλησις ἐν Χριστῷ, εἴ τι παραμύθιον ἀγάπης, εἴ τις κοινωνία Πνεύματος, εἴ τινα σπλάγχνα καὶ οἰκτιρμοί,

2 πληρώσατέ μου τὴν χαρὰν, ἵνα τὸ αὐτὸ φρονῆτε, τὴν αὐτὴν ἀγάπην ἔχοντες, σύμψυχοι, τὸ ἓν φρονοῦντες·

3 μηδὲν κατὰ ἐριθείαν ἢ κενοδοξίαν, ἀλλὰ τῇ ταπεινοφροσύνῃ ἀλλήλους ἡγούμενοι ὑπερέχοντας ἑαυτῶν·

4 μὴ τὰ ἑαυτῶν ἕκαστος σκοπεῖτε, ἀλλὰ καὶ τὰ ἑτέρων ἕκαστος.

5 τοῦτο γὰρ φρονείσθω ἐν ὑμῖν ὃ καὶ ἐν Χριστῷ Ἰησοῦ·

6 ὃς ἐν μορφῇ Θεοῦ ὑπάρχων, οὐχ ἁρπαγμὸν ἡγήσατο τὸ εἶναι ἴσα Θεῷ,

7 ἀλλ' ἑαυτὸν ἐκένωσε, μορφὴν δούλου λαβὼν, ἐν ὁμοιώματι ἀνθρώπων γενόμενος·

8 καὶ σχήματι εὑρεθεὶς ὡς ἄνθρωπος, ἐταπείνωσεν ἑαυτὸν, γενόμενος ὑπήκοος μέχρι θανάτου, θανάτου δὲ σταυροῦ

9 διὸ καὶ ὁ Θεὸς αὐτὸν ὑπερύψωσε, καὶ ἐχαρίσατο αὐτῷ ὄνομα τὸ ὑπὲρ πᾶν ὄνομα·

Η ΠΡΟΣ ΦΙΛΙΠΠΗΣΙΟΥΣ

10 ἵνα ἐν τῷ ὀνόματι Ἰησοῦ πᾶν γόνυ κάμψῃ ἐπουρανίων καὶ ἐπιγείων καὶ καταχθονίων,
11 καὶ πᾶσα γλῶσσα ἐξομολογήσηται ὅτι Κύριος Ἰησοῦς Χριστὸς, εἰς δόξαν Θεοῦ πατρός.
12 Ὥστε, ἀγαπητοί μου, καθὼς πάντοτε ὑπηκούσατε, μὴ ὡς ἐν τῇ παρουσίᾳ μου μόνον, ἀλλὰ νῦν πολλῷ μᾶλλον ἐν τῇ ἀπουσίᾳ μου, μετὰ φόβου καὶ τρόμου τὴν ἑαυτῶν σωτηρίαν κατεργάζεσθε·
13 ὁ Θεὸς γάρ ἐστιν ὁ ἐνεργῶν ἐν ὑμῖν καὶ τὸ θέλειν καὶ τὸ ἐνεργεῖν ὑπὲρ τῆς εὐδοκίας.
14 πάντα ποιεῖτε χωρὶς γογγυσμῶν καὶ διαλογισμῶν,
15 ἵνα γένησθε ἄμεμπτοι καὶ ἀκέραιοι, τέκνα Θεοῦ ἀμώμητα ἐν μέσῳ γενεᾶς σκολιᾶς καὶ διεστραμμένης, ἐν οἷς φαίνεσθε ὡς φωστῆρες ἐν κόσμῳ,
16 λόγον ζωῆς ἐπέχοντες, εἰς καύχημα ἐμοὶ εἰς ἡμέραν Χριστοῦ, ὅτι οὐκ εἰς κενὸν ἔδραμον, οὐδὲ εἰς κενὸν ἐκοπίασα.
17 ἀλλ᾽ εἰ καὶ σπένδομαι ἐπὶ τῇ θυσίᾳ καὶ λειτουργίᾳ τῆς πίστεως ὑμῶν, χαίρω καὶ συγχαίρω πᾶσιν ὑμῖν·
18 τὸ δ᾽ αὐτὸ καὶ ὑμεῖς χαίρετε καὶ συγχαίρετέ μοι.
19 Ἐλπίζω δὲ ἐν Κυρίῳ Ἰησοῦ, Τιμόθεον ταχέως πέμψαι ὑμῖν, ἵνα κἀγὼ εὐψυχῶ γνοὺς τὰ περὶ ὑμῶν.
20 οὐδένα γὰρ ἔχω ἰσόψυχον, ὅστις γνησίως τὰ περὶ ὑμῶν μεριμνήσει,
21 οἱ πάντες γὰρ τὰ ἑαυτῶν ζητοῦσιν, οὐ τὰ τοῦ Χριστοῦ Ἰησοῦ.
22 τὴν δὲ δοκιμὴν αὐτοῦ γινώσκετε, ὅτι ὡς πατρὶ τέκνον, σὺν ἐμοὶ ἐδούλευσεν εἰς τὸ εὐαγγέλιον.
23 τοῦτον μὲν οὖν ἐλπίζω πέμψαι, ὡς ἂν ἀπίδω τὰ περὶ ἐμὲ, ἐξαυτῆς·
24 πέποιθα δὲ ἐν Κυρίῳ, ὅτι καὶ αὐτὸς ταχέως ἐλεύσομαι.
25 ἀναγκαῖον δὲ ἡγησάμην Ἐπαφρόδιτον τὸν ἀδελφὸν καὶ συνεργὸν καὶ συστρατιώτην μου, ὑμῶν δὲ ἀπόστολον, καὶ λειτουργὸν τῆς χρείας μου, πέμψαι πρὸς ὑμᾶς·
26 ἐπειδὴ ἐπιποθῶν ἦν πάντας ὑμᾶς, καὶ ἀδημονῶν, διότι ἠκούσατε ὅτι ἠσθένησε·
27 καὶ γὰρ ἠσθένησε παραπλήσιον θανάτῳ, ἀλλ᾽ ὁ Θεὸς αὐτόν ἠλέησεν, οὐκ αὐτὸν δὲ μόνον, ἀλλὰ καὶ ἐμέ, ἵνα μὴ λύπην ἐπὶ λύπῃ σχῶ.
28 σπουδαιοτέρως οὖν ἔπεμψα αὐτὸν, ἵνα, ἰδόντες αὐτὸν, πάλιν χαρῆτε, κἀγὼ ἀλυπότερος ὦ.
29 προσδέχεσθε οὖν αὐτὸν ἐν Κυρίῳ μετὰ πάσης χαρᾶς, καὶ τοὺς τοιούτους ἐντίμους ἔχετε·
30 ὅτι διὰ τὸ ἔργον τοῦ Χριστοῦ μέχρι θανάτου ἤγγισε, παραβουλευσάμενος τῇ ψυχῇ, ἵνα ἀναπληρώσῃ τὸ ὑμῶν ὑστέρημα τῆς πρός με λειτουργίας.

CHAPTER 3

1 Τὸ λοιπόν, ἀδελφοί μου, χαίρετε ἐν Κυρίῳ. τὰ αὐτὰ γράφειν ὑμῖν, ἐμοὶ μὲν οὐκ ὀκνηρόν, ὑμῖν δὲ ἀσφαλές.

2 βλέπετε τοὺς κύνας, βλέπετε τοὺς κακοὺς ἐργάτας, βλέπετε τὴν κατατομήν·

3 ἡμεῖς γάρ ἐσμεν ἡ περιτομή, οἱ πνεύματι Θεῷ λατρεύοντες, καὶ καυχώμενοι ἐν Χριστῷ Ἰησοῦ, καὶ οὐκ ἐν σαρκὶ πεποιθότες·

4 καίπερ ἐγὼ ἔχων πεποίθησιν καὶ ἐν σαρκί· εἴ τις δοκεῖ ἄλλος πεποιθέναι ἐν σαρκί, ἐγὼ μᾶλλον·

5 περιτομῇ ὀκταήμερος, ἐκ γένους Ἰσραήλ, φυλῆς Βενιαμίν, Ἑβραῖος ἐξ Ἑβραίων, κατὰ νόμον Φαρισαῖος,

6 κατὰ ζῆλον διώκων τὴν ἐκκλησίαν, κατὰ δικαιοσύνην τὴν ἐν νόμῳ γενόμενος ἄμεμπτος.

7 ἀλλ᾽ ἅτινα ἦν μοι κέρδη, ταῦτα ἥγημαι διὰ τὸν Χριστὸν ζημίαν.

8 ἀλλὰ μενοῦνγε καὶ ἡγοῦμαι πάντα ζημίαν εἶναι διὰ τὸ ὑπερέχον τῆς γνώσεως Χριστοῦ Ἰησοῦ τοῦ Κυρίου μου· δι᾽ ὃν τὰ πάντα ἐζημιώθην, καὶ ἡγοῦμαι σκύβαλα εἶναι, ἵνα Χριστὸν κερδήσω,

9 καὶ εὑρεθῶ ἐν αὐτῷ, μὴ ἔχων ἐμὴν δικαιοσύνην τὴν ἐκ νόμου, ἀλλὰ τὴν διὰ πίστεως Χριστοῦ, τὴν ἐκ Θεοῦ δικαιοσύνην ἐπὶ τῇ πίστει·

10 τοῦ γνῶναι αὐτὸν καὶ τὴν δύναμιν τῆς ἀναστάσεως αὐτοῦ, καὶ τὴν κοινωνίαν τῶν παθημάτων αὐτοῦ, συμμορφούμενος τῷ θανάτῳ αὐτοῦ,

11 εἴ πως καταντήσω εἰς τὴν ἐξανάστασιν τῶν νεκρῶν.

12 οὐχ ὅτι ἤδη ἔλαβον, ἢ ἤδη τετελείωμαι· διώκω δέ, εἰ καὶ καταλάβω ἐφ᾽ ᾧ καὶ κατελήφθην ὑπὸ τοῦ Χριστοῦ Ἰησοῦ.

13 ἀδελφοί, ἐγὼ ἐμαυτὸν οὐ λογίζομαι κατειληφέναι· ἓν δέ, τὰ μὲν ὀπίσω ἐπιλανθανόμενος, τοῖς δὲ ἔμπροσθεν ἐπεκτεινόμενος,

14 κατὰ σκοπὸν διώκω ἐπὶ τὸ βραβεῖον τῆς ἄνω κλήσεως τοῦ Θεοῦ ἐν Χριστῷ Ἰησοῦ.

15 ὅσοι οὖν τέλειοι, τοῦτο φρονῶμεν· καὶ εἴ τι ἑτέρως φρονεῖτε, καὶ τοῦτο ὁ Θεὸς ὑμῖν ἀποκαλύψει·

16 πλὴν εἰς ὃ ἐφθάσαμεν, τῷ αὐτῷ στοιχεῖν κανόνι, τὸ αὐτο φρονεῖν.

17 Συμμιμηταί μου γίνεσθε, ἀδελφοί, καὶ σκοπεῖτε τοὺς οὕτω περιπατοῦντας, καθὼς ἔχετε τύπον ἡμᾶς.

18 πολλοὶ γὰρ περιπατοῦσιν, οὓς πολλάκις ἔλεγον ὑμῖν, νῦν δὲ καὶ κλαίων λέγω, τοὺς ἐχθροὺς τοῦ σταυροῦ τοῦ Χριστοῦ·

19 ὧν τὸ τέλος ἀπώλεια, ὧν ὁ θεὸς ἡ κοιλία, καὶ ἡ δόξα ἐν τῇ αἰσχύνῃ αὐτῶν, οἱ τὰ ἐπίγεια φρονοῦντες.

20 ἡμῶν γὰρ τὸ πολίτευμα ἐν οὐρανοῖς ὑπάρχει, ἐξ οὗ καὶ Σωτῆρα ἀπεκδεχόμεθα, Κύριον Ἰησοῦν Χριστόν·

21 ὃς μετασχηματίσει τὸ σῶμα τῆς ταπεινώσεως ἡμῶν, εἰς τὸ γενέσθαι αὐτὸ σύμμορφον τῷ

Η ΠΡΟΣ ΦΙΛΙΠΠΗΣΙΟΥΣ

σώματι τῆς δόξης αὐτοῦ, κατὰ τὴν ἐνέργειαν τοῦ δύνασθαι αὐτὸν καὶ ὑποτάξαι ἑαυτῷ τὰ πάντα.

CHAPTER 4

1 Ὥστε, ἀδελφοί μου ἀγαπητοὶ καὶ ἐπιπόθητοι, χαρὰ καὶ στέφανός μου, οὕτω στήκετε ἐν Κυρίῳ, ἀγαπητοί.

2 Εὐοδίαν παρακαλῶ, καὶ Συντύχην παρακαλῶ, τὸ αὐτὸ φρονεῖν ἐν Κυρίῳ.

3 καὶ ἐρωτῶ καὶ σέ, σύζυγε γνήσιε, συλλαμβάνου αὐταῖς, αἵτινες ἐν τῷ εὐαγγελίῳ συνήθλησάν μοι, μετὰ καὶ Κλήμεντος, καὶ τῶν λοιπῶν συνεργῶν μου, ὧν τὰ ὀνόματα ἐν βίβλῳ ζωῆς.

4 Χαίρετε ἐν Κυρίῳ πάντοτε· πάλιν ἐρῶ, χαίρετε.

5 τὸ ἐπιεικὲς ὑμῶν γνωσθήτω πᾶσιν ἀνθρώποις. ὁ Κύριος ἐγγύς.

6 μηδὲν μεριμνᾶτε, ἀλλ' ἐν παντὶ τῇ προσευχῇ καὶ τῇ δεήσει μετὰ εὐχαριστίας τὰ αἰτήματα ὑμῶν γνωριζέσθω πρὸς τὸν Θεόν,

7 καὶ ἡ εἰρήνη τοῦ Θεοῦ ἡ ὑπερέχουσα πάντα νοῦν, φρουρήσει τὰς καρδίας ὑμῶν καὶ τὰ νοήματα ὑμῶν ἐν Χριστῷ Ἰησοῦ.

8 Τὸ λοιπόν, ἀδελφοί, ὅσα ἐστὶν ἀληθῆ, ὅσα σεμνά, ὅσα δίκαια, ὅσα ἁγνά, ὅσα προσφιλῆ, ὅσα εὔφημα, εἴ τις ἀρετὴ καὶ εἴ τις ἔπαινος, ταῦτα λογίζεσθε·

9 ἃ καὶ ἐμάθετε καὶ παρελάβετε καὶ ἠκούσατε καὶ εἴδετε ἐν ἐμοί, ταῦτα πράσσετε· καὶ ὁ Θεὸς τῆς εἰρήνης ἔσται μεθ' ὑμῶν.

10 Ἐχάρην δὲ ἐν Κυρίῳ μεγάλως, ὅτι ἤδη ποτὲ ἀνεθάλετε τὸ ὑπὲρ ἐμοῦ φρονεῖν, ἐφ' ᾧ καὶ ἐφρονεῖτε, ἠκαιρεῖσθε δέ.

11 οὐχ ὅτι καθ' ὑστέρησιν λέγω· ἐγὼ γὰρ ἔμαθον, ἐν οἷς εἰμι, αὐτάρκης εἶναι.

12 οἶδα καὶ ταπεινοῦσθαι, οἶδα καὶ περισσεύειν· ἐν παντὶ καὶ ἐν πᾶσι μεμύημαι καὶ χορτάζεσθαι καὶ πεινᾶν, καὶ περισσεύειν καὶ ὑστερεῖσθαι.

13 πάντα ἰσχύω ἐν τῷ ἐνδυναμοῦντί με Χριστῷ.

14 πλὴν καλῶς ἐποιήσατε συγκοινωνήσαντές μου τῇ θλίψει.

15 οἴδατε δὲ καὶ ὑμεῖς, Φιλιππήσιοι, ὅτι ἐν ἀρχῇ τοῦ εὐαγγελίου, ὅτε ἐξῆλθον ἀπὸ Μακεδονίας, οὐδεμία μοι ἐκκλησία ἐκοινώνησεν εἰς λόγον δόσεως καὶ λήψεως, εἰ μὴ ὑμεῖς μόνοι·

16 ὅτι καὶ ἐν Θεσσαλονίκῃ καὶ ἅπαξ καὶ δὶς εἰς τὴν χρείαν μοι ἐπέμψατε.

17 οὐχ ὅτι ἐπιζητῶ τὸ δόμα, ἀλλ' ἐπιζητῶ τὸν καρπὸν τὸν πλεονάζοντα εἰς λόγον ὑμῶν.

18 ἀπέχω δὲ πάντα καὶ περισσεύω· πεπλήρωμαι, δεξάμενος παρὰ Ἐπαφροδίτου τὰ παρ' ὑμῶν, ὀσμὴν εὐωδίας, θυσίαν δεκτήν, εὐάρεστον τῷ Θεῷ.

19 Ὁ δὲ Θεός μου πληρώσει πᾶσαν χρείαν ὑμῶν κατὰ τὸν πλοῦτον αὐτοῦ ἐν δόξῃ, ἐν Χριστῷ Ἰησοῦ.

Η ΠΡΟΣ ΦΙΛΙΠΠΗΣΙΟΥΣ

20 τῷ δὲ Θεῷ καὶ πατρὶ ἡμῶν ἡ δόξα εἰς τοὺς αἰῶνας τῶν αἰώνων. ἀμήν.

21 Ἀσπάσασθε πάντα ἅγιον ἐν Χριστῷ Ἰησοῦ. ἀσπάζονται ὑμᾶς οἱ σὺν ἐμοὶ ἀδελφοί.

22 ἀσπάζονται ὑμᾶς πάντες οἱ ἅγιοι, μάλιστα δὲ οἱ ἐκ τῆς Καίσαρος οἰκίας.

23 Ἡ χάρις τοῦ Κυρίου ἡμῶν Ἰησοῦ Χριστοῦ μετὰ πάντων υμῶν. ἀμην.

ΠΑΥΛΟΥ ΤΟΥ ΑΠΟΣΤΟΛΟΥ Η ΠΡΟΣ ΚΟΛΟΣΣΑΕΙΣ ΕΠΙΣΤΟΛΗ

ΚΟΛ CHAPTER 1

Παῦλος ἀπόστολος Ἰησοῦ Χριστοῦ διὰ θελήματος Θεοῦ, καὶ Τιμόθεος ὁ ἀδελφὸς,

2 τοῖς ἐν Κολοσσαῖς ἁγίοις καὶ πιστοῖς ἀδελφοῖς ἐν Χριστῷ· χάρις ὑμῖν καὶ εἰρήνη ἀπὸ Θεοῦ πατρὸς ἡμῶν καὶ Κυρίου Ἰησοῦ Χριστοῦ.

3 Εὐχαριστοῦμεν τῷ Θεῷ καὶ πατρὶ τοῦ Κυρίου ἡμῶν Ἰησοῦ Χριστοῦ, πάντοτε περὶ ὑμῶν προσευχόμενοι,

4 ἀκούσαντες τὴν πίστιν ὑμῶν ἐν Χριστῷ Ἰησοῦ, καὶ τὴν ἀγάπην τὴν εἰς πάντας τοὺς ἁγίους,

5 διὰ τὴν ἐλπίδα τὴν ἀποκειμένην ὑμῖν ἐν τοῖς οὐρανοῖς, ἣν προηκούσατε ἐν τῷ λόγῳ τῆς ἀληθείας τοῦ εὐαγγελίου,

6 τοῦ παρόντος εἰς ὑμᾶς, καθὼς καὶ ἐν παντὶ τῷ κόσμῳ, καὶ ἐστὶ καρποφορούμενον, καθὼς καὶ ἐν ὑμῖν, ἀφ' ἧς ἡμέρας ἠκούσατε καὶ ἐπέγνωτε τὴν χάριν τοῦ Θεοῦ ἐν ἀληθείᾳ·

7 καθὼς καί ἐμάθετε ἀπὸ Ἐπαφρᾶ τοῦ ἀγαπητοῦ συνδούλου ἡμῶν, ὅς ἐστι πιστὸς ὑπὲρ ὑμῶν διάκονος τοῦ Χριστοῦ,

8 ὁ καὶ δηλώσας ἡμῖν τὴν ὑμῶν ἀγάπην ἐν Πνεύματι.

9 Διὰ τοῦτο καὶ ἡμεῖς, ἀφ' ἧς ἡμέρας ἠκούσαμεν, οὐ παυόμεθα ὑπὲρ ὑμῶν προσευχόμενοι, καὶ αἰτούμενοι ἵνα πληρωθῆτε τὴν ἐπίγνωσιν τοῦ θελήματος αὐτοῦ ἐν πάσῃ σοφίᾳ καὶ συνέσει πνευματικῇ,

10 περιπατῆσαι ὑμᾶς ἀξίως τοῦ Κυρίου εἰς πᾶσαν ἀρεσκείαν, ἐν παντὶ ἔργῳ ἀγαθῷ καρποφοροῦντες καὶ αὐξανόμενοι εἰς τὴν ἐπίγνωσιν τοῦ Θεοῦ·

11 ἐν πάσῃ δυνάμει δυναμούμενοι κατὰ τὸ κράτος τῆς δόξης αὐτοῦ, εἰς πᾶσαν ὑπομονὴν καὶ μακροθυμίαν, μετὰ χαρᾶς·

12 εὐχαριστοῦντες τῷ πατρὶ τῷ ἱκανώσαντι ἡμᾶς εἰς τὴν μερίδα τοῦ κλήρου τῶν ἁγίων ἐν τῷ φωτί,

13 ὃς ἐρρύσατο ἡμᾶς ἐκ τῆς ἐξουσίας τοῦ σκότους, καὶ μετέστησεν εἰς τὴν βασιλείαν τοῦ υἱοῦ τῆς ἀγάπης αὐτοῦ,

14 ἐν ᾧ ἔχομεν τὴν ἀπολύτρωσιν διὰ τοῦ αἵματος αὐτοῦ, τὴν ἄφεσιν τῶν ἁμαρτιῶν·

15 ὅς ἐστιν εἰκὼν τοῦ Θεοῦ τοῦ ἀοράτου, πρωτότοκος πάσης κτίσεως·

16 ὅτι ἐν αὐτῷ ἐκτίσθη τὰ πάντα, τὰ ἐν τοῖς οὐρανοῖς καὶ τὰ ἐπὶ τῆς γῆς, τὰ ὁρατὰ καὶ τὰ ἀόρατα, εἴτε θρόνοι, εἴτε κυριότητες, εἴτε ἀρχαὶ, εἴτε ἐξουσίαι· τὰ πάντα δι' αὐτοῦ καὶ εἰς αὐτὸν ἔκτισται·

17 καὶ αὐτός ἐστι πρὸ πάντων, καὶ τὰ πάντα ἐν αὐτῷ συνέστηκε.

18 καὶ αὐτός ἐστιν ἡ κεφαλὴ τοῦ σώματος, τῆς ἐκκλησίας· ὅς ἐστιν

ἀρχή, πρωτότοκος ἐκ τῶν νεκρῶν, ἵνα γένηται ἐν πᾶσιν αὐτὸς πρωτεύων·

19 ὅτι ἐν αὐτῷ εὐδόκησε πᾶν τὸ πλήρωμα κατοικῆσαι,

20 καὶ δι᾽ αὐτοῦ ἀποκαταλλάξαι τὰ πάντα εἰς αὐτόν, εἰρηνοποιήσας διὰ τοῦ αἵματος τοῦ σταυροῦ αὐτοῦ, δι᾽ αὐτοῦ, εἴτε τὰ ἐπὶ τῆς γῆς, εἴτε τὰ ἐν τοῖς οὐρανοῖς.

21 καὶ ὑμᾶς ποτε ὄντας ἀπηλλοτριωμένους καὶ ἐχθροὺς τῇ διανοίᾳ ἐν τοῖς ἔργοις τοῖς πονηροῖς, νυνὶ δὲ ἀποκατήλλαξεν

22 ἐν τῷ σώματι τῆς σαρκὸς αὐτοῦ διὰ τοῦ θανάτου παραστῆσαι ὑμᾶς ἁγίους καὶ ἀμώμους καὶ ἀνεγκλήτους κατενώπιον αὐτοῦ

23 εἴγε ἐπιμένετε τῇ πίστει τεθεμελιωμένοι καὶ ἑδραῖοι, καὶ μὴ μετακινούμενοι ἀπὸ τῆς ἐλπίδος τοῦ εὐαγγελίου οὗ ἠκούσατε, τοῦ κηρυχθέντος ἐν πάσῃ τῇ κτίσει τῇ ὑπὸ τὸν οὐρανόν, οὗ ἐγενόμην ἐγὼ Παῦλος διάκονος.

24 Ὅς νῦν χαίρω ἐν τοῖς παθήμασι μου ὑπὲρ ὑμῶν, καὶ ἀνταναπληρῶ τὰ ὑστερήματα τῶν θλίψεων τοῦ Χριστοῦ ἐν τῇ σαρκί μου ὑπὲρ τοῦ σώματος αὐτοῦ, ὅ ἐστιν ἡ ἐκκλησία·

25 ἧς ἐγενόμην ἐγὼ διάκονος, κατὰ τὴν οἰκονομίαν τοῦ Θεοῦ τὴν δοθεῖσάν μοι εἰς ὑμᾶς, πληρῶσαι τὸν λόγον τοῦ Θεοῦ,

26 τὸ μυστήριον τὸ ἀποκεκρυμμένον ἀπὸ τῶν αἰώνων καὶ ἀπὸ τῶν γενεῶν· νυνὶ δὲ ἐφανερώθη τοῖς ἁγίοις αὐτοῦ,

27 οἷς ἠθέλησεν ὁ Θεὸς γνωρίσαι τίς ὁ πλοῦτος τῆς δόξης τοῦ μυστηρίου τούτου ἐν τοῖς ἔθνεσιν, ὅς ἐστι Χριστὸς ἐν ὑμῖν, ἡ ἐλπὶς τῆς δόξης·

28 ὃν ἡμεῖς καταγγέλλομεν, νουθετοῦντες πάντα ἄνθρωπον, καὶ διδάσκοντες πάντα ἄνθρωπον ἐν πάσῃ σοφίᾳ, ἵνα παραστήσωμεν πάντα ἄνθρωπον τέλειον ἐν Χριστῷ Ἰησοῦ·

29 εἰς ὃ καὶ κοπιῶ, ἀγωνιζόμενος κατὰ τὴν ἐνέργειαν αὐτοῦ, τὴν ἐνεργουμένην ἐν ἐμοὶ ἐν δυνάμει.

CHAPTER 2

1 Θέλω γὰρ ὑμᾶς εἰδέναι ἡλίκον ἀγῶνα ἔχω περὶ ὑμῶν καὶ τῶν ἐν Λαοδικείᾳ, καὶ ὅσοι οὐχ ἑωράκασι τὸ πρόσωπόν μου ἐν σαρκί,

2 ἵνα παρακληθῶσιν αἱ καρδίαι αὐτῶν, συμβιβασθέντων ἐν ἀγάπῃ, καὶ εἰς πάντα πλοῦτον τῆς πληροφορίας τῆς συνέσεως, εἰς ἐπίγνωσιν τοῦ μυστηρίου τοῦ Θεοῦ καὶ πατρὸς καὶ τοῦ Χριστοῦ,

3 ἐν ᾧ εἰσὶ πάντες οἱ θησαυροὶ τῆς σοφίας καὶ τῆς γνώσεως ἀπόκρυφοι.

4 τοῦτο δὲ λέγω, ἵνα μή τις ὑμᾶς παραλογίζηται ἐν πιθανολογίᾳ.

5 εἰ γὰρ καὶ τῇ σαρκὶ ἄπειμι, ἀλλὰ τῷ πνεύματι σὺν ὑμῖν εἰμι, χαίρων καὶ βλέπων ὑμῶν τὴν τάξιν, καὶ τὸ στερέωμα τῆς εἰς Χριστὸν πίστεως ὑμῶν.

6 Ὡς οὖν παρελάβετε τὸν Χριστὸν Ἰησοῦν τὸν Κύριον, ἐν αὐτῷ περιπατεῖτε,

7 ἐρριζωμένοι καὶ ἐποικοδομούμενοι ἐν αὐτῷ, καὶ βεβαιούμενοι ἐν τῇ πίστει, καθὼς ἐδιδάχθητε, περισσεύοντες ἐν αὐτῇ ἐν εὐχαριστίᾳ.

8 βλέπετε μή τις ὑμᾶς ἔσται ὁ συλαγωγῶν διὰ τῆς φιλοσοφίας καὶ κενῆς ἀπάτης, κατὰ τὴν παράδοσιν τῶν ἀνθρώπων, κατὰ τὰ στοιχεῖα τοῦ κόσμου, καὶ οὐ κατὰ Χριστόν·

9 ὅτι ἐν αὐτῷ κατοικεῖ πᾶν τὸ πλήρωμα τῆς θεότητος σωματικῶς,

10 καὶ ἐστὲ ἐν αὐτῷ πεπληρωμένοι, ὅς ἐστιν ἡ κεφαλὴ πάσης ἀρχῆς καὶ ἐξουσίας·

11 ἐν ᾧ καὶ περιετμήθητε περιτομῇ ἀχειροποιήτῳ, ἐν τῇ ἀπεκδύσει τοῦ σώματος τῶν ἁμαρτιῶν τῆς σαρκός, ἐν τῇ περιτομῇ τοῦ Χριστοῦ,

12 συνταφέντες αὐτῷ ἐν τῷ βαπτίσματι, ἐν ᾧ καὶ συνηγέρθητε διὰ τῆς πίστεως τῆς ἐνεργείας τοῦ Θεοῦ, τοῦ ἐγείραντος αὐτὸν ἐκ τῶν νεκρῶν.

13 καὶ ὑμᾶς νεκροὺς ὄντας ἐν τοῖς παραπτώμασι καὶ τῇ ἀκροβυστίᾳ τῆς σαρκὸς ὑμῶν, συνεζωοποίησε σὺν αὐτῷ, χαρισάμενος ὑμῖν πάντα τὰ παραπτώματα,

14 ἐξαλείψας τὸ καθ᾽ ἡμῶν χειρόγραφον τοῖς δόγμασιν, ὃ ἦν ὑπεναντίον ἡμῖν· καὶ αὐτὸ ἦρκεν ἐκ τοῦ μέσου, προσηλώσας αὐτὸ τῷ σταυρῷ·

15 ἀπεκδυσάμενος τὰς ἀρχὰς καὶ τὰς ἐξουσίας, ἐδειγμάτισεν ἐν παρρησίᾳ, θριαμβεύσας αὐτοὺς ἐν αὐτῷ.

16 Μὴ οὖν τις ὑμᾶς κρινέτω ἐν βρώσει ἢ ἐν πόσει, ἢ ἐν μέρει ἑορτῆς ἢ νουμηνίας ἢ σαββάτων·

17 ἅ ἐστι σκιὰ τῶν μελλόντων, τὸ δὲ σῶμα τοῦ Χριστοῦ.

18 μηδεὶς ὑμᾶς καταβραβευέτω θέλων ἐν ταπεινοφροσύνῃ καὶ θρησκείᾳ τῶν ἀγγέλων, ἃ μὴ ἑώρακεν ἐμβατεύων, εἰκῇ φυσιούμενος ὑπὸ τοῦ νοὸς τῆς σαρκὸς αὐτοῦ,

19 καὶ οὐ κρατῶν τὴν κεφαλήν, ἐξ οὗ πᾶν τὸ σῶμα, διὰ τῶν ἁφῶν καὶ συνδέσμων ἐπιχορηγούμενον καὶ συμβιβαζόμενον, αὔξει τὴν αὔξησιν τοῦ Θεοῦ.

20 Εἰ οὖν ἀπεθάνετε σὺν τῷ Χριστῷ, ἀπὸ τῶν στοιχείων τοῦ κόσμου, τί ὡς ζῶντες ἐν κόσμῳ δογματίζεσθε,

21 Μὴ ἅψῃ, μηδὲ γεύσῃ, μηδὲ θίγῃς

22 (ἅ ἐστι πάντα εἰς φθορὰν τῇ ἀποχρήσει), κατὰ τὰ ἐντάλματα καὶ διδασκαλίας τῶν ἀνθρώπων;

23 ἅτινά ἐστι λόγον μὲν ἔχοντα σοφίας ἐν ἐθελοθρησκείᾳ καὶ ταπεινοφροσύνῃ καὶ ἀφειδίᾳ σώματος, οὐκ ἐν τιμῇ τινι πρὸς πλησμονὴν τῆς σαρκός.

CHAPTER 3

1 Εἰ οὖν συνηγέρθητε τῷ Χριστῷ, τὰ ἄνω ζητεῖτε, οὗ ὁ Χριστός ἐστιν ἐν δεξιᾷ τοῦ Θεοῦ καθήμενος.

2 τὰ ἄνω φρονεῖτε, μὴ τὰ ἐπὶ τῆς γῆς.

3 ἀπεθάνετε γάρ, καὶ ἡ ζωὴ ὑμῶν κέκρυπται σὺν τῷ Χριστῷ ἐν τῷ Θεῷ.

4 ὅταν ὁ Χριστὸς φανερωθῇ, ἡ ζωὴ ἡμῶν, τότε καὶ ὑμεῖς σὺν αὐτῷ φανερωθήσεσθε ἐν δόξῃ.

5 Νεκρώσατε οὖν τὰ μέλη ὑμῶν τὰ ἐπὶ τῆς γῆς, πορνείαν, ἀκαθαρσίαν, πάθος, ἐπιθυμίαν κακήν, καὶ τὴν πλεονεξίαν, ἥτις ἐστὶν εἰδωλολατρεία,

6 δι᾽ ἃ ἔρχεται ἡ ὀργὴ τοῦ Θεοῦ ἐπὶ τοὺς υἱοὺς τῆς ἀπειθείας·

7 ἐν οἷς καὶ ὑμεῖς περιεπατήσατέ ποτε, ὅτε ἐζῆτε ἐν αὐτοῖς.

8 νυνὶ δὲ ἀπόθεσθε καὶ ὑμεῖς τὰ πάντα, ὀργήν, θυμόν, κακίαν, βλασφημίαν, αἰσχρολογίαν ἐκ τοῦ στόματος ὑμῶν·

9 μὴ ψεύδεσθε εἰς ἀλλήλους, ἀπεκδυσάμενοι τὸν παλαιὸν ἄνθρωπον σὺν ταῖς πράξεσιν αὐτοῦ,

10 καὶ ἐνδυσάμενοι τὸν νέον, τὸν ἀνακαινούμενον εἰς ἐπίγνωσιν κατ᾽ εἰκόνα τοῦ κτίσαντος αὐτόν·

11 ὅπου οὐκ ἔνι Ἕλλην καὶ Ἰουδαῖος, περιτομὴ καὶ ἀκροβυστία, βάρβαρος, Σκύθης, δοῦλος, ἐλεύθερος· ἀλλὰ τὰ πάντα καὶ ἐν πᾶσι Χριστός.

12 Ἐνδύσασθε οὖν, ὡς ἐκλεκτοὶ τοῦ Θεοῦ, ἅγιοι καὶ ἠγαπημένοι, σπλάγχνα οἰκτιρμῶν, χρηστότητα, ταπεινοφροσύνην, πραότητα, μακροθυμίαν·

13 ἀνεχόμενοι ἀλλήλων, καὶ χαριζόμενοι ἑαυτοῖς ἐάν τις πρός τινα ἔχῃ μομφήν· καθὼς καὶ ὁ Χριστὸς ἐχαρίσατο ὑμῖν, οὕτω καὶ ὑμεῖς·

14 ἐπὶ πᾶσι δὲ τούτοις τὴν ἀγάπην, ἥτις ἐστι σύνδεσμος τῆς τελειότητος.

15 καὶ ἡ εἰρήνη τοῦ Θεοῦ βραβευέτω ἐν ταῖς καρδίαις ὑμῶν, εἰς ἣν καὶ ἐκλήθητε ἐν ἑνὶ σώματι· καὶ εὐχάριστοι γίνεσθε.

16 ὁ λόγος τοῦ Χριστοῦ ἐνοικείτω ἐν ὑμῖν πλουσίως ἐν πάσῃ σοφίᾳ· διδάσκοντες καὶ νουθετοῦντες ἑαυτούς, ψαλμοῖς, καὶ ὕμνοις, καὶ ᾠδαῖς πνευματικαῖς, ἐν χάριτι ᾄδοντες ἐν τῇ καρδίᾳ ὑμῶν τῷ Κυρίῳ.

17 καὶ πᾶν ὅ τι ἂν ποιῆτε, ἐν λόγῳ ἢ ἐν ἔργῳ, πάντα ἐν ὀνόματι Κυρίου Ἰησοῦ, εὐχαριστοῦντες τῷ Θεῷ καὶ πατρὶ δι᾽ αὐτοῦ.

18 Αἱ γυναῖκες, ὑποτάσσεσθε τοῖς ἰδίοις ἀνδράσιν, ὡς ἀνῆκεν ἐν Κυρίῳ.

19 οἱ ἄνδρες, ἀγαπᾶτε τὰς γυναῖκας, καὶ μὴ πικραίνεσθε πρὸς αὐτάς.

20 τὰ τέκνα, ὑπακούετε τοῖς γονεῦσι κατὰ πάντα· τοῦτο γὰρ ἐστιν εὐάρεστόν τῷ Κυρίῳ.

21 οἱ πατέρες, μὴ ἐρεθίζετε τὰ τέκνα ὑμῶν, ἵνα μὴ ἀθυμῶσιν.

22 Οἱ δοῦλοι, ὑπακούετε κατὰ πάντα τοῖς κατὰ σάρκα κυρίοις, μὴ ἐν ὀφθαλμοδουλείαις ὡς ἀνθρωπάρεσκοι, ἀλλ' ἐν ἁπλότητι καρδίας, φοβούμενοι τὸν Θεόν·

23 καὶ πᾶν ὅ τι ἐὰν ποιῆτε, ἐκ ψυχῆς ἐργάζεσθε, ὡς τῷ Κυρίῳ καὶ οὐκ ἀνθρώποις·

24 εἰδότες ὅτι ἀπὸ Κυρίου ἀπολήψεσθε τὴν ἀνταπόδοσιν τῆς κληρονομίας· τῷ γὰρ Κυρίῳ Χριστῷ δουλεύετε.

25 ὁ δὲ ἀδικῶν κομιεῖται ὃ ἠδίκησε· καὶ οὐκ ἔστι προσωποληψία

CHAPTER 4

1 οἱ κύριοι, τὸ δίκαιον καὶ τὴν ἰσότητα τοῖς δούλοις παρέχεσθε, εἰδότες ὅτι καὶ ὑμεῖς ἔχετε Κύριον ἐν οὐρανοῖς.

2 Τῇ προσευχῇ προσκαρτερεῖτε, γρηγοροῦντες ἐν αὐτῇ ἐν εὐχαριστίᾳ·

3 προσευχόμενοι ἅμα καὶ περὶ ἡμῶν, ἵνα ὁ Θεὸς ἀνοίξῃ ἡμῖν θύραν τοῦ λόγου, λαλῆσαι τὸ μυστήριον τοῦ Χριστοῦ, δι' ὃ καὶ δέδεμαι·

4 ἵνα φανερώσω αὐτό, ὡς δεῖ με λαλῆσαι.

5 ἐν σοφίᾳ περιπατεῖτε πρὸς τοὺς ἔξω, τὸν καιρὸν ἐξαγοραζόμενοι.

6 ὁ λόγος ὑμῶν πάντοτε ἐν χάριτι, ἅλατι ἠρτυμένος, εἰδέναι πῶς δεῖ ὑμᾶς ἑνὶ ἑκάστῳ ἀποκρίνεσθαι.

7 Τὰ κατ' ἐμὲ πάντα γνωρίσει ὑμῖν Τυχικός, ὁ ἀγαπητὸς ἀδελφὸς καὶ πιστὸς διάκονος καὶ σύνδουλος ἐν Κυρίῳ·

8 ὃν ἔπεμψα πρὸς ὑμᾶς εἰς αὐτὸ τοῦτο, ἵνα γνῷ τὰ περὶ ὑμῶν καὶ παρακαλέσῃ τὰς καρδίας ὑμῶν·

9 σὺν Ὀνησίμῳ τῷ πιστῷ καὶ ἀγαπητῷ ἀδελφῷ, ὅς ἐστιν ἐξ ὑμῶν. πάντα ὑμῖν γνωριοῦσι τὰ ὧδε.

10 Ἀσπάζεται ὑμᾶς Ἀρίσταρχος ὁ συναιχμάλωτός μου, καὶ Μᾶρκος ὁ ἀνεψιὸς Βαρναβᾶ (περὶ οὗ ἐλάβετε ἐντολάς· ἐὰν ἔλθῃ πρὸς ὑμᾶς, δέξασθε αὐτόν),

11 καὶ Ἰησοῦς ὁ λεγόμενος Ἰοῦστος, οἱ ὄντες ἐκ περιτομῆς· οὗτοι μόνοι συνεργοὶ εἰς τὴν βασιλείαν τοῦ Θεοῦ, οἵτινες ἐγενήθησάν μοι παρηγορία.

12 ἀσπάζεται ὑμᾶς Ἐπαφρᾶς ὁ ἐξ ὑμῶν, δοῦλος Χριστοῦ, πάντοτε ἀγωνιζόμενος ὑπὲρ ὑμῶν ἐν ταῖς προσευχαῖς, ἵνα στῆτε τέλειοι καὶ πεπληρωμένοι ἐν παντὶ θελήματι τοῦ θεοῦ

13 μαρτυρῶ γὰρ αὐτῷ ὅτι ἔχει ζῆλον πολὺν ὑπὲρ ὑμῶν καὶ τῶν ἐν Λαοδικείᾳ καὶ τῶν ἐν Ἱεραπόλει.

14 ἀσπάζεται ὑμᾶς Λουκᾶς ὁ ἰατρὸς ὁ ἀγαπητός, καὶ Δημᾶς.

15 ἀσπάσασθε τοὺς ἐν Λαοδικείᾳ ἀδελφούς, καὶ Νύμφαν, καὶ τὴν κατ' οἶκον αὐτοῦ ἐκκλησίαν.

16 καὶ ὅταν ἀναγνωσθῇ παρ' ὑμῖν ἡ ἐπιστολή, ποιήσατε ἵνα καὶ ἐν τῇ Λαοδικέων ἐκκλησίᾳ ἀναγνωσθῇ, καὶ τὴν ἐκ Λαοδικείας ἵνα καὶ ὑμεῖς ἀναγνῶτε.

Η ΠΡΟΣ ΚΟΛΟΣΣΑΕΙΣ

17 καὶ εἴπατε Ἀρχίππῳ, Βλέπε τὴν διακονίαν ἣν παρέλαβες ἐν Κυρίῳ, ἵνα αὐτὴν πληροῖς.

18 Ὁ ἀσπασμὸς τῇ ἐμῇ χειρὶ Παύλου. μνημονεύετέ μου τῶν δεσμῶν. ἡ χάρις μεθ' ὑμῶν. ἀμήν.

ΠΑΥΛΟΥ ΤΟΥ ΑΠΟΣΤΟΛΟΥ Η ΠΡΟΣ ΘΕΣΣΑΛΟΝΙΕΙΣ ΕΠΙΣΤΟΛΗ ΠΡΩΤΗ

ΘΕΣ Α CHAPTER 1

Παῦλος καὶ Σιλουανὸς καὶ Τιμόθεος, τῇ ἐκκλησίᾳ Θεσσαλονικέων ἐν Θεῷ πατρὶ, καὶ Κυρίῳ Ἰησοῦ Χριστῷ· χάρις ὑμῖν καὶ εἰρήνη ἀπὸ Θεοῦ πατρὸς ἡμῶν, καὶ κυρίου Ἰησοῦ Χριστοῦ

2 Εὐχαριστοῦμεν τῷ Θεῷ πάντοτε περὶ πάντων ὑμῶν, μνείαν ὑμῶν ποιούμενοι ἐπὶ τῶν προσευχῶν ἡμῶν,

3 ἀδιαλείπτως μνημονεύοντες ὑμῶν τοῦ ἔργου τῆς πίστεως, καὶ τοῦ κόπου τῆς ἀγάπης καὶ τῆς ὑπομονῆς τῆς ἐλπίδος τοῦ Κυρίου ἡμῶν Ἰησοῦ Χριστοῦ· ἔμπροσθεν τοῦ Θεοῦ καὶ πατρὸς ἡμῶν·

4 εἰδότες, ἀδελφοὶ ἠγαπημένοι ὑπὸ Θεοῦ, τὴν ἐκλογὴν ὑμῶν·

5 ὅτι τὸ εὐαγγέλιον ἡμῶν οὐκ ἐγενήθη εἰς ὑμᾶς ἐν λόγῳ μόνον, ἀλλὰ καὶ ἐν δυνάμει, καὶ ἐν Πνεύματι Ἁγίῳ, καὶ ἐν πληροφορίᾳ πολλῇ, καθὼς οἴδατε οἷοι ἐγενήθημεν ἐν ὑμῖν δι' ὑμᾶς.

6 καὶ ὑμεῖς μιμηταὶ ἡμῶν ἐγενήθητε καὶ τοῦ Κυρίου, δεξάμενοι τὸν λόγον ἐν θλίψει πολλῇ μετὰ χαρᾶς Πνεύματος Ἁγίου,

7 ὥστε γενέσθαι ὑμᾶς τύπους πᾶσι τοῖς πιστεύουσιν ἐν τῇ Μακεδονίᾳ καὶ τῇ Ἀχαΐᾳ.

8 ἀφ' ὑμῶν γὰρ ἐξήχηται ὁ λόγος τοῦ Κυρίου οὐ μόνον ἐν τῇ Μακεδονίᾳ καὶ Ἀχαΐᾳ, ἀλλὰ καὶ ἐν παντὶ τόπῳ ἡ πίστις ὑμῶν ἡ πρὸς τὸν Θεὸν ἐξελήλυθεν, ὥστε μὴ χρείαν ἡμᾶς ἔχειν λαλεῖν τι.

9 αὐτοὶ γὰρ περὶ ἡμῶν ἀπαγγέλλουσιν ὁποίαν εἴσοδον ἔσχομεν πρὸς ὑμᾶς, καὶ πῶς ἐπεστρέψατε πρὸς τὸν Θεὸν ἀπὸ τῶν εἰδώλων, δουλεύειν Θεῷ ζῶντι καὶ ἀληθινῷ,

10 καὶ ἀναμένειν τὸν υἱὸν αὐτοῦ ἐκ τῶν οὐρανῶν, ὃν ἤγειρεν ἐκ νεκρῶν, Ἰησοῦν τὸν ῥυόμενον ἡμᾶς ἀπὸ τῆς ὀργῆς τῆς ἐρχομένης.

CHAPTER 2

1 Αὐτοὶ γὰρ οἴδατε, ἀδελφοί, τὴν εἴσοδον ἡμῶν τὴν πρὸς ὑμᾶς, ὅτι οὐ κενὴ γέγονεν·

2 ἀλλὰ καὶ προπαθόντες καὶ ὑβρισθέντες, καθὼς οἴδατε, ἐν Φιλίπποις, ἐπαρρησιασάμεθα ἐν τῷ Θεῷ ἡμῶν λαλῆσαι πρὸς ὑμᾶς τὸ εὐαγγέλιον τοῦ Θεοῦ ἐν πολλῷ ἀγῶνι.

3 ἡ γὰρ παράκλησις ἡμῶν οὐκ ἐκ πλάνης οὐδὲ ἐξ ἀκαθαρσίας, οὔτε ἐν δόλῳ·

4 ἀλλὰ καθὼς δεδοκιμάσμεθα ὑπὸ τοῦ Θεοῦ πιστευθῆναι τὸ εὐαγγέλιον, οὕτω λαλοῦμεν, οὐχ ὡς ἀνθρώποις ἀρέσκοντες, ἀλλὰ

τῷ Θεῷ τῷ δοκιμάζοντι τὰς καρδίας ἡμῶν.

5 οὔτε γάρ ποτε ἐν λόγῳ κολακείας ἐγενήθημεν, καθὼς οἴδατε, οὔτε ἐν προφάσει πλεονεξίας· Θεὸς μάρτυς·

6 οὔτε ζητοῦντες ἐξ ἀνθρώπων δόξαν, οὔτε ἀφ' ὑμῶν οὔτε ἀπ' ἄλλων, δυνάμενοι ἐν βάρει εἶναι ὡς Χριστοῦ ἀπόστολοι

7 ἀλλ' ἐγενήθημεν ἤπιοι ἐν μέσῳ ὑμῶν ὡς ἂν τροφὸς θάλπῃ τὰ ἑαυτῆς τέκνα

8 οὕτως ἱμειρόμενοι ὑμῶν, εὐδοκοῦμεν μεταδοῦναι ὑμῖν οὐ μόνον τὸ εὐαγγέλιον τοῦ Θεοῦ, ἀλλὰ καὶ τὰς ἑαυτῶν ψυχάς, διότι ἀγαπητοὶ ἡμῖν γεγένησθε

9 μνημονεύετε γάρ, ἀδελφοί, τὸν κόπον ἡμῶν καὶ τὸν μόχθον· νυκτὸς γὰρ καὶ ἡμέρας ἐργαζόμενοι πρὸς τὸ μὴ ἐπιβαρῆσαί τινα ὑμῶν, ἐκηρύξαμεν εἰς ὑμᾶς τὸ εὐαγγέλιον τοῦ Θεοῦ.

10 ὑμεῖς μάρτυρες καὶ ὁ Θεός, ὡς ὁσίως καὶ δικαίως καὶ ἀμέμπτως ὑμῖν τοῖς πιστεύουσιν ἐγενήθημεν·

11 καθάπερ οἴδατε ὡς ἕνα ἕκαστον ὑμῶν, ὡς πατὴρ τέκνα ἑαυτοῦ, παρακαλοῦντες ὑμᾶς καὶ παραμυθούμενοι καὶ μαρτυρούμενοι,

12 εἰς τὸ περιπατῆσαι ὑμᾶς ἀξίως τοῦ θεοῦ τοῦ καλοῦντος ὑμᾶς εἰς τὴν ἑαυτοῦ βασιλείαν καὶ δόξαν

13 Διὰ τοῦτο καὶ ἡμεῖς εὐχαριστοῦμεν τῷ Θεῷ ἀδιαλείπτως, ὅτι παραλαβόντες λόγον ἀκοῆς παρ' ἡμῶν, τοῦ Θεοῦ, ἐδέξασθε οὐ λόγον ἀνθρώπων, ἀλλὰ καθὼς ἐστιν ἀληθῶς λόγον Θεοῦ, ὃς καὶ ἐνεργεῖται ἐν ὑμῖν τοῖς πιστεύουσιν.

14 ὑμεῖς γὰρ μιμηταὶ ἐγενήθητε, ἀδελφοί, τῶν ἐκκλησιῶν τοῦ Θεοῦ τῶν οὐσῶν ἐν τῇ Ἰουδαίᾳ ἐν Χριστῷ Ἰησοῦ· ὅτι ταὐτὰ ἐπάθετε καὶ ὑμεῖς ὑπὸ τῶν ἰδίων συμφυλετῶν, καθὼς καὶ αὐτοὶ ὑπὸ τῶν Ἰουδαίων,

15 τῶν καὶ τὸν Κύριον ἀποκτεινάντων Ἰησοῦν καὶ τοὺς ἰδίους προφήτας, καὶ ἡμᾶς ἐκδιωξάντων, καὶ Θεῷ μὴ ἀρεσκόντων, καὶ πᾶσιν ἀνθρώποις ἐναντίων,

16 κωλυόντων ἡμᾶς τοῖς ἔθνεσι λαλῆσαι ἵνα σωθῶσιν, εἰς τὸ ἀναπληρῶσαι αὐτῶν τὰς ἁμαρτίας πάντοτε· ἔφθασε δὲ ἐπ' αὐτοὺς ἡ ὀργὴ εἰς τέλος.

17 Ἡμεῖς δέ, ἀδελφοί, ἀπορφανισθέντες ἀφ' ὑμῶν πρὸς καιρὸν ὥρας, προσώπῳ, οὐ καρδίᾳ, περισσοτέρως ἐσπουδάσαμεν τὸ πρόσωπον ὑμῶν ἰδεῖν ἐν πολλῇ ἐπιθυμίᾳ·

18 διὸ ἠθελήσαμεν ἐλθεῖν πρὸς ὑμᾶς, ἐγὼ μὲν Παῦλος καὶ ἅπαξ καὶ δίς, καὶ ἐνέκοψεν ἡμᾶς ὁ Σατανᾶς·

19 τίς γὰρ ἡμῶν ἐλπίς, ἢ χαρὰ ἢ στέφανος καυχήσεως; ἢ οὐχὶ καὶ ὑμεῖς, ἔμπροσθεν τοῦ Κυρίου ἡμῶν Ἰησοῦ Χριστοῦ ἐν τῇ αὐτοῦ παρουσίᾳ;

20 ὑμεῖς γάρ ἐστε ἡ δόξα ἡμῶν καὶ ἡ χαρά.

Η ΠΡΟΣ ΘΕΣΣΑΛΟΝΙΚΕΙΣ Α

CHAPTER 3

1 Διὸ μηκέτι στέγοντες, εὐδοκήσαμεν καταλειφθῆναι ἐν Ἀθήναις μόνοι,

2 καὶ ἐπέμψαμεν Τιμόθεον τὸν ἀδελφὸν ἡμῶν καὶ διάκονον τοῦ Θεοῦ καὶ συνεργὸν ἡμῶν ἐν τῷ εὐαγγελίῳ τοῦ Χριστοῦ, εἰς τὸ στηρίξαι ὑμᾶς καὶ παρακαλέσαι ὑμᾶς περὶ τῆς πίστεως ὑμῶν,

3 τῷ μηδένα σαίνεσθαι ἐν ταῖς θλίψεσι ταύταις· αὐτοὶ γὰρ οἴδατε ὅτι εἰς τοῦτο κείμεθα.

4 καὶ γὰρ ὅτε πρὸς ὑμᾶς ἦμεν, προελέγομεν ὑμῖν ὅτι μέλλομεν θλίβεσθαι, καθὼς καὶ ἐγένετο, καὶ οἴδατε.

5 διὰ τοῦτο κἀγὼ μηκέτι στέγων, ἔπεμψα εἰς τὸ γνῶναι τὴν πίστιν ὑμῶν, μή πως ἐπείρασεν ὑμᾶς ὁ πειράζων, καὶ εἰς κενὸν γένηται ὁ κόπος ἡμῶν.

6 ἄρτι δὲ ἐλθόντος Τιμοθέου πρὸς ἡμᾶς ἀφ' ὑμῶν, καὶ εὐαγγελισαμένου ἡμῖν τὴν πίστιν καὶ τὴν ἀγάπην ὑμῶν, καὶ ὅτι ἔχετε μνείαν ἡμῶν ἀγαθὴν πάντοτε, ἐπιποθοῦντες ἡμᾶς ἰδεῖν, καθάπερ καὶ ἡμεῖς ὑμᾶς·

7 διὰ τοῦτο παρεκλήθημεν, ἀδελφοί, ἐφ' ὑμῖν, ἐπὶ πάσῃ τῇ θλίψει καὶ ἀνάγκῃ ἡμῶν διὰ τῆς ὑμῶν πίστεως·

8 ὅτι νῦν ζῶμεν, ἐὰν ὑμεῖς στήκητε ἐν Κυρίῳ.

9 τίνα γὰρ εὐχαριστίαν δυνάμεθα τῷ Θεῷ ἀνταποδοῦναι περὶ ὑμῶν, ἐπὶ πάσῃ τῇ χαρᾷ ᾗ χαίρομεν δι' ὑμᾶς ἔμπροσθεν τοῦ Θεοῦ ἡμῶν,

10 νυκτὸς καὶ ἡμέρας ὑπὲρ ἐκ περισσοῦ δεόμενοι εἰς τὸ ἰδεῖν ὑμῶν τὸ πρόσωπον, καὶ καταρτίσαι τὰ ὑστερήματα τῆς πίστεως ὑμῶν;

11 Αὐτὸς δὲ ὁ Θεὸς καὶ πατὴρ ἡμῶν, καὶ ὁ Κύριος ἡμῶν Ἰησοῦς Χριστός κατευθύναι τὴν ὁδὸν ἡμῶν πρὸς ὑμᾶς·

12 ὑμᾶς δὲ ὁ Κύριος πλεονάσαι καὶ περισσεύσαι τῇ ἀγάπῃ εἰς ἀλλήλους καὶ εἰς πάντας, καθάπερ καὶ ἡμεῖς εἰς ὑμᾶς,

13 εἰς τὸ στηρίξαι ὑμῶν τὰς καρδίας ἀμέμπτους ἐν ἁγιωσύνῃ, ἔμπροσθεν τοῦ Θεοῦ καὶ πατρὸς ἡμῶν, ἐν τῇ παρουσίᾳ τοῦ Κυρίου ἡμῶν Ἰησοῦ Χριστοῦ μετὰ πάντων τῶν ἁγίων αὐτοῦ.

CHAPTER 4

1 Τὸ λοιπὸν οὖν, ἀδελφοί, ἐρωτῶμεν ὑμᾶς καὶ παρακαλοῦμεν ἐν Κυρίῳ Ἰησοῦ, καθὼς παρελάβετε παρ' ἡμῶν τὸ πῶς δεῖ ὑμᾶς περιπατεῖν καὶ ἀρέσκειν Θεῷ, ἵνα περισσεύητε μᾶλλον.

2 οἴδατε γὰρ τίνας παραγγελίας ἐδώκαμεν ὑμῖν διὰ τοῦ Κυρίου Ἰησοῦ.

3 τοῦτο γάρ ἐστι θέλημα τοῦ Θεοῦ, ὁ ἁγιασμὸς ὑμῶν, ἀπέχεσθαι ὑμᾶς ἀπὸ τῆς πορνείας·

4 εἰδέναι ἕκαστον ὑμῶν τὸ ἑαυτοῦ σκεῦος κτᾶσθαι ἐν ἁγιασμῷ καὶ τιμῇ,

5 μὴ ἐν πάθει ἐπιθυμίας, καθάπερ καὶ τὰ ἔθνη τὰ μὴ εἰδότα τὸν Θεόν·

6 τὸ μὴ ὑπερβαίνειν καὶ πλεονεκτεῖν ἐν τῷ πράγματι τὸν ἀδελφὸν αὐτοῦ· διότι ἔκδικος ὁ Κύριος περὶ πάντων τούτων, καθὼς καὶ προείπαμεν ὑμῖν καὶ διεμαρτυράμεθα.

7 οὐ γὰρ ἐκάλεσεν ἡμᾶς ὁ Θεὸς ἐπὶ ἀκαθαρσίᾳ, ἀλλ᾽ ἐν ἁγιασμῷ.

8 τοιγαροῦν ὁ ἀθετῶν, οὐκ ἄνθρωπον ἀθετεῖ, ἀλλὰ τὸν Θεὸν τὸν καὶ δόντα τὸ Πνεῦμα αὐτοῦ τὸ Ἅγιον εἰς ἡμᾶς.

9 Περὶ δὲ τῆς φιλαδελφίας οὐ χρείαν ἔχετε γράφειν ὑμῖν· αὐτοὶ γὰρ ὑμεῖς θεοδίδακτοί ἐστε εἰς τὸ ἀγαπᾶν ἀλλήλους·

10 καὶ γὰρ ποιεῖτε αὐτὸ εἰς πάντας τοὺς ἀδελφοὺς τοὺς ἐν ὅλῃ τῇ Μακεδονίᾳ. παρακαλοῦμεν δὲ ὑμᾶς, ἀδελφοί, περισσεύειν μᾶλλον,

11 καὶ φιλοτιμεῖσθαι ἡσυχάζειν καὶ πράσσειν τὰ ἴδια, καὶ ἐργάζεσθαι ταῖς ἰδίαις χερσὶν ὑμῶν, καθὼς ὑμῖν παρηγγείλαμεν·

12 ἵνα περιπατῆτε εὐσχημόνως πρὸς τοὺς ἔξω, καὶ μηδενὸς χρείαν ἔχητε.

13 Οὐ θέλω δὲ ὑμᾶς ἀγνοεῖν, ἀδελφοί, περὶ τῶν κεκοιμημένων, ἵνα μὴ λυπῆσθε, καθὼς καὶ οἱ λοιποὶ οἱ μὴ ἔχοντες ἐλπίδα.

14 εἰ γὰρ πιστεύομεν ὅτι Ἰησοῦς ἀπέθανε καὶ ἀνέστη, οὕτω καὶ ὁ Θεὸς τοὺς κοιμηθέντας διὰ τοῦ Ἰησοῦ ἄξει σὺν αὐτῷ.

15 τοῦτο γὰρ ὑμῖν λέγομεν ἐν λόγῳ Κυρίου, ὅτι ἡμεῖς οἱ ζῶντες οἱ περιλειπόμενοι εἰς τὴν παρουσίαν τοῦ Κυρίου, οὐ μὴ φθάσωμεν τοὺς κοιμηθέντας.

16 ὅτι αὐτὸς ὁ Κύριος ἐν κελεύσματι, ἐν φωνῇ ἀρχαγγέλου, καὶ ἐν σάλπιγγι Θεοῦ, καταβήσεται ἀπ᾽ οὐρανοῦ, καὶ οἱ νεκροὶ ἐν Χριστῷ, ἀναστήσονται πρῶτον·

17 ἔπειτα ἡμεῖς οἱ ζῶντες οἱ περιλειπόμενοι, ἅμα σὺν αὐτοῖς ἁρπαγησόμεθα ἐν νεφέλαις εἰς ἀπάντησιν τοῦ Κυρίου εἰς ἀέρα· καὶ οὕτω πάντοτε σὺν Κυρίῳ ἐσόμεθα.

18 ὥστε παρακαλεῖτε ἀλλήλους ἐν τοῖς λόγοις τούτοις.

CHAPTER 5

1 Περὶ δὲ τῶν χρόνων καὶ τῶν καιρῶν, ἀδελφοί, οὐ χρείαν ἔχετε ὑμῖν γράφεσθαι.

2 αὐτοὶ γὰρ ἀκριβῶς οἴδατε ὅτι ἡ ἡμέρα Κυρίου ὡς κλέπτης ἐν νυκτὶ οὕτως ἔρχεται·

3 ὅταν γὰρ λέγωσιν, Εἰρήνη καὶ ἀσφάλεια, τότε αἰφνίδιος αὐτοῖς ἐφίσταται ὄλεθρος, ὥσπερ ἡ ὠδὶν τῇ ἐν γαστρὶ ἐχούσῃ, καὶ οὐ μὴ ἐκφύγωσιν.

4 ὑμεῖς δέ, ἀδελφοί, οὐκ ἐστὲ ἐν σκότει, ἵνα ἡ ἡμέρα ὑμᾶς ὡς κλέπτης καταλάβῃ·

5 πάντες ὑμεῖς υἱοὶ φωτός ἐστε καὶ υἱοὶ ἡμέρας· οὐκ ἐσμὲν νυκτὸς οὐδὲ σκότους·

6 ἄρα οὖν μὴ καθεύδωμεν ὡς καὶ οἱ λοιποί, ἀλλὰ γρηγορῶμεν καὶ νήφωμεν.

7 οἱ γὰρ καθεύδοντες νυκτὸς καθεύδουσι· καὶ οἱ μεθυσκόμενοι, νυκτὸς μεθύουσιν.

8 ἡμεῖς δὲ ἡμέρας ὄντες, νήφωμεν, ἐνδυσάμενοι θώρακα πίστεως καὶ ἀγάπης, καὶ περικεφαλαίαν, ἐλπίδα σωτηρίας,

9 ὅτι οὐκ ἔθετο ἡμᾶς ὁ Θεὸς εἰς ὀργήν, ἀλλ᾽ εἰς περιποίησιν σωτηρίας διὰ τοῦ Κυρίου ἡμῶν Ἰησοῦ Χριστοῦ,

10 τοῦ ἀποθανόντος ὑπὲρ ἡμῶν, ἵνα εἴτε γρηγορῶμεν εἴτε καθεύδωμεν, ἅμα σὺν αὐτῷ ζήσωμεν.

11 διὸ παρακαλεῖτε ἀλλήλους, καὶ οἰκοδομεῖτε εἷς τὸν ἕνα, καθὼς καὶ ποιεῖτε.

12 Ἐρωτῶμεν δὲ ὑμᾶς, ἀδελφοί, εἰδέναι τοὺς κοπιῶντας ἐν ὑμῖν, καὶ προϊσταμένους ὑμῶν ἐν Κυρίῳ, καὶ νουθετοῦντας ὑμᾶς,

13 καὶ ἡγεῖσθαι αὐτοὺς ὑπερ ἐκ περισσοῦ ἐν ἀγάπῃ διὰ τὸ ἔργον αὐτῶν εἰρηνεύετε ἐν ἑαυτοῖς

14 παρακαλοῦμεν δὲ ὑμᾶς, ἀδελφοί, νουθετεῖτε τοὺς ἀτάκτους, παραμυθεῖσθε τοὺς ὀλιγοψύχους, ἀντέχεσθε τῶν ἀσθενῶν, μακροθυμεῖτε πρὸς πάντας.

15 ὁρᾶτε μή τις κακὸν ἀντὶ κακοῦ τινι ἀποδῷ, ἀλλὰ πάντοτε τὸ ἀγαθὸν διώκετε καὶ εἰς ἀλλήλους καὶ εἰς πάντας.

16 πάντοτε χαίρετε·

17 ἀδιαλείπτως προσεύχεσθε·

18 ἐν παντὶ εὐχαριστεῖτε· τοῦτο γὰρ θέλημα Θεοῦ ἐν Χριστῷ Ἰησοῦ εἰς ὑμᾶς.

19 τὸ Πνεῦμα μὴ σβέννυτε·

20 προφητείας μὴ ἐξουθενεῖτε·

21 πάντα δοκιμάζετε· τὸ καλὸν κατέχετε·

22 ἀπὸ παντὸς εἴδους πονηροῦ ἀπέχεσθε.

23 Αὐτὸς δὲ ὁ Θεὸς τῆς εἰρήνης ἁγιάσαι ὑμᾶς ὁλοτελεῖς· καὶ ὁλόκληρον ὑμῶν τὸ πνεῦμα καὶ ἡ ψυχὴ καὶ τὸ σῶμα ἀμέμπτως ἐν τῇ παρουσίᾳ τοῦ Κυρίου ἡμῶν Ἰησοῦ Χριστοῦ τηρηθείη.

24 πιστὸς ὁ καλῶν ὑμᾶς, ὃς καὶ ποιήσει.

25 Ἀδελφοί, προσεύχεσθε περὶ ἡμῶν.

26 Ἀσπάσασθε τοὺς ἀδελφοὺς πάντας ἐν φιλήματι ἁγίῳ.

27 ὁρκίζω ὑμᾶς τὸν Κύριον, ἀναγνωσθῆναι τὴν ἐπιστολὴν πᾶσι τοῖς ἁγίοις ἀδελφοῖς.

28 Ἡ χάρις τοῦ Κυρίου ἡμῶν Ἰησοῦ Χριστοῦ μεθ᾽ ὑμῶν. ἀμήν.

ΠΑΥΛΟΥ ΤΟΥ ΑΠΟΣΤΟΛΟΥ Η ΠΡΟΣ ΘΕΣΣΑΛΟΝΙΕΙΣ ΕΠΙΣΤΟΛΗ ΔΕΥΤΕΡΑ

ΘΕΣ Β CHAPTER 1

Παῦλος καὶ Σιλουανὸς καὶ Τιμόθεος τῇ ἐκκλησίᾳ Θεσσαλονικέων ἐν Θεῷ πατρὶ ἡμῶν καὶ Κυρίῳ Ἰησοῦ Χριστῷ·

2 χάρις ὑμῖν καὶ εἰρήνη ἀπὸ Θεοῦ πατρὸς ἡμῶν καὶ Κυρίου Ἰησοῦ Χριστοῦ.

3 Εὐχαριστεῖν ὀφείλομεν τῷ Θεῷ πάντοτε περὶ ὑμῶν, ἀδελφοί, καθὼς ἄξιόν ἐστιν, ὅτι ὑπεραυξάνει ἡ πίστις ὑμῶν, καὶ πλεονάζει ἡ ἀγάπη ἑνὸς ἑκάστου πάντων ὑμῶν εἰς ἀλλήλους·

4 ὥστε ἡμᾶς αὐτοὺς ἐν ὑμῖν καυχᾶσθαι ἐν ταῖς ἐκκλησίαις τοῦ Θεοῦ ὑπὲρ τῆς ὑπομονῆς ὑμῶν καὶ πίστεως ἐν πᾶσι τοῖς διωγμοῖς ὑμῶν καὶ ταῖς θλίψεσιν αἷς ἀνέχεσθε·

5 ἔνδειγμα τῆς δικαίας κρίσεως τοῦ Θεοῦ, εἰς τὸ καταξιωθῆναι ὑμᾶς τῆς βασιλείας τοῦ Θεοῦ, ὑπὲρ ἧς καὶ πάσχετε·

6 εἴπερ δίκαιον παρὰ Θεῷ ἀνταποδοῦναι τοῖς θλίβουσιν ὑμᾶς θλῖψιν,

7 καὶ ὑμῖν τοῖς θλιβομένοις ἄνεσιν μεθ᾽ ἡμῶν, ἐν τῇ ἀποκαλύψει τοῦ Κυρίου Ἰησοῦ ἀπ᾽ οὐρανοῦ μετ᾽ ἀγγέλων δυνάμεως αὐτοῦ,

8 ἐν πυρὶ φλογός, διδόντος ἐκδίκησιν τοῖς μὴ εἰδόσι Θεόν, καὶ τοῖς μὴ ὑπακούουσι τῷ εὐαγγελίῳ τοῦ Κυρίου ἡμῶν Ἰησοῦ Χριστοῦ·

9 οἵτινες δίκην τίσουσιν, ὄλεθρον αἰώνιον ἀπὸ προσώπου τοῦ Κυρίου καὶ ἀπὸ τῆς δόξης τῆς ἰσχύος αὐτοῦ,

10 ὅταν ἔλθῃ ἐνδοξασθῆναι ἐν τοῖς ἁγίοις αὐτοῦ, καὶ θαυμασθῆναι ἐν πᾶσι τοῖς πιστεύουσιν (ὅτι ἐπιστεύθη τὸ μαρτύριον ἡμῶν ἐφ᾽ ὑμᾶς) ἐν τῇ ἡμέρᾳ ἐκείνῃ.

11 εἰς ὃ καὶ προσευχόμεθα πάντοτε περὶ ὑμῶν, ἵνα ὑμᾶς ἀξιώσῃ τῆς κλήσεως ὁ Θεὸς ἡμῶν, καὶ πληρώσῃ πᾶσαν εὐδοκίαν ἀγαθωσύνης καὶ ἔργον πίστεως ἐν δυνάμει·

12 ὅπως ἐνδοξασθῇ τὸ ὄνομα τοῦ Κυρίου ἡμῶν Ἰησοῦ Χριστοῦ ἐν ὑμῖν, καὶ ὑμεῖς ἐν αὐτῷ, κατὰ τὴν χάριν τοῦ Θεοῦ ἡμῶν καὶ Κυρίου Ἰησοῦ Χριστοῦ.

CHAPTER 2

1 Ἐρωτῶμεν δὲ ὑμᾶς, ἀδελφοί, ὑπὲρ τῆς παρουσίας τοῦ Κυρίου ἡμῶν Ἰησοῦ Χριστοῦ, καὶ ἡμῶν ἐπισυναγωγῆς ἐπ᾽ αὐτόν,

2 εἰς τὸ μὴ ταχέως σαλευθῆναι ὑμᾶς ἀπὸ τοῦ νοός, μήτε θροεῖσθαι, μήτε διὰ πνεύματος, μήτε διὰ λόγου, μήτε δι᾽ ἐπιστολῆς ὡς δι᾽ ἡμῶν, ὡς ὅτι ἐνέστηκεν ἡ ἡμέρα τοῦ Χριστοῦ·

3 μή τις ὑμᾶς ἐξαπατήσῃ κατὰ μηδένα τρόπον· ὅτι ἐὰν μὴ ἔλθῃ ἡ ἀποστασία πρῶτον, καὶ ἀποκαλυφθῇ ὁ ἄνθρωπος τῆς ἁμαρτίας, ὁ υἱὸς τῆς ἀπωλείας,

4 ὁ ἀντικείμενος καὶ ὑπεραιρόμενος ἐπὶ πᾶν τό λεγόμενον Θεὸν ἢ σέβασμα, ὥστε αὐτὸν εἰς τὸν ναὸν τοῦ Θεοῦ ὡς Θεὸν καθίσαι, ἀποδεικνύντα ἑαυτὸν ὅτι ἔστι Θεός.

5 οὐ μνημονεύετε ὅτι ἔτι ὢν πρὸς ὑμᾶς, ταῦτα ἔλεγον ὑμῖν;

6 καὶ νῦν τὸ κατέχον οἴδατε, εἰς τὸ ἀποκαλυφθῆναι αὐτὸν ἐν τῷ ἑαυτοῦ καιρῷ.

7 τὸ γὰρ μυστήριον ἤδη ἐνεργεῖται τῆς ἀνομίας· μόνον ὁ κατέχων ἄρτι, ἕως ἐκ μέσου γένηται,

8 καὶ τότε ἀποκαλυφθήσεται ὁ ἄνομος, ὃν ὁ Κύριος ἀναλώσει τῷ πνεύματι τοῦ στόματος αὐτοῦ, καὶ καταργήσει τῇ ἐπιφανείᾳ τῆς παρουσίας αὐτοῦ·

9 οὗ ἐστιν ἡ παρουσία κατ' ἐνέργειαν τοῦ Σατανᾶ ἐν πάσῃ δυνάμει καὶ σημείοις καὶ τέρασι ψεύδους,

10 καὶ ἐν πάσῃ ἀπάτῃ τῆς ἀδικίας ἐν τοῖς ἀπολλυμένοις, ἀνθ' ὧν τὴν ἀγάπην τῆς ἀληθείας οὐκ ἐδέξαντο εἰς τὸ σωθῆναι αὐτούς.

11 καὶ διὰ τοῦτο πέμψει αὐτοῖς ὁ Θεὸς ἐνέργειαν πλάνης, εἰς τὸ πιστεῦσαι αὐτοὺς τῷ ψεύδει·

12 ἵνα κριθῶσι πάντες οἱ μὴ πιστεύσαντες τῇ ἀληθείᾳ, ἀλλ' εὐδοκήσαντες ἐν τῇ ἀδικίᾳ.

13 Ἡμεῖς δὲ ὀφείλομεν εὐχαριστεῖν τῷ Θεῷ πάντοτε περὶ ὑμῶν, ἀδελφοὶ ἠγαπημένοι ὑπὸ Κυρίου, ὅτι εἵλετο ὑμᾶς ὁ Θεὸς ἀπ' ἀρχῆς εἰς σωτηρίαν ἐν ἁγιασμῷ Πνεύματος, καὶ πίστει ἀληθείας·

14 εἰς ὃ ἐκάλεσεν ὑμᾶς διὰ τοῦ εὐαγγελίου ἡμῶν, εἰς περιποίησιν δόξης τοῦ Κυρίου ἡμῶν Ἰησοῦ Χριστοῦ.

15 ἄρα οὖν, ἀδελφοί, στήκετε, καὶ κρατεῖτε τὰς παραδόσεις ἃς ἐδιδάχθητε, εἴτε διὰ λόγου, εἴτε δι' ἐπιστολῆς ἡμῶν.

16 Αὐτὸς δὲ ὁ Κύριος ἡμῶν Ἰησοῦς Χριστὸς, καὶ ὁ Θεὸς καὶ πατὴρ ἡμῶν ὁ ἀγαπήσας ἡμᾶς, καὶ δοὺς παράκλησιν αἰωνίαν καὶ ἐλπίδα ἀγαθὴν ἐν χάριτι,

17 παρακαλέσαι ὑμῶν τὰς καρδίας, καὶ στηρίξαι ὑμᾶς ἐν παντὶ λόγῳ καὶ ἔργῳ ἀγαθῷ.

CHAPTER 3

1 Τὸ λοιπὸν προσεύχεσθε, ἀδελφοί, περὶ ἡμῶν, ἵνα ὁ λόγος τοῦ Κυρίου τρέχῃ καὶ δοξάζηται, καθὼς καὶ πρὸς ὑμᾶς,

2 καὶ ἵνα ῥυσθῶμεν ἀπὸ τῶν ἀτόπων καὶ πονηρῶν ἀνθρώπων· οὐ γὰρ πάντων ἡ πίστις.

3 πιστὸς δέ ἐστιν ὁ Κύριος, ὃς στηρίξει ὑμᾶς καὶ φυλάξει ἀπὸ τοῦ πονηροῦ.

4 πεποίθαμεν δὲ ἐν Κυρίῳ ἐφ' ὑμᾶς, ὅτι ἃ παραγγέλλομεν ὑμῖν, καὶ ποιεῖτε καὶ ποιήσετε.

5 ὁ δὲ Κύριος κατευθύναι ὑμῶν τὰς καρδίας εἰς τὴν ἀγάπην τοῦ Θεοῦ, καὶ εἰς τὴν ὑπομονὴν τοῦ Χριστοῦ.

6 Παραγγέλλομεν δὲ ὑμῖν, ἀδελφοί, ἐν ὀνόματι τοῦ Κυρίου ἡμῶν Ἰησοῦ Χριστοῦ, στέλλεσθαι ὑμᾶς ἀπὸ παντὸς ἀδελφοῦ

ἀτάκτως περιπατοῦντος, καὶ μὴ κατὰ τὴν παράδοσιν ἣν παρέλαβε παρ' ἡμῶν·

7 αὐτοὶ γὰρ οἴδατε πῶς δεῖ μιμεῖσθαι ἡμᾶς· ὅτι οὐκ ἠτακτήσαμεν ἐν ὑμῖν,

8 οὐδὲ δωρεὰν ἄρτον ἐφάγομεν παρά τινος, ἀλλ' ἐν κόπῳ καὶ μόχθῳ, νύκτα καὶ ἡμέραν ἐργαζόμενοι, πρὸς τὸ μὴ ἐπιβαρῆσαί τινα ὑμῶν·

9 οὐχ ὅτι οὐκ ἔχομεν ἐξουσίαν, ἀλλ' ἵνα ἑαυτοὺς τύπον δῶμεν ὑμῖν εἰς τὸ μιμεῖσθαι ἡμᾶς.

10 καὶ γὰρ ὅτε ἦμεν πρὸς ὑμᾶς, τοῦτο παρηγγέλλομεν ὑμῖν ὅτι Εἴ τις οὐ θέλει ἐργάζεσθαι, μηδὲ ἐσθιέτω.

11 ἀκούομεν γὰρ τινας περιπατοῦντας ἐν ὑμῖν ἀτάκτως, μηδὲν ἐργαζομένους, ἀλλὰ περιεργαζομένους.

12 τοῖς δὲ τοιούτοις παραγγέλλομεν καὶ παρακαλοῦμεν διὰ τοῦ κυρίου ἡμῶν Ἰησοῦ Χριστου, ἵνα μετὰ ἡσυχίας ἐργαζόμενοι τὸν ἑαυτῶν ἄρτον ἐσθίωσιν.

13 ὑμεῖς δέ, ἀδελφοί, μὴ ἐκκακήσητε καλοποιοῦντες.

14 εἰ δέ τις οὐχ ὑπακούει τῷ λόγῳ ἡμῶν διὰ τῆς ἐπιστολῆς, τοῦτον σημειοῦσθε, καὶ μὴ συναναμίγνυσθε αὐτῷ, ἵνα ἐντραπῇ,

15 καὶ μὴ ὡς ἐχθρὸν ἡγεῖσθε, ἀλλὰ νουθετεῖτε ὡς ἀδελφόν.

16 Αὐτὸς δὲ ὁ Κύριος τῆς εἰρήνης δώῃ ὑμῖν τὴν εἰρήνην διὰ παντὸς ἐν παντὶ τρόπῳ. ὁ Κύριος μετὰ πάντων ὑμῶν.

17 Ὁ ἀσπασμὸς τῇ ἐμῇ χειρὶ Παύλου, ὅ ἐστι σημεῖον ἐν πάσῃ ἐπιστολῇ· οὕτω γράφω.

18 ἡ χάρις τοῦ Κυρίου ἡμῶν Ἰησοῦ Χριστοῦ μετὰ πάντων ὑμῶν. ἀμήν.

ΠΑΥΛΟΥ ΤΟΥ ΑΠΟΣΤΟΛΟΥ Η ΠΡΟΣ ΤΙΜΟΘΕΟΝ ΕΠΙΣΤΟΛΗ ΠΡΩΤΗ

TIM A CHAPTER 1

Παῦλος ἀπόστολος Ἰησοῦ Χριστοῦ κατ' ἐπιταγὴν Θεοῦ σωτῆρος ἡμῶν, καὶ Κυρίου Ἰησοῦ Χριστοῦ τῆς ἐλπίδος ἡμῶν,

2 Τιμοθέῳ γνησίῳ τέκνῳ ἐν πίστει· χάρις, ἔλεος, εἰρήνη ἀπὸ Θεοῦ πατρὸς ἡμῶν καὶ Ἰησοῦ Χριστοῦ τοῦ Κυρίου ἡμῶν.

3 Καθὼς παρεκάλεσά σε προσμεῖναι ἐν Ἐφέσῳ, πορευόμενος εἰς Μακεδονίαν, ἵνα παραγγείλῃς τισὶ μὴ ἑτεροδιδασκαλεῖν,

4 μηδὲ προσέχειν μύθοις καὶ γενεαλογίαις ἀπεράντοις, αἵτινες ζητήσεις παρέχουσι μᾶλλον ἢ οἰκοδομίαν Θεοῦ τὴν ἐν πίστει.

5 τὸ δὲ τέλος τῆς παραγγελίας ἐστὶν ἀγάπη ἐκ καθαρᾶς καρδίας καὶ συνειδήσεως ἀγαθῆς καὶ πίστεως ἀνυποκρίτου·

6 ὧν τινες ἀστοχήσαντες ἐξετράπησαν εἰς ματαιολογίαν,

7 θέλοντες εἶναι νομοδιδάσκαλοι, μὴ νοοῦντες μήτε ἃ λέγουσι, μήτε περὶ τίνων διαβεβαιοῦνται.

8 οἴδαμεν δὲ ὅτι καλὸς ὁ νόμος, ἐάν τις αὐτῷ νομίμως χρῆται,

9 εἰδὼς τοῦτο, ὅτι δικαίῳ νόμος οὐ κεῖται, ἀνόμοις δὲ καὶ ἀνυποτάκτοις, ἀσεβέσι καὶ ἁμαρτωλοῖς, ἀνοσίοις καὶ βεβήλοις, πατραλῴαις καὶ μητραλῴαις, ἀνδροφόνοις,

10 πόρνοις, ἀρσενοκοίταις, ἀνδραποδισταῖς, ψεύσταις, ἐπιόρκοις, καὶ εἴ τι ἕτερον τῇ ὑγιαινούσῃ διδασκαλίᾳ ἀντίκειται,

11 κατὰ τὸ εὐαγγέλιον τῆς δόξης τοῦ μακαρίου Θεοῦ, ὃ ἐπιστεύθην ἐγώ.

12 Καὶ χάριν ἔχω τῷ ἐνδυναμώσαντί με Χριστῷ Ἰησοῦ τῷ Κυρίῳ ἡμῶν, ὅτι πιστόν με ἡγήσατο, θέμενος εἰς διακονίαν,

13 τὸν πρότερον ὄντα βλάσφημον καὶ διώκτην καὶ ὑβριστήν· ἀλλ' ἠλεήθην, ὅτι ἀγνοῶν ἐποίησα ἐν ἀπιστίᾳ·

14 ὑπερεπλεόνασε δὲ ἡ χάρις τοῦ Κυρίου ἡμῶν μετὰ πίστεως καὶ ἀγάπης τῆς ἐν Χριστῷ Ἰησοῦ.

15 πιστὸς ὁ λόγος καὶ πάσης ἀποδοχῆς ἄξιος, ὅτι Χριστὸς Ἰησοῦς ἦλθεν εἰς τὸν κόσμον ἁμαρτωλοὺς σῶσαι, ὧν πρῶτός εἰμι ἐγώ·

16 ἀλλὰ διὰ τοῦτο ἠλεήθην, ἵνα ἐν ἐμοὶ πρώτῳ ἐνδείξηται Ἰησοῦς Χριστὸς τὴν πᾶσαν μακροθυμίαν, πρὸς ὑποτύπωσιν τῶν μελλόντων πιστεύειν ἐπ' αὐτῷ εἰς ζωὴν αἰώνιον.

17 τῷ δὲ βασιλεῖ τῶν αἰώνων, ἀφθάρτῳ, ἀοράτῳ, μόνῳ σοφῷ Θεῷ, τιμὴ καὶ δόξα εἰς τοὺς αἰῶνας τῶν αἰώνων. ἀμήν.

18 Ταύτην τὴν παραγγελίαν παρατίθεμαί σοι, τέκνον Τιμόθεε,

κατὰ τὰς προαγούσας ἐπὶ σὲ προφητείας, ἵνα στρατεύῃ ἐν αὐταῖς τὴν καλὴν στρατείαν,

19 ἔχων πίστιν καὶ ἀγαθὴν συνείδησιν, ἥν τινες ἀπωσάμενοι, περὶ τὴν πίστιν ἐναυάγησαν·

20 ὧν ἐστιν Ὑμέναιος καὶ Ἀλέξανδρος, οὓς παρέδωκα τῷ Σατανᾷ, ἵνα παιδευθῶσι μὴ βλασφημεῖν.

CHAPTER 2

1 Παρακαλῶ οὖν πρῶτον πάντων ποιεῖσθαι δεήσεις, προσευχάς, ἐντεύξεις, εὐχαριστίας, ὑπὲρ πάντων ἀνθρώπων·

2 ὑπὲρ βασιλέων, καὶ πάντων τῶν ἐν ὑπεροχῇ ὄντων, ἵνα ἤρεμον καὶ ἡσύχιον βίον διάγωμεν ἐν πάσῃ εὐσεβείᾳ καὶ σεμνότητι·

3 τοῦτο γὰρ καλὸν καὶ ἀπόδεκτον ἐνώπιον τοῦ σωτῆρος ἡμῶν Θεοῦ,

4 ὃς πάντας ἀνθρώπους θέλει σωθῆναι καὶ εἰς ἐπίγνωσιν ἀληθείας ἐλθεῖν.

5 εἷς γὰρ Θεός, εἷς καὶ μεσίτης Θεοῦ καὶ ἀνθρώπων ἄνθρωπος Χριστὸς Ἰησοῦς,

6 ὁ δοὺς ἑαυτὸν ἀντίλυτρον ὑπὲρ πάντων, τὸ μαρτύριον καιροῖς ἰδίοις,

7 εἰς ὃ ἐτέθην ἐγὼ κῆρυξ καὶ ἀπόστολος (ἀλήθειαν λέγω ἐν Χριστῷ, οὐ ψεύδομαι), διδάσκαλος ἐθνῶν ἐν πίστει καὶ ἀληθείᾳ.

8 Βούλομαι οὖν προσεύχεσθαι τοὺς ἄνδρας ἐν παντὶ τόπῳ, ἐπαίροντας ὁσίους χεῖρας, χωρὶς ὀργῆς καὶ διαλογισμοῦ.

9 ὡσαύτως καὶ τὰς γυναῖκας ἐν καταστολῇ κοσμίῳ, μετὰ αἰδοῦς καὶ σωφροσύνης, κοσμεῖν ἑαυτάς, μὴ ἐν πλέγμασιν, ἢ χρυσῷ, ἢ μαργαρίταις, ἢ ἱματισμῷ πολυτελεῖ,

10 ἀλλ' (ὃ πρέπει γυναιξὶν ἐπαγγελλομέναις θεοσέβειαν) δι' ἔργων ἀγαθῶν.

11 γυνὴ ἐν ἡσυχίᾳ μανθανέτω ἐν πάσῃ ὑποταγῇ.

12 γυναικὶ δὲ διδάσκειν οὐκ ἐπιτρέπω, οὐδὲ αὐθεντεῖν ἀνδρός, ἀλλ' εἶναι ἐν ἡσυχίᾳ.

13 Ἀδὰμ γὰρ πρῶτος ἐπλάσθη, εἶτα Εὔα·

14 καὶ Ἀδὰμ οὐκ ἠπατήθη, ἡ δὲ γυνὴ ἀπατηθεῖσα ἐν παραβάσει γέγονε,

15 σωθήσεται δὲ διὰ τῆς τεκνογονίας, ἐὰν μείνωσιν ἐν πίστει καὶ ἀγάπῃ καὶ ἁγιασμῷ μετὰ σωφροσύνης.

CHAPTER 3

1 Πιστὸς ὁ λόγος· Εἴ τις ἐπισκοπῆς ὀρέγεται, καλοῦ ἔργου ἐπιθυμεῖ·

2 δεῖ οὖν τὸν ἐπίσκοπον ἀνεπίληπτον εἶναι, μιᾶς γυναικὸς ἄνδρα, νηφάλιον, σώφρονα, κόσμιον, φιλόξενον, διδακτικόν·

3 μὴ πάροινον, μὴ πλήκτην, μὴ αἰσχροκερδῆ, ἀλλ' ἐπιεικῆ, ἄμαχον, ἀφιλάργυρον·

4 τοῦ ἰδίου οἴκου καλῶς προϊστάμενον, τέκνα ἔχοντα ἐν ὑποταγῇ μετὰ πάσης σεμνότητος

5 (εἰ δέ τις τοῦ ἰδίου οἴκου προστῆναι οὐκ οἶδε, πῶς ἐκκλησίας Θεοῦ ἐπιμελήσεται;)·

6 μὴ νεόφυτον, ἵνα μὴ τυφωθεὶς εἰς κρίμα ἐμπέσῃ τοῦ διαβόλου.

7 δεῖ δὲ αὐτὸν καὶ μαρτυρίαν καλὴν ἔχειν ἀπὸ τῶν ἔξωθεν, ἵνα μὴ εἰς ὀνειδισμὸν ἐμπέσῃ καὶ παγίδα τοῦ διαβόλου.

8 διακόνους ὡσαύτως σεμνούς, μὴ διλόγους, μὴ οἴνῳ πολλῷ προσέχοντας, μὴ αἰσχροκερδεῖς,

9 ἔχοντας τὸ μυστήριον τῆς πίστεως ἐν καθαρᾷ συνειδήσει.

10 καὶ οὗτοι δὲ δοκιμαζέσθωσαν πρῶτον, εἶτα διακονείτωσαν ἀνέγκλητοι ὄντες.

11 γυναῖκας ὡσαύτως σεμνάς, μὴ διαβόλους, νηφαλίους, πιστὰς ἐν πᾶσι.

12 διάκονοι ἔστωσαν μιᾶς γυναικὸς ἄνδρες, τέκνων καλῶς προϊστάμενοι καὶ τῶν ἰδίων οἴκων.

13 οἱ γὰρ καλῶς διακονήσαντες βαθμὸν ἑαυτοῖς καλὸν περιποιοῦνται, καὶ πολλὴν παρρησίαν ἐν πίστει τῇ ἐν Χριστῷ Ἰησοῦ.

14 Ταῦτά σοι γράφω, ἐλπίζων ἐλθεῖν πρός σε τάχιον·

15 ἐὰν δὲ βραδύνω, ἵνα εἰδῇς πῶς δεῖ ἐν οἴκῳ Θεοῦ ἀναστρέφεσθαι, ἥτις ἐστὶν ἐκκλησία Θεοῦ ζῶντος, στῦλος καὶ ἑδραίωμα τῆς ἀληθείας.

16 καὶ ὁμολογουμένως μέγα ἐστὶ τὸ τῆς εὐσεβείας μυστήριον· Θεὸς ἐφανερώθη ἐν σαρκί, ἐδικαιώθη ἐν πνεύματι, ὤφθη ἀγγέλοις, ἐκηρύχθη ἐν ἔθνεσιν, ἐπιστεύθη ἐν κόσμῳ, ἀνελήφθη ἐν δόξῃ.

CHAPTER 4

1 Τὸ δὲ Πνεῦμα ῥητῶς λέγει, ὅτι ἐν ὑστέροις καιροῖς ἀποστήσονταί τινες τῆς πίστεως, προσέχοντες πνεύμασι πλάνοις καὶ διδασκαλίαις δαιμονίων,

2 ἐν ὑποκρίσει ψευδολόγων, κεκαυτηριασμένων τὴν ἰδίαν συνείδησιν,

3 κωλυόντων γαμεῖν, ἀπέχεσθαι βρωμάτων ἃ ὁ Θεὸς ἔκτισεν εἰς μετάληψιν μετὰ εὐχαριστίας τοῖς πιστοῖς καὶ ἐπεγνωκόσι τὴν ἀλήθειαν·

4 ὅτι πᾶν κτίσμα Θεοῦ καλόν, καὶ οὐδὲν ἀπόβλητον, μετὰ εὐχαριστίας λαμβανόμενον·

5 ἁγιάζεται γὰρ διὰ λόγου Θεοῦ καὶ ἐντεύξεως.

6 Ταῦτα ὑποτιθέμενος τοῖς ἀδελφοῖς καλὸς ἔσῃ διάκονος Ἰησοῦ Χριστοῦ, ἐντρεφόμενος τοῖς λόγοις τῆς πίστεως, καὶ τῆς καλῆς διδασκαλίας ᾗ παρηκολούθηκας.

7 τοὺς δὲ βεβήλους καὶ γραώδεις μύθους παραιτοῦ. γύμναζε δὲ σεαυτὸν πρὸς εὐσέβειαν·

8 ἡ γὰρ σωματικὴ γυμνασία πρὸς ὀλίγον ἐστὶν ὠφέλιμος· ἡ δὲ εὐσέβεια πρὸς πάντα ὠφέλιμός

ἐστιν, ἐπαγγελίαν ἔχουσα ζωῆς τῆς νῦν καὶ τῆς μελλούσης.

9 πιστὸς ὁ λόγος καὶ πάσης ἀποδοχῆς ἄξιος.

10 εἰς τοῦτο γὰρ καὶ κοπιῶμεν καὶ ὀνειδιζόμεθα ὅτι ἠλπίκαμεν ἐπὶ θεῷ ζῶντι ὅς ἐστι σωτὴρ πάντων ἀνθρώπων μάλιστα πιστῶν

11 παράγγελλε ταῦτα καὶ δίδασκε.

12 μηδείς σου τῆς νεότητος καταφρονείτω, ἀλλὰ τύπος γίνου τῶν πιστῶν ἐν λόγῳ, ἐν ἀναστροφῇ, ἐν ἀγάπῃ, ἐν πνεύματι, ἐν πίστει, ἐν ἁγνείᾳ.

13 ἕως ἔρχομαι, πρόσεχε τῇ ἀναγνώσει, τῇ παρακλήσει, τῇ διδασκαλίᾳ.

14 μὴ ἀμέλει τοῦ ἐν σοὶ χαρίσματος, ὃ ἐδόθη σοι διὰ προφητείας μετὰ ἐπιθέσεως τῶν χειρῶν τοῦ πρεσβυτερίου.

15 ταῦτα μελέτα, ἐν τούτοις ἴσθι, ἵνα σου ἡ προκοπὴ φανερὰ ᾖ ἐν πᾶσιν.

16 ἔπεχε σεαυτῷ καὶ τῇ διδασκαλίᾳ. ἐπίμενε αὐτοῖς· τοῦτο γὰρ ποιῶν καὶ σεαυτὸν σώσεις καὶ τοὺς ἀκούοντάς σου.

CHAPTER 5

1 Πρεσβυτέρῳ μὴ ἐπιπλήξῃς, ἀλλὰ παρακάλει ὡς πατέρα· νεωτέρους, ὡς ἀδελφούς·

2 πρεσβυτέρας, ὡς μητέρας· νεωτέρας, ὡς ἀδελφάς, ἐν πάσῃ ἁγνείᾳ.

3 χήρας τίμα τὰς ὄντως χήρας.

4 εἰ δέ τις χήρα τέκνα ἢ ἔκγονα ἔχει, μανθανέτωσαν πρῶτον τὸν ἴδιον οἶκον εὐσεβεῖν, καὶ ἀμοιβὰς ἀποδιδόναι τοῖς προγόνοις· τοῦτο γάρ ἐστι καλὸν καὶ ἀπόδεκτον ἐνώπιον τοῦ Θεοῦ.

5 ἡ δὲ ὄντως χήρα καὶ μεμονωμένη ἤλπικεν ἐπὶ τὸν Θεόν, καὶ προσμένει ταῖς δεήσεσι καὶ ταῖς προσευχαῖς νυκτὸς καὶ ἡμέρας.

6 ἡ δὲ σπαταλῶσα, ζῶσα τέθνηκε.

7 καὶ ταῦτα παράγγελλε, ἵνα ἀνεπίληπτοι ὦσιν.

8 εἰ δέ τις τῶν ἰδίων καὶ μάλιστα τῶν οἰκείων οὐ προνοεῖ τὴν πίστιν ἤρνηται, καὶ ἔστιν ἀπίστου χείρων.

9 χήρα καταλεγέσθω μὴ ἔλαττον ἐτῶν ἑξήκοντα, γεγονυῖα, ἑνὸς ἀνδρὸς γυνή,

10 ἐν ἔργοις καλοῖς μαρτυρουμένη, εἰ ἐτεκνοτρό- φησεν, εἰ ἐξενοδόχησεν, εἰ ἁγίων πόδας ἔνιψεν, εἰ θλιβομένοις ἐπήρκεσεν, εἰ παντὶ ἔργῳ ἀγαθῷ ἐπηκολούθησε.

11 νεωτέρας δὲ χήρας παραιτοῦ· ὅταν γὰρ καταστρηνιάσωσι τοῦ Χριστοῦ, γαμεῖν θέλουσιν,

12 ἔχουσαι κρίμα, ὅτι τὴν πρώτην πίστιν ἠθέτησαν.

13 ἅμα δὲ καὶ ἀργαὶ μανθάνουσι περιερχόμεναι τὰς οἰκίας, οὐ μόνον δὲ ἀργαὶ, ἀλλὰ καὶ φλύαροι καὶ περίεργοι, λαλοῦσαι τὰ μὴ δέοντα.

14 βούλομαι οὖν νεωτέρας γαμεῖν, τεκνογονεῖν, οἰκοδεσποτεῖν, μηδεμίαν ἀφορμὴν διδόναι τῷ ἀντικειμένῳ λοιδορίας χάριν.

15 ἤδη γάρ τινες ἐξετράπησαν ὀπίσω τοῦ Σατανᾶ.

16 εἴ τις πιστὸς ἢ πιστὴ ἔχει χήρας, ἐπαρκείτω αὐταῖς, καὶ μὴ βαρείσθω ἡ ἐκκλησία, ἵνα ταῖς ὄντως χήραις ἐπαρκέσῃ.

17 Οἱ καλῶς προεστῶτες πρεσβύτεροι διπλῆς τιμῆς ἀξιούσθωσαν, μάλιστα οἱ κοπιῶντες ἐν λόγῳ καὶ διδασκαλίᾳ·

18 λέγει γὰρ ἡ γραφή, Βοῦν ἀλοῶντα οὐ φιμώσεις· καί, Ἄξιος ὁ ἐργάτης τοῦ μισθοῦ αὐτοῦ.

19 κατὰ πρεσβυτέρου κατηγορίαν μὴ παραδέχου, ἐκτὸς εἰ μὴ ἐπὶ δύο ἢ τριῶν μαρτύρων.

20 τοὺς ἁμαρτάνοντας ἐνώπιον πάντων ἔλεγχε, ἵνα καὶ οἱ λοιποὶ φόβον ἔχωσι.

21 διαμαρτύρομαι ἐνώπιον τοῦ Θεοῦ καὶ Κυρίου Ἰησοῦ Χριστοῦ καὶ τῶν ἐκλεκτῶν ἀγγέλων, ἵνα ταῦτα φυλάξῃς χωρὶς προκρίματος, μηδὲν ποιῶν κατὰ πρόσκλισιν.

22 χεῖρας ταχέως μηδενὶ ἐπιτίθει, μηδὲ κοινώνει ἁμαρτίαις ἀλλοτρίαις· σεαυτὸν ἁγνὸν τήρει.

23 μηκέτι ὑδροπότει, ἀλλ᾽ οἴνῳ ὀλίγῳ χρῶ, διὰ τὸν στόμαχον σοῦ καὶ τὰς πυκνάς σου ἀσθενείας.

24 τινῶν ἀνθρώπων αἱ ἁμαρτίαι πρόδηλοί εἰσι, προάγουσαι εἰς κρίσιν· τισὶ δὲ καὶ ἐπακολουθοῦσιν.

25 ὡσαύτως καὶ τὰ καλὰ ἔργα πρόδηλά ἐστι· καὶ τὰ ἄλλως ἔχοντα, κρυβῆναι οὐ δύναται

CHAPTER 6

1 Ὅσοι εἰσὶν ὑπὸ ζυγὸν δοῦλοι, τοὺς ἰδίους δεσπότας πάσης τιμῆς ἀξίους ἡγείσθωσαν, ἵνα μὴ τὸ ὄνομα τοῦ Θεοῦ καὶ ἡ διδασκαλία βλασφημῆται·

2 οἱ δὲ πιστοὺς ἔχοντες δεσπότας μὴ καταφρονείτωσαν, ὅτι ἀδελφοί εἰσιν· ἀλλὰ μᾶλλον δουλευέτωσαν, ὅτι πιστοί εἰσι καὶ ἀγαπητοὶ οἱ τῆς εὐεργεσίας ἀντιλαμβανόμενοι. ταῦτα δίδασκε καὶ παρακάλει.

3 Εἴ τις ἑτεροδιδασκαλεῖ, καὶ μὴ προσέρχεται ὑγιαίνουσι λόγοις, τοῖς τοῦ Κυρίου ἡμῶν Ἰησοῦ Χριστοῦ, καὶ τῇ κατ᾽ εὐσέβειαν διδασκαλίᾳ,

4 τετύφωται, μηδὲν ἐπιστάμενος, ἀλλὰ νοσῶν περὶ ζητήσεις καὶ λογομαχίας, ἐξ ὧν γίνεται φθόνος, ἔρις, βλασφημίαι, ὑπόνοιαι πονηραί,

5 παραδιατριβαὶ διεφθαρμένων ἀνθρώπων τὸν νοῦν, καὶ ἀπεστερημένων τῆς ἀληθείας, νομιζόντων πορισμὸν εἶναι τὴν εὐσέβειαν. ἀφίστασο ἀπὸ τῶν τοιούτων.

6 ἔστι δὲ πορισμὸς μέγας ἡ εὐσέβεια μετὰ αὐταρκείας·

7 οὐδὲν γὰρ εἰσηνέγκαμεν εἰς τὸν κόσμον, δῆλον ὅτι οὐδὲ ἐξενεγκεῖν τι δυνάμεθα·

8 ἔχοντες δὲ διατροφὰς καὶ σκεπάσματα τούτοις ἀρκεσθησόμεθα.

9 οἱ δὲ βουλόμενοι πλουτεῖν ἐμπίπτουσιν εἰς πειρασμὸν καὶ

παγίδα, καὶ ἐπιθυμίας πολλὰς ἀνοήτους καὶ βλαβεράς, αἵτινες βυθίζουσι τοὺς ἀνθρώπους εἰς ὄλεθρον καὶ ἀπώλειαν·

10 ῥίζα γὰρ πάντων τῶν κακῶν ἐστιν ἡ φιλαργυρία· ἧς τινες ὀρεγόμενοι ἀπεπλανήθησαν ἀπὸ τῆς πίστεως, καὶ ἑαυτοὺς περιέπειραν ὀδύναις πολλαῖς.

11 Σὺ δέ ὦ ἄνθρωπε τοῦ Θεοῦ, ταῦτα φεῦγε· δίωκε δὲ δικαιοσύνην, εὐσέβειαν, πίστιν, ἀγάπην, ὑπομονήν, πραότητα

12 ἀγωνίζου τὸν καλὸν ἀγῶνα τῆς πίστεως, ἐπιλαβοῦ τῆς αἰωνίου ζωῆς, εἰς ἣν καὶ ἐκλήθης καὶ ὡμολόγησας τὴν καλὴν ὁμολογίαν ἐνώπιον πολλῶν μαρτύρων

13 παραγγέλλω σοι ἐνώπιον τοῦ Θεοῦ τοῦ ζωοποιοῦντος τὰ πάντα, καὶ Χριστοῦ Ἰησοῦ τοῦ μαρτυρήσαντος ἐπὶ Ποντίου Πιλάτου τὴν καλὴν ὁμολογίαν,

14 τηρῆσαί σε τὴν ἐντολὴν ἄσπιλον, ἀνεπίληπτον, μέχρι τῆς ἐπιφανείας τοῦ Κυρίου ἡμῶν Ἰησοῦ Χριστοῦ,

15 ἣν καιροῖς ἰδίοις δείξει ὁ μακάριος καὶ μόνος δυνάστης, ὁ βασιλεὺς τῶν βασιλευόντων, καὶ Κύριος τῶν κυριευόντων,

16 ὁ μόνος ἔχων ἀθανασίαν, φῶς οἰκῶν ἀπρόσιτον, ὃν εἶδεν οὐδεὶς ἀνθρώπων, οὐδὲ ἰδεῖν δύναται· ᾧ τιμὴ καὶ κράτος αἰώνιον. ἀμήν.

17 Τοῖς πλουσίοις ἐν τῷ νῦν αἰῶνι παράγγελλε μὴ ὑψηλοφρονεῖν, μηδὲ ἠλπικέναι ἐπὶ πλούτου ἀδηλότητι, ἀλλ' ἐν τῷ θεῷ, τῷ ζῶντι τῷ παρέχοντι ἡμῖν πλουσίως πάντα εἰς ἀπόλαυσιν

18 ἀγαθοεργεῖν, πλουτεῖν ἐν ἔργοις καλοῖς, εὐμεταδότους εἶναι, κοινωνικούς,

19 ἀποθησαυρίζοντας ἑαυτοῖς θεμέλιον καλὸν εἰς τὸ μέλλον, ἵνα ἐπιλάβωνται τῆς αἰωνίου ζωῆς.

20 Ὦ Τιμόθεε, τὴν παρακαταθήκην φύλαξον, ἐκτρεπόμενος τὰς βεβήλους κενοφωνίας καὶ ἀντιθέσεις τῆς ψευδωνύμου γνώσεως·

21 ἥν τινες ἐπαγγελλόμενοι περὶ τὴν πίστιν ἠστόχησαν. Ἡ χάρις μετὰ σοῦ. ἀμήν.

ΠΑΥΛΟΥ ΤΟΥ ΑΠΟΣΤΟΛΟΥ Η ΠΡΟΣ ΤΙΜΟΘΕΟΝ ΕΠΙΣΤΟΛΗ ΔΕΥΤΕΡΑ

TIM B CHAPTER 1

Παῦλος ἀπόστολος Ἰησοῦ Χριστοῦ διὰ θελήματος Θεοῦ, κατ' ἐπαγγελίαν ζωῆς τῆς ἐν Χριστῷ Ἰησοῦ,

2 Τιμοθέῳ ἀγαπητῷ τέκνῳ· χάρις, ἔλεος, εἰρήνη ἀπὸ Θεοῦ πατρός, καὶ Χριστοῦ Ἰησοῦ τοῦ Κυρίου ἡμῶν.

3 Χάριν ἔχω τῷ Θεῷ, ᾧ λατρεύω ἀπὸ προγόνων ἐν καθαρᾷ συνειδήσει, ὡς ἀδιάλειπτον ἔχω τὴν περὶ σοῦ μνείαν ἐν ταῖς δεήσεσί μου νυκτὸς καὶ ἡμέρας,

4 ἐπιποθῶν σε ἰδεῖν, μεμνημένος σου τῶν δακρύων, ἵνα χαρᾶς πληρωθῶ,

5 ὑπόμνησιν λαμβάνων τῆς ἐν σοὶ ἀνυποκρίτου πίστεως, ἥτις ἐνῴκησε πρῶτον ἐν τῇ μάμμῃ σου Λωΐδι καὶ τῇ μητρί σου Εὐνίκῃ, πέπεισμαι δὲ ὅτι καὶ ἐν σοί.

6 δι' ἣν αἰτίαν ἀναμιμνήσκω σε ἀναζωπυρεῖν τὸ χάρισμα τοῦ Θεοῦ, ὅ ἐστιν ἐν σοὶ διὰ τῆς ἐπιθέσεως τῶν χειρῶν μου.

7 οὐ γὰρ ἔδωκεν ἡμῖν ὁ Θεὸς πνεῦμα δειλίας, ἀλλὰ δυνάμεως καὶ ἀγάπης καὶ σωφρονισμοῦ.

8 μὴ οὖν ἐπαισχυνθῇς τὸ μαρτύριον τοῦ Κυρίου ἡμῶν, μηδὲ ἐμὲ τὸν δέσμιον αὐτοῦ· ἀλλὰ συγκακοπάθησον τῷ εὐαγγελίῳ κατὰ δύναμιν Θεοῦ,

9 τοῦ σώσαντος ἡμᾶς, καὶ καλέσαντος κλήσει ἁγίᾳ, οὐ κατὰ τὰ ἔργα ἡμῶν, ἀλλὰ κατ' ἰδίαν πρόθεσιν καὶ χάριν τὴν δοθεῖσαν ἡμῖν ἐν Χριστῷ Ἰησοῦ πρὸ χρόνων αἰωνίων,

10 φανερωθεῖσαν δὲ νῦν διὰ τῆς ἐπιφανείας τοῦ σωτῆρος ἡμῶν Ἰησοῦ Χριστοῦ, καταργήσαντος μὲν τὸν θάνατον, φωτίσαντος δὲ ζωὴν καὶ ἀφθαρσίαν διὰ τοῦ εὐαγγελίου,

11 εἰς ὃ ἐτέθην ἐγὼ κῆρυξ καὶ ἀπόστολος καὶ διδάσκαλος ἐθνῶν.

12 δι' ἣν αἰτίαν καὶ ταῦτα πάσχω, ἀλλ' οὐκ ἐπαισχύνομαι· οἶδα γὰρ ᾧ πεπίστευκα, καὶ πέπεισμαι ὅτι δυνατός ἐστι τὴν παραθήκην μου φυλάξαι εἰς ἐκείνην τὴν ἡμέραν.

13 ὑποτύπωσιν ἔχε ὑγιαινόντων λόγων ὧν παρ' ἐμοῦ ἤκουσας, ἐν πίστει καὶ ἀγάπῃ τῇ ἐν Χριστῷ Ἰησοῦ.

14 τὴν καλὴν παρακαταθήκην φύλαξον διὰ Πνεύματος ἁγίου τοῦ ἐνοικοῦντος ἐν ἡμῖν.

15 Οἶδας τοῦτο, ὅτι ἀπεστράφησάν με πάντες οἱ ἐν τῇ Ἀσίᾳ, ὧν ἐστι Φύγελλος καὶ Ἑρμογένης.

16 δῴη ἔλεος ὁ Κύριος τῷ Ὀνησιφόρου οἴκῳ· ὅτι πολλάκις με ἀνέψυξε, καὶ τὴν ἅλυσίν μου οὐκ ἐπῇσχύνθη,

17 ἀλλὰ γενόμενος ἐν Ῥώμῃ, σπουδαιότερον ἐζήτησέ με καὶ εὗρε

18 (δώη αὐτῷ ὁ Κύριος εὑρεῖν ἔλεος παρὰ Κυρίου ἐν ἐκείνῃ τῇ ἡμέρᾳ)· καὶ ὅσα ἐν Ἐφέσῳ διηκόνησε, βέλτιον σὺ γινώσκεις.

CHAPTER 2

1 Σὺ οὖν, τέκνον μου, ἐνδυναμοῦ ἐν τῇ χάριτι τῇ ἐν Χριστῷ Ἰησοῦ.

2 καὶ ἃ ἤκουσας παρ' ἐμοῦ διὰ πολλῶν μαρτύρων, ταῦτα παράθου πιστοῖς ἀνθρώποις, οἵτινες ἱκανοὶ ἔσονται καὶ ἑτέρους διδάξαι.

3 σὺ οὖν κακοπάθησον, ὡς καλὸς στρατιώτης Ἰησοῦ Χριστοῦ.

4 οὐδεὶς στρατευόμενος ἐμπλέκεται ταῖς τοῦ βίου πραγματείαις, ἵνα τῷ στρατολογήσαντι ἀρέσῃ.

5 ἐὰν δὲ καὶ ἀθλῇ τις, οὐ στεφανοῦται ἐὰν μὴ νομίμως ἀθλήσῃ.

6 τὸν κοπιῶντα γεωργὸν δεῖ πρῶτον τῶν καρπῶν μεταλαμβάνειν.

7 νόει ἃ λέγω· δώη γάρ σοι ὁ Κύριος σύνεσιν ἐν πᾶσι.

8 μνημόνευε Ἰησοῦν Χριστὸν ἐγηγερμένον ἐκ νεκρῶν, ἐκ σπέρματος Δαβίδ, κατὰ τὸ εὐαγγέλιόν μου·

9 ἐν ᾧ κακοπαθῶ μέχρι δεσμῶν, ὡς κακοῦργος· ἀλλ' ὁ λόγος τοῦ Θεοῦ οὐ δέδεται.

10 διὰ τοῦτο πάντα ὑπομένω διὰ τοὺς ἐκλεκτούς, ἵνα καὶ αὐτοὶ σωτηρίας τύχωσι τῆς ἐν Χριστῷ Ἰησοῦ, μετὰ δόξης αἰωνίου.

11 πιστὸς ὁ λόγος· εἰ γὰρ συναπεθάνομεν, καὶ συζήσομεν·

12 εἰ ὑπομένομεν, καὶ συμβασιλεύσομεν· εἰ ἀρνούμεθα, κἀκεῖνος ἀρνήσεται ἡμᾶς·

13 εἰ ἀπιστοῦμεν, ἐκεῖνος πιστὸς μένει· ἀρνήσασθαι ἑαυτὸν οὐ δύναται.

14 Ταῦτα ὑπομίμνησκε, διαμαρτυρόμενος ἐνώπιον τοῦ Κυρίου μὴ λογομαχεῖν εἰς οὐδὲν χρήσιμον, ἐπὶ καταστροφῇ τῶν ἀκουόντων.

15 σπούδασον σεαυτὸν δόκιμον παραστῆσαι τῷ Θεῷ, ἐργάτην ἀνεπαίσχυντον, ὀρθοτομοῦντα τὸν λόγον τῆς ἀληθείας.

16 τὰς δὲ βεβήλους κενοφωνίας περιΐστασο· ἐπὶ πλεῖον γὰρ προκόψουσιν ἀσεβείας,

17 καὶ ὁ λόγος αὐτῶν ὡς γάγγραινα νομὴν ἕξει· ὧν ἐστιν Ὑμέναιος καὶ Φίλητος·

18 οἵτινες περὶ τὴν ἀλήθειαν ἠστόχησαν, λέγοντες τὴν ἀνάστασιν ἤδη γεγονέναι, καὶ ἀνατρέπουσι τήν τινων πίστιν.

19 ὁ μέντοι στερεὸς θεμέλιος τοῦ Θεοῦ ἕστηκεν, ἔχων τὴν σφραγῖδα ταύτην, Ἔγνω Κύριος τοὺς ὄντας αὐτοῦ, καί, Ἀποστήτω ἀπὸ ἀδικίας πᾶς ὁ ὀνομάζων τὸ ὄνομα Χριστοῦ.

20 ἐν μεγάλῃ δὲ οἰκίᾳ οὐκ ἔστι μόνον σκεύη χρυσᾶ καὶ ἀργυρᾶ, ἀλλὰ καὶ ξύλινα καὶ ὀστράκινα, καὶ ἃ μὲν εἰς τιμήν, ἃ δὲ εἰς ἀτιμίαν.

21 ἐὰν οὖν τις ἐκκαθάρῃ ἑαυτὸν ἀπὸ τούτων, ἔσται σκεῦος εἰς τιμήν, ἡγιασμένον, καὶ εὔχρηστον

τῷ δεσπότῃ, εἰς πᾶν ἔργον ἀγαθὸν ἡτοιμασμένον.

22 τὰς δὲ νεωτερικὰς ἐπιθυμίας φεῦγε· δίωκε δὲ δικαιοσύνην, πίστιν, ἀγάπην, εἰρήνην μετὰ τῶν ἐπικαλουμένων τὸν Κύριον ἐκ καθαρᾶς καρδίας.

23 τὰς δὲ μωρὰς καὶ ἀπαιδεύτους ζητήσεις παραιτοῦ, εἰδὼς ὅτι γεννῶσι μάχας.

24 δοῦλον δὲ Κυρίου οὐ δεῖ μάχεσθαι, ἀλλ' ἤπιον εἶναι πρὸς πάντας, διδακτικόν, ἀνεξίκακον,

25 ἐν πρᾳότητι παιδεύοντα τοὺς ἀντιδιατιθεμένους· μήποτε δῷ αὐτοῖς ὁ Θεὸς μετάνοιαν εἰς ἐπίγνωσιν ἀληθείας,

26 καὶ ἀνανήψωσιν ἐκ τῆς τοῦ διαβόλου παγίδος, ἐζωγρημένοι ὑπ' αὐτοῦ εἰς τὸ ἐκείνου θέλημα.

CHAPTER 3

1 Τοῦτο δὲ γίνωσκε, ὅτι ἐν ἐσχάταις ἡμέραις ἐνστήσονται καιροὶ χαλεποί.

2 ἔσονται γὰρ οἱ ἄνθρωποι φίλαυτοι, φιλάργυροι, ἀλαζόνες, ὑπερήφανοι, βλάσφημοι, γονεῦσιν ἀπειθεῖς, ἀχάριστοι, ἀνόσιοι,

3 ἄστοργοι, ἄσπονδοι, διάβολοι, ἀκρατεῖς, ἀνήμεροι, ἀφιλάγαθοι,

4 προδόται, προπετεῖς, τετυφω-μένοι, φιλήδονοι μᾶλλον ἢ φιλόθεοι,

5 ἔχοντες μόρφωσιν εὐσεβείας, τὴν δὲ δύναμιν αὐτῆς ἠρνημένοι· καὶ τούτους ἀποτρέπου.

6 ἐκ τούτων γάρ εἰσιν οἱ ἐνδύνοντες εἰς τὰς οἰκίας, καὶ αἰχμαλωτεύοντες τὰ γυναικάρια σεσωρευμένα ἁμαρτίαις, ἀγόμενα ἐπιθυμίαις ποικίλαις,

7 πάντοτε μανθάνοντα, καὶ μηδέποτε εἰς ἐπίγνωσιν ἀληθείας ἐλθεῖν δυνάμενα.

8 ὃν τρόπον δὲ Ἰάννης καὶ Ἰαμβρῆς ἀντέστησαν Μωϋσεῖ, οὕτω καὶ οὗτοι ἀνθίστανται τῇ ἀληθείᾳ, ἄνθρωποι κατεφθαρμένοι τὸν νοῦν, ἀδόκιμοι περὶ τὴν πίστιν.

9 ἀλλ' οὐ προκόψουσιν ἐπὶ πλεῖον· ἡ γὰρ ἄνοια αὐτῶν ἔκδηλος ἔσται πᾶσιν, ὡς καὶ ἡ ἐκείνων ἐγένετο.

10 σὺ δὲ παρηκολούθηκάς μου τῇ διδασκαλίᾳ, τῇ ἀγωγῇ, τῇ προθέσει, τῇ πίστει, τῇ μακροθυμίᾳ, τῇ ἀγάπῃ, τῇ ὑπομονῇ,

11 τοῖς διωγμοῖς, τοῖς παθήμασιν, οἷά μοι ἐγένετο ἐν Ἀντιοχείᾳ, ἐν Ἰκονίῳ, ἐν Λύστροις, οἵους διωγμοὺς ὑπήνεγκα· καὶ ἐκ πάντων με ἐρρύσατο ὁ Κύριος.

12 καὶ πάντες δὲ οἱ θέλοντες εὐσεβῶς ζῆν ἐν Χριστῷ Ἰησοῦ, διωχθήσονται.

13 πονηροὶ δὲ ἄνθρωποι καὶ γόητες προκόψουσιν ἐπὶ τὸ χεῖρον, πλανῶντες καὶ πλανώμενοι.

14 σὺ δὲ μένε ἐν οἷς ἔμαθες καὶ ἐπιστώθης, εἰδὼς παρὰ τίνος ἔμαθες,

15 καὶ ὅτι ἀπὸ βρέφους τὰ ἱερὰ γράμματα οἶδας, τὰ δυνάμενά σε σοφίσαι εἰς σωτηρίαν διὰ πίστεως τῆς ἐν Χριστῷ Ἰησοῦ.

16 πᾶσα γραφὴ θεόπνευστος καὶ ὠφέλιμος πρὸς διδασκαλίαν, πρὸς ἔλεγχον, πρὸς ἐπανόρθωσιν, πρὸς παιδείαν τὴν ἐν δικαιοσύνῃ·

17 ἵνα ἄρτιος ᾖ ὁ τοῦ Θεοῦ ἄνθρωπος, πρὸς πᾶν ἔργον ἀγαθὸν ἐξηρτισμένος.

CHAPTER 4

1 Διαμαρτύρομαι οὖν ἐγὼ ἐνώπιον τοῦ Θεοῦ, καὶ τοῦ κυρίου Ἰησοῦ Χριστοῦ, τοῦ μέλλοντος κρίνειν ζῶντας καὶ νεκρούς, κατὰ τὴν ἐπιφάνειαν αὐτοῦ καὶ τὴν βασιλείαν αὐτοῦ,

2 κήρυξον τὸν λόγον, ἐπίστηθι εὐκαίρως, ἀκαίρως, ἔλεγξον, ἐπιτίμησον, παρακάλεσον, ἐν πάσῃ μακροθυμίᾳ καὶ διδαχῇ.

3 ἔσται γὰρ καιρὸς ὅτε τῆς ὑγιαινούσης διδασκαλίας οὐκ ἀνέξονται, ἀλλὰ κατὰ τὰς ἐπιθυμίας τὰς ἰδίας ἑαυτοῖς ἐπισωρεύσουσι διδασκάλους, κνηθόμενοι τὴν ἀκοήν·

4 καὶ ἀπὸ μὲν τῆς ἀληθείας τὴν ἀκοὴν ἀποστρέψουσιν, ἐπὶ δὲ τοὺς μύθους ἐκτραπήσονται.

5 σὺ δὲ νῆφε ἐν πᾶσι, κακοπάθησον, ἔργον ποίησον εὐαγγελιστοῦ, τὴν διακονίαν σου πληροφόρησον.

6 ἐγὼ γὰρ ἤδη σπένδομαι, καὶ ὁ καιρὸς τῆς ἐμῆς ἀναλύσεώς ἐφέστηκε.

7 τὸν ἀγῶνα τὸν καλὸν ἠγώνισμαι, τὸν δρόμον τετέλεκα, τὴν πίστιν τετήρηκα·

8 λοιπόν, ἀπόκειταί μοι ὁ τῆς δικαιοσύνης στέφανος, ὃν ἀποδώσει μοι ὁ Κύριος ἐν ἐκείνῃ τῇ ἡμέρᾳ, ὁ δίκαιος κριτής· οὐ μόνον δὲ ἐμοί, ἀλλὰ καὶ πᾶσι τοῖς ἠγαπηκόσι τὴν ἐπιφάνειαν αὐτοῦ.

9 Σπούδασον ἐλθεῖν πρός με ταχέως·

10 Δημᾶς γάρ με ἐγκατέλιπεν, ἀγαπήσας τὸν νῦν αἰῶνα, καὶ ἐπορεύθη εἰς Θεσσαλονίκην· Κρήσκης εἰς Γαλατίαν, Τίτος εἰς Δαλματίαν.

11 Λουκᾶς ἐστι μόνος μετ' ἐμοῦ. Μᾶρκον ἀναλαβὼν ἄγε μετὰ σεαυτοῦ· ἔστι γάρ μοι εὔχρηστος εἰς διακονίαν.

12 Τυχικὸν δὲ ἀπέστειλα εἰς Ἔφεσον.

13 τὸν φελόνην ὃν ἀπέλιπον ἐν Τρῳάδι παρὰ Κάρπῳ, ἐρχόμενος φέρε, καὶ τὰ βιβλία, μάλιστα τὰς μεμβράνας.

14 Ἀλέξανδρος ὁ χαλκεὺς πολλά μοι κακὰ ἐνεδείξατο· ἀποδώῃ αὐτῷ ὁ Κύριος κατὰ τὰ ἔργα αὐτοῦ·

15 ὃν καὶ σὺ φυλάσσου, λίαν γὰρ ἀνθέστηκε τοῖς ἡμετέροις λόγοις.

16 ἐν τῇ πρώτῃ μου ἀπολογίᾳ οὐδείς μοι συμπαρεγένετο, ἀλλὰ πάντες με ἐγκατέλιπον· μὴ αὐτοῖς λογισθείη.

17 ὁ δὲ Κύριός μοι παρέστη, καὶ ἐνεδυνάμωσέ με, ἵνα δι' ἐμοῦ τὸ κήρυγμα πληροφορηθῇ, καὶ ἀκούσῃ πάντα τὰ ἔθνη· καὶ ἐρρύσθην ἐκ στόματος λέοντος,

18 καὶ ῥύσεταί με ὁ Κύριος ἀπὸ παντὸς ἔργου πονηροῦ, καὶ σώσει εἰς τὴν βασιλείαν αὐτοῦ τὴν ἐπουράνιον· ᾧ ἡ δόξα εἰς τοὺς αἰῶνας τῶν αἰώνων. ἀμήν.

19 Ἄσπασαι Πρίσκαν καὶ Ἀκύλαν, καὶ τὸν Ὀνησιφόρου οἶκον.

20 Ἔραστος ἔμεινεν ἐν Κορίνθῳ· Τρόφιμον δὲ ἀπέλιπον ἐν Μιλήτῳ ἀσθενοῦντα.

21 σπούδασον πρὸ χειμῶνος ἐλθεῖν. ἀσπάζεταί σε Εὔβουλος, καὶ Πούδης, καὶ Λίνος, καὶ Κλαυδία, καὶ οἱ ἀδελφοὶ πάντες.

22 Ὁ Κύριος Ἰησοῦς Χριστὸς μετὰ τοῦ πνεύματός σου. ἡ χάρις μεθ' ὑμῶν. ἀμήν.

ΠΑΥΛΟΥ ΤΟΥ ΑΠΟΣΤΟΛΟΥ Η ΠΡΟΣ ΤΙΤΟΝ ΕΠΙΣΤΟΛΗ

ΤΙΤΟΝ CHAPTER 1

Παῦλος, δοῦλος Θεοῦ, ἀπόστολος δὲ Ἰησοῦ Χριστοῦ, κατὰ πίστιν ἐκλεκτῶν Θεοῦ καὶ ἐπίγνωσιν ἀληθείας τῆς κατ' εὐσέβειαν,

2 ἐπ' ἐλπίδι ζωῆς αἰωνίου, ἣν ἐπηγγείλατο ὁ ἀψευδὴς Θεὸς πρὸ χρόνων αἰωνίων,

3 ἐφανέρωσε δὲ καιροῖς ἰδίοις τὸν λόγον αὐτοῦ ἐν κηρύγματι ὃ ἐπιστεύθην ἐγὼ κατ' ἐπιταγὴν τοῦ σωτῆρος ἡμῶν Θεοῦ,

4 Τίτῳ γνησίῳ τέκνῳ κατὰ κοινὴν πίστιν· χάρις, ἔλεος, εἰρήνη ἀπὸ Θεοῦ πατρός, καὶ Κυρίου Ἰησοῦ Χριστοῦ τοῦ σωτῆρος ἡμῶν.

5 Τούτου χάριν κατέλιπόν σε ἐν Κρήτῃ, ἵνα τὰ λείποντα ἐπιδιορθώσῃ, καὶ καταστήσῃς κατὰ πόλιν πρεσβυτέρους, ὡς ἐγώ σοι διεταξάμην·

6 εἴ τίς ἐστιν ἀνέγκλητος, μιᾶς γυναικὸς ἀνήρ, τέκνα ἔχων πιστά, μὴ ἐν κατηγορίᾳ ἀσωτίας, ἢ ἀνυπότακτα.

7 δεῖ γὰρ τὸν ἐπίσκοπον ἀνέγκλητον εἶναι, ὡς Θεοῦ οἰκονόμον· μὴ αὐθάδη, μὴ ὀργίλον, μὴ πάροινον, μὴ πλήκτην, μὴ αἰσχροκερδῆ,

8 ἀλλὰ φιλόξενον, φιλάγαθον, σώφρονα, δίκαιον, ὅσιον, ἐγκρατῆ,

9 ἀντεχόμενον τοῦ κατὰ τὴν διδαχὴν πιστοῦ λόγου, ἵνα δυνατὸς ᾖ καὶ παρακαλεῖν ἐν τῇ διδασκαλίᾳ τῇ ὑγιαινούσῃ, καὶ τοὺς ἀντιλέγοντας ἐλέγχειν.

10 Εἰσὶ γὰρ πολλοὶ καὶ ἀνυπότακτοι, ματαιολόγοι καὶ φρεναπάται, μάλιστα οἱ ἐκ περιτομῆς,

11 οὓς δεῖ ἐπιστομίζειν· οἵτινες ὅλους οἴκους ἀνατρέπουσι, διδάσκοντες ἃ μὴ δεῖ, αἰσχροῦ κέρδους χάριν.

12 εἶπέ τις ἐξ αὐτῶν, ἴδιος αὐτῶν προφήτης, Κρῆτες ἀεὶ ψεῦσται, κακὰ θηρία, γαστέρες ἀργαί.

13 ἡ μαρτυρία αὕτη ἐστὶν ἀληθής. δι' ἣν αἰτίαν ἔλεγχε αὐτοὺς ἀποτόμως, ἵνα ὑγιαίνωσιν ἐν τῇ πίστει,

14 μὴ προσέχοντες Ἰουδαϊκοῖς μύθοις, καὶ ἐντολαῖς ἀνθρώπων ἀποστρεφομένων τὴν ἀλήθειαν.

15 πάντα μὲν καθαρὰ τοῖς καθαροῖς· τοῖς δὲ μεμιασμένοις καὶ ἀπίστοις οὐδὲν καθαρόν· ἀλλὰ μεμίανται αὐτῶν καὶ ὁ νοῦς καὶ ἡ συνείδησις.

16 Θεὸν ὁμολογοῦσιν εἰδέναι, τοῖς δὲ ἔργοις ἀρνοῦνται, βδελυκτοὶ ὄντες καὶ ἀπειθεῖς, καὶ πρὸς πᾶν ἔργον ἀγαθὸν ἀδόκιμοι.

CHAPTER 2

1 Σὺ δὲ λάλει ἃ πρέπει τῇ ὑγιαινούσῃ διδασκαλίᾳ·

2 πρεσβύτας νηφαλίους εἶναι, σεμνούς, σώφρονας, ὑγιαίνοντας τῇ πίστει, τῇ ἀγάπῃ, τῇ ὑπομονῇ·
3 Πρεσβύτιδας ὡσαύτως ἐν καταστήματι ἱεροπρεπεῖς, μὴ διαβόλους, μὴ οἴνῳ πολλῷ δεδουλωμένας, καλοδιδασκάλους,
4 ἵνα σωφρονίζωσι τὰς νέας, φιλάνδρους εἶναι, φιλοτέκνους,
5 σώφρονας, ἁγνάς, οἰκουρούς ἀγαθάς, ὑποτασσομένας τοῖς ἰδίοις ἀνδράσιν, ἵνα μὴ ὁ λόγος τοῦ Θεοῦ βλασφημῆται·
6 Τοὺς νεωτέρους ὡσαύτως παρακάλει σωφρονεῖν·
7 περὶ πάντα σεαυτὸν παρεχόμενος τύπον καλῶν ἔργων, ἐν τῇ διδασκαλίᾳ ἀδιαφθορίαν, σεμνότητα, ἀφθαρσιαν,
8 λόγον ὑγιῆ, ἀκατάγνωστον, ἵνα ὁ ἐξ ἐναντίας ἐντραπῇ, μηδὲν ἔχων περὶ ὑμῶν λέγειν φαῦλον.
9 δούλους ἰδίοις δεσπόταις ὑποτάσσεσθαι, ἐν πᾶσιν, εὐαρέστους εἶναι, μὴ ἀντιλέγοντας,
10 μὴ νοσφιζομένους, ἀλλὰ πίστιν πᾶσαν ἐνδεικνυμένους ἀγαθήν, ἵνα τὴν διδασκαλίαν τοῦ σωτῆρος ἡμῶν Θεοῦ κοσμῶσιν ἐν πᾶσιν.
11 ἐπεφάνη γὰρ ἡ χάρις τοῦ Θεοῦ ἡ σωτήριος πᾶσιν ἀνθρώποις,
12 παιδεύουσα ἡμᾶς ἵνα, ἀρνησάμενοι τὴν ἀσέβειαν καὶ τὰς κοσμικὰς ἐπιθυμίας σωφρόνως καὶ δικαίως καὶ εὐσεβῶς ζήσωμεν ἐν τῷ νῦν αἰῶνι,
13 προσδεχόμενοι τὴν μακαρίαν ἐλπίδα καὶ ἐπιφάνειαν τῆς δόξης τοῦ μεγάλου Θεοῦ καὶ σωτῆρος ἡμῶν Ἰησοῦ Χριστοῦ,
14 ὃς ἔδωκεν ἑαυτὸν ὑπὲρ ἡμῶν, ἵνα λυτρώσηται ἡμᾶς ἀπὸ πάσης ἀνομίας, καὶ καθαρίσῃ ἑαυτῷ λαὸν περιούσιον, ζηλωτὴν καλῶν ἔργων.
15 Ταῦτα λάλει, καὶ παρακάλει, καὶ ἔλεγχε μετὰ πάσης ἐπιταγῆς. μηδείς σου περιφρονείτω.

CHAPTER 3

1 Ὑπομίμνησκε αὐτοὺς ἀρχαῖς καὶ ἐξουσίαις ὑποτάσσεσθαι, πειθαρχεῖν, πρὸς πᾶν ἔργον ἀγαθὸν ἑτοίμους εἶναι,
2 μηδένα βλασφημεῖν, ἀμάχους εἶναι, ἐπιεικεῖς, πᾶσαν ἐνδεικνυμένους πρᾳότητα πρὸς πάντας ἀνθρώπους.
3 ἦμεν γάρ ποτε καὶ ἡμεῖς ἀνόητοι, ἀπειθεῖς, πλανώμενοι, δουλεύοντες ἐπιθυμίαις καὶ ἡδοναῖς ποικίλαις, ἐν κακίᾳ καὶ φθόνῳ διάγοντες, στυγητοί, μισοῦντες ἀλλήλους.
4 ὅτε δὲ ἡ χρηστότης καὶ ἡ φιλανθρωπία ἐπεφάνη τοῦ σωτῆρος ἡμῶν Θεοῦ,
5 οὐκ ἐξ ἔργων τῶν ἐν δικαιοσύνῃ ὧν ἐποιήσαμεν ἡμεῖς, ἀλλὰ κατὰ τὸν αὐτοῦ ἔλεον ἔσωσεν ἡμᾶς, διὰ λουτροῦ παλιγγενεσίας καὶ ἀνακαινώσεως Πνεύματος Ἁγίου,
6 οὗ ἐξέχεεν ἐφ' ἡμᾶς πλουσίως, διὰ Ἰησοῦ Χριστοῦ τοῦ σωτῆρος ἡμῶν,

7 ἵνα δικαιωθέντες τῇ ἐκείνου χάριτι, κληρονόμοι γενώμεθα κατ᾽ ἐλπίδα ζωῆς αἰωνίου.

8 πιστὸς ὁ λόγος, καὶ περὶ τούτων βούλομαί σε διαβεβαιοῦσθαι, ἵνα φροντίζωσι καλῶν ἔργων προΐστασθαι οἱ πεπιστευκότες τῷ Θεῷ. ταῦτά ἐστι τὰ καλὰ καὶ ὠφέλιμα τοῖς ἀνθρώποις·

9 μωρὰς δὲ ζητήσεις καὶ γενεαλογίας καὶ ἔρεις καὶ μάχας νομικὰς περιΐστασο· εἰσὶ γὰρ ἀνωφελεῖς καὶ μάταιοι.

10 αἱρετικὸν ἄνθρωπον μετὰ μίαν καὶ δευτέραν νουθεσίαν παραιτοῦ,

11 εἰδὼς ὅτι ἐξέστραπται ὁ τοιοῦτος, καὶ ἁμαρτάνει, ὢν αὐτοκατάκριτος.

12 Ὅταν πέμψω Ἀρτεμᾶν πρὸς σὲ ἢ Τυχικόν, σπούδασον ἐλθεῖν πρός με εἰς Νικόπολιν· ἐκεῖ γὰρ κέκρικα παραχειμάσαι.

13 Ζηνᾶν τὸν νομικὸν καὶ Ἀπολλὼ σπουδαίως πρόπεμψον, ἵνα μηδὲν αὐτοῖς λείπῃ.

14 μανθανέτωσαν δὲ καὶ οἱ ἡμέτεροι καλῶν ἔργων προΐστασθαι εἰς τὰς ἀναγκαίας χρείας, ἵνα μὴ ὦσιν ἄκαρποι.

15 Ἀσπάζονταί σε οἱ μετ᾽ ἐμοῦ πάντες. ἄσπασαι τοὺς φιλοῦντας ἡμᾶς ἐν πίστει. Ἡ χάρις μετὰ πάντων ὑμῶν. ἀμήν.

ΠΑΥΛΟΥ ΤΟΥ ΑΠΟΣΤΟΛΟΥ Η ΠΡΟΣ ΦΙΛΗΜΟΝΑ ΕΠΙΣΤΟΛΗ

ΦΙΛΗ CHAPTER 1

Παῦλος δέσμιος Χριστοῦ Ἰησοῦ καὶ Τιμόθεος ὁ ἀδελφός, Φιλήμονι τῷ ἀγαπητῷ καὶ συνεργῷ ἡμῶν,

2 καὶ Ἀπφίᾳ τῇ ἀγαπητῇ, καὶ Ἀρχίππῳ τῷ συστρατιώτῃ ἡμῶν, καὶ τῇ κατ' οἶκόν σου ἐκκλησίᾳ·

3 χάρις ὑμῖν καὶ εἰρήνη ἀπὸ Θεοῦ πατρὸς ἡμῶν καὶ Κυρίου Ἰησοῦ Χριστοῦ.

4 Εὐχαριστῶ τῷ Θεῷ μου, πάντοτε μνείαν σου ποιούμενος ἐπὶ τῶν προσευχῶν μου,

5 ἀκούων σου τὴν ἀγάπην καὶ τὴν πίστιν ἣν ἔχεις πρὸς τὸν Κύριον Ἰησοῦν καὶ εἰς πάντας τοὺς ἁγίους,

6 ὅπως ἡ κοινωνία τῆς πίστεώς σου ἐνεργὴς γένηται ἐν ἐπιγνώσει παντὸς ἀγαθοῦ τοῦ ἐν ὑμῖν εἰς Χριστὸν Ἰησοῦν.

7 χαρὰν γὰρ ἔχομεν πολλὴν καὶ παράκλησιν ἐπὶ τῇ ἀγάπῃ σου, ὅτι τὰ σπλάγχνα τῶν ἁγίων ἀναπέπαυται διὰ σοῦ, ἀδελφέ.

8 Διὸ πολλὴν ἐν Χριστῷ παρρησίαν ἔχων ἐπιτάσσειν σοι τὸ ἀνῆκον,

9 διὰ τὴν ἀγάπην μᾶλλον παρακαλῶ, τοιοῦτος ὢν ὡς Παῦλος πρεσβύτης, νυνὶ δὲ καὶ δέσμιος Ἰησοῦ Χριστοῦ.

10 παρακαλῶ σε περὶ τοῦ ἐμοῦ τέκνου, ὃν ἐγέννησα ἐν τοῖς δεσμοῖς μου, Ὀνήσιμον,

11 τόν ποτέ σοι ἄχρηστον, νυνὶ δὲ σοὶ καὶ ἐμοὶ εὔχρηστον,

12 ὃν ἀνέπεμψά· σὺ δὲ αὐτόν, τοῦτ' ἔστι τὰ ἐμὰ σπλάγχνα, πρόσλαβοῦ·

13 ὃν ἐγὼ ἐβουλόμην πρὸς ἐμαυτὸν κατέχειν, ἵνα ὑπὲρ σοῦ διακονῇ μοι ἐν τοῖς δεσμοῖς τοῦ εὐαγγελίου·

14 χωρὶς δὲ τῆς σῆς γνώμης οὐδὲν ἠθέλησα ποιῆσαι, ἵνα μὴ ὡς κατὰ ἀνάγκην τὸ ἀγαθόν σου ᾖ, ἀλλὰ κατὰ ἑκούσιον.

15 Τάχα γὰρ διὰ τοῦτο ἐχωρίσθη πρὸς ὥραν, ἵνα αἰώνιον αὐτὸν ἀπέχῃς·

16 οὐκέτι ὡς δοῦλον, ἀλλ' ὑπὲρ δοῦλον, ἀδελφὸν ἀγαπητόν, μάλιστα ἐμοί, πόσῳ δὲ μᾶλλον σοὶ καὶ ἐν σαρκὶ καὶ ἐν Κυρίῳ.

17 εἰ οὖν ἐμὲ ἔχεις κοινωνόν, προσλαβοῦ αὐτὸν ὡς ἐμέ.

18 εἰ δέ τι ἠδίκησέ σε ἢ ὀφείλει, τοῦτο ἐμοὶ ἐλλόγει·

19 ἐγὼ Παῦλος ἔγραψα τῇ ἐμῇ χειρί, ἐγὼ ἀποτίσω· ἵνα μὴ λέγω σοι ὅτι καὶ σεαυτόν μοι προσοφείλεις.

20 ναί, ἀδελφέ, ἐγώ σου ὀναίμην ἐν Κυρίῳ· ἀνάπαυσόν μου τὰ σπλάγχνα ἐν Κυρίῳ.

21 πεποιθὼς τῇ ὑπακοῇ σου ἔγραψά σοι, εἰδὼς ὅτι καὶ ὑπὲρ ὃ λέγω ποιήσεις.

22 ἅμα δὲ καὶ ἑτοίμαζέ μοι ξενίαν· ἐλπίζω γὰρ ὅτι διὰ τῶν προσευχῶν ὑμῶν χαρισθήσομαι ὑμῖν.

23 Ἀσπάζονταί σε Ἐπαφρᾶς ὁ συναιχμάλωτός μου ἐν Χριστῷ Ἰησοῦ,

24 Μᾶρκος, Ἀρίσταρχος, Δημᾶς, Λουκᾶς, οἱ συνεργοί μου.

25 Ἡ χάρις τοῦ Κυρίου ἡμῶν Ἰησοῦ Χριστοῦ μετὰ τοῦ πνεύματος ὑμῶν. ἀμήν.

Η ΠΡΟΣ ΕΒΡΑΙΟΥΣ ΕΠΙΣΤΟΛΗ

ΕΒΡ CHAPTER 1

Πολυμερῶς καὶ πολυτρόπως πάλαι ὁ Θεὸς λαλήσας τοῖς πατράσιν ἐν τοῖς προφήταις,

2 ἐπ' ἐσχάτων τῶν ἡμερῶν τούτων ἐλάλησεν ἡμῖν ἐν υἱῷ, ὃν ἔθηκε κληρονόμον πάντων, δι' οὗ καὶ τοὺς αἰῶνας ἐποίησεν,

3 ὃς ὢν ἀπαύγασμα τῆς δόξης, καὶ χαρακτὴρ τῆς ὑποστάσεως αὐτοῦ, φέρων τε τὰ πάντα τῷ ῥήματι τῆς δυνάμεως αὐτοῦ, δι' ἑαυτοῦ καθαρισμὸν ποιησάμενος τῶν ἁμαρτιῶν ἡμῶν, ἐκάθισεν ἐν δεξιᾷ τῆς μεγαλωσύνης ἐν ὑψηλοῖς,

4 τοσούτῳ κρείττων γενόμενος τῶν ἀγγέλων, ὅσῳ διαφορώτερον παρ' αὐτοὺς κεκληρονόμηκεν ὄνομα.

5 τίνι γὰρ εἶπέ ποτε τῶν ἀγγέλων, Υἱός μου εἶ σύ, ἐγὼ σήμερον γεγέννηκά σε; Καὶ πάλιν, Ἐγὼ ἔσομαι αὐτῷ εἰς πατέρα, καὶ αὐτὸς ἔσται μοι εἰς υἱόν;

6 ὅταν δὲ πάλιν εἰσαγάγῃ τὸν πρωτότοκον εἰς τὴν οἰκουμένην, λέγει, Καὶ προσκυνησάτωσαν αὐτῷ πάντες ἄγγελοι Θεοῦ.

7 καὶ πρὸς μὲν τοὺς ἀγγέλους λέγει, Ὁ ποιῶν τοὺς ἀγγέλους αὐτοῦ πνεύματα, καὶ τοὺς λειτουργοὺς αὐτοῦ πυρὸς φλόγα·

8 πρὸς δὲ τὸν υἱόν, Ὁ θρόνος σου, ὁ Θεός, εἰς τὸν αἰῶνα τοῦ αἰῶνος, ῥάβδος εὐθύτητος ἡ ῥάβδος τῆς βασιλείας σου.

9 ἠγάπησας δικαιοσύνην, καὶ ἐμίσησας ἀνομίαν· διὰ τοῦτο ἔχρισέ σε ὁ Θεός ὁ Θεός σου, ἔλαιον ἀγαλλιάσεως παρὰ τοὺς μετόχους σου.

10 καί, Σὺ κατ' ἀρχάς, Κύριε, τὴν γῆν ἐθεμελίωσας, καὶ ἔργα τῶν χειρῶν σού εἰσιν οἱ οὐρανοί·

11 αὐτοὶ ἀπολοῦνται, σὺ δὲ διαμένεις· καὶ πάντες ὡς ἱμάτιον παλαιωθήσονται,

12 καὶ ὡσεὶ περιβόλαιον ἑλίξεις αὐτούς, καὶ ἀλλαγήσονται· σὺ δὲ ὁ αὐτὸς εἶ, καὶ τὰ ἔτη σου οὐκ ἐκλείψουσι.

13 πρὸς τίνα δὲ τῶν ἀγγέλων εἴρηκέ ποτε, Κάθου ἐκ δεξιῶν μου, ἕως ἂν θῶ τοὺς ἐχθρούς σου ὑποπόδιον τῶν ποδῶν σου;

14 οὐχὶ πάντες εἰσὶ λειτουργικὰ πνεύματα εἰς διακονίαν ἀποστελλόμενα διὰ τοὺς μέλλοντας κληρονομεῖν σωτηρίαν;

CHAPTER 2

1 Διὰ τοῦτο δεῖ περισσοτέρως ἡμᾶς προσέχειν τοῖς ἀκουσθεῖσι, μή ποτε παραρρυῶμεν.

2 εἰ γὰρ ὁ δι' ἀγγέλων λαληθεὶς λόγος ἐγένετο βέβαιος, καὶ πᾶσα παράβασις καὶ παρακοὴ ἔλαβεν ἔνδικον μισθαποδοσίαν,

3 πῶς ἡμεῖς ἐκφευξόμεθα τηλικαύτης ἀμελήσαντες σωτηρίας; ἥτις, ἀρχὴν λαβοῦσα λαλεῖσθαι διὰ τοῦ Κυρίου, ὑπὸ τῶν ἀκουσάντων εἰς ἡμᾶς ἐβεβαιώθη,

4 συνεπιμαρτυροῦντος τοῦ Θεοῦ σημείοις τε καὶ τέρασι, καὶ ποικίλαις δυνάμεσι, καὶ Πνεύματος Ἁγίου μερισμοῖς, κατὰ τὴν αὐτοῦ θέλησιν.

5 Οὐ γὰρ ἀγγέλοις ὑπέταξε τὴν οἰκουμένην τὴν μέλλουσαν, περὶ ἧς λαλοῦμεν.

6 διεμαρτύρατο δέ πού τις λέγων, Τί ἐστιν ἄνθρωπος, ὅτι μιμνήσκῃ αὐτοῦ; ἢ υἱὸς ἀνθρώπου, ὅτι ἐπισκέπτῃ αὐτόν;

7 ἠλάττωσας αὐτὸν βραχύ τι παρ' ἀγγέλους· δόξῃ καὶ τιμῇ ἐστεφάνωσας αὐτόν, καὶ κατέστησας αὐτὸν ἐπὶ τὰ ἔργα τῶν χειρῶν σου·

8 πάντα ὑπέταξας ὑποκάτω τῶν ποδῶν αὐτοῦ. ἐν γὰρ τῷ ὑποτάξαι αὐτῷ τὰ πάντα, οὐδὲν ἀφῆκεν αὐτῷ ἀνυπότακτον. νῦν δὲ οὔπω ὁρῶμεν αὐτῷ τὰ πάντα ὑποτεταγμένα.

9 τὸν δὲ βραχύ τι παρ' ἀγγέλους ἠλαττωμένον βλέπομεν Ἰησοῦν, διὰ τὸ πάθημα τοῦ θανάτου δόξῃ καὶ τιμῇ ἐστεφανωμένον, ὅπως χάριτι Θεοῦ ὑπὲρ παντὸς γεύσηται θανάτου.

10 ἔπρεπε γὰρ αὐτῷ, δι' ὃν τὰ πάντα, καὶ δι' οὗ τὰ πάντα, πολλοὺς υἱοὺς εἰς δόξαν ἀγαγόντα, τὸν ἀρχηγὸν τῆς σωτηρίας αὐτῶν διὰ παθημάτων τελειῶσαι

11 ὅ τε γὰρ ἁγιάζων καὶ οἱ ἁγιαζόμενοι, ἐξ ἑνὸς πάντες· δι' ἣν αἰτίαν οὐκ ἐπαισχύνεται ἀδελφοὺς αὐτοὺς καλεῖν,

12 λέγων, Ἀπαγγελῶ τὸ ὄνομά σου τοῖς ἀδελφοῖς μου, ἐν μέσῳ ἐκκλησίας ὑμνήσω σε.

13 καὶ πάλιν, Ἐγὼ ἔσομαι πεποιθὼς ἐπ' αὐτῷ. καὶ πάλιν, Ἰδοὺ ἐγὼ καὶ τὰ παιδία ἅ μοι ἔδωκεν ὁ Θεός.

14 ἐπεὶ οὖν τὰ παιδία κεκοινώνηκε σαρκός καὶ αἵματος, καὶ αὐτὸς παραπλησίως μετέσχε τῶν αὐτῶν, ἵνα διὰ τοῦ θανάτου καταργήσῃ τὸν τὸ κράτος ἔχοντα τοῦ θανάτου, τοῦτ' ἔστι τὸν διάβολον,

15 καὶ ἀπαλλάξῃ τούτους, ὅσοι φόβῳ θανάτου διὰ παντὸς τοῦ ζῆν ἔνοχοι ἦσαν δουλείας.

16 οὐ γὰρ δήπου ἀγγέλων ἐπιλαμβάνεται, ἀλλὰ σπέρματος Ἀβραὰμ ἐπιλαμβάνεται,

17 ὅθεν ὤφειλε κατὰ πάντα τοῖς ἀδελφοῖς ὁμοιωθῆναι, ἵνα ἐλεήμων· γένηται καὶ πιστὸς ἀρχιερεὺς τὰ πρὸς τὸν Θεόν, εἰς τὸ ἱλάσκεσθαι τὰς ἁμαρτίας τοῦ λαοῦ

18 ἐν ᾧ γὰρ πέπονθεν αὐτὸς πειρασθείς, δύναται τοῖς πειραζομένοις βοηθῆσαι.

CHAPTER 3

1 Ὅθεν, ἀδελφοὶ ἅγιοι, κλήσεως ἐπουρανίου μέτοχοι, κατανοήσατε τὸν ἀπόστολον καὶ ἀρχιερέα τῆς ὁμολογίας ἡμῶν Χριστὸν Ἰησοῦν,

2 πιστὸν ὄντα τῷ ποιήσαντι αὐτόν, ὡς καὶ Μωσῆς ἐν ὅλῳ τῷ οἴκῳ αὐτοῦ.

3 πλείονος γὰρ δόξης οὗτος παρὰ Μωσῆν ἠξίωται, καθ' ὅσον πλείονα

τιμὴν ἔχει τοῦ οἴκου ὁ κατασκευάσας αὐτόν.

4 πᾶς γὰρ οἶκος κατασκευάζεται ὑπό τινος· ὁ δὲ τὰ πάντα κατασκευάσας Θεός.

5 καὶ Μωσῆς μὲν πιστὸς ἐν ὅλῳ τῷ οἴκῳ αὐτοῦ ὡς θεράπων, εἰς μαρτύριον τῶν λαληθησομένων·

6 Χριστὸς δὲ ὡς υἱὸς ἐπὶ τὸν οἶκον αὐτοῦ· οὗ οἶκός ἐσμεν ἡμεῖς, ἐάνπερ τὴν παρρησίαν καὶ τὸ καύχημα τῆς ἐλπίδος μέχρι τέλους βεβαίαν κατάσχωμεν.

7 διὸ καθὼς λέγει τὸ Πνεῦμα τὸ Ἅγιον, Σήμερον ἐὰν τῆς φωνῆς αὐτοῦ ἀκούσητε,

8 μὴ σκληρύνητε τὰς καρδίας ὑμῶν, ὡς ἐν τῷ παραπικρασμῷ, κατὰ τὴν ἡμέραν τοῦ πειρασμοῦ ἐν τῇ ἐρήμῳ,

9 οὗ ἐπείρασαν με οἱ πατέρες ὑμῶν, ἐδοκίμασάν με, καὶ εἶδον τὰ ἔργα μου τεσσαράκοντα ἔτη·

10 διὸ προσώχθισα τῇ γενεᾷ ἐκείνῃ, καὶ εἶπον, Ἀεὶ πλανῶνται τῇ καρδίᾳ· αὐτοὶ δὲ οὐκ ἔγνωσαν τὰς ὁδούς μου·

11 ὡς ὤμοσα ἐν τῇ ὀργῇ μου, Εἰ εἰσελεύσονται εἰς τὴν κατάπαυσίν μου.

12 βλέπετε, ἀδελφοί, μή ποτε ἔσται ἔν τινι ὑμῶν καρδία πονηρὰ ἀπιστίας, ἐν τῷ ἀποστῆναι ἀπὸ Θεοῦ ζῶντος·

13 ἀλλὰ παρακαλεῖτε ἑαυτοὺς καθ' ἑκάστην ἡμέραν, ἄχρις οὗ τὸ Σήμερον καλεῖται, ἵνα μὴ σκληρυνθῇ τις ἐξ ὑμῶν ἀπάτῃ τῆς ἁμαρτίας·

14 μέτοχοι γὰρ γεγόναμεν τοῦ Χριστοῦ, ἐάνπερ τὴν ἀρχὴν τῆς ὑποστάσεως μέχρι τέλους βεβαίαν κατάσχωμεν·

15 ἐν τῷ λέγεσθαι, Σήμερον ἐὰν τῆς φωνῆς αὐτοῦ ἀκούσητε, μὴ σκληρύνητε τὰς καρδίας ὑμῶν, ὡς ἐν τῷ παραπικρασμῷ.

16 τίνες γὰρ ἀκούσαντες παρεπίκραναν, ἀλλ' οὐ πάντες οἱ ἐξελθόντες ἐξ Αἰγύπτου διὰ Μωσέως.

17 Τίσι δὲ προσώχθισε τεσσαράκοντα ἔτη; οὐχὶ τοῖς ἁμαρτήσασιν, ὧν τὰ κῶλα ἔπεσεν ἐν τῇ ἐρήμῳ;

18 τίσι δὲ ὤμοσε μὴ εἰσελεύσεσθαι εἰς τὴν κατάπαυσιν αὐτοῦ, εἰ μὴ τοῖς ἀπειθήσασι;

19 καὶ βλέπομεν ὅτι οὐκ ἠδυνήθησαν εἰσελθεῖν δι' ἀπιστίαν.

CHAPTER 4

1 Φοβηθῶμεν οὖν μή ποτε καταλειπομένης ἐπαγγελίας εἰσελθεῖν εἰς τὴν κατάπαυσιν αὐτοῦ, δοκῇ τις ἐξ ὑμῶν ὑστερηκέναι·

2 καὶ γὰρ ἐσμεν εὐηγγελισμένοι, καθάπερ κἀκεῖνοι· ἀλλ' οὐκ ὠφέλησεν ὁ λόγος τῆς ἀκοῆς ἐκείνους, μὴ συγκεκραμένος τῇ πίστει τοῖς ἀκούσασιν·

3 εἰσερχόμεθα γὰρ εἰς τὴν κατάπαυσιν οἱ πιστεύσαντες, καθὼς εἴρηκεν, Ὡς ὤμοσα ἐν τῇ ὀργῇ μου, Εἰ εἰσελεύσονται εἰς τὴν

κατάπαυσίν μου· καίτοι τῶν ἔργων ἀπὸ καταβολῆς κόσμου γενηθέντων.

4 εἴρηκε γάρ που περὶ τῆς ἑβδόμης οὕτω, Καὶ κατέπαυσεν ὁ Θεὸς ἐν τῇ ἡμέρᾳ τῇ ἑβδόμῃ ἀπὸ πάντων τῶν ἔργων αὐτοῦ·

5 καὶ ἐν τούτῳ πάλιν, Εἰ εἰσελεύσονται εἰς τὴν κατάπαυσίν μου.

6 ἐπεὶ οὖν ἀπολείπεται τινὰς εἰσελθεῖν εἰς αὐτήν, καὶ οἱ πρότερον εὐαγγελισθέντες οὐκ εἰσῆλθον δι' ἀπείθειαν,

7 πάλιν τινὰ ὁρίζει ἡμέραν, Σήμερον, ἐν Δαβὶδ λέγων, μετὰ τοσοῦτον χρόνον, καθὼς εἴρηται, Σήμερον ἐὰν τῆς φωνῆς αὐτοῦ ἀκούσητε, μὴ σκληρύνητε τὰς καρδίας ὑμῶν.

8 εἰ γὰρ αὐτοὺς Ἰησοῦς κατέπαυσεν, οὐκ ἂν περὶ ἄλλης ἐλάλει μετὰ ταῦτα ἡμέρας.

9 ἄρα ἀπολείπεται σαββατισμὸς τῷ λαῷ τοῦ Θεοῦ.

10 ὁ γὰρ εἰσελθὼν εἰς τὴν κατάπαυσιν αὐτοῦ καὶ αὐτὸς κατέπαυσεν ἀπὸ τῶν ἔργων αὐτοῦ, ὥσπερ ἀπὸ τῶν ἰδίων ὁ Θεός.

11 σπουδάσωμεν οὖν εἰσελθεῖν εἰς ἐκείνην τὴν κατάπαυσιν, ἵνα μὴ ἐν τῷ αὐτῷ τις ὑποδείγματι πέσῃ τῆς ἀπειθείας.

12 ζῶν γὰρ ὁ λόγος τοῦ Θεοῦ, καὶ ἐνεργής, καὶ τομώτερος ὑπὲρ πᾶσαν μάχαιραν δίστομον, καὶ διϊκνούμενος ἄχρι μερισμοῦ ψυχῆς τὲ καὶ πνεύματος, ἁρμῶν τε καὶ μυελῶν, καὶ κριτικὸς ἐνθυμήσεων καὶ ἐννοιῶν καρδίας.

13 καὶ οὐκ ἔστι κτίσις ἀφανὴς ἐνώπιον αὐτοῦ· πάντα δὲ γυμνὰ καὶ τετραχηλισμένα τοῖς ὀφθαλμοῖς αὐτοῦ πρὸς ὃν ἡμῖν ὁ λόγος.

14 Ἔχοντες οὖν ἀρχιερέα μέγαν, διεληλυθότα τοὺς οὐρανούς, Ἰησοῦν τὸν υἱὸν τοῦ Θεοῦ, κρατῶμεν τῆς ὁμολογίας.

15 οὐ γὰρ ἔχομεν ἀρχιερέα μὴ δυνάμενον συμπαθῆσαι ταῖς ἀσθενείαις ἡμῶν, πεπειρασμένον δὲ κατὰ πάντα καθ' ὁμοιότητα, χωρὶς ἁμαρτίας.

16 προσερχώμεθα οὖν μετὰ παρρησίας τῷ θρόνῳ τῆς χάριτος, ἵνα λάβωμεν ἔλεον, καὶ χάριν εὕρωμεν εἰς εὔκαιρον βοήθειαν.

CHAPTER 5

1 Πᾶς γὰρ ἀρχιερεύς, ἐξ ἀνθρώπων λαμβανόμενος, ὑπὲρ ἀνθρώπων καθίσταται τὰ πρὸς τὸν Θεόν, ἵνα προσφέρῃ δῶρά τε καὶ θυσίας ὑπὲρ ἁμαρτιῶν·

2 μετριοπαθεῖν δυνάμενος τοῖς ἀγνοοῦσι καὶ πλανωμένοις, ἐπεὶ καὶ αὐτὸς περίκειται ἀσθένειαν·

3 καὶ διὰ ταύτην ὀφείλει καθὼς περὶ τοῦ λαοῦ, οὕτω καὶ περὶ ἑαυτοῦ προσφέρειν ὑπὲρ ἁμαρτιῶν.

4 Καὶ οὐχ ἑαυτῷ τις λαμβάνει τὴν τιμήν, ἀλλὰ ὁ καλούμενος ὑπὸ τοῦ Θεοῦ, καθάπερ καὶ ὁ Ἀαρών·

5 οὕτω καὶ ὁ Χριστὸς οὐχ ἑαυτὸν ἐδόξασε γενηθῆναι ἀρχιερέα, ἀλλ' ὁ λαλήσας πρὸς αὐτόν, Υἱός μου εἶ σύ, ἐγὼ σήμερον γεγέννηκά σε.

6 καθὼς καὶ ἐν ἑτέρῳ λέγει, Σὺ ἱερεὺς εἰς τὸν αἰῶνα κατὰ τὴν τάξιν Μελχισέδεκ.

7 ὃς ἐν ταῖς ἡμέραις τῆς σαρκὸς αὐτοῦ, δεήσεις τε καὶ ἱκετηρίας πρὸς τὸν δυνάμενον σώζειν αὐτὸν ἐκ θανάτου μετὰ κραυγῆς ἰσχυρᾶς καὶ δακρύων προσενέγκας, καὶ εἰσακουσθεὶς ἀπὸ τῆς εὐλαβείας,

8 καίπερ ὢν υἱός, ἔμαθεν ἀφ' ὧν ἔπαθε τὴν ὑπακοήν,

9 καὶ τελειωθεὶς ἐγένετο τοῖς ὑπακούουσιν αὐτῷ πᾶσιν αἴτιος σωτηρίας αἰωνίου·

10 προσαγορευθεὶς ὑπὸ τοῦ Θεοῦ ἀρχιερεὺς κατὰ τὴν τάξιν Μελχισέδεκ.

11 Περὶ οὗ πολὺς ἡμῖν ὁ λόγος καὶ δυσερμήνευτος λέγειν, ἐπεὶ νωθροὶ γεγόνατε ταῖς ἀκοαῖς.

12 καὶ γὰρ ὀφείλοντες εἶναι διδάσκαλοι, διὰ τὸν χρόνον, πάλιν χρείαν ἔχετε τοῦ διδάσκειν ὑμᾶς, τινὰ τὰ στοιχεῖα τῆς ἀρχῆς τῶν λογίων τοῦ Θεοῦ· καὶ γεγόνατε χρείαν ἔχοντες γάλακτος, καὶ οὐ στερεᾶς τροφῆς.

13 πᾶς γὰρ ὁ μετέχων γάλακτος ἄπειρος λόγου δικαιοσύνης· νήπιος γάρ ἐστι.

14 τελείων δέ ἐστιν ἡ στερεὰ τροφή, τῶν διὰ τὴν ἕξιν τὰ αἰσθητήρια γεγυμνασμένα ἐχόντων πρὸς διάκρισιν καλοῦ τε καὶ κακοῦ.

CHAPTER 6

1 Διὸ, ἀφέντες τὸν τῆς ἀρχῆς τοῦ Χριστοῦ λόγον, ἐπὶ τὴν τελειότητα φερώμεθα, μὴ πάλιν θεμέλιον καταβαλλόμενοι μετανοίας ἀπὸ νεκρῶν ἔργων, καὶ πίστεως ἐπὶ Θεόν,

2 βαπτισμῶν διδαχῆς, ἐπιθέσεώς τε χειρῶν, ἀναστάσεώς τε νεκρῶν, καὶ κρίματος αἰωνίου.

3 καὶ τοῦτο ποιήσομεν, ἐάνπερ ἐπιτρέπῃ ὁ Θεός.

4 ἀδύνατον γὰρ τοὺς ἅπαξ φωτισθέντας, γευσαμένους τε τῆς δωρεᾶς τῆς ἐπουρανίου, καὶ μετόχους γενηθέντας Πνεύματος Ἁγίου,

5 καὶ καλὸν γευσαμένους Θεοῦ ῥῆμα, δυνάμεις τε μέλλοντος αἰῶνος,

6 καὶ παραπεσόντας, πάλιν ἀνακαινίζειν εἰς μετάνοιαν, ἀνασταυροῦντας ἑαυτοῖς τὸν υἱὸν τοῦ Θεοῦ καὶ παραδειγματίζοντας·

7 γῆ γὰρ ἡ πιοῦσα τὸν ἐπ' αὐτῆς πολλάκις ἐρχόμενον ὑετόν, καὶ τίκτουσα βοτάνην εὔθετον ἐκείνοις δι' οὓς καὶ γεωργεῖται, μεταλαμβάνει εὐλογίας ἀπὸ τοῦ Θεοῦ·

8 ἐκφέρουσα δὲ ἀκάνθας καὶ τριβόλους, ἀδόκιμος καὶ κατάρας ἐγγύς, ἧς τὸ τέλος εἰς καῦσιν.

9 Πεπείσμεθα δὲ περὶ ὑμῶν, ἀγαπητοί, τὰ κρείττονα καὶ ἐχόμενα σωτηρίας, εἰ καὶ οὕτω λαλοῦμεν·

10 οὐ γὰρ ἄδικος ὁ Θεὸς ἐπιλαθέσθαι τοῦ ἔργου ὑμῶν, καὶ τοῦ κόπου τῆς ἀγάπης ἧς ἐνδείξασθε εἰς τὸ ὄνομα αὐτοῦ, διακονήσαντες τοῖς ἁγίοις καὶ διακονοῦντες

11 ἐπιθυμοῦμεν δὲ ἕκαστον ὑμῶν τὴν αὐτὴν ἐνδείκνυσθαι σπουδὴν πρὸς τὴν πληροφορίαν τῆς ἐλπίδος ἄχρι τέλους·

12 ἵνα μὴ νωθροὶ γένησθε, μιμηταὶ δὲ τῶν διὰ πίστεως καὶ μακροθυμίας κληρονομούντων τὰς ἐπαγγελίας.

13 Τῷ γὰρ Ἀβραὰμ ἐπαγγειλάμενος ὁ Θεός, ἐπεὶ κατ' οὐδενὸς εἶχε μείζονος ὀμόσαι, ὤμοσε καθ' ἑαυτοῦ,

14 λέγων, Ἦ μὴν εὐλογῶν εὐλογήσω σε, καὶ πληθύνων πληθυνῶ σε.

15 καὶ οὕτω μακροθυμήσας ἐπέτυχε τῆς ἐπαγγελίας.

16 ἄνθρωποι μεν γὰρ κατὰ τοῦ μείζονος ὀμνύουσι, καὶ πάσης αὐτοῖς ἀντιλογίας πέρας εἰς βεβαίωσιν ὁ ὅρκος.

17 ἐν ᾧ περισσότερον βουλόμενος ὁ Θεὸς ἐπιδεῖξαι τοῖς κληρονόμοις τῆς ἐπαγγελίας τὸ ἀμετάθετον τῆς βουλῆς αὐτοῦ, ἐμεσίτευσεν ὅρκῳ,

18 ἵνα διὰ δύο πραγμάτων ἀμεταθέτων, ἐν οἷς ἀδύνατον ψεύσασθαι Θεόν, ἰσχυρὰν παράκλησιν ἔχωμεν οἱ καταφυγόντες κρατῆσαι τῆς προκειμένης ἐλπίδος·

19 ἣν ὡς ἄγκυραν ἔχομεν τῆς ψυχῆς ἀσφαλῆ τε καὶ βεβαίαν, καὶ εἰσερχομένην εἰς τὸ ἐσώτερον τοῦ καταπετάσματος·

20 ὅπου πρόδρομος ὑπὲρ ἡμῶν εἰσῆλθεν Ἰησοῦς, κατὰ τὴν τάξιν Μελχισέδεκ ἀρχιερεὺς γενόμενος εἰς τὸν αἰῶνα.

CHAPTER 7

1 Οὗτος γὰρ ὁ Μελχισέδεκ, βασιλεὺς Σαλήμ, ἱερεὺς τοῦ Θεοῦ τοῦ ὑψίστου, ὁ συναντήσας Ἀβραὰμ ὑποστρέφοντι ἀπὸ τῆς κοπῆς τῶν βασιλέων, καὶ εὐλογήσας αὐτόν,

2 ᾧ καὶ δεκάτην ἀπὸ πάντων ἐμέρισεν Ἀβραάμ (πρῶτον μὲν ἑρμηνευόμενος βασιλεὺς δικαιοσύνης, ἔπειτα δὲ καὶ βασιλεὺς Σαλήμ, ὅ ἐστι βασιλεὺς εἰρήνης·

3 ἀπάτωρ, ἀμήτωρ, ἀγενεαλόγητος, μήτε ἀρχὴν ἡμερῶν μήτε ζωῆς τέλος ἔχων, ἀφωμοιωμένος δὲ τῷ υἱῷ τοῦ Θεοῦ), μένει ἱερεὺς εἰς τὸ διηνεκές.

4 Θεωρεῖτε δὲ πηλίκος οὗτος, ᾧ καὶ δεκάτην Ἀβραὰμ ἔδωκεν ἐκ τῶν ἀκροθινίων ὁ πατριάρχης.

5 καὶ οἱ μὲν ἐκ τῶν υἱῶν Λευῒ τὴν ἱερατείαν λαμβάνοντες ἐντολὴν ἔχουσιν ἀποδεκατοῦν τὸν λαὸν κατὰ τὸν νόμον, τοῦτ' ἔστι τοὺς ἀδελφοὺς αὐτῶν καίπερ ἐξεληλυθότας ἐκ τῆς ὀσφύος Ἀβραάμ

6 ὁ δὲ μὴ γενεαλογούμενος ἐξ αὐτῶν, δεδεκάτωκε τὸν Ἀβραάμ,

καὶ τὸν ἔχοντα τὰς ἐπαγγελίας εὐλόγηκε.

7 χωρὶς δὲ πάσης ἀντιλογίας, τὸ ἔλαττον ὑπὸ τοῦ κρείττονος εὐλογεῖται.

8 καὶ ὧδε μὲν δεκάτας ἀποθνῄσκοντες ἄνθρωποι λαμβάνουσιν· ἐκεῖ δέ, μαρτυρούμενος ὅτι ζῇ.

9 καί, ὡς ἔπος εἰπεῖν, διὰ Ἀβραὰμ καὶ Λευΐ ὁ δεκάτας λαμβάνων δεδεκάτωται·

10 ἔτι γὰρ ἐν τῇ ὀσφύϊ τοῦ πατρὸς ἦν, ὅτε συνήντησεν αὐτῷ ὁ Μελχισέδεκ.

11 Εἰ μὲν οὖν τελείωσις διὰ τῆς Λευϊτικῆς ἱερωσύνης ἦν (ὁ λαὸς γὰρ ἐπ᾽ αὐτῇ νενομοθέτητο), τίς ἔτι χρεία, κατὰ τὴν τάξιν Μελχισέδεκ ἕτερον ἀνίστασθαι ἱερέα, καὶ οὐ κατὰ τὴν τάξιν Ἀαρὼν λέγεσθαι;

12 μετατιθεμένης γὰρ τῆς ἱερωσύνης, ἐξ ἀνάγκης καὶ νόμου μετάθεσις γίνεται.

13 ἐφ᾽ ὃν γὰρ λέγεται ταῦτα, φυλῆς ἑτέρας μετέσχηκεν, ἀφ᾽ ἧς οὐδεὶς προσέσχηκε τῷ θυσιαστηρίῳ.

14 πρόδηλον γὰρ ὅτι ἐξ Ἰούδα ἀνατέταλκεν ὁ Κύριος ἡμῶν, εἰς ἣν φυλὴν οὐδὲν περὶ ἱερωσυνῆς Μωσῆς ἐλάλησε.

15 καὶ περισσότερον ἔτι κατάδηλόν ἐστιν, εἰ κατὰ τὴν ὁμοιότητα Μελχισέδεκ ἀνίσταται ἱερεὺς ἕτερος,

16 ὃς οὐ κατὰ νόμον ἐντολῆς σαρκίκης γέγονεν, ἀλλὰ κατὰ δύναμιν ζωῆς ἀκαταλύτου·

17 μαρτυρεῖ γάρ, ὅτι Σὺ ἱερεὺς εἰς τὸν αἰῶνα κατὰ τὴν τάξιν Μελχισέδεκ.

18 ἀθέτησις μὲν γὰρ γίνεται προαγούσης ἐντολῆς, διὰ τὸ αὐτῆς ἀσθενὲς καὶ ἀνωφελές·

19 οὐδὲν γὰρ ἐτελείωσεν ὁ νόμος, ἐπεισαγωγὴ δὲ κρείττονος ἐλπίδος, δι᾽ ἧς ἐγγίζομεν τῷ Θεῷ.

20 καὶ καθ᾽ ὅσον οὐ χωρὶς ὁρκωμοσίας,

21 (οἱ μὲν γὰρ χωρὶς ὁρκωμοσίας εἰσὶν ἱερεῖς γεγονότες, ὁ δὲ μετὰ ὁρκωμοσίας διὰ τοῦ λέγοντος πρὸς αὐτόν, Ὤμοσε Κύριος καὶ οὐ μεταμεληθήσεται, Σὺ ἱερεὺς εἰς τὸν αἰῶνα κατὰ τὴν τάξιν Μελχισεδέκ)·

22 κατὰ τοσοῦτον κρείττονος διαθήκης γέγονεν ἔγγυος Ἰησοῦς.

23 καὶ οἱ μὲν πλείονές εἰσι γεγονότες ἱερεῖς, διὰ τὸ θανάτῳ κωλύεσθαι παραμένειν·

24 ὁ δὲ διὰ τὸ μένειν αὐτὸν εἰς τὸν αἰῶνα, ἀπαράβατον ἔχει τὴν ἱερωσύνην.

25 ὅθεν καὶ σώζειν εἰς τὸ παντελὲς δύναται τοὺς προσερχομένους δι᾽ αὐτοῦ τῷ Θεῷ, πάντοτε ζῶν εἰς τὸ ἐντυγχάνειν ὑπὲρ αὐτῶν.

26 Τοιοῦτος γὰρ ἡμῖν ἔπρεπεν ἀρχιερεύς, ὅσιος, ἄκακος, ἀμίαντος, κεχωρισμένος ἀπὸ τῶν ἁμαρτωλῶν, καὶ ὑψηλότερος τῶν οὐρανῶν γενόμενος·

27 ὃς οὐκ ἔχει καθ᾽ ἡμέραν ἀνάγκην, ὥσπερ οἱ ἀρχιερεῖς, πρότερον ὑπὲρ τῶν ἰδίων ἁμαρτιῶν θυσίας ἀναφέρειν, ἔπειτα τῶν τοῦ λαοῦ· τοῦτο γὰρ

ἐποίησεν ἐφάπαξ ἑαυτὸν ἀνενέγκας.

28 ὁ νόμος γὰρ ἀνθρώπους καθίστησιν ἀρχιερεῖς, ἔχοντας ἀσθένειαν· ὁ λόγος δὲ τῆς ὁρκωμοσίας τῆς μετὰ τὸν νόμον, υἱὸν εἰς τὸν αἰῶνα τετελειωμένον.

CHAPTER 8

1 Κεφάλαιον δὲ ἐπὶ τοῖς λεγομένοις· τοιοῦτον ἔχομεν ἀρχιερέα, ὃς ἐκάθισεν ἐν δεξιᾷ τοῦ θρόνου τῆς μεγαλωσύνης ἐν τοῖς οὐρανοῖς,

2 τῶν ἁγίων λειτουργός, καὶ τῆς σκηνῆς τῆς ἀληθινῆς, ἣν ἔπηξεν ὁ Κύριος, καὶ οὐκ ἄνθρωπος·

3 πᾶς γὰρ ἀρχιερεὺς εἰς τὸ προσφέρειν δῶρά τε καὶ θυσίας καθίσταται· ὅθεν ἀναγκαῖον ἔχειν τι καὶ τοῦτον ὃ προσενέγκη.

4 εἰ μὲν γὰρ ἦν ἐπὶ γῆς, οὐδ' ἂν ἦν ἱερεύς, ὄντων τῶν ἱερέων τῶν προσφερόντων κατὰ τὸν νόμον τὰ δῶρα,

5 οἵτινες ὑποδείγματι καὶ σκιᾷ λατρεύουσι τῶν ἐπουρανίων, καθὼς κεχρημάτισται Μωσῆς μέλλων ἐπιτελεῖν τὴν σκηνήν, Ὅρα, γάρ φησί, ποιήσῃς πάντα κατὰ τὸν τύπον τὸν δειχθέντα σοι ἐν τῷ ὄρει.

6 νυνὶ δὲ διαφορωτέρας τέτευχε λειτουργίας, ὅσῳ καὶ κρείττονός ἐστι διαθήκης μεσίτης, ἥτις ἐπὶ κρείττοσιν ἐπαγγελίαις νενομοθέτηται.

7 εἰ γὰρ ἡ πρώτη ἐκείνη ἦν ἄμεμπτος, οὐκ ἂν δευτέρας ἐζητεῖτο τόπος.

8 μεμφόμενος γὰρ αὐτοῖς λέγει, Ἰδοὺ ἡμέραι ἔρχονται, λέγει Κύριος, καὶ συντελέσω ἐπὶ τὸν οἶκον Ἰσραὴλ καὶ ἐπὶ τὸν οἶκον Ἰούδα διαθήκην καινήν·

9 οὐ κατὰ τὴν διαθήκην ἣν ἐποίησα τοῖς πατράσιν αὐτῶν ἐν ἡμέρᾳ ἐπιλαβομένου μου τῆς χειρὸς αὐτῶν ἐξαγαγεῖν αὐτοὺς ἐκ γῆς Αἰγύπτου· ὅτι αὐτοὶ οὐκ ἐνέμειναν ἐν τῇ διαθήκῃ μου, κἀγὼ ἠμέλησα αὐτῶν, λέγει Κύριος.

10 ὅτι αὕτη ἡ διαθήκη ἣν διαθήσομαι τῷ οἴκῳ Ἰσραὴλ μετὰ τὰς ἡμέρας ἐκείνας, λέγει Κύριος, διδοὺς νόμους μου εἰς τὴν διάνοιαν αὐτῶν, καὶ ἐπὶ καρδίας αὐτῶν ἐπιγράψω αὐτούς· καὶ ἔσομαι αὐτοῖς εἰς Θεόν, καὶ αὐτοὶ ἔσονταί μοι εἰς λαόν.

11 καὶ οὐ μὴ διδάξωσιν ἕκαστος τὸν πλησίον αὐτοῦ, καὶ ἕκαστος τὸν ἀδελφὸν αὐτοῦ, λέγων, Γνῶθι τὸν Κύριον· ὅτι πάντες εἰδήσουσί με, ἀπὸ μικροῦ αὐτῶν ἕως μεγάλου αὐτῶν.

12 ὅτι ἵλεως ἔσομαι ταῖς ἀδικίαις αὐτῶν, καὶ τῶν ἁμαρτιῶν αὐτῶν καὶ τῶν ἀνομιῶν αὐτῶν οὐ μὴ μνησθῶ ἔτι.

13 ἐν τῷ λέγειν, Καινὴν πεπαλαίωκε τὴν πρώτην. τὸ δὲ παλαιούμενον καὶ γηράσκον, ἐγγὺς ἀφανισμοῦ.

Η ΠΡΟΣ ΕΒΡΑΙΟΥΣ

CHAPTER 9

1 Εἶχε μὲν οὖν καὶ ἡ πρώτη δικαιώματα λατρείας, τό τε ἅγιον κοσμικόν.

2 σκηνὴ γὰρ κατεσκευάσθη ἡ πρώτη, ἐν ᾗ ἥ τε λυχνία καὶ ἡ τράπεζα καὶ ἡ πρόθεσις τῶν ἄρτων, ἥτις λέγεται ἅγια.

3 μετὰ δὲ τὸ δεύτερον καταπέτασμα σκηνὴ ἡ λεγομένη ἅγια ἁγίων,

4 χρυσοῦν ἔχουσα θυμιατήριον, καὶ τὴν κιβωτὸν τῆς διαθήκης περικεκαλυμμένην πάντοθεν χρυσίῳ, ἐν ᾗ στάμνος χρυσῆ ἔχουσα τὸ μάννα, καὶ ἡ ῥάβδος Ἀαρὼν ἡ βλαστήσασα, καὶ αἱ πλάκες τῆς διαθήκης·

5 ὑπεράνω δὲ αὐτῆς χερουβιμ δόξης κατασκιάζοντα τὸ ἱλαστήριον· περὶ ὧν οὐκ ἔστι νῦν λέγειν κατὰ μέρος.

6 τούτων δὲ οὕτω κατεσκευασμένων, εἰς μὲν τὴν πρώτην σκηνὴν διὰ παντὸς εἰσίασιν οἱ ἱερεῖς τὰς λατρείας ἐπιτελοῦντες·

7 εἰς δὲ τὴν δευτέραν ἅπαξ τοῦ ἐνιαυτοῦ μόνος ὁ ἀρχιερεύς, οὐ χωρὶς αἵματος, ὃ προσφέρει ὑπὲρ ἑαυτοῦ καὶ τῶν τοῦ λαοῦ ἀγνοημάτων·

8 τοῦτο δηλοῦντος τοῦ Πνεύματος τοῦ Ἁγίου, μήπω πεφανερῶσθαι τὴν τῶν ἁγίων ὁδόν, ἔτι τῆς πρώτης σκηνῆς ἐχούσης στάσιν·

9 ἥτις παραβολὴ εἰς τὸν καιρὸν τὸν ἐνεστηκότα, καθ᾽ ὃν δῶρά τε καὶ θυσίαι προσφέρονται μὴ δυνάμεναι κατὰ συνείδησιν τελειῶσαι τὸν λατρεύοντα,

10 μόνον ἐπὶ βρώμασι, καὶ πόμασι, καὶ διαφόροις βαπτισμοῖς καὶ δικαιώμασι σαρκός, μέχρι καιροῦ διορθώσεως ἐπικείμενα.

11 Χριστὸς δὲ παραγενόμενος ἀρχιερεὺς τῶν μελλόντων ἀγαθῶν, διὰ τῆς μείζονος καὶ τελειοτέρας σκηνῆς, οὐ χειροποιήτου, τοῦτ᾽ ἔστιν, οὐ ταύτης τῆς κτίσεως,

12 οὐδὲ δι᾽ αἵματος τράγων καὶ μόσχων, διὰ δὲ τοῦ ἰδίου αἵματος εἰσῆλθεν ἐφάπαξ εἰς τὰ ἅγια, αἰωνίαν λύτρωσιν εὑράμενος.

13 εἰ γὰρ τὸ αἷμα ταύρων καὶ τράγων, καὶ σποδὸς δαμάλεως ῥαντίζουσα τοὺς κεκοινωμένους, ἁγιάζει πρὸς τὴν τῆς σαρκὸς καθαρότητα,

14 πόσῳ μᾶλλον τὸ αἷμα τοῦ Χριστοῦ, ὃς διὰ Πνεύματος αἰωνίου ἑαυτὸν προσήνεγκεν ἄμωμον τῷ Θεῷ, καθαριεῖ τὴν συνείδησιν ὑμῶν ἀπὸ νεκρῶν ἔργων, εἰς τὸ λατρεύειν Θεῷ ζῶντι;

15 καὶ διὰ τοῦτο διαθήκης καινῆς μεσίτης ἐστίν, ὅπως θανάτου γενομένου εἰς ἀπολύτρωσιν τῶν ἐπὶ τῇ πρώτῃ διαθήκῃ παραβάσεων, τὴν ἐπαγγελίαν λάβωσιν οἱ κεκλημένοι τῆς αἰωνίου κληρονομίας.

16 ὅπου γὰρ διαθήκη, θάνατον ἀνάγκη φέρεσθαι τοῦ διαθεμένου.

17 διαθήκη γὰρ ἐπὶ νεκροῖς βεβαία, ἐπεὶ μή ποτε ἰσχύει ὅτε ζῇ ὁ διαθέμενος.

18 ὅθεν οὐδ' ἡ πρώτη χωρὶς αἵματος ἐγκεκαίνισται.

19 λαληθείσης γὰρ πάσης ἐντολῆς κατὰ νόμον ὑπὸ Μωϋσέως παντὶ τῷ λαῷ, λαβὼν τὸ αἷμα τῶν μόσχων καὶ τράγων, μετὰ ὕδατος καὶ ἐρίου κοκκίνου καὶ ὑσσώπου, αὐτό τε τὸ βιβλίον καὶ πάντα τὸν λαὸν ἐρράντισε,

20 λέγων, Τοῦτο τὸ αἷμα τῆς διαθήκης ἧς ἐνετείλατο πρὸς ὑμᾶς ὁ Θεός.

21 καὶ τὴν σκηνὴν δὲ καὶ πάντα τὰ σκεύη τῆς λειτουργίας τῷ αἵματι ὁμοίως ἐρράντισε.

22 καὶ σχεδὸν ἐν αἵματι πάντα καθαρίζεται κατὰ τὸν νόμον, καὶ χωρὶς αἱματεκχυσίας οὐ γίνεται ἄφεσις.

23 Ἀνάγκη οὖν τὰ μὲν ὑποδείγματα τῶν ἐν τοῖς οὐρανοῖς, τούτοις καθαρίζεσθαι, αὐτὰ δὲ τὰ ἐπουράνια κρείττοσι θυσίαις παρὰ ταύτας.

24 οὐ γὰρ εἰς χειροποίητα ἅγια εἰσῆλθεν ὁ Χριστός, ἀντίτυπα τῶν ἀληθινῶν, ἀλλ' εἰς αὐτὸν τὸν οὐρανόν, νῦν ἐμφανισθῆναι τῷ προσώπῳ τοῦ Θεοῦ ὑπὲρ ἡμῶν·

25 οὐδ' ἵνα πολλάκις προσφέρῃ ἑαυτόν, ὥσπερ ὁ ἀρχιερεὺς εἰσέρχεται εἰς τὰ ἅγια κατ' ἐνιαυτὸν ἐν αἵματι ἀλλοτρίῳ·

26 ἐπεὶ ἔδει αὐτὸν πολλάκις παθεῖν ἀπὸ καταβολῆς κόσμου· νῦν δὲ ἅπαξ ἐπὶ συντελείᾳ τῶν αἰώνων εἰς ἀθέτησιν ἁμαρτίας διὰ τῆς θυσίας αὐτοῦ πεφανέρωται.

27 καὶ καθ' ὅσον ἀπόκειται τοῖς ἀνθρώποις ἅπαξ ἀποθανεῖν, μετὰ δὲ τοῦτο κρίσις·

28 οὕτως ὁ Χριστὸς ἅπαξ προσενεχθεὶς εἰς τὸ πολλῶν ἀνενεγκεῖν ἁμαρτίας, ἐκ δευτέρου χωρὶς ἁμαρτίας ὀφθήσεται τοῖς αὐτὸν ἀπεκδεχομένοις, εἰς σωτηρίαν.

CHAPTER 10

1 Σκιὰν γὰρ ἔχων ὁ νόμος τῶν μελλόντων ἀγαθῶν, οὐκ αὐτὴν τὴν εἰκόνα τῶν πραγμάτων, κατ' ἐνιαυτὸν ταῖς αὐταῖς θυσίαις ἃς προσφέρουσιν εἰς τὸ διηνεκές, οὐδέποτε δύναται τοὺς προσερχομένους τελειῶσαι.

2 ἐπεὶ οὐκ ἂν ἐπαύσαντο προσφερόμεναι, διὰ τὸ μηδεμίαν ἔχειν ἔτι συνείδησιν ἁμαρτιῶν τοὺς λατρεύοντας, ἅπαξ κεκαθαρμένους

3 ἀλλ' ἐν αὐταῖς ἀνάμνησις ἁμαρτιῶν κατ' ἐνιαυτόν·

4 ἀδύνατον γὰρ αἷμα ταύρων καὶ τράγων ἀφαιρεῖν ἁμαρτίας·

5 διὸ εἰσερχόμενος εἰς τὸν κόσμον λέγει, Θυσίαν καὶ προσφορὰν οὐκ ἠθέλησας, σῶμα δὲ κατηρτίσω μοι·

6 ὁλοκαυτώματα καὶ περὶ ἁμαρτίας οὐκ εὐδόκησας·

7 τότε εἶπον, Ἰδού, ἥκω (ἐν κεφαλίδι βιβλίου γέγραπται περὶ ἐμοῦ) τοῦ ποιῆσαι, ὁ Θεός, τὸ θέλημά σου.

8 ἀνώτερον λέγων, ὅτι θυσίαν καὶ προσφορὰν καὶ ὁλοκαυτώματα καὶ περὶ ἁμαρτίας οὐκ ἠθέλησας οὐδὲ

Η ΠΡΟΣ ΕΒΡΑΙΟΥΣ

εὐδόκησας (αἵτινες κατὰ τόν νόμον προσφέρονται),

9 τότε εἴρηκεν, Ἰδού, ἥκω τοῦ ποιῆσαι, ὁ Θεός, τὸ θέλημά σου. ἀναιρεῖ τὸ πρῶτον, ἵνα τὸ δεύτερον στήσῃ.

10 ἐν ᾧ θελήματι ἡγιασμένοι ἐσμέν, διὰ τῆς προσφορᾶς τοῦ σώματος τοῦ Ἰησοῦ Χριστοῦ ἐφάπαξ.

11 καὶ πᾶς μὲν ἱερεὺς ἔστηκε καθ' ἡμέραν λειτουργῶν, καὶ τὰς αὐτὰς πολλάκις προσφέρων θυσίας, αἵτινες οὐδέποτε δύνανται περιελεῖν ἁμαρτίας·

12 αὐτὸς δὲ μίαν ὑπὲρ ἁμαρτιῶν προσενέγκας θυσίαν εἰς τὸ διηνεκὲς ἐκάθισεν ἐν δεξιᾷ τοῦ Θεοῦ,

13 τὸ λοιπὸν ἐκδεχόμενος ἕως τεθῶσιν οἱ ἐχθροὶ αὐτοῦ ὑποπόδιον τῶν ποδῶν αὐτοῦ.

14 μιᾷ γὰρ προσφορᾷ τετελείωκεν εἰς τὸ διηνεκὲς τοὺς ἁγιαζομένους.

15 μαρτυρεῖ δὲ ἡμῖν καὶ τὸ Πνεῦμα τὸ Ἅγιον· μετὰ γὰρ τὸ προειρηκέναι,

16 Αὕτη ἡ διαθήκη ἣν διαθήσομαι πρὸς αὐτοὺς μετὰ τὰς ἡμέρας ἐκείνας, λέγει Κύριος, διδοὺς νόμους μου ἐπὶ καρδίας αὐτῶν, καὶ ἐπὶ τῶν διανοιῶν αὐτῶν ἐπιγράψω αὐτούς·

17 καὶ τῶν ἁμαρτιῶν αὐτῶν καὶ τῶν ἀνομιῶν αὐτῶν οὐ μὴ μνησθῶ ἔτι.

18 ὅπου δὲ ἄφεσις τούτων, οὐκέτι προσφορὰ περὶ ἁμαρτίας.

19 Ἔχοντες οὖν, ἀδελφοί, παρρησίαν εἰς τὴν εἴσοδον τῶν ἁγίων ἐν τῷ αἵματι Ἰησοῦ,

20 ἣν ἐνεκαίνισεν ἡμῖν ὁδὸν πρόσφατον, καὶ ζῶσαν, διὰ τοῦ καταπετάσματος, τοῦτ' ἔστι τῆς σαρκὸς αὐτοῦ,

21 καὶ ἱερέα μέγαν ἐπὶ τὸν οἶκον τοῦ Θεοῦ,

22 προσερχώμεθα μετὰ ἀληθινῆς καρδίας ἐν πληροφορίᾳ πίστεως, ἐρραντισμένοι τὰς καρδίας ἀπὸ συνειδήσεως πονηρᾶς, καὶ λελουμένοι τὸ σῶμα ὕδατι καθαρῷ·

23 κατέχωμεν τὴν ὁμολογίαν τῆς ἐλπίδος ἀκλινῆ, πιστὸς γὰρ ὁ ἐπαγγειλάμενος·

24 καὶ κατανοῶμεν ἀλλήλους εἰς παροξυσμὸν ἀγάπης καὶ καλῶν ἔργων,

25 μὴ ἐγκαταλείποντες τὴν ἐπισυναγωγὴν ἑαυτῶν, καθὼς ἔθος τισίν, ἀλλὰ παρακαλοῦντες, καὶ τοσούτῳ μᾶλλον, ὅσῳ βλέπετε ἐγγίζουσαν τὴν ἡμέραν.

26 Ἑκουσίως γὰρ ἁμαρτανόντων ἡμῶν μετὰ τὸ λαβεῖν τὴν ἐπίγνωσιν τῆς ἀληθείας, οὐκέτι περὶ ἁμαρτιῶν ἀπολείπεται θυσία,

27 φοβερὰ δέ τις ἐκδοχὴ κρίσεως, καὶ πυρὸς ζῆλος ἐσθίειν μέλλοντος τοὺς ὑπεναντίους.

28 ἀθετήσας τις νόμον Μωσέως, χωρὶς οἰκτιρμῶν ἐπὶ δυσὶν ἢ τρισὶ μάρτυσιν ἀποθνήσκει·

29 πόσῳ, δοκεῖτε, χείρονος ἀξιωθήσεται τιμωρίας ὁ τὸν υἱὸν τοῦ Θεοῦ καταπατήσας, καὶ τὸ

αἷμα τῆς διαθήκης κοινὸν ἡγησάμενος ἐν ᾧ ἡγιάσθη, καὶ τὸ Πνεῦμα τῆς χάριτος ἐνυβρίσας;

30 οἴδαμεν γὰρ τὸν εἰπόντα, Ἐμοὶ ἐκδίκησις, ἐγὼ ἀνταποδώσω, λέγει Κύριος· καὶ πάλιν, Κύριος κρινεῖ τὸν λαὸν αὐτοῦ.

31 φοβερὸν τὸ ἐμπεσεῖν εἰς χεῖρας Θεοῦ ζῶντος.

32 Ἀναμιμνήσκεσθε δὲ τὰς πρότερον ἡμέρας, ἐν αἷς φωτισθέντες πολλὴν ἄθλησιν ὑπεμείνατε παθημάτων·

33 τοῦτο μὲν, ὀνειδισμοῖς τε καὶ θλίψεσι θεατριζόμενοι· τοῦτο δὲ, κοινωνοὶ τῶν οὕτως ἀναστρεφομένων γενηθέντες.

34 καὶ γὰρ τοῖς δεσμοῖς μου συνεπαθήσατε, καὶ τὴν ἁρπαγὴν τῶν ὑπαρχόντων ὑμῶν μετὰ χαρᾶς προσεδέξασθε, γινώσκοντες ἔχειν ἐν ἑαυτοῖς κρείττονα ὕπαρξιν ἐν οὐρανοῖς καὶ μένουσαν.

35 μὴ ἀποβάλητε οὖν τὴν παρρησίαν ὑμῶν, ἥτις ἔχει μισθαποδοσίαν μεγάλην.

36 ὑπομονῆς γὰρ ἔχετε χρείαν, ἵνα τὸ θέλημα τοῦ Θεοῦ ποιήσαντες, κομίσησθε τὴν ἐπαγγελίαν.

37 ἔτι γὰρ μικρὸν ὅσον ὅσον, Ὁ ἐρχόμενος ἥξει, καὶ οὐ χρονιεῖ

38 ὁ δὲ δίκαιος ἐκ πίστεως ζήσεται· καὶ ἐὰν ὑποστείληται, οὐκ εὐδοκεῖ ἡ ψυχή μου ἐν αὐτῷ.

39 ἡμεῖς δὲ οὐκ ἐσμὲν ὑποστολῆς εἰς ἀπώλειαν, ἀλλὰ πίστεως εἰς περιποίησιν ψυχῆς.

CHAPTER 11

1 Ἔστι δὲ πίστις ἐλπιζομένων ὑπόστασις, πραγμάτων ἔλεγχος οὐ βλεπομένων.

2 ἐν ταύτῃ γὰρ ἐμαρτυρήθησαν οἱ πρεσβύτεροι.

3 πίστει νοοῦμεν κατηρτίσθαι τοὺς αἰῶνας ῥήματι Θεοῦ, εἰς τὸ μὴ ἐκ φαινομένων τὰ βλεπόμενα γεγονέναι.

4 πίστει πλείονα θυσίαν Ἄβελ παρὰ Κάϊν προσήνεγκε τῷ Θεῷ, δι᾽ ἧς ἐμαρτυρήθη εἶναι δίκαιος, μαρτυροῦντος ἐπὶ τοῖς δώροις αὐτοῦ τοῦ Θεοῦ· καὶ δι᾽ αὐτῆς ἀποθανὼν ἔτι λαλεῖ

5 πίστει Ἐνὼχ μετετέθη τοῦ μὴ ἰδεῖν θάνατον, καὶ οὐχ εὑρίσκετο, διότι μετέθηκεν αὐτὸν ὁ Θεός· πρὸ γὰρ τῆς μεταθέσεως αὐτοῦ μεμαρτύρηται εὐηρεστηκέναι τῷ Θεῷ·

6 χωρὶς δὲ πίστεως ἀδύνατον εὐαρεστῆσαι· πιστεῦσαι γὰρ δεῖ τὸν προσερχόμενον τῷ Θεῷ, ὅτι ἔστι, καὶ τοῖς ἐκζητοῦσιν αὐτὸν μισθαποδότης γίνεται.

7 πίστει χρηματισθεὶς Νῶε περὶ τῶν μηδέπω βλεπομένων, εὐλαβηθεὶς, κατεσκεύασε κιβωτὸν εἰς σωτηρίαν τοῦ οἴκου αὐτοῦ· δι᾽ ἧς κατέκρινε τὸν κόσμον, καὶ τῆς κατὰ πίστιν δικαιοσύνης ἐγένετο κληρονόμος.

8 πίστει καλούμενος Ἀβραὰμ ὑπήκουσεν ἐξελθεῖν εἰς τὸν τόπον ὃν ἤμελλε λαμβάνειν εἰς

Η ΠΡΟΣ ΕΒΡΑΙΟΥΣ

κληρονομίαν, καὶ ἐξῆλθε, μὴ ἐπιστάμενος ποῦ ἔρχεται.

9 πίστει παρῴκησεν εἰς τὴν γῆν τῆς ἐπαγγελίας, ὡς ἀλλοτρίαν, ἐν σκηναῖς κατοικήσας μετὰ Ἰσαὰκ καὶ Ἰακώβ, τῶν συγκληρονόμων τῆς ἐπαγγελίας τῆς αὐτῆς·

10 ἐξεδέχετο γὰρ τὴν τοὺς θεμελίους ἔχουσαν πόλιν, ἧς τεχνίτης καὶ δημιουργὸς ὁ Θεός.

11 πίστει καὶ αὐτὴ Σάρρα δύναμιν εἰς καταβολὴν σπέρματος ἔλαβε, καὶ παρὰ καιρὸν ἡλικίας ἔτεκεν, ἐπεὶ πιστὸν ἡγήσατο τὸν ἐπαγγειλάμενον.

12 διὸ καὶ ἀφ' ἑνὸς ἐγεννήθησαν, καὶ ταῦτα νενεκρωμένου, καθὼς τὰ ἄστρα τοῦ οὐρανοῦ τῷ πλήθει, καὶ ὡσεὶ ἄμμος ἡ παρὰ τὸ χεῖλος τῆς θαλάσσης ἡ ἀναρίθμητος.

13 Κατὰ πίστιν ἀπέθανον οὗτοι πάντες, μὴ λαβόντες τὰς ἐπαγγελίας, ἀλλὰ πόρρωθεν αὐτὰς ἰδόντες, καὶ πεισθέντες, καὶ ἀσπασάμενοι, καὶ ὁμολογήσαντες ὅτι ξένοι καὶ παρεπίδημοί εἰσιν ἐπὶ τῆς γῆς.

14 οἱ γὰρ τοιαῦτα λέγοντες ἐμφανίζουσιν ὅτι πατρίδα ἐπιζητοῦσι.

15 καὶ εἰ μὲν ἐκείνης ἐμνημόνευον ἀφ' ἧς ἐξῆλθον, εἶχον ἂν καιρὸν ἀνακάμψαι·

16 νυνὶ δὲ κρείττονος ὀρέγονται, τοῦτ' ἔστιν ἐπουρανίου· διὸ οὐκ ἐπαισχύνεται αὐτοὺς ὁ Θεός, Θεὸς ἐπικαλεῖσθαι αὐτῶν· ἡτοίμασε γὰρ αὐτοῖς πόλιν.

17 Πίστει προσενήνοχεν Ἀβραὰμ τὸν Ἰσαὰκ πειραζόμενος, καὶ τὸν μονογενῆ προσέφερεν ὁ τὰς ἐπαγγελίας ἀναδεξάμενος,

18 πρὸς ὃν ἐλαλήθη, ὅτι Ἐν Ἰσαὰκ κληθήσεταί σοι σπέρμα·

19 λογισάμενος ὅτι καὶ ἐκ νεκρῶν ἐγείρειν δυνατὸς ὁ Θεός· ὅθεν αὐτὸν καὶ ἐν παραβολῇ ἐκομίσατο.

20 πίστει περὶ μελλόντων εὐλόγησεν Ἰσαὰκ τὸν Ἰακὼβ καὶ τὸν Ἠσαῦ.

21 πίστει Ἰακὼβ ἀποθνήσκων ἕκαστον τῶν υἱῶν Ἰωσὴφ εὐλόγησε, καὶ προσεκύνησεν ἐπὶ τὸ ἄκρον τῆς ῥάβδου αὐτοῦ.

22 πίστει Ἰωσὴφ τελευτῶν περὶ τῆς ἐξόδου τῶν υἱῶν Ἰσραὴλ ἐμνημόνευσε, καὶ περὶ τῶν ὀστέων αὐτοῦ ἐνετείλατο.

23 πίστει Μωσῆς γεννηθεὶς ἐκρύβη τρίμηνον ὑπὸ τῶν πατέρων αὐτοῦ, διότι εἶδον ἀστεῖον τὸ παιδίον· καὶ οὐκ ἐφοβήθησαν τὸ διάταγμα τοῦ βασιλέως.

24 πίστει Μωσῆς μέγας γενόμενος ἠρνήσατο λέγεσθαι υἱὸς θυγατρὸς Φαραώ,

25 μᾶλλον ἑλόμενος συγκακουχεῖσθαι τῷ λαῷ τοῦ Θεοῦ ἢ πρόσκαιρον ἔχειν ἁμαρτίας ἀπόλαυσιν·

26 μείζονα πλοῦτον ἡγησάμενος τῶν ἐν Αἰγύπτῳ θησαυρῶν τὸν ὀνειδισμὸν τοῦ Χριστοῦ· ἀπέβλεπε γὰρ εἰς τὴν μισθαποδοσίαν.

27 πίστει κατέλιπεν Αἴγυπτον, μὴ φοβηθεὶς τὸν θυμὸν τοῦ βασιλέως·

τὸν γὰρ ἀόρατον ὡς ὁρῶν ἐκαρτέρησε.

28 πίστει πεποίηκε τὸ πάσχα καὶ τὴν πρόσχυσιν τοῦ αἵματος, ἵνα μὴ ὁ ὀλοθρεύων τὰ πρωτότοκα θίγῃ αὐτῶν.

29 πίστει διέβησαν τὴν Ἐρυθρὰν θάλασσαν ὡς διὰ ξηρᾶς· ἧς πεῖραν λαβόντες οἱ Αἰγύπτιοι κατεπόθησαν.

30 πίστει τὰ τείχη Ἱεριχὼ ἔπεσε, κυκλωθέντα ἐπὶ ἑπτὰ ἡμέρας.

31 πίστει Ῥαὰβ ἡ πόρνη οὐ συναπώλετο τοῖς ἀπειθήσασι, δεξαμένη τοὺς κατασκόπους μετ' εἰρήνης.

32 καὶ τί ἔτι λέγω; ἐπιλείψει γάρ με διηγούμενον ὁ χρόνος περὶ Γεδεών, Βαράκ τε καὶ Σαμψὼν καὶ Ἰεφθάε, Δαβίδ τε καὶ Σαμουὴλ, καὶ τῶν προφητῶν·

33 οἳ διὰ πίστεως κατηγωνίσαντο βασιλείας, εἰργάσαντο δικαιοσύνην, ἐπέτυχον ἐπαγγελιῶν, ἔφραξαν στόματα λεόντων,

34 ἔσβεσαν δύναμιν πυρός, ἔφυγον στόματα μαχαίρας, ἐνεδυναμώθησαν ἀπὸ ἀσθενείας, ἐγενήθησαν ἰσχυροὶ ἐν πολέμῳ, παρεμβολὰς ἔκλιναν ἀλλοτρίων.

35 ἔλαβον γυναῖκες ἐξ ἀναστάσεως τοὺς νεκροὺς αὐτῶν· ἄλλοι δὲ ἐτυμπανίσθησαν, οὐ προσδεξάμενοι τὴν ἀπολύτρωσιν, ἵνα κρείττονος ἀναστάσεως τύχωσιν·

36 ἕτεροι δὲ ἐμπαιγμῶν καὶ μαστίγων πεῖραν ἔλαβον, ἔτι δὲ δεσμῶν καὶ φυλακῆς·

37 ἐλιθάσθησαν, ἐπρίσθησαν, ἐπειράσθησαν, ἐν φόνῳ μαχαίρας ἀπέθανον· περιῆλθον ἐν μηλωταῖς, ἐν αἰγείοις δέρμασιν, ὑστερούμενοι, θλιβόμενοι, κακουχούμενοι,

38 (ὧν οὐκ ἦν ἄξιος ὁ κόσμος), ἐν ἐρημίαις πλανώμενοι καὶ ὄρεσι καὶ σπηλαίοις καὶ ταῖς ὀπαῖς τῆς γῆς.

39 καὶ οὗτοι πάντες, μαρτυρηθέντες διὰ τῆς πίστεως οὐκ ἐκομίσαντο τὴν ἐπαγγελίαν,

40 τοῦ Θεοῦ περὶ ἡμῶν κρεῖττόν τι προβλεψαμένου, ἵνα μὴ χωρὶς ἡμῶν τελειωθῶσι.

CHAPTER 12

1 Τοιγαροῦν καὶ ἡμεῖς τοσοῦτον ἔχοντες περικείμενον ἡμῖν νέφος μαρτύρων, ὄγκον ἀποθέμενοι πάντα καὶ τὴν εὐπερίστατον ἁμαρτίαν, δι' ὑπομονῆς τρέχωμεν τὸν προκείμενον ἡμῖν ἀγῶνα,

2 ἀφορῶντες εἰς τὸν τῆς πίστεως ἀρχηγὸν καὶ τελειωτὴν Ἰησοῦν, ὃς ἀντὶ τῆς προκειμένης αὐτῷ χαρᾶς, ὑπέμεινε σταυρόν, αἰσχύνης καταφρονήσας, ἐν δεξιᾷ τε τοῦ θρόνου τοῦ Θεοῦ ἐκάθισεν.

3 ἀναλογίσασθε γὰρ τὸν τοιαύτην ὑπομεμενηκότα ὑπὸ τῶν ἁμαρτωλῶν εἰς αὐτὸν ἀντιλογίαν, ἵνα μὴ κάμητε, ταῖς ψυχαῖς ὑμῶν ἐκλυόμενοι.

4 οὔπω μέχρις αἵματος ἀντικατέστητε πρὸς τὴν ἁμαρτίαν ἀνταγωνιζόμενοι·

5 καὶ ἐκλέλησθε τῆς παρακλήσεως, ἥτις ὑμῖν ὡς υἱοῖς διαλέγεται, Υἱέ μου, μὴ ὀλιγώρει παιδείας Κυρίου, μηδὲ ἐκλύου, ὑπ' αὐτοῦ ἐλεγχόμενος·

6 ὃν γὰρ ἀγαπᾷ Κύριος παιδεύει· μαστιγοῖ δὲ πάντα υἱὸν ὃν παραδέχεται.

7 εἰ παιδείαν ὑπομένετε, ὡς υἱοῖς ὑμῖν προσφέρεται ὁ Θεός· τίς γὰρ ἐστιν υἱὸς ὃν οὐ παιδεύει πατήρ;

8 εἰ δὲ χωρίς ἐστε παιδείας, ἧς μέτοχοι γεγόνασι πάντες, ἄρα νόθοι ἐστὲ καὶ οὐχ υἱοί.

9 εἶτα τοὺς μὲν τῆς σαρκὸς ἡμῶν πατέρας εἴχομεν παιδευτὰς καὶ ἐνετρεπόμεθα· οὐ πολλῷ μᾶλλον ὑποταγησόμεθα τῷ πατρὶ τῶν πνευμάτων, καὶ ζήσομεν;

10 οἱ μὲν γὰρ πρὸς ὀλίγας ἡμέρας, κατὰ τὸ δοκοῦν αὐτοῖς ἐπαίδευον· ὁ δὲ ἐπὶ τὸ συμφέρον, εἰς τὸ μεταλαβεῖν τῆς ἁγιότητος αὐτοῦ.

11 πᾶσα δὲ παιδεία πρὸς μὲν τὸ παρὸν οὐ δοκεῖ χαρᾶς εἶναι, ἀλλὰ λύπης· ὕστερον δὲ καρπὸν εἰρηνικὸν τοῖς δι' αὐτῆς γεγυμνασμένοις ἀποδίδωσι δικαιοσύνης.

12 διὸ τὰς παρειμένας χεῖρας καὶ τὰ παραλελυμένα γόνατα ἀνορθώσατε·

13 καὶ τροχιὰς ὀρθὰς ποιήσατε τοῖς ποσὶν ὑμῶν, ἵνα μὴ τὸ χωλὸν ἐκτραπῇ, ἰαθῇ δὲ μᾶλλον.

14 Εἰρήνην διώκετε μετὰ πάντων, καὶ τὸν ἁγιασμόν, οὗ χωρὶς οὐδεὶς ὄψεται τὸν Κύριον·

15 ἐπισκοποῦντες μή τις ὑστερῶν ἀπὸ τῆς χάριτος τοῦ Θεοῦ· μή τις ῥίζα πικρίας ἄνω φύουσα ἐνοχλῇ, καὶ διὰ ταύτης μιανθῶσι πολλοί·

16 μή τις πόρνος ἢ βέβηλος, ὡς Ἠσαῦ, ὃς ἀντὶ βρώσεως μιᾶς ἀπέδοτο τὰ πρωτοτόκια αὐτοῦ

17 ἴστε γὰρ ὅτι καὶ μετέπειτα, θέλων κληρονομῆσαι τὴν εὐλογίαν, ἀπεδοκιμάσθη· μετανοίας γὰρ τόπον οὐχ εὗρε, καίπερ μετὰ δακρύων ἐκζητήσας αὐτήν.

18 Οὐ γὰρ προσεληλύθατε ψηλαφωμένῳ ὄρει, καὶ κεκαυμένῳ πυρί, καὶ γνόφῳ, καὶ σκότῳ, καὶ θυέλλῃ,

19 καὶ σάλπιγγος ἤχῳ, καὶ φωνῇ ῥημάτων, ἧς οἱ ἀκούσαντες παρῃτήσαντο μὴ προστεθῆναι αὐτοῖς λόγον·

20 οὐκ ἔφερον γὰρ τὸ διαστελλόμενον, Κἂν θηρίον θίγῃ τοῦ ὄρους, λιθοβοληθήσεται, ἢ βολίδι κατατοξευθήσεται·

21 καί, οὕτω φοβερὸν ἦν τὸ φανταζόμενον, Μωσῆς εἶπεν, Ἔκφοβός εἰμι καὶ ἔντρομος.

22 ἀλλὰ προσεληλύθατε Σιὼν ὄρει, καὶ πόλει Θεοῦ ζῶντος, Ἱερουσαλὴμ ἐπουρανίῳ, καὶ μυριάσιν ἀγγέλων.

23 πανηγύρει καὶ ἐκκλησίᾳ πρωτοτόκων ἐν οὐρανοῖς ἀπογεγραμμένων, καὶ κριτῇ Θεῷ πάντων, καὶ πνεύμασι δικαίων τετελειωμένων,

24 καὶ διαθήκης νέας μεσίτῃ Ἰησοῦ, καὶ αἵματι ῥαντισμοῦ κρείττονα λαλοῦντι παρὰ τὸ Ἄβελ.

25 βλέπετε μὴ παραιτήσησθε τὸν λαλοῦντα. εἰ γὰρ ἐκεῖνοι οὐκ ἔφυγον, τὸν ἐπὶ τῆς γῆς παραιτησάμενοι χρηματίζοντα, πολλῷ μᾶλλον ἡμεῖς οἱ τὸν ἀπ' οὐρανῶν ἀποστρεφόμενοι·

26 οὗ ἡ φωνὴ τὴν γῆν ἐσάλευσε τότε, νῦν δὲ ἐπήγγελται, λέγων, Ἔτι ἅπαξ ἐγὼ σείω οὐ μόνον τὴν γῆν, ἀλλὰ καὶ τὸν οὐρανόν.

27 τὸ δέ, Ἔτι ἅπαξ, δηλοῖ τῶν σαλευομένων τὴν μετάθεσιν, ὡς πεποιημένων, ἵνα μείνῃ τὰ μὴ σαλευόμενα.

28 διὸ βασιλείαν ἀσάλευτον παραλαμβάνοντες, ἔχωμεν χάριν δι' ἧς λατρεύωμεν εὐαρέστως τῷ Θεῷ μετὰ αἰδοῦς καὶ εὐλαβείας·

29 καὶ γὰρ ὁ Θεὸς ἡμῶν πῦρ καταναλίσκον.

CHAPTER 13

1 Ἡ φιλαδελφία μενέτω.

2 τῆς φιλοξενίας μὴ ἐπιλανθάνεσθε· διὰ ταύτης γὰρ ἔλαθόν τινες ξενίσαντες ἀγγέλους.

3 μιμνήσκεσθε τῶν δεσμίων, ὡς συνδεδεμένοι· τῶν κακουχουμένων, ὡς καὶ αὐτοὶ ὄντες ἐν σώματι.

4 τίμιος ὁ γάμος ἐν πᾶσι, καὶ ἡ κοίτη ἀμίαντος· πόρνους δὲ καὶ μοιχοὺς κρινεῖ ὁ Θεός.

5 ἀφιλάργυρος ὁ τρόπος, ἀρκούμενοι τοῖς παροῦσιν· αὐτὸς γὰρ εἴρηκεν, Οὐ μή σε ἀνῶ, οὐδ' οὐ μή σε ἐγκαταλίπω.

6 ὥστε θαρροῦντας ἡμᾶς λέγειν, Κύριος ἐμοὶ βοηθός, καὶ οὐ φοβηθήσομαι τί ποιήσει μοι ἄνθρωπος.

7 Μνημονεύετε τῶν ἡγουμένων ὑμῶν, οἵτινες ἐλάλησαν ὑμῖν τὸν λόγον τοῦ Θεοῦ· ὧν ἀναθεωροῦντες τὴν ἔκβασιν τῆς ἀναστροφῆς, μιμεῖσθε τὴν πίστιν.

8 Ἰησοῦς Χριστὸς χθὲς καὶ σήμερον ὁ αὐτός, καὶ εἰς τοὺς αἰῶνας.

9 διδαχαῖς ποικίλαις καὶ ξέναις μὴ περιφέρεσθε· καλὸν γὰρ χάριτι βεβαιοῦσθαι τὴν καρδίαν, οὐ βρώμασιν, ἐν οἷς οὐκ ὠφελήθησαν οἱ περιπατήσαντες.

10 ἔχομεν θυσιαστήριον, ἐξ οὗ φαγεῖν οὐκ ἔχουσιν ἐξουσίαν οἱ τῇ σκηνῇ λατρεύοντες.

11 ὧν γὰρ εἰσφέρεται ζώων τὸ αἷμα περὶ ἁμαρτίας εἰς τὰ ἅγια διὰ τοῦ ἀρχιερέως, τούτων τὰ σώματα κατακαίεται ἔξω τῆς παρεμβολῆς.

12 διὸ καὶ Ἰησοῦς, ἵνα ἁγιάσῃ διὰ τοῦ ἰδίου αἵματος τὸν λαόν, ἔξω τῆς πύλης ἔπαθε.

13 τοίνυν ἐξερχώμεθα πρὸς αὐτὸν ἔξω τῆς παρεμβολῆς, τὸν ὀνειδισμὸν αὐτοῦ φέροντες.

14 οὐ γὰρ ἔχομεν ὧδε μένουσαν πόλιν, ἀλλὰ τὴν μέλλουσαν ἐπιζητοῦμεν.

15 δι' αὐτοῦ οὖν ἀναφέρωμεν θυσίαν αἰνέσεως διὰ παντὸς τῷ Θεῷ, τοῦτ' ἔστι καρπὸν χειλέων ὁμολογούντων τῷ ὀνόματι αὐτοῦ.

16 τῆς δὲ εὐποιΐας καὶ κοινωνίας μὴ ἐπιλανθάνεσθε· τοιαύταις γὰρ θυσίαις εὐαρεστεῖται ὁ Θεός.

17 πείθεσθε τοῖς ἡγουμένοις ὑμῶν, καὶ ὑπείκετε· αὐτοὶ γὰρ ἀγρυπνοῦσιν ὑπὲρ τῶν ψυχῶν, ὑμῶν, ὡς λόγον ἀποδώσοντες· ἵνα μετὰ χαρᾶς τοῦτο ποιῶσι, καὶ μὴ στενάζοντες· ἀλυσιτελὲς γὰρ ὑμῖν τοῦτο.

18 Προσεύχεσθε περὶ ἡμῶν· πεποίθαμεν γὰρ ὅτι καλὴν συνείδησιν ἔχομεν, ἐν πᾶσι καλῶς θέλοντες ἀναστρέφεσθαι·

19 περισσοτέρως δὲ παρακαλῶ τοῦτο ποιῆσαι, ἵνα τάχιον ἀποκατασταθῶ ὑμῖν.

20 Ὁ δὲ Θεὸς τῆς εἰρήνης ὁ ἀναγαγὼν ἐκ νεκρῶν τὸν ποιμένα τῶν προβάτων τὸν μέγαν ἐν αἵματι διαθήκης αἰωνίου, τὸν Κύριον ἡμῶν Ἰησοῦν,

21 καταρτίσαι ὑμᾶς ἐν παντὶ ἔργῳ ἀγαθῷ εἰς τὸ ποιῆσαι τὸ θέλημα αὐτοῦ, ποιῶν ἐν ὑμῖν τὸ εὐάρεστον ἐνώπιον αὐτοῦ, διὰ Ἰησοῦ Χριστοῦ, ᾧ ἡ δόξα εἰς τοὺς αἰῶνας τῶν αἰώνων. ἀμήν.

22 Παρακαλῶ δὲ ὑμᾶς, ἀδελφοί, ἀνέχεσθε τοῦ λόγου τῆς παρακλήσεως· καὶ γὰρ διὰ βραχέων ἐπέστειλα ὑμῖν.

23 γινώσκετε τὸν ἀδελφὸν Τιμόθεον ἀπολελυμένον, μεθ' οὗ, ἐὰν τάχιον ἔρχηται, ὄψομαι ὑμᾶς.

24 Ἀσπάσασθε πάντας τοὺς ἡγουμένους ὑμῶν, καὶ πάντας τοὺς ἁγίους. ἀσπάζονται ὑμᾶς οἱ ἀπὸ τῆς Ἰταλίας.

25 Ἡ χάρις μετὰ πάντων ὑμῶν. ἀμήν.

ΙΑΚΩΒΟΥ ΕΠΙΣΤΟΛΗ

ΙΑΚ CHAPTER 1

1 Ἰάκωβος, Θεοῦ καὶ Κυρίου Ἰησοῦ Χριστοῦ δοῦλος, ταῖς δώδεκα φυλαῖς ταῖς ἐν τῇ διασπορᾷ, χαίρειν.

2 Πᾶσαν χαρὰν ἡγήσασθε, ἀδελφοί μου, ὅταν πειρασμοῖς περιπέσητε ποικίλοις,

3 γινώσκοντες ὅτι τὸ δοκίμιον ὑμῶν τῆς πίστεως κατεργάζεται ὑπομονήν·

4 ἡ δὲ ὑπομονὴ ἔργον τέλειον ἐχέτω, ἵνα ἦτε τέλειοι καὶ ὁλόκληροι, ἐν μηδενὶ λειπόμενοι.

5 Εἰ δέ τις ὑμῶν λείπεται σοφίας, αἰτείτω παρὰ τοῦ διδόντος Θεοῦ πᾶσιν ἁπλῶς, καὶ μὴ ὀνειδίζοντος, καὶ δοθήσεται αὐτῷ.

6 αἰτείτω δὲ ἐν πίστει, μηδὲν διακρινόμενος· ὁ γὰρ διακρινόμενος ἔοικε κλύδωνι θαλάσσης ἀνεμιζομένῳ καὶ ῥιπιζομένῳ.

7 μὴ γὰρ οἰέσθω ὁ ἄνθρωπος ἐκεῖνος ὅτι λήψεταί τι παρὰ τοῦ Κυρίου.

8 ἀνὴρ δίψυχος, ἀκατάστατος ἐν πάσαις ταῖς ὁδοῖς αὐτοῦ.

9 Καυχάσθω δὲ ὁ ἀδελφὸς ὁ ταπεινὸς ἐν τῷ ὕψει αὐτοῦ·

10 ὁ δὲ πλούσιος ἐν τῇ ταπεινώσει αὐτοῦ· ὅτι ὡς ἄνθος χόρτου παρελεύσεται.

11 ἀνέτειλε γὰρ ὁ ἥλιος σὺν τῷ καύσωνι, καὶ ἐξήρανε τὸν χόρτον, καὶ τὸ ἄνθος αὐτοῦ ἐξέπεσε, καὶ ἡ εὐπρέπεια τοῦ προσώπου αὐτοῦ ἀπώλετο· οὕτω καὶ ὁ πλούσιος ἐν ταῖς πορείαις αὐτοῦ μαρανθήσεται.

12 Μακάριος ἀνὴρ ὃς ὑπομένει πειρασμόν· ὅτι δόκιμος γενόμενος λήψεταί τὸν στέφανον τῆς ζωῆς, ὃν ἐπηγγείλατο ὁ Κύριος τοῖς ἀγαπῶσιν αὐτόν.

13 μηδεὶς πειραζόμενος λεγέτω ὅτι Ἀπὸ τοῦ Θεοῦ πειράζομαι· ὁ γὰρ Θεὸς ἀπείραστός ἐστι κακῶν, πειράζει δὲ αὐτὸς οὐδένα.

14 ἕκαστος δὲ πειράζεται, ὑπὸ τῆς ἰδίας ἐπιθυμίας ἐξελκόμενος καὶ δελεαζόμενος.

15 εἶτα ἡ ἐπιθυμία συλλαβοῦσα τίκτει ἁμαρτίαν· ἡ δὲ ἁμαρτία ἀποτελεσθεῖσα ἀποκύει θάνατον.

16 μὴ πλανᾶσθε, ἀδελφοί μου ἀγαπητοί.

17 πᾶσα δόσις ἀγαθὴ, καὶ πᾶν δώρημα τέλειον ἄνωθέν ἐστι, καταβαῖνον ἀπὸ τοῦ πατρὸς τῶν φώτων, παρ' ᾧ οὐκ ἔνι παραλλαγή, ἢ τροπῆς ἀποσκίασμα.

18 βουληθεὶς ἀπεκύησεν ἡμᾶς λόγῳ ἀληθείας, εἰς τὸ εἶναι ἡμᾶς ἀπαρχήν τινα τῶν αὐτοῦ κτισμάτων.

19 Ὥστε, ἀδελφοί μου ἀγαπητοί, ἔστω πᾶς ἄνθρωπος ταχὺς εἰς τὸ ἀκοῦσαι, βραδὺς εἰς τὸ λαλῆσαι, βραδὺς εἰς ὀργήν·

20 ὀργὴ γὰρ ἀνδρὸς δικαιοσύνην Θεοῦ οὐ κατεργάζεται.

21 διὸ ἀποθέμενοι πᾶσαν ῥυπαρίαν καὶ περισσείαν κακίας, ἐν πραΰτητι δέξασθε τὸν ἔμφυτον

λόγον, τὸν δυνάμενον σῶσαι τὰς ψυχὰς ὑμῶν.

22 γίνεσθε δὲ ποιηταὶ λόγου, καὶ μὴ μόνον ἀκροαταὶ, παραλογιζόμενοι ἑαυτούς.

23 ὅτι εἴ τις ἀκροατὴς λόγου ἐστὶ καὶ οὐ ποιητής, οὗτος ἔοικεν ἀνδρὶ κατανοοῦντι τὸ πρόσωπον τῆς γενέσεως αὐτοῦ ἐν ἐσόπτρῳ·

24 κατενόησε γὰρ ἑαυτὸν, καὶ ἀπελήλυθε, καὶ εὐθέως ἐπελάθετο ὁποῖος ἦν.

25 ὁ δὲ παρακύψας εἰς νόμον τέλειον τὸν τῆς ἐλευθερίας καὶ παραμείνας, οὗτος οὐκ ἀκροατὴς ἐπιλησμονῆς γενόμενος ἀλλὰ ποιητὴς ἔργου, οὗτος μακάριος ἐν τῇ ποιήσει αὐτοῦ ἔσται.

26 εἴ τις δοκεῖ θρησκὸς εἶναι ἐν ὑμῖν, μὴ χαλιναγωγῶν γλῶσσαν αὐτοῦ, ἀλλ' ἀπατῶν καρδίαν αὐτοῦ, τούτου μάταιος ἡ θρησκεία.

27 θρησκεία καθαρὰ καὶ ἀμίαντος παρὰ τῷ Θεῷ καὶ πατρὶ αὕτη ἐστίν, ἐπισκέπτεσθαι ὀρφανοὺς καὶ χήρας ἐν τῇ θλίψει αὐτῶν, ἄσπιλον ἑαυτὸν τηρεῖν ἀπὸ τοῦ κόσμου.

CHAPTER 2

1 Ἀδελφοί μου, μὴ ἐν προσωποληψίαις ἔχετε τὴν πίστιν τοῦ Κυρίου ἡμῶν Ἰησοῦ Χριστοῦ τῆς δόξης.

2 ἐὰν γὰρ εἰσέλθῃ εἰς τὴν συναγωγὴν ὑμῶν ἀνὴρ χρυσοδακτύλιος ἐν ἐσθῆτι λαμπρᾷ, εἰσέλθῃ δὲ καὶ πτωχὸς ἐν ῥυπαρᾷ ἐσθῆτι,

3 καὶ ἐπιβλέψητε ἐπὶ τὸν φοροῦντα τὴν ἐσθῆτα τὴν λαμπρὰν καὶ εἴπητε αὐτῷ, Σὺ κάθου ὧδε καλῶς, καὶ τῷ πτωχῷ εἴπητε, Σὺ στῆθι ἐκεῖ, ἢ κάθου ὧδε ὑπὸ τὸ ὑποπόδιόν μου·

4 καὶ οὐ διεκρίθητε ἐν ἑαυτοῖς, καὶ ἐγένεσθε κριταὶ διαλογισμῶν πονηρῶν;

5 ἀκούσατε, ἀδελφοί μου ἀγαπητοί. οὐχ ὁ Θεὸς ἐξελέξατο τοὺς πτωχοὺς τοῦ κόσμου τούτου, πλουσίους ἐν πίστει, καὶ κληρονόμους τῆς βασιλείας ἧς ἐπηγγείλατο τοῖς ἀγαπῶσιν αὐτόν;

6 ὑμεῖς δὲ ἠτιμάσατε τὸν πτωχόν. οὐχ οἱ πλούσιοι καταδυναστεύουσιν ὑμῶν, καὶ αὐτοὶ ἕλκουσιν ὑμᾶς εἰς κριτήρια;

7 οὐκ αὐτοὶ βλασφημοῦσι τὸ καλὸν ὄνομα τὸ ἐπικληθὲν ἐφ' ὑμᾶς;

8 εἰ μέντοι νόμον τελεῖτε βασιλικὸν, κατὰ τὴν γραφήν, Ἀγαπήσεις τὸν πλησίον σου ὡς σεαυτόν, καλῶς ποιεῖτε·

9 εἰ δὲ προσωποληπτεῖτε, ἁμαρτίαν ἐργάζεσθε, ἐλεγχόμενοι ὑπὸ τοῦ νόμου ὡς παραβάται.

10 ὅστις γὰρ ὅλον τὸν νόμον τηρήσει, πταίσει δὲ ἐν ἑνί, γέγονε πάντων ἔνοχος.

11 ὁ γὰρ εἰπών, Μὴ μοιχεύσῃς, εἶπε καί, Μὴ φονεύσῃς· εἰ δὲ οὐ μοιχεύσεις, φονεύσεις δέ, γέγονας παραβάτης νόμου.

12 οὕτω λαλεῖτε καὶ οὕτω ποιεῖτε, ὡς διὰ νόμου ἐλευθερίας μέλλοντες κρίνεσθαι.

13 ἡ γὰρ κρίσις ἀνίλεως τῷ μὴ ποιήσαντι ἔλεος· καὶ κατακαυχᾶται ἔλεος κρίσεως.

14 Τί τὸ ὄφελος, ἀδελφοί μου, ἐὰν πίστιν λέγῃ τις ἔχειν, ἔργα δὲ μὴ ἔχῃ; μὴ δύναται ἡ πίστις σῶσαι αὐτόν;

15 ἐὰν δὲ ἀδελφὸς ἢ ἀδελφὴ γυμνοὶ ὑπάρχωσι καὶ λειπόμενοι ὦσι τῆς ἐφημέρου τροφῆς,

16 εἴπῃ δέ τις αὐτοῖς ἐξ ὑμῶν, Ὑπάγετε ἐν εἰρήνῃ, θερμαίνεσθε καὶ χορτάζεσθε· μὴ δῶτε δὲ αὐτοῖς τὰ ἐπιτήδεια τοῦ σώματος, τί τὸ ὄφελος;

17 οὕτω καὶ ἡ πίστις, ἐὰν μὴ ἔργα ἔχῃ, νεκρά ἐστι καθ' ἑαυτήν.

18 ἀλλ' ἐρεῖ τις, Σὺ πίστιν ἔχεις, κἀγὼ ἔργα ἔχω· δεῖξόν μοι τὴν πίστιν σου χωρὶς τῶν ἔργων σου, κἀγὼ δείξω σοι ἐκ τῶν ἔργων μου τὴν πίστιν μου.

19 σὺ πιστεύεις ὅτι ὁ Θεὸς εἷς ἐστι; καλῶς ποιεῖς· καὶ τὰ δαιμόνια πιστεύουσι, καὶ φρίσσουσι.

20 Θέλεις δὲ γνῶναι, ὦ ἄνθρωπε κενέ, ὅτι ἡ πίστις χωρὶς τῶν ἔργων νεκρά ἐστιν;

21 Ἀβραὰμ ὁ πατὴρ ἡμῶν οὐκ ἐξ ἔργων ἐδικαιώθη, ἀνενέγκας Ἰσαὰκ τὸν υἱὸν αὐτοῦ ἐπὶ τὸ θυσιαστήριον;

22 βλέπεις ὅτι ἡ πίστις συνήργει τοῖς ἔργοις αὐτοῦ, καὶ ἐκ τῶν ἔργων ἡ πίστις ἐτελειώθη;

23 καὶ ἐπληρώθη ἡ γραφὴ ἡ λέγουσα, Ἐπίστευσε δὲ Ἀβραὰμ τῷ Θεῷ, καὶ ἐλογίσθη αὐτῷ εἰς δικαιοσύνην, καὶ φίλος Θεοῦ ἐκλήθη.

24 ὁρᾶτε τοίνυν ὅτι ἐξ ἔργων δικαιοῦται ἄνθρωπος, καὶ οὐκ ἐκ πίστεως μόνον.

25 ὁμοίως δὲ καὶ Ῥαὰβ ἡ πόρνη οὐκ ἐξ ἔργων ἐδικαιώθη, ὑποδεξαμένη τοὺς ἀγγέλους, καὶ ἑτέρᾳ ὁδῷ ἐκβαλοῦσα;

26 ὥσπερ γὰρ τὸ σῶμα χωρὶς πνεύματος νεκρόν ἐστιν, οὕτω καὶ ἡ πίστις χωρὶς τῶν ἔργων νεκρά ἐστι.

CHAPTER 3

1 Μὴ πολλοὶ διδάσκαλοι γίνεσθε, ἀδελφοί μου, εἰδότες ὅτι μεῖζον κρίμα ληψόμεθα.

2 πολλὰ γὰρ πταίομεν ἅπαντες. εἴ τις ἐν λόγῳ οὐ πταίει, οὗτος τέλειος ἀνήρ, δυνατὸς χαλιναγωγῆσαι καὶ ὅλον τὸ σῶμα.

3 ἰδού, τῶν ἵππων τοὺς χαλινοὺς εἰς τὰ στόματα βάλλομεν πρὸς τὸ πείθεσθαι αὐτοὺς ἡμῖν, καὶ ὅλον τὸ σῶμα αὐτῶν μετάγομεν.

4 ἰδού, καὶ τὰ πλοῖα, τηλικαῦτα ὄντα καὶ ὑπὸ σκληρῶν ἀνέμων ἐλαυνόμενα, μετάγεται ὑπὸ ἐλαχίστου πηδαλίου, ὅπου ἂν ἡ ὁρμὴ τοῦ εὐθύνοντος βούληται.

5 οὕτω καὶ ἡ γλῶσσα μικρὸν μέλος ἐστί, καὶ μεγαλαυχεῖ. ἰδού, ὀλίγον πῦρ ἡλίκην ὕλην ἀνάπτει.

6 καὶ ἡ γλῶσσα πῦρ, ὁ κόσμος τῆς ἀδικίας· οὕτως ἡ γλῶσσα καθίσταται ἐν τοῖς μέλεσιν ἡμῶν, ἡ σπιλοῦσα ὅλον τὸ σῶμα, καὶ

φλογίζουσα τὸν τροχὸν τῆς γενέσεως, καὶ φλογιζομένη ὑπὸ τῆς γεέννης.

7 πᾶσα γὰρ φύσις θηρίων τε καὶ πετεινῶν, ἑρπετῶν τε καὶ ἐναλίων, δαμάζεται καὶ δεδάμασται τῇ φύσει τῇ ἀνθρωπίνῃ·

8 τὴν δὲ γλῶσσαν οὐδεὶς δύναται ἀνθρώπων δαμάσαι· ἀκατάσχετον κακόν, μεστὴ ἰοῦ θανατηφόρου.

9 ἐν αὐτῇ εὐλογοῦμεν τὸν Θεὸν καὶ πατέρα, καὶ ἐν αὐτῇ καταρώμεθα τοὺς ἀνθρώπους τοὺς καθ᾽ ὁμοίωσιν Θεοῦ γεγονότας·

10 ἐκ τοῦ αὐτοῦ στόματος ἐξέρχεται εὐλογία καὶ κατάρα. οὐ χρή, ἀδελφοί μου, ταῦτα οὕτω γίνεσθαι.

11 μήτι ἡ πηγὴ ἐκ τῆς αὐτῆς ὀπῆς βρύει τὸ γλυκὺ καὶ τὸ πικρόν;

12 μὴ δύναται, ἀδελφοί μου, συκῆ ἐλαίας ποιῆσαι, ἢ ἄμπελος σῦκα; οὕτως οὐδεμια πηγὴ ἁλυκὸν καὶ γλυκὺ ποιῆσαι ὕδωρ.

13 Τίς σοφὸς καὶ ἐπιστήμων ἐν ὑμῖν; δειξάτω ἐκ τῆς καλῆς ἀναστροφῆς τὰ ἔργα αὐτοῦ ἐν πραΰτητι σοφίας.

14 εἰ δὲ ζῆλον πικρὸν ἔχετε καὶ ἐριθείαν ἐν τῇ καρδίᾳ ὑμῶν, μὴ κατακαυχᾶσθε καὶ ψεύδεσθε κατὰ τῆς ἀληθείας.

15 οὐκ ἔστιν αὕτη ἡ σοφία ἄνωθεν κατερχομένη, ἀλλ᾽ ἐπίγειος, ψυχική, δαιμονιώδης.

16 ὅπου γὰρ ζῆλος καὶ ἐριθεία, ἐκεῖ ἀκαταστασία καὶ πᾶν φαῦλον πρᾶγμα.

17 ἡ δὲ ἄνωθεν σοφία πρῶτον μὲν ἁγνή ἐστιν, ἔπειτα εἰρηνική, ἐπιεικής, εὐπειθής, μεστὴ ἐλέους καὶ καρπῶν ἀγαθῶν, ἀδιάκριτος καὶ ἀνυπόκριτος.

18 καρπὸς δὲ τῆς δικαιοσύνης ἐν εἰρήνῃ σπείρεται τοῖς ποιοῦσιν εἰρήνην.

CHAPTER 4

1 Πόθεν πόλεμοι καὶ μάχαι ἐν ὑμῖν; οὐκ ἐντεῦθεν, ἐκ τῶν ἡδονῶν ὑμῶν τῶν στρατευομένων ἐν τοῖς μέλεσιν ὑμῶν;

2 ἐπιθυμεῖτε, καὶ οὐκ ἔχετε· φονεύετε καὶ ζηλοῦτε, καὶ οὐ δύνασθε ἐπιτυχεῖν· μάχεσθε καὶ πολεμεῖτε, οὐκ ἔχετε δέ, διὰ τὸ μὴ αἰτεῖσθαι ὑμᾶς·

3 αἰτεῖτε καὶ οὐ λαμβάνετε, διότι κακῶς αἰτεῖσθε, ἵνα ἐν ταῖς ἡδοναῖς ὑμῶν δαπανήσητε.

4 μοιχοὶ καὶ μοιχαλίδες, οὐκ οἴδατε ὅτι ἡ φιλία τοῦ κόσμου ἔχθρα τοῦ Θεοῦ ἐστιν; ὃς ἂν οὖν βουληθῇ φίλος εἶναι τοῦ κόσμου, ἐχθρὸς τοῦ Θεοῦ καθίσταται.

5 ἢ δοκεῖτε ὅτι κενῶς ἡ γραφὴ λέγει, Πρὸς φθόνον ἐπιποθεῖ τὸ πνεῦμα ὃ κατῴκησεν ἐν ἡμῖν;

6 μείζονα δὲ δίδωσι χάριν· διὸ λέγει, Ὁ Θεὸς ὑπερηφάνοις ἀντιτάσσεται, ταπεινοῖς δὲ δίδωσι χάριν.

7 ὑποτάγητε οὖν τῷ θεῷ, ἀντίστητε τῷ διαβόλῳ, καὶ φεύξεται ἀφ᾽ ὑμῶν.

ΙΑΚΩΒΟΥ ΕΠΙΣΤΟΛΗ

8 ἐγγίσατε τῷ θεῷ, καὶ ἐγγιεῖ ὑμῖν· καθαρίσατε χεῖρας, ἁμαρτωλοί, καὶ ἁγνίσατε καρδίας, δίψυχοι.

9 ταλαιπωρήσατε καὶ πενθήσατε καὶ κλαύσατε· ὁ γέλως ὑμῶν εἰς πένθος μεταστραφήτω, καὶ ἡ χαρὰ εἰς κατήφειαν.

10 ταπεινώθητε ἐνώπιον τοῦ Κυρίου, καὶ ὑψώσει ὑμᾶς.

11 Μὴ καταλαλεῖτε ἀλλήλων, ἀδελφοί. ὁ καταλαλῶν ἀδελφοῦ, καὶ κρίνων τὸν ἀδελφὸν αὐτοῦ, καταλαλεῖ νόμου, καὶ κρίνει νόμον· εἰ δὲ νόμον κρίνεις, οὐκ εἶ ποιητὴς νόμου, ἀλλὰ κριτής.

12 εἷς ἐστιν ὁ νομοθέτης, ὁ δυνάμενος σῶσαι καὶ ἀπολέσαι· σὺ τίς εἶ ὃς κρίνεις τὸν ἕτερον;

13 Ἄγε νῦν οἱ λέγοντες, Σήμερον ἢ αὔριον πορευσόμεθα εἰς τήνδε τὴν πόλιν καὶ ποιήσομεν ἐκεῖ ἐνιαυτὸν ἕνα καὶ ἐμπορευσόμεθα καὶ κερδήσομεν

14 οἵτινες οὐκ ἐπίστασθε τὸ τῆς αὔριον. ποία γὰρ ἡ ζωὴ ὑμῶν; ἀτμὶς γάρ ἐστιν ἡ πρὸς ὀλίγον φαινομένη, ἔπειτα δὲ ἀφανιζομένη·

15 ἀντὶ τοῦ λέγειν ὑμᾶς, Ἐὰν ὁ Κύριος θελήσῃ, καὶ ζήσομεν, καὶ ποιήσομεν τοῦτο ἢ ἐκεῖνο.

16 νῦν δὲ καυχᾶσθε ἐν ταῖς ἀλαζονείαις ὑμῶν· πᾶσα καύχησις τοιαύτη πονηρά ἐστιν.

17 εἰδότι οὖν καλὸν ποιεῖν καὶ μὴ ποιοῦντι, ἁμαρτία αὐτῷ ἐστιν.

CHAPTER 5

1 Ἄγε νῦν οἱ πλούσιοι, κλαύσατε ὀλολύζοντες ἐπὶ ταῖς ταλαιπωρίαις ὑμῶν ταῖς ἐπερχομέναις.

2 ὁ πλοῦτος ὑμῶν σέσηπε, καὶ τὰ ἱμάτια ὑμῶν σητόβρωτα γέγονεν·

3 ὁ χρυσὸς ὑμῶν καὶ ὁ ἄργυρος κατίωται, καὶ ὁ ἰὸς αὐτῶν εἰς μαρτύριον ὑμῖν ἔσται, καὶ φάγεται τὰς σάρκας ὑμῶν ὡς πῦρ. ἐθησαυρίσατε ἐν ἐσχάταις ἡμέραις.

4 ἰδοὺ ὁ μισθὸς τῶν ἐργατῶν τῶν ἀμησάντων τὰς χώρας ὑμῶν, ὁ ἀπεστερημένος ἀφ᾽ ὑμῶν κράζει· καὶ αἱ βοαὶ τῶν θερισάντων εἰς τὰ ὦτα Κυρίου Σαβαὼθ εἰσεληλύθασιν.

5 ἐτρυφήσατε ἐπὶ τῆς γῆς, καὶ ἐσπαταλήσατε· ἐθρέψατε τὰς καρδίας ὑμῶν ὡς ἐν ἡμέρᾳ σφαγῆς,

6 κατεδικάσατε, ἐφονεύσατε τὸν δίκαιον· οὐκ ἀντιτάσσεται ὑμῖν.

7 μακροθυμήσατε οὖν, ἀδελφοί, ἕως τῆς παρουσίας τοῦ Κυρίου. ἰδοὺ, ὁ γεωργὸς ἐκδέχεται τὸν τίμιον καρπὸν τῆς γῆς, μακροθυμῶν ἐπ᾽ αὐτῷ, ἕως ἂν λάβῃ ὑετὸν πρώϊμον καὶ ὄψιμον.

8 μακροθυμήσατε καὶ ὑμεῖς, στηρίξατε τὰς καρδίας ὑμῶν, ὅτι ἡ παρουσία τοῦ Κυρίου ἤγγικε.

9 μὴ στενάζετε κατ᾽ ἀλλήλων, ἀδελφοί, ἵνα μὴ κατακριθῆτε· ἰδού, ὁ κριτὴς πρὸ τῶν θυρῶν ἕστηκεν.

10 ὑπόδειγμα λάβετε τῆς κακοπαθείας, ἀδελφοί μου, καὶ τῆς

μακροθυμίας, τοὺς προφήτας, οἳ ἐλάλησαν τῷ ὀνόματι Κυρίου.

11 ἰδού, μακαρίζομεν τοὺς ὑπομένοντας· τὴν ὑπομονὴν Ἰὼβ ἠκούσατε, καὶ τὸ τέλος Κυρίου εἴδετε, ὅτι πολύσπλαγχνός ἐστιν ὁ Κύριος καὶ οἰκτίρμων.

12 Πρὸ πάντων δέ, ἀδελφοί μου, μὴ ὀμνύετε, μήτε τὸν οὐρανὸν, μήτε τὴν γῆν, μήτε ἄλλον τινὰ ὅρκον· ἤτω δὲ ὑμῶν τὸ ναὶ, ναὶ, καὶ τὸ οὔ, οὔ· ἵνα μὴ ὑπὸ κρίσιν πέσητε.

13 Κακοπαθεῖ τις ἐν ὑμῖν; προσευχέσθω. εὐθυμεῖ τις; ψαλλέτω.

14 ἀσθενεῖ τις ἐν ὑμῖν; προσκαλεσάσθω τοὺς πρεσβυτέρους τῆς ἐκκλησίας, καὶ προσευξάσθωσαν ἐπ' αὐτὸν, ἀλείψαντες αὐτὸν ἐλαίῳ ἐν τῷ ὀνόματι τοῦ Κυρίου·

15 καὶ ἡ εὐχὴ τῆς πίστεως σώσει τὸν κάμνοντα, καὶ ἐγερεῖ αὐτὸν ὁ Κύριος· κἂν ἁμαρτίας ᾖ πεποιηκώς, ἀφεθήσεται αὐτῷ.

16 ἐξομολογεῖσθε ἀλλήλοις τὰ παραπτώματα, καὶ εὔχεσθε ὑπὲρ ἀλλήλων, ὅπως ἰαθῆτε. πολὺ ἰσχύει δέησις δικαίου ἐνεργουμένη.

17 Ἡλίας ἄνθρωπος ἦν ὁμοιοπαθὴς ἡμῖν, καὶ προσευχῇ προσηύξατο τοῦ μὴ βρέξαι· καὶ οὐκ ἔβρεξεν ἐπὶ τῆς γῆς ἐνιαυτοὺς τρεῖς καὶ μῆνας ἕξ·

18 καὶ πάλιν προσηύξατο, καὶ ὁ οὐρανὸς ὑετὸν ἔδωκε, καὶ ἡ γῆ ἐβλάστησε τὸν καρπὸν αὐτῆς.

19 Ἀδελφοί, ἐάν τις ἐν ὑμῖν πλανηθῇ ἀπὸ τῆς ἀληθείας, καὶ ἐπιστρέψῃ τις αὐτόν,

20 γινωσκέτω ὅτι ὁ ἐπιστρέψας ἁμαρτωλὸν ἐκ πλάνης ὁδοῦ αὐτοῦ σώσει ψυχὴν ἐκ θανάτου, καὶ καλύψει πλῆθος ἁμαρτιῶν.

ΠΕΤΡΟΥ ΕΠΙΣΤΟΛΗ ΠΡΩΤΗ

ΠΕΤ Α CHAPTER 1

Πέτρος, ἀπόστολος Ἰησοῦ Χριστοῦ, ἐκλεκτοῖς παρεπιδήμοις διασπορᾶς Πόντου, Γαλατίας, Καππαδοκίας, Ἀσίας, καὶ Βιθυνίας,

2 κατὰ πρόγνωσιν Θεοῦ πατρός, ἐν ἁγιασμῷ Πνεύματος, εἰς ὑπακοὴν καὶ ῥαντισμὸν αἵματος Ἰησοῦ Χριστοῦ· χάρις ὑμῖν καὶ εἰρήνη πληθυνθείη.

3 Εὐλογητὸς ὁ Θεὸς καὶ πατὴρ τοῦ Κυρίου ἡμῶν Ἰησοῦ Χριστοῦ, ὁ κατὰ τὸ πολὺ αὐτοῦ ἔλεος ἀναγεννήσας ἡμᾶς εἰς ἐλπίδα ζῶσαν δι' ἀναστάσεως Ἰησοῦ Χριστοῦ ἐκ νεκρῶν,

4 εἰς κληρονομίαν ἄφθαρτον καὶ ἀμίαντον καὶ ἀμάραντον, τετηρημένην ἐν οὐρανοῖς εἰς ὑμᾶς

5 τοὺς ἐν δυνάμει Θεοῦ φρουρουμένους διὰ πίστεως εἰς σωτηρίαν ἑτοίμην ἀποκαλυφθῆναι ἐν καιρῷ ἐσχάτῳ.

6 ἐν ᾧ ἀγαλλιᾶσθε ὀλίγον ἄρτι, εἰ δέον ἐστί, λυπηθέντες ἐν ποικίλοις πειρασμοῖς,

7 ἵνα τὸ δοκίμιον ὑμῶν τῆς πίστεως πολυ τιμιώτερον χρυσίου τοῦ ἀπολλυμένου, διὰ πυρὸς δὲ δοκιμαζομένου, εὑρεθῇ εἰς ἔπαινον καὶ τιμὴν καὶ δόξαν, ἐν ἀποκαλύψει Ἰησοῦ Χριστοῦ·

8 ὃν οὐκ ἰδόντες ἀγαπᾶτε, εἰς ὃν ἄρτι μὴ ὁρῶντες πιστεύοντες δὲ, ἀγαλλιᾶσθε χαρᾷ ἀνεκλαλήτῳ καὶ δεδοξασμένῃ,

9 κομιζόμενοι τὸ τέλος τῆς πίστεως ὑμῶν, σωτηρίαν ψυχῶν.

10 περὶ ἧς σωτηρίας ἐξεζήτησαν καὶ ἐξηρεύνησαν προφῆται οἱ περὶ τῆς εἰς ὑμᾶς χάριτος προφητεύσαντες·

11 ἐρευνῶντες εἰς τίνα ἢ ποῖον καιρὸν ἐδήλου τὸ ἐν αὐτοῖς Πνεῦμα Χριστοῦ, προμαρτυρόμενον τὰ εἰς Χριστὸν παθήματα, καὶ τὰς μετὰ ταῦτα δόξας·

12 οἷς ἀπεκαλύφθη ὅτι οὐχ ἑαυτοῖς, ἡμῖν δὲ διηκόνουν αὐτά, ἃ νῦν ἀνηγγέλη ὑμῖν διὰ τῶν εὐαγγελισαμένων ὑμᾶς ἐν Πνεύματι Ἁγίῳ ἀποσταλέντι ἀπ' οὐρανοῦ, εἰς ἃ ἐπιθυμοῦσιν ἄγγελοι παρακύψαι.

13 Διὸ ἀναζωσάμενοι τὰς ὀσφύας τῆς διανοίας ὑμῶν, νήφοντες, τελείως ἐλπίσατε ἐπὶ τὴν φερομένην ὑμῖν χάριν ἐν ἀποκαλύψει Ἰησοῦ Χριστοῦ·

14 ὡς τέκνα ὑπακοῆς, μὴ συσχηματιζόμενοι ταῖς πρότερον ἐν τῇ ἀγνοίᾳ ὑμῶν ἐπιθυμίαις,

15 ἀλλὰ κατὰ τὸν καλέσαντα ὑμᾶς ἅγιον καὶ αὐτοὶ ἅγιοι ἐν πάσῃ ἀναστροφῇ γενήθητε·

16 διότι γέγραπται Ἅγιοι γένεσθε, ὅτι ἐγὼ ἅγιος εἰμι.

17 καὶ εἰ πατέρα ἐπικαλεῖσθε τὸν ἀπροσωπολήπτως κρίνοντα κατὰ τὸ ἑκάστου ἔργον, ἐν φόβῳ τὸν τῆς παροικίας ὑμῶν χρόνον ἀναστράφητε·

18 εἰδότες ὅτι οὐ φθαρτοῖς ἀργυρίῳ ἢ χρυσίῳ, ἐλυτρώθητε ἐκ τῆς ματαίας ὑμῶν ἀναστροφῆς πατροπαραδότου,

19 ἀλλὰ τιμίῳ αἵματι ὡς ἀμνοῦ ἀμώμου καὶ ἀσπίλου Χριστοῦ,

20 προεγνωσμένου μὲν πρὸ καταβολῆς κόσμου, φανερωθέντος δὲ ἐπ' ἐσχάτων τῶν χρόνων δι' ὑμᾶς,

21 τοὺς δι' αὐτοῦ πιστεύοντας εἰς Θεόν, τὸν ἐγείραντα αὐτὸν ἐκ νεκρῶν, καὶ δόξαν αὐτῷ δόντα, ὥστε τὴν πίστιν ὑμῶν καὶ ἐλπίδα εἶναι εἰς Θεόν.

22 τὰς ψυχὰς ὑμῶν ἡγνικότες ἐν τῇ ὑπακοῇ τῆς ἀληθείας διὰ Πνεύματος εἰς φιλαδελφίαν ἀνυπόκριτον, ἐκ καθαρᾶς καρδίας ἀλλήλους ἀγαπήσατε ἐκτενῶς·

23 ἀναγεγεννημένοι οὐκ ἐκ σπορᾶς φθαρτῆς, ἀλλὰ ἀφθάρτου, διὰ λόγου ζῶντος Θεοῦ καὶ μένοντος εἰς τὸν αἰῶνα.

24 διότι πᾶσα σὰρξ ὡς χόρτος, καὶ πᾶσα δόξα ἀνθρώπου ὡς ἄνθος χόρτου. ἐξηράνθη ὁ χόρτος, καὶ τὸ ἄνθος αὐτοῦ ἐξέπεσε·

25 τὸ δὲ ῥῆμα Κυρίου μένει εἰς τὸν αἰῶνα. τοῦτο δέ ἐστι τὸ ῥῆμα τὸ εὐαγγελισθὲν εἰς ὑμᾶς.

CHAPTER 2

1 Ἀποθέμενοι οὖν πᾶσαν κακίαν καὶ πάντα δόλον καὶ ὑποκρίσεις καὶ φθόνους καὶ πάσας καταλαλιάς,

2 ὡς ἀρτιγέννητα βρέφη, τὸ λογικὸν ἄδολον γάλα ἐπιποθήσατε, ἵνα ἐν αὐτῷ αὐξηθῆτε,

3 εἴπερ ἐγεύσασθε ὅτι χρηστὸς ὁ Κύριος·

4 πρὸς ὃν προσερχόμενοι, λίθον ζῶντα, ὑπὸ ἀνθρώπων μὲν ἀποδεδοκιμασμένον, παρὰ δὲ Θεῷ ἐκλεκτὸν, ἔντιμον,

5 καὶ αὐτοὶ ὡς λίθοι ζῶντες οἰκοδομεῖσθε οἶκος πνευματικός, ἱεράτευμα ἅγιον, ἀνενέγκαι πνευματικὰς θυσίας εὐπροσδέκτους τῷ Θεῷ διὰ Ἰησοῦ Χριστοῦ.

6 διὸ καὶ περιέχει ἐν τῇ γραφῇ, Ἰδοὺ τίθημι ἐν Σιὼν λίθον ἀκρογωνιαῖον, ἐκλεκτὸν ἔντιμον· καὶ ὁ πιστεύων ἐπ' αὐτῷ οὐ μὴ καταισχυνθῇ.

7 ὑμῖν οὖν ἡ τιμὴ τοῖς πιστεύουσιν· ἀπειθοῦσι δὲ, Λίθον ὃν ἀπεδοκίμασαν οἱ οἰκοδομοῦντες, οὗτος ἐγενήθη εἰς κεφαλὴν γωνίας,

8 καὶ, Λίθος προσκόμματος, καὶ πέτρα σκανδάλου· οἳ προσκόπτουσι τῷ λόγῳ, ἀπειθοῦντες· εἰς ὃ καὶ ἐτέθησαν·

9 ὑμεῖς δὲ γένος ἐκλεκτόν, βασίλειον ἱεράτευμα, ἔθνος ἅγιον, λαὸς εἰς περιποίησιν, ὅπως τὰς ἀρετὰς ἐξαγγείλητε τοῦ ἐκ σκότους ὑμᾶς καλέσαντος εἰς τὸ θαυμαστὸν αὐτοῦ φῶς·

10 οἵ ποτε οὐ λαός, νῦν δὲ λαὸς Θεοῦ· οἱ οὐκ ἠλεημένοι, νῦν δὲ ἐλεηθέντες.

11 Ἀγαπητοί, παρακαλῶ ὡς παροίκους καὶ παρεπιδήμους

ἀπέχεσθαι τῶν σαρκικῶν ἐπιθυμιῶν, αἵτινες στρατεύονται κατὰ τῆς ψυχῆς·

12 τὴν ἀναστροφὴν ὑμῶν ἐν τοῖς ἔθνεσιν ἔχοντες καλήν, ἵνα, ἐν ᾧ καταλαλοῦσιν ὑμῶν ὡς κακοποιῶν, ἐκ τῶν καλῶν ἔργων ἐποπτεύσαντες δοξάσωσι τὸν Θεὸν ἐν ἡμέρᾳ ἐπισκοπῆς.

13 Ὑποτάγητε οὖν πάσῃ ἀνθρωπίνῃ κτίσει διὰ τὸν Κύριον· εἴτε βασιλεῖ, ὡς ὑπερέχοντι·

14 εἴτε ἡγεμόσιν, ὡς δι' αὐτοῦ πεμπομένοις εἰς ἐκδίκησιν μὲν κακοποιῶν, ἔπαινον δὲ ἀγαθοποιῶν.

15 ὅτι οὕτως ἐστὶ τὸ θέλημα τοῦ Θεοῦ, ἀγαθοποιοῦντας φιμοῦν τὴν τῶν ἀφρόνων ἀνθρώπων ἀγνωσίαν·

16 ὡς ἐλεύθεροι, καὶ μὴ ὡς ἐπικάλυμμα ἔχοντες τῆς κακίας τὴν ἐλευθερίαν, ἀλλ' ὡς δοῦλοι Θεοῦ.

17 πάντας τιμήσατε. τὴν ἀδελφότητα ἀγαπᾶτε. τὸν Θεὸν φοβεῖσθε. τὸν βασιλέα τιμᾶτε.

18 Οἱ οἰκέται ὑποτασσόμενοι ἐν παντὶ φόβῳ τοῖς δεσπόταις, οὐ μόνον τοῖς ἀγαθοῖς καὶ ἐπιεικέσιν, ἀλλὰ καὶ τοῖς σκολιοῖς.

19 τοῦτο γὰρ χάρις, εἰ διὰ συνείδησιν Θεοῦ ὑποφέρει τις λύπας, πάσχων ἀδίκως.

20 ποῖον γὰρ κλέος, εἰ ἁμαρτάνοντες καὶ κολαφιζόμενοι ὑπομενεῖτε; ἀλλ' εἰ ἀγαθοποιοῦντες καὶ πάσχοντες, ὑπομενεῖτε, τοῦτο χάρις παρὰ Θεῷ.

21 εἰς τοῦτο γὰρ ἐκλήθητε, ὅτι καὶ Χριστὸς ἔπαθεν ὑπὲρ ἡμῶν, ἡμῖν ὑπολιμπάνων ὑπογραμμὸν, ἵνα ἐπακολουθήσητε τοῖς ἴχνεσιν αὐτοῦ·

22 ὃς ἁμαρτίαν οὐκ ἐποίησεν, οὐδὲ εὑρέθη δόλος ἐν τῷ στόματι αὐτοῦ·

23 ὃς λοιδορούμενος οὐκ ἀντελοιδόρει, πάσχων οὐκ ἠπείλει, παρεδίδου δὲ τῷ κρίνοντι δικαίως·

24 ὃς τὰς ἁμαρτίας ἡμῶν αὐτὸς ἀνήνεγκεν ἐν τῷ σώματι αὐτοῦ ἐπὶ τὸ ξύλον, ἵνα, ταῖς ἁμαρτίαις ἀπογενόμενοι, τῇ δικαιοσύνῃ ζήσωμεν· οὗ τῷ μώλωπι αὐτοῦ ἰάθητε.

25 ἦτε γὰρ ὡς πρόβατα πλανώμενα· ἀλλ' ἐπεστράφητε νῦν ἐπὶ τὸν ποιμένα καὶ ἐπίσκοπον τῶν ψυχῶν ὑμῶν.

CHAPTER 3

1 Ὁμοίως, αἱ γυναῖκες ὑποτασσόμεναι τοῖς ἰδίοις ἀνδράσιν, ἵνα καὶ εἴ τινες ἀπειθοῦσι τῷ λόγῳ, διὰ τῆς τῶν γυναικῶν ἀναστροφῆς ἄνευ λόγου κερδηθήσωνται

2 ἐποπτεύσαντες τὴν ἐν φόβῳ ἁγνὴν ἀναστροφὴν ὑμῶν.

3 ὧν ἔστω οὐχ ὁ ἔξωθεν ἐμπλοκῆς τριχῶν, καὶ περιθέσεως χρυσίων, ἢ ἐνδύσεως ἱματίων κόσμος·

4 ἀλλ' ὁ κρυπτὸς τῆς καρδίας ἄνθρωπος, ἐν τῷ ἀφθάρτῳ τοῦ πρᾴεος καὶ ἡσυχίου πνεύματος, ὅ ἐστιν ἐνώπιον τοῦ Θεοῦ πολυτελές.

5 οὕτω γάρ ποτε καὶ αἱ ἅγιαι γυναῖκες αἱ ἐλπίζουσαι ἐπὶ τὸν Θεὸν ἐκόσμουν ἑαυτάς, ὑποτασσόμεναι τοῖς ἰδίοις ἀνδράσιν·

6 ὡς Σάρρα ὑπήκουσε τῷ Ἀβραάμ, κύριον αὐτὸν καλοῦσα, ἧς ἐγενήθητε τέκνα, ἀγαθοποιοῦσαι καὶ μὴ φοβούμεναι μηδεμίαν πτόησιν.

7 Οἱ ἄνδρες ὁμοίως, συνοικοῦντες κατὰ γνῶσιν, ὡς ἀσθενεστέρῳ σκεύει τῷ γυναικείῳ ἀπονέμοντες τιμήν, ὡς καὶ συγκληρονόμοι χάριτος ζωῆς, εἰς τὸ μὴ ἐκκόπτεσθαι τὰς προσευχὰς ὑμῶν.

8 Τὸ δὲ τέλος, πάντες ὁμόφρονες, συμπαθεῖς, φιλάδελφοι, εὔσπλαγχνοι, φιλόφρονες·

9 μὴ ἀποδιδόντες κακὸν ἀντὶ κακοῦ, ἢ λοιδορίαν ἀντὶ λοιδορίας· τοὐναντίον δὲ. εὐλογοῦντες, εἰδότες ὅτι εἰς τοῦτο ἐκλήθητε, ἵνα εὐλογίαν κληρονομήσητε.

10 Ὁ γὰρ θέλων ζωὴν ἀγαπᾶν, καὶ ἰδεῖν ἡμέρας ἀγαθὰς, παυσάτω τὴν γλῶσσαν αὐτοῦ ἀπὸ κακοῦ, καὶ χείλη αὐτοῦ τοῦ μὴ λαλῆσαι δόλον·

11 ἐκκλινάτω ἀπὸ κακοῦ, καὶ ποιησάτω ἀγαθόν· ζητησάτω εἰρήνην, καὶ διωξάτω αὐτήν.

12 ὅτι οἱ ὀφθαλμοὶ Κυρίου ἐπὶ δικαίους, καὶ ὦτα αὐτοῦ εἰς δέησιν αὐτῶν· πρόσωπον δὲ Κυρίου ἐπὶ ποιοῦντας κακά.

13 Καὶ τίς ὁ κακώσων ὑμᾶς, ἐὰν τοῦ ἀγαθοῦ μιμηταὶ γένησθε

14 ἀλλ' εἰ καὶ πάσχοιτε διὰ δικαιοσύνην, μακάριοι· Τὸν δὲ φόβον αὐτῶν μὴ φοβηθῆτε μηδὲ ταραχθῆτε·

15 Κύριον δὲ τὸν Θεὸν ἁγιάσατε ἐν ταῖς καρδίαις ὑμῶν· ἕτοιμοι δὲ ἀεὶ πρὸς ἀπολογίαν παντὶ τῷ αἰτοῦντι ὑμᾶς λόγον περὶ τῆς ἐν ὑμῖν ἐλπίδος, μετὰ πραΰτητος καὶ φόβου

16 συνείδησιν ἔχοντες ἀγαθήν ἵνα ἐν ᾧ καταλαλῶσιν ὑμῶν ὡς κακοποιων καταισχυνθῶσιν οἱ ἐπηρεάζοντες ὑμῶν τὴν ἀγαθὴν ἐν Χριστῷ ἀναστροφήν

17 κρεῖττον γὰρ ἀγαθοποιοῦντας, εἰ θέλει τὸ θέλημα τοῦ Θεοῦ, πάσχειν, ἢ κακοποιοῦντας.

18 ὅτι καὶ Χριστὸς ἅπαξ περὶ ἁμαρτιῶν ἔπαθε, δίκαιος ὑπὲρ ἀδίκων, ἵνα ἡμᾶς προσαγάγῃ τῷ Θεῷ, θανατωθεὶς μὲν σαρκὶ, ζωοποιηθεὶς δὲ τῷ πνεύματι,

19 ἐν ᾧ καὶ τοῖς ἐν φυλακῇ πνεύμασι πορευθεὶς ἐκήρυξεν,

20 ἀπειθήσασί ποτε, ὅτε ἅπαξ ἐξεδέχετο ἡ τοῦ Θεοῦ μακροθυμία, ἐν ἡμέραις Νῶε κατασκευαζομένης κιβωτοῦ, εἰς ἣν ὀλίγαι, τοῦτ' ἔστιν ὀκτὼ ψυχαί, διεσώθησαν δι' ὕδατος.

21 ᾧ καὶ ἡμᾶς ἀντίτυπον νῦν σώζει βάπτισμα, οὐ σαρκὸς ἀπόθεσις ῥύπου, ἀλλὰ συνειδήσεως ἀγαθῆς ἐπερώτημα εἰς Θεόν, δι' ἀναστάσεως Ἰησοῦ Χριστοῦ,

22 ὅς ἐστιν ἐν δεξιᾷ τοῦ Θεοῦ, πορευθεὶς εἰς οὐρανόν, ὑποταγέντων αὐτῷ ἀγγέλων καὶ ἐξουσιῶν καὶ δυνάμεων.

411

ΠΕΤΡΟΥ ΕΠΙΣΤΟΛΗ Α

CHAPTER 4

1 Χριστοῦ οὖν παθόντος ὑπὲρ ἡμῶν σαρκὶ, καὶ ὑμεῖς τὴν αὐτὴν ἔννοιαν ὁπλίσασθε, ὅτι ὁ παθὼν ἐν σαρκὶ, πέπαυται ἁμαρτίας,

2 εἰς τὸ μηκέτι ἀνθρώπων ἐπιθυμίαις, ἀλλὰ θελήματι Θεοῦ τὸν ἐπίλοιπον ἐν σαρκὶ βιῶσαι χρόνον.

3 ἀρκετὸς γὰρ ἡμῖν ὁ παρεληλυθὼς χρόνος τοῦ βίου τὸ θέλημα τῶν ἐθνῶν κατεργάσασθαι, πεπορευμένους ἐν ἀσελγείαις, ἐπιθυμίαις, οἰνοφλυγίαις, κώμοις, πότοις, καὶ ἀθεμίτοις εἰδωλολατρείαις·

4 ἐν ᾧ ξενίζονται, μὴ συντρεχόντων ὑμῶν εἰς τὴν αὐτὴν τῆς ἀσωτίας ἀνάχυσιν, βλασφημοῦντες·

5 οἳ ἀποδώσουσι λόγον τῷ ἑτοίμως ἔχοντι κρῖναι ζῶντας καὶ νεκρούς.

6 εἰς τοῦτο γὰρ καὶ νεκροῖς εὐηγγελίσθη, ἵνα κριθῶσι μὲν κατὰ ἀνθρώπους σαρκὶ, ζῶσι δὲ κατὰ Θεὸν πνεύματι·

7 Πάντων δὲ τὸ τέλος ἤγγικε· σωφρονήσατε οὖν καὶ νήψατε εἰς τὰς προσευχάς·

8 πρὸ πάντων δὲ τὴν εἰς ἑαυτοὺς ἀγάπην ἐκτενῆ ἔχοντες, ὅτι ἡ ἀγάπη καλύψει πλῆθος ἁμαρτιῶν·

9 φιλόξενοι εἰς ἀλλήλους, ἄνευ γογγυσμῶν·

10 ἕκαστος καθὼς ἔλαβε χάρισμα, εἰς ἑαυτοὺς αὐτὸ διακονοῦντες, ὡς καλοὶ οἰκονόμοι ποικίλης χάριτος Θεοῦ·

11 εἴ τις λαλεῖ, ὡς λόγια Θεοῦ· εἴ τις διακονεῖ, ὡς ἐξ ἰσχύος ἧς χορηγεῖ ὁ Θεός· ἵνα ἐν πᾶσι δοξάζηται ὁ Θεὸς διὰ Ἰησοῦ Χριστοῦ, ᾧ ἐστιν ἡ δόξα καὶ τὸ κράτος εἰς τοὺς αἰῶνας τῶν αἰώνων· ἀμήν.

12 Ἀγαπητοί, μὴ ξενίζεσθε τῇ ἐν ὑμῖν πυρώσει πρὸς πειρασμὸν ὑμῖν γινομένῃ, ὡς ξένου ὑμῖν συμβαίνοντος·

13 ἀλλὰ καθὸ κοινωνεῖτε τοῖς τοῦ Χριστοῦ παθήμασι, χαίρετε, ἵνα καὶ ἐν τῇ ἀποκαλύψει τῆς δόξης αὐτοῦ χαρῆτε ἀγαλλιώμενοι.

14 εἰ ὀνειδίζεσθε ἐν ὀνόματι Χριστοῦ, μακάριοι· ὅτι τὸ τῆς δόξης καὶ τὸ τοῦ Θεοῦ Πνεῦμα ἐφ' ὑμᾶς ἀναπαύεται· κατὰ μὲν αὐτοὺς βλασφημεῖται, κατὰ δὲ ὑμᾶς δοξάζεται.

15 μὴ γάρ τις ὑμῶν πασχέτω ὡς φονεὺς, ἢ κλέπτης, ἢ κακοποιὸς, ἢ ὡς ἀλλοτριοεπίσκοπος·

16 εἰ δὲ ὡς Χριστιανός, μὴ αἰσχυνέσθω, δοξαζέτω δὲ τὸν Θεὸν ἐν τῷ μέρει τούτῳ.

17 ὅτι ὁ καιρὸς τοῦ ἄρξασθαι τὸ κρίμα ἀπὸ τοῦ οἴκου τοῦ Θεοῦ· εἰ δὲ πρῶτον ἀφ' ἡμῶν, τί τὸ τέλος τῶν ἀπειθούντων τῷ τοῦ Θεοῦ εὐαγγελίῳ;

18 καὶ Εἰ ὁ δίκαιος μόλις σώζεται, ὁ ἀσεβὴς καὶ ἁμαρτωλὸς ποῦ φανεῖται;

19 ὥστε καὶ οἱ πάσχοντες κατὰ τὸ θέλημα τοῦ Θεοῦ, ὡς πιστῷ κτίστῃ παρατιθέσθωσαν τὰς ψυχὰς ἑαυτῶν ἐν ἀγαθοποιΐᾳ.

CHAPTER 5

1 Πρεσβυτέρους τοὺς ἐν ὑμῖν παρακαλῶ ὁ συμπρεσβύτερος καὶ μάρτυς τῶν τοῦ Χριστοῦ παθημάτων, ὁ καὶ τῆς μελλούσης ἀποκαλύπτεσθαι δόξης κοινωνός·
2 ποιμάνατε τὸ ἐν ὑμῖν ποίμνιον τοῦ Θεοῦ, ἐπισκοποῦντες μὴ ἀναγκαστῶς, ἀλλ' ἑκουσίως· μηδὲ αἰσχροκερδῶς, ἀλλὰ προθύμως,
3 μηδ' ὡς κατακυριεύοντες τῶν κλήρων, ἀλλὰ τύποι γινόμενοι τοῦ ποιμνίου.
4 καὶ φανερωθέντος τοῦ ἀρχιποίμενος κομιεῖσθε τὸν ἀμαράντινον τῆς δόξης στέφανον.
5 ὁμοίως, νεώτεροι, ὑποτάγητε πρεσβυτέροις· πάντες δὲ ἀλλήλοις ὑποτασσόμενοι, τὴν ταπεινοφροσύνην ἐγκομβώσασθε· ὅτι ὁ Θεὸς ὑπερηφάνοις ἀντιτάσσεται, ταπεινοῖς δὲ δίδωσι χάριν.
6 ταπεινώθητε οὖν ὑπὸ τὴν κραταιὰν χεῖρα τοῦ Θεοῦ, ἵνα ὑμᾶς ὑψώσῃ ἐν καιρῷ,
7 πᾶσαν τὴν μέριμναν ὑμῶν ἐπιρρίψαντες ἐπ' αὐτόν, ὅτι αὐτῷ μέλει περὶ ὑμῶν.
8 νήψατε, γρηγορήσατε, ὅτι ὁ ἀντίδικος ὑμῶν διάβολος, ὡς λέων ὠρυόμενος περιπατεῖ ζητῶν τινα καταπίῃ·
9 ᾧ ἀντίστητε στερεοὶ τῇ πίστει, εἰδότες τὰ αὐτὰ τῶν παθημάτων τῇ ἐν κόσμῳ ὑμῶν ἀδελφότητι ἐπιτελεῖσθαι.

10 ὁ δὲ Θεὸς πάσης χάριτος, ὁ καλέσας ἡμᾶς εἰς τὴν αἰώνιον αὐτοῦ δόξαν ἐν Χριστῷ Ἰησοῦ, ὀλίγον παθόντας αὐτὸς καταρτίσαι ὑμᾶς, στηρίξαι, σθενώσαι, θεμελιώσαι.
11 αὐτῷ ἡ δόξα καὶ τὸ κράτος εἰς τοὺς αἰῶνας τῶν αἰώνων. ἀμήν.
12 Διὰ Σιλουανοῦ ὑμῖν τοῦ πιστοῦ ἀδελφοῦ, ὡς λογίζομαι, δι' ὀλίγων ἔγραψα, παρακαλῶν καὶ ἐπιμαρτυρῶν ταύτην εἶναι ἀληθῆ χάριν τοῦ Θεοῦ εἰς ἣν ἑστήκατε.
13 ἀσπάζεται ὑμᾶς ἡ ἐν Βαβυλῶνι συνεκλεκτὴ, καὶ Μᾶρκος ὁ υἱός μου.
14 ἀσπάσασθε ἀλλήλους ἐν φιλήματι ἀγάπης. Εἰρήνη ὑμῖν πᾶσι τοῖς ἐν Χριστῷ Ἰησοῦ. ἀμήν.

ΠΕΤΡΟΥ ΕΠΙΣΤΟΛΗ ΔΕΥΤΕΡΑ

ΠΕΤ Β CHAPTER 1

Σίμων Πέτρος, δοῦλος καὶ ἀπόστολος Ἰησοῦ Χριστοῦ, τοῖς ἰσότιμον ἡμῖν λαχοῦσι πίστιν ἐν δικαιοσύνῃ τοῦ Θεοῦ ἡμῶν καὶ σωτῆρος ἡμῶν Ἰησοῦ Χριστοῦ·

2 χάρις ὑμῖν καὶ εἰρήνη πληθυνθείη ἐν ἐπιγνώσει τοῦ Θεοῦ καὶ Ἰησοῦ τοῦ Κυρίου ἡμῶν·

3 ὡς πάντα ἡμῖν τῆς θείας δυνάμεως αὐτοῦ τὰ πρὸς ζωὴν καὶ εὐσέβειαν δεδωρημένης, διὰ τῆς ἐπιγνώσεως τοῦ καλέσαντος ἡμᾶς διὰ δόξης καὶ ἀρετῆς·

4 δι' ὧν τὰ μέγιστα ἡμῖν καὶ τίμια ἐπαγγέλματα δεδώρηται, ἵνα διὰ τούτων γένησθε θείας κοινωνοὶ φύσεως, ἀποφυγόντες τῆς ἐν κόσμῳ ἐν ἐπιθυμίᾳ φθορᾶς.

5 καὶ αὐτὸ τοῦτο δὲ σπουδὴν πᾶσαν παρεισενέγκαντες, ἐπιχορηγήσατε ἐν τῇ πίστει ὑμῶν τὴν ἀρετήν, ἐν δὲ τῇ ἀρετῇ τὴν γνῶσιν,

6 ἐν δὲ τῇ γνώσει τὴν ἐγκράτειαν, ἐν δὲ τῇ ἐγκρατείᾳ τὴν ὑπομονήν, ἐν δὲ τῇ ὑπομονῇ τὴν εὐσέβειαν,

7 ἐν δὲ τῇ εὐσεβείᾳ τὴν φιλαδελφίαν, ἐν δὲ τῇ φιλαδελφίᾳ τὴν ἀγάπην.

8 ταῦτα γὰρ ὑμῖν ὑπάρχοντα, καὶ πλεονάζοντα, οὐκ ἀργοὺς οὐδὲ ἀκάρπους καθίστησιν εἰς τὴν τοῦ Κυρίου ἡμῶν Ἰησοῦ Χριστοῦ ἐπίγνωσιν·

9 ᾧ γὰρ μὴ πάρεστι ταῦτα, τυφλός ἐστι μυωπάζων, λήθην λαβὼν τοῦ καθαρισμοῦ τῶν πάλαι αὐτοῦ ἁμαρτιῶν.

10 διὸ μᾶλλον, ἀδελφοί, σπουδάσατε βεβαίαν ὑμῶν τὴν κλῆσιν καὶ ἐκλογὴν ποιεῖσθαι· ταῦτα γὰρ ποιοῦντες οὐ μὴ πταίσητέ ποτε·

11 οὕτω γὰρ πλουσίως ἐπιχορηγηθήσεται ὑμῖν ἡ εἴσοδος εἰς τὴν αἰώνιον βασιλείαν τοῦ Κυρίου ἡμῶν καὶ σωτῆρος Ἰησοῦ Χριστοῦ.

12 Διὸ οὐκ ἀμελήσω ὑμᾶς ἀεὶ ὑπομιμνήσκειν περὶ τούτων, καίπερ εἰδότας, καὶ ἐστηριγμένους ἐν τῇ παρούσῃ ἀληθείᾳ.

13 δίκαιον δὲ ἡγοῦμαι, ἐφ' ὅσον εἰμὶ ἐν τούτῳ τῷ σκηνώματι, διεγείρειν ὑμᾶς ἐν ὑπομνήσει·

14 εἰδὼς ὅτι ταχινή ἐστιν ἡ ἀπόθεσις τοῦ σκηνώματός μου, καθὼς καὶ ὁ Κύριος ἡμῶν Ἰησοῦς Χριστὸς ἐδήλωσέ μοι.

15 Σπουδάσω δὲ καὶ ἑκάστοτε ἔχειν ὑμᾶς μετὰ τὴν ἐμὴν ἔξοδον τὴν τούτων μνήμην ποιεῖσθαι.

16 οὐ γὰρ σεσοφισμένοις μύθοις ἐξακολουθήσαντες ἐγνωρίσαμεν ὑμῖν τὴν τοῦ Κυρίου ἡμῶν Ἰησοῦ Χριστοῦ δύναμιν καὶ παρουσίαν, ἀλλ' ἐπόπται γενηθέντες τῆς ἐκείνου μεγαλειότητος.

17 λαβὼν γὰρ παρὰ Θεοῦ πατρὸς τιμὴν καὶ δόξαν, φωνῆς ἐνεχθείσης αὐτῷ τοιᾶσδε ὑπὸ τῆς μεγαλοπρεποῦς δόξης, Οὗτος ἐστιν

ὁ υἱός μου ὁ ἀγαπητός εἰς ὃν ἐγὼ εὐδόκησα·

18 καὶ ταύτην τὴν φωνὴν ἡμεῖς ἠκούσαμεν ἐξ οὐρανοῦ ἐνεχθεῖσαν, σὺν αὐτῷ ὄντες ἐν τῷ ὄρει τῷ ἁγίῳ.

19 καὶ ἔχομεν βεβαιότερον τὸν προφητικὸν λόγον, ᾧ καλῶς ποιεῖτε προσέχοντες ὡς λύχνῳ φαίνοντι ἐν αὐχμηρῷ τόπῳ, ἕως οὗ ἡμέρα διαυγάσῃ, καὶ φωσφόρος ἀνατείλῃ ἐν ταῖς καρδίαις ὑμῶν·

20 τοῦτο πρῶτον γινώσκοντες, ὅτι πᾶσα προφητεία, γραφῆς ἰδίας ἐπιλύσεως οὐ γίνεται.

21 οὐ γὰρ θελήματι ἀνθρώπου ἠνέχθη ποτέ προφητεία, ἀλλ᾽ ὑπὸ Πνεύματος Ἁγίου φερόμενοι ἐλάλησαν ἅγιοι Θεοῦ ἄνθρωποι.

CHAPTER 2

1 Ἐγένοντο δὲ καὶ ψευδοπροφῆται ἐν τῷ λαῷ, ὡς καὶ ἐν ὑμῖν ἔσονται ψευδοδιδάσκαλοι, οἵτινες παρεισάξουσιν αἱρέσεις ἀπωλείας, καὶ τὸν ἀγοράσαντα αὐτοὺς δεσπότην ἀρνούμενοι, ἐπάγοντες ἑαυτοῖς ταχινὴν ἀπώλειαν,

2 καὶ πολλοὶ ἐξακολουθήσουσιν αὐτῶν ταῖς ἀπωλείαις, δι᾽ οὓς ἡ ὁδὸς τῆς ἀληθείας βλασφημηθήσεται,

3 καὶ ἐν πλεονεξίᾳ πλαστοῖς λόγοις ὑμᾶς ἐμπορεύσονται· οἷς τὸ κρίμα ἔκπαλαι οὐκ ἀργεῖ, καὶ ἡ ἀπώλεια αὐτῶν οὐ νυστάζει.

4 εἰ γὰρ ὁ Θεὸς ἀγγέλων ἁμαρτησάντων οὐκ ἐφείσατο, ἀλλὰ σειραῖς ζόφου ταρταρώσας παρέδωκεν εἰς κρίσιν τετηρημένους·

5 καὶ ἀρχαίου κόσμου οὐκ ἐφείσατο, ἀλλ᾽ ὄγδοον Νῶε δικαιοσύνης κήρυκα ἐφύλαξε, κατακλυσμὸν κόσμῳ ἀσεβῶν ἐπάξας·

6 καὶ πόλεις Σοδόμων καὶ Γομόρρας τεφρώσας καταστροφῇ κατέκρινεν, ὑπόδειγμα μελλόντων ἀσεβεῖν τεθεικώς·

7 καὶ δίκαιον Λώτ, καταπονούμενον ὑπὸ τῆς τῶν ἀθέσμων ἐν ἀσελγείᾳ ἀναστροφῆς, ἐρρύσατο

8 (βλέμματι γὰρ καὶ ἀκοῇ ὁ δίκαιος, ἐγκατοικῶν ἐν αὐτοῖς, ἡμέραν ἐξ ἡμέρας ψυχὴν δικαίαν ἀνόμοις ἔργοις ἐβασάνιζεν)·

9 οἶδε Κύριος εὐσεβεῖς ἐκ πειρασμῶν ῥύεσθαι, ἀδίκους δὲ εἰς ἡμέραν κρίσεως κολαζομένους τηρεῖν·

10 μάλιστα δὲ τοὺς ὀπίσω σαρκὸς ἐν ἐπιθυμίᾳ μιασμοῦ πορευομένους, καὶ κυριότητος καταφρονοῦντας. τολμηταί, αὐθάδεις, δόξας οὐ τρέμουσι βλασφημοῦντες·

11 ὅπου ἄγγελοι, ἰσχύϊ καὶ δυνάμει μείζονες ὄντες, οὐ φέρουσι κατ᾽ αὐτῶν παρὰ Κυρίῳ βλάσφημον κρίσιν.

12 οὗτοι δέ, ὡς ἄλογα ζῶα φυσικὰ γεγενημένα εἰς ἅλωσιν καὶ φθοράν, ἐν οἷς ἀγνοοῦσι βλασφημοῦντες, ἐν τῇ φθορᾷ αὐτῶν καταφθαρήσονται,

13 κομιούμενοι μισθὸν ἀδικίας, ἡδονὴν ἡγούμενοι τὴν ἐν ἡμέρᾳ τρυφήν, σπίλοι καὶ μῶμοι ἐντρυφῶντες ἐν ταῖς ἀπάταις αὐτῶν συνευωχούμενοι ὑμῖν,

14 ὀφθαλμοὺς ἔχοντες μεστοὺς μοιχαλίδος, καὶ ἀκαταπαύστους ἁμαρτίας, δελεάζοντες ψυχὰς ἀστηρίκτους, καρδίαν γεγυμνασμένην πλεονεξίαις ἔχοντες, κατάρας τέκνα·

15 καταλίποντες τὴν εὐθεῖαν ὁδὸν ἐπλανήθησαν, ἐξακολουθήσαντες τῇ ὁδῷ τοῦ Βαλαὰμ τοῦ Βοσόρ, ὃς μισθὸν ἀδικίας ἠγάπησεν,

16 ἔλεγξιν δὲ ἔσχεν ἰδίας παρανομίας· ὑποζύγιον ἄφωνον, ἐν ἀνθρώπου φωνῇ φθεγξάμενον ἐκώλυσε τὴν τοῦ προφήτου παραφρονίαν.

17 οὗτοί εἰσι πηγαὶ ἄνυδροι, νεφέλαι ὑπὸ λαίλαπος ἐλαυνόμεναι, οἷς ὁ ζόφος τοῦ σκότους εἰς αἰῶνα τετήρηται.

18 ὑπέρογκα γὰρ ματαιότητος φθεγγόμενοι, δελεάζουσιν ἐν ἐπιθυμίαις σαρκὸς ἐν ἀσελγείαις, τοὺς ὄντως ἀποφύγοντας τοὺς ἐν πλάνῃ ἀναστρεφομένους,

19 ἐλευθερίαν αὐτοῖς ἐπαγγελλόμενοι, αὐτοὶ δοῦλοι ὑπάρχοντες τῆς φθορᾶς· ᾧ γάρ τις ἥττηται, τούτῳ καὶ δεδούλωται.

20 εἰ γὰρ ἀποφυγόντες τὰ μιάσματα τοῦ κόσμου ἐν ἐπιγνώσει τοῦ Κυρίου καὶ σωτῆρος Ἰησοῦ Χριστοῦ, τούτοις δὲ πάλιν ἐμπλακέντες ἡττῶνται, γέγονεν αὐτοῖς τὰ ἔσχατα χείρονα τῶν πρώτων.

21 κρεῖττον γὰρ ἦν αὐτοῖς μὴ ἐπεγνωκέναι τὴν ὁδὸν τῆς δικαιοσύνης, ἢ ἐπιγνοῦσιν ἐπιστρέψαι ἐκ τῆς παραδοθείσης αὐτοῖς ἁγίας ἐντολῆς.

22 συμβέβηκε δὲ αὐτοῖς τὸ τῆς ἀληθοῦς παροιμίας, Κύων ἐπιστρέψας ἐπὶ τὸ ἴδιον ἐξέραμα· καί, ὗς λουσαμένη εἰς κύλισμα βορβόρου.

CHAPTER 3

1 Ταύτην ἤδη, ἀγαπητοί, δευτέραν ὑμῖν γράφω ἐπιστολήν, ἐν αἷς διεγείρω ὑμῶν ἐν ὑπομνήσει τὴν εἰλικρινῆ διάνοιαν,

2 μνησθῆναι τῶν προειρημένων ῥημάτων ὑπὸ τῶν ἁγίων προφητῶν, καὶ τῆς τῶν ἀποστόλων ἡμῶν ἐντολῆς, τοῦ Κυρίου καὶ σωτῆρος·

3 τοῦτο πρῶτον γινώσκοντες, ὅτι ἐλεύσονται ἐπ᾽ ἐσχάτου τῶν ἡμερῶν ἐμπαικται, κατὰ τὰς ἰδίας αὐτῶν ἐπιθυμίας πορευόμενοι,

4 καὶ λέγοντες, Ποῦ ἐστιν ἡ ἐπαγγελία τῆς παρουσίας αὐτοῦ; ἀφ᾽ ἧς γὰρ οἱ πατέρες ἐκοιμήθησαν, πάντα οὕτω διαμένει ἀπ᾽ ἀρχῆς κτίσεως.

5 λανθάνει γὰρ αὐτοὺς τοῦτο θέλοντας, ὅτι οὐρανοὶ ἦσαν ἔκπαλαι, καὶ γῆ, ἐξ ὕδατος καὶ δι᾽ ὕδατος συνεστῶσα τῷ τοῦ Θεοῦ λόγῳ,

6 δι' ὧν ὁ τότε κόσμος ὕδατι κατακλυσθεὶς ἀπώλετο·

7 οἱ δὲ νῦν οὐρανοὶ καὶ ἡ γῆ τῷ αὐτῷ λόγῳ τεθησαυρισμένοι εἰσί, πυρὶ τηρούμενοι εἰς ἡμέραν κρίσεως καὶ ἀπωλείας τῶν ἀσεβῶν ἀνθρώπων.

8 Ἓν δὲ τοῦτο μὴ λανθανέτω ὑμᾶς, ἀγαπητοί, ὅτι μία ἡμέρα παρὰ Κυρίῳ ὡς χίλια ἔτη καὶ χίλια ἔτη, ὡς ἡμέρα μία.

9 οὐ βραδύνει ὁ Κύριος τῆς ἐπαγγελίας, ὥς τινες βραδύτητα ἡγοῦνται· ἀλλὰ μακροθυμεῖ εἰς ἡμᾶς, μὴ βουλόμενός τινας ἀπολέσθαι ἀλλὰ πάντας εἰς μετάνοιαν χωρῆσαι.

10 ἥξει δὲ ἡ ἡμέρα Κυρίου ὡς κλέπτης ἐν νυκτί, ἐν ᾗ οἱ οὐρανοὶ ῥοιζηδὸν παρελεύσονται, στοιχεῖα δὲ καυσούμενα λυθήσονται, καὶ γῆ καὶ τὰ ἐν αὐτῇ ἔργα κατακαήσεται.

11 τούτων οὖν πάντων λυομένων, ποταποὺς δεῖ ὑπάρχειν ὑμᾶς ἐν ἁγίαις ἀναστροφαῖς καὶ εὐσεβείαις,

12 προσδοκῶντας καὶ σπεύδοντας τὴν παρουσίαν τῆς τοῦ Θεοῦ ἡμέρας, δι' ἣν οὐρανοὶ πυρούμενοι λυθήσονται, καὶ στοιχεῖα καυσούμενα τήκεται;

13 καινοὺς δὲ οὐρανοὺς καὶ γῆν καινὴν κατὰ τὸ ἐπάγγελμα αὐτοῦ προσδοκῶμεν, ἐν οἷς δικαιοσύνη κατοικεῖ.

14 Διό, ἀγαπητοί, ταῦτα προσδοκῶντες, σπουδάσατε ἄσπιλοι καὶ ἀμώμητοι αὐτῷ εὑρεθῆναι ἐν εἰρήνῃ.

15 καὶ τὴν τοῦ Κυρίου ἡμῶν μακροθυμίαν σωτηρίαν ἡγεῖσθε, καθὼς καὶ ὁ ἀγαπητὸς ἡμῶν ἀδελφὸς Παῦλος κατὰ τὴν αὐτῷ δοθεῖσαν σοφίαν ἔγραψεν ὑμῖν·

16 ὡς καὶ ἐν πάσαις ταῖς ἐπιστολαῖς, λαλῶν ἐν αὐταῖς περὶ τούτων, ἐν οἷς ἐστι δυσνόητά τινα, ἃ οἱ ἀμαθεῖς καὶ ἀστήρικτοι στρεβλοῦσιν, ὡς καὶ τὰς λοιπὰς γραφάς, πρὸς τὴν ἰδίαν αὐτῶν ἀπώλειαν.

17 ὑμεῖς οὖν, ἀγαπητοί, προγινώσκοντες φυλάσσεσθε, ἵνα μὴ τῇ τῶν ἀθέσμων πλάνῃ συναπαχθέντες, ἐκπέσητε τοῦ ἰδίου στηριγμοῦ.

18 αὐξάνετε δὲ ἐν χάριτι καὶ γνώσει τοῦ Κυρίου ἡμῶν καὶ σωτῆρος Ἰησοῦ Χριστοῦ. αὐτῷ ἡ δόξα καὶ νῦν καὶ εἰς ἡμέραν αἰῶνος. ἀμήν.

ΙΩΑΝΝΟΥ ΕΠΙΣΤΟΛΗ ΠΡΟΤΗ

ΙΩΑ Α CHAPTER 1

Ὃ ἦν ἀπ᾽ ἀρχῆς, ὃ ἀκηκόαμεν, ὃ ἑωράκαμεν τοῖς ὀφθαλμοῖς ἡμῶν, ὃ ἐθεασάμεθα, καὶ αἱ χεῖρες ἡμῶν ἐψηλάφησαν, περὶ τοῦ λόγου τῆς ζωῆς

2 (καὶ ἡ ζωὴ ἐφανερώθη, καὶ ἑωράκαμεν, καὶ μαρτυροῦμεν, καὶ ἀπαγγέλλομεν ὑμῖν τὴν ζωὴν τὴν αἰώνιον, ἥτις ἦν πρὸς τὸν πατέρα, καὶ ἐφανερώθη ἡμῖν)·

3 ὃ ἑωράκαμεν καὶ ἀκηκόαμεν, ἀπαγγέλλομεν ὑμῖν, ἵνα καὶ ὑμεῖς κοινωνίαν ἔχητε μεθ᾽ ἡμῶν· καὶ ἡ κοινωνία δὲ ἡ ἡμετέρα μετὰ τοῦ πατρὸς καὶ μετὰ τοῦ υἱοῦ αὐτοῦ Ἰησοῦ Χριστοῦ·

4 καὶ ταῦτα γράφομεν ὑμῖν, ἵνα ἡ χαρὰ ὑμῶν ᾖ πεπληρωμένη.

5 Καὶ αὕτη ἔστιν ἡ ἀγγελία ἣν ἀκηκόαμεν ἀπ᾽ αὐτοῦ καὶ ἀναγγέλλομεν ὑμῖν, ὅτι ὁ Θεὸς φῶς ἔστι, καὶ σκοτία ἐν αὐτῷ οὐκ ἔστιν οὐδεμία.

6 ἐὰν εἴπωμεν ὅτι κοινωνίαν ἔχομεν μετ᾽ αὐτοῦ, καὶ ἐν τῷ σκότει περιπατῶμεν, ψευδόμεθα, καὶ οὐ ποιοῦμεν τὴν ἀλήθειαν·

7 ἐὰν δὲ ἐν τῷ φωτὶ περιπατῶμεν, ὡς αὐτός ἐστιν ἐν τῷ φωτί, κοινωνίαν ἔχομεν μετ᾽ ἀλλήλων, καὶ τὸ αἷμα Ἰησοῦ Χριστοῦ τοῦ υἱοῦ αὐτοῦ καθαρίζει ἡμᾶς ἀπὸ πάσης ἁμαρτίας.

8 ἐὰν εἴπωμεν ὅτι ἁμαρτίαν οὐκ ἔχομεν, ἑαυτοὺς πλανῶμεν, καὶ ἡ ἀλήθεια οὐκ ἔστιν ἐν ἡμῖν.

9 ἐὰν ὁμολογῶμεν τὰς ἁμαρτίας ἡμῶν, πιστός ἐστι καὶ δίκαιος ἵνα ἀφῇ ἡμῖν τὰς ἁμαρτίας, καὶ καθαρίσῃ ἡμᾶς ἀπὸ πάσης ἀδικίας.

10 ἐὰν εἴπωμεν ὅτι οὐχ ἡμαρτήκαμεν, ψεύστην ποιοῦμεν αὐτόν, καὶ ὁ λόγος αὐτοῦ οὐκ ἔστιν ἐν ἡμῖν.

CHAPTER 2

1 Τεκνία μου, ταῦτα γράφω ὑμῖν, ἵνα μὴ ἁμάρτητε. καὶ ἐάν τις ἁμάρτῃ, παράκλητον ἔχομεν πρὸς τὸν πατέρα, Ἰησοῦν Χριστὸν δίκαιον·

2 καὶ αὐτὸς ἱλασμός ἐστι περὶ τῶν ἁμαρτιῶν ἡμῶν· οὐ περὶ τῶν ἡμετέρων δὲ μόνον, ἀλλὰ καὶ περὶ ὅλου τοῦ κόσμου.

3 Καὶ ἐν τούτῳ γινώσκομεν ὅτι ἐγνώκαμεν αὐτόν, ἐὰν τὰς ἐντολὰς αὐτοῦ τηρῶμεν.

4 ὁ λέγων Ἔγνωκα αὐτόν, καὶ τὰς ἐντολὰς αὐτοῦ μὴ τηρῶν, ψεύστης ἐστί, καὶ ἐν τούτῳ ἡ ἀλήθεια οὐκ ἔστιν·

5 ὃς δ᾽ ἂν τηρῇ αὐτοῦ τὸν λόγον, ἀληθῶς ἐν τούτῳ ἡ ἀγάπη τοῦ Θεοῦ τετελείωται. ἐν τούτῳ γινώσκομεν ὅτι ἐν αὐτῷ ἐσμεν·

6 ὁ λέγων ἐν αὐτῷ μένειν ὀφείλει, καθὼς ἐκεῖνος περιεπάτησε, καὶ αὐτὸς οὕτω περιπατεῖν.

7 Ἀδελφοί, οὐκ ἐντολὴν καινὴν γράφω ὑμῖν, ἀλλ᾽ ἐντολὴν παλαιάν, ἣν εἴχετε ἀπ᾽ ἀρχῆς· ἡ ἐντολὴ ἡ παλαιά ἐστιν ὁ λόγος ὃν ἠκούσατε ἀπ᾽ ἀρχῆς.

8 πάλιν ἐντολὴν καινὴν γράφω ὑμῖν, ὃ ἔστιν ἀληθὲς ἐν αὐτῷ, καὶ ἐν ὑμῖν· ὅτι ἡ σκοτία παράγεται, καὶ τὸ φῶς τὸ ἀληθινὸν ἤδη φαίνει.

9 ὁ λέγων ἐν τῷ φωτὶ εἶναι, καὶ τὸν ἀδελφὸν αὐτοῦ μισῶν, ἐν τῇ σκοτίᾳ ἐστὶν ἕως ἄρτι.

10 ὁ ἀγαπῶν τὸν ἀδελφὸν αὐτοῦ, ἐν τῷ φωτὶ μένει, καὶ σκάνδαλον ἐν αὐτῷ οὐκ ἔστιν.

11 ὁ δὲ μισῶν τὸν ἀδελφὸν αὐτοῦ, ἐν τῇ σκοτίᾳ ἐστί, καὶ ἐν τῇ σκοτίᾳ περιπατεῖ, καὶ οὐκ οἶδε ποῦ ὑπάγει, ὅτι ἡ σκοτία ἐτύφλωσε τοὺς ὀφθαλμοὺς αὐτοῦ.

12 Γράφω ὑμῖν, τεκνία, ὅτι ἀφέωνται ὑμῖν αἱ ἁμαρτίαι διὰ τὸ ὄνομα αὐτοῦ.

13 γράφω ὑμῖν, πατέρες, ὅτι ἐγνώκατε τὸν ἀπ᾽ ἀρχῆς. γράφω ὑμῖν, νεανίσκοι, ὅτι νενικήκατε τὸν πονηρόν. γράφω ὑμῖν παιδία ὅτι ἐγνώκατε τὸν πατέρα

14 ἔγραψα ὑμῖν, πατέρες, ὅτι ἐγνώκατε τὸν ἀπ ἀρχῆς ἔγραψα ὑμῖν, νεανίσκοι, ὅτι ἰσχυροί ἐστε καὶ ὁ λόγος τοῦ θεοῦ ἐν ὑμῖν μένει καὶ νενικήκατε τὸν πονηρόν

15 μὴ ἀγαπᾶτε τὸν κόσμον μηδὲ τὰ ἐν τῷ κόσμῳ. ἐάν τις ἀγαπᾷ τὸν κόσμον, οὐκ ἔστιν ἡ ἀγάπη τοῦ πατρὸς, ἐν αὐτῷ·

16 ὅτι πᾶν τὸ ἐν τῷ κόσμῳ, ἡ ἐπιθυμία τῆς σαρκὸς, καὶ ἡ ἐπιθυμία τῶν ὀφθαλμῶν, καὶ ἡ ἀλαζονεία τοῦ βίου, οὐκ ἔστιν ἐκ τοῦ πατρὸς ἀλλ᾽ ἐκ τοῦ κόσμου ἐστί.

17 καὶ ὁ κόσμος παράγεται, καὶ ἡ ἐπιθυμία αὐτοῦ· ὁ δὲ ποιῶν τὸ θέλημα τοῦ Θεοῦ μένει εἰς τὸν αἰῶνα.

18 Παιδία, ἐσχάτη ὥρα ἐστί, καὶ καθὼς ἠκούσατε ὅτι ὁ ἀντίχριστος ἔρχεται, καὶ νῦν ἀντίχριστοι πολλοὶ γεγόνασιν· ὅθεν γινώσκομεν ὅτι ἐσχάτη ὥρα ἐστίν.

19 ἐξ ἡμῶν ἐξῆλθον, ἀλλ᾽ οὐκ ἦσαν ἐξ ἡμῶν· εἰ γὰρ ἦσαν ἐξ ἡμῶν, μεμενήκεισαν ἂν μεθ᾽ ἡμῶν· ἀλλ᾽ ἵνα φανερωθῶσιν ὅτι οὐκ εἰσὶ πάντες ἐξ ἡμῶν.

20 καὶ ὑμεῖς χρῖσμα ἔχετε ἀπὸ τοῦ ἁγίου, καὶ οἴδατε πάντα.

21 οὐκ ἔγραψα ὑμῖν, ὅτι οὐκ οἴδατε τὴν ἀλήθειαν, ἀλλ᾽ ὅτι οἴδατε αὐτήν, καὶ ὅτι πᾶν ψεῦδος ἐκ τῆς ἀληθείας οὐκ ἔστι.

22 τίς ἔστιν ὁ ψεύστης, εἰ μὴ ὁ ἀρνούμενος ὅτι Ἰησοῦς οὐκ ἔστιν ὁ Χριστός; οὗτός ἐστιν ὁ ἀντίχριστος, ὁ ἀρνούμενος τὸν πατέρα καὶ τὸν υἱόν.

23 πᾶς ὁ ἀρνούμενος τὸν υἱὸν οὐδὲ τὸν πατέρα ἔχει· ὁ ὁμολογῶν τὸν υἱὸν καὶ τὸν πατέρα ἔχει.

24 ὑμεῖς οὖν ὃ ἠκούσατε ἀπ᾽ ἀρχῆς ἐν ὑμῖν μενέτω. ἐὰν ἐν ὑμῖν μείνῃ ὃ ἀπ᾽ ἀρχῆς ἠκούσατε, καὶ ὑμεῖς ἐν τῷ υἱῷ καὶ ἐν τῷ πατρὶ μενεῖτε.

25 καὶ αὕτη ἐστὶν ἡ ἐπαγγελία ἣν αὐτὸς ἐπηγγείλατο ἡμῖν, τὴν ζωὴν τὴν αἰώνιον.

26 ταῦτα ἔγραψα ὑμῖν περὶ τῶν πλανώντων ὑμᾶς.

27 καὶ ὑμεῖς τὸ χρῖσμα ὃ ἐλάβετε ἀπ᾽ αὐτοῦ ἐν ὑμῖν μένει, καὶ οὐ

ΙΩΑΝΝΟΥ ΕΠΙΣΤΟΛΗ Α

χρείαν ἔχετε ἵνα τις διδάσκῃ ὑμᾶς· ἀλλ' ὡς τὸ αὐτὸ χρῖσμα διδάσκει ὑμᾶς περὶ πάντων, καὶ ἀληθές ἐστι, καὶ οὐκ ἔστι ψεῦδος, καὶ καθὼς ἐδίδαξεν ὑμᾶς, μενεῖτε ἐν αὐτῷ.

28 καὶ νῦν, τεκνία, μένετε ἐν αὐτῷ· ἵνα ὅταν φανερωθῇ ἔχῶμεν παρρησίαν, καὶ μὴ αἰσχυνθῶμεν ἀπ' αὐτοῦ, ἐν τῇ παρουσίᾳ αὐτοῦ.

29 ἐὰν εἰδῆτε ὅτι δίκαιός ἐστι, γινώσκετε ὅτι πᾶς ὁ ποιῶν τὴν δικαιοσύνην, ἐξ αὐτοῦ γεγέννηται.

CHAPTER 3

1 Ἴδετε ποταπὴν ἀγάπην δέδωκεν ἡμῖν ὁ πατὴρ ἵνα τέκνα Θεοῦ κληθῶμεν. διὰ τοῦτο ὁ κόσμος οὐ γινώσκει ἡμᾶς, ὅτι οὐκ ἔγνω αὐτόν.

2 ἀγαπητοί, νῦν τέκνα Θεοῦ ἐσμεν, καὶ οὔπω ἐφανερώθη τί ἐσόμεθα. οἴδαμεν δὲ ὅτι ἐὰν φανερωθῇ, ὅμοιοι αὐτῷ ἐσόμεθα, ὅτι ὀψόμεθα αὐτὸν καθώς ἐστι.

3 καὶ πᾶς ὁ ἔχων τὴν ἐλπίδα ταύτην ἐπ' αὐτῷ, ἁγνίζει ἑαυτὸν, καθὼς ἐκεῖνος ἁγνός ἐστι.

4 πᾶς ὁ ποιῶν τὴν ἁμαρτίαν, καὶ τὴν ἀνομίαν ποιεῖ· καὶ ἡ ἁμαρτία ἐστὶν ἡ ἀνομία.

5 καὶ οἴδατε ὅτι ἐκεῖνος ἐφανερώθη, ἵνα τὰς ἁμαρτίας ἡμῶν ἄρῃ· καὶ ἁμαρτία ἐν αὐτῷ οὐκ ἔστι.

6 πᾶς ὁ ἐν αὐτῷ μένων οὐχ ἁμαρτάνει· πᾶς ὁ ἁμαρτάνων οὐχ ἑώρακεν αὐτὸν, οὐδὲ ἔγνωκεν αὐτόν.

7 τεκνία, μηδεὶς πλανάτω ὑμᾶς· ὁ ποιῶν τὴν δικαιοσύνην δίκαιός ἐστι, καθὼς ἐκεῖνος δίκαιός ἐστιν·

8 ὁ ποιῶν τὴν ἁμαρτίαν ἐκ τοῦ διαβόλου ἐστίν, ὅτι ἀπ' ἀρχῆς ὁ διάβολος ἁμαρτάνει. εἰς τοῦτο ἐφανερώθη ὁ υἱὸς τοῦ Θεοῦ, ἵνα λύσῃ τὰ ἔργα τοῦ διαβόλου.

9 πᾶς ὁ γεγεννημένος ἐκ τοῦ Θεοῦ ἁμαρτίαν οὐ ποιεῖ, ὅτι σπέρμα αὐτοῦ ἐν αὐτῷ μένει· καὶ οὐ δύναται ἁμαρτάνειν, ὅτι ἐκ τοῦ Θεοῦ γεγέννηται.

10 ἐν τούτῳ φανερά ἐστι τὰ τέκνα τοῦ Θεοῦ καὶ τὰ τέκνα τοῦ διαβόλου· πᾶς ὁ μὴ ποιῶν δικαιοσύνην, οὐκ ἔστιν ἐκ τοῦ Θεοῦ, καὶ ὁ μὴ ἀγαπῶν τὸν ἀδελφὸν αὐτοῦ.

11 ὅτι αὕτη ἐστὶν ἡ ἀγγελία ἣν ἠκούσατε ἀπ' ἀρχῆς, ἵνα ἀγαπῶμεν ἀλλήλους·

12 οὐ καθὼς Κάϊν ἐκ τοῦ πονηροῦ ἦν, καὶ ἔσφαξε τὸν ἀδελφὸν αὐτοῦ. καὶ χάριν τίνος ἔσφαξεν αὐτόν; ὅτι τὰ ἔργα αὐτοῦ πονηρὰ ἦν, τὰ δὲ τοῦ ἀδελφοῦ αὐτοῦ δίκαια.

13 Μὴ θαυμάζετε ἀδελφοί μου, εἰ μισεῖ ὑμᾶς ὁ κόσμος.

14 ἡμεῖς οἴδαμεν ὅτι μεταβεβήκαμεν ἐκ τοῦ θανάτου εἰς τὴν ζωήν, ὅτι ἀγαπῶμεν τοὺς ἀδελφούς. ὁ μὴ ἀγαπῶν τὸν ἀδελφὸν μένει ἐν τῷ θανάτῳ.

15 πᾶς ὁ μισῶν τὸν ἀδελφὸν αὐτοῦ ἀνθρωποκτόνος ἐστί· καὶ οἴδατε ὅτι πᾶς ἀνθρωποκτόνος οὐκ ἔχει ζωὴν αἰώνιον ἐν αὐτῷ μένουσαν.

420

16 ἐν τούτῳ ἐγνώκαμεν τὴν ἀγάπην τοῦ Θεοῦ, ὅτι εκεῖνος ὑπὲρ ἡμῶν τὴν ψυχὴν αὐτοῦ ἔθηκε· καὶ ἡμεῖς ὀφείλομεν ὑπὲρ τῶν ἀδελφῶν τὰς ψυχὰς τιθέναι.

17 ὅς δ' ἂν ἔχῃ τὸν βίον τοῦ κόσμου, καὶ θεωρῇ τὸν ἀδελφὸν αὐτοῦ χρείαν ἔχοντα, καὶ κλείσῃ τὰ σπλάγχνα αὐτοῦ ἀπ' αὐτοῦ, πῶς ἡ ἀγάπη τοῦ Θεοῦ μένει ἐν αὐτῷ;

18 τεκνία μου, μὴ ἀγαπῶμεν λόγῳ μηδὲ γλώσσῃ, ἀλλ' ἔργῳ καὶ ἀληθείᾳ.

19 καὶ ἐν τούτῳ γινώσκομεν ὅτι ἐκ τῆς ἀληθείας ἐσμέν, καὶ ἔμπροσθεν αὐτοῦ πείσομεν τὰς καρδίας ἡμῶν,

20 ὅτι ἐὰν καταγινώσκῃ ἡμῶν ἡ καρδία, ὅτι μείζων ἐστὶν ὁ Θεὸς τῆς καρδίας ἡμῶν καὶ γινώσκει πάντα.

21 ἀγαπητοί, ἐὰν ἡ καρδία ἡμῶν μὴ καταγινώσκῃ ἡμῶν, παρρησίαν ἔχομεν πρὸς τὸν Θεόν,

22 καὶ ὃ ἐὰν αἰτῶμεν, λαμβάνομεν παρ' αὐτοῦ, ὅτι τὰς ἐντολὰς αὐτοῦ τηροῦμεν, καὶ τὰ ἀρεστὰ ἐνώπιον αὐτοῦ ποιοῦμεν.

23 καὶ αὕτη ἐστὶν ἡ ἐντολὴ αὐτοῦ, ἵνα πιστεύσωμεν τῷ ὀνόματι τοῦ υἱοῦ αὐτοῦ Ἰησοῦ Χριστοῦ, καὶ ἀγαπῶμεν ἀλλήλους, καθὼς ἔδωκεν ἐντολὴν ἡμῖν.

24 καὶ ὁ τηρῶν τὰς ἐντολὰς αὐτοῦ, ἐν αὐτῷ μένει, καὶ αὐτὸς ἐν αὐτῷ. καὶ ἐν τούτῳ γινώσκομεν ὅτι μένει ἐν ἡμῖν, ἐκ τοῦ Πνεύματος οὗ ἡμῖν ἔδωκεν.

CHAPTER 4

1 Ἀγαπητοί, μὴ παντὶ πνεύματι πιστεύετε, ἀλλὰ δοκιμάζετε τὰ πνεύματα, εἰ ἐκ τοῦ Θεοῦ ἐστιν· ὅτι πολλοὶ ψευδοπροφῆται ἐξεληλύθασιν εἰς τὸν κόσμον.

2 ἐν τούτῳ γινώσκετε τὸ Πνεῦμα τοῦ Θεοῦ· πᾶν πνεῦμα ὃ ὁμολογεῖ Ἰησοῦν Χριστὸν ἐν σαρκὶ ἐληλυθότα, ἐκ τοῦ Θεοῦ ἐστι·

3 καὶ πᾶν πνεῦμα ὃ μὴ ὁμολογεῖ τὸν Ἰησοῦν Χριστὸν ἐν σαρκὶ ἐληλυθότα, ἐκ τοῦ Θεοῦ οὐκ ἔστι· καὶ τοῦτό ἐστι τὸ τοῦ ἀντιχρίστου, ὃ ἀκηκόατε ὅτι ἔρχεται, καὶ νῦν ἐν τῷ κόσμῳ ἐστὶν ἤδη.

4 ὑμεῖς ἐκ τοῦ Θεοῦ ἐστε, τεκνία, καὶ νενικήκατε αὐτούς· ὅτι μείζων ἐστὶν ὁ ἐν ὑμῖν ἢ ὁ ἐν τῷ κόσμῳ.

5 αὐτοὶ ἐκ τοῦ κόσμου εἰσί· διὰ τοῦτο ἐκ τοῦ κόσμου λαλοῦσι καὶ ὁ κόσμος αὐτῶν ἀκούει.

6 ἡμεῖς ἐκ τοῦ Θεοῦ ἐσμεν· ὁ γινώσκων τὸν Θεόν, ἀκούει ἡμῶν· ὃς οὐκ ἔστιν ἐκ τοῦ Θεοῦ, οὐκ ἀκούει ἡμῶν. ἐκ τούτου γινώσκομεν τὸ πνεῦμα τῆς ἀληθείας καὶ τὸ πνεῦμα τῆς πλάνης.

7 Ἀγαπητοί, ἀγαπῶμεν ἀλλήλους· ὅτι ἡ ἀγάπη ἐκ τοῦ Θεοῦ ἐστι, καὶ πᾶς ὁ ἀγαπῶν, ἐκ τοῦ Θεοῦ γεγέννηται, καὶ γινώσκει τὸν Θεόν.

8 ὁ μὴ ἀγαπῶν, οὐκ ἔγνω τὸν Θεόν· ὅτι ὁ Θεὸς ἀγάπη ἐστίν.

9 ἐν τούτῳ ἐφανερώθη ἡ ἀγάπη τοῦ Θεοῦ ἐν ἡμῖν, ὅτι τὸν υἱὸν αὐτοῦ τὸν μονογενῆ ἀπέσταλκεν ὁ

ΙΩΑΝΝΟΥ ΕΠΙΣΤΟΛΗ Α

Θεὸς εἰς τὸν κόσμον, ἵνα ζήσωμεν δι' αὐτοῦ.

10 ἐν τούτῳ ἐστὶν ἡ ἀγάπη, οὐχ ὅτι ἡμεῖς ἠγαπήσαμεν τὸν Θεόν, ἀλλ' ὅτι αὐτὸς ἠγάπησεν ἡμᾶς, καὶ ἀπέστειλε τὸν υἱὸν αὐτοῦ ἱλασμὸν περὶ τῶν ἁμαρτιῶν ἡμῶν.

11 ἀγαπητοί, εἰ οὕτως ὁ Θεὸς ἠγάπησεν ἡμᾶς, καὶ ἡμεῖς ὀφείλομεν ἀλλήλους ἀγαπᾶν.

12 Θεὸν οὐδεὶς πώποτε τεθέαται· ἐὰν ἀγαπῶμεν ἀλλήλους, ὁ Θεὸς ἐν ἡμῖν μένει, καὶ ἡ ἀγάπη αὐτοῦ, τετελειωμένη ἐστιν ἐν ἡμῖν.

13 ἐν τούτῳ γινώσκομεν ὅτι ἐν αὐτῷ μένομεν, καὶ αὐτὸς ἐν ἡμῖν, ὅτι ἐκ τοῦ Πνεύματος αὐτοῦ δέδωκεν ἡμῖν.

14 καὶ ἡμεῖς τεθεάμεθα καὶ μαρτυροῦμεν ὅτι ὁ πατὴρ ἀπέσταλκε τὸν υἱὸν σωτῆρα τοῦ κόσμου.

15 ὃς ἂν ὁμολογήσῃ ὅτι Ἰησοῦς ἐστιν ὁ υἱὸς τοῦ Θεοῦ, ὁ Θεὸς ἐν αὐτῷ μένει, καὶ αὐτὸς ἐν τῷ Θεῷ.

16 καὶ ἡμεῖς ἐγνώκαμεν καὶ πεπιστεύκαμεν τὴν ἀγάπην ἣν ἔχει ὁ Θεὸς ἐν ἡμῖν. Ὁ Θεὸς ἀγάπη ἐστί, καὶ ὁ μένων ἐν τῇ ἀγάπῃ ἐν τῷ Θεῷ μένει καὶ ὁ Θεὸς ἐν αὐτῷ.

17 ἐν τούτῳ τετελείωται ἡ ἀγάπη, μεθ' ἡμῶν, ἵνα παρρησίαν ἔχωμεν ἐν τῇ ἡμέρᾳ τῆς κρίσεως, ὅτι καθὼς ἐκεῖνός ἐστι, καὶ ἡμεῖς ἐσμεν ἐν τῷ κόσμῳ τούτῳ.

18 φόβος οὐκ ἔστιν ἐν τῇ ἀγάπῃ, ἀλλ' ἡ τελεία ἀγάπη ἔξω βάλλει τὸν φόβον, ὅτι ὁ φόβος κόλασιν ἔχει· ὁ δὲ φοβούμενος οὐ τετελείωται ἐν τῇ ἀγάπῃ.

19 ἡμεῖς ἀγαπῶμεν αὐτόν, ὅτι αὐτὸς πρῶτος ἠγάπησεν ἡμᾶς.

20 ἐάν τις εἴπῃ, ὅτι Ἀγαπῶ τὸν Θεόν, καὶ τὸν ἀδελφὸν αὐτοῦ μισῇ, ψεύστης ἐστίν· ὁ γὰρ μὴ ἀγαπῶν τὸν ἀδελφὸν αὐτοῦ ὃν ἑώρακε, τὸν Θεὸν ὃν οὐχ ἑώρακε πῶς δύναται ἀγαπᾶν;

21 καὶ ταύτην τὴν ἐντολὴν ἔχομεν ἀπ' αὐτοῦ, ἵνα ὁ ἀγαπῶν τὸν Θεόν, ἀγαπᾷ καὶ τὸν ἀδελφὸν αὐτοῦ.

CHAPTER 5

1 Πᾶς ὁ πιστεύων ὅτι Ἰησοῦς ἐστιν ὁ Χριστὸς ἐκ τοῦ Θεοῦ γεγέννηται· καὶ πᾶς ὁ ἀγαπῶν τὸν γεννήσαντα ἀγαπᾷ καὶ τὸν γεγεννημένον ἐξ αὐτοῦ.

2 ἐν τούτῳ γινώσκομεν ὅτι ἀγαπῶμεν τὰ τέκνα τοῦ Θεοῦ, ὅταν τὸν Θεὸν ἀγαπῶμεν, καὶ τὰς ἐντολὰς αὐτοῦ τηρῶμεν·

3 αὕτη γάρ ἐστιν ἡ ἀγάπη τοῦ Θεοῦ, ἵνα τὰς ἐντολὰς αὐτοῦ τηρῶμεν· καὶ αἱ ἐντολαὶ αὐτοῦ βαρεῖαι οὐκ εἰσίν.

4 ὅτι πᾶν τὸ γεγεννημένον ἐκ τοῦ Θεοῦ νικᾷ τὸν κόσμον· καὶ αὕτη ἐστὶν ἡ νίκη ἡ νικήσασα τὸν κόσμον, ἡ πίστις ἡμῶν.

5 τίς ἐστιν ὁ νικῶν τὸν κόσμον, εἰ μὴ ὁ πιστεύων ὅτι Ἰησοῦς ἐστιν ὁ υἱὸς τοῦ Θεοῦ;

6 οὗτός ἐστιν ὁ ἐλθὼν δι' ὕδατος καὶ αἵματος, Ἰησοῦς ὁ Χριστός· οὐκ ἐν τῷ ὕδατι μόνον, ἀλλ' ἐν τῷ

ὕδατι καὶ τῷ αἵματι καὶ τὸ Πνεῦμά ἐστι τὸ μαρτυροῦν, ὅτι τὸ Πνεῦμά ἐστιν ἡ ἀλήθεια.

7 ὅτι τρεῖς εἰσιν οἱ μαρτυροῦντες εν τῷ οὐρανῷ, ὁ πατήρ, ὁ λόγος, καὶ τὸ Ἅγιον Πνεῦμα· καὶ οὗτοι οἱ τρεῖς ἕν εἰσι.

8 καὶ τρεῖς εἰσιν οἱ μαρτυροῦντες ἐν τῇ γῇ, τὸ Πνεῦμα, καὶ τὸ ὕδωρ, καὶ τὸ αἷμα· καὶ οἱ τρεῖς εἰς τὸ ἕν εἰσιν.

9 εἰ τὴν μαρτυρίαν τῶν ἀνθρώπων λαμβάνομεν, ἡ μαρτυρία τοῦ Θεοῦ μείζων ἐστίν· ὅτι αὕτη ἐστὶν ἡ μαρτυρία τοῦ Θεοῦ, ἥν μεμαρτύρηκε περὶ τοῦ υἱοῦ αὐτοῦ.

10 ὁ πιστεύων εἰς τὸν υἱὸν τοῦ Θεοῦ ἔχει τὴν μαρτυρίαν ἐν ἑαυτῷ· ὁ μὴ πιστεύων τῷ Θεῷ, ψεύστην πεποίηκεν αὐτόν, ὅτι οὐ πεπίστευκεν εἰς τὴν μαρτυρίαν, ἥν μεμαρτύρηκεν ὁ Θεὸς περὶ τοῦ υἱοῦ αὐτοῦ.

11 καὶ αὕτη ἐστὶν ἡ μαρτυρία, ὅτι ζωὴν αἰώνιον ἔδωκεν ἡμῖν ὁ Θεός, καὶ αὕτη ἡ ζωὴ ἐν τῷ υἱῷ αὐτοῦ ἐστιν.

12 ὁ ἔχων τὸν υἱόν, ἔχει τὴν ζωήν· ὁ μὴ ἔχων τὸν υἱὸν τοῦ Θεοῦ τὴν ζωὴν οὐκ ἔχει.

13 Ταῦτα ἔγραψα ὑμῖν, τοῖς πιστεύουσιν εἰς τὸ ὄνομα τοῦ υἱοῦ τοῦ Θεοῦ, ἵνα εἰδῆτε ὅτι ζωὴν ἔχετε αἰώνιον, καὶ ἵνα πιστεύητε εἰς τὸ ὄνομα τοῦ υἱοῦ τοῦ Θεοῦ.

14 καὶ αὕτη ἐστὶν ἡ παρρησία ἥν ἔχομεν πρὸς αὐτόν, ὅτι ἐάν τι αἰτώμεθα κατὰ τὸ θέλημα αὐτοῦ, ἀκούει ἡμῶν·

15 καὶ ἐὰν οἴδαμεν ὅτι ἀκούει ἡμῶν, ὃ ἂν αἰτώμεθα, οἴδαμεν ὅτι ἔχομεν τὰ αἰτήματα ἃ ᾐτήκαμεν παρ' αὐτοῦ.

16 ἐάν τις ἴδῃ τὸν ἀδελφὸν αὐτοῦ ἁμαρτάνοντα ἁμαρτίαν μὴ πρὸς θάνατον, αἰτήσει, καὶ δώσει αὐτῷ ζωήν, τοῖς ἁμαρτάνουσι μὴ πρὸς θάνατον. ἔστιν ἁμαρτία πρὸς θάνατον· οὐ περὶ ἐκείνης λέγω ἵνα ἐρωτήσῃ.

17 πᾶσα ἀδικία ἁμαρτία ἐστί· καὶ ἔστιν ἁμαρτία οὐ πρὸς θάνατον.

18 Οἴδαμεν ὅτι πᾶς ὁ γεγεννημένος ἐκ τοῦ Θεοῦ οὐχ ἁμαρτάνει· ἀλλ' ὁ γεννηθεὶς ἐκ τοῦ Θεοῦ τηρεῖ ἑαυτόν, καὶ ὁ πονηρὸς οὐχ ἅπτεται αὐτοῦ.

19 οἴδαμεν ὅτι ἐκ τοῦ Θεοῦ ἐσμεν, καὶ ὁ κόσμος ὅλος ἐν τῷ πονηρῷ κεῖται.

20 οἴδαμεν δὲ ὅτι ὁ υἱὸς τοῦ Θεοῦ ἥκει, καὶ δέδωκεν ἡμῖν διάνοιαν ἵνα γινώσκωμεν τὸν ἀληθινόν· καὶ ἐσμὲν ἐν τῷ ἀληθινῷ, ἐν τῷ υἱῷ αὐτοῦ Ἰησοῦ Χριστῷ. οὗτός ἐστιν ὁ ἀληθινὸς Θεός, καὶ ἥ ζωὴ αἰώνιος.

21 Τεκνία, φυλάξατε ἑαυτοὺς ἀπὸ τῶν εἰδώλων. ἀμήν.

ΙΩΑΝΝΟΥ ΕΠΙΣΤΟΛΥΗ ΔΕΥΤΕΡΑ

ΙΩΑ Β CHAPTER 1

Ὁ πρεσβύτερος ἐκλεκτῇ κυρίᾳ, καὶ τοῖς τέκνοις αὐτῆς, οὓς ἐγὼ ἀγαπῶ ἐν ἀληθείᾳ, καὶ οὐκ ἐγὼ μόνος ἀλλὰ καὶ πάντες οἱ ἐγνωκότες τὴν ἀλήθειαν,

2 διὰ τὴν ἀλήθειαν τὴν μένουσαν ἐν ἡμῖν, καὶ μεθ' ἡμῶν ἔσται εἰς τὸν αἰῶνα·

3 ἔσται μεθ' ὑμῶν χάρις, ἔλεος, εἰρήνη παρὰ Θεοῦ πατρός, καὶ παρὰ Κυρίου Ἰησοῦ Χριστοῦ τοῦ υἱοῦ τοῦ πατρός, ἐν ἀληθείᾳ καὶ ἀγάπῃ.

4 Ἐχάρην λίαν ὅτι εὕρηκα ἐκ τῶν τέκνων σου περιπατοῦντας ἐν ἀληθείᾳ, καθὼς ἐντολὴν ἐλάβομεν παρὰ τοῦ πατρός.

5 καὶ νῦν ἐρωτῶ σε, κυρία, οὐχ ὡς ἐντολὴν γράφων σοι καινήν, ἀλλὰ ἣν εἴχομεν ἀπ' ἀρχῆς, ἵνα ἀγαπῶμεν ἀλλήλους.

6 καὶ αὕτη ἐστὶν ἡ ἀγάπη, ἵνα περιπατῶμεν κατὰ τὰς ἐντολὰς αὐτοῦ. αὕτη ἐστὶν ἡ ἐντολή, καθὼς ἠκούσατε ἀπ' ἀρχῆς, ἵνα ἐν αὐτῇ περιπατῆτε.

7 ὅτι πολλοὶ πλάνοι εἰσῆλθόν εἰς τὸν κόσμον, οἱ μὴ ὁμολογοῦντες Ἰησοῦν Χριστὸν ἐρχόμενον ἐν σαρκί. οὗτός ἐστιν ὁ πλάνος καὶ ὁ ἀντίχριστος.

8 βλέπετε ἑαυτούς, ἵνα μὴ ἀπολέσωμεν ἃ εἰργασάμεθα, ἀλλὰ μισθὸν πλήρη ἀπολάβωμεν.

9 πᾶς ὁ παραβαίνων καὶ μὴ μένων ἐν τῇ διδαχῇ τοῦ Χριστοῦ, Θεὸν οὐκ ἔχει· ὁ μένων ἐν τῇ διδαχῇ τοῦ Χριστοῦ, οὗτος καὶ τὸν πατέρα καὶ τὸν υἱὸν ἔχει.

10 εἴ τις ἔρχεται πρὸς ὑμᾶς, καὶ ταύτην τὴν διδαχὴν οὐ φέρει, μὴ λαμβάνετε αὐτὸν εἰς οἰκίαν, καὶ χαίρειν αὐτῷ μὴ λέγετε·

11 ὁ γὰρ λέγων αὐτῷ χαίρειν, κοινωνεῖ τοῖς ἔργοις αὐτοῦ τοῖς πονηροῖς.

12 Πολλὰ ἔχων ὑμῖν γράφειν, οὐκ ἠβουλήθην διὰ χάρτου καὶ μέλανος· ἀλλὰ ἐλπίζω ἐλθεῖν πρὸς ὑμᾶς, καὶ στόμα πρὸς στόμα λαλῆσαι, ἵνα ἡ χαρὰ ἡμῶν ᾖ πεπληρωμένη.

13 ἀσπάζεταί σε τὰ τέκνα τῆς ἀδελφῆς σου τῆς Ἐκλεκτῆς. ἀμήν.

ΙΩΑΝΝΟΥ ΕΠΙΣΤΟΛΗ ΤΡΙΤΗ

ΙΩΑ Γ CHAPTER 1

Ὁ πρεσβύτερος Γαΐῳ τῷ ἀγαπητῷ, ὃν ἐγὼ ἀγαπῶ ἐν ἀληθείᾳ.

2 Ἀγαπητέ, περὶ πάντων εὔχομαί σε εὐοδοῦσθαι καὶ ὑγιαίνειν, καθὼς εὐοδοῦταί σου ἡ ψυχή.

3 ἐχάρην γὰρ λίαν, ἐρχομένων ἀδελφῶν, καὶ μαρτυρούντων σου τῇ ἀληθείᾳ, καθὼς σὺ ἐν ἀληθείᾳ περιπατεῖς.

4 μειζοτέραν τούτων οὐκ ἔχω χαράν, ἵνα ἀκούω τὰ ἐμὰ τέκνα ἐν ἀληθείᾳ περιπατοῦντα.

5 Ἀγαπητέ, πιστὸν ποιεῖς ὃ ἐὰν ἐργάσῃ εἰς τοὺς ἀδελφοὺς καὶ εἰς τοὺς ξένους,

6 οἳ ἐμαρτύρησάν σου τῇ ἀγάπῃ ἐνώπιον ἐκκλησίας· οὓς καλῶς ποιήσεις προπέμψας ἀξίως τοῦ Θεοῦ.

7 ὑπὲρ γὰρ τοῦ ὀνόματος αὐτοῦ ἐξῆλθον μηδὲν λαμβάνοντες ἀπὸ τῶν ἐθνῶν.

8 ἡμεῖς οὖν ὀφείλομεν ἀπολαμβάνειν τοὺς τοιούτους, ἵνα συνεργοὶ γινώμεθα τῇ ἀληθείᾳ.

9 Ἔγραψά τῇ ἐκκλησίᾳ· ἀλλ᾽ ὁ φιλοπρωτεύων αὐτῶν Διοτρέφης οὐκ ἐπιδέχεται ἡμᾶς.

10 διὰ τοῦτο, ἐὰν ἔλθω, ὑπομνήσω αὐτοῦ τὰ ἔργα ἃ ποιεῖ, λόγοις πονηροῖς φλυαρῶν ἡμᾶς· καὶ μὴ ἀρκούμενος ἐπὶ τούτοις, οὔτε αὐτὸς ἐπιδέχεται τοὺς ἀδελφοὺς, καὶ τοὺς βουλομένους κωλύει, καὶ ἐκ τῆς ἐκκλησίας ἐκβάλλει.

11 ἀγαπητέ, μὴ μιμοῦ τὸ κακὸν, ἀλλὰ τὸ ἀγαθόν. ὁ ἀγαθοποιῶν ἐκ τοῦ Θεοῦ ἐστιν· ὁ δὲ κακοποιῶν οὐχ ἑώρακε τὸν Θεόν.

12 Δημητρίῳ μεμαρτύρηται ὑπὸ πάντων, καὶ ὑπ᾽ αὐτῆς τῆς ἀληθείας· καὶ ἡμεῖς δὲ μαρτυροῦμεν, καὶ οἴδατε ὅτι ἡ μαρτυρία ἡμῶν ἀληθής ἐστι.

13 Πολλὰ εἶχον γράφειν, ἀλλ᾽ οὐ θέλω διὰ μέλανος καὶ καλάμου σοι γράψαι·

14 ἐλπίζω δὲ εὐθέως ἰδεῖν σε, καὶ στόμα πρὸς στόμα λαλήσομεν. εἰρήνη σοί ἀσπάζονταί σε οἱ φίλοι ἀσπάζου τοὺς φίλους κατ᾽ ὄνομα

ΙΟΥΔΑ ΕΠΙΣΤΟΛΗ

1 ούδας Ἰησοῦ Χριστοῦ δοῦλος, ἀδελφὸς δὲ Ἰακώβου, τοῖς ἐν Θεῷ πατρὶ ἡγίασμένοις, καὶ Ἰησοῦ Χριστῷ τετηρημένοις, κλητοῖς·

2 ἔλεος ὑμῖν καὶ εἰρήνη καὶ ἀγάπη πληθυνθείη.

3 Ἀγαπητοί, πᾶσαν σπουδὴν ποιούμενος γράφειν ὑμῖν περὶ τῆς κοινῆς σωτηρίας, ἀνάγκην ἔσχον γράψαι ὑμῖν παρακαλῶν ἐπαγωνίζεσθαι τῇ ἅπαξ παραδοθείσῃ τοῖς ἁγίοις πίστει.

4 παρεισέδυσαν γάρ τινες ἄνθρωποι, οἱ πάλαι προγεγραμμένοι εἰς τοῦτο τὸ κρίμα, ἀσεβεῖς, τὴν τοῦ Θεοῦ ἡμῶν χάριν μετατιθέντες εἰς ἀσέλγειαν, καὶ τὸν μόνον δεσπότην Θεόν, καὶ Κύριον ἡμῶν Ἰησοῦν Χριστὸν ἀρνούμενοι.

5 Ὑπομνῆσαι δὲ ὑμᾶς βούλομαι, εἰδότας ὑμᾶς ἅπαξ τοῦτο, ὅτι ὁ Κύριος, λαὸν ἐκ γῆς Αἰγύπτου σώσας, τὸ δεύτερον τοὺς μὴ πιστεύσαντας ἀπώλεσεν.

6 ἀγγέλους τε τοὺς μὴ τηρήσαντας τὴν ἑαυτῶν ἀρχήν, ἀλλὰ ἀπολιπόντας τὸ ἴδιον οἰκητήριον, εἰς κρίσιν μεγάλης ἡμέρας, δεσμοῖς ἀϊδίοις ὑπὸ ζόφον τετήρηκεν.

7 ὡς Σόδομα καὶ Γόμορρα, καὶ αἱ περὶ αὐτὰς πόλεις τὸν ὅμοιον τούτοις τρόπον ἐκπορνεύσασαι, καὶ ἀπελθοῦσαι ὀπίσω σαρκὸς ἑτέρας, πρόκεινται δεῖγμα, πυρὸς αἰωνίου δίκην ὑπέχουσαι.

8 ὁμοίως μέντοι καὶ οὗτοι ἐνυπνιαζόμενοι σάρκα μὲν μιαίνουσι, κυριότητα δὲ ἀθετοῦσι, δόξας δὲ βλασφημοῦσιν.

9 ὁ δὲ Μιχαὴλ ὁ ἀρχάγγελος, ὅτε τῷ διαβόλῳ διακρινόμενος διελέγετο περὶ τοῦ Μωσέως σώματος, οὐκ ἐτόλμησε κρίσιν ἐπενεγκεῖν βλασφημίας, ἀλλ' εἶπεν, Ἐπιτιμήσαι σοι Κύριος.

10 οὗτοι δὲ ὅσα μὲν οὐκ οἴδασι βλασφημοῦσιν· ὅσα δὲ φυσικῶς, ὡς τὰ ἄλογα ζῶα ἐπίστανται, ἐν τούτοις φθείρονται.

11 οὐαὶ αὐτοῖς· ὅτι τῇ ὁδῷ τοῦ Κάϊν ἐπορεύθησαν, καὶ τῇ πλάνῃ τοῦ Βαλαὰμ μισθοῦ ἐξεχύθησαν, καὶ τῇ ἀντιλογίᾳ τοῦ Κόρε ἀπώλοντο.

12 οὗτοί εἰσιν ἐν ταῖς ἀγάπαις ὑμῶν σπιλάδες, συνευωχούμενοι ὑμῖν, ἀφόβως ἑαυτοὺς ποιμαίνοντες· νεφέλαι ἄνυδροι, ὑπὸ ἀνέμων περιφερόμεναι· δένδρα φθινοπωρινὰ, ἄκαρπα, δὶς ἀποθανόντα, ἐκριζωθέντα·

13 κύματα ἄγρια θαλάσσης, ἐπαφρίζοντα τὰς ἑαυτῶν αἰσχύνας· ἀστέρες πλανῆται, οἷς ὁ ζόφος τοῦ σκότους εἰς τὸν αἰῶνα τετήρηται.

14 προεφήτευσε δὲ καὶ τούτοις ἕβδομος ἀπὸ Ἀδὰμ Ἐνὼχ λέγων, Ἰδοὺ, ἦλθε Κύριος ἐν μυριάσιν ἁγίαις αὐτοῦ,

ΙΟΥΔΑ ΕΠΙΣΤΟΛΗ

15 ποιῆσαι κρίσιν κατὰ πάντων, καὶ ἐξελέγξαι πάντας τοὺς ἀσεβεῖς αὐτῶν περὶ πάντων τῶν ἔργων ἀσεβείας αὐτῶν ὧν ἠσέβησαν, καὶ περὶ πάντων τῶν σκληρῶν ὧν ἐλάλησαν κατ' αὐτοῦ ἁμαρτωλοὶ ἀσεβεῖς.

16 οὗτοί εἰσι γογγυσταί, μεμψίμοιροι, κατὰ τὰς ἐπιθυμίας αὐτῶν πορευόμενοι, καὶ τὸ στόμα αὐτῶν λαλεῖ ὑπέρογκα, θαυμάζοντες πρόσωπα, ὠφελείας χάριν.

17 Ὑμεῖς δέ ἀγαπητοί, μνήσθητε τῶν ῥημάτων τῶν προειρημένων ὑπὸ τῶν ἀποστόλων τοῦ Κυρίου ἡμῶν Ἰησοῦ Χριστοῦ·

18 ὅτι ἔλεγον ὑμῖν, ὅτι ἐν ἐσχάτῳ χρόνῳ ἔσονται ἐμπαῖκται, κατὰ τὰς ἑαυτῶν ἐπιθυμίας πορευόμενοι τῶν ἀσεβειῶν.

19 οὗτοί εἰσιν οἱ ἀποδιορίζοντες ἑαυτούς, ψυχικοί, Πνεῦμα μὴ ἔχοντες.

20 ὑμεῖς δέ, ἀγαπητοί, τῇ ἁγιωτάτῃ ὑμῶν πίστει ἐποικοδομοῦντες ἑαυτούς, ἐν Πνεύματι Ἁγίῳ προσευχόμενοι,

21 ἑαυτοὺς ἐν ἀγάπῃ Θεοῦ τηρήσατε, προσδεχόμενοι τὸ ἔλεος τοῦ Κυρίου ἡμῶν Ἰησοῦ Χριστοῦ εἰς ζωὴν αἰώνιον.

22 καὶ οὓς μὲν ἐλεεῖτε διακρινόμενοι·

23 οὓς δὲ ἐν φόβῳ σῴζετε ἐκ τοῦ πυρὸς ἁρπάζοντες, μισοῦντες καὶ τὸν ἀπὸ τῆς σαρκὸς ἐσπιλωμένον χιτῶνα.

24 Τῷ δὲ δυναμένῳ φυλάξαι ὑμᾶς ἀπταίστους, καὶ στῆσαι κατενώπιον τῆς δόξης αὐτοῦ ἀμώμους ἐν ἀγαλλιάσει,

25 μόνῳ σοφῷ Θεῷ σωτῆρι ἡμῶν, δόξα καὶ μεγαλωσύνη, κράτος καὶ ἐξουσία, καὶ νῦν καὶ εἰς πάντας τοὺς αἰῶνας. ἀμήν.

ΑΠΟΚΑΛΥΨΙΣ ΙΩΑΝΝΟΥ

ΑΠΟ CHAPTER 1

Ἀποκάλυψις Ἰησοῦ Χριστοῦ, ἣν ἔδωκεν αὐτῷ ὁ Θεός, δεῖξαι τοῖς δούλοις αὐτοῦ, ἃ δεῖ γενέσθαι ἐν τάχει, καὶ ἐσήμανεν ἀποστείλας διὰ τοῦ ἀγγέλου αὐτοῦ τῷ δούλῳ αὐτοῦ Ἰωάννῃ,

2 ὃς ἐμαρτύρησε τὸν λόγον τοῦ Θεοῦ, καὶ τὴν μαρτυρίαν Ἰησοῦ Χριστοῦ, ὅσα τε εἶδε.

3 μακάριος ὁ ἀναγινώσκων, καὶ οἱ ἀκούοντες τοὺς λόγους τῆς προφητείας. καὶ τηροῦντες τὰ ἐν αὐτῇ γεγραμμένα· ὁ γὰρ καιρὸς ἐγγύς.

4 Ἰωάννης ταῖς ἑπτὰ ἐκκλησίαις ταῖς ἐν τῇ Ἀσίᾳ· χάρις ὑμῖν καὶ εἰρήνη ἀπὸ τοῦ ὁ ὢν καὶ ὁ ἦν καὶ ὁ ἐρχόμενος· καὶ ἀπὸ τῶν ἑπτὰ πνευμάτων, ἃ ἐστιν ἐνώπιον τοῦ θρόνου αὐτοῦ·

5 καὶ ἀπὸ Ἰησοῦ Χριστοῦ, ὁ μάρτυς ὁ πιστός, ὁ πρωτότοκος ἐκ τῶν νεκρῶν καὶ ὁ ἄρχων τῶν βασιλέων τῆς γῆς. τῷ ἀγαπήσαντι ἡμᾶς, καὶ λούσαντι ἡμᾶς ἀπὸ τῶν ἁμαρτιῶν ἡμῶν ἐν τῷ αἵματι αὐτοῦ·

6 καὶ ἐποίησεν ἡμᾶς βασιλεῖς καὶ ἱερεῖς τῷ Θεῷ καὶ πατρὶ αὐτοῦ· αὐτῷ ἡ δόξα καὶ τὸ κράτος εἰς τοὺς αἰῶνας τῶν αἰώνων. ἀμήν.

7 ἰδοὺ ἔρχεται μετὰ τῶν νεφελῶν, καὶ ὄψεται αὐτὸν πᾶς ὀφθαλμός, καὶ οἵτινες αὐτὸν ἐξεκέντησαν· καὶ κόψονται ἐπ᾽ αὐτὸν πᾶσαι αἱ φυλαὶ τῆς γῆς. ναί, ἀμήν.

8 Ἐγώ εἰμι τὸ Α καὶ τὸ Ω, ἀρχὴ καὶ τέλος, λέγει ὁ Κύριος, ὁ ὢν καὶ ὁ ἦν καὶ ὁ ἐρχόμενος, ὁ παντοκράτωρ.

9 Ἐγὼ Ἰωάννης, ὁ καὶ ἀδελφὸς ὑμῶν, καὶ συγκοινωνὸς ἐν τῇ θλίψει καὶ ἐν τῇ βασιλείᾳ καὶ ὑπομονῇ Ἰησοῦ Χριστοῦ, ἐγενόμην ἐν τῇ νήσῳ τῇ καλουμένῃ Πάτμῳ, διὰ τὸν λόγον τοῦ Θεοῦ καὶ διὰ τὴν μαρτυρίαν Ἰησοῦ Χριστοῦ.

10 ἐγενόμην ἐν Πνεύματι ἐν τῇ Κυριακῇ ἡμέρᾳ· καὶ ἤκουσα ὀπίσω μου φωνὴν μεγάλην ὡς σάλπιγγος,

11 λεγούσης, Ἐγώ εἰμι τὸ Α καὶ τὸ Ω, ὁ πρῶτος καὶ ὁ ἔσχατος· καὶ Ὃ βλέπεις γράψον, εἰς βιβλίον, καὶ πέμψον ταῖς ἑπτὰ ἐκκλησίαις ταῖς ἐν Ἀσίᾳ, εἰς Ἔφεσον, καὶ εἰς Σμύρναν, καὶ εἰς Πέργαμον, καὶ εἰς Θυάτειρα, καὶ εἰς Σάρδεις, καὶ εἰς Φιλαδέλφειαν, καὶ εἰς Λαοδίκειαν.

12 καὶ ἐπέστρεψα βλέπειν τὴν φωνὴν ἥτις ἐλάλησε μετ᾽ ἐμοῦ. καὶ ἐπιστρέψας εἶδον ἑπτὰ λυχνίας χρυσᾶς,

13 καὶ ἐν μέσῳ τῶν ἑπτὰ λυχνιῶν ὅμοιον υἱῷ ἀνθρώπου, ἐνδεδυμένον ποδήρη καὶ περιεζωσμένον πρὸς τοῖς μαστοῖς ζώνην χρυσῆν·

14 ἡ δὲ κεφαλὴ αὐτοῦ καὶ αἱ τρίχες λευκαὶ ὡσεὶ ἔριον λευκόν, ὡς χιών· καὶ οἱ ὀφθαλμοὶ αὐτοῦ ὡς φλὸξ πυρός,

15 καὶ οἱ πόδες αὐτοῦ ὅμοιοι χαλκολιβάνῳ ὡς ἐν καμίνῳ

πεπυρωμένοι· καὶ ἡ φωνὴ αὐτοῦ ὡς φωνὴ ὑδάτων πολλῶν·

16 καὶ ἔχων ἐν τῇ δεξιᾷ αὐτοῦ χειρὶ ἀστέρας ἑπτά, καὶ ἐκ τοῦ στόματος αὐτοῦ ῥομφαία δίστομος ὀξεῖα ἐκπορευομένη· καὶ ἡ ὄψις αὐτοῦ, ὡς ὁ ἥλιος φαίνει ἐν τῇ δυνάμει αὐτοῦ.

17 καὶ ὅτε εἶδον αὐτόν, ἔπεσα πρὸς τοὺς πόδας αὐτοῦ ὡς νεκρός· καὶ ἐπέθηκε τὴν δεξιὰν αὐτοῦ χεῖρα ἐπ' ἐμὲ λέγων μοι, Μὴ φοβοῦ· ἐγώ εἰμι ὁ πρῶτος καὶ ὁ ἔσχατος,

18 καὶ ὁ ζῶν· καὶ ἐγενόμην νεκρὸς καὶ ἰδού, ζῶν εἰμι εἰς τοὺς αἰῶνας τῶν αἰώνων, ἀμήν· καὶ ἔχω τὰς κλεῖς τοῦ ᾅδου καὶ τοῦ θανάτου.

19 γράψον ἃ εἶδες, καὶ ἃ εἰσί, καὶ ἃ μέλλει γινέσθαι μετὰ ταῦτα·

20 τὸ μυστήριον τῶν ἑπτὰ· ἀστέρων ὧν εἶδες ἐπὶ τῆς δεξιᾶς μου, καὶ τὰς ἑπτὰ λυχνίας τὰς χρυσᾶς. οἱ ἑπτὰ ἀστέρες ἄγγελοι τῶν ἑπτὰ ἐκκλησιῶν εἰσι· καὶ αἱ ἑπτὰ λυχνίαι ἃς εἶδες ἑπτὰ ἐκκλησίαι εἰσί.

CHAPTER 2

1 Τῷ ἀγγέλῳ τῆς Ἐφεσίνης ἐκκλησίας γράψον, Τάδε λέγει ὁ κρατῶν τοὺς ἑπτὰ ἀστέρας ἐν τῇ δεξιᾷ αὐτοῦ, ὁ περιπατῶν ἐν μέσῳ τῶν ἑπτὰ λυχνιῶν τῶν χρυσῶν·

2 Οἶδα τὰ ἔργα σου, καὶ τὸν κόπον σου, καὶ τὴν ὑπομονήν σου, καὶ ὅτι οὐ δύνῃ βαστάσαι κακούς, καὶ ἐπειράσω τοὺς φάσκοντας εἶναι ἀποστόλους καὶ οὐκ εἰσί, καὶ εὗρες αὐτοὺς ψευδεῖς,

3 καὶ ἐβάστασας καὶ ὑπομονὴν ἔχεις, καὶ διὰ τὸ ὄνομά μου κεκοπίακας καὶ οὐ κέκμηκας.

4 ἀλλ' ἔχω κατὰ σοῦ, ὅτι τὴν ἀγάπην σου τὴν πρώτην ἀφῆκας.

5 μνημόνευε οὖν πόθεν ἐκπέπτωκας, καὶ μετανόησον καὶ τὰ πρῶτα ἔργα ποίησον· εἰ δὲ μή, ἔρχομαί σοι ταχύ, καὶ κινήσω τὴν λυχνίαν σου ἐκ τοῦ τόπου αὐτῆς, ἐὰν μὴ μετανοήσῃς·

6 ἀλλὰ τοῦτο ἔχεις, ὅτι μισεῖς τὰ ἔργα τῶν Νικολαϊτῶν, ἃ κἀγὼ μισῶ.

7 ὁ ἔχων οὖς ἀκουσάτω τί τὸ Πνεῦμα λέγει ταῖς ἐκκλησίαις. Τῷ νικῶντι δώσω αὐτῷ φαγεῖν ἐκ τοῦ ξύλου τῆς ζωῆς, ὅ ἐστιν ἐν μέσῳ τοῦ παραδείσου τοῦ Θεοῦ.

8 Καὶ τῷ ἀγγέλῳ τῆς ἐκκλησίας Σμυρναίων γράψον, Τάδε λέγει ὁ πρῶτος καὶ ὁ ἔσχατος, ὃς ἐγένετο νεκρὸς καὶ ἔζησεν·

9 Οἶδά σου τὰ ἔργα καὶ τὴν θλῖψιν καὶ τὴν πτωχείαν, πλούσιος δὲ εἶ· καὶ τὴν βλασφημίαν τῶν λεγόντων Ἰουδαίους εἶναι ἑαυτούς, καὶ οὐκ εἰσίν, ἀλλὰ συναγωγὴ τοῦ Σατανᾶ.

10 μηδὲν φοβοῦ ἃ μέλλεις πάσχειν· ἰδοὺ μέλλει βάλειν ἐξ ὑμῶν ὁ διάβολος εἰς φυλακήν, ἵνα πειρασθῆτε· καὶ ἕξετε θλῖψιν ἡμερῶν δέκα. γίνου πιστὸς ἄχρι θανάτου, καὶ δώσω σοι τὸν στέφανον τῆς ζωῆς.

11 ὁ ἔχων οὖς ἀκουσάτω τί τὸ Πνεῦμα λέγει ταῖς ἐκκλησίαις. ὁ

νικῶν οὐ μὴ ἀδικηθῇ ἐκ τοῦ θανάτου τοῦ δευτέρου.

12 Καὶ τῷ ἀγγέλῳ τῆς ἐν Περγάμῳ ἐκκλησίας γράψον, Τάδε λέγει ὁ ἔχων τὴν ῥομφαίαν τὴν δίστομον τὴν ὀξεῖαν·

13 Οἶδα τὰ ἔργα σου, καὶ ποῦ κατοικεῖς, ὅπου ὁ θρόνος τοῦ Σατανᾶ· καὶ κρατεῖς τὸ ὄνομά μου, καὶ οὐκ ἠρνήσω τὴν πίστιν, μου, καὶ ἐν ταῖς ἡμέραις ἐν αἷς Ἀντιπᾶς ὁ μάρτυς μου, ὁ πιστός, ὃς ἀπεκτάνθη παρ' ὑμῖν, ὅπου κατοικεῖ ὁ Σατανᾶς·

14 ἀλλ' ἔχω κατὰ σοῦ ὀλίγα, ὅτι ἔχεις ἐκεῖ κρατοῦντας τὴν διδαχὴν Βαλαάμ, ὃς ἐδίδασκε τὸν Βαλὰκ βαλεῖν σκάνδαλον ἐνώπιον τῶν υἱῶν Ἰσραήλ, φαγεῖν εἰδωλόθυτα καὶ πορνεῦσαι.

15 οὕτως ἔχεις καὶ σὺ κρατοῦντας τὴν διδαχὴν τῶν Νικολαϊτῶν, ὃ μισῶ.

16 μετανόησον· εἰ δὲ μή, ἔρχομαί σοι ταχύ, καὶ πολεμήσω μετ' αὐτῶν ἐν τῇ ῥομφαίᾳ τοῦ στόματός μου.

17 ὁ ἔχων οὖς ἀκουσάτω τί τὸ Πνεῦμα λέγει ταῖς ἐκκλησίαις. τῷ νικῶντι δώσω αὐτῷ φαγεῖν ἀπὸ τοῦ μάννα τοῦ κεκρυμμένου, καὶ δώσω αὐτῷ ψῆφον λευκήν, καὶ ἐπὶ τὴν ψῆφον ὄνομα καινὸν γεγραμμένον, ὃ οὐδεὶς ἔγνω εἰ μὴ ὁ λαμβάνων.

18 Καὶ τῷ ἀγγέλῳ τῆς ἐν Θυατείροις ἐκκλησίας γράψον, Τάδε λέγει ὁ υἱὸς τοῦ Θεοῦ, ὁ ἔχων τοὺς ὀφθαλμοὺς αὐτοῦ ὡς φλόγα πυρός, καὶ οἱ πόδες αὐτοῦ ὅμοιοι χαλκολιβάνῳ·

19 Οἶδά σου τὰ ἔργα, καὶ τὴν ἀγάπην καὶ τὴν διακονίαν καὶ τὴν πίστιν καὶ τὴν ὑπομονήν σου, καὶ τὰ ἔργα σου, καὶ τὰ ἔσχατα πλείονα τῶν πρώτων.

20 ἀλλ' ἔχω κατὰ σοῦ ὀλίγα ὅτι ἐᾷς τὴν γυναῖκα Ἰεζάβηλ, τὴν λέγουσαν ἑαυτὴν προφῆτιν, διδάσκειν καὶ πλανᾶσθαι ἐμοὺς δούλους, πορνεῦσαι καὶ εἰδωλόθυτα φαγεῖν.

21 καὶ ἔδωκα αὐτῇ χρόνον ἵνα μετανοήσῃ, εκ' τῆς πορνείας αὐτῆς, καὶ οὐ μετενόησεν.

22 ἰδοὺ ἐγὼ βάλλω αὐτὴν εἰς κλίνην, καὶ τοὺς μοιχεύοντας μετ' αὐτῆς εἰς θλῖψιν μεγάλην, ἐὰν μὴ μετανοήσωσιν ἐκ τῶν ἔργων αὐτῶν.

23 καὶ τὰ τέκνα αὐτῆς ἀποκτενῶ ἐν θανάτῳ· καὶ γνώσονται πᾶσαι αἱ ἐκκλησίαι ὅτι ἐγώ εἰμι ὁ ἐρευνῶν νεφροὺς καὶ καρδίας· καὶ δώσω ὑμῖν ἑκάστῳ κατὰ τὰ ἔργα ὑμῶν.

24 ὑμῖν δὲ λέγω καὶ λοιποῖς τοῖς ἐν Θυατείροις, ὅσοι οὐκ ἔχουσι τὴν διδαχὴν ταύτην, καὶ οἵτινες οὐκ ἔγνωσαν τὰ βάθη τοῦ Σατανᾶ, ὡς λέγουσιν, Οὐ βάλω ἐφ' ὑμᾶς ἄλλο βάρος.

25 πλὴν ὃ ἔχετε κρατήσατε, ἄχρις οὗ ἂν ἥξω.

26 καὶ ὁ νικῶν καὶ ὁ τηρῶν ἄχρι τέλους τὰ ἔργα μου, δώσω αὐτῷ ἐξουσίαν ἐπὶ τῶν ἐθνῶν·

27 καὶ ποιμανεῖ αὐτοὺς ἐν ῥάβδῳ σιδηρᾷ· ὡς τὰ σκεύη τὰ κεραμικὰ

συντρίβεται· ὡς κἀγώ εἴληφα παρά τοῦ πατρός μου

28 καὶ δώσω αὐτῷ τὸν ἀστέρα τὸν πρωϊνόν

29 ὁ ἔχων οὖς ἀκουσάτω τί τὸ Πνεῦμα λέγει ταῖς ἐκκλησίαις.

CHAPTER 3

1 Καὶ τῷ ἀγγέλῳ τῆς ἐν Σάρδεσιν ἐκκλησίας γράψον, Τάδε λέγει ὁ ἔχων τὰ ἑπτὰ πνεύματα τοῦ Θεοῦ, καὶ τοὺς ἑπτὰ ἀστέρας· Οἶδά σου τὰ ἔργα, ὅτι τὸ ὄνομα ἔχεις ὅτι ζῇς, καὶ νεκρὸς εἶ.

2 γίνου γρηγορῶν, καὶ στήριξον τὰ λοιπὰ ἃ μέλλει ἀποθανεῖν· οὐ γὰρ εὕρηκά σου τὰ ἔργα πεπληρωμένα ἐνώπιον τοῦ Θεοῦ.

3 μνημόνευε οὖν πῶς εἴληφας καὶ ἤκουσας, καὶ τήρει, καὶ μετανόησον. ἐὰν οὖν μὴ γρηγορήσῃς, ἥξω ἐπὶ σε ὡς κλέπτης, καὶ οὐ μὴ γνῷς ποίαν ὥραν ἥξω ἐπὶ σε.

4 ἔχεις ὀλίγα ὀνόματα καὶ ἐν Σάρδεσιν, ἃ οὐκ ἐμόλυναν τὰ ἱμάτια αὐτῶν· καὶ περιπατήσουσι μετ᾽ ἐμοῦ ἐν λευκοῖς, ὅτι ἄξιοί εἰσιν.

5 ὁ νικῶν, οὗτος περιβαλεῖται ἐν ἱματίοις λευκοῖς· καὶ οὐ μὴ ἐξαλείψω τὸ ὄνομα αὐτοῦ ἐκ τῆς βίβλου τῆς ζωῆς, καὶ ἐξομολογήσομαι τὸ ὄνομα αὐτοῦ ἐνώπιον τοῦ πατρός μου, καὶ ἐνώπιον τῶν ἀγγέλων αὐτοῦ.

6 ὁ ἔχων οὖς ἀκουσάτω τί τὸ Πνεῦμα λέγει ταῖς ἐκκλησίαις.

7 Καὶ τῷ ἀγγέλῳ τῆς ἐν Φιλαδελφείᾳ ἐκκλησίας γράψον, Τάδε λέγει ὁ ἅγιος, ὁ ἀληθινός, ὁ ἔχων τὴν κλεῖδα τοῦ Δαβίδ, ὁ ἀνοίγων καὶ οὐδεὶς κλείει, καὶ κλείει καὶ οὐδεὶς ἀνοίγει·

8 Οἶδά σου τὰ ἔργα (ἰδού, δέδωκα ἐνώπιόν σου θύραν ἀνεῳγμένην, καὶ οὐδεὶς δύναται κλεῖσαι αὐτήν), ὅτι μικρὰν ἔχεις δύναμιν, καὶ ἐτήρησάς μου τὸν λόγον, καὶ οὐκ ἠρνήσω τὸ ὄνομά μου.

9 ἰδοὺ διδωμι ἐκ τῆς συναγωγῆς τοῦ Σατανᾶ, τῶν λεγόντων ἑαυτοὺς Ἰουδαίους εἶναι, καὶ οὐκ εἰσὶν, ἀλλὰ ψεύδονται· ἰδοὺ ποιήσω αὐτοὺς, ἵνα ἥξωσι καὶ προσκυνήσωσιν ἐνώπιον τῶν ποδῶν σου, καὶ γνῶσιν ὅτι ἐγὼ ἠγάπησά σε.

10 ὅτι ἐτήρησας τὸν λόγον τῆς ὑπομονῆς μου, κἀγώ σε τηρήσω ἐκ τῆς ὥρας τοῦ πειρασμοῦ τῆς μελλούσης ἔρχεσθαι ἐπὶ τῆς οἰκουμένης ὅλης, πειράσαι τοὺς κατοικοῦντας ἐπὶ τῆς γῆς.

11 ἰδού, ἔρχομαι ταχύ· κράτει ὃ ἔχεις, ἵνα μηδεὶς λάβῃ τὸν στέφανόν σου.

12 ὁ νικῶν, ποιήσω αὐτὸν στῦλον ἐν τῷ ναῷ τοῦ Θεοῦ μου, καὶ ἔξω οὐ μὴ ἐξέλθῃ ἔτι, καὶ γράψω ἐπ᾽ αὐτὸν τὸ ὄνομα τοῦ Θεοῦ μου, καὶ τὸ ὄνομα τῆς πόλεως τοῦ Θεοῦ μου. τῆς καινῆς Ἰερουσαλήμ, ἡ καταβαίνει ἐκ τοῦ οὐρανοῦ ἀπὸ τοῦ Θεοῦ μου, καὶ τὸ ὄνομά μου τὸ καινόν.

13 ὁ ἔχων οὖς ἀκουσάτω τί τὸ Πνεῦμα λέγει ταῖς ἐκκλησίαις.

14 Καὶ τῷ ἀγγέλῳ τῆς ἐκκλησίας Λαοδικέων γράψον, Τάδε λέγει ὁ Ἀμήν, ὁ μάρτυς ὁ πιστὸς καὶ ἀληθινός, ἡ ἀρχὴ τῆς κτίσεως τοῦ Θεοῦ·

15 Οἶδά σου τὰ ἔργα, ὅτι οὔτε ψυχρὸς εἶ οὔτε ζεστός. ὄφελον ψυχρὸς εἴης ἢ ζεστός.

16 οὕτως, ὅτι χλιαρὸς εἶ, καὶ οὔτε ψυχρὸς οὔτε ζεστός, μέλλω σε ἐμέσαι ἐκ τοῦ στόματός μου.

17 ὅτι λέγεις, ὅτι Πλούσιός εἰμι, καὶ πεπλούτηκα καὶ οὐδενὸς χρείαν ἔχω, καὶ οὐκ οἶδας ὅτι σὺ εἶ ὁ ταλαίπωρος καὶ ἐλεεινὸς καὶ πτωχὸς καὶ τυφλὸς καὶ γυμνός·

18 συμβουλεύω σοι ἀγοράσαι παρ' ἐμοῦ χρυσίον πεπυρωμένον ἐκ πυρός, ἵνα πλουτήσῃς· καὶ ἱμάτια λευκά, ἵνα περιβάλῃ, καὶ μὴ φανερωθῇ ἡ αἰσχύνη τῆς γυμνότητός σου· καὶ κολλούριον ἐγχρῖσον τοὺς ὀφθαλμούς σου, ἵνα βλέπῃς.

19 ἐγὼ ὅσους ἐὰν φιλῶ, ἐλέγχω καὶ παιδεύω. ζήλωσον οὖν καὶ μετανόησον.

20 ἰδού, ἕστηκα ἐπὶ τὴν θύραν καὶ κρούω· ἐάν τις ἀκούσῃ τῆς φωνῆς μου, καὶ ἀνοίξῃ τὴν θύραν, εἰσελεύσομαι πρὸς αὐτόν, καὶ δειπνήσω μετ' αὐτοῦ, καὶ αὐτὸς μετ' ἐμοῦ.

21 ὁ νικῶν, δώσω αὐτῷ καθίσαι μετ' ἐμοῦ ἐν τῷ θρόνῳ μου, ὡς κἀγὼ ἐνίκησα, καὶ ἐκάθισα μετὰ τοῦ πατρός μου ἐν τῷ θρόνῳ αὐτοῦ.

22 ὁ ἔχων οὖς ἀκουσάτω τί τὸ Πνεῦμα λέγει ταῖς ἐκκλησίαις.

CHAPTER 4

1 Μετὰ ταῦτα εἶδον, καὶ ἰδού, θύρα ἠνεῳγμένη ἐν τῷ οὐρανῷ, καὶ ἡ φωνὴ ἡ πρώτη ἣν ἤκουσα ὡς σάλπιγγος λαλούσης μετ' ἐμοῦ, λέγουσα, Ἀνάβα ὧδε, καὶ δείξω σοι ἃ δεῖ γενέσθαι μετὰ ταῦτα.

2 καὶ εὐθέως ἐγενόμην ἐν πνεύματι· καὶ ἰδού, θρόνος ἔκειτο ἐν τῷ οὐρανῷ, καὶ ἐπὶ τοῦ θρόνου καθήμενος·

3 καὶ ὁ καθήμενος ἦν ὅμοιος ὁράσει λίθῳ ἰάσπιδι καὶ σαρδίνῳ· καὶ ἶρις κυκλόθεν τοῦ θρόνου ὁμοία ὁράσει σμαραγδίνῳ.

4 καὶ κυκλόθεν τοῦ θρόνου θρόνοι εἴκοσι καὶ τέσσαρες· καὶ ἐπὶ τοὺς θρόνους εἶδον τοὺς εἴκοσι καὶ τέσσαρας πρεσβυτέρους καθημένους, περιβεβλημένους ἐν ἱματίοις λευκοῖς, καὶ ἔσχον ἐπὶ τὰς κεφαλὰς αὐτῶν στεφάνους χρυσοῦς.

5 καὶ ἐκ τοῦ θρόνου ἐκπορεύονται ἀστραπαὶ καὶ βρονταὶ καὶ φωναὶ. καὶ ἑπτὰ λαμπάδες πυρὸς καιόμεναι ἐνώπιον τοῦ θρόνου, αἵ εἰσι τὰ ἑπτὰ πνεύματα τοῦ Θεοῦ·

6 καὶ ἐνώπιον τοῦ θρόνου θάλασσα ὑαλίνη, ὁμοία κρυστάλλῳ. καὶ ἐν μέσῳ τοῦ θρόνου καὶ κύκλῳ τοῦ θρόνου

τέσσαρα ζῶα γέμοντα ὀφθαλμῶν ἔμπροσθεν καὶ ὄπισθεν.

7 καὶ τὸ ζῶον τὸ πρῶτον ὅμοιον λέοντι, καὶ τὸ δεύτερον ζῶον ὅμοιον μόσχῳ, καὶ τὸ τρίτον ζῶον ἔχον τὸ πρόσωπον ὡς ἄνθρωπος, καὶ τὸ τέταρτον ζῶον ὅμοιον ἀετῷ πετωμένῳ·

8 καὶ τέσσαρα ζῶα, ἓν καθ' ἑαυτὸ εἶχον ἀνὰ πτέρυγας ἓξ κυκλόθεν, καὶ ἔσωθεν γέμοντα ὀφθαλμῶν, καὶ ἀνάπαυσιν οὐκ ἔχουσιν ἡμέρας καὶ νυκτός, λέγοντα, Ἅγιος, ἅγιος, ἅγιος, Κύριος ὁ Θεὸς ὁ παντοκράτωρ, ὁ ἦν καὶ ὁ ὢν καὶ ὁ ἐρχόμενος.

9 καὶ ὅταν δώσουσι τὰ ζῶα δόξαν καὶ τιμὴν καὶ εὐχαριστίαν τῷ καθημένῳ ἐπὶ τοῦ θρόνου, τῷ ζῶντι εἰς τοὺς αἰῶνας τῶν αἰώνων,

10 πεσοῦνται οἱ εἴκοσι καὶ τέσσαρες πρεσβύτεροι ἐνώπιον τοῦ καθημένου ἐπὶ τοῦ θρόνου, καὶ προσκυνοῦσι τῷ ζῶντι εἰς τοὺς αἰῶνας τῶν αἰώνων, καὶ βαλλοῦσι τοὺς στεφάνους αὐτῶν ἐνώπιον τοῦ θρόνου, λέγοντες,

11 Ἄξιος εἶ, Κύριε, λαβεῖν τὴν δόξαν, καὶ τὴν τιμὴν καὶ τὴν δύναμιν· ὅτι σὺ ἔκτισας τὰ πάντα, καὶ διὰ τὸ θέλημά σου εἰσὶ καὶ ἐκτίσθησαν.

CHAPTER 5

1 Καὶ εἶδον ἐπὶ τὴν δεξιὰν τοῦ καθημένου ἐπὶ τοῦ θρόνου βιβλίον γεγραμμένον ἔσωθεν καὶ ὄπισθεν, κατεσφραγισμένον σφραγῖσιν ἑπτά.

2 καὶ εἶδον ἄγγελον ἰσχυρὸν κηρύσσοντα φωνῇ μεγάλῃ, Τίς ἐστιν ἄξιος ἀνοῖξαι τὸ βιβλίον, καὶ λῦσαι τὰς σφραγῖδας αὐτοῦ;

3 καὶ οὐδεὶς ἠδύνατο ἐν τῷ οὐρανῷ, οὐδὲ ἐπὶ τῆς γῆς, οὐδὲ ὑποκάτω τῆς γῆς, ἀνοῖξαι τὸ βιβλίον, οὐδὲ βλέπειν αὐτό.

4 καὶ ἐγὼ ἔκλαιον πολλά, ὅτι οὐδεὶς ἄξιος εὑρέθη ἀνοῖξαι καὶ ἀναγνῶναι τὸ βιβλίον, οὔτε βλέπειν αὐτό.

5 καὶ εἷς ἐκ τῶν πρεσβυτέρων λέγει μοι, Μὴ κλαῖε· ἰδού, ἐνίκησεν ὁ λέων ὁ ὢν ἐκ τῆς φυλῆς Ἰούδα, ἡ ῥίζα Δαβίδ, ἀνοῖξαι τὸ βιβλίον καὶ λῦσαι τὰς ἑπτὰ σφραγῖδας αὐτοῦ.

6 καὶ εἶδον, καὶ ἰδού, ἐν μέσῳ τοῦ θρόνου καὶ τῶν τεσσάρων ζώων καὶ ἐν μέσῳ τῶν πρεσβυτέρων, ἀρνίον ἑστηκὸς ὡς ἐσφαγμένον, ἔχον κέρατα ἑπτὰ καὶ ὀφθαλμοὺς ἑπτά, οἵ εἰσι τὰ ἑπτὰ τοῦ Θεοῦ πνεύματα τὰ ἀπεσταλμένα εἰς πᾶσαν τὴν γῆν.

7 καὶ ἦλθε, καὶ εἴληφε τὸ βιβλίον ἐκ τῆς δεξιᾶς τοῦ καθημένου ἐπὶ τοῦ θρόνου.

8 καὶ ὅτε ἔλαβε τὸ βιβλίον, τὰ τέσσαρα ζῶα καὶ οἱ εἴκοσιτέσσαρες πρεσβύτεροι ἔπεσον ἐνώπιον τοῦ ἀρνίου, ἔχοντες ἕκαστος κιθάρας, καὶ φιάλας χρυσᾶς γεμούσας θυμιαμάτων, αἵ εἰσιν αἱ προσευχαὶ τῶν ἁγίων.

9 καὶ ᾄδουσιν ᾠδὴν καινήν, λέγοντες, Ἄξιος εἶ λαβεῖν τὸ

ΑΠΟΚΑΛΥΨΙΣ ΙΩΑΝΝΟΥ

βιβλίον, καὶ ἀνοῖξαι τὰς σφραγῖδας αὐτοῦ, ὅτι ἐσφάγης, καὶ ἠγόρασας τῷ Θεῷ ἡμᾶς ἐν τῷ αἵματί σου ἐκ πάσης φυλῆς καὶ γλώσσης καὶ λαοῦ καὶ ἔθνους,

10 καὶ ἐποίησας ἡμᾶς τῷ Θεῷ ἡμῶν βασιλεῖς καὶ ἱερεῖς, καὶ βασιλεύσομεν ἐπὶ τῆς γῆς.

11 καὶ εἶδον, καὶ ἤκουσα φωνὴν ἀγγέλων πολλῶν κύκλοθεν τοῦ θρόνου καὶ τῶν ζώων καὶ τῶν πρεσβυτέρων· καὶ ἦν ὁ ἀριθμὸς αὐτῶν μυριάδες μυριάδων, καὶ χιλιάδες χιλιάδων,

12 λέγοντες φωνῇ μεγάλῃ, Ἄξιόν ἐστι τὸ ἀρνίον τὸ ἐσφαγμένον λαβεῖν τὴν δύναμιν καὶ πλοῦτον καὶ σοφίαν καὶ ἰσχὺν καὶ τιμὴν καὶ δόξαν καὶ εὐλογίαν.

13 καὶ πᾶν κτίσμα ὅ ἐστιν ἐν τῷ οὐρανῷ, καὶ ἐν τῇ γῇ, καὶ ὑποκάτω τῆς γῆς, καὶ ἐπὶ τῆς θαλάσσης ἅ ἐστι, καὶ τὰ ἐν αὐτοῖς πάντα, ἤκουσα λέγοντας, Τῷ καθημένῳ ἐπὶ τοῦ θρόνου καὶ τῷ ἀρνίῳ ἡ εὐλογία καὶ ἡ τιμὴ καὶ ἡ δόξα καὶ τὸ κράτος εἰς τοὺς αἰῶνας τῶν αἰώνων.

14 καὶ τὰ τέσσαρα ζῶα ἔλεγον, Ἀμήν. καὶ οἱ εἰκοσιτέσσαρες πρεσβύτεροι ἔπεσαν, καὶ προσεκύνησαν ζῶντι εἰς τοὺς αἰωνας τῶν αἰώνων.

CHAPTER 6

1 Καὶ εἶδον ὅτε ἤνοιξε τὸ ἀρνίον μίαν ἐκ τῶν σφραγίδων, καὶ ἤκουσα ἑνὸς ἐκ τῶν τεσσάρων ζώων λέγοντος, ὡς φωνῆς βροντῆς, Ἔρχου καὶ βλέπε.

2 καὶ εἶδον, καὶ ἰδοὺ, ἵππος λευκός, καὶ ὁ καθήμενος ἐπ᾽ αὐτῷ ἔχων τόξον· καὶ ἐδόθη αὐτῷ στέφανος, καὶ ἐξῆλθε νικῶν, καὶ ἵνα νικήσῃ.

3 Καὶ ὅτε ἤνοιξε τὴν δευτέραν σφραγῖδα, ἤκουσα τοῦ δευτέρου ζώου λέγοντος, Ἔρχου καὶ βλέπε.

4 καὶ ἐξῆλθεν ἄλλος ἵππος πυρρός· καὶ τῷ καθημένῳ ἐπ᾽ αὐτῷ ἐδόθη αὐτῷ λαβεῖν τὴν εἰρήνην ἀπὸ τῆς γῆς, καὶ ἵνα ἀλλήλους σφάξωσι· καὶ ἐδόθη αὐτῷ μάχαιρα μεγάλη.

5 Καὶ ὅτε ἤνοιξε τὴν τρίτην σφραγῖδα, ἤκουσα τοῦ τρίτου ζώου λέγοντος, Ἔρχου καὶ βλέπε. καὶ εἶδον, καὶ ἰδοὺ, ἵππος μέλας, καὶ ὁ καθήμενος ἐπ᾽ αὐτῷ ἔχων ζυγὸν ἐν τῇ χειρὶ αὐτοῦ.

6 καὶ ἤκουσα φωνὴν ἐν μέσῳ τῶν τεσσάρων ζώων λέγουσαν, Χοῖνιξ σίτου δηναρίου, καὶ τρεῖς χοίνικες κριθῆς δηναρίου· καὶ τὸ ἔλαιον καὶ τὸν οἶνον μὴ ἀδικήσῃς.

7 Καὶ ὅτε ἤνοιξε τὴν σφραγῖδα τὴν τετάρτην, ἤκουσα φωνὴν τοῦ τετάρτου ζώου λέγουσαν, Ἔρχου καὶ βλέπε.

8 καὶ εἶδον, καὶ ἰδοὺ ἵππος χλωρός, καὶ ὁ καθήμενος ἐπάνω αὐτοῦ, ὄνομα αὐτῷ ὁ Θάνατος, καὶ ὁ ᾅδης ἀκολούθει μετ᾽ αὐτοῦ. καὶ ἐδόθη αὐτοῖς ἐξουσία ἀποκτεῖναι ἐπὶ τὸ τέταρτον τῆς γῆς, ἐν ῥομφαίᾳ καὶ ἐν λιμῷ καὶ ἐν θανάτῳ, καὶ ὑπὸ τῶν θηρίων τῆς γῆς.

9 Καὶ ὅτε ἤνοιξε τὴν πέμπτην σφραγῖδα, εἶδον ὑποκάτω τοῦ

θυσιαστηρίου τὰς ψυχὰς τῶν ἐσφαγμένων διὰ τὸν λόγον τοῦ Θεοῦ, καὶ διὰ τὴν μαρτυρίαν ἣν εἶχον.

10 καὶ ἔκραζον φωνῇ μεγάλῃ λέγοντες, Ἕως πότε, ὁ δεσπότης, ὁ ἅγιος καὶ ὁ ἀληθινός, οὐ κρίνεις καὶ ἐκδικεῖς τὸ αἷμα ἡμῶν, ἀπὸ τῶν κατοικούντων ἐπὶ τῆς γῆς;

11 καὶ ἐδόθησαν ἑκάστοις στολαὶ λευκαί, καὶ ἐρρέθη αὐτοῖς ἵνα ἀναπαύσωνται ἔτι χρόνον μικρόν, ἕως οὗ πληρωσονται καὶ οἱ σύνδουλοι αὐτῶν καὶ οἱ ἀδελφοὶ αὐτῶν, οἱ μέλλοντες ἀποκτείνεσθαι ὡς καὶ αὐτοί.

12 Καὶ εἶδον ὅτε ἤνοιξε τὴν σφραγῖδα τὴν ἕκτην, καὶ ἰδού, σεισμὸς μέγας ἐγένετο, καὶ ὁ ἥλιος ἐγένετο μέλας ὡς σάκκος τρίχινος, καὶ ἡ σελήνη ἐγένετο ὡς αἷμα,

13 καὶ οἱ ἀστέρες τοῦ οὐρανοῦ ἔπεσαν εἰς τὴν γῆν, ὡς συκῆ βάλλει τοὺς ὀλύνθους αὐτῆς, ὑπὸ μεγάλου ἀνέμου σειομένη.

14 καὶ οὐρανὸς ἀπεχωρίσθη ὡς βιβλίον εἰλισσόμενον, καὶ πᾶν ὄρος καὶ νῆσος ἐκ τῶν τόπων αὐτῶν ἐκινήθησαν,

15 καὶ οἱ βασιλεῖς τῆς γῆς καὶ οἱ μεγιστᾶνες καὶ οἱ πλούσιοι, καὶ οἱ χιλίαρχοι, καὶ οἱ δυνατοί, καὶ πᾶς δοῦλος καὶ πᾶς ἐλεύθερος, ἔκρυψαν ἑαυτοὺς εἰς τὰ σπήλαια καὶ εἰς τὰς πέτρας τῶν ὀρέων,

16 καὶ λέγουσι τοῖς ὄρεσι καὶ ταῖς πέτραις, Πέσετε ἐφ' ἡμᾶς, καὶ κρύψατε ἡμᾶς ἀπὸ προσώπου τοῦ καθημένου ἐπὶ τοῦ θρόνου, καὶ ἀπὸ τῆς ὀργῆς τοῦ ἀρνίου·

17 ὅτι ἦλθεν ἡ ἡμέρα ἡ μεγάλη τῆς ὀργῆς αὐτοῦ, καὶ τίς δύναται σταθῆναι;

CHAPTER 7

1 Καὶ μετὰ ταῦτα εἶδον τέσσαρας ἀγγέλους ἑστῶτας ἐπὶ τὰς τέσσαρας γωνίας τῆς γῆς κρατοῦντας τοὺς τέσσαρας ἀνέμους τῆς γῆς, ἵνα μὴ πνέῃ ἄνεμος ἐπὶ τῆς γῆς, μήτε ἐπὶ τῆς θαλάσσης, μήτε ἐπὶ πᾶν δένδρον.

2 καὶ εἶδον ἄλλον ἄγγελον ἀναβαίνοντα ἀπὸ ἀνατολῆς ἡλίου, ἔχοντα σφραγῖδα Θεοῦ ζῶντος· καὶ ἔκραξε φωνῇ μεγάλῃ τοῖς τέσσαρσιν ἀγγέλοις, οἷς ἐδόθη αὐτοῖς ἀδικῆσαι τὴν γῆν καὶ τὴν θάλασσαν,

3 λέγων, Μὴ ἀδικήσητε τὴν γῆν, μήτε τὴν θάλασσαν, μήτε τὰ δένδρα ἄχρις οὗ σφραγίσωμεν τοὺς δούλους τοῦ Θεοῦ ἡμῶν ἐπὶ τῶν μετώπων αὐτῶν.

4 καὶ ἤκουσα τὸν ἀριθμὸν τῶν ἐσφραγισμένων, ρμδ' χιλιάδες, ἐσφραγισμένοι ἐκ πάσης φυλῆς υἱῶν Ἰσραήλ.

5 Ἐκ φυλῆς Ἰούδα, ιβ' χιλιάδες ἐσφραγισμένοι·

Ἐκ φυλῆς Ῥουβήν, ιβ' χιλιάδες ἐσφραγισμένοι·

Ἐκ φυλῆς Γάδ, ιβ' χιλιάδες ἐσφραγισμένοι·

6 Ἐκ φυλῆς Ἀσήρ, ιβ' χιλιάδες ἐσφραγισμένοι·

Ἐκ φυλῆς Νεφθαλείμ, ιβ'
χιλιάδες εσφραγισμένοι·
Ἐκ φυλῆς Μανασσῆ, ιβ' χιλιάδες
εσφραγισμένοι·
7 Ἐκ φυλῆς Συμεών, ιβ' χιλιάδες
εσφραγισμένοι·
Ἐκ φυλῆς Λευΐ, ιβ' χιλιάδες,
εσφραγισμένοι·
Ἐκ φυλῆς Ἰσαχάρ, ιβ' χιλιάδες
εσφραγισμένοι·
8 Ἐκ φυλῆς Ζαβουλών, ιβ'
χιλιάδες εσφραγισμένοι·
Ἐκ φυλῆς Ἰωσήφ, ιβ' χιλιάδες
εσφραγισμένοι·
Ἐκ φυλῆς Βενιαμίν, ιβ' χιλιάδες
ἐσφραγισμένοι.
9 Μετὰ ταῦτα εἶδον, καὶ ἰδού, ὄχλος πολύς, ὃν ἀριθμῆσαι αὐτὸν οὐδεὶς ἠδύνατο, ἐκ παντὸς ἔθνους καὶ φυλῶν καὶ λαῶν καὶ γλωσσῶν, ἑστῶτες ἐνώπιον τοῦ θρόνου καὶ ἐνώπιον τοῦ ἀρνίου, περιβεβλημένοι στολὰς λευκάς, καὶ φοίνικες ἐν ταῖς χερσὶν αὐτῶν·
10 καὶ κράζοντες φωνῇ μεγάλῃ, λέγοντες, Ἡ σωτηρία τῷ Θεῷ ἡμῶν τῷ καθημένῳ ἐπὶ τοῦ θρόνου, καὶ τῷ ἀρνίῳ.
11 καὶ πάντες οἱ ἄγγελοι ἑστήκεσαν κύκλῳ τοῦ θρόνου καὶ τῶν πρεσβυτέρων καὶ τῶν τεσσάρων ζώων, καὶ ἔπεσον ἐνώπιον τοῦ θρόνου ἐπὶ πρόσωπον αὐτῶν, καὶ προσεκύνησαν τῷ Θεῷ,
12 λέγοντες, Ἀμήν. ἡ εὐλογία καὶ ἡ δόξα καὶ ἡ σοφία καὶ ἡ εὐχαριστία καὶ ἡ τιμὴ καὶ ἡ δύναμις καὶ ἡ ἰσχὺς τῷ Θεῷ ἡμῶν εἰς τοὺς αἰῶνας τῶν αἰώνων. ἀμήν.
13 καὶ ἀπεκρίθη εἷς ἐκ τῶν πρεσβυτέρων, λέγων μοι, Οὗτοι οἱ περιβεβλημένοι τὰς στολὰς τὰς λευκάς, τίνες εἰσί, καὶ πόθεν ἦλθον;
14 καὶ εἴρηκα αὐτῷ, Κύριέ, σὺ οἶδας. καὶ εἶπέ μοι, Οὗτοί εἰσιν οἱ ἐρχόμενοι ἐκ τῆς θλίψεως τῆς μεγάλης, καὶ ἔπλυναν τὰς στολὰς αὐτῶν καὶ ἐλεύκαναν αὐτὰς ἐν τῷ αἵματι τοῦ ἀρνίου.
15 διὰ τοῦτό εἰσιν ἐνώπιον τοῦ θρόνου τοῦ Θεοῦ, καὶ λατρεύουσιν αὐτῷ ἡμέρας καὶ νυκτὸς ἐν τῷ ναῷ αὐτοῦ· καὶ ὁ καθήμενος ἐπὶ τοῦ θρόνου σκηνώσει ἐπ' αὐτούς.
16 οὐ πεινάσουσιν ἔτι, οὐδὲ διψήσουσιν ἔτι, οὐδὲ μὴ πέσῃ ἐπ' αὐτοὺς ὁ ἥλιος, οὐδὲ πᾶν καῦμα·
17 ὅτι τὸ ἀρνίον τὸ ἀνὰ μέσον τοῦ θρόνου ποιμανεῖ αὐτούς, καὶ ὁδηγήσει αὐτοὺς ἐπὶ ζώσας πηγὰς ὑδάτων, καὶ ἐξαλείψει ὁ Θεὸς πᾶν δάκρυον ἀπὸ τῶν ὀφθαλμῶν αὐτῶν.

CHAPTER 8

1 Καὶ ὅτε ἤνοιξε τὴν σφραγῖδα τὴν ἑβδόμην, ἐγένετο σιγὴ ἐν τῷ οὐρανῷ ὡς ἡμιώριον.
2 καὶ εἶδον τοὺς ἑπτὰ ἀγγέλους, οἳ ἐνώπιον τοῦ Θεοῦ ἑστήκασι, καὶ ἐδόθησαν αὐτοῖς ἑπτὰ σάλπιγγες.
3 Καὶ ἄλλος ἄγγελος ἦλθε, καὶ ἐστάθη ἐπὶ τὸ θυσιαστήριον, ἔχων λιβανωτὸν χρυσοῦν, καὶ ἐδόθη αὐτῷ θυμιάματα πολλά, ἵνα δώσῃ ταῖς προσευχαῖς τῶν ἁγίων πάντων

ἐπὶ τὸ θυσιαστήριον τὸ χρυσοῦν τὸ ἐνώπιον τοῦ θρόνου.

4 καὶ ἀνέβη ὁ καπνὸς τῶν θυμιαμάτων ταῖς προσευχαῖς τῶν ἁγίων, ἐκ χειρὸς τοῦ ἀγγέλου ἐνώπιον τοῦ Θεοῦ.

5 καὶ εἴληφεν ὁ ἄγγελος τὸ λιβανωτόν, καὶ ἐγέμισεν αὐτὸ ἐκ τοῦ πυρὸς τοῦ θυσιαστηρίου, καὶ ἔβαλεν εἰς τὴν γῆν· καὶ ἐγένοντο φωναὶ καὶ βρονταὶ καὶ ἀστραπαὶ καὶ σεισμός.

6 Καὶ οἱ ἑπτὰ ἄγγελοι οἱ ἔχοντες τὰς ἑπτὰ σάλπιγγας ἡτοίμασαν εαυτοὺς ἵνα σαλπίσωσι.

7 Καὶ ὁ πρῶτος ἄγγελος ἐσάλπισε, καὶ ἐγένετο χάλαζα καὶ πῦρ μεμιγμένα αἵματι, καὶ ἐβλήθη εἰς τὴν γῆν· καὶ τὸ τρίτον τῶν δένδρων κατεκάη, καὶ πᾶς χόρτος χλωρὸς κατεκάη.

8 Καὶ ὁ δεύτερος ἄγγελος ἐσάλπισε, καὶ ὡς ὄρος μέγα πυρὶ καιόμενον ἐβλήθη εἰς τὴν θάλασσαν· καὶ ἐγένετο τὸ τρίτον τῆς θαλάσσης, αἷμα·

9 καὶ ἀπέθανε τὸ τρίτον τῶν κτισμάτων τῶν ἐν τῇ θαλάσσῃ, τὰ ἔχοντα ψυχάς, καὶ τὸ τρίτον τῶν πλοίων διεφθάρη.

10 Καὶ ὁ τρίτος ἄγγελος ἐσάλπισε, καὶ ἔπεσεν ἐκ τοῦ οὐρανοῦ ἀστὴρ μέγας καιόμενος ὡς λαμπάς, καὶ ἔπεσεν ἐπὶ τὸ τρίτον τῶν ποταμῶν, καὶ ἐπὶ τὰς πηγὰς ὑδάτων.

11 καὶ τὸ ὄνομα τοῦ ἀστέρος λέγεται Ἄψινθος· καὶ γίνεται τὸ τρίτον τῶν ὑδάτων εἰς ἄψινθον, καὶ πολλοὶ ἀνθρώπων ἀπέθανον ἐκ τῶν ὑδάτων, ὅτι ἐπικράνθησαν.

12 Καὶ ὁ τέταρτος ἄγγελος ἐσάλπισε, καὶ ἐπλήγη τὸ τρίτον τοῦ ἡλίου καὶ τὸ τρίτον τῆς σελήνης καὶ τὸ τρίτον τῶν ἀστέρων, ἵνα σκοτισθῇ τὸ τρίτον αὐτῶν, καὶ ἡ ἡμέρα μὴ φαίνῃ τὸ τρίτον αὐτῆς, καὶ ἡ νὺξ ὁμοίως.

13 Καὶ εἶδον, καὶ ἤκουσα ἑνὸς ἀγγέλου πετωμένου ἐν μεσουρανήματι, λέγοντος φωνῇ μεγάλῃ, Οὐαὶ, οὐαὶ, οὐαὶ τοῖς κατοικοῦσιν ἐπὶ τῆς γῆς, ἐκ τῶν λοιπῶν φωνῶν τῆς σάλπιγγος τῶν τριῶν ἀγγέλων τῶν μελλόντων σαλπίζειν.

CHAPTER 9

1 Καὶ ὁ πέμπτος ἄγγελος ἐσάλπισε, καὶ εἶδον ἀστέρα ἐκ τοῦ οὐρανοῦ πεπτωκότα εἰς τὴν γῆν, καὶ ἐδόθη αὐτῷ ἡ κλεὶς τοῦ φρέατος τῆς ἀβύσσου.

2 καὶ ἤνοιξε τὸ φρέαρ τῆς ἀβύσσου, καὶ ἀνέβη καπνὸς ἐκ τοῦ φρέατος ὡς καπνὸς καμίνου μεγάλης, καὶ ἐσκοτίσθη ὁ ἥλιος καὶ ὁ ἀὴρ ἐκ τοῦ καπνοῦ τοῦ φρέατος.

3 καὶ ἐκ τοῦ καπνοῦ ἐξῆλθον ἀκρίδες εἰς τὴν γῆν, καὶ ἐδόθη αὐταῖς ἐξουσία, ὡς ἔχουσιν ἐξουσίαν οἱ σκορπίοι τῆς γῆς.

4 καὶ ἐρρέθη αὐταῖς ἵνα μὴ ἀδικήσωσι τὸν χόρτον τῆς γῆς, οὐδὲ πᾶν χλωρὸν, οὐδὲ πᾶν δένδρον, εἰ μὴ τοὺς ἀνθρώπους μόνους οἵτινες οὐκ ἔχουσι τὴν

σφραγῖδα τοῦ θεοῦ ἐπὶ τῶν μετώπων αὐτῶν.

5 καὶ ἐδόθη αὐταῖς ἵνα μὴ ἀποκτείνωσιν αὐτούς, ἀλλ' ἵνα βασανισθῶσι μῆνας πέντε· καὶ ὁ βασανισμὸς αὐτῶν ὡς βασανισμὸς σκορπίου, ὅταν παίσῃ ἄνθρωπον.

6 καὶ ἐν ταῖς ἡμέραις ἐκείναις ζητήσουσιν οἱ ἄνθρωποι τὸν θάνατον, καὶ οὐχ εὑρήσουσιν αὐτόν· καὶ ἐπιθυμήσουσιν ἀποθανεῖν, καὶ φεύξεται ὁ θάνατος ἀπ' αὐτῶν.

7 καὶ τὰ ὁμοιώματα τῶν ἀκρίδων ὅμοια ἵπποις ἡτοιμασμένοις εἰς πόλεμον, καὶ ἐπὶ τὰς κεφαλὰς αὐτῶν ὡς στέφανοι ὅμοιοι χρυσῷ, καὶ τὰ πρόσωπα αὐτῶν ὡς πρόσωπα ἀνθρώπων.

8 καὶ εἶχον τρίχας ὡς τρίχας γυναικῶν, καὶ οἱ ὀδόντες αὐτῶν ὡς λεόντων ἦσαν.

9 καὶ εἶχον θώρακας ὡς θώρακας σιδηροῦς, καὶ ἡ φωνὴ τῶν πτερύγων αὐτῶν ὡς φωνὴ ἀρμάτων ἵππων πολλῶν τρεχόντων εἰς πόλεμον.

10 καὶ ἔχουσιν οὐρὰς ὁμοίας σκορπίοις, καὶ κέντρα ἦν ἐν ταῖς οὐραῖς αὐτῶν· καὶ ἡ ἐξουσία αὐτῶν ἀδικῆσαι τοὺς ἀνθρώπους μῆνας πέντε·

11 καὶ ἔχουσιν ἐπ' αὐτῶν βασιλέα τὸν ἄγγελον τῆς ἀβύσσου· ὄνομα αὐτῷ Ἑβραϊστὶ Ἀβαδδών, καὶ ἐν τῇ Ἑλληνικῇ ὄνομα ἔχει Ἀπολλύων.

12 Ἡ οὐαὶ ἡ μία ἀπῆλθεν· ἰδοὺ ἔρχονται ἔτι δύο οὐαὶ μετὰ ταῦτα.

13 Καὶ ὁ ἕκτος ἄγγελος ἐσάλπισε, καὶ ἤκουσα φωνὴν μίαν ἐκ τῶν τεσσάρων κεράτων τοῦ θυσιαστηρίου τοῦ χρυσοῦ τοῦ ἐνώπιον τοῦ Θεοῦ,

14 λέγουσαν τῷ ἕκτῳ ἀγγέλῳ ὃς εἶχε τὴν σάλπιγγα, Λῦσον τοὺς τέσσαρας ἀγγέλους τοὺς δεδεμένους ἐπὶ τῷ ποταμῷ τῷ μεγάλῳ Εὐφράτῃ.

15 καὶ ἐλύθησαν οἱ τέσσαρες ἄγγελοι οἱ ἡτοιμασμένοι εἰς τὴν ὥραν καὶ ἡμέραν καὶ μῆνα καὶ ἐνιαυτόν, ἵνα ἀποκτείνωσι τὸ τρίτον τῶν ἀνθρώπων.

16 καὶ ὁ ἀριθμὸς στρατευμάτων τοῦ ἱππικοῦ, δύο μυριάδες μυριάδων· καὶ ἤκουσα τὸν ἀριθμὸν αὐτῶν.

17 καὶ οὕτως εἶδον τοὺς ἵππους ἐν τῇ ὁράσει, καὶ τοὺς καθημένους ἐπ' αὐτῶν, ἔχοντας θώρακας πυρίνους καὶ ὑακινθίνους καὶ θειώδεις· καὶ αἱ κεφαλαὶ τῶν ἵππων ὡς κεφαλαὶ λεόντων, καὶ ἐκ τῶν στομάτων αὐτῶν ἐκπορεύεται πῦρ καὶ καπνὸς καὶ θεῖον.

18 ὑπὸ τῶν τριῶν τούτων ἀπεκτάνθησαν τὸ τρίτον τῶν ἀνθρώπων, ἐκ τοῦ πυρὸς καὶ ἐκ τοῦ καπνοῦ καὶ ἐκ τοῦ θείου τοῦ ἐκπορευομένου ἐκ τῶν στομάτων αὐτῶν.

19 ἡ γὰρ ἐξουσία αὐτῶν ἐν τῷ στόματι αὐτῶν ἐστι, καὶ ἐν ταῖς οὐραῖς αὐτῶν· αἱ γὰρ οὐραὶ αὐτῶν ὅμοιαι ὄφεσιν ἔχουσαι κεφαλάς καὶ ἐν αὐταῖς ἀδικοῦσι.

20 καὶ οἱ λοιποὶ τῶν ἀνθρώπων, οἳ οὐκ ἀπεκτάνθησαν ἐν ταῖς πληγαῖς ταύταις, οὐ μετενόησαν ἐκ τῶν ἔργων τῶν χειρῶν αὐτῶν, ἵνα μὴ προσκυνήσωσι τὰ δαιμόνια, καὶ εἴδωλα τὰ χρυσᾶ καὶ τὰ ἀργυρᾶ καὶ τὰ χαλκᾶ καὶ τὰ λίθινα καὶ τὰ ξύλινα, ἃ οὔτε βλέπειν δύναται, οὔτε ἀκούειν, οὔτε περιπατεῖν·

21 καὶ οὐ μετενόησαν ἐκ τῶν φόνων αὐτῶν, οὔτε ἐκ τῶν φαρμακειῶν αὐτῶν, οὔτε ἐκ τῆς πορνείας αὐτῶν, οὔτε ἐκ τῶν κλεμμάτων αὐτῶν.

CHAPTER 10

1 Καὶ εἶδον ἄλλον ἄγγελον ἰσχυρὸν καταβαίνοντα ἐκ τοῦ οὐρανοῦ, περιβεβλημένον νεφέλην, καὶ ἶρις ἐπὶ τῆς κεφαλῆς, καὶ τὸ πρόσωπον αὐτοῦ ὡς ὁ ἥλιος, καὶ οἱ πόδες αὐτοῦ ὡς στῦλοι πυρός·

2 καὶ εἶχεν ἐν τῇ χειρὶ αὐτοῦ βιβλαρίδιον ἀνεῳγμένον· καὶ ἔθηκε τὸν πόδα αὐτοῦ τὸν δεξιὸν ἐπὶ τὴν θάλασσαν, τὸν δὲ εὐώνυμον ἐπὶ τὴν γῆν,

3 καὶ ἔκραξε φωνῇ μεγάλῃ ὥσπερ λέων μυκᾶται· καὶ ὅτε ἔκραξεν, ἐλάλησαν αἱ ἑπτὰ βρονταὶ τὰς ἑαυτῶν φωνάς,

4 καὶ ὅτε ἐλάλησαν αἱ ἑπτὰ βρονταί τὰς φωνὰς ἑαυτῶν, ἔμελλον γράφειν· καὶ ἤκουσα φωνὴν ἐκ τοῦ οὐρανοῦ, λέγουσαν μοι, Σφράγισον ἃ ἐλάλησαν αἱ ἑπτὰ βρονταί, καὶ μὴ ταῦτα γράψῃς.

5 καὶ ὁ ἄγγελος ὃν εἶδον ἑστῶτα ἐπὶ τῆς θαλάσσης καὶ ἐπὶ τῆς γῆς ἦρε τὴν χεῖρα αὐτοῦ εἰς τὸν οὐρανὸν,

6 καὶ ὤμοσεν ἐν τῷ ζῶντι εἰς τοὺς αἰῶνας τῶν αἰώνων, ὃς ἔκτισε τὸν οὐρανὸν καὶ τὰ ἐν αὐτῷ, καὶ τὴν γῆν καὶ τὰ ἐν αὐτῇ, καὶ τὴν θάλασσαν καὶ τὰ ἐν αὐτῇ, ὅτι χρόνος οὐκ ἔσται ἔτι·

7 ἀλλὰ ἐν ταῖς ἡμέραις τῆς φωνῆς τοῦ ἑβδόμου ἀγγέλου, ὅταν μέλλῃ σαλπίζειν, καὶ τελεσθῇ τὸ μυστήριον τοῦ Θεοῦ, ὡς εὐηγγέλισε τοῖς ἑαυτοῦ δούλοις τοῖς προφήταις.

8 καὶ ἡ φωνὴ ἣν ἤκουσα ἐκ τοῦ οὐρανοῦ, πάλιν λαλοῦσα μετ᾽ ἐμοῦ, καὶ λέγουσα, Ὕπαγε λάβε τὸ βιβλαρίδιον τὸ ἠνεῳγμένον ἐν τῇ χειρὶ ἀγγέλου τοῦ ἑστῶτος ἐπὶ τῆς θαλάσσης καὶ ἐπὶ τῆς γῆς.

9 καὶ ἀπῆλθον πρὸς τὸν ἄγγελον, λέγων αὐτῷ, Δός μοι τὸ βιβλαρίδιον. καὶ λέγει μοι, Λάβε καὶ κατάφαγε αὐτό· καὶ πικρανεῖ σου τὴν κοιλίαν, ἀλλ᾽ ἐν τῷ στόματί σου ἔσται γλυκὺ ὡς μέλι.

10 καὶ ἔλαβον τὸ βιβλαρίδιον ἐκ τῆς χειρὸς τοῦ ἀγγέλου, καὶ κατέφαγον αὐτό, καὶ ἦν ἐν τῷ στόματί μου ὡς μέλι, γλυκύ· καὶ ὅτε ἔφαγον αὐτό, ἐπικράνθη ἡ κοιλία μου.

11 καὶ λέγει μοι, Δεῖ σε πάλιν προφητεῦσαι ἐπὶ λαοῖς καὶ ἔθνεσι καὶ γλώσσαις καὶ βασιλεῦσι πολλοῖς.

ΑΠΟΚΑΛΥΨΙΣ ΙΩΑΝΝΟΥ

CHAPTER 11

1 Καὶ ἐδόθη μοι κάλαμος ὅμοιος ῥάβδῳ καὶ ὁ ἄγγελος εἱστήκει λέγων, Ἔγειραι, καὶ μέτρησον τὸν ναὸν τοῦ Θεοῦ, καὶ τὸ θυσιαστήριον, καὶ τοὺς προσκυνοῦντας ἐν αὐτῷ.

2 καὶ τὴν αὐλὴν τὴν ἔξωθεν τοῦ ναοῦ ἔκβαλε ἔξω, καὶ μὴ αὐτὴν μετρήσῃς, ὅτι ἐδόθη τοῖς ἔθνεσι· καὶ τὴν πόλιν τὴν ἁγίαν πατήσουσι μῆνας τεσσαράκοντα δύο.

3 καὶ δώσω τοῖς δυσὶ μάρτυσί μου, καὶ προφητεύσουσιν ἡμέρας χιλίας διακοσίας ἑξήκοντα, περιβεβλημένοι σάκκους.

4 οὗτοί εἰσιν αἱ δύο ἐλαῖαι, καὶ αἱ δύο λυχνίαι αἱ ἐνώπιον τοῦ Θεοῦ τῆς γῆς ἑστῶσαι.

5 καὶ εἴ τις αὐτοὺς θέλῃ ἀδικῆσαι, πῦρ ἐκπορεύεται ἐκ τοῦ στόματος αὐτῶν, καὶ κατεσθίει τοὺς ἐχθροὺς αὐτῶν· καὶ εἴ τις αὐτοὺς θέλῃ ἀδικῆσαι, οὕτω δεῖ αὐτὸν ἀποκτανθῆναι.

6 οὗτοι ἔχουσιν ἐξουσίαν κλεῖσαι τὸν οὐρανόν, ἵνα μὴ βρέχῃ ὑετὸς ἐν ἡμέραις αὐτῶν τῆς προφητείας, καὶ ἐξουσίαν ἔχουσιν ἐπὶ τῶν ὑδάτων, στρέφειν αὐτὰ εἰς αἷμα, καὶ πατάξαι τὴν γῆν πάσῃ πληγῇ, ὁσάκις ἐὰν θελήσωσι.

7 καὶ ὅταν τελέσωσι τὴν μαρτυρίαν αὐτῶν, τὸ θηρίον τὸ ἀναβαῖνον ἐκ τῆς ἀβύσσου ποιήσει πόλεμον μετ᾿ αὐτῶν, καὶ νικήσει αὐτούς, καὶ ἀποκτενεῖ αὐτούς.

8 καὶ τὰ πτώματα αὐτῶν ἐπὶ τῆς πλατείας πόλεως τῆς μεγάλης, ἥτις καλεῖται πνευματικῶς Σόδομα καὶ Αἴγυπτος, ὅπου καὶ ὁ Κύριος ἡμῶν ἐσταυρώθη.

9 καὶ βλέψουσιν ἐκ τῶν λαῶν καὶ φυλῶν καὶ γλωσσῶν καὶ ἐθνῶν τὰ πτώματα αὐτῶν ἡμέρας τρεῖς καὶ ἥμισυ, καὶ τὰ πτώματα αὐτῶν οὐκ ἀφήσουσι τεθῆναι εἰς μνήματα.

10 καὶ οἱ κατοικοῦντες ἐπὶ τῆς γῆς χάρουσιν ἐπ᾿ αὐτοῖς καὶ εὐφρανθήσονται, καὶ δῶρα πέμψουσιν ἀλλήλοις, ὅτι οὗτοι οἱ δύο προφῆται ἐβασάνισαν τοὺς κατοικοῦντας ἐπὶ τῆς γῆς.

11 καὶ μετὰ τὰς τρεῖς ἡμέρας καὶ ἥμισυ, πνεῦμα ζωῆς ἐκ τοῦ Θεοῦ εἰσῆλθεν ἐπ᾿ αὐτούς, καὶ ἔστησαν ἐπὶ τοὺς πόδας αὐτῶν, καὶ φόβος μέγας ἔπεσεν ἐπὶ τοὺς θεωροῦντας αὐτούς.

12 καὶ ἤκουσαν φωνὴν μεγάλην ἐκ τοῦ οὐρανοῦ, λέγουσαν αὐτοῖς, Ἀνάβητε ὧδε. καὶ ἀνέβησαν εἰς τὸν οὐρανὸν ἐν τῇ νεφέλῃ. καὶ ἐθεώρησαν αὐτοὺς οἱ ἐχθροὶ αὐτῶν.

13 καὶ ἐν ἐκείνῃ τῇ ὥρᾳ ἐγένετο σεισμὸς μέγας, καὶ τὸ δέκατον τῆς πόλεως ἔπεσε, καὶ ἀπεκτάνθησαν ἐν τῷ σεισμῷ ὀνόματα ἀνθρώπων, χιλιάδες ἑπτά· καὶ οἱ λοιποὶ ἔμφοβοι ἐγένοντο, καὶ ἔδωκαν δόξαν τῷ Θεῷ τοῦ οὐρανοῦ.

14 Ἡ οὐαὶ ἡ δευτέρα ἀπῆλθεν· καὶ ἰδού, ἡ οὐαὶ ἡ τρίτη ἔρχεται ταχύ.

15 Καὶ ὁ ἕβδομος ἄγγελος ἐσάλπισε, καὶ ἐγένοντο φωναὶ

ΑΠΟΚΑΛΥΨΙΣ ΙΩΑΝΝΟΥ

μεγάλαι ἐν τῷ οὐρανῷ, λέγουσαι, Ἐγένοντο αἱ βασιλεῖαι τοῦ κόσμου, τοῦ Κυρίου ἡμῶν, καὶ τοῦ Χριστοῦ αὐτοῦ, καὶ βασιλεύσει εἰς τοὺς αἰῶνας τῶν αἰώνων.

16 καὶ οἱ εἴκοσι καὶ τέσσαρες πρεσβύτεροι οἱ ἐνώπιον τοῦ Θεοῦ καθήμενοι ἐπὶ τοὺς θρόνους αὐτῶν, ἔπεσαν ἐπὶ τὰ πρόσωπα αὐτῶν, καὶ προσεκύνησαν τῷ Θεῷ,

17 λέγοντες, Εὐχαριστοῦμέν σοι, Κύριε ὁ Θεὸς ὁ παντοκράτωρ, ὁ ὢν καὶ ὁ ἦν καὶ ὁ ἐρχόμενος, ὅτι εἴληφας τὴν δύναμίν σου τὴν μεγάλην, καὶ ἐβασίλευσας.

18 καὶ τὰ ἔθνη ὠργίσθησαν, καὶ ἦλθεν ἡ ὀργή σου, καὶ ὁ καιρὸς τῶν νεκρῶν κριθῆναι, καὶ δοῦναι τὸν μισθὸν τοῖς δούλοις σου τοῖς προφήταις καὶ τοῖς ἁγίοις καὶ τοῖς φοβουμένοις τὸ ὄνομά σου, τοῖς μικροῖς καὶ τοῖς μεγάλοις, καὶ διαφθεῖραι τοὺς διαφθείροντας τὴν γῆν.

19 Καὶ ἠνοίγη ὁ ναὸς τοῦ Θεοῦ ἐν τῷ οὐρανῷ, καὶ ὤφθη ἡ κιβωτὸς τῆς διαθήκης αὐτοῦ ἐν τῷ ναῷ αὐτοῦ· καὶ ἐγένοντο ἀστραπαὶ καὶ φωναὶ καὶ βρονταὶ καὶ σεισμὸς καὶ χάλαζα μεγάλη.

CHAPTER 12

1 Καὶ σημεῖον μέγα ὤφθη ἐν τῷ οὐρανῷ, γυνὴ περιβεβλημένη τὸν ἥλιον, καὶ ἡ σελήνη ὑποκάτω τῶν ποδῶν αὐτῆς, καὶ ἐπὶ τῆς κεφαλῆς αὐτῆς στέφανος ἀστέρων δώδεκα·

2 καὶ ἐν γαστρὶ ἔχουσα, κράζει ὠδίνουσα, καὶ βασανιζομένη τεκεῖν.

3 καὶ ὤφθη ἄλλο σημεῖον ἐν τῷ οὐρανῷ, καὶ ἰδοὺ δράκων μέγας πυρρός, ἔχων κεφαλὰς ἑπτὰ καὶ κέρατα δέκα, καὶ ἐπὶ τὰς κεφαλὰς αὐτοῦ διαδήματα ἑπτά.

4 καὶ ἡ οὐρὰ αὐτοῦ σύρει τὸ τρίτον τῶν ἀστέρων τοῦ οὐρανοῦ, καὶ ἔβαλεν αὐτοὺς εἰς τὴν γῆν· καὶ ὁ δράκων ἔστηκεν ἐνώπιον τῆς γυναικὸς τῆς μελλούσης τεκεῖν, ἵνα, ὅταν τέκῃ τὸ τέκνον αὐτῆς, καταφάγῃ.

5 καὶ ἔτεκεν υἱόν, ἄρρενα, ὃς μέλλει ποιμαίνειν πάντα τὰ ἔθνη ἐν ῥάβδῳ σιδηρᾷ· καὶ ἡρπάσθη τὸ τέκνον αὐτῆς πρὸς τὸν Θεὸν καὶ τὸν θρόνον αὐτοῦ.

6 καὶ ἡ γυνὴ ἔφυγεν εἰς τὴν ἔρημον, ὅπου ἔχει τόπον ἡτοιμασμένον ἀπὸ τοῦ Θεοῦ, ἵνα ἐκεῖ τρέφωσιν αὐτὴν ἡμέρας χιλίας διακοσίας ἑξήκοντα.

7 Καὶ ἐγένετο πόλεμος ἐν τῷ οὐρανῷ· ὁ Μιχαὴλ καὶ οἱ ἄγγελοι αὐτοῦ ἐπολέμησαν κατὰ τοῦ δράκοντος· καὶ ὁ δράκων ἐπολέμησε καὶ οἱ ἄγγελοι αὐτοῦ,

8 καὶ οὐκ ἴσχυσαν, οὔτε τόπος εὑρέθη αὐτῶν ἔτι ἐν τῷ οὐρανῷ.

9 καὶ ἐβλήθη ὁ δράκων ὁ μέγας, ὁ ὄφις ὁ ἀρχαῖος, ὁ καλούμενος διάβολος καὶ ὁ Σατανᾶς, ὁ πλανῶν τὴν οἰκουμένην ὅλην· ἐβλήθη εἰς τὴν γῆν, καὶ οἱ ἄγγελοι αὐτοῦ μετ' αὐτοῦ ἐβλήθησαν.

10 καὶ ἤκουσα φωνὴν μεγάλην λέγουσαν, ἐν τῷ οὐρανῷ, Ἄρτι ἐγένετο ἡ σωτηρία καὶ ἡ δύναμις καὶ ἡ βασιλεία τοῦ Θεοῦ ἡμῶν, καὶ ἡ ἐξουσία τοῦ Χριστοῦ αὐτοῦ· ὅτι κατεβλήθη ὁ κατήγορος τῶν ἀδελφῶν ἡμῶν, ὁ κατηγορῶν αὐτῶν ἐνώπιον τοῦ Θεοῦ ἡμῶν ἡμέρας καὶ νυκτός.

11 καὶ αὐτοὶ ἐνίκησαν αὐτὸν διὰ τὸ αἷμα τοῦ ἀρνίου καὶ διὰ τὸν λόγον τῆς μαρτυρίας αὐτῶν, καὶ οὐκ ἠγάπησαν τὴν ψυχὴν αὐτῶν ἄχρι θανάτου.

12 διὰ τοῦτο εὐφραίνεσθε, οἱ οὐρανοὶ καὶ οἱ ἐν αὐτοῖς σκηνοῦντες. οὐαὶ τοῖς κατοικοῦσι τὴν γῆν καὶ τὴν θάλασσαν, ὅτι κατέβη ὁ διάβολος πρὸς ὑμᾶς ἔχων θυμὸν μέγαν, εἰδὼς ὅτι ὀλίγον καιρὸν ἔχει.

13 Καὶ ὅτε εἶδεν ὁ δράκων ὅτι ἐβλήθη εἰς τὴν γῆν, ἐδίωξε τὴν γυναῖκα ἥτις ἔτεκε τὸν ἄρρενα.

14 καὶ ἐδόθησαν τῇ γυναικὶ δύο πτέρυγες τοῦ ἀετοῦ τοῦ μεγάλου, ἵνα πέτηται εἰς τὴν ἔρημον εἰς τὸν τόπον αὐτῆς, ὅπου τρέφεται ἐκεῖ καιρὸν, καὶ καιροὺς καὶ ἥμισυ καιροῦ, ἀπὸ προσώπου τοῦ ὄφεως.

15 καὶ ἔβαλεν ὁ ὄφις ὀπίσω τῆς γυναικὸς ἐκ' τοῦ στόματος αὐτοῦ ὕδωρ ὡς ποταμόν, ἵνα ταύτην ποταμοφόρητον ποιήσῃ.

16 καὶ ἐβοήθησεν ἡ γῆ τῇ γυναικί, καὶ ἤνοιξεν ἡ γῆ τὸ στόμα αὐτῆς, καὶ κατέπιε τὸν ποταμὸν ὃν ἔβαλεν ὁ δράκων ἐκ τοῦ στόματος αὐτοῦ.

17 καὶ ὠργίσθη ὁ δράκων ἐπὶ τῇ γυναικί, καὶ ἀπῆλθε ποιῆσαι πόλεμον μετὰ τῶν λοιπῶν τοῦ σπέρματος αὐτῆς, τῶν τηρούντων τὰς ἐντολὰς τοῦ Θεοῦ καὶ ἐχόντων τὴν μαρτυρίαν τοῦ Ἰησοῦ Χριστοῦ.

CHAPTER 13

1 καὶ ἐστάθην ἐπὶ τὴν ἄμμον τῆς θαλάσσης. Καὶ εἶδον ἐκ τῆς θαλάσσης θηρίον ἀναβαῖνον, ἔχον κεφαλὰς ἑπτά καὶ κέρατα δέκα, καὶ ἐπὶ τῶν κεράτων αὐτοῦ δέκα διαδήματα, καὶ ἐπὶ τὰς κεφαλὰς αὐτοῦ ὄνομα βλασφημίας.

2 καὶ τὸ θηρίον ὃ εἶδον ἦν ὅμοιον παρδάλει, καὶ οἱ πόδες αὐτοῦ ὡς ἄρκτου, καὶ τὸ στόμα αὐτοῦ ὡς στόμα λέοντος· Καὶ ἔδωκεν αὐτῷ ὁ δράκων τὴν δύναμιν αὐτοῦ, καὶ τὸν θρόνον αὐτοῦ, καὶ ἐξουσίαν μεγάλην.

3 καὶ εἶδον μίαν τῶν κεφαλῶν αὐτοῦ ὡς ἐσφαγμένην εἰς θάνατον· καὶ ἡ πληγὴ τοῦ θανάτου αὐτοῦ ἐθεραπεύθη· καὶ ἐθαύμασεν ὅλη ἡ γῆ ὀπίσω τοῦ θηρίου·

4 καὶ προσεκύνησαν τὸν δράκοντα ὃς ἔδωκεν ἐξουσίαν τῷ θηρίῳ, καὶ προσεκύνησαν τὸ θηρίον, λέγοντες, τίς ὅμοιος τῷ θηρίῳ; Τίς δύναται πολεμῆσαι μετ' αὐτοῦ;

5 καὶ ἐδόθη αὐτῷ στόμα λαλοῦν μεγάλα καὶ βλασφημίας· καὶ ἐδόθη αὐτῷ ἐξουσία ποιῆσαι μῆνας τεσσαράκοντα δύο.

6 καὶ ἤνοιξε τὸ στόμα αὐτοῦ εἰς βλασφημίαν πρὸς τὸν Θεόν,

ΑΠΟΚΑΛΥΨΙΣ ΙΩΑΝΝΟΥ

βλασφημῆσαι τὸ ὄνομα αὐτοῦ, καὶ τὴν σκηνὴν αὐτοῦ, καὶ τοὺς ἐν τῷ οὐρανῷ σκηνοῦντας.

7 καὶ ἐδόθη αὐτῷ πόλεμον ποιῆσαι μετὰ τῶν ἁγίων, καὶ νικῆσαι αὐτούς· καὶ ἐδόθη αὐτῷ ἐξουσία ἐπὶ πᾶσαν φυλὴν καὶ γλῶσσαν καὶ ἔθνος.

8 καὶ προσκυνήσουσιν αὐτῷ πάντες οἱ κατοικοῦντες ἐπὶ τῆς γῆς, ὧν οὐ γέγραπται τὰ ὀνόματα ἐν τῇ βίβλῳ τῆς ζωῆς τοῦ ἀρνίου ἐσφαγμένου ἀπὸ καταβολῆς κόσμου.

9 εἴ τις ἔχει οὖς, ἀκουσάτω.

10 εἴ τις αἰχμαλωσίαν συνάγει, εἰς αἰχμαλωσίαν ὑπάγει· εἴ τις ἐν μαχαίρᾳ ἀποκτενεῖ, δεῖ αὐτὸν ἐν μαχαίρᾳ ἀποκτανθῆναι. ὧδέ ἐστιν ἡ ὑπομονὴ καὶ ἡ πίστις τῶν ἁγίων.

11 Καὶ εἶδον ἄλλο θηρίον ἀναβαῖνον ἐκ τῆς γῆς, καὶ εἶχε κέρατα δύο ὅμοια ἀρνίῳ, καὶ ἐλάλει ὡς δράκων.

12 καὶ τὴν ἐξουσίαν τοῦ πρώτου θηρίου πᾶσαν ποιεῖ ἐνώπιον αὐτοῦ. καὶ ποιεῖ τὴν γῆν καὶ τοὺς κατοικοῦντας ἐν αὐτῇ ἵνα προσκυνήσωσι τὸ θηρίον τὸ πρῶτον, οὗ ἐθεραπεύθη ἡ πληγὴ τοῦ θανάτου αὐτοῦ.

13 καὶ ποιεῖ σημεῖα μεγάλα, ἵνα καὶ πῦρ ποιῇ καταβαίνειν ἐκ τοῦ οὐρανοῦ εἰς τὴν γην. ἐνώπιον τῶν ἀνθρώπων.

14 καὶ πλανᾷ τοὺς κατοικοῦντας ἐπὶ τῆς γῆς διὰ τὰ σημεῖα ἃ ἐδόθη αὐτῷ ποιῆσαι ἐνώπιον τοῦ θηρίου, λέγων τοῖς κατοικοῦσιν ἐπὶ τῆς γῆς, ποιῆσαι εἰκόνα τῷ θηρίῳ ὃ ἔχει τὴν πληγὴν τῆς μαχαίρας, καὶ ἔζησε.

15 καὶ ἐδόθη αὐτῷ δοῦναι πνεῦμα τῇ εἰκόνι τοῦ θηρίου, ἵνα καὶ λαλήσῃ ἡ εἰκὼν τοῦ θηρίου, καὶ ποιήσῃ, ὅσοι ἂν μὴ προσκυνήσωσι τὴν εἰκόνα τοῦ θηρίου, ἵνα ἀποκτανθῶσι.

16 καὶ ποιεῖ πάντας, τοὺς μικροὺς καὶ τοὺς μεγάλους, καὶ τοὺς πλουσίους καὶ τοὺς πτωχούς, καὶ τοὺς ἐλευθέρους καὶ τοὺς δούλους, ἵνα δώσῃ αὐτοῖς χάραγμα ἐπὶ τῆς χειρὸς αὐτῶν τῆς δεξιᾶς, ἢ ἐπὶ τῶν μέτωπων αὐτῶν,

17 καὶ ἵνα μή τις δύνηται ἀγοράσαι ἢ πωλῆσαι, εἰ μὴ ὁ ἔχων τὸ χάραγμα, ἢ τὸ ὄνομα τοῦ θηρίου ἢ τὸν ἀριθμὸν τοῦ ὀνόματος αὐτοῦ.

18 ὧδε ἡ σοφία ἐστίν. ὁ ἔχων τὸν νοῦν ψηφισάτω τὸν ἀριθμὸν τοῦ θηρίου· ἀριθμὸς γὰρ ἀνθρώπου ἐστί, καὶ ὁ ἀριθμὸς αὐτοῦ χξς'.

CHAPTER 14

1 Καὶ εἶδον, καὶ ἰδού, ἀρνίον ἑστηκὸς ἐπὶ τὸ ὄρος Σιών, καὶ μετ' αὐτοῦ ἑκατὸν τεσσαράκοντα-τέσσαρες χιλιάδες, ἔχουσαι τὸ ὄνομα τοῦ πατρὸς αὐτοῦ γεγραμμένον ἐπὶ τῶν μετώπων αὐτῶν.

2 καὶ ἤκουσα φωνὴν ἐκ τοῦ οὐρανοῦ, ὡς φωνὴν ὑδάτων πολλῶν, καὶ ὡς φωνὴν βροντῆς μεγάλης· καὶ φωνὴν ἤκουσα κιθαρῳδῶν κιθαριζόντων ἐν ταῖς κιθάραις αὐτῶν,

3 καὶ ᾄδουσιν ὡς ᾠδὴν καινὴν ἐνώπιον τοῦ θρόνου, καὶ ἐνώπιον τῶν τεσσάρων ζώων καὶ τῶν πρεσβυτέρων· καὶ οὐδεὶς ἠδύνατο μαθεῖν τὴν ᾠδήν, εἰ μὴ αἱ ἑκατὸν τεσσαράκοντατέσσαρες χιλιάδες, οἱ ἠγορασμένοι ἀπὸ τῆς γῆς.

4 οὗτοί εἰσιν οἳ μετὰ γυναικῶν οὐκ ἐμολύνθησαν· παρθένοι γάρ εἰσιν. οὗτοι εἰσιν οἱ ἀκολουθοῦντες τῷ ἀρνίῳ ὅπου ἂν ὑπάγῃ. οὗτοι ἠγοράσθησαν ἀπὸ τῶν ἀνθρώπων, ἀπαρχὴ τῷ Θεῷ καὶ τῷ ἀρνίῳ.

5 καὶ ἐν τῷ στόματι αὐτῶν οὐχ εὑρέθη δόλος· ἄμωμοί γάρ εἰσιν ἐνώπιον τοῦ θρόνου τοῦ Θεοῦ.

6 Καὶ εἶδον ἄλλον ἄγγελον πετώμενον ἐν μεσουρανήματι, ἔχοντα εὐαγγέλιον αἰώνιον, εὐαγγελίσαι τοὺς κατοικοῦντας ἐπὶ τῆς γῆς, καὶ πᾶν ἔθνος καὶ φυλὴν καὶ γλῶσσαν καὶ λαόν,

7 λέγοντα ἐν φωνῇ μεγάλῃ, Φοβήθητε τὸν Θεόν, καὶ δότε αὐτῷ δόξαν, ὅτι ἦλθεν ἡ ὥρα τῆς κρίσεως αὐτοῦ, καὶ προσκυνήσατε τῷ ποιήσαντι τὸν οὐρανὸν καὶ τὴν γῆν καὶ τὴν θάλασσαν καὶ πηγὰς ὑδάτων.

8 Καὶ ἄλλος ἄγγελος ἠκολούθησε λέγων, Ἔπεσεν ἔπεσε Βαβυλὼν ἡ πόλις, ἡ μεγάλη ὅτι ἐκ τοῦ οἴνου τοῦ θυμοῦ τῆς πορνείας αὐτῆς πεπότικε πάντα ἔθνη

9 Καὶ τρίτος ἄγγελος ἠκολούθησεν αὐτοῖς, λέγων ἐν φωνῇ μεγάλῃ, Εἴ τις τὸ θηρίον προσκυνεῖ καὶ τὴν εἰκόνα αὐτοῦ, καὶ λαμβάνει χάραγμα ἐπὶ τοῦ μετώπου αὐτοῦ, ἢ ἐπὶ τὴν χεῖρα αὐτοῦ,

10 καὶ αὐτὸς πίεται ἐκ τοῦ οἴνου τοῦ θυμοῦ τοῦ Θεοῦ, τοῦ κεκερασμένου ἀκράτου ἐν τῷ ποτηρίῳ τῆς ὀργῆς αὐτοῦ, καὶ βασανισθήσεται ἐν πυρὶ καὶ θείῳ ἐνώπιον τῶν ἁγίων ἀγγέλων, καὶ ἐνώπιον τοῦ ἀρνίου·

11 καὶ ὁ καπνὸς τοῦ βασανισμοῦ αὐτῶν ἀναβαίνει εἰς αἰῶνας αἰώνων· καὶ οὐκ ἔχουσιν ἀνάπαυσιν ἡμέρας καὶ νυκτός οἱ προσκυνοῦντες τὸ θηρίον καὶ τὴν εἰκόνα αὐτοῦ, καὶ εἴ τις λαμβάνει τὸ χάραγμα τοῦ ὀνόματος αὐτοῦ.

12 ὧδε ὑπομονὴ τῶν ἁγίων ἐστίν· ὧδε οἱ τηροῦντες τὰς ἐντολὰς τοῦ Θεοῦ καὶ τὴν πίστιν Ἰησοῦ.

13 Καὶ ἤκουσα φωνῆς ἐκ τοῦ οὐρανοῦ λεγούσης μοι, Γράψον, Μακάριοι οἱ νεκροὶ οἱ ἐν Κυρίῳ ἀποθνήσκοντες ἀπ' ἄρτι ναί, λέγει τὸ Πνεῦμα, ἵνα ἀναπαύσωνται ἐκ τῶν κόπων αὐτῶν· τὰ δὲ ἔργα αὐτῶν ἀκολουθεῖ μετ' αὐτῶν.

14 Καὶ εἶδον, καὶ ἰδού, νεφέλη λευκή, καὶ ἐπὶ τὴν νεφέλην καθήμενος ὅμοιος υἱῷ ἀνθρώπου, ἔχων ἐπὶ τῆς κεφαλῆς αὐτοῦ στέφανον χρυσοῦν, καὶ ἐν τῇ χειρὶ αὐτοῦ δρέπανον ὀξύ.

15 καὶ ἄλλος ἄγγελος ἐξῆλθεν ἐκ τοῦ ναοῦ, κράζων ἐν μεγάλῃ φωνῇ τῷ καθημένῳ ἐπὶ τῆς νεφέλης, Πέμψον τὸ δρέπανόν σου καὶ θέρισον· ὅτι ἦλθέ σοι ἡ ὥρα τοῦ θερίσαι, ὅτι ἐξηράνθη ὁ θερισμὸς τῆς γῆς.

16 καὶ ἔβαλεν ὁ καθήμενος ἐπὶ τὴν νεφέλην τὸ δρέπανον αὐτοῦ ἐπὶ τὴν γῆν, καὶ ἐθερίσθη ἡ γῆ.

17 Καὶ ἄλλος ἄγγελος ἐξῆλθεν ἐκ τοῦ ναοῦ τοῦ ἐν τῷ οὐρανῷ, ἔχων καὶ αὐτὸς δρέπανον ὀξύ.

18 καὶ ἄλλος ἄγγελος ἐξῆλθεν ἐκ τοῦ θυσιαστηρίου, ἔχων ἐξουσίαν ἐπὶ τοῦ πυρός, καὶ ἐφώνησε κραυγῇ μεγάλῃ τῷ ἔχοντι τὸ δρέπανον τὸ ὀξὺ, λέγων, Πέμψον σου τὸ δρέπανον τὸ ὀξὺ, καὶ τρύγησον τοὺς βότρυας τῆς ἀμπέλου τῆς γῆς, ὅτι ἤκμασαν αἱ σταφυλαὶ αὐτῆς.

19 καὶ ἔβαλεν ὁ ἄγγελος τὸ δρέπανον αὐτοῦ εἰς τὴν γῆν, καὶ ἐτρύγησε τὴν ἄμπελον τῆς γῆς, καὶ ἔβαλεν εἰς τὴν ληνὸν τοῦ θυμοῦ τοῦ Θεοῦ τὴν μεγάλην.

20 καὶ ἐπατήθη ἡ ληνὸς ἔξω τῆς πόλεως, καὶ ἐξῆλθεν αἷμα ἐκ τῆς ληνοῦ ἄχρι τῶν χαλινῶν τῶν ἵππων ἀπὸ σταδίων χιλίων ἑξακοσίων.

CHAPTER 15

1 Καὶ εἶδον ἄλλο σημεῖον ἐν τῷ οὐρανῷ μέγα καὶ θαυμαστόν, ἀγγέλους ἑπτὰ ἔχοντας πληγὰς ἑπτὰ τὰς ἐσχάτας, ὅτι ἐν αὐταῖς ἐτελέσθη ὁ θυμὸς τοῦ Θεοῦ.

2 Καὶ εἶδον ὡς θάλασσαν ὑαλίνην μεμιγμένην πυρί, καὶ τοὺς νικῶντας ἐκ τοῦ θηρίου καὶ ἐκ τῆς εἰκόνος αὐτοῦ καὶ ἐκ τοῦ χαράγματος αὐτοῦ, ἐκ τοῦ ἀριθμοῦ τοῦ ὀνόματος αὐτοῦ, ἑστῶτας ἐπὶ τὴν θάλασσαν τὴν ὑαλίνην, ἔχοντας κιθάρας τοῦ Θεοῦ,

3 καὶ ᾄδουσι τὴν ᾠδὴν Μωσέως τοῦ δούλου τοῦ θεοῦ καὶ τὴν ᾠδὴν τοῦ ἀρνίου λέγοντες Μεγάλα καὶ θαυμαστὰ τὰ ἔργα σου κύριε ὁ θεὸς ὁ παντοκράτωρ δίκαιαι καὶ ἀληθιναὶ αἱ ὁδοί σου ὁ βασιλεὺς τῶν ἁγίων

4 τίς οὐ μὴ φοβηθῇ σε, Κύριε, καὶ δοξάσῃ τὸ ὄνομά σου; ὅτι μόνος ὅσιος· ὅτι πάντα τὰ ἔθνη ἥξουσι καὶ προσκυνήσουσιν ἐνώπιόν σου, ὅτι τὰ δικαιώματά σου ἐφανερώθησαν.

5 Καὶ μετὰ ταῦτα εἶδον, καὶ ἰδού, ἠνοίγη ὁ ναὸς τῆς σκηνῆς τοῦ μαρτυρίου ἐν τῷ οὐρανῷ·

6 καὶ ἐξῆλθον οἱ ἑπτὰ ἄγγελοι ἔχοντες τὰς ἑπτὰ πληγὰς ἐκ τοῦ ναοῦ, ἐνδεδυμένοι λίνον καθαρὸν καὶ λαμπρὸν, καὶ περιεζωσμένοι περὶ τὰ στήθη ζώνας χρυσᾶς·

7 καὶ ἓν ἐκ τῶν τεσσάρων ζώων ἔδωκε τοῖς ἑπτὰ ἀγγέλοις ἑπτὰ φιάλας χρυσᾶς, γεμούσας τοῦ θυμοῦ τοῦ Θεοῦ τοῦ ζῶντος εἰς τοὺς αἰῶνας τῶν αἰώνων.

8 καὶ ἐγεμίσθη ὁ ναὸς καπνοῦ ἐκ τῆς δόξης τοῦ Θεοῦ, καὶ ἐκ τῆς δυνάμεως αὐτοῦ· καὶ οὐδεὶς ἠδύνατο εἰσελθεῖν εἰς τὸν ναὸν, ἄχρι τελεσθῶσιν αἱ ἑπτὰ πληγαὶ τῶν ἑπτὰ ἀγγέλων.

CHAPTER 16

1 Καὶ ἤκουσα φωνῆς μεγάλης ἐκ τοῦ ναοῦ, λεγούσης τοῖς ἑπτὰ

ἀγγέλοις, Ὑπάγετε, καὶ ἐκχέατε τὰς φιάλας τοῦ θυμοῦ τοῦ Θεοῦ εἰς τὴν γῆν.

2 Καὶ ἀπῆλθεν ὁ πρῶτος, καὶ ἐξέχεε τὴν φιάλην αὐτοῦ ἐπὶ τὴν γῆν· καὶ ἐγένετο ἕλκος κακὸν καὶ πονηρὸν εἰς τοὺς ἀνθρώπους τοὺς ἔχοντας τὸ χάραγμα τοῦ θηρίου, καὶ τοὺς τῇ εἰκόνι αὐτοῦ προσκυνοῦντας.

3 Καὶ ὁ δεύτερος ἄγγελος ἐξέχεε τὴν φιάλην αὐτοῦ εἰς τὴν θάλασσαν· καὶ ἐγένετο αἷμα ὡς νεκροῦ, καὶ πᾶσα ψυχὴ ζῶσα ἀπέθανεν ἐν τῇ θαλάσσῃ.

4 Καὶ ὁ τρίτος ἄγγελος ἐξέχεε τὴν φιάλην αὐτοῦ εἰς τοὺς ποταμοὺς καὶ εἰς τὰς πηγὰς τῶν ὑδάτων· καὶ ἐγένετο αἷμα.

5 καὶ ἤκουσα τοῦ ἀγγέλου τῶν ὑδάτων λέγοντος, Δίκαιος, Κύριε, εἶ, ὁ ὢν καὶ ὁ ἦν, καὶ ὁ ἐσόμενος ὅτι ταῦτα ἔκρινας·

6 ὅτι αἷμα ἁγίων καὶ προφητῶν ἐξέχεαν, καὶ αἷμα αὐτοῖς ἔδωκας πιεῖν· ἄξιοί γάρ εἰσι.

7 καὶ ἤκουσα ἄλλου ἐκ τοῦ θυσιαστηρίου λέγοντος, Ναί, Κύριε ὁ Θεὸς ὁ παντοκράτωρ, ἀληθιναὶ καὶ δίκαιαι αἱ κρίσεις σου.

8 Καὶ ὁ τέταρτος ἄγγελος ἐξέχεε τὴν φιάλην αὐτοῦ ἐπὶ τὸν ἥλιον· καὶ ἐδόθη αὐτῷ καυματίσαι τοὺς ἀνθρώπους ἐν πυρί.

9 καὶ ἐκαυματίσθησαν οἱ ἄνθρωποι καῦμα μέγα, καὶ ἐβλασφήμησαν τὸ ὄνομα τοῦ Θεοῦ τοῦ ἔχοντος ἐξουσίαν ἐπὶ τὰς πληγὰς ταύτας, καὶ οὐ μετενόησαν δοῦναι αὐτῷ δόξαν.

10 Καὶ ὁ πέμπτος ἄγγελος ἐξέχεε τὴν φιάλην αὐτοῦ ἐπὶ τὸν θρόνον τοῦ θηρίου· καὶ ἐγένετο ἡ βασιλεία αὐτοῦ ἐσκοτωμένη· καὶ ἐμασσῶντο τὰς γλώσσας αὐτῶν ἐκ τοῦ πόνου,

11 καὶ ἐβλασφήμησαν τὸν Θεὸν τοῦ οὐρανοῦ ἐκ τῶν πόνων αὐτῶν καὶ ἐκ τῶν ἑλκῶν αὐτῶν, καὶ οὐ μετενόησαν ἐκ τῶν ἔργων αὐτῶν.

12 Καὶ ὁ ἕκτος ἄγγελος ἐξέχεε τὴν φιάλην αὐτοῦ ἐπὶ τὸν ποταμὸν τὸν μέγαν τὸν Εὐφράτην· καὶ ἐξηράνθη τὸ ὕδωρ αὐτοῦ, ἵνα ἑτοιμασθῇ ἡ ὁδὸς τῶν βασιλέων τῶν ἀπὸ ἀνατολῶν ἡλίου.

13 καὶ εἶδον ἐκ τοῦ στόματος τοῦ δράκοντος καὶ ἐκ τοῦ στόματος τοῦ θηρίου καὶ ἐκ τοῦ στόματος τοῦ ψευδοπροφήτου, πνεύματα τρία ἀκάθαρτα ὁμοία βατράχοις·

14 εἰσὶ γὰρ πνεύματα δαιμόνων ποιοῦντα σημεῖα, ἃ ἐκπορεύεται ἐπὶ τοὺς βασιλεῖς τῆς γῆς καὶ τῆς οἰκουμένης ὅλης, συναγαγεῖν αὐτοὺς εἰς τὸν πόλεμον τῆς ἡμέρας ἐκείνης τῆς μεγάλης τοῦ Θεοῦ τοῦ παντοκράτορος.

15 (Ἰδοὺ, ἔρχομαι ὡς κλέπτης. μακάριος ὁ γρηγορῶν, καὶ τηρῶν τὰ ἱμάτια αὐτοῦ, ἵνα μὴ γυμνὸς περιπατῇ, καὶ βλέπωσι τὴν ἀσχημοσύνην αὐτοῦ.)

16 καὶ συνήγαγεν αὐτοὺς εἰς τὸν τόπον τὸν καλούμενον Ἑβραϊστὶ Ἁρμαγεδδών.

17 Καὶ ὁ ἕβδομος ἄγγελος ἐξέχεε τὴν φιάλην αὐτοῦ εἰς τὸν ἀέρα· καὶ ἐξῆλθε φωνὴ μεγάλη ἀπὸ τοῦ ναοῦ

τοῦ οὐρανοῦ, ἀπὸ τοῦ θρόνου λέγουσα, Γέγονε.

18 καὶ ἐγένοντο φωναὶ καὶ βρονταὶ καὶ ἀστραπαὶ, καὶ σεισμὸς ἐγένετο μέγας, οἷος οὐκ ἐγένετο ἀφ' οὗ οἱ ἄνθρωποι ἐγένοντο ἐπὶ τῆς γῆς, τηλικοῦτος σεισμὸς οὕτω μέγας.

19 καὶ ἐγένετο ἡ πόλις ἡ μεγάλη εἰς τρία μέρη, καὶ αἱ πόλεις τῶν ἐθνῶν ἔπεσον· καὶ Βαβυλὼν ἡ μεγάλη ἐμνήσθη ἐνώπιον τοῦ Θεοῦ, δοῦναι αὐτῇ τὸ ποτήριον τοῦ οἴνου τοῦ θυμοῦ τῆς ὀργῆς αὐτοῦ.

20 καὶ πᾶσα νῆσος ἔφυγε, καὶ ὄρη οὐχ εὑρέθησαν.

21 καὶ χάλαζα μεγάλη ὡς ταλαντιαία, καταβαίνει ἐκ τοῦ οὐρανοῦ ἐπὶ τοὺς ἀνθρώπους· καὶ ἐβλασφήμησαν οἱ ἄνθρωποι τὸν Θεὸν ἐκ τῆς πληγῆς τῆς χαλάζης· ὅτι μεγάλη ἐστὶν ἡ πληγὴ αὐτῆς σφόδρα.

CHAPTER 17

1 Καὶ ἦλθεν εἷς ἐκ τῶν ἑπτὰ ἀγγέλων τῶν ἐχόντων τὰς ἑπτὰ φιάλας, καὶ ἐλάλησε μετ' ἐμοῦ, λέγων μοι, Δεῦρο, δείξω σοι τὸ κρίμα τῆς πόρνης τῆς μεγάλης, τῆς καθημένης ἐπὶ τῶν ὑδάτων τῶν πολλῶν

2 μεθ' ἧς ἐπόρνευσαν οἱ βασιλεῖς τῆς γῆς, καὶ ἐμεθύσθησαν ἐκ τοῦ οἴνου τῆς πορνείας αὐτῆς οἱ κατοικοῦντες τὴν γῆν.

3 καὶ ἀπήνεγκέ με εἰς ἔρημον ἐν Πνεύματι· καὶ εἶδον γυναῖκα καθημένην ἐπὶ θηρίον κόκκινον,

γέμον ὀνομάτων βλασφημίας, ἔχον κεφαλὰς ἑπτὰ καὶ κέρατα δέκα.

4 καὶ ἡ γυνὴ ἦν περιβεβλημένη πορφύρᾳ καὶ κόκκινῳ, καὶ κεχρυσωμένη χρυσῷ καὶ λίθῳ τιμίῳ καὶ μαργαρίταις, ἔχουσα χρυσοῦν ποτήριον ἐν τῇ χειρὶ αὐτῆς, γέμον βδελυγμάτων καὶ ἀκαθαρτητος πορνείας αὐτῆς,

5 καὶ ἐπὶ τὸ μέτωπον αὐτῆς ὄνομα γεγραμμένον, Μυστήριον, Βαβυλὼν ἡ μεγάλη, ἡ μήτηρ τῶν πορνῶν καὶ τῶν βδελυγμάτων τῆς γῆς.

6 καὶ εἶδον τὴν γυναῖκα μεθύουσαν ἐκ τοῦ αἵματος τῶν ἁγίων, καὶ ἐκ τοῦ αἵματος τῶν μαρτύρων Ἰησοῦ. καὶ ἐθαύμασα ἰδὼν αὐτὴν θαῦμα μέγα.

7 καὶ εἶπέ μοι ὁ ἄγγελος, Διατί ἐθαύμασας; ἐγώ σοι ἐρῶ τὸ μυστήριον τῆς γυναικὸς, καὶ τοῦ θηρίου τοῦ βαστάζοντος αὐτήν, τοῦ ἔχοντος τὰς ἑπτὰ κεφαλὰς καὶ τὰ δέκα κέρατα.

8 τὸ θηρίον, ὃ εἶδες, ἦν, καὶ οὐκ ἔστι, καὶ μέλλει ἀναβαίνειν ἐκ τῆς ἀβύσσου, καὶ εἰς ἀπώλειαν ὑπάγειν· καὶ θαυμάσονται οἱ κατοικοῦντες ἐπὶ τῆς γῆς, ὧν οὐ γέγραπται τὰ ὀνόματα ἐπὶ τὸ βιβλίον τῆς ζωῆς, ἀπὸ καταβολῆς κόσμου, βλεπόντες τὸ θηρίον ὅ, τι ἦν, καὶ οὐκ ἔστι, καὶπερ ἔστιν.

9 ὧδε ὁ νοῦς ὁ ἔχων σοφίαν. αἱ ἑπτὰ κεφαλαὶ ὄρη εἰσίν ἑπτὰ ὅπου ἡ γυνὴ κάθηται ἐπ' αὐτῶν.

10 καὶ βασιλεῖς ἑπτά εἰσιν οἱ πέντε ἔπεσαν καὶ ὁ εἷς ἔστιν ὁ ἄλλος

οὔπω ἦλθε καὶ ὅταν ἔλθῃ ὀλίγον αὐτὸν δεῖ μεῖναι

11 καὶ τὸ θηρίον ὃ ἦν, καὶ οὐκ ἔστι, καὶ αὐτὸς ὄγδοός ἐστι, καὶ ἐκ τῶν ἑπτά ἐστι, καὶ εἰς ἀπώλειαν ὑπάγει.

12 καὶ τὰ δέκα κέρατα, ἃ εἶδες, δέκα βασιλεῖς εἰσιν, οἵτινες βασιλείαν οὔπω ἔλαβον, ἀλλ᾽ ἐξουσίαν ὡς βασιλεῖς μίαν ὥραν λαμβάνουσι μετὰ τοῦ θηρίου.

13 οὗτοι μίαν γνώμην ἔχουσι, καὶ τὴν δύναμιν καὶ τὴν ἐξουσίαν ἑαυτῶν τῷ θηρίῳ διαδιδώσουσιν.

14 οὗτοι μετὰ τοῦ ἀρνίου πολεμήσουσι, καὶ τὸ ἀρνίον νικήσει αὐτούς, ὅτι Κύριος κυρίων ἐστὶ καὶ βασιλεὺς βασιλέων, καὶ οἱ μετ᾽ αὐτοῦ κλητοὶ καὶ ἐκλεκτοὶ καὶ πιστοί.

15 καὶ λέγει μοι, Τὰ ὕδατα ἃ εἶδες, οὗ ἡ πόρνη κάθηται, λαοὶ καὶ ὄχλοι εἰσὶ, καὶ ἔθνη καὶ γλῶσσαι.

16 καὶ τὰ δέκα κέρατα, ἃ εἶδες ἐπὶ τὸ θηρίον, οὗτοι μισήσουσι τὴν πόρνην, καὶ ἠρημωμένην ποιήσουσιν αὐτὴν καὶ γυμνήν, καὶ τὰς σάρκας αὐτῆς φάγονται, καὶ αὐτὴν κατακαύσουσιν ἐν πυρί.

17 ὁ γὰρ Θεὸς ἔδωκεν εἰς τὰς καρδίας αὐτῶν ποιῆσαι τὴν γνώμην αὐτοῦ, καὶ ποιῆσαι μίαν γνώμην, καὶ δοῦναι τὴν βασιλείαν αὐτῶν τῷ θηρίῳ, ἄχρι τελεσθῇ τὰ ῥήματά τοῦ Θεοῦ.

18 καὶ ἡ γυνὴ, ἣν εἶδες, ἔστιν ἡ πόλις ἡ μεγάλη ἡ ἔχουσα βασιλείαν ἐπὶ τῶν βασιλέων τῆς γῆς.

CHAPTER 18

1 Καὶ μετὰ ταῦτα εἶδον ἄλλον ἄγγελον καταβαίνοντα ἐκ τοῦ οὐρανοῦ, ἔχοντα ἐξουσίαν μεγάλην· καὶ ἡ γῆ ἐφωτίσθη ἐκ τῆς δόξης αὐτοῦ.

2 καὶ ἔκραξεν ἐν ἰσχύϊ, φωνῇ μεγάλῃ λέγων, Ἔπεσεν ἔπεσε Βαβυλὼν ἡ μεγάλη, καὶ ἐγένετο κατοικητήριον δαιμόνων, καὶ φυλακὴ παντὸς πνεύματος ἀκαθάρτου, καὶ φυλακὴ παντὸς ὀρνέου ἀκαθάρτου καὶ μεμισημένου.

3 ὅτι ἐκ τοῦ οἴνου τοῦ θυμοῦ τῆς πορνείας αὐτῆς πέπωκε πάντα τὰ ἔθνη, καὶ οἱ βασιλεῖς τῆς γῆς μετ᾽ αὐτῆς ἐπόρνευσαν, καὶ οἱ ἔμποροι τῆς γῆς ἐκ τῆς δυνάμεως τοῦ στρήνους αὐτῆς ἐπλούτησαν.

4 Καὶ ἤκουσα ἄλλην φωνὴν ἐκ τοῦ οὐρανοῦ, λέγουσαν, Ἐξέλθετε ἐξ αὐτῆς, ὁ λαός μου, ἵνα μὴ συγκοινωνήσητε ταῖς ἁμαρτίαις αὐτῆς, καὶ ἵνα μὴ λάβητε ἐκ τῶν πληγῶν αὐτῆς·

5 ὅτι ἐκολλήθησαν αὐτῆς αἱ ἁμαρτίαι ἄχρι τοῦ οὐρανοῦ, καὶ ἐμνημόνευσεν ὁ Θεὸς τὰ ἀδικήματα αὐτῆς.

6 ἀπόδοτε αὐτῇ ὡς καὶ αὐτὴ ἀπέδωκεν ὑμῖν, καὶ διπλώσατε αὐτῇ διπλᾶ κατὰ τὰ ἔργα αὐτῆς· ἐν τῷ ποτηρίῳ ᾧ ἐκέρασε, κεράσατε αὐτῇ διπλοῦν.

7 ὅσα ἐδόξασεν ἑαυτήν, καὶ ἐστρηνίασε, τοσοῦτον δότε αὐτῇ βασανισμὸν καὶ πένθος· ὅτι ἐν τῇ

καρδίᾳ αὐτῆς λέγει, Κάθημαι βασίλισσα, καὶ χήρα οὐκ εἰμί, καὶ πένθος οὐ μὴ ἴδω.

8 διὰ τοῦτο ἐν μιᾷ ἡμέρᾳ ἥξουσιν αἱ πληγαὶ αὐτῆς, θάνατος καὶ πένθος καὶ λιμός, καὶ ἐν πυρὶ κατακαυθήσεται, ὅτι ἰσχυρὸς Κύριος ὁ Θεὸς ὁ κρίνων αὐτήν.

9 καὶ κλαύσονται αὐτην, καὶ κόψονται ἐπ' αὐτῇ οἱ βασιλεῖς τῆς γῆς οἱ μετ' αὐτῆς πορνεύσαντες καὶ στρηνιάσαντες, ὅταν βλέπωσι τὸν καπνὸν τῆς πυρώσεως αὐτῆς,

10 ἀπὸ μακρόθεν ἑστηκότες διὰ τὸν φόβον τοῦ βασανισμοῦ αὐτῆς, λέγοντες, Οὐαὶ, οὐαί, ἡ πόλις ἡ μεγάλη, Βαβυλὼν, ἡ πόλις ἡ ἰσχυρά, ὅτι ἐν μιᾷ ὥρᾳ ἦλθεν ἡ κρίσις σου.

11 καὶ οἱ ἔμποροι τῆς γῆς κλαίουσι καὶ πενθοῦσιν ἐπ' αὐτῇ, ὅτι τὸν γόμον αὐτῶν οὐδεὶς ἀγοράζει οὐκέτι·

12 γόμον χρυσοῦ, καὶ ἀργύρου, καὶ λίθου τιμίου, καὶ μαργαρίτου, καὶ βύσσου, καὶ πορφύρας, καὶ σηρικοῦ, καὶ κοκκίνου· καὶ πᾶν ξύλον θύϊνον, καὶ πᾶν σκεῦος ἐλεφάντινον, καὶ πᾶν σκεῦος ἐκ ξύλου τιμιωτάτου, καὶ χαλκοῦ, καὶ σιδήρου, καὶ μαρμάρου·

13 καὶ κινάμωμον, καὶ θυμιάματα, καὶ μύρον, καὶ λίβανον, καὶ οἶνον, καὶ ἔλαιον, καὶ σεμίδαλιν, καὶ σῖτον, καὶ κτήνη, καὶ πρόβατα· καὶ ἵππων, καὶ ῥεδῶν, καὶ σωμάτων, καὶ ψυχὰς ἀνθρώπων.

14 καὶ ἡ ὀπώρα τῆς ἐπιθυμίας τῆς ψυχῆς σου ἀπῆλθεν ἀπὸ σοῦ, καὶ πάντα τὰ λιπαρὰ καὶ τὰ λαμπρὰ ἀπῆλθεν ἀπὸ σοῦ, καὶ οὐκέτι οὐ μὴ εὑρήσῃς αὐτά.

15 οἱ ἔμποροι τούτων, οἱ πλουτήσαντες ἀπ' αὐτῆς, ἀπὸ μακρόθεν στήσονται διὰ τὸν φόβον τοῦ βασανισμοῦ αὐτῆς, κλαίοντες καὶ πενθοῦντες,

16 καὶ λέγοντες, Οὐαὶ, οὐαί, ἡ πόλις ἡ μεγάλη, ἡ περιβεβλημένη βύσσινον καὶ πορφυροῦν καὶ κόκκινον, καὶ κεχρυσωμένη ἐν χρυσῷ καὶ λίθῳ τιμίῳ καὶ μαργαρίταις·

17 ὅτι μιᾷ ὥρᾳ ἠρημώθη ὁ τοσοῦτος πλοῦτος. καὶ πᾶς κυβερνήτης, καὶ πᾶς ἐπὶ τῶν πλοίων ὁ ὅμιλος, καὶ ναῦται, καὶ ὅσοι τὴν θάλασσαν ἐργάζονται ἀπὸ μακρόθεν ἔστησαν,

18 καὶ ἔκραζον ὁρῶντες τὸν καπνὸν τῆς πυρώσεως αὐτῆς, λέγοντες, Τίς ὁμοία τῇ πόλει τῇ μεγάλῃ;

19 καὶ ἔβαλον χοῦν ἐπὶ τὰς κεφαλὰς αὐτῶν, καὶ ἔκραζον κλαίοντες καὶ πενθοῦντες, λέγοντες, Οὐαὶ οὐαί, ἡ πόλις ἡ μεγάλη, ἐν ᾗ ἐπλούτησαν πάντες οἱ ἔχοντες πλοῖα ἐν τῇ θαλάσσῃ ἐκ τῆς τιμιότητος αὐτῆς, ὅτι μιᾷ ὥρᾳ ἠρημώθη.

20 εὐφραίνου ἐπ' αὐτήν, οὐρανέ, καὶ οἱ ἅγιοι ἀπόστολοι καὶ οἱ προφῆται, ὅτι ἔκρινεν ὁ Θεὸς τὸ κρίμα ὑμῶν ἐξ αὐτῆς.

21 Καὶ ἦρεν εἷς ἄγγελος ἰσχυρὸς λίθον ὡς μύλον μέγαν, καὶ ἔβαλεν εἰς τὴν θάλασσαν, λέγων, Οὕτως ὁρμήματι βληθήσεται Βαβυλὼν ἡ

μεγάλη πόλις, καὶ οὐ μὴ εὑρεθῇ ἔτι.

22 καὶ φωνὴ κιθαρῳδῶν καὶ μουσικῶν καὶ αὐλητῶν καὶ σαλπιστῶν οὐ μὴ ἀκουσθῇ ἐν σοὶ ἔτι, καὶ πᾶς τεχνίτης πάσης τέχνης οὐ μὴ εὑρεθῇ ἐν σοὶ ἔτι, καὶ φωνὴ μύλου οὐ μὴ ἀκουσθῇ ἐν σοὶ ἔτι,

23 καὶ φῶς λύχνου οὐ μὴ φάνῃ ἐν σοὶ ἔτι, καὶ φωνὴ νυμφίου καὶ νύμφης οὐ μὴ ἀκουσθῇ ἐν σοὶ ἔτι· ὅτι οἱ ἔμποροί σου ἦσαν οἱ μεγιστᾶνες τῆς γῆς· ὅτι ἐν τῇ φαρμακείᾳ σου ἐπλανήθησαν πάντα τὰ ἔθνη,

24 καὶ ἐν αὐτῇ αἷμα προφητῶν καὶ ἁγίων εὑρέθη, καὶ πάντων τῶν ἐσφαγμένων ἐπὶ τῆς γῆς.

CHAPTER 19

1 καὶ μετὰ ταῦτα ἤκουσα φωνὴν ὄχλου πολλοῦ μεγάλην ἐν τῷ οὐρανῷ, λεγόντος, Ἀλληλουϊά· ἡ σωτηρία καὶ ἡ δόξα καὶ ἡ τιμὴ καὶ ἡ δύναμις Κυρίῳ τῷ Θεῷ ἡμῶν·

2 ὅτι ἀληθιναὶ καὶ δίκαιαι αἱ κρίσεις αὐτοῦ· ὅτι ἔκρινε τὴν πόρνην τὴν μεγάλην, ἥτις ἔφθειρε τὴν γῆν ἐν τῇ πορνείᾳ αὐτῆς, καὶ ἐξεδίκησε τὸ αἷμα τῶν δούλων αὐτοῦ ἐκ τῆς χειρὸς αὐτῆς.

3 καὶ δεύτερον εἴρηκαν, Ἀλληλουϊά· καὶ ὁ καπνὸς αὐτῆς ἀναβαίνει εἰς τοὺς αἰῶνας τῶν αἰώνων.

4 καὶ ἔπεσαν οἱ πρεσβύτεροι οἱ εἴκοσι καὶ τέσσαρες καὶ τὰ τέσσαρα ζῷα καὶ προσεκύνησαν τῷ θεῷ τῷ καθημένῳ ἐπὶ τοῦ θρόνου λέγοντες Ἀμήν Ἀλληλουϊά

5 καὶ φωνὴ ἐκ τοῦ θρόνου ἐξῆλθε, λέγουσα, Αἰνεῖτε τὸν Θεὸν ἡμῶν, πάντες οἱ δοῦλοι αὐτοῦ, καὶ οἱ φοβούμενοι αὐτόν καὶ οἱ μικροὶ καὶ οἱ μεγάλοι.

6 καὶ ἤκουσα ὡς φωνὴν ὄχλου πολλοῦ, καὶ ὡς φωνὴν ὑδάτων πολλῶν, καὶ ὡς φωνὴν βροντῶν ἰσχυρῶν, λεγόντας, Ἀλληλουϊά· ὅτι ἐβασίλευσε Κύριος ὁ Θεὸς ὁ παντοκράτωρ.

7 χαίρωμεν καὶ ἀγαλλιώμεθα, καὶ δῶμεν τὴν δόξαν αὐτῷ· ὅτι ἦλθεν ὁ γάμος τοῦ ἀρνίου, καὶ ἡ γυνὴ αὐτοῦ ἡτοίμασεν ἑαυτήν.

8 καὶ ἐδόθη αὐτῇ ἵνα περιβάληται βύσσινον καθαρόν καὶ λαμπρόν· τὸ γὰρ βύσσινον τὰ δικαιώματα ἐστι τῶν ἁγίων.

9 καὶ λέγει μοι, Γράψον, Μακάριοι οἱ εἰς τὸ δεῖπνον τοῦ γάμου τοῦ ἀρνίου κεκλημένοι. καὶ λέγει μοι, Οὗτοι οἱ λόγοι ἀληθινοὶ εἰσί τοῦ Θεοῦ.

10 καὶ ἔπεσον ἔμπροσθεν τῶν ποδῶν αὐτοῦ προσκυνῆσαι αὐτῷ· καὶ λέγει μοι, Ὅρα μή· σύνδουλός σού εἰμι καὶ τῶν ἀδελφῶν σου τῶν ἐχόντων τὴν μαρτυρίαν τοῦ Ἰησοῦ τῷ Θεῷ προσκύνησον· ἡ γὰρ μαρτυρία τοῦ Ἰησοῦ ἐστι τὸ πνεῦμα τῆς προφητείας.

11 Καὶ εἶδον τὸν οὐρανὸν ἀνεῳγμένον, καὶ ἰδοὺ ἵππος λευκός, καὶ ὁ καθήμενος ἐπ' αὐτὸν καλούμενος πιστὸς καὶ ἀληθινός,

καὶ ἐν δικαιοσύνῃ κρίνει καὶ πολεμεῖ.

12 οἱ δὲ ὀφθαλμοὶ αὐτοῦ ὡς φλὸξ πυρός, καὶ ἐπὶ τὴν κεφαλὴν αὐτοῦ διαδήματα πολλά· ἔχων ὄνομα γεγραμμένον, ὃ οὐδεὶς οἶδεν εἰ μὴ αὐτός,

13 καὶ περιβεβλημένος ἱμάτιον βεβαμμένον αἵματι· καὶ καλεῖται τὸ ὄνομα αὐτοῦ, Ὁ λόγος τοῦ Θεοῦ.

14 καὶ τὰ στρατεύματα τὰ ἐν τῷ οὐρανῷ ἠκολούθει αὐτῷ ἐφ' ἵπποις λευκοῖς, ἐνδεδυμένοι βύσσινον λευκὸν καὶ καθαρόν.

15 καὶ ἐκ τοῦ στόματος αὐτοῦ ἐκπορεύεται ῥομφαία ὀξεῖα, ἵνα ἐν αὐτῇ πατάσσῃ τὰ ἔθνη· καὶ αὐτὸς ποιμανεῖ αὐτοὺς ἐν ῥάβδῳ σιδηρᾷ· καὶ αὐτὸς πατεῖ τὴν ληνὸν τοῦ οἴνου τοῦ θυμοῦ καὶ τῆς ὀργῆς τοῦ Θεοῦ τοῦ παντοκράτορος.

16 καὶ ἔχει ἐπὶ τὸ ἱμάτιον καὶ ἐπὶ τὸν μηρὸν αὐτοῦ ὄνομα γεγραμμένον, Βασιλεὺς βασιλέων καὶ Κύριος κυρίων.

17 Καὶ εἶδον ἕνα ἄγγελον ἑστῶτα ἐν τῷ ἡλίῳ· καὶ ἔκραξε φωνῇ μεγάλῃ, λέγων πᾶσι τοῖς ὀρνέοις τοῖς πετωμένοις ἐν μεσουρανήματι, Δεῦτε καὶ συνάγεσθε εἰς τὸ δεῖπνον τοῦ μεγάλου Θεοῦ,

18 ἵνα φάγητε σάρκας βασιλέων, καὶ σάρκας χιλιάρχων, καὶ σάρκας ἰσχυρῶν, καὶ σάρκας ἵππων καὶ τῶν καθημένων ἐπ' αὐτῶν, καὶ σάρκας πάντων, ἐλευθέρων τε καὶ δούλων, καὶ μικρῶν καὶ μεγάλων.

19 Καὶ εἶδον τὸ θηρίον, καὶ τοὺς βασιλεῖς τῆς γῆς καὶ τὰ στρατεύματα αὐτῶν συνηγμένα ποιῆσαι πόλεμον μετὰ τοῦ καθημένου ἐπὶ τοῦ ἵππου, καὶ μετὰ τοῦ στρατεύματος αὐτοῦ.

20 καὶ ἐπιάσθη τὸ θηρίον, καὶ μετὰ τούτου ὁ ψευδοπροφήτης ὁ ποιήσας τὰ σημεῖα ἐνώπιον αὐτοῦ, ἐν οἷς ἐπλάνησε τοὺς λαβόντας τὸ χάραγμα τοῦ θηρίου, καὶ τοὺς προσκυνοῦντας τῇ εἰκόνι αὐτοῦ· ζῶντες ἐβλήθησαν οἱ δύο εἰς τὴν λίμνην τοῦ πυρὸς τὴν καιομένην ἐν τῷ θείῳ·

21 καὶ οἱ λοιποὶ ἀπεκτάνθησαν ἐν τῇ ῥομφαίᾳ τοῦ καθημένου ἐπὶ τοῦ ἵππου, τῇ ἐκπορευομένῃ ἐκ τοῦ στόματος αὐτοῦ· καὶ πάντα τὰ ὄρνεα ἐχορτάσθησαν ἐκ τῶν σαρκῶν αὐτῶν.

CHAPTER 20

1 Καὶ εἶδον ἄγγελον καταβαίνοντα ἐκ τοῦ οὐρανοῦ, ἔχοντα τὴν κλεῖδα τῆς ἀβύσσου, καὶ ἅλυσιν μεγάλην ἐπὶ τὴν χεῖρα αὐτοῦ.

2 καὶ ἐκράτησε τὸν δράκοντα, τὸν ὄφιν τὸν ἀρχαῖον, ὅς ἐστι διάβολος καὶ Σατανᾶς, καὶ ἔδησεν αὐτὸν χίλια ἔτη,

3 καὶ ἔβαλεν αὐτὸν εἰς τὴν ἄβυσσον, καὶ ἔκλεισεν αὐτόν, καὶ ἐσφράγισεν ἐπάνω αὐτοῦ, ἵνα μὴ πλανήσῃ τὰ ἔθνη ἔτι, ἄχρι τελεσθῇ τὰ χίλια ἔτη· καὶ μετὰ ταῦτα δεῖ αὐτὸν λυθῆναι μικρὸν χρόνον.

4 Καὶ εἶδον θρόνους, καὶ ἐκάθισαν ἐπ᾽ αὐτούς, καὶ κρίμα ἐδόθη αὐτοῖς· καὶ τὰς ψυχὰς τῶν πεπελεκισμένων διὰ τὴν μαρτυρίαν Ἰησοῦ καὶ διὰ τὸν λόγον τοῦ Θεοῦ, καὶ οἵτινες οὐ προσεκύνησαν τῷ θηρίῳ, οὔτε τὴν εἰκόνα αὐτοῦ, καὶ οὐκ ἔλαβον τὸ χάραγμα ἐπὶ τὸ μέτωπον αὐτῶν, καὶ ἐπὶ τὴν χεῖρα αὐτῶν· καὶ ἔζησαν καὶ ἐβασίλευσαν μετὰ Χριστοῦ χίλια ἔτη.

5 οἱ δὲ λοιποὶ τῶν νεκρῶν οὐκ ἀνέζησαν ἔως τελεσθῇ τὰ χίλια ἔτη. αὕτη ἡ ἀνάστασις ἡ πρώτη.

6 μακάριος καὶ ἅγιος ὁ ἔχων μέρος ἐν τῇ ἀναστάσει τῇ πρώτῃ· ἐπὶ τούτων ὁ θάνατος ὁ δεύτερος οὐκ ἔχει ἐξουσίαν, ἀλλ᾽ ἔσονται ἱερεῖς τοῦ Θεοῦ, καὶ τοῦ Χριστοῦ, καὶ βασιλεύσουσι μετ᾽ αὐτοῦ χίλια ἔτη.

7 Καὶ ὅταν τελεσθῇ τὰ χίλια ἔτη, λυθήσεται ὁ Σατανᾶς ἐκ τῆς φυλακῆς αὐτοῦ,

8 καὶ ἐξελεύσεται πλανῆσαι τὰ ἔθνη τὰ ἐν ταῖς τέσσαρσι γωνίαις τῆς γῆς, τὸν Γὼγ καὶ τὸν Μαγώγ, συναγαγεῖν αὐτοὺς εἰς πόλεμον· ὧν ὁ ἀριθμὸς ὡς ἡ ἄμμος τῆς θαλάσσης.

9 καὶ ἀνέβησαν ἐπὶ τὸ πλάτος τῆς γῆς, καὶ ἐκύκλωσαν τὴν παρεμβολὴν τῶν ἁγίων καὶ τὴν πόλιν τὴν ἠγαπημένην· καὶ κατέβη πῦρ ἀπὸ τοῦ Θεοῦ ἐκ τοῦ οὐρανοῦ, καὶ κατέφαγεν αὐτούς·

10 καὶ ὁ διάβολος ὁ πλανῶν αὐτοὺς ἐβλήθη εἰς τὴν λίμνην τοῦ πυρὸς καὶ θείου, ὅπου τὸ θηρίον καὶ ὁ ψευδοπροφήτης· καὶ βασανισθήσονται ἡμέρας καὶ νυκτὸς εἰς τοὺς αἰῶνας τῶν αἰώνων.

11 Καὶ εἶδον θρόνον λευκὸν μέγαν καὶ τὸν καθήμενον ἐπ᾽ αὐτοῦ, οὗ ἀπὸ προσώπου ἔφυγεν ἡ γῆ καὶ ὁ οὐρανός, καὶ τόπος οὐχ εὑρέθη αὐτοῖς.

12 καὶ εἶδον τοὺς νεκροὺς μικροὺς καὶ μεγάλους, ἑστῶτας ἐνώπιον τοῦ θεοῦ, καὶ βιβλία ἠνεῴχθησαν· καὶ βιβλίον ἄλλο ἠνεῴχθη, ὅ ἐστι τῆς ζωῆς· καὶ ἐκρίθησαν οἱ νεκροὶ ἐκ τῶν γεγραμμένων ἐν τοῖς βιβλίοις, κατὰ τὰ ἔργα αὐτῶν.

13 καὶ ἔδωκεν ἡ θάλασσα τοὺς ἐν αὐτῇ νεκρούς, καὶ ὁ θάνατος καὶ ὁ ᾅδης ἔδωκαν τοὺς ἐν αὐτοῖς νεκρούς· καὶ ἐκρίθησαν ἕκαστος κατὰ τὰ ἔργα αὐτῶν.

14 καὶ ὁ θάνατος καὶ ὁ ᾅδης ἐβλήθησαν εἰς τὴν λίμνην τοῦ πυρός· οὗτος ἐστιν ὁ δεύτερός θάνατος.

15 καὶ εἴ τις οὐχ εὑρέθη ἐν τῇ βίβλῳ τῆς ζωῆς γεγραμμένος, ἐβλήθη εἰς τὴν λίμνην τοῦ πυρός·

CHAPTER 21

1 Καὶ εἶδον οὐρανὸν καινὸν καὶ γῆν καινήν· ὁ γὰρ πρῶτος οὐρανὸς καὶ ἡ πρώτη γῆ παρῆλθε, καὶ ἡ θάλασσα οὐκ ἔστιν ἔτι.

2 καὶ ἐγὼ Ἰωάννης εἶδον τὴν πόλιν τὴν ἁγίαν Ἰερουσαλὴμ καινήν, καταβαίνουσαν ἀπὸ τοῦ Θεοῦ ἐκ τοῦ οὐρανοῦ, ἡτοιμασμένην ὡς

νύμφην κεκοσμημένην τῷ ἀνδρὶ αὐτῆς.

3 καὶ ἤκουσα φωνῆς μεγάλης ἐκ τοῦ οὐρανοῦ, λεγούσης, Ἰδού, ἡ σκηνὴ τοῦ Θεοῦ μετὰ τῶν ἀνθρώπων, καὶ σκηνώσει μετ᾿ αὐτῶν, καὶ αὐτοὶ λαοὶ αὐτοῦ ἔσονται, καὶ αὐτὸς ὁ Θεὸς ἔσται μετ᾿ αὐτῶν, Θεὸς αὐτῶν·

4 καὶ ἐξαλείψει ὁ Θεὸς πᾶν δάκρυον ἀπὸ τῶν ὀφθαλμῶν αὐτῶν, καὶ ὁ θάνατος οὐκ ἔσται ἔτι· οὔτε πένθος, οὔτε κραυγή, οὔτε πόνος, οὐκ ἔσται ἔτι· ὅτι τὰ πρῶτα ἀπῆλθον.

5 καὶ εἶπεν ὁ καθήμενος ἐπὶ τοῦ θρόνου, Ἰδού, καινὰ πάντα ποιῶ. καὶ λέγει μοι, Γράψον· ὅτι οὗτοι οἱ λόγοι ἀληθινοί καὶ πιστοί εἰσι.

6 καὶ εἶπέ μοι, Γέγονε. ἐγώ εἰμι τὸ Α καὶ τὸ Ω, ἡ ἀρχὴ καὶ τὸ τέλος. ἐγὼ τῷ διψῶντι δώσω ἐκ τῆς πηγῆς τοῦ ὕδατος τῆς ζωῆς δωρεάν.

7 ὁ νικῶν κληρονομήσει πάντα, καὶ ἔσομαι αὐτῷ Θεός, καὶ αὐτὸς ἔσται μοι ὁ υἱός.

8 δειλοῖς δὲ καὶ ἀπίστοις καὶ ἐβδελυγμένοις καὶ φονεῦσι καὶ πόρνοις καὶ φαρμάκεῦσι καὶ εἰδωλολάτραις καὶ πᾶσι τοῖς ψευδέσι τὸ μέρος αὐτῶν ἐν τῇ λίμνῃ τῇ καιομένῃ πυρὶ καὶ θείῳ, ὅ ἐστι δεύτερος θάνατος.

9 Καὶ ἦλθε πρός με εἷς τῶν ἑπτὰ ἀγγέλων τῶν ἐχόντων τὰς ἑπτὰ φιάλας τὰς γεμούσας τῶν ἑπτὰ πληγῶν τῶν ἐσχάτων, καὶ ἐλάλησε μετ᾿ ἐμοῦ, λέγων, Δεῦρο, δείξω σοι τὴν νύμφην τοῦ ἀρνίου τὴν γυναῖκα.

10 καὶ ἀπήνεγκέ με ἐν Πνεύματι ἐπ᾿ ὄρος μέγα καὶ ὑψηλόν, καὶ ἔδειξέ μοι τὴν πόλιν τὴν μεγάλην, τὴν ἁγίαν Ἰερουσαλήμ, καταβαίνουσαν ἐκ τοῦ οὐρανοῦ ἀπὸ τοῦ Θεοῦ,

11 ἔχουσαν τὴν δόξαν τοῦ Θεοῦ· καὶ ὁ φωστὴρ αὐτῆς ὅμοιος λίθῳ τιμιωτάτῳ ὡς λίθῳ ἰάσπιδι κρυσταλλίζοντι·

12 ἔχουσαν τε τεῖχος μέγα καὶ ὑψηλόν, ἔχουσαν πυλῶνας δώδεκα, καὶ ἐπὶ τοῖς πυλῶσιν ἀγγέλους δώδεκα, καὶ ὀνόματα ἐπιγεγραμμένα, ἅ ἐστι τῶν δώδεκα φυλῶν τῶν υἱῶν Ἰσραήλ.

13 ἀπ᾿ ἀνατολῆς πυλῶνες τρεῖς· ἀπὸ βορρᾶ, πυλῶνες τρεῖς· ἀπὸ νότου, πυλῶνες τρεῖς· καὶ ἀπὸ δυσμῶν, πυλῶνες τρεῖς.

14 καὶ τὸ τεῖχος τῆς πόλεως ἔχον θεμελίους δώδεκα, καὶ ἐν αὐτοῖς ὀνόματα τῶν δώδεκα ἀποστόλων τοῦ ἀρνίου.

15 καὶ ὁ λαλῶν μετ᾿ ἐμοῦ εἶχε κάλαμον χρυσοῦν, ἵνα μετρήσῃ τὴν πόλιν, καὶ τοὺς πυλῶνας αὐτῆς, καὶ τὸ τεῖχος αὐτῆς.

16 καὶ ἡ πόλις τετράγωνος κεῖται, καὶ τὸ μῆκος αὐτῆς τοσοῦτόν ἐστιν ὅσον καὶ τὸ πλάτος. καὶ ἐμέτρησε τὴν πόλιν τῷ καλάμῳ ἐπὶ σταδίων δώδεκα χιλιάδων· τὸ μῆκος καὶ τὸ πλάτος καὶ τὸ ὕψος αὐτῆς ἴσα ἐστί.

17 καὶ ἐμέτρησε τὸ τεῖχος αὐτῆς ἑκατὸν τεσσαράκοντατεσσάρων

πηχῶν, μέτρον ἀνθρώπου, ὅ ἐστιν ἀγγέλου.

18 καὶ ἦν ἡ ἐνδόμησις τοῦ τείχους αὐτῆς, ἴασπις· καὶ ἡ πόλις χρυσίον καθαρόν, ὅμοια ὑάλῳ καθαρῷ.

19 καὶ οἱ θεμέλιοι τοῦ τείχους τῆς πόλεως παντὶ λίθῳ τιμίῳ κεκοσμημένοι. ὁ θεμέλιος ὁ πρῶτος, ἴασπις· ὁ δεύτερος, σάπφειρος· ὁ τρίτος, χαλκηδών· ὁ τέταρτος, σμάραγδος·

20 ὁ πέμπτος, σαρδόνυξ· ὁ ἕκτος, σάρδιος· ὁ ἕβδομος, χρυσόλιθος· ὁ ὄγδοος, βήρυλλος· ὁ ἔννατος, τοπάζιον· ὁ δέκατος, χρυσόπρασος· ὁ ἑνδέκατος, ὑάκινθος· ὁ δωδέκατος, ἀμέθυστος.

21 καὶ οἱ δώδεκα πυλῶνες, δώδεκα μαργαρῖται· ἀνὰ εἷς ἕκαστος τῶν πυλώνων ἦν ἐξ ἑνὸς μαργαρίτου· καὶ ἡ πλατεῖα τῆς πόλεως χρυσίον καθαρόν, ὡς ὕαλος διαφανής.

22 καὶ ναὸν οὐκ εἶδον ἐν αὐτῇ· ὁ γὰρ Κύριος ὁ Θεὸς ὁ παντοκράτωρ ναὸς αὐτῆς ἐστι, καὶ τὸ ἀρνίον.

23 καὶ ἡ πόλις οὐ χρείαν ἔχει τοῦ ἡλίου, οὐδὲ τῆς σελήνης, ἵνα φαίνωσιν ἐν αὐτῇ· ἡ γὰρ δόξα τοῦ Θεοῦ ἐφώτισεν αὐτήν, καὶ ὁ λύχνος αὐτῆς τὸ ἀρνίον·

24 καὶ τὰ ἔθνη τῶν σωζομένων ἐν τῷ φωτί αὐτῆς περιπατήσουσι· καὶ οἱ βασιλεῖς τῆς γῆς φέρουσι τὴν δόξαν καὶ τὴν τιμὴν αὐτῶν εἰς αὐτήν·

25 καὶ οἱ πυλῶνες αὐτῆς οὐ μὴ κλεισθῶσιν ἡμέρας· νὺξ γὰρ οὐκ ἔσται ἐκεῖ·

26 καὶ οἴσουσι τὴν δόξαν καὶ τὴν τιμὴν τῶν ἐθνῶν εἰς αὐτήν·

27 καὶ οὐ μὴ εἰσέλθῃ εἰς αὐτὴν πᾶν κοινοῦν, καὶ ποιοῦν βδέλυγμα καὶ ψεῦδος· εἰ μὴ οἱ γεγραμμένοι ἐν τῷ βιβλίῳ τῆς ζωῆς τοῦ ἀρνίου.

CHAPTER 22

1 καὶ ἔδειξέ μοι καθαρὸν ποταμὸν ὕδατος ζωῆς, λαμπρὸν ὡς κρύσταλλον, ἐκπορευόμενον ἐκ τοῦ θρόνου τοῦ Θεοῦ, καὶ τοῦ ἀρνίου.

2 ἐν μέσῳ τῆς πλατείας αὐτῆς, καὶ τοῦ ποταμοῦ ἐντεῦθεν καὶ ἐντεῦθεν, ξύλον ζωῆς, ποιοῦν καρποὺς δώδεκα, κατὰ μῆνα ἕνα ἕκαστον ἀποδιδοῦν τὸν καρπὸν αὐτοῦ· καὶ τὰ φύλλα τοῦ ξύλου εἰς θεραπείαν τῶν ἐθνῶν.

3 καὶ πᾶν κατανάθεμα οὐκ ἔσται ἔτι· καὶ ὁ θρόνος τοῦ Θεοῦ καὶ τοῦ ἀρνίου ἐν αὐτῇ ἔσται· καὶ οἱ δοῦλοι αὐτοῦ λατρεύσουσιν αὐτῷ,

4 καὶ ὄψονται τὸ πρόσωπον αὐτοῦ· καὶ τὸ ὄνομα αὐτοῦ ἐπὶ τῶν μετώπων αὐτῶν.

5 καὶ νὺξ οὐκ ἔσται ἐκεῖ, καὶ χρείαν οὐκ ἔχουσι λύχνου καὶ φωτὸς ἡλίου, ὅτι Κύριος ὁ Θεὸς φωτίζει αὐτούς· καὶ βασιλεύσουσιν εἰς τοὺς αἰῶνας τῶν αἰώνων.

6 Καὶ εἶπέ μοι, Οὗτοι οἱ λόγοι πιστοὶ καὶ ἀληθινοί· καὶ Κύριος ὁ Θεὸς τῶν ἁγίων προφητῶν· ἀπέστειλε τὸν ἄγγελον αὐτοῦ δεῖξαι τοῖς δούλοις αὐτοῦ ἃ δεῖ γενέσθαι ἐν τάχει.

7 ἰδού, ἔρχομαι ταχύ. μακάριος ὁ τηρῶν τοὺς λόγους τῆς προφητείας τοῦ βιβλίου τούτου.

8 Καὶ ἐγὼ Ἰωάννης ὁ βλέπων ταῦτα καὶ ἀκούων. καὶ ὅτε ἤκουσα καὶ ἔβλεψα, ἔπεσα προσκυνῆσαι ἔμπροσθεν τῶν ποδῶν τοῦ ἀγγέλου τοῦ δεικνύοντός μοι ταῦτα.

9 καὶ λέγει μοι, Ὅρα μή· σύνδουλός σού γὰρ εἰμι, καὶ τῶν ἀδελφῶν σου τῶν προφητῶν, καὶ τῶν τηρούντων τοὺς λόγους τοῦ βιβλίου τούτου· τῷ Θεῷ προσκύνησον.

10 Καὶ λέγει μοι, Μὴ σφραγίσῃς τοὺς λόγους τῆς προφητείας τοῦ βιβλίου τούτου· ὅτι ὁ καιρὸς ἐγγύς ἐστιν.

11 ὁ ἀδικῶν ἀδικησάτω ἔτι, καὶ ὁ ῥυπῶν ῥυπωσάτω ἔτι· καὶ ὁ δίκαιος δικαιωθήτω ἔτι· καὶ ὁ ἅγιος ἁγιασθήτω ἔτι.

12 καὶ ἰδού, ἔρχομαι ταχύ, καὶ ὁ μισθός μου μετ᾽ ἐμοῦ, ἀποδοῦναι ἑκάστῳ ὡς τὸ ἔργον αὐτοῦ ἔσται.

13 ἐγὼ εἰμί τὸ Α καὶ τὸ Ω, ἀρχὴ καὶ τέλος, ὁ πρῶτος καὶ ὁ ἔσχατος.

14 μακάριοι οἱ ποιοῦντες τὰς ἐντολὰς αὐτοῦ, ἵνα ἔσται ἡ ἐξουσία αὐτῶν ἐπὶ τὸ ξύλον τῆς ζωῆς, καὶ τοῖς πυλῶσιν εἰσέλθωσιν εἰς τὴν πόλιν·

15 ἔξω δὲ οἱ κύνες καὶ οἱ φάρμακοι καὶ οἱ πόρνοι καὶ οἱ φονεῖς καὶ οἱ εἰδωλολάτραι, καὶ πᾶς ὁ φιλῶν καὶ ποιῶν ψεῦδος.

16 Ἐγὼ Ἰησοῦς ἔπεμψα τὸν ἄγγελόν μου μαρτυρῆσαι ὑμῖν ταῦτα ἐπὶ ταῖς ἐκκλησίαις. ἐγὼ εἰμι ἡ ῥίζα καὶ τὸ γένος τοῦ Δαβίδ, ὁ ἀστὴρ ὁ λαμπρὸς καὶ ὀρθρινός.

17 καὶ τὸ Πνεῦμα καὶ ἡ νύμφη λέγουσιν, Ἔλθε. καὶ ὁ ἀκούων εἰπάτω, Ἔλθε. καὶ ὁ διψῶν ἐλθέτω· καὶ ὁ θέλων λαμβανέτω τὸ ὕδωρ ζωῆς δωρεάν.

18 Συμμαρτυροῦμαι γὰρ παντὶ ἀκούοντι τοὺς λόγους τῆς προφητείας τοῦ βιβλίου τούτου, ἐάν τις ἐπιτιθῇ πρὸς ταῦτά, ἐπιθήσει ὁ Θεὸς ἐπ᾽ αὐτὸν τὰς πληγὰς τὰς γεγραμμένας ἐν βιβλίῳ τούτῳ·

19 καὶ ἐάν τις ἀφαιρῇ ἀπὸ τῶν λόγων βίβλου τῆς προφητείας ταύτης, ἀφαιρήσει ὁ Θεὸς τὸ μέρος αὐτοῦ ἀπὸ βίβλου τῆς ζωῆς, καὶ ἐκ τῆς πόλεως τῆς ἁγίας, καὶ τῶν γεγραμμένων ἐν βιβλίῳ τούτῳ.

20 λέγει ὁ μαρτυρῶν ταῦτα, ναί, ἔρχομαι ταχύ. ἀμήν. Ναί ἔρχου, Κύριε Ἰησοῦ.

21 Ἡ χάρις τοῦ Κυρίου ημῶν Ἰησοῦ Χριστοῦ μετὰ πάντων ὑμῶν. ἀμήν.

ΤΕΛΟΣ